POÉSIES COMPLÈTES
D'ALFRED DE MUSSET

CE VOLUME, LE DIX-SEPTIÈME DE LA
« BIBLIOTHÈQUE DE LA PLÉIADE »,
PUBLIÉE AUX ÉDITIONS GALLIMARD,
A ÉTÉ ACHEVÉ D'IMPRIMER SUR
BIBLE CHIFFON BOLLORÉ PAR L'IM-
PRIMERIE NATIONALE DE MONACO,
LE QUINZE DÉCEMBRE MIL NEUF
CENT SOIXANTE-SEPT

Alfred de Musset

POÉSIES
COMPLÈTES

TEXTE ÉTABLI ET ANNOTÉ PAR
MAURICE ALLEM

*Tous droits de traduction, de reproduction et d'adaptation
réservés pour tous pays, y compris l'U.R.S.S.
© 1957, Éditions Gallimard.*

CE VOLUME CONTIENT :

*INTRODUCTION
CHRONOLOGIE DE LA VIE DE MUSSET
CHRONOLOGIE DES POÉSIES
par Maurice Allem.*

PREMIÈRES POÉSIES
POÉSIES NOUVELLES
POÉSIES COMPLÉMENTAIRES

APPENDICE :
FRAGMENTS DE POÉSIES INACHEVÉES
POÉSIES ATTRIBUÉES À MUSSET

*NOTES ET VARIANTES
BIBLIOGRAPHIE*

INTRODUCTION

*O*N *réunit, pour la première fois, en un seul volume toutes les poésies d'Alfred de Musset connues à ce jour.*

On les divise en quatre groupes :

Les Premières Poésies *et les* Poésies nouvelles, *selon le classement définitif qu'en avait fait Alfred de Musset : on les réimprime d'après l'édition de 1854, qui est la dernière publiée du vivant de l'auteur ;*

Puis, sous le titre de Poésies complémentaires, *les poésies publiées aussi du vivant de l'auteur, mais qu'il n'avait pas recueillies dans les volumes de ses œuvres ;*

Puis, sous le titre de Poésies posthumes, *les pièces publiées depuis sa mort et qui font partie, soit du recueil des* Œuvres posthumes, *soit de celui des* Œuvres complémentaires, *ou qui ont été seulement insérées dans des périodiques ;*

Enfin, des poésies attribuées, avec plus ou moins de raison, à Alfred de Musset.

C'est en 1852, après son élection à l'Académie française, qu'Alfred de Musset disposa en deux volumes l'ensemble de ses œuvres poétiques, et qu'il en fit disparaître les titres primitifs de ses recueils.

Le premier avait paru en janvier 1830. Il était intitulé Contes d'Espagne et d'Italie, *et il était composé d'une préface en prose et de quinze ouvrages en vers :* Don Paez, les Marrons du feu, Portia, Chansons et fragments : Barcelone *intitulée en 1840* l'Andalouse, le Lever, Madrid, Madame la Marquise, *une courte pièce sans titre («* Quand je t'aimais... *») désignée à la table comme* Fragment, *et qui ne reçut qu'en 1866, dans l'édition des* Amis du Poëte, *le titre :* À Madame B***, Au Yung-Frau, À Ulric G., Venise, Stances *(«* Que j'aime à voir... *»),* Sonnet *(«* Que j'aime le premier frisson d'hiver !... *»),* Ballade à la Lune, *moins les neuf dernières strophes, et* Mardoche.

À la fin de décembre 1832, mais daté de 1833, parut Un Spectacle dans un fauteuil, *composé de la* Dédicace à Alfred

Tattet, *de la* Coupe et les Lèvres, *poème dramatique, de* À quoi rêvent les jeunes filles, *comédies, et de* Namouna, *conte oriental.*

Dans une édition méthodique, À quoi rêvent les jeunes filles, la Coupe et les Lèvres *et même les* Marrons du feu, *devraient prendre place parmi les œuvres dramatiques, mais Alfred de Musset les ayant toujours laissées parmi ses poésies, il n'y avait, par respect pour sa décision, qu'à les y maintenir.*

En 1840, parut, sous le titre de Poésies complètes, *chez Charpentier, et dans le format in-12, un volume qui commençait par un sonnet :* Au Lecteur *et qui était ensuite divisé en trois parties :*

La première contenait les Contes d'Espagne et d'Italie, *sans la préface, mais avec le texte entier de la* Ballade à la Lune, *et, réunies sous le titre de* Poésies diverses (1831), *plusieurs pièces dont quelques-unes avaient paru dans les périodiques et qui sont :* les Vœux stériles, Octave, les Secrètes Pensées de Rafaël, *l'invocation, sans titre : «* Pâle étoile du soir... »*,* Chanson (« *J'ai dit à mon cœur, à mon faible cœur... »*), [*ces deux pièces avaient été substituées, au dernier moment, par le moyen d'un carton, à la poésie* Julie, *qui avait d'abord été imprimée*], À Pépa *et* À Juana;

La deuxième partie était formée de Un Spectacle dans un fauteuil;

La troisième, sous le titre de Poésies nouvelles (1835-1840), *réunissait :* Rolla, Une Bonne Fortune, Lucie, la Nuit de Mai, la Nuit de Décembre, la Nuit d'Août, la Nuit d'Octobre, Lettre à M. de Lamartine, À la Malibran, l'Espoir en Dieu, À la Mi-Carême, Dupont et Durand, Au Roi après l'Attentat de Meunier, Sur la Naissance du comte de Paris, Idylle *et* Silvia.

Les Poésies diverses *et les* Poésies nouvelles *de ce volume paraissaient pour la première fois en librairie, à l'exception de quatre d'entre elles :* les Vœux stériles, Octave, les Secrètes Pensées de Rafaël *et* Rolla, *qui avaient déjà paru en 1835 dans une contrefaçon belge de E. Laurent, à Bruxelles.*

Le recueil de 1840, qui fut plusieurs fois réédité, jusqu'en 1851, fut complété en 1850 par un volume de Poésies nouvelles (1840-1849), *qui contenait :* le Saule *(fragment),* À Laure, À mon ami Édouard B***, À mon ami Alfred T***, À Mme N. Ménessier (« *Madame, il est heureux... »*), À Madame ***, qui avait envoyé par plaisanterie un petit écu à l'auteur, Chanson (« *À Saint-Blaise, à la Zuecca...* »),

Chanson de Barberine; Chanson de Fortunio; À Ninon; À Sainte-Beuve; À Alfred de Musset, réponse de M. Sainte-Beuve; À Lydie, ode IX, livre III; À Lydie, imitation; À Alf. T., sonnet (« *Qu'il est doux d'être au monde...* »); À une Fleur; Le Fils du Titien; Sonnet (« *Béatrix Donato fut le doux nom...* »); Adieu; Sonnet (« *Non, quand bien même une amère souffrance...* »); Jamais; Impromptu en réponse à cette question : Qu'est-ce que la Poésie; À Mademoiselle *** (« *Oui, femmes, quoi qu'on puisse dire...* »); Une Soirée perdue; Simone; Sur les Débuts de Mesdemoiselles Rachel et Pauline Garcia; Chanson (« *Lorsque la coquette Espérance...* »); Tristesse; le Rhin allemand, par Becker; le Rhin allemand, réponse à la chanson de Becker; Souvenir; Sur la Paresse; La Mie Prigioni; Rappelle-toi; Marie; Rondeau (« *Fut-il jamais...* »); Sonnet à Madame G.; Rondeau à Madame G.; Après une Lecture; Sonnet (« *Il faut, dans ce bas monde...* »); le Treize Juillet; À M. A. T. (« *Ainsi, mon cher ami...* »); Sonnet à Madame M. N. (« *Je vous ai vue enfant...* »); Sonnet (« *Quand, par un jour de pluie...* »); Sonnet (« *Vous les regretteriez...* »); Stances de M. Charles Nodier à Alfred de Musset; Réponse à M. Charles Nodier; À mon frère revenant d'Italie; Conseils à une Parisienne; Par un mauvais temps; Rondeau à Madame Cne T.; Sur Trois Marches de Marbre rose; Sonnet au Lecteur.

En 1851, parut une nouvelle édition de ces Poésies nouvelles *(« deuxième édition, revue et augmentée »), et qui était, en effet, augmentée de six pièces :* Mimi Pinson; Sonnet (« *Se voir le plus possible...* »); À M. Régnier, de la Comédie-Française; Chanson (« *Quand on perd, par triste occurrence...* »); Sonnet à Madame O ***; le Rideau de ma Voisine.

En 1852 parut l'édition divisée en deux volumes sous les titres de Premières Poésies *et de* Poésies nouvelles *qui ont été maintenus depuis.*

Le premier volume réunissait les deux premières parties du recueil des Poésies complètes *de 1840 (c'est-à-dire :* les Contes d'Espagne et d'Italie, les Poésies diverses *et* Un Spectacle dans un fauteuil*), plus les huit pièces suivantes :* Suzon, *qui avait paru d'abord dans* la Revue de Paris *en octobre 1831, et qui n'avait été recueillie depuis que dans l'édition en contrefaçon publiée à Bruxelles, par É. Laurent, en 1835;*

À Julie, placée, comme on l'a vu, dans l'édition de 1840, mais qui en avait été retirée ensuite, et six pièces des Poésies nouvelles *de 1850 et 1851 :* À Laure, À mon ami Édouard B ***, À mon ami Alfred T ***, le Saule, À Madame Menessier-Nodier *(« Madame, il est heureux… »),* À Madame ***, *qui avait envoyé par plaisanterie un petit écu à l'auteur.*

Le deuxième volume comprenait : la troisième partie (Poésies nouvelles, 1835-1840) *de l'édition de 1840 ; la matière des* Poésies nouvelles, *de 1851, à l'exception des six pièces qui viennent d'être énumérées, et deux pièces qui étaient pour la première fois publiées en librairie :* Souvenir des Alpes *et* Adieux à Suzon.

En 1854 parut une nouvelle édition où la matière des deux volumes est la même qu'en 1852 ; l'ordre aussi est le même pour les Poésies nouvelles, *pour les* Premières Poésies, *il est modifié, dans la fin du volume où les pièces sont rangées ainsi :* À Laure, À mon ami Édouard B ***, À mon ami Alfred T., À Madame N. Menessier, À Madame ***, *qui avait envoyé par plaisanterie un petit écu à l'auteur,* le Saule, Au Lecteur des deux pièces qui suivent, la Coupe et les Lèvres, À quoi rêvent les jeunes filles, Namouna.

On a, dans la présente édition, suivi pour le texte et pour la disposition, l'édition de 1854 ; on a voulu la présenter telle qu'Alfred de Musset l'avait établie. Les poésies n'y sont pas toutes datées avec exactitude, et, par conséquent, ne se trouvent pas placées rigoureusement dans leur ordre chronologique. On a maintenu les dates qu'Alfred de Musset avait mises, mais on a fait dans les notes, quand il y avait lieu, les rectifications utiles.

Alfred de Musset n'avait cependant pas recueilli dans ces deux volumes toutes ses poésies. Il n'y avait admis ni la pièce satirique : la Loi sur la Presse, *qui avait paru dans la Revue des Deux Mondes, le 1ᵉʳ septembre 1835, ni les stances* Sur une morte, *qui avaient paru dans la même revue le 1ᵉʳ octobre 1842 ; il n'y avait admis non plus ni la* Cantate de Bettine, *de sa comédie* Bettine, *ni la* Complainte de Minuccio, *de sa comédie* Carmosine, *alors qu'il y avait placé la* Romance de Barbarine *tirée de* Barberine *et la* Romance de Fortunio *tirée du* Chandelier. *Il n'y avait pas joint non plus un rondeau adressé* À Mlle Anaïs, *qui avait créé sa comédie* Louison.

Il avait négligé d'y mettre la ballade Un Rêve *qui était une œuvre de jeunesse et la première de lui qui eût été imprimée, une cantate,* le Chant des Amis, *qui lui avait été commandée pour une fête officielle et quelques vers :* Au bas d'un Portrait d'Augustine Brohan. *Il se serait sans doute gardé plus encore d'y admettre quelques pièces publiées à son insu : les dures stances* A une Muse, *quelques* Vers inscrits dans la prison de la Garde nationale, *et un* Quatrain italien. *C'est de la réunion de ces quelques pièces, que l'on a composé la division des* Poésies complémentaires, *dans le sens de : complémentaires des œuvres publiées du vivant de l'auteur.*

Plusieurs de ces pièces furent d'ailleurs ajoutées aux œuvres de son frère par Paul de Musset : les stances Sur une Morte *dans l'édition de 1860 des* Poésies nouvelles; la Loi sur la Presse, *en 1866, au tome II de l'édition des* Amis du Poëte; *le rondeau* À Mademoiselle Anaïs, *la* Cantate de Bettine, *et la* Complainte de Minuccio, *dans l'édition de 1867 des* Poésies nouvelles. *Les autres pièces ont été recueillies en 1911, dans le volume des* Œuvres complémentaires.

Paul de Musset, dans l'édition des Amis du Poëte, *et dans les éditions postérieures, a présenté les poésies de son frère, en se basant sur la chronologie, dans un ordre différent de celui que l'auteur leur avait donné et avec les additions que l'on vient de dire. Sa décision ne saurait faire loi pour les éditeurs à venir des œuvres d'Alfred de Musset. Il a, au contraire, paru plus normal et plus clair de procéder comme on l'a fait pour la présente édition.*

Après la mort d'Alfred de Musset, Paul de Musset publia dans le Magasin de Librairie, *revue que venait de fonder l'éditeur Charpentier, un certain nombre de poésies de son frère et il les réunit en 1860 à la fin d'un volume d'*Œuvres posthumes. *Il publia de nouveau ces poésies, disposées dans un ordre différent, augmentées de deux petites pièces de circonstances* (Sur l'Album de Madame Taglioni *et* Au bas d'un Portrait de Mademoiselle Augustine Brohan), *et placées, cette fois, au commencement du volume dans le tome X de l'édition des* Amis du Poëte, *qui est celui des* Œuvres posthumes, *dans cette édition. Il parut en 1867 une édition de format in-12 de ces* Œuvres posthumes *augmentées.*

Mais bien d'autres poésies d'Alfred de Musset ont été, depuis la mort de leur auteur, publiées dans des revues ou dans des journaux, et plusieurs écrivains ont signalé les lacunes, poésie et prose, des éditions dites complètes de ses œuvres.

En janvier 1884, M. Octave Uzanne *écrivait, dans la revue* le Livre, *qu'il possédait un dossier d'œuvres inédites d'Alfred de Musset capable de former un volume ; le 14 juillet 1900, il déclarait, dans la* Revue encyclopédique, *que l'inédit de Musset réside « dans le nombre de ses œuvres vagabondes » et que « ce nombre est assez fort pour donner matière à un livre supplémentaire ».*

En 1898, M. Maurice Clouard *dans une étude sur* Quelques œuvres inédites ou peu connues d'Alfred de Musset, *publiée le 15 janvier dans la* Revue d'histoire littéraire de la France, *et recueillie dans son volume* Documents inédits sur Alfred de Musset *(Paris, A. Rouquette, 1900, in-8°), disait, lui aussi, que « il y aurait matière à former un volume des plus curieux et d'un réel intérêt, avec ces œuvres inédites... »* (Doc. inéd., p. 181.)

En 1910, M. Paul Peltier, *publiant une étude sur* Alfred de Musset *dans la collection des* Portraits d'hier *(n° du 15 février), y disait : « On rencontre, disséminés çà et là, dans des journaux et dans des revues, une cinquantaine de morceaux, en vers et en prose, généralement fort intéressants, et qui ne figurent dans aucune édition... »*

*Il y avait bien plus de cinquante morceaux. Pour essayer de satisfaire au désir plusieurs fois exprimé de les voir ajoutés aux œuvres d'Alfred de Musset, je les réunis dans un volume qui parut en 1911 au Mercure de France avec le titre d'*Œuvres complémentaires. *Le « complément aux poésies » y forme plus de cent pages.*

Je ne me flattai pas d'y avoir rassemblé tous les textes épars et, en effet, j'en ai depuis retrouvé quelques autres. D'autres encore ont été publiés depuis 1911.

On a réuni dans le présent volume, à la division des Œuvres posthumes, *tous les textes publiés après la mort de Musset. On y a présenté, dans une première partie, les textes publiés par Paul de Musset, dans son édition de 1829 ; à laquelle il a paru intéressant de conserver son individualité ; dans une deuxième partie les textes révélés depuis ; et en appendice troisième, les fragments subsistant de poèmes inachevés auxquels on a ajouté quelques textes nouveaux. Une liste chronologique de toutes les œuvres poétiques permet de les lire dans leur ordre exact qu'Alfred de Musset n'a pas strictement respecté dans les éditions parues de son vivant. Enfin on a* donné le texte des œuvres de poésie qui ont été parfois bien bizarrement attribuées à Alfred de Musset.

Si, pour les poésies publiées du vivant d'Alfred de Musset, on a suivi, en ayant soin de mentionner dans les notes les variantes des publications antérieures, le dernier texte publié par lui, on n'était pas tenu, pour les poésies publiées par d'autres que lui, à la même docilité. Pour celles d'entre elles dont on a pu consulter le manuscrit, c'est naturellement le texte du manuscrit que l'on a suivi. On trouvera même, pour certaines, d'assez sérieuses différences avec le texte qui en a été publié ou dans les Œuvres posthumes ou dans les Œuvres complémentaires.

Pour les poésies attribuées à Alfred de Musset, sans que l'on puisse affirmer avec assurance ni qu'elles sont ni qu'elles ne sont pas de lui, on trouvera, dans les notes relatives à chacune d'elles les raisons de pencher vers l'une ou vers l'autre opinion.

On s'est appliqué à donner dans les notes, chaque fois du moins qu'on l'a pu, outre les variantes, des renseignements sur les circonstances dans lesquelles chaque poésie a été composée ; ce n'est pas sans importance quand il s'agit d'un poète qui a tant mis de sa vie et de ses passions dans ses œuvres ; cependant, malgré le témoignage de Paul de Musset, dont la Biographie qu'il a écrite de son frère, et à laquelle on a souvent recouru, est d'une grande utilité, on ne saurait être toujours aussi affirmatif que le lecteur le souhaiterait sans doute et que soi-même on le désirerait. C'est que l'inspiration d'un poète n'est pas aussi simple et ne se laisse pas aussi aisément surprendre qu'on l'imagine, et que, là où l'on ne croit voir que le bouillonnement d'une seule source, il y a, au contraire, le jaillissement souterrain de sources diverses dont les eaux confondues ne permettent pas au regard de pénétrer le mystère de leur union.

Maurice ALLEM.

CHRONOLOGIE
DE LA VIE DE MUSSET

1810. — *11 décembre :* Naissance à Paris, 33, rue des Noyers de Louis-Alexandre-Alfred de Musset-Pathay.

1824. — Première poésie connue d'Alfred de Musset : *À ma Mère* — composée pour la fête de sa mère.

1827. — Baccalauréat. Deuxième prix de dissertation latine au Concours général.

1827-1829. — Études (tôt abandonnées) de médecine, de droit, de peinture.

1828. — *31 août :* Première poésie de Musset : *Un Rêve,* signé A.D.M., publiée dans *le Provincial* de Dijon.
(?) 1828. — Musset « chancelier de Mme Beaulieu » — Musset trompé par sa maîtresse, avec un ami. Première « trahison » dont le souvenir retentit dans plusieurs de ses écrits.

1829. — *1ᵉʳ avril :* Engagé comme « agent » aux appointements de 1.200 francs par an par l'entreprise de chauffage militaire Feborel et Cᵒ.
4 octobre : Le *Journal de la Librairie* annonce l'édition *l'Anglais mangeur d'opium,* traduction « augmentée » et signée A.D.M.
24 décembre : Lecture de quelques poésies des *Contes d'Espagne et d'Italie* à quelques écrivains et artistes amis.

1830. — *9 janvier :* Le *Journal de la Librairie* annonce l'édition de ce recueil poétique.
22, 23 janvier et 3 février : Dans *l'Universel,* la critique la plus virulente des *Contes d'Espagne et d'Italie.*
25 février : Première représentation d'*Hernani*. Alfred de Musset dut y assister. On n'en a aucun indice.
8 avril : En compensation à la diatribe de *l'Universel,* jugement équitable et élogieux de N. (Désiré Nisard) dans *le Journal des Débats.* Musset écrit le mélodrame *la Quittance du Diable,* reçu au Théâtre des Nouveautés mais non représenté.
27 octobre : Premier article dans le journal *le Temps* sur *l'Exposition du Luxembourg.*
1ᵉʳ et 2 décembre : Représentations et échecs au Théâtre de l'Odéon de *la Nuit vénitienne.*

1831. — *1er janvier-6 juin :* Articles au journal *le Temps*, *Revues fantastiques* et critique littéraire.

Juillet : Dans *la Revue de Paris* paraît *les Secrètes Pensées de Rafaël* où Musset se proclame indépendant entre les romantiques et les classiques.

1832. — *7 avril :* Mort du père d'Alfred de Musset (épidémie de choléra).

1833. — *15 mars :* Premier article à *la Revue des Deux Mondes ;* compte-rendu anonyme de l'opéra *Gustave III* de Scribe et Auber.
  11 mai : Lettre de George Sand à Sainte-Beuve. Elle désire ne pas connaître Musset « trop dandy ». Ils ne se comprendraient pas.
  1er avril : Début de la longue collaboration à *la Revue des Deux Mondes*, signée de son nom. Publication d'*André del Sarto*.
  15 mai : Début de la collaboration de George Sand à *la Revue des Deux Mondes*. Fragments de *Lélia*.
  Juin (vraisemblablement le 19) : Première rencontre de Musset et de George Sand à un dîner de collaborateurs de *la Revue des Deux Mondes*.
  24 juin : Première lettre de Musset à George Sand avec envoi de vers sur *Indiana*.
  Juillet : Musset déclare, par lettre, son amour à George Sand.
  29 juillet : Ils deviennent amants.
  1re quinzaine d'août : Séjour à Fontainebleau et sa forêt.
  15 août : Rolla paraît dans *la Revue des Deux Mondes*.
  12 décembre : Départ des deux amants pour l'Italie.
  30 décembre : Arrivée à Venise, après divers arrêts.

1833. — Éditions de *Un Spectacle dans un fauteuil, la Coupe et les Lèvres, À quoi rêvent les jeunes filles, Namouna*.

1833-1834. — *Décembre 1833-mars 1834 :* Commencement agréable, puis maladies. Intervention du docteur Pietro Pagello. Querelles. Jalousie. Séparation.

1834. — *20 mars :* Musset quitte Venise.
  4 avril : Il écrit de Genève à George Sand qu'il l'aime toujours.
  12 avril : Il arrive à Paris.
  30 avril : Il écrit à George Sand qu'il « a envie » d'écrire leur histoire. Ce sera la *Confession d'un Enfant du Siècle*.
  14 août : George Sand et Pagello arrivent à Paris.
  18 août (probablement) : Il annonce à George Sand qu'il va quitter la France pour toujours.
  20 août : Le *Journal de la Librairie* annonce l'édition en deux volumes de *Un Spectacle dans un fauteuil ; seconde livraison, prose :* 1. *Lorenzaccio, les Caprices de Marianne* — 2. *André del Sarto, Fantasio, On ne badine pas avec l'amour, la Nuit vénitienne*.
  Vers fin août : Musset part pour Bade, ville d'eaux, où il arrive

le 30. La correspondance avec George Sand, qui est à Nohant, continue.
13 octobre : Musset, retour de Bade, arrive à Paris. En octobre aussi, George Sand est à Paris et ne le voit pas.
23 octobre : Pagello repart pour l'Italie.

1834-1835. — *D'octobre 1834 à mars 1835 :* suite de reprises et de ruptures entre Musset et George Sand. Période la plus orageuse de leurs amours.

1835. — *6 mars :* George Sand s'enfuit à Nohant. C'est la rupture définitive. Musset travaille; deux comédies : *la Quenouille de Barberine* et *le Chandelier,* des poésies dont *la Nuit de Mai.*
Deux liaisons avec Mme Caroline Jaubert; les deux liaisons provoquées par des stances *À Ninon.* Après la deuxième rupture, *la Nuit de Décembre.*

1836. — *13 février :* Édition de la *Confession d'un Enfant du Siècle.* Musset écrit deux comédies : *Il ne faut jurer de rien* et *Faire sans dire;* des poésies dont : *Lettre à M. de Lamartine, la Nuit d'Août, la Loi sur la Presse.* Des essais : les deux premières *Lettres de Dupuis et Cotonnet;* la critique du *Salon de 1831.*
Liaison avec une de ses voisines Louise Durand, que dans un récit dramatisé de leurs amours il appellera Bernerette.

1837. — Musset écrit les troisième et quatrième *Lettres de Dupuis et Cotonnet;* deux nouvelles : *Emmeline* (autre nom donné à Mme Jaubert) et *les Deux Maîtresses;* une seule comédie : *Un Caprice.*

1837-1838. — Liaison avec Aimée d'Alton, cousine de Mme Jaubert. Séparation sans orages.

1838. — Œuvres littéraires : trois nouvelles : *Frédéric et Bernerette, le Fils du Titien, Margot.* Poésies : le dialogue *Dupont et Durand* et des vers *Sur les Débuts de Mlles Rachel et Pauline Garcia.*
Musset s'éprend de Rachel et publie le 1er novembre un article : *De la tragédie,* dont il propose une rénovation.
22 octobre : Musset nommé Conservateur à la Bibliothèque du Ministère de l'Intérieur.

1839. — Il commence une tragédie historique : *la Servante du Roi,* sur la rivalité de Frédégonde et de Brunehaut. Il ne l'achèvera pas, quand il verra Rachel s'en désintéresser.
Œuvres littéraires : une nouvelle : *Croisille,* puis *le Poëte déchu* (inachevé); entre autres poésies : *Silvia,* conte en vers.
29 mai : Musset soupe chez Rachel. Ils lisent *Phèdre.* Quelques jours après Musset fait un séjour avec Rachel dans une villa qu'elle a louée à Montmorency.

1840. — Grave maladie de Musset. Longue période de très faible production littéraire.
Il publie pourtant en octobre le conte de *Simone*. En 1840, chez Charpentier, 1re édition de ses *Poésies Complètes*.

1841. — En poésie : trois pièces notables : *Souvenirs, le Rhin allemand, Sur la Paresse*.

1842. — À noter en poésie : *Sur une Morte*, contre la princesse de Belgiojoso qu'il avait vainement courtisée; et sur George Sand le conte : *Histoire d'un Merle blanc*.

1843. — Le peintre Chenavard songe à marier Alfred de Musset avec Mlle Mélesville, fille du vaudevilliste. Musset consent. Mais on apprend ensuite que la jeune fille est fiancée.
Musset projette des pièces de théâtre; il ne les écrira pas.

1844. — *Avril à juillet* : Musset publie, par une reprise d'activité littéraire, trois nouvelles : *Pierre et Camille, le Secret de Javotte, les Frères Van Buck*.

1845. — *24 avril* : Musset nommé Chevalier de la Légion d'Honneur.
Grave maladie.

1846-1847. — Aucune œuvre littéraire.

1847. — *27 novembre* : Première représentation à la Comédie française de *Un Caprice*. Grand succès. Donc : événement important pour Musset, ce succès ayant eu pour conséquence de faire porter à la scène plusieurs autres de ses pièces, non composées en vue de la représentation.

1848-1850. — Amours agitées, orageuses avec l'actrice Madame Allan-Despréaux.

1848. — *6 janvier* : Élection à l'Académie française du successeur de Ballanche. Musset, candidat, recueille deux voix.
Révolution 22-24 février.
5 mai : « Le citoyen Alfred de Musset est révoqué de ses fonctions de bibliothécaire au Ministère de l'Intérieur. » Signé : Ledru-Rollin. Protestations nombreuses dans la presse.
17 août : L'Académie française, en signe aussi de protestation, attribue à Alfred de Musset le prix Maillé-Latour-Landry « destiné à secourir un écrivain ou un artiste pauvre dont le talent, déjà remarqué, paraît mériter d'être encouragé »; conditions humiliantes pour Musset qui, cependant, accepte le prix — non pour lui-même — mais pour le verser à une souscription en faveur des victimes des journées de Juin.

1849. — *22 février* : Première représentation de *Louison*, la première comédie en vers de Musset depuis la comédie de jeunesse : *À quoi rêvent les jeunes filles*.

1ᵉʳ mars : Publication des vers : *Sur trois marches de marbre rose*.
3 mai : Première représentation de : *On ne saurait penser à tout*.

1850. — *17 mars* : Musset, candidat pour la deuxième fois à l'Académie française. Il a cinq voix. Élection nulle d'ailleurs.
Éditions Charpentier des *Poésies nouvelles* (1810-1844).
Octobre-novembre : Publication dans *le Constitutionnel* de *Carmosine*, comédie non représentée du vivant de Musset.

1851. — *30 octobre* : Première représentation de *Bettine*.

1852. — *15 janvier* : Publication de la poésie : *Souvenir des Alpes*.
12 février : Alfred de Musset élu membre de l'Académie française où il succède au baron Dupaty.
27 mai : Réception à l'Académie française.
Cette année première édition en deux volumes de ses *Poésies complètes*.
Liaison, de quelques mois, avec la véhémente Louise Colet.

1853. — *17 mars* : Alfred de Musset est nommé bibliothécaire du Ministère de l'Instruction publique.
Il compose, sur l'invitation de Monsieur Hippolyte Fortoul, Ministre de l'Instruction publique, les scènes en vers : *le Songe d'Auguste*, qui ne seront pas représentées.

1853-1854. — Publication dans *le Constitutionnel* de la nouvelle : *la Mouche*.

1855. — Sur une nouvelle invitation du Ministre Fortoul, Musset fait une comédie : *l'Ane et le Ruisseau*. Musset lit sa pièce aux Tuileries. Lecture décevante.

1857. — Dernières tentatives littéraires : deux essais destinés à *la Revue des Deux Mondes*, l'un sur *les Réformes théâtrales* ; l'autre sur *les Voleurs de noms* (dans les œuvres littéraires). Il ne subsiste de chacun qu'un assez court fragment.
2 mai : Avant l'aube, mort d'Alfred de Musset.

On n'a pas mentionné les voyages qu'Alfred de Musset put faire, notamment en Anjou ou au Havre, ni les séjours qu'il fit certains étés à Mirecourt, où l'un de ses parents était sous-préfet. Ces déplacements n'ont aucun rapport avec son œuvre, aucune conséquence pour cette œuvre.

CHRONOLOGIE
DES POÉSIES

LE recueil formé par les *Premières Poésies* et les *Poésies nouvelles* qui ainsi qu'on l'a dit dans l'Avant-Propos, n'y sont pas rangées strictement dans l'ordre chronologique, les *Poésies complémentaires,* les trois séries de *Poésies posthumes,* constituent des groupes qui, chronologiquement, sont parallèles. Il n'est donc pas inutile, pour la commodité du lecteur désireux de lire ces poésies dans l'ordre de leur composition, d'en faire une liste unique chronologiquement disposée.

Il n'a pas été possible de connaître la date exacte de toutes. Pour certaines, cette date a pu être présumée ; on l'indique donc approximativement. Il n'a pas toujours été possible non plus, pour les poésies composées dans une même année, de dire avec précision dans quel ordre elles l'ont été, mais ici l'approximation est grande. La plupart de celles qui ont été publiées par Alfred de Musset dans des revues l'ont été aussitôt après leur composition. On indique donc la date (et le lieu) de leur publication.

Les abréviations suivantes désignent la partie de l'œuvre poétique dans laquelle se trouve chaque pièce :

P. P. — *Premières Poésies ;*
P. N. — *Poésies nouvelles ;*
P. C. — *Poésies complémentaires ;*
Posth. (I, II ou III) — première, deuxième, troisième partie des *Poésies posthumes.*

1824. — À ma Mère. (Posth. I.)

1826. — À Mlle Zoé Le Douairin. (Posth. II.)

1827 ou 1828. — La Nuit. (Posth. II.)

1828. — La Prêtresse de Diane. (Posth. III.)
   Agnès. (Posth. III.)
   31 août, le Provincial de Dijon : Un Rêve. (P. C.)
   Quand je t'aimais, pour toi j'aurais donné ma vie... (P. P.)
   Venise (P. P.)
   Stances : *Que j'aime à voir dans la vallée...* (P. P.)
1828-1829. — *Trois pierres sur la dune...* (Posth. III.)

1829. — Don Paez. (P. P.)
   Les Marrons du Feu. (P. P.)
   Portia. (P. P.)

Madame la Marquise. (P. P.)
Au Yung-Frau. (P. P.)
Ballade à la Lune. (P. P.)
Charles-Quint au monastère de Saint-Just. (Posth. I.)
Vision. (Posth. I.)
Juillet : À Ulric Guttinguer. (P. P.)
Août : Sonnet : *Que j'aime le premier frisson d'hiver...* (P. P.)
Septembre : Mardoche. (P. P.)
1829 (?). — L'Andalouse. (P. P.)
Le Lever. (P. P.)
Madrid. (P. P.)
1829-1831 (?). — L'Anglaise en diligence. (Posth. II.)
La Lanterne magique. (Posth. II.)
À Madame X. *Souvent, par quelque mois de janvier...* (Posth. II.)

1830. — Les Secrètes Pensées de Rafaël. (P. P.)
Les Vœux stériles. (P. P.)
1830-1831. — *Tout renaît, la chaleur, la vie et la lumière...* (Posth. III.)
Où vas-tu donc, Vulpio ? Qui penses-tu donc fuir ? (Posth. III.)
Le Saule. (P. P.)
Les Derniers Moments de François Ier. (Posth. III.)
1830-1832. — L'Oubli des Injures. (Posth. III.)
Rolla et le Grand Prêtre. (Posth. III.)
Brandel. (Posth. III.)
Que ce jour soit nommé le jour de ma naissance... (Posth. III.)
Voici l'heure où, le cœur libre d'inquiétude... (Posth III.)
On a dit quelque part qu'il n'est homme sur terre... (Posth. III.)
Poésie ! harmonie ! amour ! larmes célestes... (Posth. III.)
Il n'est que la jeunesse, ami, pour être heureuse... (Posth. III.)

1831. — Octave. (P. P.)
Chanson : *J'ai dit à mon cœur...* (P. P.)
À Pépa. (P. P.)
À Juana. (P. P.)
Suzon. (P. P.)
À la Pologne. (Posth. I.)
5 mai 1814. (Posth. II.)
Novembre : À Mme N. Menessier. (P. P.)

1832. — *Mars :* À Julie. (P. P.)
À Laure. (P. P.)
À mon ami Édouard B. (P. P.)
Mai : À mon ami Alfred T. (P. P.)
Juillet-août : la Coupe et les Lèvres. (P. P.)
Septembre : À quoi rêvent les jeunes filles. (P. P.)
Automne : Au Lecteur des deux Pièces qui suivent. (P. P.)
Novembre : Namouna. (P. P.)
1832-1833. — *M'aime-t-elle ? Voilà la pensée où je vis...* (Posth. III.)
Qu'ai-je vu ? Quel démon m'assiège et me pénètre ? (Posth. III.)

CHRONOLOGIE DES POÉSIES

Quand la comtesse Louise, assise à sa fenêtre... (Posth. III.)
1830-1833 (?). — *Froide, maigre, légère, — une main palpitante...* (Posth. III.)
   ... Vieillesse, triste fille... (Posth. III.)
   Vois-tu ce bel enfant à l'air triste et rêveur ? (Posth. III.)
   Au fond de l'âme humaine est une région... (Posth. III.)
   O vous, vous dont l'amour ne fut qu'une étincelle... (Posth. III.)

1833. — Ex Dono. (Posth. II.)
   Juin : Après la Lecture d'*Indiana*. (Posth. II.)
   15 août, R.D.M. : Rolla. (P. N.)
   Août : À George Sand. I. (Posth. I.)
      À George Sand. II. (Posth. II.)
   Août (?) : Sur la Poésie. (Posth. III.)
   Août ou septembre : Complainte historique... (Posth. II.)
   Automne (?) : Stances burlesques à George Sand. (Posth. II.)
      À George Sand. III. (Posth. II)
   Automne : Revue romantique. (Posth. II.)
   Novembre : le Songe du Reviewer. (Posth. II.)

1834. — *Février (?) :* Chanson : *À Saint-Blaise, à la Zuecca*. (P. N.)
   À George Sand. IV. (Posth. II.)
   À George Sand. V. (Posth. II.)
   À une Muse ou Une Valseuse dans le Cénacle romantique. (Posth. II.)
1834 (?). — *Été :* Au Rhin. (Posth. II.)
   Novembre : À Buffon. (Posth. II.)
   Épigramme : *Par propreté, laissez à l'aise...* (Posth. II.)

1835. — *1ᵉʳ janvier 1835*, R.D.M. : Une bonne Fortune. (P. N.)
   Janvier : À George Sand. VI. (Posth. III.)
   Février : Aux Critiques de *Chatterton*. (Posth. II.)
   1ᵉʳ juin, R.D.M. : Lucie. (P. N.)
   15 juin, R.D.M. : la Nuit de Mai. (P. N.)
   À Ninon : *Si je vous le disais, pourtant, que je vous aime...* (P. N.)
   À Ninon : *Avec tout votre esprit, la belle indifférente...* (Posth. II.)
   1ᵉʳ août, R.D.M. : Chanson de Barberine. (P. N.)
   1ᵉʳ septembre, R.D.M. : la Loi sur la Presse. (P. C.)
   1ᵉʳ novembre, R.D.M. : Chanson de Fortunio. (P. N.)
   1ᵉʳ décembre, R.D.M. : la Nuit de Décembre. (P. N.)
   Stances : *Je méditais, courbé sur un volume antique...* (Posth. I.)

1836. — *1ᵉʳ mars*, R.D.M. : Lettre à Lamartine. (P. N.)
   Juin (?) : la Nuit de Juin. (Posth. III.)
   15 août, R.D.M. : la Nuit d'Août. (P. N.)
   1ᵉʳ octobre, R.D.M. : À la Malibran. (P. N.)
   Fin décembre : Au Roi, après l'attentat de Meunier. (P. N.)
1836 (?). — Le Rideau de ma Voisine. (P. N.)

1837. — Le Petit Moinillon. (Posth. II.)

À Lydie. (P. N.)
À Lydie : Imitation. (P. N.)
Juillet : À Sainte-Beuve. (P. N.)
    À Aimée d'Alton. I. (Posth. II.)
15 octobre, R.D.M. : la Nuit d'Octobre. (P. N.)
Novembre : À Aimée d'Alton. II. (Posth. II.)
1837 (?). — Chanson : *Quand on perd, par triste occurrence...* (P. N.)

1838. — *15 février*, R.D.M. : l'Espoir en Dieu. (P. N.)
    15 mars, R.D.M. : À la Mi-Carême. (P. N.)
    1er mai, R.D.M. : le Fils du Titien, sonnet. (P. N.)
    Sonnet : *Béatrix Donato fut le doux nom de celle...* (P. N.)
    15 juillet, R.D.M. : Dupont et Durand. (P. N.)
    Juillet : À Aimée d'Alton. III. (Posth. II.)
    Août : À Aimée d'Alton. IV. (Posth. II.)
    À Alfred Tattet : *Qu'il est doux d'être au monde...* (P. N.)
    À Ulric Guttinguer. (Posth. II.)
    1er septembre, R.D.M. : Sur la Naissance du Comte de Paris. (P.N.)

1839. — *1er janvier*, R.D.M. : Sur les Débuts de Mesdemoiselles Rachel et Pauline Garcia. (P. N.)
    Janvier : À Mlle *** : *Oui, femmes, quoi qu'on puisse dire...* (P. N.)
    Jamais. (P. N.)
    Impromptu en réponse à cette question : Qu'est-ce que la Poésie ? (P. N.)
    À Mademoiselle Rachel. (Posth. I.)
    1er novembre, R.D.M. : Idylle. (P. N.)
    1er janvier 1840, R.D.M. : Silvia. (P. N.)
1839 (?). — Sonnet : *Non, quand bien même une amère souffrance...* (P.N.)

1840. — Au Lecteur des deux volumes de vers de l'auteur. (P. P.)
    Juin : Tristesse. (P. N.)
    1er août, R.D.M. : Une Soirée perdue. (P. N.)
    Boléro : *Quand résonne ta castagnette...* (Posth. II.)
    Impromptu : *Dieu l'a voulu, nous cherchons le plaisir...* (Posth. I.)
    Chanson : *Lorsque la coquette Espérance...* (P. N.)
    À la Sœur Marceline. (Posth. II.)
    1er décembre, R.D.M. : Simone. (P. N.)
1840 (?). — Adieu. (P. N.)
    Chanson : *Hélas ! hélas !...* (Posth. II.)

1841. — *15 février*, R.D.M. : Souvenir. (P. N.)
    Mai : A Madame O***. (P. N.)
    6 juin, la Presse : le Rhin allemand. (P. N.)
1841 (?). — Stances à Buloz. (Posth. II.)

1842. — *1er janvier*, R.D.M. : Sur la Paresse. (P. N.)
    Rappelle-toi. (P. N.)
    Marie. (P. N.)
    Rondeau : *Fut-il jamais...* (P. N.)

CHRONOLOGIE DES POÉSIES

À Madame G***. Sonnet. (P. N.)
À Madame G***. Rondeau. (P. N.)
1ᵉʳ octobre, R.D.M. : Sur une Morte. (P. C.)
1ᵉʳ novembre, R.D.M. : Après une Lecture. (P. N.)
Novembre : À Alfred Tattet : *Non, mon cher, Dieu merci...* (Posth. I.)

1843. — À Mademoiselle Mélesville. (Posth. II.)
Avril : À M. V. H. Sonnet. (P. N.)
Mai : Sonnet à Mme M. N. : *Je vous ai vue enfant...* (P. N.)
À la même. Sonnet : *Quand, par un jour de pluie...* (P. N.)
À la même. Sonnet : *Vous les regrettiez presque...* (P. N.)
À M.A.T. : *Ainsi, mon cher ami, vous allez donc partir...* (P. N.)
18 juillet : la *Presse :* le Treize Juillet. (P. N.)
Le Voyage à Pontchartrain. (Posth. II.)
15 août, R.D.M. : Réponse à M. Charles Nodier. (P. N.)
Dans la Prison de la Garde nationale. (P. C.)
1843 (?). — Vers inscrits dans la cellule n° 14. (P. C.)
À Mme A. T. : *Qu'un jeune amour plein de mystère...* (Posth. I.)

1844. — *19 avril*, R. D. M. : À mon Frère, revenant d'Italie. (P. N.)
Juin : Sur l'Album de Mademoiselle Taglioni. (P. C.)
À Mme Jaubert : *Qu'un sot me calomnie...* (Posth. II.)

1845. — Mimi Pinson. (P. N.)
Conseils à une Parisienne. (P. N.)
1845 (?). — Adieux à Suzon. (P. N.)
Chanson : *Bonjour, Suzon...* (Posth. I.)
L'heure de ma mort, depuis dix-huit mois... (Posth. I.)

1847. — *Avril :* Par un mauvais temps. (P. N.)
1847 (?). — À Mme Cne T. Rondeau. (P. N.)
En lisant le Journal. (Posth. II.)
1844 à 1847 (?). — Au bas d'un portrait de Mlle Augustine Brohan. (P. C.)
Madrigal à Augustine Brohan. (Posth. II.)

1849. — *1ᵉʳ mars*, R.D.M. : Sur Trois Marches de Marbre rose. (P.N.)
À M. Régnier, après la mort de sa fille. (P. N.)
À Mademoiselle Anaïs. (P. C.)
Puis je viens retrouver la place bien-aimée. (Posth. II.)
1849 (?). — Sonnet : *Se voir le plus possible...* (P. N.)

1850. — Complainte de Minuccio. (P. C.)
Sonnet au Lecteur : *Jusqu'à présent, lecteur...* (P. N.)
5 novembre, Journal *des Femmes :* le Chant des Amis. (P. C.)
1850 ou 1851. — Billet à Arsène Houssaye. (Posth. II.)

1851. — Cantate de *Bettine*. (P. C.)
À Rose Chéri. (Posth. I.)

1852. — *15 janvier*, R.D.M. : Souvenir des Alpes. (P. N.)
Une Promenade au Jardin des Plantes. (Posth. II.)

1853. — À Madame Ristori. (Posth. II.)
À Madame H.F. (Posth. I.)

1854. — Sur mes Portraits. (Posth. II.)

1856. — Rêverie. (Posth. I.)

Date inconnue. — Stances sur le costume Pompadour de Miss Schepaert. (Posth. I.)
Jeanne d'Arc. (Posth. I.)
À Madame***. Impromptu. (Posth. I.)
Retour. (Posth. I.)
Promenade. (Posth. I.)
Sur Mademoiselle Champmeslé. (Posth. II.)
Napoléon. I. *O d'ennemis sans foi grand vainqueur...* (Posth. II.)
Napoléon. II. *Napoléon, ton nom est un cri dans l'histoire...* (Posth. II.)
Sur Grévedon. (Posth. III.)

PREMIÈRES POÉSIES

AU LECTEUR[1]
DES DEUX VOLUMES DE VERS
DE L'AUTEUR

Ce livre est toute ma jeunesse;
Je l'ai fait sans presque y songer.
Il y paraît, je le confesse,
Et j'aurais pu le corriger.

Mais quand l'homme change sans cesse,
Au passé pourquoi rien changer?
Va-t'en pauvre oiseau passager;
Que Dieu te mène à ton adresse!

Qui que tu sois, qui me liras,
Lis-en le plus que tu pourras,
Et ne me condamne qu'en somme.

Mes premiers vers sont d'un enfant,
Les seconds d'un adolescent,
Les derniers à peine d'un homme.

1840.

DON PAEZ

> *I had been happy, if the general camp,*
> *Pioneers and all, had tasted her sweet body*
> *So I had nothing known.*
> OTHELLO[1].

I

Je n'ai jamais aimé, pour ma part, ces bégueules
Qui ne sauraient aller au Prado toutes seules,
Qu'une duègne toujours de quartier en quartier
Talonne, comme fait sa mule au muletier;
Qui s'usent, à prier, les genoux et la lèvre,
Se courbant sur le grès, plus pâles dans leur fièvre
Qu'un homme qui, pieds nus, marche sur un serpent[2],
Ou qu'un faux monnayeur, au moment qu'on le pend.
Certes, ces femmes-là, pour mener cette vie,
Portent un cœur châtré de toute noble envie;
Elles n'ont pas de sang et pas d'entrailles. — Mais,
Sur ma tête et mes os, frère, je vous promets
Qu'elles valent encor quatre fois mieux que celles
Dont le temps se dépense en intrigues nouvelles.
Celles-là vont au bal, courent les rendez-vous,
Savent dans un manchon cacher un billet doux,
Serrer un ruban noir sur un beau flanc qui ploie,
Jeter d'un balcon d'or une échelle de soie[3],
Suivre l'imbroglio de ces amours mignons[4],
Poussés en une nuit comme des champignons.
Si charmantes, d'ailleurs! aimant en enragées
Les moustaches, les chiens, la valse et les dragées.
Mais, oh! la triste chose et l'étrange malheur,
Lorsque dans leurs filets tombe un homme de cœur!
Frère, mieux lui vaudrait, comme ce statuaire
Qui pressait dans ses bras son amante de pierre[5],
Réchauffer de baisers un marbre, mieux vaudrait
Une louve affamée en quelque âpre forêt.
Ce que je dis ici, je le prouve en exemple.
J'entre donc en matière, et, sans discours plus ample,
Écoutez une histoire.

Couvre tout de son ombre, horizon et chemin,
Heureux, heureux celui qui frappe de la main
Le col d'un étalon rétif, ou qui caresse
Les seins étincelants d'une folle maîtresse[13].

II

Don Paez, l'arme au bras, est sur les arsenaux ;
Seul, en silence, il passe au revers des créneaux ;
On le voit comme un point ; il fume son cigare
En route, et d'heure en heure, au bruit de la fanfare,
Il mêle sa réponse au qui-vive effrayant
Que des lansquenets gris s'en vont partout criant.
Près de lui, çà et là, ses compagnons de guerre,
Les uns dans leurs manteaux s'endormant sur la terre,
D'autres jouant aux dés. — Propos, récits d'amours,
Et le vin (comme on pense), et les mauvais discours
N'y manquent pas. — Pendant que l'un fait, après boire,
Sur quelque brave fille une méchante histoire,
L'autre chante à demi, sur la table accoudé.
Celui-ci, de travers examinant son dé,
À chaque coup douteux grince dans sa moustache.
Celui-là, relevant le coin de son panache[14],
Fait le beau parleur, jure ; un autre, retroussant[15]
Sa barbe à moitié rouge, aiguisée en croissant,
Se verse d'un poignet chancelant, et se grise
À la santé du roi, comme un chantre d'église.
Pourtant un maigre suif, allumé dans un coin,
Chancelle sur la nappe à chaque coup de poing[16].
Voici donc qu'au milieu des rixes, des injures,
Des bravos, des éclats qu'allument les gageures,
L'un d'eux : « Messieurs, dit-il, vous êtes gens du roi,
Braves gens, cavaliers volontaires. — Bon. — Moi,
Je vous déclare ici trois fois gredin et traître,
Celui qui ne va pas proclamer, reconnaître,
Que les plus belles mains qu'en ce chien de pays
On puisse voir encor de Burgos à Cadix,
Sont celles de dona Cazales de Séville,
Laquelle est ma maîtresse, au dire de la ville ! »

Ces mots, à peine dits, causèrent un haro[17]
Qui du prochain couvent ébranla le carreau.
Il n'en fut pas un seul qui de bonne fortune

Ne se dît passé maître, et n'en vantât quelqu'une :
Celle-ci pour ses pieds, celle-là pour ses yeux;
L'autre c'était la taille, et l'autre les cheveux.
Don Paez, cependant, debout et sans parole,
Souriait; car, le sein plein d'une ivresse folle,
Il ne pouvait fermer ses paupières sans voir
Sa maîtresse passer, blanche avec un œil noir!

« Messieurs, cria d'abord notre moustache rousse,
La petite Inésille est la peau la plus douce
Où j'aie encor frotté ma barbe jusqu'ici.
— Monsieur, dit un voisin rabaissant son sourcil,
Vous ne connaissez pas l'Arabelle; elle est brune
Comme un jais. — Quant à moi, je n'en puis citer une,
Dit quelqu'un, j'en ai trois. — Frères, cria de loin
Un dragon jaune et bleu qui dormait dans du foin[18],
Vous m'avez éveillé; je rêvais à ma belle.
— Vrai, mon petit ribaud! dirent-ils, quelle est-elle ? »
Lui, bâillant à moitié : « Par Dieu! c'est l'Orvado,
Dit-il, la Juana, place San-Bernardo. »

Dieu fit que don Paez l'entendit; et la fièvre
Le prenant aux cheveux, il se mordit la lèvre :
« Tu viens là de lâcher quatre mots imprudents,
Mon cavalier, dit-il, car tu mens par tes dents!
La comtesse Juana d'Orvado n'a qu'un maître,
Tu peux le regarder, si tu veux le connaître.
— Vrai? reprit le dragon; lequel de nous ici
Se trompe? Elle est à moi, cette comtesse aussi.
— Toi? s'écria Paez, mousqueton d'écurie[19],
Prendras-tu ton épée, ou s'il faut qu'on t'en prie?
Elle est à toi, dis-tu? Don Étur! sais-tu bien
Que j'ai suivi quatre ans son ombre comme un chien?
Ce que j'ai fait ainsi, penses-tu que le fasse
Ce peu de hardiesse empreinte sur ta face,
Lorsque j'en saigne encor, et qu'à cette douleur
J'ai pris ce que mon front a gardé de pâleur?
— Non, mais je sais qu'en tout, bouquets et sérénades,
Elle m'a bien coûté deux ou trois cents cruzades.
— Frère, ta langue est jeune et facile à mentir[20].
— Ma main est jeune aussi, frère, et rude à sentir.
— Que je la sente donc, et garde que ta bouche
Ne se rouvre une fois, sinon je te la bouche

Avec ce poignard, traître, afin d'y renfoncer
Les faussetés d'enfer qui voudraient y passer.
— Oui-da! celui qui parle avec tant d'arrogance,
À défaut de son droit, prouve sa confiance[21];
Et quand avons-nous vu la belle? Justement
Cette nuit?

             — Ce matin.
                            — Ta lèvre sûrement
N'a pas de ses baisers sitôt perdu la trace?
— Je vais te les cracher, si tu veux, à la face.
— Et ceci, dit Étur, ne t'est pas inconnu? »

Comme, à cette parole, il montrait son sein nu,
Don Paez, sur son cœur, vit une mèche noire
Que gardait sous du verre un médaillon d'ivoire;
Mais dès que son regard, plus terrible et plus prompt
Qu'une flèche, eut atteint le redoutable don,
Il recula soudain de douleur et de haine[22],
Comme un taureau qu'un fer a piqué dans l'arène :
« Jeune homme, cria-t-il, as-tu dans quelque lieu
Une mère, une femme? ou crois-tu pas en Dieu?
Jure-moi par ton Dieu, par ta mère et ta femme,
Par tout ce que tu crains, par tout ce que ton âme
Peut avoir de candeur, de franchise et de foi,
Jure que ces cheveux sont à toi, rien qu'à toi!
Que tu ne les as pas volés à ma maîtresse,
Ni trouvés, — ni coupés par derrière à la messe!
— J'en jure, dit l'enfant, ma pipe et mon poignard.
— Bien! reprit don Paez, le traînant à l'écart,
Viens ici, je te crois quelque vigueur à l'âme.
En as-tu ce qu'il faut pour tuer une femme?
— Frère, dit don Étur, j'en ai trois fois assez
Pour donner leur paiement à tous serments faussés.
— Tu vois, prit don Paez, qu'il faut qu'un de nous meure.
Jurons donc que celui qui sera dans une heure
Debout, et qui verra le soleil de demain,
Tuera la Juana d'Orvado de sa main.
— Tope, dit le dragon, et qu'elle meure, comme
Il est vrai qu'elle va causer la mort d'un homme. »
Et sans vouloir pousser son discours plus avant,
Comme il disait ce mot, il mit la dague au vent.

Comme on voit dans l'été, sur les herbes fauchées [23],
Deux louves, remuant les feuilles desséchées,
S'arrêter face à face, et se montrer la dent;
La rage les excite au combat; cependant
Elles tournent en rond lentement, et s'attendent [24];
Leurs mufles amaigris l'un vers l'autre se tendent.
Tels, et se renvoyant de plus sombres regards,
Les deux rivaux, penchés sur le bord des remparts,
S'observent; — par instants entre leur main rapide
S'allume sous l'acier un éclair homicide.
Tandis qu'à la lueur des flambeaux incertains,
Tous viennent à voix basse agiter leurs destins [25],
Eux, muets, haletants vers une mort hâtive,
Pareils à des pêcheurs courbés sur une rive,
Se poussent à l'attaque, et, prompts à riposter,
Par l'injure et le fer tâchent de s'exciter.
Étur est plus ardent, mais don Paez plus ferme.
Ainsi que sous son aile un cormoran s'enferme,
Tel il s'est enfermé sous sa dague; — le mur
Le soutient; à le voir, on dirait à coup sûr
Une pierre de plus dans les pierres gothiques [26]
Qu'agitent les falots en spectres fantastiques.
Il attend. — Pour Étur, tantôt d'un pied hardi,
Comme un jeune jaguar, en criant il bondit [27];
Tantôt calme à loisir, il le touche et le raille,
Comme pour l'exciter à quitter la muraille.

Le manège fut long. Pour plus d'un coup perdu,
Plus d'un bien adressé fut aussi bien rendu,
Et déjà leurs cuissards, où dégouttaient des larmes,
Laissaient voir clairement qu'ils saignaient sous leurs [armes.
Don Paez le premier, parmi tous ces débats,
Voyant qu'à ce métier ils n'en finissaient pas :
« À toi, dit-il, mon brave! et que Dieu te pardonne! »
Le coup fut mal porté, mais la botte était bonne;
Car c'était une botte à lui rompre du coup,
S'il l'avait attrapé, la tête avec le cou.
Étur l'évita donc, non sans peine, et l'épée
Se brisa sur le sol, dans son effort trompée.
Alors, chacun saisit au corps son ennemi [28],
Comme après un voyage on embrasse un ami.
— Heur et malheur! On vit ces deux hommes s'étreindre
Si fort que l'un et l'autre ils faillirent s'éteindre,

Et qu'à peine leur cœur eut pour un battement
Ce qu'il fallait de place en cet embrassement.
— Effroyable baiser! — où nul n'avait d'envie
Que de vivre assez long pour prendre une autre vie[29];
Où chacun, en mourant, regardait l'autre, et si,
En le faisant râler, il râlait bien aussi;
Où, pour trouver au cœur les routes les plus sûres
Les mains avaient du fer, les bouches des morsures.
— Effroyable baiser! — Le plus jeune en mourut.
Il blêmit tout à coup comme un mort, et l'on crut,
Quand on voulut après le tirer à la porte,
Qu'on ne pourrait jamais, tant l'étreinte était forte,
Des bras de l'homicide ôter le trépassé.
— C'est ainsi que mourut Étur de Guadassé[30].

Amour, fléau du monde, exécrable folie [31],
Toi qu'un lien si frêle à la volupté lie,
Quand par tant d'autres nœuds tu tiens à la douleur,
Si jamais, par les yeux d'une femme sans cœur,
Tu peux m'entrer au ventre et m'empoisonner l'âme,
Ainsi que d'une plaie on arrache une lame,
Plutôt que comme un lâche on me voie en souffrir[32],
Je t'en arracherai, quand j'en devrais mourir.

III

Connaîtriez-vous point, frère, dans une rue
Déserte, une maison sans porte, à moitié nue,
Près des barrières, triste; — on n'y voit jamais rien,
Sinon un pauvre enfant fouettant un maigre chien;
Des lucarnes sans vitre, et par le vent cognées,
Qui pendent, comme font des toiles d'araignées;
Des pignons délabrés, où glisse par moment
Un lézard au soleil; — d'ailleurs, nul mouvement.
Ainsi qu'on voit souvent, sur le bord des marnières,
S'accroupir vers le soir de vieilles filandières[33],
Qui, d'une main calleuse agitant leur coton,
Faibles, sur leur genou laissent choir leur menton;
De même l'on dirait que, par l'âge lassée,
Cette pauvre maison, honteuse et fracassée,
S'est accroupie un soir au bord de ce chemin.
C'est là que don Paez, le lendemain matin,
Se rendait. — Il monta les marches inégales,

Dont la mousse et le temps avaient rompu les dalles.
— Dans une chambre basse, après qu'il fut entré,
Il regarda d'abord d'un air mal assuré.
Point de lit au dedans. — Une fumée étrange
Seule dans ce taudis atteste qu'on y mange.
Ici, deux grands bahuts, des tabourets boiteux,
Cassant à tout propos quand on s'assoit sur eux;
— Des pots; — mille haillons; — et sur la cheminée,
Où chantent les grillons la nuit et la journée,
Quatre méchants portraits pendus, représentant
Des faces qui feraient fuir en enfer Satan [34].
« Femme, dit don Paez, es-tu là ? » Sur la porte
Pendait un vieux tapis de laine rousse, en sorte
Que le jour en tout point trouait le canevas;
Pour l'écarter du mur, Paez leva le bras [35].

« Entre », répond alors une voix éraillée.
Sur un mauvais grabat, de lambeaux habillée,
Une femme, pieds nus, découverte à moitié,
Gisait. — C'était horreur de la voir, — et pitié.
Peut-être qu'à vingt ans elle avait été belle;
Mais un précoce automne avait passé sur elle;
Et noire comme elle est, on dirait à son teint,
Que sur son front hâlé ses cheveux ont déteint.
A dire vrai, c'était une fille de joie.
Vous l'eussiez vue un temps en basquine de soie,
Et l'on se retournait quand, avec son grelot [36],
La Bélisa passait sur sa mule au galop.
C'étaient des boléros, des fleurs, des mascarades.
La misère aujourd'hui l'a prise. — Les alcades,
Connaissant le taudis pour triste et mal hanté,
La laissent sous son toit mourir par charité.
Là, depuis quelques ans, elle traîne une vie
Que soutient à grand'peine une sale industrie :
Elle passe à Madrid pour sorcière, et les gens
Du peuple vont la voir à l'insu des sergents.

Don Paez, cependant, hésitant à sa vue,
Elle lui tend les bras, et sur sa gorge nue,
Qui se levait encor pour un embrassement,
Elle veut l'attirer.

DON PAEZ

Quatre mots seulement,

Vieille. — Me connais-tu? Prends cette bourse, et songe
Que je ne veux de toi ni conte ni mensonge.

Bélisa

De l'or, beau cavalier? Je sais ce que tu veux;
Quelque fille de France, avec de beaux cheveux
Bien blonds! — J'en connais une.

Don Paez

                      Elle perdrait sa peine;
Je n'ai plus maintenant d'amour que pour ma haine.

Bélisa

Ta haine? Ah! je comprends. — C'est quelque trahison;
Ta belle t'a fait faute, et tu veux du poison.

Don Paez

Du poison, j'en voulais d'abord. — Mais la blessure
D'un poignard est, je crois, plus profonde et plus sûre.

Bélisa

Mon fils, ta main est faible encor; — tu manqueras
Ton coup, et mon poison ne le manquera pas.
Regarde comme il est vermeil; il donne envie
D'y goûter; — on dirait que c'est de l'eau-de-vie.

Don Paez

Non. — Je ne voudrais pas, vois-tu, la voir mourir
Empoisonnée; — on a trop longtemps à souffrir.
Il faudrait rester là deux heures, et peut-être
L'achever. — Ton poison, c'est une arme de traître;
C'est un chat qui mutile et qui tue à plaisir
Un misérable rat dont il a le loisir.
Et puis cet attirail, cette mort si cruelle,
Ces sanglots, ces hoquets. — Non, non; elle est trop belle
Elle mourra d'un coup.

Bélisa

               Alors, que me veux-tu?

Don Paez

Écoute. — A-t-on raison de croire à la vertu
Des philtres? — Dis-moi vrai.

Bélisa

>Vois-tu sur cette planche
Ce flacon de couleur brune, où trempe une branche ?
Approches-en ta lèvre, et tu sauras après
Si les discours qu'on tient sur les philtres sont vrais.

Don Paez

Donne. — Je vais t'ouvrir ici toute mon âme :
Après tout, vois-tu bien, je l'aime, cette femme.
Un cep, depuis cinq ans planté dans un rocher,
Tient encore assez ferme à qui veut l'arracher.
C'est ainsi, Bélisa, qu'au cœur de ma pensée
Tient et résiste encor cette amour insensée.
Quoi qu'il en soit, il faut que je frappe. — Et j'ai peur
De trembler devant elle.

Bélisa

>As-tu si peu de cœur ?

Don Paez

Elle mourra, sorcière, en m'embrassant.

Bélisa

>Écoute.
Es-tu bien sûr de toi ? Sais-tu ce qu'il en coûte
Pour boire ce breuvage ?

Don Paez

>En meurt-on ?

Bélisa

>Tu seras
Tout d'abord comme pris de vin. — Tu sentiras [37]
Tous tes esprits flottants, comme une langeur sourde
Jusqu'au fond de tes os, et ta tête si lourde [38]
Que tu la croirais prête à choir à chaque pas. —
Tes yeux se lasseront, — et tu t'endormiras : —
Mais d'un sommeil de plomb, sans mouvement, sans rêve [39].
C'est pendant ce moment que le charme s'achève.
Dès qu'il aura cessé, mon fils, quand tu serais
Plus cassé qu'un vieillard, ou que dans les forêts
Sont ces vieux sapins morts qu'en marchant le pied brise,
Et que par les fossés s'en va poussant la bise,

Tu sentiras ton cœur bondir de volupté,
Et les anges du ciel marcher à ton côté!

Don Paez

Et souffre-t-on beaucoup pour en mourir ensuite?

Bélisa

Oui, mon fils.
Don Paez
Donne-moi ce flacon. — Meurt-on vite?

Bélisa

Non. — Lentement.
Don Paez
Adieu, ma mère [40]!

Le flacon
Vide, il le reposa sur le bord du balcon. —
Puis tout à coup, stupide, il tomba sur la dalle,
Comme un soldat blessé que renverse une balle.
« Viens, dit la Bélisa l'attirant, viens dormir
Dans mes bras, et demain tu viendras y mourir. »

IV

Comme elle est belle au soir, aux rayons de la lune,
Peignant sur son col blanc sa chevelure brune!
Sous la tresse d'ébène on dirait, à la voir,
Une jeune guerrière avec un casque noir [41]!
Son voile déroulé plie et s'affaisse à terre [42].
Comme elle est belle et noble! et comme, avec mystère,
L'attente du plaisir et le moment venu [43]
Font sous son collier d'or frissonner son sein nu!
Elle écoute. — Déjà, dressant mille fantômes,
La nuit comme un serpent se roule autour des dômes;
Madrid, de ses mulets écoutant les grelots,
Sur son fleuve endormi promène ses falots.
— On croirait que, féconde en rumeurs étouffées,
La ville s'est changée en un palais de fées,
Et que tous ces granits dentelant les clochers
Sont aux cimes des toits des follets accrochés [44].

La senora⁶, pourtant, contre sa jalousie,
Collant son front rêveur à sa vitre noircie,
Tressaille chaque fois que l'écho d'un pilier ⁴⁶
Répète derrière elle un pas dans l'escalier.
— Oh! comme à cet instant bondit un cœur de femme!
Quand l'unique ⁴⁷ pensée où s'abîme son âme
Fuit et grandit sans cesse, et devant son désir
Recule comme une onde, impossible à saisir!
Alors, le souvenir excitant l'espérance,
L'attente d'être heureux devient une souffrance;
Et l'œil ne sonde plus qu'un gouffre éblouissant,
Pareil à ceux qu'en songe Alighieri descend ⁴⁸.
Silence! — Voyez-vous, le long de cette rampe,
Jusqu'au faîte en grimpant tournoyer une lampe?
On s'arrête; — on l'éteint. — Un pas précipité ⁴⁹
Retentit sur la dalle, et vient de ce côté.
— Ouvre la porte, Inès, et vois-tu pas, de grâce,
Au bas de la poterne un manteau gris qui passe?
Vois-tu sous le portail marcher un homme armé?
C'est lui, c'est don Paez! — Salut, mon bien-aimé!

Don Paez

Salut; — que le Seigneur vous tienne sous son aide!

Juana

Êtes-vous donc si las, Paez, ou suis-je laide,
Que vous ne venez pas m'embrasser aujourd'hui?

Don Paez

J'ai bu de l'eau-de-vie à dîner, je ne puis.

Juana

Qu'avez-vous, mon amour? pourquoi fermer la porte
Au verrou? don Paez a-t-il peur que je sorte?

Don Paez

C'est plus aisé d'entrer que de sortir d'ici.

Juana

Vous êtes pâle, ô ciel! Pourquoi sourire ainsi?

Don Paez

Tout à l'heure, en venant, je songeais qu'une femme
Qui trahit son amour, Juana, doit avoir l'âme

Faite de ce métal faux dont sont fabriqués
La mauvaise monnaie et les écus marqués.

JUANA

Vous avez fait un rêve aujourd'hui, je suppose ?

DON PAEZ

Un rêve singulier. — Donc, pour suivre la chose,
Cette femme-là doit, disais-je, assurément,
Quelquefois se méprendre et se tromper d'amant.

JUANA

M'oubliez-vous, Paez, et l'endroit où nous sommes ?

DON PAEZ

C'est un péché mortel, Juana, d'aimer deux hommes

JUANA

Hélas ! rappelez-vous que vous parlez à moi.

DON PAEZ

Oui, je me le rappelle ; oui, par la sainte foi,
Comtesse !

JUANA

      Dieu ! vrai Dieu ! quelle folie étrange
Vous a frappé l'esprit, mon bien-aimé ! mon ange !
C'est moi, c'est ta Juana. — Tu ne le connais pas,
Ce nom qu'hier encor tu disais dans mes bras ?
Et nos serments, Paez, nos amours infinies !
Nos nuits, nos belles nuits ! nos belles insomnies !
Et nos larmes, nos cris dans nos fureurs perdus !
Ah ! mille fois malheur, il ne s'en souvient plus !

Et comme elle parlait ainsi, sa main ardente
Du jeune homme au hasard saisit la main pendante.
Vous l'eussiez vu soudain pâlir et reculer,
Comme un enfant transi qui vient de se brûler.
« Juana, murmura-t-il, tu l'as voulu ! » Sa bouche
N'en put dire plus long, car déjà sur la couche
Ils se tordaient tous deux, et sous les baisers nus
Se brisaient les sanglots du fond du cœur venus.
Oh ! comme, ensevelis dans leur amour profonde,
Ils oubliaient le jour, et la vie, et le monde !

C'est ainsi qu'un nocher, sous les flots écumeux,
Prend l'oubli de la terre à regarder les cieux !
Mais, silence ! écoutez. — Sur leur sein qui se froisse,
Pourquoi ce sombre éclair, avec ces cris d'angoisse ?
Tout se tait. — Qui les trouble, ou qui les a surpris ?
— Pourquoi donc cet éclair, et pourquoi donc ces cris ?
— Qui le saura jamais ? — Sous une nue obscure
La lune a dérobé sa clarté faible et pure. —
Nul flambeau, nul témoin que la profonde nuit
Qui ne raconte pas les secrets qu'on lui dit [50].
Qui le saura ? — Pour moi, j'estime qu'une tombe
Est un asile sûr où l'espérance tombe,
Où pour l'éternité l'on croise les deux bras,
Et dont les endormis ne se réveillent pas [51].

LES MARRONS DU FEU[1]

Prologue

Mesdames et messieurs, c'est une comédie,
Laquelle, en vérité, ne dure pas longtemps;
Seulement que nul bruit, nulle dame étourdie
Ne fasse aux beaux endroits tourner les assistants.
La pièce, à parler franc, est digne de Molière;
Qui le pourrait nier? Mon groom et ma portière,
Qui l'ont lue en entier, en ont été contents[2].

Le sujet vous plaira, seigneurs, si Dieu nous aide;
Deux beaux fils sont rivaux d'amour. La signora
Doit être jeune et belle, et si l'actrice est laide,
Veuillez bien l'excuser. — Or, il arrivera
Que les deux cavaliers, grands teneurs de rancune,
Vont ferrailler d'abord. — N'en ayez peur aucune;
Nous savons nous tuer, personne n'en mourra[3].

Mais ce que cette affaire amènera de suites,
C'est ce que vous saurez, si vous ne sifflez pas.
N'allez pas nous jeter surtout de pommes cuites
Pour mettre nos rideaux et nos quinquets à bas.
Nous avons pour le mieux repeint les galeries. —
Surtout considérez, illustres seigneuries,
Comme l'auteur est jeune, et c'est son premier pas.

LES MARRONS DU FEU

PERSONNAGES

L'*abbé* Annibal Desiderio.
Rafaël Garuci.
Palforio, *hôtelier*.
Matelots.
Valets.
Musiciens.
Porteurs, etc.
La Camargo, *danseuse*.
Lætitia, *sa camériste*.
Cydalise.

> L'amour est la seule chose ici-bas qui ne veuille d'autre acheteur que lui-même. — C'est le trésor que je veux donner ou enfouir à jamais, tel que ce marchand, qui dédaignant tout l'or du Rialto, et se raillant des rois, jeta sa perle dans la mer, plutôt que de la vendre moins qu'elle ne valait.
>
> Schiller[4]

SCÈNE I
Le bord de la mer. — Un orage.

Un Matelot[5]

Au secours! il se noie! au secours, monsieur l'hôte!

Palforio

Qu'est-ce? qu'est-ce?

le Matelot

Un bateau d'échoué sur la côte.

Palforio

Un bateau, juste ciel! Dieu l'ait en sa merci[6]!

C'est celui du seigneur Rafaël Garuci.
(En dehors.)
Au secours!

le Matelot

Ils sont trois; on les voit se débattre.

Palforio

Trois! Jésus! Courons vite, on nous paîra pour quatre
Si nous en tirons un. — Le seigneur Rafaël!
Nul n'est plus magnifique! et plus grand sous le ciel!

Exeunt.
Rafaël est apporté, une guitare cassée à la main.

Rafaël

Ouf! — A-t-on pas trouvé là-bas une ou deux femmes
Dans la mer ??

Deuxième Matelot

Oui, seigneur.

Rafaël

Ce sont deux bonnes âmes.
Si vous les retirez, vous me ferez plaisir.
Ouf!

Il s'évanouit.

Deuxième Matelot

Sa main se raidit. — Il tremble. — Il va mourir.
Entrons-le là dedans.

Ils le portent dans une maison.

Troisième Matelot

Jean, sais-tu qui demeure
Là?

Jean

C'est la Camargo, par ma barbe! ou je meure.

Troisième Matelot

La danseuse?

Jean

Oui, vraiment, la même qui jouait
Dans le Palais d'Amour.

PALFORIO, *rentrant.*

Messeigneurs, s'il vous plaît,
Le seigneur Rafaël est-il hors, je vous prie?

TROISIÈME MATELOT

Oui, monsieur.

PALFORIO

L'a-t-on mis dans mon hôtellerie,
Ce glorieux seigneur?

TROISIÈME MATELOT

Non; on l'a mis ici.

UN VALET, *sortant de la maison.*

De la part du seigneur Rafaël Garuci,
Remerciements à tous, et voilà de quoi boire.

MATELOTS

Vive le Garuci!

PALFORIO

Que Dieu serve sa gloire!
Cet excellent seigneur a-t-il rouvert les yeux,
S'il vous plaît?

UN VALET

Grand merci, mon brave homme, il va mieux.
Holà! retirez-vous! Ma maîtresse vous prie
De laisser en repos dormir Sa Seigneurie.

SCÈNE II

Chez la Camargo[*]. — RAFAËL, *couché sur une chaise longue,* LA CAMARGO, *assise*[*].

CAMARGO

Rafaël, avouez que vous ne m'aimez plus.

RAFAËL

Pourquoi? — d'où vient cela? — Vous me voyez perclus,
Salé comme un hareng! — Suis-je, de grâce, un homme

À vous faire ma cour? — Quand nous étions à Rome,
L'an passé —

Camargo

Rafaël, avouez, avouez
Que vous ne m'aimez plus.

Rafaël

Bon, comme vous avez
L'esprit fait! — Pensez-vous, madame, que j'oublie
Vos bontés?

Camargo

C'est le vrai défaut de l'Italie,
Que ses soleils de juin font l'amour passager.
— Quel était près de vous ce visage étranger
Dans ce yacht?

Rafaël

Dans ce yacht?

Camargo

Oui.

Rafaël

C'était, je suppose,
Laure.

Camargo

Non.

Rafaël

C'était donc la Cydalise, — ou Rose [10]. —
Cela vous déplaît-il?

Camargo

Nullement. — La moitié
D'un violent amour, c'est presque une amitié,
N'est-ce pas?

Rafaël

Je ne sais. D'où nous vient cette idée?
Philosopherons-nous?

CAMARGO

    Je ne suis pas fâchée [11]
De vous voir. — À propos, je voulais vous prier
De me permettre...

RAFAËL

   À vous ? — Quoi ?

CAMARGO

       De me marier.

RAFAËL

De vous marier ?

CAMARGO

Oui.

RAFAËL

    Tout de bon ? — Sur mon âme,
Vous m'en voyez ravi. — Mariez-vous, madame !

CAMARGO

Vous n'en aurez nulle ombre, et nul déplaisir ?

RAFAËL

         Non. —
Et du nouvel époux peut-on dire le nom ?
Foscoli, je suppose ?

CAMARGO

   Oui, Foscoli lui-même.

RAFAËL

Parbleu ! j'en suis charmé ; c'est un garçon que j'aime,
Bonne lignée, et qui vous aime fort aussi.

CAMARGO

Et vous me pardonnez de vous quitter ainsi ?

RAFAËL

De grand cœur ! Écoutez, votre amitié m'est chère ;
Mais parlons franc. Deux ans ! c'est un peu long. Qu'y faire ?
C'est l'histoire du cœur. — Tout va si vite en lui !
Tout y meurt comme un son, tout, excepté l'ennui !

Moi qui vous dis ceci, que suis-je ? une cervelle
Sans fond. — La tête court, et les pieds après elle;
Et quand viennent les pieds, la tête au plus souvent
Est déjà lasse, et tourne où la pousse le vent!
Tenez, soyons amis, et plus de jalousie.
Mariez-vous. — Qui sait ? s'il nous vient fantaisie
De nous reprendre, eh bien! nous nous reprendrons,
[— hein?

Camargo

Très bien.

Rafaël

Par saint Joseph! je vous donne la main
Pour aller à l'église, et monter en carrosse!
Vive l'hymen [12]! — Ceci, c'est mon présent de noce,
(Il l'embrasse.)
Et j'y joindrai ceci, pour souvenir de moi.

Camargo

Quoi! votre éventail?

Rafaël

Oui. N'est-il pas beau, ma foi ?
Il est large à peu près comme un quartier de lune, —
Cousu d'or comme un paon — frais et joyeux comme une
Aile de papillon, — incertain et changeant
Comme une femme. — Il a des paillettes d'argent
Comme Arlequin. — Gardez-le, il vous fera peut-être [13]
Penser à moi; c'est tout le portrait de son maître [14].

Camargo

Le portrait en effet. — Ô malédiction!
Misère! — Oh! par le ciel, honte et dérision [15]!...
Homme stupide, as-tu pu te prendre à ce piège
Que je t'avais tendu? — Dis! — Qui suis-je? Que fais-je?
Va, tu parles avec un front mal essuyé
De nos baisers d'hier. — Oh! c'est honte et pitié [16]!
Va, tu n'es qu'une brute, et tu n'as qu'une joie
Insensée, en pensant que je lâche ma proie!
Quand je devrais aller, nu-pieds, t'attendre au coin
Des bornes, si caché que tu sois et si loin,
J'irai. — Crains mon amour, Garuc', il est immense [17]
Comme la mer! — Ma fosse est ouverte, mais pense

Que je viendrai d'abord par le dos t'y pousser.
Qui peut lécher peut mordre, et qui peut embrasser
Peut étouffer [18]. — Le front des taureaux en furie,
Dans un cirque, n'a pas la cinquième partie
De la force que Dieu met aux mains des mourants.
Oh! je te montrerai [19] si c'est après deux ans,
Deux ans de grincements de dents et d'insomnie,
Qu'une femme pour vous s'est tachée et honnie,
Qu'elle n'a plus au monde, et pour n'en mourir pas,
Que vous, que votre col où pendre ses deux bras,
Qu'elle porte un amour à fond, comme une lame
Torse, qu'on n'ôte plus du cœur sans briser l'âme [20]
Si c'est alors qu'on peut la laisser, comme un vieux
Soulier qui n'est plus bon à rien.

RAFAËL

Ah! les beaux yeux!
Quand vous vous échauffez ainsi, comme vous êtes
Jolie!

CAMARGO

Oh! laissez-moi, monsieur, ou je me jette
Le front contre ce mur!

RAFAËL, *l'attirant*.

Là là, modérez-vous.
Ce mur vous ferait mal; ce fauteuil est plus doux.
Ne pleurez donc pas tant. — Ce que j'ai dit, mon ange,
Après votre demande, était-il donc étrange?
Je croyais vous complaire, en vous parlant ainsi;
Mais — je n'en pensais pas une parole.

CAMARGO

Oh! si!
Si, vous parliez franc.

RAFAËL

Non. L'avez-vous bien pu croire?
Vous me faisiez un conte, et j'ai fait une histoire.
Calmez-vous. — Je vous aime autant qu'au premier jour,
Ma belle! — mon bijou! — mon seul bien! — mon amour [21]!

CAMARGO

Mon Dieu, pardonnez-lui s'il me trompe!

RAFAËL

                                Cruelle!
Doutez-vous de ma flamme, en vous voyant si belle?
                       (*Il tourne la glace.*)
Dis, l'amour, qui t'a fait l'œil si noir, ayant fait
Le reste de ton corps d'une goutte de lait?
Parbleu! quand ce corps-là de sa prison s'échappe,
Gageons qu'il passerait par l'anneau d'or du pape!

CAMARGO

Allez voir s'il ne vient personne.

RAFAËL, *à part.*

                          Ah! quel ennui [22]!

CAMARGO, *seule un moment, le regardant s'éloigner.*

Cela ne se peut pas. — Je suis trompée! Et lui
Se rit de moi. Son pas, son regard, sa parole,
Tout me le dit. Malheur! Oh! je suis une folle [23]!

RAFAËL, *revenant.*

Tout se tait au dedans comme au dehors. — Ma foi,
Vous avez un jardin superbe.

CAMARGO

                Écoutez-moi;
J'attends de votre amour une marque certaine.

RAFAËL

On vous la donnera.

CAMARGO

          Ce soir, je pars pour Vienne;
M'y suivrez-vous?

RAFAËL

         Ce soir! — Était-ce pour cela
Qu'il fallait regarder si l'on venait?

CAMARGO

                       Holà!
Lætitia! Lafleur! Pascariel!

LÆTITIA, *entrant.*

          Madame?

CAMARGO

Demandez des chevaux [24] pour ce soir.
Exit Lætitia.

RAFAËL

                              Sur mon âme,
Vous avez des vapeurs, madame [25], assurément.

CAMARGO

Me suivrez-vous?

RAFAËL

       Ce soir! à Vienne? — Non vraiment,
Je ne puis.

CAMARGO

    Adieu donc, Garuci. Je vous laisse. —
Je pars seule. — Soyez plus heureux en maîtresse.

RAFAËL

En maîtresse? heureux? moi? — Ma parole d'honneur,
Je n'en ai jamais eu.

CAMARGO, *hors d'elle*.

        Qu'étais-je donc?

RAFAËL

                              Mon cœur,
Ne recommencez pas à vous fâcher.

CAMARGO

                    Et celle
De tantôt? Quels étaient ces gens? — Que faisait-elle,
Cette femme? — J'ai vu! — Voudrais-tu t'en cacher [26]?
Quelque fille, à coup sûr. — J'irai lui cravacher
La figure!

RAFAËL

    Ah! tout beau, ma belle Bradamante [27].
Tout à l'heure, voyez, vous étiez si charmante.

CAMARGO

Tout à l'heure j'étais insensée, — à présent
Je suis sage!

Rafaël

    Eh! mon Dieu! l'on vous fâche en faisant
Vos plaisirs! — J'étais là, près de vous. — Vous me dites
D'aller là regarder si l'on vient. — Je vous quitte,
Je reviens. — Vous partez pour Vienne! Par la croix
De Jésus, qui saurait comment faire?

Camargo

        Autrefois,
Quand je te disais : « Va! » c'était à cette place!
       (Montrant son lit.)
Tu t'y couchais — sans moi. — Tu m'appelais par grâce!
Moi, je ne venais pas. — Toi, tu priais. — Alors
J'approchais lentement, — et tes bras étaient forts
Pour me faire tomber [28] sur ton cœur! — Mes caprices
Étaient suivis alors, — et tous étaient justices.
Tu ne te plaignais pas; — c'était toi qui pleurais!
Toi qui devenais pâle, et toi qui me nommais
Ton inhumaine! — Alors, étais-je ta maîtresse?

Rafaël, *se jetant sur le lit.*

Mon inhumaine, allons! Ma reine! ma déesse!
Je vous attends, voyons! Les champs clos sont rompus!
M'osez-vous tenir tête?

Camargo, *dans ses bras.*

    Ah! tu ne m'aimes plus!

SCÈNE III

Devant la maison de la Camargo. — L'abbé Annibal
Desiderio, *descendant de sa chaise; musiciens, porteurs* [29].

l'Abbé

Holà! dites, marauds, — est-ce pas là que loge
La Camargo?

Un Porteur

    Seigneur, c'est là. — Proche l'horloge
Saint-Vincent, tout devant; ces rideaux que voici,
C'est sa chambre à coucher.

L'Abbé

       Voilà pour toi, merci.
Parbleu! cette soirée est propice, et je pense
Que mes feux pourraient bien avoir leur récompense.
La lune ne va pas tarder à se lever;
La chose au premier coup peut ici s'achever.
Têtebleu! c'est le moins qu'un homme de ma sorte
Ne s'aille pas morfondre à garder une porte;
Je ne suis pas des gens qu'on laisse s'enrouer.
— Or, vous autres coquins, qu'allez-vous nous jouer?
— Piano, signor basson; — amoroso! la dame
Est une oreille fine! — Il faudrait à ma flamme
Quelque mi bémol, — hein? Je m'en vais me cacher
Sous ce contrevent-là; c'est sa chambre à coucher,
N'est-ce pas?

Un Porteur

  Oui, seigneur.

L'Abbé

       Je ne puis trop vous dire
D'aller bien lentement. — C'est un cruel martyre
Que le mien! Têtebleu! je me suis ruiné
Presque à moitié, le tout pour avoir trop donné
À mes divinités de soupers et d'aubades.

Musiciens

Andantino, seigneur!

          Musique.

L'Abbé

   Tous ces airs-là sont fades.
Chantez tout bonnement : « Belle Philis », ou bien :
« Ma Clymène ».

Musiciens

 Allegro, seigneur!

          Musique.

L'Abbé

       Je ne vois rien
À cette fenêtre. — Hum!

       La musique continue.

Point. — C'est une barbare.
— Rien ne bouge. — Allons, toi, donne-moi [30] ta guitare.
(Il prend une guitare.)

Fi donc! pouah!
(Il en prend une autre.)

Hum! je vais chanter, moi. — Ces marauds
Se sont donné, je crois, le mot [31] pour chanter faux.
(Il chante.)

Pour tant de peine et tant d'émoi...

Hum! mi, mi, la.

Pour tant de peine et tant d'émoi...

Mi, mi. — Bon.

Pour tant de peine et tant d'émoi,
Où vous m'avez jeté, Clymène,
Ne me soyez point inhumaine,
Et, s'il se peut, secourez-moi,
Pour tant de peine!

Quoi! rien ne remue!
Va-t-elle me laisser faire le pied de grue?
Têtebleu! nous verrons!
(Il chante.)

De tant de peine mon amour...

RAFAËL, *sortant de la maison et s'arrêtant sur le pas de la porte.*
Ah! ah! monsieur l'abbé
Desiderio! — Parbleu! vous êtes mal tombé.

L'Abbé

Mal tombé, monsieur! — Mais, pas si mal. Je vous chasse,
Peut-être?

Rafaël

Point du tout; je vous laisse la place.
Sur ma parole, elle est bonne à prendre, et, de plus,
Toute chaude.

L'Abbé

Monsieur, monsieur, pour faire abus
Des oreilles d'un homme, il ne faut pas une heure; —
Il ne faut qu'un mot.

Rafaël

Vrai ? j'aurais cru, que je meure,
Les vôtres sur ce point[32] moins promptes, aux façons
Dont les miennes d'abord avaient pris vos chansons.

L'Abbé

Tête et ventre ! monsieur, faut-il qu'on vous les coupe ?

Rafaël

Là, tout beau, sire ! il faut d'abord, moi, que je soupe...
Je ne me suis jamais battu sans y voir clair,
Ni couché sans souper.

L'Abbé

Pour quelqu'un de bel air,
Vous sentez le mauvais soupeur, mon gentilhomme.
(Le touchant.)
Ce vieux surtout mouillé ! Qu'est-ce donc qu'on vous
[nomme ?

Rafaël

On me nomme seigneur Vide-bourse, casseur
De pots ; c'est, en anglais, Blockhead[33], maître tueur
D'abbés. — Pour le seigneur Garuci, c'est son père
Le plus communément qui couche avec sa mère.

L'Abbé

S'il y couche demain, il court, je lui prédis,
Risque d'avoir pour femme une mère sans fils.
Votre logis ?

Rafaël

Hôtel du Dauphin bleu. La porte
À droite, au petit Parc.

L'Abbé

Vos armes ?

Rafaël

Peu m'importe ;
Fer ou plomb, balle ou pointe.

L'Abbé

Et votre heure ?

Rafaël

                                    Midi.
(L'abbé le salue et retourne à sa chaise.)
Ce petit abbé-là m'a l'air bien dégourdi.
Parbleu! c'est un bon diable; il faut que je l'invite
À souper. — Hé, monsieur[34], n'allez donc pas si vite!

L'Abbé

Qu'est-ce, monsieur?

Rafaël

                   Vos gens s'ensauvent, comme si
La fièvre à leurs talons les emportait d'ici.
Demeurez pour l'amour de Dieu, que je vous pose
Un problème d'algèbre. Est-ce pas une chose
Véritable, et que voit quiconque a l'esprit sain,
Que la table est au lit ce qu'est la poire au vin?
De plus, deux gens de bien, à s'aller mettre en face
Sans s'être jamais vus, ont plus mauvaise grâce,
Assurément, que, quand il pleut, une catin
À descendre de fiacre en souliers de satin.
Donc, si vous m'en croyez, nous souperons ensemble;
Nous nous connaîtrons mieux pour demain. Que t'en
Abbé?   [semble,

L'Abbé

Parbleu! marquis, je le veux, et j'y vais.
                              Il sort de sa chaise.

Rafaël

Voilà les musiciens qui sont déjà trouvés;
Et pour la table, — holà, Palforio! l'auberge!
                              (Frappant.)
Cette porte est plus rude à forcer qu'une vierge.
Palforio, manant, tripier, sac à boyaux!
Vous verrez qu'à cette heure ils dorment, les bourreaux!
                    Il jette une pierre dans la vitre.

Palforio, *à la fenêtre.*

Quel est le bon plaisir de votre courtoisie?

Rafaël

Fais-nous faire à souper. Certes, l'heure est choisie
Pour nous laisser ainsi casser tous tes carreaux[35]!

Dépêche, sac à vin! — Pardieu! si j'étais gros
Comme un muid, comme toi, je dirais qu'on me porte
En guise d'écriteau sur le pas de ma porte;
On saurait où me prendre au moins.

Palforio

> Excusez-moi,
Très excellent seigneur.

Rafaël

Allons, démène-toi.
Vite! va mettre en l'air ta marmitonnerie.
Donne-nous ton meilleur vin et ta plus jolie
Servante; embroche tout : tes oisons, tes poulets [36],
Tes veaux, tes chiens, tes chats, ta femme et tes valets!
— Toi, l'abbé, passe donc; en joie! et pour nous battre
Après, nous taperons, vive Dieu! comme quatre.

SCÈNE IV
La loge de la Camargo. *On la chausse.*

Camargo

Il ira. — Laissez-moi seule, et ne manquez pas
Qu'on me vienne avertir quand ce sera mon pas.

— C'est la règle, ô mon cœur! — Il est sûr qu'une femme
Met dans une âme aimée une part de son âme.
Sinon, d'où pourrait-elle et pourquoi concevoir
La soif d'y revenir, et l'horreur d'en déchoir?
Au contraire un cœur d'homme est comme une marée
Fuyarde des endroits qui l'ont mieux [37] attirée.
Voyez qu'en tout lien, l'amour à l'un grandit
Et par le temps empire, à l'autre refroidit.
L'un, ainsi qu'un cheval qu'on pique à la poitrine,
En insensé [38] toujours contre la javeline
Avance, et se la pousse au cœur jusqu'à mourir.
L'autre, dès que ses flancs commencent à s'ouvrir,
Qu'il sent le froid du fer, et l'aride morsure
Aller chercher le cœur au fond de la blessure,
Il prend la fuite en lâche, et se sauve d'aimer.
Ah! que puissent mes yeux quelque part allumer
Une plaie à la mienne en misère semblable,

Et je serai plus dure et plus inexorable
Qu'un pauvre pour son chien, après qu'un jour entier
Il a dit : « Pour l'amour de Dieu ! » sans un denier.
— Suis-je pas belle encor ? — Pour trois nuits mal dormies,
Ma joue est-elle creuse ? ou mes lèvres blêmies ?
Vrai Dieu ! ne suis-je plus la Camargo ? — Sait-on
Sous mon rouge, d'ailleurs, si je suis pâle ou non ?
Va, je suis belle encor ! C'est ton amour, perfide
Garuci, que déjà le temps efface et ride,
Non mon visage. — Un nain contrefait et boiteux,
Voulant jouer Phœbus, lui ressemblerait mieux,
Qu'aux façons d'une amour fidèle et bien gardée
L'allure d'une amour défaillante et fardée.
Ah ! c'est de ce matin que ton cœur m'est connu [39],
Car en le déguisant tu me l'as mis à nu [40].
Certes, c'est un loisir magnifique et commode
Que la paisible ardeur d'une intrigue à la mode !
— Qu'est-ce alors ? — C'est un flot qui nous berce rêvant !
C'est l'ombre qui s'enfuit d'une fumée au vent !
Mais que l'ombre devienne un spectre, et que les ondes
S'enfoncent sous les pieds, vivantes et profondes,
Le mal aimant recule, et le bon reste seul.
Oh ! que dans sa douleur ainsi qu'en un linceul
Il se couche à cette heure et dorme ! La pensée
D'un homme est de plaisirs et d'oublis traversée ;
Une femme ne vit et ne meurt que d'amour ;
Elle songe une année à quoi lui pense un jour [41] !

Lætitia, *entrant*.

Madame, on vous attend à la troisième scène.

Camargo

Est-ce la Monanteuil, ce soir, qui fait la reine ?

Lætitia

Oui, madame, et monsieur de Monanteuil, Sylvain.

Camargo

Fais porter cette lettre à l'hôtel du Dauphin.

SCÈNE V

Une salle à manger très riche. — GARUCI, *à table avec l'abbé* ANNIBAL; *musiciens.*

RAFAËL

Oui, mon abbé, voilà comme, une après-dînée,
Je vis, pris, et vainquis la Camargo, l'année
Dix-sept cent soixante-un de la nativité
De Notre-Seigneur.

L'ABBÉ

— Triste, oh! triste, en vérité!

RAFAËL

Triste, abbé? — Vous avez le vin triste? — Italie,
Voyez-vous, à mon sens, c'est la rime à folie [12].
Quant à mélancolie, elle sent trop les trous
Aux bas, le quatrième étage, et les vieux sous.
On dit qu'elle a des gens qui se noient pour elle [13].
— Moi, je la noie.

Il boit.

L'ABBÉ

Et quand vous eûtes cette belle
Camargo, vous l'aimiez fort?

RAFAËL [14]

Oh! très fort; — et puis
À vous dire le vrai, je m'y suis très bien pris.
Contre un doublon d'argent un cœur de fer s'émousse.
Ce fut, le premier mois, l'amitié la plus douce
Qui se puisse inventer. Je m'en allais la voir,
Comme ça, tout au saut du lit, — ou bien le soir
Après le spectacle. — Oh! c'était une folie [15],
Dans ce temps-là! — Pauvre ange! — Elle était bien jolie.
Si bien, qu'après un mois, je cessai d'y venir.
Elle de remuer terre et ciel, — moi de fuir. —
Pourtant je fus trouvé; — reproches, pleurs, injure,
Le reste à l'avenant. — On me nomma parjure,
C'est le moins. — Je rompis tout net. — Bon. — Cependant
Nous nous allions fuyant et l'un l'autre oubliant. —
Un beau soir, je ne sais comment se fit l'affaire,
La lune se levait cette nuit-là si claire,

Le vent était si doux, l'air de Rome est si pur : —
C'était un petit bois qui côtoyait un mur,
Un petit sentier vert, — je le pris, — et, Jean comme
Devant, je m'en allai l'éveiller dans son somme.

L'ABBÉ

Et vous l'avez reprise ?

RAFAËL, *cassant son verre.*

Aussi vrai que voilà
Un verre de cassé. — Mon amour s'en alla
Bientôt. — Que voulez-vous ? moi, j'ai donné ma vie
À ce dieu fainéant qu'on nomme fantaisie.
C'est lui qui, triste ou fou [16], de face ou de profil,
Comme un polichinel me traîne au bout d'un fil ;
Lui qui tient les cordons de ma bourse, et la guide
De mon cheval ; jaloux, badaud, constant, perfide,
En chasse au point du jour dimanche, et vendredi
Cloué sur l'oreiller jusque et passé midi.
Ainsi je vais en tout, — plus vain que la fumée
De ma pipe, — accrochant tous les pavés. — L'année
Dernière, j'étais fou de chiens d'abord, et puis
De femmes. — Maintenant, ma foi, je ne le suis
De rien. — J'en ai bien vu, des petites princesses !
La première surtout m'a mangé de caresses :
Elle m'a tant baisé, pommadé, ballotté !
C'est fini, voyez-vous, celle-là m'a gâté.
Quant à la Camargo, vous la pouvez bien prendre
Si le cœur vous en dit ; mais je me veux voir pendre
Plutôt que si ma main de sa nuque approchait.

L'ABBÉ

Triste !

RAFAËL

Encor triste, abbé ?

(Aux musiciens.)

Hé ! messieurs de l'archet,
En ut ! égayez donc un peu sa courtoisie. *(Musique.)*
Ma foi ! voilà deux airs très beaux.

(Il parle en se promenant, pendant que l'orchestre joue piano.)

La poésie,
Voyez-vous, c'est bien. — Mais la musique, c'est mieux,
Pardieu ! voilà deux airs qui sont délicieux ;

La langue sans gosier n'est rien. — Voyez le Dante;
Son Séraphin doré ne parle pas, — il chante!
C'est la musique, moi, qui m'a fait croire en Dieu [47].
— Hardi, ferme, poussez; crescendo!
          Mais, parbleu!
L'abbé s'est endormi. — Le voilà sous la table.
C'est vrai qu'il a le vin mélancolique en diable.
Ô doux, ô doux sommeil! ô baume des esprits!
Reste sur lui, sommeil! dormir quand on est gris,
C'est, après le souper, le premier bien du monde.

PALFORIO, *entrant.*

Une lettre, seigneur.

RAFAËL, *après avoir lu.*

    Que le ciel la confonde!
Dites que je n'irai, certes, pas. — Attendez!
Si — c'est cela — parbleu! — je — non — si fait, restez.
Dites que l'on m'attende.
       (Exit Palforio.)
    Hé, l'abbé! Sur mon âme,
Il ronfle en enragé [48].

L'ABBÉ

    Pardonnez-moi, madame;
Est-ce que je dormais?

RAFAËL

    Hé! voulez-vous avoir [49]
La Camargo, l'ami?

L'ABBÉ, *se levant.*

Tête et ventre! ce soir?

RAFAËL

Ce soir même. — Écoutez bien : — elle doit m'attendre
Avant minuit. — Il est onze heures, — il faut prendre
Mon habit.
      (L'abbé se déboutonne.)
  Me donner le vôtre.
      (L'abbé ôte son manteau.)
     Vous irez
À la petite porte, et là vous tousserez
Deux fois; toussez un peu.

L'Abbé

Hum! hum!

Rafaël

C'est à merveille.
Nous sommes à peu près de stature pareille.
Changeons d'habit.
(Ils changent.)
Parbleu! cet habit de cafard
Me donne l'encolure et l'air d'un Escobard [50].
Le marquis Annibal! l'abbé Garuci! — Certe,
Le tour est des meilleurs. Or donc, la porte ouverte,
On vous introduira piano. — Mais n'allez pas
Perdre la tête là. — Prenez-la dans vos bras,
Et tout d'abord du poing renversez la chandelle. —
L'alcôve est à main droite en entrant. — Pour la belle,
Elle ne dira mot, ne réponds rien. —

L'Abbé

J'y vais.
Marquis, c'est à la vie, à la mort. — Si jamais
Ma maîtresse te plaît, à tel jour, à telle heure
Que ce soit, écris-moi trois mots, et que je meure
Si tu ne l'as le soir!

Il sort.

Rafaël *lui crie par la fenêtre.*

L'abbé, si vous voulez
Qu'on vous prenne pour moi tout à fait, embrassez
La servante en entrant. — Holà! marauds, qu'on dise
À quelqu'un de m'aller chercher la Cydalise!

SCÈNE VI
Chez la Camargo.

Camargo, *entrant.*

Déchausse-moi. — J'étouffe. — A-t-on mis mon billet?

Lætitia

Oui, madame.

Camargo

Et qu'a-t-on répondu?

Lætitia

>Qu'il viendrait.

Camargo

Était-il seul?

Lætitia

Avec un abbé.

Camargo

>Qui se nomme...

Lætitia

Je ne sais pas. — Un gros joufflu, court, petit homme.

Camargo

Lætitia?

Lætitia

Madame?

Camargo

>Approchez un peu. — J'ai,
Depuis le mois dernier, bien pâli, bien changé,
N'est-ce pas? Je fais peur. — Je ne suis pas coiffée;
Et vous me serrez tant, je suis tout étouffée [51].

Lætitia

Madame a le plus beau teint du monde ce soir.

Camargo

Vous croyez? — Relevez ce rideau. — Viens t'asseoir
Près de moi. — Penses-tu, toi, que, pour une femme,
C'est un malheur d'aimer, — dans le fond de ton âme?

Lætitia

Un malheur, quand on est riche!

L'Abbé, *dans la rue.*

>Hum!

Camargo

>N'entends-tu pas
Qu'on a toussé? — Pourtant ce n'était point son pas.

Lætitia

Madame, c'est sa voix. — Je vais ouvrir la porte.

Camargo

Versez-moi ce flacon sur l'épaule.

> *La Camargo reste un moment seule, en silence. Lætitia rentre, accompagnée de l'abbé sous le manteau de Garuci, puis se retire aussitôt. Le coin du manteau accroche en passant la lampe et la renverse.*

l'Abbé, *se jetant à son cou.*

Oh [52] !

> *La Camargo est assise ; elle se lève et va à son alcôve. L'abbé la suit dans l'obscurité. Elle se retourne et lui tend la main ; il la saisit.*

Camargo

Main-forte !
Au secours ! Ce n'est pas lui !

> *Tous deux restent immobiles un instant.*

l'Abbé

Madame, en pensant...

Camargo

Au guet ! — Mais quel est donc cet homme ?

l'Abbé, *lui mettant son mouchoir sur la bouche.*

Ah ! tête et sang [53] !
Ma belle dame, un mot. — Je vous tiens, quoi qu'on fasse.
Criez si vous voulez ; mais il faut qu'on en passe
Par mes volontés.

Camargo, *étouffant.*

Heuh !

l'Abbé

Écoute ! — Si tu veux
Que nous passions une heure à nous prendre aux cheveux.

À ton gré, je le veux aussi, mais je te jure
Que tu n'y peux gagner beaucoup, — et sois bien sûre
Que tu n'y perdras rien. — Madame, au nom du ciel,
Vous allez vous blesser. — Si mon regret mortel
De vous offenser, si...

CAMARGO, *arrachant la boucle de sa ceinture
et l'en frappant au visage.*

Tu n'es qu'un misérable
Assassin. — Au secours!

L'ABBÉ

Soyez donc raisonnable.
Madame! calmez-vous. — Voulez-vous que vos gens
Fassent jaser le peuple, ou venir les sergents?
Nous sommes seuls, la nuit, — et vous êtes trompée
Si vous pensez qu'on sort à minuit sans épée.
Lorsque vous m'aurez fait éventrer un valet
Ou deux, m'en croira-t-on moins heureux, s'il vous plaît?
Et n'en prendra-t-on pas le soupçon légitime
Qu'étant si criminel, j'ai commis tout le crime?

CAMARGO

Et qui donc es-tu, toi, qui me parles ainsi?

L'ABBÉ

Ma foi! je n'en sais rien. — J'étais le Garuci
Tout à l'heure; à présent...

CAMARGO, *le menant à l'endroit de la fenêtre où donne la lune*

Viens ici. — Sur ta vie
Et le sang de tes os, réponds. — Que signifie
Ce chiffre?

L'ABBÉ

Ah! pardonnez, madame, je suis fou
D'amour de vous. — Je suis venu sans savoir où.
Ah! ne me faites pas cette mortelle injure,
Que de me croire un cœur fait à cette imposture.
Je n'étais plus moi-même, et le ciel m'est témoin
Que de vous mériter nul n'a pris plus de soin.

CAMARGO

Je te crois volontiers en effet la cervelle
Troublée. — Et cette plaque enfin, d'où te vient-elle?

L'ABBÉ

De lui.

CAMARGO

Lui ! — L'as-tu donc égorgé ?

L'ABBÉ

Moi ? Non point ;
Je l'ai laissé très vif, une bouteille au poing.

CAMARGO

Quel jeu jouons-nous donc ?

L'ABBÉ

Eh ! madame [54], lui-même
Ne pouvait-il pas seul trouver ce stratagème ?
Et ne voyez-vous point que lui seul m'a donné
Ce dont je devais voir mon amour couronné ?
Et quel autre que lui m'eût dit votre demeure ?
M'eût prêté ces habits ? m'eût si bien marqué l'heure ?

CAMARGO

Rafaël ! Rafaël ! le jour que de mon front
Mes cheveux sur mes pieds un à un tomberont,
Que ma joue et mes mains bleuiront comme celles
D'un noyé, que mes yeux laisseront mes prunelles
Tomber avec mes pleurs [55], alors tu penseras
Que c'est assez souffert, et tu t'arrêteras !

L'ABBÉ

Mais...

CAMARGO

Et quel homme encor me met-il à sa place ?
De quelle fange est l'eau qu'il me jette à la face ?
Viens, toi. — Voyons, lequel est écrit dans tes yeux,
Du stupide, ou du lâche, ou si c'est tous les deux ?

L'ABBÉ

Madame !

CAMARGO

Je t'ai vu quelque part.

L'Abbé

                        Chez le comte
Foscoli.

Camargo

        C'est cela. — Si ce n'était de honte,
Ce serait de pitié qu'à te voir ainsi fait
Comme un bouffon manqué, le cœur me lèverait !
Voyons, qu'avais-tu bu ? dans cette violence,
Pour combien est l'ivresse, et combien l'impudence ?
Va, je te crois sans peine, et lui seul sûrement
Est le joueur ici qui t'a fait l'instrument.
Mais, écoute. — Ceci vous sera profitable. —
Va-t'en le retrouver, s'il est encore à table ;
Dis-lui bien ton succès, et que lorsqu'il voudra [56]
Prêter à ses amis des filles d'Opéra...

L'Abbé

D'Opéra ! — Hé parbleu ! vous seriez bien surprise
Si vous saviez qu'il soupe avec la Cydalise.

Camargo

Quoi ! Cydalise !

L'Abbé

            Hé oui ! Gageons que l'on entend
D'ici les musiciens, s'il fait un peu de vent.

> *Tous deux prêtent l'oreille à la fenêtre. On entend une symphonie lente dans l'éloignement.*

Camargo

Ciel et terre ! c'est vrai !

L'Abbé

                C'est ainsi qu'il oublie
Auprès d'elle, qui n'est ni jeune ni jolie,
La perle de nos jours ! Ah ! madame, songez
Que vos attraits surtout par là sont outragés,
Songez au temps, à l'heure, à l'insulte, à ma flamme ;
Croyez que vos bontés...

CAMARGO

Cydalise!

L'ABBÉ

Eh! madame [57],
Ne daignerez-vous pas baisser vos yeux sur moi?
Si le plus absolu dévouement...

CAMARGO

Lève-toi.
As-tu le poignet ferme?

L'ABBÉ

Hai...

CAMARGO

Voyons ton épée.

L'ABBÉ

Madame, en vérité, vous vous êtes coupée.

CAMARGO

Hé quoi! pâle avant l'heure, et déjà faiblissant?

L'ABBÉ

Non pas, mais têtebleu! voulez-vous donc du sang?

CAMARGO

Abbé, je veux du sang [58]! J'en suis plus altérée
Qu'une corneille au vent d'un cadavre attirée.
Il est là-bas, dis-tu? cours-y donc, — coupe-lui
La gorge, et tire-le par les pieds jusqu'ici.
Tords-lui le cœur, abbé, de peur qu'il n'en réchappe [59]
Coupe-le en quatre, et mets les morceaux dans la nappe [60];
Tu me l'apporteras, et puisse m'écraser
La foudre, si tu n'as par blessure un baiser!
Tu tressailles, Romain? C'est une faute étrange
Si tu te crois ici conduit par ton bon ange!
Le sang te fait-il peur? Pour t'en faire un manteau
De cardinal, il faut la pointe d'un couteau.
Me jugeais-tu le cœur si large, que j'y porte
Deux amours à la fois, et que pas un n'en sorte?

C'est une faute encor; mon cœur n'est pas si grand,
Et le dernier venu ronge l'autre en entrant.

L'Abbé

Mais, madame, vraiment, c'est... Est-ce que ?... Sans doute
C'est un assassinat [61]. — Et la justice ?

Camargo

                Écoute.
Je t'en supplie à deux genoux.

L'Abbé

                          Mais je me bats
Avec lui demain, moi. Cela ne se peut pas;
Attendez à demain, madame.

Camargo

                        Et s'il te tue ? —
Demain ! et si j'en meurs [62] ? — Si je suis devenue
Folle ? — Si le soleil, se prenant à pâlir,
De ce sombre horizon ne pouvait pas sortir ?
On a vu quelquefois de telles nuits au monde. —
Demain ! le vais-je attendre à compter par seconde
Les heures sur mes doigts, ou sur les battements
De mon cœur, comme un juif qui calcule le temps
D'un prêt ? — Demain ensuite, irai-je pour te plaire
Jouer à croix ou pile, et mettre ma colère
Au bout d'un pistolet qui tremble avec ta main ?
Non pas. — Non ! Aujourd'hui est [63] à nous, mais demain
Est à Dieu [64] !

L'Abbé

Songez donc...

Camargo

                Annibal, je t'adore !
Embrasse-moi !

Il se jette à son cou.

L'Abbé

Démons !!!

Camargo

                Mon cher amour, j'implore
Votre protection. — Voyez qu'il se fait tard. —

Me refuserez-vous ? — Tiens, tiens, prends ce poignard.
Qui te verra passer ? Il fait si noir !

L'Abbé

Qu'il meure,
Et vous êtes à moi ?

Camargo

Cette nuit.

L'Abbé

Dans une heure.
Ah ! je ne puis [65] marcher. — Mes pieds tremblent. — Je
[sens,
Je — je vois...

Camargo

Annibal, je suis prête, et j'attends [66].

SCÈNE VII

A l'auberge. — Rafaël *est assis avec* Rose *et* Cydalise.

Rafaël, *chantant.*

Trivelin ou Scaramouche [67],
Remplis ton verre à moitié,
Si tu le bois tout entier,
Je dirai que tu te mouches
Du pied.

Je ne sais pas au fond de quelle pyramide
De bouteilles de vin, au cœur de quel broc vide
S'est caché le démon qui doit me griser, mais
Je désespère encor de le trouver jamais.

Cydalise

À toi, mon prince !

Rafaël

À toi ! Buvons à mort, déesse !
Ma foi, vive l'amour ! Au diable ma maîtresse !
La vie est à descendre un rude grand chemin ;
Gai donc, la voyageuse, au coup du pèlerin !

Cydalise

Chante, je vais danser.

RAFAËL

Bien dit. — Ah! la jolie[68]
Jambe!

*(Il se couche aux pieds de
Rose et prélude.)*

Je suis Hamlet aux genoux d'Ophélie.

Mais, reine, ma folie est plus douce, et mes yeux
Sous vos longs sourcils noirs invoquent d'autres dieux.

(Il chante.)

Si, dans les antres de Gnide
Au bras de Vénus porté,
Le vieux Jupiter, que ride
Sa vieille immortalité,
Dans la céleste furie[69]
Me laissait finir sa vie,
Qui jamais ne finira;
Dieux immortels, que je meure!
J'aimerais mieux un quart d'heure
Chez la Blanche Lydia.

Que j'aime ces beaux seins qui battent la campagne!
Au menuet, danseuse! — et vous, du vin d'Espagne!

(À Rose.)

Et laissez vos regards avec le vin couler.
Dieu merci, ma raison commence à s'en aller!

CYDALISE

Tu me laisses danser toute seule?

RAFAËL

Ma reine,
Cela n'est pas bien dit.

(Il se lève.)

Cette table nous gêne.

Il la renverse du pied.

PALFORIO, *entrant*.

Seigneur, je ne puis dire autre chose, sinon
Que de vous déranger je demande pardon;
Mais vous faites un bruit bien fort, et qui fait mettre
Autour de ma maison le monde à la fenêtre.
Veuillez crier moins haut.

Rafaël

                Ah! parbleu! je crierai,
Maître porte-bedaine, autant que je voudrai.
Holà! hé! ohé! ho!

Palforio

            Seigneur, je vous supplie
D'observer qu'il est tard.

Rafaël

              Allons, paix, vieille truie.
Je suis abbé, d'abord. — Si vous dites un mot,
Je vous excommunie. — Arrière, toi, pied-bot!
                        (Il danse en chantant.)

      Monsieur l'abbé, où courez-vous?
      Vous allez vous casser le cou.

Palforio

Seigneur, si vous criez, j'irai chercher la garde;
J'en demande pardon à votre honneur.

Rafaël

                        Prends garde,
Que mon pied n'aille voir tes chausses.

Palforio

                    Aïe! à moi!
Je suis mort.

Rafaël

            Ventrebleu! je suis ici chez toi;
J'y suis pour mon plaisir, et n'en sortirai mie.

Palforio

Seigneur, excusez-moi; c'est mon hôtellerie,
Et vous en sortirez. — À la garde!

      Rafaël, *lui jetant une bouteille à la tête.*
                    Tiens.

Palforio

                  Ah!
                    Il tombe.

CYDALISE

Vous l'avez tué!

RAFAËL

Non.

CYDALISE

Si fait.

RAFAËL

Non.

ROSE

Si fait.

RAFAËL

Bah!
(Il le secoue.)
Hé! Palforio[70], vieux porc! Il sait mieux que personne
Où vont après leur mort les gredins. — Je m'étonne
Que Satan ou Pluton, dès la première fois,
Dans cette nuque chauve ait enfoncé les doigts.
Ma foi, bonsoir; le drôle a soufflé sa chandelle.
Adieu, ventre sans tête. — Il faut partir, ma belle.
Les sergents nous feraient payer les pots. — Allons.
C'est dur de nous quitter si tôt. — Allons, partons.
Je le croyais plus ferme, et que les vieilles âmes
Se rouillaient à l'étui comme les vieilles lames.

CYDALISE

Paix! on vient.

VOIX

Au guet!

RAFAËL

Hein! je crois que les bourreaux
Sont gens, Dieu me pardonne, à quérir les prévôts.
Ne les attendons pas, mon ange. — Cette issue
Secrète nous conduit, par la petite rue,
À mon hôtel.

VOIX

C'est là.

Cydalise

Mon Dieu! si l'on entrait!

Rafaël

Allons, le mantelet, le loup et le bonnet;
Par ici, par ici! bonsoir, mes Cydalises.

Cydalise

Bonsoir, mon prince.

Un Sergent, *entrant*.

Arrête! En voilà deux de prises.

Cydalise

Mon prince, sauvez-vous.

le Sergent

Qu'on le retienne.

Rafaël

Il pleut
Un peu, mais c'est égal. — Ma foi, sauve qui peut!

Il saute par la fenêtre.

Un Soldat

Sergent, nous n'avons rien. — Votre homme est passé
[maître
Dans le saut périlleux. — Il a pris la fenêtre.

le Sergent

Oh! oh! tenez-le bien. — Que vois-je? L'hôtelier
Est mort. Courez tous vite, et sus le meurtrier!

SCÈNE VIII

Une rue au bord de la mer. — Rafaël *descend le long d'un treillis;* Annibal *passe dans le fond.*

Rafaël

Peste soit des barreaux! Hé, rendez-moi ma veste,
Mon camarade! Où donc vous sauvez-vous si preste?
Eh bien! et vos amours, — que font-ils?

L'ABBÉ

         Le voilà !

RAFAËL

On me poursuit, mon cher. — Je vous dirai cela ;
Mais rendez-moi l'habit.

L'ABBÉ

      On crie. — On vous appelle !
Têtebleu ! qu'est-ce donc ?

RAFAËL

     Bon ! une bagatelle.
Je crois que j'ai tué quelqu'un là-bas.

L'ABBÉ

         Vraiment !

RAFAËL

Je vous dirai cela ; mais l'habit seulement.

L'ABBÉ

L'habit ? non de par Dieu ! Je ne veux pas du vôtre.
Les sergents me prendraient pour vous.

RAFAËL

         Le bon apôtre !
(Plusieurs gens traversent le théâtre.)
Attendez. — Donnez-moi ce manteau. — Bon. — Je vais
Dire à ces gredins-là deux petits mots.

L'ABBÉ

        Jamais
Je n'oserai tuer cet homme.

      Il s'asseoit sur une pierre.

LE SERGENT

     Holà ! je cherche
Le seigneur Rafaël.

RAFAËL

    À moins qu'il ne se perche
Sur quelque cheminée en manière d'oiseau,
Qu'il n'entre dans la terre, ou qu'il ne saute à l'eau,
Vous l'aurez à coup sûr. Le connaissez-vous ?

LE SERGENT

              Certe,
J'ai son signalement. — C'est une plume verte
Avec des bas orange.

RAFAËL

     En vérité! — Parbleu!
Vous n'aurez point de peine, et vous jouez beau jeu.
Combien vous donne-t-on.

LE SERGENT

      Hai...

RAFAËL

          Trouvez-vous qu'en somme
Votre prévôt vous ait [11] assez payé votre homme?
Le bon sire est-il doux ou dur sur les écus?

LE SERGENT

Mais, il n'en mourrait pas pour donner un peu plus.
Mais je n'y pense pas. — Le ventre à la besogne,
Et non le dos. — Mieux vaut la hart que la vergogne,
Et puis, l'homme pendu, nos avons le pourpoint.

RAFAËL

Sans compter les revers, s'il met l'épée au poing.

LE SERGENT

J'ai de bons pistolets.

RAFAËL

   Voyons. — Et puis?

LE SERGENT

           Ma canne
De sergent.

RAFAËL

 Bon. — Et puis?

LE SERGENT

        Ce poignard de Toscane.

RAFAËL

Très excellent. — Et puis?

LE Sergent
J'ai cette épée.

Rafaël

Et puis?

LE Sergent
Et puis! je n'ai plus rien.

Rafaël, *le rossant.*

Tiens, voilà pour tes cris,
Et pour tes pistolets.

LE Sergent
Aïe! aïe [72]!

Rafaël

Et pour ta canne,
Et pour ton fin poignard en acier de Toscane.

LE Sergent
Aïe! aïe! je suis mort!

Rafaël
Le seigneur Garuci
Est sans doute au logis. — On y va par ici.

(Il le chasse.)

C'est du don Juan, ceci.

(Revenant.)

Que dis-tu du bonhomme,
Sauvons-nous maintenant. — Moi, je retourne à Rome.

(L'abbé va à lui, et lui met son poignard dans la gorge.)

Êtes-vous fou, l'abbé? — L'abbé [73]?

(Il tombe.)

Je n'y suis pas.
Ah! malédiction [74]! Mais tu me le paieras.

(Il veut se relever.)

Mon coup de grâce, abbé! Je suffoque! Ah! misère!
Mon coup, mon dernier coup, mon cher abbé. La terre
Se roule autour de moi! — miserere! — Le ciel
Tourne. Ah, chien d'abbé, va! par le Père éternel!...
Qu'attends-tu donc là, toi, fantôme, qui demeures
Avec ces yeux ouverts?

L'Abbé

    Moi ? j'attends que tu meures.

Rafaël

Damnation ! Tu vas me laisser là crever
Comme un païen, gredin, et ne pas m'achever !
Je ne te ferai rien ; viens m'achever. — Un verre
D'eau, pour l'amour de Dieu ! — Tu diras à ma mère
Que je donne mes biens à mon bouffon Pippo.

Il meurt.

L'Abbé [75]

Va, ta mort est ma vie, insensé ! — Ton tombeau
Est le lit nuptial où va ma fiancée
S'étendre sous le dais de cette nuit glacée !
Maintenant le hibou tourne autour des falots.
L'esturgeon monstrueux soulève de son dos
Le manteau bleu des mers, et regarde en silence
Passer l'astre des nuits sur leur miroir immense.
La sorcière, accroupie et murmurant tout bas
Des paroles de sang, lave pour les sabbats
La jeune fille nue ; Hécate [76] aux trois visages
Froisse sa robe blanche [77] aux joncs des marécages ;
Écoutez. — L'heure sonne ! et par elle est compté
Chaque pas que le temps fait vers l'éternité.
Va dormir dans la mer, cendre ; et que ta mémoire
S'enfonce avec ta vie au cœur de cette eau noire ;

    (Il jette le cadavre dans la mer.)

Vous, nuages, crevez ! essuyez ce chemin !
Que le pied, sans glisser, puisse y passer demain.

SCÈNE IX

Chez la Camargo. — La Camargo *est à son clavecin, en silence ; on entend* [78] *frapper à petits coups.*

Camargo

Entrez.

    (L'abbé entre. Il lui présente son poignard. La Camargo le considère quelque temps, puis se lève [79]*.)*

    A-t-il souffert beaucoup ?

L'ABBÉ

       Bon ! c'est l'affaire
D'un moment.

CAMARGO
 Qu'a-t-il dit ?

L'ABBÉ
       Il a dit que la terre
Tournait.

CAMARGO
 Quoi ! rien de plus ?

L'ABBÉ
       Ah ! qu'il donnait son bien
À son bouffon Pippo.

CAMARGO
  Quoi ! rien de plus ?

L'ABBÉ
       Non, rien.

CAMARGO
Il porte au petit doigt un diamant. De grâce,
Allez me le chercher.

L'ABBÉ
 Je ne le puis.

CAMARGO
       La place
Où vous l'avez laissé n'est pas si loin.

L'ABBÉ
       Non, mais
Je ne le puis.

CAMARGO
  Abbé, tout ce que je promets,
Je le tiens.

L'ABBÉ
 Pas ce soir.

CAMARGO
Pourquoi?

L'ABBÉ
Mais...

CAMARGO
Misérable!
Tu ne l'as pas tué.

L'ABBÉ
Moi! que le ciel m'accable [80]
Si je ne l'ai pas fait, madame, en vérité!

CAMARGO
En ce cas, pourquoi non [81]?

L'ABBÉ
Ma foi! je l'ai jeté
Dans la mer.

CAMARGO
Quoi! ce soir, dans la mer?

L'ABBÉ
Oui, madame.

CAMARGO
Alors, c'est un malheur pour vous; car, sur mon âme,
Je voulais cet anneau.

L'ABBÉ
Si vous me l'aviez dit,
Au moins...

CAMARGO
Et sur quoi donc t'en croirai-je, maudit?
Sur quel honneur vas-tu me jurer? Sur laquelle
De tes deux mains de sang? Où la marque en est-elle?
La chose n'est pas sûre, et tu te peux vanter. —
Il fallait lui couper la main, et l'apporter.

L'ABBÉ
Madame, il faisait nuit... La mer était prochaine.
Je l'ai jeté dedans.

CAMARGO
Je n'en suis pas certaine.

L'Abbé
Mais, madame, ce fer est chaud, et saigne encor.

CAMARGO
Ni le sang ni le feu ne sont rares.

L'Abbé
Son corps
N'est pas si loin, madame, il se peut qu'on se charge...

CAMARGO
La nuit est trop épaisse, et l'Océan trop large.

L'Abbé
Mais je suis pâle, moi! tenez.

CAMARGO
Mon cher abbé,
L'étais-je pas ce soir, quand j'ai joué Thisbé [82]
Dans l'opéra?

L'Abbé
Madame, au nom du ciel!

CAMARGO
Peut-être
Qu'en y regardant bien, vous l'aurez [83]. — Ma fenêtre
Donne sur la mer.

Elle sort.

L'Abbé
Mais... — Elle est partie, ô Dieu!
J'ai tué mon ami, j'ai mérité le feu,
J'ai taché mon pourpoint, et l'on me congédie.
C'est la moralité de cette comédie [84].

PORTIA[1]

> Qu'est le hasard ? — C'est le marbre qui reçoit la vie des mains du statuaire. La Providence donne le hasard.
>
> SCHILLER[2].

I

Les premières clartés du jour avaient rougi
L'Orient, quand le comte Onorio Luigi
Rentra du bal masqué. — Fatigue ou nonchalance,
La comtesse à son bras s'appuyait en silence,
Et d'une main distraite écartait ses cheveux
Qui tombaient en désordre, et voilaient ses beaux yeux.
Elle s'alla jeter, en entrant dans la chambre,
Sur le bord de son lit. — On était en décembre,
Et déjà l'air glacé des longs soirs de janvier
Soulevait par instant la cendre du foyer.
Luigi n'approcha pas toutefois de la flamme
Qui l'éclairait de loin. — Il regardait sa femme;
Une idée incertaine et terrible semblait
Flotter dans son esprit, que le sommeil troublait.
Le comte commençait à vieillir. — Son visage
Paraissait cependant se ressentir de l'âge
Moins que des passions qui l'avaient agité.
C'était un Florentin; jeune, il avait été
Ce qu'on appelle à Rome un coureur d'aventure [3].
Débauché par ennui, mais triste par nature,
Voyant venir le temps, il s'était marié;
Si bien qu'ayant tout vu, n'ayant rien oublié, —
Pourquoi ne pas le dire ? il était jaloux. — L'homme
Qui vit sans jalousie, en ce bas monde, est comme
Celui qui dort sans lampe; il peut sentir le bras
Qui vient pour le frapper, mais il ne le voit pas.

Pour le palais Luigi, la porte en était libre.
Le comte eût mis en quatre et jeté dans le Tibre
Quiconque aurait osé toucher sa femme au pied;
Car nul pouvoir humain, quand il avait prié,
Ne l'eût fait d'un instant différer ses vengeances.

Il avait acheté du ciel ses indulgences ;
On le disait du moins. — Qui dans Rome eût pensé
Qu'un tel homme pût être impunément blessé ?
Mariée à quinze ans, noble, riche, adorée,
De tous les biens du monde à loisir entourée,
N'ayant dès le berceau connu qu'une amitié,
Sa femme ne l'avait jamais remercié ;
Mais quel soupçon pouvait l'atteindre ? Et qu'était-elle,
Sinon la plus loyale et la moins infidèle
Des épouses ?

     Luigi s'était levé. Longtemps
Il parut réfléchir en marchant à pas lents.
Enfin, s'arrêtant court : « Portia, vous êtes lasse,
Dit-il, car vous dormez tout debout. — Moi, de grâce ?
Prit-elle ' en rougissant ; oui, j'ai beaucoup dansé.
Je me sens défaillir malgré moi. — Je ne sais,
Reprit Onorio, quel était ce jeune homme
En manteau noir ; il est depuis deux jours à Rome.
Vous a-t-il adressé la parole ? — De qui
Parlez-vous, mon ami ? dit Portia. — De celui
Qui se tenait debout à souper, ce me semble,
Derrière vous ; j'ai cru vous voir parler ensemble.
Vous a-t-on dit quel est son nom ? — Je n'en sais rien
Plus que vous, dit Portia. — Je l'ai trouvé très bien,
Dit Luigi, n'est-ce pas ? Et gageons qu'à cette heure,
Il n'est pas comme vous défaillant, que je meure ;
Joyeux plutôt. — Joyeux ? sans doute ; et d'où vous vient,
S'il vous plaît, ce dessein d'en parler qui vous tient ?
— Et, prit Onorio, d'où ce dessein contraire,
Lorsque j'en viens parler, de vous en vouloir taire ?
Le propos en est-il étrange ? Assurément
Plus d'un méchant parleur le tient en ce moment.
Rien n'est plus curieux ni plus gai, sur mon âme,
Qu'un manteau noir au bal. — Mon ami, dit la dame,
Le soleil va venir tout à l'heure, pourquoi
Demeurez-vous ainsi ? Venez auprès de moi.
— J'y viens, et c'est le temps, vrai Dieu, que l'on achève
De quitter son habit quand le soleil se lève !
Dormez si vous voulez, mais tenez pour certain
Que je n'ai pas sommeil quand il est si matin.
— Quoi, me laisser ainsi toute seule ? J'espère
Que non, — n'ayant rien fait, seigneur, pour vous déplaire.

— Madame », dit Luigi s'avançant quatre pas [5], —
Et comme hors du lit pendait un de ses bras,
De même que l'on voit d'une coupe approchée
Se saisir ardemment une lèvre séchée,
Ainsi vous l'auriez vu sur ce bras endormi
Mettre un baiser brûlant [6], — puis, tremblant à demi :
« Tu ne le connais pas, ô jeune Vénitienne !
Ce poison florentin qui consume une veine,
La dévore, et ne veut qu'un mot pour arracher
D'un cœur d'homme dix ans de joie, et dessécher
Comme un marais impur ce premier bien de l'âme [7],
Qui fait l'amour d'un homme, et l'honneur d'une femme !
Mal sans fin, sans remède, affreux, que j'ai sucé
Dans le lait de ma mère, et qui rend insensé.
— Quel mal ? dit Portia.
— C'est quand on dit d'un homme
Qu'il est jaloux. Ceux-là, c'est ainsi qu'on les nomme.
— Maria ! dit l'enfant, est-ce de moi, mon Dieu !
Que vous seriez jaloux ?
— Moi, madame ! à quel lieu ?
Jaloux ? vous l'ai-je dit ! sur la foi de mon âme,
Aucunement ! jaloux pourquoi donc ? Non, madame,
Je ne suis pas jaloux ; allez, dormez en paix. »

Comme il s'éloignait d'elle à ce discours, après
Qu'il se fut au balcon accoudé d'un air sombre
(Et le croissant déjà pâlissait avec l'ombre),
En regardant sa femme, il vit qu'elle fermait
Ses bras sur sa poitrine, et qu'elle s'endormait.

Qui ne sait que la nuit a des puissances telles,
Que les femmes y sont, comme les fleurs, plus belles,
Et que tout vent du soir qui les peut effleurer
Leur enlève un parfum plus doux à respirer ?
Ce fut pourquoi, nul bruit ne frappant son ouïe,
Luigi, qui l'admirait si fraîche épanouie,
Si tranquille, si pure, œil mourant, front penché,
Ainsi qu'un jeune faon dans les hauts blés couché,
Sentit ceci, — qu'au front d'une femme endormie,
Il n'est âme si rude et si bien affermie
Qui ne trouve de quoi voir son plus dur chagrin
Se fondre comme au feu d'une flamme l'airain.
Car, à qui s'en fier [8], mon Dieu ! si la nature

Nous fait voir à sa face une telle imposture,
Qu'il faille séparer la créature en deux,
Et défendre son cœur de l'amour de ses yeux [9] !

Cependant que, debout dans son antique salle,
Le Toscan sous sa lampe inclinait son front pâle,
Au pied de son balcon il crut entendre, au long
Du mur, une voix d'homme, avec un violon. —
Sur quoi, s'étant sans bruit avancé sous la barre [10],
Il vit distinctement deux porteurs de guitare, —
L'un inconnu, — pour l'autre, il n'en pouvait douter,
C'était son manteau noir, — il le voulut guetter.
Pourtant rien ne trahit ce qu'en sentit son âme,
Sinon qu'il mit la main lentement à sa lame,
Comme pour éprouver, la tirant à demi,
Qu'ayant là deux rivaux, il avait un ami [11]. —

Tout se taisait. Il prit le temps de reconnaître
Les traits du cavalier; puis, fermant sa fenêtre
Sans bruit, et sans que rien sur ses traits eût changé,
Il vit si dans le lit sa femme avait bougé.
— Elle était immobile, et la nuit défaillante
La découvrait au jour plus belle et plus riante.
Donc notre Florentin, ayant dit ses avés [12]
Du soir, se mit au lit. — Frère, si vous avez
Par le monde jamais vu quelqu'un de Florence,
Et de son sang en lui pris quelque expérience,
Vous savez que la haine en ce pays n'est pas
Un géant comme ici fier et levant le bras;
C'est une empoisonneuse en silence accroupie
Au revers d'un fossé, qui de loin vous épie,
Boiteuse, retenant son souffle avec sa voix,
Et, crainte de faillir, s'y prenant à deux fois.

II

L'église était déserte, et les flambeaux funèbres
Croisaient en chancelant leurs feux dans les ténèbres,
Quand le jeune étranger s'arrêta sur le seuil.
Sa main n'écarta pas son long manteau de deuil
Pour puiser l'eau bénite au bord de l'urne sainte.
Il entra sans respect dans la divine enceinte,
Mais aussi sans mépris. — Quelques religieux

Priaient bas, et le chœur était silencieux [13].
Les orgues se taisaient, les lampes immobiles
Semblaient dormir en paix sous les voûtes tranquilles ;
Un écho prolongé répétait chaque pas.
Solitudes de Dieu ! qui ne vous connaît pas ?
Dômes mystérieux, solennité sacrée,
Quelle âme, en vous voyant, est jamais demeurée
Sans doute ou sans terreur ? — Toutefois devant vous
L'inconnu ne baissa le front ni les genoux.
Il restait en silence et comme dans l'attente.
— L'heure sonne. — Ce fut une femme tremblante
De vieillesse sans doute, ou de froid (car la nuit
Était froide), qui vint à lui. « Le temps s'enfuit,
Dit-il, entendez-vous le coq chanter ? La rue
Paraît déserte encor, mais l'ombre diminue ;
Marchez donc devant moi. » La vieille répliqua :
« Voici la clef ; allez jusqu'à ce mur, c'est là
Qu'on vous attend ; allez vite, et faites en sorte
Qu'on vous voie [14]. — Merci », dit l'étranger. — La porte
Retomba lentement derrière lui. « Le ciel
Les garde ! » dit la vieille en marchant à l'autel.

Où donc, noble jeune homme, à cette heure où les ombres
Sous les pieds du passant tendent leurs voiles sombres,
Où donc vas-tu si vite ? et pourquoi ton coursier
Fait-il jaillir le feu de l'étrier d'acier ?
Ta dague bat tes flancs, et ta tempe ruisselle :
Jeune homme, où donc vas-tu ? qui te pousse ou t'appelle ?
Pourquoi comme un fuyard sur l'arçon te courber ?
Frère, la terre est grise, et l'on y peut tomber.
Pourtant ton serviteur fidèle, hors d'haleine,
Voit de loin ton panache, et peut le suivre à peine.
Que Dieu soit avec toi, frère, si c'est l'amour
Qui t'a dans l'ombre ainsi fait devancer le jour !
L'amour sait tout franchir, et bienheureux qui laisse
La sueur de son front aux pieds de sa maîtresse !
Nulle crainte en ton cœur, nul souci du danger,
Va ! — Car ce qui t'attend là-bas, jeune étranger,
Que ce soit une main à la tienne tendue,
Que ce soit un poignard au tournant d'une rue,
Qu'importe ? — Va toujours, frère, Dieu seul est grand !

Mais, près de ce palais, pourquoi ton œil errant
Cherche-t-il donc à voir et comme à reconnaître
Ce kiosque, à la nuit close entr'ouvrant sa fenêtre ?
Tes vœux sont-ils si haut et si loin avancés ?
Jeune homme, songes-y ; ce réduit, tu le sais [15],
Se tient plus invisible à l'œil, que la pensée
Dans le cœur de son maître, inconnue et glacée.
Pourtant au pied du mur, sous les arbres caché,
Comme un chasseur, l'oreille au guet, tu t'es penché.
D'où partent ces accents ? et quelle voix s'élève [16]
Entre ces barreaux, douce et faible comme un rêve ?

« Dalti, mon cher trésor, mon amour, est-ce toi ? —
Portia ? flambeau du ciel ! Portia, ta main ; c'est moi. »

Rien de plus. — Et déjà sur l'échelle de soie
Une main l'attirait, palpitante de joie ;
Déjà deux bras ardents, de baisers enchaîné,
L'avaient comme une proie à l'alcôve traîné.

Ô vieillards décrépits ! têtes chauves et nues !
Cœurs brisés, dont le temps ferme les avenues !
Centenaires voûtés, spectres à chef branlant,
Qui, pâles au soleil, cheminez d'un pied lent !
C'est vous qu'ici j'invoque, et prends en témoignage.
Vous n'avez pas toujours été sans vie, et l'âge
N'a pas toujours plié de ses mains de géant
Votre front à la terre, et votre âme au néant !
Vous avez eu des yeux, des bras et des entrailles !
Dites-nous donc, avant que de vos funérailles
L'heure vous vienne prendre, ô vieillards, dites-nous
Comme un cœur à vingt ans bondit au rendez-vous [17] !

« Amour, disait l'enfant, après que, demi-nue,
Elle s'était, mourante, à ses pieds étendue,
Vois-tu comme tout dort ? Que ce silence est doux !
Dieu n'a dans l'univers laissé vivre que nous. »
Puis elle l'admirait avec un doux sourire,
Comme elles font toujours. Quelle femme n'admire
Ce qu'elle aime, et quel front peut-elle préférer
À celui que ses yeux ne peuvent rencontrer
Sans se voiler de pleurs ! « Voyons, lui disait-elle,
T'es-tu fait beau pour moi, qui me suis faite belle ?

Pour qui ce collier d'or ? pour qui ces fins bijoux ?
Ce beau panache noir ? Était-ce un peu pour nous ? »
Et puis elle ajouta : « Mon amour ! que personne
Ne vous ait vu venir surtout, car j'en frissonne. »

Mais le jeune Dalti ne lui répondait pas ;
Aux rayons de la lune, il avait de ses bras
Entouré doucement sa pâle bien-aimée ;
Elle laissait tomber sa tête parfumée
Sur son épaule, et lui regardait, incliné,
Son beau front, d'espérance et de paix couronné !

« Portia, murmura-t-il, cette glace dans l'ombre
Jette un reflet trop pur à cette alcôve sombre ;
Ces fleurs ont trop d'éclat, tes yeux trop de langueurs ;
Que ne m'accablais-tu, Portia, de tes rigueurs !
Peut-être, Dieu m'aidant, j'eusse trouvé des armes.
Mais quand tu m'as noyé de baisers et de larmes,
Dis, qui peut m'en défendre, ou qui m'en guérira ?
Tu m'as fait trop heureux ; ton amour me tuera ! »

Et comme sur le bord de la longue ottomane,
Elle attachée à lui comme un lierre au platane,
Il s'était renversé tremblant à ce discours,
Elle le vit pâlir[18] : « Ô mes seules amours,
Dit-il, en toute chose il est une barrière
Où, pour grand qu'on se sente, on se jette en arrière ;
De quelque fol amour qu'on ait empli son cœur[19],
Le désir est parfois moins grand que le bonheur,
Le ciel, ô ma beauté, ressemble à l'âme humaine :
Il s'y trouve une sphère où l'aigle perd haleine,
Où le vertige prend, où l'air devient le feu,
Et l'homme doit mourir où commence le Dieu[20]. »

La lune se voilait[21] ; la nuit était profonde,
Et nul témoin des cieux ne veillait sur le monde.
La lampe tout à coup s'éteignit. « Reste là,
Dit Portia, je m'en vais l'allumer. » Elle alla
Se baisser au foyer. — La cendre à demi morte
Couvrait à peine encore une étincelle, en sorte
Qu'elle resta longtemps. — Mais lorsque la clarté
Eut enfin autour d'eux chassé l'obscurité :
« Ciel et terre, Dalti ! Nous sommes trois, dit-elle.

— Trois », répéta près d'eux une voix à laquelle [22]
Répondirent au loin les voûtes du château.
Immobile, caché sous les plis d'un manteau,
Comme au seuil d'une porte une antique statue,
Onorio, debout, avait frappé leur vue.
— D'où venait-il ainsi ? Les avait-il guettés
En silence longtemps, et longtemps écoutés ?
De qui savait-il l'heure, et quelle patience
L'avait fait une nuit épier la vengeance ?
Cependant son visage était calme et serein,
Son fidèle poignard n'était pas dans sa main,
Son regard ne marquait ni colère ni haine ;
Mais ses cheveux, plus noirs, la veille, que l'ébène,
Chose étrange à penser, étaient devenus blancs.
Les amants regardaient, sous les rayons tremblants
De la lampe déjà par l'aurore obscurcie,
Ce vieillard d'une nuit, cette tête blanchie,
Avec ses longs cheveux plus pâles que son front.
« Portia, dit-il, d'un ton de voix lent et profond,
Quand ton père, en mourant, joignit nos mains, la mienne
Resta pourtant ouverte ; en retirer la tienne
Était aisé. Pourquoi l'as-tu donc fait si tard ? »

Mais le jeune Dalti s'était levé. « Vieillard,
Ne perdons pas de temps. Vous voulez cette femme ?
En garde ! Qu'un de nous la rende avec son âme.

— Je le veux », dit le comte ; et deux lames déjà
Brillaient en se heurtant. — Vainement la Portia
Se traînait à leurs pieds, tremblante, échevelée.
Qui peut sous le soleil tromper sa destinée ?
Quand des jours et des nuits qu'on nous compte ici-bas
Le terme est arrivé, la terre sous nos pas
S'entr'ouvrirait plutôt : que sert qu'on s'en défende [23] ?
Lorsque la fosse attend, il faut qu'on y descende.

Le comte ne poussa qu'un soupir, et tomba.

Dalti n'hésita pas. « Viens, dit-il à Portia,
Sortons. » Mais elle était sans parole, et mourante.
Il prit donc d'une main le cadavre, l'amante
De l'autre, et s'éloigna. La nuit ne permit pas
De voir de quel côté se dirigeaient ses pas.

III

Une heure est à Venise, — heure des sérénades[21],
Lorsqu'autour de Saint-Marc sous les sombres arcades,
Les pieds dans la rosée, et son masque à la main,
Une nuit de printemps joue avec le matin.
Nul bruit ne trouble plus, dans les palais antiques,
La majesté des saints debout sous les portiques.
La ville est assoupie, et les flots prisonniers
S'endorment sur le bord de ses blancs escaliers.
C'est alors que de loin, au détour d'une allée,
Se détache en silence une barque isolée,
Sans voile, pour tout guide ayant son matelot,
Avec son pavillon flottant sous son falot.
Telle, au sein de la nuit[25], et par l'onde bercée,
Glissait, par le zéphyr lentement balancée,
La légère chaloupe où le jeune Dalti
Agitait en ramant le flot appesanti.
Longtemps, au double écho de la vague plaintive,
On le vit s'éloigner, en voguant, de la rive;
Mais lorsque la cité, qui semblait s'abaisser
Et lentement au loin dans les flots s'enfoncer,
Eut, en se dérobant, laissé l'horizon vide,
Semblable à l'alcyon qui, dans son cours rapide,
S'arrête tout à coup, la chaloupe écarta
Ses rames sur l'azur des mers, et s'arrêta.
« Portia, dit l'étranger, un vent plus doux commence[2]
À se faire sentir. — Chante-moi ta romance. »

Peut-être que le seuil du vieux palais Luigi
Du pur sang de son maître était encor rougi;
Que tous les serviteurs sur les draps funéraires
N'avaient pas achevé leurs dernières prières;
Peut-être qu'alentour des sinistres apprêts
Les moines, s'agitant[27] comme de noirs cyprès,
Et mêlant leurs soupirs aux cantiques des vierges[28],
N'avaient pas sur la tombe encore éteint les cierges;
Peut-être de la veille avait-on retrouvé
Le cadavre perdu, le front sous un pavé;
Son chien pleurait sans doute et le cherchait encore,
Mais quand Dalti parla, Portia prit sa mandore[29],
Mêlant sa douce voix, que l'écho répétait[30],

Au murmure moqueur du flot qui l'emportait.
— Quel homme fut jamais si grand, qu'il se pût croire
Certain, ayant vécu, d'avoir une mémoire
Où son souvenir, jeune et bravant le trépas,
Pût revivre une vie, et ne s'éteindre pas ?
Les larmes d'ici-bas ne sont qu'une rosée
Dont un matin au plus la terre est arrosée,
Que la brise secoue, et que boit le soleil ;
Puis l'oubli vient au cœur, comme aux yeux le sommeil [31].

Dalti, le front baissé, tantôt sur son amante
Promenait ses regards, tantôt sur l'eau dormante.
Ainsi muet, penchant sa tête sur sa main,
Il sembla quelque temps demeurer incertain [32].
« Portia, dit-il enfin, ce que vous pouviez faire,
Vous l'avez fait ; c'est bien. Parlez-moi sans mystère :
Vous en repentez-vous ? — Moi, dit-elle, de quoi ?
— D'avoir, dit l'étranger, abandonné pour moi
Vos biens, votre maison et votre renommée
(Il fixa de ses yeux perçants sa bien-aimée.
Et puis il ajouta d'un ton dur), — votre époux. »
Elle lui répondit : « J'ai fait cela pour vous ;
Je ne m'en repens pas.
     — Ô nature, nature [33] !
Murmura l'étranger, vois cette créature :
Sous les cieux les plus doux qui la pouvaient nourrir,
Cette fleur avait mis dix-huit ans à s'ouvrir.
A-t-elle pu tomber et se faner si vite,
Pour avoir une nuit touché ma main maudite ?
C'est bien, poursuivit-il, c'est bien, elle est à moi.
Viens, dit-il à Portia, viens et relève-toi.
T'est-il jamais venu dans l'esprit de connaître
Qui j'étais ? qui je suis ?
     — Eh ! qui pouvez-vous être,
Mon ami, si ce n'est un riche et beau seigneur ?
Nul ne vous parle ici, qui ne vous rende honneur.
— As-tu, dit le jeune homme, autour des promenades,
Rencontré quelquefois, le soir, sous les arcades,
De ces filles de joie errant en carnaval,
Qui traînent dans la boue une robe de bal ?
Elles n'ont pas toujours au bout de la journée
Du pain pour leur souper. Telle est leur destinée ;
Car souvent de besoin ces spectres consumés

Prodiguent aux passants des baisers affamés.
Elles vivent ainsi. C'est un sort misérable,
N'est-il pas vrai ? Le mien cependant est semblable.

— Semblable à celui-là ! dit l'enfant. Je vois bien,
Dalti, que vous voulez rire, et qu'il n'en est rien.
— Silence ! dit Dalti, la vérité tardive
Doit se montrer à vous ici, quoi qu'il arrive.
Je suis fils d'un pêcheur.

                — Maria ; Maria !
Prenez pitié de nous, si c'est vrai, dit Portia.

— C'est vrai, dit l'étranger. Écoutez mon histoire.
Mon père était pêcheur ; mais je n'ai pas mémoire
Du jour où pour partir le destin l'appela,
Me laissant pour tout bien la barque où nous voilà.
J'avais quinze ans, je crois ; je n'aimais que mon père,
Ma venue en ce monde ayant tué ma mère [34],
Mon véritable nom est Daniel Zoppieri.
Pendant les premiers temps mon travail m'a nourri,
Je suivais le métier qu'avait pris ma famille ;
L'astre mystérieux qui sur nos tête brille
Voyait seul quelquefois tomber mes pleurs amers
Au sein des flots sans borne et des profondes mers ;
Mais c'était tout. D'ailleurs, je vivais seul, tranquille,
Couchant où je pouvais, rarement à la ville.
Mon père cependant, qui, pour un batelier,
Était fier, m'avait fait d'abord étudier ;
Je savais le toscan, et j'allais à l'église ;
Ainsi dès ce temps-là je connaissais Venise.

Un soir, un grand seigneur, Michel Gianinetto,
Pour donner un concert me loua mon bateau.
Sa maîtresse (c'était, je crois, la Muranèse [35])
Y vint seule avec lui ; la mer était mauvaise ;
Au bout d'une heure au plus un orage éclata.
Elle, comme un enfant qu'elle était, se jeta
Dans mes bras, effrayée, et me serra contre elle.
Vous savez son histoire, et comme elle était belle ;
Je n'avais jusqu'alors rien rêvé de pareil,
Et de cette nuit-là je perdis le sommeil. »

L'étranger, à ces mots, parut reprendre haleine ;
Puis, Portia l'écoutant et respirant à peine,
Il poursuivit :
               « Venise ! ô perfide cité,
À qui le ciel donna la fatale beauté,
Je respirai cet air dont l'âme est amollie,
Et dont ton souffle impur empesta l'Italie !
Pauvre et pieds nus, la nuit, j'errais sous tes palais.
Je regardais tes grands, qu'un peuple de valets
Entoure, et rend pareils à des paralytiques,
Tes nobles arrogants, et tous tes magnifiques [36]
Dont l'ombre est saluée, et dont aucun ne dort
Que sous un toit de marbre et sur un pavé d'or.
Je n'étais cependant qu'un pêcheur ; mais, aux fêtes,
Quand j'allais au théâtre écouter les poètes,
Je revenais le cœur plein de haine, et navré.
Je lisais, je cherchais ; c'est ainsi, par degré,
Que je chassai, Portia, comme une ombre légère,
L'amour de l'Océan, ma richesse première.
Je vous vis, — je vendis ma barque et mes filets.
Je ne sais pas pourquoi, ni ce que je voulais,
Pourtant je les vendis. C'était ce que sur terre
J'avais pour tout trésor, ou pour toute misère.
Je me mis à courir, emportant en chemin
Tout mon bien qui tenait dans le creux de ma main.
Las de marcher bientôt, je m'assis, triste et morne,
Au fond d'un carrefour, sur le coin d'une borne [37].
J'avais vu par hasard, auprès d'un mauvais lieu
De la place Saint-Marc, une maison de jeu.
J'y courus [38]. Je vidai ma main sur une table,
Puis, muet, attendant l'arrêt inévitable,
Je demeurai debout. Ayant gagné d'abord,
Je résolus de suivre et de tenter le sort.
Mais pourquoi vous parler de cette nuit terrible ?
Toute une nuit, Portia, le démon invincible
Me cloua sur la place, et je vis devant moi
Pièce à pièce tomber la fortune d'un roi.
Ainsi je demeurai, songeant au fond de l'âme,
Chaque fois qu'en criant tournait la roue infâme,
Que la mer était proche, et qu'à me recevoir
Serait toujours tout prêt ce lit profond et noir.
Le banquier cependant, voyant son coffre vide,
Me dit que c'était tout. Chacun d'un œil avide

Suivait mes mouvements; je tendis mon manteau.
On me jeta dedans la valeur d'un château,
Et la corruption de trente courtisanes.
Je sortis. — Je restai trois jours sous les platanes
Où je vous avais vue, ayant pour tout espoir,
Quand vous y passeriez, d'attendre et de vous voir.
Tout le reste est connu de vous.

— Bonté divine!
Dit l'enfant, est-ce là tout ce qui vous chagrine?
Quoi? de n'être pas noble? Est-ce que vous croyez
Que je vous aimerais plus quand vous le seriez?
— Silence! dit Dalti, vous n'êtes que la femme
Du pêcheur Zoppieri; non, sur ma foi, madame,
Rien de plus.

— Et quoi rien, mon amour?

— Rien de plus,
Vous dis-je; ils sont partis comme ils étaient venus,
Ces biens. Ce fut hier la dernière journée
Où j'ai (pour vous du moins) tenté la destinée.
J'ai perdu; voyez donc ce que vous décidez.
— Vous avez tout perdu?

— Tout, sur trois coups de dés;
Tout, jusqu'à mon palais, cette barque exceptée
Que j'ai depuis longtemps en secret rachetée :
Maudissez-moi, Portia; mais je ne ferai pas,
Sur mon âme, un effort pour retenir vos pas.
Pourquoi je vous ai prise, et sans remords menée
Au point de partager ainsi ma destinée,
Ne le demandez pas. Je l'ai fait; c'est assez.
Vous pouvez me quitter et partir; choisissez. »
Portia, dès le berceau, d'amour environnée,
Avait vécu comtesse ainsi qu'elle était née.
Jeune, passant sa vie au milieu des plaisirs,
Elle avait de bonne heure épuisé les désirs,
Ignorant le besoin, et jamais, sur la terre,
Sinon pour l'adoucir, n'ayant vu de misère.
Son père, déjà vieux, riche et noble seigneur,
Quoique avare, l'aimait et n'avait de bonheur
Qu'à la voir admirer, et quand on disait d'elle

Qu'étant la plus heureuse, elle était la plus belle.
Car tout lui souriait, et même son époux,
Onorio, n'avait plié les deux genoux
Que devant elle et Dieu. Cependant, en silence,
Comme Dalti parlait, sur l'Océan immense [39]
Longtemps elle sembla porter ses yeux errants.
L'horizon était vide, et les flots transparents
Ne reflétaient au loin sur leur abîme sombre,
Que l'astre au pâle front qui s'y mirait dans l'ombre.
Dalti la regardait, mais sans dire un seul mot.

— Avait-elle hésité? — Je ne sais; — mais bientôt,
Comme une tendre fleur que le vent déracine,
Faible, et qui lentement sur sa tige s'incline,
Telle elle détourna la tête, et lentement
S'inclina tout en pleurs jusqu'à son jeune amant.
« Songez bien, dit Dalti, que je ne suis, comtesse,
Qu'un pêcheur; que demain, qu'après, et que sans cesse
Je serai ce pêcheur. Songez bien que tous deux
Avant qu'il soit longtemps nous allons être vieux;
Que je mourrai peut-être avant vous.

         — Dieu rassemble
Les amants, dit Portia; nous partirons ensemble.
Ton ange en t'emportant me prendra dans ses bras. »

Mais le pêcheur se tut, car il ne *croyait* pas [40].

CHANSONS
À METTRE EN MUSIQUE
ET FRAGMENTS

> Allons, bel oiseau bleu, chantez la romance à madame.
> *La Folle Journée*[1].

L'ANDALOUSE

Avez-vous vu, dans Barcelone,
Une Andalouse au sein bruni ?
Pâle comme un beau soir d'automne !
C'est ma maîtresse, ma lionne[1] !
La marquesa d'Amaëgui[2] !

J'ai fait bien des chansons pour elle,
Je me suis battu bien souvent.
Bien souvent j'ai fait sentinelle,
Pour voir le coin de sa prunelle,
Quand son rideau tremblait au vent.

Elle est à moi, moi seul au monde.
Ses grands sourcils noirs sont à moi,
Son corps souple et sa jambe ronde,
Sa chevelure qui l'inonde,
Plus longue qu'un manteau de roi !

C'est à moi son beau col qui penche
Quand elle dort dans son boudoir,
Et sa basquina sur sa hanche,
Son bras dans sa mitaine blanche,
Son pied dans son brodequin noir !

Vrai Dieu ! Lorsque son œil pétille
Sous la frange de ses réseaux,
Rien que pour toucher sa mantille,

De par tous les saints de Castille,
On se ferait rompre les os.

Qu'elle est superbe en son désordre,
Quand elle tombe, les seins nus,
Qu'on la voit, béante, se tordre
Dans un baiser de rage, et mordre
En criant des mots inconnus !

Et qu'elle est folle dans sa joie,
Lorsqu'elle chante le matin,
Lorsqu'en tirant son bas de soie,
Elle fait, sur son flanc qui ploie,
Craquer son corset de satin !

Allons, mon page, en embuscades !
Allons ! la belle nuit d'été !
Je veux ce soir des sérénades
À faire damner les alcades
De Tolose au Guadalété [3]

LE LEVER

Assez dormir, ma belle !
Ta cavale isabelle [1]
Hennit sous tes balcons.
Vois tes piqueurs alertes,
Et sur leurs manches vertes
Les pieds noirs des faucons.

Vois écuyers et pages,
En galants équipages,
Sans rochet ni pourpoint,
Têtes chaperonnées,
Traîner les haquenées,
Leur arbalète au poing.

Vois bondir dans les herbes
Les lévriers superbes,
Les chiens trapus crier.
En chasse, et chasse heureuse !
Allons, mon amoureuse,
Le pied dans l'étrier !

Et d'abord, sous la moire,
Avec ce bras d'ivoire
Enfermons ce beau sein,
Dont la forme divine,
Pour que l'œil la devine,
Reste aux plis du coussin.

Oh! sur ton front qui penche,
J'aime à voir ta main blanche
Peigner tes cheveux noirs;
Beaux cheveux qu'on rassemble
Les matins, et qu'ensemble
Nous défaisons les soirs!

Allons, mon intrépide,
Ta cavale rapide
Frappe du pied le sol,
Et ton bouffon balance,
Comme un soldat sa lance,
Son joyeux parasol!

Mets ton écharpe blonde
Sur ton épaule ronde,
Sur ton corsage d'or,
Et je vais, ma charmante,
T'emporter dans ta mante,
Comme un enfant qui dort!

MADRID

Madrid, princesse des Espagnes,
Il court par tes mille campagnes
Bien des yeux bleus, bien des yeux noirs.
La blanche ville aux sérénades,
Il passe par tes promenades
Bien des petits pieds tous les soirs.

Madrid, quand tes taureaux bondissent,
Bien des mains blanches applaudissent,
Bien des écharpes sont en jeux.

Par tes belles nuits étoilées,
Bien des senoras long voilées
Descendent tes escaliers bleus.

Madrid, Madrid, moi, je me raille
De tes dames à fine taille
Qui chaussent l'escarpin étroit;
Car j'en sais une par le monde
Que jamais ni brune ni blonde
N'ont valu le bout de son doigt[1]!

J'en sais une, et certes la duègne
Qui la surveille et qui la peigne
N'ouvre sa fenêtre qu'à moi;
Certes, qui veut qu'on le redresse,
N'a qu'à l'approcher à la messe,
Fût-ce l'archevêque ou le roi.

Car c'est ma princesse andalouse!
Mon amoureuse! ma jalouse!
Ma belle veuve au long réseau!
C'est un vrai démon! c'est un ange!
Elle est jaune, comme une orange,
Elle est vive comme un oiseau!

Oh! quand sur ma bouche idolâtre
Elle se pâme, la folâtre,
Il faut voir, dans nos grands combats,
Ce corps si souple et si fragile,
Ainsi qu'une couleuvre agile,
Fuir et glisser entre mes bras!

Or si d'aventure on s'enquête
Qui m'a valu telle conquête,
C'est l'allure de mon cheval,
Un compliment sur sa mantille,
Puis des bonbons à la vanille
Par un beau soir de carnaval.

MADAME LA MARQUISE

Vous connaissez que j'ai pour mie
Une Andalouse à l'œil lutin,
Et sur mon cœur, tout endormie,
Je la berce jusqu'au matin.

Voyez-la, quand son bras m'enlace,
Comme le col d'un cygne blanc,
S'enivrer, oublieuse et lasse,
De quelque rêve nonchalant.

Gais chérubins! veillez sur elle.
Planez, oiseaux, sur notre nid;
Dorez du reflet de votre aile
Son doux sommeil, que Dieu bénit!

Car toute chose nous convie
D'oublier tout, fors notre amour :
Nos plaisirs, d'oublier la vie;
Nos rideaux, d'oublier le jour.

Pose ton souffle sur ma bouche,
Que ton âme y vienne passer!
Oh! restons ainsi dans ma couche,
Jusqu'à l'heure de trépasser!

Restons! L'étoile vagabonde
Dont les sages ont peur de loin [1]
Peut-être, en emportant le monde,
Nous laissera dans notre coin.

Oh! viens! dans mon âme froissée
Qui saigne encor d'un mal bien grand [2],
Viens verser ta blanche pensée,
Comme un ruisseau dans un torrent!

Car sais-tu, seulement pour vivre,
Combien il m'a fallu pleurer?

De cet ennui qui désenivre
Combien en mon cœur dévorer?

Donne-moi, ma belle maîtresse,
Un beau baiser, car je te veux
Raconter ma longue détresse,
En caressant tes beaux cheveux[2].

Or voyez qui je suis, ma mie,
Car je vous pardonne pourtant
De vous être hier endormie
Sur mes lèvres, en m'écoutant.

Pour ce, madame la marquise,
Dès qu'à la ville il fera noir,
De par le roi sera requise
De venir en notre manoir;

Et sur mon cœur, tout endormie,
La bercerai jusqu'au matin,
Car on connaît que j'ai pour mie
Une Andalouse à l'œil lutin[4].

1829.

[A MADAME X...[1]]

Quand je t'aimais, pour toi j'aurais donné ma vie,
Mais c'est toi, de t'aimer, toi qui m'ôtas l'envie.
À tes pièges d'un jour on ne me prendra plus;
Tes ris sont maintenant et tes pleurs superflus.
Ainsi, lorsqu'à l'enfant la vieille salle obscure
Fait peur, il va tout nu décrocher quelque armure;
Il s'enferme, il revient tout palpitant d'effroi
Dans sa chambre bien chaude et dans son lit bien froid.
Et puis, lorsqu'au matin le jour vient à paraître,
Il trouve son fantôme aux plis de sa fenêtre,
Voit son arme inutile, il rit et, triomphant,
S'écrie : « Oh! que j'ai peur! oh! que je suis enfant! »

AU *YUNG-FRAU*[1]

Yung-frau, le voyageur qui pourrait sur ta tête
S'arrêter, et poser le pied sur sa conquête,
Sentirait en son cœur un noble battement,
Quand son âme, au penchant de ta neige éternelle,
Pareille au jeune aiglon qui passe et lui tend l'aile,
Glisserait et fuirait sous le clair firmament.

Yung-Frau, je sais un cœur qui, comme toi, se cache
Revêtu, comme toi, d'une robe sans tache,
Il est plus près de Dieu que tu ne l'es du ciel.
Ne t'étonne donc point, ô montagne sublime,
Si la première fois que j'en ai vu la cime[2],
J'ai cru le lieu trop haut pour être d'un mortel.

A ULRIC G.[1]

Ulric, nul œil des mers n'a mesuré l'abîme,
Ni les hérons plongeurs, ni les vieux matelots[2].
Le soleil vient briser ses rayons sur leur cime,
Comme un soldat vaincu brise ses javelots.

Ainsi, nul œil, Ulric, n'a pénétré les ondes
De tes douleurs sans borne, ange du ciel tombé.
Tu portes dans ta tête et dans ton cœur deux mondes,
Quand le soir, près de moi, tu vas triste et courbé.

Mais laisse-moi du moins regarder dans ton âme,
Comme un enfant craintif se penche sur les eaux;
Toi si plein[3], front pâli sous des baisers de femme,
Moi si jeune, enviant ta blessure et tes maux.

Juillet 1829.

VENISE

Dans Venise la rouge,
Pas un bateau qui bouge [1],
Pas un pêcheur dans l'eau,
    Pas un falot.

Seul, assis à la grève,
Le grand lion soulève,
Sur l'horizon serein,
    Son pied d'airain.

Autour de lui, par groupes,
Navires et chaloupes,
Pareils à des hérons
    Couchés en ronds,

Dorment sur l'eau qui fume,
Et croisent dans la brume,
En légers tourbillons,
    Leurs pavillons.

La lune qui s'efface
Couvre son front qui passe
D'un nuage étoilé
    Demi-voilé.

Ainsi, la dame abbesse
De Sainte-Croix rabaisse
Sa cape aux larges plis [2]
    Sur son surplis.

Et les palais antiques,
Et les graves portiques,
Et les blancs escaliers
    Des chevaliers,

Et les ponts, et les rues,
Et les mornes statues,

Et le golfe mouvant
  Qui tremble au vent,

Tout se tait, fors les gardes
Aux longues hallebardes,
Qui veillent aux créneaux
  Des arsenaux.

— Ah! maintenant plus d'une
Attend, au clair de lune,
Quelque jeune muguet,
  L'oreille au guet.

Pour le bal qu'on prépare,
Plus d'une qui se pare[3],
Met devant son miroir
  Le masque noir.

Sur sa couche embaumée[4],
La Vanina pâmée
Presse encor son amant,
  En s'endormant[5];

Et Narcissa, la folle,
Au fond de sa gondole,
S'oublie en un festin
  Jusqu'au matin.

Et qui, dans l'Italie,
N'a son grain de folie[6]?
Qui ne garde aux amours
  Ses plus beaux jours?

Laissons la vieille horloge,
Au palais du vieux doge,
Lui compter de ses nuits
  Les longs ennuis.

Comptons plutôt, ma belle,
Sur ta bouche rebelle
Tant de baisers donnés...
  Ou pardonnés.

Comptons plutôt tes charmes,
Comptons les douces larmes,
Qu'à nos yeux a coûté
　　La volupté[7] !

STANCES[1]

Que j'aime à voir, dans la vallée
　　Désolée,
Se lever comme un mausolée
Les quatre ailes d'un noir moutier !
Que j'aime à voir, près de l'austère
　　Monastère,
Au seuil du baron feudataire,
La croix blanche et le bénitier !

Vous, des antiques Pyrénées
　　Les aînées,
Vieilles églises décharnées,
Maigres et tristes monuments,
Vous que le temps n'a pu dissoudre,
　　Ni la foudre,
De quelques grands monts mis en poudre
N'êtes-vous pas les ossements ?

J'aime vos tours à tête grise,
　　Où se brise
L'éclair qui passe avec la brise.
J'aime vos profonds escaliers
Qui, tournoyant dans les entrailles
　　Des Murailles,
À l'hymne éclatant des ouailles
Font répondre tous les piliers !

Oh ! lorsque l'ouragan qui gagne
　　La campagne,
Prend par les cheveux la montagne,
Que le temps d'automne jaunit,
Que j'aime dans le bois qui crie
　　Et se plie,

Les vieux clochers de l'abbaye,
Comme deux arbres de granit!

Que j'aime à voir, dans les vesprées
      Empourprées,
Jaillir en veines diaprées
Les rosaces d'or des couvents!
Oh! que j'aime, aux voûtes gothiques
      Des portiques,
Les vieux saints de pierre athlétiques
Priant tout bas pour les vivants!

SONNET[1]

Que j'aime le premier frisson d'hiver! le chaume,
Sous le pied du chasseur, refusant de ployer!
Quand vient la pie aux champs que le foin vert embaume,
Au fond du vieux château s'éveille le foyer;

C'est le temps de la ville. — Oh! lorsque l'an dernier,
J'y revins, que je vis ce bon Louvre et son dôme,
Paris et sa fumée, et tout ce beau royaume
(J'entends encore au vent les postillons crier),

Que j'aimais ce temps gris, ces passants, et la Seine
Sous ses mille falots assise en souveraine!
J'allais revoir l'hiver. — Et toi, ma vie, et toi!

Oh! dans tes longs regards j'allais tremper mon âme;
Je saluais tes murs. — Car, qui m'eût dit, madame,
Que votre cœur sitôt avait changé pour moi?

BALLADE A LA LUNE[1]

C'était, dans la nuit brune,
Sur le clocher jauni,
    La lune,
Comme un point sur un i.

Lune, quel esprit sombre
Promène au bout d'un fil,
　　Dans l'ombre,
Ta face et ton profil ?

Es-tu l'œil du ciel borgne ?
Quel chérubin cafard
　　Nous lorgne
Sous ton masque blafard ?

N'es-tu rien qu'une boule ?
Qu'un grand faucheux bien gras
　　Qui roule
Sans pattes et sans bras ?

Es-tu, je t'en soupçonne,
Le vieux cadran de fer
　　Qui sonne
L'heure aux damnés d'enfer ?

Sur ton front qui voyage
Ce soir ont-ils compté
　　Quel âge
A leur éternité ?

Est-ce un ver qui te ronge
Quand ton disque noirci
　　S'allonge
En croissant rétréci ?

Qui t'avait éborgnée
L'autre nuit ? T'étais-tu
　　Cognée
À quelque arbre pointu ?

Car tu vins, pâle et morne,
Coller sur mes carreaux
　　Ta corne,
À travers les barreaux.

Va, lune moribonde,
Le beau corps de Phœbé
　　La blonde
Dans la mer est tombé.

Tu n'en es que la face,
Et déjà, tout ridé,
    S'efface
Ton front dépossédé [2].

Rends-nous la chasseresse,
Blanche, au sein virginal,
    Qui presse
Quelque cerf matinal !

Oh ! sous le vert platane
Sous les frais coudriers,
    Diane,
Et ses grands lévriers !

Le chevreau noir qui doute,
Pendu sur un rocher,
    L'écoute,
L'écoute s'approcher.

Et, suivant leurs curées,
Par les vaux, par les blés,
    Les prées,
Ses chiens s'en sont allés.

Oh ! le soir, dans la brise,
Phœbé, sœur d'Apollo,
    Surprise
À l'ombre, un pied dans l'eau [3] !

Phœbé qui, la nuit close,
Aux lèvres d'un berger
    Se pose,
Comme un oiseau léger.

Lune, en notre mémoire,
De tes belles amours
    L'histoire
T'embellira toujours.

Et toujours rajeunie,
Tu seras du passant
    Bénie,
Pleine lune ou croissant.

T'aimera le vieux pâtre,
Seul, tandis qu'à ton front
    D'albâtre
Ses dogues aboieront[4].

T'aimera le pilote
Dans son grand bâtiment,
    Qui flotte,
Sous le clair firmament !

Et la fillette preste
Qui passe le buisson,
    Pied leste,
En chantant sa chanson.

Comme un ours à la chaîne,
Toujours sous tes yeux bleus
    Se traîne
L'Océan monstueux[5].

Et qu'il vente ou qu'il neige,
Moi-même, chaque soir,
    Que fais-je,
Venant ici m'asseoir ?

Je viens voir à la brune[6],
Sur le clocher jauni,
    La lune
Comme un point sur un i.

Peut-être quand déchante[7]
Quelque pauvre mari,
    Méchante,
De loin tu lui souris.

Dans sa douleur amère,
Quand au gendre béni
    La mère
Livre la clef du nid,

Le pied dans sa pantoufle,
Voilà l'époux tout prêt
    Qui souffle
Le bougeoir indiscret.

Au pudique hyménée
La vierge qui se croit
    Menée,
Grelotte en son lit froid,

Mais monsieur tout en flamme
Commence à rudoyer
    Madame,
Qui commence à crier.

« Ouf! dit-il, je travaille,
Ma bonne, et ne fais rien
    Qui vaille;
Tu ne te tiens pas bien. »

Et vite il se dépêche.
Mais quel démon caché
    L'empêche
De commettre un péché?

« Ah! dit-il, prenons garde.
Quel témoin curieux [8]
    Regarde
Avec ces deux grands yeux? »

Et c'est, dans la nuit brune,
Sur son clocher jauni [9],
    La lune
Comme un point sur un i [10].

MARDOCHE [1]

> Voudriez-vous dire, comme de fait on peut logiquement inférer, que par ci-devant le monde eust été fat, maintenant seroit devenu sage?
>
> *Pantagruel*, liv. V [2].

I

J'ai connu, l'an dernier, un jeune homme nommé Mardoche, qui vivait nuit et jour enfermé.

Ô prodige! il n'avait jamais lu de sa vie
Le *Journal de Paris*³, ni n'en avait envie.
Il n'avait vu ni Kean⁴, ni Bonaparte, ni
Monsieur de Metternich; — quand il avait fini
De souper, se couchait, précisément à l'heure
Où (quand par le brouillard la chatte rôde et pleure)
Monsieur Hugo va voir mourir Phœbus le blond⁵.
Vous dire ses parents, cela serait trop long.

II

Bornez-vous à savoir qu'il avait la pucelle
D'Orléans pour aïeule en ligne maternelle⁶.
D'ailleurs son compagnon, compère et confident,
Était un chien anglais, bon pour l'œil et la dent.
Cet homme, ainsi reclus, vivait en joie. — À peine
Le spleen le prenait-il quatre fois par semaine⁷.
Pour ses moments perdus, il les donnait parfois
À l'art mystérieux de charmer par la voix :
Les muses visitaient sa demeure cachée,
Et quoiqu'il fît rimer *idée* avec *fâchée*⁸,

III

On le lisait. C'était du reste un esprit fort;
Il eût fait volontiers d'une tête de mort
Un falot, et mangé sa soupe dans le crâne
De sa grand'mère. — Au fond, il estimait qu'un âne,
Pour Dieu qui nous voit tous, est autant qu'un ânier.
Peut-être que, n'ayant pour se désennuyer
Qu'un livre (c'est le cœur humain que je veux dire),
Il avait su trop tôt et trop avant y lire;
C'est un grand mal d'avoir un esprit trop hâtif.
— Il ne dansait jamais au bal par ce motif.

IV

Je puis certifier pourtant qu'il avait l'âme
Aussi tendre en tout point qu'un autre, et que sa femme
(En ne le faisant pas c—) n'eût pas été
Plus fort ni plus souvent battue, en vérité,
Que celle de monsieur de C***. En politique,
Son sentiment était très aristocratique,

Et je dois avouer qu'à consulter son goût,
Il aimait mieux la Porte et le sultan Mahmoud[9],
Que la chrétienne Smyrne, et ce bon peuple hellène
Dont les flots ont rougi la mer hellespontienne,

V

Et taché de leur sang tes marbres, ô Paros!
— Mais la chose ne fait rien à notre héros.
Bien des heures, des jours, bien des longues semaines
Passèrent, sans que rien dans les choses humaines
Le tentât d'y rentrer. — Tout à coup, un beau jour...
Fut-ce l'ambition, ou bien fut-ce l'amour?
(Peut-être tous les deux, car ces folles ivresses[10]
Viennent à tous propos déranger nos paresses);
Quoi qu'il en soit, lecteur, voici ce qu'il advint
A mon ami Mardoche, en l'an mil huit cent vingt.

VI

Je ne vous dirai pas quelle fut la douairière
Qui lui laissa son bien en s'en allant en terre,
Sur quoi de cénobite il devint élégant,
Et n'allait plus qu'en fiacre au boulevard de Gand[11].
Que dorme en paix ta cendre, ô quatre fois bénie
Douairière, pour le jour où cette sainte envie,
Comme un rayon d'en haut te vint prendre en toussant,
De demander un prêtre, et de cracher le sang!
Ta tempe fut huilée, et sous la lame neuve
Tu te laissas clouer, comme dit Sainte-Beuve[12].

VII

Tes meubles furent mis, douairière, au Châtelet[13];
Chacun vendu le tiers de l'argent qu'il valait.
De ta robe de noce on fit un parapluie;
Ton boudoir, ô Vénus, devint une écurie.
Quatre grands lévriers chassèrent du tapis
Ton chat qui, de tout temps, sur ton coussin tapi[14]
S'était frotté le soir l'oreille à ta pantoufle,
Et qui, maigre aujourd'hui, la queue au vent, s'essouffle,
À courir sur les toits des repas incertains.
— Admirable matière à mettre en vers latins!

VIII

Je ne vous dirai pas non plus à quelle dame
Mardoche, ayant d'abord laissé prendre son âme,
Dut ces douces leçons, premier enseignement
Que l'amie, à regret, donne à son jeune amant.
Je ne vous dirai pas comment, à quelle fête
Il la vit, qui des deux voulut le tête-à-tête,
Qui des deux, du plus loin, hasarda le premier
L'œillade italienne, et qui, de l'écolier
Ou du maître, trembla le plus. — Hélas! qu'en sais-je
Que vous ne sachiez mieux, et que vous apprendrais-je?

IX

Il se peut qu'on oublie un rendez-vous donné,
Une chance, — un remords, — et l'heure où l'on est né,
Et l'argent qu'on emprunte. — Il se peut qu'on oublie
Sa femme, ses amis, son chien, et sa patrie. —
Il se peut qu'un vieillard perde jusqu'à son nom.
Mais jamais l'insensé, jamais le moribond,
Celui qui perd l'esprit, ni celui qui rend l'âme,
N'ont oublié la voix de la première femme
Qui leur a dit tout bas ces quatre mots si doux
Et si mystérieux : « My dear child, I love you[15]. »

X

Ce fut aux premiers jours d'automne, au mois d'octobre,
Que Mardoche revint au monde. — Il était sobre
D'habitude, et mangeait vite. — Son cuisinier
Ne le gênait pas plus[16] que son palefrenier.
Il ne prit ni cocher, ni groom, ni gouvernante,
Mais (honni soit qui mal y pense!) une servante.
De ses façons d'ailleurs rien ne parut changé.
Peut-être dira[17]-t-on qu'il était mal logé;
C'est à quoi je réponds qu'il avait pour voisine
Deux yeux napolitains qui s'appelaient Rosine.

XI

J'adore les yeux noirs avec des cheveux blonds.
Tels les avait Rosine, — et de ces regards, longs

À s'y noyer. — C'étaient deux étoiles d'ébène
Sur des cieux de cristal : — tantôt mourants, à peine
Entr'ouverts au soleil, comme les voiles blancs
Des abbesses de cour ; — tantôt étincelants,
Calmes, livrant sans crainte une âme sans mélange,
Doux, et parlant aux yeux le langage d'un ange.
— Que Mardoche y prît goût, ce n'est aucunement,
Judicieux lecteur, raison d'étonnement.

XII

M'en croira qui voudra, mais depuis qu'en décembre
La volonté du ciel est qu'on garde la chambre,
À coup sûr, paresseux et fou comme je suis,
À rêver sans dormir j'ai passé bien des nuits.
Le soir, au coin du feu, renversé sur ma chaise,
Mon menton dans ma main et mon pied dans ma braise,
Pendant que l'aquilon frappait à mes carreaux,
J'ai fait bien des romans, — bâti bien des châteaux ; —
J'ai, comme Prométhée, animé d'une flamme
Bien des êtres divins portant des traits de femme ;

XIII

Blonds cheveux, sourcils bruns, front vermeil ou pâli :
Dante aimait Béatrix, — Byron la Guiccioli [18].
Moi (si j'eusse été maître en cette fantaisie),
Je me suis dit souvent que je l'aurais choisie
À Naples, un peu brûlée à ces soleils de plomb
Qui font dormir le pâtre à l'ombre du sillon ;
Une lèvre à la turque, et, sous un col de cygne,
Un sein vierge et doré comme la jeune vigne ;
Telle que par instants Giorgione [19] en devina,
Ou que dans cette histoire était la Rosina.

XIV

Il en est de l'amour comme des litanies
De la Vierge. — Jamais on ne les a finies ;
Mais une fois qu'on les commence, on ne peut plus
S'arrêter. — C'est un mal propre aux fruits défendus.
C'est pourquoi chaque soir la nuit était bien proche
Et le soleil bien loin, quand mon ami Mardoche

Quittait la jalousie écartée à demi,
D'où l'indiscret lorgnon plongeait sur l'ennemi.
— Même, quand il faisait clair de lune, l'aurore
À son poste souvent le retrouvait encore.

XV

Philosophes du jour, je vous arrête ici.
Ô sages demi-dieux, expliquez-moi ceci.
On ne volerait pas, à coup sûr, une obole
À son voisin; pourtant, quand on peut, on lui vole...
Sa femme! — Car il faut, ô lecteur bien appris,
Vous dire que Rosine, entre tous les maris,
Avait reçu du ciel, par les mains d'un notaire,
Le meilleur qu'à Dijon avait trouvé son père.
On pense, avec raison, que sa mère, en partant,
N'avait rien oublié sur le point important.

XVI

Rien n'est plus amusant qu'un premier jour de noce;
Au débotté, d'ailleurs, on avait pris carrosse.
— Le reste à l'avenant. — Sans compter les chapeaux
D'Herbeau[20] rien n'y manquait. — C'est un méchant propos
De dire qu'à six ans une poupée amuse
Autant qu'à dix-neuf ans un mari. — Mais tout s'use.
Une lune de miel n'a pas trente quartiers
Comme un baron saxon. — Et gare les derniers!
L'amour (hélas! l'étrange et la fausse nature!)
Vit d'inanition, et meurt de nourriture.

XVII

Et puis, que faire? — Un jour, c'est bien long. — Et demain?
Et toujours? — L'ennui gagne. — À quoi rêver au bain?
— Hélas! l'Oisiveté s'endort, laissant sa porte
Ouverte. — Entre l'Amour. — Pour que la Raison sorte
Il ne faut pas longtemps. La vie[21] en un moment
Se remplit; — on se trouve avoir pris un amant.
— L'un attaque en hussard la déesse qu'il aime,
L'autre fait l'écolier; chacun a son système.
Hier un de mes amis, se trouvant à souper
Auprès d'une duchesse, eut soin de se tromper

XVIII

De verre. « Mais, vraiment, dit la dame en colère,
Êtes-vous fou, monsieur ? vous buvez dans mon verre. »
Ô l'homme peu galant, qui ne répondit rien,
Si ce n'est : « Faites-en, madame, autant du mien. »
Assurément, lecteur, le tour était perfide,
Car, l'ayant pris tout plein, il le replaça vide[22].
La dame avait du blanc, et pourtant en rougit.
Qu'y faire ? On chuchota. Dieu sut ce qu'on en dit.
Mon Dieu ! qui peut savoir lequel on récompense
Le mieux, ou du respect[23] — ou de certaine offense ?

XIX

Je n'ai dessein, lecteur, de faire aucunement
Ici ce qu'à Paris on appelle un roman.
Peu s'en faut qu'un auteur, qui pas à pas chemine,
Ne vous fasse coucher avec son héroïne.
Ce n'est pas ma manière, et, si vous permettez,
Ce sera quinze jours que nous aurons sautés.
— Un dimanche (observez qu'un dimanche la rue
Vivienne est tout à fait vide, et que la cohue
Est aux Panoramas[24], ou bien au boulevard),
Un dimanche matin, une heure, une heure un quart,

XX

Mardoche, habit marron, en landau de louage,
Par devant Tortoni[25] passait en grand tapage.
— Gare ! criait le groom. — Quoi ! Mardoche en landau ?
— Oui. — La grisette à pied, trottant comme un perdreau,
Jeta plus d'une fois sans doute à la portière
Du jeune gentleman l'œillade meurtrière.
Mais il n'y prit pas garde ; un important projet
À ses réflexions semblait donner sujet.
Son regard était raide, et jamais diplomate
Ne parut plus guindé, ni plus haut sur cravate.

XXI

Où donc s'en allait-il ! — Il allait à Meudon.
— Quoi ! Si matin, si loin, si vite ? Et pourquoi donc ?

— Le voici. D'où sait-on, s'il vous plaît, qu'on approche
D'un village, sinon qu'on en entend la cloche ?
Or, la cloche suppose un clocher, — le clocher
Un curé. — Le curé, quand c'est jour de prêcher,
A besoin d'un bedeau. — Le bedeau, d'ordinaire,
Est en même temps cuistre à l'école primaire.
Or le cuistre [26] du lieu, lecteur, était l'ancien
Allié des parents de Mardoche, et le sien.

XXII

Ayant donc débarqué, notre héros fit mettre [27]
Sa voiture en un lieu sûr, qu'il pût reconnaître,
Puis s'éloigna, sans trop regarder son chemin,
D'un pas plus mesuré qu'un sénateur romain.
Longtemps et lentement, comme un bayeur aux grues,
Il marcha, coudoyant le monde par les rues.
Il savait dès longtemps que le bon magister,
Les dimanches matins sortait pour prendre l'air ;
C'est pourquoi, sans l'aller demander à sa porte,
Il détourna d'abord le coin du bois, en sorte

XXIII

Qu'au bout de trente pas il était devant lui :
« *And how do you do* [28], mon bon père, aujourd'hui ? »
Le vieillard, à vrai dire, un peu surpris, et comme
Distrait d'un rêve, ôta de ses lèvres la pomme
De sa canne. « Mon fils, tout va bien, Dieu merci,
Dit-il, et quel sujet vous fait venir ici ?
— Sujet, reprit Mardoche, excessivement sage,
Très moral, un sujet très logique. Je gage
Ma barbe et mon bonnet, qu'on pourrait vous donner
Dix-sept éternités pour nous le deviner. »

XXIV

La matinée était belle ; les alouettes
Commençaient à chanter ; quelques lourdes charrettes
Soulevaient çà et là la poussière. C'était
Un de ces beaux matins un peu froids, comme il fait
En octobre. Le ciel secouait de sa robe
Les brouillards vaporeux sur le terrestre globe.

« Asseyez-vous, mon fils, dit le prêtre ; voilà
L'un des plus beaux instants du jour. — Pour ce vent-là,
Je le crois usurier, bon père, dit Mardoche,
Car il vous met la main malgré vous à la poche.

XXV

— L'un des plus beaux instants, mon fils, où les humains
Puissent à l'Eternel tendre leurs faibles mains ;
L'âme s'y sent ouverte, et la prière aisée.
— Oui ; mais nous avons là les pieds dans la rosée,
Bon père ; autant vaudrait prier en plus bas lieu.
— Les monts, dit le vieillard, sont plus proches de Dieu,
Ce sont ses vrais autels, et si le saint prophète
Moïse le put voir, ce fut au plus haut faîte.
— Hélas ! reprit Mardoche, un homme sur le haut
Du plus pointu des monts, serait-ce le Jung-Frau,

XXVI

Me fait le même effet justement qu'une mouche
Au bout d'un pain de sucre[29]. Ah ! bon père, la bouche
Des hommes, à coup sûr, les met haut, mais leurs pieds
Les mettent bas. — Mon fils, dit le docteur, voyez
Que vos cheveux sont d'or et les miens sont de neige.
Attendez que le temps vienne. — Et qu'en apprendrai-je
Prit l'autre, souriant de son méchant souris ;
Science des humains n'est-elle pas mépris ?
Il s'assit à ce mot. « Laissons cela, mon père,
Dit-il, je suis venu pour vous parler d'affaire.

XXVII

Comme vous le disiez tout à l'heure, je suis
Jeune, par conséquent amoureux. Je ne puis
Voir ma maîtresse ; elle a son mari. La fenêtre
Est haute, à parler franc, et… — Je vous ai vu naître,
Mon ami, dit le prêtre, et je vous ai tenu
Sur les fonts baptismaux. Quand vous êtes venu
Au monde, votre père (et que Dieu lui pardonne,
Car il est mort) vous prit des bras de votre bonne,
Et me dit : Je le mets sous la protection
Du ciel ; qu'il soit sauvé de la corruption !

XXVIII

— Le malheur, dit Mardoche, est que les demoiselles
Sont toutes, par nature ou par mode, cruelles ;
Car je vous entends bien, et je sais que c'est mal.
Mais que voudriez-vous, monsieur, qu'on fît au bal ?
— Oui ! vous avez raison, dit le bedeau, le monde
Est un lieu de misère et de pitié profonde.
— Donc, dit Mardoche, avec votre consentement,
Je reprends mon récit et mon raisonnement.
Or je ne puis pas voir ma maîtresse ; hier même
J'ai failli m'y casser le cou. — Bonté suprême !

XXIX

Dit le bedeau, c'est Dieu qui vous aurait frappé.
Quel est le malheureux que vous avez trompé ?
— Malheureux ? dit Mardoche ; il n'en sait rien, mon père.
— Il n'en sait rien, mon fils ! Nul secret sur la terre
N'est secret bien longtemps. — Bon, dit Mardoche, mais
Je ne bavarde guère, et je n'écris jamais.
— Et quand cela serait, mon fils, je le demande,
Une injure cachée en est-elle moins grande ?
En aurez-vous donc moins desséché, désuni
Un lien que la main d'un prêtre avait béni ?

XXX

En aurez-vous moins fait le plus coupable outrage
À la société, dans sa loi la plus sage ?
Ce secret, qu'à jamais la terre ignorera,
Pensez-vous que le ciel, qui le sait, l'oubliera ?
Songez à ce que c'est qu'un monde, et que le nôtre
A quatre pas de long, et, pour l'horizon, l'autre.
— Quittons ce sujet-ci, dit Mardoche, je voi[30]
Que vous avez le crâne autrement fait que moi[31].
Je vous racontais donc comme quoi ma maîtresse
Était gardée à vue : on la promène en laisse.

XXXI

— Et l'on a, dit le prêtre, éminemment raison.
Ah ! qu'elle pense donc à garder sa maison,

À vouer au seigneur un cœur exempt de feinte,
À donner à ses fils un lait pur et la crainte
Du ciel. — Mon révérend, dit l'autre, les oiseaux
Qui sont les plus charmants, sont ceux qui chantent faux.
Ne vous paraît-il pas simple et tout ordinaire
Qu'un rossignol soit laid, honteux, lorsqu'au contraire
Le paon, ce mal-appris, porte un manteau doré,
Comme un diacre à Noël à côté du curé?

XXXII

Ne vous étonnez donc aucunement, bon père,
Que le plus bel oiseau que nous ayons sur terre,
La femme, chante faux, et sur ce, laissez-moi
Vous finir mon récit, je vous dirai pourquoi.
Hier donc, je revenais, ayant failli me rompre
Les... — Et, dit le vieillard, qui donc l'a pu corrompre
Ainsi, fils d'un tel père, et jeune comme il est!
N'est-ce pas monstrueux? — J'ai, dit Mardoche, fait
Mes classes de bonne heure, et puis, dans les familles,
Voyez-vous, j'ai toujours trouvé quatre ou cinq filles

XXXIII

Contre un ou deux garçons, ce qui m'a fait penser
Qu'on pouvait en aimer la moitié, sans blesser
Dieu. — Dieu! mon cher enfant! voyons, soyez sincère.
Y croyez-vous? — Monsieur, dit Mardoche, Voltaire
Y croyait[32]. — Comment donc l'offensez-vous ainsi?
— Or, dit le jouvenceau, je reprends mon récit.
J'adore cette femme, et ne connais de joie
Qu'à la voir; vous sentez qu'il faut que je la voie.
Et j'ai compté sur vous dans cette occasion.
— Sur moi! dit le bedeau, perdez-vous la raison?

XXXIV

— La raison, révérend, hélas! je l'ai perdue;
Et si, par un miracle, elle m'était rendue,
Vous me la verriez fuir, ou plutôt renvoyer
Comme un pigeon fidèle au toit du colombier.
Ah! secourez-moi donc; votre bonne assistance
Peut seule me sauver dans cette circonstance.

— Et de quelle façon, mon ami? — Vous sentez,
Dit Mardoche, que j'ai cherché de tous côtés,
Pour la voir, une chambre, un lit, un trou, n'importe;
Y venir n'était rien, mais il faut bien qu'on sorte.

XXXV

Et le rustre la guette. — Eh bien! dit le bedeau,
Puis-je l'en empêcher? — Vous avez un très beau
Lit à rideaux bleu-ciel, monsieur; un presbytère
N'est pas suspect…—Jamais! dit le vieillard. — Bon père,
Dit l'autre, je n'ai pas si peu de temps vécu
Qu'au premier jour d'ennui je croie une vertu
De partir (en parlant ainsi, l'ami Mardoche
Tirait tout bas un long pistolet de sa poche).
— Porter la main sur vous, mon fils! dit le chrétien.
En êtes-vous donc là? ne croyez-vous à rien?

XXXVI

— Révérend, répondit Mardoche, je m'ennuie.
Shakspeare, dans *Hamlet,* dit qu'on tient à la vie
Parce qu'on ne sait pas ce qu'on doit voir après[33];
Ses vers[34] me semblent beaux, mais ils seraient plus vrais,
S'ils disaient qu'on y tient parce qu'une cervelle
A peur d'un pistolet qui s'applique sur elle,
Pour la faire craquer et sauter d'un seul bond,
Comme un bouchon de vin de Champagne, au plafond.
Je ne suis pas douillet! — Un suicide! on se damne,
Mon fils! — Nous n'avons pas, dit Mardoche, le crâne

XXXVII

Fait de même. — Attendez du moins jusqu'à demain,
Mon fils, et retirez ceci de votre main.
Songez-y donc: chez moi! dans ma chambre! une femme!
Mon enfant, un suicide! Ah! songez à votre âme.
— Henri huit, révérend, dit Mardoche, fut veuf
De sept reines, tua deux cardinaux, dix-neuf
Évêques, treize abbés, cinq cents prieurs, soixante-
Un chanoines, quatorze archidiacres, cinquante
Docteurs, douze marquis, trois cent dix chevaliers,
Vingt-neuf barons chrétiens, et six-vingt roturiers.

XXXVIII

Moi, je n'en tuerai qu'un, révérend; mais, de grâce,
Parlez, et dites-nous ce qu'il vous plaît qu'on fasse.
— Qu'on fasse! dit le prêtre; et l'enfer, mon cher fils!
L'enfer! — Monsieur, reprit Mardoche, je ne puis
Répondre là-dessus, n'ayant eu pour nourrice
Qu'une chèvre. » Le bout de l'arme tentatrice
Brillait en plein soleil. « Eh bien! je le veux bien,
S'écria le vieillard, mais vous n'en direz rien.
Sur votre foi, mon fils! songez à ce qu'on pense...
— Touchez là, dit Mardoche, et Dieu vous récompense! »

XXXIX

Telle fut, de tout point, la conversation
Qu'avec son oncle Évrard Mardoche eut à Meudon
(Car Évrard du bedeau fut le nom véritable).
De l'oncle ou du neveu qui fut le plus coupable?
Le neveu fut impie, et l'oncle fut trop bon.
L'un plaidait pour le ciel, l'autre pour le démon.
Le parallèle prête à faire une élégie :
Oncle, tu fus trop bon; neveu, tu fus impie.
Mais n'importe; il suffit de savoir pour l'instant,
Quel qu'en soit le motif, que Mardoche est content.

XL [35]

De plus, j'ai déjà dit, que c'était jour de fête.
Une fête, à Meudon, tourne plus d'une tête;
Et qui pouvait savoir, tandis que, soucieux,
Notre héros à terre avait fixé ses yeux,
Ce qu'il cherchait encor? — Le fait est qu'en silence
Au digne magister il fit sa révérence,
Puis s'éloigna pensif, sans trop regarder où,
La tête basse, et, comme on dit, à pas de loup [36].
— Toujours un amoureux s'en va tête baissée,
Cheminant de son pied moins que de sa pensée.

XLI

Heureux un amoureux! — Il ne s'enquête pas
Si c'est pluie ou gravier dont s'attarde son pas.

On en rit; c'est hasard s'il n'a heurté personne.
Mais sa folie au front lui met une couronne,
À l'épaule une pourpre, et devant son chemin
La flûte et les flambeaux, comme un jeune Romain!
Tel était celui-ci, qu'à sa mine inquiète
On eût pris pour un fou, sinon pour un poète.
Car vous verriez plutôt une moisson sans pré,
Sans serrure une porte, et sans nièce un curé,

XLII

Que sans manie un homme ayant l'amour dans l'âme.
Comme il marchait pourtant, un visage de femme
Qui passa tout à coup sous un grand voile noir,
Le jeta dans un trouble horrible à concevoir.
Qu'avait-il? Qu'était donc cette beauté voilée?
Peut-être sa Rosine! — Au détour de l'allée,
Avait-il reconnu, sous les plis du schall blanc,
Sa démarche à l'anglaise, et son pas nonchalant?
Elle n'était pas seule; un homme à face pâle
L'accompagnait, d'un air d'aisance conjugale.

XLIII

Quoi qu'il en soit, lecteur, notre héros suivit
Cette beauté voilée, aussitôt qu'il la vit.
Longtemps, et lentement, au bord de la terrasse,
Il marcha comme un chien basset sur une trace,
Toujours silencieux, car il délibérait
S'il devait passer outre ou bien s'il attendrait.
L'ennemi tout à coup, à sa grande surprise,
Fit volte-face. Il vit que l'instant de la crise
Approchait; tenant donc le pied ferme, aussitôt
Il rajusta d'un coup son col et son jabot.

XLIV

Muses! — Depuis le jour où John Bull, en silence,
Vit jadis par Brummel[37], en dépit de la France,
Les gilets blancs proscrits, et jusques aux talons
(Exemple monstrueux!) traîner les pantalons;
Jusqu'à ces heureux temps où nos compatriotes
Enfin jusqu'à mi-jambe ont relevé leurs bottes,

Et, ramenant au vrai tout un siècle enhardi,
Dégagé du maillot le mollet du dandy [38] !
Si jamais, retroussant sa royale moustache,
Gentilhomme au plein vent fit siffler sa cravache;

XLV

D'un air tendre et rêveur, si jamais merveilleux,
Pour montrer une bague, écarta ses cheveux;
Oh! surtout, si jamais manchon aristocrate
Fit mollement plier la douillette écarlate;
Ou si jamais, pareil à l'étoile du soir,
Put sous un voile épais scintiller un œil noir [29],
Ô Muses d'Hélicon! — Ô chastes Piérides [40] !
Vous qui du double roc buvez les eaux rapides,
Dites, ne fut-ce pas lorsque, la canne en l'air,
Mardoche en sautillant passa comme un éclair?

XLVI

Ce ne fut qu'un coup d'œil, et, bien que passé maître,
Notre époux, à coup sûr, n'y put rien reconnaître.
Un vieux Turc accroupi, qui près de là fumait,
N'aurait pas eu le temps de dire : Mahomet.
La dame, je crois même, avait tourné la tête;
Et, sans s'inquiéter autrement de la fête,
Ni des gens de l'endroit, ni de son bon parent,
Mardoche regagna sa voiture en courant.
« À Paris! » dit le groom en fermant la portière.
À Paris! oh! l'étrange et la plaisante affaire!

XLVII

Lecteur, qui ne savez que penser de ceci,
Et qui vous préparez à froncer le sourcil,
Si vous n'avez déjà deviné que Mardoche
Emportait de Meudon un billet dans sa poche,
Vous serez, en rentrant, étonné de le voir
Se jeter tout soudain le nez contre un miroir,
Demander du savon, et gronder sa servante;
Puis, laissant son laquais glacé par l'épouvante,
Se vider sur le front, ainsi qu'un flot lustral,
Un flacon tout entier d'huile de Portugal.

XLVIII

Vénus! flambeau divin! — Astre cher aux pirates!
Astre cher aux amants! — Tu sais que de cravates,
Un jour de rendez-vous, chiffonne un amoureux!
Tu sais combien de fois il en refait les nœuds!
Combien coule sur lui de lait de rose et d'ambre!
Tu sais que de gilets et d'habits par la chambre
Vont traînant au hasard, mille fois essayés,
Pareils à des blessés qu'on heurte et foule aux pieds!
Vous surtout, dards légers¹¹, qu'en ses doctes emphases
Delille a consacrés par quatre périphrases!

XLIX

Ô bois silencieux! ô lacs! — Ô murs gardés!
Balcons quittés si tard! si vite escaladés!
Masques, qui ne laissez entrevoir d'une femme
Que deux trous sous le front, qui lui vont jusqu'à l'âme!
Ô capuchons discrets! — Ô manteaux de satin,
Que presse sur la taille une amoureuse main!
Amour, mystérieux amour, douce misère!
Et toi, lampe d'argent, pâle et fraîche lumière
Qui fait les douces nuits plus blanches que le lait!
— Soutenez mon haleine en ce divin couplet!

L

Je veux chanter ce jour d'éternelle mémoire
Où, son dîner fini, devant qu'il fît nuit noire,
Notre héros, le nez caché sous son manteau,
Monta dans sa voiture une heure au moins trop tôt!
Oh! qu'il était joyeux, et, quoi qu'on n'y vît goutte,
Que de fois il compta les bornes de la route!
Lorsqu'enfin le tardif marchepied s'abaissa,
Comme, le cœur battant, d'abord il s'élança!
Tout le quartier dormait profondément, en sorte
Qu'il leva lentement le marteau de la porte.

LI

Êtes-vous quelquefois sorti par un temps doux,
Le soir, seul, en automne, — ayant un rendez-vous?

Il est de trop bonne heure, et l'on ne sait que faire
Pour tuer, comme on dit, le temps, ou s'en distraire.
On s'arrête, on revient. — De guerre lasse, enfin,
On entre. — On va poser son front sur un coussin. -
Sur le bord de son lit, — place à jamais sacrée!
Tiéde encor des parfums d'une tête adorée[42]!
— On écoute. — On attend. — L'ange du souvenir
Passe, et vous dit tout bas : « L'Entends-tu pas venir? »

LII

J'ai vu, sur les autels, le pudique hyménée
Joindre une sèche main de prude surannée
À la main sans pudeur d'un roué de vingt ans.
Au Havre, dans un bal, j'ai vu les yeux mourants
D'une petite Anglaise, à l'air mélancolique[43],
Jeter un long regard plein d'amour romantique
Sur un buveur de punch, et qui, dans le moment,
Venait de se griser abominablement!
J'ai vu des apprentis se vendre à des douairières
Et des Almavivas payer leurs chambrières.

LIII

Est-il donc étonnant qu'une fois, à Paris,
Deux jeunes cœurs se soient rencontrés — et compris?
Hélas! de belles nuits le ciel nous est avare
Autant que de beaux jours! — Frères, quand la guitare
Se mêle au vent du soir qui frise vos cheveux,
Quand le clairet vous a ranimé de ses feux,
Oh! que votre maîtresse, alors surtout, soit belle!
Sinon, quand vous voudrez jeter les yeux[44] sur elle,
Vous sentirez le cœur vous manquer, et soudain
L'instrument, malgré vous, tomber de votre main.

LIV

L'auteur du présent livre, en cet endroit, supplie
Sa lectrice, si peu qu'elle ait la main jolie
(Comme il n'en doute pas), d'y jeter un moment
Les yeux, et de penser à son dernier amant.
Qu'elle songe, de plus, que Mardoche était jeune,
Amoureux, qu'il avait pendant un mois fait jeûne,

Que la chambre était sombre, et que jamais baisé [46]
Plus long ni plus ardent ne put être posé
D'une bouche plus tendre, et sur des mains plus blanches
Que celles que Rosine eut au bout de ses manches.

LV

Car, à dire le vrai, ce fut la Rosina
Qui parut tout à coup, quand la porte tourna.
Je ne sais, ô lecteur! si notre ami Mardoche
En cette occasion crut son bien sans reproche,
Mais il en profita. — Pour la table, le thé,
Les biscuits et le feu, ce fut vite apporté.
— Il pleuvait à torrents. — Qu'on est bien deux à table!
Une femme! un souper! je consens que le diable
M'emporte, si jamais j'ai souhaité d'avoir
Rien autre chose avant de me coucher le soir.

LVI

Lecteur, remarquez bien cependant que Rosine
Était blonde, l'œil noir, avait la jambe fine
Même, hormis les pieds qu'elle avait un peu forts,
Joignait les qualités de l'esprit et du corps.
Il paraît donc assez simple et facile à croire
Que son féal époux, sans être d'humeur noire,
Voulût la surveiller. — Peut-être qu'il était
Averti de l'affaire en dessous; le fait est
Que Mardoche et sa belle, au fond, ne pensaient guère
À lui, quand il cria comme au festin de Pierre :

LVII

« Ouvrez-moi [46]. — Pechero! dit la dame, je suis
Perdue!... Où se cacher, Mardoche? » Au fond d'un puits,
Il s'y serait jeté, de peur de compromettre
La reine de son cœur. Il ouvrit la fenêtre.
Stratagème excellent! — Rien n'était mieux trouvé.
Et zeste! il se démit le pied sur un pavé.
Ô bizarre destin! ô fortune inconstante!
Ô malheureux amant! plus malheureuse amante!
Après ce coup fatal qu'allez-vous devenir,
Hélas! et comment donc ceci va-t-il finir?

LVIII

De tout temps les époux, grands dénoueurs de trames,
Ont mangé les soupers des amants de leurs femmes.
On peut voir, pour cela, depuis maître Gil Blas,
Jusqu'à Crébillon fils et monsieur de Faublas.
Mais notre Dijonnais à la face chagrine
Jugea la chose mal à propos. — Et Rosine,
Que fit-elle ? — Elle avait cet air désappointé
Que fait une perruche à qui l'on a jeté
Malicieusement une fève arrangée
Dans du papier brouillard en guise de dragée.

LIX

Elle prend avec soin l'envelopppe, ôte tout,
Tire, et s'attend à bien, puis, quand elle est au bout
Du papier imposteur, voyant la moquerie,
Reste moitié colère et moitié bouderie.
« Madame, dit l'époux, vous irez au couvent. »
Au couvent ! — Ô destin cruel et décevant !
Le calice était plein ; il fallut bien le boire.
Et que dit à ce mot la pauvre enfant ! — L'histoire
N'en sait rien. — Et que fit Mardoche ? — Pour changer
D'amour, il lui fallut six mois à voyager[47].

SUZON[1]

> Heureux celui dont le cœur ne demande qu'un cœur, et qui ne désire ni parc à l'anglaise, ni opera seria, ni musique de Mozart, ni tableaux de Raphaël, ni éclipse de lune, ni même un clair de lune, ni scène de roman, ni leur accomplissement.
> JEAN-PAUL[2].

Ce que j'écris est bon pour les buveurs de bière
Qui jettent la bouteille après le premier verre :
C'est l'histoire d'un fou mort pour avoir aimé
À casser une pipe après avoir fumé.

Deux muscadins d'abbés qui soupaient chez le pape,
Étant venus un jour³ à bout de se griser,
Lorsque pour le dessert on eut tiré la nappe,
Dans un coin des jardins se mirent à causer.
L'un d'eux, nommé Cassius, frappant sur sa calotte,
Dit qu'en fait de maîtresse il était mal tombé,
Ayant pour tout potage une belle idiote,
Qui s'appelait, je crois, la marquise de B.
« Voilà huit jours, dit-il, que je ne sais qu'en faire,
Et c'est une bégueule à vous porter en terre.
— La faute en est à toi, répondit le second,
Si tu n'en tires rien. » L'autre dit : « Parbleu non !
Je n'ai pas le talent de réchauffer les marbres. »
Son ami là-dessus se mit à parler bas,
Très vite et très longtemps; et tous deux sous les arbres
Disparaissant bientôt, ils doublèrent le pas.
Cassius reconduisit l'autre jusqu'à la porte⁴,
Et demeura chez lui jusques au lendemain.
Il en sortit tremblant, une fiole à la main :
Et le jour qui suivit, sa maîtresse était morte.

Il se passa deux ans, durant lesquels Cassius
Et son ami l'abbé ne se parlèrent plus.
Cassius se montrait peu, boudait, ne riait guère,
Buvait moins, maigrissait. L'autre, tout au contraire,
Bien poudré, l'œil au vent, les poches pleines d'or,
L'air impudent, taillé comme un tambour-major,
Possédant, en un mot, tout ce qui plaît aux femmes,
Loin de changer en rien, toujours près de ces dames,
Toujours rose⁵, toujours charmant, continua
D'épanouir à l'air sa desinvoltura.

Tous les deux cependant menaient un train semblable,
Et chez Sa Sainteté se rencontraient à table,
À l'église, au boston : ils se disaient deux mots,
Se touchaient dans la main, et se tournaient le dos.
Cela dura deux ans. Je viens de vous le dire,
Cassius dépérissait, tombait de mal en pire,
Arrivait à souper les cheveux dépoudrés,
Avec un pied de rouge et des bas mal tirés.
Un beau soir de printemps, certaine demoiselle
Arrivant de Paris vint chez Sa Sainteté.
Cassius s'alla planter tout à coup derrière elle,

Et resta là. Ceci ne fut point remarqué.
Le fait est qu'elle avait des yeux à l'espagnole[6],
L'air profondément triste et le pied très petit.
Du reste, elle était bête. — Enfin, lorsqu'on partit,
Cassius, tout en suivant la belle créature,
Vit son ami l'abbé qui cherchait sa voiture;
Il lui saisit le bras si fort, que le tabac
Qu'il offrait à quelqu'un sur le pied lui tomba.
« Fortunio, dit-il[7], écoute. » Ils s'arrêtèrent
Sur un banc des jardins : les autres s'en allèrent.
Les vents du sud sifflaient sur leurs têtes, les cieux[8]
Étaient sombres. Cassius prit un ton furieux[9] :
« Un certain jour, dit-il, j'avais cru qu'une femme
Méritait mon mépris; tu t'es moqué de moi,
Et tu m'as répondu : Ne méprise que toi!
Ce que je m'efforçais de trouver dans son âme
D'amour et de bonheur, c'est en la dégradant
Jusqu'au rôle muet et vil de l'instrument,
Que je sus le trouver sur un mot de ta bouche.
J'attendais que du luth la corde retentît :
Ce n'est point une corde, ami, c'est une touche,
M'as-tu dit. Frappe donc. Une femme, une nuit...
Je suivis ton conseil, que l'enfer entendit.
Un philtre rassembla les forces de son être;
Son pâle et triste amour, que je faisais peut-être
Répandre goutte à goutte[10], avant que de mourir,
Sur dix ou douze amants qu'il aurait pu nourrir,
Déborda tout à coup comme un fleuve en furie,
Dont la digue est rompue et qu'a gonflé la pluie.
Je frappai la statue : une femme en sortit;
J'ouvris les bras, et bus sa vie en une nuit.
Ah! Fortunio, pourquoi n'as-tu commis qu'un crime?
Mais le peu de poison que ta main me versa
Ne fit qu'un assassin et non une victime...
— Et que veux-tu, dit l'autre, avec ces phrases-là?
Il faut que je m'en aille, ou que tu te dépêches.
— As-tu, reprit Cassius, encor de ce poison?
— Moi! tant que tu voudras, plein une boîte à mèches.
— Écoute : cette femme avait porté le nom
D'un autre; elle avait eu des amants qu'on ignore,
Je n'ai fait que presser ce qu'il restait encore
De sève au cœur[11] du fruit. J'en veux un aujourd'hui
Fermé pour tous; pour moi (moi seul!) épanoui,

Après moi refermé. Je veux toute une vie,
Et j'ajoute la mienne au marché.
                              — Ton envie,
Répondit Fortunio, me sourit. Seulement
Tu l'aurais pu d'abord dire plus simplement.
Quelle est ta jeune fille ? Il te la faut jolie ;
Sinon ton tour est sot et ne vaut que moitié.
Ensuite il faut qu'elle ait pour toi quelque amitié.
Au reste [12], je conviens, mon cher, que ton idée,
Qui pourrait étonner un homme compassé,
Par la tête le soir m'a quelquefois passé.
Au goût du jour, d'ailleurs, elle est accommodée.
Lorsqu'un homme s'ennuie et qu'il sent qu'il est las
De traîner le boulet au bagne [13] d'ici-bas,
Dès qu'il se fait sauter, qu'importe la manière ?
J'aimerais tout autant ce que tu me dis là
Que de prendre un beau soir ma prise de tabac
Dans un baril d'opium ou dans ma poudrière.

— Eh bien, cria Cassius, marchons de ce côté. »
Tous les deux à pas lents regagnèrent la rue.
« Mais, dit Fortunio, le nom de ta beauté ?
— Avançons, dit Cassius. Vois-tu cette statue ?
— Oui.
              — Vois-tu ce portique entr'ouvert ? Sa maison
Est derrière.
              — Et son nom ?
                              — On l'appelle Suzon. »

Les abbés là-dessus traversèrent la ville ;
Cassius chez son ami tomba pâle et défait,
Tandis qu'à son tiroir l'autre, d'un air tranquille,
Ayant tiré sa drogue, en sifflant l'apprêtait.
« Ah çà ! dit Fortunio, tu connais donc ta belle
De ton voyage en France, ou comment t'aime-t-elle ?
C'est la seconde fois ce soir que je la vois.
— Moi, répondit Cassius, c'est la première fois.
— Comment ? Que veux-tu faire alors de cette poudre ?
— J'ai gagné deux laquais : nous avons arrêté
Que Suzanne demain la prendrait dans son thé.
Et quand je devrais être écrasé de la foudre,
Nous verrons qui rira, quand son palais désert
Se trouvera le soir par mégarde entr'ouvert.

— Que dis-tu ? reprit l'autre : abuser d'une femme
Dont tu n'es point aimé ! Voler le corps sans l'âme !
C'est affreux, c'est indigne, et c'est moins amusant.
Eh quoi ! parce qu'un jour un philtre complaisant
L'aura jetée à bas et la laissera nue
Livrée au premier chien qui passe dans la rue [14],
Tu seras, toi, Cassius, content d'être ce chien ?
Et tu détrôneras des sphères de lumière
La vertu d'une enfant qui, du ciel à la terre,
N'a que sa foi pour elle et ses bras pour soutien [15],
Pour te rouler sur elle une nuit dans ta fange,
Et te désaltérer sur les lèvres d'un ange
D'une soif de ruisseau ! Pitoyable insensé !
Est-ce donc pour cela que sa mère a passé
Tant de jours inquiets, tant de nuits d'insomnie ?
Qu'elle-même ce soir [16] sur son lit a prié,
Qu'elle a fermé sa porte, et pour l'autre moitié
Gardé jusqu'à seize ans la moitié de sa vie ;
Qu'elle a de son amour enfermé le trésor
Comme une fleur pudique en son calice d'or ?
Quand je t'ai conseillé de tuer une femme,
Elle t'aimait du moins : c'est là qu'est le bonheur,
C'est là tout. Ô Cassius ! n'étouffe pas ta flamme [17]
Sous la cendre ; crois-moi, cherche comme un plongeur
Cette perle qui dort dans la mer de son cœur.
— Et quand donc, dit Cassius, et de quelle manière
Me ferai-je aimer d'elle ? En baisant son talon ?
En enrayant ma roue à l'éternelle ornière ?
En me faisant son ombre ? Ah ! mordieu, c'est trop long.
Lui plairai-je, d'ailleurs ? La chance en est douteuse :
Elle aimera plus vite une fois dans mes bras.
Que la mort entre nous serve d'entremetteuse.

— Je vois, dit Fortunio, que tu ne connais pas
Le plus grand des moyens.
                            — Lequel ?
                                       — Le magnétisme [18].
— Bah ! dit Cassius, tu ris. Avec ton athéisme,
Comment y croirais-tu ? Pour moi, je ne crois rien,
Sinon ce que je vois.
                     — Ah ! dit l'autre, très bien :
Tu crois ce que tu vois ! Ô raisonneur habile !
Et l'aveugle, à ton gré, que croira-t-il alors ?

Parce que l'on t'a fait à ta prison d'argile
Une fenêtre ou deux pour y voir au dehors ;
Parce que la moitié d'un rayon de lumière
Échappé du soleil dans ton œil peut glisser,
Quand il n'est pas bouché par un grain de poussière,
Tu crois qu'avec ses lois le monde y va passer !
Ô mon ami ! le monde incessamment remue
Autour de nous, en nous, et nous n'en voyons rien.
C'est un spectre voilé qui nous crée et nous tue ;
C'est un bourreau masqué que notre ange gardien.
Sais-tu, lorsque ta main touche une jeune fille,
Ce qui se passe en elle, en toi ? Qu'en as-tu vu ?
Qui te fait tressaillir lorsque son œil pétille ?
S'il ne se passe rien, pourquoi tressailles-tu ?
Quand l'aigle, au bord des mers, aperçoit l'hirondelle
Et lui dit en passant, d'un regard de ses yeux,
De le suivre, as-tu vu ce qui se passe en elle [19] ?
S'il ne se passe rien, pourquoi donc le suit-elle ?
Eh quoi ! toi confesseur, toi prêtre, toi Romain,
Tu crois qu'on dit un mot, qu'on fait un geste en vain !
Un geste ! malheureux ! tu ne sais pas peut-être
Que la religion n'est qu'un geste, et le prêtre
Qui, l'hostie à la main, lève le bras [20] sur nous,
Un saint magnétiseur qu'on écoute à genoux !
Tu crois ce que tu vois ! toi, qui, dans la nuit sombre,
Portes l'étole blanche et vas t'asseoir dans l'ombre
Des confessionnaux, pour tenir dans ta main [21]
La tête d'une enfant qui t'appelle son père,
Qui te dit des secrets qu'elle cache à sa mère,
Et de ce qui se fait à l'ombre du saint lieu
Ne peut en appeler à rien, pas même à Dieu !
Quand Christus renversa les idoles de Rome,
Il avait vu quel pas restait à faire encor,
Et qu'à qui veut donner l'homme pour maître à l'homme
Un caveau verrouillé vaut mieux qu'un trépied d'or.
C'est ce pouvoir, ami, c'est ce nœud redoutable
De l'aigle à l'hirondelle et du prêtre à l'enfant,
Qui fait que l'homme fort doit briser son semblable
Contre sa volonté de fer qui le défend.

Essaye, et tu verras. Quand la nuit solitaire
Sur son cilice d'or s'assoira [22] sur la terre,
Laisse évoquer le diable au bouvier du chemin,

Qui veut faire avorter la vache du voisin ;
Évoque ton courage et le sang de tes veines,
Ton amour et le dieu des volontés humaines !
Pénètre dans la chambre où Suzon dormira ;
Ne la réveille pas ; parle-lui, charme-la ;
Donne-lui, si tu veux, de l'opium la veille.
Ta main à ses seins nus, ta bouche à son oreille ;
Autour de tes deux bras roule ses longs cheveux,
Glisse-toi sur son cœur, et dis-lui que tu veux
(Entends-tu ? que tu veux !) sur sa tête [23] et sous peine
De mort, qu'elle te sente et qu'elle s'en souvienne ;
Blesse-la quelque part, mêle à son sang ton sang ;
Que la marque lui reste et fais-toi la pareille,
N'importe à quelle place, à la joue, à l'oreille,
Pourvu qu'elle frémisse en la reconnaissant.
Le lendemain sois dur, le plus profond silence,
L'œil ferme, laisse-la raisonner sans effroi [24],
Et dès la nuit venue arrive et recommence.
Huit jours de cette épreuve, et la proie est à toi [25].
— Je le veux, dit Cassius, et la pensée [26] est bonne.
Cette nuit je commence, et l'attache à la croix
Huit jours à tout hasard, et que Dieu lui pardonne ! »

Fortunio se trompait, il n'en fallut que trois.
Le quatrième jour Suzon vint à confesse ;
Et derrière un pilier, caché dans l'ombre épaisse,
Cassius de son amour surprit l'aveu fatal.
Il dit à Fortunio : « Ton conseil infernal
Donne déjà son fruit : sa porte d'elle-même
S'ouvrira maintenant, car je sais qu'elle m'aime.

— Frappe donc ! reprit l'autre.
                             — À ce soir.
                                         — À ce soir. »
Au coucher du soleil Cassius revint le voir.
« Viens souper, lui dit-il ; il me reste une somme
De quarante louis dans ma poche. Un autre homme,
Ou plus sage ou plus fou que moi, la donnerait [27]
À quelque mendiant ; allons au cabaret. »

C'était par une nuit magnifique et sereine,
Où les vents embaumés frémissaient dans la plaine ;
Et les grillons du soir, sous le pied du passant,

Chantaient dans la rosée aux feux du ver luisant;
La lune, à son lever, sur la cime des arbres
Balançait mollement les ombres des saints marbres,
Et plongeait dans le fleuve aux flots étincelants
Des lourds dieux de granit les colosses tremblants.
Dans le coin enfumé d'une auberge malsaine
Les abbés sur la table avaient croisé les bras.
« Eh bien! cria Cassius, ne chanterons-nous pas? »
Et, vidant d'un seul trait une bouteille pleine :
« Allons, abbé, dit-il, un toast à ma Suzon[28]! »
Il se leva, lança son assiette au plafond,
Et se mit à chanter d'une voix triste et pure :

> Si Lilla voulait me promettre
> De m'ouvrir quand la nuit viendra,
> Je l'épouserais bien sans prêtre,
> Quitte à sauter par la fenêtre[29]
> Quand sa mère s'éveillera.

> Sommes-nous donc de vieilles femmes
> Qui toujours tremblent pour leurs os
> Et, de peur du diable et des flammes,
> Attendent que leurs vieilles âmes
> Sortent par dégoût de leurs peaux?

> Moi, sur la planche de ma bière,
> Je souperais avec Lilla.
> Par la fressure du saint-père!
> Un homme peut casser son verre,
> Quand il a bu de ce vin-là[30].

Le ciel a-t-il fait faire un pacte à la nature
Avec l'homme, ou rit-il comme un malin esprit
Quand il voit un tombeau qui s'entr'ouvre et sourit;
Jamais vent de minuit, dans l'éternel silence,
N'emporta si gaiement du pied d'un balcon d'or
Les soupirs de l'amour à la beauté qui dort,
Que lorsque les abbés fredonnant leur romance,
Sur la bruyère sèche en se tenant le bras,
Vers leur œuvre sans nom marchèrent à grands pas.

Le lendemain dans Rome il courut la nouvelle
Qu'une main inconnue avait tué Suzon,

Et qu'on avait trouvé sur le pied d'une échelle
Fortunio qui dormait au seuil de la maison.
Depuis ce jour un fou qui blasphème et mendie
Vient s'asseoir quelquefois, à l'heure du sommeil,
Sur les lazzaronis étendus au soleil :
Il leur parle tout bas, les frotte et parodie
Les gestes d'un derviche et d'un magnétiseur;
Puis, quand il les éveille, il les frappe en fureur.
C'est Cassius qui survit à Suzon : sa victime
Lui mourut dans les bras trop tôt pour l'assouvir [31];
Et lui, resté tout seul à la moitié du crime,
Sur le pavé de Rome achève de mourir.

LES VŒUX STÉRILES [1]

Puisque c'est ton métier, misérable poète,
Même en ces temps d'orage, où la bouche est muette,
Tandis que le bras parle, et que la fiction
Disparaît comme un songe au bruit de l'action [2];
Puisque c'est ton métier de faire de ton âme
Une prostituée, et que, joie ou douleur,
Tout demande sans cesse à sortir de ton cœur [3];
Que du moins l'histrion, couvert d'un masque infâme,
N'aille pas, dégradant ta pensée avec lui,
Sur d'ignobles tréteaux la mettre au pilori [4];
Que nul plan, nul détour, nul voile ne l'ombrage.
Abandonne aux vieillards sans force et sans courage
Ce travail d'araignée, et tous ces fils honteux
Dont s'entoure en tremblant l'orgueil qui craint les yeux [5].
Point d'autel, de trépied, point d'arrière aux profanes [6]!
Que ta muse, brisant le luth des courtisanes,
Fasse vibrer sans peur l'air de la liberté;
Qu'elle marche pieds nus, comme la Vérité.

Ô Machiavel! tes pas retentissent encore
Dans les sentiers déserts de San Casciano [7].
Là, sous des cieux ardents dont l'air sèche et dévore,
Tu cultivais en vain un sol maigre et sans eau.
Ta main, lasse le soir d'avoir creusé la terre,
Frappait ton pâle front dans le calme des nuits.

Là, tu fus sans espoir, sans proches, sans amis ;
La vile oisiveté, fille de la misère,
À ton ombre en tous lieux se traînait lentement,
Et buvait dans ton cœur les flots purs de ton sang :
« Qui suis-je ? écrivais-tu ; qu'on me donne une pierre,
» Une roche à rouler ; c'est la paix des tombeaux
» Que je fuis, et je tends des bras las du repos [8]. »

C'est ainsi, Machiavel, qu'avec toi je m'écrie :
Ô médiocre, celui qui pour tout bien
T'apporte à ce tripot dégoûtant de la vie,
Est bien poltron au jeu, s'il ne dit : Tout ou rien.
Je suis jeune ; j'arrive. À moitié de ma route [9],
Déjà las de marcher, je me suis retourné.
La science de l'homme est le mépris sans doute ;
C'est un droit de vieillard qui ne m'est pas donné.
Mais qu'en dois-je penser ? Il n'existe qu'un être
Que je puisse en entier et constamment connaître,
Sur qui mon jugement puisse au moins faire foi,
Un seul !... Je le méprise. — Et cet être, c'est moi.

Qu'ai-je fait ? qu'ai-je appris ? — Le temps est si rapide !
L'enfant marche joyeux, sans songer au chemin ;
Il le croit infini, n'en voyant pas la fin.
Tout à coup il rencontre une source limpide,
Il s'arrête, il se penche, il y voit un vieillard.
Que me dirai-je alors ? Quand j'aurai fait mes peines,
Quand on m'entendra dire : Hélas ! il est trop tard ;
Quand ce sang, qui bouillonne aujourd'hui dans mes veines
Et s'irrite en criant contre un lâche repos,
S'arrêtera, glacé jusqu'au fond de mes os...

Ô vieillesse ! à quoi donc sert ton expérience ?
Que te sert, spectre vain, de te courber d'avance
Vers le commun tombeau des hommes, si la mort
Se tait en y rentrant, lorsque la vie en sort ?
N'existait-il donc pas à cette loterie
Un joueur par le sort assez bien abattu
Pour que, me rencontrant sur le seuil de la vie,
Il me dît en sortant : N'entrez pas, j'ai perdu !

Grèce, ô mère des arts, terre d'idolâtrie [10],
De mes vœux insensés éternelle patrie,

J'étais né pour ces temps où les fleurs de ton front
Couronnaient dans les mers l'azur de l'Hellespont.
Je suis un citoyen de tes siècles antiques ;
Mon âme avec l'abeille erre sous tes portiques.
La langue de ton peuple, ô Grèce, peut mourir ;
Nous pouvons oublier le nom de tes montagnes ;
Mais qu'en fouillant le sein de tes blondes campagnes
Nos regards tout à coup viennent à découvrir
Quelque dieu de tes bois, quelque Vénus perdue...
La langue que parlait le cœur de Phidias
Sera toujours vivante et toujours entendue ;
Les marbres l'ont apprise, et ne l'oublieront pas.
Et toi, vieille Italie, où sont ces jours tranquilles
Où sous le toit des cours Rome avait abrité
Les arts, ces dieux amis, fils de l'oisiveté[11] ?
Quand tes peintres alors s'en allaient par les villes,
Élevant des palais, des tombeaux, des autels,
Triomphants, honorés, dieux parmi les mortels ;
Quand tout, à leur parole, enfantait des merveilles,
Quand Rome combattait Venise et les Lombards,
Alors c'étaient des temps bienheureux pour les arts !
Là, c'était Michel-Ange, affaibli par les veilles,
Pâle au milieu des morts, un scalpel à la main,
Cherchant la vie au fond de ce néant humain[12],
Levant de temps en temps sa tête appesantie,
Pour jeter un regard de colère et d'envie
Sur les palais de Rome, où, du pied de l'autel,
À ses rivaux de loin souriait Raphaël.
Là, c'était le Corrège[13], homme pauvre et modeste,
Travaillant pour son cœur, laissant à Dieu le reste ;
Le Giorgione[14], superbe, au jeune Titien
Montrant du sein des mers son beau ciel vénitien ;
Bartholomé[15], pensif, le front dans la poussière,
Brisant son jeune cœur sur un autel de pierre,
Interrogé tout bas sur l'art par Raphaël,
Et bornant sa réponse à lui montrer le ciel...
Temps heureux, temps aimés ! Mes mains alors peut-être,
Mes lâches mains, pour vous auraient pu s'occuper ;
Mais aujourd'hui pour qui ? dans quel but ? sous quel
[maître ?
L'artiste est un marchand, et l'art est un métier.
Un pâle simulacre, une vile copie,
Naissent sous le soleil ardent de l'Italie[16]...

Nos œuvres ont un an, nos gloires ont un jour;
Tout est mort en Europe, — oui, tout, — jusqu'à l'amour.

Ah! qui que vous soyez, vous qu'un fatal génie
Pousse à ce malheureux métier de poésie
Rejetez loin de vous, chassez-moi hardiment
Toute sincérité; gardez que l'on ne voie
Tomber de votre cœur quelques gouttes de sang;
Sinon, vous apprendrez que la plus courte joie
Coûte cher, que le sage est ami du repos,
Que les indifférents sont d'excellents bourreaux [17].
Heureux, trois fois heureux, l'homme dont la pensée
Peut s'écrire au tranchant du sabre ou de l'épée!
Ah! qu'il doit mépriser ces rêveurs insensés
Qui, lorsqu'ils ont pétri d'une fange sans vie
Un vil fantôme, un songe, une froide effigie,
S'arrêtent pleins d'orgueil, et disent : C'est assez!
Qu'est la pensée, hélas! quand l'action commence?
L'une recule où l'autre intrépide s'avance.
Au redoutable aspect de la réalité,
Celle-ci prend le fer, et s'apprête à combattre;
Celle-là, frêle idole, et qu'un rien peut abattre,
Se détourne, en voilant son front inanimé [18].

Meurs, Weber! meurs courbé sur ta harpe muette;
Mozart t'attend. — Et toi, misérable poète,
Qui que tu sois, enfant, homme, si ton cœur bat,
Agis! jette ta lyre; au combat, au combat!
Ombre des temps passés, tu n'es pas de cet âge.
Entend-on le nocher chanter pendant l'orage?
À l'action! au mal! Le bien reste ignoré.
Allons! cherche un égal à des maux sans remède.
Malheur à qui nous fit ce sens dénaturé!
Le mal cherche le mal, et qui souffre nous aide.
L'homme peut haïr l'homme, et fuir, mais malgré lui,
Sa douleur tend la main à la douleur d'autrui.
C'est tout. Pour la pitié, ce mot dont on nous leurre,
Et pour tous ces discours prostitués sans fin,
Que l'homme au cœur joyeux jette à celui qui pleure,
Comme le riche jette au mendiant son pain,
Qui pourrait en vouloir? et comment le vulgaire,
Quand c'est vous qui souffrez, pourrait-il le sentir,
Lui que Dieu n'a pas fait capable de souffrir?

Allez sur une place, étalez sur la terre
Un corps plus mutilé que celui d'un martyr,
Informe, dégoûtant, traîné sur une claie,
Et soulevant déjà l'âme prête à partir;
La foule vous suivra. Quand la douleur est vraie,
Elle l'aime. Vos maux, dont on vous saura gré[19],
Feront horreur à tous, à quelques-uns pitié.
Mais changez de façon : découvrez-leur une âme
Par le chagrin brisée, une douleur sans fard,
Et dans un jeune cœur[20] des regrets de vieillard;
Dites-leur que sans mère, et sans sœur, et sans femme,
Sans savoir où verser, avant que de mourir,
Les pleurs que votre sein peut encor contenir,
Jusqu'au soleil couchant vous n'irez point peut-être...
Qui trouvera le temps d'écouter vos malheurs?
On croit au sang qui coule, et l'on doute des pleurs.
Votre ami passera, mais sans vous reconnaître[21].

— Tu te gonfles, mon cœur?... Des pleurs, le croirais-tu,
Tandis que j'écrivais ont baigné mon visage.
Le fer me manque-t-il, ou ma main sans courage
A-t-elle lâchement glissé sur mon sein nu?
— Non, rien de tout cela. Mais si loin que la haine
De cette destinée aveugle et sans pudeur
Ira, j'y veux aller[22]. — J'aurai du moins le cœur
De la mener si bas que la honte l'en prenne.

1831.

OCTAVE[1]

FRAGMENT

Ni ce moine rêveur, ni ce vieux charlatan,
N'ont deviné pourquoi Mariette est mourante.
Elle est frappée au cœur, la belle indifférente;
Voilà son mal, — elle aime. — Il est cruel pourtant
De voir entre les mains d'un cafard et d'un âne,
Mourir cette superbe et jeune courtisane.
Mais chacun a son jour, et le sien est venu;

Pour moi, je ne crois guère à ce mal inconnu.
Tenez, — la voyez-vous, seule, au pied de ces arbres,
Chercher l'ombre profonde et la fraîcheur des marbres,
Et plonger dans le bain ses membres en sueur ?
Je gagerais mes os qu'elle est frappée au cœur.
Regardez : — c'est ici, sous ces longues charmilles,
Qu'hier encor, dans ses bras, loin des rayons du jour,
Ont pâli les enfants des plus nobles familles.
Là s'exerçait dans l'ombre un redoutable amour ;
Là, cette Messaline ouvrait ses bras rapaces
Pour changer en vieillards ses frêles favoris,
Et, répandant la mort sous des baisers vivaces,
Buvait avec fureur ses éléments chéris,
L'or et le sang. —
                    Hélas ! c'en est fait, Mariette,
Maintenant te voilà solitaire et muette.
Tu te mires dans l'eau ; sur ce corps si vanté
Tes yeux cherchent en vain ta fatale beauté.
Va courir maintenant sur les places publiques.
Tire par les manteaux tes amants magnifiques.
Ceux qui, l'hiver dernier, t'ont bâti ton palais,
T'enverront demander ton nom par leurs valets.
Le médecin s'éloigne en haussant les épaules ;
Il soupire, il se dit que l'art est impuissant[2].
Quant au moine stupide, il ne sait que deux rôles,
L'un pour le criminel, l'autre pour l'innocent ;
Et, voyant une femme en silence s'éteindre,
Ne sachant s'il devait ou condamner ou plaindre,
D'une bouche tremblante il les a dits tous deux.
Maria ! Maria ! superbe créature,
Tu seras ce chasseur imprudent que les dieux
Aux chiens qu'il nourrissait jetèrent en pâture.

Sous le tranquille abri des citronniers en fleurs,
L'infortunée endort le poison qui la mine ;
Et, comme Madeleine[3], on voit sur sa poitrine
Ruisseler les cheveux ensemble avec les pleurs.

Était-ce un connaisseur en matière de femme,
Cet écrivain qui dit que, lorsqu'elle sourit,
Elle vous trompe ; elle a pleuré toute la nuit[4] ?
Ah ! s'il est vrai qu'un œil plein de joie et de flamme,
Une bouche riante, et de légers propos

Cachent des pleurs amers et des nuits de sanglots ;
S'il est vrai que l'acteur ait l'âme déchirée
Quand le masque est fardé de joyeuses couleurs,
Qu'est-ce donc quand la joue est ardente et plombée,
Quand le masque lui-même est inondé de pleurs ?
Je ne sais si jamais l'éternelle justice
A du plaisir des dieux fait un plaisir permis ;
Mais, s'il m'était donné de dire à quel supplice
Je voudrais condamner mon plus fier ennemi,
C'est toi, pâle souci d'une amour dédaignée,
Désespoir misérable et qui meurs ignoré,
Oui, c'est toi, ce serait ta lame empoisonnée
Que je voudrais briser dans un cœur abhorré !
Savez-vous ce que c'est que ce mal solitaire ?
Ce qu'il faut en souffrir seulement pour s'en taire ?
Pour que toute une mer d'angoisses et de maux
Demeure au fond du crâne, entre deux faibles os ?...

Et comment voudrait-il, l'insensé, qu'on le plaigne ?
Sois méprisé d'un seul, c'est à qui t'oubliera.
D'ailleurs, l'inexorable orgueil n'est-il pas là ?
L'orgueil, qui craint les yeux, et, sur son flanc qui saigne,
Retient, comme César, jusque sous le couteau,
De ses débiles mains les plis de son manteau.
. . . .
Sur les flots engourdis de ces mers indolentes,
Le nonchalant Octave, insolemment paré,
Ferme et soulève, au bruit des valses turbulentes,
Ses yeux, ses beaux yeux bleus, qui n'ont jamais pleuré.
C'est un chétif enfant ; — il commence à paraître,
Personne jusqu'ici ne l'avait aperçu.
On raconte qu'un jour, au pied de sa fenêtre,
La belle Mariette en gondole l'a vu.
Une vieille ce soir l'arrête à son passage :
« Hélas ! a-t-elle dit d'une tremblante voix,
Elle voudrait vous voir une dernière fois. »
Mais Octave, à ces mots, découvrant son visage,
A laissé voir un front où la joie éclatait :
« Mariette se meurt ! est-on sûr qu'elle meure ? »
Dit-il. — Le médecin lui donne encore une heure.
— Alors, réplique-t-il, porte-lui ce billet. »
Il écrivit ces mots du bout de son stylet :
« Je suis femme, Maria ; tu m'avais offensée.

» Je puis te pardonner, puisque tu meurs par moi.
» Tu m'as vengée ! adieu. — Je suis la fiancée
» De Petruccio Balbi qui s'est noyé pour toi. »

LES SECRÈTES PENSÉES DE RAFAËL

GENTILHOMME FRANÇAIS

FRAGMENT [1]

O vous race des dieux, phalange incorruptible,
Électeurs brevetés des morts et des vivants ;
Porte-clefs éternels du mont inaccessible [2],
Guindés, guédés, bridés, confortables pédants [3] !
Pharmaciens du bon goût, distillateurs sublimes,
Seuls vraiment immortels, et seuls autorisés ;
Qui, d'un bras dédaigneux, sur vos seins magnanimes,
Secouant le tabac de vos jabots usés,
Avez toussé, — soufflé, — passé sur vos lunettes
Un parement brossé, pour les rendre plus nettes,
Et, d'une main soigneuse ouvrant l'in-octavo,
Sans partialité, sans malveillance aucune,
Sans vouloir faire cas ni des ha ! ni des ho !
Avez lu posément — la Ballade à la lune [4] !!!

Maîtres, maîtres divins, où trouverai-je, hélas !
Un fleuve où me noyer, une corde où me pendre,
Pour avoir oublié de faire écrire au bas :
Le public est prié de ne pas se méprendre [5]...
Chose si peu coûteuse et si simple à présent,
Et qu'à tous les piliers on voit à chaque instant !
Ah ! povero, ohimé [6] ! — Qu'a pensé le beau sexe ?
On dit, maîtres, on dit qu'alors votre sourcil,
En voyant cette lune, et ce point sur cet i,
Prit l'effroyable aspect d'un accent circonflexe !

Et vous, libres penseurs, dont le sobre dîner
Est un conseil d'État, — immortels journalistes [7] !

Vous qui voyez encor, sur vos antiques listes,
Errer de loin en loin le nom d'un abonné!
Savez-vous le *Pater,* et les péchés des autres
Ont-ils grâce à vos yeux, quand vous comptez les vôtres [8] ?
— Ô vieux sir John Falstaff [9] ! quel rire eût soulevé
Ton large et joyeux corps, gonflé de vin d'Espagne,
En voyant ces buveurs, troublés par le champagne,
Pour tuer une mouche apporter un pavé!

Salut, jeunes champions d'une cause un peu vieille,
Classiques bien rasés, à la face vermeille,
Romantiques barbus [10], aux visages blêmis!
Vous qui des Grecs défunts balayez le rivage [11],
Ou d'un poignard sanglant fouillez le moyen âge [12],
Salut! — J'ai combattu dans vos camps ennemis.
Par cent coups meurtriers devenu respectable,
Vétéran, je m'assois sur mon tambour crevé [13].
Racine, rencontrant Shakspeare sur ma table,
S'endort près de Boileau qui leur a pardonné.

Mais toi, moral troupeau, dont la docte cervelle
S'est séchée en silence aux leçons de Thénard [14],
Enfants régénérés d'une mère immortelle,
Qui savez parler vers, prose et *naïf dans l'art* [15],
Ô jeunesse du siècle! intrépide jeunesse!
Quitteras-tu pour moi le *Globe* ou les *Débats* [16] ?
Lisez un paresseux, enfant de la paresse...
Muse, reprends ta lyre, et rouvre-moi tes bras [17].

France, ô mon beau pays! j'ai de plus d'un outrage
Offensé ton céleste, harmonieux langage,
Idiome de l'amour, si doux qu'à le parler
Tes femmes sur la lèvre en gardent un sourire;
Le miel le plus doré qui sur la triste lyre
De la bouche et du cœur ait pu jamais couler!
Mère de mes aïeux, ma nourrice et ma mère,
Me pardonneras-tu? Serai-je digne encor
De faire sous mes doigts vibrer la harpe d'or?
Ce ne sont plus les fils d'une terre étrangère
Que je veux célébrer, ô ma belle cité!
Je ne sortirai pas de ce bord enchanté
Où, près de ton palais, sur ton fleuve penchée [18],
Fille de l'Occident, un soir tu t'es couchée...

Lecteur, puisqu'il faut bien qu'à ce mot redouté
Tôt ou tard, à présent, tout honnête homme en vienne,
C'est, après le dîner, une faiblesse humaine
Que de dormir une heure en attendant le thé.
Vous le savez, hélas! alors que les gazettes
Ressemblent aux greniers dans les temps de disettes,
Ou lorsque, par malheur, on a, sans y penser,
Ouvert quelque pamphlet fatal à l'insomnie,
Quelques *Mémoires sur*** — *Essai de poésie*...
— Ô livres précieux! serait-ce vous blesser
Que de poser son front sur vos célestes pages,
Tandis que du calice embaumé de l'opium,
Comme une goutte d'eau qu'apportent les orages
Tombe ce fruit des cieux appelé *somnium* !
Depuis un grand quart d'heure incliné sur sa chaise,
Rafaël (mon héros) sommeillait doucement.
Remarquez bien, lecteur, et ne vous en déplaise,
Que c'est tout l'opposé d'un héros de roman.
Ses deux bras sont croisés ; — une ample redingote,
Simplicité touchante, enferme sous ses plis
Son corps plus délicat qu'un menton de dévote,
Et ses membres vermeils par le bain assouplis.
Dans ses cheveux, huilés d'un baptême à la rose,
Le zéphir mollement balance ses pieds nus,
Et son barbet grognon, qui près de lui repose,
Supporte fièrement ses deux pieds étendus ;
Tandis qu'à ses côtés, sous le vase d'albâtre
Où dort dans les glaçons le bourgogne mousseux
Le pudding entamé, de sa flamme bleuâtre,
Salamandre joyeuse, égaye encor les yeux.
Son parfum, qui se mêle au tabac de Turquie,
Croise autour des lambris son brouillard azuré,
Qui s'enfuit comme un songe, et s'éteint par degré.

Trois cigares[19] le soir, quand le jeu vous ennuie,
Sont un moyen divin pour mettre à mort le temps.
Notre âme (si Dieu veut que nous ayons une âme)
N'est pas assurément une plus douce flamme,
Un feu plus vif, formé de rayons plus ardents,
Que ce sylphe léger qui plonge et se balance
Dans le bol où le punch rit sur son trépied d'or.
Le grog est fashionable, et le vieux vin de France
Réveille au fond du cœur la gaîté qui s'endort[20].

— Mais quel homme, fût-il né dans la Sibérie
Des baisers engourdis de deux êtres glacés ;
Eût-on sous un cilice étouffé de sa vie
La sève languissante et les germes usés ;
Se fût-il dans la cendre abreuvé dès l'enfance
De végétaux sans suc et d'herbes sans chaleur ;
Quel homme, au triple aspect du punch, du vin de France,
Et du cigarero, ne sentirait son cœur,
Plein d'une joie ardente et d'une molle ivresse,
S'ouvrir au paradis des rêves de jeunesse ?...
Reine, reine des cieux, ô mère des amours,
Noble, pâle beauté, douce Aristocratie !
Fille de la richesse... ô toi, toi qu'on oublie,
Que notre pauvre France aimait dans ses vieux jours !
Toi que jadis, du haut de son paratonnerre,
Le roturier Franklin foudroya sur la terre
Où le colon grillé gouverne en liberté
Ses noirs, et son tabac par les lois prohibé ;
Toi qui créas Paris, tuas Athène[23] et Sparte,
Et, sous le dais sanglant de l'impérial pavois,
Comme autrefois César, endormis Bonaparte
Aux murmures lointains des peuples et des rois ! —
Toi qui, dans ton printemps, de roses couronnée,
Et comme Iphigénie, à l'autel entraînée,
Jeune, tombas frappée au cœur d'un coup mortel...
— As-tu quitté la terre et regagné le ciel ?
Nous te retrouverons, perle de Cléopâtre[21],
Dans la source féconde[22], à la teinte rougeâtre,
Qui dans ses flots profonds un jour te consuma...

« Hé ! hé ! dit une voix, parbleu ! mais le voilà.
— Messieurs, dit Rafaël, entrez, j'ai fait un somme[24]. »

1831.

CHANSON[1]

J'ai dit à mon cœur, à mon faible cœur :
N'est-ce point assez d'aimer sa maîtresse ?
Et ne vois-tu pas que changer sans cesse,
C'est perdre en désirs le temps du bonheur ?

Il m'a répondu : Ce n'est point assez,
Ce n'est point assez d'aimer sa maîtresse ;
Et ne vois-tu pas que changer sans cesse
Nous rend doux et chers les plaisirs passés ?

J'ai dit à mon cœur, à mon faible cœur :
N'est-ce point assez de tant de tristesse ?
Et ne vois-tu pas que changer sans cesse,
C'est à chaque pas trouver la douleur ?

Il m'a répondu : Ce n'est point assez,
Ce n'est point assez de tant de tristesse ;
Et ne vois-tu pas que changer sans cesse
Nous rend doux et chers les chagrins passés ?

1831[2].

À PÉPA[1]

Pépa, quand la nuit est venue,
Que ta mère t'a dit adieu ;
Que sous ta lampe, à demi nue,
Tu t'inclines pour prier Dieu ;

À cette heure où l'âme inquiète
Se livre au conseil de la nuit ;
Au moment d'ôter ta cornette
Et de regarder sous ton lit ;

Quand le sommeil sur ta famille
Autour de toi s'est répandu[2] ;
Ô Pépita, charmante fille,
Mon amour, à quoi penses-tu ?

Qui sait ? Peut-être à l'héroïne
De quelque infortuné roman ;
À tout ce que l'espoir devine
Et la réalité dément ;

Peut-être à ces grandes montagnes
Qui n'accouchent que de souris ;

À des amoureux en Espagne,
À des bonbons, à des maris ;

Peut-être aux tendres confidences
D'un cœur naïf comme le tien ;
À ta robe, aux airs que tu danses ;
Peut-être à moi, — peut-être à rien.

1831 ².

À JUANA[1]

O CIEL ! je vous revois, madame, —
De tous les amours de mon âme
Vous le plus tendre et le premier.
Vous souvient-il de notre histoire ?
Moi, j'en ai gardé la mémoire : —
C'était, je crois, l'été dernier.

Ah ! marquise, quand on y pense,
Ce temps qu'en folie on dépense,
Comme il nous échappe et nous fuit !
Sais-tu bien, ma vieille maîtresse,
Qu'à l'hiver, sans qu'il y paraisse,
J'aurai vingt ans, et toi dix-huit ?

Eh bien ! m'amour, sans flatterie,
Si ma rose est un peu pâlie,
Elle a conservé sa beauté.
Enfant ! jamais tête espagnole
Ne fut si belle, ni si folle. —
Te souviens-tu de cet été ?

De nos soirs, de notre querelle ?
Tu me donnas, je me rappelle,
Ton collier d'or pour m'apaiser, —
Et pendant trois nuits, que je meure,
Je m'éveillai[2] tous les quarts d'heure,
Pour le voir et pour le baiser[3].

Et ta duègne, ô duègne damnée!
Et la diabolique journée
Où tu pensas faire mourir⁴,
Ô ma perle d'Andalousie,
Ton vieux mari de jalousie,
Et ton jeune amant de plaisir!

Ah! prenez-y garde, marquise,
Cet amour-là, quoi qu'on en dise,
Se retrouvera quelque jour.
Quand un cœur vous a contenue⁵,
Juana, la place est devenue
Trop vaste pour un autre amour.

Mais que dis-je? ainsi va le monde.
Comment lutterais-je avec l'onde
Dont les flots ne reculent pas?
Ferme tes yeux, tes bras, ton âme;
Adieu, ma vie, — adieu, madame,
Ainsi va le monde ici-bas.

Le temps emporte sur son aile
Et le printemps et l'hirondelle,
Et la vie et les jours perdus;
Tout s'en va comme la fumée,
L'espérance et la renommée,
Et moi qui vous ai tant aimée,
Et toi qui ne t'en souviens plus!

1831⁶

A JULIE¹

On me demande, par les rues,
Pourquoi je vais bayant aux grues,
Fumant mon cigare au soleil,
À quoi se passe ma jeunesse,
Et depuis trois ans de paresse
Ce qu'ont fait mes nuits sans sommeil.

Donne-moi tes lèvres, Julie;
Les folles nuits qui t'ont pâlie
Ont séché leur corail luisant.
Parfume-les de ton haleine;
Donne-les-moi, mon Africaine,
Tes belles lèvres de pur sang [2].

Mon imprimeur crie à tue-tête
Que sa machine est toujours prête,
Et que la mienne n'en peut mais.
D'honnêtes gens, qu'un club admire,
N'ont pas dédaigné de prédire
Que je n'en reviendrai jamais [3].

Julie, as-tu du vin d'Espagne?
Hier, nous battions la campagne;
Va donc voir s'il en reste encor.
Ta bouche est brûlante, Julie;
Inventons donc quelque folie
Qui nous perde l'âme et le corps.

On dit que ma gourme me rentre,
Que je n'ai plus rien dans le ventre,
Que je suis vide à faire peur;
Je crois, si j'en valais la peine,
Qu'on m'enverrait à Sainte-Hélène,
Avec un cancer dans le cœur.

Allons, Julie, il faut t'attendre
À me voir quelque jour en cendre,
Comme Hercule sur son rocher.
Puisque c'est par toi que j'expire,
Ouvre ta robe, Déjanire,
Que je monte sur mon bûcher.

Mars 1832.

A LAURE [1]

Si tu ne m'aimais pas, dis-moi, fille insensée,
Que balbutiais-tu dans ces fatales nuits?

Exerçais-tu ta langue à railler ta pensée ?
Que voulaient donc ces pleurs, cette gorge oppressée,
      Ces sanglots et ces cris [2] ?

Ah ! si le plaisir seul t'arrachait ces tendresses,
Si ce n'était que lui qu'en ce triste moment
Sur mes lèvres en feu tu couvrais de caresses
      Comme un unique amant [3] ;

Si l'esprit et les sens, les baisers et les larmes,
Se tiennent par la main de ta bouche à ton cœur,
Et s'il te faut ainsi, pour y trouver des charmes,
Sur l'autel du plaisir profaner le bonheur [4] :

Ah ! Laurette ! ah ! Laurette, idole de ma vie,
Si le sombre démon de tes nuits d'insomnie
Sans ce masque de feu ne saurait faire un pas,
Pourquoi l'évoquais-tu, si tu ne m'aimais pas ?

                                1832.

À MON AMI ÉDOUARD B. [1]

Tu te frappais le front en lisant Lamartine,
Édouard, tu pâlissais comme un joueur maudit [2] ;
Le frisson te prenait, et la foudre divine,
      Tombant dans ta poitrine,
T'épouvantait toi-même en traversant ta nuit.

Ah ! frappe-toi le cœur, c'est là qu'est le génie.
C'est là qu'est la pitié, la souffrance et l'amour ;
C'est là qu'est le rocher du désert de la vie,
      D'où les flots d'harmonie,
Quand Moïse viendra, jailliront quelque jour.

Peut-être à ton insu déjà bouillonnent-elles,
Ces laves du volcan, dans les pleurs de tes yeux.
Tu partiras bientôt avec les hirondelles,
      Toi qui te sens des ailes
Lorsque tu vois passer un oiseau dans les cieux.

Ah! tu sauras alors ce que vaut la paresse;
Sur les rameaux voisins tu voudras revenir.
Édouard, Édouard, ton front est encor sans tristesse,
   Ton cœur plein de jeunesse...
Ah! ne les frappe pas, ils n'auraient qu'à s'ouvrir!

1832.

À MON AMI ALFRED T.[1]

Dans mes jours de malheur, Alfred, seul entre mille,
Tu m'es resté fidèle où tant d'autres m'ont fui.
Le bonheur m'a prêté plus[2] d'un lien fragile;
Mais c'est l'adversité qui m'a fait un ami[3].

C'est ainsi que les fleurs sur les coteaux fertiles
Étalent au soleil leur vulgaire trésor;
Mais c'est au sein des nuits, sous des rochers stériles,
Que fouille le mineur qui cherche un rayon d'or.

C'est ainsi que les mers calmes et sans orages
Peuvent d'un flot d'azur bercer le voyageur;
Mais c'est le vent du nord, c'est le vent des naufrages
Qui jette sur la rive une perle au pêcheur.

Maintenant Dieu me garde! Où vais-je? Eh! que m'im-
             [porte?
Quels que soient mes destins[4], je dis comme Byron :
« L'Océan peut gronder, il faudra qu'il me porte. »
Si mon coursier s'abat, j'y mettrai l'éperon.

Mais du moins j'aurai pu, frère, quoi qu'il m'arrive,
De mon cachet de deuil sceller notre amitié,
Et, que demain je meure ou que demain je vive,
Pendant que mon cœur bat, t'en donner la moitié.

Mai 1832.

A MADAME N. MÉNESSIER

QUI AVAIT MIS EN MUSIQUE DES PAROLES DE L'AUTEUR [1]

Madame, il est heureux, celui dont la pensée
(Qu'elle fût de plaisir, de douleur ou d'amour)
A pu servir de sœur à la vôtre un seul jour.
Son âme dans votre âme un instant est passée ;

Le rêve de son cœur un soir s'est arrêté,
Ainsi qu'un pèlerin, sur le seuil enchanté
Du merveilleux palais tout peuplé de féeries
Où dans leurs voiles blancs dorment vos rêveries.

Qu'importe que bientôt, pour un autre oublié,
De vos lèvres de pourpre il se soit envolé
Comme l'oiseau léger s'envole après l'orage ?
Lorsqu'il a repassé le seuil mystérieux,
Vos lèvres l'ont doré, dans leur divin langage,
  D'un sourire mélodieux.

1833 [2].

A MADAME M***

QUI AVAIT ENVOYÉ PAR PLAISANTERIE
UN PETIT ÉCU À L'AUTEUR [1]

Vous m'envoyez, belle Émilie,
Un poulet bien emmailloté ;
Votre main discrète et polie
L'a soigneusement cacheté.
Mais l'aumône est un peu légère,
Et malgré sa dextérité,
Cette main est bien ménagère

ns ses actes de charité.
 est regarder à la dépense
votre offrande est un paiement,
Et si c'est une récompense,
Vous n'aviez pas besoin d'argent.
À l'avenir, belle Émilie,
Si votre cœur est généreux
Aux pauvres gens, je vous en prie,
Faites l'aumône avec vos yeux.
Quand vous trouverez le mérite,
Et quand vous voudrez le payer,
Souvenez-vous de Marguerite
Et du poète Alain Chartier[2].
Il était bien laid, dit l'histoire,
La dame était fille de roi;
Je suis bien obligé de croire
Qu'il faisait mieux les vers que moi.
Mais si ma plume est peu de chose,
Mon cœur, hélas! ne vaut pas mieux;
Fût-ce même pour de la prose
Vos cadeaux sont trop dangereux.
Que votre charité timide
Garde son argent et son or,
Car en ouvrant votre main vide
Vous pouvez donner un trésor.

LE SAULE

FRAGMENT[1]

I

. . . .

Il se fit tout à coup le plus profond silence,
Quand Georgina Smolen se leva pour chanter[2].
Miss Smolen est très pâle. — Elle arrive de France,
Et regrette le sol qu'elle vient de quitter.
On dit qu'elle a seize ans. — Elle est Américaine;
Mais, dans ce beau pays dont elle parle à peine,
Jamais deux yeux plus doux n'ont du ciel le plus pur

Sondé la profondeur et réfléchi l'azur³.
Faible et toujours souffrante, ainsi qu'un diad[ème]
Elle laisse à demi, sur son front orgueilleux,
En longues tresses d'or tomber ses longs cheve[ux]
Elle est de ces beautés dont on dit qu'on les aim[e]
Moins qu'on ne les admire; — un noble, un chaste
La volupté, pour mère, y trouva la pudeur.
Bien que sa voix soit douce, elle a sur le visage,
Dans les gestes, l'abord, et jusque dans ses pas,
Un signe de hauteur qui repousse l'hommage,
Soit tristesse ou dédain, mais qui ne blesse pas.
Dans un âge rempli de crainte et d'espérance,
Elle a déjà connu la triste indifférence,
Cette fille du temps. — Qui pourrait cependant
Se lasser d'admirer ce front triste et charmant⁴
Dont l'aspect seul éloigne et guérit toute peine?
Tant sont puissants, hélas! sur la misère humaine⁵
Ces deux signes jumeaux de paix et de bonheur,
Jeunesse de visage et jeunesse de cœur⁶.
Chose étrange à penser, il paraît difficile
Au regard le plus dur et le plus immobile
De soutenir le sien. — Pourquoi? Qui le dira?
C'est un mystère encor. — De ce regard céleste
L'atteinte, allant au cœur, est sans doute funeste,
Et devra coûter cher à qui la recevra.
Miss Smolen commença; — l'on ne voyait plus qu'elle.
On connaît ce regard qu'on veut en vain cacher,
Si prompt, si dédaigneux, quand une femme est belle!...
Mais elle ne parut le fuir ni le chercher.

Elle chanta cet air qu'une fièvre brûlante⁷
Arrache, comme un triste et profond souvenir,
D'un cœur plein de jeunesse et qui se sent mourir;
Cet air qu'en s'endormant Desdémona tremblante,
Posant sur son chevet son front chargé d'ennuis,
Comme un dernier sanglot, soupire au sein des nuits.

D'abord ses accents purs, empreints d'une tristesse
Qu'on ne peut définir, ne semblèrent montrer
Qu'une faible langueur, et cette douce ivresse
Où la bouche sourit, et les yeux vont pleurer.
Ainsi qu'un voyageur couché dans sa nacelle,
Qui se laisse au hasard emporter au courant,

Qui ne sait si la rive est perfide ou fidèle,
Si le fleuve à la fin devient lac ou torrent;
Ainsi la jeune fille, écoutant sa pensée,
Sans crainte, sans effort, et par sa voix bercée [8],
Sur les flots enchantés du fleuve harmonieux
S'éloignait du rivage en regardant les cieux [9]...

Quel charme elle exerçait [10]! Comme tous les visages
S'animaient tout à coup d'un regard de ses yeux [11]!
Car, hélas! que ce soit, la nuit dans les orages,
Un jeune rossignol pleurant au fond des bois,
Que ce soit l'archet d'or, la harpe éolienne [12],
Un céleste soupir, une souffrance humaine,
Quel est l'homme, aux accents d'une mourante voix,
Qui, lorsque pour entendre il a baissé la tête,
Ne trouve dans son cœur, même au sein d'une fête,
Quelque larme à verser, — quelque doux souvenir
Qui s'allait effacer et qu'il sent revenir?

Déjà le jour s'enfuit, — le vent souffle, — silence [13]
La terreur brise, étend, précipite les sons.
Sous les brouillards du soir le meurtrier s'avance,
Invisible combat de l'homme et des démons!
À l'action, Iago! Cassio meurt sur la place.
Est-ce un pêcheur qui chante, est-ce le vent qui passe?
Écoute, moribonde! il n'est pire douleur
Qu'un souvenir heureux dans les jours de malheur [14].

Mais lorsqu'au dernier chant la redoutable flamme
Pour la troisième fois vient repasser sur l'âme
Déjà prête à se fondre, et que dans sa frayeur
Elle presse en criant sa harpe sur son cœur [15]...
La jeune fille alors sentit que son génie
Lui demandait des sons que la terre n'a pas;
Soulevant par sanglots des torrents d'harmonie [16],
Mourante, elle oubliait l'instrument dans ses bras.
Ô Dieu! mourir ainsi, jeune et pleine de vie [17]...
Mais tout avait cessé, le charme et les terreurs,
Et la femme en tombant ne trouva que des pleurs.

Pleure, le ciel te voit! pleure, fille adorée [18]!
Laisse une douce larme au bord de tes yeux bleus
Brille, en s'écoulant, comme une étoile aux cieux [19]:

Bien des infortunés dont la cendre est pleurée
Ne demandaient pour vivre et pour bénir leurs maux
Qu'une larme, — une seule, et de deux yeux moins beaux !

Échappant aux regards de la foule empressée,
Miss Smolen s'éloignait, la rougeur sur le front ;
Sur le bord du balcon elle resta penchée.

Oh ! qui l'a bien connu, ce mouvement profond,
Ce charme irrésistible, intime, auquel se livre
Un cœur dans ces moments de lui-même surpris,
Qu'aux premiers battements un doux mystère enivre
Jeune fleur qui s'entr'ouvre à la fraîcheur des nuits !
Fille de la douleur ! harmonie ! harmonie [20] !
Langue que pour l'amour inventa le génie !
Qui nous vins d'Italie, et qui lui vint des cieux !
Douce langue du cœur, la seule où la pensée,
Cette vierge craintive et d'une ombre offensée,
Passe en gardant son voile, et sans craindre les yeux !
Qui sait ce qu'un enfant peut entendre et peut dire
Dans tes soupirs divins nés de l'air qu'il respire [21],
Tristes comme son cœur et doux comme sa voix ?
On surprend un regard, une larme qui coule ;
Le reste est un mystère ignoré de la foule,
Comme celui des flots, de la nuit et des bois !...

Oh ! quand tout a tremblé, quand l'âme tout entière
Sous le démon divin se sent encor frémir,
Pareille à l'instrument qui ne peut plus se taire,
Et qui d'avoir chanté semble longtemps gémir...
Et quand la faible enfant, que son délire entraîne [22],
Mais qui ne sait d'amour que ce qu'elle en rêva,
Vint à lever les yeux... la belle Américaine
Qui dérobait les siens, enfin les souleva.

Sur qui ? — Bien des regards, ainsi qu'on peut le croire,
Comme un regard de reine avaient cherché le sien.
Que de fronts orgueilleux qui s'en seraient fait gloire !
Sur qui donc ? — Pauvre enfant, le savait-elle bien ?

Ce fut sur un jeune homme à l'œil dur et sévère,
Qui la voyait venir et ne la cherchait pas ;
Qui, lorsqu'elle emportait une assemblée entière,

N'avait pas dit un mot, ni fait vers elle un pas.
Il était seul, debout, — un étrange sourire, —
Sous de longs cheveux blonds des traits efféminés [23] ;
À ceux qui l'observaient son regard semblait dire [24] :
On ne vous croira pas si vous me devinez.
Son costume annonçait un fils de l'Angleterre ;
Il est, dit-on, d'Oxford. — Né dans l'adversité,
Il habite le toit que lui laissa son père,
Et prouve un noble sang par l'hospitalité.
Il se nomme Tiburce.

     On dit que la nature
A mis dans sa parole un charme singulier,
Mais surtout dans ses chants ; que sa voix triste et pure
A des sons pénétrants qu'on ne peut oublier.
Mais à compter du jour où mourut son vieux père [25],
Quoi qu'on fît pour l'entendre, il n'a jamais chanté.

D'où la connaissait-il ? ou quel secret mystère
Tient sur cet étranger son regard arrêté ?
Quel souvenir ainsi les met d'intelligence [26] ?
S'il la connaît, pourquoi ce bizarre silence [27] ?
S'il ne la connaît pas, pourquoi cette rougeur ?
On ne sait. — Mais son œil rencontra l'œil timide
De la vierge tremblante, et le sien plus rapide
Sembla comme une flèche aller chercher le cœur.
Ce ne fut qu'un éclair. L'invisible étincelle
Avait jailli de l'âme, et Dieu seul l'avait vu !
Alors, baissant la tête, il s'avança vers elle,
Et lui dit : « M'aimes-tu, Georgette, m'aimes-tu ? »

II

Tandis que le soleil s'abaisse à l'horizon,
Tiburce semble attendre, au seuil de sa maison,
L'heure où dans l'Océan l'astre va disparaître.
À travers les vitraux de la sombre fenêtre [28],
Les dernières lueurs d'un beau jour qui s'enfuit
Percent encor de loin le voile de la nuit.
Deux puissants destructeurs ont marqué leur présence
Dans le manoir désert du pauvre étudiant :
Le temps et le malheur. — Tu gardes le silence,
Vieux séjour des guerriers, autrefois si bruyant !

Dans les longs corridors qui se perdent dans l'ombre [29],
Où de tristes échos répètent chaque pas,
Se mêlaient autrefois des serviteurs sans nombre...
La coupe des festins égaya les repas.

Une lampe, qu'au loin on aperçoit à peine,
Prouve que de ces murs un seul est habité.
Ainsi tombe et périt le féodal domaine;
Ici la solitude, ici la pauvreté.
Ce sont les lourds arceaux d'un vieux laboratoire
Que Tiburce a choisis; — non loin est un caveau,
Peut-être une prison, — peut-être un oratoire;
Car rien n'approche autant d'un autel qu'un tombeau.

Là, dans le vieux fauteuil de la noble famille,
Où les enfants priaient, où mouraient les vieillards,
S'agenouilla jadis plus d'une chaste fille
Qui poursuivait des yeux de lointains étendards.
Plus tard, c'est encor là qu'à l'heure où le coq chante,
Demandant au néant des trésors inouïs,
L'alchimiste courbé, d'une main impuissante,
Frappa son front ridé dans le calme des nuits.
Le philosophe oisif disséqua sa pensée...
La science aujourd'hui, rencontrant sous ses pieds
Les vestiges poudreux d'une route effacée,
Sourit aux vains efforts des siècles oubliés.

Sur le chevet du lit pend cette triste image,
Où Raphaël, traînant une famille en deuil,
Dépose l'Homme-Dieu de la croix au cercueil [30].
Sa mère de ses mains veut couvrir son visage.
Ses bras se sont roidis, et, pour la ranimer,
Ses filles n'ont, hélas! que leur sainte prière...
Ah! blessures du cœur, votre trace est amère!
Promptes à vous ouvrir, lentes à vous fermer!

Ici c'est Géricault et sa palette ardente [31];
Mais qui peut oublier cette fausse Judith,
Et dans la blanche main d'une perfide amante
La tête qu'en mourant Allori suspendit [32]?

Et plus loin — la clarté d'une lampe sans vie
Agite sur les murs, dans l'ombre appesantie,
Un marbre mutilé [33]. — Père d'un temps nouveau,

Ta mémoire, ô héros, ne sera point troublée!
Ton image se cache et doit rester voilée
Sur la terre où l'on boit encore à Waterloo [34]...

Les arts, ces dieux amis, fils de la solitude,
Sont rois sous cette voûte; auprès d'eux l'humble étude
Vient d'un baiser de paix rassurer la douleur;
Et toi surtout, et toi, triste et fidèle amie,
À qui l'infortuné, dans ses nuits d'insomnie,
Dit tout bas ses secrets qui dévorent le cœur,
Toi, déesse des chants, à qui, dans son supplice,
La douleur tend les bras, criant : — Consolatrice!
Consolatrice [35]!

        À l'âge où la chaleur du sang
Fait éclore un désir à chaque battement,
Où l'homme, apercevant, des portes de la vie,
La Mort à l'horizon, s'avance et la défie, —
Parmi les passions qui viennent tour à tour [36]
S'asseoir au fond du cœur sur un trône invisible,
La haine, — l'intérêt, — l'ambition, — l'amour [37],
Tiburce n'en connaît qu'une, — la plus terrible.
Jusqu'à ce jour, du moins, le sillon n'a senti
Des autres que le germe; une seule a grandi.
Quant à cette secrète et froide maladie,
Misérable cancer d'un monde qui s'en va,
Ce facile mépris de l'homme et de la vie,
Nul de l'avoir connu jamais ne l'accusa.
Mais pourquoi cherchait-il ainsi la solitude?

On ne sait. — Dès longtemps il chérissait l'étude.
Autrefois ignoré, mais content de son sort,
Il marcha sur les pas de ceux à qui la mort
Révèle les secrets de l'être et de la vie.
Incliné sous sa lampe, infatigable amant
D'une science aride et longtemps poursuivie,
On le voyait, la nuit, écrire assidûment;
Ou quelquefois encor, quand l'astre au front d'albâtre
Efface les rayons de son disque incertain [38],
Il osait, oubliant sa tâche opiniâtre,
Étudier les lois de ces mondes sans fin,
Flots d'une mer de feu sur nos fronts balancée,
Et que n'ont pu compter ni l'œil ni la pensée [39]!...

Mais, hélas! que de jours, que de longs jours passés,
Ont vu depuis ce temps ses travaux délaissés!
Renfermé dans les murs où mourut son vieux père,
Depuis plus de deux ans, sous son toit solitaire
Il vit seul, loin des yeux, — heureux, — car ses amis,
En calculant les jours, n'ont point compté les nuits.
Peut-être en se cachant voulait-il le silence...
Qui savait ses projets? Nul ne connaît celui
Qui le fait sur le seuil demeurer aujourd'hui.

Mais la nuit à grands pas sur la terre s'avance,
Et les ombres déjà, que le vent fait frémir,
Sur le sol obscurci semblent se réunir.
Le repos par degrés s'étend sur les campagnes;
L'astre baisse, — il s'arrête au sommet des montagnes
Jette un dernier regard aux cimes des forêts,
Et meurt. — Les nuits d'hiver suivent les soirs de près.

Quelques groupes épars d'oisifs, de jeunes filles,
De joyeux villageois regagnant la cité,
Se distinguent encor, malgré l'obscurité [40].
Sur le chaume habité par de pauvres familles,
Des feux de loin en loin enfument les vieux toits
Noircis par l'eau du ciel dont dégouttent les bois.
Tandis que des enfants la voix fraîche et sonore,
Montant avec l'encens de la maison de Dieu,
Au bruit confus des mers au loin se mêle encore [41],
Et fait frémir au vent les vitraux du saint lieu,
Quelques refrains grossiers que l'on entend à peine
Rappellent au passant le jour du samedi.
Le buveur nonchalant a laissé loin de lui
L'artisan de la veille, obsédé par la gêne,
Qui, baignant de sueur chaque morceau de pain [42],
Travaillant pour le jour, doute du lendemain.
L'oubli, ce vieux remède à l'humaine misère,
Semble avec la rosée être tombé des cieux.
Se souvenir, hélas! — oublier, — c'est sur terre
Ce qui, selon les jours, nous fait jeunes ou vieux [43]!

Tiburce contemplait cette bizarre scène;
Son œil sous les vapeurs apercevait à peine
Les fantômes mouvants qui passaient devant lui.
Dieu juste! sous ces toits que d'humbles destinées

S'achevant en silence ainsi qu'elles sont nées ! —
Et Tiburce pensa qu'il était pauvre aussi.

Ah ! Pauvreté, marâtre [44] ! à qui donc est utile
Celui qui d'un sein maigre a bu ton lait stérile ?
À quoi ressemble l'homme, ignoré du destin,
Qui, reprenant le soir son sentier du matin,
Marchant à pas comptés dans sa vie inconnue,
S'endort quand sur son toit la nuit est descendue ?
Peut-être est-ce le sage ; — un moins pesant fardeau
Courbe plus lentement son front jusqu'au tombeau ;
Mais celui qu'un fatal et tout-puissant génie
Livre dans l'ombre épaisse à la pâle Insomnie,
Celui qui, pour souffrir ne se reposant pas,
Vit d'une double vie, — oh ! qu'est-il ici-bas ?
Pareille à l'ange armé du saint glaive de flamme,
L'invincible Pensée a du seuil de son âme
Chassé le doux sommeil, comme un hôte étranger.
Seule elle y règne, — et n'est pas longue à la changer
En une solitude immense, et plus profonde
Que des déserts perdus sur les bornes du monde !
Mais silence ! écoutez ! — c'est le son du beffroi.
Tiburce s'est levé : « L'heure de la prière !
Dit-il, soit : c'est mon heure ! ils prieront Dieu pour moi ! »
Il marche ; il est parti...

     Le jour et la lumière
Des sinistres projets sont mauvais confidents.
Là, les audacieux sont nommés imprudents.
La pensée, évitant l'œil vulgaire du monde,
S'enfuit au fond du cœur. — La nuit, la nuit profonde
Vient seule relever, à l'heure du sommeil,
Les fronts qui s'inclinaient aux rayons du soleil [45].

. . . .

Pâle étoile du soir, messagère lointaine [46],
Dont le front sort brillant des voiles du couchant,
De ton palais d'azur, au sein du firmament,
  Que regardes-tu dans la plaine ?

La tempête s'éloigne, et les vents sont calmés.
La forêt, qui frémit, pleure sur la bruyère ;
Le phalène doré, dans sa course légère,

Traverse les prés embaumés.
Que cherches-tu sur la terre endormie ?
Mais déjà vers les monts je te vois t'abaisser ;
Tu fuis, en souriant, mélancolique amie,
Et ton tremblant regard est près de s'effacer.

Étoile qui descends sur la verte colline,
Triste larme d'argent du manteau de la Nuit,
Toi que regarde au loin le pâtre qui chemine,
Tandis que pas à pas son long troupeau le suit, —
Étoile, où t'en vas-tu, dans cette nuit immense ?
Cherches-tu sur la rive un lit dans les roseaux ?
Où t'en vas-tu si belle, à l'heure du silence,
Tomber comme une perle au sein profond des eaux ?
Ah ! si tu dois mourir, bel astre, et si ta tête
Va dans la vaste mer plonger ses blonds cheveux,
Avant de nous quitter, un seul instant arrête ; —
Étoile de l'amour, ne descends pas des cieux [47] !

III

. . . .
« C'est vrai, Bell, répondit Georgette à son amie ;
Souvent jusqu'à la nuit j'aime à rester ici.
La mer y vient mourir sur la plage endormie...
— Mais qu'as-tu ? dit Bella : pourquoi pleurer ainsi ?

— Restons, restons toujours ; ce sont de douces larmes...,
Douces, et sans motif... et des larmes pourtant !
As-tu peur ? mais la peur elle-même a ses charmes...
C'est mon plaisir du soir ; restons un seul instant.

— Hélas ! bonne Georgette, il faut bien qu'on te cède ;
Mais la nuit va venir, et... Dieu nous soit en aide !
Pourquoi donc dans ma main sens-je frémir ta main [48] ? »

Georgette, en soupirant, regarda son amie :

« Ainsi, Bella, pour toi, de ce double chemin
Où l'on dit que nos pas s'égarent dans la vie,
Un seul, un seul existe, et te sera connu !
L'hiver prochain, dis-moi, Bell, quel âge auras-tu ?
Mais que dis-je ? notre âge est à peu près le même.

Je suis folle, et c'est tout. Pauvre Bella, je t'aime
Du fond du cœur.

      — Mon Dieu ! Georgina, qu'as-tu donc ?
Tu ne te soutiens plus...

        — Pardon, chère, pardon !
Tiens, donne-moi ton bras, et revenons ensemble[49]. »

Toutes deux lentement marchèrent quelques pas.

« Non ! cria Georgina, non, je ne le puis pas !
Je ne puis pas le fuir ! N'est-ce pas qu'il te semble[50],
Bella, que je suis pâle, et que je dois souffrir ?
C'est le bruit de ces flots, de ce vent qui murmure,
C'est l'aspect de ces bois, c'est toute la nature
Qui me brise le cœur, et qui me fait mourir[51] !...
Ah ! Bella, ma Bella, rien que par la pensée,
Tant souffrir ! Quelle nuit terrible j'ai passée !
Terrible et douce, amie ! écoute, écoute-moi...

— Parle, ma Georgina, raconte-moi ta peine.

— Oui, tout à toi, Bella, car ma pauvre âme est pleine,
Et qui me soutiendra, chère, si ce n'est toi ?
Sœur de mon âme, écoute. Ô mon unique amie[52],
C'est de bonheur, Bella, que je meurs ! c'est ma vie
Qui dans cet océan se perd comme un ruisseau.
Pour toi, ces eaux, ces bois, tout est muet, ma chère !
Viens, ma bouche et mon cœur t'en diront le mystère...
Rappelons-nous Hamlet, et sois mon Horatio[53]. »

IV

. . . .
Au bord d'une prairie, où la fraîche rosée,
Incline au vent du soir la bruyère arrosée,
Le château de Smolen, vénérable manoir,
Découpe son portail sous un ciel triste et noir.
C'est au pied de ces murs que Tiburce s'arrête.
Il écoute. — À travers les humides vitraux,
Il voit passer une ombre et luire des flambeaux :
« À cette heure ! dit-il. Est-ce encore une fête ? »

Puis, avec un murmure, il ajoute plus bas :
« M'aurait-elle trompé ? » Dans ce moment, un pas
Au penchant du coteau semble se faire entendre...
Il est sans armes, seul. — Viendrait-on le surprendre ?

Il hésite, — il approche à pas silencieux.
Caché sous le portail qui couvre une ombre épaisse,
Tour à tour près du mur il se penche et se baisse...
Quel spectacle imprévu vient de frapper ses yeux !

Près de l'ardent foyer où le chêne pétille,
Le vieux Smolen courbé récite à haute voix
L'oraison qu'après lui répète sa famille.
Comme dans ce guerrier si terrible autrefois
La sainte paix de l'âme efface les années !
Il prie, et cependant deux femmes inclinées
Pour parler au Seigneur se reposent sur lui.
Tiburce les connaît ; — l'une est âgée — et l'autre...
— Corrupteur, corrupteur, que viens-tu faire ici ?
Vois ! elle est à genoux, mais les chants de l'apôtre
Ne retentissent plus dans le fond de son cœur.
Pourquoi ces mouvements, ces yeux fixés à terre ?
Qui rendra maintenant cette fille à son père ?...
Qui sait si ce vieillard, certain de son honneur,
Tout en priant ainsi, n'a pas de sa parole
Détourné sa pensée, et s'il ne bénit pas
En ce moment, hélas ! l'enfant qui le console,
Et dont l'ange gardien fuit au bruit de tes pas ?...

Mais non, non, ce vieillard ne saurait douter d'elle.
Soixante ans de vertu l'ont fait croire au bonheur.
Georgina s'est levée. — Ah ! que cette pâleur
Lui sied bien à tes yeux, Tiburce, et qu'elle est belle !
Courbe-toi, jeune fille, et du pied de l'autel [54]
Viens présenter ton front au baiser paternel [55].
Presse, en te retirant, sur ta lèvre brûlante,
La main de ce vieillard ; — encor ! — bien ! presse-la !
N'entends-tu pas ton cœur, douce et loyale amante,
Ton cœur qui bat de joie, et te crie : « Il est là ! »

Il est là, miss Smolen, qui t'attend, et qui compte
Les bénédictions d'un père à son enfant.
Il est là, sur le seuil, qui descend et qui monte,

Comme un larron de nuit que la frayeur surprend.
Hâte-toi, le temps fuit! l'horizon se colore!
L'astre des nuits bientôt va briller, — hâte-toi!

Mais à peine au château quelques clartés encore
S'agitent çà et là. — Le silence, — l'effroi. —
Quelques pas, quelques sons traversant la nuit sombre;
Une porte a gémi dans un long corridor. —
Tiburce attend toujours. — Le ravisseur, dans l'ombre,
N'a-t-il pas des pensers de meurtrier? — Tout dort.

Oh! qui n'a pas senti son cœur battre plus vite
À l'heure où sous le ciel l'homme est seul avec Dieu?
Qui ne s'est retourné, croyant voir à sa suite
Quelque forme glisser, — quand des lignes de feu,
Se croisant en tous sens, brillent dans les ténèbres,
Comme les veines d'or du mur d'airain des nuits!
Lorsque l'homme effrayé, soulevant les tapis
Qui se froissent sur lui, croit que des cris funèbres
De courir à son or sont venus l'avertir...
Malheur! quand la nuit vient, l'homme est fait pour dormir.

Il est certain qu'alors l'Effroi sur notre tête
Passe comme le vent sur la cime des bois,
Et lorsqu'à son aspect le cœur manque, il s'arrête,
Et saisit aux cheveux l'homme resté sans voix.
Derrière l'angle épais d'une fenêtre obscure,
Tiburce resté seul avançait à grands pas.
Aux rayons de la lune une blanche figure
Parut à son approche et glissa dans ses bras;
« Hélas! après deux ans! » dit-elle, et sa pensée
Mourut dans un soupir sur sa lèvre glacée...

V

« Qu'avez-vous, mon ami? pourquoi ce front chagrin?
Seigneur, me cachez-vous vos sujets de tristesse?
Vous avez négligé de prier ce matin;
Cher seigneur, vous souffrez. Le mal qui vous oppresse
Me fait souffrir aussi.

        — Rien, rien, dit le vieillard.
Où donc est votre fille? elle descend bien tard.

— Dieu du ciel! Georgina, mon cher seigneur, vous aime,
Et vos chagrins la font souffrir comme moi-même[56];
Elle pleure. Ô Smolen! qui vous a, cette nuit,
Fait tout à coup ainsi sortir de votre lit?
— Silence! disiez-vous; — et cependant, pensai-je,
Les chemins et les toits sont recouverts de neige.
Hélas! je parle au nom d'une vieille amitié,
Qui de vos soixante ans a porté la moitié.

— Je suis malade, femme, et rien de plus.
          — Malade?
Quoi! Smolen est malade, et par cette saison
Expose son front chauve à l'agitation[57]
D'une nuit de tempête? Et seul, la nuit, s'évade
En me criant : « Silence! » — ainsi qu'un assassin
Que l'esprit de malheur conduit à son dessein?
Oui, vous êtes malade, ou je suis bien trompée.
C'est le cœur, cher seigneur, le cœur qui souffre en vous.
Pitié, mon Dieu! Pourquoi demander votre épée?
Où voulez-vous aller? Seigneur, songez à nous.
Allez-vous dans le deuil laisser votre famille?

— Rien, rien, dit le vieillard. Mais où donc est ma fille? »

VI

Comme avec majesté sur ces roches profondes
Que l'inconstante mer ronge éternellement,
Du sein des flots émus sort l'astre tout-puissant,
Jeune et victorieux, — seule âme des deux mondes!
L'Océan, fatigué de suivre dans les cieux
Sa déesse voilée au pas silencieux,
Sous les rayons divins retombe et se balance.
Dans les ondes sans fin plonge le ciel immense.
La terre lui sourit. — C'est l'heure de prier[58].
Être sublime! Esprit de vie et de lumière,
Qui, reposant ta force au centre de la terre,
Sous ta céleste chaîne y restes prisonnier!
Toi, dont le bras puissant, dans l'éternelle plaine,
Parmi les astres d'or la soulève et l'entraîne
Sur la route invisible, où d'un regard de Dieu
Tomba dans l'infini l'hyperbole de feu!
Tu peux faire accourir ou chasser la tempête

Sur ce globe d'argile à l'espace jeté,
D'où vers son Créateur l'homme élevant sa tête
Passe et tombe en rêvant une immortalité;
Mais comme toi son sein renferme une étincelle
De ce foyer de vie et de force éternelle,
Vers lequel en tremblant le monde étend les bras,
Prêt à s'anéantir, s'il ne l'animait pas!
Son essence à la tienne est égale et semblable.
Lorsque Dieu l'en tira pour lui donner le jour,
Il te fit immortel, et le fit périssable.
Il te fit solitaire, et lui donna l'amour.
Amour! torrent divin de la source infinie[59]!
Ô dieu d'oubli, dieu jeune, au front pâle et charmant!
Toi que tous ces bonheurs, tous ces biens qu'on envie
Font quelquefois de loin sourire tristement,
Qu'importe cette mer, son calme et ses tempêtes,
Et ces mondes sans nom qui roulent sur nos têtes,
Et le temps et la vie, au cœur qui t'a connu?
Fils de la Volupté, père des Rêveries,
Tes filles sur ton front versent leurs fleurs chéries[60],
Ta mère en soupirant t'endort sur son sein nu!

À cette heure d'espoir, de mystère et de crainte
Où l'oiseau des sillons[61] annonce le matin,
Tiburce de la ville avait gagné l'enceinte,
Et de son pauvre toit reprenait le chemin.
Tout se taisait au loin dans les blanches prairies :
Tout, jusqu'au souvenir, se taisait dans son cœur.
Pour la nature et l'homme, ainsi parfois la vie[62]
A ses jours de soleil et ses jours de bonheur.
C'est une pause — un calme — une extase indicible.
Le Temps — ce voyageur qu'une main invisible,
D'âge en âge, à pas lents, mène à l'éternité[63] —
Sur le bord du chemin, pensif, s'est arrêté.

Ah! brûlante, brûlante, ô nature! est la flamme
Que d'un être adoré la main laisse à la main,
Et la lèvre à la lèvre, et l'âme au fond de l'âme!
Devant tes voluptés, ô Nuit! c'est le Matin
Qui devrait disparaître et replier ses ailes!
Pourquoi te réveiller, quand, loin des feux du jour,
Aux accents éloignés de tes sœurs immortelles,
Tes beaux yeux se fermaient dans les bras de l'Amour?

Que fais-tu, jeune fille, à cette heure craintive ?
Lèves-tu ton front pâle au bord du flot dormant[64],
Pour suivre à l'horizon les pas de ton amant ?
La vaste mer, Georgette, a couvert cette rive.
L'écume de ses eaux trompera tes regards.
Tu la prendras[65] de loin pour le pied des remparts
Où de ton bien-aimé tu crois voir la demeure.
Rentre, cœur plein d'amour[66] ! les vents d'est à cette heure
Glissent dans tes cheveux, et leur souffle est glacé.
Retourne au vieux manoir, et songe au temps passé[67] !

Sous les brouillards légers qui dérobaient la terre,
Tiburce dans les prés s'avançait lentement.
Il atteignit enfin la maison solitaire[68]
Que rougissaient déjà les feux de l'orient. —
Ce fut à ce moment qu'en refermant sa porte
Il sentit tout à coup un bras lui résister :
« Qui donc lutte avec moi ? » dit-il d'une voix forte.
« Homme, dit le vieillard, songez à m'écouter. »

VII

. . . .
C'est une chose étrange, à cet instant du jour,
De voir ainsi les sœurs, au fond de ce vieux cloître,
Parler en s'agitant, et passer tour à tour.
Tantôt subitement le bruit semble s'accroître,
Puis tout à coup il cesse, et tous pour un moment
Demeurent en silence, et comme dans la crainte
De quelque singulier et triste événement.
Écoutez ! — écoutez ! — N'est-ce pas une plainte
Que nous venons d'entendre ? On dirait une voix[69]
Qui souffre et qui gémit pour la dernière fois.
Elle sort d'un caveau que la foule environne.
Des pleurs, un crucifix, des femmes à genoux…
Ô sœurs, ô pâles sœurs ! sur qui donc priez-vous ?
Qui de vous va mourir ? qui de vous abandonne
Un vain reste de jours oubliés et perdus ?
Car vous, filles de Dieu, vous ne les comptez plus.
Que le sort vous épargne ou qu'il vous les demande,
Vous attendez la mort dans des habits de deuil.
Et qui sait si pour vous la distance est plus grande,
Ou de la vie au cloître, — ou du cloître au cercueil ?
Inclinée à demi sur le bord de sa couche,

Une femme, — une enfant, faible, mais belle encor,
Semble en se débattant lutter avec la mort.
Ses bras cherchent dans l'ombre et se tordent. Sa bouche
Fait pour baiser la croix des efforts impuissants.
Elle pleure, — elle crie, — elle appelle à voix haute
Sa mère... — Ô pâles sœurs, quelle fut donc sa faute ?
Car ce n'est pas ainsi que l'on meurt à seize ans.

Le soleil a deux fois rendu le jour au monde
Depuis que dans ce cloître [70] un vieillard l'amena.
Il regarda tomber sa chevelure blonde,
Lui montra sa cellule, — et puis lui pardonna.
Elle était à genoux quand il s'éloigna d'elle ;
Mais en se relevant une pâleur mortelle
La força de chercher un bras pour s'appuyer, —
Et depuis ce moment on n'a plus qu'à prier.

Ah ! priez sur ce lit ! priez pour la mourante !
Si jeune ! et voyez-la, sa main faible et tremblante [71]
Vous montre en expirant le lieu de la douleur, —
Et, quel que soit son mal, il est venu du cœur.

Savez-vous ce que c'est qu'un cœur de jeune fille ?
Ce qu'il faut pour briser ce fragile roseau
Qui ploie et qui se courbe au plus léger fardeau [72] ?
L'amitié, — le repos, — celui de sa famille, —
La douce confiance, — et sa mère, — et son Dieu, —
Voilà tous ses soutiens ; qu'un seul lui manque, adieu [73] !
Ah ! priez. Si la mort, à son heure dernière,
À la clarté du ciel [74] entr'ouvrait sa paupière,
Peut-être elle dirait, avant de la fermer,
Comme Desdémona : « Tuer pour trop aimer [75]. »

Il est sous le soleil de douces créatures
Sur qui le ciel versa ses beautés les plus pures,
Êtres faibles et bons, trop charmants pour souffrir [76],
Que l'homme peut tuer, mais qu'il ne peut flétrir.
Le Malheur, ce vieillard à la main desséchée,
Voit s'incliner leur tête avant qu'il l'ait touchée ;
Ils veulent ici-bas d'un trône, — ou d'un tombeau.

Telles furent, hélas ! bien des infortunées
Que dévora la tombe [77] au sortir du berceau,

Que le ciel au bonheur avait prédestinées;
Et telle fut aussi celle qui va mourir.
Déjà le mal atteint les sources de la vie.
À peine, soulevant sa tête appesantie,
Sa main, son bras tremblant, peuvent la soutenir [78].
Cependant elle cherche, — elle écoute sans cesse;
À travers les vitraux, sur la muraille épaisse [79],
Tombe un rayon. — Hélas! c'est encore un beau jour.
Tout renaît, la chaleur, la vie et la lumière.
Ah! c'est quand un beau ciel sourit à notre terre [80],
Que l'aspect de ces biens qui nous fuient sans retour,
Nous montre quel désert emplissait notre amour!

Mais qui ne sait, hélas! que toujours l'Espérance,
Des célestes gardiens veillant sur la souffrance,
Est le dernier qui reste auprès du lit de mort?
Jetant quelques parfums dans la flamme expirante,
Et jusqu'à son cercueil emportant la mourante,
Elle berce en chantant la Douleur qui s'endort.

Si loin qu'à l'horizon son regard peut s'étendre [81],
L'œil de la pauvre enfant sur l'eau s'est arrêté :
« Quoi! rien? » murmure-t-elle; — et que peut-elle attendre?
Mais la mort, à pas lents, vient de l'autre côté.
L'Océan tout à coup, et le ciel et la terre
Tournent, — tout se confond. — Le fanal solitaire
Comme un homme enivré chancelle. — Ange des cieux [82]!
N'est-ce pas pour toujours qu'elle a fermé les yeux?

La grille en cet instant a résonné. — Silence!
Un pas se fait entendre, — un jeune homme s'élance.
Il est couvert d'un froc. — Tous se sont écartés.
Il traverse la foule à pas précipités [83] :

« Mes sœurs, demande-t-il, où donc est la novice? »

Il l'a vue; un soupir dans l'ombre a répondu.
Alors, d'un ton de voix qui veut qu'on obéisse :
« Georgette, lui dit-il, Georgette, m'entends-tu? »

En prononçant ces mots, le frère se découvre.
De la malade alors la paupière s'entr'ouvre;
L'a-t-elle reconnu? Son œil terne et hagard

Est voilé d'un nuage et se perd dans le vide.
Il doute, — sur son front passe un éclair rapide.
« Laissez-nous seuls, dit-il, je suis venu trop tard. »

Le ciel s'obscurcissait. — Les traits de la mourante
S'effaçaient par degrés, sous la clarté tremblante[84].
Auprès de son chevet le crucifix laissé
De ses débiles mains à terre avait glissé.
Le silence régnait dans tout le monastère,
Un silence profond, — triste, — et que par moment
Interrompait un faible et sourd gémissement.
Sous le rideau du lit[85] courbant son front sévère,
L'étranger immobile écoutait, — regardait ; —
Tantôt il suppliait, — tantôt il ordonnait.
On distingua de loin quelques gestes bizarres,
Accompagnés de mots que nul ne saisissait,
Mais qui, prononcés bas, et de plus en plus rares,
Après quelques moments cessèrent tout à fait.
Au nom de l'ordre saint dont il se disait frère,
Auprès de la malade on l'avait laissé seul...
Sur le bord de la couche il vit pendre un linceul :
« Trop tard, répéta-t-il, trop tard ! » et sur la terre
Il tomba tout à coup, plein de rage et d'horreur[86].
Hommes, vous qui savez comprendre la douleur,
Gémir, jeter des pleurs, prier sur une tombe,
Pensez-vous quelquefois à ce que doit souffrir
Celui qui voit ainsi l'infortuné qui tombe,
Et lui tend une main qu'il ne peut plus saisir[87] ?
Celui qui sur un lit vient pencher son front blême
Où les nuits sans sommeil ont gravé leur pâleur,
Et là, d'un œil ardent, chercher sur ce qu'il aime,
Comme un signe de vie[88], un signe de douleur ;
Qui, suspendant son âme à cette âme adorée,
S'attache[89] à ce rameau qui va l'abandonner ;
Qui, maudissant le jour et sa vue abhorrée,
Sent son cœur plein de vie, et n'en peut[90] rien donner ?
Et lorsque la dernière étincelle est éteinte,
Quand il est resté là, — sans espoir et sans crainte,
— Qu'il contemple[91] ces traits, ce calme plein d'horreur,
Ces longs bras amaigris, traînant hors de la couche,
Ce corps frêle et roidi[92], ces yeux et cette bouche
Où le néant ressemble encore à la douleur...
Il soulève une main qui retombe glacée ;

Et s'il doute, insensé! s'il se retourne, il voit
La Mort branlant la tête, et lui montrant du doigt
L'être pâle, étendu sans vie et sans pensée [93].

VIII

Tout est fini; la cendre est rendue à la terre.
Le ministre est parti, — peut-être l'attend-on.
Tu t'es évanouie! ô toi, fleur solitaire!
Il ne reste plus rien, — rien qu'un tombeau sans nom.

Personne n'a suivi sa dépouille mortelle.
Aucun pas n'est marqué sur le bord du chemin.
Son vieux père est trop faible, et d'ailleurs privé d'elle,
Plus loin encor, peut-être, il la suivra demain.

Descends donc, pauvre fille, en ta tombe ignorée,
Sous ta pierre mal jointe et d'herbes entourée!
Cette terre est fertile, et va bientôt fleurir
Sur le débris nouveau qu'elle vient de couvrir [94]...
Ô terre! toi qui sais sous la tombe muette
Garder si bien les morts que l'Océan rejette,
Quand ton sein, fécondé par la corruption,
Redemande la vie à la destruction,
Qu'es-tu donc qu'un sépulcre immense, et dont l'emblème
Est le serpent roulé qui se ronge lui-même?

— Mais vous, rêves d'amour, rires, propos d'enfant,
Et toi, charme inconnu dont rien ne se défend,
Qui fis hésiter Faust au seuil de Marguerite,
Doux mystère du toit que l'innocence habite,
Candeur des premiers jours, qu'êtes-vous devenus [95]?

Paix profonde à ton âme, enfant! à ta mémoire!
Adieu! Ta blanche main sur le clavier d'ivoire
Durant les nuits d'été ne voltigera plus...

IX

. . . .
Glisse au sein de la nuit, beau brick de *l'Espérance!*
Terre d'Écosse, adieu! Glisse, fils des forêts!
—Que l'on tienne les yeux, que l'on veille de près

Sur ce jeune homme en deuil qui seul, dans le silence,
De la poupe, en chantant, se penche sur les flots.
Ses yeux sont égarés. Deux fois les matelots
L'ont reçu dans leurs bras, prêt à perdre la vie,
Et cependant il chante, et l'oreille est ravie
Des sons mystérieux qu'il mêle au bruit des vents.
« Le saule... — au pied du saule... » — il parle comme en
[rêve.
« Barbara! — Barbara! » Sa voix baisse, s'élève,
Et des flots tour à tour suit les doux mouvements.
— Enfants, veillez sur lui! — la force l'abandonne[96]!
Sa voix tombe et s'éteint, — pourtant il chante encor.
Quel peut être le mal qui cause ainsi sa mort?
Couchez-le sur un lit, enfants, la mer est dure!
— Enseigne, répondit la voix des matelots,
Son manteau recouvrait une large blessure,
D'où son sang goutte à goutte est tombé dans les flots. »
. . . .

AU LECTEUR
DES DEUX PIÈCES QUI SUIVENT[1]

Figure-toi, lecteur, que ton mauvais génie
T'a fait prendre ce soir un billet d'Opéra.
Te voilà devenu parterre ou galerie,
Et tu ne sais pas trop ce qu'on te chantera.

Il se peut qu'on t'amuse, il se peut qu'on t'ennuie;
Il se peut que l'on pleure, à moins que l'on ne rie;
Et le terme moyen, c'est que l'on bâillera.
Qu'importe? c'est la mode, et le temps passera.

Mon livre, ami lecteur, t'offre une chance égale.
Il te coûte à peu près ce que coûte une stalle;
Ouvre-le sans colère, et lis-le d'un bon œil.

Qu'il te déplaise ou non, ferme-le sans rancune;
Un spectacle ennuyeux est chose assez commune,
Et tu verras le mien sans quitter ton fauteuil.

LA COUPE ET LES LÈVRES

POÈME DRAMATIQUE

> Entre la coupe et les lèvres, il reste encore
> de la place pour un malheur.
> *Ancien proverbe*[1].

DÉDICACE

À M. ALFRED T***[2]

Voici mon cher ami, ce que je vous dédie :
Quelque chose approchant comme une tragédie,
Un spectacle; en un mot, quatre mains de papier.
J'attendrai là-dessus que le diable m'éveille.
Il est sain de dormir[3], — ignoble de bâiller.
J'ai fait trois mille[4] vers : allons, c'est à merveille.
Baste! il faut s'en tenir à sa vocation.
Mais quelle singulière et triste impression
Produit un manuscrit! — Tout à l'heure, à ma table,
Tout ce que j'écrivais me semblait admirable.
Maintenant, je ne sais, — je n'ose y regarder.
Au moment du travail, chaque nerf, chaque fibre
Tressaille comme un luth que l'on vient d'accorder.
On n'écrit pas un mot que tout l'être ne vibre.
(Soit dit sans vanité, c'est ce que l'on ressent.)
On ne travaille pas, — on écoute, — on attend.
C'est comme un inconnu qui vous parle à voix basse.
On reste quelquefois une nuit sur la place,
Sans faire un mouvement et sans se retourner.
On est comme un enfant dans ses habits de fête,
Qui craint de se salir et de se profaner[5];
Et puis, — et puis, — enfin! — on a mal à la tête.
Quel étrange réveil! — comme on se sent boiteux!
Comme on voit que Vulcain vient de tomber des cieux!
C'est l'effet que produit une prostituée,
Quand, le corps assouvi, l'âme s'est réveillée,
Et que, comme un vivant qu'on vient d'ensevelir,

L'esprit lève en pleurant le linceul du plaisir.
Pourtant c'est l'opposé; — c'est le corps, c'est l'argile;
C'est le cercueil humain, un moment entr'ouvert,
Qui, laissant retomber son couvercle débile,
Ne se souvient de rien, sinon qu'il a souffert.

Si tout finissait là ! voilà le mot terrible.
C'est Jésus, couronné d'une flamme invisible,
Venant du Pharisien partager le repas.
Le Pharisien parfois voit luire une auréole
Sur son hôte divin, — puis, quand elle s'envole,
Il dit au Fils de Dieu : Si tu ne l'étais pas?
Je suis le Pharisien, et je dis à mon hôte :
Si ton démon céleste était un imposteur?
Il ne s'agit pas là de reprendre une faute,
De retourner un vers comme un commentateur,
Ni de se remâcher comme un bœuf qui rumine.
Il est assez de mains, chercheuses de vermine,
Qui savent éplucher un récit malheureux,
Comme un pâtre espagnol épluche un chien lépreux.
Mais croire que l'on tient les pommes d'Hespérides
Et presser tendrement un navet sur son cœur !
Voilà, mon cher ami, ce qui porte un auteur
À des auto-da-fés, — à des infanticides.
Les rimeurs, vous voyez, sont comme les amants.
Tant qu'on n'a rien écrit, il en est d'une idée[6]
Comme d'une beauté qu'on n'a pas possédée :
On l'adore, on la suit; — ses détours sont charmants.
Pendant que l'on tisonne en regardant la cendre,
On la voit voltiger ainsi qu'une salamandre[7];
Chaque mot fait pour elle est comme un billet doux;
On lui donne à souper; — qui le sait mieux que vous?
(Vous pourriez au besoin traiter une princesse.)
Mais dès qu'elle se rend, bonsoir, le charme cesse.
On sent dans sa prison l'hirondelle mourir.
Si tout cela, du moins, vous laissait quelque chose !
On garde le parfum en effeuillant la rose;
Il n'est si triste amour qui n'ait son souvenir[8].

Lorsque la jeune fille à la source voisine,
A sous les nénuphars[9] lavé ses bras poudreux,
Elle reste au soleil, les mains sur sa poitrine[10],
À regarder longtemps pleurer ses beaux cheveux.

Elle sort, mais pareille aux rochers de Borghèse [11]
Couverte de rubis comme un poignard persan, —
Et sur son front luisant sa mère qui la baise
Sent du fond de son cœur la fraîcheur de son sang.
Mais le poète, hélas! s'il puise à la fontaine,
C'est comme un braconnier poursuivi dans la plaine,
Pour boire dans sa main, et courir se cacher, —
Et cette main brûlante est prompte à se sécher [12].

Je ne fais pas grand cas, pour moi, de la critique.
Toute mouche qu'elle est, c'est rare qu'elle pique.
On m'a dit l'an passé que j'imitais Byron [13] :
Vous qui me connaissez, vous savez bien que non.
Je hais comme la mort l'état de plagiaire;
Mon verre n'est pas grand, mais je bois dans mon verre [14].
C'est bien peu, je le sais, que d'être homme de bien,
Mais toujours est-il vrai que je n'exhume rien.

Je ne me suis pas fait écrivain politique,
N'étant pas amoureux de la place publique [15].
D'ailleurs, il n'entre pas dans mes prétentions
D'être l'homme du siècle et de ses passions [16].
C'est un triste métier que de suivre la foule,
Et de vouloir crier plus fort que les meneurs,
Pendant qu'on se raccroche au manteau des traîneurs [17].
On est toujours à sec, quand le fleuve s'écoule.
Que de gens aujourd'hui chantent la liberté,
Comme ils chantaient les rois, ou l'homme de brumaire!
Que de gens vont se pendre au levier populaire,
Pour relever le dieu qu'ils avaient souffleté!
On peut traiter cela du beau nom de rouerie,
Dire que c'est le monde et qu'il faut qu'on en rie.
C'est peut-être un métier charmant, mais tel qu'il est,
Si vous le trouvez beau, moi, je le trouve laid.
Je n'ai jamais chanté ni la paix ni la guerre;
Si mon siècle se trompe, il ne m'importe guère :
Tant mieux s'il a raison, et tant pis s'il a tort;
Pourvu qu'on dorme encore au milieu du tapage,
C'est tout ce qu'il me faut, et je ne crains pas l'âge
Où les opinions deviennent un remord [18].

Vous me demanderez si j'aime ma patrie [19].
Oui; — j'aime fort aussi l'Espagne et la Turquie.

Je ne hais pas la Perse, et je crois les Indous
De très honnêtes gens qui boivent comme nous.
Mais je hais les cités, les pavés et les bornes [20],
Tout ce qui porte l'homme à se mettre en troupeau,
Pour vivre entre deux murs et quatre faces mornes,
Le front sous un moellon, les pieds sur un tombeau.

Vous me demanderez si je suis catholique.
Oui; — j'aime fort aussi les dieux Lath et Nésu.
Tartak et Pimpocau me semblent sans réplique;
Que dites-vous encor de Parabavastu [21]?
J'aime Bidi, — Khoda me paraît un bon sire;
Et quant à Kichatan, je n'ai rien à lui dire.
C'est un bon petit dieu que le dieu Michapou.
Mais je hais les cagots, les robins et les cuistres,
Qu'ils servent Pimpocau, Mahomet ou Vishnou.
Vous pouvez de ma part répondre à leurs ministres
Que je ne sais comment je vais je ne sais où [22].

Vous me demanderez si j'aime la sagesse.
Oui; — j'aime fort aussi le tabac à fumer.
J'estime le bordeaux, surtout dans sa vieillesse;
J'aime tous les vins francs, parce qu'ils font aimer.
Mais je hais les cafards, et la race hypocrite
Des tartufes de mœurs, comédiens insolents [23],
Qui mettent leurs vertus en mettant leurs gants blancs.
Le diable était bien vieux lorsqu'il se fit ermite.
Je le serai si bien, quand ce jour-là viendra,
Que ce sera le jour [24] où l'on m'enterrera.

Vous me demanderez si j'aime la nature.
Oui; — j'aime fort aussi les arts et la peinture.
Le corps de la Vénus me paraît merveilleux.
La plus superbe femme est-elle préférable?
Elle parle, il est vrai, mais l'autre est admirable,
Et je suis quelquefois pour les silencieux.
Mais je hais les pleurards, les rêveurs à nacelles,
Les amants de la nuit, des lacs, des cascatelles [25],
Cette engeance sans nom, qui ne peut faire un pas
Sans s'inonder de vers, de pleurs et d'agendas.
La nature, sans doute, est comme on veut la prendre
Il se peut, après tout, qu'ils sachent la comprendre;
Mais eux, certainement, je ne les comprends pas [26].

Vous me demanderez si j'aime la richesse.
Oui; — j'aime aussi parfois la médiocrité.
Et surtout, et toujours, j'aime mieux ma maîtresse;
La fortune, pour moi, n'est que la liberté.
Elle a cela de beau, de remuer le monde,
Que, dès qu'on la possède, il faut qu'on en réponde,
Et que, seule, elle met à l'air la volonté.
Mais je hais les pieds-plats, je hais la convoitise.
J'aime mieux un joueur, qui prend le grand chemin[27];
Je hais le vent doré qui[28] gonfle la sottise,
Et, dans quelque cent ans, j'ai bien peur qu'on ne dise
Que notre siècle d'or fut un siècle d'airain.

Vous me demanderez si j'aime quelque chose.
Je m'en vais vous répondre à peu près comme Hamlet:
Doutez, Ophélia, de tout ce qui vous plaît,
De la clarté des cieux, du parfum de la rose;
Doutez de la vertu, de la nuit et du jour;
Doutez de tout au monde, et jamais de l'amour[29].
Tournez-vous là, mon cher, comme l'héliotrope[30]
Qui meurt les yeux fixés sur son astre chéri,
Et préférez à tout, comme le Misanthrope,
La chanson de ma mie, et du Bon roi Henri[31].
Doutez, si vous voulez, de l'être qui vous aime[32],
D'une femme ou d'un chien, mais non de l'amour même.
L'amour est tout, — l'amour, et la vie au soleil.
Aimer est le grand point, qu'importe la maîtresse?
Qu'importe le flacon, pourvu qu'on ait l'ivresse?
Faites-vous de ce monde un songe sans réveil[33].
S'il est vrai que Schiller n'ait aimé qu'Amélie,
Gœthe que Marguerite, et Rousseau que Julie,
Que la terre leur soit légère! — ils ont aimé.

Vous trouverez, mon cher, mes rimes bien mauvaises;
Quant à ces choses-là, je suis un réformé[34].
Je n'ai plus de système, et j'aime mieux mes aises;
Mais j'ai toujours trouvé honteux de cheviller.
Je vois chez quelques-uns, en ce genre d'escrime,
Des rapports trop exacts avec un menuisier[35].
Gloire aux auteurs nouveaux, qui veulent à la rime
Une lettre de plus qu'il n'en fallait jadis[36]!
Bravo! c'est un bon clou de plus à la pensée.
La vieille liberté par Voltaire laissée
Était bonne autrefois pour les petits esprits.

Un long cri de douleur traversa l'Italie
Lorsqu'au pied des autels Michel-Ange expira.
Le siècle se fermait, — et la mélancolie,
Comme un pressentiment[37], des vieillards s'empara.
L'art, qui sous ce grand homme avait quitté la terre
Pour se suspendre au ciel, comme le nourrisson
Se suspend et s'attache aux lèvres de sa mère,
L'art avec lui tomba[38]. — Ce fut le dernier nom
Dont le peuple toscan ait gardé la mémoire.
Aujourd'hui l'art n'est plus[39], — personne n'y veut croire.
Notre littérature a cent mille raisons
Pour parler de noyés, de morts, et de guenilles.
Elle-même est un mort que nous galvanisons.
Elle entend son affaire en nous peignant des filles,
En tirant des égouts les muses de Régnier[40].
Elle-même en est une, et la plus délabrée
Qui de fard et d'onguents se soit jamais plâtrée.
Nous l'avons tous usée, — et moi tout le premier.
Est-ce à moi, maintenant, au point où nous en sommes,
De vous parler de l'art et de le regretter[41]?
Un mot pourtant encore avant de vous quitter.
Un artiste est un homme[42], — il écrit pour des hommes.
Pour prêtresse du temple[43], il a la liberté;
Pour trépied, l'univers; pour éléments, la vie;
Pour encens, la douleur, l'amour et l'harmonie;
Pour victime, son cœur; — pour dieu, la vérité.
L'artiste est un soldat, qui des rangs d'une armée
Sort, et marche en avant, — ou chef, — ou déserteur.
Par deux chemins divers[44] il peut sortir vainqueur.
L'un, comme Calderon et comme Mérimée,
Incruste un plomb brûlant sur la réalité,
Découpe à son flambeau la silhouette humaine,
En emporte le moule, et jette sur la scène
Le plâtre de la vie avec sa nudité.
Pas un coup de ciseau sur la sombre effigie,
Rien qu'un masque d'airain, tel que Dieu l'a fondu[45].
Cherchez-vous la morale et la philosophie?
Rêvez, si vous voulez, — voilà ce qu'il a vu.
L'autre, comme Racine et le divin Shakspeare,
Monte sur le théâtre, une lampe à la main[46],
Et de sa plume d'or[47] ouvre le cœur humain.
C'est pour vous qu'il y fouille[48], afin de vous redire
Ce qu'il aura senti, ce qu'il aura trouvé,

Surtout, en le trouvant, ce qu'il aura rêvé.
L'action n'est pour lui qu'un moule à sa pensée.
Hamlet tuera Clodius, — Joad tuera Mathan⁴⁹;
Qu'importe le combat, si l'éclair de l'épée
Peut nous servir dans l'ombre à voir les combattants?
Le premier sous les yeux vous étale un squelette.
Songez, si vous voulez, de quels muscles d'athlète,
De quelle chair superbe, et de quels vêtements
Pourraient être couverts de si beaux ossements.
Le second⁵⁰ vous déploie une robe éclatante,
Des muscles invaincus, une chair palpitante,
Et vous laisse à penser quels sublimes ressorts
Impriment l'existence à de pareils dehors.
Celui-là voit l'effet, — et celui-ci la cause⁵¹.
Sur cette double loi le monde entier repose.
Dieu seul (qui se connaît) peut tout voir à la fois.
Quant à moi, Petit-Jean, quand je vois, quand je vois⁵²,
Je vous préviens, mon cher, que ce n'est pas grand'chose;
Car, pour y voir longtemps, j'aime trop à voir clair :
*Man delights not me, sir, nor woman neither*⁵³.
Mais s'il m'était permis de choisir une route,
Je prendrais la dernière, — et m'y noierais sans doute.
Je suis passablement en humeur de rêver.
Et je m'arrête ici, pour ne pas le prouver.

Je ne sais trop à quoi tend tout ce bavardage.
Je voulais mettre un mot sur la première page :
À mon très honoré, très honorable ami,
Monsieur — et cætera — comme on met aujourd'hui,
Quand on veut proprement faire une dédicace.
Je l'ai faite un peu longue, et je m'en aperçois.
On va s'imaginer que c'est une préface.
Moi qui n'en lis jamais! — ni vous non plus, je crois⁵⁴.

INVOCATION¹

Aimer, boire et chasser, voilà la vie humaine
Chez les fils du Tyrol², — peuple héroïque et fier!
Montagnard comme l'aigle, et libre comme l'air!
Beau ciel, où le soleil a dédaigné la plaine,

Ce paisible océan dont les monts sont les flots[3] !
Beau ciel tout sympathique, et tout peuplé d'échos !
Là, siffle autour des puits l'écumeur des montagnes.
Qui jette au vent son cœur, sa flèche et sa chanson.
Venise vient au loin dorer son horizon.
La robuste Helvétie abrite ses campagnes.
Ainsi les vents du sud t'apportent la beauté,
Mon Tyrol, et les vents du nord la liberté[4].

Salut, terre de glace, amante des nuages[5],
Terre d'hommes errants et de daims en voyages,
Terre sans oliviers, sans vigne et sans moissons.
Ils sucent un sein dur, mère, tes nourrissons ;
Mais ils t'aiment ainsi, — sous la neige bleuâtre
De leurs lacs vaporeux, sous ce pâle soleil
Qui respecte les bras de leurs femmes d'albâtre,
Sous la ronce[6] des champs qui mord leur pied vermeil.
Noble terre, salut[7] ! Terre simple et naïve,
Tu n'aimes pas les arts, toi qui n'es pas oisive[8].
D'efféminés rêveurs tu n'es pas le séjour ;
On ne fait sous ton ciel que la guerre et l'amour.
On ne se vieillit pas dans tes longues veillées.
Si parfois tes enfants, dans l'écho des vallées,
Mêlent un doux refrain aux soupirs des roseaux,
C'est qu'ils sont nés chanteurs, comme de gais oiseaux.
Tu n'as rien, toi, Tyrol, ni temples, ni richesse,
Ni poètes, ni dieux ; — tu n'as rien, chasseresse !
Mais l'amour de ton cœur s'appelle d'un beau nom :
La liberté ! — Qu'importe au fils de la montagne
Pour quel despote obscur envoyé d'Allemagne
L'homme de la prairie[9] écorche le sillon ?
Ce n'est pas son métier de traîner la charrue ;
Il couche sur la neige, il soupe quand il tue[10] ;
Il vit dans l'air du ciel, qui n'appartient qu'à Dieu.
— L'air du ciel ! l'air de tous ! vierge comme le feu !
Oui, la liberté meurt sur le fumier des villes[11].
Oui, vous qui la plantez sur vos guerres civiles,
Vous la semez en vain, même sur vos tombeaux ;
Il ne croît pas si bas, cet arbre aux verts rameaux.
Il meurt dans l'air humain, plein de râles immondes,
Il respire celui que respirent les mondes.
Montez, voilà l'échelle, et Dieu qui tend les bras[12].
Montez à lui, rêveurs, il ne descendra pas !

Prenez-moi la sandale, et la pique ferrée :
Elle est là sur les monts, la liberté sacrée[13].
C'est là qu'à chaque pas l'homme la voit venir,
Ou, s'il l'a dans le cœur, qu'il l'y sent tressaillir[14].
Tyrol, nul barde encor n'a chanté tes contrées[15].
Il faut des citronniers à nos muses dorées,
Et tu n'es pas banal, toi dont la pauvreté
Tend une maigre main à l'hospitalité.
— Pauvre hôtesse, ouvre-moi! tu vaux bien l'Italie,
Messaline en haillons, sous les baisers pâlie,
Que tout père à son fils paye à sa puberté[16].
Moi, je te trouve vierge, et c'est une beauté;
C'est la mienne[17]; — il me faut, pour que ma soif s'étanche
Que le flot soit sans tache, et clair comme un miroir.
Ce sont les chiens errants qui vont à l'abreuvoir.
Je t'aime. — Ils ne t'ont pas levé ta robe blanche.
Tu n'as pas, comme Naple[18], un tas de visiteurs,
Et ses ciceroni pour tes entremetteurs.
La neige tombe en paix sur tes épaules nues. —
Je t'aime, sois à moi. Quand la virginité
Disparaîtra du ciel, j'aimerai des statues.
Le marbre me va mieux que l'impure Phryné
Chez qui les affamés vont chercher leur pâture,
Qui fait passer la rue au travers de son lit,
Et qui n'a pas le temps de nouer sa ceinture
Entre l'amant du jour et celui de la nuit[19].

LA COUPE ET LES LÈVRES[1]

PERSONNAGES

Le chasseur FRANK.
Le palatin STRANIO.
Le chevalier GUNTHER.
Un lieutenant de FRANK.
Montagnards, chevaliers.
Moines, peuple.
MONNA BELCOLORE.
DÉIDAMIA.

ACTE PREMIER

SCÈNE I

*Une place publique. — Un grand feu allumé au milieu. —
Les chasseurs,* FRANK.

LE CHŒUR

Pâle comme l'amour, et de pleurs arrosée,
La nuit aux pieds d'argent descend dans la rosée[2].
Le brouillard monte au ciel, et le soleil s'enfuit.
Éveillons le plaisir, son aurore est la nuit!
Diane a protégé notre course lointaine.
Chargés d'un lourd butin, nous marchons avec peine;
Amis, reposons-nous; — déjà, le verre en main,
Nos frères sous ce toit commencent leur festin.

FRANK

Moi, je n'ai rien tué; — la ronce et la bruyère
Ont déchiré mes mains; — mon chien, sur la poussière,
A léché dans mon sang la trace de mes pas.

LE CHŒUR

Ami, les jours entre eux ne se ressemblent pas.
Approche, et viens grossir notre joyeuse troupe.

L'amitié, camarade, est semblable à la coupe
Qui passe, au coin du feu, de la main à la main.
L'un y boit son bonheur, et l'autre sa misère ;
Le ciel a mis l'oubli pour tous au fond du verre ;
Je suis heureux ce soir, tu le seras demain.

FRANK

Mes malheurs sont à moi, je ne prends pas les vôtres.
Je ne sais pas encor vivre aux dépens des autres ;
J'attendrai pour cela qu'on m'ait coupé les mains.
Je ne ferai jamais qu'un maigre parasite,
Car ce n'est qu'un long jeûne et qu'une faim maudite
Qui me feront courir à l'odeur des festins.
Je tire mieux que vous, et j'ai meilleure vue.
Pourquoi ne vois-je rien ? voilà la question.
Suis-je un épouvantail ? — ou bien l'occasion,
Cette prostituée, est-elle devenue
Si boiteuse et si chauve, à force de courir,
Qu'on ne puisse à la nuque une fois la saisir[3] ?
J'ai cherché comme vous le chevreuil dans la plaine, —
Mon voisin l'a tué, mais je ne l'ai pas vu.

LE CHŒUR

Et si c'est ton voisin, pourquoi le maudis-tu ?
C'est la communauté qui fait la force humaine.
Frank, n'irrite pas Dieu, — le roseau doit plier.
L'homme sans patience est la lampe sans huile,
Et l'orgueil en colère est mauvais conseiller[4].

FRANK

Votre communauté me soulève la bile.
Je n'en suis pas encore à mendier mon pain.
Mordieu, voilà de l'or, messieurs, j'ai de quoi vivre.
S'il plaît à l'ennemi des hommes de me suivre,
Il peut s'attendre encore à faire du chemin.
Il faut être bâtard pour coudre sa misère
Aux misères d'autrui. — Suis-je un esclave ou non ?
Le pacte social n'est pas de ma façon :
Je ne l'ai pas signé dans le sein de ma mère.
Si les autres ont peu, pourquoi n'aurais-je rien ?
Vous qui parlez de Dieu, vous blasphémez le mien.
Tout nous vient de l'orgueil, même la patience.
L'orgueil, c'est la pudeur des femmes, la constance

Du soldat dans le rang, du martyr sur la croix.
L'orgueil, c'est la vertu, l'honneur et le génie,
C'est ce qui reste encor d'un peu beau dans la vie,
La probité du pauvre et la grandeur des rois.
Je voudrais bien savoir, nous tous tant que nous sommes,
Et moi tout le premier, à quoi nous sommes bons ?
Voyez-vous ce ciel pâle, au delà de ces monts ?
Là, du soir au matin, fument autour des hommes
Ces vastes alambics qu'on nomme les cités [5].
Intrigues, passions, périls et voluptés,
Toute la vie est là, — tout en sort, tout y rentre.
Tout se disperse ailleurs, et là tout se concentre.
L'homme y presse ses jours pour en boire le vin,
Comme le vigneron presse et tord son raisin.

le Chœur

Frank, une ambition terrible te dévore.
Ta pauvreté superbe elle-même s'abhorre;
Tu te hais, vagabond, dans ton orgueil de roi,
Et tu hais ton voisin d'être semblable à toi.
Parle, aimes-tu ton père ? aimes-tu ta patrie ?
Au souffle du matin sens-tu ton cœur frémir,
Et t'agenouilles-tu lorsque tu vas dormir ?
De quel sang es-tu fait, pour marcher dans la vie
Comme un homme de bronze, et pour que l'amitié,
L'amour, la confiance et la douce pitié
Viennent toujours glisser sur ton être insensible,
Comme des gouttes d'eau sur un marbre poli ?
Ah! celui-là vit mal qui ne vit que pour lui.
L'âme, rayon du ciel, prisonnière invisible,
Souffre dans son cachot de sanglantes douleurs.
Du fond de son exil elle cherche ses sœurs;
Et les pleurs et les chants sont les voix éternelles
De ces filles de Dieu qui s'appellent entre elles [6].

Frank

Chantez donc, et pleurez, si c'est votre souci.
Ma malédiction n'est pas bien redoutable;
Telle qu'elle est pourtant je vous la donne ici.
Nous allons boire un toast, en nous mettant à table,
Et je vais le porter :
                    (Prenant un verre.)
        Malheur aux nouveau-nés !

Maudit soit le travail! maudite l'espérance!
Malheur au coin de terre où germe la semence,
Où tombe la sueur de deux bras décharnés!
Maudits soient les liens du sang et de la vie!
Maudite la famille et la société!
Malheur à la maison, malheur à la cité,
Et malédiction sur la mère patrie[7]!

UN AUTRE CHŒUR, *sortant d'une maison.*

Qui parle ainsi? qui vient jeter sur notre toit,
A cette heure de nuit, ces clameurs monstrueuses,
Et nous sonner ainsi les trompettes hideuses[8]
Des malédictions? — Frank, réponds, est-ce toi?
Ce n'est pas d'aujourd'hui que je connais ta vie.
Tu n'es qu'un paresseux plein d'orgueil et d'envie.
Mais de quel droit viens-tu troubler des gens de bien?
Tu hais notre métier, Judas! et nous, le tien.
Que ne vas-tu courir et tenter la fortune,
Si le toit de ton père est trop bas pour ton front?
Ton orgueil est scellé comme un cercueil de plomb.
Tu crois punir le ciel en lui gardant rancune;
Et tout ce que tu peux, c'est de roidir tes bras
Pour blasphémer un Dieu qui ne t'aperçoit pas.
Travailles-tu pour vivre, et pour t'aider toi-même?
Ne te souviens-tu pas que l'ange du blasphème
Est de tous les déchus le plus audacieux,
Et qu'avant de maudire il est tombé des cieux?

TOUS LES CHASSEURS

Pourquoi refuses-tu ta place à notre table?

FRANK, *à l'un d'eux.*

Hélas! noble seigneur, soyez-moi charitable!
Un denier, s'il vous plaît, j'ai bien soif et bien faim.
Rien qu'un pauvre denier pour m'acheter du pain[9].

LE CHŒUR

Te fais-tu le bouffon de ta propre détresse?

FRANK

Seigneur, si vous avez une belle maîtresse,
Je puis la célébrer, et chanter tour à tour
La médiocrité, l'innocence et l'amour.
C'est bien le moins qu'un pauvre égaye un peu son hôte.

S'il est pauvre, après tout, s'il a faim, c'est sa faute.
Mais croyez-vous qu'il soit prudent et généreux
De jeter des pavés sur l'homme qui se noie ?
Il ne faut pas pousser à bout les malheureux.

le Chœur

À quel sombre démon ton âme est-elle en proie ?
Tu railles tristement et misérablement.

Frank

Car si ces malheureux ont quelque orgueil dans l'âme,
S'ils ne sont pas pétris d'une argile de femme,
S'ils ont un cœur, s'ils ont des bras, ou seulement
S'ils portent par hasard une arme à la ceinture...

le Chœur

Que veut dire ceci ? veux-tu nous provoquer ?

Frank

Un poignard peut se tordre, et le coup peut manquer.
Mais si, las de lui-même et de sa vie obscure,
Le pauvre qu'on insulte allait prendre un tison,
Et le porter en feu dans sa propre maison !

(Il prend une bûche embrasée dans le feu allumé sur la place, et la jette dans sa chaumière.)

Sa maison est à lui, — c'est le toit de son père,
C'est son toit, — c'est son bien, le tombeau solitaire
Des rêves de ses jours, des larmes de ses nuits ;
Le feu doit y rester, si c'est lui qui l'a mis.

le Chœur

Agis-tu dans la fièvre ? Arrête, incendiaire.
Veux-tu du même coup brûler la ville entière ?
Arrête ! — où nos enfants dormiront-ils demain ?

Frank

Me voici sur le seuil, mon épée à la main.
Approchez maintenant, fussiez-vous une armée.
Quand l'univers devrait s'en aller en fumée,
Tonnerre et sang ! je fais un spectre du premier
Qui jette un verre d'eau sur un brin de fumier.
Ah ! vous croyez, messieurs, si je vous importune,
Qu'on peut impunément me chasser comme un chien ?

Ne m'avez-vous pas dit d'aller chercher fortune?
J'y vais. — Vous l'avez dit, vous qui n'en feriez rien;
Moi, je le fais, — je pars [10]. — J'illumine la ville.
J'en aurai le plaisir, en m'en allant ce soir,
De la voir de plus loin, s'il me plaît de la voir.
Je ne fais pas ici de folie inutile :
Ceux qui m'ont accusé de paresse et d'orgueil
Ont dit la vérité. — Tant que cette chaumière
Demeurera debout, ce sera mon cercueil.
Ce petit toit, messieurs, ces quatre murs de pierre,
C'était mon patrimoine, et c'est assez longtemps
Pour aimer son fumier, que d'y dormir vingt ans.
Je le brûle, et je pars; — c'est moi, c'est mon fantôme
Que je disperse aux vents avec ce toit de chaume.
Maintenant, vents du nord, vous n'avez qu'à souffler [11];
Depuis assez longtemps, dans les nuits de tempête [12],
Vous venez ébranler ma porte et m'appeler.
Frères, je viens à vous, — je vous livre ma tête.
Je pars, — et désormais que Dieu montre à mes pas
Leur route, — ou le hasard, si Dieu n'existe pas!

Il sort en courant.

SCÈNE II

Une plaine. — Frank *rencontre une jeune fille.*

la Jeune Fille

Bonsoir, Frank, où vas-tu? la plaine est solitaire.
Qu'as-tu fait de tes chiens, imprudent montagnard?

Frank

Bonsoir, Déidamia, qu'as-tu fait de ta mère?
Prudente jeune fille, où t'en vas-tu si tard?

la Jeune Fille [13]

J'ai cueilli sur ma route un bouquet d'églantine;
Le voilà, si tu veux, pour te porter bonheur.

Elle lui jette son bouquet.

Frank, *seul, ramassant le bouquet.*

Comme elle court gaîment! Sa mère est ma voisine;
J'ai vu cette enfant-là grandir et se former.
Pauvre, innocente fille! elle aurait pu m'aimer.

Exit.

SCÈNE III
Un chemin creux dans la forêt. — Le point du jour.

FRANK, *assis sur l'herbe.*

Et quand tout sera dit, — quand la triste demeure
De ce malheureux Frank, de ce vil mendiant,
Sera tombée en poudre et dispersée au vent,
Lui, que deviendra-t-il ? — Il sera temps qu'il meure !
Et s'il est jeune encor, s'il ne veut pas mourir ?
Ah ! massacre et malheur ! que vais-je devenir[14] ?

Il s'endort.

UNE VOIX, *dans un songe.*

Il est deux routes dans la vie :
L'une solitaire et fleurie,
Qui descend sa pente chérie
Sans se plaindre et sans soupirer.
Le passant la remarque à peine,
Comme le ruisseau de la plaine,
Que le sable de la fontaine
Ne fait pas même murmurer.
L'autre, comme un torrent sans digue,
Dans une éternelle fatigue,
Sous les pieds de l'enfant prodigue
Roule la pierre d'Ixion[15]
L'une est bornée et l'autre immense ;
L'une meurt où l'autre commence ;
La première est la patience,
La seconde est l'ambition.

FRANK, *rêvant.*

Esprits ! si vous venez m'annoncer ma ruine,
        Pourquoi le Dieu qui me créa
Fit-il, en m'animant, tomber sur ma poitrine
          L'étincelle divine
           Qui me consumera[16] ?
Pourquoi suis-je le feu qu'un salamandre[17] habite ?
Pourquoi sens-je mon cœur se plaindre et s'étonner,
Ne pouvant contenir ce rayon qui s'agite,
Et qui, venu du ciel, y voudrait retourner[18] ?

la Voix

Ceux dont l'ambition a dévoré la vie,
Et qui sur cette terre ont cherché la grandeur,
Ceux-là, dans leur orgueil, se sont fait un honneur
De mépriser l'amour et sa douce folie.
Ceux qui, loin des regards, sans plainte et sans désirs,
Sont morts silencieux sur le corps d'une femme,
Ô jeune montagnard, ceux-là, du fond de l'âme,
Ont méprisé la gloire et ses tristes plaisirs.

Frank

Vous parlez de grandeur, et vous parlez de gloire.
Aurai-je des trésors ? l'homme dans sa mémoire
    Gardera-t-il mon souvenir[19] ?
Répondez, répondez, avant que je m'éveille.
    Déroulez-moi ce qui sommeille
    Dans l'océan de l'avenir[20] !

la Voix

Voici l'heure où, le cœur libre d'inquiétude,
Tu te levais jadis pour reprendre l'étude,
Tes pensers de la veille et tes travaux du jour[21].
Seul, poursuivant tout bas tes chimères d'amour,
Tu gagnais lentement la maison solitaire
Où ta Déidamia veillait près de sa mère.
Frank, tu venais t'asseoir au paisible foyer,
Raconter tes chagrins, sinon les oublier.
Tous deux sans espérance, et dans la solitude,
Enfants, vous vous aimiez, et bientôt l'habitude
Tous les jours, malgré toi, t'enseigna ce chemin ;
Car l'habitude est tout au pauvre cœur humain[22].

Frank

Esprits, il est trop tard, j'ai brûlé ma chaumière !

la Voix

Repens-toi ! repens-toi !

Frank

    Non ! non ! j'ai tout perdu.

la Voix

Repens-toi ! repens-toi !

FRANK

Non! J'ai maudit mon père.

LA VOIX

Alors, lève-toi donc, car ton jour est venu [20].

Le soleil paraît; Frank s'éveille; Stranio, jeune palatin, et sa maîtresse, Monna Belcolore, passent à cheval.

STRANIO

Holà! dérange-toi, manant, pour que je passe.

FRANK

Attends que je me lève, et prends garde à tes pas.

STRANIO

Chien, lève-toi plus vite, ou reste sur la place.

FRANK

Tout beau, l'homme à cheval, tu ne passeras pas.
Dégaine-moi ton sabre, ou c'est fait de ta vie.
Allons, pare ceci.

Ils se battent. Stranio tombe.

BELCOLORE

Comment t'appelles-tu?

FRANK

Charles Frank.

BELCOLORE

Tu me plais, et tu t'es bien battu.
Ton pays?

FRANK

Le Tyrol.

BELCOLORE

Me trouves-tu jolie?

FRANK

Belle comme un soleil.

BELCOLORE

J'ai dix-huit ans, — et toi?

Frank

Vingt ans.

Belcolore

Monte à cheval, et viens souper chez moi [24].

Exeunt.

ACTE SECOND

SCÈNE I [25]
Un salon.

Frank, *devant une table chargée d'or.*

De tous les fils secrets qui font mouvoir la vie,
Ô toi, le plus subtil et le plus merveilleux!
Or! principe de tout, larme au soleil ravie!
Seul dieu toujours vivant, parmi tant de faux dieux!
Méduse, dont l'aspect change le cœur en pierre,
Et fait tomber en poudre aux pieds de la rosière
La robe d'innocence et de virginité! —
Sublime corrupteur! — Clef de la volonté! —
Laisse-moi t'admirer! — parle-moi, — viens me dire
Que l'honneur n'est qu'un mot, que la vertu n'est rien;
Que, dès qu'on te possède, on est homme de bien;
Que rien n'est vrai que toi! — Qu'un esprit en délire
Ne saurait inventer de rêves si hardis,
Si monstrueusement en dehors du possible,
Que tu ne puisse [26] encor sur ton levier terrible
Soulever l'univers, pour qu'ils soient accomplis!
— Que de gens cependant n'ont [27] jamais vu qu'en songe
Ce que j'ai devant moi! — Comme le cœur se plonge
Avec ravissement dans un monceau pareil! —
Tout cela, c'est à moi; — les sphères et les mondes
Danseront un millier de valses [28] et de rondes,
Avant qu'un coup semblable ait lieu sous le soleil.
Ah! mon cœur est noyé! — Je commence à comprendre
Ce qui fait qu'un mourant que le frisson va prendre
À regarder son or trouve encor des douceurs,
Et pourquoi les vieillards se font enfouisseurs.

(Comptant.)

Quinze mille en argent, — le reste en signature.
C'est un coup du destin. — Quelle étrange aventure!
Que ferais-je aujourd'hui, qu'aurais-je fait demain,
Si je n'avais trouvé Stranio sur mon chemin?
Je tue un grand seigneur, et lui prends sa maîtresse;
Je m'enivre chez elle, et l'on me mène au jeu.
À jeun, j'aurais perdu, — je gagne dans l'ivresse;
Je gagne et je me lève. — Ah! c'est un coup de Dieu.
(Il ouvre la fenêtre.)
Je voudrais bien me voir passer sous ma fenêtre
Tel que j'étais hier. — Moi, Frank, seigneur et maître
De ce vaste logis, possesseur d'un trésor,
Voir passer là-dessous Frank le coureur de lièvres,
Frank le pauvre, l'œil morne et la faim sur les lèvres,
Le voir [29] tendre la main et lui jeter cet or.
Tiens, Frank, tiens, mendiant, prends cela, pauvre hère.
(Il prend une poignée d'or.)
Il me semble en honneur que le ciel et la terre
Ne sauraient plus m'offrir que ce qui me convient,
Et que depuis hier le monde m'appartient.

Exit.

SCÈNE II

Une route. — MONTAGNARDS, *passant.* —
Chanson de chasse, dans le lointain [30].

Chasseur, hardi chasseur, que vois-tu dans l'espace [31]?
Mes chiens grattent la terre et cherchent une trace.
Debout, mes cavaliers! c'est le pied du chamois. —
Le chamois s'est levé. — Que ma maîtresse est belle! —
Le chamois tremble et fuit. — Que Dieu veille sur elle! —
Le chamois rompt la meute et s'enfuit dans le bois. —
Je voudrais par la main tenir ma belle amie. —
La meute et le chamois traversent la prairie :
Hallali, compagnons, la victoire est à nous! —
Que ma maîtresse est belle, et que ses yeux sont doux!

LE CHŒUR

Amis, dans ce palais, sur la place où nous sommes,
Respire le premier et le dernier des hommes,
Frank, qui vécut vingt ans comme un hardi chasseur [32].

Aujourd'hui dans les fers d'une prostituée,
Que fait-il ? — Nuit et jour cette enceinte est fermée.
La solitude y règne, image de la mort.
Quelquefois seulement, quand la nuit est venue,
On voit à la fenêtre une femme inconnue
Livrer ses cheveux noirs aux vents affreux du nord.
Frank n'est plus! sur les monts nul ne l'a vu paraître.
Puisse-t-il s'éveiller! — Puisse-t-il reconnaître
La voix des temps passés! — Frères, pleurons sur lui.
Charles ne viendra plus, au joyeux hallali,
Entouré de ses chiens sur les herbes sanglantes,
Découdre, les bras nus, les biches expirantes,
S'asseoir au rendez-vous, et boire dans ses mains
La neige des glaciers, vierge de pas humains[33].

Exeunt.

SCÈNE III[34]

La nuit. — Une terrasse au bord d'un chemin. —
Monna Belcolore, Frank, *assis dans un kiosque.*

BELCOLORE

Dors, ô pâle jeune homme, épargne ta faiblesse.
Pose jusqu'à demain ton cœur sur ta maîtresse;
La force t'abandonne, et le jour va venir.
Carlo, tes beaux yeux bleus sont las, — tu vas dormir.

FRANK

Non, le jour ne vient pas, — non, je veille et je brûle!
Ô Belcolor, le feu dans mes veines circule.
Mon cœur languit d'amour, et si le temps s'enfuit,
Que m'importe ce ciel, et son jour et sa nuit?

BELCOLORE

Ah! Carlo, mon Carlo, ta tête chancelante
Va tomber dans mes mains, sur ta coupe brûlante.
Tu t'endors, tu te meurs, tu t'enfuis loin de moi.
Ah! lâche efféminé, tu t'endors malgré toi.

FRANK

Oui, le jour va venir. — Ô ma belle maîtresse!
Je me meurs; oui, je suis sans force et sans jeunesse,
Une ombre de moi-même, un reste, un vain reflet,

Et quelquefois la nuit mon spectre m'apparaît.
Mon Dieu! si jeune hier, aujourd'hui je succombe.
C'est toi qui m'as tué, ton beau corps est ma tombe.
Mes baisers sur ta lèvre en ont usé le seuil.
De tes longs cheveux noirs tu m'as fait un linceul.
Éloigne ces flambeaux, — entr'ouvre la fenêtre.
Laisse entrer le soleil, c'est mon dernier peut-être.
Laisse-le-moi chercher, laisse-moi dire adieu
À ce beau ciel si pur qu'il a fait croire en Dieu!

BELCOLORE

Pourquoi me gardes-tu, si c'est moi qui te tue,
Et si tu te crois mort pour deux nuits de plaisir?

FRANK

Tous les amants heureux ont parlé de mourir.
Toi, me tuer, mon Dieu! Du jour où je t'ai vue,
Ma vie a commencé; le reste n'était rien[35];
Et mon cœur n'a jamais battu que sur le tien.
Tu m'as fait riche, heureux, tu m'as ouvert le monde.
Regarde, ô mon amour! quelle superbe nuit!
Devant de tels témoins, qu'importe ce qu'on dit,
Pourvu que l'âme parle, et que l'âme réponde?
L'ange des nuits d'amour est un ange muet.

BELCOLORE

Combien as-tu gagné ce soir au lansquenet?

FRANK

Qu'importe? Je ne sais. — Je n'ai plus de mémoire.
Voyons, — viens dans mes bras, — laisse-moi t'admirer. —
Parle, réveille-moi, — conte-moi ton histoire.
Quelle superbe nuit! — je suis prêt à pleurer.

BELCOLORE

Si tu veux t'éveiller, dis-moi plutôt la tienne.

FRANK

Nous sommes trop heureux pour que je m'en souvienne.
Que dirais-je, d'ailleurs? Ce qui fait les récits,
Ce sont des actions, des périls, dont l'empire
Est vivace, et résiste à l'heure des oublis.
Mais moi qui n'ai rien vu, rien fait, qu'ai-je à te dire?

L'histoire de ma vie est celle de mon cœur ;
C'est un pays étrange où je fus voyageur.
Ah ! soutiens-moi le front, la force m'abandonne !
Parle, parle, je veux t'entendre jusqu'au bout.
Allons, un beau baiser, et c'est moi qui le donne[36],
Un baiser pour ta vie et qu'on me dise tout.

Belcolore, *soupirant*.

Ah ! je n'ai pas toujours vécu comme l'on pense.
Ma famille était noble, et puissante à Florence.
On nous a ruinés ; — ce n'est que le malheur
Qui m'a forcée à vivre aux dépens de l'honneur...
Mon cœur n'était pas fait...

Frank, *se détournant*.

                        Toujours la même histoire !
Voici peut-être ici la vingtième catin
À qui je la demande, et toujours ce refrain !
Qui donc ont-elles vu d'assez sot pour y croire ?
Mon Dieu ! dans quel bourbier me suis-je donc jeté ?
J'avais cru celle-ci plus forte, en vérité !

Belcolore

Quand mon père mourut...

Frank

                  Assez, je t'en supplie.
Je me ferai conter le reste par Julie
Au premier carrefour où je la trouverai.
                  (*Tous deux restent en silence
                  quelque temps.*)
Dis-moi, ce fameux jour que tu m'as rencontré[37],
Pourquoi, par quel hasard, — par quelle sympathie,
T'es-tu de m'emmener senti la fantaisie ?
J'étais couvert de sang, poudreux, et mal vêtu.

Belcolore

Je te l'ai déjà dit, tu t'étais bien battu.

Frank

Parlons sincèrement, je t'ai semblé robuste.
Tes yeux, ma chère enfant, n'ont pas deviné juste.
Je comprends qu'une femme aime les portefaix ;
C'est un goût comme un autre, il est dans la nature.

Mais moi, si j'étais femme, et si je les aimais,
Je n'irais pas chercher mes gens à l'aventure;
J'irais tout simplement les prendre aux cabarets;
J'en ferais lutter six, et puis je choisirais.
Encore un mot : cet homme à qui je t'ai volée
T'entretenait sans doute, — il était ton amant.

Belcolore

Oui.

Frank

— Cette affreuse mort ne t'a pas désolée ?
Cet homme, il m'en souvient, râlait horriblement.
L'œil gauche était crevé, — le pommeau de l'épée
Avait ouvert le front, — la gorge était coupée.
Sous les pieds des chevaux l'homme était étendu[38].
Comme un lierre arraché qui rampe et qui se traîne
Pour se suspendre encore à l'écorce d'un chêne,
Ainsi ce malheureux se traînait suspendu
Aux restes de sa vie. — Et toi, ce meurtre infâme
Ne t'a pas de dégoût levé le cœur et l'âme ?
Tu n'as pas dit un mot, tu n'as pas fait un pas !

Belcolore

Prétends-tu me prouver que j'aie un cœur de pierre ?

Frank

Et ce que je te dis ne te le lève pas !

Belcolore

Je hais les mots grossiers — ce n'est pas ma manière.
Mais quand il n'en faut qu'un, je n'en dis jamais deux.
Frank, tu ne m'aimes plus.

Frank

                  Qui ? moi ? Je vous adore.
J'ai lu, je ne sais où, ma chère Belcolore,
Que les plus doux instants pour deux amants heureux[39],
Ce sont les entretiens d'une nuit d'insomnie,
Pendant l'enivrement qui succède au plaisir.
Quand les sens apaisés sont morts pour le désir;
Quand, la main à la main, et l'âme à l'âme unie,
On ne fait plus qu'un être, et qu'on sent s'élever

Ce parfum du bonheur qui fait longtemps rêver ;
Quand l'amie, en prenant la place de l'amante,
Laisse son bien-aimé regarder dans son cœur,
Comme une fraîche source, où l'onde est confiante,
Laisse sa pureté trahir sa profondeur.
C'est alors qu'on connaît le prix de ce qu'on aime,
Que du choix qu'on a fait on s'estime soi-même,
Et que dans un doux songe on peut fermer les yeux !
N'est-ce pas, Belcolor ? n'est-ce pas, mon amie ?

Belcolore

Laisse-moi.

Frank

    N'est-ce pas que nous sommes heureux ? —
Mais, j'y pense ! — il est temps de régler notre vie.
Comme on ne peut compter sur les jeux de hasard,
Nous piperons d'abord quelque honnête vieillard,
Qui fournira le vin, les meubles et la table.
Il gardera la nuit, et moi j'aurai le jour.
Tu pourras bien parfois lui jouer quelque tour,
J'entends quelque bon tour, adroit et profitable.
Il aura des amis que nous pourrons griser ;
Tu seras le chasseur, et moi, le lévrier.
Avant tout, pour la chambre, une fille discrète,
Capable de graisser une porte secrète,
Mais nous la paierons bien ; aujourd'hui tout se vend.
Quant à moi, je serai le chevalier servant.
Nous ferons à nous deux la perle des ménages.

Belcolore

Ou tu vas en finir avec tes persiflages,
Ou je vais tout à l'heure en finir avec toi.
Veux-tu faire la paix ? Je ne suis pas boudeuse,
Voyons, viens m'embrasser.

Frank

    Cette fille est hideuse...
Mon Dieu, deux jours plus tard, c'en était fait de moi !

> *Il va s'appuyer sur la terrasse ; un soldat passe à cheval sur la route.*

LE SOLDAT, *chantant.*

Un soldat qui va son chemin
  Se raille du tonnerre.
Il tient son sabre d'une main,
  Et de l'autre son verre [40].
Quand il meurt, on le porte en terre
  Comme un seigneur.
  Son cœur est à son amie,
  Son bras est à sa patrie,
  Et sa tête à l'empereur.

FRANK, *l'appelant.*

Holà, l'ami! deux mots. — Vous semblez un compère
De bonne contenance, et de joyeuse humeur.
Vos braves compagnons vont-ils entrer en guerre?
Dans quelle place forte est donc votre empereur?

LE SOLDAT

À Glurens. — Dans deux jours nous serons en campagne.
Je rejoins de ce pas ma corporation.

FRANK

Venez-vous de la plaine, ou bien de la montagne?
Connaissez-vous mon père, et savez-vous mon nom?

LE SOLDAT

Oh! je vous connais bien. — Vous êtes du village
Vis-à-vis le moulin. — Que faites-vous donc là?
Venez-vous avec nous?

FRANK

      Oui, certe, et me voilà [41].
        (Il descend dans le chemin.)
Je ne me suis pas mis en habit de voyage;
Vous me prêterez bien un vieux sabre là-bas?
        (À Belcolore.)
Adieu, ma belle enfant, je ne souperai pas.

LE SOLDAT

On vous équipera. — Montez toujours en croupe.
Parbleu! compagnon Frank, vous manquiez à la troupe.
Ah! çà! dites-moi donc, tout en nous en allant,
S'il est vrai qu'un beau soir...
        Ils partent au galop.

BELCOLORE, *sur le balcon.*

      Je l'aime cependant.

ACTE TROISIÈME

SCÈNE I
Devant un palais. — Glurens.

Chœur des Soldats

Telles par l'ouragan les neiges flagellées
Bondissent en sifflant des glaciers aux vallées,
Tels se sont élancés, au signal du combat,
Les enfants du Tyrol et du Palatinat.
Maintenant l'empereur a terminé la guerre.
Les cantons sur leur porte ont plié leur bannière.
Écoutez, écoutez : c'est l'adieu des clairons ;
C'est la vieille Allemagne appelant ses barons.
Remonte maintenant, chasseur du cerf timide ;
Remonte, fils du Rhin, compagnon intrépide ;
Tes enfants sur ton cœur vont venir se presser.
Sors de la lourde armure, et va les embrasser.
Soldats, arrêtons-nous. — C'est ici la demeure
Du capitaine Frank, du plus grand des soldats.
Notre vieil empereur l'a serré dans ses bras.
Couronné par le peuple, il viendra tout à l'heure
Souper dans ce palais avec ses compagnons.
Jamais preux chevalier n'a mieux conquis sa gloire.
Il a seul, près d'Insprück, emporté l'aigle noire [42],
Du cœur de la mêlée aux bouches des canons.
Vingt fois ses cuirassiers l'ont cru, dans la bataille,
Coupé par les boulets, brisé par la mitraille.
Il avançait toujours, toujours en éclaireur,
On le voyait du feu sortir comme un plongeur.
Trois balles l'ont frappé ; — sa trace était suivie ;
Mais le dieu des hasards n'a voulu de sa vie
Que ce qu'il en fallait pour gagner ses chevrons,
Et pouvoir de son sang dorer ses éperons.
Mais que nous veut ici cette fille italienne,
Les cheveux en désordre, et marchant à grands pas ?
Où courez-vous si fort, femme ? On ne passe pas.

Entre Belcolore.

Belcolore

Est-ce ici la maison de votre capitaine ?

les Soldats

Oui. — Que lui voulez-vous ? — Parlez au lieutenant.

le Lieutenant

On ne peut ni passer ni monter, ma princesse.

Belcolore

Il faut bien que je passe et que j'entre pourtant.
Mon nom est Belcolore, et je suis sa maîtresse.

le Lieutenant

Parbleu ! ma chère enfant, je vous reconnais bien.
J'en suis au désespoir, mais je suis ma consigne.
Si Frank est votre amant, tant mieux ; je n'en crois rien :
Ce serait un honneur dont vous n'êtes pas digne.

Belcolore

S'il n'est pas mon amant, il le sera ce soir.
Je l'aime ; comprends-tu ? Je l'aime. — Il m'a quittée,
Et je viens le chercher, si tu veux le savoir.

les Soldats

Quelle tête de fer a donc cette effrontée,
Qui court après les gens, un stylet à la main ?

Belcolore

Il me sert de flambeau pour m'ouvrir le chemin.
Allons, écartez-vous, et montrez-moi la porte.

le Lieutenant

Puisque vous le voulez, ma belle, la voilà.
Qu'elle entre, et qu'on lui donne un homme pour escorte.
C'est un diable incarné que cette femme-là.

Belcolore entre dans le palais.
Entre Frank couronné, à cheval.

Chœur du Peuple

Couvert de ces lauriers, il te sied, ô grand homme !

De marcher parmi nous comme un triomphateur.
La guerre est terminée, et l'empereur se nomme
Ton royal débiteur.
Descends, repose-toi. — Reste dans l'hippodrome,
Lave tes pieds sanglants, victorieux lutteur.

Frank descend de cheval.

Chœur des Chevaliers

Homme heureux, jeune encor tu récoltes la gloire,
Cette plante tardive, amante des tombeaux.
La terre qui t'a vu chasse de sa mémoire
L'ombre de ses héros.
Pareil à Béatrix au seuil du purgatoire,
Tes ailes vont s'ouvrir vers des chemins nouveaux.

le Peuple

Allons, que ce beau jour, levé sur une fête,
Dans un joyeux banquet finisse dignement.
Tes convives de fleurs ont couronné leur tête;
Ton vieux père t'attend.
Que tardons-nous encore? Allons, la table est prête.
Entrons dans ton palais; déjà la nuit descend.

Ils entrent dans le palais.

SCÈNE II[42]

Frank, Gunther, *restés seuls.*

Gunther

Ne les suivez-vous pas, seigneur, sous ce portique?
Ô mon maître, au milieu d'une fête publique,
Qui d'un si juste coup frappe nos ennemis,
Avez-vous distingué le cœur de vos amis?
Hélas! les vrais amis se taisent dans la foule;
Il leur faut, pour s'ouvrir, que ce vain flot s'écoule.
Ô mon frère, ô mon maître! Ils t'ont proclamé roi[44]!
Dieu merci, quoique vieux, je puis encor te suivre,
Jeune soleil levant, si le ciel me fait vivre[45].
Je ne suis qu'un soldat, seigneur, excusez-moi.
Mon amitié vous blesse, et vous est importune.
Ne partagez-vous point l'allégresse commune?
Qui vous arrête ici? Vous devez être las.
La peine et le danger font les joyeux repas.

LE Chœur, *dans la maison.*

Chantons, et faisons vacarme,
Comme il convient à de dignes buveurs.
Vivent ceux que le vin désarme !
Les jours de combat ont leur charme ;
Mais la paix a bien ses douceurs.

Gunther

Seigneur, mon cher seigneur, pourquoi ces regards
[sombres ?
Le vin coule et circule. — Entendez-vous ces chants ?
Des convives joyeux je vois flotter les ombres
Derrière ces vitraux de feux resplendissants.

LE Chœur, *à la fenêtre.*

Frank, pourquoi tardes-tu ? — Gunther, si notre troupe
Ne fait pas, sous ce toit, peur à vos cheveux blancs [46],
Soyez le bienvenu pour vider une coupe.
Nous sommes assez vieux pour oublier les ans.

Gunther

La pâleur de la mort est sur votre visage,
Seigneur. — D'un noir souci votre esprit occupé
Méconnaît-il ma voix ? — De quel sombre nuage
Les rêves de la nuit l'ont-ils enveloppé ?

Frank

Fatigué de la route et du bruit de la guerre,
Ce matin de mon camp je me suis écarté :
J'avais soif ; mon cheval marchait dans la poussière ;
Et sur le bord d'un puits je me suis arrêté.
J'ai trouvé sur un banc une femme endormie,
Une pauvre laitière, un enfant de quinze ans [47],
Que je connais, Gunther. — Sa mère est mon amie,
J'ai passé de beaux jours chez ces bons paysans.
Le cher ange dormait les lèvres demi-closes. —
(Les lèvres des enfants s'ouvrent, comme les roses
Au souffle de la nuit.) — Ses petits bras lassés
Avaient dans son panier roulé les mains ouvertes.
D'herbes et d'églantine [48] elles étaient couvertes.
De quel rêve enfantin ses sens étaient bercés,
Je l'ignore. — On eût dit qu'en tombant sur sa couche,
Elle avait à moitié laissé quelque chanson,

Qui revenait encor voltiger sur⁴⁹ sa bouche,
Comme un oiseau léger sur la fleur d'un buisson.
Nous étions seuls. J'ai pris ses deux mains dans les miennes,
Je me suis incliné⁵⁰, — sans l'éveiller pourtant. —
Ô Gunther! J'ai posé mes lèvres sur les siennes,
Et puis je suis parti, pleurant comme un enfant⁵¹.

ACTE QUATRIÈME

SCÈNE I⁵²

Devant le palais de Frank. La porte est tendue en noir. On dresse un catafalque. — FRANK, *vêtu en moine et masqué;* DEUX SERVITEURS.

FRANK

Que l'on apporte ici les cierges et la bière.
Souvenez-vous surtout que c'est moi qu'on enterre,
Moi, capitaine Frank, mort hier dans un duel⁵³.
Pas un mot, — ni regard, — ni haussement d'épaules;
Pas un seul mouvement qui sorte de vos rôles.
Songez-y. — Je le veux.
                    (*Les serviteurs s'en vont.*)
                    Eh bien! juge éternel,
Je viens t'interroger. Les transports de la fièvre
N'agitent pas mon sein. — Je ne viens ni railler
Ni profaner la mort. — J'agis sans conseiller.
Regarde, et réponds-moi. — Je fais comme l'orfèvre⁵⁴
Qui frappe sur le marbre⁵⁵ une pièce d'argent.
Il reconnaît au son la pure fonderie;
Et moi, je viens savoir quel son rendra ma vie,
Quand je la frapperai sur ce froid monument.
Déjà le jour paraît; — le soldat sort des tentes.
Maintenant le bois vert chante dans le foyer;
Les rames du pêcheur et du contrebandier
Se lèvent, de terreur et d'espoir palpitantes.
Quelle agitation, quel bruit dans la cité!
Quel monstre remuant que cette humanité!
Sous ces dix mille toits, que de corps, que d'entrailles!
Que de sueurs sans but, que de sang, que de fiel!
Sais-tu pourquoi tu dors et pourquoi tu travailles,

Vieux monstre aux mille pieds, qui te crois éternel ?
Cet honnête cercueil [56] a quelques pieds, je pense,
De plus que mon berceau. — Voilà leur différence.
Ah ! pourquoi mon esprit va-t-il toujours devant,
Lorsque mon corps agit ? Pourquoi dans ma poitrine
Ai-je un ver travailleur, qui [57] toujours creuse et mine,
Si bien que sous mes pieds tout manque en arrivant [58] ?

*Entre le chœur des soldats
et du peuple.*

le Chœur

On dit que Frank est mort. Quand donc ? comment s'ap-
[pelle
Celui qui l'a tué ? — Quelle était la querelle ?
On parle d'un combat. — Quand se sont-ils battus ?

Frank, *masqué* [59].

À qui parlez-vous donc ? Il ne vous entend plus.

Il leur montre la bière.

le Chœur, *s'inclinant.*

S'il est un meilleur monde au-dessus de nos têtes,
Ô Frank ! si du séjour des vents et des tempêtes
Ton âme sur ces monts plane et voltige encor ;
Si ces rideaux de pourpre et ces ardents nuages,
Que chasse dans l'éther le souffle des orages,
Sont des guerriers couchés dans leurs armures d'or,
Penche-toi, noble cœur, sur ces vertes collines,
Et vois tes compagnons briser leurs javelines
Sur cette froide terre, où ton corps est resté !

Gunther, *accourant.*

Quoi ! si brave et si jeune, et sitôt emporté !
Mon Frank ! est-ce bien vrai, messieurs ? Ah ! mort funeste [60] !
Moi qui ne demandais qu'à vivre assez longtemps
Pour te voir accomplir ta mission céleste !
Me voilà seul au monde avec mes cheveux blancs !
Moi qui n'avais de jeune encor que ta jeunesse !
Moi qui n'aimais que toi ! Misérable vieillesse !
Je ne te verrai plus, mon Frank ! On t'a tué.

Frank, *à part.*

Ce pauvre vieux Gunther, je l'avais oublié.

le Chœur

Qu'on voile les tambours, que le prêtre s'avance.
À genoux, compagnons, tête nue et silence.
Qu'on dise devant nous la prière des morts.
Nous voulons au tombeau porter le capitaine.
Il est mort en soldat, sur la terre chrétienne.
L'âme appartient à Dieu ; l'armée aura le corps.

trois Moines, *s'avançant.*

chant

Le Seigneur sur l'ombre éternelle
Suspend son ardente prunelle,
Et, glorieuse sentinelle,
Attend les bons et les damnés.
Il sait qui tombe dans sa voie ;
Lorsqu'il jette au néant sa proie [61],
Il dit aux maux qu'il nous envoie :
« Comptez les morts que vous prenez. »

le Chœur, *à genoux.*

Seigneur, j'ai plus péché que vous ne pardonnez.

les Moines

Il dit aux épaisses batailles :
« Comptez vos chefs sans funérailles,
Qui pour cercueil ont les entrailles
De la panthère et du lion ;
Que le juste triomphe ou fuie,
Comptez, quand le glaive s'essuie,
Les morts tombés comme la pluie
Sur la montagne et le sillon. »

le Chœur

Seigneur, préservez-moi de la tentation.

les Moines

« Car un jour de pitié profonde,
Ma parole, en terreur féconde,
Sur le pôle arrêtant le monde,
Les trépassés se lèveront ;
Et des mains vides de l'abîme
Tombera la frêle victime,
Qui criera : Grâce ! — et de son crime
Trouvera la tache à son front. »

LE CHŒUR

Et mes dents grinceront! mes os se sécheront!

LES MOINES

> Qu'il vienne d'en bas ou du faîte,
> Selon le dire du prophète,
> Justice à chacun sera faite,
> Ainsi qu'il aura mérité.
> Or donc, gloire à Dieu notre père
> Si l'impie a vécu prospère,
> Que le juste en son âme espère!
> Gloire à la sainte Trinité!

FRANK, *à part*.

C'est une jonglerie atroce, en vérité!
Ô toi qui les entends, suprême Intelligence,
Quelle pagode ils font de leur Dieu de vengeance!
Quel bourreau rancunier, brûlant à petit feu!
Toujours la peur du feu. — C'est bien l'esprit de Rome.
Ils vous diront après que leur Dieu s'est fait homme.
J'y reconnais plutôt l'homme qui s'est fait Dieu.

LE CHŒUR

Notre tâche, messieurs, n'est pas encor remplie.
Nous avons pour son âme imploré le pardon.
Si l'un de nous connaît l'histoire de sa vie,
Qu'il s'avance et qu'il parle.

FRANK, *à part*.

              Ah! nous y voilà donc.

UN OFFICIER, *sortant des rangs*.

Soldats et chevaliers, braves compagnons d'armes,
Si jamais homme au monde a mérité vos larmes,
C'est celui qui n'est plus. — Charle était mon ami.
J'ai le droit d'être fier dès qu'il s'agit de lui.
— Né dans un bourg obscur, au fond d'une chaumière,
Frank chez des montagnards vécut longtemps en frère,
En fils, — chéri de tous, et de tous bienvenu.

FRANK, *s'avançant*.

Vous vous trompez, monsieur, vous l'avez mal connu.
Frank était détesté de tout le voisinage.

Est-il ici quelqu'un qui soit de son village ?
Demandez si c'est vrai. — Moi, j'en étais aussi.

le Peuple

Moine, n'interromps pas. — Cet homme est son ami.

les Soldats

C'est vrai que le cher homme avait l'âme un peu fière;
S'il aimait ses voisins, il n'y paraissait guère,
Un certain jour surtout qu'il brûla sa maison.
Je n'en ai jamais su, quant à moi, la raison.

l'Officier

Si Charle eut des défauts, ne troublons pas sa cendre.
Sont-ce de tels témoins qu'il nous convient d'entendre ?
Soldats, Frank se sentait une autre mission.
Qui jamais s'est montré plus vif dans l'action,
Plus fort dans le conseil ? Qui jamais mieux que Charle
Prouva son éloquence à l'heure où le bras parle ?
Vous le savez, soldats, j'ai combattu sous lui;
Je puis dire à mon tour : Moi, j'en étais aussi.
Une ardeur sans égale, un courage indomptable,
Un homme encor meilleur qu'il n'était redoutable,
Une âme de héros, — voilà ce que j'ai vu.

Frank

Vous vous trompez, monsieur, vous l'avez mal connu.
Frank n'a jamais été qu'un coureur d'aventure,
Qu'un fou, risquant sa vie et celle des soldats,
Pour briguer des honneurs qu'il ne méritait pas.
Né sans titres, sans bien, parti d'une masure,
Il faisait au combat ce qu'on fait aux brelans [2],
Il jouait tout ou rien, — la mort ou la fortune.
Ces gens-là bravent tout, — l'espèce en est commune;
Ils inondent les ports, l'armée et les couvents.
Croyez-vous que ce Frank valût sa renommée ?
Qu'il respectât les lois ? qu'il aimât l'empereur ?
Il a vécu huit jours, avant d'être à l'armée,
Avec la Belcolore, comme un entremetteur.
Est-il ici quelqu'un qui dise le contraire [3] ?

les Soldats

Ma foi ! depuis le jour qu'il a quitté son père,

C'est vrai que ledit Frank a fait plus d'un métier.
Nous la connaissons bien, nous, Monna Belcolore.
Elle couchait chez lui; — nous l'avons vue hier.

le Peuple

Laissez parler le moine! —

Frank

      Il a fait pis encore;
Il a réduit son père à la mendicité["].
Il avait besoin d'or pour cette courtisane;
Le peu qu'il possédait, c'est là qu'il l'a porté.
Soldats, que faites-vous à celui qui profane
La cendre d'un bon fils et d'un homme de bien?
J'ai mérité la mort, si ce crime est le mien.

le Peuple

Dis-nous la vérité, moine, et parle sans crainte.

Frank

Mais si les Tyroliens qui sont dans cette enceinte
Trouvent que j'ai raison, s'ils sont prêts au besoin
À faire comme moi, qui prends Dieu pour témoin...

les Tyroliens

Oui, oui, nous l'attestons, Frank est un misérable.

Frank

Le jour qu'il refusa sa place à votre table,
Vous en souvenez-vous?

les Tyroliens

     Oui, oui, qu'il soit maudit!

Frank

Le jour qu'il a brûlé la maison de son père?

les Soldats

Oui! Le moine sait tout.

Frank

     Et si, comme on le dit,
Il a tué Stranio sur le bord de la route...

Le Peuple

Stranio, ce palatin que Brandel a trouvé [65]
Au fond de la forêt, couché sur le pavé ?

Frank

C'est lui qui l'a tué !

les Soldats

Pour le piller, sans doute !
Misérable assassin ! meurtrier sans pitié !

Frank

Et son orgueil de fer, l'avez-vous oublié ?

Tous

Jetons sa cendre au vent !

Frank

Au vent le parricide !
Le coupeur de jarrets, l'incendiaire au vent !
Allons, brisons ceci.

Il ouvre la bière.

le Peuple et les Soldats

Moine, la bière est vide.

Frank, *se démasquant.*

La bière est vide ? alors c'est que Frank est vivant [66].

les Soldats

Capitaine, c'est vous !

Frank, *à l'Officier.*

Lieutenant, votre épée.
Vous avez laissé faire une étrange équipée.
Si j'avais été mort, où serais-je à présent ?
Vous ne savez donc pas qu'il y va de la tête ?
Au nom de l'empereur, monsieur, je vous arrête ;
Ramenez vos soldats, et rendez-vous au camp.

Tout le monde sort en silence.

Frank, *seul.*

C'en est fait, — une soif ardente, inextinguible,
Dévorera mes os tant que j'existerai.

Ô mon Dieu ! tant d'efforts, un combat si terrible⁶⁷,
Un dévouement sans borne, un corps tout balafré...
Allons, un peu de calme, il n'est pas temps encore.
Qui vient de ce côté ? n'est-ce pas Belcore ?
Ah ! ah ! nous allons voir ; — Tout n'est pas fini là.
> (*Il remet son masque et recouvre la bière. — Entre Belcolore en grand deuil ; elle va s'agenouiller sur les marches du catafalque.*)

C'est bien elle ; elle approche, elle vient, — la voilà.
Voilà bien ce beau corps, cette épaule charnue,
Cette gorge superbe et toujours demi-nue,
Sous ces cheveux plaqués ce front stupide et fier,
Avec ces deux grands yeux qui sont d'un noir d'enfer.
Voilà bien la sirène et la prostituée ; —
Le type de l'égout ; — la machine inventée
Pour désopiler l'homme et pour boire son sang⁶⁸ ;
La meule de pressoir de l'abrutissement.
Quelle atmosphère étrange on respire autour d'elle !
Elle épuise, elle tue, et n'en est que plus belle.
Deux anges destructeurs marchent à son côté⁶⁹ ;
Doux et cruels tous deux, — la mort, — la volupté. —
Je me souviens encor de ces spasmes terribles,
De ces baisers muets, de ces muscles ardents,
De cet être absorbé, blême⁷⁰ et serrant les dents.
S'ils ne sont pas divins, ces moments sont horribles.
Quel magnétisme impur peut-il donc en sortir⁷¹ ?
Toujours en l'embrassant⁷² j'ai désiré mourir.
Ah ! malheur à celui qui laisse la débauche
Planter le premier clou sous sa mamelle gauche !
Le cœur d'un homme vierge est un vase profond :
Lorsque la première eau qu'on y verse est impure,
La mer y passerait sans laver la souillure,
Car l'abîme est immense, et la tâche est au fond⁷³.
> (*Il s'approche du tombeau.*)

Qui donc pleurez-vous là, madame ? êtes-vous veuve ?

BELCOLORE

Veuve, vous l'avez dit, — de mes seules amours.

FRANK

D'hier, apparemment, — car cette robe est neuve.
Comme le noir vous sied !

BELCOLORE
>
> D'hier, et pour toujours [74].

FRANK

Toujours, avez-vous dit? — Ah! Monna Belcolore,
Toujours, c'est bien longtemps.

BELCOLORE
>
> D'où me connaissez-vous?

FRANK

De Naple, où cet hiver je te cherchais encore.
Naple est si beau, ma chère, et son ciel est si doux!
Tu devrais bien venir m'aider à m'y distraire.

BELCOLORE

Je ne vous remets pas.

FRANK
>
> Bon! tu m'as oublié!
Je suis masqué d'ailleurs, et que veux-tu, ma chère?
Ton cœur est si peuplé, je m'y serai noyé.

BELCOLORE

Passez votre chemin, moine, et laissez-moi seule.

FRANK

Bon! si tu pleures tant, tu deviendras bégueule.
Voyons, ma belle amie, à parler franchement,
Tu vas te trouver seule, et tu n'as plus d'amant;
Ton capitaine Frank n'avait ni sou ni maille.
C'était un bon soldat, charmant à la bataille [75];
Mais quel pauvre écolier en matière d'amour!
Sentimental la nuit, et persifleur le jour.

BELCOLORE

Tais-toi, moine insolent, si tu tiens à ton âme;
Il n'est pas toujours bon de me parler ainsi.

FRANK

Ma foi, les morts sont morts : — si vous voulez, madame,
Cette bourse est à vous [76], cette autre, et celle-ci;
Et voilà le papier pour faire l'enveloppe.

> *Il couvre la bière d'or et de billets.*

Belcolore

Si je te disais oui, tu serais mal tombé.

Frank, *à part.*

Ah! voilà Jupiter qui tente Danaé [77].

(Haut.)

Je vous en avertis, je suis très misanthrope;
Je vous enfermerai dans le fond d'un palais.
J'ai l'humeur bilieuse, et je bats mes valets.
Quand je digère mal, j'entends qu'on m'obéisse.
J'aime qu'on soit joyeux lorsque j'ai la jaunisse,
Et, quand je ne dors pas, tout le monde est debout [78].
Je suis capricieux, — êtes-vous de mon goût?

Belcolore

Non, par la sainte croix!

Frank

Si vous aimez les roubles,
Il m'en reste encor là, mais je n'ai que des doubles.

Il jette une autre bourse sur la bière.

Belcolore

Tu me donnes cela?

Frank, *à part.*

Voyez l'attraction!
Comme la chair est faible à la tentation!

(Haut.)

J'ai de plus un ulcère à côté de la bouche
Qui m'a défiguré; — je suis maigre, et je louche :
Mais ces misères-là ne te dégoûtent pas.

Belcolore

Vous me faites frémir.

Frank

J'ai là, Dieu me pardonne,
Certain bracelet d'or qu'il faut que je vous donne :
Il ira bien, je pense, avec ce joli bras.

(Il jette un bracelet sur la bière.)

Cet ulcère est horrible, il m'a rongé la joue,
Il m'a brisé les dents. — J'étais laid, je l'avoue,

Mais depuis que je l'ai, je suis vraiment hideux;
J'ai perdu mes sourcils, ma barbe et mes cheveux.

BELCOLORE

Dieu du ciel, quelle horreur!

FRANK

J'ai là, sous ma simarre,
Un collier de rubis d'une espèce assez rare.
Il jette un collier sur la bière.

BELCOLORE

Il est fait à Paris?

FRANK, *à part.*

Voyez-vous le poisson,
Comme il vient à fleur d'eau reprendre l'hameçon!
(Haut.)
Si c'était tout, du moins! Mais cette affreuse plaie
Me donne l'air d'un mort traîné sur une claie!
Elle pompe mon sang, mes os sont cariés
De la nuque du crâne à la plante des pieds...

BELCOLORE

Assez, au nom du ciel! je vous demande grâce!

FRANK

Si tu t'en vas, rends-moi ce que je t'ai donné.

BELCOLORE

Vous mentez à plaisir.

FRANK

Veux-tu que je t'embrasse?

BELCOLORE

Eh bien! oui, je le veux.

FRANK, *à part.*

Tu pâlis, Danaé.
(Il lui prend la main. Haut.)
Regarde, mon enfant, cette rue est déserte.
Dessous ce catafalque est un profond caveau.
Descendons-y tous deux; — la porte en est ouverte.

BELCOLORE

Sous la maison de Frank!

FRANK, *à part.*
— Pourquoi pas mon tombeau?
(Haut.)
— Au fait, nous sommes seuls; cette bière est solide.
Asseyons-nous dessus. — Nous serons en plein vent.
Qu'en dites-vous, mon cœur?

*Il écarte le drap mortuaire;
la bière s'ouvre.*

BELCOLORE

Moine, la bière est vide.

FRANK, *se démasquant.*

La bière est vide? alors c'est que Frank est vivant.
— Va-t'en, prostituée, ou ton heure est venue!
— Va-t'en, ne parle pas! ne te retourne pas!

*Il la chasse, son poignard
à la main.*

FRANK, *seul.*

Ta lame, ô mon stylet, est belle toute nue
Comme une belle vierge. — Ô mon cœur et mon bras,
Pourquoi donc tremblez-vous, et pourquoi l'un de l'autre
Vous approchez-vous donc, comme pour vous unir?
Oui, c'était ma pensée; — était-ce aussi la vôtre,
Providence de Dieu, que tout allait finir?
Et toi, morne tombeau, tu m'ouvres ta mâchoire.
Tu ris, spectre affamé. Je n'ai pas peur de toi.
Je renierai l'amour, la fortune et la gloire;
Mais je crois au néant, comme je crois en moi.
Le soleil le sait bien, qu'il n'est sous la lumière
Qu'une immortalité, celle de la matière.
La poussière est à Dieu; — le reste est au hasard.
Qu'a fait le vent du nord des cendres de César?
Une herbe, un grain de blé, mon Dieu, voilà la vie [79].
Mais moi, fils du hasard, moi Frank, avoir été
Un petit monde, un tout, une forme pétrie,
Une lampe où brûlait l'ardente volonté,
Et que rien, après moi, ne reste sur le sable [80],
Où l'ombre de mon corps [81] se promène ici-bas?
Rien! pas même un enfant, un être périssable!

Rien qui puisse y clouer la trace de mes pas !
Rien qui puisse crier d'une voix éternelle
À ceux qui téteront la commune mamelle :
Moi, votre frère aîné, je m'y suis suspendu !
Je l'ai tétée aussi, la vivace marâtre ;
Elle m'a, comme à vous, livré son sein d'albâtre...
— Et pourtant, jour de Dieu, si je l'avais mordu ?
Si je l'avais mordu, le sein de la nourrice ?
Si je l'avais meurtri d'une telle façon
Qu'elle en puisse à jamais garder la cicatrice,
Et montrer sur son cœur les dents[82] du nourrisson ?
Qu'importe le moyen, pourvu qu'on s'en souvienne[83] ?
Le bien a pour tombeau l'ingratitude humaine.
Le mal est plus solide : Érostrate a raison[84].
Empédocle a vaincu les héros de l'histoire,
Le jour qu'en se lançant dans le cœur de l'Etna[85],
Du plat de sa sandale il souffleta la gloire,
Et la fit trébucher si bien qu'elle y tomba.
Que lui faisait le reste ? Il a prouvé sa force.
Les siècles maintenant peuvent se remplacer ;
Il a si bien gravé son chiffre sur l'écorce
Que l'arbre peut changer de peau sans l'effacer.
Les parchemins sacrés pourriront dans les livres ;
Les marbres tomberont comme des hommes ivres,
Et la langue d'un peuple avec lui s'éteindra.
Mais le nom de cet homme est comme une momie,
Sous les baumes puissants pour toujours endormie,
Sur laquelle jamais l'herbe ne poussera.
Je ne veux pas mourir. — Regarde-moi, Nature.
Ce sont deux bras nerveux que j'agite dans l'air.
C'est dans tous tes néants que j'ai trempé l'armure
Qui me protégera de ton glaive de fer.
J'ai faim. — Je ne veux pas quitter l'hôtellerie.
Allons, qu'on se remue, et qu'on me rassasie,
Ou sinon, je me fais l'intendant de ma faim[86].
Prends-y garde ; je pars. — N'importe le chemin. —
Je marcherai, — j'irai, — partout où l'âme humaine
Est en spectacle, et souffre. — Ah ! la haine ! la haine !
La seule passion qui survive à l'espoir !
Tu m'as déjà hanté, boiteuse au manteau noir.
Nous nous sommes connus dans la maison de chaume ;
Mais je ne croyais pas que ton pâle fantôme,
De tous ceux qui dans l'air voltigeaient avec toi,

Dût être le dernier qui restât près de moi.
Eh bien! baise-moi donc, triste et fidèle amie.
Tu vois, j'ai soulevé les voiles de ma vie. —
Nous partirons ensemble; et toi qui me suivras,
Comme une sœur pieuse, aux plus lointains climats,
Tu seras mon asile et mon expérience.
Si le doute, ce fruit tardif et sans saveur,
Est le dernier qu'on cueille à l'arbre de science,
Qu'ai-je à faire de plus, moi qui le porte au cœur?
Le doute! il est partout, et le courant l'entraîne,
Ce linceul transparent, que l'incrédulité
Sur le bord de la tombe a laissé par pitié
Au cadavre flétri de l'espérance humaine[87]!
Ô siècles à venir! Quel est donc votre sort?
La gloire comme une ombre au ciel est remontée.
L'amour n'existe plus; la vie est dévastée. —
Et l'homme, resté seul, ne croit plus qu'à la mort[88].
Tels que dans un pillage, en un jour de colère,
On voit, à la lueur d'un flambeau funéraire,
Des meurtriers, courbés dans un silence affreux,
Égorger une vierge, et dans ses longs cheveux
Plonger leurs mains de sang; — la frêle créature
Tombe comme un roseau sur ses bras mutilés : —
Tels les analyseurs égorgent la nature
Silencieusement, sous les cieux dépeuplés[89].
Que vous restera-t-il, enfants de nos entrailles,
Le jour où vous viendrez suivre les funérailles
De cette moribonde et vieille humanité?
Ah! tu nous maudiras, pâle postérité!
Nos femmes ne mettront que des vieillards au monde.
Ils frapperont la terre avant de s'y coucher;
Puis ils crieront à Dieu : Père, elle était féconde.
À qui donc as-tu dit de nous la dessécher?
Mais vous, analyseurs, persévérants sophistes,
Quand vous aurez tari tous les puits des déserts,
Quand vous aurez prouvé que ce large univers
N'est qu'un mort étendu sous les anatomistes;
Quand vous nous aurez fait de la création
Un cimetière en ordre[90], où tout aura sa place,
Où vous aurez sculpté, de votre main de glace[91],
Sur tous les monuments la même inscription;
Vous, que ferez-vous donc, dans les sombres allées
De ce jardin muet? — Les plantes désolées

Ne voudront plus aimer, nourrir, ni concevoir; —
Les feuilles des forêts tomberont une à une, —
Et vous, noirs fossoyeurs, sur la bière commune
Pour ergoter encor vous viendrez vous asseoir;
Vous vous entretiendrez de l'homme perfectible; —
Vous galvaniserez ce cadavre insensible,
Habiles vermisseaux, quand vous l'aurez rongé;
Vous lui commanderez de marcher sur sa tombe,
À cette ombre d'un jour, — jusqu'à ce qu'elle tombe
Comme une masse inerte, et que Dieu soit vengé.
Ah! vous avez voulu faire les Prométhées [92];
Et vous êtes venus, les mains ensanglantées,
Refondre et repétrir l'œuvre du Créateur!
Il valait mieux que vous, ce hardi tentateur,
Lorsqu'ayant fait son homme, et le voyant sans âme,
Il releva la tête et demanda le feu.
Vous, votre homme était fait! vous, vous aviez la flamme!
Et vous avez soufflé sur le souffle de Dieu.
Le mépris, Dieu puissant, voilà donc la science!
L'éternelle sagesse est l'éternel silence;
Et nous aurons réduit, quand tout sera compté,
Le balancier de l'âme à l'immobilité.
Quel hideux océan est-ce donc que la vie,
Pour qu'il faille y marcher à la superficie,
Et glisser au soleil en effleurant les eaux,
Comme ce fils de Dieu qui marchait sur les flots?
Quels monstres effrayants, quels difformes reptiles
Labourent donc les mers sous les pieds des nageurs,
Pour qu'on trouve toujours les vagues si tranquilles,
Et la pâleur des morts sur le front des plongeurs?
A-t-elle assez traîné, cette éternelle histoire
Du néant de l'amour, du néant de la gloire,
Et de l'enfant prodigue auprès de ses pourceaux [93]!
Ah! sur combien de lits, sur combien de berceaux
Elle est venue errer, d'une voix lamentable,
Cette complainte usée [94] et toujours véritable,
De tous les insensés que l'espoir a conduit [95].
Pareil à ce Gygès, qui fuyait dans la nuit [96]
Le fantôme royal de la pâle baigneuse
Livrée un seul instant à son ardent regard [97]
Le jeune ambitieux porte une plaie affreuse,
Tendre encor, mais profonde, et qui saigne à l'écart.
Ce qu'il fait, ce qu'il voit des choses de la vie,

Tout le porte, l'entraîne à son but idéal,
Clarté fuyant toujours, et toujours poursuivie,
Étrange idole, à qui tout sert de piédestal.
Mais si tout en courant la force l'abandonne,
S'il se retourne, et songe aux êtres d'ici-bas,
Il trouve tout à coup que ce qui l'environne
Est demeuré si loin qu'il n'y reviendra pas.
C'est alors qu'il comprend l'effet de son vertige,
Et que, s'il ne regarde au ciel, il va tomber.
Il marche; — son génie à poursuivre l'oblige; —
Il marche, et le terrain commence à surplomber. —
Enfin, — mais n'est-il pas une heure dans la vie
Où le génie humain rencontre la folie? —
Ils luttent corps à corps sur un rocher glissant.
Tous deux y sont montés, mais un seul redescend[99].
Ô mondes, ô Saturne, immobiles étoiles,
Magnifique univers, en est-ce ainsi partout?
Ô nuit, profonde nuit, spectre toujours debout,
Large création, quand tu lèves tes voiles
Pour te considérer dans ton immensité,
Vois-tu du haut en bas la même nudité[99]?
Dis-moi donc, en ce cas, dis-moi, mère imprudente,
Pourquoi m'obsèdes-tu de cette soif ardente,
Si tu ne connais pas de source où l'étancher?
Il fallait la créer, marâtre, ou la chercher.
L'arbuste a sa rosée, et l'aigle a sa pâture.
Et moi, que t'ai-je fait pour m'oublier ainsi?
Pourquoi les arbrisseaux n'ont-ils pas soif aussi?
Pourquoi forger la flèche, éternelle nature,
Si tu savais toi-même, avant de la lancer,
Que tu la dirigeais vers un but impossible,
Et que le dard, parti de ta corde terrible,
Sans rencontrer l'oiseau, pouvait te traverser?
— Mais cela te plaisait. — C'était réglé d'avance.
Ah! le vent du matin! le souffle du printemps!
C'est le cri des vieillards. — Moi, mon Dieu, j'ai vingt ans.
Oh! si tu vas mourir, ange de l'espérance,
Sur mon cœur, en partant[100], viens encor te poser;
Donne-moi tes adieux et ton dernier baiser.
Viens à moi. — Je suis jeune, et j'aime encor la vie.
Intercède pour moi; — demande si les cieux

Ont une goutte d'eau pour une fleur flétrie. —
Bel ange, en la buvant, nous mourrons tous les deux.
*(Il se jette à genoux; un
bouquet tombe de son sein.)*
Qui me jette à mes pieds mon bouquet d'églantine
As-tu donc si longtemps vécu sur ma poitrine,
Pauvre herbe. — C'est ainsi que ma Déidamia[101] ?
Sur le bord de la route à mes pieds te jeta[102].

ACTE CINQUIÈME

SCÈNE I
Une place. — Déidamia, *les vierges
et les femmes.*

Déidamia

Tressez-moi ma guirlande, ô mes belles chéries !
Couronnez de vos fleurs mes pauvres rêveries.
Posez sur ma langueur votre voile embaumé ;
Au coucher du soleil j'attends mon bien-aimé.

les Vierges

Adieu, nous te perdons, ô fille des montagnes !
Le bonheur nous oublie en venant te chercher.
Arrose ton bouquet des pleurs de tes compagnes ;
Fleur de notre couronne, on va t'en arracher.

les Femmes

Vierge, à ton beau guerrier nous allons te conduire.
Nous te dépouillerons du manteau virginal.
Bientôt les doux secrets qu'il nous reste à te dire,
Feront trembler ta main sous l'anneau nuptial.

les Vierges

L'écho n'entendra plus ta chanson dans la plaine ;
Tu ne jetteras plus la toison des béliers
Sous les lions d'airain, pères de la fontaine[103].
Et la neige oubliera la forme de tes pieds.

les Femmes

Que ton visage est beau ! comme on y voit, ma chère,

Le premier des attraits, la beauté du bonheur !
Comme Frank va t'aimer ! comme tu vas lui plaire,
Ô ma belle Diane, à ton hardi chasseur !

Déidamia

Je souffre cependant. — Si vous me trouvez belle,
Dites-le-lui, mes sœurs, il m'en aimera mieux.
Mon Dieu, je voudrais l'être, afin qu'il fût heureux.
Ne me comparez pas à la jeune immortelle :
Hélas ! de ta beauté je n'ai que la pâleur[104],
Ô Diane, et mon front la doit à ma douleur.
Ah ! comme j'ai pleuré ! comme tout sur la terre
Pleurait autour de moi, quand mon Charle avait fui[105] !
Comme je m'asseyais à côté de ma mère
Le cœur gros de soupirs ! — Mes sœurs, dites-le-lui.

SCÈNE II

Les Montagnards

Ainsi Frank n'est pas mort : — c'est la fable éternelle
Des chasseurs à l'affût d'une fausse nouvelle,
Et ceux qui vendaient l'ours ne l'avaient pas tué.
Comme il leur a fait peur, quand il s'est réveillé !
Mais aujourd'hui qu'il parle, il faut bien qu'on se taise.
On avait fait jadis, quand l'Hercule Farnèse
Fut jeté dans le Tibre, un Hercule nouveau.
On le trouvait pareil, on le disait plus beau :
Le modèle était mort, et le peuple crédule
Ne sait que ce qu'il voit[106]. — Pourtant le vieil Hercule[107]
Sortit un jour des eaux ; — l'athlète colossal
Fut élevé dans l'air à côté de son ombre,
Et le marbre insensé tomba du piédestal.
Frank renaît : — ce n'est plus cet homme au regard sombre,
Au front blême, au cœur dur, et dont l'oisiveté
Laissait sur ses talons traîner sa pauvreté.
C'est un gai compagnon, un brave homme de guerre,
Qui frappe sur l'épaule aux honnêtes fermiers ;
Aussi, Dieu soit loué, ses torts sont oubliés,
Et nous voilà tous prêts à boire dans son verre.
C'est aujourd'hui sa noce avec Déidamia.
Quel bon cœur de quinze ans ! et quelle ménagère !
S'il fut jamais aimé, c'est bien de celle-là.

Un soldat m'a conté [108] l'histoire de la bière.
Il paraît que d'abord Frank s'était mis dedans.
Deux de ses serviteurs, ses deux seuls confidents,
Fermèrent le couvercle, et, dès la nuit venue,
Le prêtre et les flambeaux traversèrent la rue.
Après que sur leur dos les porteurs l'eurent pris :
« Vous laisserez, dit-il, un trou pour que l'air passe.
Puisque je dois un jour voir la mort face à face,
Nous ferons connaissance, et serons vieux amis. »
Il se fit emporter dans une sacristie ;
Regardant par son trou le ciel de la patrie,
Il s'en fut au saint lieu dont les chiens sont chassés,
Sifflant dans son cercueil l'hymne des trépassés.
Le lendemain matin, il voulut prendre un masque,
Pour assister lui-même à son enterrement.
Eh ! quel homme ici-bas n'a son déguisement ?
Le froc du pèlerin, la visière du casque,
Sont autant de cachots pour voir sans être vu.
Et n'en est-ce pas un souvent que la vertu [109] ?
Vrai masque de bouffon, que l'humble hypocrisie
Promène sur le vain théâtre de la vie,
Mais qui, mal fixé, tremble, et que la passion
Peut faire à chaque instant tomber dans l'action [110].

Exeunt.

SCÈNE III
Une petite chambre. — Frank, Déidamia.

Frank

Et tu m'as attendu, ma petite Mamette !
Tu comptais jour par jour dans ton cœur et ta tête.
Tu restais là, debout, sur ton seuil entr'ouvert.

Déidamia

Mon ami, mon ami, Mamette a bien souffert !

Frank

Les heures s'envolaient, — et l'aurore et la brune
Te retrouvaient toujours sur ce chemin perdu.
Ton Charle était bien loin. — Toi, comme la fortune,
Tu restais à sa porte, — et tu m'as attendu !

Déidamia

Comme vous voilà pâle et la voix altérée!
Mon Dieu! qu'avez-vous fait si loin et si longtemps?
Ma mère, savez-vous, était désespérée.
Mais vous pensiez à nous quand vous aviez le temps?

Frank

J'ai connu dans ma vie un pauvre misérable
Que l'on appelait Frank, — un être insociable,
Qui de tous ses voisins était l'aversion.
La famine et la peur, sœurs de l'oppression,
Vivaient dans ses yeux creux; — la maigreur dévorante
L'avait horriblement décharné jusqu'aux os.
Le mépris le courbait, et la honte souffrante
Qui suit le pauvre était attachée à son dos.
L'univers et ses lois le remplissaient de haine.
Toujours triste, toujours marchant de ce pas lent
Dont un vieux pâtre suit son troupeau nonchalant,
Il errait [111] dans les bois, par les monts et la plaine,
Et braconnant partout, et partout rejeté,
Il allait gémissant sur la fatalité;
Le col [112] toujours courbé comme sous une hache :
On eût dit un larron qui rôde et qui se cache,
Si ce n'est pis encore, — un mendiant honteux
Qui n'ose faire [113] un coup, crainte d'être victime,
Et, pour toute vertu, garde la peur du crime,
Ce chétif et dernier lien des malheureux.
Oui, ma chère Mamette, oui, j'ai connu [114] cet être.

Déidamia

Qui donc est là, debout, derrière la fenêtre,
Avec ces deux grands yeux, et cet air étonné?

Frank

Où donc? Je ne vois rien.

Déidamia

                Si. — Quelqu'un nous écoute,
Qui vient de s'en aller quand tu t'es retourné.

Frank

C'est quelque mendiant [115] qui passe sur la route.
Allons, Déidamia, cela t'a fait pâlir.

Déidamia

Eh bien! et ton histoire, où veut-elle en venir?

Frank

Une autre fois, — c'était au milieu des orgies;
Je vis dans un miroir, aux clartés des bougies,
Un joueur pris de vin, couché sur un sofa.
Une femme, ou du moins la forme d'une femme,
Le tenait embrassé, comme je te tiens là.
Il se tordait en vain sous le spectre sans âme;
Il semblait qu'un noyé l'eût pris entre ses bras.
Cet homme infortuné... Tu ne m'écoutes pas?
Voyons, viens m'embrasser.

Déidamia

    Oh! non, je vous en prie.
    (Il l'embrasse de force.)
Frank, mon cher petit Charle, attends qu'on nous marie;
Attends jusqu'à ce soir. — Ma mère va venir.
Je ne veux pas, monsieur. — Ah! tu me fais mourir!

Frank

Lumière du soleil, quelle admirable fille!

Déidamia

Il faudra, mon ami, nous faire une famille;
Nous aurons nos voisins, ton père, tes parents,
Et ma mère surtout. — Nous aurons nos enfants.
Toi, tu travailleras à notre métairie;
Moi, j'aurai soin du reste et de la laiterie;
Et tant que nous vivrons, nous serons tous les deux,
Tous les deux pour toujours, et nous mourrons bien vieux.
Vous riez? Pourquoi donc?

Frank

    Oui, je ris du tonnerre.
Oui; le diable m'emporte! il peut tomber sur moi.

Déidamia

Qu'est-ce que c'est, monsieur? voulez-vous bien vous
[taire!

Frank

Va toujours, mon enfant, je ne ris pas de toi.

Déidamia

Qui donc est encor là ? Je te dis qu'on nous guette.
Tu ne vois pas là-bas remuer une tête ?
Là, — dans l'ombre du mur ?

Frank

      Où donc ? de quel côté ?
Vous avez des terreurs, ma chère, en vérité.
(Il la prend dans ses bras.)
Il me serait cruel de penser qu'une femme,
Ô Mamette, moins belle et moins pure que toi,
Dans des lieux étrangers, par un autre que moi,
Pût être autant aimée. — Ah ! j'ai senti mon âme
Qui redevenait vierge à ton doux souvenir,
Comme l'onde où tu viens mirer ton beau visage
Se fait vierge, ma chère, et dans ta chaste image
Sous son cristal profond semble se recueillir !
C'est bien toi ! je te tiens, — toujours fraîche et jolie,
Toujours comme un oiseau, prête à tout oublier.
Voilà ton petit lit, ton rouet, ton métier,
Œuvre de patience et de mélancolie.
Ô toi, qui tant de fois as reçu dans ton sein,
Mes chagrins et mes pleurs, et qui m'as en échange
Rendu le doux repos d'un front toujours serein ;
Comment as-tu donc fait, dis-moi, mon petit ange,
Pour n'avoir rien gardé de mes maux, quand mon cœur
A tant et si souvent gardé de ton bonheur ?

Déidamia

Ah ! vous savez toujours, vous autres hypocrites,
De beaux discours flatteurs bien souvent répétés.
Je les aime, mon Dieu ! quand c'est vous qui les dites ;
Mais ce n'est pas pour moi qu'ils étaient inventés.

Frank

Dis-moi, tu ne veux pas venir en Italie ?
En Espagne ? à Paris ? nous mènerions grand train.
Avec si peu de frais tu serais si jolie [116] !

Déidamia

Est-ce que vous trouvez ce bonnet-là vilain ?
Vous verrez tout à l'heure, avec ma robe blanche,
Mes bas à coins brodés, mon bonnet du dimanche,
Et mon tablier vert [117]. — Vous riez, vous riez ?

Frank

Dans une heure d'ici nous serons mariés.
Ce baiser que tu fuis, et que je te dérobe,
Tu me le céderas, Mamette, de bon cœur.
Dans une heure, ô mon Dieu! tu viendras me le rendre.
Mamette, je me meurs.

Déidamia

     Ah! moi, je sais attendre!
Voyons, laissez-moi donc être un peu votre sœur.
Une heure, une heure encore, et je serai ta femme.
Oui, je vais te le rendre, et de toute mon âme,
Ton baiser dévorant, mon Frank, ton beau baiser!
Et ton tonnerre [118] alors pourra nous écraser.

Frank

Oh! que cette heure est longue! oh! que vous êtes belle!
De quelle volupté déchirante et cruelle
Vous me noyez le cœur, froide Déidamia!

Déidamia

Regardez, regardez, la tête est toujours là.
Qui donc nous guette ainsi?

Frank

     Mamette, ô mon amante,
Ne me détourne pas cette lèvre charmante.
Non! quand l'éternité devrait m'ensevelir!

Déidamia

Mon ami, mon amant, respectez votre femme.

Frank

Non! non! quand ton baiser devrait brûler mon âme!
Non! quand ton Dieu jaloux devrait nous en punir!

Déidamia

Eh bien! oui, ta maîtresse, — eh bien! oui, ton amante,
Ta Mamette, ton bien, ta femme et ta servante.
Et la mort peut venir, et je t'aime, et je veux
T'avoir là dans mes bras et dans mes longs cheveux,
Sur ma robe de lin ton haleine embaumée.
Je sais que je suis belle, et plusieurs m'ont aimée;

Mais je t'appartenais, j'ai gardé ton trésor.
Elle tombe dans ses bras.

FRANK, *se levant brusquement*[119].

Quelqu'un est là, c'est vrai.

DÉIDAMIA

Qu'importe? Charle, Charle!

FRANK

Ah! massacre et tison d'enfer! — C'est Belcolor!
Restez ici, Mamette, il faut que je lui parle.
Il saute par la fenêtre.

DÉIDAMIA

Mon Dieu! que va-t-il faire, et qu'est-il arrivé?
Le voilà qui revient. — Eh bien! l'as-tu trouvé?

FRANK, *à la fenêtre, en dehors.*

Non, mais, par le tonnerre, il faudra qu'il y vienne.
Je crois que c'est un spectre, et vous aviez raison.
Attendez-moi. — Je fais le tour de la maison.

DÉIDAMIA, *courant à la fenêtre.*

Charle, ne t'en va pas! S'il s'enfuit dans la plaine[120],
Laisse-le s'envoler, ce spectre de malheur.
*(Belcolore paraît de l'autre
côté de la fenêtre et s'enfuit
aussitôt.)*

Au secours! au secours! on m'a frappée au cœur.
*Déidamia tombe et sort en
se traînant*[121].

LES MONTAGNARDS, *accourant au dehors.*

Frank! que se passe-t-il? On nous appelle, on crie.
Qui donc est là par terre étendu dans son sang?
Juste Dieu! c'est Mamette! Ah! son âme est partie.
Un stylet italien est entré dans son flanc.
Au meurtre! Frank, au meurtre!

FRANK, *rentrant dans la cabane avec Déidamia morte
dans ses bras.*

Ô toi, ma bien-aimée!

Sur mon premier baiser ton âme s'est fermée.
Pendant plus de quinze ans tu l'avais attendu,
Mamette, et tu t'en vas sans me l'avoir rendu.

À QUOI RÊVENT LES JEUNES FILLES[1]

COMÉDIE

PERSONNAGES

Le *duc* LAËRTE.
Le *comte* IRUS, *son neveu.*
SILVIO.
NINON,
NINETTE. } *jumelles, filles du duc Laërte.*
FLORA, *servante.*
SPADILLE,
QUINOLA, } *domestiques.*

La scène est où l'on voudra.

ACTE PREMIER

SCÈNE I
Une chambre à coucher. — NINON, NINETTE.

NINETTE

ONZE heures vont sonner. — Bonsoir, ma chère sœur.
Je m'en vais me coucher.

NINON

        Bonsoir. Tu n'as pas peur
De traverser le parc pour aller à ta chambre?
Il est si tard! — Veux-tu que j'appelle Flora?

NINETTE

Pas du tout. — Mais vois donc quel beau ciel de septembre!
D'ailleurs, j'ai Bacchanal qui m'accompagnera.
Bacchanal! Bacchanal!
               *Elle sort en appelant son
        chien.*

NINON, *s'agenouillant à son prie-Dieu.*

> O Christe ! dum fixus cruci
> Expandis orbi brachia,
> Amare da crucem, tuo.
> Da nos in amplexu mori [2].

Elle se déshabille.

NINETTE, *rentrant épouvantée, et se jetant dans un fauteuil.*

Ma chère, je suis morte.

NINON

Qu'as-tu ? qu'arrive-t-il ?

NINETTE

Je ne peux plus parler.

NINON

Pourquoi ? mon Dieu ! je tremble en te voyant trembler.

NINETTE

Je n'étais pas, ma chère, à trois pas de ta porte ;
Un homme vient à moi, m'enlève dans ses bras,
M'embrasse tant qu'il peut, me repose par terre,
Et se sauve en courant.

NINON

Ah ! mon Dieu ! comment faire ?
C'est peut-être un voleur.

NINETTE

Oh ! non, je ne crois pas.
Il avait sur l'épaule une chaîne superbe,
Un manteau d'Espagnol, doublé de velours noir [3],
Et de grands éperons qui reluisaient dans l'herbe.

NINON

C'est pourtant une chose étrange à concevoir,
Qu'un homme comme il faut tente une horreur semblable.
Un homme en manteau noir, c'est peut-être le diable.
Oui, ma chère. Qui sait ? Peut-être un revenant.

NINETTE

Je ne crois pas, ma chère : il avait des moustaches.

NINON
J'y pense, dis-moi donc, si c'était un amant!
NINETTE
S'il allait revenir! — Il faut que tu me caches.
NINON
C'est peut-être papa qui veut te faire peur.
Dans tous les cas, Ninette, il faut qu'on te ramène.
Holà! Flora, Flora! reconduisez ma sœur.
(Flora paraît sur la porte.)
Adieu, va, ferme bien ta porte.
NINETTE
      Et toi la tienne.
*   Elles s'embrassent. Ninette
   sort avec Flora.*

NINON, *seule, mettant son verrou.*

Des éperons d'argent, un manteau de velours!
Une chaîne! un baiser! — C'est extraordinaire.
*   (Elle se décoiffe.)*
Je suis mal en bandeaux; mes cheveux sont trop courts.
Bah! j'avais deviné! — C'est sans doute mon père.
Ninette est si poltronne! — Il l'aura vu passer.
C'est tout simple, sa fille, il peut bien l'embrasser.
Mes bracelets vont bien.
*   (Elle les détache.)*
    Ah! demain, quand j'y pense,
Ce jeune homme étranger qui va venir dîner!
C'est un mari, je crois, que l'on veut nous donner.
Quelle drôle de chose! Ah! j'en ai peur d'avance.
Quelle robe mettrai-je?
*   (Elle se couche.)*
     Une robe d'été?
Non, d'hiver : cela donne un air plus convenable.
Non, d'été : c'est plus jeune et c'est moins apprêté.
On le mettra sans doute entre nous deux à table.
Ma sœur lui plaira mieux. — Bah! nous verrons toujours.
— Des éperons d'argent! — un manteau de velours!
Mon Dieu! comme il fait chaud pour une nuit d'automne.
Il faut dormir, pourtant. — N'entends-je pas du bruit?
C'est Flora qui revient; — non, non, ce n'est personne.
Tra la, tra deri da. — Qu'on est bien dans son lit!

Ma tante était bien laide avec ses vieux panaches
Hier soir à souper. — Comme mon bras est blanc!
Tra deri da. — Mes yeux se ferment. — Des moustaches...
Il la prend, il l'embrasse et se sauve en courant.

> *Elle s'assoupit. — On entend par la fenêtre le bruit d'une guitare et une voix.*

— Ninon, Ninon, que fais-tu de la vie?
L'heure s'enfuit, le jour succède au jour.
Rose ce soir, demain flétrie.
Comment vis-tu, toi qui n'as pas d'amour?

NINON, *s'éveillant.*

Est-ce un rêve? J'ai cru qu'on chantait dans la cour?

LA VOIX, *au dehors.*

Regarde-toi, la jeune fille.
Ton cœur bat et ton œil pétille.
Aujourd'hui le printemps, Ninon, demain l'hiver.
Quoi! tu n'as pas d'étoile, et tu vas sur la mer!
Au combat sans musique, en voyage sans livre!
Quoi! tu n'as pas d'amour, et tu parles de vivre!
Moi, pour un peu d'amour je donnerais mes jours;
Et je les donnerais pour rien sans les amours[4].

NINON

Je ne me trompe pas; — singulière romance!
Comment ce chanteur-là peut-il savoir mon nom?
Peut-être sa beauté s'appelle aussi Ninon.

LA VOIX

Qu'importe que le jour finisse et recommence,
Quand d'une autre existence
Le cœur est animé?
Ouvrez-vous, jeunes fleurs. Si la mort vous enlève,
La vie est un sommeil[5], l'amour en est le rêve,
Et vous aurez vécu, si vous avez aimé[6].

NINON, *soulevant sa jalousie.*

Ses éperons d'argent brillent dans la rosée;
Une chaîne à glands d'or retient son manteau noir.
Il relève en marchant sa moustache frisée. —
Quel est ce personnage et comment le savoir?

SCÈNE II

Irus, *à sa toilette ;* Spadille, Quinola.

Irus

Lequel de vous, marauds, m'a posé ma perruque ?
Outre que les rubans me font mal à la nuque,
Je suis couvert de poudre, et j'en ai plein les yeux.

Quinola

Ce n'est pas moi.

Spadille

Ni moi.

Quinola

Moi, je tenais la queue.

Spadille

Moi, monsieur, je peignais.

Irus

Vous mentez tous les deux.
Allons, mon habit rose et ma culotte bleue,
Hum ! Brum ! Diable de poudre ! — Hatsch ! Je suis aveuglé.

Il éternue.

Quinola, *ouvrant une armoire.*

Monsieur, vous ne sauriez mettre cette culotte.
La lampe était auprès ; — toute l'huile a coulé.

Spadille, *ouvrant une autre armoire.*

Monsieur, votre habit rose est tout rempli de crotte ;
Quand je l'ai déployé le chat était dessus.

Irus

Ciel ! de cette façon voir tous mes plans déçus !
Écoutez, mes amis ; — il me vient une idée :
Quelle heure est-il ?

Spadille

Monsieur, l'horloge est arrêtée.

IRUS

A-t-on sonné déjà deux coups pour le dîné?

QUINOLA

Non, l'on n'a pas sonné.

SPADILLE

Si, si, l'on a sonné.

IRUS

Je tremble à chaque instant que le nouveau convive
Qui doit venir dîner ne paraisse et n'arrive.

SPADILLE

Il faut vous mettre en vert.

QUINOLA

Il faut vous mettre en gris.

IRUS

Dans quel mois sommes-nous?

SPADILLE

Nous sommes en novembre.

QUINOLA

En août! en août!

IRUS

Mettez ces deux habits.
Vous vous promènerez ensuite par la chambre,
Pour que je voie un peu l'effet que je ferai.

Les valets obéissent.

SPADILLE

Moi, j'ai l'air d'un marquis.

QUINOLA

Moi, j'ai l'air d'un ministre.

IRUS, *les regardant.*

Spadille a l'air d'une oie, et Quinola d'un cuistre¹.
Je ne sais pas à quoi je me déciderai.

LAËRTE, *entrant*.

Et vous, vous avez l'air, mon neveu, d'une bête.
N'êtes-vous pas honteux de vous poudrer la tête,
Et de perdre, à courir dans votre cabinet,
Plus de temps qu'il n'en faut pour écrire un sonnet?
Allons, venez dîner; — votre assiette s'ennuie.

IRUS

Vous ne voudriez pas, au prix de votre vie,
Me traîner au salon, sans rouge et demi-nu?
Quel habit faut-il mettre?

LAËRTE

                Eh! le premier venu.
Allons, écoutez-moi. Vous trouverez à table
Le nouvel arrivé; — c'est un jeune homme aimable,
Qui vient pour épouser un de mes chers enfants.
Jetez, au nom de Dieu, vos regards triomphants
Sur un autre que lui; ne cherchez pas à plaire,
Et n'avalez pas tout comme à votre ordinaire.
Il est simple et timide, et de bonne façon;
Enfin c'est ce qu'on nomme un honnête garçon.
Tâchez, si vous trouvez ses manières communes,
De ne point décocher, en prenant du tabac,
Votre charmant sourire et vos mots d'almanach.
Tarissez, s'il se peut, sur vos bonnes fortunes.
Ne vous inondez pas de vos flacons damnés;
Qu'on puisse vous parler sans se boucher le nez.
Vos gants blancs sont de trop; on dîne les mains nues.

IRUS

Je suis presque tenté, pour cadrer à vos vues,
D'ôter mon habit vert, et de me mettre en noir.

LAËRTE

Non, de par tous les saints, non, je vous remercie.
La peste soit de vous! — Qui diantre se soucie,
Si votre habit est vert, de s'en apercevoir?

IRUS

Puis-je savoir, du moins, le nom de ce jeune homme?

LAËRTE

Qu'est-ce que ça vous fait? C'est Silvio qu'il se nomme.

Irus

Silvio ! ce n'est pas mal. — Silvio ! — le nom est bien ;
Irus, — Irus, — Silvio ; — mais j'aime mieux le mien.

Laërte

Son père est mon ami, — celui de votre mère.
Nous avons le projet, depuis plus de vingt ans,
De mourir en famille, et d'unir nos enfants⁵.
Plût au ciel, pour tous deux, que son fils eût un frère !

Irus

Vrai Dieu ! monsieur le duc, qu'entendez-vous par là ?
Ne dois-je pas aussi devenir votre gendre ?

Laërte

C'est bon, je le sais bien ; vous pouvez vous attendre
À trouver votre tour ; — mais Silvio choisira.

Exeunt.

SCÈNE III

Le jardin du duc. — Ninon, Ninette,
dans deux bosquets séparés.

Ninon

Cette voix retentit encore à mon oreille.

Ninette

Ce baiser singulier me fait encor frémir.

Ninon

Nous verrons cette nuit ; il faudra que je veille.

Ninette

Cette nuit, cette nuit, je ne veux pas dormir.

Ninon

Toi dont la voix est douce, et douce la parole,
Chanteur mystérieux, reviendras-tu me voir ?
Ou, comme en soupirant l'hirondelle s'envole,
Mon bonheur fuira-t-il, n'ayant duré qu'un soir ?

Ninette

Audacieux fantôme à la forme voilée,
Les ombrages ce soir seront-ils sans danger ?
Te reverrai-je encor dans cette sombre allée,
Ou disparaîtras-tu comme un chamois léger ?

Ninon

L'eau, la terre et les vents, tout s'emplit d'harmonies[9].
Un jeune rossignol chante au fond de mon cœur.
J'entends sous les roseaux murmurer des génies...
Ai-je de nouveaux sens inconnus à ma sœur ?

Ninette

Pourquoi ne puis-je voir sans plaisir et sans peine
Les baisers du zéphyr trembler sur la fontaine,
Et l'ombre des tilleuls passer sur mes bras nus ?
Ma sœur est une enfant, — et je ne le suis plus.

Ninon

Ô fleurs des nuits d'été, magnifique nature !
Ô plantes ! ô rameaux, l'un dans l'autre enlacés !

Ninette

Ô feuilles des palmiers, reines de la verdure,
Qui versez vos amours dans les vents embrasés !

Silvio, *entrant.*

Mon cœur hésite encor ; — toutes les deux si belles !
Si conformes en tout, si saintement jumelles !
Deux corps si transparents attachés par le cœur !
On dirait que l'aînée est l'étui de sa sœur[10].
Pâles toutes les deux, toutes les deux craintives,
Frêles comme un roseau, blondes comme les blés ;
Prêtes à tressaillir, comme deux sensitives,
Au toucher de la main. — Tous mes sens sont troublés.
Je n'ai pu leur parler, — j'agissais dans la fièvre ;
Mon âme à chaque mot arrivait sur ma lèvre.
Mais elles, quel bon goût ! quelle simplicité !
Hélas ! je sors d'hier de l'université[11].

*Entrent Laërte, et Irus un
cigare à la bouche.*

LAËRTE

Eh bien! notre convive, où ces dames sont-elles?

IRUS

Quoi! vous sortez de table, et vous ne fumez pas?

SILVIO, *embrassant Laërte.*

Ô mon père! ô mon duc! Je ne puis faire un pas.
Tout mon être est brisé.

Ninon et Ninette paraissent.

IRUS

Voilà ces demoiselles.
Ninon, ma barbe est fraîche, et je vais t'embrasser.

*Ninon se sauve. — Irus
court après elle.*

LAËRTE

Ne sauriez-vous, Irus, dîner sans vous griser?

Ils sortent en se promenant.

SCÈNE IV
NINETTE, *restée seule;* FLORA.

NINETTE

Où cours-tu donc, Flora? Mon Dieu! la belle chaîne!
Voyez donc! — les beaux glands! Qui t'a donné cela?

NINON, *accourant.*

Voyons! laisse-moi voir. — Ah! je suis hors d'haleine.
Quel sot que cet Irus! — Tu l'as trouvé, Flora?
Le beau collier, ma foi! Vraiment, comme elle est fière!

FLORA, *à Ninon.*

Je voudrais vous parler.

Elle l'entraîne dans un coin.

NINETTE

Quoi donc? c'est un mystère?

FLORA, *à Ninon.*

Rentrez dans votre chambre, et lisez ce billet.

NINON

Un billet? d'où vient-il?

Flora

>Mettez-le, s'il vous plaît,
Dans ce petit coin-là, sur votre cœur, ma belle.

>>*Elle le lui met dans son sein.*

Ninon

Tu sais donc ce que c'est?

Flora

>Moi, non, je n'en sais rien.

>>*Ninon sort en courant.*

Ninette

Qu'as-tu dit à ma sœur, et pourquoi s'en va-t-elle?

Flora, *tirant un autre billet.*

Tenez, lisez ceci.

Ninette

>Pourquoi? Je le veux bien.
Mais qu'est-ce que c'est donc?

Flora

>Lisez toujours, ma chère
Mais prenez garde à vous. — J'aperçois votre père;
Allez vous enfermer dans votre appartement.

Ninette

Pourquoi?

Flora

>Vous lirez mieux, et plus commodément.

>>*Elles sortent. Entrent Laërte
et Silvio.*

Silvio

Je crois que notre abord met ces dames en fuite.
Ah! monseigneur, j'ai peur de leur avoir déplu.

Laërte

Bon, bon, laissez-les fuir; vous leur plairez bien vite.
Dites-moi, mon ami, dans votre temps perdu,
N'avez-vous jamais fait la cour à quelques belles?
Quel moyen preniez-vous pour dompter les cruelles?

SILVIO

Père, ne raillez pas, je me défendrais mal.
Bien que je sois sorti d'un sang méridional,
Jamais les imbroglios, ni les galanteries,
Ni l'art mystérieux des douces flatteries,
Ce bel art d'être aimé, ne m'ont appartenu.
Je vivrai sous le ciel comme j'y suis venu.
Un serrement de main, un regard de clémence,
Une larme, un soupir, voilà pour moi l'amour;
Et j'aimerai dix ans comme le premier jour.
J'ai de la passion, et n'ai point d'éloquence.
Mes rivaux, sous mes yeux, sauront plaire et charmer.
Je resterai muet[12]; — moi, je ne sais qu'aimer.

LAËRTE

Les femmes cependant demandent autre chose.
Bien plus, sans les aimer, du moment que l'on ose,
On leur plaît. La faiblesse est si chère à leur cœur
Qu'il leur faut un combat pour avoir un vainqueur.
Croyez-moi, j'ai connu ces êtres variables.
Il n'existe, dit-on, ni deux feuilles semblables,
Ni deux cœurs faits de même, et moi, je vous promets
Qu'en en séduisant une on séduit tout le monde.
L'une aura les pieds plats, l'autre la jambe ronde,
Mais la communauté ne changera jamais.
Avez-vous jamais vu les courses d'Angleterre?
On prend quatre coureurs, — quatre chevaux sellés;
On leur montre un clocher, puis on leur dit : Allez!
Il s'agit d'arriver, n'importe la manière.
L'un choisit un ravin, — l'autre un chemin battu.
Celui-ci gagnera, s'il ne rencontre un fleuve;
Celui-là fera mieux, s'il n'a le cou rompu.
Tel est l'amour, Silvio; — l'amour est une épreuve;
Il faut aller au but, — la femme est le clocher.
Prenez garde au torrent, prenez garde au rocher;
Faites ce qui vous plaît, le but est immobile.
Mais croyez que c'est prendre une peine inutile
Que de rester en place et de crier bien fort :
Clocher! clocher! je t'aime, arrive ou je suis mort[13].

SILVIO

Je sens la vérité de votre parabole,
Mais si je ne puis rien trouver même en parole,

Que pourrai-je valoir, seigneur, en action ?
Tout le réel pour moi n'est qu'une fiction ;
Je suis dans un salon comme une mandoline
Oubliée en passant sur le bord d'un coussin.
Elle renferme en elle une langue divine,
Mais si son maître dort, tout reste dans son sein.

LAËRTE

Écoutez donc alors ce qu'il vous faudra faire.
Recevoir un mari de la main de son père,
Pour une jeune fille est un pauvre régal.
C'est un serpent doré qu'un anneau conjugal.
C'est dans les nuits d'été, sur une mince échelle [14],
Une épée à la main, un manteau sur les yeux,
Qu'une enfant de quinze ans rêve ses amoureux.
Avant de se montrer, il faut leur apparaître.
Le père ouvre la porte au matériel époux,
Mais toujours l'idéal entre par la fenêtre.
Voilà, mon cher Silvio, ce que j'attends de vous,
Connaissez-vous l'escrime ?

SILVIO

          Oui, je tire l'épée.

LAËRTE

Et pour le pistolet, vous tuez la poupée [15],
N'est-ce pas ? C'est très bien ; vous tuerez mes valets.
Mes filles tout à l'heure ont reçu deux billets ;
Ne cherchez pas, c'est moi qui les ai fait remettre.
Ah ! si vous compreniez ce que c'est qu'une lettre !
Une lettre d'amour lorsque l'on a quinze ans !
Quelle charmante place elle occupe longtemps !
D'abord auprès du cœur, ensuite à la ceinture.
La poche vient après, le tiroir vient enfin.
Mais comme on la promène, en traîneaux, en voiture !
Comme on la mène au bal ! que de fois en chemin,
Dans le fond de la poche on la presse, on la serre !
Et comme on rit tout bas du bonhomme de père
Qui ne voit jamais rien, de temps immémorial !
Quel travail il se fait dans ces petites têtes !
Voulez-vous, mon ami, savoir ce que vous êtes,
Vous, à l'heure qu'il est ? — Vous êtes l'idéal,
Le prince Galaor, le berger d'Arcadie ;

Vous êtes un Lara [16] ; — j'ai signé votre nom.
Le vieux duc vous prenait pour son gendre, — mais non,
Non! Vous tombez du ciel comme une tragédie [17];
Vous rossez mes valets; vous forcez mes verrous;
Vous caressez le chien; vous séduisez la fille;
Vous faites le malheur de toute la famille.
Voilà ce que l'on veut trouver dans un époux.

Silvio

Quelle mélancolique et déchirante idée!
Elle est juste pourtant; — qu'elle me fait de mal!

Laërte

Ah! jeune homme, avez-vous aussi votre idéal?

Silvio

Pourquoi pas comme tous? Leur étoile est guidée
Vers un astre inconnu qu'ils ont toujours rêvé;
Et la plupart de nous meurt sans l'avoir trouvé [18].

Laërte

Attachez-vous du prix à des enfantillages?
Cela n'empêche pas les femmes d'être sages,
Bonnes, franches de cœur; c'est un goût seulement;
Cela leur va, leur plaît, — tout cela, c'est charmant.
Écoutez-moi, Silvio : — ce soir, à la veillée,
Vous vous cuirasserez d'un large manteau noir.
Flora dormira bien, c'est moi qui l'ai payée.
Ces dames, pour leur part, descendront en peignoir.
Or vous vous doutez bien, par cette double lettre,
Que ce que vous vouliez, c'était un rendez-vous.
Car, excepté cela, que veut un billet doux?
Vous pénétrerez donc par la chère fenêtre.
On vous introduira comme un conspirateur.
Que ferez-vous alors, vous, double séducteur?
Vous entendrez des cris. — C'est alors que le père,
Semblable au commandeur dans *le Festin de Pierre* [19],
Dans sa robe de chambre apparaîtra soudain.
Il vous provoquera, sa chandelle à la main.
Vous la lui soufflerez du vent de votre épée.
S'il ne reste par terre une tête coupée,
Il y pourra du moins rester un grand seau d'eau,
Que Flora lestement nous versera d'en haut.

Ce sera tout le sang que nous devrons répandre.
Les valets aussitôt le couvriront de cendre;
On ne saura jamais où vous serez passé,
Et mes filles crieront. « Ô ciel! il est blessé! »

SILVIO

Je n'achèverai pas cette plaisanterie.
Calculez, mon cher duc, où cela mènera.
Savez-vous, puisqu'il faut enfin qu'on nous marie,
Si je me fais aimer, laquelle m'aimera?

LAËRTE

Peut-être toutes deux, n'est-il pas vrai, mon gendre?
Si je le trouve bon, qu'avez-vous à reprendre[20]?
Ô mon fils bien-aimé! laissons parler les sots.

SILVIO

On a bouleversé la terre avec des mots.

LAËRTE

Eh! que m'importe à moi! — Je n'ai que vous au monde
Après mes deux enfants. Que me fait un brocard?
Vous êtes assez mûr sous votre tête blonde
Pour porter du respect à l'honneur d'un vieillard.

SILVIO

Ah! je mourrais plutôt. Ce n'est pas ma pensée.

LAËRTE

Supposons que des deux vous vous fassiez aimer.
Celle qui restera voudra vous pardonner.
Votre image, Silvio, sera bientôt chassée
Par un rêve nouveau, par le premier venu.
Croyez-moi, les enfants n'aiment que l'inconnu.
Dès que vous deviendrez le bourgeois respectable
Qui viendra tous les jours s'asseoir à déjeuner,
Qu'on verra se lever, aller et retourner,
Mettre après le café ses coudes sur la table,
On ne cherchera plus d'être mystérieux.
On aimera le frère et c'est ce que je veux.
Si mon sot de neveu parle de mariage,
On l'en détestera quatre fois davantage,
C'est encor mon souhait. Mes enfants ont du cœur;

L'une soit votre femme, et l'autre votre sœur.
Je me confie à vous, — à vous, fils de mon frère,
Qui serez le mari d'une de mes enfants,
Qui ne souillerez pas la maison de leur père,
Et qui ne jouerez pas avec ses cheveux blancs.
Qui sait? peut-être un jour ma pauvre délaissée
Trouvera quelque part le mari qu'il lui faut.
Mais l'importante affaire est d'éviter ce sot.

Irus entre.

Irus

À souper! à souper! messieurs, l'heure est passée.

Laërte

Vous avez, Dieu me damne, encor changé d'habit.

Irus

Oui, celui-là va mieux; l'autre était trop petit.

Exeunt.

ACTE SECOND

SCÈNE

Le jardin. — Il est nuit. — Le duc Laërte *en robe de chambre ;*
Silvio, *enveloppé d'un manteau.*

Laërte

Lorsque cette lueur, que vous voyez là-bas,
Après avoir erré de fenêtre en fenêtre,
Tournera vers ce coin pour ne plus reparaître,
Il sera temps d'agir. — Elle y marche à grands pas.

Silvio

Je vous l'ai dit, seigneur, cela ne me plaît pas.

Laërte

Eh bien! moi, tout cela m'amuse à la folie.
Je ne fais pas la guerre à la mélancolie.
Après l'oisiveté, c'est le meilleur des maux.
En général d'ailleurs, c'est ma pierre de touche;

Elle ne pousse pas, cette plante farouche,
Sur la majestueuse obésité des sots.
Mais la gaîté, Silvio, sied mieux à la vieillesse ;
Nous voulons la beauté pour aimer la tristesse.
Il faut bien mettre un peu de rouge à soixante ans ;
C'est le métier des vieux de dérider le temps.
On fait de la vieillesse une chose honteuse ;
C'est tout simple : ici-bas, chez les trois quarts des gens,
Quand elle n'est pas prude, elle est entremetteuse.
Cassandre est la terreur des vieillards indulgents [21].
Croyez-vous cependant, mon cher, que la nature
Laisse ainsi par oubli vivre sa créature ?
Qu'elle nous ait donné trente ans pour exister,
Et le reste pour geindre ou bien pour tricoter ?
Figurez-vous, Silvio, que j'ai, la nuit dernière,
Chanté fort joliment pendant une heure entière.
C'était pour intriguer mes filles ; mais, ma foi,
Je crois, en vérité, que j'ai chanté pour moi.

SILVIO

Aussi, dans tout cela, cher duc, c'est vous que j'aime.
Il faudra pourtant bien redevenir moi-même.
Songez donc, mon ami, qu'il ne restera rien
Du héros de roman.

LAËRTE

Mon Dieu ! Je le sais bien.
Un roman dans un lit, on n'en saurait que faire.
On réalise là tous ceux qu'on a rêvés.
Après la bagatelle il faut le nécessaire ;
Et j'espère pour vous, mon cher, que vous l'avez.
Très ordinairement, dans ces sortes de choses,
Ceux qui parlent beaucoup savent prouver très peu.
C'est ce qui montre en tout la sagesse de Dieu.
Tous ces galants musqués, fleuris comme des roses,
Qu'on voit soir et matin courir les rendez-vous,
S'assouplir comme un gant autour des jeunes filles,
Escalader les murs, et danser sur les grilles,
Savent au bout du doigt ce qui vous manque, à vous.
Vous avez dans le cœur, Silvio, ce qui leur manque.
Je me moque d'avoir pour gendre un saltimbanque,
Capable de passer par le trou d'une clé.
Si vous étiez comme eux, j'en serais désolé.

Mais la méthode existe; — il faut songer à plaire.
Une fois marié, parbleu! c'est votre affaire.
Permettez-moi, de grâce, une autre question.
Avez-vous jusqu'ici vécu sans passion?
En un mot... franchement, mon cher, êtes-vous vierge?

Silvio

Vierge du cœur à l'âme, et de la tête aux pieds.

Laërte

Bon! Je ne hais rien tant que les jeunes roués.
Le cœur d'un libertin est fait comme une auberge;
On y trouve à toute heure un grand feu bien nourri,
Un bon gîte, un bon lit, — et la clef sur la porte.
Mais on entre aujourd'hui : demain il faut qu'on sorte.
Ce n'est pas ce bois-là, dont on fait un mari.
Que tout vous soit nouveau, quand la femme est nouvelle.
Ce n'est jamais un bien que l'on soit plus vieux qu'elle,
Ni du corps ni du cœur. — Tâchez de deviner.
Quel bonheur, en amour, de pouvoir s'étonner!
Elle aura ses secrets, et vous aurez les vôtres.
Restez longtemps enfants : vous nous en ferez d'autres.
Ce secret-là surtout est si vite oublié!

Silvio

Si ma femme pourtant croit trouver un roué,
Quel misérable effet fera mon ignorance!
N'appréhendez-vous rien de ces étonnements?

Laërte

Ceci pourrait sonner comme une impertinence.
Mes filles n'ont, monsieur, que de très bons romans.
Ah! Silvio, je vous livre une fleur précieuse.
Effeuillez lentement cette ignorance heureuse.
Si vous saviez quel tort se font bien des maris,
En se livrant, dans l'ombre, à des secrets infâmes,
Pour le fatal plaisir d'assimiler leurs femmes
Aux femmes sans pudeur dont ils les ont appris!
Ils ne leur laissent plus de neuf que l'adultère.
Si vous étiez ainsi, j'aimerais mieux Irus.
Rappelez-vous ces mots, qui sont dans l'Hespérus :
« Respectez votre femme, amassez de la terre
Autour de cette fleur prête à s'épanouir;
Mais n'en laissez jamais tomber dans son calice[22]. »

Silvio

Mon père, embrassez-moi. — Je vois le ciel s'ouvrir.

Laërte

Vous êtes, mon enfant, plus blanc qu'une génisse;
Votre bon petit cœur est plus pur que son lait;
Vous vous en défiez, et c'est ce qui me plaît.
Croyez-en un vieillard qui vous donne sa fille.
Puisque je vous ai pris pour remplir ma famille,
Fiez-vous à mon choix. — Je ne me trompe pas.

Silvio

La lumière s'en va de fenêtre en fenêtre.

Laërte

L'heure va donc sonner. — Mon fils, viens dans mes bras

Silvio

Elle se perd dans l'ombre, elle va disparaître.

Laërte

Ton rôle est bien appris? Tu n'as rien oublié?

Silvio

La lumière s'éteint.

Laërte

Bravo! l'heure est venue.
Suivons tout doucement le mur de l'avenue.
Allons, mon cavalier, sur la pointe du pied.

Exeunt.

SCÈNE II
Une terrasse. — Ninon, Ninette, *en déshabillé.*

Ninon

Que fais-tu là si tard, ma petite Ninette?
Il est temps de dormir. — Tu prendras le serein.

Ninette

Je regardais la lune en mettant ma cornette.
Que d'étoiles au ciel! — Il fera beau demain.

NINON

Tra deri.

NINETTE

Que dis-tu ?

NINON

C'est une contredanse.
Tra deri. — Sans amour... Ah! ma chère romance!

NINETTE

Va te coucher, Ninon; je ne saurais dormir.

NINON

Ma foi, ni moi non plus.
(À part.)
Il n'aurait qu'à venir.

NINETTE, *chantant.*

Léonore avait un amant
Qui lui disait : Ma chère enfant [23]...

NINON

Je crains vraiment pour toi que le froid ne te prenne.

NINETTE

J'étouffe de chaleur.
(À part.)
Je tremble qu'il ne vienne.

NINON, *continuant la chanson.*

Qui lui disait. Ma chère enfant...

NINETTE

Je crois que son dessein est de coucher ici.

NINON

On monte l'escalier; mon Dieu! si c'était lui!

NINETTE, *reprenant.*

Léonore avait un amant [24]...

NINON

Elle ne songe pas à me céder la place.
S'il allait arriver!

NINETTE

      Ma chère sœur, de grâce,
Va-t'en te mettre au lit.

NINON

      Pourquoi ? Je suis très bien.
Écoute : — promets-moi que tu n'en diras rien ;
Je vais te confier...

NINETTE

      Il faut que je t'avoue...

NINON

Jure-moi sur l'honneur...

NINETTE

      Garde-moi le secret.

NINON

Tiens ; ouvre cette lettre.

NINETTE

      Et toi, lis ce billet.

NINON, *lisant*.

« Si l'amour peut faire excuser la folie, au nom du ciel, ma belle demoiselle, accordez-moi... »

NINETTE, *lisant*.

« Si l'amour peut faire excuser la folie, au nom du ciel, ma chère demoiselle... »

TOUTES DEUX A LA FOIS

Grand Dieu ! le même nom !

NINETTE

      Ma chère, l'on nous joue !

NINON

Quelle horreur !

NINETTE

J'en mourrai.

NINON

Faut-il être effronté!

NINETTE

Flora me paiera cher pour l'avoir apporté!

NINON

Ce beau collier sans doute était sa récompense.
Hélas!

NINETTE

Hélas!

NINON

Ma chère, à présent que j'y pense,
C'est lui qui t'a suivie, hier, au parc anglais.

NINETTE

C'était lui qui chantait.

NINON

Tu le sais?

NINETTE

J'écoutais.

NINON

Je le trouvais si beau!

NINETTE

Je l'avais cru si tendre!

NINON

Nous lui dirons son fait, ma chère, il faut l'attendre.

NINETTE

Je veux bien; restons là.

NINON

Comment crois-tu qu'il soit?

NINETTE

Brun, avec de grands yeux. Il n'a pas ce qu'il croit;
Nous allons nous venger de la belle manière.

NINON

Brun, mais pâle. Je crois que c'est un mousquetaire.
Nous allons joliment lui faire la leçon.

NINETTE

Bien tourné, la main blanche et de bonne façon.
C'est un monstre, ma chère, un être abominable !

NINON

Les dents belles, l'œil vif. — Un monstre véritable.
Quant à moi, je voudrais déjà qu'il fût ici.

NINETTE

Et le parler si doux ! — Je le voudrais aussi.

NINON

Pour lui dire en deux mots...

NINETTE

Pour lui pouvoir apprendre...

NINON

Et l'air si langoureux qu'on pourrait s'y méprendre !...

NINETTE

Ah ! mon Dieu, quelqu'un vient ; j'ai cru que c'était lui.

NINON

C'est lui, c'est lui, ma chère.

Silvio entre, le visage couvert de son manteau et l'épée à la main.

NINETTE, *voyant qu'il hésite.*

Entrez donc par ici !

Irus entre, l'épée à la main, d'un côté ; le duc Laërte de l'autre.

IRUS

Holà ! quel est ce bruit !

LAËRTE

Holà ! quel est cet homme ?

Laërte et Silvio croisent l'épée.

IRUS, *s'interposant.*

Monsieur, demandez-lui s'il est bon gentilhomme.

LAËRTE, *donnant dans l'obscurité un coup de plat d'épée à Irus.*
Non, non, c'est un voleur!

      IRUS, *tombant.*
        Aïe! Aïe! il m'a tué.
        (*Flora jette par la fenêtre
        un seau d'eau sur la tête
        d'Irus.*)
Au secours! on m'inonde. Ah! je suis tout mouillé!
      Laërte et Silvio se retirent.

      NINON
Qu'est devenu Silvio?

      NINETTE
    Je ne vois pas mon père.
      *Elles cherchent et rencontrent
      Irus.*

     TOUTES LES DEUX
À l'assassin! au meurtre! un homme est là par terre.
      Elles se sauvent.

      IRUS, *seul, couché.*
Oui, oui, n'attendez pas que j'aille me lever;
Si je disais un mot, ils viendraient m'achever.
      *Flora entre dans l'obscu-
      rité; elle rencontre Irus,
      qu'elle prend pour Silvio.*

      FLORA
Êtes-vous là, seigneur Silvio?

      IRUS, *à part.*
       Laissons-la croire.
C'est moi! je suis Silvio.

      FLORA, *reconnaissant Irus.*
       Vous avez donc reçu
Quelque coup de rapière? Entrez dans cette armoire.
      *Elle le pousse dans une fenêtre
      ouverte.*

    NINETTE, *rencontrant Silvio au fond du balcon.*
Entrez dans cette chambre, ou vous êtes perdu.
      Elle l'enferme dans sa chambre.

SCÈNE III

Une chambre. — Le point du jour. — IRUS *sortant d'une armoire ;* SILVIO, *d'un cabinet.*

IRUS
Je n'entends plus de bruit.

SILVIO
           Je ne vois plus personne.

IRUS
Par la mort-Dieu! monsieur, que faites-vous ici?

SILVIO
C'est une question qui m'appartient aussi.

IRUS
Ah! tant que vous voudrez, mais la mienne est la bonne.

SILVIO
Je vous la laisse donc, en n'y répondant pas [20].

IRUS
Eh bien! moi, j'y réponds. — Si j'y suis, c'est ma place.
Ce n'est pas par-dessus le mur de la terrasse
Que j'y suis arrivé, comme un larron d'honneur.
J'y suis venu, cordieu! comme un homme de cœur.
Je ne m'en cache pas.

SILVIO
           Vous sortez d'une armoire.

IRUS
S'il faut vous le prouver pour vous y faire croire,
Je suis votre homme au moins, mon petit hobereau.

SILVIO
Je ne suis pas le vôtre, et vous criez trop haut.
Il veut s'en aller.

IRUS
Par le sang! par la mort! mon petit gentilhomme,
Il faut donc vous apprendre à respecter les gens?
Voilà votre façon de relever les gants!

Silvio

Écoutez-moi, monsieur, votre scène m'assomme.
Je ne sais ni pourquoi, ni de quoi vous criez.

Irus

C'est qu'il ne fait pas bon me marcher sur les pieds.
Vive-Dieu! savez-vous que je n'en crains pas quatre?
Palsambleu! ventrebleu! je vous avalerais.

Silvio

Tenez, mon cher monsieur, allons plutôt nous battre.
Si vous continuiez, je vous souffletterais.

Irus

Mort-Dieu! ne croyez pas, au moins, que je balance.

Laërte, *dans la coulisse*.

Ninette! holà, Ninon!

Irus

C'est le père. — Silence.
Esquivons-nous, monsieur, nous nous retrouverons.

*Il rentre dans son armoire,
et Silvio dans le cabinet.*

Laërte

Ninon! Ninon!

Ninon, *entrant*.

Mon père, après l'histoire affreuse
Qui s'est passée ici, j'attends tous vos pardons.
Je n'aime plus Silvio. — Je vivrai malheureuse,
Et mon intention est d'épouser Irus.

Elle se jette à genoux.

Laërte

Je suis vraiment ravi que vous ne l'aimiez plus.
Quel roman lisiez-vous, Ninon, cette semaine?

ninette, *entrant et se jetant à genoux de l'autre côté.*

Ô mon père! ô mon maître! après l'horrible scène
Dont cette nuit nos murs ont été les témoins,
À supporter mon sort je mettrai tous mes soins.
Je hais mon séducteur, et je me hais moi-même.
Si vous y consentez, Irus peut m'épouser.

LAËRTE

Je n'ai, mes chers enfants, rien à vous refuser.
Vous m'avez offensé. — Cependant je vous aime,
Et je ne prétends pas m'opposer à vos vœux.
Enfermez-vous chez vous. — Ce soir, à la veillée,
Vous trouverez en bas la famille assemblée.
Comme vous ne pouvez l'épouser toutes deux,
Irus fera son choix. Tâchons donc d'être belles;
Il n'est point ici-bas de douleurs éternelles.
Allez, retirez-vous.

*Il sort. Ninon et Ninette
le suivent.*

SCÈNE IV
IRUS, *ouvrant l'armoire ;* SILVIO.

IRUS

Vous avez entendu ?

SILVIO

À merveille, monsieur, et je suis confondu.
Laquelle prendrez-vous ?

IRUS

Je ne rends point de compte.

SILVIO

Vous daignerez me dire, au moins, monsieur le comte,
Laquelle des deux sœurs il me reste à fléchir.

IRUS

Je n'en sais rien, monsieur, laissez-moi réfléchir.

SILVIO

Ninette vous plaisait davantage, il me semble.

IRUS

Vous l'avez dit. Je crois que je la préférais.

SILVIO

Fort bien. Maintenant donc allons nous battre ensemble.

IRUS

Je vous ai dit, monsieur, que je réfléchirais.

Ils sortent.

SCÈNE V
Le jardin.

LAËRTE, *seul.*

Mon Dieu! tu m'as béni. — Tu m'as donné deux filles
Autour de mon trésor je n'ai jamais veillé.
Tu me l'avais donné, — je te l'ai confié.
Je ne suis point venu sur les barreaux des grilles
Briser les ailes d'or de leur virginité.
J'ai laissé dans leur sein fleurir ta volonté.
La vigilance humaine est une triste affaire.
C'est la tienne, ô mon Dieu! qui n'a jamais dormi.
Mes enfants sont à toi; je leur savais un père,
J'ai voulu seulement leur donner un ami; —
Tu les as vu grandir, — tu les as faites belles.
De leurs bras enfantins, comme deux sœurs fidèles,
Elles ont entouré leur frère à cheveux blancs.
Aux forces du vieillard leur sève s'est unie;
Ces deux fardeaux si doux suspendus à sa vie
Le font vers son tombeau marcher à pas plus lents.
La nature aujourd'hui leur ouvre son mystère.
Ces beaux fruits en tombant vont perdre la poussière
Qui dorait au soleil leur contour velouté [27].
L'amour va déflorer leurs tiges chancelantes.
Je te livre, ô mon Dieu! ces deux herbes tremblantes.
Donne-leur le bonheur, si je l'ai mérité.
    (On entend deux coups de pistolet.)
Qui se bat par ici? Quel est donc ce tapage?
    (Irus entre, la tête enveloppée de son mouchoir, Spadille portant son chapeau et Quinola sa perruque.)
Que diantre faites-vous dans ce sot équipage,
Mon neveu?

IRUS

Je suis mort. Il vient de me viser.

LAËRTE

Il était bien matin, Irus, pour vous griser.

Irus

Regardez mon chapeau, vous y verrez sa balle.

Laërte

Alors votre chapeau se meurt, mais non pas vous.
(Entrent Ninon et Ninette, toutes deux vêtues en religieuses.)
Que nous veut à présent cet habit de vestale ?
Sommes-nous par hasard à l'hôpital des fous ?

Ninon

Mon père, permettez à deux infortunées
D'aller finir leurs jours dans le fond d'un couvent.

Laërte

Ah ! voilà ce matin par où souffle le vent ?

Ninette

Mon père et mon seigneur, vos filles sont damnées.
Elles n'auront jamais que leur Dieu pour époux.

Laërte

Voyez, mon cher Irus, jusqu'où va votre empire,
On prend toujours le mal pour éviter le pire.
Mes filles aiment mieux épouser Dieu que vous.
Levez-vous, mes enfants ; — je suis ravi, du reste,
De voir que vous aimez Silvio toutes les deux.
Rentrez chez moi. — Ce jour doit être un jour heureux,
Et vous, mon cher garçon, allez changer de veste.

Irus

Ai-je du sang sur moi ? Mon oreille me cuit.

Spadille

Oui, monsieur.

Quinola

Non, monsieur.

Irus

Je me suis bien conduit.
Exeunt.

SCÈNE VI

La terrasse. — NINON, SILVIO, *sur un banc.*

SILVIO

Écoutez-moi, Ninon, je ne suis point coupable.
Oubliez un roman où rien n'est véritable
Que l'amour de mon cœur, dont je me sens pâmer.

NINON

Taisez-vous; — j'ai promis de ne pas vous aimer.

SILVIO

Flora seule a tout fait par une maladresse,
Les billets d'hier soir portaient la même adresse,
C'est en les envoyant que je me suis trompé;
Le nom de votre sœur sous ma plume est tombé.
Le vôtre de si près, comme vous, lui ressemble.
La main n'est pas bien sûre, hélas! quand le cœur tremble
Et je tremblais; — je suis un enfant comme vous.

NINON

De quoi pouvaient servir ces deux lettres pareilles?
Je vous écouterais de toutes mes oreilles,
Si vous ne mentiez pas avec ces mots si doux [28].

SILVIO

Je vous aime, Ninon, je vous aime à genoux.

NINON

On relit un billet, monsieur, quand on l'envoie.
Quand on le recopie, on jette le brouillon.
Ce n'est pas malaisé de bien écrire un nom.
Mais comment voulez-vous, Silvio, que je vous croie?
Vous ne répondez rien.

SILVIO

Je vous aime, Ninon.

NINON

Lorsqu'on n'est pas coupable on sait bien se défendre.
Quand vous chantiez hier de cette voix si tendre,
Vous saviez bien mon nom, je l'ai bien entendu.

Et ce baiser du parc que ma sœur a reçu,
Aviez-vous oublié d'y mettre aussi l'adresse ?
Regardez donc, monsieur, quelle scélératesse !
Chanter sous mon balcon en embrassant ma sœur !

Silvio

Je vous aime, Ninon, comme voilà mon cœur.
Vos yeux sont de cristal, — vos lèvres sont vermeilles
Comme ce ciel de pourpre autour de l'occident.
Je vous trompais hier, vous m'aimiez cependant.

Ninon

Que voulez-vous qu'on dise à des raisons pareilles ?

Silvio

Votre taille flexible est comme un palmier vert[29] ;
Vos cheveux sont légers comme la cendre fine
Qui voltige au soleil autour d'un feu d'hiver.
Ils frémissent au vent comme la balsamine ;
Sur votre front d'ivoire ils courent en glissant,
Comme une huile craintive au bord d'un lac d'argent.
Vos yeux sont transparents comme l'ambre fluide
Au bord du Niémen ; — leur regard est limpide
Comme une goutte d'eau sur la grenade en fleurs.

Ninon

Les vôtres, mon ami, sont inondés de pleurs.

Silvio

Le son de votre voix est comme un bon génie
Qui porte dans ses mains un vase plein de miel.
Toute votre nature est comme une harmonie ;
Le bonheur vient de vous, comme il vous vient du ciel.
Laissez-moi seulement baiser votre chaussure ;
Laissez-moi me repaître et m'ouvrir ma blessure[30].
Ne vous détournez pas ; laissez-moi vos beaux yeux.
N'épousez pas Irus, je serai bien heureux.
Laissez-moi rester là près de vous, en silence,
La main dans votre main passer mon existence
À sentir jour par jour mon cœur se consumer...

Ninon

Taisez-vous ; — j'ai promis de ne pas vous aimer.

SCÈNE VII

Un salon. — Le duc LAËRTE, *assis sur une estrade;* IRUS,
à sa droite, en habit cramoisi et l'épée à la main; SILVIO, *à sa
gauche;* SPADILLE, QUINOLA, *debout.*

LAËRTE

Me voici sur mon trône assis comme un grand juge.
L'innocence à mes pieds peut chercher un refuge.
Irus est le bourreau, Silvio le confesseur.
Nous sommes justiciers de l'honneur des familles.
Chambellan Quinola, faites venir mes filles.

*Ninon et Ninette entrent,
habillées en bergères.*

NINON

C'est en mon nom, grand duc, comme au nom de ma sœur,
Que je viens déclarer à Votre Seigneurie
L'immuable dessein que nous avons formé.

LAËRTE

Voilà l'habit claustral galamment transformé.

NINETTE

Nous vivrons loin du monde, au fond d'une prairie,
À garder nos moutons sur le bord des ruisseaux.
Nous filerons la laine ainsi que vos vassaux.
Nous renonçons au monde, au bien de notre mère.
Il nous suffit, seigneur, qu'une juste colère
Vous ait donné le droit d'oublier vos enfants.

LAËRTE

Vous viendrez, n'est-ce pas, dîner de temps en temps?

NINETTE

Nous vous demanderons un éternel silence.
Si notre séducteur vous brave et vous offense,
Notre avis, monseigneur, est d'en écrire au roi.

LAËRTE

Le roi, si j'écrivais, me répondrait, je crois[21],
Que nous sommes bien loin, et qu'il est en affaire.

Tout ce que je puis donc, c'est d'en écrire au maire,
Et c'est ce que j'ai fait, car il soupe avec nous.
(Il entre un maire et un notaire.)
(À Ninon.)
Allons, mon Angélique, embrassez votre époux.
(À Ninette[32].)
Il ne s'en ira point, ne pleurez pas, Ninette.
Embrassez votre frère, il est aussi le mien.
(À Irus[33].)
Et vous, mon cher Irus, ne baissez point la tête;
Soyez heureux aussi; — votre habit vous va bien[34].

1833.

NAMOUNA[1]

CONTE ORIENTAL

CHANT PREMIER

> Une femme est comme votre ombre : courez après, elle vous fuit; fuyez-la, elle court après vous[1].

I

Le sofa sur lequel Hassan était couché
Était dans son espèce une admirable chose.
Il était de peau d'ours, — mais d'un ours bien léché;
Moelleux comme une chatte, et frais comme une rose.
Hassan avait d'ailleurs une très noble pose,
Il était nu comme Ève à son premier péché.

II

Quoi! tout nu! dira-t-on, n'avait-il pas de honte?
Nu, dès le second mot! — Que sera-ce à la fin?
Monsieur, excusez-moi, — je commence ce conte
Juste quand mon héros vient de sortir du bain.
Je demande pour lui l'indulgence, et j'y compte.
Hassan était donc nu, — mais nu comme la main, —

III

Nu[2] comme un plat d'argent, — nu comme un mur
[d'église,
Nu comme le discours d'un académicien.
Ma lectrice rougit, et je la scandalise.
Mais comment se fait-il, madame, que l'on dise
Que vous avez la jambe et la poitrine bien ?
Comment le dirait-on, si l'on n'en savait rien !

IV

Madame alléguera qu'elle monte en berline ;
Qu'elle a passé les ponts quand il faisait du vent ;
Que, lorsqu'on voit le pied, la jambe se devine ;
Et tout le monde sait qu'elle a le pied charmant.
Mais moi qui ne suis pas du monde, j'imagine
Qu'elle aura trop aimé quelque indiscret amant.

V

Et quel crime est-ce donc de se mettre à son aise,
Quand on est tendrement aimée, — et qu'il fait chaud ?
On est si bien tout nu, dans une large chaise !
Croyez-m'en, belle dame, et, ne vous en déplaise,
Si vous m'apparteniez, vous y seriez bientôt.
Vous en crieriez sans doute un peu, — mais pas bien haut.

VI

Dans un objet aimé qu'est-ce donc que l'on aime ?
Est-ce du taffetas ou du papier gommé ?
Est-ce un bracelet d'or, un peigne parfumé ?
Non, — ce qu'on aime en vous, madame, c'est vous-même.
La parure est une arme, et le bonheur suprême,
Après qu'on a vaincu, c'est d'avoir désarmé[3].

VII

Tout est nu sur la terre, hormis l'hypocrisie ;
Tout est nu dans les cieux, tout est nu dans la vie,
Les tombeaux, les enfants et les divinités,

Tous les cœurs vraiment beaux laissent voir leur beautés.
Ainsi donc le héros de cette comédie
Restera nu, madame, — et vous y consentez[1].

VIII

Un silence parfait règne dans cette histoire.
Sur les bras du jeune homme et sur ses pieds d'ivoire
La naïade aux yeux verts pleurait en le quittant.
On entendait à peine au fond de la baignoire
Glisser l'eau fugitive, et d'instant en instant
Les robinets d'airain chanter en s'égouttant.

IX

Le soleil se couchait; — on était en septembre :
Un triste mois chez nous, — mais un mois sans pareil
Chez ces peuples dorés qu'a bénis le soleil.
Hassan poussa du pied la porte de la chambre.
Heureux homme! — il fumait de l'opium dans l'ambre,
Et vivant sans remords, il aimait le sommeil.

X

Bien qu'il ne s'élevât qu'à quelques pieds de terre,
Hassan était peut-être un homme à caractère;
Il ne le montrait pas, n'en ayant pas besoin.
Sa petite médaille annonçait un bon coin.
Il était très bien pris; — on eût dit que sa mère
L'avait fait tout petit pour le faire avec soin.

XI

Il était indolent, et très opiniâtre;
Bien cambré, bien lavé, le visage olivâtre,
Des mains de patricien, — l'aspect fier et nerveux,
La barbe et les sourcils très noirs, — un corps d'albâtre.
Ce qu'il avait de beau surtout, c'étaient les yeux.
Je ne vous dirai pas un mot de ses cheveux;

XII

C'est une vanité qu'on rase en Tartarie.
Ce pays-là pourtant n'était pas sa patrie.

Il était renégat, — Français de nation, —
Riche aujourd'hui, jadis chevalier d'industrie,
Il avait dans la mer jeté comme un haillon
Son titre, sa famille et sa religion.

XIII

Il était très joyeux, et pourtant très maussade.
Détestable voisin, — excellent camarade,
Extrêmement futile, — et pourtant très posé,
Indignement naïf, — et pourtant très blasé,
Horriblement sincère, — et pourtant très rusé.
Vous souvient-il, lecteur, de cette sérénade

XIV

Que don Juan, déguisé, chante sous un balcon[6]?
— Une mélancolique et piteuse chanson,
Respirant la douleur, l'amour et la tristesse.
Mais l'accompagnement parle d'un autre ton.
Comme il est vif, joyeux! avec quelle prestesse
Il sautille! — On dirait que la chanson caresse

XV

Et couvre de langueur le perfide instrument,
Tandis que l'air moqueur de l'accompagnement
Tourne en dérision la chanson elle-même,
Et semble la railler d'aller si tristement.
Tout cela cependant fait un plaisir extrême. —
C'est que tout en est vrai, — c'est qu'on trompe et qu'on
[aime;

XVI

C'est qu'on pleure en riant; — c'est qu'on est innocent
Et coupable à la fois; — c'est qu'on se croit parjure
Lorsqu'on n'est qu'abusé; c'est qu'on verse le sang
Avec des mains sans tache, et que notre nature
A de mal et de bien pétri sa créature :
Tel est le monde, hélas! et tel était Hassan.

XVII

C'était un bon enfant dans la force du terme;
Très bon — et très enfant; — mais quand il avait dit :

« Je veux que cela soit », il était comme un terme.
Il changeait de dessein comme on change d'habit ;
Mais il fallait toujours que le dernier se fît.
C'était un océan devenu terre ferme.

XVIII

Bizarrerie étrange ! avec ses goûts changeants,
Il ne pouvait souffrir rien d'extraordinaire.
Il n'aurait pas marché sur une mouche à terre.
Mais s'il l'avait trouvée à dîner dans son verre,
Il aurait assommé quatre ou cinq de ses gens. —
Parlez après cela des bons et des méchants !

XIX

Venez après cela crier d'un ton de maître
Que c'est le cœur humain qu'un auteur doit connaître !
Toujours le cœur humain pour modèle et pour loi.
Le cœur humain de qui ? le cœur humain de quoi ?
Celui de mon voisin a sa manière d'être ;
Mais morbleu ! comme lui, j'ai mon cœur humain, moi.

XX

Cette vie est à tous, et celle que je mène,
Quand le diable y serait, est une vie humaine.
« Alors, me dira-t-on, c'est vous que vous peignez,
Vous êtes le héros, vous vous mettez en scène. »
— Pas du tout, — cher lecteur, — je prends à l'un le nez,
— À l'autre, le talon, — à l'autre, — devinez.

XXI

« En ce cas vous créez un monstre, une chimère,
Vous faites un enfant qui n'aura point de père. »
— Point de père, grand Dieu ! quand, comme Trissotin,
J'en suis chez mon libraire accouché ce matin[6] !
D'ailleurs *is pater est quem nuptiæ*[7]... j'espère
Que vous m'épargnerez de vous parler latin.

XXII

Consultez les experts, le moderne et l'antique ;
On est, dit Brid'oison, toujours fils de quelqu'un[8].

Que l'on fasse, après tout, un enfant blond, ou brun,
Pulmonique ou bossu, borgne ou paralytique,
C'est déjà très joli, quand on en a fait un;
Et le mien a pour lui qu'il n'est point historique.

XXIII

Considérez aussi que je n'ai rien volé
À la Bibliothèque; — et bien que cette histoire
Se passe en Orient, je n'en ai point parlé.
Il est vrai que, pour moi, je n'y suis point allé.
Mais c'est si grand, si loin! — Avec de la mémoire
On se tire de tout : — allez voir pour y croire.

XXIV

Si d'un coup de pinceau je vous avais bâti
Quelque ville *aux toits bleus,* quelque *blanche* mosquée,
Quelque tirade en vers, d'or et d'argent plaquée,
Quelque description de minarets flanquée,
Avec l'horizon *rouge* et le ciel assorti,
M'auriez-vous répondu : « Vous en avez menti [9] ? »

XXV

Je vous dis tout cela, lecteur, pour qu'en échange
Vous me fassiez aussi quelque concession.
J'ai peur que mon héros ne vous paraisse étrange;
Car l'étrange, à vrai dire, était sa passion.
« Mais, madame, après tout, je ne suis pas un ange. »
Et qui l'est ici-bas ? — Tartuffe a bien raison [10].

XXVI

Hassan était un être impossible à décrire.
C'est en vain qu'avec lui je voudrais vous lier,
Son cœur est un logis qui n'a pas d'escalier.
Ses intimes amis ne savaient trop qu'en dire.
Parler est trop facile, et c'est trop long d'écrire :
Ses secrets sentiments restaient sur l'oreiller.

XXVII

Il n'avait ni parents, ni guenon, ni maîtresse.
Rien d'ordinaire en lui, — rien qui le rattachât

Au commun des martyrs, — pas un chien, pas un chat.
Il faut cependant bien que je vous intéresse
À mon pauvre héros. — Dire qu'il est pacha,
C'est un moyen usé, c'est une maladresse.

XXVIII

Dire qu'il est grognon, sombre et mystérieux,
Ce n'est pas vrai d'abord, et c'est encor plus vieux.
Dire qu'il me plaît fort, cela n'importe guère.
C'est tout simple d'ailleurs, puisque je suis son père.
Dire qu'il est gentil comme un cœur, c'est vulgaire.
J'ai déjà dit là-haut qu'il avait de beaux yeux.

XXIX

Dire qu'il n'avait peur ni de Dieu ni du diable,
C'est chanceux d'une part, et de l'autre immoral.
Dire qu'il vous plaira, ce n'est pas vraisemblable.
Ne rien dire du tout, cela vous est égal.
Je me contente donc du seul terme passable
Qui puisse l'excuser : — c'est un original.

XXX

Plût à Dieu, qui peut tout, que cela pût suffire
À le justifier de ce que j'en vais dire!
Il le faut cependant, — le vrai seul est ma loi.
Au fait, s'il agit mal, on pourrait rêver pire. —
Ma foi, tant pis pour lui : — je ne vois pas pourquoi
Les sottises d'Hassan retomberaient sur moi.

XXXI

D'ailleurs on verra bien, si peu qu'on me connaisse,
Que mon héros de moi diffère entièrement.
J'ai des prétentions à la délicatesse;
Quand il m'est arrivé d'avoir une maîtresse,
Je me suis comporté très pacifiquement.
En honneur devant Dieu, je ne sais pas comment

XXXII

J'ai pu, tel que je suis, entamer cette histoire,
Pleine, telle qu'elle est, d'une atrocité noire.
C'est au point maintenant que je me sens tenté
De l'abandonner là pour ma plus grande gloire,
Et que je brûlerais mon œuvre, en vérité,
Si ce n'était respect pour la postérité.

XXXIII

Je disais donc qu'Hassan était natif de France ;
Mais je ne disais pas par quelle extravagance
Il en était venu jusqu'à croire, à vingt ans,
Qu'une femme ici-bas n'était qu'un passe-temps.
Quand il en rencontrait une à sa convenance,
S'il la gardait huit jours, c'était déjà longtemps.

XXXIV

On sent l'absurdité d'un semblable système,
Puisqu'il est avéré que, lorsqu'on dit qu'on aime,
On dit en même temps qu'on aimera toujours, —
Et qu'on n'a jamais vu ni rois ni troubadours
Jurer à leurs beautés de les aimer huit jours.
Mais cet enfant gâté ne vivait que de crème.

XXXV

« Je sais bien, disait-il un jour qu'on en parlait,
Que les trois quarts du temps ma crème a le goût d'aigre.
Nous avons sur ce point un siècle de vinaigre,
Où c'est déjà beaucoup que de trouver du lait.
Mais toute servitude en amour me déplaît ;
J'aimerais mieux, je crois, être le chien d'un nègre,

XXXVI

Ou mourir[11] sous le fouet comme un cheval rétif,
Que de craindre une jupe, et d'avoir pour maîtresse
Un de ces beaux geôliers, au regard attentif,
Qui, d'un pas mesuré marchant sur la souplesse,

Du haut de leurs yeux bleus vous promènent en laisse[12].
Un bâton de noyer, au moins, c'est positif.

XXXVII

On connaît son affaire, — on sait à quoi s'attendre;
On se frotte le dos, — on s'y fait par degré.
Mais vivre ensorcelé sous un ruban doré!
Boire du lait sucré dans un maillot vert tendre!
N'avoir à son cachot qu'un mur si délabré,
Qu'on ne s'y saurait même accrocher pour s'y pendre!

XXXVIII

Ajoutez à cela que, pour comble d'horreur,
La femme la plus sèche et la moins malhonnête
Au bout de mes huit jours trouvera dans sa tête,
Ou dans quelque recoin oublié de son cœur,
Un amant qui jadis lui faisait plus d'honneur,
Un cœur plus expansif, une jambe mieux faite,

XXXIX

Plus de douceur dans l'âme ou de nerf dans les bras. »
— Je rappelle au lecteur qu'ici comme là-bas
C'est mon héros qui parle, et je mourrais de honte
S'il croyait un instant que ce que je raconte,
Ici plus que jamais, ne me révolte pas.
« Or donc, disait Hassan, plus la rupture est prompte,

XL

Plus mes petits talents gardent de leur fraîcheur.
C'est la satiété qui calcule et qui pense.
Tant qu'un grain d'amitié reste dans la balance,
Le souvenir souffrant s'attache à l'espérance,
Comme un enfant malade aux lèvres de sa sœur.
L'esprit n'y voit pas clair avec les yeux du cœur.

XLI

Le dégoût, c'est la haine — et quel motif de haine
Pourrais-je soulever? — pourquoi m'en voudrait-on?

Une femme dira qu'elle pleure : — et moi donc!
Je pleure horriblement! — je me soutiens à peine;
Que dis-je, malheureux! il faut qu'on me soutienne.
Je n'ose même pas demander mon pardon.

XLII

Je me prive du corps, mais je conserve l'âme.
Il est vrai, dira-t-on, qu'il est plus d'une femme
Près de qui l'on ne fait, avec un tel moyen,
Que se priver de tout et ne conserver rien.
Mais c'est un pur mensonge, un calembour infâme,
Qui ne mordra jamais sur un homme de bien. »

XLIII

Voilà ce que disait Hassan pour sa défense.
Bien entendu qu'alors tout se passait en France,
Du temps que sur l'oreille il avait ce bonnet
Qui fit à son départ une si belle danse
Par-dessus les moulins. Du reste, s'il tenait
À son raisonnement, c'est qu'il le comprenait.

XLIV

Bien qu'il traitât l'amour d'après un catéchisme,
Et qu'il mît tous ses soins à dorer son sophisme,
Hassan avait des nerfs qu'il ne pouvait railler.
Chez lui la jouissance était un paroxysme
Vraiment inconcevable, et fait pour effrayer :
Non pas qu'on l'entendît ni pleurer ni crier. —

XLV

Un léger tremblement, — une pâleur extrême, —
Une convulsion de la gorge, un blasphème, —
Quelques mots sans raison balbutiés tout bas,
C'est tout ce qu'on voyait; — sa maîtresse elle-même
N'en sentait rien, sinon qu'il restait dans ses bras
Sans haleine et sans force, et ne répondait pas.

XLVI

Mais à cette bizarre et ridicule ivresse
Succédait d'ordinaire un tel enchantement
Qu'il commençait d'abord par faire à sa maîtresse
Mille et un madrigaux, le tout très lourdement.
Il devenait tout miel, tout sucre et tout caresse.
Il eût communié dans un pareil moment.

XLVII

Il n'existait alors secret ni confidence
Qui pût y résister. — Tout partait, tout roulait;
Tous les épanchements du monde entraient en danse,
Illusions, soucis, gloire, amour, espérance;
Jamais confessionnal ne vit de chapelet
Comparable en longueur à ceux qu'il défilait.

XLVIII

Ah! c'est un grand malheur, quand on a le cœur tendre,
Que ce lien de fer que la nature a mis
Entre l'âme et le corps, ces frères ennemis!
Ce qui m'étonne, moi, c'est que Dieu l'ait permis.
Voilà le nœud gordien qu'il fallait qu'Alexandre
Rompît de son épée, et réduisît en cendre.

XLIX

L'âme et le corps, hélas! ils iront deux à deux,
Tant que le monde ira, — pas à pas, — côte à côte,
Comme s'en vont les vers classiques et les bœufs.
L'un disant : « Tu fais mal! » et l'autre : « C'est ta faute. »
Ah! misérable hôtesse, et plus misérable hôte!
Ce n'est vraiment pas vrai que tout soit pour le mieux.

L

Et la preuve, lecteur, la preuve irrécusable
Que ce monde est mauvais, c'est que pour y rester
Il a fallu s'en faire un autre, et l'inventer.
Un autre! — monde étrange, absurde, inhabitable,

Et qui, pour valoir mieux que le seul véritable,
N'a pas même un instant eu besoin d'exister.

LI

Oui, oui, n'en doutez pas, c'est un plaisir perfide
Que d'enivrer son âme avec le vin des sens;
Que de baiser au front la volupté timide,
Et de laisser tomber, comme la jeune Elfride,
La clef d'or de son cœur[13] dans les eaux des torrents.
Heureux celui qui met, dans de pareils moments,

LII

Comme ce vieux vizir qui gardait sa sultane,
La lame de son sabre entre une femme et lui!
Heureux l'autel impur qui n'a pas de profane!
Heureux l'homme indolent pour qui tout est fini
Quand le plaisir s'émousse, et que la courtisane
N'a jamais vu pleurer après qu'il avait ri[14]!

LIII

Ah! l'abîme est si grand! la pente est si glissante!
Une maîtresse aimée est si près d'une sœur!
Elle vient si souvent, plaintive et caressante,
Poser, en chuchotant, son cœur sur votre cœur!
L'homme est si faible alors! la femme est si puissante!
Le chemin est si doux du plaisir au bonheur[15]!

LIV

Pauvres gens que nous tous! — Et celui qui se livre,
De ce qu'il aura fait doit tôt ou tard gémir!
La coupe est là, brûlante, — et celui qui s'enivre
Doit rire de pitié s'il ne veut pas frémir!
Voilà le train du monde, et ceux qui savent vivre
Vous diront à cela qu'il valait mieux dormir.

LV

Oui, dormir — et rêver[16]! — Ah! que la vie est belle,
Quand un rêve divin fait sur sa nudité

Pleuvoir les rayons d'or de son prisme enchanté!
Frais comme la rosée, et fils du ciel comme elle!
Jeune oiseau de la nuit, qui, sans mouiller son aile,
Voltige sur les mers de la réalité!

LVI

Ah! si la rêverie était toujours possible!
Et si le somnambule, en étendant la main,
Ne trouvait pas toujours la nature inflexible
Qui lui heurte le front contre un pilier d'airain!
Si l'on pouvait se faire une armure insensible!
Si l'on rassasiait l'amour comme la faim!

LVII

Pourquoi Manon Lescaut, dès la première scène,
Est-elle si vivante et si vraiment humaine,
Qu'il semble qu'on l'a vue, et que c'est un portrait?
Et pourquoi l'Héloïse est-elle une ombre vaine,
Qu'on aime sans y croire, et que nul ne connaît?
Ah! rêveurs, ah! rêveurs, que vous avons-nous fait?

LVIII

Pourquoi promenez-vous ces spectres de lumière
Devant le rideau noir de nos nuits sans sommeil,
Puisqu'il faut qu'ici-bas tout songe ait son réveil,
Et puisque le désir se sent clouésur terre,
Comme un aigle blessé qui meurt dans la poussière,
L'aile ouverte, et les yeux fixés sur le soleil[17]?

LIX

Manon! sphinx étonnant! véritable sirène,
Cœur trois fois féminin, Cléopâtre en paniers!
Quoi qu'on dise ou qu'on fasse, et bien qu'à Sainte-Hélène
On ait trouvé ton livre écrit pour des portiers,
Tu n'en es pas moins vraie, infâme, et Cléomène[18]
N'est pas digne, à mon sens, de te baiser les pieds.

LX

Tu m'amuses autant que Tiberge m'ennuie[19].
Comme je crois en toi! que je t'aime et te hais!
Quelle perversité! quelle ardeur inouïe
Pour l'or et le plaisir! Comme toute la vie
Est dans tes moindres mots! Ah! folle que tu es,
Comme je t'aimerais demain, si tu vivais!

LXI

En vérité, lecteur, je crois que je radote.
Si tout ce que je dis vient à propos de botte,
Comment goûteras-tu ce que je dis de bon?
J'ai fait un hiatus indigne de pardon[20];
Je compte là-dessus rédiger une note.
J'en suis donc à te dire... Où diable en suis-je donc?

LXII

M'y voilà. — Je disais qu'Hassan, près d'une femme,
Était très expansif, — il voulait tout ou rien.
Je confesse, pour moi, que je ne sais pas bien
Comment on peut donner le corps sans donner l'âme,
L'un étant la fumée, et l'autre étant la flamme.
Je ne sais pas non plus s'il était bon chrétien;

LXIII

Je ne sais même pas quelle était sa croyance,
Ni quel secret si tendre il avait confié,
Ni de quelle façon, quand il était en France,
Ses maîtresses d'un jour l'avaient mystifié,
Ni ce qu'il en pensait, — ni quelle extravagance
L'avait fait blasphémer l'amour et l'amitié.

LXIV

Mais enfin, certain soir qu'il ne savait que faire,
Se trouvant mal en train vis-à-vis de son verre,
Pour tuer un quart d'heure il prit monsieur Galland[21].
Dieu voulut qu'il y vît comme quoi le sultan

Envoyait tous les jours une sultane en terre,
Et ce fut là-dessus qu'il se fit musulman.

LXV

Tous les premiers du mois, un juif aux mains crochues
Amenait chez Hassan deux jeunes filles nues,
Tous les derniers du mois " on leur donnait un bain,
Un déjeuner, un voile, un sequin dans la main,
Et puis on les priait d'aller courir les rues.
Système assurément qui n'a rien d'inhumain.

LXVI

C'était ainsi qu'Hassan, quatre fois par semaine,
Abandonnait son âme au doux plaisir d'aimer.
Ne sachant pas le turc, il se livrait sans peine :
À son aise en français il pouvait se pâmer.
Le lendemain, bonsoir. — Une vieille Égyptienne
Venait ouvrir la porte au maître, et la fermer.

LXVII

Ceci pourra sembler fort extraordinaire,
Et j'en sais qui riront d'un système pareil.
Mais il paraît qu'Hassan se croyait, au contraire,
L'homme le plus heureux qui fût sous le soleil.
Ainsi donc, pour l'instant, lecteur, laissons-le faire.
Le voilà, tel qu'il est, attendant le sommeil.

LXVIII

Le sommeil ne vint pas, — mais cette douce ivresse
Qui semble être sa sœur, ou plutôt sa maîtresse ;
Qui, sans fermer les yeux, ouvre l'âme à l'oubli ;
Cette ivresse du cœur, si douce à la paresse
Que, lorsqu'elle vous quitte, on croit qu'on a dormi ;
Pâle comme Morphée, et plus belle que lui.

LXIX

C'est le sommeil de l'âme, et non du corps. — On fume,
On se remue, on bâille, et cependant on dort.

On se sent très bien vivre, et pourtant on est mort.
On ne parlerait pas d'amour, mais je présume
Que l'on serait capable, avec un peu d'effort...
Je crois qu'une sottise est au bout de ma plume.

LXX

Avez-vous jamais vu, dans le creux d'un ravin,
Un bon gros vieux faisan, qui se frotte le ventre,
S'arrondir au soleil, et ronfler comme un chantre?
Tous les points de sa boule aspirent vers le centre.
On dirait qu'il rumine, ou qu'il cuve du vin,
Enfin, quoi qu'il en soit, c'est un état divin.

LXXI

Lecteur, si tu t'en vas jamais en Terre sainte,
Regarde sous tes pieds : tu verras des heureux.
Ce sont de vieux fumeurs qui dorment dans l'enceinte
Où s'élevait jadis la cité des Hébreux.
Ces gens-là savent seuls vivre et mourir sans plainte :
Ce sont des mendiants qu'on prendrait pour des dieux.

LXXII

Ils parlent rarement, — ils sont assis par terre,
Nus, ou déguenillés, le front sur une pierre,
N'ayant ni sou ni poche, et ne pensant à rien.
Ne les réveille pas : ils t'appelleraient chien.
Ne les écrase pas : ils te laisseraient faire.
Ne les méprise pas : car ils te valent bien.

LXXIII

C'est le point capital du mahométanisme
De mettre le bonheur dans la stupidité.
Que n'en est-il ainsi dans le christianisme!
J'en citerais plus d'un qui l'aurait mérité,
Et qui mourrait heureux sans s'en être douté!
Diable! j'ai du malheur, — encore un barbarisme.

LXXIV

On dit mahométisme, et j'en suis bien fâché [23].
Il fallait me lever pour prendre un dictionnaire,
Et j'avais fait mon vers avant d'avoir cherché.
Je me suis retourné, — ma plume était par terre.
J'avais marché dessus, — j'ai soufflé, de colère,
Ma bougie et ma verve, et je me suis couché [24].

LXXV

Tu vois, ami lecteur, jusqu'où va ma franchise.
Mon héros est tout nu, — moi, je suis en chemise.
Je pousse la candeur jusqu'à t'entretenir
D'un chagrin domestique. — Où voulais-je en venir ?
Je ne sais vraiment pas comment je vais finir.
Je suis comme Énéas portant son père Anchise.

LXXVI

Énéas s'essoufflait, et marchait à grands pas.
Sa femme à chaque instant demeurait en arrière.
« Créuse, disait-il, pourquoi ne viens-tu pas ? »
Créuse répondait : « Je mets ma jarretière.
— Mets-la donc, et suis-nous, répondait Énéas.
Je vais, si tu ne viens, laisser tomber mon père [25]. »

LXXVII

Lecteur, nous allons voir si tu comprends ceci.
Anchise est mon poème; et ma femme Créuse
Qui va toujours traînant en chemin, c'est ma muse.
Elle s'en va là-bas quand je la crois ici.
Une pierre l'arrête, un papillon l'amuse.
Quand arriverons-nous, si nous marchons ainsi ?

LXXVIII

Énéas, d'une part, a besoin de sa femme.
Sans elle, à dire vrai, ce n'est qu'un corps sans âme.
Anchise, d'autre part, est horriblement lourd.
Le troisième péril, c'est que Troie est en flamme.
Mais, dès qu'Anchise grogne ou que sa femme court,
Énéas est forcé de s'arrêter tout court.

CHANT DEUXIÈME

> Qu'est-ce que l'amour ? L'échange de deux
> fantaisies et le contact de deux épidermes.
> CHAMFORT[1].

I

Eh bien ! en vérité, les sots auronts beau dire,
Quand on n'a pas d'argent, c'est amusant d'écrire.
Si c'est un passe-temps pour se désennuyer,
Il vaut bien la bouillotte ; et, si c'est un métier,
Peut-être qu'après tout ce n'en est pas un pire
Que fille entretenue, avocat ou portier.

II

J'aime surtout les vers, cette langue immortelle.
C'est peut-être un blasphème, et je le dis tout bas ;
Mais je l'aime à la rage. Elle a cela pour elle
Que les sots d'aucun temps n'en ont pu faire cas,
Qu'elle nous vient de Dieu, — qu'elle est limpide et belle,
Que le monde l'entend, et ne la parle pas[2].

III

Eh bien ! sachez-le donc, vous qui voulez sans cesse
Mettre votre scalpel dans un couteau de bois ;
Vous qui cherchez l'auteur à de certains endroits,
Comme un amant heureux cherche, dans son ivresse,
Sur un billet d'amour les pleurs de sa maîtresse,
Et rêve, en le lisant, au doux son de sa voix ;

IV

Sachez-le, — c'est le cœur qui parle et qui soupire
Lorsque la main écrit, — c'est le cœur qui se fond ;
C'est le cœur qui s'étend, se découvre et respire[3]
Comme un gai pèlerin sur le sommet d'un mont.
Et puissiez-vous trouver, quand vous en voudrez rire,
À dépecer nos vers le plaisir qu'ils nous font[4] !

V

Qu'importe leur valeur ? La muse est toujours belle,
Même pour l'insensé, même pour l'impuissant ;
Car sa beauté pour nous, c'est notre amour pour elle.
Mordez et croassez, corbeaux, battez de l'aile [5] ;
Le poëte est au ciel, et lorsqu'en vous poussant
Il vous y fait monter, c'est qu'il en redescend.

VI

Allez, — exercez-vous, — débrouillez la quenouille,
Essoufflez-vous à faire un bœuf d'une grenouille [6].
Avant de lire un livre, et de dire : « J'y crois ! »
Analysez la plaie, et fourrez-y les doigts ;
Il faudra de tout temps que l'incrédule y fouille,
Pour savoir si son Christ est monté sur la croix.

VII

Eh ! depuis quand un livre est-il donc autre chose
Que le rêve d'un jour qu'on raconte un instant ;
Un oiseau qui gazouille et s'envole ; — une rose
Qu'on respire et qu'on jette, et qui meurt en tombant ;—
Un ami qu'on aborde, avec lequel on cause,
Moitié lui répondant, et moitié l'écoutant ?

VIII

Aujourd'hui, par exemple, il plaît à ma cervelle
De rimer en sixains le conte que voici [7].
Va-t-on le maltraiter et lui chercher querelle ?
Est-ce sa faute, à lui, si je l'écris ainsi ?
« Byron, me direz-vous, m'a servi de modèle. »
Vous ne savez donc pas qu'il imitait Pulci [8] ?

IX

Lisez les Italiens, vous verrez s'il les vole.
Rien n'appartient à rien, tout appartient à tous.
Il faut être ignorant comme un maître d'école
Pour se flatter de dire une seule parole

Que personne ici-bas n'ait pu dire avant vous.
C'est imiter quelqu'un que de planter des choux.

X

Ah! pauvre Laforêt[9], qui ne savais pas lire,
Quels vigoureux soufflets ton nom seul a donnés
Au peuple travailleur des discuteurs damnés!
Molière t'écoutait lorsqu'il venait d'écrire.
Quel mépris des humains dans le simple et gros rire
Dont tu lui baptisais ses hardis nouveau-nés!

XI

Il ne te lisait pas, dit-on, les vers d'Alceste;
Si je les avais faits, je te les aurais lus.
L'esprit et les bons mots auraient été perdus;
Mais les meilleurs accords de l'instrument céleste
Seraient allés au cœur comme ils en sont venus.
J'aurais dit aux bavards du siècle : « À vous le reste. »

XII

Pourquoi donc les amants veillent-ils nuit et jours?
Pourquoi donc le poète aime-t-il sa souffrance?
Que demandent-ils donc tous les deux en retour?
Une larme, ô mon Dieu, voilà leur récompense;
Voilà pour eux le ciel, la gloire et l'éloquence,
Et par là le génie est semblable à l'amour[10].

XIII

Mon premier chant est fait. — Je viens de le relire.
J'ai bien mal expliqué ce que je voulais dire;
Je n'ai pas dit un mot de ce que j'aurais dit
Si j'avais fait un plan une heure avant d'écrire;
Je crève de dégoût, de rage et de dépit.
Je crois en vérité que j'ai fait de l'esprit.

XIV

Deux sortes de roués existent sur la terre :
L'un, beau comme Satan, froid comme la vipère,

Hautain, audacieux, plein d'imitation,
Ne laissant palpiter sur son cœur solitaire
Que l'écorce d'un homme et de la passion ;
Faisant un manteau d'or à son ambition ;

XV

Corrompant sans plaisir, amoureux de lui-même,
Et, pour s'aimer toujours, voulant toujours qu'on l'aime ;
Regardant au soleil son ombre se mouvoir ;
Dès qu'une source est pure, et que l'on peut s'y voir,
Venant comme Narcisse y pencher son front blême,
Et chercher la douleur pour s'en faire un miroir[11].

XVI

Son idéal, c'est lui. — Quoi qu'il dise ou qu'il fasse,
Il se regarde vivre, et s'écoute parler.
Car il faut que demain on dise, quand il passe :
« Cet homme que voilà, c'est Robert Lovelace[12]. »
Autour de ce mot-là le monde peut rouler ;
Il est l'axe du monde, et lui permet d'aller.

XVII

Avec lui ni procès, ni crainte, ni scandale.
Il jette un drap mouillé sur son père qui râle[13] ;
Il rôde, en chuchotant, sur la pointe du pied.
Un amant plus sincère, à la main plus loyale,
Peut serrer une main trop fort, et l'effrayer ;
Mais lui, n'ayez pas peur de lui, c'est son métier.

XVIII

Qui pourrait se vanter d'avoir surpris son âme ?
L'étude de sa vie est d'en cacher le fond...
On en parle, — on en pleure, — on en rit, qu'en voit-on ?
Quelques duels oubliés, quelques soupirs de femme,
Quelque joyau de prix sur une épaule infâme,
Quelque croix de bois noir sur un tombeau sans nom.

XIX

Mais comme tout se tait dès qu'il vient à paraître !
Clarisse l'aperçoit, et commence à souffrir.
Comme il est beau ! brillant ! comme il s'annonce en maître !
Si Clarisse s'indigne et tarde à consentir,
Il dira qu'il se tue[14] — il se tuera peut-être ; —
Mais Clarisse aime mieux le sauver, et mourir.

XX

C'est le roué sans cœur, le spectre à double face,
À la patte de tigre, aux serres de vautour,
Le roué sérieux qui n'eut jamais d'amour ;
Méprisant la douleur comme la populace ;
Disant au genre humain de lui laisser son jour —
Et qui serait César, s'il n'était Lovelace.

XXI

Ne lui demandez pas s'il est heureux ou non ;
Il n'en sait rien lui-même, il est ce qu'il doit être.
Il meurt silencieux, tel que Dieu l'a fait naître.
L'antilope aux yeux bleus est plus tendre peut-être
Que le roi des forêts ; mais le lion répond
Qu'il n'est pas antilope, et qu'il a nom : lion.

XXII

Voilà l'homme d'un siècle, et l'étoile polaire
Sur qui les écoliers fixent leurs yeux ardents,
L'homme dont Richardson[15] fera le commentaire,
Qui donnera sa vie à lire à nos enfants.
Ses crimes noirciront un large bréviaire,
Qui brûlera les mains et les cœurs de vingt ans.

XXIII

Quant au roué Français, au don Juan ordinaire,
Ivre, riche, joyeux, raillant l'homme de pierre,

Ne demandant partout qu'à trouver le vin bon,
Bernant monsieur Dimanche, et disant à son père
Qu'il serait mieux assis pour lui faire un sermon,
C'est l'ombre d'un roué qui ne vaut pas Valmont [16].

XXIV

Il en est un plus grand, plus beau, plus poétique,
Que personne n'a fait, que Mozart a rêvé [17],
Qu'Hoffmann a vu passer, au son de la musique [18],
Sous un éclair divin de sa nuit fantastique,
Admirable portrait qu'il n'a point achevé,
Et que de notre temps Shakspeare aurait trouvé.

XXV

Un jeune homme est assis au bord d'une prairie,
Pensif comme l'amour, beau comme le génie ;
Sa maîtresse enivrée est prête à s'endormir.
Il vient d'avoir vingt ans, son cœur vient de s'ouvrir ;
Rameau tremblant encor de l'arbre de la vie,
Tombé, comme le Christ, pour aimer et souffrir.

XXVI

Le voilà se noyant dans des larmes de femme,
Devant cette nature aussi belle que lui ;
Pressant le monde entier sur son cœur qui se pâme,
Faible, et, comme le lierre, ayant besoin d'autrui ;
Et ne le cachant pas, et suspendant son âme,
Comme un luth éolien, aux lèvres de la Nuit.

XXVII

Le voilà demandant pourquoi son cœur soupire,
Jurant, les yeux en pleurs, qu'il ne désire rien ;
Caressant sa maîtresse, et des sons de sa lyre
Égayant son sommeil [19] comme un ange gardien ;
Tendant sa coupe d'or à ceux qu'il voit sourire,
Voulant voir leur bonheur pour y chercher le sien.

XXVIII

Le voilà, jeune et beau, sous le ciel de la France,
Déjà riche à vingt ans comme un enfouisseur ;
Portant sur la nature un cœur plein d'espérance,
Aimant, aimé de tous, ouvert comme une fleur ;
Si candide et si frais que l'ange d'innocence
Baiserait sur son front la beauté de son cœur.

XXIX

Le voilà, regardez, devinez-lui sa vie.
Quel sort peut-on prédire à cet enfant du ciel ?
L'amour en l'approchant jure d'être éternel ;
Le hasard pense à lui, — la sainte poésie
Retourne en souriant sa coupe d'ambroisie
Sur ses cheveux plus doux et plus blonds que le miel.

XXX

Ce palais, c'est le sien ; — le cerf et la campagne
Sont à lui ; — la forêt, le fleuve et la montagne
Ont retenu son nom en écoutant l'écho.
C'est à lui le village, et le pâle troupeau
Des moines. — Quand il passe et traverse un hameau,
Le bon ange du lieu se lève et l'accompagne.

XXXI

Quatre filles de prince ont demandé sa main.
Sachez que s'il voulait la reine pour maîtresse,
Et trois palais de plus, il les aurait demain ;
Qu'un juif deviendrait chauve à compter sa richesse,
Et qu'il pourrait jeter, sans que rien en paraisse,
Les blés de ses moissons aux oiseaux du chemin.

XXXII

Eh bien ! cet homme-là vivra dans les tavernes
Entre deux charbonniers autour d'un poêle assis ;
La poudre noircira sa barbe et ses sourcils ;
Vous le verrez un jour, tremblant et les yeux ternes,

Venir dans son manteau dormir sous les lanternes,
La face ensanglantée et les coudes noircis.

XXXIII

Vous le verrez sauter sur l'échelle dorée,
Pour courir dans un bouge au sortir d'un boudoir,
Portant sa lèvre ardente à la prostituée,
Avant qu'à son balcon done Elvire éplorée,
Dans la profonde nuit croyant encor le voir,
Ait cessé d'agiter sa lampe et son mouchoir.

XXXIV

Vous le verrez, laquais pour une chambrière,
Cachant sous ses habits son valet grelottant;
Vous le verrez, tranquille et froid comme une pierre,
Pousser dans les ruisseaux le cadavre d'un père,
Et laisser le vieillard traîner ses mains de sang
Sur des murs chauds encor du viol de son enfant.

XXXV

Que direz-vous alors ? Ah ! vous croirez peut-être
Que le monde a blessé ce cœur vaste et hautain,
Que c'est quelque Lara qui se sent méconnaître,
Que l'homme a mal jugé, qui sait ce qu'il peut être,
Et qui, s'apercevant qu'il le serait en vain,
Rend haine contre haine et dédain pour dédain.

XXXVI

Eh bien! vous vous trompez.—Jamais personne au monde
N'a pensé moins que lui qu'il était oublié.
Jamais il n'a frappé sans qu'on ne lui réponde;
Jamais il n'a senti l'inconstance de l'onde,
Et jamais il n'a vu se dresser sous son pié
Le vivace serpent de la fausse amitié.

XXXVII

Que dis-je? tel qu'il est, le monde l'aime encore;
Il n'a perdu chez lui ni ses biens ni son rang.

Devant Dieu, devant tous, il s'assoit à son banc.
Ce qu'il a fait de mal, personne ne l'ignore ;
On connaît son génie, on l'admire, on l'honore. —
Seulement, voyez-vous, cet homme, c'est don Juan.

XXXVIII

Oui, don Juan. Le voilà, ce nom que tout répète,
Ce nom mystérieux que tout l'univers prend,
Dont chacun vient parler, et que nul ne comprend ;
Si vaste et si puissant qu'il n'est pas de poète
Qui ne l'ait soulevé dans son cœur et sa tête,
Et pour l'avoir tenté ne soit resté plus grand [20].

XXXIX

Insensé que je suis! que fais-je ici moi-même [21] ?
Était-ce donc mon tour de leur parler de toi,
Grande ombre, et d'où viens-tu pour tomber jusqu'à moi ?
C'est qu'avec leurs horreurs, leur doute et leur blasphème,
Pas un d'eux ne t'aimait, don Juan ; et moi, je t'aime
Comme le vieux Blondel aimait son pauvre roi [22].

XL

Oh ! qui me jettera sur ton coursier rapide !
Oh ! qui me prêtera le manteau voyageur [23],
Pour te suivre en pleurant, candide corrupteur !
Qui me déroulera cette liste homicide,
Cette liste d'amour si remplie et si vide,
Et que ta main peuplait des oublis de ton cœur !

XLI

Trois mille noms charmants [24] ! Trois mille noms de femme !
Pas un qu'avec des pleurs tu n'aies balbutié !
Et ce foyer d'amour qui dévorait ton âme,
Qui, lorsque tu mourus, de tes veines de flamme
Remonta dans le ciel comme un ange oublié,
De ces trois mille amours pas un qui l'ait noyé !

XLII

Elles t'aimaient pourtant, ces filles insensées
Que sur ton cœur de fer tu pressas tour à tour;
Le vent qui t'emportait les avait traversées;
Elles t'aimaient, don Juan, ces pauvres délaissées
Qui couvraient de baisers l'ombre de ton amour,
Qui te donnaient leur vie, et qui n'avaient qu'un jour[25]!

XLIII

Mais toi, spectre énervé, toi, que faisais-tu d'elles?
Ah! massacre et malheur! tu les aimais aussi,
Toi! croyant toujours voir sur tes amours nouvelles
Se lever le soleil de tes nuits éternelles,
Te disant chaque soir : « Peut-être le voici »,
Et l'attendant toujours, et vieillissant ainsi!

XLIV

Demandant aux forêts, à la mer, à la plaine,
Aux brises du matin, à toute heure, à tout lieu,
La femme de ton âme et de ton premier vœu!
Prenant pour fiancée un rêve, une ombre vaine,
Et fouillant dans le cœur d'une hécatombe humaine,
Prêtre désespéré, pour y chercher ton Dieu[26].

XLV

Et que voulais-tu donc? — Voilà ce que le monde
Au bout de trois cents ans[27] demande encor tout bas.
Le sphinx aux yeux perçants attend qu'on lui réponde.
Ils savent compter l'heure, et que leur terre est ronde,
Ils marchent dans leur ciel sur le bout d'un compas,
Mais ce que tu voulais, ils ne le savent pas.

XLVI

« Quelle est donc, disent-ils, cette femme inconnue,
Qui seule eût mis la main au frein de son coursier?
Qu'il appelait toujours et qui n'est pas venue?
Où l'avait-il trouvée? où l'avait-il perdue?

Et quel nœud si puissant avait su les lier,
Que, n'ayant pu venir, il n'ait pu l'oublier ?

XLVII

N'en était-il pas une, ou plus noble, ou plus belle,
Parmi tant de beautés, qui, de loin ou de près,
De son vague idéal eût du moins quelques traits ?
Que ne la gardait-il ! qu'on nous dise laquelle[18]. »
Toutes lui ressemblaient, — ce n'était jamais elle,
Toutes lui ressemblaient, don Juan, et tu marchais !

XLVIII

Tu ne t'es pas lassé de parcourir la terre !
Ce vain fantôme, à qui Dieu t'avait envoyé,
Tu n'en as pas brisé la forme sous ton pié !
Tu n'es pas remonté, comme l'aigle à son aire
Sans avoir sa pâture, ou comme le tonnerre
Dans sa nue aux flancs d'or, sans avoir foudroyé !

XLIX

Tu n'as jamais médit de ce monde stupide
Qui te dévisageait d'un regard hébété ;
Tu l'as vu, tel qu'il est, dans sa difformité ;
Et tu montais toujours cette montagne aride,
Et tu suçais toujours, plus jeune et plus avide,
Les mamelles d'airain de la Réalité[19].

L

Et la vierge aux yeux bleus, sur la souple ottomane,
Dans ses bras parfumés te berçait mollement ;
De la fille de roi jusqu'à la paysanne
Tu ne méprisais rien, même la courtisane,
À qui tu disputais son misérable amant ;
Mineur, qui dans un puits cherchais un diamant.

LI

Tu parcourais Madrid, Paris, Naple et Florence ;
Grand seigneur aux palais, voleur aux carrefours ;

Ne comptant ni l'argent, ni les nuits, ni les jours ;
Apprenant du passant à chanter sa romance ;
Ne demandant à Dieu, pour aimer l'existence,
Que ton large horizon et tes larges amours.

LII

Tu retrouvais partout la vérité hideuse,
Jamais ce qu'ici-bas cherchaient tes vœux ardents,
Partout l'hydre éternel qui te montrait les dents ;
Et poursuivant toujours ta vie aventureuse,
Regardant sous tes pieds cette mer orageuse[30],
Tu te disais tout bas : « Ma perle est là dedans. »

LIII

Tu mourus plein d'espoir dans ta route infinie,
Et te souciant peu de laisser ici-bas
Des larmes et du sang aux traces de tes pas.
Plus vaste que le ciel et plus grand que la vie,
Tu perdis ta beauté, ta gloire et ton génie
Pour un être impossible, et qui n'existait pas.

LIV

Et le jour que parut le convive de pierre,
Tu vins à sa rencontre, et lui tendis la main ;
Tu tombas foudroyé sur ton dernier festin :
Symbole merveilleux de l'homme sur la terre,
Cherchant de ta main gauche à soulever ton verre,
Abandonnant ta droite à celle du Destin[31] !

LV

Maintenant, c'est à toi, lecteur, de reconnaître
Dans quel gouffre sans fond peut descendre ici-bas
Le rêveur insensé qui voudrait d'un tel maître.
Je ne dirai qu'un mot, et tu le comprendras :
Ce que don Juan aimait, Hassan l'aimait peut-être ;
Ce que don Juan cherchait, Hassan n'y croyait pas[32].

CHANT TROISIÈME

Où vais-je ? — où suis-je ?

Classiques français[1].

I

Je jure devant Dieu que mon unique envie
Était de raconter une histoire suivie.
Le sujet de ce conte avait quelque douceur,
Et mon héros peut-être eût su plaire au lecteur.
J'ai laissé s'envoler ma plume avec sa vie,
En voulant prendre au vol les rêves de son cœur.

II

Je reconnais bien là ma tactique admirable.
Dans tout ce que je fais j'ai la triple vertu
D'être à la fois trop court, trop long, et décousu.
Le poème et le plan, les héros et la fable,
Tout s'en va de travers, comme sur une table
Un plat cuit d'un côté, pendant que l'autre est cru.

III

Le théâtre à coup sûr n'était pas mon affaire.
Je vous demande un peu quel métier j'y ferais[2],
Et de quelle façon je m'y hasarderais,
Quand j'y vois trébucher ceux qui, dans la carrière,
Debout depuis vingt ans sur leur pensée altière,
Du pied de leurs coursiers ne doutèrent jamais.

VI

Mes amis à présent me conseillent d'en rire,
De couper sous l'archet les cordes de ma lyre,
Et de remettre au vert Hassan et Namouna.
Mais j'ai dit que l'histoire existait, — la voilà.
Puisqu'en son temps et lieu je n'ai pas pu l'écrire,
Je vais la raconter; l'écrira qui voudra.

V

Un jeune musulman avait donc la manie
D'acheter aux bazars deux esclaves par mois.
L'une et l'autre à son lit ne touchait que trois fois.
Le quatrième jour, l'une et l'autre bannie,
Libre de toute chaîne, et la bourse garnie,
Laissait la porte ouverte à quelque nouveau choix.

VI

Il se trouva du nombre une petite fille
Enlevée à Cadix chez un riche marchand.
Un vieux pirate grec l'avait trouvé[a] gentille,
Et, comme il connaissait quelqu'un de sa famille,
La voyant au logis toute seule en passant,
Il l'avait à son brick emportée en causant.

VII

Hassan toute sa vie aima les Espagnoles.
Celle-ci l'enchanta, — si bien qu'en la quittant,
Il lui donna lui-même un sac plein de pistoles,
Par-dessus le marché quelques douces paroles,
Et voulut la conduire à bord d'un bâtiment
Qui pour son cher pays partait par un bon vent.

VIII

Mais la pauvre Espagnole au cœur était blessée.
Elle le laissait faire et n'y comprenait rien,
Sinon qu'elle était belle, et qu'elle l'aimait bien.
Elle lui répondit : « Pourquoi m'as-tu chassée ?
Si je te déplaisais, que ne m'as-tu laissée ?
N'as-tu rien dans le cœur de m'avoir pris le mien ? »

IX

Elle s'en fut au port, et s'assit en silence.
Tenant son petit sac, et n'osant murmurer.
Mais quand elle se sentit sur cette mer immense
Le vaisseau s'émouvoir et les vents soupirer,
Le cœur lui défaillit, et perdant l'espérance,
Elle baissa son voile et se prit à pleurer.

X[4]

Il arriva qu'alors six jeunes Africaines
Entraient dans un bazar, les bras chargés de chaînes.
Sur les tapis de soie un vieux juif étalait
Ces beaux poissons dorés, pris d'un coup de filet.
La foule trépignait, les cages étaient pleines,
Et la chair marchandée au soleil se tordait.

XI

Par un double hasard Hassan vint à paraître.
Namouna se leva, s'en fut trouver le vieux :
« Je suis blonde, dit-elle, et je pourrais peut-être
Me vendre un peu plus cher avec de faux cheveux.
Mais je ne voudrais pas qu'on pût me reconnaître.
Peignez-moi les sourcils, le visage et les yeux. »

XII

Alors, comme autrefois Constance pour Camille,
Elle prit son poignard et coupa ses habits.
« Vendez-moi maintenant, dit-elle, et, pour le prix,
Nous n'en parlerons pas. » Ainsi la pauvre fille
Vint reprendre sa chaîne aux barreaux d'une grille,
Et rapporter son cœur aux yeux qui l'avaient pris.

XIII

Et si la vérité ne m'était pas sacrée,
Je vous dirais qu'Hassan racheta Namouna;
Qu'au lit de son amant le juif la ramena;
Qu'on reconnut trop tard cette tête adorée;
Et cette douce nuit qu'elle avait espérée,
Que pour prix de ses maux le ciel la lui donna.

XIV

Je vous dirais surtout qu'Hassan dans cette affaire
Sentit que tôt ou tard la femme avait son tour,
Et que l'amour de soi ne vaut pas l'autre amour.
Mais le hasard peut tout, — et ce qu'on lui voit faire
Nous a souvent appris que le bonheur sur terre
Peut n'avoir qu'une nuit, comme la gloire un jour.

POÉSIES NOUVELLES

ROLLA[1]

I

Regrettez-vous le temps où le ciel sur la terre
Marchait et respirait dans un peuple de dieux[2];
Où Vénus Astarté[3], fille de l'onde amère,
Secouait, vierge encor, les larmes de sa mère,
Et fécondait le monde en tordant ses cheveux?
Regrettez-vous le temps où les Nymphes lascives[4]
Ondoyaient au soleil parmi les fleurs[5] des eaux,
Et d'un éclat de rire agaçaient sur les rives
Les Faunes indolents couchés dans les roseaux?
Où les sources tremblaient des baisers de Narcisse?
Où, du nord au midi, sur la création
Hercule promenait l'éternelle justice,
Sous son manteau sanglant, taillé dans un lion[6];
Où les Sylvains moqueurs, dans l'écorce des chênes[7],
Avec les rameaux verts se balançaient au vent,
Et sifflaient dans l'écho la chanson du passant;
Où tout était divin, jusqu'aux douleurs humaines[8];
Où le monde adorait ce qu'il tue aujourd'hui;
Où quatre mille dieux n'avaient pas un athée[9];
Où tout était heureux, excepté Prométhée,
Frère aîné de Satan, qui tomba comme lui[10]?
— Et quand tout fut changé, le ciel, la terre et l'homme,
Quand le berceau du monde en devint le cercueil,
Quand l'ouragan du Nord sur les débris de Rome
De sa sombre avalanche étendit le linceul[11], —

Regrettez-vous le temps où d'un siècle barbare
Naquit un siècle d'or, plus fertile et plus beau?
Où le vieil univers fendit avec Lazare
De son front rajeuni la pierre du tombeau?
Regrettez-vous le temps où nos vieilles romances
Ouvraient leurs ailes d'or vers leur monde enchanté?
Où tous nos monuments et toutes nos croyances

Portaient le manteau blanc de leur virginité ?
Où, sous la main du Christ, tout venait de renaître ?
Où le palais du prince, et la maison du prêtre,
Portant la même croix sur leur front radieux,
Sortaient de la montagne en regardant les cieux ?
Où Cologne et Strasbourg, Notre-Dame et Saint-Pierre,
S'agenouillant au loin dans leurs robes de pierre,
Sur l'orgue universel des peuples prosternés
Entonnaient l'hosanna des siècles nouveau-nés ?
Le temps où se faisait tout ce qu'a dit l'histoire ;
Où sur les saints autels les crucifix d'ivoire
Ouvraient des bras sans tache et blancs comme le lait[12] ;
Où la Vie était jeune, — où la Mort espérait ?

Ô Christ ! je ne suis pas de ceux que la prière[13]
Dans tes temples muets amène à pas tremblants ;
Je ne suis pas de ceux qui vont à ton Calvaire,
En se frappant le cœur, baiser tes pieds sanglants ;
Et je reste debout sous tes sacrés portiques,
Quand ton peuple fidèle, autour des noirs arceaux,
Se courbe en murmurant sous le vent des cantiques,
Comme au souffle du nord un peuple de roseaux.
Je ne crois pas, ô Christ ! à ta parole sainte :
Je suis venu trop tard dans un monde trop vieux.
D'un siècle sans espoir naît un siècle sans crainte ;
Les comètes du nôtre ont dépeuplé les cieux[14].
Maintenant le hasard promène au sein des ombres
De leurs illusions les mondes réveillés ;
L'esprit des temps passés, errant sur leurs décombres,
Jette au gouffre éternel tes anges mutilés.
Les clous du Golgotha te soutiennent à peine ;
Sous ton divin tombeau le sol s'est dérobé :
Ta gloire est morte, ô Christ ! et sur nos croix d'ébène
Ton cadavre céleste en poussière est tombé !

Eh bien ! qu'il soit permis d'en baiser la poussière[15]
Au moins crédule enfant de ce siècle sans foi,
Et de pleurer, ô Christ ! sur cette froide terre
Qui vivait de ta mort, et qui mourra sans toi !
Oh ! maintenant, mon Dieu, qui lui rendra la vie ?
Du plus pur de ton sang tu l'avais rajeunie ;
Jésus, ce que tu fis, qui jamais le fera ?
Nous, vieillards nés d'hier, qui nous rajeunira ?

Nous sommes aussi vieux qu'au jour de ta naissance.
Nous attendons autant, nous avons plus perdu.
Plus livide et plus froid, dans son cercueil immense
Pour la seconde fois Lazare est étendu.
Où donc est le Sauveur pour entr'ouvrir nos tombes ?
Où donc le vieux saint Paul haranguant les Romains,
Suspendant tout un peuple à ses haillons divins ?
Où donc est le Cénacle ? où donc les Catacombes ?
Avec qui marche donc l'auréole de feu [16] ?
Sur quels pieds tombez-vous, parfums de Madeleine [17] ?
Où donc vibre dans l'air une voix plus qu'humaine ?
Qui de nous, qui de nous va devenir un Dieu ?
La Terre est aussi vieille, aussi dégénérée,
Elle branle une tête aussi désespérée
Que lorsque Jean parut sur le sable des mers [18],
Et que la moribonde, à sa parole sainte,
Tressaillant tout à coup comme une femme enceinte,
Sentit bondir en elle un nouvel univers.
Les jours sont revenus de Claude et de Tibère ;
Tout ici, comme alors, est mort avec le temps,
Et Saturne est au bout du sang de ses enfants ;
Mais l'espérance humaine est lasse d'être mère,
Et le sein tout meurtri d'avoir tant allaité,
Elle fait son repos de sa stérilité.

II

De tous les débauchés de la ville du monde [19]
Où le libertinage est à meilleur marché,
De la plus vieille en vice et de la plus féconde,
Je veux dire Paris, — le plus grand débauché
Était Jacques Rolla. — Jamais, dans les tavernes,
Sous les rayons tremblants des blafardes lanternes,
Plus indocile enfant ne s'était accoudé
Sur une table chaude ou sur un coup de dé.
Ce n'était pas Rolla qui gouvernait sa vie,
C'étaient ses passions ; — il les laissait aller
Comme un pâtre assoupi regarde l'eau couler.
Elles vivaient ; — son corps était l'hôtellerie
Où s'étaient attablés ces pâles voyageurs ;
Tantôt pour y briser les lits et les murailles,
Pour s'y chercher dans l'ombre, et s'ouvrir les entrailles,
Comme des cerfs en rut et des gladiateurs ;

Tantôt pour y chanter, en s'enivrant ensemble,
Comme de gais oiseaux qu'un coup de vent rassemble,
Et qui, pour vingt amours, n'ont qu'un arbuste en fleurs.
Le père de Rolla, gentillâtre imbécile,
L'avait fait élever comme un riche héritier,
Sans songer que lui-même, à sa petite ville,
Il avait de son bien mangé plus de moitié.
En sorte que Rolla, par un beau soir d'automne,
Se vit à dix-neuf ans maître de sa personne, —
Et n'ayant dans la main ni talent ni métier.
Il eût trouvé d'ailleurs tout travail impossible;
Un gagne-pain quelconque, un métier de valet,
Soulevait sur sa lèvre un rire inextinguible.
Ainsi, mordant à même au peu qu'il possédait,
Il resta grand seigneur tel que Dieu l'avait fait.

Hercule, fatigué de sa tâche éternelle,
S'assit un jour, dit-on, entre un double chemin.
Il vit la Volupté qui lui tendait la main :
Il suivit la Vertu, qui lui sembla plus belle [20].
Aujourd'hui rien n'est beau, ni le mal ni le bien.
Ce n'est pas notre temps qui s'arrête et qui doute;
Les siècles, en passant, ont fait leur grande route
Entre les deux sentiers, dont il ne reste rien.

Rolla fit à vingt ans ce qu'avaient fait ses pères.
Ce qu'on voit aux abords d'une grande cité,
Ce sont des abattoirs, des murs, des cimetières;
C'est ainsi qu'en entrant dans la société
On trouve ses égouts. — La virginité sainte
S'y cache à tous les yeux sous une triple enceinte;
On voile la pudeur, mais la corruption
Y baise en plein soleil la prostitution.
Les hommes dans leur sein n'accueillent leur semblable
Que lorsqu'il a trempé dans le fleuve fangeux
L'acier chaste et brûlant du glaive redoutable
Qu'il a reçu du ciel pour se défendre d'eux.

Jacque était grand, loyal, intrépide et superbe.
L'habitude, qui fait de la vie un proverbe,
Lui donnait la nausée. — Heureux ou malheureux,
Il ne fit rien comme elle, et garda pour ses dieux
L'audace et la fierté, qui sont ses sœurs aînées [21].

Il prit trois bourses d'or, et, durant trois années,
Il vécut au soleil sans se douter des lois;
Et jamais fils d'Adam, sous la sainte lumière,
N'a, de l'est au couchant, promené sur la terre
Un plus large mépris des peuples et des rois.

Seul il marchait tout nu dans cette mascarade
Qu'on appelle la vie, en y parlant tout haut,
Tel que la robe d'or du jeune Alcibiade [22],
Son orgueil indolent, du palais au ruisseau,
Traînait derrière lui comme un royal manteau.

Ce n'était pour personne un objet de mystère
Qu'il eût trois ans à vivre et qu'il mangeât son bien.
Le monde souriait en le regardant faire,
Et lui, qui le faisait, disait à l'ordinaire
Qu'il se ferait sauter quand il n'aurait plus rien.

C'était un noble cœur, naïf comme l'enfance,
Bon comme la pitié, grand comme l'espérance.
Il ne voulut jamais croire à sa pauvreté.
L'armure qu'il portait n'allait pas à sa taille;
Elle était bonne au plus pour un jour de bataille,
Et ce jour-là fut court comme une nuit d'été.

Lorsque dans le désert la cavale sauvage [23],
Après trois jours de marche, attend un jour d'orage
Pour boire l'eau du ciel sur ses palmiers poudreux [24],
Le soleil est de plomb, les palmiers en silence
Sous leur ciel embrasé penchent leurs longs cheveux;
Elle cherche son puits dans le désert immense,
Le soleil l'a séché; sur le rocher brûlant,
Les lions hérissés dorment en grommelant.
Elle se sent fléchir; ses narines qui saignent
S'enfoncent dans le sable, et le sable altéré
Vient boire avidement son sang décoloré.
Alors elle se couche, et ses grands yeux s'éteignent,
Et le pâle désert roule sur son enfant
Les flots silencieux de son linceul mouvant.

Elle ne savait pas, lorsque les caravanes
Avec leurs chameliers passaient sous les platanes,
Qu'elle n'avait qu'à suivre et qu'à baisser le front,

Pour trouver à Bagdad de fraîches écuries,
Des râteliers dorés, des luzernes fleuries,
Et des puits dont le ciel n'a jamais vu le fond.
Si Dieu nous a tirés tous de la même fange,
Certe [25], il a dû pétrir dans une argile étrange
Et sécher aux rayons d'un soleil irrité
Cet être, quel qu'il soit, ou l'aigle, ou l'hirondelle,
Qui ne saurait plier ni son cou ni son aile,
Et qui n'a pour tout bien qu'un mot : la liberté [26].

III

Est-ce sur de la neige, ou sur une statue,
Que cette lampe d'or, dans l'ombre suspendue,
Fait onduler l'azur de ce rideau tremblant?
Non, la neige est plus pâle, et le marbre est moins blanc.
C'est un enfant qui dort. — Sur ses lèvres ouvertes
Voltige par instants, un faible et doux soupir;
Un soupir plus léger que ceux des algues vertes
Quand, le soir, sur les mers voltige le zéphyr,
Et que, sentant fléchir ses ailes embaumées
Sous les baisers ardents de ses fleurs bien-aimées,
Il boit sur ses bras nus les perles des roseaux.

C'est un enfant qui dort sous ces épais rideaux,
Un enfant de quinze ans, — presque une jeune femme;
Rien n'est encor formé dans cet être charmant.
Le petit chérubin qui veille sur son âme
Doute s'il est son frère ou s'il est son amant.
Ses longs cheveux épars la couvrent tout entière.
La croix de son collier repose dans sa main,
Comme pour témoigner qu'elle a fait sa prière,
Et qu'elle va la faire en s'éveillant demain.

Elle dort, regardez : — quel front noble et candide!
Partout, comme un lait pur sur une onde limpide,
Le ciel sur la beauté répandit la pudeur.
Elle dort toute nue et la main sur son cœur.
N'est-ce pas que la nuit la rend encor plus belle?
Que ces molles clartés palpitent autour d'elle,
Comme si, malgré lui, le sombre Esprit du soir
Sentait sur ce beau corps frémir son manteau noir?

Les pas silencieux du prêtre dans l'enceinte
Font tressaillir le cœur d'une terreur moins sainte,
Ô vierge! que le bruit de tes soupirs légers.
Regardez cette chambre et ces frais orangers,
Ces livres, ce métier, cette branche bénite
Qui se penche en pleurant sur ce vieux crucifix;
Ne chercherait-on pas le rouet de Marguerite
Dans ce mélancolique et chaste paradis[27]?
N'est-ce pas qu'il est pur, le sommeil de l'enfance?
Que le ciel lui donna sa beauté pour défense?
Que l'amour d'une vierge est une piété
Comme l'amour céleste, et qu'en approchant d'elle,
Dans l'air qu'elle respire on sent frissonner l'aile
Du séraphin jaloux qui veille à son côté?

Si ce n'est pas ta mère, ô pâle jeune fille!
Quelle est donc cette femme assise à ton chevet,
Qui regarde l'horloge et l'âtre qui pétille,
En secouant la tête et d'un air inquiet?
Qu'attend-elle si tard? — Pour qui, si c'est ta mère,
S'en va-t-elle entr'ouvrir, depuis quelques instants,
Ta porte et ton balcon... si ce n'est pour ton père?
Et ton père, Marie, est mort depuis longtemps.
Pour qui donc ces flacons, cette table fumante,
Que, de ses propres mains, elle vient de servir?
Pour qui donc ces flambeaux, et qui donc va venir?...
Qui que ce soit, tu dors, tu n'es pas son amante.
Les songes de tes nuits sont plus purs que le jour,
Et trop jeunes encor pour te parler d'amour.

À qui donc ce manteau que cette femme essuie;
Il est couvert de boue et dégouttant de pluie;
C'est le tien, Maria, c'est celui d'un enfant.
Tes cheveux sont mouillés. Tes mains et ton visage
Sont devenus vermeils au froid souffle du vent.
Où donc t'en allais-tu par cette nuit d'orage?
Cette femme n'est pas ta mère, assurément.

Silence! on a parlé. Des femmes inconnues
Ont entr'ouvert la porte, — et d'autres, demi-nues,
Les cheveux en désordre et se traînant aux murs,
Traversaient en sueur des corridors obscurs.
Une lampe a bougé; — les restes d'une orgie,

Aux dernières lueurs de sa morne clarté,
Sont apparus au fond d'un boudoir écarté.
Les verres se heurtaient sur la nappe rougie;
La porte est retombée au bruit d'un rire affreux[28].
C'est une vision, n'est-il pas vrai, Marie?
C'est un rêve insensé qui m'a frappé les yeux.
Tout repose, tout dort; — cette femme est ta mère.
C'est le parfum des fleurs, c'est une huile légère
Qui baigne tes cheveux, et la chaste rougeur
Qui couvre ton beau front vient du sang de ton cœur.

Silence! quelqu'un frappe, — et, sur les dalles sombres,
Un pas retentissant fait tressaillir la nuit.
Une lueur tremblante approche avec deux ombres...
C'est toi, maigre Rolla? que viens-tu faire ici?

Ô Faust! n'étais-tu pas prêt à quitter la terre
Dans cette nuit d'angoisse où l'archange déchu,
Sous son manteau de feu, comme une ombre légère,
T'emporta dans l'espace à ses pieds suspendu[29]?
N'avais-tu pas crié ton dernier anathème,
Et, quand tu tressaillis au bruit des chants sacrés[30],
N'avais-tu pas frappé, dans ton dernier blasphème,
Ton front sexagénaire à tes murs délabrés?
Oui, le poison tremblait sur ta lèvre livide[31];
La Mort, qui t'escortait dans tes œuvres sans nom,
Avait à tes côtés descendu jusqu'au fond
La spirale sans fin de ton long suicide;
Et, trop vieux pour s'ouvrir, ton cœur s'était brisé,
Comme un roc, en hiver, par la froidure usé.
Ton heure était venue, athée à barbe grise;
L'arbre de ta science était déraciné.
L'ange exterminateur te vit avec surprise
Faire jaillir encor, pour te vendre au Damné,
Une goutte de sang de ton bras décharné[32].
Oh! sur quel océan, sur quelle grotte obscure,
Sur quel bois d'aloès et de frais oliviers,
Sur quelle neige intacte au sommet des glaciers,
Souffle-t-il à l'aurore une brise aussi pure,
Un vent d'est aussi plein des larmes du printemps,
Que celui qui passa sur ta tête blanchie,
Quand le ciel te donna de ressaisir la vie
Au manteau virginal d'un enfant de quinze ans?

Quinze ans! ô Roméo! l'âge de Juliette!
L'âge où vous vous aimiez! où le vent du matin,
Sur l'échelle de soie³³, au chant de l'alouette,
Berçait vos longs baisers et vos adieux sans fin!
Quinze ans! — l'âge céleste où l'arbre de la vie,
Sous la tiède oasis du désert embaumé,
Baigne ses fruits dorés de myrrhe et d'ambroisie,
Et, pour féconder l'air comme un palmier d'Asie,
N'a qu'à jeter au vent son voile parfumé³⁴!
Quinze ans! — l'âge où la femme, au jour de sa naissance,
Sortit des mains de Dieu si blanche d'innocence,
Si riche de beauté, que son père immortel
De ses phalanges d'or en fit l'âge éternel!

Oh! la fleur de l'Éden, pourquoi l'as-tu fanée,
Insouciante enfant, belle Ève aux blonds cheveux?
Tout trahir et tout perdre était ta destinée;
Tu fis ton Dieu mortel, et tu l'en aimas mieux.
Qu'on te rende le ciel, tu le perdras encore.
Tu sais trop bien qu'ailleurs c'est toi que l'homme adore;
Avec lui de nouveau tu voudrais t'exiler,
Pour mourir sur son cœur, et pour l'en consoler!
Rolla considérait d'un œil mélancolique
La belle Marion dormant dans son grand lit;
Je ne sais quoi d'horrible et presque diabolique
Le faisait jusqu'aux os frissonner malgré lui.
Marion coûtait cher. — Pour lui payer sa nuit,
Il avait dépensé sa dernière pistole.
Ses amis le savaient. Lui-même, en arrivant,
Il s'était pris la main et donné sa parole
Que personne, au grand jour, ne le verrait vivant.
Trois ans, — les trois plus beaux de la belle jeunesse, —
Trois ans de volupté, de délire et d'ivresse,
Allaient s'évanouir comme un songe léger,
Comme le chant lointain d'un oiseau passager.
Et cette triste nuit, — nuit de mort, — la dernière, —
Celle où l'agonisant fait encor sa prière,
Quand sa lèvre est muette, — où, pour le condamné,
Tout est si près de Dieu, que tout est pardonné, —
Il venait la passer chez une fille infâme,
Lui, chrétien, homme, fils d'un homme! Et cette femme,
Cet être misérable, un brin d'herbe, un enfant,
Sur son cercueil ouvert dormait en l'attendant.

Ô chaos éternel! prostituer l'enfance!
Ne valait-il pas mieux, sur ce lit sans défense,
Balafrer ce beau corps au tranchant d'une faux!
Prendre ce cou de neige et lui tordre les os?
Ne valait-il pas mieux lui poser sur la face
Un masque de chaux vive avec un gant de fer,
Que d'en faire un ruisseau limpide à la surface,
Réfléchissant les fleurs et l'étoile qui passe,
Et d'en salir le fond des poisons de l'enfer?

Oh! qu'elle est belle encor! quel trésor, ô nature!
Oh! quel premier baiser l'Amour se préparait[35]!
Quels doux fruits eût portés, quand sa fleur sera mûre,
Cette beauté céleste, et quelle flamme pure
Sur cette chaste lampe un jour s'éveillerait[36]!

Pauvreté! pauvreté! c'est toi la courtisane.
C'est toi qui dans ce lit as poussé cet enfant
Que la Grèce eût jeté sur l'autel de Diane!
Regarde, — elle a prié ce soir en s'endormant...
Prié! — Qui donc, grand Dieu! C'est toi qu'en cette vie
Il faut qu'à deux genoux elle conjure et prie;
C'est toi qui, chuchotant dans le souffle du vent,
Au milieu des sanglots d'une insomnie amère,
Es venue un beau soir murmurer à sa mère :
« Ta fille est belle et vierge, et tout cela se vend! »
Pour aller au sabbat, c'est toi qui l'as lavée,
Comme on lave les morts pour les mettre au tombeau;
C'est toi qui, cette nuit, quand elle est arrivée,
Aux lueurs des éclairs, courais sous son manteau!
Hélas! qui peut savoir pour quelle destinée,
En lui donnant du pain, peut-être elle était née?
D'un être sans pudeur ce n'est pas là le front.
Rien d'impur ne germait sous cette fraîche aurore.
Pauvre fille! à quinze ans ses sens dormaient encore,
Son nom était Marie, et non pas Marion[37].
Ce qui l'a dégradée, hélas! c'est la misère,
Et non l'amour et l'or. — Telle que la voilà
Sous les rideaux honteux de ce hideux repaire[38],
Dans cet infâme lit, elle donne à sa mère,
En rentrant au logis, ce qu'elle a gagné là.

Vous ne la plaignez pas, vous, femmes de ce monde!

Vous qui vivez gaiement dans une horreur profonde
De tout ce qui n'est pas riche et gai comme vous!
Vous ne la plaignez pas, vous, mères de familles,
Qui poussez les verrous aux portes de vos filles,
Et cachez un amant sous le lit de l'époux!
Vos amours sont dorés, vivants et poétiques;
Vous en parlez, du moins, — vous n'êtes pas publiques.
Vous n'avez jamais vu le spectre de la Faim
Soulever en chantant les draps de votre couche,
Et, de sa lèvre blême effleurant votre bouche,
Demander un baiser pour un morceau de pain.

Ô mon siècle! est-il vrai que ce qu'on te voit faire
Se soit vu de tout temps? Ô fleuve impétueux!
Tu portes à la mer des cadavres hideux;
Ils flottent en silence, — et cette vieille terre,
Qui voit l'humanité vivre et mourir ainsi,
Autour de son soleil tournant dans son orbite,
Vers son père immortel n'en monte pas plus vite,
Pour tâcher de l'atteindre et de s'en plaindre à lui [39].
Eh bien, lève-toi donc, puisqu'il en est ainsi,
Lève-toi, les seins nus, belle prostituée.
Le vin coule et pétille, et la brise du soir
Berce tes rideaux blancs dans ton joyeux miroir.
C'est une belle nuit, — c'est moi qui l'ai payée.
Le Christ à son souper sentit moins de terreur [40]
Que je ne sens au mien de gaieté dans le cœur.
Allons! vive l'amour que l'ivresse accompagne!
Que tes baisers brûlants sentent le vin d'Espagne!
Que l'esprit du vertige et des bruyants repas
À l'ange du plaisir nous porte dans ses bras!
Allons! chantons Bacchus, l'amour et la folie!
Buvons au temps qui passe, à la mort, à la vie!
Oublions et buvons; — vive la liberté!
Chantons l'or et la nuit, la vigne et la beauté [41]!

IV

Dors-tu content, Voltaire, et ton hideux sourire [42]
Voltige-t-il encor sur tes os décharnés?
Ton siècle était, dit-on, trop jeune pour te lire;
Le nôtre doit te plaire, et tes hommes sont nés.
Il est tombé sur nous, cet édifice immense [43]

Que de tes larges mains tu sapais nuit et jour.
La Mort devait t'attendre avec impatience,
Pendant quatre-vingts ans que tu lui fis ta cour;
Vous devez vous aimer d'un infernal amour.
Ne quittes-tu jamais la couche nuptiale
Où vous vous embrassez dans les vers du tombeau,
Pour t'en aller tout seul promener ton front pâle
Dans un cloître désert ou dans un vieux château?
Que te disent alors tous ces grands corps sans vie,
Ces murs silencieux, ces autels désolés,
Que pour l'éternité ton souffle a dépeuplés?
Que te disent les croix? que te dit le Messie?
Oh! saigne-t-il encor, quand, pour le déclouer,
Sur son arbre tremblant, comme une fleur flétrie,
Ton spectre dans la nuit revient le secouer?
Crois-tu ta mission dignement accomplie,
Et comme l'Éternel, à la création,
Trouves-tu que c'est bien, et que ton œuvre est bon "?
Au festin de mon hôte alors je te convie.
Tu n'as qu'à te lever; — quelqu'un soupe ce soir
Chez qui le Commandeur peut frapper et s'asseoir ".

Entends-tu soupirer ces enfants qui s'embrassent?
On dirait, dans l'étreinte où leurs bras nus s'enlacent,
Par une double vie un seul corps animé.
Des sanglots inouïs, des plaintes oppressées,
Ouvrent en frissonnant leurs lèvres insensées.
En les baisant au front le Plaisir s'est pâmé.
Ils sont jeunes et beaux, et, rien qu'à les entendre,
Comme un pavillon d'or le ciel devrait descendre :
Regarde! — ils n'aiment pas, ils n'ont jamais aimé.

Où les ont-ils appris, ces mots si pleins de charmes,
Que la volupté seule, au milieu de ses larmes,
A le droit de répandre et de balbutier?
Ô femme! étrange objet de joie et de supplice "!
Mystérieux autel où, dans le sacrifice,
On entend tour à tour blasphémer et prier!
Dis-moi, dans quel écho, dans quel air vivent-elles,
Ces paroles sans nom, et pourtant éternelles,
Qui ne sont qu'un délire, et depuis cinq mille ans
Se suspendent encore aux lèvres des amants?

Ô profanation! point d'amour, et deux anges!
Deux cœurs purs comme l'or, que les saintes phalanges
Porteraient à leur père en voyant leur beauté!
Point d'amour! et des pleurs! et la nuit qui murmure,
Et le vent qui frémit, et toute la nature
Qui pâlit de plaisir, qui boit la volupté!
Et des parfums fumants, et des flacons à terre,
Et des baisers sans nombre, et peut-être, ô misère!
Un malheureux de plus qui maudira le jour...
Point d'amour! et partout le spectre de l'amour!

Cloîtres silencieux, voûtes des monastères [47],
C'est vous, sombres caveaux, vous qui savez aimer!
Ce sont vos froides nefs, vos pavés et vos pierres,
Que jamais lèvre en feu n'a baisés sans pâmer.
Oh! venez donc rouvrir vos profondes entrailles
À ces deux enfants-là qui cherchent le plaisir
Sur un lit qui n'est bon qu'à dormir ou mourir;
Frappez-leur donc le cœur sur vos saintes murailles.
Que la haire sanglante y fasse entrer ses clous.
Trempez-leur donc le front dans les eaux baptismales,
Dites-leur donc un peu ce qu'avec leurs genoux
Il leur faudrait user de pierres sépulcrales
Avant de soupçonner qu'on aime comme vous!

Oui, c'est un vaste amour qu'au fond de vos calices
Vous buviez à plein cœur, moines mystérieux!
La tête du Sauveur errait sur vos cilices
Lorsque le doux sommeil avait fermé vos yeux,
Et, quand l'orgue chantait aux rayons de l'aurore,
Dans vos vitraux dorés vous la cherchiez encore.
Vous aimiez ardemment! oh! vous étiez heureux!

Vois-tu, vieil Arouet? cet homme plein de vie,
Qui de baisers ardents couvre ce sein si beau,
Sera couché demain dans un étroit tombeau.
Jetterais-tu sur lui quelques regards d'envie?
Sois tranquille, il t'a lu. Rien ne peut lui donner
Ni consolation ni lueur d'espérance.
Si l'incrédulité devient une science,
On parlera de Jacque, et, sans la profaner,
Dans ta tombe, ce soir, tu pourrais l'emmener.

Penses-tu cependant que si quelque croyance,
Si le plus léger fil le retenait encor,
Il viendrait sur ce lit prostituer sa mort?
Sa mort. — Ah! laisse-lui la plus faible pensée
Qu'elle n'est qu'un passage à quelque lieu d'horreur,
Au plus affreux, qu'importe? Il n'en aura pas peur;
Il la relèvera, la jeune fiancée,
Il la regardera dans l'espace élancée,
Porter au Dieu vivant la clef d'or de son cœur "!

Voilà pourtant ton œuvre, Arouet, voilà l'homme
Tel que tu l'as voulu. — C'est dans ce siècle-ci,
C'est d'hier seulement qu'on peut mourir ainsi.
Quand Brutus s'écria sur les débris de Rome :
« Vertu, tu n'es qu'un nom! » il ne blasphéma pas ⁴⁹.
Il avait tout perdu, sa gloire et sa patrie,
Son beau rêve adoré, sa liberté chérie,
Sa Portia, son Cassius ⁵⁰, son sang et ses soldats;
Il ne voulait plus croire aux choses de la terre.
Mais, quand il se vit seul, assis sur une pierre,
En songeant à la mort, il regarda les cieux ⁵¹.
Il n'avait rien perdu dans cet espace immense;
Son cœur y respirait un air plein d'espérance;
Il lui restait encor son épée et ses dieux.
Et que nous reste-t-il, à nous, les déicides?
Pour qui travailliez-vous, démolisseurs stupides,
Lorsque vous disséquiez le Christ sur son autel?
Que vouliez-vous semer sur sa céleste tombe,
Quand vous jetiez au vent la sanglante colombe
Qui tombe en tournoyant dans l'abîme éternel?
Vous vouliez pétrir l'homme à votre fantaisie;
Vous vouliez faire un monde. — Eh bien, vous l'avez fait.
Votre monde est superbe, et votre homme est parfait!
Les monts sont nivelés, la plaine est éclaircie;
Vous avez sagement taillé l'arbre de vie;
Tout est bien balayé sur vos chemins de fer,
Tout est grand, tout est beau, mais on meurt dans votre air.
Vous y faites vibrer de sublimes paroles;
Elles flottent au loin dans des vents empestés.
Elles ont ébranlé de terribles idoles;
Mais les oiseaux du ciel en sont épouvantés.
L'hypocrisie est morte; on ne croit plus aux prêtres;
Mais la vertu se meurt, on ne croit plus à Dieu.

Le noble n'est plus fier du sang de ses ancêtres ;
Mais il le prostitue au fond d'un mauvais lieu.
On ne mutile plus la pensée et la scène[52],
On a mis au plein vent l'intelligence humaine ;
Mais le peuple voudra des combats de taureau.
Quand on est pauvre et fier, quand on est riche et triste,
On n'est plus assez fou pour se faire trappiste ;
Mais on fait comme Escousse, on allume un réchaud[53].

V

Quand Rolla sur les toits vit le soleil paraître,
Il alla s'appuyer au bord de la fenêtre.
De pesants chariots commençaient à rouler.
Il courba son front pâle, et resta sans parler.
En longs ruisseaux de sang se déchiraient les nues ;
Tel, quand Jésus cria, des main du ciel venues
Fendirent en lambeaux le voile aux plis sanglants[54].

Un groupe délaissé de chanteurs ambulants[55]
Murmurait sur la place une ancienne romance.
Ah ! comme les vieux airs qu'on chantait à douze ans
Frappent droit dans le cœur aux heures de souffrance !
Comme ils dévorent tout ! comme on se sent loin d'eux !
Comme on baisse la tête en les trouvant si vieux !
Sont-ce là tes soupirs, noir Esprit des ruines ?
Ange des souvenirs, sont-ce là tes sanglots ?
Ah ! comme ils voltigeaient, frais et légers oiseaux,
Sur le palais doré des amours enfantines !
Comme ils savent rouvrir les fleurs des temps passés,
Et nous ensevelir, eux qui nous ont bercés !

Rolla se détourna pour regarder Marie.
Elle se trouvait lasse, et s'était rendormie.
Ainsi tous deux fuyaient les cruautés du sort,
L'enfant dans le sommeil, et l'homme dans la mort[56] !

Quand le soleil se lève aux beaux jours de l'automne,
Les neiges sous ses pas paraissent s'embraser.
Les épaules d'argent de la Nuit qui frissonne
Se couvrent de rougeur sous son premier baiser.
Tel frissonne le corps d'une chaste pucelle,
Quand dans les soirs d'été le sang lui porte au cœur.

Tel le moindre désir qui l'effleure de l'aile
Met un voile de pourpre à la sainte pudeur.
Roi du monde, ô soleil! la terre est ta maîtresse;
Ta sœur dans ses bras nus l'endort à ton côté;
Tu n'as voulu pour toi l'éternelle jeunesse
Qu'afin de lui verser l'éternelle beauté!

Vous qui volez là-bas, légères hirondelles,
Dites-moi, dites-moi, pourquoi vais-je mourir?
Oh! l'affreux suicide! oh! si j'avais des ailes,
Par ce beau ciel si pur je voudrais les ouvrir!
Dites-moi, terre et cieux, qu'est-ce donc que l'aurore?
Qu'importe un jour de plus à ce vieil univers?
Dites-moi, verts gazons, dites-moi, sombres mers,
Quand des feux du matin l'horizon se colore,
Si vous n'éprouvez rien, qu'avez-vous donc en vous
Qui fait bondir le cœur et fléchir les genoux?
Ô terre! à ton soleil qui donc t'a fiancée?
Que chantent tes oiseaux? que pleure ta rosée?
Pourquoi de tes amours viens-tu m'entretenir?
Que me voulez-vous tous, à moi qui vais mourir?
Et pourquoi donc *aimer?* Pourquoi ce mot terrible
Revenait-il sans cesse à l'esprit de Rolla?
Quels étranges accords, quelle voix invisible
Venaient le murmurer, quand la mort était là?

À lui, qui, débauché jusques à la folie,
Et dans les cabarets vivant au jour le jour,
Aussi facilement qu'il méprisait la vie
Faisait gloire et métier de mépriser l'amour!
À lui, qui regardait ce mot comme une injure,
Et, comme un vieux soldat vous montre une blessure,
Montrait avec orgueil le rocher de son cœur,
Où n'avait pas germé la plus chétive fleur!
À lui, qui n'avait eu ni logis ni maîtresse,
Qui vivait en plein air, en défiant son sort,
Et qui laissait le vent secouer sa jeunesse,
Comme une feuille sèche au pied d'un arbre mort!

Et maintenant que l'homme avait vidé son verre,
Qu'il venait dans un bouge, à son heure dernière,
Chercher un lit de mort où l'on pût blasphémer;
Quand tout était fini, quand la nuit éternelle

Attendait de ses jours la dernière étincelle,
Qui donc au moribond osait parler d'aimer ?
Lorsque le jeune aiglon, voyant partir sa mère,
En la suivant des yeux s'avance au bord du nid,
Qui donc lui dit alors qu'il peut quitter la terre,
Et sauter dans le ciel déployé devant lui ?
Qui donc lui parle bas, l'encourage et l'appelle ?
Il n'a jamais ouvert sa serre ni son aile;
Il sait qu'il est aiglon; — le vent passe, il le suit.
Il naît sous le soleil des âmes dégradées,
Comme il naît des chacals, des chiens et des serpents,
Qui meurent dans la fange où leurs mères sont nées,
Le ventre tout gonflé de leurs œufs malfaisants.
La nature a besoin de leurs sales lignées,
Pour engraisser la terre autour de ses tombeaux,
Chercher ses diamants, et nourrir ses corbeaux.

Mais, quand elle pétrit ses nobles créatures,
Elle qui voit là-haut comme on vit ici-bas,
Elle sait des secrets qui les font assez pures [58]
Pour que le monde entier ne les lui souille pas.
Le moule en est d'airain, si l'espèce en est rare.
Elle peut les plonger dans ses plus noirs marais;
Elle sait ce que vaut son marbre de Carrare,
Et que les eaux du ciel ne l'entament jamais.

Il peut s'assimiler au débauché vulgaire,
Celui que le ciseau de la commune mère
A taillé dans les flancs de ses plus purs granits.
Il peut pendant trois ans étouffer sa pensée.
Dans la nuit de son cœur la vipère glacée
Déroule tôt ou tard ses anneaux infinis [59].

Nègres de Saint-Domingue, après combien d'années
De farouche silence et de stupidité,
Vos peuplades sans nombre, au soleil enchaînées,
Se sont-elles de terre enfin déracinées
Au souffle de la haine et de la liberté [60] ?
C'est ainsi qu'aujourd'hui s'éveillent tes pensées,
Ô Rolla! c'est ainsi que bondissent tes fers,
Et que devant tes yeux des torches insensées
Courent à l'infini, traversant des déserts.
Écrase maintenant les débris de ta vie:

Écorche tes pieds nus sur tes flacons brisés ;
Et dans le dernier toast de ta dernière orgie,
Étouffe le néant dans tes bras épuisés.
Le néant ! le néant ! vois-tu son ombre immense
Qui ronge le soleil sur son axe enflammé ?
L'ombre gagne ! il s'éteint, — l'éternité commence.
Tu n'aimeras jamais, toi qui n'as point aimé.
Rolla, pâle et tremblant, referma la croisée.
Il brisa sur sa tige un pauvre dahlia.
« J'aime, lui dit la fleur, et je meurs embrasée
Des baisers du zéphir, qui me relèvera.
J'ai jeté loin de moi, quand je me suis parée,
Les éléments impurs qui souillaient ma fraîcheur.
Il m'a baisée au front dans ma robe dorée ;
Tu peux m'épanouir, et me briser le cœur. »

J'aime ! — voilà le mot que la nature entière
Crie au vent qui l'emporte, à l'oiseau qui le suit !
Sombre et dernier soupir que poussera la terre
Quand elle tombera dans l'éternelle nuit !
Oh ! vous le murmurez dans vos sphères sacrées,
Étoiles du matin, ce mot triste et charmant !
La plus faible de vous, quand Dieu vous a créées,
A voulu traverser les plaines éthérées,
Pour chercher le soleil, son immortel amant.
Elle s'est élancée au sein des nuits profondes.
Mais une autre l'aimait elle-même ; — et les mondes
Se sont mis en voyage autour du firmament [61].

Jacque était immobile, et regardait Marie.
Je ne sais ce qu'avait cette femme endormie
D'étrange dans ses traits, de grand, de *déjà vu*.
Il se sentait frémir d'un frisson inconnu [62].
N'était-ce pas sa sœur, cette prostituée ?
Les murs de cette chambre obscure et délabrée
N'étaient-ils pas aussi faits pour l'ensevelir ?
Ne la sentait-il pas souffrir de sa torture,
Et saigner des douleurs dont il allait mourir ?

« Oui, dans cette chétive et douce créature,
La Résignation marche à pas languissants.
La souffrance est ma sœur, — oui, voilà la statue
Que je devais trouver sur ma tombe étendue,

Dormant d'un doux sommeil tandis que j'y descends.
Oh! ne t'éveille pas! ta vie est à la terre,
Mais ton sommeil est pur, — ton sommeil est à Dieu!
Laisse-moi le baiser sur ta longue paupière;
C'est à lui, pauvre enfant, que je veux dire adieu;
Lui qui n'a pas vendu sa robe d'innocence;
Lui que je puis aimer, et n'ai point acheté;
Lui qui se croit encore aux jours de ton enfance,
Lui qui rêve! — et qui n'a de toi que la beauté[63].

Ô mon Dieu! n'est-ce pas une forme angélique
Qui flotte mollement sous ce rideau léger?
S'il est vrai que l'amour, ce cygne passager,
N'ait besoin, pour dorer son chant mélancolique,
Que des contours divins de la réalité,
Et de ce qui voltige autour de la beauté;
S'il est vrai qu'ici-bas on le trompe sans cesse,
Et que lui qui le sait, de peur de se guérir,
Doive éternellement ne prendre à sa maîtresse
Que les illusions qu'il lui faut pour souffrir;
Qu'ai-je à chercher ailleurs? la jeunesse et la vie
Ne sont-elles pas là dans toute leur fraîcheur?
Amour! tu peux venir. Que t'importe Marie?
Pendant que sur sa tige elle est épanouie,
Si tu n'es qu'un parfum, sors de ta triste fleur! »

Lentement, doucement, à côté de Marie,
Les yeux sur ses yeux bleus, leur fraîche haleine unie,
Rolla s'était couché : son regard assoupi
Flottait, puis remontait, puis mourait malgré lui.
Marie en soupirant entr'ouvrit sa paupière.
« Je faisais, lui dit-elle, un rêve singulier :
J'étais là, dans ce lit, je croyais m'éveiller;
La chambre me semblait comme un grand cimetière
Tout plein de tertres verts et de vieux ossements.
Trois hommes dans la neige apportaient une bière;
Ils la posèrent là pour faire leur prière;
Puis la bière s'ouvrit, et je vous vis dedans.
Un gros flot de sang noir vous coulait sur la face.
Vous vous êtes levé pour venir à mon lit;
Vous m'avez pris la main, et puis vous avez dit :
« Qu'est-ce que tu fais là? pourquoi prends-tu ma place?»
Alors j'ai regardé, j'étais sur un tombeau.

— Vraiment? répondit Jacque; eh bien, ma chère amie,
Ton rêve est assez vrai, du moins, s'il n'est pas beau.
Tu n'auras pas besoin demain d'être endormie
Pour en voir un pareil; je me tuerai ce soir. »

Marie en souriant regarda son miroir.
Mais elle y vit Rolla si pâle derrière elle,
Qu'elle en resta muette et plus pâle que lui.
« Ah! dit-elle, en tremblant, qu'avez-vous aujourd'hui?
— Ce que j'ai? dit Rolla, tu ne sais pas, ma belle,
Que je suis ruiné depuis hier au soir?
C'est pour te dire adieu que je venais te voir.
Tout le monde le sait, il faut que je me tue.
— Vous avez donc joué? — Non, je suis ruiné.
— Ruiné? » dit Marie. Et, comme une statue,
Elle fixait à terre un grand œil étonné.
« Ruiné? ruiné? vous n'avez pas de mère?
Pas d'amis? de parents? personne sur la terre?
Vous voulez vous tuer? pourquoi vous tuez-vous? »
Elle se retourna sur le bord de sa couche.
Jamais son doux regard n'avait été si doux.
Deux ou trois questions flottèrent sur sa bouche;
Mais, n'osant pas les faire, elle s'en vint poser
Sa tête sur la sienne et lui prit un baiser.
« Je voudrais pourtant bien te faire une demande,
Murmura-t-elle enfin : moi je n'ai pas d'argent [64],
Et, sitôt que j'en ai, ma mère me le prend.
Mais j'ai mon collier d'or, veux-tu que je le vende?
Tu prendras ce qu'il vaut, et tu l'iras jouer. »

Rolla lui répondit par un léger sourire.
Il prit un flacon noir qu'il vida sans rien dire;
Puis, se penchant sur elle, il baisa son collier.
Quand elle souleva sa tête appesantie,
Ce n'était déjà plus qu'un être inanimé.
Dans ce chaste baiser son âme était partie,
Et, pendant un moment, tous deux avaient aimé [65].

UNE BONNE FORTUNE[1]

I

C'est un fait reconnu, qu'une bonne fortune
Est un sujet divin pour un in-octavo.
Ainsi donc, bravement, je vais en conter une;
Le scandale est de mode; il se relie en veau.
C'est un goût naturel, qui va jusqu'à la Lune:
Depuis Endymion, on sait ce qu'elle vaut [2].

II

Ce qu'on fait maintenant, on le dit; et la cause
En est bien excusable : on fait si peu de chose!
Mais, si peu qu'il ait fait, chacun trouve à son gré
De le voir par écrit dûment enregistré;
Chacun sait aujourd'hui quand il fait de la prose;
Le siècle est, à vrai dire, un mandarin lettré.

III

Il faut en convenir, l'antique Modestie
Faisait bâiller son monde, et nous n'y tenions plus.
Grâce à Dieu, pour New-York elle est enfin partie;
C'était un vieux rameau de l'arbre de la vie :
Et tant de pauvres gens, d'ailleurs, s'y sont pendus,
Qu'il n'est pas étonnant qu'elle ait les bras rompus.

IV

Le scandale, au contraire, a cela d'admirable,
Qu'étant vieux comme Hérode, il est toujours nouveau.
Que voilà cinq mille ans qu'on le trouve adorable :
Toujours frais, toujours gai, vrai Tithon de la Fable [3],
Que l'Aurore, au lever, rend plus jeune et plus beau,
Et que Vénus, le soir, endort dans un berceau.

V

Apprenez donc, lecteur, que je viens d'Allemagne.
Vous savez, en été, comme on s'ennuie ici;
En outre, pour mon compte, ayant quelque souci,
Je m'en fus prendre à Bade un semblant de campagne.
(Bade est un parc anglais fait sur une montagne,
Ayant quelque rapport avec Montmorency.)

VI

Vers le mois de juillet, quiconque a de l'usage
Et porte du respect au boulevard de Gand,
Sait que le vrai bon ton ordonne absolument
À tout être créé possédant équipage
De se précipiter sur ce petit village,
Et de s'y bousculer impitoyablement.

VII

Les dames de Paris savent par la gazette
Que l'air de Bade est noble, et parfaitement sain.
Comme on va chez Herbault faire un peu de toilette ',
On fait de la santé là-bas; c'est une emplette :
Des roses au visage, et de la neige au sein;
Ce qui n'est défendu par aucun médecin.

VIII

Bien entendu, d'ailleurs, que le but du voyage
Est de prendre les eaux; c'est un compte réglé.
D'eau, je n'en ai point vu lorsque j'y suis allé;
Mais qu'on en puisse voir, je n'en mets rien en gage;
Je crois même, en honneur, que l'eau du voisinage
A, quand on l'examine, un petit goût salé.

IX

Or, comme on a dansé tout l'hiver, on est lasse,
On accourt donc à Bade avec l'intention
De n'y pas soupçonner l'ombre d'un violon.
Mais dès qu'il y fait nuit, que voulez-vous qu'on fasse?

Personne au vieux Château, personne à la Terrasse;
On entre à la maison de Conversation [5].

X

Cette maison se trouve être un gros bloc fossile,
Bâti de vive force à grands coups de moellon [6];
C'est comme un temple grec, tout recouvert en tuile,
Une espèce de grange avec un péristyle,
Je ne sais quoi d'informe et n'ayant pas de nom;
Comme un grenier à foin, bâtard du Parthénon.

XI

J'ignore vers quel temps Belzébuth l'a construite.
Peut-être est-ce un mammouth du règne minéral.
Je la prendrais plutôt pour quelque aérolithe,
Tombée un jour de pluie, au temps du carnaval.
Quoi qu'il en soit du moins, les flancs de l'animal
Sont construits tout à point pour l'âme qui l'habite.

XII

Cette âme, c'est le jeu; mettez bas le chapeau,
Vous qui venez ici, mettez bas l'espérance [7].
Derrière ces piliers, dans cette salle immense,
S'étale un tapis vert, sur lequel se balance
Un grand lustre blafard au bout d'un oripeau
Que dispute à la nuit une pourpre en lambeau.

XIII

Là, du soir au matin, roule le grand *peut-être,*
Le hasard, noir flambeau de ces siècles d'ennui,
Le seul qui dans le ciel flotte encore aujourd'hui.
Un bal est à deux pas; à travers la fenêtre,
On le voit çà et là bondir et disparaître
Comme un chevreau lascif qu'une abeille poursuit.

XIV

Les croupiers nasillards chevrotent en cadence,
Au son des instruments, leurs mots mystérieux;

Tout est joie et chansons; la roulette commence :
Ils lui donnent le branle, ils la mettent en danse,
Et, ratissant gaiement l'or qui scintille aux yeux,
Ils jardinent ainsi sur un rythme joyeux.

XV

L'abreuvoir est public, et qui veut vient y boire.
J'ai vu les paysans, fils de la Forêt-Noire,
Leurs bâtons à la main, entrer dans ce réduit;
Je les ai vus penchés sur la bille d'ivoire,
Ayant à travers champs couru toute la nuit,
Fuyards désespérés de quelque honnête lit;

XVI

Je les ai vus debout, sous la lampe enfumée,
Avec leur veste rouge et leurs souliers boueux,
Tournant leurs grands chapeaux entre leurs doigts calleux
Poser sous les râteaux la sueur d'une année!
Et là, muets d'horreur devant la Destinée,
Suivre des yeux leur pain qui courait devant eux!

XVII

Dirai-je qu'ils perdaient? Hélas! ce n'était guères.
C'était bien vite fait de leur vider les mains.
Ils regardaient alors toutes ces étrangères,
Cet or, ces voluptés, ces belles passagères [8],
Tout ce monde enchanté de la saison des bains,
Qui s'en va sans poser le pied sur les chemins.

XVIII

Ils couraient, ils partaient, tout ivres de lumière,
Et la nuit sur leurs yeux posait son noir bandeau.
Ces mains vides, ces mains qui labourent la terre,
Il fallait les étendre, en rentrant au hameau,
Pour trouver à tâtons les murs de la chaumière,
L'aïeule au coin du feu, les enfants au berceau!

XIX

Ô toi, Père immortel, dont le Fils s'est fait homme,
Si jamais ton jour vient, Dieu juste, ô Dieu vengeur!...
J'oublie à tout moment que je suis gentilhomme.
Revenons à mon fait : tout chemin mène à Rome.
Ces pauvres paysans (pardonne-moi, lecteur),
Ces pauvres paysans, je les ai sur le cœur.

XX

Me voici donc à Bade : et vous pensez, sans doute,
Puisque j'ai commencé par vous parler du jeu,
Que j'eus pour premier soin, d'y perdre quelque peu.
Vous ne vous trompez pas, je vous en fais l'aveu.
De même que pour mettre une armée en déroute,
Il ne faut qu'un poltron qui lui montre la route,

XXI

De même, dans ma bourse, il ne faut qu'un écu
Qui tourne les talons, et le reste est perdu.
Tout ce que je possède a quelque ressemblance
Aux moutons de Panurge : au premier qui commence,
Voilà Panurge à sec et son troupeau tondu.
Hélas! le premier pas se fait sans qu'on y pense.

XXII

Ma poche est comme une île escarpée et sans bords,
On n'y saurait rentrer quand on en est dehors[º].
Au moindre fil cassé, l'écheveau se dévide :
Entraînement funeste et d'autant plus perfide,
Que j'eus de tous les temps la sainte horreur du vide,
Et qu'après le combat je rêve à tous mes morts.

XXIII

Un soir, venant de perdre une bataille honnête,
Ne possédant plus rien qu'un grand mal à la tête,
Je regardais le ciel, étendu sur un banc,
Et songeais, dans mon âme, aux héros d'Ossian.

Je pensai tout à coup à faire une conquête ;
Il tressaillit en moi des phrases de roman.

XXIV

Il ne faudrait pourtant, me disais-je à moi-même,
Qu'une permission de notre seigneur Dieu,
Pour qu'il vînt à passer quelque femme en ce lieu.
Les bosquets sont déserts ; la chaleur est extrême ;
Les vents sont à l'amour ; l'horizon est en feu [10] ;
Toute femme, ce soir, doit désirer qu'on l'aime.

XXV

S'il venait à passer, sous ces grands marronniers,
Quelque alerte beauté de l'école flamande,
Une ronde fillette, échappée à Teniers,
Ou quelque ange pensif de candeur allemande :
Une vierge en or fin d'un livre de légende [11],
Dans un flot de velours traînant ses petits pieds ;

XXVI

Elle viendrait par là, de cette sombre allée,
Marchant à pas de biche avec un air boudeur [12],
Écoutant murmurer le vent dans la feuillée,
De paresse amoureuse et de langueur voilée,
Dans ses doigts inquiets tourmentant une fleur,
Le printemps sur la joue, et le ciel dans le cœur.

XXVII

Elle s'arrêterait là-bas, sous la tonnelle.
Je ne lui dirais rien, j'irais tout simplement
Me mettre à deux genoux par terre devant elle,
Regarder dans ses yeux l'azur du firmament [13],
Et pour toute faveur la prier seulement
De se laisser aimer d'une amour immortelle.

XXVIII

Comme j'en étais là de mon raisonnement,
Enfoncé jusqu'au cou dans cette rêverie,

Une bonne passa, qui tenait un enfant.
Je crus m'apercevoir que le pauvre innocent
Avait dans ses grands yeux quelque mélancolie.
Ayant toujours aimé cet âge à la folie,

XXIX

Et ne pouvant souffrir de le voir maltraité,
Je fus à la rencontre, et m'enquis de la bonne
Quel motif de colère ou de sévérité
Avait du chérubin dérobé la gaieté.
« Quoi qu'il ait fait d'abord, je veux qu'on lui pardonne,
Lui dis-je, et ce qu'il veut, je veux qu'on le lui donne. »

XXX

(C'est mon opinion de gâter les enfants.)
Le marmot là-dessus, m'accueillant d'un sourire,
D'abord à me répondre hésita quelque temps;
Puis il tendit la main et finit par me dire :
« Qu'il n'avait pas de quoi donner aux mendiants. »
Le ton dont il le dit, je ne peux pas l'écrire.

XXXI

Mais vous savez, lecteur, que j'étais ruiné;
J'avais encor, je crois, deux écus dans ma bourse;
C'était, en vérité, mon unique ressource,
La seule goutte d'eau qui restât dans la source,
Le seul verre de vin pour mon prochain dîné;
Je les tirai bien vite, et je les lui donnai.

XXXII

Il les prit sans façon, et s'en fut de la sorte.
À quelques jours de là, comme j'étais au lit,
La Fortune, en passant, vint frapper à ma porte [14].
Je reçus de Paris une somme assez forte,
Et très heureusement il me vint à l'esprit
De payer l'hôtelier qui m'avait fait crédit.

XXXIII

Mon marmot cependant se trouvait une fille,
Anglaise de naissance et de bonne famille.
Or, la veille du jour fixé pour mon départ,
Je vins à rencontrer sa mère par hasard.
C'était au bal. — Au bal il faut bien qu'on babille ;
Je fis donc pour le mieux mon métier de bavard.

XXXIV

Une goutte de lait dans la plaine éthérée
Tomba, dit-on, jadis, du haut du firmament.
La Nuit, qui sur son char passait en ce moment,
Vit ce pâle sillon sur sa mer azurée,
Et, secouant les plis de sa robe nacrée,
Fit au ruisseau céleste un lit de diamant.

XXXV

Les Grecs, enfants gâtés des Filles de Mémoire[16],
De miel et d'ambroisie ont doré cette histoire ;
Mais j'en veux dire un point qui fut ignoré d'eux :
C'est que, lorsque Junon vit son beau sein d'ivoire
En un fleuve de lait changer ainsi les cieux,
Elle eut peur tout à coup du souverain des dieux.

XXXVI

Elle voulut poser ses mains sur sa poitrine,
Et, sentant ruisseler sa mamelle divine,
Pour épargner l'Olympe, elle se détourna ;
Le soleil était loin, la terre était voisine ;
Sur notre pauvre argile une goutte en tomba ;
Tout ce que nous aimons nous est venu de là.

XXXVII

C'était un bel enfant que cette jeune mère ;
Un véritable enfant, — et la riche Angleterre
Plus d'une fois dans l'eau jettera son filet
Avant d'y retrouver une perle aussi chère ;

En vérité, lecteur, pour faire son portrait,
Je ne puis mieux trouver qu'une goutte de lait [16].

XXXVIII

Jamais le voile blanc [17] de la mélancolie
Ne fut plus transparent sur un sang plus vermeil.
Je m'assis auprès d'elle et parlai d'Italie;
Car elle connaissait le pays sans pareil.
Elle en venait, hélas! à sa froide patrie
Rapportant dans son cœur un rayon du soleil.

XXXIX

Nous causâmes longtemps, elle était simple et bonne.
Ne sachant pas le mal, elle faisait le bien;
Des richesses du cœur elle me fit l'aumône,
Et, tout en écoutant comme le cœur se donne,
Sans oser y penser, je lui donnai le mien;
Elle emporta ma vie et n'en sut jamais rien [18].

XL

Le soir, en revenant, après la contredanse,
Je lui donnai le bras, nous entrâmes au jeu;
Car on ne peut sortir autrement de ce lieu.
« Vous partez, me dit-elle, et vous allez, je pense,
D'ici jusque chez vous faire quelque dépense;
Pour votre dernier jour il faut jouer un peu. »

XLI

Elle me fit asseoir avec un doux sourire.
Je ne sais quel caprice alors la conseilla;
Elle étendit la main et me dit : « Jouez là. »
Par cet ange aux yeux bleus je me laissai conduire,
Et je n'ai pas besoin, mon ami, de vous dire
Qu'avec quelques louis mon numéro gagna.

XLII

Nous jouâmes ainsi pendant une heure entière,
Et je vis devant moi tomber tout un trésor;

Si c'était rouge ou noir, je ne m'en souviens guère ;
Si c'était dix ou vingt, je n'en sais rien encor ;
Je partais pour la France, elle pour l'Angleterre,
Et je sortis de là les deux mains pleines d'or.

XLIII

Quand je rentrai chez moi, je vis cette richesse,
Je me souvins alors de ce jour de détresse
Où j'avais à l'enfant donné mes deux écus.
C'était par charité : je les croyais perdus.
De Celui qui voit tout je compris la sagesse :
La mère, ce soir-là, me les avait rendus.

XLIV [19]

Lecteur, si je n'ai pas la mémoire égarée,
Je t'ai promis, je crois, en commençant ceci,
Une bonne fortune : elle finit ainsi.
Mon bonheur, tu le vois, vécut une soirée ;
J'en connais cependant de plus longue durée
Que je ne voudrais pas changer pour celui-ci [20].

LUCIE [1]

ÉLÉGIE

Mes chers amis, quand je mourrai,
Plantez un saule au cimetière.
J'aime son feuillage éploré ;
La pâleur m'en est douce et chère,
Et son ombre sera légère
À la terre où je dormirai [2].

Un soir, nous étions seuls, j'étais assis près d'elle ;
Elle penchait la tête, et sur son clavecin
Laissait, tout en rêvant, flotter sa blanche main.
Ce n'était qu'un murmure : on eût dit les coups d'aile
D'un zéphyr éloigné glissant sur des roseaux,
Et craignant en passant d'éveiller les oiseaux.

Les tièdes voluptés des nuits mélancoliques
Sortaient autour de nous du calice des fleurs.
Les marronniers du parc et les chênes antiques
Se berçaient doucement sous leurs rameaux en pleurs.
Nous écoutions la nuit; la croisée entr'ouverte
Laissait venir à nous les parfums du printemps;
Les vents étaient muets, la plaine était déserte;
Nous étions seuls, pensifs, et nous avions quinze ans.
Je regardais Lucie. — Elle était pâle et blonde.
Jamais deux yeux plus doux n'ont du ciel le plus pur
Sondé la profondeur et réfléchi l'azur.
Sa beauté m'enivrait; je n'aimais qu'elle au monde.
Mais je croyais l'aimer comme on aime une sœur,
Tant ce qui venait d'elle était plein de pudeur!
Nous nous tûmes longtemps; ma main touchait la sienne.
Je regardais rêver son front triste et charmant,
Et je sentais dans l'âme, à chaque mouvement[3],
Combien peuvent sur nous, pour guérir toute peine,
Ces deux signes jumeaux de paix et de bonheur,
Jeunesse de visage et jeunesse de cœur[4].
La lune, se levant dans un ciel sans nuage[5],
D'un long réseau d'argent tout à coup l'inonda.
Elle vit dans mes yeux resplendir son image;
Son sourire semblait d'un ange : elle chanta[6].

. . . .

Fille de la douleur, harmonie! harmonie!
Langue que pour l'amour inventa le génie!
Qui nous vins d'Italie, et qui lui vins des cieux!
Douce langue du cœur, la seule où la pensée,
Cette vierge craintive et d'une ombre offensée,
Passe en gardant son voile et sans craindre les yeux!
Qui sait ce qu'un enfant peut entendre et peut dire
Dans tes soupirs divins, nés de l'air qu'il respire,
Tristes comme son cœur et doux comme sa voix?
On surprend un regard, une larme qui coule;
Le reste est un mystère ignoré de la foule,
Comme celui des flots, de la nuit et des bois[7]!

— Nous étions seuls, pensifs; je regardais Lucie.
L'écho de sa romance en nous semblait frémir.
Elle appuya sur moi sa tête appesantie.
Sentais-tu dans ton cœur Desdémona gémir[8],

Pauvre enfant? Tu pleurais; sur ta bouche adorée
Tu laissas tristement mes lèvres se poser,
Et ce fut ta douleur qui reçut mon baiser.
Telle je t'embrassai, froide et décolorée,
Telle, deux mois après, tu fus mise au tombeau;
Telle, ô ma chaste fleur! tu t'es évanouie.
Ta mort fut un sourire aussi doux que ta vie,
Et tu fus rapportée à Dieu dans ton berceau.

Doux mystère du toit que l'innocence habite,
Chansons, rêves d'amour, rires, propos d'enfant,
Et toi, charme inconnu dont rien ne se défend,
Qui fis hésiter Faust au seuil de Marguerite[9],
Candeur des premiers jours, qu'êtes-vous devenus[10]?

Paix profonde à ton âme, enfant! à ta mémoire!
Adieu! ta blanche main sur le clavier d'ivoire[11],
Durant les nuits d'été, ne voltigera plus[12]...

> Mes chers amis, quand je mourrai,
> Plantez un saule au cimetière.
> J'aime son feuillage éploré;
> La pâleur m'en est douce et chère,
> Et son ombre sera légère
> À la terre où je dormirai[13].

LA NUIT DE MAI[1]

LA Muse

Poète, prends ton luth et me donne un baiser;
La fleur de l'églantier sent ses bourgeons éclore,
Le printemps naît ce soir; les vents vont s'embraser;
Et la bergeronnette, en attendant l'aurore,
Aux premiers buissons verts commence à se poser.
Poète, prends ton luth, et me donne un baiser.

LE Poète

> Comme il fait noir dans la vallée!
> J'ai cru qu'une forme voilée
> Flottait là-bas sur la forêt.

Elle sortait de la prairie;
Son pied rasait l'herbe fleurie;
C'est une étrange rêverie[2];
Elle s'efface et disparaît.

LA MUSE

Poète, prends ton luth; la nuit, sur la pelouse,
Balance le zéphyr dans son voile odorant[3].
La rose, vierge encor, se referme jalouse
Sur le frelon nacré qu'elle enivre en mourant.
Écoute! tout se tait; songe à ta bien-aimée.
Ce soir, sous les tilleuls, à la sombre ramée
Le rayon du couchant laisse un adieu plus doux.
Ce soir, tout va fleurir : l'immortelle nature
Se remplit de parfums, d'amour et de murmure,
Comme le lit joyeux de deux jeunes époux[4].

LE POÈTE

Pourquoi mon cœur bat-il si vite?
Qu'ai-je donc en moi qui s'agite
Dont je me sens épouvanté?
Ne frappe-t-on pas à ma porte?
Pourquoi ma lampe à demi morte
M'éblouit-elle de clarté?
Dieu puissant! tout mon corps frissonne.
Qui vient? qui m'appelle? — Personne.
Je suis seul; c'est l'heure qui sonne;
Ô solitude! ô pauvreté!

LA MUSE

Poète, prends ton luth; le vin de la jeunesse
Fermente cette nuit dans les veines de Dieu.
Mon sein est inquiet; la volupté l'oppresse,
Et les vents altérés m'ont mis la lèvre en feu.
Ô paresseux enfant! regarde, je suis belle.
Notre premier baiser, ne t'en souviens-tu pas,
Quand je te vis si pâle au toucher de mon aile,
Et que, les yeux en pleurs, tu tombas dans mes bras?
Ah! je t'ai consolé d'une amère souffrance!
Hélas! bien jeune encor, tu te mourais d'amour[5].
Console-moi ce soir, je me meurs d'espérance
J'ai besoin de prier pour vivre jusqu'au jour.

LE POÈTE

Est-ce toi dont la voix m'appelle,
Ô ma pauvre Muse! est-ce toi?
Ô ma fleur! ô mon immortelle!
Seul être pudique et fidèle
Où vive encor l'amour de moi!
Oui, te voilà, c'est toi, ma blonde,
C'est toi, ma maîtresse et ma sœur[6]!
Et je sens, dans la nuit profonde,
De ta robe d'or qui m'inonde
Les rayons glisser dans mon cœur[7].

LA MUSE

Poète, prends ton luth; c'est moi, ton immortelle,
Qui t'ai vu cette nuit triste et silencieux,
Et qui, comme un oiseau que sa couvée appelle,
Pour pleurer avec toi descends du haut des cieux.
Viens, tu souffres, ami. Quelque ennui solitaire
Te ronge[8], quelque chose a gémi dans ton cœur;
Quelque amour t'est venu, comme on en voit sur terre,
Une ombre de plaisir, un semblant de bonheur.
Viens, chantons devant Dieu; chantons dans tes pensées,
Dans tes plaisirs perdus, dans tes peines passées;
Partons, dans un baiser, pour un monde inconnu.
Éveillons au hasard les échos de ta vie,
Parlons-nous de bonheur, de gloire et de folie,
Et que ce soit un rêve, et le premier venu.
Inventons quelque part des lieux où l'on oublie[9];
Partons, nous sommes seuls, l'univers est à nous[10].
Voici la verte Écosse et la brune Italie,
Et la Grèce, ma mère, où le miel est si doux[11],
Argos, et Ptéléon, ville des hécatombes[12],
Et Messa la divine, agréable aux colombes[13],
Et le front chevelu du Pélion[14] changeant;
Et le bleu Titarèse[15], et le golfe d'argent
Qui montre dans ses eaux, où le cygne se mire,
La blanche Oloossone à la blanche Camyre[16].
Dis-moi, quel songe d'or nos chants vont-ils bercer?
D'où vont venir les pleurs que nous allons verser?
Ce matin, quand le jour a frappé ta paupière,
Quel séraphin pensif, courbé sur ton chevet,
Secouait des lilas dans sa robe légère,

Et te contait tout bas les amours qu'il rêvait?
Chanterons-nous l'espoir, la tristesse ou la joie?
Tremperons-nous de sang les bataillons d'acier?
Suspendrons-nous l'amant sur l'échelle de soie?
Jetterons-nous au vent l'écume du coursier?
Dirons-nous quelle main, dans les lampes sans nombre
De la maison céleste, allume nuit et jour
L'huile sainte de vie et d'éternel amour[18]?
Crierons-nous à Tarquin: « Il est temps, voici l'ombre[19]!»
Descendrons-nous cueillir la perle au fond des mers[19]?
Mènerons-nous la chèvre aux ébéniers amers[20]?
Montrerons-nous le ciel à la Mélancolie?
Suivrons-nous le chasseur sur les monts escarpés[21]?
La biche le regarde; elle pleure et supplie;
Sa bruyère l'attend; ses faons sont nouveau-nés;
Il se baisse, il l'égorge, il jette à la curée
Sur les chiens en sueur son cœur encor vivant.
Peindrons-nous une vierge à la joue empourprée,
S'en allant à la messe, un page la suivant,
Et d'un regard distrait, à côté de sa mère,
Sur sa lèvre entr'ouverte oubliant sa prière?
Elle écoute en tremblant, dans l'écho du pilier,
Résonner l'éperon d'un hardi cavalier.
Dirons-nous aux héros des vieux temps de la France
De monter tout armés aux créneaux de leurs tours,
Et de ressusciter la naïve romance
Que leur gloire oubliée apprit aux troubadours[22]?
Vêtirons-nous de blanc une molle élégie?
L'homme de Waterloo nous dira-t-il sa vie,
Et ce qu'il a fauché du troupeau des humains
Avant que l'envoyé de la nuit éternelle
Vînt sur son tertre vert l'abattre d'un coup d'aile,
Et sur son cœur de fer lui croiser les deux mains[23]?
Clouerons-nous au poteau d'une satire altière
Le nom sept fois vendu d'un pâle pamphlétaire,
Qui, poussé par la faim, du fond de son oubli,
S'en vient, tout grelottant d'envie et d'impuissance,
Sur le front du génie insulter l'espérance,
Et mordre le laurier que son souffle a sali[24]?
Prends ton luth! prends ton luth! je ne peux plus me taire;
Mon aile me soulève au souffle du printemps.
Le vent va m'emporter; je vais quitter la terre.
Une larme de toi! Dieu m'écoute; il est temps.

LE POÈTE

> S'il ne te faut, ma sœur chérie,
> Qu'un baiser d'une lèvre amie
> Et qu'une larme de mes yeux,
> Je te les donnerai sans peine;
> De nos amours qu'il te souvienne,
> Si tu remontes dans les cieux.
> Je ne chante ni l'espérance,
> Ni la gloire, ni le bonheur,
> Hélas! pas même la souffrance.
> La bouche garde le silence
> Pour écouter parler le cœur.

LA MUSE

Crois-tu donc que je sois comme le vent d'automne,
Qui se nourrit de pleurs jusque sur un tombeau,
Et pour qui la douleur n'est qu'une goutte d'eau?
Ô poète! un baiser, c'est moi qui te le donne.
L'herbe que je voulais arracher de ce lieu,
C'est ton oisiveté; ta douleur est à Dieu.
Quel que soit le souci que ta jeunesse endure,
Laisse-la s'élargir, cette sainte blessure
Que les noirs séraphins t'ont faite au fond du cœur:
Rien ne nous rend si grands qu'une grande douleur[15]
Mais, pour en être atteint, ne crois pas, ô poète,
Que ta voix ici-bas doive rester muette.
Les plus désespérés sont les chants les plus beaux,
Et j'en sais d'immortels qui sont de purs sanglots.
Lorsque le pélican, lassé d'un long voyage,
Dans les brouillards du soir retourne à ses roseaux,
Ses petits affamés courent sur le rivage
En le voyant au loin s'abattre sur les eaux.
Déjà, croyant saisir et partager leur proie,
Ils courent à leur père avec des cris de joie
En secouant leurs becs sur leurs goitres hideux.
Lui, gagnant à pas lents une roche élevée,
De son aile pendante abritant sa couvée,
Pêcheur mélancolique, il regarde les cieux.
Le sang coule à longs flots de sa poitrine ouverte;
En vain il a des mers fouillé la profondeur;
L'Océan était vide et la plage déserte;
Pour toute nourriture il apporte son cœur[16].

Sombre et silencieux, étendu sur la pierre
Partageant à ses fils ses entrailles de père,
Dans son amour sublime il berce sa douleur,
Et, regardant couler sa sanglante mamelle,
Sur son festin de mort il s'affaisse et chancelle,
Ivre de volupté, de tendresse et d'horreur.
Mais parfois, au milieu du divin sacrifice,
Fatigué de mourir dans un trop long supplice,
Il craint que ses enfants ne le laissent vivant;
Alors il se soulève, ouvre son aile au vent,
Et, se frappant le cœur avec un cri sauvage,
Il pousse dans la nuit un si funèbre adieu,
Que les oiseaux des mers désertent le rivage,
Et que le voyageur attardé sur la plage,
Sentant passer la mort, se recommande à Dieu.
Poète, c'est ainsi que font les grands poètes.
Ils laissent s'égayer ceux qui vivent un temps;
Mais les festins humains qu'ils servent à leurs fêtes
Ressemblent la plupart à ceux des pélicans.
Quand ils parlent ainsi d'espérances trompées,
De tristesse et d'oubli, d'amour et de malheur,
Ce n'est pas un concert à dilater le cœur.
Leurs déclamations sont comme des épées :
Elles tracent dans l'air un cercle éblouissant,
Mais il y pend toujours quelque goutte de sang [27].

LE POÈTE

Ô Muse! spectre insatiable,
Ne m'en demande pas si long.
L'homme n'écrit rien sur le sable
À l'heure où passe l'aquilon.
J'ai vu le temps où ma jeunesse
Sur mes lèvres était sans cesse
Prête à chanter comme un oiseau;
Mais j'ai souffert un dur martyre,
Et le moins que j'en pourrais dire,
Si je l'essayais sur ma lyre,
La briserait comme un roseau [28].

LA NUIT DE DÉCEMBRE[1]

LE POÈTE

Du temps que j'étais écolier,
Je restais un soir à veiller
Dans notre salle solitaire.
Devant ma table vint s'asseoir
Un pauvre enfant vêtu de noir,
Qui me ressemblait comme un frère[2].

Son visage était triste et beau :
À la lueur de mon flambeau,
Dans mon livre ouvert il vint lire.
Il pencha son front sur sa main,
Et resta jusqu'au lendemain,
Pensif, avec un doux sourire.

Comme j'allais avoir quinze ans
Je marchais un jour, à pas lents,
Dans un bois, sur une bruyère.
Au pied d'un arbre vint s'asseoir
Un jeune homme vêtu de noir,
Qui me ressemblait comme un frère.

Je lui demandai mon chemin;
Il tenait un luth d'une main,
De l'autre un bouquet d'églantine.
Il me fit un salut d'ami,
Et, se détournant à demi,
Me montra du doigt la colline[3].

À l'age où l'on croit à l'amour,
J'étais seul dans ma chambre un jour,
Pleurant ma première misère[4].
Au coin de mon feu vint s'asseoir
Un étranger vêtu de noir,
Qui me ressemblait comme un frère.

Il était morne et soucieux;
D'une main il montrait les cieux,
Et de l'autre il tenait un glaive.
De ma peine il semblait souffrir,
Mais il ne poussa qu'un soupir,
Et s'évanouit comme un rêve.

À l'âge où l'on est libertin,
Pour boire un toast en un festin,
Un jour je soulevai mon verre.
En face de moi vint s'asseoir
Un convive vêtu de noir,
Qui me ressemblait comme un frère.

Il secouait sous son manteau
Un haillon de pourpre en lambeau,
Sur sa tête un myrte stérile[6].
Son bras maigre cherchait le mien,
Et mon verre, en touchant le sien,
Se brisa dans ma main débile.

Un an après, il était nuit;
J'étais à genoux près du lit
Où venait de mourir mon père[6].
Au chevet du lit vint s'asseoir
Un orphelin vêtu de noir,
Qui me ressemblait comme un frère.

Ses yeux étaient noyés de pleurs;
Comme les anges de douleurs,
Il était couronné d'épine;
Son luth à terre était gisant,
Sa pourpre de couleur de sang,
Et son glaive dans sa poitrine[7].

Je m'en suis si bien souvenu,
Que je l'ai toujours reconnu
À tous les instants de ma vie.
C'est une étrange vision,
Et cependant, ange ou démon,
J'ai vu partout cette ombre amie.

Lorsque plus tard, las de souffrir,
Pour renaître ou pour en finir [8],
J'ai voulu m'exiler de France [9];
Lorsqu'impatient de marcher,
J'ai voulu partir, et chercher
Les vestiges d'une espérance;

À Pise, au pied de l'Apennin;
À Cologne, en face du Rhin;
À Nice, au penchant des vallées;
À Florence, au fond des palais;
À Brigues, dans les vieux chalets;
Au sein des Alpes désolées;

À Gênes, sous les citronniers;
À Vevey, sous les verts pommiers [10];
Au Havre, devant l'Atlantique;
À Venise, à l'affreux Lido,
Où vient sur l'herbe d'un tombeau
Mourir la pâle Adriatique [11];

Partout où, sous ces vastes cieux,
J'ai lassé mon cœur et mes yeux,
Saignant d'une éternelle plaie;
Partout où le boiteux Ennui [12],
Traînant ma fatigue après lui,
M'a promené sur une claie;

Partout où, sans cesse altéré
De la soif d'un monde ignoré,
J'ai suivi l'ombre de mes songes;
Partout où, sans avoir vécu,
J'ai revu ce que j'avais vu,
La face humaine et ses mensonges;

Partout où, le long des chemins,
J'ai posé mon front dans mes mains,
Et sangloté comme une femme;
Partout où j'ai, comme un mouton,
Qui laisse sa laine au buisson,
Senti se dénuer mon âme;

Partout où j'ai voulu dormir,
Partout où j'ai voulu mourir,
Partout où j'ai touché la terre,
Sur ma route est venu s'asseoir
Un malheureux vêtu de noir,
Qui me ressemblait comme un frère.

Qui donc es-tu, toi que dans cette vie
    Je vois toujours sur mon chemin ?
Je ne puis croire, à ta mélancolie,
    Que tu sois mon mauvais Destin.
Ton doux sourire a trop de patience,
    Tes larmes ont trop de pitié.
En te voyant, j'aime la Providence.
Ta douleur même est sœur de ma souffrance ;
    Elle ressemble à l'Amitié[13].

Qui donc es-tu ? — Tu n'es pas mon bon ange,
    Jamais tu ne viens m'avertir.
Tu vois mes maux (c'est une chose étrange !)
    Et tu me regardes souffrir.
Depuis vingt ans tu marches dans ma voie,
    Et je ne saurais t'appeler.
Qui donc es-tu, si c'est Dieu qui t'envoie ?
Tu me souris sans partager ma joie,
    Tu me plains sans me consoler !

Ce soir encor je t'ai vu m'apparaître.
    C'était par une triste nuit.
L'aile des vents battait à ma fenêtre ;
    J'étais seul, courbé sur mon lit.
J'y regardais une place chérie,
    Tiède encor d'un baiser brûlant ;
Et je songeais comme la femme oublie,
Et je sentais un lambeau de ma vie
    Qui se déchirait lentement.

Je rassemblais des lettres de la veille,
    Des cheveux, des débris d'amour.
Tout ce passé me criait à l'oreille
    Ses éternels serments d'un jour.
Je contemplais ces reliques sacrées,
    Qui me faisaient trembler la main :

Larmes du cœur par le cœur dévorées,
Et que les yeux qui les avaient pleurées
    Ne reconnaîtront plus demain !

J'enveloppais dans un morceau de bure
    Ces ruines des jours heureux.
Je me disais qu'ici-bas ce qui dure,
    C'est une mèche de cheveux.
Comme un plongeur dans une mer profonde,
    Je me perdais dans tant d'oubli.
De tous côtés j'y retournais la sonde,
Et je pleurais, seul, loin des yeux du monde,
    Mon pauvre amour enseveli.

J'allais poser le sceau de cire noire
    Sur ce fragile et cher trésor.
J'allais le rendre, et, n'y pouvant pas croire,
    En pleurant j'en doutais encor [14].
Ah ! faible femme, orgueilleuse insensée,
    Malgré toi, tu t'en souviendras [15] !
Pourquoi, grand Dieu ! mentir à sa pensée ?
Pourquoi ces pleurs, cette gorge oppressée,
    Ces sanglots, si tu n'aimais pas [16] ?

Oui, tu languis, tu souffres, et tu pleures ;
    Mais ta chimère est entre nous.
Eh bien ! adieu ! Vous compterez les heures
    Qui me sépareront de vous.
Partez, partez, et dans ce cœur de glace
    Emportez l'orgueil satisfait.
Je sens encor le mien jeune et vivace,
Et bien des maux pourront y trouver place
    Sur le mal que vous m'avez fait.

Partez, partez ! la Nature immortelle [17]
    N'a pas tout voulu vous donner.
Ah ! pauvre enfant, qui voulez être belle,
    Et ne savez pas pardonner [18] !
Allez, allez, suivez la destinée ;
    Qui vous perd n'a pas tout perdu.
Jetez au vent notre amour consumée ; —
Éternel Dieu ! toi que j'ai tant aimée,
    Si tu pars, pourquoi m'aimes-tu ?

Mais tout à coup j'ai vu dans la nuit sombre
    Une forme glisser sans bruit.
Sur mon rideau j'ai vu passer une ombre ;
    Elle vient s'asseoir sur mon lit.
Qui donc es-tu, morne et pâle visage,
    Sombre portrait vêtu de noir ?
Que me veux-tu, triste oiseau de passage ?
Est-ce un vain rêve ? est-ce ma propre image
    Que j'aperçois dans ce miroir ?

Qui donc es-tu, spectre de ma jeunesse,
    Pèlerin que rien n'a lassé ?
Dis-moi pourquoi je te trouve sans cesse
    Assis dans l'ombre où j'ai passé.
Qui donc es-tu, visiteur solitaire,
    Hôte assidu de mes douleurs ?
Qu'as-tu donc fait pour me suivre sur terre ?
Qui donc es-tu, qui donc es-tu, mon frère,
    Qui n'apparais qu'au jour des pleurs ?

la Vision

— Ami, notre père est le tien.
Je ne suis ni l'ange gardien,
Ni le mauvais destin des hommes.
Ceux que j'aime, je ne sais pas
De quel côté s'en vont leurs pas
Sur ce peu de fange où nous sommes.

Je ne suis ni dieu ni démon,
Et tu m'as nommé par mon nom
Quand tu m'as appelé ton frère ;
Où tu vas, j'y serai toujours,
Jusques au dernier de tes jours,
Où j'irai m'asseoir sur ta pierre.

Le ciel m'a confié ton cœur.
Quand tu seras dans la douleur,
Viens à moi sans inquiétude.
Je te suivrai sur le chemin ;
Mais je ne puis toucher ta main,
Ami, je suis la Solitude [10].

LA NUIT D'AOUT[1]

LA MUSE

Depuis que le soleil, dans l'horizon immense,
A franchi le Cancer sur son axe enflammé[2],
Le bonheur m'a quittée, et j'attends en silence
L'heure où m'appellera mon ami bien-aimé.
Hélas! depuis longtemps sa demeure est déserte[3];
Des beaux jours d'autrefois rien n'y semble vivant.
Seule, je viens encor, de mon voile couverte,
Poser mon front brûlant sur sa porte entr'ouverte,
Comme une veuve en pleurs au tombeau d'un enfant.

LE POÈTE

Salut à ma fidèle amie!
Salut, ma gloire et mon amour!
La meilleure et la plus chérie
Est celle qu'on trouve au retour.
L'opinion et l'avarice
Viennent un temps de m'emporter[4].
Salut, ma mère et ma nourrice!
Salut, salut consolatrice[5]!
Ouvre tes bras, je viens chanter.

LA MUSE

Pourquoi, cœur altéré, cœur lassé d'espérance,
T'enfuis-tu si souvent pour revenir si tard?
Que t'en vas-tu chercher, sinon quelque hasard?
Et que rapportes-tu, sinon quelque souffrance?
Que fais-tu loin de moi, quand j'attends jusqu'au jour?
Tu suis un pâle éclair dans une nuit profonde.
Il ne te restera de tes plaisirs du monde
Qu'un impuissant mépris pour notre honnête amour.
Ton cabinet d'étude est vide quand j'arrive;
Tandis qu'à ce balcon, inquiète et pensive,
Je regarde en rêvant les murs de ton jardin,
Tu te livres dans l'ombre à ton mauvais destin.
Quelque fière beauté te retient dans sa chaîne[6],

Et tu laisses mourir cette pauvre verveine
Dont les derniers rameaux, en des temps plus heureux[7],
Devaient être arrosés des larmes de tes yeux.
Cette triste verdure est mon vivant symbole ;
Ami, de ton oubli nous mourrons toutes deux,
Et son parfum léger, comme l'oiseau qui vole,
Avec mon souvenir s'enfuira dans les cieux.

LE POÈTE

Quand j'ai passé par la prairie,
J'ai vu, ce soir, dans le sentier,
Une fleur tremblante et flétrie,
Une pâle fleur d'églantier.
Un bourgeon vert à côté d'elle
Se balançait sur l'arbrisseau ;
Je vis poindre une fleur nouvelle ;
La plus jeune était la plus belle :
L'homme est ainsi, toujours nouveau[8].

LA MUSE

Hélas ! toujours un homme, hélas ! toujours des larmes !
Toujours les pieds poudreux et la sueur au front !
Toujours d'affreux combats et de sanglantes armes ;
Le cœur a beau mentir, la blessure est au fond.
Hélas ! par tous pays, toujours la même vie :
Convoiter, regretter, prendre et tendre la main ;
Toujours mêmes acteurs et même comédie,
Et, quoi qu'ait inventé l'humaine hypocrisie[9],
Rien de vrai là-dessous que le squelette humain.
Hélas ! mon bien-aimé, vous n'êtes plus poète.
Rien ne réveille plus votre lyre muette ;
Vous vous noyez le cœur dans un rêve inconstant ;
Et vous ne savez pas que l'amour de la femme
Change et dissipe en pleurs les trésors de votre âme,
Et que Dieu compte plus les larmes que le sang[10].

LE POÈTE

Quand j'ai traversé la vallée[11],
Un oiseau chantait sur son nid.
Ses petits, sa chère couvée,
Venaient de mourir dans la nuit.
Cependant il chantait l'aurore ;

> Ô ma Muse, ne pleurez pas !
> À qui perd tout, Dieu reste encore,
> Dieu là-haut, l'espoir ici-bas [12].

LA MUSE

Et que trouveras-tu, le jour où la misère
Te ramènera seul au paternel foyer [13] ?
Quand tes tremblantes mains essuieront la poussière
De ce pauvre réduit que tu crois oublier,
De quel front viendras-tu, dans ta propre demeure,
Chercher un peu de calme et d'hospitalité ?
Une voix sera là pour crier à toute heure :
Qu'as-tu fait de ta vie et de ta liberté [14] ?
Crois-tu donc qu'on oublie autant qu'on le souhaite ?
Crois-tu qu'en te cherchant tu te retrouveras ?
De ton cœur ou de toi lequel est le poète [15] ?
C'est ton cœur, et ton cœur ne te répondra pas.
L'amour l'aura brisé ; les passions funestes
L'auront rendu de pierre au contact des méchants ;
Tu n'en sentiras plus que d'effroyables restes,
Qui remueront encor, comme ceux des serpents [16].
Ô ciel ! qui t'aidera ? que ferai-je moi-même,
Quand celui qui peut tout défendra que je t'aime,
Et quand mes ailes d'or, frémissant malgré moi,
M'emporteront à lui pour me sauver de toi ?
Pauvre enfant ! nos amours n'étaient pas menacées,
Quand dans les bois d'Auteuil, perdu dans tes pensées,
Sous les verts marronniers et les peupliers blancs,
Je t'agaçais le soir en détours nonchalants [17].
Ah ! j'étais jeune alors et nymphe, et les dryades
Entr'ouvraient pour me voir l'écorce des bouleaux,
Et les pleurs qui coulaient durant nos promenades
Tombaient, purs comme l'or, dans le cristal des eaux.
Qu'as-tu fait, mon amant, des jours de ta jeunesse [18] ?
Qui m'a cueilli mon fruit sur mon arbre enchanté ?
Hélas ! ta joue en fleur plaisait à la déesse
Qui porte dans ses mains la force et la santé [19].
De tes yeux insensés les larmes l'ont pâlie ;
Ainsi que ta beauté, tu perdras ta vertu.
Et moi qui t'aimerai comme une unique amie,
Quand les dieux irrités m'ôteront ton génie,
Si je tombe des cieux, que me répondras-tu ?

LE POÈTE

Puisque l'oiseau des bois voltige et chante encore
Sur la branche où ses œufs sont brisés dans le nid ;
Puisque la fleur des champs entr'ouverte à l'aurore,
Voyant sur la pelouse une autre fleur éclore,
S'incline sans murmure et tombe avec la nuit[20] ;

Puisqu'au fond des forêts, sous les toits de verdure,
On entend le bois mort craquer dans le sentier,
Et puisqu'en traversant l'immortelle nature,
L'homme n'a su trouver de science qui dure,
Que de marcher toujours et toujours oublier ;

Puisque, jusqu'aux rochers, tout se change en poussière ;
Puisque tout meurt ce soir pour revivre demain ;
Puisque c'est un engrais que le meurtre et la guerre ;
Puisque sur une tombe on voit sortir de terre
Le brin d'herbe sacré qui nous donne le pain ;

Ô Muse ! que m'importe ou la mort ou la vie ?
J'aime, et je veux pâlir ; j'aime et je veux souffrir[21] ;
J'aime, et pour un baiser je donne mon génie ;
J'aime, et je veux sentir sur ma joue amaigrie
Ruisseler une source impossible à tarir[22].

J'aime, et je veux chanter la joie et la paresse,
Ma folle expérience et mes soucis d'un jour,
Et je veux raconter et répéter sans cesse
Qu'après avoir juré de vivre sans maîtresse,
J'ai fait serment de vivre et de mourir d'amour.

Dépouille devant tous l'orgueil qui te dévore,
Cœur gonflé d'amertume et qui t'es cru fermé.
Aime, et tu renaîtras ; fais-toi fleur pour éclore.
Après avoir souffert, il faut souffrir encore ;
Il faut aimer sans cesse, après avoir aimé[23].

LA NUIT D'OCTOBRE[1]

LE POÈTE

Le mal dont j'ai souffert s'est enfui comme un rêve
Je n'en puis comparer le lointain souvenir
Qu'à ces brouillards légers que l'aurore soulève,
Et qu'avec la rosée on voit s'évanouir.

LA MUSE

Qu'aviez-vous donc, ô mon poète !
Et quelle est la peine secrète
Qui de moi vous a séparé ?
Hélas ! je m'en ressens encore.
Quel est donc ce mal que j'ignore
Et dont j'ai si longtemps pleuré ?

LE POÈTE

C'était un mal vulgaire et bien connu des hommes ;
Mais, lorsque nous avons quelque ennui dans le cœur,
Nous nous imaginons, pauvres fous que nous sommes,
Que personne avant nous n'a senti la douleur[2].

LA MUSE

Il n'est de vulgaire chagrin
Que celui d'une âme vulgaire.
Ami, que ce triste mystère
S'échappe aujourd'hui de ton sein.
Crois-moi, parle avec confiance ;
Le sévère dieu du silence
Est un des frères de la Mort ;
En se plaignant on se console,
Et quelquefois une parole
Nous a délivrés d'un remord[3].

LE POÈTE

S'il fallait maintenant parler de ma souffrance,
Je ne sais trop quel nom elle devrait porter[4],
Si c'est amour, folie, orgueil, expérience,

Ni si personne au monde en pourrait profiter⁵.
Je veux bien toutefois t'en raconter l'histoire,
Puisque nous voilà seuls, assis près du foyer.
Prends cette lyre, approche⁶, et laisse ma mémoire
Au son de tes accords doucement s'éveiller.

LA MUSE

 Avant de me dire ta peine,
 Ô poète! en es-tu guéri?
 Songe qu'il t'en faut aujourd'hui
 Parler sans amour et sans haine.
 S'il te souvient que j'ai reçu
 Le doux nom de consolatrice⁷,
 Ne fais pas de moi la complice
 Des passions qui t'ont perdu.

LE POÈTE

Je suis si bien guéri de cette maladie,
Que j'en doute parfois lorsque j'y veux songer;
Et quand je pense aux lieux où j'ai risqué ma vie,
J'y crois voir à ma place un visage étranger.
Muse, sois donc sans crainte; au souffle qui t'inspire
Nous pouvons sans péril tous deux nous confier.
Il est doux de pleurer, il est doux de sourire
Au souvenir des maux qu'on pourrait oublier⁸.

LA MUSE

 Comme une mère vigilante
 Au berceau d'un fils bien-aimé,
 Ainsi je me penche tremblante
 Sur ce cœur qui m'était fermé.
 Parle, ami, — ma lyre attentive
 D'une note faible et plaintive
 Suit déjà l'accent de ta voix,
 Et dans un rayon de lumière,
 Comme une vision légère,
 Passent les ombres d'autrefois.

LE POÈTE

Jours de travail! seuls jours où j'ai vécu!
 Ô trois fois chère solitude!
Dieu soit loué, j'y suis donc revenu,
 À ce vieux cabinet d'étude⁹!

Pauvre réduit, murs tant de fois déserts,
　　Fauteuils poudreux, lampe fidèle,
Ô mon palais, mon petit univers,
　　Et toi, Muse, ô jeune immortelle,
Dieu soit loué, nous allons donc chanter !
　　Oui, je veux vous ouvrir mon âme,
Vous saurez tout, et je vais vous conter
　　Le mal que peut faire une femme ;
Car c'en est une, ô mes pauvres amis
　　(Hélas ! vous le saviez peut-être),
C'est une femme à qui je fus soumis,
　　Comme le serf l'est à son maître [10].
Joug détesté ! c'est par là que mon cœur
　　Perdit sa force et sa jeunesse [11] ; —
Et cependant, auprès de ma maîtresse,
　　J'avais entrevu le bonheur.
Près du ruisseau, quand nous marchions ensemble,
　　Le soir, sur le sable argentin,
Quand devant nous le blanc spectre du tremble
　　De loin nous montrait le chemin ;
Je vois encore, aux rayons de la lune,
　　Ce beau corps plier dans mes bras [12]...
N'en parlons plus... — je ne prévoyais pas
　　Où me conduirait la Fortune.
Sans doute alors la colère des dieux
　　Avait besoin d'une victime ;
Car elle m'a puni comme d'un crime
　　D'avoir essayé d'être heureux.

LA MUSE

L'image d'un doux souvenir
Vient de s'offrir à ta pensée.
Sur la trace qu'il a laissée
Pourquoi crains-tu de revenir ?
Est-ce faire un récit fidèle
Que de renier ses beaux jours ?
Si ta fortune fut cruelle,
Jeune homme, fais du moins comme elle,
Souris à tes premiers amours.

LE POÈTE

Non, — c'est à mes malheurs que je prétends sourire.
Muse, je te l'ai dit : je veux, sans passion,

Te conter mes ennuis, mes rêves, mon délire,
Et t'en dire le temps, l'heure et l'occasion.
C'était, il m'en souvient, par une nuit d'automne,
Triste et froide, à peu près semblable à celle-ci;
Le murmure du vent, de son bruit monotone,
Dans mon cerveau lassé berçait mon noir souci.
J'étais à la fenêtre, attendant ma maîtresse;
Et, tout en écoutant dans cette obscurité,
Je me sentais dans l'âme une telle détresse,
Qu'il me vint le soupçon d'une infidélité.
La rue où je logeais était sombre et déserte [13];
Quelques ombres passaient, un falot à la main;
Quand la bise sifflait dans la porte entr'ouverte,
On entendait de loin comme un soupir humain [14].
Je ne sais, à vrai dire, à quel fâcheux présage
Mon esprit inquiet alors s'abandonna.
Je rappelais en vain un reste de courage,
Et me sentis frémir lorsque l'heure sonna.
Elle ne venait pas. Seul, la tête baissée,
Je regardai longtemps les murs et le chemin, —
Et je ne t'ai pas dit quelle ardeur insensée
Cette inconstante femme allumait en mon sein [15];
Je n'aimais qu'elle au monde, et vivre un jour sans elle
Me semblait un destin plus affreux que la mort.
Je me souviens pourtant qu'en cette nuit cruelle
Pour briser mon lien je fis un long effort.
Je la nommai cent fois perfide et déloyale,
Je comptai tous les maux qu'elle m'avait causés.
Hélas! au souvenir de sa beauté fatale,
Quels maux et quels chagrins n'étaient pas apaisés [16]!
Le jour parut enfin. — Las d'une vaine attente,
Sur le bord du balcon je m'étais assoupi;
Je rouvris la paupière à l'aurore naissante,
Et je laissai flotter mon regard ébloui.
Tout à coup, au détour de l'étroite ruelle,
J'entends sur le gravier marcher à petit bruit...
Grand Dieu! préservez-moi! je l'aperçois, c'est elle [17];
Elle entre [18]. — D'où viens-tu? Qu'as-tu fait cette nuit?
Réponds, que me veux-tu? qui t'amène à cette heure?
Ce beau corps, jusqu'au jour, où s'est-il étendu?
Tandis qu'à ce balcon, seul, je veille et je pleure,
En quel lieu, dans quel lit, à qui souriais-tu?
Perfide! audacieuse! est-il encor possible

Que tu viennes offrir ta bouche à mes baisers ?
Que demandes-tu donc ? par quelle soif horrible
Oses-tu m'attirer dans tes bras épuisés ?
Va-t'en, retire-toi, spectre de ma maîtresse !
Rentre dans ton tombeau, si tu t'en es levé[19];
Laisse-moi pour toujours oublier ma jeunesse,
Et, quand je pense à toi, croire que j'ai rêvé !

LA Muse

Apaise-toi, je t'en conjure ;
Tes paroles m'ont fait frémir.
Ô mon bien-aimé ! ta blessure
Est encor prête à se rouvrir.
Hélas ! elle est donc bien profonde ?
Et les misères de ce monde
Sont si lentes à s'effacer !
Oublie, enfant, et de ton âme
Chasse le nom de cette femme,
Que je ne veux pas prononcer.

LE Poète

Honte à toi qui la première
M'a appris la trahison,
Et d'horreur et de colère
M'as fait perdre la raison !
Honte à toi, femme à l'œil sombre,
Dont les funestes amours
Ont enseveli dans l'ombre
Mon printemps et mes beaux jours !
C'est ta voix, c'est ton sourire,
C'est ton regard corrupteur,
Qui m'ont appris à maudire
Jusqu'au semblant du bonheur ;
C'est ta jeunesse et tes charmes
Qui m'ont fait désespérer,
Et si je doute des larmes,
C'est que je t'ai vu pleurer.
Honte à toi, j'étais encore
Aussi simple qu'un enfant ;
Comme une fleur à l'aurore,
Mon cœur s'ouvrait en t'aimant.
Certes, ce cœur sans défense
Put sans peine être abusé ;

Mais lui laisser l'innocence
Était encor plus aisé [20].
Honte à toi! tu fus la mère
De mes premières douleurs,
Et tu fis de ma paupière
Jaillir la source des pleurs [21]!
Elle coule, sois-en sûre,
Et rien ne la tarira;
Elle sort d'une blessure
Qui jamais ne guérira;
Mais dans cette source amère
Du moins je me laverai,
Et j'y laisserai, j'espère,
Ton souvenir abhorré!

LA MUSE

Poète, c'est assez. Auprès d'une infidèle,
Quand ton illusion n'aurait duré qu'un jour,
N'outrage pas ce jour lorsque tu parles d'elle;
Si tu veux être aimé, respecte ton amour.
Si l'effort est trop grand pour la faiblesse humaine
De pardonner les maux qui nous viennent d'autrui,
Épargne-toi du moins le tourment de la haine;
À défaut du pardon, laisse venir l'oubli.
Les morts dorment en paix dans le sein de la terre:
Ainsi doivent dormir nos sentiments éteints.
Ces reliques du cœur ont aussi leur poussière;
Sur leurs restes sacrés ne portons pas les mains.
Pourquoi, dans ce récit d'une vive souffrance,
Ne veux-tu voir qu'un rêve et qu'un amour trompé?
Est-ce donc sans motif qu'agit la Providence
Et crois-tu donc distrait le Dieu qui t'a frappé?
Le coup dont tu te plains t'a préservé peut-être,
Enfant; car c'est par là que ton cœur s'est ouvert.
L'homme est un apprenti, la douleur est son maître,
Et nul ne se connaît tant qu'il n'a pas souffert.
C'est une dure loi, mais une loi suprême,
Vieille comme le monde et la fatalité,
Qu'il nous faut du malheur recevoir le baptême,
Et qu'à ce triste prix tout doit être acheté.
Les moissons pour mûrir ont besoin de rosée;
Pour vivre et pour sentir l'homme a besoin des pleurs;
La joie a pour symbole une plante brisée,

Humide encor de pluie et couverte de fleurs.
Ne te disais-tu pas guéri de ta folie ?
N'es-tu pas jeune, heureux, partout le bienvenu ?
Et ces plaisirs légers qui font aimer la vie,
Si tu n'avais pleuré, quel cas en ferais-tu[22] ?
Lorsqu'au déclin du jour, assis sur la bruyère,
Avec un vieil ami tu bois en liberté,
Dis-moi, d'aussi bon cœur lèverais-tu ton verre,
Si tu n'avais senti le prix de la gaîté[23] ?
Aimerais-tu les fleurs, les prés et la verdure,
Les sonnets de Pétrarque et le chant des oiseaux[24],
Michel-Ange et les arts, Shakspeare et la nature,
Si tu n'y retrouvais quelques anciens sanglots ?
Comprendrais-tu des cieux l'ineffable harmonie,
Le silence des nuits, le murmure des flots,
Si quelque part là-bas la fièvre et l'insomnie
Ne t'avaient fait songer à l'éternel repos ?
N'as-tu pas maintenant une belle maîtresse[25] ?
Et, lorsqu'en t'endormant tu lui serres la main,
Le lointain souvenir des maux de ta jeunesse
Ne rend-il pas plus doux son sourire divin ?
N'allez-vous pas aussi vous promener ensemble
Au fond des bois fleuris, sur le sable argentin ?
Et, dans ce vert palais, le blanc spectre du tremble
Ne sait-il plus, le soir, vous montrer le chemin ?
Ne vois-tu pas alors, aux rayons de la lune,
Plier comme autrefois un beau corps dans tes bras[26],
Et si dans le sentier tu trouvais la Fortune,
Derrière elle, en chantant, ne marcherais-tu pas ?
De quoi te plains-tu donc ? L'immortelle espérance
S'est retrempée en toi sous la main du malheur.
Pourquoi veux-tu haïr ta jeune expérience,
Et détester un mal qui t'a rendu meilleur[27] ?
Ô mon enfant ! plains-la, cette belle infidèle,
Qui fit couler jadis les larmes de tes yeux ;
Plains-la ! c'est une femme, et Dieu, t'a fait, près d'elle,
Deviner, en souffrant, le secret des heureux.
Sa tâche fut pénible ; elle t'aimait peut-être ;
Mais le destin voulait qu'elle brisât ton cœur.
Elle savait la vie, et te l'a fait connaître ;
Une autre a recueilli le fruit de ta douleur.
Plains-la ! son triste amour a passé comme un songe ;
Elle a vu ta blessure et n'a pu la fermer.

Dans ses larmes, crois-moi, tout n'était pas mensonge.
Quand tout l'aurait été, plains-la! tu sais aimer.

LE POÈTE

Tu dis vrai : la haine est impie,
Et c'est un frisson plein d'horreur
Quand cette vipère assoupie [28]
Se déroule dans notre cœur.
Écoute-moi donc, ô déesse!
Et sois témoin de mon serment :
Par les yeux bleus de ma maîtresse [29],
Et par l'azur du firmament;
Par cette étincelle brillante
Qui de Vénus porte le nom,
Et, comme une perle tremblante,
Scintille au loin sur l'horizon;
Par la grandeur de la nature,
Par la bonté du Créateur,
Par la clarté tranquille et pure
De l'astre cher au voyageur [30],
Par les herbes de la prairie,
Par les forêts, par les prés verts,
Par la puissance de la vie,
Par la sève de l'univers,
Je te bannis de ma mémoire,
Reste d'un amour insensé,
Mystérieuse et sombre histoire
Qui dormiras dans le passé!
Et toi qui, jadis, d'une amie
Portas la forme et le doux nom,
L'instant suprême où je t'oublie
Doit être celui du pardon.
Pardonnons-nous; — je romps le charme
Qui nous unissait devant Dieu.
Avec une dernière larme
Reçois un éternel adieu.
— Et maintenant, blonde rêveuse [31],
Maintenant, Muse, à nos amours!
Dis-moi quelque chanson joyeuse,
Comme au premier temps des beaux jours.
Déjà la pelouse embaumée
Sent les approches du matin;
Viens éveiller ma bien-aimée,

Et cueillir les fleurs du jardin.
Viens voir la nature immortelle
Sortir des voiles du sommeil;
Nous allons renaître avec elle [32]
Au premier rayon du soleil [33]!

LETTRE À M. DE LAMARTINE [1]

Lorsque le grand Byron allait quitter Ravenne
Et chercher sur les mers quelque plage lointaine
Où finir en héros son immortel ennui,
Comme il était assis aux pieds de sa maîtresse,
Pâle, et déjà tourné du côté de la Grèce,
Celle qu'il appelait alors sa Guiccioli [2]
Ouvrit un soir un livre où l'on parlait de lui.

Avez-vous de ce temps conservé la mémoire,
Lamartine, et ces vers au prince des proscrits,
Vous souvient-il encor qui les avait écrits [3]?
Vous étiez jeune alors, vous, notre chère gloire [4].
Vous veniez d'essayer pour la première fois
Ce beau luth éploré qui vibre sous vos doigts [5].
La Muse que le ciel vous avait fiancée
Sur votre front rêveur cherchait votre pensée,
Vierge craintive encore, amante des lauriers.
Vous ne connaissiez pas, noble fils de la France,
Vous ne connaissiez pas, sinon par sa souffrance,
Ce sublime orgueilleux à qui vous écriviez [6].
De quel droit osiez-vous l'aborder et le plaindre?
Quel aigle, Ganymède [7], à ce dieu vous portait?
Pressentiez-vous qu'un jour vous le pourriez atteindre,
Celui qui de si haut alors vous écoutait?
Non, vous aviez vingt ans, et le cœur vous battait.
Vous aviez lu *Lara, Manfred* et *le Corsaire* [8],
Et vous aviez écrit sans essuyer vos pleurs;
Le souffle de Byron vous soulevait de terre,
Et vous alliez à lui, porté par ses douleurs.
Vous appeliez de loin cette âme désolée;
Pour grand qu'il vous parût, vous le sentiez ami [9],
Et, comme le torrent dans la verte vallée,
L'écho de son génie en vous avait gémi.
Et lui, lui dont l'Europe, encore tout armée,

Écoutait en tremblant les sauvages concerts [10];
Lui qui depuis dix ans fuyait sa renommée
Et de sa solitude emplissait l'univers;
Lui, le grand inspiré de la Mélancolie,
Qui, las d'être envié, se changeait en martyr;
Lui, le dernier amant de la pauvre Italie,
Pour son dernier exil s'apprêtant à partir;
Lui qui, rassasié de la grandeur humaine,
Comme un cygne, à son chant sentant sa mort prochaine,
Sur terre autour de lui cherchait pour qui mourir [11]...
Il écouta ces vers que lisait sa maîtresse,
Ce doux salut lointain d'un jeune homme inconnu.
Je ne sais si du style il comprit la richesse;
Il laissa dans ses yeux sourire sa tristesse :
Ce qui venait du cœur lui fut le bienvenu [12].

Poète, maintenant que ta muse fidèle,
Par ton unique amour sûre d'être immortelle,
De la verveine en fleur t'a couronné le front,
À ton tour, reçois-moi comme le grand Byron.
De t'égaler jamais je n'ai pas l'espérance;
Ce que tu tiens du ciel, nul ne me l'a promis,
Mais de ton sort au mien plus grande est la distance,
Meilleur en sera Dieu qui peut nous rendre amis.
Je ne t'adresse pas d'inutiles louanges,
Et je ne songe point que tu me répondras [13];
Pour être proposés, ces illustres échanges
Veulent être signés d'un nom que je n'ai pas.
J'ai cru pendant longtemps que j'étais las du monde;
J'ai dit que je niais, croyant avoir douté,
Et j'ai pris, devant moi, pour une nuit profonde
Mon ombre qui passait pleine de vanité.
Poète, je t'écris pour te dire que j'aime,
Qu'un rayon du soleil est tombé jusqu'à moi,
Et qu'en un jour de deuil et de douleur suprême,
Les pleurs que je versais m'ont fait penser à toi.

Qui de nous, Lamartine, et de notre jeunesse,
Ne sait par cœur ce chant, des amants adoré,
Qu'un soir, au bord d'un lac, tu nous as soupiré [14]?
Qui n'a lu mille fois, qui ne relit sans cesse
Ces vers mystérieux où parle ta maîtresse,
Et qui n'a sangloté sur ces divins sanglots,

Profonds comme le ciel et purs comme les flots ?
Hélas ! ces longs regrets des amours mensongères,
Ces ruines du temps qu'on trouve à chaque pas,
Ces sillons infinis de lueurs éphémères,
Qui peut se dire un homme, et ne les connaît pas ?
Quiconque aima jamais porte une cicatrice ;
Chacun l'a dans le sein, toujours prête à s'ouvrir ;
Chacun la garde en soi, cher et secret supplice,
Et mieux il est frappé, moins il en veut guérir [15].
Te le dirai-je, à toi, chantre de la souffrance,
Que ton glorieux mal, je l'ai souffert aussi [16] ?
Qu'un instant, comme toi, devant ce ciel immense,
J'ai serré dans mes bras la vie et l'espérance,
Et qu'ainsi que le tien, mon rêve s'est enfui ?
Te dirai-je qu'un soir, dans la brise embaumée,
Endormi, comme toi, dans la paix du bonheur,
Aux célestes accents d'une voix bien-aimée,
J'ai cru sentir le temps s'arrêter dans mon cœur [17] ?
Te dirai-je qu'un soir, resté seul sur la terre,
Dévoré, comme toi, d'un affreux souvenir,
Je me suis étonné de ma propre misère,
Et de ce qu'un enfant peut souffrir sans mourir [18] ?
Ah ! ce que j'ai senti dans cet instant terrible,
Oserai-je m'en plaindre et te le raconter ?
Comment exprimerai-je une peine indicible ?
Après toi, devant toi, puis-je encor le tenter ?
Oui, de ce jour fatal, plein d'horreur et de charmes,
Je veux fidèlement te faire le récit ;
Ce ne sont pas des chants, ce ne sont que des larmes [19],
Et je ne te dirai que ce que Dieu m'a dit.

Lorsque le laboureur, regagnant sa chaumière,
Trouve le soir son champ rasé par le tonnerre,
Il croit d'abord qu'un rêve a fasciné ses yeux,
Et, doutant de lui-même, interroge les cieux.
Partout la nuit est sombre, et la terre enflammée.
Il cherche autour de lui la place accoutumée
Où sa femme l'attend sur le seuil entr'ouvert ;
Il voit un peu de cendre au milieu d'un désert.
Ses enfants demi-nus sortent de la bruyère
Et viennent lui conter comme leur pauvre mère
Est morte sous le chaume avec des cris affreux ;
Mais maintenant au loin tout est silencieux [20].

Le misérable écoute et comprend sa ruine.
Il serre, désolé, ses fils sur sa poitrine;
Il ne lui reste plus, s'il ne tend pas la main,
Que la faim pour ce soir et la mort pour demain.
Pas un sanglot ne sort de sa gorge oppressée;
Muet et chancelant, sans force et sans pensée,
Il s'assoit à l'écart, les yeux sur l'horizon,
Et, regardant s'enfuir sa moisson consumée,
Dans les noirs tourbillons de l'épaisse fumée
L'ivresse du malheur emporte sa raison [21].

Tel, lorsque abandonné d'une infidèle amante,
Pour la première fois j'ai connu la douleur,
Transpercé tout à coup d'une flèche sanglante [22],
Seul, je me suis assis dans la nuit de mon cœur [23],
Ce n'était pas au bord d'un lac au flot limpide [24],
Ni sur l'herbe fleurie au penchant des coteaux [25];
Mes yeux noyés de pleurs ne voyaient que le vide,
Mes sanglots étouffés n'éveillaient point d'échos.
C'était dans une rue obscure et tortueuse [26]
De cet immense égout qu'on appelle Paris;
Autour de moi criait cette foule railleuse
Qui des infortunés n'entend jamais les cris.
Sur le pavé noirci les blafardes lanternes
Versaient un jour douteux plus triste que la nuit,
Et, suivant au hasard ces feux vagues et ternes,
L'homme passait dans l'ombre, allant où va le bruit.
Partout retentissait comme une joie étrange;
C'était en février, au temps du carnaval.
Les masques avinés, se croisant dans la fange,
S'accostaient d'une injure ou d'un refrain banal.
Dans un carrosse ouvert une troupe entassée
Paraissait par moments sous le ciel pluvieux,
Puis se perdait au loin dans la ville insensée,
Hurlant un hymne impur sous la résine en feux.
Cependant des vieillards, des enfants et des femmes
Se barbouillaient de lie au fond des cabarets,
Tandis que de la nuit les prêtresses infâmes
Promenaient çà et là leurs spectres inquiets.
On eût dit un portrait de la débauche antique,
Un de ces soirs fameux chers au peuple romain,
Où des temples secrets la Vénus impudique
Sortait échevelée, une torche à la main.

Dieu juste! pleurer seul par une nuit pareille!
Ô mon unique amour! que vous avais-je fait[27]?
Vous m'aviez pu quitter, vous qui juriez la veille
Que vous étiez ma vie et que Dieu le savait?
Ah! toi, le savais-tu, froide et cruelle amie,
Qu'à travers cette honte et cette obscurité,
J'étais là, regardant de ta lampe chérie,
Comme une étoile au ciel, la tremblante clarté?
Non, tu n'en savais rien, je n'ai pas vu ton ombre;
Ta main n'est pas venue entr'ouvrir ton rideau.
Tu n'as pas regardé si le ciel était sombre;
Tu ne m'as pas cherché dans cet affreux tombeau!

Lamartine, c'est là, dans cette rue obscure,
Assis sur une borne, au fond d'un carrefour,
Les deux mains sur mon cœur, et serrant ma blessure,
Et sentant y saigner un invincible amour;
C'est là, dans cette nuit d'horreur et de détresse,
Au milieu des transports d'un peuple furieux
Qui semblait en passant crier à ma jeunesse :
« Toi qui pleures ce soir, n'as-tu pas ri comme eux? »
C'est là, devant ce mur, où j'ai frappé ma tête,
Où j'ai posé deux fois le fer sur mon sein nu[28];
C'est là, le croiras-tu? chaste et noble poète,
Que de tes chants divins je me suis souvenu.
Ô toi qui sais aimer, réponds, amant d'Elvire,
Comprends-tu que l'on parte et qu'on se dise adieu?
Comprends-tu que ce mot, la main puisse l'écrire,
Et le cœur le signer, et les lèvres le dire,
Les lèvres, qu'un baiser vient d'unir devant Dieu?
Comprends-tu qu'un lien qui, dans l'âme immortelle,
Chaque jour plus profond se forme à notre insu;
Qui déracine en nous la volonté rebelle,
Et nous attache au cœur son merveilleux tissu;
Un lien[29] tout-puissant dont les nœuds et la trame
Sont plus durs que la roche et que les diamants;
Qui ne craint ni le temps, ni le fer, ni la flamme,
Ni la mort elle-même, et qui fait des amants[30]
Jusque dans le tombeau s'aimer les ossements[31];
Comprends-tu que dix ans ce lien nous enlace,
Qu'il ne fasse dix ans qu'un seul être de deux[32],
Puis tout à coup se brise, et, perdu dans l'espace,
Nous laisse épouvantés d'avoir cru vivre heureux?

Ô poète ! il est dur que la nature humaine,
Qui marche à pas comptés vers une fin certaine,
Doive encor s'y traîner en portant une croix,
Et qu'il faille ici-bas mourir plus d'une fois.
Car de quel autre nom peut s'appeler sur terre
Cette nécessité de changer de misère,
Qui nous fait, jour et nuit, tout prendre et tout quitter,
Si bien que notre temps se passe à convoiter ?
Ne sont-ce pas des morts, et des morts effroyables,
Que tant de changements d'êtres si variables,
Qui se disent toujours fatigués d'espérer,
Et qui sont toujours prêts à se transfigurer ?
Quel tombeau que le cœur, et quelle solitude !
Comment la passion devient-elle habitude,
Et comment se fait-il que, sans y trébucher,
Sur ses propres débris l'homme puisse marcher ?
Il y marche pourtant ; c'est Dieu qui l'y convie.
Il va semant partout et prodiguant sa vie :
Désir, crainte, colère, inquiétude, ennui,
Tout passe et disparaît, tout est fantôme en lui.
Son misérable cœur est fait de telle sorte,
Qu'il faut incessamment qu'une ruine en sorte ;
Que la mort soit son terme, il ne l'ignore pas,
Et, marchant à la mort, il meurt à chaque pas.
Il meurt dans ses amis, dans son fils, dans son père ;
Il meurt dans ce qu'il pleure et dans ce qu'il espère ;
Et, sans parler des corps qu'il faut ensevelir,
Qu'est-ce donc qu'oublier, si ce n'est pas mourir ?
Ah ! c'est plus que mourir ; c'est survivre à soi-même.
L'âme remonte au ciel quand on perd ce qu'on aime.
Il ne reste de nous qu'un cadavre vivant ;
Le désespoir l'habite, et le néant l'attend.

Eh bien ! bon ou mauvais, inflexible ou fragile,
Humble ou fier, triste ou gai, mais toujours gémissant,
Cet homme, tel qu'il est, cet être fait d'argile,
Tu l'as vu, Lamartine, et son sang est ton sang.
Son bonheur est le tien ; sa douleur est la tienne ;
Et des maux qu'ici-bas il lui faut endurer,
Pas un qui ne te touche et qui ne t'appartienne ;
Puisque tu sais chanter, ami, tu sais pleurer.
Dis-moi, qu'en penses-tu dans tes jours de tristesse[33] ?
Que t'a dit le malheur, quand tu l'as consulté ?

Trompé par tes amis, trahi par ta maîtresse,
Du ciel et de toi-même as-tu jamais douté?

Non, Alphonse, jamais. La triste expérience
Nous apporte la cendre, et n'éteint pas le feu.
Tu respectes le mal fait par la Providence,
Tu le laisses passer et tu crois à ton Dieu [34].
Quel qu'il soit, c'est le mien; il n'est pas deux croyances.
Je ne sais pas son nom, j'ai regardé les cieux.
Je sais qu'ils sont à lui, je sais qu'ils sont immenses,
Et que l'immensité ne peut pas être à deux.
J'ai connu, jeune encor, de sévères souffrances;
J'ai vu verdir les bois, et j'ai tenté d'aimer [35].
Je sais ce que la terre engloutit d'espérances,
Et, pour y recueillir, ce qu'il y faut semer.
Mais ce que j'ai senti, ce que je veux t'écrire,
C'est ce que m'ont appris les anges de douleur;
Je le sais mieux encore et puis mieux te le dire,
Car leur glaive, en entrant, l'a gravé dans mon cœur :

Créature d'un jour qui t'agites une heure,
De quoi viens-tu te plaindre et qui te fait gémir?
Ton âme t'inquiète, et tu crois qu'elle pleure :
Ton âme est immortelle, et tes pleurs vont tarir.

Tu te sens le cœur pris d'un caprice de femme [36],
Et tu dis qu'il se brise à force de souffrir.
Tu demandes à Dieu de soulager ton âme :
Ton âme est immortelle, et ton cœur va guérir.

Le regret d'un instant te trouble et te dévore;
Tu dis que le passé te voile l'avenir.
Ne te plains pas d'hier; laisse venir l'aurore :
Ton âme est immortelle, et le temps va s'enfuir.

Ton corps est abattu du mal de ta pensée;
Tu sens ton front peser et tes genoux fléchir.
Tombe, agenouille-toi, créature insensée :
Ton âme est immortelle, et la mort va venir.

Tes os dans le cercueil vont tomber en poussière,
Ta mémoire, ton nom, ta gloire vont périr,
Mais non pas ton amour, si ton amour t'est chère :
Ton âme est immortelle, et va s'en souvenir [37].

À LA MALIBRAN[1]

STANCES

I

Sans doute il est trop tard pour parler encor d'elle;
Depuis qu'elle n'est plus quinze jours sont passés[2],
Et dans ce pays-ci quinze jours, je le sais,
Font d'une mort récente une vieille nouvelle.
De quelque nom d'ailleurs que le regret s'appelle,
L'homme, par tout pays, en a bien vite assez[3].

II

Ô Maria-Félicia[4]! le peintre et le poète
Laissent, en expirant, d'immortels héritiers;
Jamais l'affreuse nuit ne les prend tout entiers.
À défaut d'action, leur grande âme inquiète
De la mort et du temps entreprend la conquête,
Et, frappés dans la lutte[5], ils tombent en guerriers.

III

Celui-là sur l'airain a gravé sa pensée;
Dans un rythme doré l'autre l'a cadencée;
Du moment qu'on l'écoute, on lui devient ami.
Sur sa toile, en mourant, Raphaël l'a laissée[6],
Et, pour que le néant ne touche point à lui,
C'est assez d'un enfant sur sa mère endormi.

IV

Comme dans une lampe une flamme fidèle,
Au fond du Parthénon le marbre inhabité
Garde de Phidias la mémoire éternelle,
Et la jeune Vénus, fille de Praxitèle[7],
Sourit encor, debout dans sa divinité,
Aux siècles impuissants qu'a vaincus sa beauté[8].

V

Recevant d'âge en âge une nouvelle vie,
Ainsi s'en vont à Dieu les gloires d'autrefois ;
Ainsi le vaste[9] écho de la voix du génie
Devient du genre humain l'universelle voix...
Et de toi, morte hier, de toi, pauvre Marie,
Au fond d'une chapelle[10] il nous reste une croix !

VI

Une croix ! et l'oubli, la nuit et le silence !
Écoutez ! c'est le vent, c'est l'Océan immense ;
C'est un pêcheur qui chante au bord du grand chemin.
Et de tant de beauté, de gloire et d'espérance,
De tant d'accords si doux d'un instrument divin,
Pas un faible soupir, pas un écho lointain !

VII

Une croix ! et ton nom écrit sur une pierre,
Non pas même le tien, mais celui d'un époux,
Voilà ce qu'après toi tu laisses sur la terre ;
Et ceux qui t'iront voir à ta maison dernière,
N'y trouvant pas ce nom qui fut aimé de nous,
Ne sauront pour prier où poser les genoux.

VIII

Ô Ninette[11] ! où sont-ils, belle muse adorée,
Ces accents pleins d'amour, de charme et de terreur,
Qui voltigeaient le soir sur ta lèvre inspirée,
Comme un parfum léger sur l'aubépine en fleur ?
Où vibre maintenant cette voix éplorée,
Cette harpe vivante attachée à ton cœur[12] ?

IX

N'était-ce pas hier, fille joyeuse et folle,
Que ta verve railleuse animait Corilla,
Et que tu nous lançais avec la Rosina
La roulade amoureuse et l'œillade espagnole ?

Ces pleurs sur tes bras nus, quand tu chantais *le Saule*[13],
N'était-ce pas hier, pâle Desdémona ?

X

N'était-ce pas hier qu'à la fleur de ton âge
Tu traversais l'Europe, une lyre à la main ;
Dans la mer[14], en riant, te jetant à la nage,
Chantant la tarentelle au ciel napolitain,
Cœur d'ange et de lion, libre oiseau de passage,
Espiègle enfant ce soir, sainte artiste demain ?

XI

N'était-ce pas hier qu'enivrée et bénie[15]
Tu traînais à ton char un peuple transporté,
Et que Londre et Madrid, la France et l'Italie,
Apportaient à tes pieds cet or tant convoité,
Cet or deux fois sacré qui payait ton génie,
Et qu'à tes pieds souvent laissa ta charité[16] ?

XII

Qu'as-tu fait pour mourir, ô noble créature,
Belle image de Dieu, qui donnais en chemin
Au riche un peu de joie, au malheureux du pain ?
Ah ! qui donc frappe ainsi dans la mère nature,
Et quel faucheur aveugle, affamé de pâture,
Sur les meilleurs de nous ose porter la main ?

XIII

Ne suffit-il donc pas à l'ange de ténèbres
Qu'à peine de ce temps il nous reste un grand nom ?
Que Géricault, Cuvier, Schiller, Gœthe et Byron[17]
Soient endormis d'hier sous les dalles funèbres,
Et que nous ayons vu tant d'autres morts célèbres
Dans l'abîme entr'ouvert suivre Napoléon ?

XIV

Nous faut-il perdre encor nos têtes les plus chères,
Et venir en pleurant leur fermer les paupières,

Dès qu'un rayon d'espoir a brillé dans leurs yeux ?
Le ciel de ses élus devient-il envieux ?
Ou faut-il croire, hélas ! ce que disaient nos pères,
Que lorsqu'on meurt si jeune on est aimé des dieux [18] ?

XV

Ah ! combien, depuis peu, sont partis pleins de vie !
Sous les cyprès anciens que de saules nouveaux !
La cendre de Robert à peine refroidie [19],
Bellini tombe et meurt [20] ! — Une lente agonie
Traîne Carrel [21] sanglant à l'éternel repos.
Le seuil de notre siècle est pavé de tombeaux.

XVI

Que nous restera-t-il si l'ombre insatiable,
Dès que nous bâtissons, vient tout ensevelir ?
Nous qui sentons déjà le sol si variable,
Et, sur tant de débris, marchons vers l'avenir,
Si le vent, sous nos pas, balaye ainsi le sable,
De quel deuil le Seigneur veut-il donc nous vêtir ?

XVII

Hélas ! Marietta, tu nous restais encore.
Lorsque, sur le sillon, l'oiseau chante à l'aurore,
Le laboureur s'arrête, et, le front en sueur,
Aspire dans l'air pur un souffle de bonheur.
Ainsi nous consolait ta voix fraîche et sonore,
Et tes chants dans les cieux emportaient la douleur.

XVIII

Ce qu'il nous faut pleurer sur ta tombe hâtive,
Ce n'est pas l'art divin, ni ses savants secrets :
Quelque autre étudiera cet art que tu créais ;
C'est ton âme, Ninette, et ta grandeur naïve,
C'est cette voix du cœur qui seule au cœur arrive,
Que nul autre, après toi, ne nous rendra jamais.

XIX

Ah! tu vivrais encor sans cette âme indomptable.
Ce fut là ton seul mal, et le secret fardeau
Sous lequel ton beau corps plia comme un roseau.
Il en soutint longtemps la lutte inexorable.
C'est le Dieu tout-puissant, c'est la Muse implacable
Qui dans ses bras en feu t'a portée au tombeau.

XX

Que ne l'étouffais-tu, cette flamme brûlante [22]
Que ton sein palpitant ne pouvait contenir!
Tu vivrais, tu verrais te suivre et t'applaudir
De ce public blasé la foule indifférente,
Qui prodigue aujourd'hui sa faveur inconstante
À des gens dont pas un, certes, n'en doit mourir.

XXI

Connaissais-tu si peu l'ingratitude humaine?
Quel rêve as-tu donc fait [23] de te tuer pour eux?
Quelques bouquets de fleurs te rendaient-ils si vaine,
Pour venir nous verser de vrais pleurs sur la scène,
Lorsque tant d'histrions et d'artistes fameux,
Couronnés mille fois, n'en ont pas dans les yeux?

XXII

Que ne détournais-tu la tête pour sourire,
Comme on en use ici quand on feint d'être ému [24]?
Hélas! on t'aimait tant, qu'on n'en aurait rien vu [25].
Quand tu chantais *le Saule,* au lieu de ce délire,
Que ne t'occupais-tu de bien porter ta lyre?
La Pasta fait ainsi : que ne l'imitais-tu [26]?

XXIII

Ne savais-tu donc pas, comédienne imprudente,
Que ces cris insensés qui te sortaient du cœur
De ta joue amaigrie augmentaient la pâleur?
Ne savais-tu donc pas que, sur ta tempe ardente,

Ta main de jour en jour se posait plus tremblante,
Et que c'est tenter Dieu que d'aimer la douleur?

XXIV

Ne sentais-tu donc pas que ta belle jeunesse
De tes yeux fatigués s'écoulait en ruisseaux[27],
Et de ton noble cœur s'exhalait en sanglots?
Quand de ceux qui t'aimaient tu voyais la tristesse,
Ne sentais-tu donc pas qu'une fatale ivresse
Berçait ta vie errante à ses derniers rameaux?

XXV

Oui, oui, tu le savais, qu'au sortir du théâtre,
Un soir dans ton linceul il faudrait te coucher.
Lorsqu'on te rapportait plus froide que l'albâtre,
Lorsque[28] le médecin, de ta veine bleuâtre,
Regardait goutte à goutte un sang noir s'épancher,
Tu savais quelle main venait de te toucher.

XXVI

Oui, oui, tu le savais, et que, dans cette vie,
Rien n'est bon que d'aimer, n'est vrai que de souffrir.
Chaque soir dans tes chants tu te sentais pâlir.
Tu connaissais le monde, et la foule, et l'envie[29],
Et, dans ce corps brisé concentrant ton génie[30],
Tu regardais aussi la Malibran mourir.

XXVII

Meurs donc! ta mort est douce, et ta tâche est remplie.
Ce que l'homme ici-bas appelle le génie,
C'est le besoin d'aimer[31]; hors de là tout est vain.
Et, puisque tôt ou tard l'amour humain s'oublie,
Il est d'une grande âme et d'un heureux destin
D'expirer comme toi pour un amour divin!

L'ESPOIR EN DIEU[1]

Tant que mon pauvre cœur, encor plein de jeunesse,
À ses illusions n'aura pas dit adieu,
Je voudrais m'en tenir à l'antique sagesse,
Qui du sobre Épicure[2] a fait un demi-dieu[3].
Je voudrais vivre, aimer, m'accoutumer aux hommes,
Chercher un peu de joie et n'y pas trop compter,
Faire ce qu'on a fait, être ce que nous sommes,
Et regarder le ciel sans m'en inquiéter[4].

Je ne puis; — malgré moi l'infini me tourmente[5].
Je n'y saurais songer sans crainte et sans espoir;
Et, quoi qu'on en ait dit, ma raison s'épouvante
De ne pas le comprendre et pourtant de le voir[6].
Qu'est-ce donc que ce monde, et qu'y venons-nous faire,
Si, pour qu'on vive en paix, il faut voiler les cieux?
Passer comme un troupeau les yeux fixés à terre,
Et renier le reste, est-ce donc être heureux?
Non, c'est cesser d'être homme et dégrader son âme.
Dans la création le hasard m'a jeté;
Heureux ou malheureux, je suis né d'une femme,
Et je ne puis m'enfuir hors de l'humanité.

Que faire donc? « Jouis, dit la raison païenne;
Jouis et meurs; les dieux ne songent qu'à dormir[7].
— Espère seulement, répond la foi chrétienne;
Le ciel veille sans cesse, et tu ne peux mourir[8]. »
Entre ces deux chemins j'hésite et je m'arrête[9].
Je voudrais, à l'écart, suivre un plus doux sentier.
Il n'en existe pas, dit une voix secrète;
En présence du ciel, il faut croire ou nier.
Je le pense en effet; les âmes tourmentées
Dans l'un et l'autre excès se jettent tour à tour,
Mais les indifférents ne sont que des athées[10];
Ils ne dormiraient plus s'ils doutaient un seul jour.
Je me résigne donc, et, puisque la matière
Me laisse dans le cœur un désir plein d'effroi[11],
Mes genoux fléchiront; je veux croire et j'espère[12].
Que vais-je devenir, et que veut-on de moi?

Me voilà dans les mains d'un Dieu plus redoutable
Que ne sont à la fois tous les maux d'ici-bas ;
Me voilà seul, errant, fragile et misérable,
Sous les yeux d'un témoin qui ne me quitte pas.
Il m'observe, il me suit. Si mon cœur bat trop vite,
J'offense sa grandeur et sa divinité.
Un gouffre est sous mes pas : si je m'y précipite,
Pour expier une heure il faut l'éternité.
Mon juge est un bourreau qui trompe sa victime.
Pour moi, tout devient piège et tout change de nom ;
L'amour est un péché, le bonheur est un crime,
Et l'œuvre des sept jours n'est que tentation [13].
Je ne garde plus rien de la nature humaine ;
Il n'existe pour moi ni vertu ni remord [14].
J'attends la récompense et j'évite la peine ;
Mon seul guide est la peur, et mon seul but la mort.

On me dit cependant qu'une joie infinie
Attend quelques élus. — Où sont-ils, ces heureux ?
Si vous m'avez trompé, me rendrez-vous la vie ?
Si vous m'avez dit vrai, m'ouvrirez-vous les cieux [15] ?
Hélas ! ce beau pays dont parlaient vos prophètes,
S'il existe là-haut, ce doit être un désert.
Vous les voulez trop purs, les heureux que vous faites,
Et quand leur joie arrive, ils en ont trop souffert.
Je suis seulement homme, et ne veux pas moins être,
Ni tenter davantage [16]. — À quoi donc m'arrêter ?
Puisque je ne puis croire aux promesses du prêtre,
Est-ce l'indifférent que je vais consulter ?

Si mon cœur, fatigué du rêve qui l'obsède,
À la réalité revient pour s'assouvir,
Au fond des vains plaisirs que j'appelle à mon aide [17]
Je trouve un tel dégoût, que je me sens mourir.
Aux jours même où parfois la pensée est impie,
Où l'on voudrait nier pour cesser de douter [18],
Quand je posséderais tout ce qu'en cette vie
Dans ses vastes désirs l'homme peut convoiter ;
Donnez-moi le pouvoir, la santé, la richesse,
L'amour même, l'amour, le seul bien d'ici-bas [19] !
Que la blonde Astarté [20], qu'idolâtrait la Grèce,
De ses îles d'azur sorte en m'ouvrant les bras ;
Quand je pourrais saisir dans le sein de la terre

Les secrets éléments de sa fécondité,
Transformer à mon gré la vivace matière,
Et créer pour moi seul une unique beauté ;
Quand Horace, Lucrèce et le vieil Épicure [21],
Assis à mes côtés, m'appelleraient heureux,
Et quand ces grands amants de l'antique nature
Me chanteraient la joie et le mépris des dieux,
Je leur dirais à tous : « Quoi que nous puissions faire,
Je souffre, il est trop tard ; le monde s'est fait vieux [22].
Une immense espérance a traversé la terre ;
Malgré nous vers le ciel il faut lever les yeux ! »

Que me reste-t-il donc ? Ma raison révoltée
Essaye en vain de croire et mon cœur de douter.
Le chrétien m'épouvante, et ce que dit l'athée,
En dépit de mes sens, je ne puis l'écouter.
Les vrais religieux me trouveront impie,
Et les indifférents me croiront insensé.
À qui m'adresserai-je, et quelle voix amie
Consolera ce cœur que le doute a blessé ?

Il existe, dit-on, une philosophie
Qui nous explique tout sans révélation,
Et qui peut nous guider à travers cette vie
Entre l'indifférence et la religion.
J'y consens. — Où sont-ils, ces faiseurs de systèmes,
Qui savent, sans la foi, trouver la vérité,
Sophistes impuissants qui ne croient qu'en eux-mêmes ?
Quels sont leurs arguments et leur autorité [23] ?
L'un me montre ici-bas deux principes en guerre,
Qui, vaincus tour à tour, sont tous deux immortels [24] ;
L'autre découvre au loin, dans le ciel solitaire,
Un inutile Dieu qui ne veut pas d'autels [25].
Je vois rêver Platon et penser Aristote [26] ;
J'écoute, j'applaudis, et poursuis mon chemin.
Sous les rois absolus je trouve un Dieu despote ;
On nous parle aujourd'hui d'un Dieu républicain [27].
Pythagore et Leibniz transfigurent mon être [28].
Descartes m'abandonne au sein des tourbillons [29].
Montaigne s'examine, et ne peut se connaître [30].
Pascal fuit en tremblant ses propres visions [31].
Pyrrhon [32] me rend aveugle, et Zénon [33] insensible.
Voltaire jette à bas tout ce qu'il voit debout [34].

Spinosa, fatigué de tenter l'impossible[35],
Cherchant en vain son Dieu, croit le trouver partout.
Pour le sophiste anglais[36] l'homme est une machine.
Enfin sort des brouillards un rhéteur allemand[37]
Qui, du philosophisme achevant la ruine,
Déclare le ciel vide[38], et conclut au néant.

Voilà donc les débris de l'humaine science!
Et, depuis cinq mille ans qu'on a toujours douté[39],
Après tant de fatigue et de persévérance,
C'est là le dernier mot qui nous en est resté!
Ah! pauvres insensés, misérables cervelles[40],
Qui de tant de façons avez tout expliqué,
Pour aller jusqu'aux cieux il vous fallait des ailes[41];
Vous aviez le désir, la foi vous a manqué.
Je vous plains; votre orgueil part d'une âme blessée.
Vous sentiez les tourments dont mon cœur est rempli,
Et vous la connaissiez, cette amère pensée
Qui fait frissonner l'homme en voyant l'infini[42].
Eh bien, prions ensemble, — abjurons la misère
De vos calculs d'enfants, de tant de vains travaux.
Maintenant que vos corps sont réduits en poussière,
J'irai m'agenouiller pour vous sur vos tombeaux.
Venez, rhéteurs païens, maîtres de la science,
Chrétiens des temps passés et rêveurs d'aujourd'hui;
Croyez-moi, la prière est un cri d'espérance!
Pour que Dieu nous réponde, adressons-nous à lui[43].
Il est juste, il est bon[44]; sans doute il vous pardonne.
Tous vous avez souffert, le reste est oublié.
Si le ciel est désert, nous n'offensons personne;
Si quelqu'un nous entend, qu'il nous prenne en pitié!

   Ô toi que nul n'a pu connaître[45],
   Et n'a renié sans mentir,
   Réponds-moi, toi qui m'as fait naître,
   Et demain me feras mourir!

   Puisque tu te laisses comprendre,
   Pourquoi fais-tu douter de toi?
   Quel triste plaisir peux-tu prendre
    À tenter notre bonne foi?

Dès que l'homme lève la tête,
Il croit t'entrevoir dans les cieux;
La création, sa conquête,
N'est qu'un vaste temple à ses yeux.

Dès qu'il redescend en lui-même,
Il t'y trouve; tu vis en lui.
S'il souffre, s'il pleure, s'il aime,
C'est son Dieu qui le veut ainsi.

De la plus noble intelligence
La plus sublime ambition
Est de prouver ton existence,
Et de faire épeler ton nom.

De quelque façon qu'on t'appelle,
Brahma, Jupiter ou Jésus,
Vérité, Justice éternelle,
Vers toi tous les bras sont tendus.

Le dernier des fils de la terre
Te rend grâces du fond du cœur,
Dès qu'il se mêle à sa misère
Une apparence de bonheur.

Le monde entier te glorifie :
L'oiseau te chante sur son nid;
Et pour une goutte de pluie
Des milliers d'êtres t'ont béni.

Tu n'as rien fait qu'on ne l'admire;
Rien de toi n'est perdu pour nous;
Tout prie, et tu ne peux sourire
Que nous ne tombions à genoux.

Pourquoi donc, ô Maître suprême,
As-tu créé le mal si grand,
Que la raison, la vertu même,
S'épouvantent en le voyant ?

Lorsque tant de choses sur terre
Proclament la Divinité,
Et semblent attester d'un père
L'amour, la force et la bonté,

Comment, sous la sainte lumière,
Voit-on des actes si hideux,
Qu'ils font expirer la prière
Sur les lèvres du malheureux?

Pourquoi, dans ton œuvre céleste,
Tant d'éléments si peu d'accord?
À quoi bon le crime et la peste?
Ô Dieu juste! pourquoi la mort?

Ta pitié dut être profonde
Lorsqu'avec ses biens et ses maux,
Cet admirable et pauvre monde
Sortit en pleurant du chaos!

Puisque tu voulais le soumettre
Aux douleurs dont il est rempli,
Tu n'aurais pas dû lui permettre
De t'entrevoir dans l'infini.

Pourquoi laisser notre misère
Rêver et deviner un Dieu?
Le doute a désolé la terre;
Nous en voyons trop ou trop peu.

Si ta chétive créature
Est indigne de t'approcher,
Il fallait laisser la nature
T'envelopper et te cacher.

Il te resterait ta puissance,
Et nous en sentirions les coups;
Mais le repos et l'ignorance
Auraient rendu nos maux plus doux.

Si la souffrance et la prière
N'atteignent pas ta majesté,
Garde ta grandeur solitaire,
Ferme à jamais l'immensité.

Mais si nos angoisses mortelles
Jusqu'à toi peuvent parvenir;
Si, dans les plaines éternelles,
Parfois tu nous entends gémir,

Brise cette voûte profonde
Qui couvre la création;
Soulève les voiles du monde,
Et montre-toi, Dieu juste et bon!

Tu n'apercevras sur la terre
Qu'un ardent amour de la foi,
Et l'humanité tout entière
Se prosternera devant toi.

Les larmes qui l'ont épuisée
Et qui ruissellent de ses yeux,
Comme une légère rosée
S'évanouiront dans les cieux.

Tu n'entendras que tes louanges,
Qu'un concert de joie et d'amour,
Pareil à celui dont tes anges
Remplissent l'éternel séjour;

Et dans cet hosanna suprême,
Tu verras, au bruit de nos chants,
S'enfuir le doute et le blasphème,
Tandis que la Mort elle-même
Y joindra ses derniers accents.

À LA MI-CARÊME[1]

I

Le carnaval s'en va, les roses vont éclore;
Sur les flancs des coteaux déjà court[2] le gazon.
Cependant du plaisir la frileuse saison
Sous ses grelots légers rit et voltige encore,
Tandis que, soulevant les voiles de l'aurore,
Le Printemps inquiet paraît à l'horizon.

II

Du pauvre mois de mars il ne faut pas médire,
Bien que le laboureur le craigne justement :

L'univers y renaît; il est vrai que le vent,
La pluie et le soleil s'y disputent l'empire.
Qu'y faire ? Au temps des fleurs, le monde est un enfant;
C'est sa première larme et son premier sourire.

III

C'est dans le mois de mars que tente de s'ouvrir
L'anémone sauvage aux corolles tremblantes.
Les femmes et les fleurs appellent le zéphyr;
Et du fond des boudoirs les belles indolentes,
Balançant mollement leurs tailles nonchalantes,
Sous les vieux marronniers commencent à venir.

IV

C'est alors que les bals, plus joyeux et plus rares,
Prolongent plus longtemps leurs dernières fanfares;
À ce bruit qui nous quitte, on court avec ardeur;
La valseuse se livre avec plus de langueur :
Les yeux sont plus hardis, les lèvres moins avares,
La lassitude enivre, et l'amour vient au cœur[2].

V

S'il est vrai qu'ici-bas l'adieu de ce qu'on aime
Soit un si doux chagrin qu'on en voudrait mourir,
C'est dans le mois de mars, c'est à la mi-carême,
Qu'au sortir d'un souper un enfant du plaisir
Sur la valse et l'amour devrait faire un poème,
Et saluer gaiement ses dieux prêts à partir.

VI

Mais qui saura chanter tes pas pleins d'harmonie,
Et tes secrets divins, du vulgaire ignorés,
Belle Nymphe allemande aux brodequins dorés[1] ?
Ô Muse de la valse! ô fleur de poésie!
Où sont, de notre temps, les buveurs d'ambroisie
Dignes de s'étourdir dans tes bras adorés ?

VII

Quand, sur le Cithéron, la Bacchanale antique
Des filles de Cadmus dénouait les cheveux,
On laissait la beauté danser devant les dieux;
Et si quelque profane, au son de la musique,
S'élançait dans les chœurs, la prêtresse impudique
De son thyrse de fer frappait l'audacieux[5].

VIII

Il n'en est pas ainsi dans nos fêtes grossières;
Les vierges aujourd'hui se montrent moins sévères,
Et se laissent toucher sans grâce et sans fierté.
Nous ouvrons à qui veut nos quadrilles vulgaires;
Nous perdons le respect qu'on doit à la beauté,
Et nos plaisirs bruyants font fuir la volupté.

IX

Tant que régna chez nous le menuet gothique[6],
D'observer la mesure on se souvint encor.
Nos pères la gardaient aux jours de thermidor,
Lorsqu'au bruit des canons dansait la République,
Lorsque la Tallien[7], soulevant sa tunique,
Faisait de ses pieds nus claquer les anneaux d'or.

X

Autres temps, autres mœurs; le rythme et la cadence
Ont suivi les hasards et la commune loi.
Pendant que l'univers, ligué contre la France,
S'épuisait de fatigue à lui donner un roi[8],
La valse d'un coup d'aile a détrôné la danse.
Si quelqu'un s'en est plaint, certes, ce n'est pas moi[9].

XI

Je voudrais seulement, puisqu'elle est notre hôtesse,
Qu'on sût mieux honorer cette jeune déesse.
Je voudrais qu'à sa voix on pût régler nos pas,
Ne pas voir profaner une si douce ivresse,

Froisser d'un si beau sein les contours délicats,
Et le premier venu l'emporter dans ses bras [10].

XII

C'est notre barbarie et notre indifférence
Qu'il nous faut accuser; notre esprit inconstant
Se prend de fantaisie et vit de changement;
Mais le désordre même a besoin d'élégance;
Et je voudrais du moins qu'une duchesse, en France,
Sût valser aussi bien qu'un bouvier allemand.

DUPONT ET DURAND [1]

DIALOGUE

DURAND

Mânes de mes aïeux, quel embarras mortel!
J'invoquerais un dieu, si je savais lequel.
Voilà bientôt trente ans que je suis sur la terre,
Et j'en ai passé dix à chercher un libraire.
Pas un être vivant n'a lu mes manuscrits,
Et seul dans l'univers je connais mes écrits.

DUPONT

Par l'ombre de Brutus, quelle fâcheuse affaire!
Mon ventre est plein de cidre et de pommes de terre.
J'en ai l'âme engourdie, et, pour me réveiller,
Personne à qui parler des œuvres de Fourier [2]!
En quel temps vivons-nous? Quel dîner déplorable!

DURAND

Que vois-je donc là-bas? Quel est ce pauvre diable
Qui dans ses doigts transis souffle avec désespoir,
Et rôde en grelottant sous un mince habit noir?
J'ai vu chez Flicoteau ce piteux personnage [3].

DUPONT

Je ne me trompe pas. Ce morne et plat visage,
Cet œil sombre et penaud, ce front préoccupé,

Sur ces longs cheveux gras ce grand chapeau râpé...
C'est mon ami Durand, mon ancien camarade.

DURAND

Est-ce toi, cher Dupont? Mon fidèle Pylade,
Ami de ma jeunesse, approche, embrassons-nous
Tu n'es donc pas encore à l'hôpital des fous?
J'ai cru que tes parents t'avaient mis à Bicêtre[4].

DUPONT

Parle bas. J'ai sauté ce soir par la fenêtre,
Et je cours en cachette écrire un feuilleton.
Mais toi, tu n'as donc pas ton lit à Charenton[5]?
L'on m'avait dit pourtant que ton rare génie...

DURAND

Ah! Dupont, que le monde aime la calomnie!
Quel ingrat animal que ce sot genre humain,
Et que l'on a de peine à faire son chemin!

DUPONT

Frère, à qui le dis-tu? Dans le siècle où nous sommes,
Je n'ai que trop connu ce que valent les hommes.
Le monde, chaque jour, devient plus entêté,
Et tombe plus avant dans l'imbécillité.

DURAND

Te souvient-il, Dupont, des jours de notre enfance,
Lorsque, riches d'orgueil et pauvres de science,
Rossés par un sous-maître et toujours paresseux,
Dans la crasse et l'oubli nous dormions tous les deux?
Que ces jours bienheureux sont chers à ma mémoire[6]!

DUPONT

Paresseux! tu l'as dit. Nous l'étions avec gloire;
Ignorants, Dieu le sait! Ce que j'ai fait depuis
A montré clairement si j'avais rien appris.
Mais quelle douce odeur avait le réfectoire!
Ah! dans ce temps du moins je pus manger et boire!
Courbé sur mon pupitre, en secret je lisais
Des bouquins de rebut achetés au rabais.
Barnave et Desmoulins m'ont valu des férules;
De l'aimable Saint-Just les touchants opuscules

Reposaient sur mon cœur[7], et je tendais la main
Avec la dignité d'un sénateur romain.
Tu partageas mon sort, tu manquas tes études.

Durand

Il est vrai, le génie a ses vicissitudes.
Mon crâne ossianique, aux lauriers destiné,
Du bonnet d'âne alors fut parfois couronné.
Mais l'on voyait déjà ce dont j'étais capable.
J'avais d'écrivailler une rage incurable;
Honni de nos pareils, moulu de coups de poing,
Je rimais à l'écart, accroupi dans un coin[8].
Dès l'âge de quinze ans, sachant à peine lire,
Je dévorais Schiller, Dante, Gœthe, Shakspeare[9];
Le front me démangeait en lisant leurs écrits.
Quant à ces polissons qu'on admirait jadis,
Tacite, Cicéron, Virgile, Horace, Homère,
Nous savons, Dieu merci! quel cas on en peut faire[10].
Dans les secrets de l'art prompte à m'initier,
Ma muse, en bégayant, tentait de plagier;
J'adorais tour à tour l'Angleterre et l'Espagne,
L'Italie, et surtout l'emphatique Allemagne[11].
Que n'eussé-je pas fait pour savoir le patois
Que le savetier Sachs mit en gloire autrefois[12]!
J'aurais certainement produit un grand ouvrage.
Mais, forcé de parler notre ignoble langage,
J'ai du moins fait serment, tant que j'existerais,
De ne jamais écrire un livre en bon français[13];
Tu me connais, tu sais si j'ai tenu parole.

Dupont

Quand arrive l'hiver, l'hirondelle s'envole;
Ainsi s'est envolé le trop rapide temps
Où notre ventre à jeun put compter sur nos dents.
Quels beaux croûtons de pain coupait la ménagère!

Durand

N'en parlons plus; ce monde est un lieu de misère.
Sois franc, je t'en conjure, et dis-moi ton destin.
Que fis-tu tout d'abord loin du Quartier latin?

Dupont

Quand?

DURAND

Lorsqu'à dix-neuf ans tu sortis du collège.

DUPONT

Ce que je fis?

DURAND

Oui, parle.

DUPONT

Eh! mon ami, qu'en sais-je?
J'ai fait ce que l'oiseau fait en quittant son nid,
Ce que put le hasard et ce que Dieu permit.

DURAND

Mais encor?

DUPONT

Rien du tout. J'ai flâné dans les rues;
J'ai marché devant moi, libre, bayant aux grues;
Mal nourri, peu vêtu, couchant dans un grenier[14],
Dont je déménageais dès qu'il fallait payer,
De taudis en taudis, colportant ma misère,
Ruminant de Fourier le rêve humanitaire[15],
Empruntant çà et là le plus que je pouvais,
Dépensant un écu sitôt que je l'avais,
Délayant de grands mots en phrases insipides,
Sans chemise et sans bas, et les poches si vides,
Qu'il n'est que mon esprit au monde d'aussi creux;
Tel je vécus, râpé, sycophante, envieux.

DURAND

Je le sais; quelquefois, de peur que tu ne meures,
Lorsque ton estomac criait : « Il est six heures! »
J'ai dans ta triste main glissé, non sans regret,
Cinq francs que tu courais perdre chez Bénazet[16].
Mais que fis-tu plus tard? car tu n'as pas, je pense,
Mené jusqu'aujourd'hui cette affreuse existence?

DUPONT

Toujours! J'atteste ici Brutus et Spinosa
Que je n'ai jamais eu que l'habit que voilà!
Et comment en changer? À qui rend-on justice?
On ne voit qu'intérêt, convoitise, avarice.
J'avais fait un projet... Je te le dis tout bas...

Un projet! Mais au moins tu n'en parleras pas [17]...
C'est plus beau que Lycurgue, et rien d'aussi sublime
N'aura jamais paru si Ladvocat [18] m'imprime.
L'univers, mon ami, sera bouleversé,
On ne verra plus rien qui ressemble au passé;
Les riches seront gueux et les nobles infâmes;
Nos maux seront des biens, les hommes seront femmes,
Et les femmes seront... tout ce qu'elles voudront.
Les plus vieux ennemis se réconcilieront,
Le Russe avec le Turc, l'Anglais avec la France [19],
La foi religieuse avec l'indifférence,
Et le drame moderne avec le sens commun.
De rois, de députés, de ministres, pas un.
De magistrats, néant; de lois, pas davantage.
J'abolis la famille et romps le mariage;
Voilà. Quant aux enfants, en feront qui pourront.
Ceux qui voudront trouver leurs pères chercheront [20].
Du reste, on ne verra, mon cher, dans les campagnes,
Ni forêts, ni clochers, ni vallons, ni montagnes :
Chansons que tout cela! Nous les supprimerons,
Nous les démolirons, comblerons, brûlerons.
Ce ne seront partout que houilles et bitumes,
Trottoirs, masures, champs plantés de bons légumes,
Carottes, fèves, pois, et qui veut peut jeûner [21],
Mais nul n'aura du moins le droit de bien dîner.
Sur deux rayons de fer un chemin magnifique
De Paris à Pékin ceindra ma république.
Là, cent peuples divers, confondant leur jargon,
Feront une Babel d'un colossal wagon.
Là, de sa roue en feu le coche humanitaire [22]
Usera jusqu'aux os les muscles de la terre.
Du haut de ce vaisseau les hommes stupéfaits
Ne verront qu'une mer de choux et de navets.
Le monde sera propre et net comme une écuelle;
L'humanitairerie [23] en fera sa gamelle,
Et le globe rasé, sans barbe ni cheveux,
Comme un grand potiron roulera dans les cieux.
Quel projet, mon ami! quelle chose admirable!
À d'aussi vastes plans rien est-il comparable?
Je les avais écrits dans mes moments perdus.
Croirais-tu bien, Durand, qu'on ne les a pas lus?
Que veux-tu! notre siècle est sans yeux, sans oreilles.
Offrez-lui des trésors, montrez-lui des merveilles :

Pour aller à la Bourse, il vous tourne le dos.
Ceux-là nous font des lois, et ceux-ci des canaux;
On aime le plaisir, l'argent, la bonne chère;
On voit des fainéants qui labourent la terre;
L'homme de notre temps ne veut pas s'éclairer,
Et j'ai perdu l'espoir de le régénérer.
Mais toi, quel fut ton sort? À ton tour sois sincère.

DURAND

Je fus d'abord garçon chez un vétérinaire [24].
On me donnait par mois dix-huit livres dix sous;
Mais il me déplaisait de me mettre à genoux
Pour graisser le sabot d'une bête malade,
Dont je fus maintes fois payé d'une ruade.
Fatigué du métier, je rompis mon licou,
Et, confiant en Dieu, j'allai sans savoir où.
Je m'arrêtai d'abord chez un marchand d'estampes
Qui pour certains romans faisait des culs-de-lampes.
J'en fis pendant deux ans; dans de méchants écrits
Je glissais à tâtons de plus méchants croquis.
Ce travail ignoré me servit par la suite;
Car je rendis ainsi mon esprit parasite,
L'accoutumant au vol, le greffant sur autrui.
Je me lassai pourtant du rôle d'apprenti.
J'allai dîner un jour chez le père la Tuile [25];
J'y rencontrai Dubois, vaudevilliste habile,
Grand buveur, comme on sait, grand chanteur de couplets,
Dont la gaîté vineuse emplit les cabarets.
Il m'apprit l'orthographe et corrigea mon style.
Nous fîmes à nous deux le quart d'un vaudeville,
Aux théâtres forains lequel fut présenté,
Et refusé partout à l'unanimité [26].
Cet échec me fut dur, et je sentis ma bile
Monter en bouillonnant à mon cerveau stérile.
Je résolus d'écrire, en rentrant au logis,
Un ouvrage quelconque et d'étonner Paris.
De la soif de rimer ma cervelle obsédée
Pour la première fois eut un semblant d'idée.
Je tirai mon verrou, j'eus soin de m'entourer
De tous les écrivains qui pouvaient m'inspirer.
Soixante in-octavos inondèrent ma table.
J'accouchai lentement d'un poème effroyable.
La lune et le soleil se battaient dans mes vers [27],

Vénus avec le Christ y dansait aux enfers.
Vois combien ma pensée était philosophique :
De tout ce qu'on a fait, faire un chef-d'œuvre unique,
Tel fut mon but : Brahma, Jupiter, Mahomet,
Platon, Job, Marmontel, Néron et Bossuet,
Tout s'y trouvait; mon œuvre est l'immensité même.
Mais le point capital de ce divin poème,
C'est un chœur de lézards chantant au bord de l'eau.
Racine n'est qu'un drôle[28] auprès d'un tel morceau.
On ne m'a pas compris; mon livre symbolique,
Poudreux, mais vierge encor, n'est plus qu'une relique[29].
Désolant résultat! triste virginité!
Mais vers d'autres destins je me vis emporté.
Le ciel me conduisit chez un vieux journaliste,
Charlatan ruiné, jadis séminariste,
Qui, dix fois dans sa vie à bon marché vendu,
Sur les honnêtes gens crachait pour un écu[30].
De ce digne vieillard j'endossai la livrée.
Le fiel suintait déjà de ma plume altérée;
Je me sentais renaître et mordis au métier.
Ah! Dupont, qu'il est doux de tout déprécier!
Pour un esprit mort-né, convaincu d'impuissance,
Qu'il est doux d'être un sot et d'en tirer vengeance!
À quelque vrai succès lorsqu'on vient d'assister,
Qu'il est doux de rentrer et de se débotter,
Et de dépecer l'homme, et de salir sa gloire,
Et de pouvoir sur lui vider une écritoire,
Et d'avoir quelque part un journal inconnu
Où l'on puisse à plaisir nier ce qu'on a vu!
Le mensonge anonyme est le bonheur suprême.
Écrivains, députés, ministres, rois, Dieu même,
J'ai tout calomnié pour apaiser ma faim.
Malheureux avec moi qui jouait au plus fin!
Courait-il dans Paris une histoire secrète?
Vite je l'imprimais le soir dans ma gazette,
Et rien ne m'échappait. De la rue au salon,
Les graviers, en marchant, me restaient au talon.
De ce temps scandaleux j'ai su tous les scandales,
Et les ai racontés. Ni plaintes ni cabales
Ne m'eussent fait fléchir, sois-en bien convaincu...
Mais tu rêves, Dupont; à quoi donc penses-tu[31]?

Dupont

Ah! Durand! du moins si j'avais un cœur de femme
Qui sût par quelque amour consoler ma grande âme!
Mais non; j'étale en vain mes grâces dans Paris.
Il en est de ma peau comme de tes écrits;
Je l'offre à tout venant et personne n'y touche.
Sur mon grabat désert en grondant je me couche,
Et j'attends; — rien ne vient. — C'est de quoi se noyer!

Durand

Ne fais-tu rien le soir pour te désennuyer?

Dupont

Je joue aux dominos quelquefois chez Procope[32].

Durand

Ma foi! c'est un beau jeu. L'esprit s'y développe;
Et ce n'est pas un homme à faire un quiproquo,
Celui qui juste à point sait faire domino.
Entrons dans un café. C'est aujourd'hui dimanche.

Dupont

Si tu veux me tenir quinze sous sans revanche,
J'y consens.

Durand

    Un instant! commençons par jouer
La *consommation* d'abord pour essayer.
Je vais boire à tes frais, pour sûr, un petit verre.

Dupont

Les liqueurs me font mal. Je n'aime que la bière.
Qu'as-tu sur toi?

Durand

    Trois sous.

Dupont

    Entrons au cabaret.

Durand

Après vous.

DUPONT

Après vous.

DURAND

Après vous, s'il vous plaît.

AU ROI

APRÈS L'ATTENTAT DE MEUNIER [1]

Prince, les assassins consacrent ta puissance.
Ils forcent Dieu lui-même à nous montrer sa main.
Par droit d'élection tu régnais sur la France;
La balle et le poignard te font un droit divin.

De ceux dont le hasard couronna la naissance,
Nous en savons plusieurs qui sont sacrés en vain.
Toi, tu l'es par le peuple et par la Providence;
Souris au parricide et poursuis ton chemin.

Mais sois prudent, Philippe, et songe à la patrie,
Ta pensée est son bien, ton corps son bouclier;
Sur toi, comme sur elle, il est temps de veiller.

Ferme un immense abîme et conserve ta vie.
Défendons-nous ensemble, et laissons-nous le temps
De vieillir, toi pour nous, et nous pour tes enfants.

SUR LA NAISSANCE
DU COMTE DE PARIS [1]

De tant de jours de deuil, de crainte et d'espérance,
De tant d'efforts perdus, de tant de maux soufferts,
En es-tu lasse enfin, pauvre terre de France,
Et de tes vieux enfants l'éternelle inconstance
Laissera-t-elle un jour le calme à l'univers?

Comprends-tu tes destins et sais-tu ton histoire ?
Depuis un demi-siècle as-tu compté tes pas ?
Est-ce assez de grandeur, de misère et de gloire,
Et, sinon par pitié pour ta propre mémoire,
Par fatigue du moins t'arrêteras-tu pas ?

Ne te souvient-il plus de ces temps d'épouvante
Où de quatre-vingt-neuf résonna le tocsin ?
N'était-ce pas hier, et la source sanglante
Où Paris baptisa sa liberté naissante,
La sens-tu pas encor qui coule de ton sein ?

A-t-il rassasié ta fierté vagabonde,
A-t-il pour les combats assouvi ton penchant,
Cet homme audacieux qui traversa le monde,
Pareil au laboureur qui traverse son champ,
Armé du soc de fer qui déchire et féconde ?

S'il te fallait alors des spectacles guerriers,
Est-ce assez d'avoir vu l'Europe dévastée,
De Memphis à Moscou la terre disputée,
Et l'étranger deux fois assis à nos foyers,
Secouant de ses pieds la neige ensanglantée ?

S'il te faut aujourd'hui des éléments nouveaux,
En est-ce assez pour toi d'avoir mis en lambeaux
Tout ce qui porte un nom, gloire, philosophie,
Religion, amour, liberté, tyrannie,
D'avoir fouillé partout, jusque dans les tombeaux ?

En est-ce assez pour toi des vaines théories,
Sophismes monstrueux dont on nous a bercés,
Spectres républicains[2] sortis des temps passés,
Abus de tous les droits, honteuses rêveries
D'assassins en délire ou d'enfants insensés ?

En est-ce assez pour toi d'avoir, en cinquante ans,
Vu tomber Robespierre et passer Bonaparte,
Charles Dix pour l'exil partir en cheveux blancs,
D'avoir imité Londre, Athènes, Rome et Sparte ;
Et d'être enfin Français n'est-il pas bientôt temps ?

Si ce n'est pas assez, prends ton glaive et ta lance.
Réveille tes soldats, dresse tes échafauds ;

En guerre! et que demain le siècle recommence,
Afin qu'un jour du moins le meurtre et la licence
Repus de notre sang, nous laissent le repos!

Mais, si Dieu n'a pas fait la souffrance inutile,
Si des maux d'ici-bas quelque bien peut venir,
Si l'orage apaisé rend le ciel plus tranquille,
S'il est vrai qu'en tombant sur un terrain fertile
Les larmes du passé fécondent l'avenir;

Sache donc profiter de ton expérience,
Toi qu'une jeune reine, en ses touchants adieux,
Appelait autrefois plaisant pays de France[2]!
Connais-toi donc toi-même, ose donc être heureux,
Ose donc franchement bénir la Providence!

Laisse dire à qui veut que ton grand cœur s'abat,
Que la paix t'affaiblit, que tes forces s'épuisent :
Ceux qui le croient le moins sont ceux qui te le disent.
Ils te savent debout, ferme, et prête au combat;
Et, ne pouvant briser ta force, ils la divisent.

Laisse-les s'agiter, ces gens à passion,
De nos vieux harangueurs modernes parodies;
Laisse-les étaler leurs froides comédies,
Et, les deux bras croisés, te prêcher l'action.
Leur seule vérité, c'est leur ambition.

Que t'importent des mots, des phrases ajustées?
As-tu vendu ton blé, ton bétail et ton vin?
Es-tu libre? Les lois sont-elles respectées?
Crains-tu de voir ton champ pillé par le voisin?
Le maître a-t-il son toit, et l'ouvrier son pain?

Si nous avons cela, le reste est peu de chose.
Il en faut plus pourtant; à travers nos remparts,
De l'univers jaloux pénètrent les regards.
Paris remplit le monde, et, lorsqu'il se repose,
Pour que sa gloire veille, il a besoin des arts.

Où les vit-on fleurir mieux qu'au siècle où nous sommes?
Quand vit-on au travail plus de mains s'exercer?
Quand fûmes-nous jamais plus libres de penser?

On veut nier en vain les choses et les hommes :
Nous aurons à nos fils une page à laisser.

Le bruit de nos canons retentit aujourd'hui ;
Que l'Europe l'écoute, elle doit le connaître !
France, au milieu de nous un enfant vient de naître,
Et, si ma faible voix se fait entendre ici,
C'est devant son berceau que je te parle ainsi.

Son courageux aïeul est ce roi populaire
Qu'on voit depuis huit ans, sans crainte et sans colère,
En pilote hardi nous montrer le chemin.
Son père est près du trône, une épée à la main ;
Tous les infortunés savent quelle est sa mère[1].

Ce n'est qu'un fils de plus que le ciel t'a donné,
France, ouvre-lui tes bras sans peur, sans flatterie ;
Soulève doucement ta mamelle meurtrie,
Et verse en souriant, vieille mère patrie,
Une goutte de lait à l'enfant nouveau-né.

29 août 1838.

IDYLLE[1]

A quoi passer la nuit quand on soupe en carême ?
Ainsi, le verre en main, raisonnaient deux amis.
Quels entretiens choisir, honnêtes et permis,
Mais gais, tels qu'un vieux vin les conseille et les aime ?

RODOLPHE

Parlons de nos amours ; la joie et la beauté
Sont mes dieux les plus chers, après la liberté.
Ébauchons, en trinquant, une joyeuse idylle.
Par les bois et les prés, les bergers de Virgile
Fêtaient la poésie à toute heure, en tout lieu ;
Ainsi chante au soleil la cigale dorée.
D'une voix plus modeste, au hasard inspirée,
Nous, comme le grillon, chantons au coin du feu.

Albert

Faisons ce qui te plaît. Parfois, en cette vie,
Une chanson nous berce et nous aide à souffrir,
Et, si nous offensons l'antique poésie,
Son ombre même est douce à qui la sait chérir.

Rodolphe

Rosalie est le nom de la brune fillette
Dont l'inconstant hasard m'a fait maître et seigneur.
Son nom fait mon délice, et, quand je le répète,
Je le sens, chaque fois, mieux gravé dans mon cœur.

Albert

Je ne puis sur ce ton parler de mon amie.
Bien que son nom aussi soit doux à prononcer,
Je ne saurais sans honte à tel point l'offenser,
Et dire, en un seul mot, le secret de ma vie[2].

Rodolphe

Que la fortune abonde en caprices charmants!
Dès nos premiers regards nous devînmes amants.
C'était un mardi gras dans une mascarade;
Nous soupions; — la Folie agita ses grelots[3],
Et notre amour naissant sortit d'une rasade,
Comme autrefois Vénus de l'écume des flots.

Albert

Quels mystères profonds dans l'humaine misère!
Quand, sous les marronniers, à côté de sa mère,
Je la vis, à pas lents, entrer si doucement
(Son front était si pur, son regard si tranquille!),
Le ciel m'en est témoin, dès le premier moment,
Je compris que l'aimer était peine inutile;
Et cependant mon cœur prit un amer plaisir
À sentir qu'il aimait et qu'il allait souffrir!

Rodolphe

Depuis qu'à mon chevet rit cette tête folle,
Elle en chasse à la fois le sommeil et l'ennui;
Au bruit de nos baisers le temps joyeux s'envole,
Et notre lit de fleurs n'a pas encore un pli.

Albert

Depuis que dans ses yeux ma peine a pris naissance,
Nul ne sait le tourment dont je suis déchiré.
Elle-même l'ignore, — et ma seule espérance
Est qu'elle le devine un jour, quand j'en mourrai.

Rodolphe

Quand mon enchanteresse entr'ouvre sa paupière,
Sombre comme la nuit, pur comme la lumière,
Sur l'émail de ses yeux brille un noir diamant[1].

Albert

Comme sur une fleur une goutte de pluie,
Comme une pâle étoile au fond du firmament,
Ainsi brille en tremblant le regard de ma vie.

Rodolphe

Son front n'est pas plus grand que celui de Vénus.
Par un nœud de ruban deux bandeaux retenus
L'entourent mollement d'une fraîche auréole;
Et, lorsqu'au pied du lit tombent ses longs cheveux,
On croirait voir, le soir, sur ses flancs amoureux,
Se dérouler gaiement la mantille espagnole.

Albert

Ce bonheur à mes yeux n'a pas été donné
De voir jamais ainsi la tête bien-aimée.
Le chaste sanctuaire où siège sa pensée
D'un diadème d'or est toujours couronné.

Rodolphe

Voyez-la, le matin, qui gazouille et sautille;
Son cœur est un oiseau, — sa bouche est une fleur.
C'est là qu'il faut saisir cette indolente fille,
Et, sur la pourpre vive où le rire pétille,
De son souffle enivrant respirer la fraîcheur.

Albert

Une fois seulement, j'étais le soir près d'elle;
Le sommeil lui venait et la rendait plus belle;
Elle pencha vers moi son front plein de langueur,
Et, comme on voit s'ouvrir une rose endormie,

Dans un faible soupir, des lèvres de ma mie,
Je sentis s'exhaler le parfum de son cœur.

Rodolphe

Je voudrais voir qu'un jour ma belle dégourdie,
Au cabaret voisin de champagne étourdie,
S'en vînt, en jupon court, se glisser dans tes bras.
Qu'adviendrait-il alors de ta mélancolie ?
Car enfin toute chose est possible ici-bas.

Albert

Si le profond regard de ma chère maîtresse
Un instant par hasard s'arrêtait sur le tien,
Qu'adviendrait-il alors de cette folle ivresse ?
Aimer est quelque chose, et le reste n'est rien.

Rodolphe

Non, l'amour qui se tait n'est qu'une rêverie.
Le silence est la mort, et l'amour est la vie ;
Et c'est un vieux mensonge à plaisir inventé,
Que de croire au bonheur hors de la volupté !
Je ne puis partager ni plaindre ta souffrance.
Le hasard est là-haut pour les audacieux ;
Et celui dont la crainte a tué l'espérance
Mérite son malheur et fait injure aux dieux.

Albert

Non, quand leur âme immense entra dans la nature,
Les dieux n'ont pas tout dit à la matière impure
Qui reçut dans ses flancs leur forme et leur beauté.
C'est une vision que la réalité.
Non, des flacons brisés, quelques vaines paroles
Qu'on prononce au hasard et qu'on croit échanger,
Entre deux froids baisers quelques rires frivoles,
Et d'un être inconnu le contact passager,
Non, ce n'est pas l'amour, ce n'est pas même un rêve,
Et la satiété, qui succède au désir,
Amène un tel dégoût quand le cœur se soulève,
Que je ne sais, au fond, si c'est peine ou plaisir [5].

Rodolphe

Est-ce peine ou plaisir, une alcôve bien close,
Et le punch allumé, quand il fait mauvais temps ?

Est-ce peine ou plaisir, l'incarnat de la rose,
La blancheur de l'albâtre et l'odeur du printemps?
Quand la réalité ne serait qu'une image,
Et le contour léger des choses d'ici-bas,
Me préserve le ciel d'en savoir davantage⁶!
Le masque est si charmant, que j'ai peur du visage,
Et même en carnaval je n'y toucherais pas.

Albert

Une larme en dit plus que tu n'en pourrais dire.

Rodolphe

Une larme a son prix, c'est la sœur d'un sourire.
Avec deux yeux bavards parfois j'aime à jaser;
Mais le seul vrai langage au monde est un baiser.

Albert

Ainsi donc, à ton gré dépense ta paresse.
Ô mon pauvre secret! que nos chagrins sont doux!

Rodolphe

Ainsi donc, à ton gré promène ta tristesse.
Ô mes pauvres soupers! comme on médit de vous!

Albert

Prends garde seulement que ta belle étourdie
Dans quelque honnête ennui ne perde sa gaieté.

Rodolphe

Prends garde seulement que ta rose endormie
Ne trouve un papillon quelque beau soir d'été.

Albert

Des premiers feux du jour j'aperçois la lumière.

Rodolphe

Laissons notre dispute, et vidons notre verre.
Nous aimons, c'est assez, chacun a sa façon.
J'en ai connu plus d'une, et j'en sais la chanson.
Le droit est au plus fort en amour comme en guerre,
Et la femme qu'on aime aura toujours raison.

SILVIA[1]

À Madame ***[2]

Il est donc vrai, vous vous plaignez aussi,
Vous dont l'œil noir, gai comme un jour de fête,
Du monde entier pourrait chasser l'ennui.
    Combien donc pesait le souci
    Qui vous a fait baisser la tête?
C'est, j'imagine, un aussi lourd fardeau
    Que le roitelet de la fable[3];
    Ce grand chagrin qui vous accable
    Me fait souvenir du roseau.
    Je suis bien loin d'être le chêne,
Mais, dites-moi, vous qu'en un autre temps
(Quand nos aïeux vivaient en bons enfants)
J'aurais nommée Iris, ou Philis, ou Climène,
    Vous qui, dans ce siècle bourgeois,
Osez encor me permettre parfois
    De vous appeler ma marraine[4],
Est-ce bien vous qui m'écrivez ainsi,
Et songiez-vous qu'il faut qu'on vous réponde?
    Savez-vous que, dans votre ennui,
Sans y penser, madame et chère blonde,
    Vous me grondez comme un ami?
    Paresse et manque de courage,
    Dites-vous; s'il en est ainsi,
    Je vais me remettre à l'ouvrage[5].
    Hélas! l'oiseau revient au nid,
    Et quelquefois même à la cage.
Sur mes lauriers on me croit endormi;
C'est trop d'honneur pour un instant d'oubli,
Et dans mon lit les lauriers n'ont que faire;
    Ce ne serait pas mon affaire.
Je sommeillais seulement à demi,
    À côté d'un brin de verveine
    Dont le parfum vivait à peine,
    Et qu'en rêvant j'avais cueilli.
Je l'avouerai, ce coupable silence,

Ce long repos, si maltraité de vous,
Paresse, amour, folie ou nonchalance,
 Tout ce temps perdu me fut doux.
Je dirai plus, il me fut profitable ;
Et, si jamais mon inconstant esprit
 Sait revêtir de quelque fable
 Ce que la vérité m'apprit,
 Je vous paraîtrai moins coupable.
 Le silence est un conseiller
 Qui dévoile plus d'un mystère ;
 Et qui veut un jour bien parler
 Doit d'abord apprendre à se taire.
 Et, quand on se tairait toujours,
 Du moment qu'on vit et qu'on aime,
 Qu'importe le reste ? et vous-même,
 Quand avez-vous compté les jours ?
Et puisqu'il faut que tout s'évanouisse,
N'est-ce donc pas une folle avarice,
 De conserver comme un trésor
 Ce qu'un coup de vent nous enlève ?
Le meilleur de ma vie a passé comme un rêve
 Si léger, qu'il m'est cher encor.
Mais revenons à vous, ma charmante marraine.
 Vous croyez donc vous ennuyer ?
Et l'hiver qui s'en vient, rallumant le foyer,
 A fait rêver la châtelaine.
Un roman, dites-vous, pourrait vous égayer ;
 Triste chose à vous envoyer !
Que ne demandez-vous un conte à La Fontaine ?
C'est avec celui-là qu'il est bon de veiller ;
 Ouvrez-le sur votre oreiller,
 Vous verrez se lever l'aurore.
Molière l'a prédit, et j'en suis convaincu,
 Bien des choses auront vécu
 Quand nos enfants liront encore
 Ce que le bonhomme a conté[6],
 Fleur de sagesse et de gaieté[7].
Mais quoi ! la mode vient, et tue un vieil usage.
 On n'en veut plus, du sobre et franc langage
 Dont il enseignait la douceur,
Le seul français, et qui vienne du cœur ;
 Car, n'en déplaise à l'Italie,
 La Fontaine, sachez-le bien,

En prenant tout n'imita rien;
Il est sorti du sol de la patrie,
Le vert laurier qui couvre son tombeau;
    Comme l'antique, il est nouveau.
    Ma protectrice bien-aimée,
    Quand votre lettre parfumée
Est arrivée à votre enfant gâté,
Je venais de causer en toute liberté
    Avec le grand ami Shakspeare.
Du sujet cependant Boccace était l'auteur;
Car il féconde tout, ce charmant inventeur;
    Même après l'autre, il fallait le relire.
    J'étais donc seul, ses *Nouvelles* en main,
    Et de la nuit la lueur azurée,
        Se jouant avec le matin,
    Étincelait sur la tranche dorée
        Du petit livre florentin[a];
Et je songeais, quoi qu'on dise ou qu'on fasse,
Combien c'est vrai que les Muses sont sœurs;
Qu'il eut raison, ce pinceau plein de grâce,
Qui nous les montre au sommet du Parnasse,
    Comme une guirlande de fleurs!
    La Fontaine a ri dans Boccace,
    Où Shakspeare fondait en pleurs.
    Sera-ce trop que d'enhardir ma muse
    Jusqu'à tenter de traduire à mon tour
Dans ce livre amoureux une histoire d'amour[a]?
    Mais tout est bon qui vous amuse.
Je n'oserais, si ce n'était pour vous,
Car c'est beaucoup que d'essayer ce style
Tant oublié, qui fut jadis si doux,
    Et qu'aujourd'hui l'on croit facile.

    Il fut donc, dans notre cité,
    Selon ce qu'on nous a conté
(Boccace parle ainsi; la cité, c'est Florence),
    Un gros marchand, riche, homme d'importance,
        Qui de sa femme eut un enfant;
        Après quoi, presque sur-le-champ,
        Ayant mis ordre à ses affaires,
        Il passa de ce monde ailleurs.
La mère survivait; on nomma des tuteurs,
        Gens loyaux, prudents et sévères,

                Capables de se faire honneur
                En gardant les biens d'un mineur.
    Le jouvenceau, courant le voisinage,
                Sentit d'abord douceur de cœur
                Pour une fille de son âge.
                Qui pour père avait un tailleur ;
    Et peu à peu l'enfant devenant homme,
    Le temps changea l'habitude en amour,
                De telle sorte que Jérôme
    Sans voir Sylvia ne pouvait vivre un jour.
    À son voisin la fille accoutumée
    Aima bientôt comme elle était aimée.
    De ce danger la mère s'avisa,
    Gronda son fils, longtemps moralisa,
    Sans rien gagner par force ou par adresse.
                Elle croyait que la richesse
                En ce monde doit tout changer,
    Et d'un buisson peut faire un oranger[10].
    Ayant donc pris les tuteurs à partie,
    La mère dit : « Cet enfant que voici,
    Lequel n'a pas quatorze ans, Dieu merci !
    Va désoler le reste de ma vie.
                Il s'est si bien amouraché
                De la fille d'un mercenaire,
    Qu'un de ces jours, s'il n'en est empêché,
                Je vais me réveiller grand'mère[11].
    Soir ni matin, il ne la quitte pas.
                C'est, je crois, Sylvia qu'on l'appelle ;
    Et, s'il doit voir quelque autre dans ses bras,
                Il se consumera pour elle.
    Il faudrait donc, avec votre agrément,
                L'éloigner par quelque voyage ;
                Il est jeune, la fille est sage,
                Elle l'oubliera sûrement ;
    Et nous le marierons à quelque honnête femme. »
                Les tuteurs dirent que la dame
                Avait parlé fort sagement.
    « Te voilà grand, dirent-ils à Jérôme,
                Il est bon de voir du pays.
    Va-t'en passer quelques jours à Paris,
                Voir ce que c'est qu'un gentilhomme,
    Le bel usage, et comme on vit là-bas ;
                Dans peu de temps tu reviendras[12]. »

À ce conseil, le garçon, comme on pense,
　　　Répondit qu'il n'en ferait rien,
　　　Et qu'il pouvait voir aussi bien
　　　Comment l'on vivait à Florence.
　　　Là-dessus, la mère en fureur
Répond d'abord par une grosse injure[13];
Puis elle prend l'enfant par la douceur;
　　　On le raisonne, on le conjure,
À ses tuteurs il lui faut obéir;
On lui promet de ne le retenir
Qu'un an au plus. Tant et tant on le prie,
Qu'il cède enfin. Il quitte sa patrie;
　　　Il part, tout plein de ses amours,
　　Comptant les nuits, comptant les jours,
Laissant derrière lui la moitié de sa vie.
L'exil dura deux ans; ce long terme passé,
　　　　Jérôme revint à Florence,
Du mal d'amour plus que jamais blessé,
Croyant sans doute être récompensé.
　　　Mais c'est un grand tort que l'absence.
Pendant qu'au loin courait le jouvenceau,
　　　La fille s'était mariée.
En revoyant les rives de l'Arno,
　　　Il n'y trouva que le tombeau
　　　De son espérance oubliée.
　　　D'abord il n'en murmura point,
　　　Sachant que le monde, en ce point,
　　　Agit rarement d'autre sorte.
De l'infidèle il connaissait la porte,
Et tous les jours il passait sur le seuil,
　　　Espérant un signe, un coup d'œil,
　　　Un rien, comme on fait quand on aime.
　　　Mais tous ses pas furent perdus :
　　　Silvia ne le connaissait plus,
Dont il sentit une douleur extrême.
　　　Cependant, avant d'en mourir,
　　　Il voulut de son souvenir
　　　Essayer de parler lui-même.
　　　Le mari n'était pas jaloux,
　　　Ni la femme bien surveillée.
　　　Un soir que les nouveaux époux
Chez un voisin étaient à la veillée,
Dans la maison, au tomber de la nuit,

Jérôme entra, se cacha près du lit,
  Derrière une pièce de toile;
  Car l'époux était tisserand,
Et fabriquait cette espèce de voile
  Qu'on met sur un balcon toscan.
Bientôt après les mariés rentrèrent,
  Et presque aussitôt se couchèrent.
  Dès qu'il entend dormir l'époux,
Dans l'ombre vers Silvia Jérôme s'achemine,
  Et lui posant la main sur la poitrine,
Il lui dit doucement : « Mon âme, dormez-vous ? »
  La pauvre enfant, croyant voir un fantôme,
  Voulut crier; le jeune homme ajouta :
  « Ne criez pas, je suis votre Jérôme.
    — Pour l'amour de Dieu, dit Silvia,
    Allez-vous-en, je vous en prie.
Il est passé, ce temps de notre vie
Où notre enfance eut loisir de s'aimer.
    Vous voyez, je suis mariée.
Dans les devoirs auxquels je suis liée,
    Il ne me sied plus de penser
    A vous revoir ni vous entendre.
Si mon mari venait à vous surprendre,
    Songez que le moindre des maux
Serait pour moi d'en perdre le repos;
Songez qu'il m'aime et que je suis sa femme. »
À ce discours, le malheureux amant
    Fut navré jusqu'au fond de l'âme.
Ce fut en vain qu'il peignit son tourment.
    Et sa constance et sa misère;
    Par promesse ni par prière,
Tout son chagrin ne put rien obtenir.
    Alors, sentant la mort venir,
Il demanda que, pour grâce dernière,
    Elle le laissât se coucher
    Pendant un instant auprès d'elle,
    Sans bouger et sans la toucher,
    Seulement pour se réchauffer,
  Ayant au cœur une glace mortelle,
  Lui promettant de ne pas dire un mot,
    Et qu'il partirait aussitôt,
    Pour ne la revoir de sa vie.
La jeune femme, ayant quelque compassion,

Moyennant la condition,
Voulut contenter son envie.
Jérôme profita d'un moment de pitié ;
Il se coucha près de Silvie.
Considérant alors quelle longue amitié
Pour cette femme il avait eue,
Et quelle était sa cruauté,
Et l'espérance à tout jamais perdue,
Il résolut de cesser de souffrir,
Et rassemblant dans un dernier soupir
Toutes les forces de sa vie,
Il serra la main de sa mie,
Et rendit l'âme à son côté.
Silvia, non sans quelque surprise,
Admirant sa tranquillité,
Resta d'abord quelque temps indécise.
« Jérôme, il faut sortir d'ici,
Dit-elle enfin, l'heure s'avance. »
Et, comme il gardait le silence,
Elle pensa qu'il s'était endormi.
Se soulevant donc à demi,
Et doucement l'appelant à voix basse
Elle étendit la main vers lui,
Elle le trouva froid comme glace.
Elle s'en étonna d'abord ;
Bientôt, l'ayant touché plus fort,
Et voyant sa peine inutile,
Son ami restant immobile,
Elle comprit qu'il était mort.
Que faire ? il n'était pas facile
De le savoir en un moment pareil.
Elle avisa de demander conseil
À son mari, le tira de son somme,
Et lui conta l'histoire de Jérôme,
Comme un malheur advenu depuis peu,
Sans dire à qui ni dans quel lieu.
« En pareil cas, répondit le bonhomme,
Je crois que le meilleur serait
De porter le mort en secret
À son logis, l'y laisser sans rancune,
Car la femme n'a point failli
Et le mal est à la fortune.
— C'est donc à nous de faire ainsi »,

Dit la femme; et, prenant la main de son mari,
　　　Elle lui fit toucher près d'elle
　　　Le corps sur son lit étendu.
Bien que troublé par ce coup imprévu,
　　L'époux se lève, allume sa chandelle;
　　　Et, sans entrer en plus de mots,
　　　Sachant que sa femme est fidèle,
　　　Il charge le corps sur son dos,
À sa maison secrètement l'emporte,
　　　Le dépose devant la porte,
Et s'en revient sans avoir été vu.
Lorsqu'on trouva, le jour étant venu,
　　　Le jeune homme couché par terre,
　　　Ce fut une grande rumeur;
　　　Et le pire, dans ce malheur,
　　　Fut le désespoir de la mère.
Le médecin aussitôt consulté,
　　　Et le corps partout visité,
　　　Comme on n'y vit point de blessure,
　　　Chacun parlait à sa façon
　　　De cette sinistre aventure.
　　　La populaire opinion
　　　Fut que l'amour de sa maîtresse
Avait jeté Jérôme en cette adversité,
　　　Et qu'il était mort de tristesse,
　　　Comme c'était la vérité.
Le corps fut donc à l'église porté,
　　　Et là s'en vint la malheureuse mère,
　　　Au milieu des amis en deuil,
　　　Exhaler sa douleur amère.
　　　Tandis qu'on menait le cercueil,
Le tisserand, qui, dans le fond de l'âme,
　　　Ne laissait pas d'être inquiet :
　　　« Il est bon, dit-il à sa femme,
　　　Que tu prennes ton mantelet,
　　　Et t'en ailles à cette église
　　　Où l'on enterre ce garçon
　　　Qui mourut hier à la maison.
　　　J'ai quelque peur qu'on ne médise
　　　Sur cet inattendu trépas,
　　　Et ce serait un mauvais pas,
　　　Tout innocents que nous en sommes.
　　　Je me tiendrai parmi les hommes,

Et prierai Dieu, tout en les écoutant.
De ton côté, prends soin d'en faire autant
  À l'endroit qu'occupent les femmes.
Tu retiendras ce que ces bonnes âmes
  Diront de nous, et nous ferons
  Selon ce que nous entendrons. »
  La pitié trop tard à Silvie
Était venue, et ce discours lui plut.
Celui dont un baiser eût conservé la vie,
  Le voulant voir encore, elle s'en fut.
  Il est étrange, il est presque incroyable
    Combien c'est chose inexplicable
    Que la puissance de l'amour.
    Ce cœur, si chaste et si sévère,
    Qui semblait fermé sans retour
    Quand la fortune était prospère,
    Tout à coup s'ouvrit au malheur.
    À peine dans l'église entrée,
    De compassion et d'horreur
    Silvia se sentit pénétrée;
  L'ancien amour s'éveilla tout entier.
  Le front baissé, de son manteau voilée,
    Traversant la triste assemblée,
  Jusqu'à la bière il lui fallut aller;
    Et là, sous le drap mortuaire
    Sitôt qu'elle vit son ami,
    Défaillante et poussant un cri,
    Comme une sœur embrasse un frère,
    Sur le cercueil elle tomba;
Et, comme la douleur avait tué Jérôme,
  De sa douleur ainsi mourut Silvia [14].
    Cette fois ce fut au jeune homme
    À céder la moitié du lit [15] :
  L'un près de l'autre on les ensevelit.
Ainsi ces deux amants, séparés sur la terre,
    Furent unis, et la mort fit
    Ce que l'amour n'avait pu faire.

CHANSON[1]

À SAINT-BLAISE, à la Zuecca,
Vous étiez, vous étiez bien aise
    À Saint-Blaise.
À Saint-Blaise, à la Zuecca,
    Nous étions bien là.

Mais de vous en souvenir
    Prendrez-vous la peine?
Mais de vous en souvenir
    Et d'y revenir,

À Saint-Blaise, à la Zuecca,
Dans les prés fleuris cueillir la verveine,
À Saint-Blaise, à la Zuecca,
    Vivre et mourir là[2]!

1835.

CHANSON DE BARBERINE[1]

Beau chevalier qui partez pour la guerre,
    Qu'allez-vous faire
    Si loin d'ici?
Voyez-vous pas que la nuit est profonde,
    Et que le monde
    N'est que souci?

Vous qui croyez qu'une amour délaissée
    De la pensée
    S'enfuit ainsi,
Hélas! hélas! chercheurs de renommée,
    Votre fumée
    S'envole aussi.

Beau chevalier qui partez pour la guerre,
      Qu'allez-vous faire
      Si loin de nous?
J'en vais pleurer, moi qui me laissais dire
      Que mon sourire
      Était si doux.

1836.

CHANSON DE FORTUNIO[1]

Si vous croyez que je vais dire
    Qui j'ose aimer,
Je ne saurais, pour un empire,
    Vous la nommer.

Nous allons chanter à la ronde,
    Si vous voulez,
Que je l'adore et qu'elle est blonde
    Comme les blés.

Je fais ce que sa fantaisie
    Veut m'ordonner,
Et je puis, s'il lui faut ma vie,
    La lui donner.

Du mal qu'une amour ignorée
    Nous fait souffrir,
J'en porte l'âme déchirée
    Jusqu'à mourir.

Mais j'aime trop pour que je die
    Qui j'ose aimer,
Et je veux mourir pour ma mie
    Sans la nommer.

1836.

À NINON[1]

Si je vous le disais pourtant, que je vous aime,
Qui sait, brune aux yeux bleus, ce que vous en diriez[2] ?
L'amour, vous le savez, cause une peine extrême ;
C'est un mal sans pitié que vous plaignez vous-même ;
Peut-être cependant que vous m'en puniriez.

Si je vous le disais, que six mois de silence
Cachent de longs tourments et des vœux insensés :
Ninon, vous êtes fine, et votre insouciance
Se plaît, comme une fée, à deviner d'avance ;
Vous me répondriez peut-être : Je le sais.

Si je vous le disais, qu'une douce folie
A fait de moi votre ombre, et m'attache à vos pas :
Un petit air de doute et de mélancolie,
Vous le savez, Ninon, vous rend bien plus jolie ;
Peut-être diriez-vous que vous n'y croyez pas.

Si je vous le disais, que j'emporte dans l'âme
Jusques aux moindres mots de nos propos du soir :
Un regard offensé, vous le savez, madame,
Change deux yeux d'azur en deux éclairs de flamme ;
Vous me défendriez peut-être de vous voir[3].

Si je vous le disais, que chaque nuit je veille,
Que chaque jour je pleure et je prie à genoux ;
Ninon, quand vous riez, vous savez qu'une abeille
Prendrait pour une fleur votre bouche vermeille ;
Si je vous le disais, peut-être en ririez-vous.

Mais vous n'en saurez rien. — Je viens, sans rien en dire,
M'asseoir sous votre lampe et causer avec vous ;
Votre voix, je l'entends ; votre air, je le respire ;
Et vous pouvez douter, deviner et sourire,
Vos yeux ne verront pas de quoi m'être moins doux.

Je récolte en secret des fleurs mystérieuses :
Le soir, derrière vous, j'écoute au piano
Chanter sur le clavier vos mains harmonieuses,
Et, dans les tourbillons de nos valses joyeuses,
Je vous sens, dans mes bras, plier comme un roseau.

La nuit, quand de si loin le monde nous sépare,
Quand je rentre chez moi pour tirer mes verrous,
De mille souvenirs en jaloux je m'empare ;
Et là, seul devant Dieu, plein d'une joie avare,
J'ouvre, comme un trésor, mon cœur tout plein de vous.

J'aime, et je sais répondre avec indifférence ;
J'aime, et rien ne le dit ; j'aime, et seul je le sais ;
Et mon secret m'est cher, et chère ma souffrance ;
Et j'ai fait le serment d'aimer sans espérance,
Mais non pas sans bonheur ; — je vous vois, c'est assez.

Non, je n'étais pas né pour ce bonheur suprême,
De mourir dans vos bras et de vivre à vos pieds.
Tout me le prouve, hélas ! jusqu'à ma douleur même...
Si je vous le disais pourtant, que je vous aime,
Qui sait, brune aux yeux bleus, ce que vous en diriez ?

1837.

À SAINTE-BEUVE

SUR UN PASSAGE D'UN ARTICLE INSÉRÉ DANS
« LA REVUE DES DEUX MONDES [1] »

Ami, tu l'as bien dit : en nous, tant que nous sommes,
Il existe souvent une certaine fleur
Qui s'en va dans la vie et s'effeuille du cœur.
« Il existe, en un mot, chez les trois quarts des hommes,
Un poète mort jeune à qui l'homme survit. »
Tu l'as bien dit, ami, mais tu l'as trop bien dit.

Tu ne prenais pas garde, en traçant ta pensée,
Que ta plume en faisait un vers harmonieux,

Et que tu blasphémais dans la langue des dieux.
Relis-toi, je te rends à ta Muse offensée;
Et souviens-toi qu'en nous il existe souvent
Un poète endormi toujours jeune et vivant.

Juillet 1837.

À ALFRED DE MUSSET[1]

RÉPONSE DE M. SAINTE-BEUVE

Il n'est pas mort, ami, ce poète, en mon âme;
Il n'est pas mort, ami, tu le dis, je le crois.
Il ne dort pas, il veille, étincelle sans flamme;
La flamme, je l'étouffe, et je retiens ma voix.

Que dire et que chanter quand la plage est déserte,
Quand les flots des jours pleins sont déjà retirés,
Quand l'écume flétrie et partout l'algue verte
Couvrent au loin les bords[2] au matin si sacrés.

Que dire des soupirs que la jeunesse enfuie
Renvoie à tous instants à ce cœur non soumis?
Que dire des banquets où s'égaya la vie,
Et des premiers plaisirs, et des premiers amis?

L'amour vint sérieux pour moi dans son ivresse.
Sous les fleurs tu chantais, raillant ses dons jaloux.
Enfin, un jour tu crus! moi, j'y croyais sans cesse...
Sept ans entiers, sept ans!... Alfred, y croyons-nous?

L'une, ardente, vous prend dans sa soif, et vous jette
Comme un fruit qu'on méprise après l'avoir séché.
L'autre, tendre et croyante, un jour devient muette,
Et pleure, et dit que l'astre en son ciel s'est couché!

Le mal qu'on savait moins se révèle à toute heure,
Inhérent à la terre, irréparable et lent.
On croyait tout changer, il faut que tout demeure.
Railler, maudire alors, amer et violent,

À quoi bon ? — Trop sentir, c'est bien souvent se taire,
C'est refuser du chant l'aimable guérison,
C'est vouloir dans son cœur tout son deuil volontaire,
C'est enchaîner sa lampe aux murs de sa prison !

Mais cependant, ami, si ton luth qui me tente,
Si ta voix d'autrefois se remet à briller ;
Si ton frais souvenir dans ta course bruyante,
Ton cor de gai chasseur me revient appeler ;

Si de toi quelque accent léger, pourtant sensible,
Comme aujourd'hui m'apporte un écho du passé,
S'il revient éveiller, à ce cœur accessible [2],
Ce qu'il cache dans l'ombre et qu'il n'a pas laissé,

Soudain ma voix renaît, mon soupir chante encore,
Mon pleur, comme au matin, s'échappe harmonieux,
Et, tout parlant d'ennuis qu'il vaut mieux qu'on dévore,
Le désir me reprend de les conter aux cieux.

À LYDIE [1]

TRADUIT D'HORACE (ODE IX, LIVRE III)

HORACE

Lorsque je t'avais pour amie,
Quand nul jeune garçon, plus robuste que moi,
N'entourait de ses bras ton épaule arrondie,
  Auprès de toi, blanche Lydie,
J'ai vécu plus joyeux et plus heureux qu'un roi.

LYDIE

  Quand pour toi j'étais la plus chère,
Quand Chloé pâlissait auprès de Lydia,
Lydia, qu'on vantait dans l'Italie entière,
  Vécut plus heureuse et plus fière
Que dans les bras d'un dieu la Romaine Ilia.

HORACE

  Chloé me gouverne à présent,
Chloé, savante au luth, habile en l'art du chant ;

Le doux son de sa voix de volupté m'enivre.
              Je suis prêt à cesser de vivre
Si, pour la préserver, les dieux voulaient mon sang.

LYDIE

            Je me consume maintenant
D'une amoureuse ardeur que rien ne peut éteindre,
Pour le fils d'Ornithus, ce bel adolescent.
            Je mourrais deux fois sans me plaindre
Si, pour le préserver, les dieux voulaient mon sang.

HORACE

            Eh quoi! si dans notre pensée
            L'ancien amour se rallumait?
Si, la blonde Chloé de ma maison chassée,
Ma porte se rouvrait? si Vénus offensée
            Au joug d'airain nous ramenait?

LYDIE

            Calaïs, ma richesse unique,
            Est plus beau qu'un soleil levant,
            Et toi plus léger que le vent,
Plus prompt à t'irriter que l'âpre Adriatique;
Cependant près de toi, si c'était ton plaisir,
Volontiers j'irais vivre, et volontiers mourir.

                                      1837.

À LYDIE[1]

IMITATION

HORACE

Du temps où tu m'aimais, Lydie,
De ses bras, nul autre que moi
N'entourait ta gorge arrondie;
J'ai vécu plus heureux qu'un roi.

LYDIE

Du temps où j'étais ta maîtresse,
Tu me préférais à Chloé;

Je m'endormais à ton côté,
Plus heureuse qu'une déesse.

Horace

Chloé me gouverne à présent,
Savante au luth, habile au chant;
La douceur de sa voix m'enivre.
Je suis prêt à cesser de vivre
S'il fallait lui donner mon sang.

Lydie

Je me consume maintenant
Pour Calaïs, mon jeune amant,
Qui dans mon cœur a pris ta place.
Je mourrais deux fois, cher Horace,
S'il fallait lui donner mon sang.

Horace

Eh quoi! si dans notre pensée
L'ancien amour se ranimait?
Si ma blonde était délaissée?
Si demain Vénus offensée
À ta porte me ramenait?

Lydie

Calaïs est jeune et fidèle,
Et toi, poète, ton désir
Est plus léger que l'hirondelle,
Plus inconstant que le zéphyr;
Pourtant, s'il t'en prenait envie,
Avec toi j'aimerais la vie;
Avec toi je voudrais mourir.

1837.

À ALF. T.[1]

SONNET

Qu'il est doux d'être au monde, et quel bien que la vie!
Tu le disais ce soir par un beau jour d'été.

Tu le disais, ami, dans un site enchanté,
Sur le plus vert coteau de ta forêt chérie.

Nos chevaux, au soleil, foulaient l'herbe fleurie ;
Et moi, silencieux, courant à ton côté,
Je laissais au hasard flotter ma rêverie ;
Mais dans le fond du cœur je me suis répété :

— Oui, la vie est un bien, la joie est une ivresse ;
Il est doux d'en user sans crainte et sans soucis ;
Il est doux de fêter les dieux de la jeunesse,

De couronner de fleurs son verre et sa maîtresse,
D'avoir vécu trente ans comme Dieu l'a permis,
Et, si jeunes encor, d'être de vieux amis.

Bury, 10 août 1838.

À UNE FLEUR [1]

Que me veux-tu, chère fleurette,
Aimable et charmant souvenir ?
Demi-morte et demi-coquette,
Jusqu'à moi qui te fait venir [2] ?

Sous ce cachet enveloppée,
Tu viens de faire un long chemin.
Qu'as-tu vu ? que t'a dit la main
Qui sur le buisson t'a coupée ?

N'es-tu qu'une herbe desséchée
Qui vient achever de mourir ?
Ou ton sein, prêt à refleurir,
Renferme-t-il une pensée ?

Ta fleur, hélas ! a la blancheur
De la désolante innocence ;
Mais de la craintive espérance
Ta feuille porte la couleur.

As-tu pour moi quelque message ?
Tu peux parler, je suis discret.
Ta verdure est-elle un secret ?
Ton parfum est-il un langage ?

S'il en est ainsi, parle bas,
Mystérieuse messagère ;
S'il n'en est rien, ne réponds pas ;
Dors sur mon cœur, fraîche et légère.

Je connais trop bien cette main,
Pleine de grâce et de caprice,
Qui d'un brin de fil souple et fin
A noué ton pâle calice[2].

Cette main-là, petite fleur,
Ni Phidias ni Praxitèle
N'en auraient pu trouver la sœur
Qu'en prenant Vénus pour modèle.

Elle est blanche, elle est douce et belle,
Franche, dit-on, et plus encor ;
À qui saurait s'emparer d'elle
Elle peut ouvrir un trésor.

Mais elle est sage, elle est sévère ;
Quelque mal pourrait m'arriver.
Fleurette, craignons sa colère.
Ne dis rien, laisse-moi rêver.

1838.

LE FILS DU TITIEN[1]

SONNET

Lorsque j'ai lu Pétrarque, étant encore enfant,
J'ai souhaité d'avoir quelque gloire en partage.
Il aimait en poète et chantait en amant ;
De la langue des dieux lui seul sut faire usage.

Lui seul eut le secret de saisir au passage
Les battements du cœur qui durent un moment,
Et, riche d'un sourire, il en gravait l'image
Du bout d'un stylet d'or sur un pur diamant.

Ô vous qui m'adressez une parole amie,
Qui l'écriviez hier et l'oublierez demain[2],
Souvenez-vous de moi qui vous en remercie.

J'ai le cœur de Pétrarque et n'ai point son génie;
Je ne puis ici-bas que donner en chemin
Ma main à qui m'appelle, à qui m'aime ma vie.

3 mai 1838.

SONNET[1]

Béatrix donato fut le doux nom de celle
Dont la forme terrestre eut ce divin contour.
Dans sa blanche poitrine était un cœur fidèle,
Et dans son corps sans tache un esprit sans détour.

Le fils du Titien, pour la rendre immortelle,
Fit ce portrait, témoin d'un mutuel amour;
Puis il cessa de peindre à compter de ce jour,
Ne voulant de sa main illustrer d'autre qu'elle.

Passant, qui que tu sois, si ton cœur sait aimer,
Regarde ma maîtresse avant de me blâmer,
Et dis si, par hasard, la tienne est aussi belle.

Vois donc combien c'est peu que la gloire ici-bas,
Puisque tout beau qu'il est, ce portrait ne vaut pas
(Crois-m'en sur ma parole) un baiser du modèle.

1838.

ADIEU[1]

Adieu! je crois qu'en cette vie
Je ne te reverrai jamais.
Dieu passe, il t'appelle et m'oublie;
En te perdant[2] je sens que je t'aimais.

Pas de pleurs, pas de plainte vaine.
Je sais respecter l'avenir.
Vienne la voile qui t'emmène,
En souriant je la verrai partir[3].

Tu t'en vas pleine d'espérance,
Avec orgueil tu reviendras;
Mais ceux qui vont souffrir de ton absence,
Tu ne les reconnaîtras pas.

Adieu! tu vas faire un beau rêve
Et t'enivrer d'un plaisir dangereux;
Sur ton chemin l'étoile qui se lève
Longtemps encor éblouira tes yeux.

Un jour tu sentiras peut-être
Le prix d'un cœur qui nous comprend,
Le bien qu'on trouve à le connaître,
Et ce qu'on souffre en le perdant.

1839.

SONNET[1]

Non, quand bien même une amère souffrance
Dans ce cœur mort pourrait se ranimer;
Non, quand bien même une fleur d'espérance
Sur mon chemin pourrait encor germer;

Quand la pudeur, la grâce et l'innocence
Viendraient en toi me plaindre et me charmer,
Non, chère enfant, si belle d'ignorance,
Je ne saurais, je n'oserais t'aimer.

Un jour pourtant il faudra qu'il te vienne,
L'instant suprême où l'univers n'est rien.
De mon respect alors qu'il te souvienne !

Tu trouveras, dans la joie ou la peine,
Ma triste main pour soutenir la tienne,
Mon triste cœur pour écouter le tien.

1839.

JAMAIS[1]

JAMAIS, avez-vous dit, tandis qu'autour de nous
Résonnait de Schubert la plaintive musique ;
Jamais, avez-vous dit, tandis que, malgré vous,
Brillait de vos grands yeux l'azur mélancolique.

Jamais, répétiez-vous, pâle et d'un air si doux
Qu'on eût cru voir sourire une médaille antique.
Mais des trésors secrets l'instinct fier et pudique
Vous couvrit de rougeur, comme un voile jaloux.

Quel mot vous prononcez, marquise, et quel dommage[2] !
Hélas ! je ne voyais ni ce charmant visage,
Ni ce divin sourire, en vous parlant d'aimer.

Vos yeux bleus[3] sont moins doux que votre âme n'est belle.
Même en les regardant, je ne regrettais qu'elle,
Et de voir dans sa fleur un tel cœur se fermer.

1839.

IMPROMPTU[1]

EN RÉPONSE À CETTE QUESTION : QU'EST-CE QUE LA POÉSIE ?

Chasser tout souvenir et fixer la pensée,
Sur un bel axe d'or la tenir balancée,
Incertaine, inquiète, immobile pourtant;
Éterniser peut-être un rêve d'un instant;
Aimer le vrai, le beau, chercher leur harmonie;
Écouter dans son cœur l'écho de son génie;
Chanter, rire, pleurer, seul, sans but, au hasard;
D'un sourire, d'un mot, d'un soupir, d'un regard
Faire un travail exquis, plein de crainte et de charme,
      Faire une perle d'une larme :
Du poète ici-bas voilà la passion,
Voilà son bien, sa vie et son ambition.

1839.

À MADEMOISELLE ***[1]

Oui, femmes, quoi qu'on puisse dire,
Vous avez le fatal pouvoir[2]
De nous jeter par un sourire
Dans l'ivresse ou le désespoir.

Oui, deux mots, le silence même,
Un regard distrait ou moqueur,
Peuvent donner à qui vous aime
Un coup de poignard dans le cœur.

Oui, votre orgueil doit être immense,
Car, grâce à notre lâcheté,
Rien n'égale votre puissance,
Sinon votre fragilité.

Mais toute puissance sur terre
Meurt quand l'abus en est trop grand,
Et qui sait souffrir et se taire
S'éloigne de vous en pleurant.

Quel que soit le mal qu'il endure,
Son triste rôle est le plus beau[3].
J'aime encor mieux notre torture
Que votre métier de bourreau[4].

Mars 1839.

UNE SOIRÉE PERDUE[1]

J'ÉTAIS seul, l'autre soir[2], au Théâtre-Français,
Ou presque seul; l'auteur n'avait pas grand succès.
Ce n'était que Molière, et nous savons de reste
Que ce grand maladroit, qui fit un jour *Alceste,*
Ignora le bel art de chatouiller l'esprit
Et de servir à point un dénoûment bien cuit.
Grâce à Dieu, nos auteurs ont changé de méthode,
Et nous aimons bien mieux quelque drame à la mode
Où l'intrigue, enlacée et roulée en feston,
Tourne comme un rébus autour d'un mirliton[3].

J'écoutais cependant cette simple harmonie,
Et comme le bon sens fait parler le génie.
J'admirais quel amour pour l'âpre vérité
Eut cet homme si fier en sa naïveté,
Quel grand et vrai savoir des choses de ce monde,
Quelle mâle gaieté, si triste et si profonde
Que, lorsqu'on vient d'en rire, on devrait en pleurer!
Et je me demandais : Est-ce assez d'admirer?
Est-ce assez de venir, un soir, par aventure,
D'entendre au fond de l'âme un cri de la nature,
D'essuyer une larme, et de partir ainsi,
Quoi qu'on fasse d'ailleurs, sans en prendre souci?
Enfoncé que j'étais dans cette rêverie,
Çà et là, toutefois, lorgnant la galerie,
Je vis que, devant moi, se balançait gaiement

Sous une tresse noire un cou svelte et charmant ;
Et, voyant cet ébène enchâssé dans l'ivoire,
Un vers d'André Chénier chanta dans ma mémoire,
Un vers presque inconnu, refrain inachevé,
Frais comme le hasard, moins écrit que rêvé.
J'osai m'en souvenir, même devant Molière ;
Sa grande ombre, à coup sûr, ne s'en offensa pas ;
Et, tout en écoutant, je murmurais tout bas,
Regardant cette enfant, qui ne s'en doutait guère :
« Sous votre aimable tête, un cou blanc, délicat,
Se plie, et de la neige effacerait l'éclat⁴. »

Puis je songeais encore (ainsi va la pensée)
Que l'antique franchise, à ce point délaissée,
Avec notre finesse et notre esprit moqueur,
Ferait croire, après tout, que nous manquons de cœur ;
Que c'était une triste et honteuse misère
Que cette solitude à l'entour de Molière,
Et qu'il est *pourtant temps,* comme dit la chanson⁵,
De sortir de ce siècle ou d'en avoir raison ;
Car à quoi comparer cette scène embourbée,
Et l'effroyable honte où la muse est tombée ?
La lâcheté nous bride, et les sots vont disant
Que, sous ce vieux soleil, tout est fait à présent ;
Comme si les travers de la famille humaine
Ne rajeunissaient pas chaque an, chaque semaine.
Notre siècle a ses mœurs, partant, sa vérité ;
Celui qui l'ose dire est toujours écouté.

Ah ! j'oserais parler, si je croyais bien dire,
J'oserais ramasser le fouet de la satire,
Et l'habiller de noir, cet homme aux rubans verts,
Qui se fâchait jadis pour quelques mauvais vers.
S'il rentrait aujourd'hui dans Paris, la grand'ville,
Il y trouverait mieux pour émouvoir sa bile
Qu'une méchante femme et qu'un méchant sonnet ;
Nous avons autre chose à mettre au cabinet.
Ô notre maître à tous, si ta tombe est fermée,
Laisse-moi dans ta cendre, un instant ranimée,
Trouver une étincelle, et je vais t'imiter !
J'en aurai fait assez si je puis le tenter⁶.
Apprends-moi de quel ton, dans ta bouche hardie,
Parlait la vérité, ta seule passion,

Et, pour me faire entendre, à défaut du génie,
J'en aurai le courage et l'indignation[7] !

Ainsi je caressais une folle chimère.
Devant moi cependant, à côté de sa mère,
L'enfant restait toujours, et le cou svelte et blanc
Sous les longs cheveux noirs se berçait mollement.
Le spectacle fini, la charmante inconnue
Se leva. Le beau cou, l'épaule à demi nue,
Se voilèrent ; la main glissa dans le manchon ;
Et, lorsque je la vis au seuil de sa maison
S'enfuir, je m'aperçus que je l'avais suivie.
Hélas ! mon cher ami, c'est là toute ma vie.
Pendant que mon esprit cherchait sa volonté,
Mon corps avait la sienne et suivait la beauté ;
Et, quand je m'éveillai de cette rêverie,
Il ne m'en restait plus que l'image chérie :
« Sous votre aimable tête, un cou blanc, délicat,
Se plie, et de la neige effacerait l'éclat. »

Juillet 1840.

SIMONE[1]

CONTE IMITÉ DE BOCCACE

J'AIMAIS les romans à vingt ans.
Aujourd'hui je n'ai plus le temps ;
Le bien perdu rend l'homme avare.
J'y veux voir[2] moins loin, mais plus clair ;
Je me console de Werther
Avec la reine de Navarre[3].
Et pourquoi pas ? Croyez-vous donc,
Quand on n'a qu'une page en tête,
Qu'il en faille chercher si long,
Et que tant parler soit honnête ?
Qui des deux est stérilité,
Ou l'antique sobriété
Qui n'écrit que ce qu'elle pense,
Ou la moderne intempérance

Qui croit penser dès qu'elle écrit?
Béni soit Dieu! Les gens d'esprit
Ne sont pas rares cette année!
Mais dès qu'il nous vient une idée
Pas plus grosse qu'un petit chien,
Nous essayons d'en faire un âne⁴.
L'idée était femme de bien,
Le livre est une courtisane.
Certes, lorsque le Florentin
Écrivait un conte, un matin,
Sans poser ni tailler sa plume,
Il aurait pu faire un volume
D'un seul mot chaste ou libertin.
Cette belle âme si hardie,
Qui pleura tant après Pavie,
Et, dans la fleur de ses beaux jours,
Quitta la France et les amours
Pour aller consoler son frère,
Au fond des prisons de Madrid⁵,
Croyez-vous qu'elle n'eût pu faire
Un roman comme Scudéry?
Elle aima mieux⁶ mettre en lumière
Une larme qui lui fut chère,
Un bon mot dont elle avait ri.
Et ceux qui lisaient son doux livre
Pouvaient passer pour connaisseurs;
C'étaient des gens qui savaient vivre,
Ayant failli mourir ailleurs,
À Rebec, à Fontarabie,
À la Bicoque, à Marignan⁷,
Car alors le seul vrai roman
Était l'amour de la patrie.
Mais ne parlons pas de cela,
Je ne fais pas une satire,
Et je ne veux que vous traduire
Une histoire de ce temps-là.

Les gens d'esprit ni les heureux
Ne sont jamais bien amoureux :
Tout ce beau monde a trop affaire.
Les pauvres en tout valent mieux;
Jésus leur a promis les cieux⁸,
L'amour leur appartient sur terre.

Dans le beau pays des Toscans [9]
Vivait jadis, au bon vieux temps,
La pauvre enfant d'un pauvre père,
Dont Simonette fut le nom [10] ;
Fille d'humble condition,
Passablement jeune et jolie,
Avenante et douce en tout point,
Mais de l'argent n'en ayant point.
Et donc, elle gagnait sa vie
De la laine qu'elle filait,
Au jour le jour, pour qui voulait.
Bien qu'elle ne pût qu'à grand'peine
Tirer son pain de cette laine,
Encor sut-elle avoir du cœur,
Et, dans sa tête florentine,
Loger la joie et la douleur.
Ce ne fut pas un grand seigneur
Qui voulut d'elle, on l'imagine,
Mais un garçon de bonne mine
Dont la besogne était d'aller,
Donnant de la laine à filer
Pour un marchand de drap, son maître.
Pascal, c'est le nom du garçon,
Avait, en mainte occasion,
Laissé son amitié paraître ;
Et, soit faute de s'y connaître,
Soit qu'elle n'y vît point de mal,
L'heure où devait venir Pascal
Mettait Simone à la fenêtre.
Là, lui répondant de son mieux,
Sans en souhaiter davantage,
En le voyant jeune et joyeux,
Elle montrait sur son visage
Le plaisir que prenaient ses yeux [11] ;
Puis, travaillant en son absence,
De tout son cœur elle filait,
Songeant, pour prendre patience,
De qui sa laine lui venait,
Et baisant tout bas son rouet,
Non sans chanter quelque romance.
D'autre part, le garçon montrait
De jour en jour un nouveau zèle
Pour sa laine, et ne trouvait rien

(J'ai dit que Simone était belle)
Qui fût plus tôt fait ni si bien
Qu'un fuseau dévidé par elle.
L'un soupirant, l'autre filant,
La saison des fleurs s'en mêlant,
Enfin, comme il n'est en ce monde
Si petite herbe sous le pied
Qu'un jour de printemps ne féconde,
Ni si fugitive amitié
Dont il ne germe une amourette,
Un jour advint que le fuseau
Tomba par terre, et la fillette
Entre les bras du jouvenceau [12].

Près des barrières de la ville
Était alors un beau jardin,
Lieu charmant, solitaire asile,
Ouvert pourtant soir et matin.
L'écolier, son livre à la main,
Le rêveur avec sa paresse,
L'amoureux avec sa maîtresse,
Entraient là comme en paradis
(Car la liberté fut jadis
Un des trésors de l'Italie [13],
Comme la musique et l'amour).
Le bon Pascal voulut un jour
En ce lieu mener son amie,
Non pour lire ni pour rêver,
Mais voir s'ils n'y pourraient trouver
Quelque banc au coin d'une allée
Où se dire, sans trop de mots,
De ces secrets que les oiseaux
Se racontent sous la feuillée.
Sitôt formé, sitôt conclu,
Ce projet n'avait point déplu
À la brunette filandière,
Et, le dimanche étant venu,
Après avoir dit à son père
Qu'elle avait dessein d'aller faire
Ses dévotions à Saint-Gal,
Au lieu marqué, brave et légère,
Elle courut trouver Pascal.
Avant de se mettre en campagne,

Il faut savoir qu'elle avait pris,
Selon l'usage du pays,
Une voisine pour compagne;
Ce n'est pas là comme à Paris;
L'amour ne va pas sans amis.
Bien est-il que cette voisine
Causa plus de mal que de bien.
Belle ou laide, je n'en sais rien,
Boccace la nomme Lagine.
Le jeune homme, de son côté,
Vint pareillement escorté
D'un voisin surnommé le Strambe [14],
Ce qui veut dire proprement [15]
Que, sans boiter précisément,
Il louchait un peu d'une jambe.
Mais n'importe. Entrés au jardin,
Nos couples se prirent la main,
Le voisin avec la voisine,
Et chacun suivit son chemin.
Pendant que le Strambe et Lagine
Au soleil allaient faire un tour,
Cherchant à coudre un brin d'amour,
Au fond des bois, sous la ramée,
Pascal, menant sa bien-aimée,
Trouva bientôt ce qu'il cherchait,
Une touffe d'herbe entassée,
Et le bonheur qui l'attendait.
Comment cette heure fut passée,
Le dira qui sait ce que c'est;
Deux bras amis, blancs comme lait,
Un rideau vert, un lit de mousse,
La vie, hélas! c'est ce qui fait
Qu'elle est si cruelle et si douce.
Le hasard voulut que ce lieu
Fût au penchant d'une prairie.
Çà et là, comme il plaît à Dieu,
L'herbe courait fraîche et fleurie;
Et comme un peu de causerie
Vient toujours après le plaisir,
Toujours du moins lorsque l'on aime,
Car autrement le bonheur même
Est sans espoir ni souvenir,
Nos amoureux, assis par terre [16],

Commencèrent à deviser,
Entre le rire et le baiser,
D'un bon dîner qu'ils voulaient faire
En ce lieu même, à leur loisir;
La place leur devenait chère,
Il leur fallait y revenir.
Tout en jasant sous la verdure,
Le jouvenceau, par aventure,
Prit une fleur dans un buisson.
Quelle fleur? Le pauvre garçon
N'en savait rien, et je l'ignore;
N'y pouvant croire aucun danger,
Il la porta, sans y songer [17],
À sa lèvre brûlante encore
De ces baisers si désirés,
Et si lentement savourés.
Puis, revenant à la pensée
Qu'ils avaient tous deux caressée,
Il parla d'abord quelque temps,
Tenant cette herbe entre ses dents;
Mais il ne continua guère
Que le visage lui changea.
Pâle et mourant sur la bruyère
Tout à coup il se souleva,
Appelant Simone, et déjà
Entouré de l'ombre éternelle;
Il étendit les bras vers elle,
Perdit la parole et tomba [18].
Bien que ce fût chose trop claire
Qu'il eût ainsi trouvé la mort,
La pauvre Simone d'abord
Ne put croire à tant de misère
Que d'avoir perdu son ami,
Et le voir s'en aller ainsi
Sans adieu, plainte, ni prière [19].
Tremblante elle courut à lui,
Croyant qu'il s'était endormi
Dans quelque douleur passagère,
Et le serra tout défailli,
Non plus en amant, mais en frère.
Qu'eût-elle fait? Les pauvres gens,
Habitués à la souffrance,
Gardent jusqu'aux derniers instants

Leur unique bien, l'espérance ;
Mais la Mort vient, qui le leur prend.
Déjà le spectre aux mains avides
Étalait ses traces livides
Sur l'homme presque encor vivant ;
Les beaux yeux, les lèvres chéries,
Se couvraient d'un masque de sang
Marqué du fouet des Furies.
Bientôt ce corps inanimé,
Si beau naguère et tant aimé,
Fut un tel objet d'épouvante,
Que le regard de son amante
Avec horreur s'en détourna[20].

Aux cris que Simone jeta,
Strambe accourut avec Lagine,
Et par malheur vinrent aussi
Les gens d'une maison voisine.
Quand le peuple s'assemble ainsi,
C'est toujours sur quelque ruine.
Ici surtout ce fut le cas.
Ceux qui firent les premiers pas
Trouvèrent Simone étendue
Auprès du corps de son amant,
En sorte qu'on crut un moment
Que, par une cause inconnue,
Ils avaient expiré tous deux.
Plût au ciel ! Telle mort pour eux[21]
Eût été douce et bienvenue.
Mais Simone rouvrit les yeux :
« Malheureuse, dit le boiteux,
Voyant son compagnon sans vie,
C'est toi qui l'as assassiné ! »
À ce mot, le peuple étonné
S'approche en foule ; on se récrie ;
Un médecin est amené.
Il voit un mort, il s'en empare,
Observe, consulte et déclare
Que Pascal est empoisonné.
À tous ces discours, Simonette
Ne comprenant que son chagrin,
Restait, la tête dans sa main,
Plus immobile et plus muette

Qu'une pierre sur un tombeau.
Qui devait parler ? C'est Lagine.
Venant d'une âme féminine,
Un tel courage eût été beau.
Ce qu'elle fit, on le devine ;
Elle se tut, faute de cœur,
Et, voyant tomber l'infamie
Sur sa compagne et son amie,
Au lieu d'avoir de son malheur
Compassion, elle en eut peur [21].
Moyennant quoi l'infortunée,
Seule et sans aide contre tous,
Devant le juge fut traînée,
Et là tomba sur ses genoux,
De ses larmes toute baignée,
Et plus qu'à demi condamnée.
Le juge, ayant tout entendu,
Ne se trouva pas convaincu,
Et, soupçonnant quelque mystère [22],
Voulut, sans remettre l'affaire,
Incontinent l'examiner,
Ne se pouvant imaginer,
Ni que la fille fût coupable,
Voyant qu'elle pleurait si fort,
Ni que le jeune homme fût mort
Sans une cause vraisemblable.
Il prit Simone par la main,
Et s'acheminant, sans mot dire,
Avec ses gens, vers le jardin,
Lui-même il voulut la conduire
Devant le corps du trépassé,
Afin qu'elle pût se défendre
En sa présence, et faire entendre
Comment le fait s'était passé.
Alors, dans sa triste mémoire
Rappelant son fidèle amour,
Du premier jusqu'au dernier jour,
Simone conta son histoire
Comme je l'ai dite à peu près, —
Bien mieux, car les pleurs seuls sont vrais ;
Mais personne n'y voulut croire.
Quand elle en fut à raconter
Par quelle disgrâce inouïe

Pascal avait perdu la vie,
Voyant tout le monde en douter,
Et le juge même sourire,
Pour mieux prouver son simple dire,
Elle s'en vint vers l'arbrisseau
Sous lequel le froid jouvenceau
Dormait, pâle et méconnaissable ;
Puis, cueillant une fleur semblable
À cette fleur que son ami
Sur ses lèvres avait placée,
Sa pauvre âme eut une pensée,
Qui fut de faire comme lui.
Fut-ce douleur, crainte, ignorance ?
Qu'importe ? Pascal l'attendait,
Ouvrant ses bras qu'il lui tendait,
Dans un asile où l'espérance
N'a plus à craindre le malheur.
Sitôt qu'elle eut touché la fleur,
Elle mourut[21]. Âmes heureuses,
À qui Dieu fit cette faveur
De partir encore amoureuses,
De vous rejoindre sur le seuil,
L'un joyeux, l'autre à peine en deuil,
Et de finir votre misère
En vous embrassant sur la terre,
Pour aller aussitôt après
Là-haut vous aimer à jamais !

Or maintenant quelle est la plante
Qui sut tirer si promptement
De tant de délices l'amant,
De tant de désespoir l'amante ?
Boccace dit en peu de mots,
Dans sa simplesse accoutumée,
Que la cause de tant de maux
Fut une sauge envenimée
Par un crapaud ; mais, Dieu merci !
Nous en savons trop aujourd'hui
Pour croire aux erreurs de nos pères.
Ce serait un cent de vipères,
Qu'un enfant leur rirait au nez.
Quand les gens sont empoisonnés,
Dans notre siècle de lumière,

On n'y croit pas si promptement.
N'en restât-il qu'un ossement,
Il faut qu'il sorte de la terre,
Pour prouver par-devant notaire
Qu'il est mort de telle manière,
À telle heure, et non autrement[25].
Pauvre bonhomme de Florence,
À qui, selon toute apparence,
Dans les faubourgs de la cité
Ce conte avait été conté,
Qui l'aurait voulu croire en France ?
Braves gens qui riez déjà,
L'histoire n'en est pas moins vraie.
Cherchez la plante, et trouvez-la,
Demain peut-être on la verra
Dans le sentier ou dans la haie ;
La Faculté l'appellera
Pavot, ciguë ou belladone.
Ici-bas tout peut se prouver.
Le plus difficile à trouver
N'est pas la plante, c'est Simone[26].

Octobre 1840.

SUR LES DÉBUTS

DE MESDEMOISELLES RACHEL ET PAULINE GARCIA[1]

Ainsi donc, quoi qu'on dise, elle ne tarit pas,
    La source immortelle et féconde
Que le coursier divin fit jaillir sous ses pas[2] ;
Elle existe toujours, cette sève du monde,
Elle coule, et les dieux sont encore ici-bas !

À quoi nous servent donc tant de luttes frivoles,
Tant d'efforts toujours vains et toujours renaissants ?
Un chaos si pompeux d'inutiles paroles,
    Et tant de marteaux impuissants
    Frappant les anciennes idoles ?

Discourons sur les arts, faisons les connaisseurs ;
Nous aurons beau changer d'erreurs
Comme un libertin de maîtresse,
Les lilas au printemps seront toujours en fleurs,
Et les arts immortels rajeuniront sans cesse.

Discutons nos travers, nos rêves et nos goûts,
Comparons à loisir le moderne et l'antique,
Et ferraillons sous ces drapeaux jaloux !
Quand nous serons au bout de notre rhétorique,
Deux enfants nés d'hier en sauront plus que nous.

Ô jeunes cœurs remplis d'antique poésie,
Soyez les bienvenus, enfants chéris des dieux [3]
Vous avez le même âge et le même génie.
La douce clarté soit bénie
Que vous ramenez dans nos yeux !

Allez ! que le bonheur vous suive !
Ce n'est pas du hasard un caprice inconstant
Qui vous fit naître au même instant.
Votre mère ici-bas, c'est la Muse attentive
Qui sur le feu sacré veille éternellement.

Obéissez sans crainte au dieu qui vous inspire.
Ignorez, s'il se peut, que nous parlons de vous.
Ces plaintes, ces accords, ces pleurs, ce doux sourire [4],
Tous vos trésors, donnez-les-nous :
Chantez, enfants, laissez-nous dire.

1839.

CHANSON [1]

Lorsque la coquette Espérance
Nous pousse le coude en passant,
Puis à tire-d'aile s'élance,
Et se retourne en souriant ;

Où va l'homme ? Où son cœur l'appelle.
L'hirondelle suit le zéphyr,
Et moins légère est l'hirondelle
Que l'homme qui suit son désir.

Ah ! fugitive enchanteresse,
Sais-tu seulement ton chemin ?
Faut-il donc que le vieux Destin
Ait une si jeune maîtresse !

1840.

TRISTESSE[1]

J'AI perdu ma force et ma vie,
Et mes amis et ma gaieté ;
J'ai perdu jusqu'à la fierté
Qui faisait croire à mon génie.

Quand j'ai connu la Vérité,
J'ai cru que c'était une amie ;
Quand je l'ai comprise et sentie[2],
J'en étais déjà dégoûté.

Et pourtant elle est éternelle,
Et ceux qui se sont passés d'elle
Ici-bas ont tout ignoré.

Dieu parle, il faut qu'on lui réponde.
Le seul bien qui me reste au monde
Est d'avoir quelquefois pleuré[3].

1840.

LE RHIN ALLEMAND
PAR BECKER

TRADUCTION FRANÇAISE

Ils ne l'auront pas, le libre Rhin allemand, quoiqu'ils le demandent dans leurs cris comme des corbeaux avides;

Aussi longtemps qu'il roulera paisible, portant sa robe verte; aussi longtemps qu'une rame frappera ses flots.

Ils ne l'auront pas, le libre Rhin allemand, aussi longtemps que les cœurs s'abreuveront de son vin de feu;

Aussi longtemps que les rocs s'élèveront au milieu de son courant; aussi longtemps que les hautes cathédrales se refléteront dans son miroir.

Ils ne l'auront pas, le libre Rhin allemand, aussi longtemps que de hardis jeunes gens feront la cour aux jeunes filles élancées.

Ils ne l'auront pas, le libre Rhin allemand, jusqu'à ce que les ossements du dernier homme soient ensevelis dans ses vagues.

LE RHIN ALLEMAND[1]

RÉPONSE À LA CHANSON DE BECKER

Nous l'avons eu, votre Rhin allemand,
    Il a tenu dans notre verre.
    Un couplet qu'on s'en va chantant
    Efface-t-il la trace altière
Du pied de nos chevaux marqué dans votre sang?

Nous l'avons eu, votre Rhin allemand.
  Son sein porte une plaie ouverte,
  Du jour où Condé triomphant
  A déchiré sa robe verte.
Où le père a passé, passera bien l'enfant.

Nous l'avons eu, votre Rhin allemand.
  Que faisaient vos vertus germaines,
  Quand notre César tout-puissant
  De son ombre couvrait vos plaines ?
Où donc est-il tombé, ce dernier ossement[2] ?

Nous l'avons eu, votre Rhin allemand.
  Si vous oubliez votre histoire,
  Vos jeunes filles, sûrement,
  Ont mieux gardé notre mémoire ;
Elles nous ont versé votre petit vin blanc.

S'il est à vous, votre Rhin allemand,
  Lavez-y donc votre livrée ;
  Mais parlez-en moins fièrement.
  Combien, au jour de la curée,
Étiez-vous de corbeaux contre l'aigle expirant ?

Qu'il coule en paix, votre Rhin allemand ;
  Que vos cathédrales gothiques
  S'y reflètent modestement ;
  Mais craignez que vos airs bachiques
Ne réveillent les morts de leur repos sanglant.

          1841.

SOUVENIR[1]

J'ESPÉRAIS bien pleurer, mais je croyais souffrir[2]
En osant te revoir, place à jamais sacrée,
Ô la plus chère tombe et la plus ignorée
  Où dorme un souvenir !

Que redoutiez-vous donc de cette solitude[3],
Et pourquoi, mes amis, me preniez-vous la main,

Alors qu'une si douce et si vieille habitude
        Me montrait ce chemin?

Les voilà, ces coteaux, ces bruyères fleuries[4],
Et ces pas argentins sur le sable muet,
Ces sentiers amoureux, remplis de causeries,
        Où son bras m'enlaçait.

Les voilà, ces sapins à la sombre verdure,
Cette gorge profonde aux nonchalants détours,
Ces sauvages amis, dont l'antique murmure
        A bercé mes beaux jours.

Les voilà, ces buissons où toute ma jeunesse,
Comme un essaim d'oiseaux, chante au bruit de mes pas.
Lieux charmants, beau désert où passa ma maîtresse[5],
        Ne m'attendiez-vous pas?

Ah! laissez-les couler, elles me sont bien chères,
Ces larmes que soulève un cœur encor blessé!
Ne les essuyez pas, laissez sur mes paupières
        Ce voile du passé[6]!

Je ne viens point jeter un regret inutile
Dans l'écho de ces bois témoins de mon bonheur.
Fière est cette forêt dans sa beauté tranquille,
        Et fier aussi mon cœur.

Que celui-là se livre à des plaintes amères,
Qui s'agenouille et prie au tombeau d'un ami.
Tout respire en ces lieux; les fleurs des cimetières
        Ne poussent point ici.

Voyez! la lune monte à travers ces ombrages.
Ton regard tremble encor, belle reine des nuits;
Mais du sombre horizon déjà tu te dégages,
        Et tu t'épanouis.

Ainsi de cette terre, humide encor de pluie,
Sortent, sous tes rayons, tous les parfums du jour;
Aussi calme, aussi pur, de mon âme attendrie
        Sort mon ancien amour.

Que sont-ils devenus, les chagrins de ma vie ?
Tout ce qui m'a fait vieux est bien loin maintenant[7] ;
Et rien qu'en regardant cette vallée amie
      Je redeviens enfant[8].

Ô puissance du temps ! ô légères années !
Vous emportez nos pleurs, nos cris et nos regrets ;
Mais la pitié vous prend, et sur nos fleurs fanées
      Vous ne marchez jamais.

Tout mon cœur te bénit, bonté consolatrice !
Je n'aurais jamais cru que l'on pût tant souffrir
D'une telle blessure, et que sa cicatrice
      Fût si douce à sentir.

Loin de moi les vains mots, les frivoles pensées,
Des vulgaires douleurs linceul accoutumé,
Que viennent étaler sur leurs amours passées
      Ceux qui n'ont point aimé !

Dante, pourquoi dis-tu qu'il n'est pire misère
Qu'un souvenir heureux dans les jours de douleur ?
Quel chagrin t'a dicté cette parole amère[9],
      Cette offense au malheur ?

En est-il donc moins vrai que la lumière existe,
Et faut-il l'oublier du moment qu'il fait nuit ?
Est-ce bien toi, grande âme immortellement triste,
      Est-ce toi qui l'as dit ?

Non, par ce pur flambeau dont la splendeur m'éclaire,
Ce blasphème vanté ne vient pas de ton cœur.
Un souvenir heureux est peut-être sur terre
      Plus vrai que le bonheur.

Eh quoi ! l'infortuné qui trouve une étincelle
Dans la cendre brûlante où dorment ses ennuis,
Qui saisit cette flamme et qui fixe sur elle
      Ses regards éblouis ;

Dans ce passé perdu quand son âme se noie,
Sur ce miroir brisé lorsqu'il rêve en pleurant[10],
Tu lui dis qu'il se trompe, et que sa faible joie
      N'est qu'un affreux tourment !

Et c'est à ta Françoise, à ton ange de gloire,
Que tu pouvais donner ces mots à prononcer,
Elle qui s'interrompt, pour conter son histoire,
    D'un éternel baiser[11] !

Qu'est-ce donc, juste Dieu, que la pensée humaine,
Et qui pourra jamais aimer la vérité,
S'il n'est joie ou douleur si juste et si certaine
    Dont quelqu'un n'ait douté ?

Comment vivez-vous donc, étranges créatures ?
Vous riez, vous chantez, vous marchez à grands pas ;
Le ciel et sa beauté, le monde et ses souillures
    Ne vous dérangent pas ;

Mais, lorsque par hasard le destin vous ramène
Vers quelque monument d'un amour oublié[12],
Ce caillou vous arrête, et cela vous fait peine
    Qu'il vous heurte le pié[13].

Et vous criez alors que la vie est un songe ;
Vous vous tordez les bras comme en vous réveillant[14],
Et vous trouvez fâcheux qu'un si joyeux mensonge
    Ne dure qu'un instant.

Malheureux ! cet instant où votre âme engourdie
A secoué les fers qu'elle traîne ici-bas,
Ce fugitif instant fut toute votre vie ;
    Ne le regrettez pas !

Regrettez la torpeur qui vous cloue à la terre,
Vos agitations dans la fange et le sang,
Vos nuits sans espérance et vos jours sans lumière :
    C'est là qu'est le néant !

Mais que vous revient-il[15] de vos froides doctrines ?
Que demandent au ciel ces regrets inconstants
Que vous allez semant sur vos propres ruines,
    À chaque pas du Temps ?

Oui, sans doute, tout meurt ; ce monde est un grand rêve,
Et le peu de bonheur qui nous vient en chemin,
Nous n'avons pas plus tôt ce roseau dans la main,
    Que le vent nous l'enlève[16].

Oui, les premiers baisers, oui, les premiers serments
Que deux êtres mortels échangèrent sur terre,
Ce fut au pied d'un arbre effeuillé par les vents,
    Sur un roc en poussière [17].

Ils prirent à témoin de leur joie éphémère
Un ciel toujours voilé qui change à tout moment,
Et des astres sans nom que leur propre lumière
    Dévore incessamment.

Tout mourait autour d'eux, l'oiseau dans le feuillage,
La fleur entre leurs mains, l'insecte sous leurs piés,
La source desséchée où vacillait l'image
    De leurs traits oubliés;

Et sur tous ces débris joignant leurs mains d'argile,
Étourdis des éclairs d'un instant de plaisir,
Ils croyaient échapper à cet être immobile
    Qui regarde mourir [18]!

— Insensés! dit le sage. — Heureux! dit le poète.
Et quels tristes amours as-tu donc dans le cœur,
Si le bruit du torrent te trouble et t'inquiète,
    Si le vent te fait peur?

J'ai vu sous le soleil tomber bien d'autres choses
Que les feuilles des bois et l'écume des eaux,
Bien d'autres s'en aller que le parfum des roses
    Et le chant des oiseaux.

Mes yeux ont contemplé des objets plus funèbres
Que Juliette morte au fond de son tombeau [19],
Plus affreux que le toast [20] à l'ange des ténèbres
    Porté par Roméo.

J'ai vu ma seule amie, à jamais la plus chère,
Devenue elle-même un sépulcre blanchi [21],
Une tombe vivante où flottait la poussière
    De notre mort chéri,

De notre pauvre amour, que, dans la nuit profonde,
Nous avions sur nos cœurs si doucement bercé!
C'était plus qu'une vie, hélas! c'était un monde
    Qui s'était effacé!

Oui, jeune et belle encor, plus belle, osait-on dire,
Je l'ai vue, et ses yeux brillaient comme autrefois.
Ses lèvres s'entr'ouvraient, et c'était un sourire,
   Et c'était une voix;

Mais non plus cette voix, non plus ce doux langage,
Ces regards adorés dans les miens confondus;
Mon cœur, encor plein d'elle, errait sur son visage,
   Et ne la trouvait plus.

Et pourtant j'aurais pu marcher alors vers elle
Entourer de mes bras ce sein vide et glacé,
Et j'aurais pu crier : « Qu'as-tu fait, infidèle,
   Qu'as-tu fait du passé ? »

Mais non : il me semblait qu'une femme inconnue
Avait pris par hasard cette voix et ces yeux;
Et je laissai passer cette froide statue
   En regardant les cieux [22].

Eh bien! ce fut sans doute une horrible misère
Que ce riant adieu d'un être inanimé.
Eh bien! qu'importe encore ? Ô nature! ô ma mère [23]!
   En ai-je moins aimé ?

La foudre maintenant peut tomber sur ma tête :
Jamais ce souvenir ne peut m'être arraché [24]!
Comme le matelot brisé par la tempête,
   Je m'y tiens attaché.

Je ne veux rien savoir, ni si les champs fleurissent;
Ni ce qu'il adviendra du simulacre humain,
Ni si ces vastes cieux éclaireront demain
   Ce qu'ils ensevelissent.

Je me dis seulement : « À cette heure, en ce lieu,
Un jour, je fus aimé, j'aimais, elle était belle.
J'enfouis ce trésor dans mon âme immortelle,
   Et je l'emporte à Dieu [25]! »

         Février 1841.

SUR LA PARESSE[1]

À M. B...

« Oui, j'écris rarement et me plais de le faire :
Non pas que la paresse en moi soit ordinaire;
Mais, sitôt que je prends la plume à ce dessein,
Je crois prendre en galère une rame à la main[2]. »

Qui croyez-vous, mon cher, qui parle de la sorte ?
C'est Alfred, direz-vous, ou le diable m'emporte!
Non, ami. Plût à Dieu que j'eusse dit si bien
Et si net et si court pourquoi je ne dis rien!
L'esprit mâle et hautain dont la sobre pensée
Fut dans ces rudes vers librement cadencée
(Ôtez votre chapeau), c'est Mathurin Régnier,
De l'immortel Molière immortel devancier;
Qui ploya notre langue, et dans sa cire molle[3]
Sut pétrir et dresser la romaine hyperbole[4],
Premier maître jadis sous lequel j'écrivis[5],
Alors que du voisin je prenais les avis,
Et qui me fut montré, dans l'âge où tout s'ignore,
Par de plus fiers que moi, qui l'imitent encore[6];
Mais la cause était bonne, et, quel qu'en soit l'effet,
Quiconque m'a fait voir cette route a bien fait[7].
Or je me demandais hier dans la solitude;
Ce cœur sans peur, sans gêne et sans inquiétude,
Qui vécut et mourut dans un si brave ennui[8],
S'il se taisait jadis, qu'eût-il fait aujourd'hui ?
Alors à mon esprit se présentaient en hâte
Nos vices, nos travers, et toute cette pâte
Dont il aurait su faire un plat de son métier
À nous désopiler pendant un siècle entier :
D'abord, le grand fléau qui nous rend tous malades,
Le seigneur Journalisme et ses pantalonnades;
Ce droit quotidien qu'un sot a de berner
Trois ou quatre milliers de sots, à déjeuner[9];
Le règne du papier, l'abus de l'écriture,
Qui d'un plat feuilleton fait une dictature,

Tonneau d'encre bourbeux par Fréron défoncé [10],
Dont, jusque sur le trône, on est éclaboussé;
En second lieu, nos mœurs, qui se croient plus sévères,
Parce que nous cachons et nous rinçons nos verres [11],
Quand nous avons commis dans quelque coin honteux
Ces éternels péchés dont pouffaient nos aïeux;
Puis nos discours pompeux, nos fleurs de bavardage,
L'esprit européen de nos coqs de village,
Ce bel art si choisi d'offenser poliment,
Et de se souffleter parlementairement;
Puis, nos livres mort-nés, nos poussives chimères,
Pâture des portiers; et ces pauvres commères [12],
Qui, par besoin d'amants ou faute de maris,
Font du moins leur besogne en pondant leurs écrits;
Ensuite, un mal profond, la croyance envolée,
La prière inquiète, errante et désolée,
Et, pour qui joint les mains, pour qui lève les yeux,
Une croix en poussière et le désert aux cieux;
Ensuite, un mal honteux, le bruit de la monnaie,
La jouissance brute, et qui croit être vraie,
La mangeaille, le vin, l'égoïsme hébété,
Qui se berce en ronflant dans sa brutalité;
Puis un tyran moderne, une peste nouvelle,
La médiocrité qui ne comprend rien qu'elle,
Qui, pour chauffer la cuve où son fer fume et bout,
Y jetterait le bronze où César est debout [13],
Instinct de la basoche, odeur d'épicerie,
Qui fait lever le cœur à la mère patrie,
Capable, avec le temps, de la déshonorer,
Si sa fierté native en pouvait s'altérer;
Ensuite, un tort léger, tant il est ridicule,
Et qui ne vaut pas même un revers de férule,
Les lamentations des chercheurs d'avenir [14],
Ceux qui disent : Ma sœur, ne vois-tu rien venir?
Puis, un mal dangereux qui touche à tous les crimes,
La sourde ambition de ces tristes maximes
Qui ne sont même pas de vieilles vérités,
Et qu'on vient nous donner comme des nouveautés;
Vieux galons de Rousseau, défroque de Voltaire,
Carmagnole en haillons volée à Robespierre,
Charmante garde-robe où sont emmaillotés
Du peuple souverain les courtisans crottés [15];
Puis enfin, tout au bas, la dernière de toutes,

La fièvre de ces fous qui s'en vont par les routes
Arracher la charrue aux mains du laboureur,
Dans l'atelier désert corrompre le malheur,
Au nom d'un Dieu de paix qui nous prescrit l'aumône
Traîner au carrefour le pauvre qui frissonne,
D'un fer rouillé de sang armer sa maigre main,
Et se sauver dans l'ombre en poussant l'assassin [16].

Qu'aurait dit à cela ce grand traîneur d'épée,
Ce flâneur « qui prenait les vers à la pipée [17] » ?
Si dans ce gouffre obscur son regard eût plongé,
Sous quel étrange aspect l'eût-il envisagé ?
Quelle affreuse tristesse ou quel rire homérique [18]
Eût ouvert ou serré ce cœur mélancolique [19] ?
Se fût-il contenté de nous prendre en pitié,
De consoler sa vie avec quelque amitié,
Et de laisser la foule étourdir ses oreilles,
Comme un berger qui dort au milieu des abeilles ?
Ou bien, le cœur ému d'un mépris généreux,
Aurait-il là-dessus versé, comme un vin vieux,
Ses hardis hiatus, flot jailli du Parnasse [20],
Où Despréaux mêla sa tisane à la glace [21] ?
Certes, s'il eût parlé, ses robustes gros mots
Auraient de pied en cap ébouriffé les sots :
Qu'il se fût abattu sur une telle proie,
L'ombre de Juvénal en eût frémi de joie [22],
Et sur ce noir torrent qui mène tout à rien
Quelques mots flotteraient, dits pour les gens de bien.
Franchise du vieux temps, muse de la patrie,
Où sont ta verte allure et ta sauvagerie ?
Comme ils tressailleraient, les paternels tombeaux,
Si ta voix douce et rude en frappait les échos !
Comme elles tomberaient, nos gloires mendiées,
De patois étrangers nos muses barbouillées [23],
Devant toi qui puisas ton immortalité
Dans ta beauté féconde et dans ta liberté !
Avec quelle rougeur et quel piteux visage
Notre bégueulerie entendrait ton langage,
Toi qu'un juron gaulois n'a jamais fait bouder,
Et qui, ne craignant rien, ne sais rien marchander.
Quel régiment de fous, que de marionnettes,
Quel troupeau de mulets dandinant leurs sonnettes [24],
Quelle procession de pantins désolés,

Passeraient devant nous, par ta voix appelés !
Et quel plaisir de voir, sans masque ni lisières,
À travers le chaos de nos folles misères,
Courir en souriant tes beaux vers ingénus,
Tantôt légers, tantôt boiteux, toujours pieds nus !
Gaieté, génie heureux, qui fus jadis le nôtre,
Rire dont on riait d'un bout du monde à l'autre,
Esprit de nos aïeux, qui te réjouissais
Dans l'éternel bon sens, lequel est né français[25],
Fleurs de notre pays, qu'êtes-vous devenues ?
L'aigle s'est-il lassé de planer dans les nues,
Et de tenir toujours son regard arrêté
Sur l'astre tout-puissant d'où jaillit la clarté ?

Voilà donc, l'autre soir, quelle était ma pensée,
Et plus je m'y tenais la cervelle enfoncée,
Moins je m'imaginais que le vieux Mathurin
Eût montré, de ce temps, ni gaieté ni chagrin.
« Eh quoi ! me direz-vous, il nous eût laissés faire,
Lui qu'un mauvais dîner pouvait mettre en colère[26] !
Lui qui s'effarouchait, grand enfant sans raison,
D'une femme infidèle et d'une trahison[27] !
Lui qui se redressait, comme un serpent dans l'herbe,
Pour une balourdise échappée à Malherbe[28],
Et qui poussa l'oubli de tout respect humain
Jusqu'à daigner rosser Berthelot de sa main[29] ! »
Oui, mon cher, ce même homme, et par la raison même
Que son cœur débordant poussait tout à l'extrême,
Et qu'au moindre sujet qui venait l'animer,
Sachant si bien haïr, il savait tant aimer,
Il eût trouvé ce siècle indigne de satire,
Trop vain pour en pleurer, trop triste pour en rire,
Et, quel qu'en fût son rêve, il l'eût voulu garder,
Il n'est que trop facile[30], à qui sait regarder,
De comprendre pourquoi tout est malade en France ;
Le mal des gens d'esprit, c'est leur indifférence,
Celui des gens de cœur, leur inutilité.
Mais à quoi bon venir prêcher la vérité,
Et devant les badauds étaler sa faconde,
Pour répéter en vers ce que dit tout le monde ?
Sur notre état présent qui s'abuse aujourd'hui ?
Comme dit Figaro : « Qui trompe-t-on ici[31] ? »
D'ailleurs est-ce un plaisir d'exprimer sa pensée ?

L'hirondelle s'envole, un goujat l'a blessée ;
Elle tombe, palpite et meurt, et le passant
Aperçoit par hasard son pied taché de sang.
Hélas ! pensée écrite, hirondelle envolée !
Dieu sait par quel chemin elle s'en est allée !
Et quelle main la tue au sortir de son nid !
Non, j'en suis convaincu, Mathurin n'eût rien dit.

Ce n'est pas, en parlant, qu'il en eût craint la suite ;
Sa tête allait bon train, son cœur encor plus vite,
Et de lui dire non à ce qu'il avait vu
Un journaliste même eût été mal venu.
Il n'eût pas craint non plus que sa faveur trahie
Eût fait[32] au cardinal rayer son abbaye ;
Des compliments de cour et des canonicats,
Si ce n'est pour l'argent, il n'en fit pas grand cas.
Encor moins eût-il craint qu'on fût venu lui dire :
Et vous, d'où venez-vous pour faire une satire ?
De quel droit parlez-vous, n'ayant jamais rien fait
Que d'aller chez Margot, sortant du cabaret ?
Car il eût répondu : N'en soyez point en peine ;
Plus que votre bon sens ma déraison est saine ;
Chancelant que je suis de ce jus du caveau,
Plus honnête est mon cœur, et plus franc mon cerveau
Que vos grands airs chantés d'un ton de Jérémie.
À la barbe du siècle il eût aimé sa mie,
Et qui l'eût abordé n'aurait eu pour tout prix
Que beaucoup de silence, et qu'un peu de mépris.
Ami, vous qui voyez vivre, et qui savez comme,
Vous dont l'habileté fut d'être un honnête homme,
À vous s'en vont ces vers, au hasard ébauchés,
Qui vaudraient encor moins s'ils étaient plus cherchés.
Mais vous me reprochez sans cesse mon silence ;
C'est vrai : l'ennui m'a pris de penser en cadence,
Et c'est pourquoi, lisant ces vers d'un fainéant,
Qui n'a fait que trois pas, mais trois pas de géant,
De vous les envoyer il m'a pris fantaisie,
Afin que vous sachiez comment la poésie
A vécu de tout temps, et que les paresseux
Ont été quelquefois des gens aimés des dieux.
Après cela, mon cher, je désire et j'espère
(Pour finir à peu près par un vers de Molière)

Que vous vous guérirez du soin que vous prenez
De me venir toujours jeter ma lyre au nez.

Novembre 1842.

LE MIE PRIGIONI[1]

On dit : « Triste comme la porte
    D'une prison. » —
Et je crois, le diable m'emporte!
    Qu'on a raison.

D'abord, pour ce qui me regarde,
    Mon sentiment
Est qu'il vaut mieux monter sa garde,
    Décidément.

Je suis, depuis une semaine,
    Dans un cachot,
Et je m'aperçois avec peine
    Qu'il fait très chaud.

Je vais bouder à la fenêtre,
    Tout en fumant;
Le soleil commence à paraître
    Tout doucement.

C'est une belle perspective,
    De grand matin,
Que des gens qui font la lessive
    Dans le lointain.

Pour se distraire, si l'on bâille,
    On aperçoit
D'abord une longue muraille,
    Puis un long toit.

Ceux à qui ce séjour tranquille
    Est inconnu

Ignorent l'effet d'une tuile
    Sur un mur nu.

Je n'aurais jamais cru moi-même,
    Sans l'avoir vu,
Ce que ce spectacle suprême
    A d'imprévu.

Pourtant les rayons de l'automne
    Jettent encor
Sur ce toit plat et monotone
    Un réseau d'or.

Et ces cachots n'ont rien de triste,
    Il s'en faut bien :
Peintre ou poète, chaque artiste
    Y met du sien.

De dessins, de caricatures
    Ils sont couverts.
Çà et là quelques écritures
    Semblent des vers.

Chacun tire une rêverie
    De son bonnet :
Celui-ci, la Vierge Marie,
    L'autre, un sonnet.

Là, c'est Madeleine en peinture,
    Pieds nus, qui lit;
Vénus rit sous la couverture,
    Au pied du lit.

Plus loin, c'est la Foi, l'Espérance,
    La Charité,
Grands croquis faits à toute outrance,
    Non sans beauté.

Une Andalouse assez gaillarde,
    Au cou mignon,
Est dans un coin qui vous regarde
    D'un air grognon.

Celui qui fit, je le présume,
    Ce médaillon,
Avait un gentil brin de plume
    À son crayon[2].

Le Christ regarde Louis-Philippe[3].
    D'un air surpris;
Un bonhomme fume sa pipe
    Sur le lambris.

Ensuite vient un paysage
    Très compliqué
Où l'on voit qu'un monsieur très sage
    S'est appliqué.

Dirai-je quelles odalisques
    Les peintres font,
À leurs très grands périls et risques,
    Jusqu'au plafond?

Toutes ces lettres effacées[4]
    Parlent pourtant;
Elles ont vécu, ces pensées,
    Fût-ce un instant.

Que de gens, captifs pour une heure,
    Tristes ou non,
Ont à cette pauvre demeure
    Laissé leur nom!

Sur ce vieux lit où je rimaille
    Ces vers perdus,
Sur ce traversin où je baille
    À bras tendus,

Combien d'autres ont mis leur tête,
    Combien ont mis
Un pauvre corps, un cœur honnête
    Et sans amis!

Qu'est-ce donc? en rêvant à vide
    Contre un barreau,
Je sens quelque chose d'humide
    Sur le carreau.

Que veut donc dire cette larme
　　Qui tombe ainsi,
Et coule de mes yeux, sans charme
　　Et sans souci?

Est-ce que j'aime ma maîtresse?
　　Non, par ma foi!
Son veuvage ne l'intéresse
　　Pas plus que moi.

Est-ce que je vais faire un drame?
　　Par tous les dieux!
Chanson pour chanson, une femme
　　Vaut encor mieux.

Sentirais-je quelque ingénue
　　Velléité
D'aimer cette belle inconnue,
　　La Liberté?

On dit, lorsque ce grand fantôme
　　Est verrouillé,
Qu'il a l'air triste comme un tome
　　Dépareillé.

Est-ce que j'aurais quelque dette?
　　Mais, Dieu merci!
Je suis en lieu sûr : on n'arrête
　　Personne ici.

Cependant cette larme coule,
　　Et je la vois
Qui brille en tremblant et qui roule
　　Entre mes doigts.

Elle a raison, elle veut dire :
　　Pauvre petit,
À ton insu ton cœur respire
　　Et t'avertit

Que le peu de sang qui l'anime
　　Est ton seul bien,
Que tout le reste est pour la rime
　　Et ne dit rien[5].

Mais nul être n'est solitaire,
    Même en pensant,
Et Dieu n'a pas fait pour te plaire
    Ce peu de sang.

Lorsque tu railles ta misère
    D'un air moqueur,
Tes amis, ta sœur et ta mère
    Sont dans ton cœur.

Cette pâle et faible étincelle
    Qui vit en toi,
Elle marche, elle est immortelle,
    Et suit sa loi.

Pour la transmettre, il faut soi-même
    La recevoir,
Et l'on songe à tout ce qu'on aime
    Sans le savoir.

20 septembre 1842.

RAPPELLE-TOI[1]
(vergiss mein nicht)

PAROLES FAITES SUR LA MUSIQUE DE MOZART

Rappelle-toi, quand l'Aurore craintive
Ouvre au Soleil son palais enchanté;
Rappelle-toi, lorsque la nuit pensive
Passe en rêvant sous son voile argenté;
À l'appel du plaisir lorsque ton sein palpite,
Aux doux songes du soir lorsque l'ombre t'invite,
    Écoute au fond des bois
    Murmurer une voix :
      Rappelle-toi.

Rappelle-toi, lorsque les destinées
M'auront de toi pour jamais séparé,
Quand le chagrin, l'exil et les années

Auront flétri ce cœur désespéré ;
Songe à mon triste amour, songe à l'adieu suprême !
L'absence ni le temps ne sont rien quand on aime.
      Tant que mon cœur battra,
     Toujours il te dira :
        Rappelle-toi.

Rappelle-toi, quand sous la froide terre [2]
Mon cœur brisé pour toujours dormira ;
Rappelle-toi, quand la fleur solitaire
Sur mon tombeau doucement s'ouvrira.
Je ne te verrai plus ; mais mon âme immortelle
Reviendra près de toi comme une sœur fidèle.
      Écoute, dans la nuit,
      Une voix qui gémit :
        Rappelle-toi.

1842.

MARIE [1]

SONNET

Ainsi, quand la fleur printanière
Dans les bois [2] va s'épanouir,
Au premier souffle du zéphyr
Elle sourit avec mystère [3] ;

Et sa tige fraîche et légère,
Sentant son calice s'ouvrir,
Jusque dans le sein de la terre
Frémit de joie et de désir.

Ainsi, quand ma douce Marie
Entr'ouvre sa lèvre chérie,
Et lève, en chantant, ses yeux bleus,

Dans l'harmonie et la lumière
Son âme semble tout entière
Monter en tremblant vers les cieux [4].

1842.

RONDEAU[1]

Fut-il jamais douceur de cœur pareille
À voir Manon dans mes bras sommeiller?
Son front coquet parfume l'oreiller;
Dans son beau sein j'entends son cœur qui veille.
Un songe passe, et s'en vient l'égayer[2].

Ainsi s'endort une fleur d'églantier,
Dans son calice enfermant une abeille.
Moi, je la berce; un plus charmant métier
      Fut-il jamais?

Mais le jour vient, et l'Aurore vermeille
Effeuille au vent son bouquet printanier.
Le peigne en main et la perle à l'oreille,
À son miroir Manon court m'oublier[3].
Hélas! l'amour sans lendemain ni veille
      Fut-il jamais?

1842.

À MADAME G.[1]

SONNET

C'est mon avis qu'en route on s'expose à la pluie,
Au vent, à la poussière, et qu'on peut, le matin,
S'éveiller chiffonnée avec un mauvais teint,
Et qu'à la longue, en poste, un tête-à-tête ennuie.

C'est mon avis qu'au monde il n'est pire folie
Que d'embarquer l'amour pour un pays lointain.
Quoi qu'en dise Héloïse ou madame Cottin[2],
Dans un miroir d'auberge on n'est jamais jolie.

C'est mon avis qu'en somme un bas blanc bien tiré,
Sur une robe blanche un beau ruban moiré,
Et des ongles bien nets, sont le bonheur suprême.

Que dites-vous, madame, à ce raisonnement ?
Un point, à ce sujet, m'étonne seulement :
C'est qu'on n'a pas le temps d'y penser quand on aime.

1842.

À MADAME G.[1]

RONDEAU

Dans dix ans d'ici seulement,
Vous serez un peu moins cruelle.
C'est long, à parler franchement.
L'amour viendra probablement
Donner à l'horloge un coup d'aile.

Votre beauté nous ensorcelle,
Prenez-y garde cependant :
On apprend plus d'une nouvelle
    En dix ans.

Quand ce temps viendra, d'un amant
Je serai le parfait modèle,
Trop bête pour être inconstant,
Et trop laid pour être infidèle.
Mais vous serez encor trop belle
    Dans dix ans.

1842.

APRÈS UNE LECTURE[1]

I

Ton livre est ferme et franc, brave homme, il fait aimer.
Au milieu des bavards qui se font imprimer,

Des grands noms inconnus dont la France est lassée,
Et de ce bruit honteux qui salit la pensée[2],
Il est doux de rêver avant de le fermer,
Ton livre, et de sentir tout son cœur s'animer.

II

L'avez-vous jamais lu, marquise? et toi, Lisette?
Car ce n'est que pour vous, grande dame ou grisette,
Sexe adorable, absurde, exécrable et charmant,
Que ce pauvre badaud qu'on appelle un poète
Par tous les temps qu'il fait s'en va le nez au vent,
Toujours fier et trompé, toujours humble et rêvant.

III

Que nous font, je vous prie, et que pourraient nous faire,
À nous autres, rimeurs, de qui la grande affaire
Est de nous consoler en arrangeant des mots,
Que nous font les sifflets, les cris ou les bravos?
Nous chantons à tue-tête; il faut bien que la terre
Nous réponde, après tout, par quelques vains échos.

IV

Mais quel bien fait le bruit et qu'importe la gloire?
Est-on plus ou moins mort quand on est embaumé?
Qu'importe un écolier, sachant trois mots d'histoire,
Qui tire son bonnet devant une écritoire,
Ou salue[3] en passant un marbre inanimé?
Être admiré n'est rien; l'affaire est d'être aimé.

V

Vive le vieux roman, vive la page heureuse
Que tourne sur la mousse une belle amoureuse!
Vive d'un doigt coquet le livre déchiré,
Qu'arrose dans le bain le robinet doré!
Et, que tous les pédants frappent leur tête creuse,
Vive le mélodrame où Margot a pleuré[4].

VI

Oh! oh! dira quelqu'un, la chose est un peu rude.
N'est-ce rien de rimer avec exactitude?
Et pourquoi mettrait-on son fils en pension,
Si, pour unique juge, après quinze ans d'étude,
On n'a qu'une cornette au bout d'un cotillon?
J'en suis bien désolé, c'est mon opinion.

VII

Les femmes, j'en conviens, sont assez ignorantes.
On ne dit pas tout haut ce qui les rend contentes;
Et comme, en général, un peu de fausseté
Est leur plus grand plaisir après la vanité[5],
On en peut, par hasard, trouver qui sont méchantes.
Mais qu'y voulez-vous faire? elles ont la beauté.

VIII

Or la beauté, c'est tout. Platon l'a dit lui-même[6] :
La beauté, sur la terre, est la chose suprême.
C'est pour nous la montrer qu'est faite la clarté.
Rien n'est beau que le vrai, dit un vers respecté;
Et moi, je lui réponds, sans crainte d'un blasphème :
Rien n'est vrai que le beau, rien n'est vrai sans beauté .

IX

Quand le soleil entra dans sa route infinie,
À son premier regard, de ce monde imparfait
Sortit le peu de bien que le ciel avait fait;
De la beauté l'amour, de l'amour l'harmonie;
Dans ce rayon divin s'élança le génie;
Voilà pourquoi je dis que Margot s'y connaît.

X

Et j'en dirais bien plus si je me laissais faire.
Ma poétique, un jour, si je puis la donner,
Sera bien autrement savante et salutaire.
C'est trop peu que d'aimer, c'est trop peu que de plaire :

Le jour où l'Hélicon m'entendra sermonner,
Mon premier point sera qu'il faut déraisonner[8].

XI

Celui qui ne sait pas, quand la brise étouffée
Soupire au fond des bois son tendre et long chagrin,
Sortir seul au hasard, chantant quelque refrain,
Plus fou qu'Ophélia de romarin coiffée[9],
Plus étourdi qu'un page amoureux d'une fée,
Sur son chapeau cassé jouant du tambourin ;

XII

Celui qui ne voit pas, dans l'aurore empourprée,
Flotter, les bras ouverts, une ombre idolâtrée ;
Celui qui ne sent pas, quand tout est endormi,
Quelque chose qui l'aime errer autour de lui ;
Celui qui n'entend pas une voix éplorée
Murmurer dans la source et l'appeler ami ;

XIII

Celui qui n'a pas l'âme à tout jamais aimante,
Qui n'a pas pour tout bien, pour unique bonheur,
De venir lentement poser son front rêveur
Sur un front jeune et frais, à la tresse odorante,
Et de sentir ainsi d'une tête charmante
La vie et la beauté descendre dans son cœur ;

XIV

Celui qui ne sait pas, durant les nuits brûlantes
Qui font pâlir d'amour l'étoile de Vénus,
Se lever en sursaut, sans raison, les pieds nus,
Marcher, prier, pleurer des larmes ruisselantes,
Et devant l'infini joindre des mains tremblantes,
Le cœur plein de pitié pour des maux inconnus[10] ;

XV

Que celui-là rature et barbouille à son aise ;
Il peut, tant qu'il voudra, rimer à tour de bras,

Ravauder l'oripeau qu'on appelle antithèse,
Et s'en aller ainsi jusqu'au Père-Lachaise,
Traînant à ses talons tous les sots d'ici-bas;
Grand homme, si l'on veut; mais poète, non pas.

XVI

Certes, c'est une vieille et vilaine famille
Que celle des frelons et des imitateurs;
Allumeurs de quinquets, qui voudraient être acteurs.
Aristophane en rit, Horace les étrille [11];
Mais ce n'est rien auprès des versificateurs.
Le dernier des humains est celui qui cheville [12].

XVII

Est-il, je le demande, un plus triste souci
Que celui d'un niais qui veut dire une chose,
Et qui ne la dit pas, faute d'écrire en prose?
J'ai fait de mauvais vers, c'est vrai; mais, Dieu merci!
Lorsque je les ai faits, je les voulais ainsi [13],
Et de Wailly ni Boiste, au moins, n'en sont la cause [14].

XVIII

Non, je ne connais pas de métier plus honteux,
Plus sot, plus dégradant pour la pensée humaine,
Que de se mettre ainsi la cervelle à la gêne,
Pour écrire trois mots quand il n'en faut que deux,
Traiter son propre cœur comme un chien qu'on enchaîne
Et fausser jusqu'aux pleurs que l'on a dans les yeux.

XIX

Ô toi qu'appelle encor ta patrie abaissée,
Dans ta tombe précoce à peine refroidi,
Sombre amant de la Mort, pauvre Léopardi [15],
Si, pour faire une phrase un peu mieux cadencée,
Il t'eût fallu jamais toucher à ta pensée,
Qu'aurait-il répondu, ton cœur simple et hardi?

XX

Telle fut la vigueur de ton sobre génie,
Tel fut ton chaste amour pour l'âpre vérité,
Qu'au milieu des langueurs du parler d'Ausonie [16]
Tu dédaignas la rime et sa molle harmonie,
Pour ne laisser vibrer sur ton luth irrité [17]
Que l'accent du malheur et de la liberté.

XXI

Et pourtant il s'y mêle une douceur divine;
Hélas! c'est ton amour, c'est la voix de Nérine,
Nérine aux yeux brillants [18] qui te faisaient pâlir,
Celle que tu nommais ton « éternel soupir ».
Hélas! sa maison peinte au pied de la colline
Resta déserte un jour, et tu la vis mourir;

XXII

Et tu mourus aussi. Seul, l'âme désolée,
Mais toujours calme et bon, sans te plaindre du sort,
Tu marchais en chantant [19] dans ta route isolée.
L'heure dernière vint, tant de fois appelée.
Tu la vis arriver, sans crainte et sans remord [20]
Et tu goûtas enfin le *charme de la mort* [21].

Novembre 1842.

À M. V. H. [1]

SONNET

Il faut, dans ce bas monde, aimer beaucoup de choses,
Pour savoir, après tout, ce qu'on aime le mieux,
Les bonbons, l'Océan, le jeu, l'azur des cieux [2],
Les femmes, les chevaux, les lauriers et les roses.

Il faut fouler aux pieds des fleurs à peine écloses;
Il faut beaucoup pleurer, dire beaucoup d'adieux.

Puis le cœur s'aperçoit qu'il est devenu vieux,
Et l'effet qui s'en va nous découvre les causes.

De ces biens passagers que l'on goûte à demi,
Le meilleur qui nous reste est un ancien ami.
On se brouille, on se fuit. — Qu'un hasard nous rassemble,

On s'approche, on sourit, la main touche la main,
Et nous nous souvenons que nous marchions ensemble,
Que l'âme est immortelle, et qu'hier c'est demain.

26 avril 1843.

MIMI PINSON[1]

CHANSON

Mimi Pinson est une blonde,
Une blonde que l'on connaît.
Elle n'a qu'une robe au monde,
    Landerirette!
    Et qu'un bonnet.
Le Grand Turc en a davantage.
Dieu voulut de cette façon
    La rendre sage.
On ne peut pas la mettre en gage,
La robe de Mimi Pinson.

Mimi Pinson porte une rose,
Une rose blanche au côté.
Cette fleur dans son cœur éclose,
    Landerirette!
    C'est la gaieté.
Quand un bon souper la réveille,
Elle fait sortir la chanson
    De la bouteille.
Parfois il penche sur l'oreille,
Le bonnet de Mimi Pinson.

Elle a les yeux et la main prestes.
Les carabins, matin et soir,

Usent les manches de leurs vestes,
            Landerirette !
            À son comptoir.
Quoique sans maltraiter personne,
Mimi leur fait mieux la leçon
            Qu'à la Sorbonne.
Il ne faut pas qu'on la chiffonne,
La robe de Mimi Pinson.

Mimi Pinson peut rester fille,
Si Dieu le veut, c'est dans son droit.
Elle aura toujours son aiguille,
            Landerirette !
            Au bout du doigt.
Pour entreprendre sa conquête,
Ce n'est pas tout qu'un beau garçon :
            Faut être honnête ;
Car il n'est pas loin de sa tête,
Le bonnet de Mimi Pinson.

D'un gros bouquet de fleurs d'orange
Si l'amour veut la couronner,
Elle a quelque chose en échange,
            Landerirette !
            À lui donner.
Ce n'est pas, on se l'imagine,
Un manteau sur un écusson
            Fourré d'hermine ;
C'est l'étui d'une perle fine,
La robe de Mimi Pinson.

Mimi n'a pas l'âme vulgaire,
Mais son cœur est républicain [2] :
Aux trois jours elle a fait la guerre,
            Landerirette !
            En casaquin.
À défaut d'une hallebarde,
On l'a vue avec son poinçon
            Monter la garde.
Heureux qui mettra sa cocarde
Au bonnet de Mimi Pinson [3] !

LE TREIZE JUILLET[1]

STANCES

I

La joie est ici-bas toujours jeune et nouvelle,
Mais le chagrin n'est vrai qu'autant qu'il a vieilli.
À peine si le prince, hier enseveli,
Commence à s'endormir dans la nuit éternelle;
L'ange qui l'emporta n'a pas fermé son aile;
Peut-être est-ce bien vite oser parler de lui.

II

Ce fut un triste jour, quand, sur une civière,
Cette mort sans raison vint nous épouvanter.
Ce fut un triste aspect, quand la nef séculaire
Se para de son deuil comme pour le fêter.
Ce fut un triste bruit, quand, au glas funéraire,
Les faiseurs de romans se mirent à chanter[2].

III

Nous nous tûmes alors, nous, ses amis d'enfance.
Tandis qu'il cheminait vers le sombre caveau,
Nous suivions le cercueil en pensant au berceau;
Nos pleurs, que nous cachions, n'avaient pas d'éloquence,
Et son ombre peut-être entendit le silence
Qui se fit dans nos cœurs autour de son tombeau.

IV

Maintenant qu'elle vient, plus vieille d'une année,
Réveiller nos regrets et nous frapper au cœur,
Il faut la saluer, la sinistre journée
Où ce jeune homme est mort dans sa force et sa fleur,
Préservé du néant par l'excès du malheur,
Par sa jeunesse même et par sa destinée.

V

À qui donc, juste Dieu, peut-on dire : À demain ?
L'Espérance et la Mort se sont donné la main,
Et traversent ainsi la terre désolée.
L'une marche à pas lents, toujours calme et voilée ;
Sur ses genoux tremblants l'autre tombe en chemin,
Et se traîne en pleurant, meurtrie et mutilée.

VI

Ô Mort ! tes pas sont lents, mais ils sont bien comptés.
Qui donc t'a jamais crue aveugle, inexorable ?
Qui donc a jamais dit que ton spectre implacable
Errait, ivre de sang, frappant de tous côtés,
Balayant au hasard, comme des grains de sable,
Les temples, les déserts, les champs et les cités ?

VII

Non, non, tu sais choisir. Par instant, sur la terre,
Tu peux sembler commettre, il est vrai, quelque erreur ;
Ta main n'est pas toujours bien sûre, et ta colère
Ménage obscurément ceux qui savent te plaire,
Épargne l'insensé, respecte l'imposteur,
Laisse blanchir le vice et languir le malheur.

VIII

Mais, quand la noble enfant d'une race royale,
Fuyant des lourds palais l'antique oisiveté,
S'en va dans l'atelier chercher la vérité,
Et là, créant en rêve une forme idéale,
Entr'ouvre un marbre pur de sa main virginale,
Pour en faire sortir la vie et la beauté ;

IX

Quand cet esprit charmant, quand ce naïf génie
Qui courait à sa mère au doux nom de Marie,
Sur son œuvre chéri penche son front rêveur,
Et, pour nous peindre Jeanne interrogeant son cœur,

À la fille des champs qui sauva la patrie
Prête sa piété, sa grâce et sa pudeur[3];

X

Alors ces nobles mains, qui, du travail lassées,
Ne prenaient de repos que le temps de prier,
Ces mains riches d'aumône et pleines de pensées,
Ces mains où tant de pleurs sont venus s'essuyer,
Frissonnent tout à coup et retombent glacées.
Le cercueil est à Pise; on va nous l'envoyer.

XI

Et lui, mort l'an passé, qu'avait-il fait, son frère?
À quoi bon le tuer? Pourquoi, sur ce brancard,
Ce jeune homme expirant suivi par un vieillard?
Quel cœur fut assez froid, sur notre froide terre,
Ou pour ne pas frémir, ou pour ne pas se taire,
Devant ce meurtre affreux commis par le hasard?

XII

Qu'avait-il fait que naître et suivre sa fortune,
Sur les bancs avec nous venir étudier,
Avec nous réfléchir, avec nous travailler,
Prendre au soleil son rang sur la place commune,
De grandeur, hors du cœur, n'en connaissant aucune,
Et, puisqu'il était prince, apprendre son métier?

XIII

Qu'avait-il fait qu'aimer, chercher, voir par lui-même
Ce que Dieu fit de bon dans sa bonté suprême,
Ce qui pâlit déjà dans ce monde ennuyé?
Patrie, honneur, vieux mots dont on rit et qu'on aime,
Il vous savait, donnait au pauvre aide et pitié,
Au plus sincère estime, au plus brave amitié.

XIV

Qu'avait-il fait enfin, que ce qu'il pouvait faire?
Quand le canon grondait, marcher sous la bannière;

Quand la France dormait, s'exercer dans les camps.
Il s'en fût souvenu peut-être avec le temps ;
Car parfois sa pensée était sur la frontière,
Pendant qu'il écoutait les tambours battre aux champs.

XV

Que lui reprocherait même la calomnie ?
Jamais coup plus cruel fut-il moins mérité ?
À défaut de regret, qui ne l'a respecté ?
Faites parler la foule, et la haine, et l'envie :
Ni tache sur son front, ni faute dans sa vie.
Nul n'a laissé plus pur le nom qu'il a porté.

XVI

Qu'importe tel parti qui triomphe ou succombe ?
Quel ennemi du père ose haïr le fils ?
Qui pourrait insulter une pareille tombe ?
On dit que, dans un bal, du temps de Charles Dix,
Sur les marches du trône il s'arrêta jadis[1].
Qu'il y dorme en repos du moins, puisqu'il y tombe.

XVII

Hélas ! mourir ainsi, pauvre prince, à trente ans !
Sans un mot de sa femme, un regard de sa mère[2],
Sans avoir rien pressé dans ses bras palpitants !
Pas même une agonie, une douleur dernière !
Dieu seul lut dans son cœur l'ineffable prière
Que les anges muets apprennent aux mourants.

XVIII

Que ce Dieu, qui m'entend, me garde d'un blasphème !
Mais je ne comprends rien à ce lâche destin
Qui va sur un pavé briser un diadème,
Parce qu'un postillon n'a pas sa bride en main.
Ô vous, qui passerez sur ce fatal chemin,
Regardez à vos pas, songez à qui vous aime !

XIX

Il aimait nos plaisirs, nos maux l'ont attristé.
Dans ce livre éternel où le temps est compté,
Sa main avec la nôtre avait tourné la page.
Il vivait avec nous, il était de notre âge.
Sa pensée était jeune, avec l'ancien courage;
Si l'on peut être roi de France, il l'eût été.

XX

Je le pense et le dis à qui voudra m'en croire,
Non pas en courtisan qui flatte la douleur,
Mais je crois qu'une place est vide dans l'histoire.
Tout un siècle était là, tout un siècle de gloire,
Dans ce hardi jeune homme appuyé sur sa sœur,
Dans cette aimable tête[6], et dans ce brave cœur.

XXI

Certes, c'eût été beau, le jour où son épée,
Dans le sang étranger lavée et retrempée,
Eût au pays natal ramené la fierté;
Pendant que de son art l'enfant préoccupée,
Sur le seuil entr'ouvert laissant la Charité,
Eût fait, avec la Muse, entrer la Liberté.

XXII

À moi, Nemours! à moi, d'Aumale! à moi, Joinville!
Certes, c'eût été beau, ce cri, dans notre ville,
Par le peuple entendu, par les murs répété;
Pendant qu'à l'Oratoire, attentive et tranquille,
Pâle, et les yeux brillants d'une douce clarté,
La sœur eût invoqué l'éternelle Bonté.

XXIII

Certes, c'eût été beau, la jeunesse et la vie,
Ce qui fut tant aimé, si longtemps attendu,
Se réveillant ainsi dans la mère patrie.
J'en parle par hasard pour l'avoir entrevu;

Quelqu'un peut en pleurer pour l'avoir mieux connu ;
C'est sa veuve, c'était sa femme et son amie[7],

XXIV

Pauvre prince ! quel rêve à ses derniers instants !
Une heure (qu'est-ce donc qu'une heure pour le Temps ?),
Une heure a détourné tout un siècle. Ô misère !
Il partait, il allait au camp, presque à la guerre.
Une heure lui restait ; il était fils et père :
Il voulut embrasser sa mère et ses enfants.

XXV

C'était là que la Mort attendait sa victime ;
Il en fut épargné dans les déserts brûlants
Où l'Arabe fuyant, qui recule à pas lents,
Autour de nos soldats, que la fièvre décime,
Rampe, le sabre au poing, sous les buissons sanglants[8].
Mais il voulut revoir Neuilly ; ce fut son crime.

XXVI

Neuilly ! charmant séjour, triste et doux souvenir[9] !
Illusions d'enfants, à jamais envolées !
Lorsqu'au seuil du palais, dans les vertes allées,
La reine, en souriant, nous regardait courir,
Qui nous eût dit qu'un jour il faudrait revenir
Pour y trouver la mort et des têtes voilées !

XXVII

Quels projets nous faisions à cet âge ingénu
Où toute chose parle, où le cœur est à nu !
Quand, avec tant de force, eut-on tant d'espérance ?
Innocente bravoure, audace de l'enfance !
Nous croyions l'heure prête et le moment venu ;
Nous étions fiers et fous, mais nous avions la France.

XXVIII

Songe étrange ! il est mort, et tout s'est endormi.
Comment une espérance et si juste et si belle

Peut-elle devenir inutile et cruelle ?
Il est mort l'an dernier, et son deuil est fini ;
La sanglante masure est changée en chapelle [10] :
Qui nous dira le reste, et quel âge a l'oubli ?

XXIX

Il n'est pas tombé seul en allant à Neuilly.
Sur neuf que nous étions, marchant en compagnie,
Combien sont morts ! — Albert, son jeune et brave ami [11],
Et Mortemart, et toi, pauvre Laborderie,
Qui te hâtais d'aimer pour jouir de la vie,
Le meilleur de nous tous et le premier parti [12] !

XXX

Si le regret vivait, vos noms seraient célèbres !
Amis ! — Que cette sombre et triste déité
Qui prête à notre temps sa tremblante clarté
Vous éclaire en passant de ses torches funèbres !
Et nous, enfants perdus d'un siècle de ténèbres,
Tenons-nous bien la main dans cette obscurité ;

XXXI

Car la France, hier encor la maîtresse du monde,
A reçu, quoi qu'on dise, une atteinte profonde,
Et, comme Juliette, au fond des noirs arceaux,
À demi réveillée, à demi moribonde,
Trébuchant dans les plis de sa pourpre en lambeaux,
Elle marche au hasard, errant sur des tombeaux [13].

1843.

À M. A. T. [1]

SONNET

Ainsi, mon cher ami, vous allez donc partir !
Adieu ; laissez les sots blâmer votre folie.

Quel que soit le chemin, quel que soit l'avenir,
Le seul guide en ce monde est la main d'une amie.

Vous me laissez pourtant bien seul, moi qui m'ennuie [2].
Mais qu'importe ? L'espoir de vous voir revenir
Me donnera, malgré les dégoûts de la vie,
Ce courage d'enfant qui consiste à vieillir.

Quelquefois seulement, près de votre maîtresse,
Souvenez-vous d'un cœur qui prouva sa noblesse
Mieux que l'épervier d'or dont mon casque est armé [3];

Qui vous a tout de suite et librement aimé,
Dans la force et la fleur de la belle jeunesse,
Et qui dort maintenant à tout jamais fermé.

17 mai 1843.

SONNET À MADAME M.N. [1]

JE vous ai vue enfant, maintenant que j'y pense,
Fraîche comme une rose et le cœur dans les yeux,
— Je vous ai vu bambin, boudeur et paresseux;
Vous aimiez lord Byron [2], les grands vers et la danse. »

Ainsi nous revenaient les jours de notre enfance,
Et nous parlions déjà le langage des vieux;
Ce jeune souvenir riait entre nous deux,
Léger comme un écho, gai comme l'espérance [3].

Le lâche craint le temps parce qu'il fait mourir;
Il croit son mur gâté lorsqu'une fleur y pousse.
Ô voyageur ami, père du souvenir!

C'est ta main consolante, et si sage et si douce [4],
Qui consacre à jamais un pas fait sur la mousse,
Le hochet d'un enfant, un regard, un soupir [5].

Mai 1843.

À LA MÊME

SONNET[1]

Quand, par un jour de pluie, un oiseau de passage
Jette au hasard un cri dans un chemin perdu,
Au fond des bois fleuris, dans son nid de feuillage,
Le rossignol pensif a parfois répondu.

Ainsi fut mon appel de votre âme entendu,
Et vous me répondez dans notre cher langage.
Ce charme triste et doux, tant aimé d'un autre âge,
Ce pur toucher du cœur, vous me l'avez rendu.

Était-ce donc bien vous? Si bonne et si jolie,
Vous parlez de regrets et[2] de mélancolie.
— Et moi peut-être aussi, j'avais un cœur blessé.

Aimer n'importe quoi, c'est un peu de folie.
Qui nous rapportera le bouquet d'Ophélie
De la rive inconnue où les flots l'ont laissé[3]?

1843.

À LA MÊME

SONNET[1]

Vous les regrettiez presque en me les envoyant,
Ces vers, beaux comme un rêve et purs comme l'aurore.
Ce malheureux garçon, disiez-vous en riant,
Va se croire obligé de me répondre encore.

Bonjour, ami sonnet, si doux, si bienveillant,
Poésie, amitié que le vulgaire ignore,

Gentil bouquet de fleurs, de larmes tout brillant,
Que dans un noble cœur un soupir fait éclore.

Oui, nous avons ensemble, à peu près, commencé
À songer ce grand songe où le monde est bercé.
J'ai perdu des procès très chers, et j'en appelle.

Mais en vous écoutant tout regret a cessé.
Meure mon triste cœur, quand ma pauvre cervelle
Ne saura plus sentir le charme du passé[2].

1843.

STANCES DE M. CHARLES NODIER[1]
À M. ALFRED DE MUSSET

J'AI lu ta vive Odyssée
    Cadencée,
J'ai lu tes sonnets aussi,
    Dieu merci[2]!

Pour toi seul l'aimable Muse,
    Qui t'amuse,
Réserve encor des chansons
    Aux doux sons.

Par le faux goût exilée
    Et voilée,
Elle va dans ton réduit
    Chaque nuit.

Là, penchée à ton oreille
    Qui s'éveille,
Elle te berce aux concerts
    Des beaux vers.

Elle sait les harmonies
    Des Génies,
Et les contes favoris
    Des péris;

Les jeux, les danses légères
 Des bergères,
Et les récits gracieux
 Des aïeux.

Puis, elle se trouve heureuse,
 L'amoureuse,
De prolonger son séjour
 Jusqu'au jour.

Quand, du haut d'un char d'opale,
 L'Aube pâle
Chasse les chœurs clandestins
 Des lutins,

Si l'Aurore malapprise
 L'a surprise,
Peureuse, elle part sans bruit
 Et s'enfuit,

En exhalant dans l'espace
 Qui s'efface
Le soupir mélodieux
 Des adieux.

Fuis, fuis le pays morose
 De la prose,
Ses journaux et ses romans
 Assommants[3].

Fuis l'altière période
 À la mode,
Et l'ennui des sots discours,
 Longs ou courts.

Fuis les grammes et les mètres
 De nos maîtres,
Jurés experts en argot
 Visigoth.

Fuis la loi des pédagogues
 Froids et rogues,
Qui soumettraient tes appas
 Au compas.

Mais reviens à la vesprée,
    Peu parée,
Bercer encor ton ami
    Endormi.

Juin 1843.

RÉPONSE À M. CHARLES NODIER[1]

Connais-tu deux pestes femelles
    Et jumelles
Qu'un beau jour tira de l'enfer
    Lucifer?

L'une au teint blême, au cœur de lièvre,
    C'est la Fièvre;
L'autre est l'Insomnie aux grands yeux
    Ennuyeux.

Non pas cette fièvre amoureuse,
    Trop heureuse,
Qui sait chiffonner l'oreiller
    Sans bâiller;

Non pas cette belle insomnie
    Du génie,
Où Trilby vient, prêt à chanter[2],
    T'écouter.

C'est la fièvre qui s'emmaillote
    Et grelotte
Sous un drap sale et trois coussins
    Très malsains.

L'autre, comme une huître qui bâille
    Dans l'écaille,
Rêve ou rumine, ou fait des vers
    De travers.

Voilà, depuis une semaine
        Toute pleine,
L'aimable et gai duo que j'ai
        Hébergé.

Que ce soit donc, si l'on m'accuse,
        Mon excuse,
Pour n'avoir rien ni répondu [3]
        Ni pondu.

Ne me fais pas, je t'en conjure,
        Cette injure
De supposer que j'ai faibli
        Par oubli.

L'oubli, l'ennui, font, ce me semble,
        Route ensemble,
Traînant, deux à deux, leurs pas lents,
        Nonchalants.

Tout se ressent du mal qu'ils causent,
        Mais ils n'osent
Approcher de toi seulement
        Un moment.

Que ta voix si jeune et si vieille,
        Qui m'éveille,
Vient me délivrer à propos
        Du repos!

Ta muse, ami, toute française,
        Tout à l'aise [4],
Me rend la sœur de la santé,
        La gaieté.

Elle rappelle à ma pensée
        Délaissée
Les beaux jours et les courts instants [5],
        Du bon temps.

Lorsque, rassemblés sous ton aile
        Paternelle,
Échappés de nos pensions,
        Nous dansions;

Gais comme l'oiseau sur la branche,
    Le dimanche,
Nous rendions parfois matinal
    L'Arsenal [6].

La tête coquette et fleurie
    De Marie
Brillait comme un bluet mêlé
    Dans le blé.

Tachés déjà par l'écritoire,
    Sur l'ivoire
Ses doigts légers allaient sautant
    Et chantant [7];

Quelqu'un récitait quelque chose,
    Vers ou prose,
Puis nous courions recommencer
    À danser.

Chacun de nous, futur grand homme,
    Ou tout comme,
Apprenait plus vite à t'aimer
    Qu'à rimer.

Alors, dans la grande boutique
    Romantique,
Chacun avait, maître ou garçon,
    Sa chanson.

Nous allions, brisant les pupitres
    Et les vitres,
Et nous avions plume et grattoir
    Au comptoir.

Hugo portait déjà dans l'âme
    Notre-Dame,
Et commençait à s'occuper
    D'y grimper [8].

De Vigny chantait sur sa lyre
    Ce beau sire [9]
Qui mourut sans mettre à l'envers
    Ses bas verts.

Antony battait avec Dante
    Un andante [10];
Émile ébauchait [11] vite et tôt
    Un presto.

Sainte-Beuve faisait dans l'ombre,
    Douce et sombre,
Pour un œil noir, un blanc bonnet [12],
    Un sonnet.

Et moi, de cet honneur insigne
    Trop indigne,
Enfant par hasard adopté
    Et gâté,

Je brochais des ballades, l'une
    À la lune,
L'autre à deux yeux noirs et jaloux,
    Andalous.

Cher temps, plein de mélancolie,
    De folie,
Dont il faut rendre à l'amitié
    La moitié!

Pourquoi sur ces flots où s'élance
    L'Espérance,
Ne voit-on que le Souvenir
    Revenir?

Ami, toi qu'a piqué l'abeille,
    Ton cœur veille,
Et tu n'en saurais ni guérir
    Ni mourir;

Mais comment fais-tu donc, vieux maître,
    Pour renaître?
Car tes vers, en dépit du temps,
    Ont vingt ans.

Si jamais la tête qui penche
    Devient blanche,
Ce sera comme l'amandier,
    Cher Nodier.

Ce qui le blanchit n'est pas l'âge,
      Ni l'orage;
C'est la fraîche rosée en pleurs
      Dans les fleurs [12].

Août 1843.

À MON FRÈRE, REVENANT D'ITALIE [1]

Ainsi, mon cher, tu t'en reviens
Du pays dont je me souviens
      Comme d'un rêve,
De ces beaux lieux où l'oranger
Naquit pour nous dédommager
      Du péché d'Ève.

Tu l'as vu, ce ciel enchanté
Qui montre avec tant de clarté
      Le grand mystère;
Si pur, qu'un soupir monte à Dieu
Plus librement qu'en aucun lieu
      Qui soit sur terre.

Tu les as vus, les vieux manoirs
De cette ville aux palais noirs
      Qui fut Florence,
Plus ennuyeuse que Milan
Où, du moins, quatre ou cinq fois l'an,
      Cerrito danse [2].

Tu l'as vue, assise dans l'eau.
Portant gaiement son mezzaro [3],
      La belle Gênes,
Le visage peint, l'œil brillant,
Qui babille et joue en riant
      Avec ses chaînes.

Tu l'as vu, cet antique port,
Où, dans son grand langage mort,
      Le flot murmure,
Où Stendhal, cet esprit charmant,

Remplissait si dévotement
>> Sa sinécure [4].

Tu l'as vu, ce fantôme altier
Qui jadis eut le monde entier
>> Sous son empire.
César dans sa pourpre est tombé ;
Dans un petit manteau d'abbé
>> Sa veuve expire [5].

Tu t'es bercé sur ce flot pur
Où Naple [6] enchâsse dans l'azur
>> Sa mosaïque,
Oreiller des lazzaroni
Où sont nés le macaroni
>> Et la musique.

Qu'il soit rusé, simple ou moqueur,
N'est-ce pas qu'il nous laisse au cœur
>> Un charme étrange,
Ce peuple ami de la gaieté
Qui donnerait gloire et beauté
>> Pour une orange ?

Catane et Palerme t'ont plu.
Je n'en dis rien ; nous t'avons lu ;
>> Mais on t'accuse [7]
D'avoir parlé bien tendrement,
Moins en voyageur qu'en amant,
>> De Syracuse [8].

Ils sont beaux, quand il fait beau temps,
Ces yeux presque mahométans
>> De la Sicile ;
Leur regard tranquille est ardent,
Et bien dire en y répondant
>> N'est pas facile.

Ils sont doux surtout quand, le soir,
Passe dans son domino noir
>> La toppatelle [9].
On peut l'aborder sans danger,
Et dire : « Je suis étranger,
>> Vous êtes belle. »

Ischia! C'est là qu'on a des yeux,
C'est là qu'un corsage amoureux
      Serre la hanche.
Sur un bas rouge bien tiré
Brille, sous le jupon doré,
      La mule blanche.

Pauvre Ischia! bien des gens n'ont vu
Tes jeunes filles que pied nu
      Dans la poussière.
On les endimanche à prix d'or;
Mais ton pur soleil brille encor
      Sur leur misère.

Quoi qu'il en soit, il est certain
Que l'on ne parle pas latin
      Dans les Abruzzes,
Et que jamais un postillon
N'y sera l'enfant d'Apollon
      Ni des neuf Muses.

Il est bizarre, assurément,
Que Minturnes soit justement
      Près de Capoue.
Là tombèrent deux demi-dieux,
Tout barbouillés, l'un de vin vieux,
      L'autre de boue [10].

Les brigands t'ont-ils arrêté
Sur le chemin tant redouté
      De Terracine?
Les as-tu vus dans les roseaux
Où le buffle aux larges naseaux
      Dort et rumine?

Hélas! hélas! tu n'as rien vu.
Ô (comme on dit) temps dépourvu
      De poésie!
Ces grands chemins, sûrs nuit et jour,
Sont ennuyeux comme un amour
      Sans jalousie [11].

Si tu t'es un peu détourné,
Tu t'es à coup sûr promené
  Près de Ravenne,
Dans ce triste et charmant séjour
Où Byron noya dans l'amour
  Toute sa haine[12].

C'est un pauvre petit cocher
Qui m'a mené sans accrocher
  Jusqu'à Ferrare[13].
Je désire qu'il t'ait conduit.
Il n'eut pas peur, bien qu'il fît nuit;
  Le cas est rare.

Padoue est un fort bel endroit,
Où de très grands docteurs en droit
  Ont fait merveille;
Mais j'aime mieux la polenta
Qu'on mange aux bords de la Brenta
  Sous une treille.

Sans doute tu l'as vue aussi,
Vivante encore, Dieu merci!
  Malgré nos armes,
La pauvre vieille du Lido,
Nageant dans une goutte d'eau
  Pleine de larmes.

Toits superbes! froids monuments!
Linceul d'or sur des ossements!
  Ci-gît Venise.
Là mon pauvre cœur est resté.
S'il doit m'en être rapporté,
  Dieu le conduise!

Mon pauvre cœur, l'as-tu trouvé
Sur le chemin, sous un pavé,
  Au fond d'un verre?
Ou dans ce grand palais Nani[14],
Dont tant de soleils ont jauni
  La noble pierre?

L'as-tu vu sur les fleurs des prés,
Ou sur les raisins empourprés
    D'une tonnelle?
Ou dans quelque frêle bateau,
Glissant à l'ombre et fendant l'eau
    À tire-d'aile?

L'as-tu trouvé tout en lambeaux
Sur la rive où sont les tombeaux?
    Il y doit être.
Je ne sais qui l'y cherchera,
Mais je crois bien qu'on ne pourra
    L'y reconnaître.

Il était gai, jeune et hardi;
Il se jetait en étourdi
    À l'aventure.
Librement il respirait l'air,
Et parfois il se montrait fier
    D'une blessure.

Il fut crédule, étant loyal,
Se défendant de croire au mal
    Comme d'un crime.
Puis tout à coup il s'est fondu
Ainsi qu'un glacier suspendu
    Sur un abîme...

Mais de quoi vais-je ici parler?
Que ferais-je à me désoler[14],
    Quand toi, cher frère,
Ces lieux où j'ai failli mourir,
Tu t'en viens de les parcourir
    Pour te distraire?

Tu rentres tranquille et content;
Tu tailles ta plume en chantant
    Une romance.
Tu rapportes dans notre nid
Cet espoir qui toujours finit
    Et recommence.

Le retour fait aimer l'adieu;
Nous nous asseyons près du feu,
    Et tu nous contes
Tout ce que ton esprit a vu,
Plaisirs, dangers, et l'imprévu,
    Et les mécomptes.

Et tout cela sans te fâcher,
Sans te plaindre, sans y toucher
    Que pour en rire;
Tu sais rendre grâce au bonheur,
Et tu te railles du malheur
    Sans en médire.

Ami, ne t'en va plus si loin.
D'un peu d'aide j'ai grand besoin,
    Quoi qu'il m'advienne.
Je ne sais où va mon chemin,
Mais je marche mieux quand ma main
    Serre la tienne.

Mars 1844.

CONSEILS À UNE PARISIENNE[1]

Oui, si j'étais femme, aimable et jolie[2],
    Je voudrais, Julie,
    Faire comme vous;
Sans peur ni pitié, sans choix ni mystère,
    À toute la terre
    Faire les yeux doux.

Je voudrais n'avoir de soucis au monde
    Que ma taille ronde,
    Mes chiffons chéris,
Et de pied en cap être la poupée
    La mieux équipée
    De Rome à Paris.

Je voudrais garder pour toute science
    Cette insouciance
    Qui vous va si bien;
Joindre, comme vous, à l'étourderie
    Cette rêverie
    Qui ne pense à rien.

Je voudrais pour moi qu'il fût toujours fête,
    Et tourner la tête,
    Aux plus orgueilleux;
Être en même temps de glace et de flamme,
    La haine dans l'âme,
    L'amour dans les yeux.

Je détesterais, avant toute chose,
    Ces vieux teints de rose
    Qui font peur à voir.
Je rayonnerais, sous ma tresse brune [3],
    Comme un clair de lune
    En capuchon noir.

Car c'est si charmant et c'est si commode,
    Ce masque à la mode,
    Cet air de langueur!
Ah! que la pâleur est d'un bel usage!
    Jamais le visage
    N'est trop loin du cœur.

Je voudrais encore avoir vos caprices,
    Vos soupirs novices [4],
    Vos regards savants.
Je voudrais enfin, tant mon cœur vous aime,
    Être en tout vous-même...
    Pour deux ou trois ans.

Il est un seul point, je vous le confesse,
    Où votre sagesse
    Me semble en défaut.
Vous n'osez pas être assez inhumaine.
    Votre orgueil vous gêne;
    Pourtant il en faut [5].

Je ne voudrais pas, à la contredanse,
      Sans quelque prudence
      Livrer mon bras nu;
Puis, au cotillon, laisser ma main blanche
      Traîner sur la manche
      Du premier venu.

Si mon fin corset, si souple et si juste,
      D'un bras trop robuste
      Se sentait serré,
J'aurais, je l'avoue, une peur mortelle
      Qu'un bout de dentelle
      N'en fût déchiré.

Chacun, en valsant, vient sur votre épaule
      Réciter son rôle
      D'amoureux transi;
Ma beauté, du moins, sinon ma pensée,
      Serait offensée
      D'être aimée ainsi.

Je ne voudrais pas, si j'étais Julie,
      N'être que jolie
      Avec ma beauté.
Jusqu'au bout des doigts je serais duchesse.
      Comme ma richesse,
      J'aurais ma fierté.

Voyez-vous, ma chère, au siècle où nous sommes,
      La plupart des hommes
      Sont très inconstants.
Sur deux amoureux pleins d'un zèle extrême,
      La moitié vous aime
      Pour passer le temps[6].

Quand on est coquette, il faut être sage.
      L'oiseau de passage
      Qui vole à plein cœur
Ne dort pas en l'air comme une hirondelle,
      Et peut, d'un coup d'aile,
      Briser une fleur.

                                    Décembre 1845.

PAR UN MAUVAIS TEMPS[1]

Elle a mis, depuis que je l'aime
(Bien longtemps, peut-être toujours),
Bien des robes, jamais la même;
Palmire a dû compter les jours[2].

Mais, quand vous êtes revenue,
Votre bras léger sur le mien,
Il faisait, dans cette avenue,
Un froid de loup, un temps de chien[3].

Vous m'aimiez un peu, mon bel ange,
Et, tandis que vous bavardiez,
Dans cette pluie et cette fange
Se mouillaient vos chers petits pieds[4].

Songeait-elle, ta jambe fine,
Quand tu parlais de nos amours,
Qu'elle allait porter sous l'hermine
Le satin, l'or et le velours[5]?

Si jamais mon cœur désavoue
Ce qu'il sentit en ce moment,
Puisse à mon front sauter la boue
Où tu marchais si bravement!

Avril 1847.

À MADAME C^{ne} T.[1]

RONDEAU

Dans son assiette arrondi mollement,
Un pâté chaud, d'un aspect délectable,
D'un peu trop loin m'attirait doucement.

J'allais à lui. Votre instinct charitable
Vous fit lever pour me l'offrir gaiement.
Jupin, qu'Hébé grisait au firmament,
Voyant ainsi Vénus servir à table,
Laissa son verre en chœur d'étonnement
      Dans son assiette.

Pouvais-je alors vous faire un compliment?
La grâce échappe, elle est inexprimable;
Les mots sont faits pour ce qu'on trouve aimable,
Les regards seuls pour ce qu'on voit charmant;
Et je n'eus pas l'esprit en ce moment
      Dans son assiette.

SUR TROIS MARCHES
DE MARBRE ROSE[1]

Depuis qu'Adam, ce cruel homme,
A perdu son fameux jardin,
Où sa femme, autour d'une pomme,
Gambadait sans vertugadin,
Je ne crois pas que sur la terre
Il soit un lieu d'arbres planté
Plus célébré, plus visité,
Mieux fait, plus joli, mieux hanté[2],
Mieux exercé dans l'art de plaire,
Plus examiné, plus vanté,
Plus décrit, plus lu, plus chanté,
Que l'ennuyeux parc de Versailles.
Ô dieux! ô bergers! ô rocailles!
Vieux Satyres, Termes grognons,
Vieux petits ifs en rangs d'oignons,
Ô bassins, quinconces, charmilles!
Boulingrins pleins de majesté,
Où les dimanches, tout l'été,
Bâillent tant d'honnêtes familles!
Fantômes d'empereurs romains,
Pâles nymphes inanimées
Qui tendez aux passants les mains,
Par des jets d'eau tout enrhumées!

Tourniquets d'aimables buissons,
Bosquets tondus où les fauvettes
Cherchent en pleurant leurs chansons,
Où les dieux font tant de façons
Pour vivre à sec dans leurs cuvettes!
Ô marronniers! n'ayez pas peur;
Que votre feuillage immobile,
Me sachant versificateur,
N'en demeure pas moins tranquille.
Non, j'en jure par Apollon
Et par tout le sacré vallon,
Par vous, Naïades ébréchées,
Sur trois cailloux si mal couchées,
Par vous, vieux maîtres de ballets,
Faunes dansant sur la verdure[3],
Par toi-même, auguste palais,
Qu'on n'habite plus qu'en peinture[4],
Par Neptune, sa fourche au poing,
Non, je ne vous décrirai point.
Je sais trop ce qui vous chagrine;
De Phœbus je vois les effets :
Ce sont les vers qu'on vous a faits
Qui vous donnent si triste mine.
Tant de sonnets, de madrigaux,
Tant de ballades, de rondeaux,
Où l'on célébrait vos merveilles,
Vous ont assourdi les oreilles,
Et l'on voit bien que vous dormez
Pour avoir été trop rimés[5].

En ces lieux où l'ennui repose,
Par respect aussi j'ai dormi.
Ce n'était, je crois, qu'à demi :
Je rêvais à quelque autre chose.
Mais vous souvient-il, mon ami,
De ces marches de marbre rose,
En allant à la pièce d'eau
Du côté de l'Orangerie,
À gauche, en sortant du château?
C'était par là, je le parie,
Que venait le roi sans pareil,
Le soir, au coucher du soleil,
Voir dans la forêt, en silence,

Le jour s'enfuir et se cacher
(Si toutefois en sa présence
Le soleil osait se coucher).
Que ces trois marches sont jolies!
Combien ce marbre est noble et doux!
Maudit soit du ciel, disions-nous,
Le pied qui les aurait salies!
N'est-il pas vrai? Souvenez-vous.
— Avec quel charme est nuancée
Cette dalle à moitié cassée!
Voyez-vous ces veines d'azur,
Légères, fines et polies,
Courant, sous les roses pâlies,
Dans la blancheur d'un marbre pur?
Tel, dans le sein robuste et dur
De la Diane chasseresse,
Devait courir un sang divin;
Telle, et plus froide, est une main
Qui me menait naguère en laisse[6].
N'allez pas, du reste, oublier
Que ces marches dont j'ai mémoire
Ne sont pas dans cet escalier
Toujours désert et plein de gloire,
Où ce roi, qui n'attendait pas,
Attendit un jour, pas à pas,
Condé, lassé par la victoire[7].
Elles sont près d'un vase blanc,
Proprement fait et fort galant.
Est-il moderne? est-il antique?
D'autres que moi savent cela;
Mais j'aime assez à le voir là,
Étant sûr qu'il n'est point gothique[8].
C'est un bon vase, un bon voisin;
Je le crois volontiers cousin
De mes marches couleur de rose;
Il les abrite avec fierté.
Ô mon Dieu! dans si peu de chose
Que de grâce et que de beauté[9]!

Dites-nous, marches gracieuses,
Les rois, les princes, les prélats,
Et les marquis à grand fracas,
Et les belles ambitieuses,

Dont vous avez compté les pas ;
Celles-là surtout, j'imagine,
En vous touchant ne pesaient pas.
Lorsque le velours ou l'hermine
Frôlaient vos contours délicats,
Laquelle était la plus légère ?
Est-ce la reine Montespan [10] ?
Est-ce Hortense avec un roman [11],
Maintenon avec son bréviaire,
Ou Fontange avec son ruban [12] ?
Beau marbre, as-tu vu la Vallière [13] ?
De Parabère [14] ou de Sabran [15]
Laquelle savait mieux te plaire ?
Entre Sabran et Parabère
Le Régent même, après souper,
Chavirait jusqu'à s'y tromper.
As-tu vu le puissant Voltaire,
Ce grand frondeur des préjugés,
Avocat des gens mal jugés [16],
Du Christ ce terrible adversaire,
Bedeau du temple de Cythère,
Présentant à la Pompadour [17]
Sa vieille eau bénite de cour ?
As-tu vu, comme à l'ermitage,
La rondelette Dubarry [18]
Courir, en buvant du laitage,
Pieds nus, sur le gazon fleuri ?
Marches qui savez notre histoire,
Aux jours pompeux de votre gloire,
Quel heureux monde en ces bosquets !
Que de grands seigneurs, de laquais,
Que de duchesses, de caillettes,
De talons rouges, de paillettes,
Que de soupirs et de caquets,
Que de plumets et de calottes,
De falbalas et de culottes,
Que de poudre sous ces berceaux,
Que de gens, sans compter les sots !
Règne auguste de la perruque,
Le bourgeois qui te méconnaît
Mérite sur sa plate nuque
D'avoir un éternel bonnet.
Et toi, siècle à l'humeur badine,

Siècle tout couvert d'amidon,
Ceux qui méprisent ta farine
Sont en horreur à Cupidon !...
Est-ce ton avis, marbre rose ?
Malgré moi, pourtant, je suppose
Que le hasard qui t'a mis là
Ne t'avait pas fait pour cela.
Aux pays où le soleil brille,
Près d'un temple grec ou latin,
Les beaux pieds d'une jeune fille,
Sentant la bruyère et le thym,
En te frappant de leurs sandales,
Auraient mieux réjoui tes dalles
Qu'une pantoufle de satin.
Est-ce d'ailleurs pour cet usage
Que la nature avait formé
Ton bloc jadis vierge et sauvage
Que le génie eût animé ?
Lorsque la pioche et la truelle
T'ont scellé dans ce parc boueux,
En t'y plantant malgré les dieux,
Mansard[19] insultait Praxitèle.
Oui, si tes flancs devaient s'ouvrir,
Il fallait en faire sortir
Quelque divinité nouvelle.
Quand sur toi leur scie a grincé,
Les tailleurs de pierre ont blessé
Quelque Vénus dormant encore,
Et la pourpre qui te colore
Te vient du sang qu'elle a versé.

Est-il donc vrai que toute chose
Puisse être ainsi foulée aux pieds,
Le rocher où l'aigle se pose,
Comme la feuille de la rose
Qui tombe et meurt dans nos sentiers ?
Est-ce que la commune mère,
Une fois son œuvre accompli,
Au hasard livre la matière,
Comme la pensée à l'oubli ?
Est-ce que la tourmente amère
Jette la perle au lapidaire
Pour qu'il l'écrase sans façon ?

Est-ce que l'absurde vulgaire
Peut tout déshonorer sur terre
Au gré d'un cuistre ou d'un maçon ?

1848.

SONNET[1]

Se voir le plus possible et s'aimer seulement,
Sans ruse et sans détours, sans honte ni mensonge,
Sans qu'un désir nous trompe, ou qu'un remords nous
[ronge,
Vivre à deux et donner son cœur à tout moment ;

Respecter sa pensée aussi loin qu'on y plonge,
Faire de son amour un jour au lieu d'un songe,
Et dans cette clarté respirer librement —
Ainsi respirait Laure et chantait son amant.

Vous dont chaque pas touche à la grâce suprême,
C'est vous, la tête en fleurs, qu'on croirait sans souci,
C'est vous qui me disiez qu'il faut aimer ainsi.

Et c'est moi, vieil enfant du doute et du blasphème,
Qui vous écoute, et pense, et vous réponds ceci :
Oui, l'on vit autrement, mais c'est ainsi qu'on aime.

À M. RÉGNIER[1]

DE LA COMÉDIE-FRANÇAISE

APRÈS LA MORT DE SA FILLE

Quel est donc ce chagrin auquel je m'intéresse ?
Nous nous étions connus par l'esprit seulement ;
Nous n'avions fait que rire, et causé qu'un moment,
Quand sa vivacité coudoya ma paresse.

Puis j'allais par hasard au théâtre, en fumant,
Lorsque du maître à tous la vieille hardiesse[2],

De sa verve caustique[3] aiguisant la finesse,
En Pancrace ou Scapin le transformait gaiement.

Pourquoi donc, de quel droit, le connaissant à peine,
Est-ce que je m'arrête et ne puis faire un pas,
Apprenant que sa fille est morte dans ses bras ?

Je ne sais. — Dieu le sait ! Dans la pauvre âme humaine,
La meilleure pensée est toujours incertaine,
Mais une larme coule et ne se trompe pas.

CHANSON[1]

Quand on perd, par triste occurrence,
    Son espérance
    Et sa gaieté,
Le remède au mélancolique,
    C'est la musique
    Et la beauté !

Plus oblige et peut davantage
    Un beau visage
    Qu'un homme armé,
Et rien n'est meilleur que d'entendre
    Air doux et tendre
    Jadis aimé !

À MADAME O***[1]

QUI AVAIT FAIT DES DESSINS
POUR LES NOUVELLES DE L'AUTEUR

Dieu défend d'oublier les petits ici-bas.
La fleur qui, dans l'herbier, doucement se dessèche,
Rend grâces à celui qui la vit sous ses pas,
La cueillit au passage, et la mit dans l'eau fraîche.

Ma brunette Margot, que Balzac n'aime pas[2],
Est là, le cœur battant, prête à mordre à sa pêche.
(Dites-moi son idée et ce qui l'en empêche.)
Puis voici Béatrix qui montre[3] ses beaux bras.

Pauvre et pâle bouquet, ô mes chères pensées,
Dans ce bruyant torrent où vous devez mourir,
Heureuse soit la main qui vous a ramassées!

Puisses-tu désormais modestement t'ouvrir,
Petit livre, et songer qu'il te faut soutenir
Dans ton sein tout ému ces perles enchâssées!

LE RIDEAU DE MA VOISINE[1]

IMITÉ DE GŒTHE

Le rideau de ma voisine
Se soulève lentement.
Elle va, je l'imagine,
   Prendre l'air un moment.

On entr'ouvre la fenêtre :
Je sens mon cœur palpiter.
Elle veut savoir peut-être
   Si je suis à guetter.

Mais, hélas! ce n'est qu'un rêve;
Ma voisine aime un lourdaud,
Et c'est le vent qui soulève
   Le coin de son rideau.

SOUVENIR DES ALPES[1]

Fatigué, brisé, vaincu par l'ennui,
Marchait le voyageur dans la plaine altérée,
Et du sable brûlant la poussière dorée
   Voltigeait devant lui.

Devant la pauvre hôtellerie,
Sous un vieux pont, dans un site écarté,
Un flot de cristal argenté
Caressait la rive fleurie.

Deux oisillons, dans un pin d'Italie,
En sautillant s'envoyaient tour à tour
Leur chansonnette ailée, où la mélancolie
Jasait avec amour.

Pendant qu'une mule rétive
Piétinait sous le pampre où rit le dieu joufflu,
Sans toucher aux fleurs de la rive,
Le voyageur monta sur le pont vermoulu.

Là, le cœur plein d'un triste et doux mystère,
Il s'arrêta silencieux,
Le front incliné vers la terre;
L'ardent soleil séchait les larmes de ses yeux.

Aveugle, inconstante, ô fortune!
Supplice enivrant des amours!
Ôte-moi, mémoire importune,
Ôte-moi ces yeux que je vois toujours[2]!

Pourquoi, dans leur beauté suprême,
Pourquoi les ai-je vus briller?
Tu ne veux plus que je les aime,
Toi qui me défends d'oublier!...

Comme après la douleur, comme après la tempête,
L'homme supplie encore et regarde le ciel,
Le voyageur, levant la tête,
Vit les Alpes debout dans leur calme éternel,

Et, devant lui, le sommet du mont Rose,
Où la neige et l'azur se disputaient gaiement;
Si parmi nous tu descends un moment,
C'est là, blanche Diane, où ton beau pied se pose.

Les chasseurs de chamois en savent quelque chose,
Lorsque, sans peur, mais non pas sans danger,
À travers la prairie au matin fraîche éclose,
On les voit, l'arme au poing, dans ces pics s'engager.

Pendant que le soleil, paisible et fort à l'aise,
Brûle, sans la dorer, la cité milanaise,
Et dans cet horizon, plein de grâce et d'ennui,
S'endort de lassitude à force d'avoir lui,

La montagne se montre : — à vos pieds est l'abîme ;
L'avalanche au-dessus. — Ne vous effrayez pas ;
Prenez garde au mulet qui peut faire un faux pas.
L'œil perçant du chamois suspendu sur la cime,
Vous voyant trébucher, s'en moquerait tout bas.

Un ravin tortueux conduit à la montagne.
Le voyageur pensif prit ce sentier perdu ;
Puis il se retourna. — La plaine et la campagne,
   Tout avait disparu.

Le spectre du glacier, dans sa pourpre pâlie,
   Derrière lui s'était dressé.
Les chansons et les pleurs et la belle Italie
   Devenaient déjà le passé.

Un aigle noir, planant sur la sombre verdure
Et regardant au loin, tout chargé de souci,
Semblait dire au désert : Quelle est la créature
   Qui vient ici ?

  Byron, dans sa tristesse altière,
  Disait un jour, passant par ce pays ;
« Quand je vois aux sapins cet air de cimetière,
  Cela ressemble à mes amis. »

  Ils sont pourtant beaux, ces pins foudroyés,
   Byron, dans ce désert immense ;
  Quand leurs rameaux morts craquaient sous tes pieds,
   Ton cœur entendait leur silence.

Peut-être en savent-ils autant et plus que nous,
Ces vieux êtres muets attachés à la terre,
Qui, sur le sein fécond de la commune mère,
Dorment dans un repos si superbe et si doux.

1851.

ADIEUX À SUZON[1]

Adieu, Suzon, ma rose blonde,
Qui m'as aimé pendant huit jours ;
Les plus courts plaisirs de ce monde
Souvent font les meilleurs amours.
Sais-je, au moment où je te quitte,
Où m'entraîne mon astre errant ?
Je m'en vais pourtant, ma petite,
    Bien loin, bien vite,
      Toujours courant.

Je pars, et sur ma lèvre ardente
Brûle encor ton dernier baiser.
Entre mes bras, chère imprudente,
Ton beau front vient de reposer.
Sens-tu mon cœur, comme il palpite ?
Le tien, comme il battait gaiement !
Je m'en vais pourtant, ma petite,
    Bien loin, bien vite,
      Toujours t'aimant.

Paf! c'est mon cheval qu'on apprête.
Enfant, que ne puis-je en chemin
Emporter ta mauvaise tête,
Qui m'a tout embaumé la main !
Tu souris, petite hypocrite,
Comme la nymphe, en t'enfuyant.
Je m'en vais pourtant, ma petite,
    Bien loin, bien vite,
      Tout en riant.

Que de tristesse, et que de charmes,
Tendre enfant, dans tes doux adieux !
Tout m'enivre, jusqu'à tes larmes,
Lorsque ton cœur est dans tes yeux.
À vivre ton regard m'invite ;
Il me consolerait mourant.
Je m'en vais pourtant, ma petite,

>   Bien loin, bien vite,
>   Tout en pleurant.
>
> Que notre amour, si tu m'oublies,
> Suzon, dure encore un moment;
> Comme un bouquet de fleurs pâlies,
> Cache-le dans ton sein charmant!
> Adieu; le bonheur reste au gîte,
> Le souvenir part avec moi :
> Je l'emporterai, ma petite,
>   Bien loin, bien vite,
>   Toujours à toi [2].

SONNET AU LECTEUR [1]

Jusqu'à présent, lecteur, suivant l'antique usage,
Je te disais bonjour à la première page.
Mon livre, cette fois, se ferme moins gaiement;
En vérité, ce siècle est un mauvais moment [2].

Tout s'en va, les plaisirs et les mœurs d'un autre âge [3],
Les rois, les dieux vaincus, le hasard triomphant,
Rosalinde et Suzon qui me trouvent trop sage [4],
Lamartine vieilli qui me traite en enfant [5].

La politique, hélas! voilà notre misère.
Mes meilleurs ennemis me conseillent d'en faire.
Être rouge ce soir, blanc demain, ma foi, non.

Je veux, quand on m'a lu, qu'on puisse me relire.
Si deux noms, par hasard, s'embrouillent sur ma lyre,
Ce ne sera jamais que Ninette ou Ninon [6].

Janvier 1850.

POÉSIES
COMPLÉMENTAIRES

UN RÊVE[1]

BALLADE

La corde nue et maigre,
Grelottant sous le froid
 Beffroi,
Criait d'une voix aigre
Qu'on oublie au couvent
 L'Avent.

Moines autour d'un cierge,
Le front sur le pavé
 Lavé,
Par décence, à la Vierge
Tenaient leurs gros péchés
 Cachés;

Et moi, dans mon alcôve,
Je ne songeais à rien
 De bien;
La lune ronde et chauve
M'observait avec soin
 De loin;

Et ma pensée agile,
S'en allant par degré,
 Au gré
De mon cerveau fragile,
Autour de mon chevet
 Rêvait.

— Ma marquise au pied leste[2]!
Qui ses yeux noirs verra,
 Dira
Qu'un ange, ombre céleste,
Des chœurs de Jéhova
 S'en va!

Quand la harpe plaintive
Meurt en airs languissants,
   Je sens,
De ma marquise vive,
Le lointain souvenir
   Venir !

Marquise, une merveille,
C'est de te voir valser,
   Passer,
Courir comme une abeille
Qui va cherchant les pleurs
   Des fleurs !

Oh souris-moi, marquise !
Car je vais, à te voir,
   Savoir
Si l'amour t'a conquise,
Au signal que me doit
   Ton doigt.

Dieu ! si ton œil complice
S'était de mon côté
   Jeté !
S'il tombait au calice
Une goutte de miel
   Du ciel !

Viens, faisons une histoire
De ce triste roman
   Qui ment !
Laisse, en tes bras d'ivoire,
Mon âme te chérir,
   Mourir !

Et que, l'aube venue,
Troublant notre sommeil
   Vermeil,
Sur ton épaule nue
Se trouve encor demain
   Ma main !

Et ma pensée agile,
S'en allant par degré
      Au gré
De mon cerveau fragile,
Autour de mon chevet
      Rêvait !

— Vois-tu, vois-tu, mon ange,
Ce nain qui sur mon pied
      S'assied !
Sa bouche (oh ! c'est étrange !)
À chaque mot qu'il dit
      Grandit.

Vois-tu ces scarabées
Qui tournent en croissant,
      Froissant
Leurs ailes recourbées
Aux ailes d'or des longs
      Frelons ?

— Non, rien ; non, c'est une ombre
Qui de mon fol esprit
      Se rit,
C'est le feuillage sombre,
Sur le coin du mur blanc
      Tremblant.

— Vois-tu ce moine triste,
Là, tout près de mon lit,
      Qui lit ?
Il dit : « Dieu vous assiste ! »
À quelque condamné
      Damné !

— Moi, trois fois sur la roue
M'a, le bourreau masqué,
      Marqué,
Et j'eus l'os de la joue
Par un coup mal visé
      Brisé.

— Non, non, ce sont les nonnes
Se parlant au matin
 Latin;
Priez pour moi, mignonnes,
Qui mon rêve trouvais
 Mauvais.

— Reviens, oh! qui t'empêche,
Toi, que le soir, longtemps,
 J'attends!
Oh! ta tête se sèche,
Ton col s'allonge, étroit
 Et froid!

Ôtez-moi de ma couche
Ce cadavre qui sent
 Le sang!
Ôtez-moi cette bouche
Et ce baiser de mort,
 Qui mord[3]!

— Mes amis, j'ai la fièvre,
Et minuit, dans les noirs
 Manoirs.
Bêlant comme une chèvre,
Chasse les hiboux roux
 Des trous[4].

LA LOI SUR LA PRESSE[1]

Je ne fais pas grand cas des hommes politiques;
Je ne suis pas l'amant de nos places publiques[2];
On n'y fait que brailler et tourner à tous vents.
Ce n'est pas moi qui cherche, aux vitres des boutiques,
Ces placards éhontés, débaucheurs de passants,
Qui tuaient la pudeur dans les yeux des enfants[3].

Que les hommes entre eux soient égaux sur la terre,
Je n'ai jamais compris que cela pût se faire,
Et je ne suis pas né de sang républicain,

Je n'ai jamais été, Dieu merci, pamphlétaire ;
Je ne suis pas de ceux qui font mentir leur faim
Et dans tous les égouts vont s'enfournant du pain.

Pour être d'un parti j'aime trop la paresse⁴,
Et dans aucun haras je ne suis étalon.
Ma muse, vierge encor, n'a rien d'écrit au front.
Je n'ai servi que Dieu, ma mère et ma maîtresse,
Et, par quelque sentier qu'ait passé ma jeunesse,
Aucun gravier fangeux ne lui traîne au talon.

J'ai fléchi le genou sur la dalle sanglante,
Chaude et tremblante encor d'un meurtre surhumain,
Quand de joie et d'horreur la France palpitante
Vit un père et ses fils, se tenant par la main,
À travers les éclairs d'une muraille ardente,
Passer en souriant, conduits par le Destin⁵.

J'ai prié, j'ai pleuré, moi, fils d'un siècle impie,
Le jour qu'à Notre-Dame, aux pieds du Dieu sauveur,
Une reine, une mère, ô fatale grandeur !
Vint, la tête baissée, et par les pleurs maigrie,
Prier pour ses enfants l'ange de la patrie,
Et rendre grâce à Dieu, pâle encor de terreur⁶.

Que la liberté sainte engendre la licence,
C'est un mal, je le sais ; et de tous les fléaux
Le pire est qu'un bandit soit bâtard d'un héros.
C'est un ardent soleil que celui de la France,
Son immense clarté projette une ombre immense :
Dieu voulut qu'un grand bien fît toujours de grands maux.

Oui, c'est la vérité, le théâtre et la presse
Étalent aujourd'hui des spectacles hideux,
Et c'est en pleine rue à se boucher les yeux.
Un vil mépris de tout nous travaille sans cesse ;
La Muse, de nos temps, ne se fait plus prêtresse,
Mais bacchante⁷ ; et le monde a dégradé ses dieux.

Oui, c'est la vérité qu'à peine émancipée,
L'intelligence humaine, hier esclave encor⁸,
A pris à tire-d'aile un monstrueux essor.
Nos hommes ont souillé leur plus vaillante épée,

La Parole, cette arme au sein de Dieu trempée,
Dont notre siècle au flanc porte la lame d'or.

Oui, c'est la vérité, la France déraisonne ;
Elle donne aux badauds, comme à Lacédémone,
Le spectacle effrayant d'un esclave enivré.
C'est que nous avons bu d'un vin pur et sacré,
Et joyeux vignerons* qu'un pampre vert couronne,
Nous vendangeons encor d'un pas mal assuré.

Mais, morbleu ! c'est un sourd ou c'est une statue,
Celui qui ne dit rien de la loi qu'on nous fait !
Messieurs les députés ne visent qu'à l'effet.
Eh ! pour l'amour de Dieu, si votre âme est émue,
Soyez donc trivial comme on l'est dans la rue ;
La Bruyère l'a dit [10] ; celui-là s'y connaît.

Une loi sur la presse ! ô peuple gobe-mouche !
La loi, pas vrai ? quel mot ! comme il emplit la bouche !
Une loi maternelle, et qui vous tend les bras !
Une loi (notez bien) qui ne *réprime* pas,
Qui *supprime !* une loi — comme *Sainte-n'y-touche ;*
Une petite loi qui marche à petits pas ;

Une charmante loi, pleine de convenance,
Qui couvre tous les seins que l'on ne saurait voir [11] !
Vous pouvez tout écrire en toute confiance ;
Votre intention seule est ce qu'on veut savoir.
Rien que l'intention ! voyez quelle indulgence !
La loi flaire un écrit ; s'il sent mauvais, bonsoir.

Avez-vous insulté par quelque raillerie
Les hauts représentants de la société ?
Médites-vous d'un pair ou bien d'un député ?
L'offense la plus grave a droit de seigneurie ;
Les pairs vous jugeront, s'il plaît à la pairie ;
Sinon, c'est le pays, refait et recompté.

Avez-vous comparé dans quelque théorie
L'état de république avec la royauté ?
Avez-vous fait un rêve, et dit à la patrie
Ce que pour elle, un jour, vous auriez souhaité ?
Les pairs vous jugeront, s'il plaît à la pairie ;
Sinon, c'est le pays, refait et recompté.

Avez-vous quelque place, ou bien quelque industrie,
Dont les jours de juillet vous aient déshérité?
D'un vieux maître banni serviteur regretté,
Osez-vous à l'exil faire une flatterie[12]?
Les pairs vous jugeront, s'il plaît à la pairie;
Sinon, c'est le pays, refait et recompté.

N'auriez-vous pas construit, pour quelque espièglerie,
Au fond d'une campagne ou d'une métairie,
Un théâtre forain sur deux tréteaux planté[13]?
Les pairs vous jugeront, s'il plaît à la pairie;
Sinon, c'est le pays, refait et recompté;
Et vous verrez le bât dont vous serez bâté.

Mais monsieur le ministre a dit à la tribune
Que l'art était perdu, que le goût s'en allait[14];
Que sa loi[15], pour la scène, était ce qu'il fallait;
Qu'autrefois l'éloquence était chose commune,
Mais qu'en France aujourd'hui l'on n'en voyait aucune;
Et la chose, à l'ouïr, parut claire en effet.

Je voudrais bien savoir, pour la rendre plus claire,
Ce que c'est que ce goût dont on nous parle tant.
Le goût! toujours le goût! Lorsque j'étais enfant,
J'avais un précepteur qui m'en disait autant.
Je vois bien trois mille ans depuis la mort d'Homère[16];
Mais, depuis trois mille ans, je ne vois sur la terre

Qu'un seul siècle de *goût* qu'on appelle le grand.
C'est celui de Boileau, c'est celui de Corneille.
Mais enfin, monsieur Thiers, cette terre est bien vieille;
Que ce siècle soit beau, soit grand, c'est à merveille,
Et je n'en dirai pas de mal assurément.
Quand le diable y serait, ce n'en est qu'un, pourtant.

Est-ce une loi pour tous, qu'un siècle dans l'histoire?
Parce que trois pédants m'ont farci la mémoire
De je ne sais quels vers à contre-cœur appris,
N'est-il pour moi qu'un siècle, et pour moi qu'un pays?
Eh! s'il est glorieux, qu'il dorme dans sa gloire,
Ce siècle de malheur; c'est du mien que je suis.

Dans quel temps vivons-nous, voyons, je vous en prie ?
Vivons-nous sous Louis quatorzième du nom ?
Alors portons perruque, allons à Trianon,
Soyons des fleurs d'amour et de galanterie ;
Enfin, décidez-vous, monsieur Thiers, ou sinon,
Laissez-nous être au monde, et vivre notre vie.

Serait-ce par hasard que ce *goût* si vanté
Passerait à vos yeux pour quelque vieil usage ?
Ne le croiriez-vous pas de la Grèce apporté ?
Cela pourrait bien être, et vous pensez, je gage,
Que ce goût merveilleux, dont vous faites tapage,
Vient de la vénérable et sainte antiquité.

L'an de la quatre-vingt-cinquième olympiade,
(C'était, vous le savez, le temps d'Alcibiade,
Celui de Périclès, et celui de Platon),
Certain vieillard vivait, vieillard assez maussade...
Mais vous le connaissez, et vous savez son nom.
C'était Aristophane, ennemi de Cléon [17].

Lisez-le, monsieur Thiers, c'est un rude génie ;
Il avait peu de grâce, et de goût nullement.
On le voyait le soir, devant l'Académie,
Poser sa large main sur sa tempe blanchie,
À l'ombre du smilax et du peuplier blanc.
Le siècle qui l'a vu s'en est appelé grand [18].

Quand son regard perçant fixait la face humaine,
Pour fouiller la pensée il allait droit au cœur.
Mais il n'en montrait rien qu'un sourire moqueur,
Jusqu'au jour où lui-même, à la face d'Athène,
Tout barbouillé de lie, il montait sur la scène,
Attaquait un Archonte et revenait vainqueur.

Il nommait par leur nom les choses et les hommes,
Ni le mal, ni le bien [19], par lui n'était voilé ;
Ses vers, au peuple même, au théâtre assemblé,
De dures vérités n'étaient point économes ;
Et s'il avait vécu dans le temps où nous sommes,
À propos de la loi, peut-être eût-il parlé.

« Étourdis habitants de la vieille Lutèce,
Dirait-il, qu'avez-vous, et quelle étrange ivresse
Vous fait dormir debout ? Faut-il prendre un bâton ?
Si vous êtes vivants, à quoi pensez-vous donc ?
Pendant que vous dormez, on bâillonne la presse,
Et la chambre en travail enfante une prison [20].

« On bannissait jadis, aux temps de barbarie.
Si l'exil était pire ou mieux que l'échafaud,
Je ne sais ; mais du moins sur les mers de la vie
On laissait l'exilé devenir matelot.
Cela semblait assez de perdre sa patrie.
Maintenant avec l'homme on bannit le cachot.

« Dieu juste ! nos prisons s'en vont en colonie.
Je ne m'étonne pas qu'on civilise Alger.
Ces pauvres [21] Musulmans ne savaient qu'égorger ;
Mais nous, notre Océan porte à Philadelphie
Une rare merveille, une plante inouïe,
Que nous ferons germer sur le sol étranger.

« Regardez, regardez, peuples du Nouveau-Monde !
N'apercevez-vous rien sur votre mer profonde ?
Ne vient-il pas à vous, du fond de l'horizon,
Un cétacé informe [22], au triple pavillon ?
Vous ne devinez pas ce qui se meut sur l'onde.
C'est la première fois qu'on lance une prison [23].

« Enfants de l'Amérique, accourez au rivage !
Venez voir débarquer, superbe et pavoisé,
Un supplice nouveau par la mer baptisé.
Vos monstres quelquefois nous arrivent en cage :
Venez, c'est notre tour [24], et que l'homme sauvage
Fixe ses yeux ardents sur l'homme apprivoisé.

« Voyez-vous ces forçats, que de cette machine
On tire deux à deux pour les descendre à bord ?
Les voyez-vous, fiévreux, et le fouet sur l'échine,
Glisser sur leurs boulets dans les sables du port ?
Suivez-les, suivez-les, le monde est en ruine ;
Car le génie humain a fait pis que la mort.

« Qu'ont-ils fait, direz-vous, pour un pareil supplice ?
Ont-ils tué leurs rois, ou renversé leurs dieux ?
Non ; ils ont comparé deux esclaves entre eux ;
Ils ont dit que Solon comprenait la justice
Autrement qu'à Paris les préfets de police,
Et qu'autrefois en Grèce il fut un peuple heureux.

« Pauvres gens ! c'est leur crime ; ils aimaient leur pensée,
Tous ces pâles rêveurs au langage inconstant.
On ne fera d'eux tous qu'un cadavre vivant.
Passez, Américains, passez tête baissée ;
Et que la liberté, leur triste fiancée,
Chez vous du moins, au front les baise en arrivant [25] ! »

SUR UNE MORTE [1]

Elle était belle, si la Nuit
Qui dort dans la sombre chapelle
Où Michel-Ange a fait son lit [2],
Immobile peut être belle.

Elle était bonne, s'il suffit
Qu'en passant la main s'ouvre et donne,
Sans que Dieu n'ait rien vu, rien dit,
Si l'or sans pitié fait l'aumône.

Elle pensait, si le vain bruit
D'une voix douce et cadencée,
Comme le ruisseau qui gémit
Peut faire croire à la pensée.

Elle priait, si deux beaux yeux,
Tantôt s'attachant à la terre,
Tantôt se levant vers les cieux,
Peuvent s'appeler la Prière.

Elle aurait souri, si la fleur
Qui ne s'est point épanouie
Pouvait s'ouvrir à la fraîcheur
Du vent qui passe et qui l'oublie.

Elle aurait pleuré si sa main,
Sur son cœur froidement posée,
Eût jamais, dans l'argile humain [3],
Senti la céleste rosée.

Elle aurait aimé, si l'orgueil
Pareil à la lampe inutile
Qu'on allume près d'un cercueil,
N'eût veillé sur son cœur stérile.

Elle est morte, et n'a point vécu.
Elle faisait semblant de vivre.
De ses mains est tombé le livre
Dans lequel elle n'a rien lu.

SUR L'ALBUM
DE MADEMOISELLE TAGLIONI [1]

Si vous ne voulez pas danser,
Si vous ne faites que passer,
Sur ce grand théâtre si sombre,
Ne courez pas après votre ombre.
Tâchez de nous la laisser.

1844.

DANS LA PRISON
DE LA GARDE NATIONALE [1]

VERS ÉCRITS AU-DESSOUS D'UNE TÊTE DE FEMME DESSINÉE
SUR LE MUR

Qui que tu sois, je t'en conjure,
Mets ton lit de l'autre côté [2].
Ne traîne pas ta couverture
Sur le sein déjà maltraité

De cette douce créature.
Un crayon plein d'habileté
Créa son aimable figure,
Qui respire la volupté.
Elle est belle, laisse-la pure.

1843.

VERS INSCRITS DANS LA CELLULE N° 14[1]

MAISON D'ARRÊT DE LA GARDE NATIONALE

Dans cette petite chapelle
L'ennui ne vient qu'aux ennuyeux ;
Rêve un moment et pars joyeux,
Ta maîtresse en sera plus belle.

À MADEMOISELLE ANAÏS[1]

RONDEAU

Que rien ne puisse en liberté
Passer sous le sacré portique
Sans être quelque peu heurté
Par les bornes de la critique,
C'est un axiome authentique.

Pourquoi tant de sévérité ?
Grétry disait avec gaieté :
« J'aime mieux un peu de musique
    Que rien. »

À ma Louison ce mot s'applique.
Sur le théâtre elle a jeté
Son petit bouquet poétique.
Pourvu que vous l'ayez porté,
Le reste est moins, en vérité,
    Que rien.

CANTATE DE BETTINE[1]

Nina, ton sourire,
Ta voix qui soupire,
Tes yeux qui font dire
Qu'on croit au bonheur,

Ces belles années,
Ces douces journées,
Ces roses fanées,
Mortes sur ton cœur...

Nina, ma charmante,
Pendant la tourmente,
La mer écumante
Grondait à nos yeux ;

Riante et fertile,
La plage tranquille
Nous montrait l'asile
Qu'appelaient nos vœux !

Aimable Italie,
Sagesse ou folie,
Jamais, jamais ne t'oublie
Qui t'a vue un jour !

Toujours plus chérie,
Ta rive fleurie
Toujours sera la patrie
Que cherche l'amour.

COMPLAINTE DE MINUCCIO[1]

Va dire, Amour, ce qui cause ma peine,
À mon seigneur, que je m'en vais mourir,

Et, par pitié, venant me secourir,
Qu'il m'eût rendu la Mort moins inhumaine.

À deux genoux je demande merci.
Par grâce, Amour, va-t'en vers sa demeure.
Dis-lui comment je prie et pleure ici,
Tant et si bien qu'il faudra que je meure
Tout enflammée, et ne sachant point l'heure
Où finira mon adoré souci.
La Mort m'attend, et s'il ne me relève
De ce tombeau prêt à me recevoir,
J'y vais dormir, emportant mon doux rêve;
Hélas! Amour, fais-lui mon mal savoir.

Depuis le jour où, le voyant vainqueur,
D'être amoureuse, Amour, tu m'as forcée,
Fût-ce un instant, je n'ai pas eu le cœur
De lui montrer ma craintive pensée,
Dont je me sens à tel point oppressée,
Mourant ainsi, que la Mort me fait peur.
Qui sait pourtant, sur mon pâle visage,
Si ma douleur lui déplairait à voir?
De l'avouer je n'ai pas le courage.
Hélas! Amour, fais-lui mon mal savoir.

Puis donc, Amour, que tu n'as pas voulu
À ma tristesse accorder cette joie
Que dans mon cœur mon doux seigneur ait lu,
Ni vu les pleurs où mon chagrin se noie,
Dis-lui du moins, et tâche qu'il le croie,
Que je vivrais, si je ne l'avais vu.
Dis-lui qu'un jour, une Sicilienne
Le vit combattre et faire son devoir.
Dans son pays, dis-lui qu'il s'en souvienne,
Et que j'en meurs, faisant mon mal savoir.

AU BAS D'UN PORTRAIT
DE Mlle AUGUSTINE BROHAN[1]

J'ai vu ton sourire et tes larmes,
J'ai vu ton cœur triste et joyeux :

Qui des deux a le plus de charmes ?
Dis-moi ce que j'aime le mieux :
Les perles de ta bouche ou celles de tes yeux ?

LE CHANT DES AMIS [1]

De ta source pure et limpide
Réveille-toi, fleuve argenté [2];
Porte trois mots, coursier rapide :
Amour, patrie et liberté [3] !

Quelle voile, au vent déployée,
Trace dans l'onde un vert sillon ?
Qui t'a jusqu'à nous envoyée ?
Quel est ton nom, ton pavillon ?

— J'ai porté la céleste flamme
En tous lieux où Dieu l'a permis.
Mon pavillon, c'est l'oriflamme ;
Mon nom, c'est celui des amis.

Fils des Saxons, fils de la France,
Vous souvient-il du sang versé ?
Près du soleil de l'Espérance [4]
Voyez-vous l'ombre du passé ? »

Le Rhin n'est plus une frontière ;
Amis, c'est notre grand chemin,
Et, maintenant, l'Europe entière [5]
Sur les deux bords se tend la main.

De ta source pure et limpide
Retrempe-toi, fleuve argenté ;
Redis toujours, coursier rapide [6] !
Amour, patrie et liberté.

POÉSIES POSTHUMES

PREMIÈRE PARTIE

CHARLES-QUINT[1]

AU MONASTÈRE DE SAINT-JUST

L'empereur vit, un soir, le soleil s'en aller;
Il courba son front triste, et resta sans parler.
Puis, comme il entendit ses horloges de cuivre,
Qu'il venait d'accorder, d'un pied boiteux se suivre,
Il pensa qu'autrefois, sans avoir réussi,
D'accorder les humains il avait pris souci.
— Seigneur, Seigneur! dit-il, qui m'en donna l'envie?
J'ai traversé la mer onze fois dans ma vie;
Dix fois les Pays-Bas; l'Angleterre trois fois;
Ai-je assez fait la guerre à ce pauvre François!
J'ai vu deux fois l'Afrique et neuf fois l'Allemagne,
Et voici que je meurs sujet du roi d'Espagne!
Eh! que faire à régner? je n'ai plus d'ennemi;
Chacun s'est dans la tombe, à son tour, endormi.
Comme un chien affamé, l'oubli tous les dévore;
Déjà le soir d'un siècle à l'autre sert d'aurore.
Ai-je donc, plus habile à plus longtemps souffrir,
Seul parmi tant de rois, oublié de mourir?
Ou, dans leurs doigts roidis quand la coupe fut pleine,
Quand le glaive de Dieu, pour niveler la plaine,
Décima les grands monts, étais-je donc si bas,
Que l'archange, en passant, alors ne me vit pas?
M'en vais-je donc vieillir à compter mes campagnes,
Comme un pasteur ses bœufs descendant des montagnes,
Pour qu'on lise en mon cœur les leçons du passé,
Comme en un livre pâle et bientôt effacé?
Trop avant dans la nuit s'allonge ma journée.
Dieu sait à quels enfants l'Europe s'est donnée!
Sur quels bras va poser tout ce vieil univers,
Qu'avec ses cent États, avec ses quatre mers,

Je portais dans mon sein et dans ma tête chauve!
Philippe!... que saint Just de ses crimes le sauve!
Car du jour qu'héritier de son père, il sentit
Que pour sa grande épée il était trop petit,
N'a-t-il pas échangé le ciel contre la terre,
Contre un bourreau masqué son confesseur austère?
La France!... oh! quel destin, en ses jeux si profond,
Mit la duègne orgueilleuse aux mains d'un roi bouffon,
Qui s'en va, rajustant son pourpoint à sa taille,
Aux oisifs carrousels se peindre une bataille!
Ah! quand mourut François, quel sage s'est douté
Que du seul Charles-Quint il mourait regretté?
Avec son dernier cri sonna ma dernière heure.
Où trouver maintenant personne qui me pleure?
Mon fils me laisse ici m'achever; car enfin
Qui lui dira si c'est de vieillesse ou de faim?
Il me donne la mort pour prix de sa naissance!
Mes bienfaits l'ont guéri de sa reconnaissance.
Il s'en vient me pousser lorsque j'ai trébuché. —
C'est bien. — Je vais tomber. — Le soleil s'est couché!
Ô terre! reçois-moi; car je te rends ma cendre!
Je vins nu de ton sein, nu j'y vais redescendre.

C'est ainsi que parla cet homme au cœur de fer;
Puis, se voyant dans l'ombre, il eut peur de l'enfer!
— Ô mon Dieu! si, cherchant un pardon qui m'efface,
Je trouvais la colère écrite sur ta face,
Comme ce soir, mon œil, cherchant le jour qui fuit,
Dans le ciel dépeuplé ne trouve que la nuit.
Quoi! pas un rêve, un signe, un mot dit à l'oreille,
Dont l'écho formidable alors ne se réveille!
Non! — Rien à vous, Seigneur, ne peut être caché.
Kyrie eleison! car j'ai beaucoup péché! »
Alors, avec des pleurs il disait sa prière,
Les genoux tout tremblants et le front sur la pierre.
Tout à coup il s'arrête, il se lève, et ses yeux
Se clouaient à la terre et sa pensée aux cieux.

Voici que, sur l'autel couvert de draps funèbres,
Les lugubres flambeaux ont rompu les ténèbres
Et les prêtres debout, comme de noirs cyprès,
S'assemblent, étonnés des sinistres apprêts.
Et les vieux serviteurs disaient : — Qui donc va naître

Ou mourir ? — et pourtant priaient sans le connaître ;
Car les sombres clochers s'agitaient à grand bruit,
Et semblaient deux géants qui pleurent dans la nuit.
Tous frappaient leur poitrine et respiraient à peine.
Sous les larmes d'argent le sépulcre d'ébène
S'ouvrait, lit nuptial par la mort apprêté,
Où la vie en ses bras reçoit l'éternité.
Alors un spectre vint, se traînant aux murailles,
Livide, épouvanter les mornes funérailles.
Maigre et les yeux éteints, et son pied, sur le seuil
De granit, chancelait dans les plis d'un linceul.
— Qui d'entre vous, dit-il, me respecte et m'honore ?
(Et sa voix sur l'écho de la voûte sonore
Frappait comme le pas d'un hardi cavalier.)
Qu'il s'en vienne avec moi dormir sous un pilier !
Je m'y couche, et j'attends que m'y suive qui m'aime.
Pour ceux qui m'ont haï, je les suivrai moi-même ;
Ils y sont. — Prions donc pour mes crimes passés ;
Pleurons et récitons l'hymne des trépassés !
Il marcha vers sa tombe, et pâlit : — Qui m'arrête,
Dit-il ? Ne faut-il pas un cadavre à la fête ?

Et le cercueil cria sous ses membres glacés,
Puis le chœur entonna l'hymne des trépassés.

1829[2].

VISION[1]

Je vis d'abord sur moi des fantômes étranges
    Traîner de longs habits ;
Je ne sais si c'étaient des femmes ou des anges !
Leurs manteaux m'inondaient avec leurs belles franges
    De nacre et de rubis.

Comme on brise une armure au tranchant d'une lame,
    Comme un hardi marin
Brise le golfe bleu qui se fend sous sa rame,
Ainsi leurs robes d'or, en grands sillons de flamme,
    Brisaient la nuit d'airain !

Ils volaient! — Mon rideau, vieux spectre en sentinelle,
  Les regardait passer.
Dans leurs yeux de velours éclatait leur prunelle;
J'entendais chuchoter les plumes de leur aile,
  Qui venaient me froisser.

Ils volaient! — Mais la troupe, aux lambris suspendue,
  Esprits capricieux,
Bondissait tout à coup, puis, tout à coup perdue,
S'enfuyait dans la nuit², comme une flèche ardue
  Qui s'enfuit dans les cieux!

Ils volaient! — Je voyais leur noire chevelure,
  Où l'ébène en ruisseaux
Pleurait, me caresser de sa longue frôlure;
Pendant que d'un baiser je sentais la brûlure
  Jusqu'au fond de mes os.

Dieu tout-puissant! j'ai vu les sylphides craintives
  Qui meurent au soleil!
J'ai vu les beaux pieds nus des nymphes fugitives!
J'ai vu les seins ardents des dryades rétives,
  Aux cuisses de vermeil!

Rien, non, rien ne valait ce baiser d'ambroisie,
  Plus frais que le matin!
Plus pur que le regard d'un œil d'Andalousie³!
Plus doux que le parler d'une femme d'Asie,
  Aux lèvres de satin!

Oh! qui que vous soyez, sur ma tête abaissées,
  Ombres aux corps flottants!
Laissez, oh! laissez-moi vous tenir enlacées,
Boire dans vos baisers des amours insensées,
  Goutte à goutte et longtemps!

Oh! venez! nous mettrons dans l'alcôve soyeuse
  Une lampe d'argent.
Venez! la nuit est triste et la lampe joyeuse!
Blonde ou noire, venez; nonchalante ou rieuse,
  Cœur naïf ou changeant!

Venez ! nous verserons des roses dans ma couche ;
    Car les parfums sont doux !
Et la sultane, au soir, se parfume la bouche
Lorsqu'elle va quitter sa robe et sa babouche
    Pour son lit de bambous !

Hélas ! de belles nuits le ciel nous est avare
    Autant que de beaux jours !
Entendez-vous gémir la harpe de Ferrare,
Et sous des doigts divins palpiter la guitare ?
    Venez, ô mes amours !

Mais rien ne reste plus que l'ombre froide et nue,
    Où craquent les cloisons.
J'entends des chants hurler, comme un enfant qu'on tue ;
Et la lune en croissant découpe, dans la rue,
    Les angles des maisons.

1829.

À LA POLOGNE[1]

Jusqu'au jour, ô Pologne ! où tu nous montreras
Quelque désastre affreux, comme ceux de la Grèce,
Quelque Missolonghi d'une nouvelle espèce,
Quoi que tu puisses faire, on ne te croira pas.
Battez-vous et mourez, braves gens. — L'heure arrive.
Battez-vous ; la pitié de l'Europe est tardive ;
Il lui faut des levains qui ne soient point usés.
Battez-vous et mourez, car nous sommes blasés !

1831.

STANCES[1]

Je méditais, courbé sur un volume antique,
Les dogmes de Platon et les lois du Portique.

Je voulus de la vie essayer le fardeau.
Aussi bien, j'étais las des loisirs de l'enfance,
Et j'entrai, sur les pas de la belle espérance,
    Dans ce monde nouveau.

Souvent on m'avait dit [2] : « Que ton âge a de charmes !
Tes yeux, heureux enfant, n'ont point d'amères larmes,
Seule la volupté peut t'arracher des pleurs. »
Et je disais aussi : « Que la jeunesse est belle [3] !
Tout rit à [4] ses regards ; tous les chemins, pour elle,
    Sont parsemés de fleurs [5] ! »

Cependant, comme moi [6] tout brillants de jeunesse,
Des convives chantaient, pleins d'une douce ivresse ;
Je leur tendis la main, en m'avançant vers eux :
« Amis, n'aurai-je pas une place à la fête ? »
Leur dis-je... Et pas un seul ne détourna la tête
    Et ne leva les yeux [7] !

Je m'éloignai pensif, la mort au fond de l'âme.
Alors, à mes regards vint s'offrir une femme.
Je crus que dans ma nuit un ange avait passé.
Et chacun admirait son souris plein de charme ;
Mais il me fit horreur ! car jamais une larme
    Ne l'avait effacé.

« Dieu juste ! m'écriai-je [8], à ma soif dévorante
Le désert n'offre point de source bienfaisante.
Je suis l'arbre isolé sur un sol malheureux,
Comme en un vaste exil [9], placé dans la nature ;
Elle n'a pas d'écho pour ma voix qui murmure
    Et se perd dans les cieux.

Quel mortel ne sait pas, dans le sein des orages,
Où reposer sa tête, à l'abri des naufrages ?
Et moi, jouet des flots, seul avec mes douleurs [10],
Aucun navire ami ne vient frapper ma vue,
Aucun, sur cette mer où ma barque est perdue,
    Ne porte mes couleurs.

Ô douce illusion ! berce-moi de tes songes ;
Demandant le bonheur à tes riants mensonges,
Je me sauve en tremblant de la réalité ;

Car, pour moi, le printemps n'a pas de doux ombrage;
Le soleil est sans feux, l'Océan sans rivage,
    Et le jour sans clarté! »

Ainsi, pour égayer son ennui solitaire,
Quand Dieu laissa le mal et le bien sur la terre[11],
Moi, je ne pus trouver que ma part de douleur;
Convive repoussé de[12] la fête publique,
Mes accents troubleraient l'harmonieux cantique
    Des enfants du Seigneur.

Ah! si je ressemblais à ces hommes de pierre
Qui, cherchant l'ombre amie et fuyant la lumière,
Ont trouvé dans le vice un facile plaisir!...
Ceux-là vivent heureux!... Mais celui qui dans l'âme
Garde quelque lueur d'une plus noble flamme,
    Celui-là doit mourir.

L'ennui, vautour affreux, l'a marqué pour sa proie[13];
Il trouve son tourment dans la commune joie;
Respirant dans le ciel tous les feux de l'enfer,
Le bonheur n'est pour lui qu'un horrible mélange,
Car le miel le plus doux sur ses lèvres se change
    En un breuvage amer.

Jusqu'au jour où d'ennui son âme dévorée
Trouve pour reposer quelque tombe ignorée,
Et retourne au néant, d'où l'homme était venu;
Comme un poison brûlant, renfermé dans l'argile,
Fermente, et brise enfin le vase trop fragile
    Qui l'avait contenu[14].

1835.

À MADEMOISELLE RACHEL[1]

Si ta bouche ne doit rien dire
De ces vers désormais sans prix;
Si je n'ai, pour être compris,
Ni tes larmes, ni ton sourire;

Si dans ta voix, si dans tes traits,
Ne vit plus le feu qui m'anime;
Si le noble cœur de Monime
Ne doit plus savoir mes secrets;

Si ta triste lettre est signée;
Si les gardiens d'un vieux tombeau
Laissent leur prêtresse indignée
Sortir, emportant son flambeau;

Cette langue de ma pensée,
Que tu connais, que tu soutiens,
Ne sera jamais prononcée
Par d'autres accents que les tiens.

Périsse plutôt ma mémoire
Et mon beau rêve ambitieux!
Mon génie était dans ta gloire;
Mon courage était dans tes yeux[2].

IMPROMPTU[1]

Dieu l'a voulu, nous cherchons le plaisir.
  Tout vrai regard est un désir;
Mais le désir n'est rien si l'on n'espère;
  Et d'espérer c'est une affaire.
C'est pourquoi nous devons aimer l'illusion.
Béni soit le premier qui sut trouver un nom
À ce rêve charmant, cette demi-folie
Aussi vraie après tout que la réalité[2].
   À ce rêve enchanté
  Qui ne prend de la vérité
Que ce qu'il faut pour faire aimer la vie!

À ALFRED TATTET[1]

Non, mon cher, Dieu merci! pour trois mots de critique
Je ne me suis pas fait poète satirique;

Mon silence n'est pas, quoiqu'on puisse en douter,
Une prétention de me faire écouter.
Je puis bien, je le crois, sans crainte et sans envie,
Lorsque je vois tomber la muse évanouie
Au milieu du fatras de nos romans mort-nés,
Lui brûler, en passant, ma plume sous le nez;
Mais censurer les sots, que le ciel m'en préserve!
Quand je m'en sentirais la chaleur et la verve,
Dans ce triste combat dussé-je être vainqueur,
Le dégoût que j'en ai m'en ôterait le cœur.

Novembre 1842.

À MADAME A. T.[1]

Qu'un jeune amour plein de mystère
Pardonne à la vieille amitié
D'avoir troublé son sanctuaire.
D'une belle âme qui m'est chère
Si j'ai jamais eu la moitié,
Je vous la lègue tout entière.

1843.

SONNET[1]

À MADAME ***

Jeune ange aux doux regards, à la douce parole,
Un instant près de vous je suis venu m'asseoir,
Et, l'orage apaisé, comme l'oiseau s'envole,
Mon bonheur s'en alla, n'ayant duré qu'un soir.

Et puis, qui voulez-vous après qui me console?
L'éclair laisse, en fuyant, l'horizon triste et noir.
Ne jugez pas ma vie insouciante et folle;
Car, si j'étais joyeux, qui ne l'est à vous voir?

Hélas! je n'oserais vous aimer, même en rêve!
C'est de si bas vers vous que mon regard se lève!
C'est de si haut sur moi que s'inclinent vos yeux!

Allez, soyez heureuse; oubliez-moi bien vite,
Comme le chérubin oublia le lévite
Qui l'avait vu passer et traverser les cieux!

LES FILLES DE MADRID[1]

Nous allons voir le taureau,
   C'est aujourd'hui dimanche,
Quel bonheur et qu'il fait beau!
Mon cœur est comme un oiseau
   Sautillant sur la branche.
    « Dites-moi, voisin[2],
    Si j'ai bonne mine,
    Et si ma basquine
    Va bien, ce matin.
Vous me trouvez la taille fine?...
      Ah! ah!
Les filles de Madrid aiment assez cela. »

Quelle foule autour de nous!
   Souffrez du moins qu'on passe,
Allons, messieurs, rangez-vous.
On vous fera les yeux doux
   Si vous cédez la place.
    Voyez donc ces gens!
    Quelle effronterie!
    La galanterie
    N'est plus de ce temps.
Ces messieurs veulent qu'on les prie.
      Ah! ah!
Les filles de Madrid n'entendent pas cela.

Et nous dansions un boléro,
   Un soir c'était dimanche.
Vers nous s'en vint un hidalgo
Cousu d'or, la plume au chapeau,

Et le poing sur la hanche :
« Si tu veux de moi,
Brune au doux sourire,
Tu n'as qu'à le dire,
Cet or est à toi.
— Passez votre chemin, beau sire.
Ah! ah!
Les filles de Madrid n'entendent pas cela. »

Et nous dansions un boléro,
Au pied de la colline.
Sur le chemin passa Diego,
Qui pour tout bien n'a qu'un manteau
Et qu'une mandoline :
« Ô belle aux yeux doux,
Veux-tu qu'à l'église
Demain te conduise
Un amant jaloux?
— Jaloux! jaloux! quelle sottise!
Ah! ah!
Les filles de Madrid craignent ce défaut-là. »

Voici le roi cousu d'or
Qui vient en cavalcade.
Monsieur le Corrégidor
Avec un vieux matador
Boit de la limonade.
J'entends le signal.
Le taureau s'élance;
Diego prend sa lance
Et monte à cheval.
C'est le plus brave qui commence.
Ah! ah!
Les filles de Madrid aiment ce garçon-là.

1844.

CHANSON[1]

Bonjour, Suzon, ma fleur des bois!
Es-tu toujours la plus jolie?

Je reviens, tel que tu me vois,
D'un grand voyage en Italie [2].
Du paradis j'ai fait le tour;
J'ai fait des vers, j'ai fait l'amour.
    Mais que t'importe? *(Bis.)*
Je passe devant ta maison;
    Ouvre ta porte.
    Bonjour, Suzon!

Je t'ai vue au temps des lilas.
Ton cœur joyeux venait d'éclore.
Et tu disais : « Je ne veux pas,
Je ne veux pas qu'on m'aime encore. »
Qu'as-tu fait depuis mon départ?
Qui part trop tôt revient trop tard.
    Mais que m'importe? *(Bis.)*
Je passe devant ta maison;
    Ouvre ta porte.
    Bonjour, Suzon [3]!

L'HEURE DE MA MORT [1]...

L'heure de ma mort, depuis dix-huit mois,
De tous les côtés sonne à mes oreilles,
Depuis dix-huit mois d'ennuis et de veilles,
Partout je la sens, partout je la vois.

Plus je me débats contre ma misère,
Plus s'éveille en moi l'instinct du malheur;
Et, dès que je veux faire un pas sur terre,
Je sens tout à coup s'arrêter mon cœur.

Ma force à lutter s'use et se prodigue.
Jusqu'à mon repos, tout est un combat;
Et, comme un coursier brisé de fatigue,
Mon courage éteint chancelle et s'abat.

À ROSE CHÉRI[1]

LE SOIR DE LA PREMIÈRE REPRÉSENTATION DE « BETTINE »

Ma pièce est jeune et je suis vieux,
Enfant, vous n'en êtes pas cause.
Vous nous jouerez bien autre chose
Et tout aussi bien mais pas mieux.
Ne prenez pas, je vous en prie,
Ces mots pour de la flatterie
Ni des regrets pour des adieux.

1851.

RONDEAU[1]

À MADAME H. F.

Il est aisé de plaire à qui veut plaire.
D'un ignorant un bavard écouté,
D'un journaliste un rimailleur vanté,
Sans nulle peine y trouvent leur affaire.
Louer un sot, c'est pure charité.

Une Araminte à demi centenaire
Dans son miroir voit un portrait flatté.
De nos bas bleus si l'éloge est à faire,
    Il est aisé.

Mais, s'il faut peindre avec sincérité
L'air simple et bon, la grâce involontaire,
L'esprit facile et la raison sévère,
D'un double charme entourant la beauté, —
D'un tel portrait, certe, on ne dira guère :
    Il est aisé!

1853.

STANCES

SUR LE COSTUME « POMPADOUR » DE MISS SCHEPAERT
AU BAL DES TUILERIES, EN 185...[1]

Voltaire, ombre auguste et suprême,
Roi des madrigaux à la crème,
Des vermillons[2] et des paniers !
Assis au pied de ta statue,
Je me disais : « Qu'est devenue
Cette perruque à trois lauriers ?

Ô Corisandres ! me disais-je,
Mouches que, sur un sein de neige,
L'abbé posait du bout du doigt !
Bonnes marquises, nos aïeules,
Qui, sans être par trop bégueules,
Rendiez à Dieu ce qu'on lui doit[3] !

Et vous, héros frappés du foudre,
Hélas ! — Et deux règnes de poudre,
En un demi-siècle effacés !... »
Quand, l'autre soir, dans une fête,
Mon regard tout à coup s'arrête
Sur un minois des temps passés !

Mais ce n'était point, ô Voltaire[4] !
Une mouche de douairière[5]
Qui ravive un œil défaillant ;
C'était la plus discrète mouche
Qui puisse effleurer[6] une bouche
Plus rose que le lys n'est blanc.

Fine mouche, comme on peut croire,
Qui, pour poser son aile noire,
Entre les roses du jardin,
Avait choisi, comme l'abeille,
La plus fraîche et la plus vermeille
De toutes celles[7] du matin.

Reste donc, mouche bienheureuse.
Si cette abeille voyageuse°,
Qui, volant jadis, nous dit-on,
Entre les bosquets de la Grèce,
Vint chatouiller la lèvre épaisse
Du grand philosophe Platon°,

Eût trouvé, dans l'ombre mi-close,
Cette fleur aux feuilles de rose,
Qu'eût-elle fait que s'arrêter
Sur cette perle d'Angleterre,
Lèvres que le ciel n'a pu faire
Que pour sourire ou pour chanter ?

RETOUR[1]

Heureux le voyageur que sa ville chérie
Voit rentrer dans le port, aux premiers feux du jour !
Qui salue à la fois le ciel et la patrie,
La vie et le bonheur, le soleil et l'amour !
— Regardez, compagnons, un navire s'avance.
La mer, qui l'emporta, le rapporte en cadence,
En écumant sous lui, comme un hardi coursier,
Qui, tout en se cabrant, sent son vieux cavalier.

Salut ! qui que tu sois, toi dont la blanche voile
De ce large horizon accourt en palpitant !
Heureux, quand tu reviens, si ton errante étoile
T'a fait aimer la rive ! heureux si l'on t'attend !

D'où viens-tu, beau navire ? à quel lointain rivage,
Léviathan superbe, as-tu lavé tes flancs ?
Es-tu blessé, guerrier ? Viens-tu d'un long voyage ?
C'est une chose à voir, quand tout un équipage,
Monté jeune à la mer, revient en cheveux blancs°.
Es-tu riche ? viens-tu de l'Inde ou du Mexique ?
Ta quille est-elle lourde, ou si les vents du nord

T'ont pris, pour ta rançon, le poids de ton trésor ?
As-tu bravé la foudre et passé le tropique ?

T'es-tu, pendant deux ans, promené sur la mort,
Couvant d'un œil hagard ta boussole tremblante³,
Pour qu'une Européenne, une pâle indolente,
Puisse embaumer son bain des parfums du sérail
Et froisser dans la valse un collier de corail ?

Comme le cœur bondit quand la terre natale,
Au moment du retour, commence à s'approcher,
Et du vaste Océan sort avec son clocher !
Et quel tourment divin dans ce court intervalle,
Où l'on sent qu'elle arrive et qu'on va la toucher⁴ !

Ô patrie ! ô patrie ! ineffable mystère !
Mot sublime et terrible ! inconcevable amour !
L'homme n'est-il donc né que pour un coin de terre,
Pour y bâtir son nid, et pour y vivre un jour⁵ ?

Le Havre, septembre 1855⁶

RÊVERIE¹

Quand le paysan sème, et qu'il creuse la terre,
Il ne voit que son grain, ses bœufs et son sillon.
— La nature en silence accomplit le mystère, —
Couché sur sa charrue, il attend sa moisson.

Quand sa femme, en rentrant le soir, à sa chaumière,
Lui dit : « Je suis enceinte », — il attend son enfant.
Quand il voit que la mort va saisir son vieux père,
Il s'assoit sur le pied de la couche, et l'attend.

Que savons-nous de plus ?... et la sagesse humaine,
Qu'a-t-elle découvert de plus dans son domaine ?
Sur ce large univers elle a, dit-on, marché ;
Et voilà cinq mille ans qu'elle a toujours cherché !

PROMENADE[1]

Dans ces bois qu'un nuage dore,
Que l'ombre est lente à s'endormir!
Ce n'est pas le soir, c'est l'aurore,
Qui gaîment nous semble s'enfuir;
Car nous savons qu'elle va revenir.
Ainsi, laissant l'espoir éclore
Meurt doucement le souvenir.

1856.

JEANNE D'ARC[1]

RÉCITATIF

Je cherche en vain le repos qui me fuit.
  Mon cœur est plein des douleurs de la France.
Jusqu'en ces lieux déserts, dans l'ombre et le silence
De la patrie en deuil le malheur me poursuit.

CHANT

Sombre forêt, retraite solitaire,
Muets témoins de mes secrets ennuis,
À mes regards, de mon pauvre pays
Cachez du moins la honte et la misère.
Tristes rameaux, si nous sommes vaincus,
Cachez le toit de mon vieux père;
Peut-être, hélas! je ne le verrai plus!

RÉCITATIF

  Tout repose dans la vallée.
Le rossignol chante sous la feuillée
    La mélancolie et l'amour.
Déjà l'aurore éveille la nature;

Déjà brille sous la verdure
La douce clarté d'un beau jour.
Quel est ce bruit dans la campagne ?
Le clairon sonne au pied de nos remparts !
De l'étranger je vois les étendards
Flotter au loin sur la montagne.

CHANT

Nous avez-vous abandonnés,
Anges gardiens de la patrie ?
Plaignez-nous si Dieu nous oublie ;
S'il se souvient de nous, venez !
J'ai cru sentir trembler la terre.
J'ai cru que le ciel répondait,
Et dans un rayon de lumière,
Du fond des bois une voix m'appelait.
Ce n'est pas une voix humaine[2] :
Il m'a semblé qu'elle venait des cieux.
Mère du Christ, est-ce la tienne ?
As-tu pitié des pleurs qui coulent de mes yeux ?
Oui, l'Esprit-Saint m'éclaire !
Je sens d'un Dieu vengeur
La force et la colère
Descendre dans mon cœur.
— En guerre[3] !

(Date incertaine.)

À MADAME***[1]

IMPROMPTU

Ne me parlez jamais d'une vieille amitié.
Dans vos cheveux dorés quand le printemps se joue
Lui, qui vous a laissé — lui, si vite oublié[2] ! —
Sa fraîcheur dans l'esprit et sa fleur sur la joue !

DEUXIÈME PARTIE

À MA MÈRE[1]

SUR L'AIR DE : *Femmes, voulez-vous éprouver*[2]...

Après un si joyeux festin,
Zélés sectateurs de Grégoire,
Mes amis, si, le verre en main
Nous voulons chanter, rire et boire,
Pourquoi s'adresser à Bacchus ?
Dans une journée aussi belle
Mes amis, chantons en « chorus »
À la tendresse maternelle. *(Bis.)*

Un don pour nous si précieux,
Ce doux protecteur de l'enfance,
Ah ! c'est une faveur des cieux
Que Dieu donna dans sa clémence.
D'un bien pour l'homme si charmant
Nous avons ici le modèle ;
Qui ne serait reconnaissant
À la tendresse maternelle ? *(Bis.)*

Arrive-t-il quelque bonheur ?
Vite, à sa mère on le raconte ;
C'est dans son sein consolateur
Qu'on cache ses pleurs ou sa honte.
A-t-on quelques faibles succès,
On ne triomphe que pour elle
Et que pour répondre aux bienfaits
De la tendresse maternelle. *(Bis.)*

Ô toi, dont les soins prévoyants,
Dans les sentiers de cette vie
Dirigent mes pas nonchalants,
Ma mère, à toi je me confie.
Des écueils d'un monde trompeur
Écarte ma faible nacelle.
Je veux devoir tout mon bonheur
À la tendresse maternelle[3]. *(Bis.)*

À Mlle ZOÉ LE DOUAIRIN[1]

Heureux séjour où la beauté
M'accueillit avec indulgence,
Demain, le jour, ramenant la clarté,
Te rendra douce leur présence
Et demain je t'aurai quitté.

Mais si le temps marquant l'heure funeste,
De ces beaux lieux m'ordonne de partir,
Il ne m'ôtera pas le seul bien qui me reste,
De mon bonheur le tendre souvenir[2] !

Le Mans, octobre 1826.

LA NUIT[1]

Quand la lune blanche
S'accroche à la branche
   Pour voir
Si quelque feu rouge
Dans l'horizon bouge
   Le soir,

Fol alors qui livre
À la nuit son livre
   Savant,
Son pied aux collines,
Et ses mandolines
   Au vent ;

Fol qui dit un conte,
Car minuit qui compte
   Le temps,
Passe avec le prince
Des sabbats qui grince
   Des dents.

L'amant qui compare
Quelque beauté rare
    Au Jour
Tire une ballade
De son cœur malade
    D'amour.

Mais voici dans l'ombre
Qu'une ronde sombre
    Se fait,
L'enfer autour danse,
Tous dans un silence
    Parfait.

Tout pendu de Grève,
Tout Juif mort soulève
    Son front,
Tous noyés des havres
Pressent leurs cadavres
    En rond.

Et les âmes feues
Joignent leurs mains bleues
    Sans os;
Lui tranquille chante
D'une voix touchante
    Ses maux.

Mais lorsque sa harpe,
Où flotte une écharpe,
    Se tait,
Il veut fuir... La danse
L'entoure en silence
    Parfait.

Le cercle l'embrasse,
Son pied s'entrelace
    Aux morts,
Sa tête se brise
Sur la terre grise!
    Alors

La ronde contente,
En ris éclatante,
　　Le prend;
Tout mort sans rancune
Trouve au clair de lune
　　Son rang.

Car la lune blanche
S'accroche à la branche
　　Pour voir
Si quelque feu rouge
Dans l'horizon bouge
　　Le soir.

À MADAME X***[1]

Souvent, par quelque mois de janvier, quand tout dort,
Qu'il pleut, qu'il fait du vent, et que mon corridor
Siffle, que mon rideau frissonne, et que ma porte
Bat, je me dis : « Voyons, s'il faut mourir, qu'importe
Que ce soit cette nuit ou bien une autre ? Et si,
Au lieu d'être à ce poêle à froncer le sourcil,
Je me mettais un bon pistolet dans la bouche
Tout serait dit. Peut-être un voisin qui se couche,
En mettant sa chemise et son bonnet de nuit,
Dira : C'est singulier ! qui peut faire ce bruit ?
Puis il écoutera sur son séant et comme
Il ne faut qu'une balle et qu'un coup pour un homme,
Il se rendormira. — Cependant mon cerveau
Ira choir à deux pas de moi sur le carreau,
Et si demain ma sœur avec ma pauvre mère
S'en déchirent les bras et se roulent par terre,
Qu'on voye sur leur sein tout gonflé de douleurs
Ruisseler les cheveux ensemble avec les pleurs,
Qu'en saurai-je après tout ? Qu'en saura ma pensée ?
Dans ces lambeaux de chair meurtrie et dispersée ?
Je serai là tout raide et tout saignant. — Alors,
Nos amis par morceaux ramasseront mon corps;
Les chandelles viendront, ma bière; et ma maîtresse
Par grand amour de moi fera dire une messe;

Puis après les corbeaux; et qui saura demain
Que j'ai vécu la vie et marché le chemin?

(10 janvier 18...)

L'ANGLAISE EN DILIGENCE[1]

Nous étions douze ou treize
Les uns sur les autres pressés,
Entassés,
J'éprouvais un malaise
Que je me sentais défaillir,
Mourir!
À mon droite une squelette,
À mon gauche une athlète,
Les os du premier il me perçait;
Les poids du second il m'écrasait.
Les cahots,
Les bas et les hauts

D'une chemin raboteux,
Pierreux,
Avaient perdu,
Avaient fendu
Mon tête entière.

Quand l'un bâillait,
L'autre il sifflait,
Quand l'un parlait,
L'autre il chantait;
Puis une petite carlin jappait,
Le nez à la portière.

La poussière, il me suffoquait,
Puis un méchant enfant criait,
Et son nourrice il le battait,
Puis un petit Français chantait,
Se démenait et bourdonnait
Comme une mouche.

Pour moi, ce qui me touche,
C'est que jusqu'au Pérou l'Anglais peut voyager
Sans qu'il ouvre son bouche
— Autre que pour boire ou pour manger.

LA LANTERNE MAGIQUE[1]

Quand le mensonge défigure
Tout ce qui se passe ici-bas,
Peut-être de ma chambre obscure
Les tableaux ne déplairont pas.
La vérité dans cette optique
À tous les yeux se montrera.
Ma lanterne est vraiment magique :
Pour un sou vous verrez cela.

Un intrigant qui fuit le monde;
Une femme qui se vieillit;
Un jeune avocat sans faconde;
Un grand médecin qui guérit;
Un ambitieux qui se pique
De foi, d'honneur, et cætera...
Ma lanterne est vraiment magique :
Pour un sou vous verrez cela.

Une moderne comédie
Piquante en dépit des censeurs;
Une sublime tragédie;
Un mélodrame sans horreurs;
Le bon sens chez un romantique;
La gaieté d'un grand opéra...
Ma lanterne est vraiment magique :
Pour un sou vous verrez cela.

Un tribunal où la justice
Pour rien, en tout temps, se rendit;
Et le boudoir de cette actrice,
D'où l'Amour fut toujours proscrit;
Et le fauteuil académique
Où jamais l'on ne sommeilla...

Ma lanterne est vraiment magique.
Pour un sou vous verrez cela.

Cet habit que l'honneur décore
Fut porté par un courtisan;
Ce front que la pudeur colore
Est celui d'un vieux chambellan;
On dit que ce grand politique
À tous vents jamais ne tourna...
Ma lanterne est vraiment magique,
Pour un sou vous verrez cela.

Un grand seigneur sans arrogance;
Un poète sans vanité[2];
Un ministre dont l'éloquence
A défendu la Liberté;
Et le rédacteur véridique
De la gazette que voilà...
Ma lanterne est vraiment magique :
Pour un sou vous verrez cela.

LE TROIS MAI 1814[1]

I

Ce fut un triste jour. Les soldats de l'Empire
Comme des peupliers se penchaient sans rien dire.
Le bon roi regardait comme en ordre ils marchaient[2],
Tel un pâtre, héritier de la harpe d'un barde,
Et la voyant d'ivoire, et la pèse et la garde...
    Les pleurs dans leur cœur se séchaient[3].

II

Oh! la froide Russie aux éternelles neiges!
C'était d'un autre pas que marchaient ses cortèges
Où l'homme au manteau gris leur servait de drapeau,
Et du grand horizon sortait sa large tête;
Et tous ne demandaient, pour marcher à la fête[4],
    Qu'à voir le coin de son chapeau.

EX DONO[1]

En souvenir du beau coup d'œil
Dont j'ai joui, dimanche, à votre observatoire,
Mon cher hôte, acceptez l'offre dédicatoire
Du *Spectacle dans un fauteuil*.

APRÈS LA LECTURE D'*INDIANA*[1]

Sand, quand tu l'écrivais, où donc l'avais-tu vue[2],
Cette scène terrible où Noun, à demi nue,
Sur le lit d'Indiana s'enivre avec Raimond?
Qui donc te la dictait, cette page brûlante
Où l'amour cherche en vain d'une main palpitante
Le fantôme adoré de son illusion?

En as-tu dans le cœur la triste expérience[3]?
Ce qu'éprouve Raimond te le rappelais-tu[4]?
Et tous ces sentiments d'une vague souffrance,
Ces plaisirs sans bonheur, si pleins d'un vide immense,
As-tu rêvé cela, George, ou l'as-tu connu[5]?

N'est-ce pas le Réel dans toute sa tristesse
Que cette pauvre Noun, les yeux baignés de pleurs,
Versant à son ami le vin de sa maîtresse[6],
Croyant que le bonheur c'est une nuit d'ivresse,
Et que la volupté c'est le parfum des fleurs?

Et cet être divin, cette femme angélique[7]
Que, dans l'air embaumé, Raimond voit voltiger,
Cette frêle Indiana dont la forme magique
Erre sur les miroirs, comme un spectre léger[8],
Ô George, n'est-ce pas la pâle fiancée
Dont l'Ange du désir est l'immortel amant?
N'est-ce pas l'Idéal, cette amour insensée
Qui sur tous les amours plane éternellement?

Ah! malheur à celui qui lui livre son âme!
Qui couvre de baisers, sur le corps d'une femme,
Le fantôme d'une autre, et qui sur la beauté
Veut boire l'idéal dans la réalité[9]!

Malheur à l'imprudent qui, lorsque Noun l'embrasse,
Peut penser autre chose, en entrant dans son lit,
Sinon que Noun est belle, et que le Temps qui passe
A compté sur ses doigts les heures de la nuit!

Demain viendra le jour, demain, désabusée[10],
Noun, la fidèle Noun, par sa douleur brisée,
Rejoindra sous les eaux l'ombre d'Ophélia;
Elle abandonnera celui qui la méprise;
Et le cœur orgueilleux qui ne l'a pas comprise
Aimera *l'autre* en vain. N'est-ce pas, Lélia?

24 juin 1833.

À GEORGE SAND[1]

I

TE voilà revenu, dans mes nuits étoilées,
Bel ange aux yeux d'azur, aux paupières voilées,
Amour, mon bien suprême, et que j'avais perdu!
J'ai cru, pendant trois ans, te vaincre et te maudire,
Et toi, les yeux en pleurs, avec ton doux sourire,
Au chevet de mon lit, te voilà revenu.

Eh bien, deux mots de toi m'ont fait le roi du monde,
Mets la main sur mon cœur, sa blessure est profonde;
Élargis-la, bel ange, et qu'il en soit brisé!
Jamais amant aimé, mourant sur sa maîtresse,
N'a sur des yeux plus noirs bu la céleste ivresse,
Nul sur un plus beau front ne t'a jamais baisé!

II[1]

Telle de l'*Angelus* la cloche matinale
Fait dans les carrefours hurler les chiens errants,

Tel ton luth chaste et pur, trempé dans l'eau lustrale,
Ô George, a fait pousser de hideux aboiements,

Mais quand les vents sifflaient sur ta muse au front pâle,
Tu n'as pu renouer tes longs cheveux flottants ;
Tu savais que Phébé, l'Étoile virginale
Qui soulève les mers, fait baver les serpents.

Tu n'as pas répondu, même par un sourire,
À ceux qui s'épuisaient en tourments inconnus,
Pour mettre un peu de fange autour de tes pieds nus.

Comme Desdémona, t'inclinant sur ta lyre,
Quand l'orage a passé tu n'as pas écouté,
Et tes grands yeux rêveurs ne s'en sont pas douté.

COMPLAINTE

HISTORIQUE ET VÉRITABLE
SUR LE FAMEUX DUEL QUI A EU LIEU
ENTRE PLUSIEURS
HOMMES DE PLUME
TRÈS INCONNUS DANS PARIS, À L'OCCASION
D'UN LIVRE
DONT IL A ÉTÉ BEAUCOUP PARLÉ
DE DIFFÉRENTES MANIÈRES,
AINSI QU'IL EST RELATÉ DANS LA
PRÉSENTE COMPLAINTE[1]

(AIR DE LA : *Complainte du maréchal de Saxe*.)

I

Monsieur Capot de Feuillide
Ayant insulté *Lélia*
Monsieur Planche, ce jour-là,
S'éveilla fort intrépide,
Et fit preuve de valeur
Entre midi et une heur !

II

Il écrivit une lettre,
Dans un français très correct,
Se plaignant que, sans respect,
On osât le méconnaître;
Et, plein d'indignation
Il passa son pantalon.

III

Buloz, dedans sa chambrette,
Sommeillait innocemment.
Il s'éveille incontinent,
Et bâille d'un air fort bête,
Lorsque Planche entra soudain,
Un vieux journal à la main.

IV

Il avait trouvé en route
Monsieur Regnault tout crotté[2].
Après l'avoir consulté
Comme il n'y comprenait goutte,
Il l'avait pris sous le bras,
Pour se sortir d'embarras.

V

Ayant écouté l'affaire,
Buloz[3] dit : « En vérité,
Ne soyez pas irrité
Si je ne vous comprends guère;
C'est que j'ai l'esprit très lourd,
Et que je suis un peu sourd. »

VI

Alors Planche, tout en nage,
Leur dit : « C'est pourtant très clair;
À *l'Europe littérair'*
On doute de mon courage;

Afin de le leur prouver
Je suis venu vous trouver. »

VII

Ils allèrent chez Lepage
Pour chercher des pistolets[1];
Mais on leur dit qu'il fallait
Mettre cent écus en gage.
Alors Buloz, prudemment,
Dit : « Nous n'avons pas d'argent. »

VIII

Ils prirent les *Dames blanches*[5]
Pour s'en aller à Meudon
Acheter des mirlitons,
Afin que Gustave Planche
Pût faire baisser le ton
À messieurs du Feuilleton.

IX

L'ennemi se fit attendre
Jusqu'à trois heures un quart,
Ce qui fut canulant, car
Buloz brûlait de se rendre
Chez Madame Dudevant
Qu'il aimait passionnément.

X

Enfin, dans un beau carrosse,
Par deux beaux chevaux tiré,
Feuillide parut, paré
Comme pour un jour de noce;
De plus, Lautour-Mézeray[6],
Et deux petits pistolets.

XI

Alors les témoins, tous quatre
Devant donner le signal,

Retardent l'instant fatal
Où l'on allait voir combattre
Ces deux grands littérateurs,
Qui faisaient frémir d'horreur.

XII

Regnault regardait ses bottes
Sans pouvoir trouver un mot ;
Feuillide dit : « À propos,
Je vais ôter ma culotte
Afin d'être plus dispos
Et de n'être pas *capot*. »

XIII

Buloz, s'asseyant par terre,
Saisi d'un effroi mortel,
S'écria : « Au nom du ciel,
Mes amis, qu'allez-vous faire ?
Que deviendra mon journal ?
Je m'en vais me trouver mal. »

XIV

« Messieurs, écoutez de grâce,
Dit Regnault aux assistants ;
Je ne suis pas éloquent,
Mais, mettez-vous à ma place,
Je crois que certainement
Nous sommes tous bons enfants.

XV

Monsieur Planche a du courage
Et monsieur Feuillide aussi ;
Pour nous, nous sommes ici
Pour empêcher le carnage.
Votre journal est charmant,
Le nôtre pareillement,

XVI

Vous avez raison entière,
Et nous, nous n'avons pas tort,
Vous ne craignez pas la mort
Et nous ne la craignons guère.
Je crois, sans vous offenser,
Qu'il est temps de s'embrasser. »

XVII

« Messieurs, c'est épouvantable »,
Leur dit Buloz tout suant,
« George Sand, assurément,
Est une femme agréable
Et pleine d'honnêteté
Car elle m'a résisté !!! »

XVIII

« Messieurs, ce n'est pas pour elle,
Dit Planche, que je me bats,
J'ai ma raison pour cela ;
Je ne sais pas trop laquelle ;
Si je me bats c'est pour moi,
Je ne sais pas trop pourquoi. »

XIX

Buloz qui chargeait les armes
Avec du plomb à lapin,
Le prit alors sur son sein,
Et le baigna de ses larmes
En lui disant : « Mon enfant,
Vous êtes trop véhément. »

XX

Feuillide le gigantesque
Lui dit : « Monsieur, s'il vous plaît,
Donnez-moi mon pistolet ;
Tous ces discours-là me *vesque*,

Je ne viens pas de si loin
Pour voir pleurer les témoins. »

XXI

Les combattants en présence
Firent feu des quatre pieds.
Planche tira le premier,
À cent toises de distance;
Feuillide, comme un éclair,
Riposta, cent pieds en l'air.

XXII

« Cessez cette boucherie »,
Crièrent les assistants,
« C'est assez répandre un sang
Précieux à la patrie;
Planche a lavé son affront
Par sa détonation. »

XXIII

Dedans les bras de Feuillide
Planche s'élance à l'instant,
Et lui dit en sanglotant :
« Nous sommes deux intrépides,
Je suis satisfait vraiment,
Vous aussi probablement. »

XXIV

Alors ils se séparèrent
Et depuis ce jour fameux,
Ils vécurent très heureux;
Et c'est de cette manière
Qu'on a enfin reconnu
De George Sand la vertu.

STANCES BURLESQUES À G. SAND[1]

George est dans sa chambrette
Entre deux pots de fleurs,
Fumant sa cigarette
Les yeux baignés de pleurs.

Buloz, assis par terre,
Lui fait de doux serments,
Solange[2] par derrière
Gribouille ses romans.

Planté comme une borne,
Boucoiran tout mouillé[3]
Contemple d'un œil morne
Musset tout débraillé.

Dans le plus grand silence,
Paul[4], se versant du thé,
Écoute l'éloquence
De Ménard[5] tout crotté.

Planche, saoul de la veille,
Est assis dans un coin,
Et se cure l'oreille
Avec le plus grand soin.

La mère Lacouture[6],
Accroupie au foyer,
Renverse la friture
Et casse un saladier;

De colère pieuse
Guéroult tout palpitant,
Se plaint d'une dent creuse
Et des vices du temps[7];

Pâle et mélancolique,
D'un air mystérieux,
Papet, pris de colique[8],
Demande où sont les lieux.

À GEORGE SAND[1]

III

Puisque votre moulin tourne avec tous les vents,
Allez, braves humains, où le vent vous entraîne;
Jouez, en bons bouffons, la comédie humaine;
Je vous ai trop connus pour être de vos gens.

Ne croyez pourtant pas qu'en quittant votre scène,
Je garde contre vous ni colère ni haine,
Vous qui m'avez fait vieux peut-être avant le temps;
Peu d'entre vous sont bons, moins encor sont méchants.

Et nous, vivons à l'ombre, ô ma belle maîtresse!
Faisons-nous des amours qui n'aient pas de vieillesse;
Que l'on dise de nous, quand nous mourrons tous deux :

Ils n'ont jamais connu la crainte ni l'envie;
Voilà le sentier vert où, durant cette vie,
En se parlant tout bas, ils souriaient entre eux.

IV

À L'AIGLE

QUI EST SUR LA PORTE DU CHÂTEAU
DE NOHANT

Oiseau de Jupiter, oiseau porte-tonnerre,
Sois superbe partout, dans les cieux, dans ton aire.
Mais ici sois modeste, aiglon, car sache bien
Que dans cette maison dont tu gardes la porte
Il est un aigle aussi, mais de race plus forte
    Et d'un œil plus grand que le tien.

REVUE ROMANTIQUE[1]

Heureux l'homme au cœur pur qui peut, lorsqu'il se couche,
S'endormir sans Janin, sans Pyat et sans Gozlan!
Qui contemple du port les phrases de Latouche
    Et les bons mots de Roqueplan!

Qui lit Charles Nodier sans comprendre une ligne,
Qui respecte Ballanche et qui ne l'ouvre pas,
Et qui ne pêche point une idée à la ligne,
Dans ce fleuve d'oubli qu'on nomme *les Débats!*

Qui ne se doute point du nom de Lacordaire!
Qui laisserait plutôt guillotiner Ampère
Que d'aller voir Bocage, exalté par Dumas,
Nasiller l'adultère en se tordant les bras[2]!

Qui ne sait pas les goûts de M. de Custine[3],
Qui laisse George Sand au fond de sa cuisine,
Ascétiser son siècle une broche à la main!
Qui ne s'étonne pas lorsque Gustave Planche
Pour aller voir Gérard[4] met sa chemise blanche,
Et qui voit sans pâlir Béquet[5] cuver son vin.

Heureux l'homme innocent qui ripaille et qui fume
Lorsque Victor Hugo fait sonner dans la brume,
Les quatre pieds fourchus du cheval éreinté
Qui le porte en famille à l'immortalité!

Heureux qui de Musset n'a pas vu la coiffure
Et ses grands éperons qui n'éperonnent rien,
Bienheureuse surtout qui dans une onde pure
Ne l'a pas vu plonger son torse herculéen.

Heureux celui qui dort quand Prosper Mérimée
Un genou dans ses mains, absorbant sa fumée,
Mord, d'un air byronien, son cigare en papier
Et, du fond caverneux de son col de chemise,
Décoche en soupirant l'anecdote concise
Dont le trait satanique égaye le foyer!

Heureux qui, dans le vague, où Sénancour barbote
S'inquiète aussi peu du sens de ses écrits,
Que de ce qu'il pensait en ôtant sa culotte
    Sur l'herbe courte du Titlis!

Heureux qui n'a pas vu le pensif Sainte-Beuve,
Pour son cœur dévoyé cherchant une âme sœur,
Durant les soirs d'été répandre, comme un fleuve,
Ses mystiques sermons et sa molle sueur.

Heureux qui n'a pas vu Balzac le drolatique
Lire, en bavant partout, *la Femme de trente ans*
Et, tout ébouriffé de sa verve lubrique,
De romans inconnus foirant une fabrique,
Cracher, au trait final, ses trois dernières dents!

Heureux qui n'a pas vu, le soir, dans la coulisse,
Errer sur les débris d'un proverbe tombé
Le pâle de Vigny, vieux cygne en pain d'épice,
Promenant son œil sombre et ses bons mots d'abbé!

Heureux l'homme robuste à la narine austère
Qui peut avec Buloz causer une heure entière,
Sans faire un haut-le-corps et se boucher le nez!
Celui-là peut sur lui voir tomber le tonnerre,
Et descendre sans peur dans les commodités!

LE SONGE DU *REVIEWER*

OU

BULOZ CONSTERNÉ [1]

Buloz est sur la grève,
Pâle et défiguré,
Il voit passer en rêve
Gerdès [2] tout effaré.
La matière abonnable
Se meurt du choléra.
L'épreuve est déplorable [3];
Il faut un errata.

Il voit son typographe
Transposer ses placards.
Des fautes d'orthographe
Errent de toutes parts;
Des lettres retournées
Frottent en se heurtant;
Des lignes avinées
Dansent en tremblotant.

De tous côtés aboient
Des contresens obscurs,
Et les marges se noient
Dans les *deleaturs*.
Il pleut des caractères,
Les *b* manquent dans tous [4],
Et des pages entières
Boivent comme des trous.

Lewe [5] a fait héritage
De quatre millions;
Dumas meurt en voyage
Faute d'*Impressions;*
Dans les filles de joie
Musset s'est abruti;
Ampère en bas de soie
Pour l'Afrique est parti.

Brizeux est à la morgue,
Sainte-Beuve au lutrin;
Quinet est joueur d'orgue
À Quimper-Corentin;
Delécluze est modèle
À l'atelier de Gros [6],
Roulin est infidèle [7]
À ses choux les plus beaux.

George Sand est abbesse
Dans un pays lointain;
Fontaney [8] sert la messe
À Saint-Thomas d'Aquin;
Fournier [9] aux inodores
Présente le papier;
Et quatre métaphores
Ont étouffé Barbier.

Cette nuit Lacordaire[10]
A tué de Vigny ;
Lerminier sut se faire[11]
Grotesque à Franconi[12] ;
Planche est gendarme en Chine,
Magnin[13] vend de l'onguent,
Le monde est en ruine.
Bonnaire est sans argent[14] !!!

À GEORGE SAND

V[1]

Il faudra bien t'y faire à cette solitude,
Pauvre cœur insensé, tout prêt à se rouvrir,
Qui sait si mal aimer et sait si bien souffrir.
Il faudra bien t'y faire ; et sois sûr que l'étude,

La veille et le travail ne pourront te guérir.
Tu vas, pendant longtemps, faire un métier bien rude,
Toi, pauvre enfant gâté, qui n'as pas l'habitude
D'attendre vainement et sans rien voir venir.

Et pourtant, ô mon cœur, quand tu l'auras perdue,
Si tu vas quelque part attendre sa venue,
Sur la plage déserte en vain tu l'attendras.

Car c'est toi qu'elle fuit de contrée en contrée,
Cherchant sur cette terre une tombe ignorée,
Dans quelque triste lieu qu'on ne te dira pas.

Venise.

VI[1]

Toi qui me l'as appris, tu ne t'en souviens plus
De tout ce que mon cœur renfermait de tendresse,
Quand, dans la nuit profonde, ô ma belle maîtresse,
Je venais en pleurant tomber dans tes bras nus !

La mémoire en est morte, un jour te l'a ravie
Et cet amour si doux, qui faisait sur la vie
Glisser dans un baiser nos deux cœurs confondus,
Toi qui me l'as appris, tu ne t'en souviens plus.

À UNE MUSE

OU

UNE VALSEUSE DANS LE CÉNACLE ROMANTIQUE [1]

STANCES

Quand Madame W[aldor] à P[aul] F[oucher] s'accroche [2]
    Montrant le tartre de ses dents,
Et dans la valse en feu, comme l'huître à la roche,
    S'incruste à ses muscles ardents ;

Quand, de ses longs cheveux flagellant sa pommette [3],
De son épine osseuse elle crispe les nœuds,
Coudoyant les valseurs, ainsi qu'une comète
    Heurte les astres dans les cieux ;

Quand, d'un sourire affreux glaçant la contredanse,
Suspendue au collet du hanneton crépu,
    Comme un squelette à la potence
    Elle agite son corps pointu ;

Quand la molle sueur qui de son sein ruisselle
    Comme l'huile d'un vieux quinquet,
Sur ses pieds avachis tombant de son aisselle
    Fait des dessins sur le parquet ;

Et quand, brisée enfin par la valse rapide,
    Nonchalante et fermant les yeux,
Elle laisse flotter sa mamelle livide [4],
Et darde un regard fauve au Werther pustuleux [5],

Alors, le ciel pâlit, la chouette siffle et crie [6],
Les morts dans leurs tombeaux se retournent d'horreur,
La lune disparaît, la rivière charrie,
    Et Drouineau devient rêveur [7].

AU RHIN[1]

O Rhin, sais-tu pourquoi les amants insensés,
Abandonnant leur âme aux tendres rêveries,
Par tes bois verdoyants, par tes larges prairies,
S'en vont par leur folie incessamment poussés[2]?

Sais-tu pourquoi jamais les tristes railleries[3],
Les exemples d'hier, ni ceux des temps passés,
De tes monts adorés, de tes rives chéries,
Ne les ont fait descendre et ne les ont chassés?

C'est que, dans tous les temps, ceux que l'homme sépare
Et que Dieu réunit, iront chercher les bois,
Et des vastes torrents écouteront la voix.

L'homme libre viendra, loin d'un monde barbare,
Sur les rocs et les monts, comme au pied d'un autel,
Protester contre l'homme en regardant le ciel.

À BUFFON[1]

Buffon, que ton ombre pardonne
   À ma témérité,
D'ajouter une fleur à la double couronne
   Que sur ton front mit l'immortalité,
De chanter un talent dont s'honore la France;
   Si ma muse n'a le pouvoir,
Elle peut être au moins l'écho de la science,
En disant qu'Aristote avait moins de savoir,
   Pline surtout moins d'éloquence.
Ces arbres, ces jardins, cette tour, ce beffroi
Rappellent à l'esprit ton génie admirable,
Ici j'aurai du moins laissé mon grain de sable
   Sinon des vers dignes de toi.

ÉPIGRAMME[1]

Par propreté, laissez à l'aise
Mordre cet animal rampant;
En croyant frapper un serpent
N'écrasez pas une punaise.

À GEORGE SAND

VII[1]

Porte ta vie ailleurs, ô toi[2] qui fus ma vie;
Verse ailleurs ce trésor que j'avais pour tout bien.
Va chercher d'autres lieux, toi qui fus ma patrie,
Va fleurir, ô soleil, ô ma belle chérie,
Fais riche un autre amour et souviens-toi du mien.

Laisse mon souvenir te suivre loin de France;
Qu'il parte sur ton cœur, pauvre bouquet fané,
Lorsque tu l'as cueilli, j'ai connu l'Espérance,
Je croyais au bonheur, et toute ma souffrance
Est de l'avoir perdu sans te l'avoir donné.

10 janvier 1835.

AUX CRITIQUES DU *CHATTERTON* D'ALFRED DE VIGNY[1]

I

Ô critique du jour, chère mouche bovine,
Que te voilà pédante au troisième degré!

Quel plaisir ce doit être, à ce que j'imagine,
D'aiguiser sur un livre un museau de fouine

Et de ronger à l'ombre un squelette ignoré!
J'aime à te voir surtout, en style de cuisine,
Te comparer sans honte au poète inspiré
Et gonfler ta grenouille aux pieds du bœuf sacré!

De quel robuste orgueil l'autre jour je t'ai vue
Te faire un beau pavois au fond d'une revue!
Oh! que je t'aime ainsi, dépeçant tout d'abord

Quiconque autour de toi donne signe de vie,
Et puis, d'un laurier-rose, amer comme l'envie,
Couronnant un chacal sur le ventre d'un mort!

II

Quand vous aurez prouvé, messieurs du journalisme,
Que Chatterton eut tort de mourir ignoré,
Qu'au Théâtre-Français on l'a défiguré;
Quand vous aurez crié sept fois à l'athéisme,

Sept fois au contresens et sept fois au sophisme,
Vous n'aurez pas prouvé que je n'ai pas pleuré.
Et si mes pleurs ont tort devant le pédantisme,
Savez-vous, moucherons, ce que je vous dirai?

Je vous dirai : sachez que les larmes humaines
Ressemblent dans nos yeux aux flots de l'Océan :
Qu'on n'en fait rien de bon en les analysant;

Et quand vous en auriez deux tonnes toutes pleines,
En les laissant sécher, vous n'en aurez demain
Qu'un méchant grain de sel dans le creux de la main[2].

À NINON[1]

Avec tout votre esprit, la belle indifférente,
Avec tous vos grands airs de rigueur nonchalante,

Qui nous font tant de mal et qui vous vont si bien,
Il n'en est pas moins vrai que vous n'y pouvez rien.

Il n'en est pas moins vrai que, sans qu'il y paraisse,
Vous êtes mon idole et ma seule maîtresse;
Qu'on n'en aime pas moins pour devoir se cacher,
Et que vous ne pouvez, Ninon, m'en empêcher.

Il n'en est pas moins vrai qu'en dépit de vous-même,
Quand vous dites un mot vous sentez qu'on vous aime,
Que, malgré vos mépris, on n'en veut pas guérir,
Et que d'amour de vous, il est doux de souffrir².

Il n'en est pas moins vrai que, sitôt qu'on vous touche,
Vous avez beau nous fuir, sensitive farouche,
On emporte de vous des éclairs de beauté,
Et que le tourment même est une volupté.

Soyez bonne ou maligne, orgueilleuse ou coquette,
Vous avez beau railler et mépriser l'amour,
Et, comme un diamant qui change de facette,
Sous mille aspects divers vous montrer tour à tour;

Il n'en est pas moins vrai que je vous remercie,
Que je me trouve heureux, que je vous appartiens,
Et que, si vous voulez du reste de ma vie,
Le mal qui vient de vous vaut mieux que tous les biens.

Je vous dirai quelqu'un qui sait que je vous aime :
C'est ma Muse, Ninon; nous avons nos secrets.
Ma Muse vous ressemble, ou plutôt, c'est vous-même;
Pour que je l'aime encor elle vient sous vos traits.

La nuit, je vois dans l'ombre une pâle auréole,
Où flottent doucement les contours d'un beau front;
Un rêve m'apparaît qui passe et qui s'envole;
Les heureux sont les fous : les poètes le sont.

J'entoure de mes bras une forme légère;
J'écoute à mon chevet murmurer une voix;
Un bel ange aux yeux noirs sourit à ma misère;
Je regarde le ciel, Ninon, et je vous vois;

Ô mon unique amour, cette douleur chérie,
Ne me l'arrachez pas quand j'en devrais mourir!
Je me tais devant vous; — quel mal fait ma folie?
Ne me plaignez jamais et laissez-moi souffrir.

LE PETIT MOINILLON[1]

Charmant petit moinillon blanc,
Je suis un pauvre mendiant.
Charmant petit moinillon rose,
Je vous demande peu de chose,
Accordez-le-moi poliment,
Charmant petit moinillon blanc.

Charmant petit moinillon rose,
En vous tout mon espoir repose.
Charmant petit moinillon blanc,
Parfois l'espoir est décevant.
Je voudrais parler mais je n'ose,
Charmant petit moinillon rose.

Charmant petit moinillon blanc,
Je voudrais parler franchement.
Charmant petit moinillon rose,
J'ai peur que le monde n'en glose.
Il me faut donc être prudent,
Charmant petit moinillon blanc.

Charmant petit moinillon rose,
Je ne sais quel démon s'oppose,
Charmant petit moinillon blanc,
À ce qu'on dorme en vous quittant.
N'en pourriez-vous dire la cause,
Charmant petit moinillon rose?

Charmant petit moinillon blanc,
Il faut que votre œil, en passant,
Charmant petit moinillon rose,
Ait fait une métamorphose,
Car je ronfle ordinairement,
Charmant petit moinillon blanc.

Charmant petit moinillon rose,
L'homme propose et Dieu dispose,
Charmant petit moinillon blanc,
Jamais un proverbe ne ment;
Permettez donc que je propose,
Charmant petit moinillon rose.

Charmant petit moinillon blanc,
Quand l'un donne et que l'autre rend,
Charmant petit moinillon rose,
Personne à perdre ne s'expose :
Et c'est le cas précisément,
Charmant petit moinillon blanc.

Charmant petit moinillon rose,
Si vous me donniez, je suppose,
Charmant petit moinillon blanc,
Votre étui noir brodé d'argent,
Je vous rendrais bien quelque chose,
Charmant petit moinillon rose.

Charmant petit moinillon blanc,
Je vous rendrais, argent comptant,
Charmant petit moinillon rose,
Ce que mes vers, ce que ma prose,
Pourraient trouver de plus galant,
Charmant petit moinillon blanc.

Charmant petit moinillon rose,
Jamais la fleur à peine éclose,
Charmant petit moinillon blanc,
N'aurait eu pareil compliment.
Je ferais votre apothéose,
Charmant petit moinillon rose.

Méchant petit moinillon blanc,
Vous direz « non » certainement.
Méchant petit moinillon rose,
Vous trouverez qu'à cette clause,
Vous perdez infailliblement.
Méchant petit moinillon blanc!

Hélas! petit moinillon rose,
Mon cœur est pour vous lettre close,
Hélas! petit moinillon blanc,
Il pourrait vous dire pourtant...
Mais, sur ce, je fais une pause,
Hélas! petit moinillon rose.

À AIMÉE D'ALTON

I[1]

Déesse aux yeux d'azur, aux épaules d'albâtre,
Belle muse païenne au sourire adoré,
Viens, laisse-moi presser de ma lèvre idolâtre
Ton front qui resplendit sous un pampre doré.

Vois-tu ce vert sentier qui mène à la colline?
Là, je t'embrasserai sous le clair firmament[2],
Et de la tiède nuit la lueur argentine
Sur tes contours divins flottera mollement.

II[3]

Si la flèche envenimée
Ne peut sortir de mon flanc,
La main de ma bien-aimée
Peut en essuyer le sang.

III[4]

Vous demandiez un impromptu.
Je l'ai tenté, mais n'y réussis guère.
Soyez sûr que pour vous complaire
Je l'aurais fait si j'avais pu.
À votre tour, essayez, ma maîtresse,
Et faites-moi jusqu'au tombeau
D'une douce et vieille tendresse
Un impromptu toujours nouveau.

IV[5]

Ayant passé la nuit à rimailler,
Malade encor de la Métromanie,
Je voudrais bien, sur le cœur de ma mie,
Tranquille et sage aujourd'hui sommeiller.
Sage, ai-je dit? est-ce une calomnie?
Venez, ma belle, et je vous en défie;
  Entrez chez moi sans m'éveiller.

À ULRIC GUTTINGUER[1]

Oui, cher Ulric, nous le voyions,
Ce ciel dont l'aspect vous amuse,
Et même nous le *respirions,*
Si ce mot plaît à votre muse.

Nous le voyions assurément :
Entre nous, j'en conviendrai même,
Nous avions le bonheur suprême
De le voir double en ce moment.

Pour un chrétien, quel agrément!
Jugez combien l'ivresse est sainte,
Puisque, avec deux verres d'absinthe,
On peut doubler le firmament.

Ne riez pas, l'absinthe est bonne;
L'Écriture en parle beaucoup,
Et quelque part, Dieu me pardonne!
Notre Seigneur en but un coup.

C'était, je crois, sur la montagne
Qu'on appelle Gethsémani;
Nous la vénérons fort ici,
Mais nous préférons le champagne.

Puisque vous venez nous vanter
Ce pendu qu'on adore à Rome,
Commencez donc par l'imiter;
Souvenez-vous qu'il s'est fait homme.

— Oui, cher Ulric, et nous courons
Au soleil, sur l'herbe fleurie,
Par les coteaux et les vallons,
Et nous menons gaiement la vie;

Et nous rions, et nous trinquons
Au fond des bois sur la bruyère;
Souvent même, ingrat, nous choquons,
À votre santé, notre verre.

Près de nous quand il vous plaira,
Vous vous étendrez sur la mousse;
Nous croyons que la vie est douce
Et que Dieu nous excusera.

C'est un grand tort que la jeunesse,
Nous le savons. — Que voulez-vous ?
Puisque chaque âge a sa faiblesse,
Dites quelques *ave* pour nous[2].

À LA SŒUR MARCELINE[1]

J'étais couché pâle et sans vie
Dans un linceul de sang glacé
Où la douleur et l'insomnie
Pendant trois nuits m'avaient bercé.

Pauvre fille, tu n'es pas belle,
À force de veiller sur elle
La mort t'a laissé sa pâleur;
En soignant la misère humaine
Ta main s'est durcie à la peine
Comme celle du laboureur.

Mais la fatigue et le courage
Font briller ce pâle visage,
Au chevet de l'agonisant.
Elle est douce, ta main grossière,
Au pauvre blessé qui la serre
Pleine de larmes et de sang.

. . . .

Poursuis ta route solitaire,
Chaque pas que tu fais sur terre,
C'est pour ton œuvre et vers ton Dieu.
Nous disons que le mal existe,
Nous, dont la sagesse consiste,
À savoir le fuir en tout lieu;

Mais ta conscience le nie.
Tu n'y crois plus, toi dont la vie
N'est qu'un long combat contre lui,
Et tu ne sens pas ses atteintes,
Car ta bouche n'a plus de plaintes
Que pour les souffrances d'autrui.

BOLÉRO[1]

Quand résonne ta castagnette,
La plus leste et la plus coquette,
C'est Pépa, ma Pépita,
    Mon beau lutin
Qui rit soir et matin.
    Ah!... j'aime, j'aime...
Ah! ah!... j'aime cette enfant-là[2].

Lorsqu'elle danse le dimanche,
L'œil au vent, le poing sur la hanche,
Ah! Pépita, ma Pépita[3],
    Tes beaux yeux bleus
Comme ils sont amoureux!
    Ah!... j'aime... j'aime...
Ah! ah!... j'aime cette enfant-là.

Si jamais Pépa m'oublie[4],
Si ma fleur, ma fleur chérie
Tombe brisée ou flétrie,
Toi, mon âme, et ma joie, et ma vie,
Tu pourras me trahir
Et moi mourir !...

Mais quelle folie ! Ô ma maîtresse !
Tes yeux pleins d'ivresse[5],
Le Seigneur les a faits
Aussi purs qu'ils sont beaux, aussi doux qu'ils sont vrais.
Allons ! ma belle
Cœur brave et fidèle[6],
Le soleil est dans les cieux.
Viens danser, viens chanter, et nous mourrons joyeux[7].

CHANSON[1]

Hélas ! hélas !
Que de maux sur terre !
Ah ! ah ! ah ! ah !
Que de plaisirs ici-bas !

— Ah ! portons mon désespoir
Loin de ma patrie...
Je vais enfin te revoir,
Ô belle Italie !

— J'ai perdu l'objet charmant
Qui fut ma maîtresse...
— Entrez chez nous un moment.
Dit la belle hôtesse.

— Plaignez le mal amoureux
Qui me désespère...
Et toi la fille aux doux yeux,
Remplis-moi mon verre.

STANCES À BULOZ[1]

Buloz, ma dernière heure est-elle donc venue?
Dois-je enfin vous compter parmi mes ennemis?
N'est-il donc rien d'humain[2] au fond d'une revue?
Et toute charité vous est-elle inconnue,
Vous qui disiez jadis être de mes amis,
De demander des vers que je vous ai promis?

Vous ne savez donc pas dans quelle conjoncture
Phébus vient, sous vos traits, me pousser un cartel?
Ô Dieu, sans mon respect pour la législature[3],
Si le gouvernement et la littérature
Reconnaissaient encor quelqu'un dans ce vieux ciel,
J'invoquerais un Dieu si je savais lequel[4]!

Rimer, ô mon ami! vous voulez que je rime!
Vous, à votre âge, un homme à qui j'ai cru la main,
Sinon pleine d'écus, pure de sang humain!
Vous qu'on voit en public feindre l'horreur du crime,
Vous que Brindeau[5] conseille et Sainte-Beuve estime[6],
M'enjoindre de rimer du jour au lendemain[7]!

CONFESSION
D'UN ENFANT DE L'AUTRE SIÈCLE[1]

Le temps ne nous corrige pas
Nous autres, personnes sensibles,
En vain les muses inflexibles
Voilent à nos yeux leurs appas;
Nous nous attachons à leurs pas
Ainsi que des enfants terribles;
Les fautes ne servent de rien.
Pour en éviter de nouvelles,
Nous rimons mal, nous péchions bien.

À défaut d'amour et de belles
Les vers tourmentent nos cervelles
Toujours... et nous nous obstinons,
Comme en leur foi les hérétiques.
Mil huit cent vingt! nous éclosions
Dans les *Mélanges poétiques*[2],
Livre plein de prétentions
Aux enivrements érotiques.
Puis dix ans nous nous reposions
Au sein des dames romantiques,
Venaient après?... je ne sais plus,
Sinon que c'était du plus tendre,
Du cœur brisé, des sens émus,
Et beaucoup de vœux superflus.
Dix nouveaux ans encor de fièvre!
Arthur paraît, le malheureux[3],
Déplorablement vertueux,
Triste réveil d'un charmant rêve!
Est-ce la fin? Hélas! hélas!
Voilà que viennent des *Lilas*[4]!
C'est l'amitié qui les fait naître,
Le temps d'éclore et de paraître,
De parfumer une fenêtre,
Et tout est dit de cette fois!
C'en est bien fait, amis, mes maîtres;
Dans ces lieux où je vous reçois
Vous ne trouverez plus de traîtres.
Oh! ces vers! sont-ils négligés,
Mal équipés, mal arrangés,
Avec des trous à leur chemise!
Et se présenter, ainsi faits,
À leurs seigneurs, que de sottise!
Pauvres amis, pardonnez-leur;
Ils connaissent bien leur faiblesse.
Ils vous diront : excusez leur vieillesse,
La grande faute de l'auteur[5].

LE VOYAGE À PONTCHARTRAIN[1]

Paul, un soir, par la droite rive[2]
Arrive

Croyant voir Madame Aubernon'
      Mais non.

Où faut-il en quittant Versaille
      Qu'on aille?
Retrouver Hetzel à Meudon?
      Va donc!

Hetzel, versant du vin à douze,
      En blouse,
Régalait un de ses amis
      Bien mis.

La compagnie offre une prise,
      Surprise;
On sert au convive nouveau
      Du veau.

Mais, dit Hetzel, cassant sa croûte,
      En route!
Pour voir Montfort et Pontchartrain
      Bon train!

Je crois, dit Paul, que l'on m'invite
      Bien vite;
Ce n'est pas d'aller à Montfort
      Mon fort.

Sur un cheval ou sur un âne
      C'est crâne.
Mais, dit Hetzel, nous n'irons pas
      Au pas.

Je vais tirer de ma sacoche
      Un coche.
Prête ton tape-cul neuf,
      Aubeuf!

Paul accède, et, bravant la Parque,
      S'embarque!
Il quitte pour faire sept lieues
      Ces lieux.

— Aubeuf, je trouve que ta hotte
　　　　Cahote;
Nous sommes comme des harengs
　　　　En rangs!

— Mais, laisserons-nous dans l'attente
　　　　Ma tante?
Dit Aubeuf; j'ai d'un souper froid
　　　　Effroi.

Hetzel, tranquille et sans rancune
　　　　Aucune,
Dit : J'ai, ma foi, dans ce réchaud
　　　　Très chaud.

Le coche près d'une charrette
　　　　S'arrête!
Ô spectacle! on découvre au loin
　　　　Du foin!

Mais, déjà, sur la nappe blanche,
　　　　L'éclanche
Fumait, écrasant de son poids
　　　　Des pois.

Et, couvrant d'un vin délectable
　　　　La table,
Une jeune enfant, douce à voir,
　　　　L'œil noir,

Le front baissé sous sa cornette
　　　　Fort nette,
Faisait froufrou de son jupon
　　　　Fripon.

— Messieurs, dit avec politesse
　　　　L'hôtesse,
Vous aviez deux coussins étroits
　　　　Pour trois.

— Non pas, dit Hetzel : sur mon âme,
Madame,
J'ai trouvé ce cabriolet
Mollet!

Mais Aubeuf comme une torpille
Roupille.
— Tu t'en vas déjà te coucher,
Cocher?

Paul pourfend comme une flamberge
L'auberge;
Hetzel va dans le poulailler
Bâiller.

Aussitôt viennent les punaises[4],
Bien aises
De pouvoir d'un jeune étranger
Manger[5].

Mais Hetzel, trouvant *l'Estafette*[6]
Parfaite,
Lit jusqu'au jour ce matinal
Journal.

Dans son lit, Paul, dont le nez gonfle
Et ronfle,
Donne au diable tous ces taudis
Maudits.

Un roulier, tenant sa chandelle
Très belle,
Entre tout à coup en sabots[7]
Pas beaux.

Mais déjà dans la cheminée,
Minée,
Voit ses enfants effarouchés
Couchés,

Et sur la gouttière que dore
       L'aurore
Fait sa toilette un freluquet
       Friquet.

Paul, se penchant à sa croisée
       Boisée,
Découvre Hetzel, sous un hangar,
       Hagard.

— Oh! dit Paul, l'air vous enlumine
       La mine;
Vous n'avez pas très bien dormi,
       L'ami!

— J'ai, dit Hetzel, fait un bon somme,
       En somme;
Mais je me suis levé matin,
       Mâtin [8] !

Aubeuf, devant son haridelle
       Fidèle,
Sous l'enseigne d'un cabaret
       Paraît.

Adieu, vallons, coteaux, campagnes,
       Montagnes!
Paul rentre sur ses échalas
       Fort las.

Et, de retour, dans sa chambrette
       Proprette,
Il trouve, sur son canapé
       Campé,

Bonnaire [9], qui, sombre, à peine ivre,
       Se livre
À d'inconséquents et fréquents
       Cancans [10].

À MADEMOISELLE MELESVILLE[1]

Bénis soient le moment, et l'heure, et la journée,
Et le temps et les lieux, et le mois de l'année,
Et la place chérie où, dans mon triste cœur,
Pénétra de ses yeux la charmante douceur!

À MADAME JAUBERT[1]

Qu'un sot me calomnie, il ne m'importe guère.
Que sous le faux semblant d'un intérêt vulgaire,
Ceux mêmes dont hier j'aurai serré la main,
Me proclament ce soir ivrogne et libertin,

Ils sont moins mes amis que le verre de vin
Qui pendant un quart d'heure étourdit ma misère.
Mais vous qui connaissez mon âme tout entière,
À qui je n'ai jamais rien tu, même un chagrin,

Est-ce à vous de me faire une telle injustice,
Et m'avez-vous si vite à tel point[2] oublié?
Ah! ce qui n'est qu'un mal, n'en faites pas un vice.

Dans ce verre où je cherche à noyer mon supplice,
Laissez plutôt tomber quelques pleurs de pitié
Qu'à d'anciens souvenirs devrait votre amitié.

MADRIGAL
À AUGUSTINE BROHAN[1]

Adieu, Brohan, rapportez-nous vos yeux[2]
Si charmants quand ils sont joyeux,

Si doux quand vous êtes pensive!
Avant d'aller sur l'autre rive
Rencontrer fortune et succès
(Tandis que je perds mon procès),
Prenez votre mine attentive,
Regardez-vous dans un miroir français.
Vous voyez bien cette petite fille[3]
Après laquelle Meg[4] sautille,
Ce rond visage au nez pointu,
Amusant comme un impromptu,
Cette taille leste et gentille,
Ces perles fines, où babille
L'esprit charmant de la famille,
Cette fossette à l'air moqueur,
Ces bonnes mains pleines de cœur,
Ce corset qu'a serré Domange,
Ce diablotin fait comme un ange,
Que l'heureux Desmarets poudra...
Ah! Brohan, ma chère, en voyage,
Est-il bien prudent, à votre âge,
Que vous emportiez tout cela?

EN LISANT LE JOURNAL[1]

Même en pleurant, même en tremblant,
Même étourdi par ton tonnerre,
Je n'aurais pu suivre sur terre,
César, ton éperon sanglant,

Ni toi, belle âme mal coiffée,
Gros débauché de Mirabeau,
Dont la perruque ébouriffée
Remplit un immense tombeau.

Mais si deux figures pareilles
Habitaient dans ce pays-ci,
Devant leurs yeux, à leurs oreilles
Qui donc viendrait parler ainsi?

L'on nous menace de nous battre
Entre deux bateaux à vapeur,
Et l'on nous dit : « Un contre quatre! »
Et l'on nous propose la peur.

Que disait donc cet imbécile
Dans son grand vieux cœur innocent,
Quand il tombait à Belleville
Noir de poudre et rouge de sang?

« Ils sont trop! » Mais l'Europe entière
S'était alors mise en chemin,
Ce spectre dans son cimetière
S'avançait le sabre à la main.

Français, succès; — gloire, victoire;
Si tout cela rime à peu près,
Chez nous, du moins on devrait croire
Que le hasard l'a fait exprès!

Depuis qu'en un autre langage,
On a si bien parlementé,
Il nous pousse un nouveau courage;
L'audace de la lâcheté.

Ce journal qui vous rompt la tête
Fait venir les larmes aux yeux,
Et pourtant, pourtant, c'est bien bête,
C'est bien enfant et c'est bien vieux.

Et je lisais pourtant près d'elle,
Ce long discours fade et malsain;
Son noble cœur — qu'elle était belle! —
Battait tout entier dans son sein.

STANCES

À MADAME RISTORI [1]

P<small>OUR</small> Pauline et Rachel, j'ai chanté l'Espérance,
Et pour la Malibran, je me suis attristé.

Grâce à toi, j'aurai vu, dans leur toute-puissance,
    La Force unie à la Beauté.

Conserve-les longtemps ; celui qui t'en supplie
À l'appel du génie eut le cœur toujours prompt.
Rapporte en souriant, dans ta belle Italie,
    Une fleur de France à ton front.

Quelqu'un m'avait bien dit, revenant de voyage,
Que nous autres Français nous ne connaissions rien,
Qu'il t'avait par hasard entendue au passage,
Et gardait dans son cœur un cri parti du tien.

Quelqu'un m'avait bien dit que, malgré la misère,
La peur, l'oppression, l'orgueil humilié,
D'un grand peuple vaincu le genou jusqu'à terre
    N'avait pas encore plié ;

Que ces dieux de porphyre et de marbre et d'albâtre,
Dont le monde romain autrefois fut peuplé,
Étaient vivants encor, et que dans un théâtre
Une statue antique, un soir, avait parlé...

BILLET À ARSÈNE HOUSSAYE[1]

Oui, j'ai vu lever l'aurore !
Les rayons pâles encore
Dansaient sur le haut des toits,
Quand, sans souci d'Hippocrate
Qui m'avait dit : « Lis Socrate ! »
Me voilà courant les bois.

Pour ouïr les airs antiques,
Dans mes délires rustiques,
Je vais tout droit devant moi.
Monts, villas, forêts, l'espace,
Tout disparaît, tout s'efface !
De la terre je suis roi.

Voici Rueil, ce gai village
Sur qui plane au loin l'image
Du rouge et blanc cardinal[2],
Dans l'église j'imagine
Que rit encor Joséphine
Sous le marbre sépulcral[3].

Plus loin Malmaison, l'asile
Des royautés qu'on exile,
Se cache au pied du coteau.
Là, César, pendant ses veilles,
Consul, rêva les abeilles
De l'impérial manteau !

Verts bosquets de Louveciennes,
Oh ! que de fêtes païennes
Sous votre ombrage embaumé,
Lorsque la folle comtesse
Guidait les chœurs de l'ivresse
Pour Louis le Bien-Aimé[4] !

Sous ces arbres que l'automne
Frappe d'or, mais découronne[5],
Que de baisers échangés !
Combien de nobles bacchantes
Sur leurs gorges provocantes
Ont effeuillé d'orangers !

Palais mignon et superbe !
Sur le velours de cette herbe[6]
Où plus d'un beau sein roula,
Sous ce hêtre où je m'appuie,
Sur ce perron qui s'ennuie,
Du Barry vous enjôla[7].

Poète au charmant sourire,
Vous qui prenez pour écrire
Les vifs crayons de Latour,
Vous qui me contez l'histoire,
Sans beaucoup d'art oratoire,
De ces jours dorés d'amour,

Par vous je vois apparaître,
Comme aux nuits du royal maître,
Bals, concerts, jeux et festins,
Ducs chamarrés de dentelles,
Grandes dames point rebelles,
Petits abbés libertins,

Chapeaux dont la plume ondoie,
Talons rouges, velours, soie,
Tout l'adorable tableau,
Le roman et le poème
Dont vous seriez bien vous-même
Le Laclos et le Watteau!

Pour rendre à tous ces beaux arbres,
À ces buissons, à ces marbres,
Leur éclat de neige et d'or,
À la royale demeure,
Oui, vous manquez à cette heure,
— Mais à moi bien plus encor[3]!

Crayonnés sous les arbres de Louveciennes, 5 octobre 1851.

UNE PROMENADE
AU JARDIN DES PLANTES[1]

SONNET

Sous ces arbres chéris, où j'allais à mon tour
Pour cueillir, en passant, seul, un brin de verveine,
Sous ces arbres charmants où votre fraîche haleine
Disputait au printemps tous les parfums du jour;

Des enfants étaient là qui jouaient alentour;
Et moi, pensant à vous, j'allais traînant ma peine;
Et si de mon chagrin vous êtes incertaine
Vous ne pouvez pas l'être au moins de mon amour.

Mais qui saura jamais le mal qui me tourmente ?
Les fleurs des bois, dit-on, jadis ont deviné !
Antilope aux yeux noirs, dis, quelle est mon amante ?

Ô lion, tu le sais, toi, mon noble enchaîné ;
Toi qui m'as vu pâlir lorsque sa main charmante
Se baissa doucement sur ton front incliné[1].

SUR MES PORTRAITS[1]

Nadar, dans un profil croqué,
    M'a manqué ;
Landelle m'a fait endormi
    À demi ;
Biard m'a produit éveillé
    À moitié ;
Le seul Giraud, d'un trait rapide,
    Intrépide,
Par amour de la vérité
    M'a fait stupide ;
Que pourra pondre dans ce nid
    Gavarni ?

SUR MADEMOISELLE CHAMPMESLÉ[1]

Dans ce siècle où l'on disputait
Sur le moderne et sur l'antique,
On dit que Champmeslé chantait
Plutôt qu'elle ne récitait...
Je le crois... mais quelle musique !

NAPOLÉON[1]

I

Oh! d'ennemis sans foi grand vainqueur et bon hôte,
Dis-nous, dis-nous laquelle eut la voix la plus haute,
Ou bien de cette mer de peuples, de soldats,
Qui roulait à tes pieds vivante, et dans ses bras
Te prenait, comme fait d'un enfant sa nourrice;
Ou de cette autre mer, éternel précipice,
Qui, brisant son flot morne au rocher d'un écueil,
Te vit vieux avant l'âge et ferma ton cercueil!

II[1]

Napoléon! ton nom est un cri dans l'histoire
Un immortel écho réveillant l'avenir,
    Et lui disant qu'il fallait de la Gloire
        Encor se souvenir.

Au temps où tu parus on l'avait oubliée
La France s'inclinait sous l'infernal couteau,
Elle allait s'endormir quand tu l'as réveillée
    Au pont d'Arcole agitant ton drapeau[2].

Elle comprit alors que ce vaste ossuaire
Qu'avaient fait en passant les exterminateurs,
Que ce hardi drapeau n'était pas un suaire
    Et qu'il pouvait mener ailleurs!

    Où donc? À la mort, à la Gloire!
    Ainsi disait Polyeucte mourant.
    Sur le beau sein de la belle Victoire,
    Ainsi mourut un guerrier expirant.

    France, dont l'Aigle, amour de la Patrie,
    Sur nos soldats planait du haut des cieux,
    Ouvrant son aile ou sanglante ou meurtrie
    Suivait partout ce jeune audacieux.

Adieu, temps immortels, les plus grands de l'histoire,
 Vous les plus chers aux Muses de mémoire;
  Sur cette cendre que j'aimais
  Il faut écrire « À tout jamais ».

 Tu sais qu'on t'aime et tu crois qu'on t'oublie,
  Tombeau vivant de nos aïeux,
 Terre où leur cendre, à peine ensevelie
 S'arrose encor des larmes de nos yeux.

APPENDICE

FRAGMENTS DE POÉSIES
POÉSIES ATTRIBUÉES
A ALFRED DE MUSSET

FRAGMENTS DE POÉSIES

I

LA PRÊTRESSE DE DIANE[1]

Il vint sous les figuiers une vierge d'Athènes,
Chaste et blanche[2], puiser l'eau pure des fontaines,
De marbre pour les bras, d'ébène pour les yeux.
Son père est Noémon de Crète, aimé des dieux.
Elle, faible et rêvant, mit l'amphore sculptée
Sous les lions d'airain, pères de l'eau vantée
Et féconds en cristal sonore et turbulent.

II

AGNÈS[1]

Un soir Agnès quitta son livre d'oraison
Et chacun s'arrêtait au seuil de sa maison
C'est que des anciens jours elle chantait l'histoire
Ou, posant son bras nu sur la harpe d'ivoire,
Pensive écoutait l'eau qui se fie en tremblant
Au bassin de granit qu'entoure un marbre blanc ;
Et cependant sa voix mêlait une ballade
Au murmure moqueur de la blanche cascade.

Toi, sous ces oliviers qui viens chanter à l'heure
    De nuit,
Vierge, tes chants sont doux, mais ton ange qui pleure
    S'enfuit ;
Il pleure près du lac te voyant sur la rive
    T'asseoir ;

Et s'enfuit car lui-même il a peur quand arrive
                Le soir.
Vierge, au soleil couchant, quelqu'un sous ta fenêtre
                Passait,
Et, l'observant de loin, tu connaîtras peut-être
                Qui c'est.
Peut-être, hélas! il faut qu'il meure, et qu'il te voie
                Demain,
Et peut-être il vient voir sous le store de soie
                Ta main.
Vierge, ta voix est douce, au moment où s'achève
                Le jour,
Mais, crois-moi, tes chansons ne valent pas un rêve
                D'amour.
Crois-moi, car je me meurs, que l'on ensevelisse
                Mon corps
Ou dans quelque palais avec un grand office
                Des morts,
Ou dans quelque moutier, par une abbesse austère
                Fermé;
Va, j'ai beaucoup vécu, car j'ai beaucoup sur terre
                Aimé.

Elle chantait ainsi lorsque son père entra.
Son père était le vieux Sanchez de Guadarra,
Et, venant l'embrasser, comme il s'assit près d'elle,
Il se sentit joyeux en la trouvant si belle,
Car, au vieux commandeur, la vierge avait souri :
« Par Saint-Eustache, Agnès, il te faut un mari »,
Dit-il. Agnès pâlit, car deux fois fiancée,
Une main dans sa main deux fois s'était glacée,
Et, vierge, elle était veuve, en deuil de deux époux.
L'un, tout jeune, à l'autel n'était pas à genoux
Qu'il tomba sur le front sans dire une prière;
L'autre, grand et hardi, resta comme une pierre,
Et mourut tout debout dans son armure d'or!
Agnès ferma les yeux croyant les voir encor.
Mais le vieillard gaiement relevant sa moustache,
« Il te faut un mari, dit-il, par saint Eustache;
N'aimes-tu pas le fils du seigneur Rodriguez,
Carlos? Oui, c'est un brave .» (Il vit rougir Agnès.)
« Juan, son frère aîné, n'a rien de mieux à faire
Que, pour les biens du ciel, quitter ceux de la terre;

Qu'il aille en paradis et nous laisse en repos.
Homme qui porte un casque en vaut deux à chapeaux,
Quatre portant bonnet, douze portant perruque[2]. »

III

TROIS PIERRES SUR LA DUNE[1]...

Trois pierres sur la dune, au revers trois bandits,
Trois stylets dans leur sein. Sur les flots alourdis
Où commence avec l'ombre à s'engrosser la nue,
Dégoutte, au long des toits, une onde tiède et nue.
C'est entre chien et loup, comme on dit. Par instant,
À peine au quai noirci passe un manteau flottant.
D'ailleurs, la grève est large et sombre. Les lanternes
En spectres incertains y croisent leurs feux ternes.
Pas un pied n'y remue, et chaque coup de vent
Fait heurter une vitre en un prochain couvent.
— Pippo, dit l'un des trois, estimes-tu qu'en somme
Ce vieux renard nous ait assez payé notre homme?
J'ai vent que le bon sire est dur sur les écus
Et qu'il n'en mourrait pas pour donner un peu plus[2]!
— Bah! dit l'autre, as-tu peur? Voilà deux matinées
Que je passe à rien faire, et mes après-dînées
À dormir contre un mur, au bas d'un escalier...
On s'ennuie à la fin. D'ailleurs, le cavalier
Mort, à nous le cheval! Ça fera des cigares
Pour un mois, et de quoi remonter nos guitares!
Et si l'homme est à pied, nous aurons le pourpoint,
Sans compter les revers, s'il met l'épée au poing!
— Dieu le sait! dit Pippo. Le ventre à la besogne,
Et non le dos! Mieux vaut la hart que la vergogne[3]!
— Paix, bavards! prit le tiers. On vient, êtes-vous prêts?
C'est le temps d'escrimer, et gare les jarrets!
Tous trois, sur leurs poignards s'inclinent. — Mais l'alerte
Est fausse, Gaëtan! La plume est noire ou verte,
Et celle qu'il nous faut est blanche! — Mort de Dieu!
Prit le premier causeur, est-ce l'heure et le lieu
Qu'on nous fasse en plein vent garder le pied de grue,
D'un temps à ne pas mettre un chien mort dans la rue?

Le tout pour qui? Pour rien! — Cousin, dit Gaëtan,
Si le talon t'en dit, nous voilà deux, va-t'en!
—Hum! dit le vieux brigand, grinçant dans sa moustache,
Sans doute autant de pris. Il s'assit. — Que je sache,
C'est vrai qu'on m'a payé pour tuer un passant,
Mais non pas pour l'attendre! Et s'il en passe cent?
— Vive Dieu, dit Pippo, c'est quand son gibier passe
Qu'on voit, d'un franc limier, s'il est de bonne race.
— Je le veux, poursuivit l'autre, et pour franc limier,
Par saint Jean! nous verrons qui s'enfuit le premier.
Me juges-tu le cœur si faible, et qu'à la tâche
Pour avoir le poil gris on ait la main plus lâche?
Sais-tu bien seulement que j'étais condamné
Et qu'on m'avait pendu, que tu n'étais pas né?
Oui, mon fils, et Dieu sait où j'en serais à l'heure
Qui sonne, si la corde avait été meilleure!
Croyez-moi, mes enfants, quand on a, du licou,
Vu le prévôt descendre à cheval sur son cou,
On comprend qu'il est dur d'aller gagner sa vie
À guetter les passants sur les quais, par la pluie,
Et que les gens heureux sont les lazzaroni
Qui vivent d'eau, de fruits et de macaroni.
— Vrai, dit l'autre, en ce cas, tu sais mieux que personne
Ce que pèse un gredin dans sa peau! Je m'étonne
Que Satan, t'ayant pris à la gorge une fois,
Ne t'ait pas, dans la nuque, enfoncé mieux les doigts!
Étais-tu donc trop maigre? Ou si c'est que ton âme
S'est rouillée à l'étui comme une vieille lame[1]?
— Je ne sais, mon enfant, c'est un moment passé!
Mais ma barbe, à l'endroit n'a jamais repoussé!
— Bavards, reprit encor le tiers, ferez-vous trêve?
Je viens de voir un bac aborder à la grève;
Laissez-le prendre au large, et ne nous montrons pas
Avant qu'il ait paru sous ce falot, là-bas!
— Cette fois, dit Pippo, c'est lui-même! Et l'ouvrage
Nous vient! Voici l'oiseau : je l'avise au plumage!
Main haute et chapeau bas!...
                            Ce qui fut dit fut fait,
Quelqu'un le long du mur arrivait en effet[5].

IV

AINSI, LORSQU'AUX BEAUX JOURS[1]...

Ainsi, lorsqu'aux beaux jours de Florence et de Rome,
Plein d'amour pour les arts, quelque pâle jeune homme
Venait chez Raphaël dire à Jules Romain :
« Maître, je viens apprendre à peindre sous ton maître !... »
Jules, sans dire un mot, lui montrait de la main
L'autre au pied de sa toile, où commençait peut-être
À sortir lentement des ombres du néant
La tête d'une vierge ou la main d'un enfant.
« Silence, disait-il, le maître est à l'ouvrage ! »

Et le nouveau venu s'arrêtait, admirait.
Formé dans son école au simple apprentissage
De suivre son modèle, en rendant trait pour trait,
Et de ne s'attacher qu'à des lignes fidèles :
« Comment donc, disait-il, comment fait celui-ci ?
Il n'a pas un crayon, pas un trait devant lui;
Il regarde les cieux; où donc sont ses modèles !... »

Et tandis que le peintre, autour des lourds arceaux,
Sur le marbre divin promenant ses pinceaux,
Semait assidûment la lumière et la vie,
L'écolier, méprisant sa jeunesse endormie,
Répétait : « Qu'ai-je fait ? Insensé, qu'ai-je fait ?
Malheur à moi ! Trop tard j'ai connu l'Italie !
Mes beaux jours sont perdus !... » Alors, dans sa folie,
Il brisait ses pinceaux sur le marbre et fuyait...

V

TOUT RENAÎT[1]...

Tout renaît, la chaleur, la vie et la lumière.
Le monde, en souriant, vient de se réveiller.

Toi seul, George, toi seul, dans la nature entière
Tu détournes les yeux, jusqu'à ton cœur glacé
De ce soleil de mai nul rayon n'a passé.
La brise passe en vain sur la corde brisée[2],
Et ton âme à la fraîche et céleste rosée
Ne se rouvrira pas.
                  Non, c'est par un beau jour
Que des lieux pleins jadis de bonheur et d'amour
Sont tristes et cruels. Ainsi qu'une maîtresse
Déloyale et sans cœur quand elle nous délaisse
Nous sourit sans pitié, de même dans ces lieux
Tu souris, ô nature! à l'œil du malheureux.
Vous fuyez maintenant. À peine à l'horizon[3],
Je vous parlais encor, vous qui m'avez vu naître.
Mon cœur va se briser quand tu vas disparaître.
Pitié! pitié! mon Dieu j'ai perdu la raison
Comme ce prince, issu d'une race sacrée
Qui jeta dans un lac une bague adorée
Après d'autres humains croyant vaincre l'amour[4].

VI

OÙ VAS-TU DONC VULPIO[1] ?...

Où vas-tu donc Vulpio? Qui penses-tu donc fuir[2]?
Sous quel[quelque]ciel lointain trouveras-tu deux heures[3]
Du sommeil d'autrefois? S'il est temps que tu meures
Plonge. Comme un linceul prêt à t'ensevelir,
Le flot s'ouvre et t'invite. Une chétive planche
Est là, pour tout obstacle, entre la mer et toi.
Plonge, c'en est assez[4].

VII

LES DERNIERS MOMENTS
DE FRANÇOIS Ier[1]

LE ROI

LA peste... un fils de France[2]! Ô mes aïeux bénis!
La peste à moi François!... Monseigneur Saint Denis!

Avoir couru les champs, et l'église, et la chasse
Sans dépister ce chien qui me suit à ma trace!
Avoir vu Rambouillet, Loches, Tours et Paris!
Je veux aller à Rome à pied si je guéris!

LE FOL (*Il chante.*)

Je ne suis qu'un ignare
N'ayant jamais porté
En hiver de simarre
Ni de barbe l'été!
Mais, hier à la nuit noire,
Quelqu'un parlait de toi.
Nul ne sait son histoire
Que Belzébuth et moi,
Et qui peut te l'apprendre
Peut aussi faire pendre
Un avocat du roi[2].

LE ROI

Dieu du Saint Évangile... Ô Dieu! j'ai fait pourtant
Brûler par Bonneval tout un bourg protestant!
Dans un pourpoint de fer, certes, je fus à l'aise:
Maintenant je suis mort, ma cuirasse me pèse.
Ô mon cousin Bayard! Il mourut tout poudreux,
Les reins tout fracassés. Il était bien heureux.

(*Délirant.*)

Ô parmi les tournois, les écharpes dorées
Les vieux barons de fer, les femmes adorées!...
Ô soleil d'Italie! Ô mon beau Milanais!
Où trouver pour mourir, tes champs, si je renais!
Mourir la dague au poing, mourir le casque en tête,
Des éclairs que l'acier croise dans la tempête!
En bas d'un palefroi saillir contre un sol dur,
Et tomber sur le dos, sous un beau ciel d'azur!...
Hardi, mes preux sans peur, ma vaillante noblesse!
Hardi, mes lansquenets dans la mêlée épaisse!
Hardi, c'est d'Alençon sur la colline assis!
C'est Chabanne et ses gens, de poussière noircis!
Bien combattu, Dunois! comme il court! comme il vole!
Je te fais duc et pair, Dunois, sur ma parole!
Trivulce! À Marignan, à bien d'autres endroits,
Mes féaux serviteurs, on vous a vus tous trois!

Marignan laissa-t-il, entre vos cicatrices,
De quoi, sur votre cœur, écrire vos services ?
Quelle bataille, ami ! Elle dura deux jours.
Un soir vint... puis un autre... on se battait toujours ;
Et de faim, ni de soif, nul ne sentait l'envie !
Deux jours... nul ne songea qu'à sa mort ou sa vie,
Et les bataillons noirs se heurtaient dans la nuit,
Et, fatigués du bruit, n'entendaient plus le bruit.
On se battait. — Quand vint, un matin, le silence,
Comme, tout étonné, je restais sur ma lance,
La Trémouille arriva qui me dit : « Ils sont morts ! »
Et je vis, en effet, que l'on comptait les corps.

LE FOL *(Il chante.)*

    Maître, oyez sur ce point
    Une âme détrompée
    Qui porte mieux au poing
    Un faucon qu'une épée ;
    J'ai pour armée un chien,
    Mon pourpoint pour royaume,
    Pour Dieu, le majordome,
    Et pour maîtresse, rien.
    Or, ferais-je grand'chose
    D'un médecin de rois,
    Moi qui n'ai pas de rose
    Pour me piquer les doigts ?
    Si mon esprit trébuche,
    Je m'en vais de ce pas
    Consulter ma perruche
    Qui me parle tout bas.
    J'entends aussi le dire
    De mon rouge écureuil,
    Car il rit de mon rire
    Et dort dans mon fauteuil.
    Si donc, mélancolie
    Vient chez le potentat,
    Il trouve la folie
    Dans son conseil d'État.
    Et qu'importe à ma vie
    Marignan ou Pavie,
    Le flux ou le reflux !
    Je veux, quand, chaque année,
    Ma marotte est fanée,

À la nouvelle née
Mettre un grelot de plus.

LE ROI

C'est toi, mon pauvre fol, tu ris! Ah! mon mignon,
Je meurs!

LE FOL

Je meurs aussi; suis-je ton compagnon?
Vite, dis-nous ton mal, maître, afin que j'en meure.
Notre aïeul Charlemagne est-il à sa demeure?
Nous allons y frapper et souper avec lui.
Çà, de quoi mourrons-nous? de plaisir ou d'ennui?
La première heure est triste, égayons la dernière!

LE ROI

Bien dit! — Mon page, amène ici la Féronnière.

LE FOL

Ce conseil est mauvais; si tu meurs aujourd'hui
De plaisir, moi, demain, je vais mourir d'ennui.

LE ROI

Ma maîtresse! Je veux, puisque mon soir s'achève,
Au sommeil éternel m'en aller par un rêve;
Et qu'empruntant une aile aux suaves concerts
Mon âme, comme un chant, s'exhale dans les airs.
Ah! s'il nous faut mourir en justaucorps de soie,
À défaut de la gloire, amis, prenons la joie;
Car la joie, après tout, c'est le meilleur des biens!
Des fleurs! — Du vin de Chypre! — Et mes Italiens!
Rions!... Ô Dieu vengeur! ô l'horrible souffrance!
Un prêtre, un aumônier!... Adieu, ma belle France!...

Et, du page qui court une torche à la main,
Le mantel d'or, pourtant, flotte sur le chemin,
Car il sait avertir de loin la Féronnière...
Mais dans sa chambre où dort la lampe funéraire,
L'avocat à l'œil dur est en habits de deuil;
Il se penche pour voir sa femme en son cercueil
Et dit : « Le duc d'Étampe eut pour lui sa Bretagne
Bien! au lieu du remords le mépris l'accompagne.
Chateaubriant eut peur et n'ouvrit qu'un tombeau

Sa vengeance boiteuse oublia le plus beau⁶.
Mais, certes, qui verrait cette femme en sa couche
Avec ce maigre corps, ces longs bras, cette bouche
Convulsive, où la mort ressemble à la douleur,
Qui n'a plus rien d'humain, pas même la pâleur,
Qui verrait ce cadavre et se souvient de l'ange,
Celui-là frémirait, sachant comme on se venge!
François, si tu la veux, je vais te la porter;
Puisque au jour de mourir il te faudra compter
Par maîtresse, une tombe, allons! et qu'à l'envie,
La peste affreuse et blême au plaisir vous convie;
Qui fut vierge en tes bras, comme un fantôme en sort,
Et ton royal amour n'a donné que la mort!
La voilà. Quand sa mère au ciel rendit son âme
Ses mains avec ses pleurs en avaient fait ma femme,
Elle, la pauvre enfant, n'avait pas d'autres biens
Et la voilà! Son corps ferait horreur aux chiens!
Tant mieux! Et que le roi la suive et que la terre
Comprenne la leçon puissante et salutaire!...
Mais si ce roi pourtant ne devait pas mourir⁷!

— Et de la part du Roi quelqu'un cria d'ouvrir.
Il tressaillit, et comme il allait à la porte,
Se retourna deux fois disant : « Elle est bien morte⁸. »

VIII

L'OUBLI DES INJURES¹

> *I will be found most cunning in my patience*
> *But (dost thou hear?), most bloody.*
>
> SHAKESPEARE².

I

Mon fils, mon pauvre fils, cria la vieille mère,
Lorsque Renaud rentra. Son front sous la poussière
Ruisselait; il frappa du pied sur le pavé
Et grommela tout bas : Je ne l'ai point trouvé.

— Hélas! mon pauvre fils, la nuit vous est fatale.
Mon Georges, mon enfant! Voici bientôt deux jours
Que tu nous as quittés! (Elle le vit si pâle
Qu'elle fut sur le point d'appeler du secours.)
— Laissez-moi seul, dit-il. La vieille tout en larmes
Suppliait : Je vous dis, reprit le montagnard,
Que vous vous retiriez. S'avançant vers ses armes
Aussitôt qu'il fut seul, il saisit son poignard.
— Ami, viens, lui dit-il. Viens! que ta froide lame
Glisse sur mon sein nu! tu me guériras mieux
Que des vins sans chaleur ou que des cris de femme;
Viens sur mon cœur, et là, reste silencieux.
Nous sommes offensés. — Offensés? Vas-tu dire,
Oui, d'hier, le seul jour où tu m'abandonnas.
L'outrage fut cruel, et suivi d'un sourire;
Je frappai ma poitrine et ne t'y trouvai pas.
Ô mon vieux compagnon, quelle horrible journée!
Mais te voilà! Voilà ta place accoutumée
Où tu dors, suspendu comme un saint crucifix[3].
Pourras-tu me venger? Peut-être tu souris
De me voir abattu pour un jour de voyage.
Tel est l'homme! Bien plus, au moment de l'outrage
Je demeurai muet, je ne sais pas comment,
Comme un homme enivré, qu'on peut impunément
Blesser dans son sommeil. Mais quand, par son absence
L'offenseur m'eut laissé seul avec son offense,
La vipère engourdie à l'air glacé des nuits
Déroula dans mon cœur ses anneaux infinis[4].
Depuis ce jour, ami, j'erre dans ces prairies.
Je veux servir un plat d'injures refroidies;
Partout, comme un valet, je le porte à la main[5].
Mais hier j'étais seul; nous serons deux demain.

Le lâche peut attendre (horrible patience)
Que l'oubli, ce vieillard au cœur vide et glacé,
Se traîne à son chevet et que la conscience
Meure comme un écho dans la nuit du passé!
Alors sous les baisers affreux de la vieillesse
[Il se peut que du front la tache disparaisse[6]].
C'est ce qu'il faut laisser à ces bouffons sans cœur
Chez qui la dignité, le courage et l'honneur
Ne sont qu'un masque vil, que l'humble hypocrisie
Promène sur le vain théâtre de la vie!

Mais qui, mal fixé, tremble, et que la passion
Peut faire à chaque instant tomber dans l'action.
Pour moi, tu me suivras avant la nuit venue.
Trouver un ennemi ne saurait être long[7]!
N'est-il plus ici-bas d'heure? L'occasion,
Cette prostituée, est-elle devenue,
À force de vieillir, maigre et chauve à ce point
Qu'on ne puisse une fois la saisir par derrière?
Ou le casque d'airain, qui lui sert de visière
Au tranchant du poignard ne s'ouvrira-t-il point?
Ton acier glacial et ta forme terrible,
Ô fidèle stylet, rafraîchissent mon sang.
Nous verrons. Ta poignée est ferme et l'insolent
N'a pas reçu d'hier le don d'être invisible.
Autrefois le pardon fut connu des humains.
L'offenseur demandait grâce pour son offense[8];
L'offensé l'accordait et Dieu joignait leurs mains.
Mais la vengeance, ami, la muette vengeance,
Fut et sera toujours le seul fleuve d'oubli,
Dont l'abîme jamais n'ait laissé reparaître
Un cadavre une fois sous l'onde enseveli[9].

Reste en paix sur mon cœur jusqu'au temps de l'Épreuve;
Reste, ô mon compagnon, et quand ce temps viendra
Sors pareil à l'éclair, afin que je m'abreuve
D'une onde où pour longtemps ta soif s'apaisera.

II

L'ouragan, nuit et jour, sur une eau désolée,
Bat cette âpre forêt, qui pend échevelée.
De loin elle ressemble à ces grands éperviers
Qu'on voit se balancer au vent sur les graviers.
Jamais en aucun temps, jamais bois plus funèbres
N'ont sur une eau plus morte épaissi leurs ténèbres.
Rien ne bouge à l'entour si ce n'est par instant
Des hérons voyageurs qui pêchent dans l'étang,
Ou quelque truie(?)horrible—au revers d'un roc sombre.
Son ombre, c'est la nuit, et son soleil, c'est l'ombre.
Là, veille un assassin... c'est Renaud!... Il attend.
Son âme est une nuit profonde où sa colère
Brûle comme une lampe ardente et solitaire.
Il mord en blasphémant son bras couvert de sang.

Mais ce sont les cailloux, les ronces des montagnes
Qui déchirent ses bras et ce sang est le sien.
Enfin depuis ce (?) jour il traque ces campagnes,
Hier comme un chasseur, aujourd'hui comme un chien.
Malheur, dit-il, j'ai faim! Voici la nuit venue.
Les loups en gémissant sortent du bois profond.

***

À moi, vieux florentin! Viens, que ta froide lame
Glisse sur mon sein nu. Tu m'exciteras mieux
Que des vins sans chaleur ou que des cris de femme;
Viens sur mon cœur et là, reste silencieux.

Nous sommes offensés. Offensés, vas-tu dire.
Oui, par Brenna, le jour où tu m'abandonnas.
L'outrage fut cruel, et suivi d'un sourire;
Je frappai ma poitrine et ne t'y trouvai pas.
Ce ne fut que le soir de la même journée
Que je pus retrouver la place accoutumée
Où tu dors suspendu comme un saint crucifix.
Ô mon vieux compagnon, je te dis mon histoire
Et puis je te criai : peux-tu de ma mémoire
Effacer cette page et tu me le promis.
Aujourd'hui donc un mot qui me l'a rappelée
Me fait te répéter cette promesse, ami.
L'injure que déjà le temps avait rouillée
S'est rajeunie. — Allons, peut-être as-tu souri,
De me voir étendu comme un enfant sans vie.
Je suis sans aucun doute à l'instant redouté
Où le génie humain rencontre la Folie.
Ils luttent corps à corps sur un roc escarpé
Où le génie arrive après un long voyage
Et sur le haut duquel son ennemi l'attend.
Ils y montent tous deux mais un seul redescend[10].
Donne-moi ton conseil, précipité, mais sage.
Qui connaît mieux que toi les décrets inouïs
De la mystérieuse et pâle Némésis?
Tu ne fus point surpris, ô fidèle interprète
D'apprendre que ma haine en ce fatal moment
(Au moment de l'outrage) avait été muette,
Comme un homme enivré, qu'on peut impunément
Blesser dans son sommeil. Mais quand, par son absence

Ce Brenna m'eut laissé tout seul avec l'offense,
La vipère engourdie à l'air glacé des nuits
Déroula dans mon cœur ses anneaux infinis.

Depuis ce jour, en vain, j'ai fouillé ces montagnes,
Et d'un lâche partout j'ai promené les traits;
Il ne vient plus. À peine au loin dans ces campagnes
Ai-je entendu son cor appeler ses valets.

Ah! Me faudra-t-il donc (horrible patience)
Attendre que l'oubli, ce spectre au cœur glacé,
Se traîne à mon chevet, et que la conscience
Meure comme un écho dans la nuit du passé?
Alors sous les baisers affreux de la vieillesse
S'éteindra par degrés la tache de mon front.
Quand je demanderai : voit-on qu'elle paraisse?
Les uns auront pitié, les autres souriront.

Eblis[11]! esprit vengeur! si ton histoire est vraie
Ta cause était la bonne et Dieu seul fut méchant.
Tu me consoleras, Esprit des Nuits! — Pourtant
Qui posera jamais le doigt sur cette plaie?
Le pardon d'une offense était connu jadis
[Mais la vengeance ami] ne croit qu'en la vengeance
Un cadavre une fois dans l'onde enseveli,
Ne surnage jamais sur ce fleuve d'oubli.

Héloïse! autrefois, maîtresse de mon être,
Ô ma femme et ma sœur, que ton bonheur est grand!
Ton beau corps, comme un Dieu d'albâtre transparent
Dans sa fraîcheur première, hélas! sitôt ravie
A conservé cette eau limpide de la vie
Qui se trouble si vite et qu'un souffle [à jamais]
Empoisonne et détruit, comme un affreux marais.
Et ton époux, ô ciel! Que sera son histoire?
Si les hommes jamais en gardent la mémoire
On dira qu'il était de ces bouffons sans cœur
Chez qui la dignité, le courage et l'honneur
Ne sont qu'un masque vil que l'humble hypocrisie
Promène sur le vain théâtre de la vie;
Mais qui, mal fixé, tremble et que la passion
Peut faire à chaque instant tomber dans l'action[12].
Oui, certes, cette histoire un jour sera connue.

N'est-il donc plus pour moi d'heure? — L'occasion
Cette prostituée, est-elle devenue
À force de vieillir, maigre et chauve à ce point
Qu'on ne puisse une fois la saisir par derrière
[Où le casque d'airain qui lui sert de visière [13]]
Au tranchant du poignard ne s'offrira-t-il point?

Ô Destin! Des humains les innombrables faces
Du sein de la poussière où sont marqués leurs pas,
Pour entendre ta voix se lèvent quand tu passes;
Mais toi, sphinx éternel, tu ne leur réponds pas!

Ton acier glacial et ta forme terrible
Ô fidèle stylet, rafraîchissent mon sang;
Et ton aspect m'arrache à ce monde invisible
Dont nul être mortel n'approche impunément.
Reste en paix sur mon cœur jusqu'au temps de l'épreuve.
Reste silencieux et quand ce temps viendra
Sois pareil à l'éclair, afin que je t'abreuve
D'une onde où pour longtemps ta soif s'apaisera.

III

Dans le fond d'un hallier deux corps sont étendus [14].
Au tronc des arbres verts comme s'attache un lierre,
C'est ainsi que deux corps se traînent suspendus
Aux restes de leur vie. — Auprès d'eux, sur la terre
Une femme, pieds nus, dans la nuit solitaire,
Aux vents affreux du nord livre ses cheveux gris
Et bégaye en pleurant: « Mon fils! mon pauvre fils! »

IX

ROLLA ET LE GRAND PRÊTRE [1]

le Grand Prêtre

Mon fils pourquoi toujours chercher la solitude?
Dis, pourquoi de nous fuir cette étrange habitude?
Ne viendras-tu jamais aux premiers feux du jour

Quand notre Dieu paraît pour commencer son tour,
Contempler avec nous le soleil et sa gloire ?
Quoi ! de tes premiers ans n'as-tu plus de mémoire ?
As-tu donc oublié tes frères plus heureux
Et les travaux du jour, les combats et les jeux,
Le tranquille bonheur de nos belles campagnes
Et le repos du soir au pied de nos montagnes ?

Rolla

Du repos ! des plaisirs ! J'aime trop ces forêts ;
Sous leur abri touffu, j'y peux souffrir en paix.

le Grand Prêtre

Crains ce séjour fatal ; le voyageur l'évite ;
Seul, le tigre cruel durant l'hiver l'habite.

Rolla

Le tigre sait trouver un être dont le cœur
Peut répondre à ses cris et comprend sa fureur.
Moi, je suis seul au monde, et Dieu, dans sa colère,
Pour maudire le jour, m'a jeté sur la terre.

le Grand Prêtre

Jeune homme, je te plains ; mais si pour ton soutien
Ton cœur veut un ami, va, je serai le tien ;
J'aurai pour toi, Rolla, l'amitié la plus tendre.

Rolla

L'amitié, dites-vous ? Quel mot viens-je d'entendre ?
Pontife, si Rolla t'est cher, laisse en ces lieux,
Laisse en ces rocs déserts mourir un malheureux.
Oui, je veux reposer, dormir sous cette pierre ;
Je veux voir ces forêts à mon heure dernière,
Car une voix m'a dit qu'elle viendrait un jour
Voir celui qui l'aimait et qui mourut d'amour ;
Mon ombre sourira de sa bouche glacée ;
Et peut-être qu'alors, auprès du mausolée,
Tombera sur la pierre une mourante fleur,
Une larme peut-être...

le Grand Prêtre

    Ô mon fils, ta douleur !...
Quel en est donc l'objet ? Quelle cause inconnue
T'a fait quitter la gloire à toi dont l'âme émue
À ce nom si chéri jadis eût tressailli ?

Rolla

Oui, tu dis vrai. Jadis!... Mais mon astre a pâli.
Je me suis éveillé, je n'avais fait qu'un rêve.
Oui, quand j'étais Rolla, j'aimais le poids d'un glaive,
Jamais mon noble cœur n'a, d'une oisive paix,
Goûté paisiblement les perfides attraits :
Jamais Rolla de fleurs n'a su parer sa tête.
Mais quand l'éclair brillait, quand l'horrible tempête
Faisait gronder les vents et gémir les forêts,
Lorsque l'homme avait fui sous le feuillage épais,
Alors, je gravissais le sommet des montagnes
Et, d'un roc élevé regardant les campagnes,
Je souriais de loin au fléau destructeur,
Mon âme s'élançait jusqu'à son créateur.
Je confondais ma voix aux éclats du tonnerre;
Des éléments entre eux je contemplais la guerre,
Et le Péruvien fuyant épouvanté
Me prenait en passant pour sa divinité.
Tels étaient mes plaisirs, tels ils seraient encore
Si mes regards jamais... Tout astre a son aurore,
Tout astre, je le sens, doit avoir son déclin;
La gloire de Rolla n'a duré qu'un matin.

le Grand Prêtre

Rolla n'en peut-il pas rajeunir la mémoire ?

Rolla

Non, ce jour est passé, je suis mort pour la gloire;
Bonheur, plaisir, repos sont passés sans retour,
Et j'ai tout désappris, tout, excepté l'amour.
Adieu, ciel dont j'aimais l'azur et l'étendue;
Adieu, belle nature, et toi que j'ai perdue,
Gloire, bienfait si doux du plus clément des dieux!
Rolla ne verra plus la lumière des cieux,
Rolla ne prendra plus la royale bannière,
Et, le jour du combat, la trompette guerrière
Ne ranimera pas, dans son corps délaissé,
Quelque reste du sang que la mort a glacé!

le Grand Prêtre

Ô mon fils, je te plains. Je connais ta souffrance!
Jadis... mais, réponds-moi, n'est-il plus d'espérance?

X

BRANDEL

FRAGMENTS DE COMÉDIE [1]

Brandel

Moi, je n'ai jamais fait à la nature humaine
L'honneur de la haïr et de la mépriser.
Quand j'ai mes habits neufs et que ma bourse est pleine,
Je prends un compagnon et je vais me griser.
Quand je rentre, le soir, après la comédie,
Qu'il passe une fillette en robe de guinguans,
Chaussée à la légère, alerte et dégourdie,
C'est assez pour souper et pour passer le temps.

. . . .

SCÈNE I

Otto, Brandel *et* Rosemberg, *assis sur une colline.*
Clair de lune.

Otto

Quand on y réflechit, quelle bouffonnerie
Que ce sale tripot qu'on appelle la vie!
Sans compter les braillards, les sots et les gredins...
Quel puits à s'y noyer que ces bourbiers humains!
Croyez-y donc un peu! Soyez donc assez bête
Pour vous imaginer comme un pauvre innocent
Que tous ces masques-là sont de chair et de sang!
Faites donc le grand cœur et cassez-vous la tête
Contre les murs d'airain de la tour de Babel
Pour en faire jaillir quelque faible étincelle :
Près des femmes, surtout, jouez donc au plus fin [2].
Je crois en vérité que nous valons mieux qu'elles,
Nous sommes moins bornés, moins faux, moins tortueux
Et ce que nous faisons est toujours pire ou mieux.
Nous n'avons pas du moins cette sotte pensée
De croire que le monde ait été fait pour nous,

Que nous portons dans l'âme une perle enchâssée
Et que les plus grands maux doivent sembler trop doux
Quand nous laissons les gens nous voir jusqu'aux genoux.

SCÈNE III

BRANDEL

Notre route est la même; allez-vous à Venise?
Si vous avez besoin que l'on vous y conduise
J'y sais les bons endroits et les maisons de jeu.

FRANK

Je voyage sans but et comme il plaît à Dieu.

BRANDEL

Je cite cette ville, au reste, comme une autre.
À mon âge on est mort. — Mais quand on a le vôtre
On doit chercher le monde et les grandes cités.
Intrigue, gloire, amour, périls et voluptés,
Toute la vie est là; tout en sort, tout y rentre.
Elles attirent tout comme le basilic;
Tout se disperse ailleurs et là tout se concentre;
C'est la création passée à l'alambic[2].

XI

QUE CE JOUR SOIT NOMMÉ[1]...

Que ce jour soit nommé le jour de ma naissance!
J'ai poursuivi longtemps une aride science...
J'ai tenté vainement d'en atteindre les fruits,
Triste, inutile à tous, et d'une main qui tremble
Frappant mon pâle front dans le calme des nuits.
Mais je la foule aux pieds. Maintenant, il me semble
Que le fleuve engourdi par le froid des hivers,
Où seul je naviguais sous un ciel sans étoiles
Au pur souffle des vents qui font enfler mes voiles,
S'élargit et me lance au sein mouvant des mers!

Salut, rocs du Weiland[2]! Bois profond, où l'aurore
Comme la veille au soir me retrouvait encore
Sous l'arbre aux verts rameaux où seul je méditais!
Je ne viens plus gémir à l'ombre des forêts.
Adieu, les vains regrets d'un enfant sans courage!
Agite autour de moi ton éternel feuillage!

Qu'aux rayons du soleil soit réchauffé mon front
Baigné de ta rosée!... Et ceux qui me verront
Ainsi, foulant aux pieds ma jeunesse endormie,
Renaître et replonger aux sources de la vie,
Rocs déserts du Weiland, sauront que c'est l'amour
Qui, me frappant au cœur, a tout fait en un jour!

XII

VOICI L'HEURE OÙ LE CŒUR[1]...

Voici l'heure où, le cœur libre d'inquiétude,
Je me levais, jadis, pour reprendre l'étude
Et mes pensers secrets et mes travaux du jour,
Mais avant tout, hélas! mon triste et fol amour[2].

Ô clarté du matin! Douce et fraîche lumière!
Que de fois, égayant mon réduit solitaire,
Entre mes instruments par le vitrail obscur
Un rayon de soleil glissa sur mon vieux mur!

Et moi, je m'arrêtais, je relevais la tête;
Un beau jour, dans ce temps, était un jour de fête,
Et, consultant mon cœur, de rien je ne doutais.
Quoi de plus? Je quittais ce livre, et je partais...

Vous, témoins des instants pour lesquels je soupire,
Vous savez, ô Weiland! si j'étais malheureux,
Et de tant de longs jours combien furent joyeux!
Ô destin! que de pleurs il faut pour un sourire!

XIII

ON A DIT QUELQUE PART[1]...

On a dit quelque part qu'il n'est homme sur terre
Dont le cœur en secret ne recherche et n'espère
Un certain idéal qu'il a toujours rêvé.
Je crois que la plupart meurt sans l'avoir trouvé[2].

Au fond d'un petit bourg de la vieille Limagne
Vivaient, loin des regards, au pied d'une montagne,
Deux Esprits, faits pour l'ordre et pour la pauvreté,
Deux époux, deux amants heureux, pleins de beauté,
Riches de ces trésors que n'a pas la richesse,
D'un amour sans nuage et d'un cœur sans vieillesse.
Ce n'est pas que jamais ils eussent pris les soins
D'un avare bonheur qui veut fuir les témoins.
Mais l'amour leur faisait chercher la solitude,
Peut-être aussi le lieu, peut-être l'habitude,
Car l'habitude est tout au pauvre cœur humain[3].

Un soir que tous les deux reprenaient le chemin
De leur toit, un cheval accourut hors d'haleine,
Et, faisant sous les pieds disparaître la plaine,
Rudement, tout à coup, s'abattit à leurs yeux.
Sur quoi, le cavalier, s'excusant de son mieux
Et contre les frimas demandant un asile,
Tous les trois de concert regagnèrent la ville.
On arrive, on s'assoit; voilà le souper prêt.
L'étranger cependant à tout reste muet :
« Sainte Vierge! mon Dieu! lui dit la jeune femme,
Qu'avez-vous ? Est-ce donc que notre pauvreté
Vous fait répudier notre hospitalité? »
L'étranger répondit : « Dieu m'en garde, madame.
Lorsque j'étais heureux, je n'avais point encore
De nos illusions dissipé le trésor,
Avant que mon errante et fugitive étoile
Si loin de ma patrie eût emporté ma voile,
(Je vous l'avoue, hélas! ce n'est point un secret)

J'eus le malheur d'aimer une femme assez belle
Pour qu'on puisse assurer qu'elle vous ressemblait.
Elle est morte! Oui, madame, et d'une mort cruelle,
Et si d'abord ici vous m'avez vu rêver,
C'est que, malgré moi-même... » Il ne put achever.

XIV

POÉSIE, HARMONIE, AMOUR[1]*!...*

Poésie, harmonie, amour! Larmes célestes
Que les douleurs de l'homme arrachèrent aux yeux
Du vengeur immortel qui les chasse des cieux
Si vous versez parfois poisons doux et funestes

Le baume de l'oubli sur nos cuisants regrets
Quels trésors ignorés peut révéler une âme
Dont le ciel a puisé l'essence à votre flamme
Lampe où les feux sacrés ne s'éteignent jamais.

Dieu donna la beauté dont le regard attire
À ces êtres divins qu'il créa d'un sourire!
Leur fit un front de vierge et de longs yeux voilés
Et leur dit en partant : Allez et consolez[2].

Mais eux-mêmes souvent du feu qui les habite
On les voit ici-bas se plaindre et s'étonner
Cherchant à modérer le rayon qui s'agite
Et qui, venu du ciel, voudrait y retourner[3].

XV

IL N'EST QUE LA JEUNESSE[1]*,...*

Il n'est que la jeunesse, ami, pour être heureuse
Que la belle jeunesse éclatante et rieuse,
Ah! courir tout le jour sur des chevaux ardents!

Nager dans le ciel vaste aux nuages flottants!
Ah! rêver suspendu sur la forêt immense,
Dans la nuit claire, au fond d'un roc noir qui s'élance!
Quand, dans la longue allée elle passe le soir
Ah! détourner les yeux et cependant la voir!
Si la valse en riant s'est heurtée à la fête
L'emporter dans mes bras, si blanche et si bien faite!
Vivre d'amour, de joie et rendre grâce aux dieux
De l'immense horizon de la clarté des cieux!
Suave et doux matin! Oh! jeunesse amoureuse!
Moi pour un peu d'amour je donnerais mes jours
Et je les donnerais pour rien sans les amours;
Car, hélas! sans amours qui voudrait de la vie?
À ce festin désert, dis-moi qui te convie?
Qu'apportes-tu de miel à ce breuvage amer?
Quoi! tu n'as pas d'étoile et tu vas sur la mer?
Au combat sans musique, en voyage sans livre?
Quoi! tu n'as pas d'amour et tu parles de vivre[2]?
Dis-moi si le présent pour toi ne peut cesser;
Quand ton hôte t'ennuie, à quoi peux-tu penser?...
Oh! demande à ces monts géants, à leurs prairies,
Quels songes, fils du ciel, peuplent mes rêveries,
Si, près d'un lac d'argent, dans l'herbe où je m'assois,
Regardant l'eau, les fleurs, afin qu'une autre fois
Je vienne aux mêmes lieux retrouver mes pensées,
Que sur l'eau, sur les fleurs, mon âme avait laissées?
Mais vivre sans patrie et mourir sans adieux!
Sieds-toi sur la montagne et regarde les cieux!
Et maintenant, dis-moi, n'en sais-tu pas quelqu'une
Aux yeux noirs, au teint blanc comme la blanche lune;
Et telle qu'à son nom ton souffle avec ton cœur
S'arrête, en écoutant le nom de son vainqueur?

XVI

M'AIME-T-ELLE[1]!...

M'AIME-T-ELLE? Voilà la pensée où je vis!
Partout et constamment j'en ai l'âme obsédée;
Quand je marche rêvant, cette invincible idée

Me devance, et, le front incliné, je la suis.
La nuit, lorsque tout dort, je cherche, et je repasse
Toutes mes actions; je répète à voix basse
Les mots qu'elle m'a dits... Hier, je lui portai
Un livre que longtemps elle avait souhaité!...

C'est tout : en le prenant : « Et pourquoi, me dit-elle,
Cette feuille marquée? » — Or W [illa] c'était celle
Où la vierge reçoit son ami dans ses bras.
Je ne répondis rien. « Mais, dit-elle, de grâce
Est-ce pour qu'on la lise ou bien pour qu'on la passe? »
Tout en parlant, je vis qu'elle lisait tout bas,
Longtemps elle parut (je guettais comme on pense)
Poursuivre sa lecture avec indifférence.
Tout à coup, je ne sais quelle peur la gagna;
« Oh! qu'avez-vous? » lui dis-je. Elle se détourna,
La rougeur la couvrait; elle voulut poursuivre;
. . . .
Le livre dans ta main tremblait comme ton cœur,
Jeune fille! Ha! pourquoi, pourquoi comme ce livre
Ne puis-je à mon souhait l'ouvrir et le fermer?
Songes-y, c'est mon nom, Willa, que j'y veux lire,
Et, si je ne l'y trouve, il faudra bien l'écrire...
Va, si tu n'aimes pas, tu n'es pas loin d'aimer!

XVII

QU'AI-JE VU[1]*?...*

Qu'ai-je vu? quel démon m'assiège et me pénètre?
Un instant, un regard a changé tout mon être!
Pourquoi bats-tu, mon cœur, comme pour te briser?
Veillai-je? ou quel fantôme est venu m'abuser?

Non, moi je douterais vainement de moi-même.
C'est elle! mon esprit n'était point égaré.
C'est elle, c'est le cœur que Willa m'a livré,
Ce cœur qui est plus pur que l'or d'un diadème.

C'étaient aussi ses traits, son œil triste et rêveur,
Sous ses grands cheveux noirs tremblant comme une étoile,
Son visage tranquille où, comme un chaste voile,
Le ciel sur la beauté répandit la pudeur[2].

XVIII

QUAND LA COMTESSE[1]...

Quand la comtesse Louise, assise à sa fenêtre,
Autour de son palais vit le jour disparaître,
Elle posa son front sur son bracelet d'or
Et se mit à pleurer. Sa nourrice auprès d'elle
        Gardait un silence de mort.

        L'heure sonnait à la chapelle.
Un groupe délaissé de chanteurs ambulants[2]
Murmurait sur la place une ancienne romance.
Ah! comme les vieux airs qu'on chantait à douze ans
Frappent droit dans le cœur aux heures de souffrance!
Comme ils dévorent tout! comme on se sent loin d'eux!
Comme on baisse la tête en les trouvant si vieux!

XIX

SUR LA POÉSIE[1]

Pourquoi la poésie est-elle morte en France?
On dit que le public vit dans l'indifférence,
Que le siècle est distrait, que tout meurt aujourd'hui;
Bonaparte à Wagram était distrait, je pense;
Il avait cependant son Ossian avec lui[2].
Depuis quand l'action nuit-elle à la pensée?
Depuis quand a-t-on vu que le génie humain
N'aille plus au combat, comme le vieux Tyrtée,
Son glaive à la ceinture et sa lyre à la main?
De quoi se plaignent donc le poète et l'artiste?

Tant que l'humanité se meut, son âme existe
Aussi bien que son corps. — C'était votre métier,
Rêveurs, de la comprendre au lieu de la nier;
C'est à vous de frapper les entrailles du monde
Comme Eblis a frappé les entrailles d'Adam,
De chercher où le cœur lui soulève le flanc,
De fendre d'un regard cette mine profonde,
Et de vous écrier, comme l'esprit du feu :
Ceci nous appartient et le reste est à Dieu!
Serait-ce par hasard que le siècle et ses hommes,
Messieurs les écrivains soient trop petits pour vous?
Ce siècle, c'est le nôtre; il est ce que nous sommes,
L'Europe c'est la France et la France c'est nous.

XX

LA NUIT DE JUIN[1]

Muse, quand le blé pousse, il faut être joyeux.
Regarde ces coteaux et leur blonde parure.
Quelle douce clarté dans l'immense nature!
Tout ce qui vit ce soir doit se sentir heureux.

XXI

PUIS JE VIENS RETROUVER[1]...

Puis je viens retrouver la place bien-aimée,
De fleurs d'or et d'argent la pelouse embaumée,
Je regarde des cieux l'aspect toujours nouveau,
Et cette vérité qu'on a tant blasphémée
Me vient alors au cœur que ce monde si beau
Ne peut manquer d'un père et n'être qu'un tombeau.

XXII

AU FOND DE L'ÂME HUMAINE[1]...

Au fond de l'âme humaine il est une région
Où ni les droits du sang ni ceux de la raison
Ni même le remords ne se sont fait entendre;
Corde sensible où rien ne touche impunément.
Tout l'être y correspond, et la dernière fibre
Cachée au fond du cœur se tord quand elle vibre;
Oh! si c'est toi surtout, Amour, Dieu tout-puissant
Qui l'a frappée, alors, pareil à l'homicide,
Le corrupteur dans l'ombre étend ses bras ardents
Et de la jeune fille innocente et timide
Sort la Bacchante nue aux yeux étincelants!

XXIII

Ô VOUS, VOUS DONT L'AMOUR[1]...

Ô vous, vous dont l'amour ne fut qu'une étincelle,
Pâle comme l'éclair que la roche révèle,
Qui n'avez ici-bas connu que le Désir,
Ce faible enfant qui meurt dans les bras du Plaisir
Ou la satiété, ce vieillard sans courage,
Dont tôt ou tard l'oubli recueille l'héritage
Savez-vous ce que c'est qu'un simple et chaste amour?

XXIV

FROIDE, MAIGRE, LÉGÈRE[1]...

Froide, maigre, légère, — une main palpitante
Voltigeait sur la table en roulant des flots d'or.
Entrons, murmurait-on, — tuons-le, puisqu'il dort.

Le vieillard chevrotait dans sa robe sanglante :
C'est mon pain quotidien, mon travail, ma sueur.
Le tocsin répondait : la ville est au pillage !
Les enfants de la mort lui fouillent dans le cœur.
Les mères tout en sang couraient sur le rivage
Appelant leurs enfants qui flottaient sur les eaux.

XXV

VIEILLESSE, TRISTE FILLE[1]...

. . . . V<small>IEILLESSE</small>, triste fille
Du temps et des longs jours et des longues douleurs,
Lorsque, heureuse et tranquille au sein d'une famille,
Posant ton front blanchi sur des enfants en pleurs,
Riche, pleine de jours, sans remords, sans envie,
Faisant en souriant tes adieux à la vie,
Comme à ton dernier lit tu descends au tombeau,
Ta voix est consolante et ton sommeil est beau.

XXVI

VOIS-TU CE BEL ENFANT[1]...

V<small>OIS-TU</small> ce bel enfant à l'air triste et rêveur ?
Tous ses traits sont empreints d'une noble langueur :
Si, t'approchant de lui, d'une ardeur empressée,
Tu cherches dans ses yeux à lire sa pensée,
Il sourit doucement en te serrant la main :
— Laisse-moi seul, dit-il, et t'éloigne soudain.
Il écrit, et ses doigts laissent tomber sa plume,
Et ses regards, errants, sur le docte volume
Saisissent au hasard quelques mots parcourus.
Ses yeux lisent encor, son âme ne lit plus,
Mais des pleurs ont coulé sous sa paupière humide :
C'est que, dans son sommeil, quelque blanche sylphide
Vint, d'un songe doré lui prêtant la douceur,

Se pencher sur sa tête et que son jeune cœur
Poursuit le souvenir de sa forme idéale
Comme un écho qui meurt, un parfum qui s'exhale.

XXVII

SUR GREVÉDON[1]

Tu les connaissais bien, elles, et tu fus sage,
Toi qui sus corriger[2] la nature avec l'art,
Et, leur âme oubliant, n'a pris que leur visage[3],
Ne laissant que ton miel à l'abeille au long dard.

Tu fis comme celui qui voit, en son passage[4],
Un visage modeste et qui suit du regard,
Son pied vif, et son bras, et son mince corsage,
Et puis n'y songe plus et s'en va s'il est tard[5].

De ses pensers du soir quand ton âme est marrie,
Ô Rosine aux longs yeux, Quintillia, Marie.
Ces fantômes charmants, ou vermeils, ou pâlis...

POÉSIES ATTRIBUÉES
A ALFRED DE MUSSET

I

INNO EBRIOSO[1]

Que le Chypre embrasé circule dans mes veines !
Effaçons de mon cœur les espérances vaines,
   Et jusqu'au souvenir
Des jours évanouis, dont l'importune image
Comme au fond d'un lac pur un ténébreux nuage
   Troublerait l'avenir !

Oublions, oublions ! La suprême sagesse
Est d'ignorer les jours épargnés par l'ivresse,
   Et de ne pas savoir
Si la veille était sobre, ou si de nos années
Les plus belles déjà disparaissaient, fanées
   Avant l'heure du soir.

Qu'on m'apporte un flacon, que ma coupe remplie
Déborde, et que ma lèvre, en plongeant dans la lie
   De ce flot radieux,
S'altère, se dessèche et redemande encore
Une chaleur nouvelle à ce vin qui dévore
   Et qui m'égale aux dieux !

Sur mes yeux éblouis, qu'un voile épais descende,
Que ce flambeau confus pâlisse ! et que j'entende,
   Au milieu de la nuit,
Le choc retentissant de vos coupes heurtées,
Comme sur l'Océan les vagues agitées
   Par le vent qui s'enfuit !

Si mon regard se lève au milieu de l'orgie,
Si ma lèvre tremblante et d'écume rougie,
   Va cherchant un baiser,
Que mes désirs ardents sur les épaules nues
De ces femmes d'amour, pour mes plaisirs venues,
   Ne puissent s'apaiser.

Qu'en mon sang appauvri leurs caresses lascives
Rallument aujourd'hui les ardeurs convulsives
   D'un prêtre de vingt ans,
Que les fleurs de leurs fronts soient par mes mains semées,
Que j'enlace à mes doigts les tresses parfumées
   De leurs cheveux flottants.

Que ma dent furieuse à leur chair palpitante
Arrache un cri d'effroi; que leur voix haletante
   Me demande merci !
Qu'en un dernier effort mes soupirs se confondent,
Par un dernier défi que nos cris se répondent
   Et que je meure ainsi !

Ou si Dieu me refuse une mort fortunée;
De gloire et de bonheur à la fois couronnée,
   Si je sens mes désirs,
D'une rage impuissante immortelle agonie,
Comme un pâle reflet d'une flamme ternie,
   Survivre à mes plaisirs;

De mon maître jaloux, insultant le caprice,
Que ce vin généreux abrège le supplice
   Du corps qui s'engourdit;
Dans un baiser d'adieu que nos lèvres s'étreignent,
Qu'en un sommeil glacé tous mes désirs s'éteignent,
   Et que Dieu soit maudit.

II

SUR H. DE LATOUCHE[1]

Il fuit, il se cache, il se couche
Au fond de la Vallée aux Loups,

Sol où ses lauriers sont des houx.
Dormez bien, Monsieur de Latouche.

III

À HENRI CANTEL[1]

Ô vous, du Pinde enfant gâté,
Que les neuf sœurs ont allaité
Et promené par la lisière,
Qui, malgré leur sagesse austère
Et leur vieille virginité,
Par elles vous êtes vu père
Avant l'âge de puberté;
Attendant l'immortalité,
Buvez dans la source féconde
Du plaisir et de la gaîté;
L'esprit, ainsi que la beauté,
Pour orner et charmer le monde,
N'attend pas la majorité.

IV

L'HABIT VERT[1]

CHANSON

L'heure a sonné... pourtant ta main
   Est encor dans la mienne;
Il est déjà presque demain ...
   De moi qu'il te souvienne.
Épargne-moi! ne pleure pas...
   Je pars, voici l'aurore.
   Non, Margot, pas encore! *(bis)*
Souffrir tant que tu voudras,
Mais dire adieu, je ne sais pas.

Chœur final

Nous n'avons ni pain sur la planche,
Ni doux loisirs pour les amours!
Ne perdons pas notre dimanche :
Dieu n'en fait qu'un tous les huit jours.

V

SATIRE CONTRE L'ACADÉMIE[1]

Hier s'ouvrit avec bienséance
   La séance,
Qui fit l'auteur du *Chandelier*
   Chancelier[2].

Debout ruisselait comme un fleuve
   Sainte-Beuve;
Dans un angle le beau Mignet
   Se peignait[3],

Dupin aîné, tribun honnête,
   Sans sonnette,
Rêvait de ses chers montagnards[4]
   Si criards.

On entendait, voix de crécelle,
   Docte et grêle,
Comme un vieux coq dans un jardin
   Girardin[5] !

Grand Romain en habit de ville,
   Pongerville[6]
Semblait être à la fois César
   Et Nisard[7].

Briffaut avait des soins de père[8]
   Pour Ampère,
Et roucoulait comme un ramier :
   « Récamier! »

Baour, sourd de ses vers qu'il beugle
      En aveugle,
Allait chantant d'un ton sciant
      Ossian[9].

Viennet disait d'un air affable
      Une fable;
On le trouvait bête[10], et Tissot
      Semblait sot[11].

Cousin cherchait d'un air tragique
      Sa logique,
Et tonnait, dévot éloquent,
      Contre Kant[12].

Un autre narrait la surprise
      D'Héloïse,
Il fallait bien qu'il s'amusât
      Rémusat[13]!

Mais soudain en trembla d'emblée
      L'assemblée,
De par Bacchus! c'était Musset
      Qui disait :

« Crois-tu qu'on lise pour des prunes
      À des brunes
Ton long poème peu commun,
      Cher Lebrun[14]?

Sois tranquille, la chaste muse
      Qui t'amuse,
Ne deviendrait jamais catin
      Chez Patin[15]. »

Nous montrant à la fois Narcisse
      Et Jocrisse,
Parleras-tu chaque jeudi,
      Salvandy[16]?

Quand tu reçus ta grosse épouse
      Peu jalouse,
Tu ne gagnas pas le gros lot,
      Ancelot[17].

Ajoutant à la platitude
    L'attitude,
Tomberas-tu de mal en pis,
    Cher Empis [18] ?

Ne feras-tu donc rien qui vaille
    Ô Noailles ?
Depuis que j'ai lu *Maintenon,*
    Je dis non [19].

Sur ton dos, Riquet à la Houppe,
    Quelle loupe !
Tu ne suis pas ton droit chemin,
    Villemain [20].

Dans tes culottes sans bretelles,
    Lacretelle,
Dis-moi, prolixe historien,
    N'est-il rien [21] ?

Tu te crois donc, gendre de Dosne,
    Long d'une aune ?
D'un homme tu n'es pas le tiers,
    Petit Thiers [22] !

De peur de devenir enceinte,
    Quand ta sainte
Se gare au lit... de son époux...
    Non, des poux,

Dans cette légende érotique
    Et biblique,
Tu te montres, Montalembert,
    Un peu vert [23].

Pédant entre tous les quarante,
    Ô Barante,
J'ai ton froid récit bourguignon
    En guignon [24].

Au loin va te faire lanlaire
    Saint-Aulaire,
Et redeviens ambassadeur
    Par pudeur [25] !

Pasquier, chez madame de Boigne,
   Qui te soigne,
Console-toi, près d'un bon feu,
   D'être feu [26].

Aux vieux chats de l'ancienne Chambre
   En décembre,
Vieux rat, tu fus donc immolé,
   Ô Molé [27] !

Guizot, d'une autre dynastie
   Piètre hostie,
Flattant Berryer, tu prends pour saint
   Henri Cinq [28].

Flourens, dans ton Jardin des Plantes
   Tu t'implantes,
Pour garder ta longévité
   En santé [29].

Scribe, vrai scribe, par douzaines
   Fais des *Chaînes,*
Bâcle des *Bertrand et Raton,*
   Marmiton [30] !

Lorsque ta verve est comprimée,
   Mérimée,
Bayle te sert à nier Dieu,
   Palsambleu [31] !

Nous trouvant un peuple servile,
   Tocqueville
Aux radotages de Franklin
   Est enclin [32].

Sage et mou, dans sa pâle prose,
   Fade et rose,
J'ai deviné ce que Vitet
   Évitait [33].

Vigny, berger de sa montagne,
   Accompagne,
Soufflant dans ses plus doux pipeaux,
   Ses troupeaux [34].

Hugo, dans sa verve énergique,
    En Belgique,
Nous a lancé comme un soufflet
    Son pamphlet[35].

Chaque jour leur chantant matines,
    Lamartine
Rappelle à ses chers souscripteurs
    Ses malheurs[36].

VI

DÉCLAMATION[1]

Hélas! mon front se ride;
Hélas! l'amour moqueur
A fui ma lèvre avide,
Hélas! vous êtes vide,
Hélas! hélas, mon cœur!

Oh! comme la jeunesse
Nous dit bien vite adieu!
Oh! comme elle nous laisse
Et s'en va la traîtresse,
Où?... Demandez à Dieu.

Mais puisque notre vie
Ne doit plus refleurir,
Puisque l'aube ravie
A trompé notre envie,
Il est temps de mourir.

VII

À MISS ANNA X.[1]

Quand je vous ai connue,
Je déclamais ainsi,
Car mon âme était nue;

La nuit était venue,
Le désespoir aussi.

Mais un rayon, Madame,
Mais un rayon de toi,
A réchauffé mon âme
Et ranimé la flamme
Qui s'éteignait en moi.

J'ai retrouvé le livre
Qui seul peut me charmer :
À présent tout m'enivre ;
À présent je veux vivre,
Vivre pour vous aimer.

VIII

À UNE ESPAGNOLE[1]

STANCES IMPROVISÉES PAR ALFRED DE MUSSET
SUR UN RYTHME DE VICTOR HUGO

Je voudrais être la duègne
    Qui te peigne,
Quand, le matin, tes cheveux
Baignent ton épaule blanche
    Et ta hanche,
Ondoyant en reflets bleus.

Que ne suis-je la mantille
    D'où scintille
L'étoile de ton œil noir ;
Et, s'embaumant à la fièvre
    De ta lèvre,
Ton bouquet jeté le soir !

Et la colombe au bec rose,
    Qui, folle, ose
Frôler ton col élégant ;
Et l'éventail de la Chine

Qui s'incline
Sous ta main blanche sans gant!

Et la bottine jalouse,
D'Andalouse,
Enfermant ton pied mutin;
Et le lin parfumé d'ambre
Où se cambre
Ton souple corps de satin;

Puis à ton sein le doux rêve
Qui soulève
La croix de ton chapelet,
Enfin, de ta jarretière,
Femme altière,
Le riche et léger stylet!

IX

SUR LES AUTEURS DE MON TEMPS

Hans Werner[2]
Fais un vers
Par semaine
Et, chez Falcon[3] qui s'endort,
S'inspirant du Pot d'or[4]
Pérore à perdre haleine.

D'Anglemont[5]
Sur un pont
Tout en nage
Sur le siège s'élançant
Au cocher va disant
Son ode sur l'orage.

Il faut voir
Sur le soir
Sainte-Beuve,
Par crainte du farcin[6]

D'un amour très malsain
Allant chercher la preuve.

De Beauvoir[7]
Bel à voir
Nous amuse
Lorsqu'il a trop bien dîné
Il vous prie à déjeuner
On y va, l'on s'abuse.

Ton journal
Y va mal
Vieux Feuillide[8].
Va retrouver dans un bois
Lacenaire et François[9],
Comme eux le gousset vide.

De Musset
Qui pissait
Après boire
Un jour se trouvant à jeun,
De Monsieur de Lauzun
Écrivit une histoire[10].

Paul Fouché[11]
S'est couché
Dans son bouge,
Tête vide et ventre creux,
Un cauchemar affreux
Crispe sa tête rouge.

Lassailly
A failli
Vendre un livre
Il n'a tenu qu'à Renduel[12]
Que cet homme immortel
Eût enfin de quoi vivre.

X

LUNA

SONNET[1]

Ce soir, la Lune est ronde, et sa tête fantasque,
Comme un domino passe entre les peupliers.
— Peste! la folle nuit! et vous avez, beau masque,
Choisi là, sur ma foi, d'étranges cavaliers!

Quoi, jusqu'au noir clocher, qui, coiffé de son casque,
Semble prêt à vous suivre! Et, parmi les halliers,
L'âpre Éole intrigué, qui suspend sa bourrasque
Pour ne pas déranger vos projets singuliers!

Partez donc, ô Luna! Le ciel clair et sans voiles
A, pour vous, rallumé ses claustrales étoiles...
Et moi, qu'a su charmer votre air leste et fringant,

Voyant vos doigts si blancs rayer la toile verte
De mes rideaux, je dis : « Sur ma fenêtre ouverte,
Ma mie, n'auriez-vous pas laissé choir votre gant? »

XI

À MADAME PANCKOUCKE [1]

I

Par vos talents divers vous charmez votre vie,
  Auprès de vous on peut croire au bonheur;
Non, ce n'est pas à moi d'aspirer au génie,
C'est à vous de l'unir au langage du cœur.
Kératry de l'amour nous trace la peinture,
On peut vous l'envoyer pour saisir la nature;
Une femme est toujours un merveilleux appui.
Comment auprès de vous peut-on rester son maître?
Kant était philosophe; il eût cessé de l'être
  En vous voyant et j'ai fait comme lui.

II[1]

J'arrive en ce lieu-ci jeudi
Soir, afin de rester jusques à vendredi
Matin ce qui fait voir que j'aime à danser ou que
Je veux faire la cour à Madame Panckoucke.

XII

À UNE VIEILLE COQUETTE[1]

À Flore elle a fait ce larcin;
C'est un printemps-miniature!
Elle a des roses dans sa main,
Et des boutons sur la figure...

XIII

À UNE DAME

SUR LE POINT DE DEVENIR MÈRE[1]
EN LUI ENVOYANT DES BONBONS

Petit Noël passant, du haut des toits, les jette
Pour le petit enfant qui dans cinq mois naîtra;
Mais afin qu'il les mange il faut qu'on les émiette.
Donc, petite maman d'abord les mangera.

XIV

SUR *DENISE* D'AURÉLIEN SCHOLL[1]

Si Denise eût été fidèle,
Dans son amour trop assidu,
Tout ce que tu réclamais d'elle
Chez d'autres tu l'aurais perdu !

XV

SUR ARVERS[1]

C'est moi qui suis l'étoffe,
Ô philosophe !
Et ton Arvers
N'est que l'envers.

XVI

PAYSAGE MATINAL[1]

Voici l'homme qu'un prêtre amène.
Crac ! il est déjà « basculé »
La lunette, assez large à peine
S'abat sur son col étranglé.

Poum !... C'est fait. La justice humaine
A son dû. Le chef décolé
Tombe en la caisse à demi pleine
De son très peu renouvelé,

Pendant qu'en un long jet tiède,
Jusque dans l'estomac de l'aide,
Le sang fumant jaillit du col,

Puis la tête au panier se verse...
Satan, penché sur la traverse,
Guette l'âme et la happe au vol.

XVII

ODE BACHIQUE[1]

Savez-vous ce que, sur la terre,
    J'aime le mieux ?
C'est un rouge bord, un grand verre
    D'un bon vin vieux.

J'ai, jadis, aimé bien des choses :
    Les prés, les fleurs,
Les chansons, les parfums, les roses,
    Même les pleurs.

J'aimais le nuage qui passe,
    Les coteaux bruns,
La brise semant dans l'espace
    Ses frais parfums.

J'eus des tendresses inconnues
    Pour les grands bois,
À l'heure où des feuilles émues
    Sortent des voix...

Des voix pleines d'accents sublimes,
    De mots bénis,
Qui s'élèvent au haut des cimes
    Du sein des nids.

J'aimais encor la poésie,
    J'ai même, un jour,
— Voyez quelle était ma folie ! —
    Aimé l'amour.

Mais, aujourd'hui, je suis plus sage !
 Mon pauvre cœur
A tant de fois vu le naufrage
 De son bonheur

Que j'ai dit : « Adieu, la jeunesse ! »
 Et, maintenant,
Sûr de bien placer ma tendresse,
 Je vais disant :

« Savez-vous ce que, sur la terre,
 J'aime le mieux ?
C'est un rouge bord, un grand verre
 D'un bon vin vieux. »

NOTES ET VARIANTES

NOTES ET VARIANTES

ABRÉVIATIONS

Annales : les Annales politiques et littéraires.
Biog. : Biographie de Paul de Musset.
C.F. : Comédie Française.
I.C.C. : l'Intermédiaire des chercheurs et curieux.
J.R. : Manuscrits de censure relevés par M. Jean Richer.
Keepsake ou *K. :* Keepsake américain; morceaux choisis et inédits de littérature contemporaine.
La Confession : la Confession d'un enfant du siècle.
M.L. : le Magasin de librairie.
Mélanges : Mélanges de littérature et de critique.
Œuv. Posth. : Œuvres posthumes.
P.C. : Poésies complémentaires.
P.N. : Poésies nouvelles.
P.P. : Premières poésies.
P. Posth. : Poésies posthumes.
R.D.M. : la Revue des Deux Mondes.
R.H. : Revue hebdomadaire.
R.H.L.F. : Revue d'histoire littéraire de la France.
R.L.C. : Revue de littérature comparée.
R.P. : la Revue de Paris.

PREMIÈRES POÉSIES

P. 3. *AU LECTEUR*
DES DEUX VOLUMES DE VERS DE L'AUTEUR

1. Ce sonnet a été composé pour l'édition des *Poésies complètes*, de 1840; il y était intitulé simplement *Au lecteur,* cette édition des poésies ne formant qu'un volume. Il n'y était pas daté.

L'édition de 1830 des *Contes d'Espagne et d'Italie* était précédée de l'avant-propos en prose que voici :

AU LECTEUR

« Une préface est presque toujours, sinon une histoire ou une théorie, une espèce de salutation théâtrale, où l'auteur, comme nouveau venu, rend hommage à ses devanciers, cite des noms, la plupart anciens, pareil à un provincial qui, en entrant au bal, s'incline à droite et à gauche, cherchant un visage ami.

« C'est cette habitude qui nous ferait trouver étrange qu'on entrât à l'Académie sans compliment et en silence. Me permettra-t-on d'imiter le comte d'Essex, qui arriva dans le conseil de la Reine, crotté et éperonné?

« On a discuté avec talent et avec chaleur, dans les salons et dans les feuilles quotidiennes, la question littéraire qui succède aujourd'hui à la question oubliée de la musique italienne. On n'a sans doute rien prouvé entièrement.

« Il est certain que la plupart de nos anciennes pièces de théâtre, à défaut de grands acteurs, demeurent sans intérêt; Molière seul, inimitable, est resté amusant.

« Le moule de Racine a été brisé; c'est là le principal grief : car, pour cet adultère tant discuté du fou et du sérieux, il nous est familier : les règles de la trinité, de l'unité, établies par Aristote, ont été outrepassées. En un mot, les chastes Muses ont été, je crois, violées.

« La pédanterie a exercé de grands ravages; plus d'une perruque s'est dédaigneusement ébranlée, pareille à celle de Hændel qui battait la mesure des oratorios.

« Le genre historique toutefois est assez à la mode, et nous a valu bien des Mémoires. À Dieu ne plaise que je veuille décider s'ils sont véridiques ou apocryphes!

« De nobles essais ont été faits; plus d'un restera comme monument; qu'importe le reste? La sévère et impartiale critique est celle du temps. Elle seule a voix délibérative, et ne repousse jamais un siècle pour en élever un autre; elle se souvient, en lisant Dante et Shakespeare, que l'héroïne du premier roman du monde, Clarisse Harlowe, portait des paniers. »

Cette préface n'était pas datée. Elle n'a pas été reproduite dans les éditions postérieures des poésies, mais elle a été recueillie par Paul de Musset, dans les *Mélanges de Littérature et de Critique* (édition des *Amis du Poëte*), où elle est datée de « janvier 1830 ».

— A propos de l'allusion qu'Alfred de Musset y fait au comte d'Essex, on peut rappeler qu'il songea à écrire sur le comte d'Essex un drame dont, dit M. Léon Lafoscade (*le Théâtre d'Alfred de Musset*, p. 417), « l'idée et peut-être le plan appartiennent à la jeunesse de l'auteur ». Le plan de ce drame a été publié par M. Georges Duval dans *l'Événement* le 21 novembre 1886 et réimprimé dans le recueil des *Œuvres complémentaires*. On y lit notamment, pour la deuxième scène du premier acte, cette indication : « Tout à coup les portes s'ouvrent, on entend un grand tumulte; le comte arrive tout botté et tout crotté; il se jette aux pieds d'Élisabeth. »

P. 4. DON PAEZ

1. Dans l'édition originale il y a : « OTHELLO : *The Moor of Venice*. » Les vers cités sont dits par Othello, parlant de Desdémone à Iago, qui avait accusé Desdémone d'infidélité : « Si même le camp tout entier, jusqu'au dernier terrassier, s'était frotté à son ventre, j'aurais voulu rester aveugle — et heureux comme avant! » (*Théâtre compl.* de Shakespeare, Bibl. de la Pléiade, tome II, acte III, sc. III.) Vigny a mis pour épigraphe à *Dolorida* : « *Jo amo más a tu amor que a tu vida.* (Prov. espagnol.) J'aime mieux ton amour que ta vie. » Cette épigraphe eût fort bien convenu à *Don Paez* et l'épigraphe de *Don Paez* à *Dolorida*.

2. Juvénal (*Satire I*, 43) dit:

> *Palleat, ut nudis pressit qui calcibus anguem...*

(qui pâlit comme le malheureux qui met le pied sur un serpent) et Virgile (*Énéide*, II, 379-381) :

> *Improvisum aspris veluti qui sentibus anguem*
> *Pressit humi nitens, trepidusque repente refugit*
> *Attolentem vias et cærula colla tumentem...*

(Tel que le voyageur qui, dans les ronces épineuses, a posé fortement le pied sur un serpent inaperçu se hâte épouvanté de fuir le reptile qui dresse sa tête menaçante et gonfle son cou bleuâtre...)

3. Dans *A quoi rêvent les jeunes filles* (acte I, sc. IV) Silvio dira :

> Jamais les imbroglios, ni les galanteries,
> Ni l'art mystérieux des douces flatteries,
> Ce bel art d'être aimé ne m'ont appartenu.

4. Mathurin Régnier (*Satire II*) dit d'Hésiode qu'il n'est pas comme ce Grec où :

> ... ces doctes mignons
> Naissent en une nuit comme des champignons.

Les « doctes mignons » sont les poètes de son temps objets de sa satire.

5. Pygmalion, qui sculpta une statue de Galatée dont il s'éprit, qu'il anima par son violent amour et qu'il épousa.

6. Joachim Merlant s'est demandé quel pouvait être le sens ici du mot « tigrée ». Sensation de taches faites sur les murs ou le plafond de la chambre par les rayons de lune passent par la jalousie ? Sens peu probable, les rayons de la lune ne pouvant guère être remarquables dans une pièce « ardemment éclairée ». Faut-il comprendre que la chambre était ornée de peaux de tigre ? Joachim Merlant cite, à ce propos, ces vers des *Orientales* (XVI, *la Bataille perdue*) où l'on voit :

>...trois officiers,
> Immobiles et fiers sur leur selle tigrée.

7. À la fin du volume dans l'édition de 1830, sont indiquées deux variantes dont il n'a été tenu compte dans aucune des éditions postérieures; l'une de ces variantes substitue au deuxième hémistiche de ce vers : « *La rue* était *sans bruit.* »

8. Dans l'édition de 1830 l'ordre de ce vers et du suivant est interverti.

9. *Var.* : Sur un lit *parfumé* de...

10. *Var.* : ... *roulaient* dans ses cheveux (1830).

11. *Var.* : *Dont* une folle nuit *(Ibid.)*.

12. *Var.* : ... *s'éteignit* dans la nuit *(Ibid.)*.

13. Alexandre Dumas citant ces vers, interrompt ici sa citation pour y intercaler une exclamation admirative : « Seins étincelants » l'enchante. Il s'écrie : « L'épithète est magnifique. Je ne l'ai vue nulle part ailleurs. » (Elle appartient bien au poète.) (*Les Morts vont vite*, p. 93.)

14. *Var.* : Celui-là *retenant*... (1830).

15. *Var.* : ... et *cet* autre troussant *(Ibid.)*.

16. Joachim Merlant dit que Musset a voulu dans ce passage de *Don Paez* « écrire à sa manière (j'entends à la manière de Mérimée) une scène haute en couleur et d'une sobriété mordante ». En réalité, il n'y a pas d'indice que, dans cette scène, qui peut rappeler certaines scènes de la *Chronique du Règne de Charles IX* (notamment celle du chapitre 1er, *Romans et Nouvelles,* Bibl. de la Pléiade, p. 39), Musset se soit proposé délibérément de rivaliser avec Mérimée.

17. *Var.* : *On ne répliqua pas car ce fut* un haro (1830).

18. Paul de Musset (Notice biographique dans l'édition des *Amis du Poëte,* t. X, 10) dit que, à la lecture de *Don Paez* chez Antony Deschamps, à ces vers, Alfred de Musset fut « interrompu par des cris d'enthousiasme ».

19. *A* toi, *dit don* Paez (1830).

20. *Var.* : Frère, ta langue est jeune et *bien prompte* à mentir (1830).

21. *Var.* : À la place de ces deux vers :

> *C'est un joli propos pour un coureur de filles,*
> *Pour un fin Cortejo, le bijou des Castilles ! (Ibid.)*

22. *Var.* : Il *se prit à bondir* de douleur et de haine. *(Ibid.)*
23. Tous les commentateurs de Musset ont fait remarquer l'allure homérique de ce début. Même mouvement lyrique dans *Rolla* (p. 277) :

> Lorsque, dans le désert, la cavale sauvage...

24. Ils se battaient sur le bord des remparts, mais ils étaient penchés l'un vers l'autre.
25. Équivoque : il s'agit des destins des combattants, du sort du combat, et non des destins des spectateurs comme semble le dire la construction de la phrase.
26. Une statue de plus parmi les statues d'un monument gothique. En 1830, il y avait : « *sur* les pierres... »
27. *Var.* : ... jaguar, *il tourne autour de lui.*

Variante mentionnée en 1830, à la fin du volume et dont il n'a pas été tenu compte dans les éditions suivantes.

28. M. Jean Giraud rappelle ces paroles de l'un des chœurs de *la Fiancée de Messine,* sur le duel de deux frères dont la rivalité rappelle celle d'Étéocle et Polynice : « Tels que les deux frères thébains précipitez-vous l'un sur l'autre, saisissez-vous tous deux et pressez-vous avec rage dans un embrassement d'airain, poitrine contre poitrine, chacun s'efforçant d'échanger sa vie avec la vie de son frère, et plongeant son poignard dans le sein de l'autre; que la mort elle-même n'apaise point votre discorde. » (Traduction de Barante, 1821, V, 37, in-8.)

29. « Assez long », pour assez longtemps, forme archaïque. Littré en donne un exemple du XIIe siècle.

30. Ce duel a fait évoquer d'autres récits de duels dont Musset a pu se souvenir, dont il a, consciemment ou non, reproduit quelques traits. Edmond Estève (*Byron et le Romantisme français,* p. 422); Théophile Gautier, dans son étude sur *Saint-Amant,* inclinent au rapprochement du duel de don Paez avec celui que, dans le poème *Moyse sauvé,* se livrent Moyse et un « fier Égyptien » (*les Grotesques,* pp. 177-179, et *Œuvres complètes de Saint Amant,* édition elzévirienne, II, 195-197).

On peut rappeler aussi le combat d'Énée et de Turnus au deuxième livre de l'*Énéide* ou, du moins, son début, où les deux adversaires sont dépeints, non pas s'affrontant comme deux louves, mais courant l'un sur l'autre, cornes en avant, ainsi que deux taureaux (V, 715-718), mais les péripéties du combat sont bien différentes et au lieu d'un corps à corps, elles montrent Turnus fuyant, Énée le poursuivant et le tuant enfin.

De ce duel de Don Paez et d'Étur de Guadassé, Mme Jaubert (*Souvenirs,* p. 284) dit qu'un soir, dans son salon, devant une trentaine de personnes, comme on discutait du talent de Musset, « M. Genuez, professeur suppléant de M. Villemain au cours de littérature de la Sorbonne », prit la défense de Musset, récita à l'étonnement des assistants « la belle tirade du duel, dans *Don Paez*», la commenta avec l'esprit fin et délicat qui lui était propre y joignant l'autorité de son savoir, et osa dire du poète : « C'est une étoile qui se lève. »

31. Sainte-Beuve (*Notes et Pensées,* LXII; *Caus. du Lundi,* XI, pp. 466-467) rappelle, à propos de ces vers, ces lignes de Latouche dans la préface de la première édition des *Œuvres* d'André Chénier : « Amour qui accables et soutiens les jours du poète, nul peut-être n'était destiné à le rendre avec plus d'éloquence! Il prend sur sa lyre des accents d'une vérité déchirante, ce sentiment *qui tient à la douleur par un lien, par d'autres à la volupté.* » Et, dit Sainte-Beuve, « l'apostrophe même, si chère à Musset, se retrouve dans la prose de Latouche. » Sainte-Beuve a rappelé ce rapprochement dans une note ajoutée à son article du 15 janvier 1833 sur *A. de Musset* (*Portraits contemporains,* II, 187).

Faublas, après un duel causé par un drame d'amour, écrivait aussi : « Amour, fatal amour, que de maux... » (Louvet de Coudray, *les Amours du chevalier de Faublas,* II, 486.) Et Byron (*Don Juan,* III, 11) : « O Amour! qu'y a-t-il donc dans ce bas monde qui nous rend si fatal le don d'être aimé! »

Émile Montégut (*Nos Morts contemporains,* I, 224) voit dans l'imprécation de Musset « une traduction, admirablement modernisée, de ce passage d'Euripide : « Amour, tyran des hommes et des dieux, qui transporta un jour d'enthousiasme tout un public de la Grèce. »

Sur le lien de l'amour et de la douleur on trouvera bien d'autres textes dans diverses parties de l'œuvre de Musset : poésies, théâtre, *la Confession.*

32. *Var. :* ... on *m'en* voie *guérir* (1830). Il y a dans ce vers une licence prosodique, le mot voie, que devrait suivre un mot commençant par une voyelle étant compté pour deux syllabes par accentuation de l'e final.

33. Ainsi les compagnes de la belle Heaulmière, ces

> ... pauvres vieilles sottes
> Assises bas, à crouppetons
> Tout en ung tas comme pelotes.
> (VILLON, *le Grand Testament,* v. 526-528.)

34. Mme V. Brunet a rapproché la Bélisa de Musset de la Célestine du théâtre espagnol. Elles furent toutes deux des filles de joie, toutes deux vieillies, sont devenues des entremetteuses. La Bélisa habite près des barrières, c'est-à-dire des portes de la ville; la Célestine demeure aussi au bord de la ville, près des tanneries, sur le bord de la rivière, une maison isolée, à moitié détruite, peu meublée et encore moins abondamment pourvue. Dans ce milieu elle faisait, outre son métier d'entremetteuse, celui de lingère, celui de sorcière (comme la Bélisa) et celui de parfumeuse. « Elle avait

une chambre pleine d'alambics, de fioles, de petits barils de terre, de cuivre et d'étain faits de mille façons. » La Célestine donnait des consultations : « ... à quelques-unes elles donnait des cœurs de cire pleins d'aiguilles brisées et d'autres choses faites de glaise et de plomb et fort hideuses à voir. Elle traçait des figures, elle traçait des paroles près de terre. » Métier de sorcière comme la Bélisa. (Cf. *la Célestine*, traduction d'Ernest Martinenche, pp. 77-80 ; et V. Brunet, *le Lyrisme d'Alfred de Musset*, pp. 158-160.)

35. Première version moins heureuse de ce vers :

> Une main l'écartant, le tapis se leva

Il a d'ailleurs été fait un carton où le vers est modifié.

36. Vers modifié sur le même carton. Il y avait primitivement :

> Et l'on se retournait quand *sur le bord de l'eau*

37. *Var.* : *A* l'abord, comme pris (1830).
38. *Var.* : ... et *la* tête... (*Ibid.*).
39. *Var.* : Mais d'un sommeil de plomb, sans *haleine*, sans rêve (*Ibid.*).
40. On a vu déjà que Bélisa avait appelé Don Paez « mon fils », il répond ici en l'appelant « ma mère. » De même, au premier acte de *la Célestine*, la Célestine appelle Parména « mon fils » et lui l'appelle « ma mère ». (*La Célestine*, pp. 83-84.)
41. On trouve un vers semblable dans une poésie de Sainte-Beuve, *Récit à Adèle* :

> Et sous les doigts pleuvant, la chevelure immense
> Exhalait jusqu'à moi des senteurs de semence.
> Armée ainsi du peigne, on eût dit à la voir
> Une jeune Immortelle avec un casque noir.
>
> (*Le Livre d'amour*, p. 68.)

42. *Var.* : Son voile, *mal tenu*, plie (1830).
43. *Var.* : ... et *du* moment... (*Ibid.*)
44. Vers que Pierre Moreau rapproche de la pièce *Rêverie* (*les Orientales*, XXXVI) évoquant une « ville mauresque, éclatante, inouïe,

> Et longtemps s'éteignant en rumeurs étouffées,
> Avec les mille tours de ses palais de fées,
> Brumeuse, dentelée à l'horizon violet ».

Il y a les mêmes rimes, le même verbe « denteler », les « rumeurs étouffées ». La ressemblance est frappante. (Cf. Pierre Moreau : *le Classicisme des romantiques*, p. 306. Plon, 1932, in-8.)

45. *Var.* : La segnora... (1830).
46. *Var.* : ... tressaille *à* chaque (*Ibid.*).
47. *Var.* : Quand *la seule* pensée (*Ibid.*).
48. Dante descend les gouffres infernaux, de cercle en cercle, jusqu'au neuvième, qui est le dernier.

49. *Var.* : ... Un *pied* précipité... (1830).
50. *Var.* :

> Nul flambeau, nul témoin. — *D'ailleurs, quand il est* nuit
> *Dans le cœur d'une femme un fer entre sans bruit.* (1830.)

Et, aussi, quand il est jour, je pense. C'est cette considération qui a dû faire modifier ces vers.

51. Dans un article paru dans *la Quotidienne*, le 12 février 1830, il était remarqué que le poème de *Don Paez* témoigne d'un véritable sens dramatique. Il a, du reste, fourni la matière de deux pièces de théâtre : *Don Paez*, opéra, par A. Burtal, dans son volume *Pourpres et Haillons*, pp. 129-170 (Paris, 1868, in-12) et *Don Paez, drame espagnol en quatre tableaux (aussi schématiques que possible)* par Édouard Romilly, dans son volume *Théâtre d'amour et d'ésotérisme*, pp. 11-39. La pièce d'Édouard Romilly est calquée sur le poème dont elle utilise un certain nombre de vers auxquels sont mêlés des vers d'autres œuvres de Musset. Quatre scènes : chez Juana; au corps de garde; chez Bélisa; chez Juana de nouveau. — A. Burtal dans son opéra a modifié un peu le sujet. Il a ajouté deux personnages, le père de Juana et une faiseuse de sortilèges, Stella, reine des bohémiennes de Madrid. Elle remplace la Bélisa de Musset. Dans l'opéra Bélisa est le nom de la duègne de Juana. On ne voit pas l'intérêt de cette mutation. Juana est ici une jeune fille fiancée à Étur de Guadassé qu'elle n'aime pas; elle aime au contraire Don Paez « d'un amour insensé ». Il y a la scène du corps de garde, la provocation, le duel, la demande d'un philtre chez Stella, la scène finale chez Juana. Ils boivent le poison. Ils vont mourir comme Hernani et doña Sol, et en présence du père de Juana qui est le Ruy Gomez de cette histoire. Mais non. Tout finira bien. Stella paraît : elle n'a pas remis à Don Paez du poison, mais un philtre d'amour. Le tout mêlé de vers de Musset utilisés textuellement ou non et qui, comme dans la pièce d'Édouard Romilly, ne sont pas tous pris dans *Don Paez*.

P. 19.   LES MARRONS DU FEU

1. Dans l'édition de 1830, il y a cette dédicace : « Dédié à M. U. Guttinguer par son ami A.D.M. » Dans l'édition des *Amis du Poëte*, Paul de Musset a daté la pièce, 1829.

2. Musset, qui vient de nommer Molière, fait songer ici à la servante de Molière, Laforêt, à qui Molière, dit-on, lisait ses pièces. Pas toutes, cependant; il ne lui lut pas *le Misanthrope*. Musset eût été plus hardi. Il a écrit dans *Namouna* (chant II, x et xi, p. 258) :

> Ah! pauvre Laforêt, qui ne savais pas lire...
> Il ne te lisait pas, dit-on, les vers d'Alceste;
> Si je les avais faits, je te les aurais lus.

3. « Personne n'en mourra... » Ainsi, dans *le Songe d'une Nuit*

d'été (acte III, sc. I, *Théâtre compl.* de Shakespeare, tome I, Bibl. de la Pléiade) où l'un des acteurs qui doivent représenter *Pyrame et Thisbé*, ayant souhaité que l'on renonçât à la tuerie du dénouement, un autre riposte qu'il n'y aura qu'à faire précéder la pièce d'un prologue où l'on dirait que les personnages ne veulent pas se faire de mal avec leurs épées et que Pyrame n'est pas tué tout de bon.

4. Texte de *Don Carlos* (acte II, sc. VIII). Dans l'édition de 1830, il est précédé de l'indication : « *La Princesse.* » C'est un propos tenu par la princesse Elvoli. Musset y avait aussi ajouté la réplique de Don Carlos : « Dieu tout-puissant, cette femme est belle! » (*Œuv. de Schiller,* tome III.)

5. *Premier* matelot (1830). De même dans la suite de la pièce.
6. *Par Saint Polycarpo !* Dieu *l'aie* en sa merci! (1830).
7. *Var. :* Dans *le yacht (Ibid.).*
8. Indication de lieu qui n'est pas dans l'édition de 1830.
9. La Camargo de Musset n'a rien de commun avec la Camargo dont Voltaire vantait l'agilité et de qui il disait :

> Ah! Camargo, que vous êtes brillante!...
> Les nymphes sautent comme vous...
> (*Madrigal ; Œuv. compl.,* X, 492; cf. aussi 295.)

La danseuse Camargo s'appelait, de son nom véritable, Marie-Anne de Cupis (1710-1770). Son père se qualifiait d'écuyer et portait aussi le nom de Camargo. Elle apprit la danse, débuta très jeune comme danseuse à Bruxelles où elle était née ; elle parut ensuite à Rouen, puis à Paris où elle dansa pour la première fois sur la scène de l'Opéra le 5 mai 1726 dans l'*Atys* de Quinault. Elle eut aussitôt un grand succès qui se maintint plus de vingt années. Elle ne se retira du théâtre qu'en 1751. Elle mourut à Paris le 29 avril 1770.

Ces dates ne concordent pas avec celles que donne Rafaël dans la pièce. À la scène VII il dit avoir conquis la Camargo en 1761. Dans la présente scène II il dit être l'amant de Camargo depuis deux ans. Le drame *les Marrons du Feu* se passerait donc en 1763. La Camargo avait alors cinquante-trois ans ; ce n'est pas la jeunesse que lui attribue Alfred de Musset. Autre différence à noter : bien que son père fût italien, Anne de Cupis n'alla jamais en Italie. On a dit que l'Italie du jeune Alfred de Musset est assez souvent de couleur casanovienne. Il lisait les *Mémoires* de Casanova, en effet, et, le 20 mars 1831, il publia à leur sujet un article dans le journal *le Temps.* Il sut donc que Casanova avait vu danser la Camargo, à l'Opéra, dans le ballet des *Fêtes vénitiennes,* de Danchet. (Cf. *Mémoires* de Casanova, II, 319-320.)

La Camargo de Musset eut cependant un modèle. Le 5 décembre 1835, Ulric Guttinguer écrivait à Sainte-Beuve : « Hier j'ai appris la mort de cette pauvre Octavie, qui vivait à Rouen, bien malheureuse. Elle a eu une belle mort. C'est elle qui a posé pour la Camargo, de Musset. » Octavie avait été une des maîtresses de

Guttinguer et une maîtresse aimante; elle s'était éloignée de lui après avoir essayé en vain de le disputer à une rivale. Elle paraît sous le nom de Julie dans le roman autobiographique de Guttinguer, *Arthur*, où il y a, notamment (pp. 77 à 94), sous le titre *Manuscrit de Julie*, un récit de sa vie fait, ou censément fait, par elle-même. (Cf. sur ce sujet le livre d'Henri Brémond : *le Roman et l'Histoire d'une conversion*, p. 40 et suiv.) Le 8 juillet 1852, Ulric Guttinguer écrivait à Alfred de Musset : « J'ai lu la Camargo en arrivant ici [à Honfleur] et me suis rappelé la pauvre morte que je vous racontai et que vous avez rendue immortelle :

... Ah! tu ne m'aimes plus! »

(Fonds Lovenjoul, F. 3156, f. 127.) Ce sont les dernières paroles de la scène II.

10. *Var.* : Laure? — Non! — *C'est* donc la Cydalise ou Rose. Vers faux rectifié seulement dans l'édition de 1852.

11. Musset qui ne se soumettait pas aux exigences de la rime riche a dit de Mardoche :

Et quoiqu'il fît rimer *idée* avec *fâchée*
On le lisait.
(*Mardoche*, II, p. 88.)

12. *Var.* : *O bel* hymen (1830).

13. *Var.* : *Il est* comme une femme incertain et changeant,
Couvert comme Arlequin *de* paillettes d'argent.
Conservez-le, ma chère, il vous fera peut-être...

(Version inscrite sur l'exemplaire des *Contes d'Espagne et d'Italie* d'Alfred Tattet; il y en a une copie à la bibliothèque Lovenjoul, F. 3.159.)

Cette variante fait disparaître l'élision de l'*e* du pronom *le*, élision que se permettaient les poètes du XVIIe siècle, mais qui est désagréable à l'oreille et que les poètes du XIXe évitaient avec raison. Cette variante implique une modification du vers qui la précède.

14. C'est un portrait que Musset s'amuse à tracer de lui-même et auquel concourent les traits du propos antérieur de Rafaël, le cœur où « tout va si vite », où « tout meurt comme un son » et qui est naturellement inconstant; cette « cervelle sans fond » qui tourne au gré du vent et qui donne ainsi une autre image de l'inconstance. Paul de Musset ne dit-il pas que, au temps des *Contes d'Espagne et d'Italie*, son frère « eut à lui raconter quantité d'aventures d'amour », qu' « il y en avait de boccaciennes, de romanesques, quelques-unes approchant du drame », et dont « plus d'une aurait fait envie aux Bassompierre et aux Lauzun » ? (*Biog.*, p. 93.)

15. *Var.* : *Chaos!* Oh! par le ciel... (1830).

16. *Var.* : *Ho!* honte *(Ibid.)*.

17. Immense comme la mer et, sous-entendu, dangereuse comme elle.

18. Tout le monde sait que Néron dit à Burrhus :

> J'embrasse mon rival mais c'est pour l'étouffer

Dit à peu près ainsi par Alexandre dans *Parthène* de Balthasard Baro (acte IV, sc. III).

Dans *Clarigène* de Du Ryer, Clarigène dit à Télariste :

> Tu me perces le cœur de m'être trop fidèle,
> Tu ranimes mes maux en pensant les chasser
> Et m'étouffes enfin quand tu crois m'embrasser.
>
> (Acte IV, sc. I.)

19. *Var.* : *Ho !* je te montrerai...

20. La critique s'amusa fort d'une telle comparaison. Musset, comme le montre la variante citée, « la fit disparaître ».

Var. :

> Qu'on *ne peut* plus *ôter* du cœur sans briser l'âme,
> *Et qu'elle a de son sang allaité nuit et jour,*
> *Ainsi qu'un nourrisson, ce redoutable amour ;*
> *Si c'est alors qu'on dit à cette créature :*
> *« Jette au vent le poignard rouillé dans ta blessure ;*
> *Rouvre tes maigres bras et, sur ton flanc meurtri,*
> *Étouffe en souriant ton nourrisson chéri. »*

RAFAËL

Vous êtes, ma chère âme, une mauvaise tête.

CAMARGO

Laissez-moi, laissez-moi, monsieur, ou je me jette...

(Variante inscrite sur l'exemplaire d'Alfred Tattet et reproduite dans l'édition des *Amis du Poëte* où Paul de Musset dit qu' « on y reconnaît le grand style de [la] seconde manière » de son frère.)

21. Après ce vers, il y a, dans l'édition de 1830 :

CAMARGO

Ho ! je te lècherais couvert de lèpres !

RAFAËL

Songe
Que tu m'avais fait là, petite, un gros mensonge ;
Il m'était bien permis de te le rendre un peu.
Voyons, laissons ces pleurs, ces gros soupirs !

CAMARGO

Mon Dieu !
Mon Dieu pardonnez-lui, s'il me trompe !

Au mot « lèpres », correspond dans cette édition une note où il est dit : « On peut passer ce vers et les trois suivants. » Les trois suivants étaient supportables, mais le premier... Cette note laisse présumer que Musset eût accepté que la pièce fut jouée.

22. *Var.* : *Ha* quel ennui (1830).
23. *Var.* : *O* je suis... *(Ibid.)*.
24. *Var.* : Demandez *mes* chevaux *(Ibid.)*.
25. *Var.* : *Vos chevaux crèveront*, madame *(Ibid.)*.
26. *Var.* : De tantôt? Quels étaient ces *instruments et quelle*
            Cette femme? — J'ai vu! — *Me la veux-tu* cacher?

27. Bradamante, l'une des héroïnes du *Roland furieux*. Elle était valeureuse. Elle délivra son amant Roger de la captivité où le tenait l'enchanteur Atlas. Elle est devenue un symbole de la vaillance féminine. (Cf. *Roland furieux*, chants II à IV.)

28. *Var.* : Pour *m'y* faire tomber (1830).
29. « Porteurs » n'est pas dans l'édition de 1830.
30. *Var.* : *paix*... Allons, *paix*... *(Ibid.)*.
31. *Var.* : *Je crois se sont donné* le mot *(Ibid.)*.
32. *Var.* : Les vôtres *en* ce point *(Ibid.)*.
33. Blockhead : qui a la tête dure comme un bloc, ou comme un roc; stupide.
34. *Var.* : À souper. *Hai*, monsieur... (1830).
35. *Var.* : ... tous *les* carreaux *(Ibid.)*.
36. *Var.* : ... *les* oisons... *(Ibid.)*. Faute typographique sans doute.
37. Mieux, pour *le* mieux. Rarement employé. Littré en donne plusieurs exemples. Ainsi dans *Don Garcie de Navarre*, de Molière, (et non pas de Corneille comme dit Littré) :

> C'est par là que son feu se peut mieux réprimer...
>
> (*Œuv. compl.*, tome I, Bibl. de la Pléiade, acte I, sc. 1, p. 282.)

38. *Var.* : *Insensément* toujours. Remplacé par « en insensé », l'adverbe insensément étant tombé en désuétude.

39. *Var.* : *Ha!* c'est... (1830).

40. La méditation à haute voix, le monologue, vieil artifice dramatique, avait l'avantage de mettre le public dans la confidence des sentiments du personnage, de discerner les mobiles qui le feront agir et de prévoir les événements prochains. La Camargo a été grandement blessée dans son amour et offensée dans son amour-propre. La jalousie la ronge. Elle éprouve manifestement un désir, un besoin même, de vengeance. Vienne l'occasion et ce désir deviendra une décision. Le public est à présent curieux de l'occasion.

41. Cette vue antithétique de l'inconstance de l'homme et de la fidélité de la femme avait été exprimée par d'autres auteurs.

42. Les romantiques voyaient ainsi, dans l'Italie, un lieu de folle gaieté et, à la fois, de sombres drames. Ces rimes *Italie* et *folie* on les trouve encore chez Musset, dans *Venise* (p. 81) :

> Et qui, dans l'Italie
> N'a son grain de folie.

dans la chanson de *Bettine* (*P.C.*, p. 481) :

> Aimable Italie
> Sagesse ou folie...

43. Ici encore « noient » compté pour deux syllabes, ce qui fait boiter le vers.
44. L'édition de 1830 portait « Il *boit* ».
45. *Var.* : ... *Ha!* c'était... (1830).
46. *Var.* : ... triste ou *fol (Ibid.)*.
47. Alfred de Musset, certes, aimait et goûtait la musique. Il eut un abonnement à l'Opéra. Mais sans doute ne lui eût-il pas, parlant en son nom, subordonné la poésie. (Cf. dans *Namouna*, p. 256, les ferventes strophes II et V du chant II.)
48. Dites que *j'irai*.

> (*Exit Palforio.*)
>   Bon, *l'aventure est divine.*
> *Hai!* l'abbé! — *Hai! Seigneur Annibal! j'imagine*
> *Qu'il est mort! — Hai! porteur de rabats!* Sur mon âme...
>   (1830).

Cette version contenait une infraction à la règle de l'alternance des rimes masculine et féminine que Musset applique toujours.
49. *Var.* : *Hai!* voulez-vous avoir... *(Ibid.)*.
50. « L'air d'un escobar », l'air d'un hypocrite. Musset y ajoute un *d* pour la rime. Escobar, nom commun par extension du nom de Antonio Escobar y Mendoza (1589-1669), jésuite espagnol auteur d'ouvrages de casuistique que Pascal a vivement attaqué et dont il a rendu le nom célèbre. (Cf. la cinquième des *Lettres provinciales*, Bibl. de la Pléiade, p. 703.)
51. *Var.* : *toute* étouffée (1830).
52. *Var.* : *Ho! (Ibid.)*.
53. *Var.* : *Ha*, tête... *(Ibid.)*. De même vingt vers plus loin : Ha! ne me faites.
54. *Var.* : *Hé*, madame *(Ibid.)*.
55. *Var.* : *Aller* avec mes pleurs! *(Ibid.)*
56. *Var.* : ... et que *quand* il voudra *(Ibid.)*.
57. *Var.* : *Hé*, madame *(Ibid.)*.
58. La décision est prise. Il s'agit de savoir ce que vaut l'instrument. C'est, à peu près, la situation d'Hermione et d'Oreste au quatrième acte d'*Andromaque*. Certains critiques ont vu dans *les Marrons du Feu* une imitation d'*Andromaque*, d'autres, la parodie.
59. *Var.* : ... qu'il n'en *échappe* (1830).
60. L'abbé a dit que Rafaël soupe avec la Cydalise. — Voir, p. 25, autre exemple de l'élision de l'*e* du pronom personnel *le*.
61. Oreste dit à Hermione (acte IV, sc. III) :

> Vengeons-nous, j'y consens, mais par d'autres chemins;
> Soyons ses ennemis, et non ses assassins.
>   (RACINE, *Œuv. compl.*, Bibl. de la Pléiade, p. 304.)

62. Hermione, plus embrasée d'amour que de colère et qui sent la fragilité de sa haine, répond, elle — et quel stimulant pour Oreste que cette réponse (*op. cit.,* acte IV, sc. III, p. 305) :

> S'il ne meurt aujourd'hui, je puis l'aimer demain!

63. Note de Paul de Musset dans l'édition des *Amis du Poëte* : « Il n'y avait rien de plus simple que d'éviter cet hiatus, mais l'auteur disait qu'un proverbe populaire devait être respecté et qu'il aimait mieux blesser les règles de la versification que le naturel. »

64. Elle s'exprime comme Victor Hugo *(Napoléon II;* pièce V des *Feuilles d'automne)* :

> Non, l'avenir n'est à personne,
> Sire, l'avenir est à Dieu.

65. *Ha!* je ne puis... (1830).
66. Hermione (*op. cit.,* acte IV, sc. III, p. 306) :

> Allez. De votre sort laissez-moi la conduite,
> Et que tous vos vaisseaux soient prêts pour notre fuite.

La différence de ton est grande entre la scène des *Marrons du Feu* et la scène d'*Andromaque.* Quel contraste entre les propos, les mouvements de la Camargo, son brusque embrasement, et la dignité de la fureur si ardente d'Hermione! C'est l'opposition d'une princesse à une simple danseuse et celle aussi de la tragédie au drame.
Il y a, à cette scène, d'autres précédents que la scène d'*Andromaque.* Alexandre Dumas raconte, dans ses *Mémoires* (VIII, 187 sq.) qu'il avait l'idée d'une scène analogue pour sa tragédie de *Charles VII chez ses grands Vassaux.* L'idée lui en était venue d'une lecture du *Goetz de Berlinchingen,* de Goethe. Il y a, dans ce drame, au quatrième acte une scène où une femme pousse un homme qu'elle n'aime pas, mais à qui elle se promet comme récompense, à tuer un homme qu'elle aime (Adélaïde de Walldorf armant Franz contre Wieslingen). Alexandre Dumas avait lu, naturellement, *Andromaque* et *le Cid.* Il avait dû être frappé par la scène entre Hermione et Oreste, par celle où Chimène accepte que don Sanche provoque Rodrigue et consent — se résigne — à devenir l'épouse du vainqueur quel qu'il soit. Alexandre Dumas savait que Corneille avait trouvé une telle situation dans *la Jeunesse du Cid (las Mocedades del Cid)* de Guilhem de Castro qui lui-même l'avait trouvée dans le *Romancero.* Mais il en fut surtout frappé dans la forme que lui avait donnée Alfred de Musset quand, à une soirée de l'Arsenal, il l'entendit lire *les Marrons du Feu.* Dans *Charles VII et ses grands Vassaux,* la comtesse Bérengère de Savoisy, anime et pousse au meurtre du comte son mari l'arabe Yalcoul à qui elle dit (acte V, sc. II) :

> Lui vivant, il me reste un espoir de retour,
> Lui mort, je t'aimerai de tout cet autre amour.

67. Trivelin était un type de valet de la Comédie italienne. On

sait que cette sorte de personnage avait de la finesse, de l'aplomb, de la rouerie. Trivelin était en outre un peu scélérat. Le premier Trivelin de notre théâtre fut Domenico Locatelli qui eut un grand succès. Il jouait dans la deuxième moitié du XVIIe siècle.

Scaramouche était le surnom de Tiberio Fiurelli (né à Naples en 1608, mort à Paris en 1696). C'eſt Fiurelli qui peut-être inventa ce personnage, sorte de capitan, souvent battu d'ailleurs. C'eſt lui, en tout cas, qui le représenta le premier en France. Fiurelli joua à la Comédie-Italienne, puis au Théâtre de la Foire jusqu'à l'âge de quatre-vingt-trois ans. On rapporte que, même à cet âge, il était demeuré si agile qu'il pouvait décocher un soufflet avec son pied.

68. *Var.* : *Ha !* la jolie... (1830).

69. *Var.* : *Sous* la céleste... *(Ibid.).*

70. *Var.* : *Hai,* Palforio (1830).

71. *Var.* : Votre *sergent* vous ait... (1830). Le terme « sergent » eſt impropre. C'eſt au sergent que Rafaël s'adresse. Il lui *parle* d'un supérieur, du prévôt qui était un officier. Nous sommes en Italie. Mais en France il y avait des prévôts de la maréchaussée.

72. *Var.* : *Aye ! Aye !* (1830).

73. *Var.* : L'abbé *se lève* et va à lui *(Ibid.).*

74. *Var.* : *Ha ! Machiavello !* Mais... (1830).

75. *Var.* : L'abbé, *délirant (Ibid.).*

76. Hécate eſt l'une des personnifications mythologiques de la lune.

77. *Var.* : *Trempe* sa robe blanche *(Ibid.).*

78. *Var.* : ... *en silence* et sans jouer. Après un quart d'heure environ, *on entend* (1830).

79. *Var.* : *se lève* et va à son lit *(Ibid.).*

80. *Var.* : *Ha,* que le ciel... *(Ibid.).*

81. *Var.* : *Alors,* pourquoi *donc* non ? *(Ibid.)*

82. C'eſt vraisemblablement de *Pyrame et Thisbé,* tragédie lyrique de Laserre, musique de Rebel fils et Francœur, qu'il s'agit. Cette pièce fut jouée pour la première fois à l'Opéra le 17 octobre 1726. elle y fut reprise en 1740. Un air de danse de cet opéra eſt juſtement connu sous le nom d'*air de la Camargo.*

83. Ici la comédie de la Camargo envers l'abbé devient évidente. Grande différence entre la Camargo et Hermione. Chez la Camargo le dépit eſt plus fort que l'amour qui ne devait pas être bien profond et la mort de l'amant ne paraît laisser aucun regret. Chez la Camargo l'amour triomphe du dépit, il s'avive de la mort même de l'être aimé et il s'alimente d'impuissants mais de cuisants regrets.

84. Cette moralité, où sont combinés de si disparates éléments et que le pauvre abbé énonce avec une philosophie attristée, incite à voir dans *les Marrons du Feu* une parodie d'*Andromaque*

P. 59. PORTIA

1. Portia est, comme *Don Paez*, comme *les Marrons du Feu*, un drame de la jalousie. Il se passe dans cette Italie, que Musset ne connaissait pas encore, mais qu'il imaginait d'après les écrits des deux poètes anglais qu'il lisait avec le plus de ferveur : Shakespeare et Byron, et aussi d'après ce Casanova sur les *Mémoires* duquel il devait, le 20 mars 1831, publier dans le journal *le Temps* un article où il aurait écrit : « Jamais (dans ces *Mémoires*) un grain de raison, peu de religion, de conscience encore moins », mais où des « amours bien vénitiens », des « vengeances plus vénitiennes encore fournissent matière à des chapitres charmants. » *(Mélanges.)*

2. Épigraphe tirée du monologue du marquis de Posa au troisième acte, scène IX, de *Don Carlos, infant d'Espagne*. Musset cite la traduction de Barante.

3. Aventure, dans ce sens, se met au pluriel. Un coureur d'aventures n'en court pas seulement une. Sacrifice orthographique à la régularité de la rime.

4. « Prit-elle », pour reprit-elle. Licence un peu forte répétée quatorze vers plus loin.

5. Licence grammaticale pour « de quatre pas ».

6. *Var.* : Mettre un baiser *cuisant* (1830).

7. Dans l'*Othello* de Vigny, Iago, soupçonnant que sa femme l'a trompé avec Othello, dit (*Œuv. compl.* de Vigny, tome I, Bibl. de la Pléiade, Acte II, sc. VI, p. 381) :

> Cette pensée horrible empoisonne mon âme,
> Me dessèche le cœur, me dévore le sein.

Musset s'est-il, volontairement ou non, souvenu ici de ces vers de Vigny ? Les deux poètes emploient le mot « dessèche » et Joachim Merlant écrit que le mot *dessèche* a suggéré à Musset l'image du *marais impur*, image qui, comme en juge Joachim Merlant, n'est pas heureuse; quand on dessèche un marais impur c'est pour le purifier, ce que ne fait pas le poison de la jalousie. Mais le *marais impur* est aussi dans Vigny. C'est Othello à présent que la jalousie ronge et il dit (acte IV, sc. X. *Œuv. compl.* de Vigny, tome I, Bibl. de la Pléiade, p. 446) :

> ... Mais l'asile adoré, le tabernacle d'or
> Où j'avais de mon cœur déposé le trésor,
> La Source où je puisais et rapportais ma vie,
> M'en arracher moi-même et me la voir ravie,
> Ou bien la conserver lorsque son flot d'azur
> Est tout empoisonné comme un marais impur!

D'où Joachim Merlant conclut : « Nous avons donc ici tous les éléments qui sont combinés en Musset. » L'*Othello* de Vigny fut représenté le 24 octobre 1829. Le poème de *Portia* était déjà écrit.

Mais Musset avait, le 17 juillet, assisté à la lecture de la pièce chez Vigny. Les traits communs que confrontait Joachim Merlant sont-ils dus à un souvenir de cette lecture, ou se sont-ils offerts spontanément à chacun des deux poètes ?

8. Othello, obsédé de jalousie, dit, se croyant seul (acte III, sc. IX. *Œuv. compl.,* tome I, Bibl. de la Pléiade, p. 413) :

> Envers moi ! moi ! perfide ! A qui donc se fier ?

Question qui vient naturellement à qui se croit trompé par l'être en qui il avait une absolue confiance.

9. Dans *Namouna* (chant I, XLVIII, p. 249) :

> Ah ! c'est un grand malheur quand on a le cœur tendre
> Que le lien de fer que la nature a mis
> Entre l'âme et le corps, ces frères ennemis.

Et dans *Rolla,* méditant sur l'amour (cf. p. 291) :

> S'il est vrai qu'ici-bas on le trompe sans cesse,
> Et que lui qui le sait, de peur de se guérir,
> Doive éternellement ne prendre à sa maîtresse
> Que les illusions qu'il lui faut pour souffrir.

10. Quelle barre ? La rampe du balcon, comme le pensait J. Merlant ? Luigi n'aurait pu avancer que la tête. En tout cas, l'expression n'est ni claire ni heureuse.

11. De même Frank (*la Coupe et les Lèvres,* acte IV, sc. 1, p. 194) commence son long monologue par :

> Ta lame, ô mon stylet, est belle toute nue...

12. « La vengeance est un plat qui se mange froid » est un proverbe florentin. Alfred Fouillée écrit (*Psychologie des Peuples européens,* p. 82) : « La jalousie est terrible, en Italie comme en Espagne, et le point d'honneur est ici inflexible ; il est élevé à la hauteur d'une religion. Tant pis, si l'autre religion, la catholique, se met en contradiction avec celle-là ; vengeance d'abord, il sera toujours temps d'obtenir ensuite l'absolution. »

13. *Var.* :

> Mais aussi sans mépris. — *Hors un* religieux
> *Qui priait* bas, le chœur était silencieux (1830).

14. *Voie,* compté une fois de plus pour deux syllabes.
15. *Var.* : ... songes-y ; *ce palais,* tu le *vois* (1830).
16. *Var.* : Quels *sons mystérieux* et quelle... (*Ibid.*).
17. Paul Masson dans *l'Intermédiaire des Chercheurs* du 10 août 1870 et Alcide Bonneau (sous le titre de *Musset imitateur*) dans *la Revue encyclopédique* du 1ᵉʳ juin 1893 ont rappelé à propos de ce vers ce passage des *Amours du chevalier de Faublas* (I, 225-226) : « Lecteurs septuagénaires et goutteux, c'est à vous que je m'adresse. La vieillesse et les infirmités n'ont pas toujours roidi vos jambes et glacé votre cœur ; il fut un temps où vous eûtes aussi un rendez-

vous ; alors vous partiez plus légers et plus prompts que les vents et vous reveniez de même. Vous ne l'avez pas oublié sans doute… »

18. *Var.* : Elle le vit *transir*… (1830).

19. *Var.* : Au lieu de ce vers et des quatre suivants, il y a :

> *C'est de la voir ainsi mettre trop haut son vœu.*

20. Dans son article du 15 janvier 1833 sur *Alfred de Musset*, Sainte-Beuve dit que la première partie de *Portia* : Portia à demi sommeillante, la sérénade sous le balcon, « toute cette scène mystérieuse qui aboutit au soupçon au cœur de l'époux forme une ouverture d'un charme inquiétant, assez approchante pour l'effet du début de *Parasina* » (*P.C.*, II, 185). Émile Montégut dit aussi que « si l'on cherche à comparer la nature des émotions que *Portia* fait ressentir, le souvenir n'hésite pas et nomme *Parasina*.» (*Nos Morts contemporains,* I, 224). Émile Montégut ne précise pas, comme Sainte-Beuve, que ce soit le début de *Portia* qui rappelle surtout le début de *Parasina*. Ce rappel correspond plutôt, comme le montre Edmond Estève (*Byron et le Romantisme français*, p. 421) au rendez-vous nocturne de Portia et de Dalti. Byron écrit dans *Parasina* : « Encore un moment, ils seront ensemble ; ce moment passe, son amant est à ses pieds. Que leur importent le monde et tous les changements qu'y amène la mobilité du temps ? Les créatures qui l'animent, la terre, les cieux, ne sont rien pour leur esprit et pour leurs yeux, aussi indifférents que ceux qui ne sont plus, pour tout ce qui les entoure, pour tout ce qui est à leurs pieds et au-dessus de leurs têtes, comme si tout le reste avait cessé d'exister, ils respirent uniquement l'un pour l'autre, leurs soupirs même sont remplis de délices. Leur ivresse est si grande que si ce délire brûlant ne perdait enfin de son ardeur, il consumerait les cœurs dans lesquels il s'allume. L'idée du crime, celle du danger ne vient-elle pas troubler leur douce rêverie ? Ah ! celui qui a connu l'amour éprouve-t-il l'hésitation ou la crainte dans ces moments enchanteurs ? » (*Œuv. compl.,* II, 194.) C'est la même situation ; c'est la même atmosphère ; mais la présentation des deux scènes est sensiblement différente.

21. *Var.* : *Le ciel s'était voilé* (1830).

22. Au premier acte de *Hernani* (sc. III), Ruy Gomez trouvant, chez Doña Sol, Hernani et don Carlos dit : « Nous sommes trois chez vous ; c'est trop de deux, madame », que Balzac, dans son sévère article sur *Hernani*, trouve « bien inférieur » au « Nous sommes trois, dit-elle » de *Portia* ; il estime d'ailleurs que, dans *Hernani,* « il y a peu de choses, parmi ce qu'il y a de mieux, qui appartienne à Victor-Hugo. (Article paru au printemps de 1830 dans *le Feuilleton des journaux politiques,* recueilli dans le tome XXII de l'édition in-8 chez Calmann-Lévy des *Œuv. compl. de Balzac ;* cf. p. 54.)

23. *Var.* : S'entr'ouvrirait *plus tôt* (1830).

24. « Heure des sérénades ». M. Urbain Mengin voit là une heure imaginée par Musset. « Y eut-il jamais une telle heure à Venise ? » demande-t-il. (*L'Italie des romantiques,* p. XXIII.)

> Une heure est à Venise, heure des sérénades :
> *Quand le soleil s'enfuit laissant aux promenades*
> *Un ciel pur et couvert d'un voile plus vermeil*
> *Que celui que l'Aurore écarte à son réveil.*

25. *Var.* : Telle, *au déclin du jour,* et... (1830).
26. *Var.* : ... *le* vent *du soir* commence...
27. *Var.* : Les *prieurs* s'agitant... *(Ibid.).*
28. Ces vierges, nommées après les moines, sont évidemment des nonnes.
29. Dalti a une mandore comme la Juana de *Don Paez* (p. 5). La mandore est un élément de l'Italie et de l'Espagne de Musset.
30. *Var.* : ...voix, que *la brise écartait* (1830).
31. Mme Martellet (*Alfred de Musset intime,* pp. 270-271) racontant qu'elle pleurait en annonçant à Guttinguer la mort de Musset, dit que Guttinguer lui rappela ces huit vers de *Portia* comme la preuve que Musset ne croyait pas pouvoir « être pleuré si longtemps ». Le poète du *Souvenir* eût-il écrit ces huit vers, n'eût-il pas pensé que le souvenir d'un ami défunt pût lui survivre avec des sentiments de regret, comme avait survécu en lui, avec des sentiments de reconnaissance, le souvenir d'un défunt amour ?
32. *Var.* : Au lieu de ce vers, il y a, dans l'édition de 1830 :

> *La vague le berçait sur son bateau romain.*

33. Dans *Albertin,* de Théophile Gautier, mais dans un autre esprit, on trouve cette exclamation :

> ... O nature ! nature !
> Devant ton œuvre à toi qu'est-ce que la peinture ?

Rappel fait par M. René Jasinski. (*Les Années romantiques de Théoph. Gautier,* p. 111.) Simple coïncidence, je pense.

34. *Var.* : *Au* monde, *ma naissance* ayant tué ma mère (1830).
35. La Muranèse, de Murano, petite ville de Vénétie.
36. Magnifiques ou magnifiques seigneurs : « Titre donné au conseil souverain de quelques républiques suisses », dit Littré, et aux membres du Grand conseil de Venise.
37. Ainsi Musset, désemparé par la trahison de sa première maîtresse, se montre dans la *Lettre à Lamartine* (*P.N.,* p. 332).

> Assis sur une borne, au fond d'un carrefour.

38. Il court au jeu. Dans *la Coupe et les Lèvres,* Frank y sera conduit et il gagnera. Dalti gagne aussi mais bientôt il reperd tout son gain. Croisilles, dans la nouvelle de ce nom, tente aussi la fortune par le jeu, mais il perd son son avoir du premier coup. Les jeunes gens de Musset sont en général joueurs : ainsi encore *le Fils du Titien,* ainsi Octave dans *la Confession.*
39. Note de l'édition des *Amis du Poète* : « L'auteur oublie que ses personnages se trouvent sur l'Adriatique. Il aurait dû dire : sur cette mer immense. » Paul de Musset a peut-être raison, mais

mer ou océan, cela n'a pas grande importance. Musset, d'ailleurs, avait écrit océan dans ce poème sans que Paul s'en soit choqué.

40. Stendhal écrivait en 1830 au baron de Mareste : « Je vous annonce que je viens de découvrir un grand et vrai poète, ce matin, pour six sous, au cabinet littéraire. C'est M. de Musset : *Contes d'Espagne et d'Italie*. Cherchez pages 227 et 228, mais surtout *Portia*, page 146 à 160 :

« ...*Mais il n'y croyait pas :* c'est ainsi que je corrige le dernier vers. » (Cité par Adolphe Paupe, dans un article *Musset et Stendhal*, publié dans *le Censeur littéraire*, le 11 mai 1907.) Les pages 146 à 160 de l'édition originale correspondent aux pages 65 (depuis : « La lune se levant... ») à 72 de la présente édition, et les pages 227 et 228, à la page 102 (strophes LI, LII et LIII de *Mardoche,* qui, en 1830, sont numérotées 33, 34 et 35).

M. Édouard Romilly a disposé le conte de *Portia* pour le théâtre comme il a disposé *Don Paez*. Deux tableaux seulement : la chambre de Portia où, sitôt après la sortie de Luigi, Dalti, qui donne la sérénade, paraît au balcon et est accueilli avec transport, puis apparition de Luigi, échange de quelques brèves répliques et duel rapide. Puis la longue scène d'amour où Dalti raconte sa vie : c'est sur une plage, au bord de la mer, près d'une barque. Le dialogue est mêlé de vers de Musset et de vers du dramaturge. Au deuxième tableau audition d'une romance que chante Portia, quand Dalti, comme dans la pièce de Musset, l'en prie.

P. 73. CHANSONS À METTRE EN MUSIQUE
ET FRAGMENTS

1. Invitation de Suzanne à Chérubin dans *le Mariage de Figaro ou la Folle Journée* (acte I, sc. IV. *Théâtre compl.* de Beaumarchais, Bibl. de la Pléiade, p. 282).

P. 73. L'ANDALOUSE

1. Dans *Albert Savarus,* Balzac écrit : « À *l'incroyable,* au *merveilleux,* à *l'élégant,* ces trois héritiers des *petits-maîtres,* dont l'étymologie est assez indécente, ont succédé le *dandy,* puis le *lion.* Le *lion* n'a pas engendré *la lionne.* La lionne est due à la fameuse chanson d'Alfred de Musset : *Avez-vous vu dans Barcelone... C'est ma maîtresse, ma lionne ;* il y a eu fusion ou, si vous voulez, confusion entre les deux termes et les deux idées dominantes. » (*Albert Savarus, la Comédie humaine,* tome I, Bibl. de la Pléiade, p. 755.)

2. Cette chanson, dans l'édition de 1830, est intitulée Barcelone. Elle est, des chansons de Musset, celle qui eut le plus de succès. Amédée de Beauplan la mit en musique ; il en modifia le titre qui fut : *la Marquise d'Amaëgui, bolero ;* il en changea quelques termes, (par exemple au lieu du vers si vif : *c'est ma maîtresse, ma lionne !,* il mit platement : *c'est la maîtresse qu'on me donne*) ; il n'en retint

PREMIÈRES POÉSIES 625

P. 77. MADAME LA MARQUISE

1. « Dans ce temps-là on parlait beaucoup de la comète de 1832. » (Note d'Alfred de Musset.) On en a parlé beaucoup depuis et jusqu'à ces derniers temps à propos des vers de *Rolla* sur les comètes. (Voir *P.N.*, p. 274.)
2. Allusion à la première, et durable blessure d'amour de Musset, lorsque, dans un souper, il vit le pied de sa maîtresse posé sur le pied d'un jeune homme, voisin de table. (*La Confession*, première partie, chap. II, *Œuv. compl. en prose*, Bibl. de la Pléiade.) Épisode qui a inspiré aussi l'invective de *la Nuit d'Octobre* (*P.N.*, p. 324) :

> Honte à toi qui la première
> M'as appris la trahison !...

3. *Var.* : *Avec mes mains dans* tes cheveux (1830).
4. Dans les stances de *Vision* (*P. Posth.*, p. 490) que Paul de Musset date de 1829 comme la pièce *Madame la Marquise*, il y a :

> Non, non, rien ne valait ce baiser d'ambroisie,
> ... Plus pur que le regard d'un œil d'Andalousie.

Dans sa réponse à Charles Nodier (*P.N.*, p. 444) Musset, rappelant en 1843 le temps de sa jeunesse, dira :

> Je brochais des ballades, l'une
> A la lune,
> L'autre à deux yeux noirs et jaloux
> Andalous.

P. 78. [A MADAME X...]

1. Cette pièce n'a porté de titre dans aucune édition du vivant de Musset, et n'était pas inscrite à la table des matières, sauf dans l'édition de 1830 où elle est appelée *Fragment*. Ces vers sont adressés à une jeune femme dont Musset s'était épris et qui lui fit jouer le rôle de Chandelier. C'est ce souvenir et une méprise sur les sentiments de Mme Jaubert qui furent, en 1835, l'origine de la comédie *le Chandelier*. Mme Vladimir Karénine, dans son ouvrage sur *George Sand*, dit, au tome II, p. 28, que cette jeune femme s'appelait Mme de Groiselliez; d'autres biographes l'ont appelée Mme Groisellier, mais sans rien révéler d'elle que son nom. Paul de Musset dit qu'elle « était une personne de beaucoup d'esprit, excellente musicienne, railleuse, coquette et atteinte d'une maladie incurable ». Elle habitait à Saint-Ouen, et Alfred de Musset, pour aller la voir, « traversait la plaine aride de Saint-Denis ». (Cf. *Biog.*, p. 80.) Dans l'édition des *Amis du Poëte*, Paul de Musset donne à ces vers jusqu'alors sans titre le titre de : *A Madame B****. Cette dame s'appelait Mme Beaulieu. Elle était mariée. Son mari avait une charge de finance. Mme Hermine de Musset dit que c'était une grande dame,

blonde, poitrinaire. (Lettre inédite du 27 juillet 1896, à Maurice Clouard, fonds Lovenjoul, F. 3176, f° 38 et Dossier anonyme.) Elle était liée avec la famille de Musset où, un soir de réception, elle vit sans le reconnaître Alfred de Musset, gracieusement travesti, jouer le rôle de Madelon dans une représentation des *Précieuses ridicules*. Paul Foucher, moins gracieux assurément, jouait le rôle de Cathos (Dossier Samuel). D'après Paul de Musset, son frère, berné par Mme Beaulieu, avait dix-sept ans. Il date ces vers de 1826. (Édition des *Amis du Poëte*, I. 2.)

P. 79.   AU *YUNG-FRAU*

1. On dit *le* ou *la* Yung-Frau, dont le nom signifie : Jeune fille. Lamartine met ce nom au féminin dans sa poésie *Ressouvenir du lac Léman* (*Recueillements poétiques*, p. 293) :

> La rêveuse Yung-Frau, de son vert piédestal,
> Déploie au vent des nuits sa robe de cristal.

La Yung-Frau, qui est non pas le plus élevé mais le plus connu des sommets de l'Oberland bernois, forme, au sud, la partie supérieure du glacier d'Aletsch, l'un des plus grands, peut-être le plus grand des Alpes.

2. Ni la première fois, ni aucune autre; Musset n'avait jamais vu *le* ou *la* Yung-Frau.

P. 79.   À ULRIC G.

1. Ulric Guttinguer (1785-1866) ami de Musset, de Victor Hugo, de Sainte-Beuve, et poète comme eux. Il avait quarante-quatre ans; Musset en avait dix-neuf. Ils s'entendaient très bien. Ils étaient l'un et l'autre d'un naturel amoureux. Musset avait déjà subi de l'amour une dure déception. Guttinguer avait des amours tourmentées dont il dramatisait le tourment. Il venait d'être abandonné par une maîtresse contre laquelle il voulait publier un roman vengeur. Mais il ne voulait pas l'écrire lui-même. Pour une telle trahison et pour un tel désespoir, il fallait un grand écrivain dont le nom fût déjà célèbre. Guttinguer pensa d'abord à Victor Hugo qui ne fit pas le roman, puis à Sainte-Beuve, qui le commença et ne l'acheva pas. Guttinguer dut enfin opérer lui-même et il fit ce roman d'*Arthur* dont Henri Bremond a publié une réédition dans la *Bibliothèque romantique* en 1925. En 1829, mais en octobre et non pas en juillet, Musset alla passer quelques jours en Normandie auprès de Guttinguer. Guttinguer dut exhaler son amertume et sa douleur que Musset, dans le petit poème qu'il lui adresse, semble envier. Le 1er novembre 1829, Guttinguer écrivait à Sainte-Beuve : « ... Je ne suis pas moins avide de vous voir, de vous dire toute l'horreur et l'amertume de mon âme pleine de vipères. J'en ai exhalé quelques poisons dans une épître qui a fait tressaillir Alfred lui-même, tout

Méphistophélès qu'il est... » (Lettre publiée dans *la Muse française*, avril-juin 1934, pp. 247-249.) Dans ses *Fables et Méditations*, il y a (pp. 85 à 89) un poème *A mon ami Alfred de Musset* daté du 1ᵉʳ septembre 1829 mais où l'on trouve une allusion à *la Nuit de Décembre*, avec référence à cette pièce qui ne devait être écrite qu'en 1835, et une allusion à « l'enfant du siècle » qui ne devait paraître, au titre de la *Confession* qu'en 1836. Une lettre écrite le 17 novembre 1836 par Guttinguer à Sainte-Beuve, et à laquelle était jointe une copie de ce poème commence ainsi : « Voici encore des vers, commencés en 1829, terminés d'hier... » (Fonds Lovenjoul.) La partie qui est de 1829 fut composée sitôt après le séjour de Musset, donc après septembre. Guttinguer y dit :

> Un jour, il t'en souvient, Alfred, au bord des mers,
> Nous avions bien longtemps erré ! Leur bruit immense,
> Par moments à nos voix imposant le silence,
> Nous laissait tout entiers à nos rêves amers.
>
> Toi, jeune, plein de sève et commençant la vie ;
> Moi, sur mon front battu sentant tomber le soir ;
> Mais tous deux pèlerins à l'âme poursuivie
> Par le doute et le mal, mais tous deux sans espoir.
>
> Tu marchais le front haut avec indifférence,
> Insultant à ton sort, moi vaincu par le mien,
> Portant sur la nature un œil plein de souffrance,
> N'ayant terre ni ciel, asile ni soutien.
>
> ....

Il est vraisemblable que c'est à cette poésie que répondait Musset.

2. Jolie coquille de l'édition de 1830 : Ni les *héros* plongeurs.

3. « Toi si plein ». Expression bien vague et qui incite à demander « plein de quoi ? »

P. 80. VENISE

1. *Var.* : Pas un *cheval* qui bouge... (1830). Note de l'édition des *Amis du Poëte* (I, 3) : « On sait qu'il n'y a pas de chevaux à Venise. L'auteur a corrigé sa faute lorsque ses vers furent réimprimés en 1840. » On s'est fort diverti de ce cheval intempestif. D'après Alexandre Dumas, Venise en vit au moins un. Il écrit dans ses *Mémoires* (IV, 104) : « Byron, qui ne sortait jamais à pied, fit le premier piaffer des chevaux vivants sur la place Saint-Marc, sur le quai des Esclavons, sur les bords de la Brenta. »

2. On trouve « vastes » dans diverses éditions, postérieures à la mort de Musset, mais en 1830 et en 1840, il y a « larges » comme dans l'édition de 1854.

3. L'ordre de ces deux vers est inversé en 1830.

4. Musset composa pour être mises en musique par Gounod quatre strophes nouvelles dont la première rappelle celle-ci et que voici d'après le texte qui en a été publié dans le n° du 15 juillet 1865, de *la Petite Revue* (VII, 124) :

> *Sous la brise amoureuse*
> *La Vanina rêveuse*
> *Dans son berceau flottant*
>   *Passe en chantant ;*
>
> *Tandis que pour la fête,*
> *Narcisa qui s'apprête,*
> *Met devant son miroir*
>   *Le masque noir*
>
> *Sur sa mer nonchalante,*
> *Venise l'indolente*
> *Ne compte ni ses jours*
>   *Ni ses amours.*
>
> *Car Venise est si belle*
> *Qu'une chaîne sur elle*
> *Semble un collier jeté*
>   *Sur la beauté*

La chanson, telle que Gounod l'a mise en musique, a neuf strophes. Les 1re, 3e, 9e et 10e de la première version, puis les deux premières de la version nouvelle, la 15e de la première version et les deux dernières de la nouvelle.

5. ... en *l*'endormant (1830). Encore une plaisante faute de typographie.

6. *Italie* et *folie* rimaient déjà dans *les Marrons du Feu*.

7. Daté de 1828 dans l'édition des *Amis du Poëte*.

P. 82.   STANCES

1. Ces stances ne sont datées dans aucune édition publiée du vivant d'A. de Musset. Paul de Musset, dans l'édition des *Amis du Poëte,* les date de 1828.

P. 83.   SONNET

1. Ce sonnet est, dans l'édition de 1830, daté du 29 août 1829. Dans l'édition des *Amis du Poëte* : 1829. Il semble rappeler un retour de vacances. Il est bien difficile de savoir de quelle femme il y est question. Est-ce la marquise de La Carte comme le supposait Maurice Clouard ? Est-ce Mme B. (Beaulieu) comme le suppose

M.R. Doré dans son édition des *Premières Poésies* ? L'une et l'autre hypothèses sont vraisemblables, aucune n'est prouvée. Et puis, est-il bien important de savoir si ce sonnet fut inspiré par celle-ci ou par celle-là, ou peut-être par quelque autre, à ce jeune poète qui disait avoir « la facilité de tomber amoureux comme l'on s'enrhume ». (Lettre du 19 octobre 1827 à Paul Foucher.)

P. 83. BALLADE A LA LUNE

1. Cette *Ballade à la lune* fit grand effet. Paul de Musset dit que, quand Alfred la récita à des amis « on s'amusa fort de cette débauche d'esprit ». Il prétend que « les parodies elles-mêmes étaient admises au Cénacle ». (*Biographie,* p. 79.) Je ne sais. Je me figure le Cénacle, pénétré, en tant que Cénacle, de Sa mission littéraire réformatrice et peu enclin à supporter à son sujet d'aussi sémillante raillerie. L'intention parodique ne fut pas discernée par tous les lecteurs de la ballade. Dans la « grande clameur » qu'elle suscita « les uns, dit Paul de Musset, voulant à toute force la prendre au sérieux, s'en tenir à cet échantillon pour se dispenser de lire le reste du volume. D'autres, renchérissant sur l'intention du poète, voulaient qu'il se fût moqué de ses amis et de lui-même ». (*Op. cit.*, p. 93.) Alfred de Musset ne tarda pas à avouer publiquement la parodie. Dans *les Secrètes Pensées de Rafaël* (voir p. 120) il se divertit de ceux qui, ayant toussé, soufflé, et assuré sur leur nez leurs lunettes ont avec lenteur et avec gravité lu sa *Ballade à la lune,* et il écrit :

> On dit, maîtres, on dit qu'alors votre sourcil
> En voyant cette lune et ce point sur cet i,
> Prit l'effroyable aspect d'un accent circonflexe.

Ce point sur l'i, selon le lecteur amusa ou scandalisa. D'après Auguste Barbier, Musset n'aurait pas posé ce point du premier coup. Auguste Barbier raconte qu'il eut l'occasion d'entendre Musset lire quelques poésies et déclare : « Chose curieuse, et dont je me souviens fort bien, la *Ballade à la lune* se trouvait parmi ces poésies, mais sans le préambule ironique *du point sur l'i sur le clocher auni,* ni sans les strophes finales. » (Aug. Barbier : *Souvenirs personnels,* p. 299.) Il y aurait donc eu un premier état de la *ballade* qui, sans sa première et les dernières strophes, n'eût pas fait autant de bruit.

Charles de Bussy dans l'*Avant-Propos* de sa pièce *Une nuit de Musset* dit avoir appris de Mme H. Lardin de Musset que c'est en parcourant le bois de Boulogne que Musset « eut l'idée de la *Ballade à la lune,* et que le clocheton jauni sur lequel la lune est posée « comme un point sur un i » est le clocher d'Auteuil ».

Alfred de Musset fut pendant quelque temps le poète du point sur l'i. Il retint l'attention des critiques, il excita la verve des parodistes. Il provoqua de nombreuses allusions dans les journaux littéraires. *L'Universel,* qui traitait de démente la ballade de Musset, publia le 23 février 1830 une longue pièce anonyme contre les romantiques : *le Carnaval, hymne dramatique dédié à ces messieurs,* où il y a, entre autres, cette strophe :

> — Joseph substitue aux grâces
> Les carcasses,
> Moi, j'ai meilleur goût que lui,
> Je vais pendant la nuit brune
> Voir la lune
> Qui semble un point sur un i ;

avec cette petite note explicative :

> Vers qui sont, comme chacun sait,
> De monsieur Alfred de Musset.

Le Joseph ici nommé est le *Joseph Delorme* de Sainte-Beuve, qui fut aussi beaucoup attaqué et beaucoup raillé. *Le Corsaire,* du 25 février, publia des stances : *Fragment d'un nouveau manuscrit* — 1830 — dont la première est :

> Salut, salut, point sur l'i
> Si joli !
> Quand il aperçoit ton disque
> Phébus bisque ;
> La lune est un omnibus,
> Et Phébus
> N'a plus pour char qu'un vieux fiacre
> Qu'on consacre
> À l'oubli. F, i, n, i.

On a attribué à ce point et à cet i des conséquences bien surprenantes. Paul de Musset dit tenir de Buloz que lorsque Buloz suggéra, en 1838, à M. de Montalivet, ministre de l'Intérieur, de nommer Alfred de Musset bibliothécaire de ce ministre, M. de Montalivet hésita par crainte de se compromettre par la nomination de l'auteur du point sur l'i. (*Biog.,* p. 200). Buloz contesta ce dire. (Voir les lettres de l'un et de l'autre à ce sujet dans l'ouvrage de Mme Marie-Louise Pailleron : *François Buloz et ses amis ; la Revue des Deux-Mondes et la Comédie-Française,* pp. 33-39.)

2. « Dépossédé » de quoi ? Il manque ici un complément. M. Joachim Merlant propose d'y voir l'image d'un front souverain dépossédé de son diadème ou celle du front de Phélie qu'on représente orné d'un croissant... (*Morceaux choisis,* p. 90.) Cela est plausible.

3. Actéon, petit-fils de Cadmus, ayant surpris Diane se baignant fut, par la déesse courroucée, changé en cerf ; devenu cerf, ses chiens se jetèrent sur lui et le dévorèrent. (Cf. Ovide, *Métamorphoses,* III, 138-252.)

4. Endymion, pâtre que — c'est l'inverse de l'épisode d'Actéon-Diane surprend dormant, vers qui elle se pencha et à qui elle donna

un baiser. (Cf. Théocrite : *Idylle XX*, que l'on croit aprocryphe, et qui a pour titre : *le jeune Bouvier.*)

5. Certaines éditions faites après la mort de Musset mettent : l'Océan *monstrueux*. Il y a *montueux* de 1830 à 1854. Cette idée du soulèvement des vagues sous la lune est dans *les Marrons du Feu* (scène VIII, p. 55) :

> L'esturgeon monstrueux soulève de son dos
> Le manteau bleu des mers, et regrde en silence
> Passer l'astre des nuits sur leur miroir immense.

Et dans le chant VI du *Saule* (p. 144.) :

> L'Océan, fatigué de suivre dans les cieux
> Sa déesse voilée au pas silencieux,
> Sous les rayons divins retombe et se balance;
> Dans les ondes sans fin plonge le ciel immense.

6. *Var.* : ... voir *dans* la brune...

7. « Ces vers et les suivants avaient été supprimés dans la première édition. » (Note des éditions de 1840 et suivantes.) Ils sont inspirés visiblement du *Don Juan* de Byron (Chant I, CXII-CXIII). Tête-à-tête de Byron et de Julia. Il lui baise la main, puis recule, par une timidité de nouvel amant. Julia essaie de parler et ne le peut. Puis « Le soleil s'éclipsa et la lune montra son disque couleur d'or pâle... Le diable est dans la lune pour notre malheur. Ceux qui l'ont appelée *chaste* ont commencé trop tôt leur nomenclature. Il n'est pas de jour (pas même le plus long de l'année, le vingt-et-un de juin) qui soit témoin d'un aussi grand nombre de péchés que trois heures d'une nuit éclairée par la lune... et pourtant elle a un air si modeste dans les cieux! » (Traduction d'Amédée Pichot. *Œuv. compl. de lord Byron.*)

8. *Var.* : *Mais elle :* — *Dieu me* garde!
— *Qu'est-ce ?* — Quel curieux.

9. *Var.* : *C'était* dans la nuit brune
Sur *ce* clocher jauni.

(1840)

10. Lors du procès des *Fleurs du Mal,* Sainte-Beuve rédigea pour Baudelaire une note « *petits moyens de défense tels que je les conçois* » dans laquelle il lui conseillait de se mettre à l'abri de textes poétiques fort offensants pour la morale et dont les auteurs n'avaient pas été inquiétés. Il y disait : « Un autre nom se présente à ma mémoire, le nom d'un poète bien plus jeune, non moins grand poète, enlevé tout récemment. Loin de moi, pour lui comme pour l'autre, de vouloir rien ôter à sa renommée, au regret légitime que sa perte inspire. Alfred de Musset est un poète souverainement regrettable... Et pourtant, j'ouvre ses œuvres, je récite ses vers que plusieurs générations ont sus par cœur, et j'y trouve ce que je n'oserais me permettre de lire ici, devant vous... Et cependant, ces vers, ils ont

couru, on les a laissés faire leur chemin parmi la jeunesse, on les a pardonnés à l'auteur, — que dis-je ? ils ont servi avec ses autres vers à le porter à l'Académie. — N'ayons pas deux poids et deux mesures,... etc. » (Cf. Eugène et Jacques Crépet : *Charles Baudelaire*, pp. 229-230.) Le défenseur employa cette tactique, il parla des poésies de ton libre d'Alfred de Musset; se donnant la permission que Sainte-Beuve se refusait, il lut quelques strophes, et, bien entendu, les dernières de la *Ballade à la lune,* et il dit : « Je vous le demande, messieurs, y a-t-il dans tous les vers de Baudelaire quelque chose qui approche de ces simples mots et de cette image :

> Tu ne te tiens pas bien !... »

(Cf. *les Fleurs du Mal,* édition de Jacques Crépet, pp. 349-350. Cette édition contient toute la plaidoirie de Me Chaix d'Est-Ange.)

La *Ballade à la lune* fut publiée en partie (strophes I, II, III, IV, V, VIII et X) dans *le Chansonnier des Grâces* pour 1831, avec le titre ironique de : *le Soleil des romantiques.*

Tristan Corbière dans sa poésie *le Phare* s'est souvenu de la *Ballade à la lune* et en a reproduit le refrain, en l'inversant. Il dit de ce phare :

> Sait-il son Musset ? A la brune
>   Il est jauni
> Et pose pour la lune
>   Comme un grand i !

La lune de Musset se pose sur le clocher comme un point sur un i, le phare de Tristan Corbière se dresse sous la lune, comme un i sous un point.

P. 87.   MARDOCHE

1. Alfred de Musset ayant à faire cinq cents vers pour grossir le volume des *Contes d'Espagne et d'Italie,* obtint de ses patrons MM. Feborel et Cie, entrepreneurs de chauffage militaire, un congé de trois semaines et, pour avoir la tranquillité nécessaire à son travail, partit, le 27 août, pour le Mans, où demeurait alors son oncle Desherbiers; il en revint le 19 septembre, rapportant, non pas cinq cents vers seulement, mais les cinq cent quatre-vingt-dix vers du poème de *Mardoche,* que le soir même de son retour « il récita » (il récita ou il lut) à son frère. *Mardoche,* lu à quelques amis réunis la veille de Noël (il y avait Alfred de Vigny, Antony et Émile Deschamps, Mérimée, Ulric Guttinguer, Victor Pavie, Louis Boulanger), « obtint les honneurs de la soirée », il « cassait les vitres », ce que n'avaient pas réussi à faire *Don Paez* et *Portia* qu'Alfred de Musset lut aussi ce soir-là. (Cf. *Biog.,* pp. 91-92.)

2. Fragment du prologue du livre V. Dans l'exemplaire des *Contes d'Espagne et d'Italie* qui appartint à Alfred Tattet, il y a, de la main de Tattet, une deuxième épigraphe que l'on peut présumer indiquée

par Alfred de Musset. C'est le commencement du chapitre premier de la *Pantagrueline pronostication :* « Quelque chose que vous disent ces folz astrologues de Lovain, de Nurnberg, de Tubinge et de Lyon, ne croyez que ceste année y aie autre gouverneur de l'universel monde que Dieu le créateur... » (*Œuv. compl.* de Rabelais, Bibl. de la Pléiade, p. 920.)

3. Il y a eu, depuis 1777, date à laquelle parut le premier *Journal de Paris,* plusieurs journaux portant ce titre. Le deuxième : *Journal de Paris, politique, commercial et littéraire,* parut du 1er octobre 1811 à juin 1827; puis, sous la direction de Léon Pillet et avec le titre de : *Nouveau journal de Paris et des départements, feuille administrative, commerciale, politique et littéraire,* du 1er août 1827 au 11 juin 1829; il changea alors de nom et devint *la France nouvelle, nouveau journal de Paris* qui parut du 12 juin 1829 au 9 juin 1833. Il paraissait donc quand Musset composait *Mardoche.* (Cf. Eugène Hatin : *Bibliographie historique et critique de la Presse périodique française,* p. 78).

4. Edmond Kean (1787-1833), célèbre acteur anglais. Il jouait avec un talent égal et un égal succès le drame et la comédie. En 1836 Alexandre Dumas le prit pour sujet d'une pièce de théâtre : *Kean ou Désordre et Génie.*

5. Paul de Musset a rappelé ces pèlerinages poétiques du Cénacle. Sainte-Beuve les a rappelés vers la fin de son article, *Victor Hugo en 1831 :* « Les soirées de cette belle saison des *Orientales* se passaient innocemment à aller voir coucher le soleil dans la plaine, à contempler du haut des tours de Notre-Dame les reflets sanglants de l'astre sur les eaux du fleuve. » (*Portraits contemporains,* I, 413-414). Plus tard Sainte-Beuve parlera de ces promenades d'un ton plus dégagé; il dira (supposé que les Goncourt aient exactement rapporté son propos) : « ... quand il faisait ses *Feuilles d'automne,* nous montions sur les tours de Notre-Dame pour voir se coucher le soleil, ce qui, entre nous, ne m'amusait pas beaucoup. » (Edmond et Jules de Goncourt : *Journal,* II, 73.) La note est du 14 février 1863. Ces excursions ont inspiré les six poèmes que, dans *les Feuilles d'automne,* Victor Hugo a réunis sous le titre de *Soleils couchants.* Dans le troisième de ces poèmes, daté du 26 août 1827, il mentionne le brouillard que Musset mentionne aussi. V. Hugo dit :

> Je veux fuir assez loin pour qu'un buisson me cache
> Le brouillard que son front porte comme un panache.

Victor Hugo, on le voit, avait noté le brouillard avant Musset que ces cérémonies romantiques faisaient, semble-t-il, sourire.

6. Dans l'édition des *Amis du Poëte,* Paul de Musset met cette note : « Catherine du Lys, nièce de Jeanne d'Arc, fut mariée par le roi Charles VII à François de Villebresne, allié à la famille de Musset. » C'est à peu près ce qu'aurait dit aussi Alfred de Musset un jour que Rachel lui avait dit : « Votre vrai titre de noblesse, c'est que vous descendez de Jeanne d'Arc. » — « Indirectement, aurait-il répondu. Je suis l'arrière-petit-fils de sa mère Catherine

du Lys dont Charles VII ordonna le mariage afin de ne pas laisser perdre la race de Jeanne d'Arc. » (Cité par Arsène Houssaye dans *le Figaro* du 27 avril 1889, d'après une revue anglaise.) En réalité un ancêtre de Musset, son octaïeul Denis de Musset, épousa en premières noces, Marie de Villebresne, sœur ou peut-être seulement cousine (peu importe ici) de François de Villebresne, époux de Catherine du Lys, quatrième enfant de Pierre d'Arc, frère de Jeanne d'Arc. Marie de Villebresne mourut au bout de quatre ans ne laissant qu'une fille. Denis de Musset se remaria et c'est ce second mariage qui fit souche de Musset. La parenté des familles d'Arc et Musset est donc illusoire. (Cf. Maurice Dumoulin : *les Ancêtres d'Alfred de Musset,* p. 20, et *Généalogie complète de la famille de Musset,* par le baron de Mandres dans le *ussettiste* de janvier-avril 1919.)

7. *Var.* : *Si* le spleen le prenait... (1830).

8. Musset avait fait rimer *idée* avec *fâchée* dans la deuxième scène des *Marrons du Feu* (p. 24.) On a rappelé (p. 11, n. 11) le mépris que Musset affectait pour les rimes riches. Le jour qu'il lut une partie de *Mardoche* chez Victor Hugo il dut lire ce dizain, car il est dit dans *Victor Hugo raconté* (pp. 87-88) que cette lecture provoqua une discussion sur la rime. « M. Émile Deschamps dit qu'il voulait des rimes de trois lettres. — Comme celle-ci?, dit Victor Hugo :

> Ici gît le nommé Mardoche
> Qui fut suisse de Saint-Eustache
> Et qui porta la hallebarde ;
> Dieu lui fasse miséricorde. »

9. *Var.* : ... et *son* sultan... (1830 et 1840).

Mahmoud II (1785-1839) sultan des Turcs à partir de 1808. La Grèce s'étant insurgée en 1821, lutta contre les Turcs pendant près de dix ans pour conquérir son indépendance. L'opinion française fut pour les Grecs contre les Turcs. De nombreux poètes français, de Victor Hugo à des poètes obscurs et même anonymes, composèrent des poèmes en l'honneur de la Grèce. (Voir Eugène Asse : *les petits Romantiques* ; partie III, *l'Indépendance de la Grèce et les Poètes de la Restauration* ; Henri Leclerc, 1900, in-8.) C'est donc une attitude bien singulière — une pose peut-être — que celle de Mardoche.

10. *Var.* : Ces folles *déesses* (1830).

11. Le boulevard des Italiens que fréquentaient alors les émigrés qui, pendant les Cent-Jours, avaient suivi le roi à Gand.

12. Sainte-Beuve, dans la pièce *les Rayons jaunes,* avait écrit :

> Et ma mère à son tour mourra ; bientôt moi-même
>   Dans son jeune linceul
> Je l'ensevelirai ; *je clouerai sous la lame*
> Ce corps flétri, mais cher, le reste de mon âme...

(*Vie, poésies et pensées de Joseph Delorme, Poésies compl.,* I, 98.)

13. Il y avait eu des huissiers-priseurs, ayant leur bureau au

Châtelet ; puis les commissaires-priseurs chargés des ventes aux enchères d'objets mobiliers.

14. Rime inexacte ; de telles rimes sont rares chez Musset.
15. Cher enfant, je vous aime.
16. *Var.* : *Ne l'inquiétait* pas plus (1830).
17. *Var.* : De ces façons d'ailleurs, rien ne *s'était* changé.
    Peut-être *l'on dira...* (1830).

18. Sur l'amour de Dante pour Béatrice, voir sa *Vita nuova,* dans la traduction d'Henry Cochin.

La Guiccioli, la plus célèbre des amantes de Byron et la plus passionnément aimée. Elle s'appelait Teresa Gamba. Quand Byron la connut à Venise, elle était, depuis deux ans, mariée au Comte Guiccioli qui était un vieillard. Byron s'éprit d'elle. Quand le comte et la comtesse Guiccioli retournèrent à Ravenne, qui était leur résidence, Byron alla à Ravenne aussi sous le prétexte d'y visiter le tombeau de Dante. La comtesse Guiccioli avait pris un tel empire sur Byron qu'elle avait obtenu de lui qu'il abandonnât le poème de *Don Juan* qu'elle jugeait immoral. Mais le renoncement de Byron ne fut que momentané. Il reprit son poème et il l'acheva. Peut-être avait-il obtenu de sa maîtresse qu'elle le dégageât de la promesse qu'il lui avait faite. La liaison de Byron et de la Guiccioli qu'il avait enlevée au mari fit scandale en Italie. La Guiccioli demeura fidèle à son amour longtemps même après la mort de Byron. Ce n'est qu'en 1847 (Byron était mort en 1828) qu'elle se remaria et, par ce second mariage, devint marquise de Boissy. En 1868 elle publia : *Lord Byron jugé par un témoin de sa vie.*

19. Giorgio Barbarelli, dit le Giorgione (1478-1511). Il est une des gloires de l'école vénitienne. Il fut l'un des maîtres du Titien. Sa carrière fut courte mais bien remplie. Il a peint toutes sortes de sujets, mais beaucoup de sujets religieux, notamment, au commencement de sa carrière, des Vierges.

20. Herbeau paraît ici être un modiste ; dans *Une bonne Fortune* (p. 294) elle paraît être une couturière. La maison Herbeau était alors une des plus réputées maisons de couture et de modes. Dans l'*Annuaire du Commerce* de 1820, elle est inscrite aux rubriques : *Couturières, Mercerie, Soierie et Nouveautés,* et, à chacune en ces termes : *Herbault (Mad.) march. de nouveautés, robes et modes, fournisseur des cours étrangères, tient manteaux et robes de cour, costumes et robes de fantaisie et de bal, corbeilles de mariage, et tout ce qui concerne la toilette des dames, r. N. S. Augustin, 18.* (La rue Neuve Saint-Augustin, c'est l'actuelle rue Saint-Augustin.) Au temps de *Mardoche,* la maison était dirigée par M. Herbault. Le baron Louis de Vignes, l'ami de Lamartine, écrivant à sa sœur le 4 février 1829, disait : « Tu sais, du reste, ce que c'est que M. *Herbault;* c'est un homme admirable, l'homme de l'époque (...) ; c'est lui qui décide des plumes, des rubans, de cette infinité de jolies choses enfin, qui, tournées, serrées ou étendues, exaltées en forme de *girfae,* ou abaissées en Béritz, constituent le monde des bérets et des chapeaux

et de la toilette, ce monde où les femmes aiment à vivre. Ce n'est point *Mme Herbault;* c'est *M. Herbault;* on dit qu'il a un goût ravissant. » (Lettre publiée par Léon Séché dans son ouvrage *la Jeunesse dorée sous Louis-Philippe,* p. 156.) En 1834, au temps de *Une bonne Fortune, l'Almanach du Commerce* porte, à la rubrique *Modes* : « *Herbault,* modes et nouv., fournisseur de cours étrangères, manteaux et robes de cour... », la suite comme en 1820.

21. *Var.* : Il *n'en fallait pas tant.* La vie... (1830).
22. *Var.* : Il le *reposa* vide... *(Ibid.).*
23. *Var.* : ... *d'un* respect... *(Ibid.).*
24. Les Panoramas étaient des tableaux circulaires et horizontaux, représentant, en perspective, la vue d'un paysage ou d'une ville, et l'on a pu dire, non sans raison, que le *panorama* est « le triomphe de la perspective ». Il y en eut à Paris boulevard Montmartre; on y entrait par le passage qui, pour cette raison, fut appelé passage des Panoramas et que l'on appelle encore ainsi.
25. Tortoni, café-restaurant, 14, boulevard des Italiens, à l'angle de la rue Taitbout. (Voir la note 1 de la nouvelle *les deux Maîtresses* (*Œuv. compl. en prose,* Bibl. de la Pléiade, p. 1043).
26. ... le *bedeau* du lieu... (1830).
27. « Ces vers, jusqu'à la strophe XL, avaient été retranchés à la première édition. » (Note de l'édition de 1840).
28. Et comment vous portez-vous ?
29. Ce n'est plus le ton du poème *Au Yung-Frau* (p. 79).
30. *Var.* : ... je *vois*... (1840 à 1850). Musset avait donc opté pour la faute de prosodie avant d'opter pour la faute d'orthographe.
31. Ici, dans l'édition des *Amis du Poëte* cette note de Paul de Musset : « En 1829, le système du Docteur Gall, préconisé par Troussais, était fort à la mode. La réponse de Mardoche au bedeau est une plaisanterie de dandy. »
32. Voltaire affirme cette croyance en maints endroits; mais on connaît et on cite surtout, à ce propos, ce vers de la pièce *A l'auteur du Livre des trois impostures* :

> Si Dieu n'existait pas, il faudrait l'inventer.
>
> (*Œuv. compl.,* X, 403.)

33. Dans le célèbre monologue d'Hamlet qui commence par : *To be or not to be* (être ou ne pas être), et où Hamlet dit : « Qui voudrait porter le faix, ahaner et suer sous une accablante vie, si ce n'est que la peur de quelque chose après la mort, la région non découverte des confins de laquelle aucun voyageur ne retourne, balance la volonté et nous fait plutôt supporter ces maux que nous avons que voler vers d'autres que nous ne connaissons pas ? » (Traduction d'Eugène Morand et Marcel Schwob. *Théâtre complet* de Shakespeare, II, 206; Bibl. de la Pléiade, traduction d'André Gide.)
34. *Var.* : *Les* vers (1840 à 1850).
35. Dans l'édition de 1830, les dizains qui suivent sont numérotés de 22 à 41.

36. *Var.:* Ce qu'il *venait chercher ? — Le fait est qu'il fit mettre*
Sa voiture en un lieu sûr qu'il put reconnaître.
Puis s'éloigna pensif sans trop regarder où,
Silencieux, et, comme on dit, à pas de loup (1830).

37. John Bull (Jean le Taureau), c'est-à-dire les Anglais, qui se donnent à eux-mêmes ce surnom, ne virent pas les gilets blancs proscrits par Brummel qui, au contraire, lorsqu'il était l'arbitre londonien des élégances, portait « invariablement » le soir « un habit bleu à boutons unis, un gilet blanc et des pantalons noirs parfaitement justes boutonnant sur le cou-de-pied, des bas de soie rayés et un chapeau à claque. » (Porgues : *Originaux et beaux esprits de l'Angleterre contemporaine,* I, 66.)

Sur George Bryan Brummel (1778-1840), dandy que ses biographes ont proclamé l'incarnation même du Dandysme, mais qui ne fut rien de plus qu'un dandy, c'est-à-dire un élégant, un homme d'esprit, pas toujours très fin, un impertinent et un gourmet, voir l'essai de J. Barbey d'Aurevilly : *Du Dandysme et de G. Brummel,* et sur les dernières, les tristes et douloureuses années de sa vie, la dernière partie de l'étude de Jacques Boulenger : *George Brummel, esq.,* dans son livre : *Sous Louis-Philippe ; les Dandys.*

38. Voir, sur les modes romantiques, Louis Maigron : *le Romantisme et la Mode* qui, à propos du maillot, cite (p. 64) cette remarque de « un flâneur parisien » : « Les pantalons, — pardon, ce qui fait suite à leurs hauts de chausse, — cela est si étroit qu'on a toujours peur, *pro pudore,* que cela ne vienne à craquer. »

39. *Var.: ...pétiller* un œil noir... (1830). Il y avait là un « pais-pé » bien inharmonieux.

40. Hésiode place le chœur des *Muses* sur l'Hélicon, montagne voisine du Parnasse au double mont, qui fut aussi un séjour des Muses et d'où ruisselaient les eaux des fontaines Aganippe, Castalie et Hippocrène. Dans *la Théogonie,* Hésiode les appelle Muses Héliconiennes et Muses Olympiennes, parce que la Piérie, où Mnémosyne les enfanta, est une région située sur une des pentes de l'Olympe. Dans *les Travaux et les Jours,* Hésiode les appelle *Muses de Piérie.* (Cf. *la Théogonie,* V, 1-115 et *les Travaux et les Jours,* V, 1.)

41. Les épingles. (Note d'Alfred de Musset.) Edmond Biré, dans son édition des *P.P.* de Musset a cité ces deux vers de Delille :

> Des milliers de ces dards, dont les pointes légères
> Fixent le lin flottant sur le sein des bergères...
>
> (Vers sur Pellisson, dans le poème *les Jardins.*)

42. Dans *Souvenir* (*P.N.,* p. 404) :

> J'espérais bien pleurer, mais je croyais souffrir
> En osant te revoir, place à jamais sacrée,
> O la plus chère tombe et la plus ignorée
>   Où dorme un souvenir.

43. Paul de Musset (éd. des *Amis du Poëte,* I, 53) met ici cette note : « C'était un souvenir du voyage que l'auteur fit à Rouen et au Hâvre en juillet 1829, en compagnie d'Ulric Guttinguer. » Ce voyage paraît être plutôt du mois d'octobre de la même année.

44. *Var.* : ... voudrez *porter* les... (1830).

45. *Baisé,* pour la rime.

46. « Cette fin est usée, et nous la donnons telle
Par grand éloignement de la mode nouvelle. »

(Note d'Alfred de Musset.)

47. Daté de septembre 1829 dans l'édition des *Amis du Poëte.*
Un poète, Hector de Saint-Maur, qui fut l'ami de Barbey d'Aurevilly, a eu l'idée de composer une *Suite à Mardoche,* qui parut dans la *Revue de Paris* le 15 décembre 1856, et que son auteur recueillit, avec des variantes, dans un volume : *le Dernier Chant.* (Paris, *Librairie nouvelle,* 1876, in-12.) C'est un pastiche et qui n'a pas moins de soixante-quatre dizains. Si on en veut voir le ton, voici le commencement :

> À l'heure où la grand'messe est à peu près finie,
> Quand Monsieur le Curé, vers la foule bénie,
> Va faire volte-face, et, les deux mains en l'air,
> Dépêcher les derniers versets de son *Pater,*
> Lorsque son estomac, sous la chape vermeille,
> Se rappelle qu'il est à jeun depuis la veille,
> — Pardonnez-moi, Seigneur ! — à midi, c'est, je crois,
> L'heure où tout bon chrétien fait son signe de croix,
> Remet son gant, retape un peu sa chevelure
> Et marche au bénitier, selon son encolure.

Le poème a pour épigraphe la fin même de *Mardoche* :

> « Et que fit Mardoche ? Pour changer
> D'amour il lui fallut six mois à voyager. »

Il voyagea donc, puis, comme on dit, il se rangea. D'après Hector de Saint-Maur, Mardoche se marie ; sa femme est coquette ; il devient jaloux et songe aux pires solutions ; mais sa femme est séduisante ; elle le reconquiert ; elle le mène, et le mène aux honneurs (décoration, mandat de député, titre de baron) ; il est parfaitement embourgeoisé. À la fin du poème l'auteur adresse ces six vers *au lecteur* :

> J'ai pris, dans son sommeil, comme Petit Poucet,
> Les souliers enchantés de Monsieur de Musset ;
> Ma Muse impertinente, à la sienne greffée,
> Pour emboîter le pas de sa chaussure fée
> Me donnait de gentils coups de poing dans le dos,
> Mais il vient, je me sauve et reprends mes sabots.

P. 105. SUZON

1. Musset, ayant fait paraître ce conte dans *la Revue de Paris* le 2 octobre 1831, ne l'admit dans le recueil de ses *Poésies* qu'en 1852. Il avait sans doute différé si longtemps à cause du caractère licencieux, et même sacrilège, de cet écrit dont Lamartine disait que son « analyse seule offensait la décence ». (*Cours familier de littérature*, IV, 25, 1857, in-8.) Dans le dossier F. 3176 du fonds Lovenjoul il y a une note de Maurice Clouard disant qu'on lui a signalé une édition érotique de *Suzon*. Il ne paraît pas avoir eu d'autre renseignement à ce sujet et je n'en ai pas non plus.

2. *Pensées de Jean-Paul* (Richter), p. 40. Musset avait écrit sur ce petit volume, publié par le marquis de Lagrange, deux articles : *Pensées de Jean-Paul* (*le Temps*, 17 mai et 6 juin 1831. Cf. *Littérature*, *Œuv. compl. en prose*, Bibl. de la Pléiade, p. 890). Musset cite quelques-unes des pensées recueillies par le marquis de Lagrange, mais il ne les cite pas toujours bien exactement; il y cite celle qu'il a mise ici en épigraphe, mais avec deux mots de plus : « et qui ne désire *de plus* ni parc... »

3. *Var.* : Étant venus un *soir* (*la Revue de Paris* ; — de même pour les variantes suivantes).

4. *Var.* : ... jusqu'à *sa* porte.

5. *Var.* : Toujours *ivre*.

6. Ce vers ne rime avec aucun autre.

7. *Var.* : Fortunio, *lui* dit-il. Ce doit être le bon texte, car Fortunio est ainsi compté pour trois syllabes, comme dans la suite du conte.

8. *Var.* : ... leurs têtes *et* les cieux... Le vers était ainsi un vers faux, il avait une syllabe de trop.

9. *Var.* : ... un ton *sérieux*...

10. *Var.* : Son pâle et triste amour *qui se serait* peut-être
    Répandu goutte à goutte...

11. *Var.* : Je n'ai fait que presser ce *qui* restait encore.
    De *suc* au cœur...

12. *Var.* : *Du* reste...

13. *Var.* : ... le boulet *aux bagnes*...

14. *Var.* : ... dans *sa* rue...

15. *Var.* : N'a que sa foi pour *aide* et *tes* bras pour soutien.

16. *Var.* : Qu'elle-même *le* soir...

17. *Var.* : ... n'étouffe pas *la* flamme...

18. Le 22 mai 1843, Alfred de Musset écrira à son frère, qui alors voyageait en Italie, que, dans « la rue Taitbout », — donc chez Mme Jaubert — « il a pris une rage de magnétisme ». Il a assisté à plusieurs séances. Incrédule d'abord, il a été frappé du fait que, ayant pensé à un nom, le médium a deviné, non pas le nom pensé, mais toutes ses lettres : R, C, L, E, A, H, dont il finit par former le nom de Charle. Ce n'était que l'anagramme du

nom pensé : Rachel, mais c'était un résultat. Musset, intéressé par la mode du magnétisme, commença une comédie : *les Deux Magnétismes*, qu'il n'acheva pas.

19. *Var.* : ...se passe *en eux*. Dans l'édition des *Amis du Poëte*, Paul de Musset met « ce qui se passe *entre eux* ». « En elle » a le défaut de faire rimer le mot *elle* avec lui-même et de faire du précédent un vers sans rime.
20. *Var.* : ...lève *les* bras.
21. Encore un vers qui ne rime avec aucun autre.
22. *Var.* : ... Sur son cilice *noir descendra*...
23. *Var.* : ... sur *ta* tête.
24. *Var.* : ... raisonner *son* effroi.
25. *Var.* : ... et *ta* proie.
26. *Var.* : ... et *ta* pensée.
27. *Var.* : ... que moi *les* donnerait...
28. *Var.* : ... à *la* Suzon...
29. *Var.* : ... par *sa* fenêtre...
30. Cette chanson a été mise en musique par Émile Pessard, avec le titre de *Lilla,* dans ses *Joyeusetés de bonne compagnie, recueillies et mises en musique*...
31. Baudelaire, dans la pièce *Une Martyre; dessin d'un maître inconnu* (*Œuv. compl.*, Bibl. de la Pléiade, p. 183), dit :

> L'homme vindicatif que tu n'as pu, vivante,
> Malgré tant d'amour assouvir...

(Rapprochement fait par M. Eugène Crépet dans l'édition critique des *Fleurs du Mal,* p. 495.)

P. 113. LES VŒUX STÉRILES

1. Publié dans *la Revue de Paris* le 21 octobre 1830 avec, en sous-titre, *Poésie*. Recueilli en 1840 et daté inexactement de 1831 dans l'édition de 1840 des *Poésies complètes*. Paul de Musset dit (*Biographie,* p. 94) : « Tandis que le *servum pecus* des imitateurs se jetait sur les *Contes d'Espagne* et se mettait en mesure de le copier de cent façons, Alfred de Musset méditait une réforme et changeait si bien d'allures que *les Vœux stériles, Octave* et *les Pensées de Rafaël,* premiers morceaux qu'il publia dans *la Revue de Paris,* après un intervalle de réflexions sérieuses, ne contiennent plus ni négligences de style ni vers brisés... » Oui, mais le ton change aussi. Ces trois pièces ne sont plus des contes ni des chansons. Elles sont le résultat de méditations d'Alfred de Musset non seulement sur la pratique de son art, mais sur la fonction de cet art.
2. Alfred de Musset écrivait ces vers peu après la révolution de Juillet, orage dont la France était encore frémissante. Effervescence des démocrates pour qui cette révolution n'avait été qu'une demi-victoire, et qu'elle laissait par conséquent déçus. Sentiment de complications extérieures possibles. Il y avait de quoi

inciter à l'action un jeune homme qui, d'après une lettre de sa mère, avait déjà agi : le 12 août, après M. de Musset-Pathay, qui avait été injustement, comme suspect de bourbonisme, révoqué des fonctions qu'il exerçait au Ministère de la Guerre, mais qui, après une pétition de ses subordonnés, avait été réintégré, Mme de Musset-Pathay écrivait à une amie, Mme Grille, en lui annonçant cette heureuse nouvelle : « Il eût été inouï, je l'avoue, qu'un événement que nous avions appelé de tous nos vœux, pour le succès duquel mes fils avaient risqué leurs vies, eût amené avec lui notre ruine. » (Lettre inédite; manuscrit à la bibliothèque d'Angers; copie fonds Lovenjoul F. 3166, f° 174.) On n'a aucun autre renseignement sur les dangers auxquels s'exposèrent les deux jeunes Musset pour la défense de la cause libérale. Mais les jours de lutte passés, le bras désarmé, le poète doit, par son œuvre poétique, continuer son action. Quatre mois après il revendiquera pour la littérature l'indépendance à l'égard de la politique. Il écrira une de ses *revues fantastiques*, la deuxième, qu'il intitulera : *De la littérature en politique et de la politique en littérature* où il écrira : « La politique suit l'action, la littérature la pensée (...). Si la pensée veut être quelque chose par elle-même, il faut qu'elle se sépare en tout de l'action; si la littérature veut exister, il faut qu'elle rompe en visière à la politique. Autrement, toutes deux se ressembleront, et la réalité vaudra toujours mieux que l'apparence. » Et : « Un poète peut parler de lui, de ses amis, des vins qu'il boit, de la maîtresse qu'il a ou voudrait avoir, du temps qu'il fait, des morts et des vivants, des sages et des fous, mais il ne doit pas faire de politique. » (*Le Temps*, 1er février 1831 et *Mélanges, Œuv. compl. en prose*, Bibl. de la Pléiade, p. 777.)

3. Dans une lettre à George Sand (juillet 1833) Musset écrira : « Je serai bien avancé, bien heureux, quand j'aurai barbouillé de mauvaises rimes les murs d'un cachot! [la solitude morale dans laquelle il dit se murer]. Voilà un beau calcul de rester muet en préface de l'être qui peut vous comprendre [dans cette lettre il avait déclaré son amour à George Sand, mais le mot « préface », s'il n'est pas inexact, étonne, « présence » satisferait mieux] et de faire de ses souffrances un trésor pour le jeter dans tous les égouts, à six francs l'exemplaire. Pouah! » Leconte de Lisle dira, dans le fameux sonnet *les Montreurs* :

> Tel qu'un norme animal, meurtri, plein de poussière
> La chaîne au cou, hurlant au chaud soleil d'été,
> Promène qui voudra son cœur ensanglanté
> Sur ton pavé cynique, ô plèbe carnassière!
>
> . . . .
>
> Je ne livrerai pas ma vie à tes huées,
> Je ne danserai pas sur ton tréteau banal
> Avec les historiens et les prostituées.
>
> (*Poèmes barbares*, p. 221.)

Cependant la Muse de *la Nuit de Mai* compare le Poète au Pélican qui s'immole et l'incite à donner en pâture aux humains son cœur ensanglanté.

4. Ceci semble dirigé contre le théâtre romantique, qui pouvait se glorifier alors de quelques grands succès dont le plus retentissant avait été celui d'*Hernani*. On peut signaler à ce propos un rapprochement fait par Auguste Desplaces dans sa *Galerie des Poètes vivants* (chap. sur *Alfred de Musset*). Auguste Desplaces dit qu'une tirade des *Vœux stériles* se retrouve en prose dans *Antony* d'Alexandre Dumas, mais qu'il ne sait laquelle de ces deux œuvres est antérieure à l'autre. C'est la poésie *les Vœux stériles* publiée en octobre 1830. *Antony* ne fut représentée que le 3 mai 1831 au théâtre de la Porte Saint-Martin. Un jeune poète, Eugène d'Hervilly, expose dans un salon en quoi, pour la peinture des passions, le drame historique lui paraît préférable au drame de mœurs contemporaines, les conditions des personnes étant, depuis la Révolution, moins tranchées. « La ressemblance entre le héros et le parterre sera trop grande, l'analogie trop intime, le spectateur qui suivra chez l'auteur le développement de la passion, voudra l'arrêter là où elle se serait arrêtée chez lui. » (Acte IV, sc. VI.) Le rapprochement n'est pas probant et Alexandre Dumas ne me paraît point en ceci débiteur de Musset.

5. Ainsi de la part du poète, vérité sans fard ni subterfuge, ni parti pris d'école.

6. Point d'autel, c'est-à-dire point de chapelle; donc pas de dieu et, par conséquent, point de fidèles. Point de trépied, donc point d'oracles, point de maître reconnu et suivi comme tel. Musset s'évadait du Cénacle romantique. Le poète qui devait un jour souhaiter longue vie au mélodrame émouvant entend ne pas dédaigner ni rebuter le profane; il faut, au contraire, le toucher, l'intéresser, le conquérir.

7. San Casciano est un village non loin de Florence. Machiavel y avait une villa, la villa de Santa Maria y Purissima. Il y résidait quand il fut exilé de Florence après la restauration des Médicis (1512) et il se consumait dans l'inaction.

8. « En outre je désire vivement que ces Médicis se décident à m'employer, dussent-ils commencer par me faire rouler un rocher. » (Lettre de Machiavel à son ami Francesco Vitto, 10 décembre 1513; *Œuv. compl.* de Machiavel, Bibl. de la Pléiade, p. 1437.)

9. « À moitié de ma route ? » Il n'a pas encore vingt et un ans ! Et cependant, il dit presque vrai. Cette moitié de sa route, dans deux ans et demi, il l'aura faite.

10. Voici, au delà du Moyen-Age des romantiques, l'évasion vers la Grèce ancienne, inspiratrice des lettres de la Renaissance et de l'ère classique. Cf. le début de *Rolla* où la Grèce et ses dieux sont, avec ferveur, évoqués. (*P.N.*, p. 273.)

L'invocation de Musset à la Grèce rappelle celle d'Héléna, dans le poème *Héléna* de Vigny :

> Salut, reine des arts! Salut, Grèce immortelle!
>
> (*Poëmes héllenisants, Œuv. compl.,* tome I, Bibl. de la Pléiade, p. 274.)

et celle d'André Chénier, note pour son voyage en Italie et son projet de voyage en Orient : « Je suis en Italie, en Grèce. O terres, mères des arts, favorables aux vertus. O beaux-arts, de ceux qui vous aiment, délicieux tourments! » (*Œuv. compl., Élégies inachevées, Marseille II,* Bibl. de la Pléiade, p. 535.)

Dans *Rolla* :

> Je suis venu trop tard dans un monde trop vieux.

11. Oisiveté dans le sens de loisir. Oisiveté, c'est inaction, et l'inaction ne saurait produire ni les arts ni rien autre. La Bruyère dit (*Du mérite personnel,* 12, *Œuv. compl.,* Bibl. de la Pléiade, p. 94) : « Il ne manque cependant à l'oisiveté du sage qu'un meilleur nom, et que méditer, parler, lire et être tranquille, s'appelât travailler. » C'est travailler que créer, à loisir, c'est-à-dire sans contrainte, l'œuvre d'art.

12. Dans *la Revue de Paris,* on note à ce vers : « Lanzi, Vasari, etc. » Louis Lansy (ou Lansi) (1732-1810), jésuite, philologue, archéologue et historien de l'art. Il est l'auteur notamment d'une *Histoire de la peinture en Italie depuis la Renaissance des beaux-arts jusqu'à la fin du XVIIIe siècle,* publiée à Bassano en 1789, 6 vol. in-8, et dont une traduction française par Mme Dieudé avait paru à Paris en 1824 (5 vol. in 8). — Giorgio Vasari (1512-1574), peintre, critique d'art et historien. Auteur des fameuses *Vies des plus excellents peintres, sculpteurs et architectes* (Florence, 1559, 3 vol. in-4). Traduction française par Léopold Leclanché (Paris, Just Tessier, 1840-1842, 10 vol. in-8), et par Charles Weiss (Moulins, Grégoire, 1903, in-8). Cette édition est partielle.

13. Antonio Allegri, dit le Corrège (1494-1534), né à Corregio, d'où son surnom. Il fut l'émule de Raphaël qu'il n'égala point. Dans sa grâce il y a parfois de la mollesse. Il s'écria un jour, dit-on, devant un tableau de Raphaël : *Anch'io, son pittore !* (Moi aussi, je suis peintre), affirmant ainsi une égalité de talent et sous-entendant une injustice dans l'inégalité des fortunes. Il était un peintre, en effet, et quoiqu'il ne soit pas un peintre du rang de Raphaël, la postérité a proclamé ses mérites et reconnaît en lui le chef de l'école lombarde.

14. Giorgio Barbarelli, dit le Giorgione (1478-1511). Peintre de l'école vénitienne comme le Titien, plus jeune d'une année que le Titien, dont il fut d'abord le maître car il s'était voué très jeune à la peinture. Mais alors que le Titien (Tiziano Vecello) devint presque centenaire (1477-1576) le Giorgione mourut dès l'âge de vingt-trois ans.

15. C'est Fra Bartholomeo, peintre et dominicain. Il était né en 1469 et s'appelait Baccio della Porta. Après avoir peint des sujets

profanes, il se voua, étant entré dans les ordres, à la peinture religieuse. Il mourut en 1517.

16. Sur les arts en Italie au temps de la Renaissance, cf. dans le présent volume (p. 562) le fragment :

> Ainsi lorsque, aux beaux jours de Florence et de Rome...

Voir aussi (p. 153) la *Dédicace* de *la Coupe et les Lèvres*. Dans *André del Sarto,* Musset fait dire par ce jeune peintre (acte II, sc. III, *Théâtre compl.,* Bibliothèque de la Pléiade) : « Seul parmi tant de peintres illustres, je survis jeune encore au siècle de Michel-Ange, et je vois de jour en jour tout s'écrouler autour de moi (...). Crois-tu que ce soit peu de chose pour un homme qui a vécu de son art pendant vingt ans que de le voir tomber ? »

17. Voir p. 812, n. 19, le propos de Musset à son frère sur ces deux vers de *Souvenir* (p. 408) :

> Mes yeux ont contemplé des objets plus funèbres
> Que Juliette morte au fond de son tombeau.

18. Musset a décrit, au deuxième chapitre de *la Confession* (*Œuv. compl. en prose,* Bibl. de la Pléiade) le désarroi de la jeunesse française quand, l'Empire déchu, elle n'eut plus pour remplir ses jours les hasards des combats et la conquête de la gloire militaire. Peut-on voir, dans les présents vers de Musset, le regret de ne pouvoir être un soldat lui-même ? Après la mort de son père, au printemps de 1832, il songea, dans la nécessité où il était de se faire une situation, à s'engager dans les hussards ou dans les lanciers, mais en se réservant de tenter, une deuxième fois, le succès littéraire, avec un deuxième livre de poésie. Paul de Musset écouta ces propos avec le calme d'un scepticisme raisonné. Il n'avait pas tort. La vocation militaire d'Alfred de Musset passa, comme elle était venue.

19. Ce vers m'a l'air terrible. Cette satisfaction en présence d'un spectacle d'horreur, parce qu'il permet d'étaler une pitié vaniteuse, décèle un des plus vils replis de l'âme humaine.

20. On a le sentiment que ce jeune cœur peut être celui même du poète.

21. Indifférence pour la douleur morale, concentrée, muette, rongeuse et peut-être inépuisable, mais à laquelle il manque l'éclat vulgaire d'un spectacle. C'est encore un trait inhumain de la nature humaine.

22. Dans le sentiment de la stérilité de ses vœux il n'a cependant pas songé à se détruire. Il veut, non pas par résignation, mais par une sorte de bravade, épuiser l'amertume de sa destinée.

P. 117.   OCTAVE

FRAGMENT

1. Publié, sans date, dans *la Revue de Paris* du 24 avril 1831, puis, dans les *Annales romantiques, recueil de morceaux choisis de littéra-*

ture contemporaine (Louis Janet, in-16) et recueilli en 1840 dans l'édition des *Poésies complètes*. Daté de 1831 dans l'édition des *Amis du Poëte*. Dans *la Revue de Paris*, il n'y a pas le sous-titre « fragment », mais une ligne initiale de points. C'est l'équivalent. Pourtant, ce conte, dans sa brièveté, pourrait passer pour complet. Il est, comme *Portia,* et comme *les Marrons du Feu* un conte d'Italie, de caractère byronien, et comme ces deux contes et comme le conte espagnol *Don Paez* un drame d'amour, une vengeance de la jalousie. Dans *les Marrons du Feu,* comme dans *Portia,* l'arme meurtrière est le poignard; dans *Octave* comme dans *Don Paez,* c'est le poison.

2. *Var.* : Il soupire *et se dit...* (Texte de *la Revue de Paris* et de toutes les éditions antérieures à 1854.)

3. Cf. *Luc.,* VII, 37-38 : « Une femme de la ville qui était de mauvaise vie ayant su qu'il [Jésus-Christ] était à table chez ce pharisien, y apporta un vase d'albâtre plein d'huile de parfum, et se tenant derrière lui à ses pieds, elle commença à les arroser de ses larmes, et elle les essuyait avec ses cheveux, les baisait et les arrosait de ce parfum. »

4. Jean-Paul Richter a dit, et le marquis de Lagrange a publié ce texte dans son choix de *Pensées de Jean-Paul* que Musset avait lu et sans doute relu : « Vous voyez sourire une femme, ne vous fiez pas à ce sourire, il vous trompe : elle a pleuré toute la nuit. Souvent, ces créatures tendres languissent, muettes, elles cachent le désespoir dans la gaîté. L'œil étincelant de joie, le bon mot sur les lèvres, elles fuient dans quelque coin retiré où elles peuvent enfin, loin de tous les regards, livrer passage aux larmes qui les étouffent. »

5. *Var.* : ... *mes* plus *fiers ennemis. (Annales romantiques.)* Rime plus correcte.

6. *Var.* : Des éditions, postérieures à la mort de Musset, portent : « sur son *front* qui saigne ». Du vivant de Musset on a toujours imprimé « sur son flanc ».

P. 120. LES SECRÈTES PENSÉES DE RAFAEL
FRAGMENT

1. Publié dans *la Revue de Paris* du 4 juillet 1830, sans la date et sans le sous-titre « Fragment », mais avec une note disant : « Ces vers sont la première partie d'un poème intitulé : *les Secrètes Pensées de Rafaël,* et qui sera réuni à d'autres poèmes vers la fin de juillet chez Urbain Canel et Levasseur. » Le texte du traité fut passé entre Urbain Canel et Alfred de Musset, mais le traité ne fut pas exécuté. Pour quelle raison ? Lequel de Canel ou de Musset fut le défaillant ? Peut-être le ton de ce poème que les romantiques jugèrent agressif refroidit-il l'éditeur des romantiques qu'était Urbain Canel. C'est vraisemblablement de ce volume et du fragment des *Secrètes Pensées de Rafaël* qu'il est question dans la lettre non datée où Musset disait à Urbain Canel : « Le directeur de *la Revue de Paris* me propose d'insérer dans son journal un extrait de l'ouvrage que je vais publier

en l'annonçant. Ne pouvant lui répondre avant de savoir si vous êtes prêt, je vous prie de bien vouloir faire à ce sujet une réponse provisoire demain matin. » (Lettre obligeamment communiquée par M. J. Gabalda, éditeur.) Le fragment des *Secrètes Pensées de Rafaël* fut recueilli en 1840, sans date, dans l'édition des *P.N.* : il fut daté, inexactement, de 1831 dans l'édition de 1852 des *P.N.* Il est regrettable que ce poème si vivement, si allègrement commencé, n'ait pas été continué. Il eût probablement été le traité d'esthétique poétique de Musset.

2. Le Parnasse dont les classiques devaient ainsi garder l'entrée.

3. « Guédés » : bien remplis, rassasiés... (Littré). « Bridés » : bien sanglés dans leur vêtement. On se représente ainsi M. Joseph Prudhomme.

4. Ils ne sont donc pas taxés de mauvaise foi, mais (littérairement, n'est-ce pas pis ?) de sottise.

5. C'est proclamer que la *Ballade à la lune* était une parodie de la poésie romantique. Encore y manquait-il les neuf dernières strophes.

6. Ah ! misérable que je suis !

7. Voir sur les journalistes la troisième des *Lettres de Dupuis et Cotonet* : « Remarquez, je vous prie, l'argument commun, le refrain perpétuel de ces messieurs des quotidiens. Ceci est un auteur, disent-ils ? Chacun peut en parler puisqu'il s'imprime : donc je l'éreinte. Ceci est un acteur ? ceci une tragédie ? ceci un monument ? ceci un fonctionnaire ? Au public tout cela, donc je tombe dessus. » (*Mélanges de littérature, Œuv. compl. en prose*, Bibl. de la Pléiade.)

8. *Var.* : Savez-vous le *Pater* et *faites-vous aux* autres
         Pardon de leurs péchés comme ils le font des vôtres ?

                                  (*la Revue de Paris.*)

9. Sir John Falstaff, personnage de *Henri IV* et des *Joyeuses Commères de Windsor,* de Shakespeare ; il était gros, bruyant, grand mangeur, et grand buveur de Xérès.

10. Les romantiques, par contraste avec la mode antérieure, se mirent à porter la barbe. Quand le Daniel Jovart de Théophile Gautier a été converti au romantisme, il met sa tenue et son visage en harmonie avec ses nouvelles convictions littéraires, et, dit Gautier, « il a plus de barbe à lui seul que trois sapeurs », et « sa renommée crût en raison de sa barbe ». (*Les Jeune-France,* pp. 93-94 ; Charpentier, s.d., in-16.)

11. Les classiques d'alors.

12. Les romantiques.

13. Musset était un vétéran bien jeune. Il n'avait pas tout à fait vingt ans d'âge et il n'y avait que six mois qu'il avait publié son premier recueil. Par ce prompt abandon du camp des « romantiques barbus » et cette décision de ne point aller camper parmi les « classiques rasés » il proclamait fièrement son indépendance, mais, en

ce temps de luttes littéraires, il se vouait à un dangereux isolement. En tout cas sa déclaration d'indépendance réjouit M. de Musset-Pathay et M. de Cayrol, son ami, qui dans des lettres qu'ils s'écrivirent alors se félicitent de voir le jeune poète se *déhugotiser*. (Lettres du fonds Lardin de Musset.)

14. Le baron Louis-Jacques Thénard (1774-1857). Il était chimiste; il fut professeur à l'École polytechnique et au Collège de France.

15. Dans la première des *Lettres de Dupuis et Cotonet* (*Op. cit.*, Bibl. de la Pléiade, p. 835) un interlocuteur énumère aux deux épistoliers en quête d'une définition difficile à découvrir, du romantisme, les caractères de l'art et de la littérature romantiques ; « l'art moderne, l'art humanitaire, l'art social, l'art pur, l'art naïf, l'art moyen-âge... »; on espère voir, au terme de cette énumération apparaître une définition, mais il est interrompu là par les épistoliers.

16. *Le Globe* et *le Journal des Débats* étaient favorables au mouvement romantique.

17. Dans *la Nuit d'Août* (P.N., p. 316) le poète s'adressera ainsi à la Muse :

> Salut à ma fidèle amie!
> ....
> Ouvre tes bras, je viens chanter!

18. Ce palais c'est le Louvre ; ce fleuve c'est la Seine. Musset, enfant de Paris, qui avait cherché ses personnages en Espagne et en Italie (Mardoche excepté qui était Parisien) ne veut plus les aller chercher aussi loin; cependant plusieurs de ses comédies et le drame de *Lorenzaccio* se passeront en Italie. Frank sera tyrolien et Hassan sera turc.

19. Le cigare fut à la mode chez les romantiques et Daniel Jovart, à peine converti à la nouvelle doctrine, en demanda un à l'ami qui avait été l'agent de la conversion « et le fuma vertueusement jusqu'au bout » (Daniel Jovart, dans *les Jeune-France*, p. 89. Cf. ici encore, *le Romantisme et les Mœurs,* chap. IV : *Quelques élégances romantiques*).

20. Dans son *Projet d'une revue fantastique,* Musset écrira : « L'inspiration poétique, cette étincelle tant recherchée, se trouve la plupart du temps dans une bouteille bien cachetée. Gœthe buvait du vin du Rhin, Byron, du rhum; Hoffman se noyait dans le punch... » (*Le Temps,* 10 janvier 1831, et *Mélanges, Œuv. compl. en prose,* Bibl. de la Pléiade, p. 773.) Il y a peut-être un souvenir d'Hoffman dans cette comparaison de la flamme d'un alcool flambant soit à un sylphe, soit, comme il le dit à propos du pudding, à une salamandre.

21. La perle qu'un soir d'orgie Cléopâtre fit dissoudre dans son breuvage et qu'ensuite elle but.

22. *Var. :* Dans *ce divin poison... (la Revue de Paris).*

23. Ce vers ne rime avec aucun autre, mais le poème devait avoir une suite.

P. 123. CHANSON

1. Publiée pour la première fois dans le groupe *Poésies diverses* de l'édition de 1840.
2. Datée de 1831 depuis l'édition de 1852.

P. 124. À PÉPA

1. Paul de Musset dit que son frère faisait danser alternativement dans le salon d'Achille Devéria deux jolies, aimables et ingénues jeunes filles. Amourettes éphémères de salon. Cependant Gustave **Planche**, qui ne dansait pas, prétendit avoir vu un soir Alfred de Musset mettre « un baiser furtif sur l'épaule d'une de ses valseuses». Cette accusation causa un certain émoi. Défense fut faite à la jeune fille d'accepter désormais les invitations de son valseur; mais le propos de Planche fut reconnu ensuite calomnieux. « La réputation de la jeune fille n'eut rien à souffrir de ce démêlé »; c'est à elle qu'Alfred de Musset adressa plus tard les stances *À Pépa* (*Biographie*, pp. 88-89). Paul Mariéton (*Une histoire d'amour*, pp. 52-53) répète ce récit en nommant les deux jeunes filles qui étaient Mlle Champollion et Mlle Hermine Dubois. Paul Mariéton devait tenir ce renseignement de Mme H. Lardin de Musset qui lui avait fait des confidences et lui a fourni des documents pour *Une histoire d'amour*. C'est pour Mlle Hermine Dubois que Musset fit les stances *À Pépa*.
2. Variante manuscrite de l'exemplaire d'Alfred Tattet :

> Quand sur *ta stupide* famille
> *Un lourd sommeil* s'est répandu

3. Daté de 1831 depuis l'édition de 1852.

P. 125. À JUANA

1. Suivant Maurice Clouard ces stances étaient adressées à la marquise de la Carte. (Fonds Lovenjoul, F. 3183.) — La preuve ?
2. *Var.* : Je m'*éveillais*... (Var. manuscrite de l'exemplaire de A. Tattet.)
3. *Var.* : Pour le *mordre* et pour le baiser. (*Ibid.*)
4. *Var.* : D'abord : « où tu pensas faire *périr* »; *périr* biffé et remplacé par mourir. (*Ibid.*)
5. *Var.* : *Du* cœur *qui* vous a contenue... (exemplaire Tattet).
6. Daté de 1831 depuis l'édition de 1852.

P. 126. À JULIE

1. Cette poésie fut d'abord admise dans l'édition de 1840 mais elle en fut retirée avant l'impression.
2. Ces lèvres de pur-sang sont surprenantes. Qui dit « pur-sang »

sous-endend : cheval. Balzac, dans *le Père Goriot,* dit de l'une des filles de Goriot, Mme de Restaud : « Elle avait les formes pleines et rondes, sans qu'elle pût être accusée de trop d'embonpoint. *Cheval de pur sang, femme de race,* ces locutions commençaient à remplacer les anges du ciel, les figures ossianiques, toute l'ancienne mythologie amoureuse repoussée par le dandysme. » (*Le Père Goriot,* p. 874, *la Comédie humaine,* tome II, Bibl. de la Pléiade.)

3. Maurice Clouard, qui avait vu le manuscrit de cette poésie, y a relevé cette variante :

> Que je n'en *reviendrais* jamais

P. 127. À LAURE

1. Première publication : *Poésies nouvelles,* édition de 1850.
2. Dans *la Nuit de Décembre* :

> Pourquoi, grand Dieu ! mentir à sa pensée ?
> Pourquoi ces pleurs, cette gorge oppressée,
> Ces sanglots, si tu n'aimais pas ?
>
> (*P.N.*, p. 314.)

3. *Var. : Si le plaisir, Laurette, est ton unique amant,*
   Si c'était lui qu'alors tu couvrais de caresses
   Sur mon corps palpitant.

> (Exemplaire Tattet.)

4. *Var. : Jeter sur le* plaisir *le masque du* bonheur *(Ibid.).*

P. 128. À MON AMI ÉDOUARD B.

1. Dans l'édition des *Amis du Poëte : À mon ami Édouard Bocher.* Édouard Bocher (1811-1900) condisciple de Musset, « son très affectionné voisin d'études à Henri IV » dit, dans ses *Mémoires* (E. Flammarion, s.d., in-8, I, p. 206) Charles Bocher, frère d'Édouard. Édouard Bocher entra dans la carrière administrative. Sous Louis-Philippe il fut sous-préfet, puis préfet. En 1849 il fut député de l'Orne à l'Assemblée législative. Sous l'Empire il vécut hors de la politique. Sous la Troisième République il fut sénateur, et, très attaché à la famille d'Orléans, il fut le représentant du comte de Paris.

2. Alfred de Musset s'adresse à Édouard Bocher sur le même ton qu'à Guttinguer. Édouard Bocher n'était pas un sentimental dramatisant. Dans son livre sur *Alfred de Musset,* Maurice Donnay dit (p. 37) : « Plus tard, Édouard confiera à son fils, M. Emmanuel Bocher, que jamais il ne s'était frappé le front en lisant Lamartine, que jamais il n'avait pâli comme un joueur maudit. »

P. 129. À MON AMI ALFRED T.

1. *A mon ami Alfred Tattet,* dans l'édition des *Amis du Poëte.* Alfred Tattet (1809-1856) fut un des plus chers et des plus fidèles

amis d'Alfred de Musset, le plus cher et le plus fidèle de tous sans doute. Il était fils d'un agent de change. Il avait de la fortune. Il aimait les plaisirs, les arts et les lettres. Il fut lié avec des artistes et avec des écrivains. C'est son admiration pour la poésie d'Alfred de Musset qui fut l'origine de leur amitié. Paul de Musset dit d'Alfred Tattet, dans la *Biographie* (p. 88) : « C'était un aimable viveur, gai convive, sérieux à ses heures, exagéré dans son langage, trouvant toutes choses ravissantes ou exécrables (ainsi Alfred de Musset disait de lui-même : je suis excessif) mais encore plus avide des plaisirs de l'esprit que des autres plaisirs, et toujours prêt à s'exalter pour un beau vers. Il obtint sans peine communication des productions de son ami, et afin de l'entendre plus souvent, il donna de petites soirées et matinées esthétiques. »

2. *Var.* : *Mes beaux jours m'ont donné...* (Manuscrit fonds Lovenjoul, D. 2058.)

3. Alfred de Musset avait perdu son père le 8 avril pendant l'épidémie de choléra.

4. *Var.* : *Et* maintenant *Alfred,* où vais-je et que m'importe
Quel que *soit* mon destin.

(Manuscrit. Voir n.2.)

— Où il allait ? Il disait alors à son frère qu'il tenterait un « dernier essai en publiant un second volume de vers, meilleur que le premier » et qu'en cas d'insuccès il s'engagerait dans un régiment de hussards ou de lanciers. (*Biog.* p. 107.)

P. 130.   À MADAME N. MÉNESSIER
QUI AVAIT MIS EN MUSIQUE
DES PAROLES DE L'AUTEUR

1. Sur le manuscrit (album de Mme Ménessier) : *A Madame J. Ménessier.* Mme N. Ménessier, c'est Marie Nodier, la fille de Charles Nodier; elle avait épousé M. Ferdinand-Jules Ménessier en février 1830. Musset l'avait fait danser aux soirées de l'Arsenal. Elle était musicienne et poète. En 1843, il y eut entre elle et Musset une petite correspondance poétique (*P.N.,* p. 437). Dans sa *Réponse à Charles Nodier* (*P.N.,* p. 441) il rappelle ces soirées, « la tête coquette et fleurie de Marie » et que

> Tachés déjà par l'écritoire
> Sur l'ivoire
> Ses doigts légers allaient sautant
> Et chantant.

2. Date inexacte. Ces vers parurent d'abord dans *le Perce-Neige, choix de morceaux de poésie,* recueillis par *Mme Marie Ménessier-Nodier* (Paris; Heideloff et Campé, 1834, in-12). Elle a été recueillie en 1850 dans le volume *Poésies nouvelles* et datée de 1833. L'édition de M. Robert Doré (chez Louis Conard) précise même « novembre

1833 ». La date véritable est donnée par l'édition des *Amis du Poëte* : « novembre 1831 ». Le 7 novembre 1831, Mme J. Ménessier écrivait à Musset : « Je rentre chez moi et je trouve les vers ravissants que vous venez de m'adresser (...). Ma pauvre musique regarde vos vers de si loin qu'elle est bien étourdie de ce que vous lui dites de gracieux et de charmant. » Elle dit avoir peu de mérite, mais qu'elle est plus que consolée « aujourd'hui, en songeant qu'il a suffi pour inspirer ce qui dorénavant sera pour (elle) un titre de gloire ». (Fonds Lovenjoul, F. 3183, f° 327 ; publiée par Maurice Clouard dans une édition subreptice de Lettres inédites d'Alfred de Musset ; reproduite par Armand Lods dans l'*I.C.C.*, 20-28 février 1926, col. 145.)

P. 130. À MADAME M***
QUI AVAIT ENVOYÉ PAR PLAISANTERIE
UN PETIT ÉCU À L'AUTEUR

1. A Madame Taigny, d'après une indication de Maurice Clouard (fonds Lovenjoul, F. 3198, f° 154). C'est dire que l'indication vient de Mme H. Lardin de Musset. Maurice Donnay le dit aussi : « Mme M. c'est Mme Taigny » dont on lui montra le portrait. « C'est ainsi que j'ai vu la belle Émilie, aquarellée par Isabey, une jeune et jolie personne avec des bandeaux bruns, des yeux bleus, des joues roses, une robe blanche avec des manches à gigot ; à la main droite, elle tient une gerbe de fleurs et à la main gauche un grand chapeau de paille avec un voile bleu. » (*Alfred de Musset*, p. 141.) Ceci apprend que Mme Taigny était une personne charmante mais ne renseigne pas sur la raison de ce don d'un petit écu. Musset jouant et perdant, on est tenté d'imaginer qu'il peut y avoir là comme l'ironique compensation de quelque perte au jeu. Ce ne serait alors ni un paiement ni une récompense. Serait-ce une forme plaisante de reconnaissance pour quelque service rendu ? On ne le saura probablement jamais. Mais le madrigal est bien et spirituellement tourné. Cela ne suffit-il pas ?

2. Marguerite, fille du roi d'Écosse Jacques 1er (Stuart) et première femme du dauphin de France qui devait devenir le roi Louis XI, était une jeune princesse belle, bonne, spirituelle, aimant les lettres, admiratrice d'Alain Chartier qui était, de son temps, le plus illustre des poètes français. Un jour, trouvant Alain Chartier endormi, elle lui donna un baiser. Sur le front ? Sur la bouche ? On en a discuté. A quelqu'un qui s'étonnait de l'octroi d'une si grande faveur elle répondit, dit-on : « Je n'ay baisé l'homme mais la précieuse *bouche* de laquelle sont issus et sortis tant de bons mots et vertueuses sentences. » (Cf. Jean Bouchet : *Annales d'Aquitaine*.)

On a cependant soutenu que les lèvres de la princesse ne se posèrent pas sur celles du poète, que le mot bouche a ici un sens métaphorique ; qu'en réalité il faut entendre l'éloquent discoureur. Baiser de reconnaissance pour celui qui était « son maître et son musicien ». Baiser d'hommage au génie. On a objecté qu'au Moyen-Age le baiser sur la bouche était habituel, notamment dans la cérémonie de l'hommage et qu'il faut prendre à la lettre l'aveu de Marguerite d'Écosse. Un débat sans conclusion positive, bien entendu, s'est engagé sur ce point dans *l'Intermédiaire des Chercheurs et Curieux* (numéros des 10 mars, 25 mai, 10 juin, 10 juillet, 25 août 1865).

P. 131. LE SAULE
FRAGMENT

1. *Le Saule, fragment,* porte le titre. Il aurait fallu mettre *fragments,* au pluriel, car il en subiste plusieurs de ce poème incomplet. Sur la manière dont s'en fit la publication, il faut consulter d'abord Paul de Musset. Il écrit, dans la *Biographie* (pp. 104-105), que le 10 octobre 1831 Alfred de Musset, songeant que dans deux mois il aurait vingt et un ans, ce qui, disait-il, « est un grand âge », forma « des projets de retraite et de travail ». « Il essaya de régler l'emploi de ses journées. Afin de s'assurer des récréations paisibles, il acheta ses entrées au théâtre de l'Opéra pour six mois. Souvent, il passait le temps du spectacle dans une avant-scène où il retrouvait ses amis ; mais parfois, il se tenait seul dans un coin de la salle et laissait, avec plaisir, la musique éveiller son imagination. Sous l'influence de cet excitant, il composa *le Saule,* le poème le plus long et le plus sérieux qu'il eût encore écrit, et qui représente ce qu'on appellerait dans l'œuvre d'un peintre un ouvrage de transition. J'ai raconté ailleurs la destinée bizarre de ce poème ». Il l'a racontée dans la notice biographique qu'il a mise au tome X de l'édition des *Amis du Poëte.* Il y dit qu'un nommé Astoin, camarade de collège d'Alfred et désireux de se faire éditeur, demanda à Alfred de Musset une pièce de vers pour un recueil de morceaux inédits ; qu'Alfred de Musset donna à son camarade un fragment du *Saule ;* que le recueil dans lequel ce fragment parut ne se vendit pas et que le poème se trouva défloré sans profit aucun. « Alfred de Musset se repentit de sa prodigalité ; ce poème contenait des beautés d'un genre nouveau pour lui et dont il eût souhaité de voir l'effet sur le public. Plus tard, lorsque M. Buloz vint lui demander sa collaboration, *la R.D.M.* ne devant offrir à ses lecteurs que des ouvrages inédits, *le Saule* ne pouvait plus y être inséré. Enfin, en 1835, Alfred voulut traiter le même sujet dans un cadre moins étendu et le réduisit aux proportions d'une simple élégie, ce qui explique pourquoi quelques vers du *Saule* sont répétés dans *Lucie.* C'est encore pour la même raison que Bernerette chante, dans les bois de Montmorency, *l'Invocation à l'Étoile du soir* qui se trouve dans *le Saule* (cf. p. 139). Considérant son poème comme noyé à tout jamais, Alfred saisit ces deux occasions d'en publier quelques débris, mais longtemps après, lorsque tous ses ouvrages furent imprimés, il réunit *le Saule* aux autres poésies et le publia en entier, sans s'inquiéter

des passages répétés. » (B. 16.) Dans ces dires de Paul de Musset il y a manifestement une inexactitude. Ce ne peut être après le 10 octobre 1831 qu'Alfred de Musset, sous l'impression de l'*Othello* de Rossini, composa *le Saule,* car le fragment qu'il remit à son camarade Félix Astoin parut en 1830. Ce fragment est le septième, où est représentée la mort de Georgina Smolen. Il parut dans le *Keepsake américain; morceaux choisis et inédits de littérature contemporaine* (New York et Philadelphie; *Foreign and Classical Bookstore;* Ch. de Behr, directeur; Paris, Levavasseur, Palais-Royal, in-8), recueil qui fut annoncé le 20 novembre 1830 dans *la Bibliographie de la France.*

Alfred de Musset proposa probablement en 1834, *le Saule* à Buloz pour la *R.D.M.,* car de Bade où il se trouvait alors, il lui écrivit le 22 septembre 1834 : « J'ai reçu *le Saule* que *vous m'avez envoyé* » (ou renvoyé ?).

Un passage, qui sera précisé dans la suite de ces notes, fut, comme le dit Paul de Musset, répété dans l'élégie de *Lucie* qui parut le 1ᵉʳ juin 1835 dans la *R.D.M. L'Invocation à l'Étoile du soir,* insérée dans la nouvelle *Frédéric et Bernette,* parut, avec cette nouvelle, dans la *R.D.M.* le 15 janvier 1838. Cette Invocation et *Lucie* furent recueillies dans l'édition de 1840 des *Poésies complètes.*

Enfin les neuf fragments, reproduits depuis, furent publiés pour la première fois dans l'édition de 1850 des *P.N.* avec cette « note de l'éditeur » : « Quelques fragments de ce poème ont déjà paru dans le premier recueil de vers de M. A. de Musset. Nous n'avons pas dû les retrancher ici. » Note ambiguë, car le premier recueil de vers de M. A. de Musset c'était les *Contes d'Espagne et d'Italie;* il faut entendre le premier recueil (celui de 1840) édité par Charpentier. Il y a entre les diverses publications de ces fragments un certain nombre de variantes; une copie communiquée par Mme Martellet à M. Hippolyte Buffenoir qui ne la publia pas mais qui me fit l'amitié de me la confier; des morceaux manuscrits conservés dans le fonds Alfred de Musset en contiennent quelques autres. Elles sont, dans les notes suivantes, distinguées par les références : *K, R.D.M., 1840, 1850.*

Alfred de Musset lisait et aimait le théâtre de Shakespeare. Ainsi qu'on aura plusieurs occasions de le rappeler, il avait, du Maine où il était alors en vacances, écrit le 23 septembre 1827 à son ami Paul Foucher : « Je ne voudrais pas écrire, ou je voudrais être Shakespeare ou Schiller », et dans la même lettre : « Je donnerais vingt-cinq francs pour avoir une pièce de Shakespeare ici en anglais; les journaux sont insipides... » L'attention du monde littéraire était alors tournée vers les auteurs dramatiques anglais. Une troupe d'acteurs anglais y donnait depuis le 6 septembre et y donna jusqu'au 11 août 1829, soit à l'Odéon, soit, et plus souvent, aux Italiens, des représentations de pièces anglaises. On peut supposer que Musset assista à l'une des représentations d'*Othello.* Il avait, d'ailleurs, entendu plusieurs fois l'*Othello* de Rossini et il y avait admiré l'art et l'émotion de la Malibran dans le rôle de Desdémona. Il ne se rassasiait pas de l'y voir et de l'entendre et il était particulièrement impressionné et alarmé par la manière dont, dans sa chambre, en s'accompagnant de la harpe, elle chantait au quatrième acte la romance du *Saule*. Cette romance n'est pas de Shakespeare. C'est une vieille romance anglaise que Thomas Perey a recueillie au XVIIIe siècle dans ses *Reliques and Ancient English Poetry,* publiés en 1765. Dans l'*Othello* de Shakespeare, la romance du *Saule* est le chant de l'amant ou de l'amante abandonné. Le feuillage du saule est amer, c'est cette amertume qui en a fait l'emblème de l'amour malheureux, et non pas seulement dans la vieille Angleterre. On en a des témoignages dans le folklore français. (Cf. Edmond Estève : *Variations sur la Romance du Saule,* dans ses *Études de littérature préromantique,* p. 171, et Henri Jacoubet : *Musset et le Symbole du Saule ; la Muse Française,* juillet-septembre 1935.) Cette symbolique explique peut-être qu'au printemps de 1835, après sa suprême rupture avec George Sand, Alfred de Musset, extrayant de son poème du *Saule* l'élégie de *Lucie,* l'ait fait commencer et finir par la stance célèbre :

> Mes chers amis, quand je mourrai
> Plantez un saule au cimetière...

Le sujet du poème du *Saule* est un drame d'amour. Un jeune homme, épris d'une jeune fille, aimé d'elle, obtient d'elle un rendez-vous ; le père de la jeune fille l'apprend, il enferme sa fille dans un couvent ; l'amant s'embarque, et, sur le bateau qui l'emporte, il se tue. A ce poème fragmentaire, comme l'est *le Giaour* de Byron, il manque le commencement que Musset avait vraisemblablement écrit et qui a dû être ou perdu, ou détruit, bien que le fait qu'il en ait été conservé quelques autres fragments rende douteuse la destruction. Ce commencement devait présenter un salon, son décor peut-être ; en tous cas son auditoire et certainement un auditoire choisi. Dans cet auditoire un jeune homme sur qui un moment la cantatrice lève son regard, vers qui le jeune homme porte ce qui, dit Musset, « ne fut qu'un éclair », mais la foudre embrasa aussitôt ces deux cœurs. Ce jeune homme, Tiburce, est artiste, studieux, savant peut-être, mais pauvre et orphelin. Le deuxième fragment le montre au seuil de son vieux manoir, à la nuit tombante. Une cloche sonne l'heure de la prière. Il part. Où va-t-il donc, sinon à un rendez-vous d'amour ? N'attendait-il pas, et sans doute avec la fièvre de l'impatience, l'heure propice ? Un fragment jusqu'à présent inédit révèle qu'il rencontre un vieux mendiant en qui il reconnaît un vieux serviteur et qu'il chasse violement, comme on chasse un coupable ou le responsable d'un malheur. Mais on ne sait quels purent être les fautes ou les crimes de ce vieillard. Le troisième fragment contient la confidence par Georgina à son amie Bella de l'amour qui, dit-elle, est pour elle à la fois et souffrance et bonheur. Au quatrième fragment, on voit Tiburce, attendant, près du château des Smolen. La nuit est venue. La famille Smolen fait la prière du soir. Puis, le silence. Les lampes s'éteignent. Et Georgina furtivement s'échappe et va se jeter aux bras de son amant. Au cinquième tableau, le jour est venu. Le vieux Smolen, qui a dû surprendre quelque bruit de la fuite de sa fille, est inquiet, si inquiet, qu'il a oublié de faire sa prière du matin. Il s'étonne que sa fille ne soit pas encore descendue. Il interroge en vain sa femme qui se tourmente de le voir aussi tourmenté. Au sixième fragment, le soleil s'étant levé sur la mer, Tiburce, dans l'ivresse de l'amour heureux et du rajeunissement matinal de la nature, retourne à sa vieille maison. Il y arrive, quand le vieux Smolen lui saisit le bras et lui ordonne de l'écouter. On est étonné qu'il ne le tue pas ou que, du moins, comme Onorio Luigi, le mari de Portia, il ne provoque pas le séducteur. C'est peut-être que le vieux Smolen est très chrétien. Le texte est interrompu avant les propos de Smolen et, à moins que l'improbable découverte de la partie de texte qui manque ici ne le révèle un jour, on ne saura jamais quels reproches, quelles remontrances, sans doute quelle haute leçon morale il dut faire entendre. Le septième fragment apprend qu'il a voué sa fille au cloître, où elle se meurt d'amour, regardant la mer et s'étonnant de ne voir rien venir. Celui qu'au fond d'elle-même elle appelle, il vient cependant. Le voici. C'est un moine. Il s'approche d'elle. Il demande qu'on le laisse seul auprès de la mourante. On s'écarte, à cause de son caractère sacré. Il appelle alors Georgette. Elle entr'ouvre la paupière et elle expire sans que l'on puisse savoir si, dans ce moine anxieux, elle a reconnu son Tiburce. Le huitième fragment est une élégie sur la mort de la jeune fille. Au dernier fragment, Tiburce qui a une belle voix mais qui, depuis la mort de son père n'avait plus chanté, chante sur le bateau qui l'emmène. Il chante d'un air égaré et s'affaiblissant peu à peu, il chante cette *Romance du Saule* que Georgina avait chantée, et quand, sa force perdue, sa voix éteinte, il tombe enfin, on découvre qu'il s'était fait une large blessure d'où, goutte à goutte, sa vie s'en est allée.

Dans sa thèse : *Étude médico-psychologique sur Alfred de Musset,* le docteur Raoul Odinot explique singulièrement l'origine du poème du *Saule*. Il écrit (pp. 160-161) : « Musset avait fait connaissance aux bains de mer d'une jeune Anglaise qu'il chanta sous le nom de miss Smolen dans son poème du *Saule*. Cette jeune fille, qui se savait phtisique, lui avait dit un jour : « Dans deux ans, à l'automne, quand je devrais (devrai, ne serait-il pas mieux ?) mourir, je serai à Paris, ne l'oubliez pas; au lieu d'un tombeau de marbre blanc, je veux un beau chant de vous pour m'ensevelir. Je resplendirai à jamais dans vos vers et je serai heureuse. » Deux ans après, Musset était au Vaudeville quand une main se posa sur la sienne; il vit devant lui l'ombre de la jeune Anglaise, et entendit ces mots : « Pourquoi donc m'oubliez-vous ? » Le poète sortit du théâtre, précédé de l'ombre qui venait de lui apparaître. Celle-ci le conduisit rue de Rivoli, le fit entrer dans une maison qu'il ne connaissait pas, et ne s'évanouit que lorsqu'il se trouva dans la chambre mortuaire où la jeune fille venait de rendre le dernier soupir en disant à sa vieille tante : « Le voici, le voici qui arrive. »

> Paix profonde à ton âme, enfant, à ta mémoire !
> Adieu ! ta blanche main sur le clavier d'ivoire
> Durant les nuits d'été ne voltigera plus.

C'est dans ces vers admirables que survit aujourd'hui le souvenir de Miss Smolen. » Le docteur Odinot ne dit pas où il a trouvé cet étrange récit dont la chronologie suffit à démontrer l'invraisemblance. *Le Saule* ayant été composé en 1830, aucune jeune fille ne pouvait avoir l'idée de dire, dans l'été de 1828, alors qu'il en était encore aux essais, qu'un beau chant de lui sur elle-même la ferait, en dépit de la mort, resplendir à jamais.

Le Saule, non daté dans l'édition de 1854, et daté inexactement dans celles de 1850 et de 1851 des *Poésies nouvelles*, a été daté, exactement, de 1830 dans l'édition des *Amis du Poëte*.

2. Balzac, dans *la Femme de trente ans*, qui est de 1832, écrit (p. 714, Bibl. de la Pléiade, *Scènes de la vie privée*, tome II) : « Lorsque Julie se leva pour aller au piano chanter la romance de Desdémona, les hommes accoururent de tous les salons pour entendre cette célèbre voix, muette depuis si longtemps, et il se fit un profond silence. » L'imitation — ou la réminiscence — est flagrante.

3. Ces deux vers sont repris dans *Lucie*.

4. *Var.* Dans *Lucie* :

> *Je regardais rêver son* front...

5. *Var.* : ... sur la *nature* humaine. (*Ms.*)

6. Ce vers et le suivant sont repris dans *Lucie*.

7. Ce vers et les dix-sept suivants sont aussi repris dans *Lucie*.

8. *Var.* Dans *Lucie* : ... et par le flot berceur *(Ms.)*

9. *Var.* : S'éloignait *de la rive*... (*Ms.*)

10. Théophile Gautier écrit : « Pâle Desdémona, quel plaisir veux-tu que l'on prenne après la romance du *Saule* à aucune musique terrestre ? » (*Mademoiselle de Maupin*, p. 368.)

11. *Var.* : *Avaient pris* tout à coup *l'expression* (*Ms.*)

12. Ce vers et les trois vers suivants manquent au manuscrit du fonds Lardin de Musset.

13. Ce vers et les vingt-quatre vers suivants se retrouvent, dans *Lucie*, avec quelques variantes.

14. C'est un rappel de trois vers de Dante (*l'Enfer*, v. 121-123) qu'Alfred de Musset rappelle encore, mais pour les contester dans le poème du *Souvenir*. (Voir p. 406.) Ces trois vers de Dante sont chantés dans l'*Othello* de Rossini par un gondolier qui passe.

15. *Var.* : *L'enfant* presse (*R.D.M.*).

16. *Var.* : Soulevant *jusqu'ici* des *sanglots* d'harmonie (*Ibid.*).

17. *Var.* : ... mourir ainsi *chaste* et... (*Ibid.*).

Après ce vers, il y a, dans le manuscrit du fonds Lardin de Musset, les deux vers que voici :

> *Comme une ombre céleste aux plaines éternelles*
> *Elle voulut partir et déployer ses ailes,*

puis : Mais tout avait cessé...

18. André Chénier dit :

> Pleure, pleure, c'est moi. Pleure fille adorée

> (*Clytie, Fragments de Bucoliques,* III, *Œuv. compl.,* Bibl. de la Pléiade, p. 519.)

19. *Var.* : Briller *et s'écouler* (*R.D.M.*).

20. Ce vers et les onze vers suivants ont été mis dans *Lucie*. — Dans *Après une lecture* (p. 424) Musset dira que, au premier regard du soleil,

> Sortit le peu de bien que le ciel avait fait ;
> De la beauté l'amour, de l'amour l'harmonie ;
> Dans ce rayon divin s'élança le génie...

Dans *À mon frère revenant d'Italie*, il dira en petits vers plaisants que la musique nous vient d'Italie. Il nommera Naples,

> Oreiller des lazzaroni
> Où sont nés les macaroni
> Et la musique.

Voltaire avait écrit dans *la Pucelle,* chant VII :

> Et toi, fille du ciel, toi, puissante harmonie,
> Art charmant qui polis la Grèce et l'Italie...,

et dans une lettre du 1ᵉʳ décembre 1765 à M. Berger, à qui il envoie des vers que Rameau devait mettre en musique et qu'il dit mauvais « mais tels qu'il les faut », croit-il, « pour faire publier un musicien » :

> Fille du ciel, ô charmante Harmonie,
> Descendez et venez briller dans nos concerts ;
> La nature imitée est par vous embellie.
> Fille du ciel, reine de l'Italie
> Vous commandez à l'univers. »

> (*Œuv. compl.,* VIII, 185 et XXXIII, 570.)

Dans la comédie *Arlequin maître de musique* (sc. XI) Durval dit : « Ah! pourquoi ne suis-je pas né dans cette patrie du goût, des talents de l'harmonie (l'Italie) ; de l'harmonie, cet art divin, ce don du ciel que les dieux nous ont accordé pour charmer nos peines, pour augmenter nos plaisirs! C'est aux Italiens que la divinité a confié ce présent céleste... » (Florian, *Fables* suivies de son *Théâtre* p. 471.)

21. *Var.* : Dans tes *sanglots* divins *(Ms.)*

22. *Var.* : *Lorsque la vierge alors* que son délire entraîne... *(Ms.)*

23. *Var.* : Sous de longs cheveux *noirs (Ibid.).*

24. *Var.* : ... *ses regards semblaient dire*... *(Ibid.)*.
25. *Var.* : ... du jour *que* mourut... *(Ms.)*.
26. *Var.* : Quel souvenir *aussi*... *(Ibid.)*.
27. *Var.* : ... pourquoi ce *capricieux* silence. *(Ibid.)*. Capricieux compté à tort pour trois syllages.
28. *Var.* : ... de l'*obscure* fenêtre *(Ibid.)*.
29. *Var.* : Dans *ces* longs corridors... *(Ms.)*.
30. C'est le tableau de la mise au tombeau peint par Raphaël en 1507 pour une chapelle du Vatican. Sur un fond de paysage rocheux, avec le Calvaire à droite, un groupe de personnages porte vers la gauche le corps du Christ, tandis que, à droite, la Vierge s'évanouit. Ce tableau se trouve au palais Borghèse, à Rome. Le haut du tableau cintré représentant Dieu le Père, entouré d'anges, et œuvre d'un élève de Raphaël se trouve à la Pinacothèque municipale de Pérouse.
31. Géricault (Jean-Louis-André-Théodore) (1791-1824), l'un des peintres les plus célèbres, les plus féconds et les plus variés de la Restauration. Musset rappelle les qualités de coloriste de Géricault quand il en loue la « palette ardente ».
32. Christophe Allori (1577-1621) ayant été trompé par sa maîtresse fit un tableau qui est l'un des plus beaux qu'il ait peints et qui représente *Judith tenant la tête d'Holopherne* avec cette singularité que le visage sanglant d'Holopherne était le portrait d'Allori et le visage de Judith celui de sa maîtresse. Alfred de Musset, que ce trait semble avoir beaucoup frappé, eut l'idée d'un roman sur cet amour d'Allori. Il en fit le plan, mais son enthousiasme passé, il ne l'écrivit pas. En 1843 il pensa à en faire une pièce de théâtre; il n'en écrivit que deux courts fragments, dont l'un a été conservé et que l'on trouvera dans les *Comédies et Proverbes*.

33. *Var.* : Agite sur les murs *la royale effigie*
D'un marbre mutilé. *(Ms.)*

34. C'est dire qu'il y avait dans le pauvre château de Tiburce un buste mutilé de Napoléon.
35. Alfred de Musset aimait la musique; il l'appelle, dans ce même poème, la fille de la douleur et sa consolatrice. Il dira dans *la Nuit de Mai* :

Les plus désespérés sont les chants les plus beaux...

et il fera chanter par Barberine (*P.N.*, p. 460) :

Quand on perd par triste occurrence
Son espérance
Et sa gaîté,
Le remède au mélancolique
C'est la musique
Et la beauté.

36. *Var.* : *De toutes* les passions *(Ms.)*.
37. *Var.* : La haine, l'ambition, *l'avarice*, l'amour *(Ibid.)*.

Ces deux vers ont dû être refaits pour une raison de rythme : *passion* n'est compté que pour deux syllabes et ambition pour trois.

38. Il est curieux de remarquer que Musset qui, dans *Mardoche*, (p. 102) a raillé les périphrases de Delille désigne souvent la lune par des périphrases qui, au temps du romantisme, devaient paraître bien désuètes.

39. Comme Manfred, comme Faust, Tiburce se sent jeté dans un monde qui lui est un mystère et de ce mystère il a, comme l'eut Alfred de Musset, la hantise. Comme Manfred au commencement du drame de Byron, comme Faust au commencement du drame de Gœthe, il s'est obstiné, dans la solitude, sous la lampe nocturne, à vouloir pénétrer « les secrets — comme il dit — de l'être et de la vie ». Vaine recherche qui n'aboutit en lui « comme en eux », qu'à la révélation de l'infirmité, et même de la vanité de la science humaine. Mais Tiburce a délaissé ses inutiles travaux. L'amour à présent le tient. Faust sera conduit à la conquête de Marguerite par Méphistophélès. Manfred aura par la magie d'un esprit la vision fugitive de la beauté féminine. Tiburce a rencontré, sans secours merveilleux, et la beauté et l'amour. Adieu l'aride science. Il aime et il aspire à vivre. Il aime et il vit. A l'heure où le voici, n'est-il pas frémissant d'impatience et d'espoir de bonheur ?

40. *Var.* : *De joyeux villageois qui regagnent Oxford (K.).*
     Sur le chemin désert se distinguent encor. *(Ms.)*

41. *Var.* : *Aux longs soupirs de l'orgue au loin se mêle encore (Ibid.).*

42. Qui, *trempant* de sueur... *(Ibid.).*
Dans cette version le lieu de ce drame n'était donc pas en Écosse, comme il l'est dans la version définitive.

43. A la suite de ces vers vient, dans un fragment manuscrit du fonds Lardin de Musset, le passage suivant. (Les vers placés entre crochets sont raturés sur ce manuscrit.)

[*Maudissant des raisons qu'il ne pouvait comprendre*
Tiburce vers le Gué avançait à grands pas,
Lorsque, derrière lui, soudain il crut entendre
Une voix que d'abord il ne distingua pas.]
— *Seigneur, noble Seigneur, soyez-moi secourable !*
— *Qui me parle ? Pourquoi retenir mon manteau ?*
— *Un schilling, Votre Honneur ! je suis si misérable !*
[*Quoi ! ce noble seigneur m'eût oublié si tôt ?*]
Tiburce s'arrêta. — Comme affaibli par l'âge
L'Étranger s'approchait en lui tendant la main.
Mais dès qu'il eut de près distingué son visage :
— *Loin de moi ! loin de moi ! va-t'en de mon chemin !*
Va-t'en, vieillard maudit ! Retire-toi, te dis-je.
— *Hélas ! hélas ! Seigneur ! mon aspect vous afflige.*
Ne suis-je pas, pourtant, votre vieux serviteur ?
Un schilling ! Je prierai le ciel pour Votre Honneur !

> — *Vagabond, loin de moi ! Retire-toi, reptile !*
> *Ne viens pas te traîner sous mes pieds plus longtemps.*
> — *Hélas ! mon bon Seigneur, j'ai deux pauvres enfants.*
> *L'hiver je suis sans pain et je n'ai pas d'asile.*
> *Et pourtant Votre Honneur doit se ressouvenir*
> *Du vieux berger Janvier qui servait votre père.*
> *Un schilling, Monseigneur, et je m'en vais partir.*
> [*Qu'ai-je fait qui m'attire ainsi votre colère ?*]
> [*Qu'as-tu fait ? s'écria Tiburce, qu'as-tu fait ?*
> *Ne le sais-tu pas bien ?*]

On peut noter : au deuxième vers de ce fragment un hiatus « gué-avançait » que Musset n'y eût pas laissé ; — et noter aussi que certains vers du mendiant sont rappelés et l'un d'eux à peu près répété dans cette réplique de Frank (*la Coupe et les Lèvres*, acte I, sc. 1, p. 165) :

> Hélas ! noble Seigneur, soyez-moi charitable !
> Un denier, s'il vous plaît, j'ai bien soif et bien faim.
> Rien qu'un pauvre denier pour m'acheter du pain.

44. Sur d'autres méfaits de la pauvreté vraie (*Rolla*, p. 282) :

> Pauvreté ! Pauvreté ! c'est toi la courtisane.

45. Dans le manuscrit du fonds Lardin de Musset, il n'y a pas ici de ligne de points.

46. Ces douze premiers vers de l'invocation de Tiburce ne sont pas dans le manuscrit du fonds Lardin de Musset.

47. Dans le même manuscrit la version des six vers qui finissent ici est un peu différente :

> Étoile, où t'en vas-tu ? — *Si tu viens en* silence,
> *Descendant de la nue au milieu des* roseaux,
> Tomber comme une perle au sein profond des eaux,
> *Si ta route te lasse, Étoile,* et si ta tête
> Va *perdre, en s'abaissant, l'auréole de feux*
> *Dans l'herbe des marais,* — un seul instant arrête !

Cette invocation de Tiburce est célèbre. Bien qu'elle ne dût être publiée qu'en 1835, George Sand la connaissait, — et dans sa première version dès 1834, car dans la première de ses *Lettres d'un Voyageur* (Venise, 1ᵉʳ mai 1834) elle écrivait : « Amoureux de chaque étoile qui se mirait dans ton sein [le poète est comparé à un cours d'eau torrentueux] tu lui adressais de mélancoliques adieux quand elle quittait l'horizon :

> Dans l'herbe des marais, un seul instant arrête,
> Étoile de l'amour ne descends pas des cieux. »

(*Lettres d'un Voyageur*, pp. 14-15.)

On a trouvé bien des sources littéraires à cette invocation. Sainte-Beuve, dans son étude sur Philippe Desportes, y discerne un ressouvenir de l'invocation de Bion à Hespéros (c'est-à-dire l'étoile du soir qui est la planète Vénus) : *Prière à Hespéros de prêter sa lumière au poète amoureux :* « Hespéros, lampe d'or de l'aimable déesse née de l'écume de la mer, cher Hespéros, parure sacrée de la nuit bleu foncé, toi dont l'éclat, plus faible que celui de la lune, l'emporte d'autant sur les étoiles, salut, ami (...) prête-moi ta lumière à la place de Sénélé qui, naissant aujourd'hui, s'est couchée trop vite... J'aime et il est beau de favoriser celui qui aime.» (*Les Bucoliques grecs,* traduction de E. Chambry, p. 185.) Mais, dans les vers de Musset, la sérénité antique paraît à Sainte-Beuve voilée par « un sentiment ému de Byron » et « une teinte d'Ossian ». (*Tableau de la Poésie française au* XVIe *siècle,* II, 287.) — M. Victor Giraud, dans un article sur *Alfred de Musset et Chateaubriand* (*Rev. d'Histoire littéraire de la France,* avril-juin 1927) rapporte une citation du *Paradis perdu* de Milton (IV, v) faite par Chateaubriand dans *le Génie du Christianisme,* 2me partie, liv. II, chap. III (*Suite des Époux : Adam et Ève*) : « L'Étoile du soir, à la tête de l'armée des astres, se montra longtemps la plus brillante ; mais enfin la reine des nuits, se levant avec majesté à travers les nuages, répandit sa tendre lumière, et jeta son manteau d'argent sur le dos des ombres. » Puis, M. Victor Giraud écrit : « Est-ce que ces lignes ne vous rappellent pas presque invinciblement les vers célèbres de Musset dans *le Saule ?* » Et, dans le texte de Milton, il souligne l'expression *Étoile du soir* que Musset a employée, et *manteau d'argent* qu'il rapproche de la larme *d'argent* du *manteau* de la nuit. Mais l'expression « étoile du soir » est courante ; la comparaison de la nuit à un sombre manteau ou de la clarté de la lune à un manteau d'argent qui, l'un ou l'autre, selon les nuits, enveloppe le monde, n'est pas rare non plus et appartient au fonds commun du langage poétique. — M. E. Decahors, dans sa thèse sur *Maurice de Guérin,* dit (p. 16) : « Maurice exaltait le romantisme idéaliste où il puisait son inspiration. Il citait Lucretia Davidson, jeune poétesse américaine qui mourut à dix-sept ans et à qui Musset venait de prendre son *Étoile* pour en parer son *Saule :* « Petite étoile du soir, diamant déposé sur le manteau bleu de la nuit. » Ici encore il n'y a de commun que l'étoile et le manteau de la nuit pour lesquels Musset ne dut pas plus recourir à Lucretia Davidson qu'à Chateaubriand.

— Sainte-Beuve avait mieux vu ou entrevu, en démêlant dans cette invocation « une teinte d'Ossian ». Ossian, au temps de sa nouveauté et de sa vogue, eut des imitateurs. Ce sont ces imitateurs que, selon certains auteurs, Alfred de Musset imita. Louis Bertrand, dans son ouvrage : *la Fin du Classicisme et le Retour à l'Antique,* écrit (pp. 394-395) : « Croirait-on que le fameux passage :

> Pâle étoile du soir, messagère lointaine...

est emprunté presque textuellement à M. J. Chénier :

> Étoile de la nuit dont la tête brillante
> Sort du nuage épais qui rembrunit les cieux,

> Astre qui parcourant ta route étincelante
> Imprimes sur l'azur tes pas silencieux,
>   Que regardes-tu dans la plaine?

>> (*Chants imités d'Ossian; les Chants de Selma;
>> Œuv. de M. J. Chénier*, III, 398.)

— Baour-Lormian a imité *les Chants de Selma;* il a fait, lu aussi, son *Étoile du soir :*

> Compagne de la nuit, étoile radieuse,
>   Qui, sur l'azur du firmament,
> Imprimes de tes pas la trace lumineuse,
>   Astre paisible en ce moment
>   Que regardes-tu dans la plaine?
> ....
> Au bord de l'horizon les clartés s'obscurcissent;
> Tu descends dans le sein de l'océan fougueux;
>   Les flots bruyants se réjouissent
>   Et baignent l'or de tes cheveux.
> Mais ton dernier rayon a lui sur la bruyère :
> Astre charmant, adieu. Que mon génie éteint
> Se rallume et succède à ta vive lumière.

(OSSIAN, *Poésies galliques en vers français,* par Baour-Lormian.)

Alexandre Destouches (article sur *les Réminiscences des littérateurs contemporains,* publié dans *la Correspondance littéraire* du 5 décembre 1856) signalait que, au début des *Adieux de Marie-Thérèse-Charlotte de Bourbon,* par d'Albins (p. 35) il y a aussi une imitation de l'invocation d'Ossian :

> Astre du soir, brillante étoile
> Qui t'avances vers nous des portes du couchant,
>   Et qui des nuits perçant le sombre voile
> Fais briller sur tes pas l'azur du firmament,
>   Que regardes-tu dans la plaine?
> On n'entend plus la voix des autans orageux...

Les ressemblances, les coïncidences même, que l'on constate entre ces divers textes et celui de Musset tiennent au fait qu'ils proviennent d'une source commune qui, plutôt que l'Ossian de Macpherson, est la traduction française qu'en a faite Letourneur. Musset possédait cette traduction (*Ossian, fils de Fingal, barde du IIIe siècle, poésies galliques, traduites sur l'anglais de M. Macpherson,* par M. Letourneur. Paris, Musier, 1777, 2 vol, in-8; n° 91 du *Catalogue des livres composant la bibliothèque de MM. Alfred et Paul de Musset*). P. Van Tieghem montre d'ailleurs par des rapprochements entre le texte de Letourneur et celui de Musset, que celui-ci est traduit de celui-là (*Ossian en France,* II, 343-344).

D'après un récit de Mme Henri Ernst, la femme du compositeur et célèbre violoniste allemand, Henri Heine, malade et près de mourir, demanda à Mme Ernst, qui était venue le voir, de lui dire une poésie. Elle lui dit « Pâle étoile du soir » de Musset. « Heine, dit-elle, fut comme en extase. Lui qui d'habitude était sarcastique, prit un autre ton pour parler d'Alfred de Musset. C'était son poète d'élection. Il le dit avec enthousiasme et me demanda de revenir bientôt pour en faire une lecture plus longue. » (Rapporté par Mme Martellet, *Alfred de Musset intime,* pp. 362-363.)

48. *Var.* : ... sens-je *trembler* ta main ? *(Ms.)*

49. *Var.* : ... et *retournons* ensemble. *(Ibid.)*

50. *Var.* : *Pas même un seul moment.* N'est-ce pas qu'il te semble, *(Ibid.).*

51. *Var.* : De ces bois, *de ce lac, de* toute la nature,
    Qui *m'en* brise le cœur et qui me fait mourir ! *(Ibid.)*

52. *Var.* : ... écoute, *ah !* mon unique amie *(Ibid.).*

53. Horatius était l'ami et le confident d'Hamlet. « Horatio, friend of Hamlet », porte la liste des personnages. Dans le conte d'Hoffmann : *les Contemplations du chat Muri* (traduction de Loève-Weimar), il y a : « Rappelle-toi Hamlet et sois mon Horatio. » Il est vraisemblable qu'Alfred de Musset se soit souvenu de ce passage.

54. *Var.* : *Va, souris, jeune fille* et, du pied de l'autel *(Ms.).*

55. *Var.* : ... au baiser *maternel (Ibid.).* C'est, sans doute, une faute.

56. *Var.* : ... la font *gémir*... *(Ms.).*

57. *Var.* : ... chauve à *la contagion (Ibid.).*

58. Après l'invocation à l'Étoile du soir, voici l'hymne au soleil.

59. *Var.* : ... *d'une* source *tarie (Ms.).*

60. *Var.* : ... versent *des* fleurs chéries *(Ibid.).*

61. *Var.* : A *l'*heure *mystérieuse où la lointaine plainte*
    De l'oiseau des sillons... *(Ibid.).*

Dans cette version le mot mystérieuse perdait indûment une syllabe.

62. Exemple, rare chez Musset, d'un singulier rimant avec un pluriel.

63. Dans l'élégie *le Lac* de Lamartine, le temps volait; dans *le Saule,* il chemine à pas lents; mais il exauce ainsi le vœu de Lamartine qui le suppliait vainement de suspendre son vol. Cet arrêt du Temps exprime excellemment une longue sensation de bonheur.

64. *Var.* : Que fais-tu, jeune fille, à cette heure *de crainte ?*
    Lèves-tu ton front pâle au bord *de l'océan ! (Ms.)*

65. *Var.* : La vaste mer, Georgette, a *rempli* cette *enceinte.*
    L'écume de ses *flots* trompera tes regards.
    Tu *les* prendras... *(Ibid.).*

66. *Var.* : Rentre, *mon seul* amour! *(Ibid.)*

67. *Var.* : *Rentre dans ton palais* et songe au temps passé *(Ibid.).*

68. *Var.* : Tiburce *cependant* s'avançait lentement
    Il atteignit enfin *son portail* solitaire *(Ibid.).*

69. *Var.* : *Qui vient de retentir ?* On dirait une voix *(Ms. et K.)*.
70. *Var.* : Depuis que dans *le* cloître... *(Keepsake)*.
71. *Var.* : ... sa main faible et *souffrante (Ibid.)*.
72. *Var.* : Ce qu'il faut pour briser ce *flexible* roseau *(Ibid.)*.
    Qui *penche* et qui se *plie* au plus léger fardeau. *(Ms. et K.)*

73. *Var.* : Voilà tous ses soutiens *et qu'un* lui manque, adieu *(K.)*.
74. *Var.* : À la clarté du *jour*... *(Ibid.)*
75. *Var.* : *Ce que d'autres ont dit :* Tuer pour trop aimer. *(K.)*
M. Édouard Maynial dans son étude sur *le Premier Texte du « Saule » d'Alfred de Musset*, parue dans *la Revue Universitaire* (15 octobre 1908) remarque avec raison que le changement du premier hémistiche de ce vers « est justifié par l'allusion à la romance de Desdémona faite dans la première partie du *Saule* qui était inconnue des lecteurs du *Keepsake* ». — Desdémona dit à Othello dans la dramatique scène II du cinquième acte : « That death's unnatural, that kills for loving. » C'est une mort contre nature que celle qui tue par amour.

76. *Var.* : ... trop *faibles* pour souffrir. *(Ibid.)* ... trop *frêles* pour souffrir. *(Ms.)*
77. *Var.* : Que dévora la *fourbe*... *(K.)* C'est une faute d'impression évidemment.
78. *Var.* : Déjà *la mort* atteint les sources de la vie,
    À peine, *soutenant* sa tête appesantie
    Elle peut sur son bras tremblant *se* soutenir *(K.)*.

Soutenant, au deuxième vers, est certainement aussi une faute, pour *soulevant* qui aura été mal lu.

79. À travers les vitraux *de la cellule* épaisse *(K.)*.
80. *Var.* :

Ah ! c'est quand un beau ciel sourit à notre terre
Que des lieux pleins jadis de bonheur et d'amour
Sont amers et cruels !... ainsi qu'une maîtresse
Déloyale et sans cœur quand elle nous délaisse
Nous sourit sans pitié, de même dans ces lieux
Tu souris, ô Nature, à l'œil du malheureux !
Mais qui ne sait, hélas ! que toujours l'Espérance
Des célestes gardiens *qui veillent* la souffrance *(Ms. et K.)*.
Est le dernier qui reste *au pied* du lit de mort ?
Jetant quelques parfums *sur* la flamme expirante. *(K.)*.

Dans cette version le deuxième vers ne rime avec aucun autre Le manuscrit présente aux deux derniers vers des variantes qui ne sont pas dans le *Keepsake*. — Un autre manuscrit du fonds Lardin de Musset et une copie communiquée par Mme Martellet à Maurice Clouard (Lovenjoul, F. 3159, f° 20 et F. 3183, f° 186) donnent un fragment qui commence par le vers :

Tout renaît, la chaleur, la vie et la lumière

et qui contient quelques vers de la variante ci-dessus (les vers 2 à 5).
Ce fragment, que Maurice Clouard pensait être une variante du
Saule, me paraît appartenir plutôt à quelque autre poème abandonné.
Au lieu de Tiburce, deux autres personnages y sont nommés :
George (comme dans *l'Oubli des injures,* p. 568) et Vulpio. On a
donc mis ce fragment parmi ceux sur lesquels on n'a pas de renseignements précis (cf. p. 563).

81. *Var.* : Si loin *que le regard de l'homme* peut s'étendre *(Ms.
et K.).*

82. *Var.* : *Anges* des cieux *(K.)* — *bi :*

83. *Var.* : Il traverse la foule à pas précipités.
    *Son visage est couvert d'écume et de poussière ;
    Ses regards inquiets cherchent autour de lui ;
    Un fer contre le seuil a heurté : c'est son hère.
    — Homme du saint repos, qui vous amène ici ?
    — Mes sœurs, répond le moine,* où donc est la novice ?
    Il l'a vue *et d'un geste il leur* a répondu *(Ms. et K.).*

Au quatrième vers, *hère* est mis ici, improprement d'ailleurs, pour
haire. La haire est un vêtement en crin ou en poil de chèvre que
par mortification on porte sur la peau. Tiburce portait donc un
autre instrument de mortification : Edmond Estève pensait *(op. cit.,*
p. 197, n 1) que ce devait être une ceinture de fer; oui, ou bien
une discipline qui, dit Littré, est un « fouet fait de cordelettes ou
de petites chaînes ». La discipline de Tiburce serait, dans ce cas,
une discipline faite de chaînes.

84. *Var.* : *Se mêlaient, sous la voûte,* à la clarté tremblante... *(K.)*
85. *Var.* : Sous le rideau *de lin (K.).*
86. *Var.* : Il tomba *blasphémant* de rage et de *fureur (Ms.).* ...*blasphémant* de rage et *de douleur (K.).* Rime fautive car c'est aussi celle
du vers qui suit.

87. *Var.* : Celui qui voit *passer* l'infortuné qui tombe
        Et lui tend une main qu'il ne peut plus *tenir (K.).*

88. *Var.* : Comme un signe de *cri (K.).* Faute d'impression.
89. *Var.* : L'attache *(K.).* Faute aussi.
90. *Var.* : ... et *ne* peut *(K.).*
91. *Var.* : Il contemple... *(Ibid.).*
92. *Var.* : Ce corps frêle et *raidi. (Ms.* et *K.).*

93. *Var.* : ... s'il se retourne, il voit
        Près de l'être étendu sans *force* et sans pensée
        La mort branlant la tête et *le* montrant du doigt *(Ibid.).*

94. *Var.* : Sur *les nouveaux tombeaux (Ms.).*

95. *Var.* : *Repos* des premiers jours... *(Ibid.).* Ces cinq vers sont
dans *Lucie* avec quelques différences :

    Doux mystère du toit que l'innocence habite,
    Chansons, rêves d'amour, rires, propos d'enfant,

> Et toi, charme inconnu dont rien ne se défend,
> Qui fis hésiter Faust au seuil de Marguerite,
> Candeur des premiers jours, qu'êtes-vous devenus?

Les trois vers qui suivent sont aussi dans *Lucie,* et ceux-ci textuellement.

96. A la suite de ce vers qui, dans la version définitive, ne rime avec aucun autre, il y a dans le manuscrit du fonds Lardin de Musset:

> *Les vents vont étouffer ses soupirs inégaux;*
> *Son manteau se détache et glisse au sein des eaux.*
> — *Couvrez-le de vos plaids, le Seigneur lui pardonne.*
> Sa voix tombe...

P. 152. *AU LECTEUR DES DEUX PIÈCES QUI SUIVENT*

1. Sonnet intitulé simplement *Au lecteur* jusqu'à l'édition de 1850 des *Poésies complètes.*

P. 153. LA COUPE ET LES LÈVRES
POÈME DRAMATIQUE

1. On énonce généralement ce proverbe sous la forme plus simple : « Il y a loin de la coupe aux lèvres. » Ce proverbe vient, dit-on, de l'antiquité. Les Romains prenant leurs repas à demi couchés, il arrivait que le vin versé dans la coupe ne parvînt pas jusqu'aux lèvres et fût entièrement ou en partie répandu dans le parcours que la coupe devait faire de la table aux lèvres des convives. Sainte-Beuve, dans son article du 15 janvier 1833 sur *Alfred de Musset,* cite ce vers qui, «chez les Grecs, était devenu proverbe» :

> πολλὰ μεταξὺ πέλει κύλιχος καὶ χείλεος ἄκρον

2. Alfred Tattet. Dans le manuscrit : A M. Alf. T*****, autant d'astérisques que de letrtes au nom. Le manuscrit de *la Coupe et les Lèvres* et de la *Dédicace* est conservé à la Bibliothèque Lovenjoul (F. 3152). Ce manuscrit qui a servi pour l'impression de l'édition originale provenait de Sainte-Beuve. On y relève des variantes signalées dans les notes suivantes par la référence *Ms.*

3. Musset ne s'endormit pas. Après la mort de son père, il tenta le « dernier essai littéraire », disait-il, qu'il avait résolu.
Soutenu par l'idée que cet essai serait le dernier, il se sentait une entière liberté d'esprit et, lorsqu'il était content de sa journée, il disait en se frottant les mains : « Je ne suis pas encore soldat.» (*Biog.*, p. 108.)

4. *Var.* : « *Vous aurez prose et vers,* allons, c'est à merveille
J'ai fait *deux* mille vers *et plus*... »

Cette évaluation, plus modeste, est cependant exagérée. Paul de

Musset exagère lui-même un peu quand dans la *Biographie,* il dit que ce « poème dramatique contient plus de seize cents vers ». En fait, il n'en contient que 1295.

5. Voir *Louison,* acte I, sc. IV (*Théâtre compl.,* Bibl. de la Pléiade, p. 458) :

LISETTE. — Assieds-toi.
BERTHAUT. — Que non pas; je suis bien trop courtois;
Quand j'ai mon habit neuf jamais je ne m'asseois.
LISETTE. — Fort bien, cela pourrait gâter ta broderie.

6. *Var.* : Tant *qu'ils n'écrivent rien... (Ms.).* Variante biffée.

7. *Var.* : ... un *beau* salamandre *(Ms.).* Première version surchargée. Il faudrait *une* salamandre, mais le vers serait faux.

8. C'est ce thème, plusieurs fois repris par Musset, du souvenir ineffaçable et toujours souriant des jours heureux. Il est exprimé aussi dans les vers *à Melle Zoé le Douairin* (*P. Posth.,* p. 506) où Musset dit du Temps :

Il ne m'ôtera pas le seul bien qui me reste,
De mon bonheur le tendre souvenir.

Cf. *le Saule* (p. 133) où est exprimé le sentiment contraire.

9. Nénuphars est mis en surcharge au mot *dahlias.*

10. *Var.* : Les *bras* sur sa poitrine *(Ms.* et 1833).

11. « Ce vers un peu obscur par excès de concision fait sans doute allusion à la pièce d'eau de la villa Borghèse, à Rome. » (Note de Paul de Musset, dans l'édition des *Amis du Poëte.*) Dans la bibliothèque de Musset, il y avait (n° 30 du *Catalogue*) l'ouvrage de Ch. Percier et P. F. L. Fontaine : *Choix des plus célèbres maisons de plaisance de Rome et de ses environs* (Imp. de P. Didot l'aîné, 1809; gr. in-fol. 75 planches gravées).

12. *Var.* : *C'est un pâle soleil qui vient la lui* sécher *(Ms.).*

13. La critique avait été en général assez sévère pour les *Contes d'Espagne et d'Italie;* aussi, parmi quelques louanges, Musset dut être particulièrement sensible à celle qui reconnaissait en lui des dons de poète dramatique. Il raille ses critiques assez gaiement dans *les Secrètes Pensées de Rafaël.* On l'avait présenté déjà comme imitateur de Byron. On le répéta à propos du *Spectacle dans un Fauteuil* et l'on voit que, de cette critique-là, il faisait quelque cas.

Desessarts écrivit en décembre 1832 dans *la France littéraire,* que, dans *Namouna,* « se trouve développée toute la matière du *Don Juan* de Byron ». On verra à la strophe VIII du deuxième chant de *Namouna* (p. 257) que Musset avait prévu cette critique :

« Byron, me direz-vous, m'a servi de modèle »

et qu'il avait tenté de l'esquiver. Le 28 juillet 1833, le critique anonyme du *Journal des Débats,* dans un article acerbe relevait ces deux vers :

On m'a dit l'an passé que j'imitais Byron;
Vous qui me connaissez vous savez bien que non...

et écrivait : « Nous n'avons pas l'honneur de connaître M. Musset, et peut-être est-ce la raison de notre jugement, mais nous ne partageons en aucune façon l'opinion de son ami. » Ce critique avait déjà dit : « Byron est le poète que l'auteur du *Spectacle dans un fauteuil* a pris pour modèle. (...) Ne cachons pas nos prédilections et surtout nos larcins. » Il écrit ensuite : « À chaque page des écrits de Musset nous retrouvons une imitation assidue et persévérante du noble lord... » La suite est dure aussi et il y est parlé d'une « servile imitation ». Cet article indigna un ami de Musset qui « cramoisi de fureur » le lui montra. Musset se rasait. Il essuya son rasoir sur l'article et ne devint ni furieux ni cramoisi. L'auteur de l'article, qui n'avait pas l'honneur de connaître Musset, était Jules Sandeau, ancien amant de George Sand dont Alfred de Musset allait devenir l'amant le soir même de ce 29 juillet. Dans *Byron et le Romantisme français*, Edmond Estève dit (chap. sur *Alfred de Musset*, p. 409) : « Je ne sache pas qu'il y ait dans son œuvre tout entière une tirade, une phrase ou une ligne littéralement copiée sur l'auteur anglais » ; et au terme de ce chapitre (p. 444) : « On voit combien l'influence de Byron sur Musset a été vive, mais aussi combien courte et superficielle. Ç'a été la plume au chapeau de l'écolier qui veut se faire remarquer dans la rue. » Donc, influence subie, plutôt qu'imitation délibérée et influence due à la ressemblance, en certains traits, de la nature et du talent des deux poètes. Alfred de Musset dut s'entendre encore reprocher, le jour qu'il fut reçu à l'Académie française, d'avoir été un imitateur de Byron, non pas, disait Désiré Nisard, « des admirables poèmes » où l'imagination de Byron « domine son humeur », mais, au contraire, « du *Don Juan* par lequel il a fini en persiflant toutes choses, même la poésie ».

14. On a contesté à Musset d'être l'auteur de ce vers fameux et devenu proverbe. Ivan Tourgueniett a écrit dans ses *Mémoires d'un seigneur russe* (p. 344) qui sont de 1854 : « Mon verre n'est pas grand, mais je bois dans mon verre » a dit un poète du dernier siècle. » Si l'on prend ce texte à la lettre, c'est-à-dire si l'on n'admet pas que Tourgueniett rappelant sans doute ce vers de mémoire, ne l'ait pas exactement situé, il faut en conclure qu'il l'aurait lu dans un poète du XVIIIe siècle. M. H. de l'Isle, qui a rappelé le texte de Tourgueniett dans l'*I.C.C.* du 25 octobre 1883, assure qu'on retrouverait l'auteur de ce vers en « parcourant à la Bibliothèque Sainte-Geneviève les recueils de vers in-12 ou in-18 qui ont paru de 1760 à 1780 ». Et il ajoute : « J'ai une note jetée au hasard ainsi conçue : *Étrennes d'Apollon* (Almanach) 1785, p. 6. » D'autres chercheurs coururent aux *Étrennes d'Apollon*; ils ne trouvèrent pas le vers litigieux à l'année et à la page indiquées; ils feuilletèrent et peut-être refeuilletèrent le volume; l'un d'eux poussa l'ardeur de la recherche de l'année 1782 à l'année 1788. Ce fut, hélas ! en vain. Cette affaire a été l'objet d'un certain nombre de communications, dont aucune ne donnait la référence de ce vers. (Cf. *I.C.C.* de 1882 à 1884.) M. Grégoire Morgulis, écrivain russe qui connaît admi-

rablement l'œuvre d'Alfred de Musset et qui a lu les romans d'Ivan Tourguenieff, non pas dans une traduction, mais dans le texte même a bien voulu m'écrire le 9 octobre 1937, que le propos attribué à Tourguenieff est prononcé par l'un de ses personnages (Hamlet du district Stchigroff). Il cite le vers de Musset en français et n'en sachant pas l'auteur il ajoute « a dit quelqu'un ». Cet « a dit quelqu'un », écrit M. Morgulis, pourrait être traduit aussi par « comme dit l'autre ».

15. Dans *la Loi sur la Presse* (*P.C.*, p. 472) :

> Je ne fais pas grand cas des hommes politiques ;
> Je ne suis pas l'amant de nos places publiques...

16. Voir dans la quatrième des *Lettres de Dupuis et Cotonet* (*Œuv. compl. en prose,* Bibl. de la Pléiade, *Mélanges,* p. 882) le portrait d'Évariste, romancier qui a écrit « qu'un homme de génie devait être l'expression de son siècle » et qui, depuis ce jour, « n'a ni trêve ni repos qu'il ne découvre l'esprit de son siècle pour en être l'expression ».

17. *Traîneur.* « Soldat qui marche derrière le corps auquel il appartient ; synonyme de traînard. » (Littré.) Littré cite plusieurs exemples de l'emploi de ce terme dans ce sens, dont l'un de Chateaubriand : *Itinéraire de Paris à Jérusalem.*

18. On trouve plusieurs fois, dans Musset, la rime *remord* sans *s.* Musset estimait sans doute moins grave une faute d'orthographe qu'une faute de prosodie.

19. Ici commence une suite de considérations qui rappellent l'impertinence, parfois paradoxale, des *Contes d'Espagne et d'Italie.* C'est, comme la préface de ces *Contes,* une déclaration d'indépendance. Dans une lettre (inédite) à Sainte-Beuve, Ulric Guttinguer écrivait en septembre 1832 : « On me dit qu'il va paraître un volume d'Alfred de Musset dédié à Tattet. Je sais quelque chose de la préface qui est toujours de ce ton suffisant, impatient, impertinent, qui lui fait tant de tort. Du reste, il y aura immanquablement de belles choses. » (Fonds Lovenjoul, D. 2025.) — Musset s'interroge d'abord sur la patrie. La réponse est désinvolte. Mais il aimait la patrie, ce jeune homme qui se demandait s'il ne se ferait pas hussard, et quand cette patrie lui parut menacée, le poète, indifférent à la politique, fit les stances *En lisant le journal* qui, il est vrai, ne furent pas connues de son vivant, et avant ces stances, les strophes, retentissantes, au contraire, du *Rhin allemand.* Et il a toujours, comme dans ces quelques vers de la *Dédicace,* revendiqué la liberté de l'individu.

20. *Var.* : Mais je hais les cités, *les bornes et les rues (Ms.).*
La version définitive est écrite en surcharge.

21. Après ce vers viennent, dans le manuscrit, ces cinq vers biffés :

> C'est un bon petit dieu que *Witzipudzili.*
> *Le Dieu* (illisible) ... *jumbo, que pensez-vous de lui ?*

> *Il ne faut pas railler Mahomet le prophète.*
> *Ingen le Japonais est un dieu fort honnête.*
> *Versoch et Kichatan me plaisent fort aussi.*

22. Tout le monde sait qui est Mahomet et que Vichnou est, avec Çiva et Brahma, l'une des trois personnes de la trinité divine des Védas; Ingen « le Japonais » était d'origine chinoise; au XVIIe siècle, il se fit au Japon le défenseur du dieu Bouddha contre les missionnaires chrétiens; Witzipudzili, « ce bon petit dieu », fut, chez les Mexicains, le dieu de la guerre; Voltaire le nomme comme tel au chapitre *Religion* de son *Dictionnaire philosophique*. Baudelaire dans un chapitre de ses *Nouvelles Notes sur Edgar Poe*, dit qu'il ne parlera pas de ce dieu « aussi légèrement que l'a fait Alfred de Musset ». Il y a là un problème qui un moment préoccupa Jacques Crépet : comment Baudelaire a-t-il pu connaître en 1857, un vers de la version première et alors inédite de Musset? Michapou était, dans la religion des sauvages de l'Amérique du Nord, le dieu créateur du monde. J'avoue ne rien savoir des autres dieux du Nouveau-Monde que nomme Musset et j'imagine que l'on ne le regrettera pas trop.

23. *Var.* : ... comédiens *ambulants (Ms.).* Biffé.
24. *Var.* : Je le *saurai* si bien *que* ce jour là *sera*
        Précisément le jour que l'on m'enterrera *(Ibid.).*

25. Allusion vraisemblablement aux élégiaques lamartiniennes.
26. *Var.:* Mais *les trois quarts du temps,* je ne les comprends pas.
27. *Var.:* ... qui *me* prend *par la main (Ibid.)* corrigé en surcharge.
28. *Var.* : Je hais *le souffle d'air (Ibid.).*
29. A la suite de ce vers il y a, dans le manuscrit, renvoi à cette note : « Acte II d'*Hamlet,* ou à la scène II. » C'est le texte d'un billet d'Hamlet à Ophélie (*Théâtre compl.* de Shakespeare, Bibl. de la Pléiade, tome II, p. 194). *Doubt thou the stars are fire — Doubt that the sun doth move — Doubt truth to be a liour — But never doubt I love.* Doute que l'étoile soit flamme; — Doute que tourne le soleil; — Doute du vrai qu'il soit réel; — Ne doute pas de ma flamme.

30. *Var.* : *Tournez-y votre cœur (Ms.).* Biffé.
31. *Le Misanthrope,* acte I, sc. II :

> « ... Je dirais au roi Henri :
> Reprenez votre Paris,
> J'aime mieux ma mie
>   Au gué!
> J'aime mieux ma mie. »

(*Œuv.compl.* de Molière, tome II, Bibl. de la Pléiade, p. 56.)

32. *Var.* : ... de *celle* qui vous aime *(Ibid.).*
33. *Var.* : ... un *rêve* sans réveil. (*Ms.* : *songe* mis en surcharge).
34. Sainte-Beuve dit, dans ses *Notes et Pensées* (Chapitre X, p.506) après citation de ce vers et des trois suivants : « Je ferai remarquer

que, pour l'exactitude du sens, il ne faudrait pas dire un *réformé,* car les *réformés,* c'étaient précisément ceux qui prétendaient à bien rimer et réformer la poésie, et les réformés en religion, les calvinistes, n'étaient pas non plus des plus coulants. Musset a voulu dire un *relâché.* »

35. Sainte-Beuve (*Tableau de la Poésie française au XVIe siècle,* I, 263-264) parlant de la sévère proscription par Malherbe des *chevilles* ou *bourres* critique la conception que Malherbe en a. Selon Malherbe, dit-il, « le poète, dès qu'il ne peut assouplir sa pensée aux conditions de la mesure et de la rime, prend hors de cette pensée quelque détail insignifiant dont il bouche et calfate tant bien que mal le vers. Par là le procédé de facture du vers est tout à fait assimilé à celui des arts mécaniques ; le poète, sauf la différence de la matière élaborée, n'est qu'un menuisier, qu'un ébéniste plus ou moins habile, qui rabote, tourne et polit. Cette explication a fait fortune... » Sainte-Beuve dit ensuite que le vers « ne se fabrique pas de pièces plus ou moins adaptées entre elles » mais que « il s'engendre au sein du génie par une création intime et obscure ». Il croît avec la pensée dont il est inséparable, mais supposé que « soit défaillance, soit distraction, soit manque de temps » la pensée « ne pousse pas tous les membres du vers au terme possible de leur développement, il arrivera qu'à côté de parties complètes et achevées, s'en trouveront d'autres ébauchées à peine, et encore voilées de leurs membranes. C'est là précisément ce que le critique superficiel nommera des *chevilles...* » Mais la cheville proprement dite, le terme, l'expression, le vers entier même, manifestement inutiles et réellement bouche-trous, celle que condamne Malherbe, existe et Musset n'a pas tort de la condamner aussi. Il la condamnera encore dans *Après une lecture* où il dira (Str. XVI, *P.N.,* p. 426) :

> Le dernier des humains est celui qui cheville.

36. Musset dans la deuxième de ses *Revues fantastiques* (*De la politique en littérature et de la littérature en politique,* 1er février 1831) avait fait dire aux poètes de son temps, vantant leurs exploits prosodiques : « Nous rimons de deux lettres de plus que les gens d'autrefois... » (*Œuv. compl. en prose,* Bibl. de la Pléiade, p. 779.)

37. *Var. : Prémices de l'ennui (Ms.).*

38. « Voyez Jean-Paul. » (Note de A. de Musset, édition de 1833.) Jean-Paul Richter dit : « Après le dernier éclat jeté par la peinture, après que Shakespeare eut fermé la porte du ciel, vint pour longtemps le repos des morts... La terre était suspendue au ciel comme un nourrisson au sein de sa mère ; devenue forte, il était temps qu'elle s'en séparât... » (Cité par J. Giraud : *Michelet inspirateur d'A. de Musset ; Revue bleue,* 19 décembre 1910.)

39. Théophile Gautier, dans une poésie, dit :

> Qu'est devenu ce temps où dans leur gloire étrange,
> Le jeune Raphaël et le vieux Michel-Ange

> Éblouissaient l'époque à genoux devant eux,
> Où, comme les autels, la peinture était sainte,
> L'artiste conservait à son front une teinte
> Du nimbe de ses bienheureux...

(Poésies compl. III, 135.)

40. Maintenant Musset est sous le charme de Jean-Paul et de Byron. Mais, passé quelques années, il saluera Régnier, non le peintre réaliste, mais le satiriste. (Voir : *Sur la Paresse*, p. 410.)

41. *Var.* : ... de l'art, *comme s'il existait* (Ms.). Biffé.

42. Un homme, c'est-à-dire un être indépendant, non inféodé à un groupe, à un clan, à une école. Dans l'article *Un Mot sur l'Art moderne*, il écrira : « Il n'y a pas d'art, il n'y a que des hommes. »

43. Dans une lettre que, revenu de Venise, il écrivit le 19 mai 1831, Musset disait : « Je regardais l'autre soir cette table où nous avons lu ensemble *Goetz de Berlinchigen* ; je me souviens du moment où j'ai posé le livre sur la table après le dernier cri du héros mourant liberté, liberté !... » Ce souvenir sera rappelé dans la lettre que Bernerette mourante écrira à Frédéric : « Te souviens-tu d'une tragédie allemande que tu me lisais un soir chez nous ; le héros de la pièce demande : « Qu'est-ce que nous crierons en mourant ? — *Liberté !* répond le petit Georges. Tu as pleuré en lisant ce mot-là... » (*Frédéric et Bernerette*, nouvelle, *Œuv. compl. en prose*, Bibl. de la Pléiade, p. 514). (Cf. aussi *Goetz de Berlinchingen*, fin du cinquième acte. *Œuv. de Goethe*, traduction Jacques Porchat, II, 267.) Mais ce n'est pas Georges, c'est Goetz qui s'écrie en mourant : « Liberté, liberté ! » Le petit Georges était mort déjà.

44. *Var.* : ... par deux chemins *suivis* (Ms. et 1833).

45. En 1832, à une date imprécise, mais certainement peu avant la publication du *Spectacle dans un fauteuil*, Musset écrivit à Mérimée : « Au moment de terminer avec mes épreuves, j'ai oublié de vous demander une autorisation. J'ai eu, il y a quelque temps, avec un parent à moi, une discussion sur la double manière dont on peut envisager les choses de la littérature, c'est-à-dire par leur côté réel ou par leur côté fantastique et philosophique. Vous concevez aisément que votre nom s'est trouvé mêlé à la conversation.

« En sortant de là, j'ai fait une vingtaine de vers sur ces idées, que j'ai ajoutés à la préface que vous connaissez. Comme votre nom s'y retrouve, je vous les envoie et ne les y laisserai qu'autant que cela vous paraîtra indifférent, attendu que je voudrais, moins que personne, dire quelque chose qui vous fût désagréable, surtout en public. » Suivent d'abord les quatorze vers qui finissent ici, puis, après une ligne de points, la conclusion :

> Celui-là voit l'effet — et celui-ci la cause ;

et les deux vers qui suivent. On n'a pas la réponse de Mérimée à cette lettre. Peut-être répondit-il oralement. Ils étaient amis.

Le rapprochement entre Mérimée et Calderon étonna. Sainte-

Beuve exprima cet étonnement dans son article du 15 janvier 1833 sur *Alfred de Musset,* où il dit que ce rapprochement lui « a semblé dépasser toutes les bornes de la licence poétique en pareille matière ». Il dit encore avoir peu pratiqué Calderon, mais en avoir « assez entrevu pour ne jamais rapprocher ce grand dramatiste catholique, presque canonisé par les Schlegel, du talent fort médiocrement spiritualiste de notre énergique et sobre compatriote ». Et aussi : « L'image du *plomb incrusté dans la réalité, de l'effigie d'airain emportée d'un seul coup de ciseau,* cette image si juste quand elle s'applique au père de *Mateo Falcone,* de *Tamango* et de *Catilina,* jure énormément avec la nature tout ailée du génie à qui l'on doit *Psyché,* ce *Lys du Carmel* et ces *Actes* sans nombre d'où les chants séraphiques s'exhalent comme les bouffées de chauds aromes ou les nuées d'encens dans les sanctuaires. »

46. *Var.* : *Descend dans le Vésuve,* une lampe à la main (*Ms.* et 1833). On a vu dans *les Secrètes Pensées de Rafaël* Shakespeare et Racine réunis par Musset.

Paul de Musset dit (*Biographie*, p. 368) : « Il professait une égale admiration pour ces deux génies si différents. Dans la fougue de la jeunesse, il préféra le premier; la réflexion et la maturité lui apprirent tout ce que valait le second. Lorsqu'il rencontrait dans Racine un sentiment énergique et passionné, il s'écriait que cela était beau comme du Shakespeare, et il trouvait dans le poète anglais une grande pensée revêtue d'une forme pure et irréprochable.

47. *Var.* : De sa plume *de fer (Ms.) de fer* biffé.

48. *Var.* : ... pour vous qu'il y *plonge (Ibid.) plonge* biffé.

49. *Var.* : Il observera l'homme à l'éclair de l'épée
Macbeth contre Macduff — Joad *contre* Mathan *(Ms.)*

Ces deux vers sont biffés. Sur Clodius, cf. *Hamlet* (acte V. sc. II); sur Mathan, cf. *Athalie* (acte V, sc. VI).

50. Il aurait été mieux de dire : les premiers (Calderon et Mérimée) et les seconds, Shakespeare et Racine.

51. ... l'effet, celui-ci *voit* la cause (correction du *Ms.*).

52. Propos balbutiés par Petit-Jean à court de mémoire. Cf. *les Plaideurs,* acte III, sc. III, *Œuv. compl.,* tome I, Bibl. de la Pléiade, p. 375.

53. L'homme ne me charme pas, ni la femme non plus; propos d'Hamlet. (*Hamlet,* acte II, sc. II, *Théâtre compl.,* Bibl. de la Pléiade, p. 199.)

54. Il en avait lu cependant au moins une. Alfred de Vigny, lui ayant offert un exemplaire de la deuxième édition de ses *Poèmes* parue en mai 1826 chez Charles Gosselin, Musset lui écrivit le 19 décembre : « ...que je vous remercie de votre livre dont j'ai déjà dévoré la tête, c'est-à-dire la préface! » Il en lira encore. Tenant la plume de *Dupuis et Cotonet* il écrira le 8 septembre 1836 : « Nous avons beaucoup lu cependant des préfaces, car nous ne sommes pas de Falaise, nous savons bien que c'est le principal et que le reste n'est là que pour enfler la chose. » Et racontant, date par

date, leurs pérégrinations à la recherche d'une notion exacte du romantisme : « Heureusement dans la même année (1827) parut une illustre préface, que nous dévorâmes aussitôt et qui faillit nous convaincre à jamais. » (*Œuv. compl. en prose,* Bibl. de la Pléiade, pp. 836-838.) — Dans le manuscrit la dédicace à Alfred T. est datée de la fin « août 1832 ».

P. 159. INVOCATION

1. Jusqu'à l'édition de 1852, ce prologue ne portait pas de titre. Il était précédé de l'épigraphe qui, à partir de cette date, fut mise avant la *Dédicace*.

2. Paul de Musset dit que son frère ne connaissait pas le Tyrol où est situé le drame de *la Coupe et les Lèvres*. Il ne connaissait d'ailleurs pas mieux l'Espagne et l'Italie où il avait situé ses premiers contes. Cependant, toujours selon Paul de Musset, son frère se documenta sur le Tyrol dans le vieux dictionnaire de La Martinière. Mais Jean Giraud, dans une étude parue dans *la Revue universitaire* des 15 février, 15 mars et 15 avril 1915, démontre qu'Alfred de Musset n'en a rien pu tirer, sinon les noms d'Insprück et de Glurens (cités de la sèche notice du *Grand Dictionnaire géographique et critique* de Bruzon de La Martinière). Il n'a pu tirer grand'chose du décor de l'opéra de Goethe (en réalité une comédie avec airs chantés) : *Jéry et Bately :* « Site montueux, au fond d'une hutte; auprès, des rochers desquels jaillit un ruisseau; une prairie en pente. » Un trait est commun à la Tyrolienne Bately de Goethe et à la Tyrolienne Déidamia de Musset; elles sont des bergères et elles traient les vaches. Traits communs à bien des jeunes filles en pays de pâturages.

Jean Giraud dit, avec raison, que Musset avait certainement lu le livre de son père, M. de Musset-Pathay : *Voyage en Italie*. Puis il établit que l'écrit dont Alfred de Musset se souvint surtout, est l'article intitulé : *les Tyroliens,* signé Q. R., donné comme *extrait de plusieurs ouvrages allemands* et qui parut dans *la Revue de Paris* (février 1832). Cet article n'est pas long; il a seulement dix-sept pages (1 à 17); on verra par les citations qui en seront faites dans les notes, le parti qu'Alfred de Musset en a pu tirer. Peut-être, ainsi que le supposait M. Jean Giraud, s'inspira-t-il aussi de quelque « album lithographique » comme celui (à moins que ce ne soit le même) « qui représentait plusieurs vues de Suisse et que, dans *la Confession,* regardent Brigitte, Smith et Octave, c'est-à-dire George Sand, Pagello et Alfred de Musset lui-même. Ils y voient un village fait de quelques maisons de bois dispersées dans la prairie ou étagées au flanc d'une colline, un sentier tortueux qui se perd dans la montagne, les sommets alpins dont le soleil couchant teint les neiges immuables et, dans la verdure, un jeune couple rustique. (*Œuv. compl. en prose,* Bibl. de la Pléiade, V, III, p. 260.)

« Quel que soit leur amour de la gloire militaire, jamais les Tyroliens ne se mettent, comme les Suisses, à la solde d'un autre pays que le leur. » (*Les Tyroliens, la Revue de Paris*, p. 4.) Le même article retrace la vie, les luttes et l'exécution glorieuse d'André Hofer (1767-1810) qui fut, en 1809, le chef de l'insurrection tyrolienne pendant la guerre entre l'Autriche et la France et qui est un exemple d'héroïsme et de fierté.

3. « Dans les parties les plus septentrionales (...) les vallées n'aperçoivent que rarement le soleil à cause de la hauteur des monts environnants. » (*Op. cit.*, p. 38.)

4. « Une distinction existe entre les habitants des cantons du nord et des cantons du midi dans le Tyrol. Les premiers sont Allemands, les seconds Italiens; toute cordialité est détruite en eux par le souvenir d'anciennes querelles. Les Tyroliens du midi sont fermiers, ceux du nord propriétaires. Ceux-là sont moins indépendants; leurs efforts pour la cause de la liberté furent plus faibles et auraient été plus facilement comprimés sans le secours de leurs compatriotes du nord. » (*Op. cit.*, p. 4.)

5. Bien des invocations chez André Chénier, commencent par *Salut !* Dans l'*Epître V* aux deux frères Trudaine, Chénier s'écrie, songeant aux Alpes suisses :

> Salut, monts chevelus, verts et sombres remparts...
> Salut, de la nature admirables caprices
> Où les bois, les cités pendent en précipices!

(*Œuv. compl.*, Bibl. de la Pléiade, p. 150.)

6. *Var.* : *Et* la ronce... *(Ms.)*. Réminiscence probable d'André Chénier qui dit (*Œuv. compl.*, *Bucoliques XVI*, Bibl. de la Pléiade, p. 22) :

> Mon pied blanc sous la ronce est devenu vermeil.

7. *Var.* : Noble *fille*, salut *(Ms.)*.

8. Dans l'article *les Tyroliens*, p. 4 : « Il y a chez ce peuple une franchise de cœur qui donne à ses manières une sorte de sincérité et de rudesse même qu'on ne trouve pas chez ceux que le commerce du monde ou un intérêt quelconque porte à se concilier la bienveillance et la bonne opinion des autres. Par leurs occupations et leurs plaisirs, les Tyroliens se rapprochent des peuples primitifs. »

9. *Var.* : L'homme de la *vallée* (*Ms.* : *vallée* biffé.)

10. Les Tyroliens étaient grands chasseurs. Dans l'article *les Tyroliens*, on lit (p. 5) : « L'exercice de la carabine est leur amusement favori. Les cibles fixées aux murs de toutes les maisons attestent leur passion pour le tir et leur adresse. » (Exemple légendaire de cette adresse : Guillaume Tell.)

11. Vers la fin de *la Fiancée de Messine* de Schiller un chœur chante : « Sur les montagnes est la liberté ! Le souffle des cryptes funèbres ne monte pas dans la région de l'air pur. » (*Œuv. compl.*, IV, 338.)

12. Il y a peut-être ici un souvenir de l'échelle que Jacob vit en songe qui allait de la terre au ciel, et du haut de laquelle Dieu

assura de sa protection Jacob lui-même et toute la race de Jacob (*Genèse*, XXVIII, 12-15).

13. Edmond Eggli (*Schiller et le Romantisme français*, II, 381) cite ces vers de Victor de Laprade où est repris le thème de Musset :

> Chez nos rudes pasteurs nourris d'orge et de seigle,
> Naquit la liberté, cette enfant des hauts lieux;
> Et c'est là, dans le nid du chamois et de l'aigle,
> Qu'elle viendra mourir quand vous serez trop vieux.

(*Symphonies alpestres; Symphonies, Idylles héroïques*, p. 149.)

14. *Var.* : Ou s'il *la porte*... (*Ms.*).

15. Dans l'article sur *les Tyroliens* (p. 17) : « Nous venons d'indiquer dans ce rapide récit les éléments d'une histoire non moins intéressante que celle de la Vendée en France sous le règne de la République; non moins intéressante que celle des montagnards écossais sous le chevaleresque prince Charles-Édouard. Le champ serait plus vaste encore pour le romancier qui voudrait choisir un des chefs tyroliens pour héros et placer la scène de sa fiction dans les Alpes roethiennes, non moins pittoresques que l'éternelle Écosse de sir Walter Scott. » C'était une invitation aux écrivains, aux poètes, ou, comme dit Musset, aux bardes. Il entreprit, dans *la Coupe et les Lèvres,* d'être le barde ou du moins l'un des bardes du Tyrol.

16. Cf. dans *Portia* (p. 70) l'apostrophe :

> Venise, ô perfide cité...

17. Cette opposition d'une Italie pervertie et d'un Tyrol innocent est manifestée et symbolisée dans *la Coupe et les Lèvres* par le contraste entre la prostituée Belcolore qui est Italienne et la pure et franche Tyrolienne Déidamia.

18. Naple, amputé de son *s* final; sacrifice à la mesure du vers.

19. De l'article *les Tyroliens* (p. 4) : « Nous croyons cependant qu'il y a plus d'originalité et de simplicité de caractère chez les Tyroliens que chez aucun peuple d'Europe... »

P. 162.   LA COUPE ET LES LÈVRES

1. Musset, avant de composer *la Coupe et les Lèvres,* avait choisi le Tyrol, comme le décor d'une œuvre dramatique, *Brandel,* dont il ne subsiste que deux courts fragments, et qui était peut-être une première ébauche du sujet qui est devenu *la Coupe et les Lèvres,* et un récit en vers, *l'Oubli des injures,* dont il ne subsiste que des fragments aussi et où l'on peut discerner une esquisse du personnage de Frank.

Le drame de *la Coupe et les Lèvres* achevé, Alfred de Musset fit une lecture de sa pièce chez son ami Tattet à qui il la dédiait. Il en fit aussi une lecture chez lui aux amis que trois ans plus tôt il avait invités à entendre les *Contes d'Espagne et d'Italie*. « Mais quelle différence ! écrit Paul de Musset. On écouta jusqu'au bout dans un silence morne. Était-ce admiration, saisissement, surprise ou mécontentement ? Je ne sais ! Toujours est-il que la séance fut glaciale. » L'admiration se serait manifestée ; le mécontentement ne se comprendrait guère. Le saisissement, la surprise, dans le sens de déception, sont plus probables. « Le libraire, dit encore Paul de Musset, était consterné. » Et l'ouvrage, quand il parut, peu de jours après, « ne produisit pas autant de bruit, à beaucoup près, que les *Contes d'Espagne et d'Italie* » (cf. *Biographie*, pp. 108-110).

2. *Var.* : ... descend *sur* la rosée. (*Ms.* et 1833.)

Épithète homérique, comme dit M. Jean Giraud et dont Musset a pu se souvenir. Mais a-t-il dû se souvenir aussi de la « *nymphe aux pieds d'argent* » de l'élégie célèbre d'André Chénier :

O jours de mon printemps, jours couronnés de rose,

que rappelle encore M. Jean Giraud et de « la source aux pieds d'argent » d'André Chénier aussi, que cite Mme Valentine Brunet (*le Lyrisme d'Alfred de Musset*, p. 388.) (Cf. André Chénier, *Œuv. compl.*, Bibl. de la Pléiade, *Élégies I*, p. 54). C'était, au temps de Musset, comme autrefois et comme aujourd'hui, une image banale que de qualifier d'argentée une nuit lunaire.

3. Dans *l'Oubli des injures* il y avait déjà (P.P. p. 569) :

Cette prostituée, est-elle devenue
À force de vieillir, *maigre et* chauve *à ce point*
Qu'on ne puisse *une fois* la saisir *par derrière ?*

4. « N'irrite pas Dieu », a conseillé le chœur. Dieu n'est-il pas pour Frank même chose que le destin contre lequel il se rebelle ? Il paraît, d'ailleurs, affecter de ne craindre ni Dieu ni le diable, cet ennemi des hommes.

5. Joachim Merlant dit qu'ici « c'est à Paris que songe Musset ». Et il rappelle ces vers de l'*Élévation de Paris* d'Alfred de Vigny : *Spectacle de Paris vu d'une hauteur.*

C'est la Fournaise aussi que tu vois. — Sa lumière
Teint de rouge les bords du ciel noir et profond ;
C'est du feu sous un dôme obscur, large et sans fond...

J. Merlant rappelle aussi l'évocation de Paris, vu du cimetière du Père-Lachaise, par Rastignac, après les obsèques de Goriot, Paris que Balzac appelle ici une « ruche bourdonnante » (*le Père Goriot*, p. 1085, *la Comédie humaine*, tome II, Bibl. de la Pléiade). En fait Musset a pu songer aux grandes ville en général ; les grandes cités, les capitales surtout sont toutes des ruches bourdonnantes. Il a pu aussi songer particulièrement à Paris, sans se souvenir du poème de Vigny. Le roman de Balzac ne commença de paraître, dans *la Revue de Paris* qu'en décembre 1834, deux ans après l'édition de *Un Spectacle dans un fauteuil*.

6. Dans le recueil de *Pensées de Jean-Paul*, que le marquis de

Lagrange publia en 1829 et sur lequel Musset fit deux articles, il y a celle-ci que ces derniers vers rappellent : « O musique, écho d'un autre monde. Soupir d'un ange qui réside en nous, lorsque la parole est sans puissance, lorsque tous les sentiments sont muets dans nos cœurs, toi seule est la voix par laquelle les sentiments s'appellent du fond de leurs prisons; c'est toi qui fais cesser leur isolement et réunis les soupirs qu'ils poussent dans la solitude. »

7. Ici Frank parle comme Faust dans son cabinet d'étude parla à Méphistophélès : « Je maudis tout ce que l'âme environne d'attraits et de prestiges, tout ce qu'en ces tristes demeures elle voile d'éclat et de mensonge. (...) Maudits soient tous les objets dont la possession nous flatte, femme ou enfant, valet ou charrue! (...) Maudite soit toute exaltation de l'amour! Maudite soit l'espérance! Maudite la foi et maudite surtout la patience. » (*Faust*, traduction de Gérard de Nerval, p. 69.)

8. *That such a hideous trumpet calls to parley*, etc. (*Macbeth*, acte II). (Note d'A. de Musset.) La phrase est :

> *Wath's the business*
> *That such a hideous trumpet calls to parley*
> *The sleepers of the house?*

Qu'est-il donc arrivé, pour qu'un appel aussi épouvantable réveille tous les dormeurs de la maison? (Macbeth, Acte II, sc. III, *Théâtre compl.*, de Shakespeare, Bibl. de la Pléiade, tome II, p. 739).

9. Ces trois vers se retrouvent à peu près dans un fragment du *Saule* qu'Alfred de Musset n'avait pas recueilli dans l'édition de ses *Poésies*. (Cf. p. 659, n. 43).

10. Il part, sans but. Il a mis le feu à la maison de son père. Il a bravé et offensé ses compatriotes. Il a rompu ainsi de deux manières, tout lien avec son passé. Il n'a plus de but. Il n'a plus de pays. Il part. Il va il ne sait où. Il fait en ce moment songer à Hernani qui déclare à Dona Sol (acte III, sc. IV) :

> Je suis une force qui va.
> Agent aveugle et sourd de mystères funèbres!
> Une âme de malheur faite avec des ténèbres!
> Où vais-je? Je ne sais. Mais je me sens poussé
> D'un souffle impétueux, d'un destin insensé...

11. *Var.* : ... vous n'avez *qu'à siffler (Ms.)*. *Souffler*, écrit en surcharge.

12. *Var.* : ... dans *vos* nuits de tempête *(Ms.)*.

13. *Var.* : *Déidamia (Ms.)*. La jeune fille étant nommée par Frank, il était naturel de la désigner dès lors par son nom.

14. Tout à l'heure il partait. Il allait, il ne savait ni où ni comment, chercher fortune. Le voici maintenant qui s'étend et s'endort. Que deviennent cette décision, ces bravades? Il avouait sa paresse et son orgueil. Ne va-t-il pas falloir abdiquer l'un et vaincre l'autre? Il médite et, ayant médité, il hésite. Qu'est-il survenu? L'apparition

de Déidamia ? Un regret le point-il ? Et voici qu'il envisage et qu'il craint de mourir.

15. Ce n'est pas Ixion mais Sisyphe dont le supplice consistait à rouler sans cesse jusqu'au sommet d'un mont un rocher qui sans cesse retombait. Ixion, pour voir osé porter ses désirs jusqu'à Junon fut attaché à une roue enflammée avec laquelle il tournait sans fin à travers l'espace. — Dans la nouvelle de *Margot,* Musset donne une interprétation curieuse du supplice de Sisyphe qui, selon lui, est une allégorie par laquelle les anciens avaient « voulu représenter la sagesse ». Il dit : « La sagesse est, en effet, une grosse pierre que nous roulons sans désemparer et qui nous retombe sans cesse sur la tête. » (*Œuv. compl. en prose,* Bibl. de la Pléiade, p. 555.)

16. Frank délibère en songe avec lui-même. Lorenzaccio délibérait aussi. Au quatrième acte du drame, à la cinquième scène, il monologue et se dit : « Je puis délibérer et choisir, mais non revenir sur mes pas quand j'ai choisi. » Frank va-t-il choisir avec une telle décision, va-t-il persévérer dans son choix avec une telle obstination ? Le feu dont il se sent dévoré, la fièvre qui l'agite, Lorenzaccio en était embrasé aussi et il se disait à lui-même : « Si tous les hommes sont des parcelles d'un foyer immense, assurément l'être inconnu qui m'a pétri a laissé tomber un tison au lieu d'une étincelle dans ce corps frêle et chancelant. » (*Théâtre compl.,* Bibl. de la Pléiade, p. 126.) « L'être inconnu », dit-il. Frank dit Dieu, ce Dieu dont tout à l'heure, dans la violence de son propos, il disait douteuse l'existence.

17. Voir p. 666, n. 7.

18. Ces deux derniers vers se trouvaient déjà dans un fragment qui a été considéré, à tort selon moi, comme une variante de *la Coupe et les Lèvres.* (Cf. *P.P.,* p. 580). — Ils font songer aux vers célèbres de Lamartine dans sa méditation sur *l'Homme :*

> Borné dans sa nature, infini dans ses vœux,
> L'homme est un dieu tombé qui se souvient des cieux.

19. Ainsi Frank rêve de fortune, de gloire et d'amour. Rêve de solitaire, pauvre, inconnu, mais consumé de désirs. « Je pars », a-t-il dit, comme insoucieux de la route et du terme. Maintenant, cette route et ce terme, il en a demandé ardemment la révélation.

20. Ce n'est pas l'inquiétude métaphysique de Faust qui tourmente Frank. Il n'est pas avide d'infini. Ce n'est point le mystère du monde qu'il aspire à pénétrer. Son désarroi est dans l'ignorance où il est de lui-même et de son destin. Ce n'est point l'avenir de l'humanité dont il implore anxieusement la révélation, mais son propre avenir et s'il aura en partage ou la fortune ou l'amour ou la gloire ou tous ensemble ces biens si tentants.

21. Ces trois premiers vers se trouvaient déjà, mais avec la phrase à la première personne, dans un fragment recueilli dans les *Poésies posthumes.* Le manuscrit porte : *les* travaux.

22. Musset pourrait dire de Frank comme il le dit de *Rolla* (*P.N.*, p. 276) :

> L'habitude qui fait de la vie un proverbe
> Lui donnait la nausée.

23. La voix ne révèle pas à Frank les secrets de l'avenir; elle ui rappelle, au contraire, des souvenirs. Mais Frank a déjà rompu avec son passé. Il a rompu publiquement, et même avec une fougue théâtrale. Il a dit qu'il partait. D'honneur, il est engagé à partir. La maison consumée, sa famille maudite, il lui faut aller vers cet avenir qui, malgré ses instances, lui demeure celé.

24. Est-ce l'amour qui passe et qui l'emmène ainsi? C'est, du moins, la promesse du plaisir. Et c'est décidément le hasard qui semble montrer leur route aux pas de ce Frank qui a l'illusion de se croire libéré.

25. L'indication : « Scène 1 » n'est pas dans le manuscrit.

26. « Il faudrait un *s* au mot « puisse ». (Note d'A. de Musset; édition de 1833.) Dans le manuscrit il y a cette note plus explicite et plus curieuse : « Il faudrait un *s* au mot *puisse* (charmante occasion pour un lexicographe qui se rappellerait les vers à la reine déguisée en boulangère), mais je n'ai jamais cru que l'harmonie d'une langue fût dans l'orthographe. » On a déjà eu plusieurs fois l'occasion de remarquer, dans ces notes, que Musset sacrifie plutôt l'orthographe que la prosodie.

27. *Var.* : Que *des milliers* de gens *(Ms.)*. Version biffée.

28. *Var.* : Danseront *un million* de valses (*Ms.* : *Milliers* écrit en surcharge).

La terre pourra faire plus de mille danses... etc. *Schiller*. (Note de A. de Musset.) Dans le manuscrit, il y a, après le nom de Schiller : *les Voleurs*. L'expression citée est prise en effet dans le drame de Schiller généralement intitulé *les Brigands* mais qui dans l'édition du *Nouveau Théâtre allemand,* dans la traduction de Friedel et Bonneville, a pour titre *les Voleurs*. C'est un propos du chef des brigands Franz Moor après la capture, par sa troupe, de la femme qu'il aime (acte V, sc. VIII; t. XII, p. 240) : « Et maintenant elle est à moi!... à moi! (...). La terre pourra faire encore plus de mille danses autour du soleil avant de produire une action semblable. » Ce passage a disparu de la version remaniée du drame que donne la traduction Ad. Régnier. — Mais Schiller a repris l'image dans *Don Carlos* (acte I, sc. V; traduction Ad. Régnier, t. III, p. 22) où don Carlos ayant eu le bonheur de se trouver seul avec la reine qu'il aime, s'écrie : « Le monde peut tourner cent fois, mille fois sur ses pôles, avant que le hasard renouvelle cette faveur. »

29. *Var.* : *Lui* voir... *(Ms.)*. *Le* mis en surcharge.

30. Ici, il y a, dans le manuscrit, cette note : « Cette chanson est prise dans les notes de l'*Introduction à l'Histoire universelle,* de M. Michelet, le plus grand historien que nous ayons, et peut-être le plus grand poète. « La chanson recueillie par Michelet, qui avait

recherché dans « les contrées montagneuses du Tyrol, de la Suisse et de la Souabe » les expressions relatives à l'art de la chasse, dit : « ... Ils [les chasseurs] courent par la plaine et par les champs; tant mieux pour le commun gibier, malheur au noble cerf. Entends-tu la réponse de mon chien ? Ils sont sur la bonne piste. (...) Debout, debout frais et bien dispos, comme le noble cerf, debout frais et contents (...). Voyez-le courir, chasseurs, c'est un noble cerf, j'en réponds. Il court, il hésite; le pauvre enfant ne songe plus à sa mère, il court au delà des chemins et des pâturages; Dieu conserve ma belle aussi. Le noble cerf traverse le fleuve et la vallée; que j'aime la bouche vermeille de mon amie! Voyez, le noble cerf fait un détour; je voudrais tenir par la main ma belle amie. Le noble cerf franchit la bruyère; que Dieu protège ma belle amie, à la robe blanche! Le noble cerf court sur la rosée; que j'aime à voir ma belle amie! » (*Introduction à l'Histoire universelle*, pp. 500-502.)

31. On peut placer les six vers suivants, conformes à ceux d'un manuscrit du fonds Lardin de Musset et publiés dans les *Annales politiques et littéraires*, comme un fragment abandonné de *la Coupe et les Lèvres*, où l'on ne discerne pas quelle serait sa véritable place :

> Lançons-nous en chantant dans la forêt profonde.
> Qu'aux fanfares du cor la montagne réponde;
> L'air est doux, le ciel pur; le vent nous conduira.
> Venez, ô mes amis! laissons flotter les guides
> Sur les crins ondoyants de nos coursiers rapides;
> Ils nous emporteront où bon leur semblera.

32. Ce vers ne rime avec aucun autre.

33. À la fin du manuscrit sont inscrits (f. 25 et 26) quelques fragments qui sont des variantes de ces vers et que voici :

> *Voici quels sont les fruits*
> *D'une âme déréglée et d'un cœur en désordre.*
> *Quel excellent sujet de railler et de mordre,*
> *Pour vous, nobles barons ! Frank autrefois si fier,*
> *Frank si noble, si riche et libre comme l'air,*

(le premier hémistiche était d'abord : *Le premier d'entre vous*). (Biffé.)

> *Tombé dans les filets d'une prostituée!*
> *Son pain, ses biens vendus, sa jeunesse épuisée,*
> *Son génie avili ! Mordez et déchirez.*
> *Oui, la société doit flétrir un tel être.* (Vers biffé.)
> *Qui serait son ami ? qui voudrait le paraître ?*
> *Tombé si loin, si bas* *qui lui tendrait la main ?*
> *Dans un abîme tel*

(les deux premiers hémistiches biffés)

> *Maudit donc... c'est toi destin* (biffé entièrement)
> *Oui, malédiction sur son mauvais destin !*

> *Qu'il meure ! Il en est temps ! Son asile est la tombe !*
> *Oui, haine à la misère.* (plus deux mots illisibles; le tout biffé).
> *C'est juste, hommes, c'est juste et vous avez raison.*
> *Mais ne traversez pas à l'heure où le jour tombe*
> *Le chemin tortueux qui mène à sa maison,*
> *Car depuis quelques nuits, dans cette sombre plaine,*
> *Il erre sur la neige une ombre à forme humaine.*
> *Le canon d'un fusil scintille dans ses mains,*
> *La route est solitaire et ses coups sont certains.*

Autre version, très raturée; les parties entre crochets sont biffées :

> *Frank n'est plus ; maintenant c'est l'ombre de lui-même,*
> [*Un fantôme.*] *C'est le spectre de Frank, l'œil terne, le front blême,*
> [*Couché sur les tapis* (puis : *dans les bras*) *d'une fille...*
> *C'en est fait du Génie et de la Liberté*
> *Du magnanime Frank.*]

Autre version :

> *La neige est* [*toujours*] *vierge autour de son château.*
> *Seulement quelquefois, quand la nuit est venue,*
> *On voit à sa fenêtre une femme inconnue,*
> *Aux vents affreux du nord livrer ses longs cheveux.*
> *Que fait-il ? Faut-il croire à ce qu'on dit de lui ?*
> *Non, Frank ne viendra plus, au joyeux hallali*
> *Découdre le chamois sur les herbes sanglantes...*

Autre version :

> *Non, Frank ne viendra plus, sur les herbes sanglantes,*
> *Découdre, les bras nus, les biches palpitantes...*

*

Autres fragments qui ne se rapportent directement à aucun passage de *la Coupe et les Lèvres,* mais qui semblent aussi être détachés d'un chant des chasseurs et où étonne l'introduction d'un nom de personnage (Lionel ?) étranger à *la Coupe et les Lèvres.*

> *Les chasseurs de chamois, libres comme le vent,*
> *Durant les nuits d'hiver, sifflent sur le Mont Blanc !*

> *Quand le vil laboureur couché sur la bruyère*
> [*Se redresse pour voir le ciel, c'est nous qu'il voit ;*
> *Quand dans l'immensité, l'aigle, cherchant son aire,*
> *Regarde sous ses pieds, c'est nous qu'il aperçoit.*]

Les trois derniers vers sont biffés.

> *Qu'est devenu Lionel, l'écumeur des montagnes ?*
> *Ses lévriers errants dévastent les campagnes ;*
> *La neige reste vierge autour de son château.*

Dans le premier vers le deuxième hémistiche avait été d'abord :

... *le chasseur intrépide* (biffé)

suivent quelques vers en partie biffés, en partie illisibles et auxquels on ne saurait donner aucun sens.

Quelques-uns des vers précédents sont repris dans le fragment ci-après qui contient aussi des parties biffées, mises ici entre crochets :

Chasseur ! [Chasseur, roi des montagnes
Lorsque le laboureur] courbé sur les campagnes
Lève les yeux [au ciel, chasseur] c'est nous qu'il voit.
Quand dans l'immensité l'aigle cherchant la terre
Regarde sous ses pieds c'est nous qu'il aperçoit.

34. Le nombre III est écrit en surcharge. Il y avait d'abord IV. C'est que Musset en avait biffé la scène troisième dont voici le texte :

SCÈNE III

Une hôtellerie.

FRANK, jeunes gens et courtisanes à table.

FRANK

Amis, chantons Bacchus, l'Amour et la Folie ;
Buvons au temps qui passe, à la mort, à la vie ;
Oublions et buvons. Vive la Liberté !
Chantons l'or et la nuit, la vigne et la Beauté !
Douce nuit, je t'attends comme on attend l'aurore ;
C'est lorsque tu parais que Monna Belcolore,
La perle que l'Adige a volée à l'Arno,
De son joyeux palais descend dans mon bateau.
Allons ! du vin du Rhin, des fleurs et des bougies !
Que la ville s'enivre au bruit de nos orgies,
Que le démon du vin et des bruyants repas
A l'ange de l'Amour nous porte dans ses bras !
Rugissez et pleurez, esprits de l'harmonie !
Parfums mystérieux qui centuplez la vie,
Candélabres ardents dont l'œil est ébloui,
Emparez-vous de l'air que l'on respire ici.
De cette pâle alcôve aux lueurs indolentes,
De ces glaces en feu, de ces tables fumantes,
Nous jetterons l'ennui comme un mort dans les flots
De ce lac insensé qui berce nos falots.
Allons, debout, un toast !

Dans une copie du fonds Alfred de Musset au lieu de ces deux derniers vers, il y a :

Nous laisserons les pieds de la mélancolie
Au fond de nos tonneaux s'embourber dans la lie.)

(Ils trinquent. — On entend un *De Profundis* dans une église voisine.)

LES CONVIVES

Nous sommes treize à table.

FRANK

C'est l'église voisine où l'on enterre un mort.
Ne vous dérangez pas, mes amis.

(Silence)
Corps du diable !
Pâlissez-vous, messieurs ? Qui vous trouble si fort ?
Eh ! ces chants après tout, ce bruit, c'est une noce !
Une noce en gants noirs qui descend de carrosse,
La noce de la Vie et de l'Éternité,
Sur le lit nuptial par la mort apprêté.

LES FEMMES

Charles, ne t'en va pas ce soir chez ta maîtresse !
Il va nous arriver à tous quelque malheur.

FRANK

Le Christ à son souper sentit moins de tristesse

(Première version : Le Christ *aux Oliviers*... (biffé.)

Que je ne sens au mien de gaieté dans le cœur.
Allons, belle Clarice, allons, belle Julie, (Rosine, biffé.)
Que vaut ce sombre effroi sur vos traits répandu ?
Et vous, Rosalinda, tenez-vous à la vie ?
Je crois qu'en vérité votre cœur a battu.
O mes amis ! la mort n'a rien de redoutable !
S'il est vrai que ce soir nous soyons treize à table,
Ne vous alarmez pas, Belcolor va venir
Avant que le soleil de l'horizon ne sorte ;
L'amour et le bonheur vont frapper à ma porte,
Et c'est moi qui mourrai si l'on en peut mourir.

On remarquera que plusieurs vers de cette scène (les quatre premiers, le onzième et le douzième, et, dans la dernière réplique de Frank, le premier et le deuxième) se retrouvent, certains textuellement, les autres à peu près, à la fin du troisième chant de *Rolla*. (*P.N.*, p. 283).

35. *Var.* : ... Le reste *ne m'est* rien *(Ms.)*.
36. La Muse de *la Nuit de Mai* :

O poète ! un baiser, c'est moi qui te le donne.

37. *Var.* : ... que *je t'ai* rencontré.
La faute du participe était un peu forte.
38. Vers qui rappellent ceux-ci de *l'Oubli des injures* :

Dans le fond d'un hallier deux corps sont étendus... (v. p. 573).

39. *Var.* : ... pour *les* amants *(Ms. : les* biffé.)

40. Un verre dans la main d'un soldat en marche ne sert pas à grand'chose, s'il est vide ; s'il est plein, il n'est pas commode à porter. On comprendrait mieux qu'il portât une bouteille, comme André Hofer, le héros tyrolien, dont dans l'article *les Tyroliens* il est dit (p. 8) qu'il « ne put jamais se corriger de deux faiblesses, l'amour de la table et la superstition : aussi l'a-t-on représenté conduisant ses soldats avec une bouteille d'une main et un rosaire de l'autre ».

41. Pour la deuxième fois, c'est le hasard qui montre la route à Frank. Après avoir été un temps retenu par l'amour tout à coup rencontré, le voici brusquement parti pour la gloire.

42. Dans l'article *les Tyroliens,* il est dit (p. 10) : « Les paysans placèrent une aigle énorme en bois noir sculpté, devant un des principaux édifices d'Inspruck. Ils rendirent à ce symbole une sorte de culte religieux. On l'entoura de flambeaux allumés ; on forçait tous les passants de se découvrir pour le saluer, et l'oiseau impérial était félicité par les Tyroliens sur le retour de son plumage. » On tira jusqu'à ce qu'il fût abattu sur l'écusson bavarois qui surmontait la porte du château. Mais, dans une reprise de la lutte, les Bavarois, aidés par les Français, furent vainqueurs. Insprück fut reperdue. Il fallut subir de nouveau le joug de la Bavière jusqu'à ce que les traités de 1815 rendissent le Tyrol à l'Autriche.

43. L'indication « Scène II » manque dans le manuscrit.

44. *Var.* : On *t'a* proclamé roi *(Ms.* : «Ils t'ont» mis en surcharge.)

45. *Var.* : ... *si* le ciel *te* fait vivre *(Ms. :* « Me » mis en surcharge.)

46. *Var.* : ... à *tes* cheveux blancs *(Ms. :* « Vos » mis en surcharge.)

47. *Var.* : *une* enfant de quinze ans *(Ms.* et 1833 à 1850).

48. C'est aussi un bouquet d'églantines que la jeune fille, au premier acte, avait jeté à Frank.

49. *Var.* : ...encor *se poser*... *(Ms.: se poser* biffé.)

50. *Var.* : Mon cœur battait si fort... *(Ms.* : Version biffée et remplacée au-dessous par : Je me suis incliné...)

51. Ne pourrait-il pas dire déjà à Déidamia ce qu'il lui dira, dans la dernière scène du drame :

« Ah ! j'ai senti mon âme
Qui redevenait vierge à ton doux souvenir. »

Ainsi Rolla contemplera sa Marie endormie, Marie qui a été livrée au débauché qu'il est, mais dont le sommeil, qui la rend à elle-même, exhale une impression d'innocence :

« Mais ton sommeil est pur — ton sommeil est à Dieu ! »

dit-il. Il semble que, sur son cœur corrompu, il passe comme un souffle d'air frais.

52. L'indication « scène I » n'est pas dans le manuscrit, avec raison d'ailleurs, car il n'est fait, dans ce quatrième acte, mention d'aucune autre scène.

53. Ainsi Frank, comme Charles-Quint, prépare un simulacre de ses funérailles et se dispose à y assister.

Musset a écrit un poème, dont on n'a qu'une partie sur *Charles-Quint au monastère de Saint-Just* (Cf. p. 487). Dans *la Coupe et les Lèvres*, il a pu se souvenir de l'épisode où, dans *Marion Delorme*, de Victor Hugo (acte III), Saverny enfreint l'édit de Richelieu contre le duel et se fait passer pour mort.

54. *Var. : Je fais* (ou plutôt : *je fais*) *ce que je ne fais*. Je fais comme l'orfèvre. (*Ms. :* Le premier hémistiche est biffé.)

55. *Var. :* Qui frappe sur sa *touche* une... (*Ms.*).

56. *Var. : Le* cercueil... (*Ms. :* biffé.)

57. *Var. :* Ai-je un ver *obstiné* qui... (*Ms. : obstiné,* biffé.)

58. *Var. : ...* tout *sombre* en arrivant (*Ms. : sombre,* biffé.)

59. « Frank, durant cette scène, doit déguiser sa voix. Je prie ceux qui la trouveraient invraisemblable d'aller au bal de l'Opéra. Un de mes amis fit déguiser sa servante au carnaval et la plaça dans son salon, au milieu d'un bal où personne n'était masqué. On ne lui avait mis qu'un petit masque sans barbe qui ne cachait point la bouche; et cependant elle dansa presque deux heures entières, sans être reconnue, avec des jeunes gens à qui elle avait apporté deux cents verres d'eau dans sa vie. » (Note d'A. de Musset.)

60. *Var. :* O Frank, *O malheureux que je suis !* mort funeste (*Ms :* biffé.)

61. *Var. : Mais,* lorsqu'il jette *aux morts leur* proie (*Ms :* biffé.)

62. Brelan, jeu de cartes et, par extension, maison de jeu, tripot. Littré donne plusieurs exemples de l'emploi de ce nom dans ce sens :

> Nous la verrons hanter les plus hideux brelans.
>
> (RÉGNIER ; *Satire X.*)

Courir le bal la nuit et le jour les brelans.

(RACINE, *les Plaideurs,* acte I, sc. IV, *Œuv. compl.,* t. I, Bibl. de la Pléiade, p. 334.)

63. Cette scène rappelle et par sa disposition et par plusieurs détails, par plusieurs propos même, la scène du troisième acte de *Marion Delorme* où Saverny que, un de ses amis excepté, les autres interlocuteurs croient mort, mais qui, comme ici Frank, est présent, doit entendre, adressé à son oncle fort affligé, le marquis de Nangis, son éloge, prononcé en manière de condoléances par Laffemas.

64. Frank au premier acte a maudit sa famille, sans nommer son père. Il n'en a jamais rien dit avant cet instant.

65. Stranio a été tué à la fin du premier acte. Brandel, dont il est question dans la n. 1 de la p. 676 n'est nommé dans *la Coupe et les Lèvres* que dans ce vers.

66. Dans *Marion Delorme* (Acte III, sc. II) quand Laffemas a enfin découvert Didier, coupable de s'être battu en duel avec Saverny et qui croit l'avoir tué, Saverny qui est présent, s'avance et dit :

> Celui que l'on croit mort, n'est pas mort. Le voici.

67. *Var.* : ... *une soif* si terrible (*Ms.* : corrigé en surcharge.)
68. Musset a-t-il été ici l'inspirateur de Baudelaire qui dit (pièce XXV, des *Fleurs du Mal,* Bibl. de la Pléiade, p. 102) :

> Tu mettrais l'univers entier dans ta ruelle,
> Femme impure...
> Machine aveugle et sourde, en cruautés féconde.

(Rapprochement fait par Eugène Crépet; édit. J. Corti, p. 342.)

69. *Var.* : ... *à ses côtés* (*Ms* : Rime irrégulière.)
70. *Var.* : ... absorbé, *maigre* et... (*Ms.* : *blême*, en surcharge.)
71. *Var.* : ... donc en *partir*... (*Ms.* : *sortir* en sucharge.)
72. *Var.* : Toujours *en le quittant* (*Ms.* : *corrigé en surcharge.*)
73. Sainte-Beuve a rapproché ces deux vers de textes de Shakespeare. Il écrit, dans une note ajoutée ultérieurement à son article du 15 janvier 1833 sur *Alfred de Musset* : « Ce trait en rappelle un assez pareil de Shakespeare lorsque Macbeth, après son crime, entend du bruit, et s'effraie, et s'écrie : « Quelles sont ces mains là ? Ah ! elles m'arrachent les yeux ! Tout l'océan du grand Neptune pourrait-il laver ce sang de sa main ? Non, c'est plutôt cette main qui empourprera les vagues innombrables faisant de la mer verte un océan rouge... » (Acte II, sc. II, *Théatre compl.*, Bibl. de la Pléiade, p. 736.) Et encore (acte V, sc. I, *op. cit.*, p. 767), lorsque lady Macbeth se parle dans son délire, en frottant la tache de sa main : « Il y a là toujours l'odeur du sang... Tous les parfums de l'Arabie ne purifieraient pas cette petite main-là ! » Sainte-Beuve rappelle enfin la scène d'*Œdipe-Roi* (acte V, sc. I) « sur les horreurs de la maison de Cadmus :

> Non, les eaux du Danube et du Phase épanchées
> Ne laveront jamais les souillures cachées
> Dans cet abominable et sinistre séjour. »

(*Portraits contemporains*, II, p. 191.) l'*Œdipe-Roi* que cite Sainte-Beuve est celui de Julien Lacrois, p. 68 (Calmann-Lévy). Musset a d'ailleurs cité lui-même dans la *Confession* la parole de Macbeth : « Macbeth ayant tué Duncan, écrit-il, dit que l'Océan ne laverait pas ses mains.» (I, IV, *Œuv. compl. en prose*, Bibl. de la Pléiade, p. 107.)

74. Dans *la Revue de Paris* du 27 janvier 1933, H. C. de Saint-Michel rapproche la scène entre Franck et Belcolore se disant veuve à jamais, de l'histoire de *la Matrone d'Éphèse* (Phèdre, *Fables nouvelles,* XIII, *la Veuve*). Cette histoire est racontée dans les chapitres CXI et CXII du *Satiricon*, de Pétrone; elle a été reprise sous forme de récits en prose, de contes en vers ou de pièces de théâtre par bien des auteurs français depuis le Moyen Âge. On en trouvera la liste dans l'ouvrage d'Albert Collignon : *Pétrone en France* (A. Fontemoing, 1905, in-16).

75. *Var.* : ... soldat *très brave* à la bataille (*Ms.* : *Très brave*, biffé.)

76. *Var.* : ... est à *toi* (*Ms.*), *vous*, mis en surcharge.
77. Jupiter qui aima Danaé l'approcha sous la forme d'une pluie d'or.
78. *Var.* : ... dors pas, *il faut qu'on soit* debout.
79. Hamlet, dans la scène qui se passe au cimetière (*Théâtre compl.* de Shakespeare, Bibl. de la Pléiade, t. II, acte V, sc. 1, p. 247), songeant que le corps d'Alexandre est devenu poussière, c'est-à-dire terre, et que de la terre nous faisons de l'argile, se demande pourquoi l'argile formée de la poussière d'Alexandre ne boucherait pas une pipe de bière et pourquoi l'argile faite de la poussière de César ne boucherait pas un pertuis. C'est la même idée dans Shakespeare et dans Musset, mais la transformation est plus poétique et paraît moins attristante dans Musset que dans Shakespeare.
80. *Var.* : ... ne reste *dans la vie* (*Ms.* : les trois derniers mots biffés.)
81. *Var.* : Où l'ombre de *mes pieds* (*Ms.* : *mon corps,* écrit en surcharge.)
82. *Var.* : ... *la dent*... (*Ms.* : Surchargé).
83. *Var.* : ... *se* souvienne *(Ms.)*.
84. Érostrate, Éphésien, homme obscur, comme Frank le fut, et dévoré, comme Frank, du désir effréné de la gloire, prit, pour la conquérir, un moyen plus sûr que celui qui s'offrit, par hasard, à Frank. Il incendia le temple de Diane, à Éphèse, admiré comme l'une des sept merveilles du monde. Frank, qui vient de sonder l'ingratitude humaine et qui aspire encore à la survie de son nom dans la mémoire de cette humanité qu'il méprise, aurait donc lui aussi brûlé le temple. C'eût été un autre exploit que de brûler sa chaumière. On a le sentiment qu'il envie Érostrate. Lorenzaccio qui, lui aussi, méprisera les hommes sera aussi dévoré du besoin d'imposer son nom à leur mémoire : il tuera le duc Alexandre de Médicis.

85. *Var.* : ... lançant *du sommet* de l'Etna *(Ms.)*. Surcharge.
Diogène Laërce rapporte qu'Empédocle dans les œuvres de qui il se trouve « des passages où l'on peut voir de l'orgueil et de la suffisance » disait de lui-même : « Salut ! chez vous, comme un dieu immortel, non comme un homme. » Pour accréditer la croyance en son origine divine, il se jeta, dit-on, dans le cratère de l'Etna, afin que, ne retrouvant de sa personne aucun vestige, on le crût remonté aux cieux. Mais, dit encore Diogène Laërce, « la chose fut connue par la suite, car une de ses sandales fut rejetée par le volcan, intacte : il portait, en effet, par habitude, des sandales de bronze ». On ne sait comment mourut véritablement Empédocle, ni où, ni à quel âge. (Diogène Laërce : *Vies, doctrines et sentences des philosophes illustres,* II, 139, 141 et 142.)
86. Il veut vivre et bien vivre, dans le sens de n'être privé d'aucune des jouissances matérielles d'une vie qui ne doit pas avoir de lendemain.
87. Le doute, sentiment instable où s'affrontent les raisons de

vivre et les raisons de croire et qui, par celles-ci, quelque combattues qu'elles puissent être, sert un fantôme d'espérance.

88. Après ce vers venait, dans le manuscrit, celui-ci :

Que vous restera-t-il, enfants de nos entrailles,

qui a été biffé, l'idée d'un autre développement étant probablement survenue alors et ayant reporté ce vers une dizaine de vers plus loin.

89. *Var. :* Tels les analyseurs *qui fouillent* la nature *(Ms.). qui ouillent,* biffé.

Alfred de Musset s'est élevé plusieurs fois contre ceux qu'il appelle les analyseurs. Dans la lettre VIII du *Roman par Lettres,* écrit vraisemblablement quelques mois après *la Coupe et les Lèvres,* Prévan rapporte qu'à Louise, qui venait de déclarer : « On aime le mystère et on le redoute », il a répondu : « Où est la ligne de démarcation entre le positif et le mystérieux ? Ah ! l'habitude ! l'habitude ! est-ce parce qu'ils ont analysé des cailloux sur leur route et que tout est réglé dans la nature, même le désordre, qu'ils croient que la nature humaine leur appartient ? est-ce parce qu'ils ont rassuré les paysans sur les éclipses et les aurores boréales qu'ils ont le monopole de la crédibilité ? » (*Œuv. compl. en prose,* Bibl. de la Pléiade, p. 313.) Dans *la Comédie de la Mort* (I, *la Vie dans la Mort,* partie III, publié en 1838), Théophile Gautier s'écriera :

> Analyseurs damnés, abominable race...
> Aurez-vous bientôt fait de déclouer les bières
> Pour mesurer nos os et peser nos poussières ?
> . . . .
> Vous imaginez donc, dans cette pourriture,
> Surprendre les secrets de la mère nature
> Et le travail de Dieu ?

Ce n'est pas par le corps qu'on peut comprendre l'âme (*Œuv. compl.,* I, XXXIV et II, 21).

— Voir, p. 710, la note relative au vers de *Rolla :*

Les comètes du nôtre (de notre siècle) ont dépeuplé les cieux.

90. *Var. :* Un *vaste* cimetière ... *(Ms.).*

91. Cf. *Dupont et Durand* (*P.N.*, p. 353). C'est à ces réformateurs trop radicaux de l'ordre social que Musset semble penser quand, dans *la Confession* (V, v, *Œuv. compl. en prose,* Bibl. de la Pléiade, p. 268) il nomme incidemment : « ces sycophantes modernes qu'on appelle des pamphlétaires, et à qui on devrait défendre par simple mesure de salubrité publique, de dépecer et de philosophailler ».

92. Prométhée, en ravissant le feu du ciel, premier instrument de la civilisation et du premier humain, a, ainsi que le dit Musset, permis de « refondre et repétrir » l'œuvre de la création.

93. L'enfant prodigue, son bien dissipé, « s'en alla et se mit au service d'un des habitants du pays, qui l'envoya à sa maison des champs pour garder les pourceaux ». (*Évangile selon saint Luc,* XVI, 15.)

94. *Var.* : Cette complainte *affreuse* (*Ms.* Biffé.)
95. Il faudrait « conduits ». Encore un sacrifice de l'orthographe à la prosodie.
96. Gygès était le favori de Candaule, roi de Lydie, qui, glorieux de la beauté de sa femme, la lui fit voir toute nue. La reine, outragée, voulut se venger, et fit de Gygès l'instrument de sa vengeance : il tua Candaule et il lui succéda comme roi et comme époux.
97. *Var.* : *... à ses ardents regards... (Ms.).* Correction par surcharge.
98. Ces derniers vers sont repris en partie de *l'Oubli des injures* p. 570).

Je suis sans aucun doute à l'instant redouté, etc.

99. Dans *la Confession* (II, IV), Musset écrira : « Cette idée funeste, que la vérité c'est la nudité, me revenait à propos de tout. « Le
» monde, me disais-je, appelle son fard vertu, son chapelet reli-
» gion, son manteau traînant convenance. L'honneur et la morale
» sont ses femmes de chambre; il boit dans son vin les larmes
» des pauvres d'esprit qui croient en lui; il se promène les yeux
» baissés tant que le soleil est au ciel; il va à l'église, au bal, aux
» assemblées, et le soir arrive, il dénoue sa robe, et on aperçoit
» une bacchante nue avec deux pieds de bouc. » Mais en parlant ainsi je me faisais horreur à moi-même; car je sentais que, si le corps était sous l'habit le squelette était sous le corps. »

Il écrit aussi (V, IV) : « La vérité, squelette des apparences, veut que tout homme, quel qu'il soit, vienne à son jour et à son heure toucher ses ossements éternels au fond de quelque plaie passagère. Cela s'appelle connaître le monde, et l'expérience est à ce prix. » Certains, devant cette épreuve, reculent épouvantés; d'autres chancellent, d'autres en meurent; la plupart oublient. Mais il en est qui « quand leur tour vient de toucher au malheur, autrement dit, à la vérité, s'en approchent d'un pas ferme » et, devenus « ivres du désir de connaître », « ne regardent plus les choses que pour voir au travers; ils ne font plus que douter et tenter; ils fouillent le monde comme des espions de Dieu; leurs pensées s'aiguisent comme des flèches et il leur naît un lynx dans les entrailles ». (Cf. *Œuv. compl. en prose,* Bibl. de la Pléiade, p. 149 et suiv. et p. 262.)

100. *Var.* : Sur mon cœur, en *passant*... (*Ms.*).
101. *Var.* : *Es*-tu donc si longtemps *resté* sur ma poitrine *(Ms.)*.

Ce vers a été heureusement corrigé. Resté conjugué avec être s'accorde avec *tu* qui remplace *herbe* et doit être au féminin, mais alors le vers devient faux.

102. Le bouquet de Déidamia a surgi bien opportunément. Frank, après une suite de hasards dont chacun lui a paru heureux et qui lui ont donné l'illusion d'avoir trouvé l'amour, la fortune et la gloire, a reconnu que cet amour était avilissant, cette fortune éphémère, cette gloire méconnue. Il est de nouveau frémissant de révolte et de haine. Haine contre la société et pire peut-être qu'autrefois, haine contre la nature qui excite et déçoit son besoin

de connaître. Dans le sentiment de son désarroi et de son infirmité, il ne voit, comme principe suprême de la sagesse, que le mépris de tout. Il est un être vivant cependant et en lui fermentent des désirs qui l'attachent à la vie. Mais, de la vie, que pourrait-il espérer encore? Son invocation désespérée à l'espérance n'est pas vaine. Voici le bouquet de Déidamia. Voici l'image de Déidamia. Voici l'espérance enfin de l'amour simple, sincère et sain de Déidamia et par cet amour l'oubli peut-être de tout le reste.

103. Ce vers est repris d'une élégie inachevée, *la Prêtresse de Diane* (P. *Posth.*, p. 555).

104. *Var.* : ... que *ta* pâleur... (*Ms.* et 1833).

105. Charle pour Charles : nouveau sacrifice de l'orthographe à la prosodie.

106. *Var.* : Ne *veut* que ce qu'il voit... (*Ms.* et 1833).

107. L'Hercule Farnèse est une statue colossale d'Hercule faite, dit-on, par Glycon, d'après un Hercule sculpté par Lysippe. Elle appartint aux Farnèse. Elle est à présent au musée de Naples.

108. *Var.* : Un lapsus du manuscrit : m'a *compté*.

109. Et n'est-ce pas un *masque aussi* que la vertu? (*Ms.* : Surcharge.)

110. Vers repris en partie dans *l'Oubli des injures* (P. *posth.*, p. 569).

111. *Var.* : Il *rôdait* (*Ms.* : biffé.)

112. *Var.* : Son *cou*... (*Ms.* : surcharge.)

113. *Var.* : Qui *craint* de faire... (*Ms.* : biffé.)

114. *Var.* : Oui, ma chère, *aussi vrai que* j'ai connu... (*Ms.* : biffé.)

115. *Var.* : *Bah!* quelque mendiant (*Ms.* : biffé.)

116. Musset écrit d'abord : Avec *un corset noir,* puis : Avec *un bonnet noir... que* tu serais jolie!

En 1833, le texte a été : Avec *un bonnet noir,* tu serais si jolie!

117. Vous verrez tout-à-l'heure avec ma robe blanche,
Mes bas à coins brodés, mon bonnet du dimanche
Et mon tablier vert. (*Ms.* et 1833 à 1850.)

Cette leçon contient en trois vers deux fois le mot *bonnet* et laisse sans correspondante la rime *dérobe* de la réplique suivante.

118. *Var.* : Et *le* tonnerre... (*Ms.* : surchargé.)

119. *Var.* : ... se levant *subitement* (*Ms.* et 1833 à 1850).

120. Charles ne se trouvant pas devant un mot commençant par une voyelle a reconquis son *s* final.

121. *Var.* : Déidamia tombe, *se relève et sort (Ms.)*.

P. 207. À QUOI RÊVENT LES JEUNES FILLES

1. Cette comédie, non datée dans la première édition, a été datée de 1833 dans toutes les éditions qui en furent faites ensuite du vivant d'Alfred de Musset. Cette date est inexacte, le volume : *Un spectacle dans un fauteuil* ayant été annoncé dans le *Journal de la Librairie,* le 29 décembre 1832. Dans l'édition des *Amis du Poète,*

Paul de Musset l'a datée de septembre 1832. S'il fallait prendre à la lettre l'indication que donne Paul de Musset dans la *Biographie* (p. 108), elle aurait été composée dans les derniers jours du mois car Paul de Musset dit qu'elle le fut « pendant l'automne ». Il dit aussi : « Deux sœurs, pleines d'esprit et de grâce, qu'il avait connues au Mans, et qu'il appelait ses premières danseuses, lui servirent de modèles pour les deux charmantes figures de Ninette et Ninon.»

Ces deux jeunes filles étaient les demoiselles Louise et Zoé Le Douairin, filles de M. Le Douairin, ingénieur-vérificateur du cadastre pour le département de la Sarthe.

La cadette des deux jeunes filles, Zoé, était de l'âge d'Alfred de Musset; elle était née le 5 octobre 1810, lui le 11 décembre. Musset semble avoir eu un tendre sentiment pour elle (voir p. 506 les vers qu'il lui adresse).

Zoé était donc la préférée et l'on peut présumer qu'elle est la Ninon de la comédie.

Lorsque Alfred de Musset lut les deux pièces du *Spectacle dans un fauteuil* à un auditoire composé de quelques amis, cette lecture fut écoutée « dans un silence morne ». Mais Paul de Musset signale une exception : « M. Mérimée seul, dit-il, s'approcha de l'auteur et lui dit tout bas : « Vous avez fait d'énormes progrès; la petite « comédie surtout me plaît infiniment. » (*Biographie*, pp. 109-110.)

À quoi rêvent les jeunes filles a été représentée à la Comédie-Française, mais seulement en 1880, le 29 novembre et elle y était annoncée comme « Scène en un acte, en vers ». Cette comédie a deux actes. On y avait fait des amputations, des remaniements dans l'ordre des scènes; ce produit informe et incomplet fut applaudi cependant pour le charme, la fraîcheur, la jeunesse qui s'en exhalent. Des versions, incomplètes aussi, en furent données le 29 avril 1881 au théâtre des Variétés, et le 3 novembre de la même année au théâtre de l'Odéon. M. Émile Fabre, qui a fait une si large place au théâtre d'Alfred de Musset sur la scène de la Comédie-Française et qui, sauf pour *Lorenzaccio*, en a fait représenter les pièces dans leur texte intégral, a donné enfin, le 21 avril 1926, la comédie *À quoi rêvent les jeunes filles*, en deux actes, telle que Musset l'avait écrite.

2. O Christ, tandis que fixé sur la croix, tu étends tes bras sur le monde, donne-nous l'amour de ta croix et fais-nous mourir dans tes bras. — Cette strophe est peut-être de la composition de Musset. En tout cas elle n'est pas mentionnée dans le *Repertorium hymnologicum* d'Ulysse Chevalier.

3. Il est vêtu comme Hernani le jour mortel de son mariage. Dona Sol ne dit-elle pas (acte V, sc. III) :

Que, sur ce velours noir, ce collier d'or fait bien!

Il y avait beaucoup de ces manteaux et de ces chaînes dans les drames romantiques et plus ou moins historiques d'alors. Musset s'en est diverti : « Qu'il ait son pourpoint et qu'il soit de velours noir et que les crevés y soient de satin, et les bottes, et la fraise, et la chaîne au cou... »

4. M. G. J.-B. (Joly-Bavoillot, de New-York) a publié le 10 juillet 1885, dans l'*I.C.C.*, les treize vers suivants qui se retrouvent en partie dans cette sérénade :

> *Vivre d'amour, de joie, et rendre grâce aux dieux*
> *De l'immense horizon, de la clarté des cieux !*
> *Suave et doux matin, ô jeunesse amoureuse !*
> Moi, pour un peu d'amour je donnerais mes jours,
> Et je les donnerais pour rien sans les amours.
> *Car, hélas ! sans amour que nous vaudrait la vie ?*
> *À ce festin désert dis-moi qui te convie ?*
> *Qu'apportes-tu de miel à ce voyage amer ?*
> Quoi ! tu n'as pas d'étoile, et tu vas sur la mer ?
> Au combat sans musique ? en voyage sans livre ?
> Quoi ! tu n'as pas d'amour, et tu parles de vivre ?
> *Dis-moi si le présent pour toi ne peut cesser ;*
> *Quand ton hôte t'ennuie à quoi peux-tu penser ?*

M. G. J.-B. disait que ces vers sont extraits d'un fragment de trente à quarante vers dont le premier est :

> Il n'est que la jeunesse, ami, pour être heureuse.

On trouvera ce fragment, p. 580. C'est un poème abandonné dont Musset a ensuite utilisé quelques vers.

5. « La vie est un sommeil : les vieillards sont donc ceux dont le sommeil a été le plus long ; ils ne commencent à se réveiller que quand il faut mourir... » (La Bruyère : *De l'Homme*, 47, *Œuv. compl.*, Bibl. de la Pléiade, p. 306.)

6. Dans *la Princesse d'Élide*, Cynthia dit :

> Et serait-ce un bonheur de respirer le jour,
> Si d'entre les mortels on bannissait l'amour ?
> Non, non, tous les plaisirs se goûtent à le suivre,
> Et vivre sans amour n'est pas proprement vivre.

(Acte II, sc. 1, *Œuv. compl.* de Molière,
t. I, Éd. Pléiade, p. 641.)

Voltaire, dans l'*Envoi* de sa fable de *Pygmalion* (*Œuv. compl.*, XXXII, p. 421).

> Permets qu'amour pour moi te donne une âme.
> Qui n'aime point est-il donc animé ?

Dans *Honorine*, de Balzac, cette fin de lettre d'Honorine mourante : « Ne me pleurez pas : il y a longtemps que je suis morte, si saint Bernard a eu raison de dire (dans un autre esprit) qu'il n'y a plus de vie là où il n'y a plus d'amour. » (Bibl. de la Pléiade, t. II, p. 316.)

7. Paul de Musset dit du *Spectacle dans un fauteuil :* « Il ne pro-

duisit pas autant de bruit, à beaucoup près, que les *Contes d'Espagne,* mais par un hasard vraiment heureux, l'auteur, dès le lendemain de la mise en vente, avait entendu deux jeunes gens qui marchaient devant lui sur le boulevard de Gand répéter en riant ce vers du rôle d'Irus :

> Spadille a l'air d'une oie, et Quinola d'un cuistre !

Et cette circonstance avait suffi pour le rendre content. » (*Biographie* p. 110.)

8. Ainsi feront le père de Perdican et la mère de Camille, les amoureux de *On ne badine pas avec l'amour.*

9. La Muse de *la Nuit de Mai* dira au poète :

> Ce soir tout va fleurir. L'immortelle nature
> Se remplit de parfums, d'amour et de murmures
> Comme le lit joyeux de deux jeunes époux.

10. On comprendrait qu'un poète précieux du XVIIe siècle ait conçu une telle image, mais Musset !...

11. Comme Perdican à la rencontre de Camille.

12. Il ne sera pas muet lorsque, au deuxième acte, se trouvant seul sur la terrasse avec Ninon, il se disculpera, de son mieux, des reproches qu'elle pourrait lui faire ; il éludera les réponses aux questions qu'elle lui fera et il lui déclarera son amour avec une obstination désarmante.

13. Silvio aurait pu voir de ces courses en France. Il y en eut un peu avant et pendant la Monarchie de Juillet. « Le premier *steeple-chase* couru en France, dit Lesur, le fut au mois de mars 1829. Le point de départ était la *Butte aux Lapins,* près du bois de Verrières, l'arrivée à l'aqueduc du Buc ; distance de plus de deux lieues, et coupée par des sauts terribles.

14. L'échelle de soie qu'évoque ce romanesque beau-père est rappelée dans *la Nuit de Mai.* Elle est un des thèmes que la Muse suggère au poète (*P.N.*, p. 307) :

> Suspendrons-nous l'amant sur l'échelle de soie ?

C'est l'échelle de soie qui menait Roméo au balcon de Juliette dans le *Roméo et Juliette* de Shakespeare (acte III, sc. v). Une échelle de soie mena aussi le pêcheur Dalti au balcon de la noble dame Portia (Cf. *Portia,* p. 64).

15. « Petite figure de plâtre qui sert de but dans les tirs. » (Littré.)

16. Il paraît difficile qu'un amoureux soit à la fois Galaor, Lara et un berger d'Arcadie. Il faut entendre ici un berger de *l'Arcadie* de Sannazar (1458-1530). Ce sont des personnages simples, tendres, rêveurs, fades et maniérés. Honoré d'Urfé en peuplera son *Astrée.* Galaor est un des chevaliers de l'*Amadis de Gaule,* roman espagnol, popularisé par la version française, et plus développée, qu'en donna en 1540 Nicolas de Herberay, seigneur des Essarts. Galaor fait contraste avec Amadis que l'on surnomme le Beau Ténébreux. Il est

hardi, il est brave, il est gai, il est galant, et amoureux sans vain sentimentalisme. Lara est le personnage exalté et mystérieux du poème de Byron qui dit : « Les tempêtes de son cœur défiaient avec mépris les orages des éléments et ses transports demandaient au ciel s'il avait des ravissements qui leur fussent comparables. » (*Œuv. compl. de Byron*, II, p. 121). Laërte ne prétend certainement pas qu'en Silvio paraissent confondus ces trois personnages, et il exprime bien son sentiment quand il dit : « Vous serez l'idéal », un être que la réalité ne saurait offrir, mais dont la littérature romanesque enchante les jeunes imaginations.

17. Comme le *deus ex machina,* le dieu descendant, par le moyen d'une machine, sur la scène, intervenant dans l'action, décidant du dénouement.

18. *Var.* : *Je crois que* la plupart meurt (1833).

19. C'est la scène du *Don Juan* espagnol attribué à Tirso de Molina (*el Burlador de Sevilla y convidado de pietra : le Trompeur de Séville et le Convive de pierre*) où don Juan s'étant introduit furtivement dans la chambre de dona Anna et dona Anna s'étant dressée en criant, le commandeur, père d'Anna, accouru, tente vainement d'arrêter don Juan qui le tue d'un coup d'épée et qui s'enfuit. Cette scène que beaucoup d'auteurs de pièces sur don Juan ont conservée, a été négligée par Molière, où don Juan ne rencontre jamais le Commandeur, mais seulement, au dramatique festin, sa statue (Voir, sur don Juan, *Namouna, supra* p. 239).

20. *Var.* : Qu'avez-vous à *répondre ?* (1850)

21. Cassandre, personnage de l'ancienne comédie italienne ; c'était, qu'il fût commerçant ou bourgeois, un vieillard décrépit, sot, sermonneur, en général avare, assez souvent amoureux, et, à tous ces titres, berné, bafoué, dindonné.

22. L'*Hespérus* que cite ici Alfred de Musset est un roman de Jean-Paul Richter, et selon Musset, son « roman chéri » (cf. article du 17 mai 1831 sur les *Pensées de Jean-Paul,* dans *Mélanges, Œuv. Compl. en prose,* Bibl. de la Pléiade). Le texte que Musset traduit ici en vers se trouve dans le recueil des *Pensées de Jean-Paul* déjà cité. Il y est à la page 133 : « Amassez de la terre autour de la racine de cette plante délicieuse, mais n'en laissez point tomber dans son calice ». Une édition de l'*Hespérus* a paru il y a une quinzaine d'années, avec quelques suppressions, exactement indiquées d'ailleurs : *Hespérus, ou quarante-cinq jours de la poste du chien ;* traduction et avant-propos par Albert Beck.

23. *Var.* : Qui lui disait : Ma chère enfant
Je crèverai comme une bombe
Je ressemble aux Bénédictins...(1833).

24. NINETTE, *reprenant :*

Je ressemble aux Bénédictins,
<u>*Qui*</u> *s'en viennent tous les matins*
Creuser leur tombe.

25. *Var.* : ... jette *de* sa fenêtre... (1833).
26. Ce vers ne rime avec aucun autre.
27. *Var.* : Qui dorait au soleil *un parfum* velouté. *(Ms.)*.
Correction heureuse car dorer un parfum...
28. Mais elle l'écoute de toutes ses oreilles ; elle ne demande qu'à le croire ; ne le croit-elle pas déjà ? Et ne dirait-elle pas comme Alceste le dit à Célimène ? (*Le Misanthrope*, acte IV, sc. III, *Œuv. compl.*, tome II, Bibl. de la Pléiade, p. 95).

> Vous me trompez sans doute avec ces mots si doux ;
> Mais il n'importe, il faut suivre ma destinée.

29. C'est l'expression même de l'Époux dans *le Cantique des Cantiques* (VII, 8) : « Votre taille est semblable à un palmier... »
30. Dans *la Nuit de Mai*, la Muse dit au poète :

> Laisse-la s'élargir cette sainte blessure.

31. *Croi*, pour la rime.
32. *Var.* : Au lieu de : « À Ninette », il y a dans l'édition de 1833 : « *Il la conduit à Silvio.* »
33. Même variante ici : *Il la conduit...*
34. M. Léon Lafoscade a eu, il y a bien longtemps, la complaisance de me communiquer le manuscrit de quelques vers d'Alfred de Musset. C'est une variante provenant d'une version abandonnée de : *À quoi rêvent les jeunes filles.*

C'est une réplique de Silvio que coupe, sans l'interrompre, un propos du duc :

SILVIO

Mais non pas oublier que la gloire d'un père
Est, dans l'adversité, comme en un temps prospère,

LE DUC

A table, mes enfants, et donnez-vous la main,

SILVIO

De se montrer toujours père jusqu'à la fin,
Et de ne se désister en aucune manière...

Après quoi « ils sortent tour à tour ».

Ces vers semblent être de la fin du second acte, qui, dans ce cas, finirait à peu près comme l'acte premier.

P. 239. NAMOUNA

1. De même qu'Urbain Canel avait trouvé trop peu volumineux le manuscrit des *Contes d'Espagne et d'Italie*, de même Eugène Renduel trouva trop peu volumineux celui de *Un spectacle dans un fauteuil*. Et, de même que Musset avait dû écrire hâtivement le conte de *Mardoche*, de même il dut écrire — et il écrivit plus hâtive-

ment encore — les trois chants du poème, pourtant plus long, de *Namouna*. P. de Musset écrit (*Biographie*, pp. 108-110) : « C'est moi qui fus chargé de proposer à l'éditeur Renduel ce volume dont le titre : *Un Spectacle dans un fauteuil* était puisé dans le souvenir de l'orageuse soirée odéonienne (où avait été vigoureusement sifflée *la Nuit vénitienne*). Renduel témoigna peu d'empressement à conduire cette affaire : « Ces vers, disait-il, n'étaient pas une denrée facile à *écouler*, tandis que la prose se vendait comme du pain. Heureusement je venais de commencer à lui faire manger de ce pain-là. » — Paul de Musset avait publié chez Renduel son livre de début : *la Table de nuit, équipées parisiennes,* recueil de nouvelles (1832, in-8).

Par égard pour Paul de Musset, Renduel consentit à prendre la denrée d'un écoulement difficile. Alfred de Musset fit donc *Namouna*. Malgré quelques développements, quelques digressions dont, avec une licence toute byronienne, il enfla ce conte qui eût pu tenir en quelques pages, il n'atteignit pas aux 300 pages désirées par Renduel, mais a 288 seulement. Renduel voulut bien s'en contenter. Le volume, qui est daté de 1833, fut annoncé dans la *Bibliographie de la France,* le 19 décembre 1832.

P. 239.   CHANT PREMIER

1. Dans l'édition de 1833, cette épigraphe est imprimée sur le faux-titre du poème. Mme Arvède Barine remarque justement que cette épigraphe contient tout le sujet des *Caprices de Marianne* (*Alfred de Musset,* Hachette et Cie, 1893, in-16; p. 134). Elle conviendrait mieux aux *Caprices de Marianne* qu'à ce chant de *Namouna*.

2. Ce que Musset dit de son personnage, Alexandre Dumas l'a dit d'un désert : « Sorti de cette ville (Alexandrie) pour remonter le Nil, vous trouvez un désert nu comme la main. » (Lettre de l'adjudant Boyer sur l'expédition d'Égypte, *Mémoires* d'Alexandre Dumas, I, 152; Calmann-Lévy, s.d., in-18.) Désiré Nisard, qui répondit à l'Académie française au discours de réception d'Alfred de Musset, trouva que le nouvel académicien avait fait un discours vraiment nu. Il ne le lui dit pas dans sa réponse, bien sûr, mais il l'écrivit dans ses *Souvenirs et Notes biographiques* (II, 163) : « Ce qui fut surtout terne dans ce discours, ce fut sa simplicité, sa nudité aimable. »

3. Ces vers rappellent une de ces pensées de Jean-Paul Richter qu'Alfred de Musset avait si attentivement lues : « Les vêtements sont les armes de la beauté; elle les dépose ensuite après le combat comme le soldat devant son vainqueur. » (*Pensées de Jean-Paul,* p. 157.)

4. Les strophes I, II, III, IV, V et VII furent citées par Me Chaix d'Est-Ange dans sa plaidoirie pour Baudelaire dans le procès des *Fleurs du Mal* (voir à ce sujet la n. 10 de la p. 631) : « Vous nous

reprochez la pièce qui s'appelle *les Bijoux,* dit Me Chaix d'Est-Ange. pourquoi, je vous prie. Est-ce donc parce que

> La très chère était nue, et connaissant mon cœur,
> Elle n'avait gardé que ses bijoux sonores...
>
> (*Les Épaves, pièces condamnées,* VI, Bibl. de la Pléiade, p. 217.

Sur cette nudité qui vous choque et que vous voulez élever à la hauteur d'un outrage à la morale publique... — comme si l'on pouvait supprimer le nu dans l'art et l'interdire à la poésie plus qu'à la peinture et à la statuaire — c'est encore avec Musset que je vais vous répondre. » Il avait déjà répondu avec les strophes finales de la *Ballade à la lune.* Les strophes de *Namouna* lues, Me Chaix d'Est-Ange conclut : « Que de beaux vers de Musset je pourrais vous citer surtout dans *Rolla* ou dans *Portia*... et qu'il faudrait supprimer si c'était là de l'outrage à la morale publique. » (*Les Fleurs du Mal,* pp. 350-351.)

5. Don Juan chante cette sérénade dans la scène III du troisième acte de l'opéra de Mozart. Il chante, revêtu du manteau de son serviteur Leporello, il chante pour Zerbine, la caménite de dona Elvire, tandis que Leporello, revêtu du manteau de don Juan, entraîne dame Elvire, qui le prend pour don Juan et à qui il tient des propos d'amour. Voir sur *Don Juan,* le chant II, stance XXIV et suivantes.

6. Trissotin dit, en effet, dans *les Femmes savantes* (acte III, sc. 1, *Œuv. compl.* de Molière, Bibl. de la Pléiade, p. 774), parlant de son sonnet sur la fièvre de la princesse Uranie, qui est, d'ailleurs, un sonnet de l'abbé Cotin :

> Hélas ! c'est un enfant tout nouveau-né, madame,
> Son sort assurément a lieu de vous toucher,
> Et c'est dans votre cour que j'en viens d'accoucher.

7. L'adage de droit romain dit : *Pater is est quem nuptiæ demonstrant* (*Digeste,* liv. II, titre IV, 5 ; fragment de Paul, liv. IV *De dictum*) ; le Code civil français le formule ainsi (art. 312, alinéa I) : « L'enfant conçu pendant le mariage a pour père le mari. »

8. Propos mémorable de Brid'oison à Antonio dont Figaro voudrait épouser la nièce et qui dit : « Irai-je donner l'enfant de not' sœur à sti qui n'est l'enfant de personne ? » — « Est-ce que cela se peut, imbécile ? réplique Brid'oison ; on est toujours l'enfant de quelqu'un. » (*Le Mariage de Figaro,* acte III, sc. VIII, *Théâtre compl.* de Beaumarchais, Bibl. de la Pléiade, p. 326.)

9. Cette stance paraît bien être une raillerie de la couleur locale des *Orientales* de Victor Hugo qui dans le poème III : *les Têtes du sérail* dépeignant Stamboul, montre ici ses dômes bleus pareils au ciel qui les colore, là, de blancs minarets dont l'aiguille s'élance et « les palais dorés » et

> Cent coupoles d'étain qui dans l'ombre étincellent.

dans le poème V, *Navarin* :

> Enfin, c'est Navarin la ville aux maisons peintes
> La ville aux dômes d'or, la blanche Navarin.

10. C'est à la troisième scène du troisième acte que Tartuffe dit à Elmire, à qui, comme on disait alors, il venait de déclarer sa flamme :

> Mais, madame, après tout je ne suis pas un ange,

complément du vers :

> Ah! pour être dévot je n'en suis pas moins homme.

> (*Œuv. compl.*, de Molière t. I, Bibl. de la Pléiade, p. 734.)

11. *Var.* : *Et mourir...* (1833).
12. C'est la strophe dont Musset, dans une de ses lettres à George Sand, lui demandait si elle se la rappelait.
13. On retrouve l'expression « la clef d'or de son cœur » dans *Rolla* (*P.N.*, p. 286).

Théophile Gautier, dans le poème *Fatuité,* dit (en 1843) :

> Plus d'une m'a remis la clef d'or de son âme.

> (*Poésies compl.*, II, 230 ; — rapprochement signalé
> par M. René Jasinski, I, LIV).

Le personnage d'Elfride a beaucoup intrigué. On a cherché en vain à l'identifier. Les « chercheurs » et « curieux » y ont perdu leur peine. C'est que les Elfrides sont nombreuses dans les romans allemands; en France, il y a eu, au XVIIIe siècle et dans le premier tiers du XIXe, plusieurs pièces de théâtre, tragédies, drames, opéras, intitulés *Elfride.*

14. Cf. la pièce *Stances* des *Poésies posth.,* dont la neuvième stance est (p. 493) :

> Ah! si je ressemblais à ces hommes de pierre, etc.

15. N'est-ce pas cette strophe qu'Alfred de Musset rappelait à George Sand? Le 1er mars 1834, il lui écrivait : « Les plaisirs que j'ai trouvés dans tes bras étaient plus chastes, c'est vrai, mais je ne dis pas qu'ils étaient moins grands. Il faut me connaître comme je me connais moi-même pour savoir ce que c'est. Rappelle-toi une strophe de *Namouna.* »

16. « *Dormir*... rêver peut-être » disait aussi Hamlet, dans un sentiment d'angoisse métaphysique (*Hamlet,* acte III, sc. 1, *Théâtre compl.*, de Shakespeare, t. II, Bibl. de la Pléiade, p. 207).

17. George Sand a mis cette strophe en épigraphe au tome II de *Lélia.*

18. « Sculpteur grec à qui on attribue la Vénus. » (Note d'A. de Musset.) — On connaît, assez mal d'ailleurs, trois statuaires grecs du nom de Cléomène. L'un d'eux passe pour l'auteur de la *Vénus*

de Médicis. Son nom est, en effet, inscrit sur la base de cette statue, mais l'authenticité de cette inscription est contestée.

Dans la septième de ses *Revues fantastiques,* Musset avait dit que « ... la Vénus de Cléomène fut faite de toutes les beautés des jeunes Athéniennes... » (*Œuv. compl. en prose,* Bibl. de la Pléiade, p. 793).

19. L'abbé Tiberge, ami de des Grieux. Prêtre indulgent, ami excellent, mais qui moralisait parfois et opposait les principes de la morale chrétienne aux dires de des Grieux qui soutenait que « de la manière dont nous sommes faits, il est certain que notre félicité consiste dans le plaisir » (*Manon Lescaut,* p. 123).

20. Ce hiatus est à la strophe précédente (5ᵉ vers) : « tu es ». Hiatus bénin et aussi admissible que le mot *tué* dont la prononciation est identique.

21. Antoine Galland (1644-1715), orientaliste français qui fut professeur au Collège de France, auteur de divers ouvrages et de nombreux mémoires savants. On se souvient surtout de lui à cause de sa traduction des *Mille et une nuits* publiée de 1704 à 1717 et plusieurs fois rééditée.

Le sultan Schahriar, trompé par sa sultane, la fit étrangler et « pour prévenir les infidélités de celles qu'il prendrait à l'avenir, il résolut d'en épouser une chaque nuit et de la faire étrangler le lendemain ». Et, dit Galland, « chaque jour c'était une fille mariée et une femme morte » (p. 15). Schéhérazade mit fin à ces holocaustes en se donnant au sultan qui remettait de jour en jour de la faire périr par l'intérêt qu'il prenait aux beaux contes qu'elle lui faisait chaque nuit.

22. *Var.* : Tous les *quinze* du mois... (1833).

23. Le barbarisme paraît aussi pardonnable que tout à l'heure l'hiatus. Littré inscrit le mot *mahométanisme* dans son dictionnaire ; en le faisant toutefois précéder du signe qui indique que ce mot n'est pas dans le *Dictionnaire de l'Académie,* et il écrit : « Synonyme de Mahométisme » ; puis il donne cet exemple : « Le dogme de la prédestination absolue et de la fatalité qui semble aujourd'hui caractériser le mahométanisme... » (Voltaire, *Essai sur les Mœurs,* chap. VII). Dans l'édition Beuchot-Moland des *Œuvres de Voltaire,* au chap. VII de l'*Essai sur les Mœurs* (t. XI, p. 219) on lit : « ...caractériser le mahométisme » de même dans les éditions de Kehl, (1789) et de Neuchâtel (1763).

Musset n'aurait, pourtant, pas pu invoquer ce texte comme référence car, ni dans l'édition de 1761 de l'essai de Voltaire, où la phrase que cite Littré est au chapitre VI, ni dans aucune des éditions postérieures que j'ai consultées et où la phrase citée est bien au chapitre VII (1763, 1789, édition Beuchot revue par Louis Moland, 1878) il n'y a « mahométanisme », mais, correctement « mahométisme ».

24. À rapprocher du huitain XXXIX du *Lai* de Villon :

> Puis que mon sens fut à repos
> Et l'entendement démeslé,

> Je cuidai finer mon propos ;
> Mais mon encre trouvai gelé,
> Et mon cierge trouvé soufflé,
> De feu, je n'eusse pu finer,
> Si m'endormis, tout emmouflé.

25. Cf. *l'Énéide* II, 705-804.

P. 256. Chant deuxième

1. Le texte de Chamfort est un peu différent : « L'amour, tel qu'il existe dans la société, n'est que l'échange de deux fantaisies et le contact de deux épidermes. » (*Maximes et Pensées,* CCCLIX, p. 127.) Il avait écrit peu avant (CCCLV, pp. 125-126) : « Les femmes ont des fantaisies, des engouements, quelquefois des goûts. Elles peuvent même s'élever jusqu'aux passions. Ce dont elles sont le moins susceptibles, c'est l'attachement. Elles sont faites pour commercer avec nos faiblesses, avec notre folie, mais non avec notre raison. Il n'existe entre elles et les hommes que des sympathies d'épiderme et très peu de sympathies d'esprit. »

2. Dans son article du 15 janvier 1833, sur *Alfred de Musset,* Sainte-Beuve dit que « Jean-Jacques, M. de Chateaubriand, Benjamin Constant et Mme de Staël, essayant de s'exprimer en vers lui ont toujours fait l'effet de Minerve qui, voulant jouer de la flûte au bord d'une fontaine, s'y regarde et se voit si laide qu'elle jette de dépit sa flûte au fond des eaux », et déclare : « Ils avaient cent autres dons excellents ; un seul, mais qui n'était pas le moindre, leur a manqué. M. de Musset a cavalièrement raison contre eux tous dans la strophe suivante. » Et Sainte-Beuve cite la strophe deuxième du deuxième chant de *Namouna.* Mais dans une édition ultérieure il a mis cette note au sujet de la même strophe : « Le poète oublie un peu trop que, parmi les dépréciateurs de la rime et des vers sont Pascal, Malebranche, La Motte et l'abbé Prévost. (Voir *le Pour et le Contre,* nombres 78, 79, 122, 146 et 147). Enfin, il oublie encore que la manie de versifier a, de tout temps, été le lot de bien des sots proprement dits, sots fieffés à la Lemierre, à la Delrieu ou à la Vienne, qui poursuivent les gens de leurs rimes jusque dans la rue. Il n'est pire fléau qu'un méchant poète, ni de plus acharné sous prétexte qu'il parle la langue des dieux. » (*Portraits contemporains,* II, p. 178.)

3. Cf. les vers *À mon ami Edouard B...* (p. 128) et (p. 318) ces exhortations de la Muse de *la Nuit d'Août,* à son poète.

4. Beaumarchais dans la dernière partie de sa préface au *Mariage de Figaro* (*Théâtre compl.,* Bibl. de la Pléiade, p. 251) écrivait : « Je ne suis point, comme l'on voit, l'ennemi de mes ennemis. En disant bien du mal de moi, ils n'en ont point fait à ma pièce, et s'ils sentaient seulement autant de joie à la déchirer que j'eus de plaisir à la faire, il n'y aurait personne d'affligé. » (Rapprochement fait par M. Jean Giraud.)

5. La Bruyère, parlant d'adversaires injurieux, disait (*Préface au Discours prononcé dans l'Académie française*) : « Et en vérité je ne doute point que le public ne soit enfin étourdi d'entendre depuis quelques années de vieux corbeaux croasser autour de ceux qui d'un vol libre et d'une plume légère se sont élevés à quelque gloire par leurs propres écrits.» (*Œuv. compl.*, Bibl. de la Pléiade, p. 484.)

6. Comme dans la fable de La Fontaine (I, III, *Fables, Contes et Nouvelles*, Bibl. de la Pléiade, p. 32), ailleurs Musset dira :

> Mais dès qu'il nous vient une idée
> Pas plus grosse qu'un petit chien
> Nous essayons d'en faire un âne.
>
> (*Simone*, p. 392.)

7. En sizains auxquels il ne s'est pas astreint à donner une construction uniforme, mais où il s'est donné la liberté de distribuer arbitrairement les rimes. Ph. Martinon, dans son ouvrage sur *les Strophes*, écrit (p. 307) : « Il est évident qu'il n'y a rien là qui ressemble à des strophes, dont le caractère est de se répéter ; c'est un cadre artificiel qu'il a plu au poète d'adopter pour y renfermer un conte ou un récit. Musset a mieux aimé répéter trois fois chaque rime, dans un ordre quelconque, que de s'astreindre aux rimes plates ; il a pensé sans doute qu'il y aurait là plus de variété, et par conséquent moins de monotonie et qu'en triplant la rime il rachetait amplement l'irrégularité de la forme. L'idée était fort juste » mais n'a pas un caractère lyrique. » C'est à démontrer.

8. Luigi Pulci (1432-1484), poète florentin, dont Byron s'est souvenu parfois, mais qu'il n'a pas plus volé qu'il n'a volé Dante, Pétrarque, et d'autres poètes italiens dont il s'est inspiré, en l'avouant, et qu'Alfred de Musset n'a volé Byron lui-même.

9. Renée Vannier, dite La Forest, servante de cuisine chez Molière. Elle était vieille et Molière devait lui reconnaître beaucoup de bon sens. Boileau a écrit : « Molière lui lisait quelquefois ses comédies, et assurait que, lorsque des endroits de plaisanterie ne l'avaient point frappée, il les corrigeait parce qu'il avait plusieurs fois éprouvé sur son théâtre que ces endroits n'y réussissaient point.»

10. Cf. *Après une lecture*, strophe IX (p. 424).

11. *Var.* : Et *cherchant* ma douleur... (1833).

12. Robert Lovelace, le séducteur dans *Clarisse Harlowe*, roman par Samuel Richardson (1689-1761). Musset avait un exemplaire de ce roman (n° 199 du *Catalogue*) d'après la traduction faite par Le Tourneur, de l'édition originale.

Paul de Musset dit (*Biographie*, p. 305) que son frère « aimait particulièrement et relisait sans cesse le beau roman de Richardson » et que, quand Rose Chéri joua dans un drame tiré de *Clarisse Harlowe*, « il se prit d'une telle admiration pour l'actrice et d'un tel goût pour la pièce qu'il suivit assidûment les représentations du Gymnase pendant trente soirées consécutives ». Cette pièce de

Clarisse Harlowe, par Léon Guillard et Philippe Dumanoir, fut représentée pour la première fois le 5 août 1846.

13. Lovelace ne jette pas un drap mouillé sur son père qui râle. Dans la lettre XXVIII du tome VII, il semble regretter de ne l'avoir pas jeté sur son oncle milord M..., gravement malade et qui guérit, cet oncle dont il attendait, dont il souhaitait, dont il eût voulu hâter la mort et dont il croyait déjà tenir la fortune. Il rappelle à Bedfort, dont un oncle avait aussi été mourant, qu'il lui avait, dans une lettre précédente, parlé « de l'expédient du drap mouillé ». C'est dans la lettre I du tome V. Il y dit que lorsqu'un malade est désespéré on devrait cesser de payer les médecins.

14. Lovelace ne se tue pas et quand il lui arrive de parler de sa mort, ce n'est jamais en termes bien résolus (cf. les lettres LVIII et LXXII du tome VIII, adressées à Bedfort). Clarisse, qui se meurt lentement et qui accepte la mort comme un sacrifice, exprime, dans plusieurs lettres, le vœu que ce sacrifice ait pour Lovelace une vertu rédemptrice.

15. Toutes les éditions faites du vivant de Musset portent Robertson, au lieu de Richardson, ce qui semble bien une erreur. Cependant, Paul de Musset, dans l'édition des *Amis du Poëte,* mit une note sur Joseph Robertson, principal collaborateur de la *Critical Review* de 1764 à 1765 qui, dit-il, « a publié plus de deux mille articles de critique et de littérature, tous remarquables par l'érudition et le goût ». Il ne dit pas que Robertson se soit fait le commentateur de Lovelace, mais il maintient le nom de Robertson Richardson paraît cependant ici plus probable. L'édition Lemerre met Richardson. M. Robert Doré aussi, dans son édition de la librairie Louis Conard. Je crois bien faire en faisant comme eux, au lieu de suivre ici l'édition de 1854.

16. Le vicomte de Valmont, le roué des *Liaisons dangereuses* de Choderlos de Laclos. — Le don Juan de Molière, dès la première scène où il paraît (acte I, sc. II) se révèle aux spectateurs en exposant ses principes à son valet Sganarelle. Il y dit notamment : « La constance n'est bonne que pour les ridicules (...). J'ai beau être engagé, l'amour que j'ai pour une belle n'engage point mon âme à faire injustice aux autres », etc. (*Œuv. compl.* t. I, Bibl. de la Pléiade, p. 779.)

17. Mozart, dit Gendarme de Bévotte (*la Légende de don Juan,* I, 250), Mozart « à l'imitation de ses modèles italiens et allemands, représente un don Juan bon vivant et gai compagnon. Il ajoute seulement au don Juan des Italiens un trait original, conforme à la fois à son propre tempérament et à la conception que le XVIIIe siècle a souvent eue de l'amour, le héros devient sentimental et tendre. Ce n'est pas un personnage fatal et sombre torturé par un idéal impossible à atteindre ».

18. *Var.:* ... au son de *sa* musique (1833). — C'est à une représentation de l'opéra-bouffe qu'assista à l'opéra de Vienne le narrateur dans la nouvelle *Don Juan* d'Hoffmann. C'est donc le don Juan

libertin, aimable, mais tendre et sentimental qu'il avait vu. Mais c'est le don Juan sentimental et brave qui l'a surtout frappé et par lequel il dit avoir eu la révélation du sens profond de l'œuvre. Il trouve peu poétique que ce bon vivant, trop adonné au vin et aux femmes, tue un vieillard et invite ensuite à sa table la statue de sa victime. Mais le narrateur découvre en don Juan un être dont la nature a fait une créature privilégiée, dotée de ce qui élève l'homme au-dessus du vulgaire, soucis, calculs et labeurs ordinaires ; un vainqueur, un dominateur que, par une des suites du péché originel, les démons conservent le pouvoir de leurrer et qui est digne de leur tentation... (Cf. Hoffmann : *Contes fantastiques,* traduction de Xavier Marmier, pp. 420-424.)

19. *Var. : Lui dorant* son sommeil (1833).

20. On trouvera au tome II de *la Légende de don Juan,* de Gendarme de Bévotte (pp. 277-280) la *Liste des don Juan* (œuvres dramatiques, nouvelles, contes, poèmes) jusqu'en 1907.

21. Ce qu'il fait ? Il tente de faire ce don Juan que personne, a-t-il dit, n'avait fait encore, que Mozart avait rêvé et qu'Hoffmann avait aperçu. Le don Juan d'Hoffmann est un don Juan transformé, grandi, idéalisé ; Musset va le tranformer, le grandir, l'idéaliser encore et en faire, pour reprendre l'expression de Gendarme de Bévotte « un personnage fatal et sombre et sentimental, torturé par un idéal impossible à atteindre ». Ce n'est pas un tel don Juan qui apparaît dans le fragment de pièce de théâtre, *la Matinée de don Juan,* que Musset fit paraître dans *la France littéraire,* en décembre 1833, un an après la composition de *Namouna.* On y voit don Juan, lanternant ses fournisseurs, comme fait le don Juan de Molière ; on le voit faisant dépouiller par Leporello son courrier galant, parlant avec une désinvolture méprisante des femmes qui se sont éprises de lui, dictant pour l'une d'elles « loin des yeux, loin du cœur » *(lontano dagli occhi, lontano dal cuore).*

Musset ne nomme pas, dans *Namouna,* le *Don Juan* de Byron. C'est que son don Juan ne ressemble pas au don Juan byronien, avec lequel, dit Edmond Estève, il n'a de commun « que le nom et ce don de séduire qui est la caractéristique de toute la race ». Mais *Namouna* peut rappeler un autre poème de Byron, *le Pèlerinage de Childe-Harold* (CXXI et CXXIII) : « O Amour ! tu n'es point un habitant de ce monde ; séraphin invisible, nous croyons en toi, et les martyrs qui proclament ton culte sont les amants dont le cœur est brisé ; mais jamais mortel ne t'a vu jusqu'ici, jamais on ne te verra tel que tu dois être.» *(Œuv. compl.,* II. 444 ; cf. Edmond Estève, *op. cit.,* p. 434.)

22. Blondel, appelé souvent Blondel de Nesles, du lieu de sa naissance, trouvère normand du XIIe siècle et favori de Richard Cœur de Lion qu'il suivit à la Croisade. Au retour, Richard Cœur de Lion fut pris et retenu en captivité par le duc Léopold d'Autriche. Blondel, d'après la chronique, parcourut l'Allemagne, à la recherche

de son roi qu'il parvint à retrouver et dont il négocia heureusement la libération.

23. « Méphistophélès et Faust voyagent dans un manteau magique. — Voyez *Faust,* Ire partie.» (Note de A. de Musset.) Cet épisode est après l'entretien de Faust et de Méphistophélès dans le cabinet de Faust. Musset l'a rappelé encore dans *Rolla* (p. 280).

24. Trois mille, dit Musset. En fait c'est mille et trois. Ce nombre de mille et trois convenait aussi bien à la mesure du vers.

25. Ici, comme l'a observé Joachim Merlant, *Namouna* a des point communs avec le *Don Juan* d'Hoffmann, où on lit (p. 425) : « Courant sans relâche de beautés en beautés, jouissant de leurs charmes jusqu'à l'ivresse, se croyant toujours trompé dans ses choix, et toujours espérant atteindre l'idéal de son bonheur, don Juan devait enfin se trouver fatigué de la vie réelle... »

26. De Hoffmann, même page : « C'est lui [le diable] qui donna à don Juan la pensée que par l'amour, par la puissance des femmes, il trouverait sur cette terre la réalisation des promesses célestes que nous portons dans notre âme, et de cette aspiration infinie qui nous met en rapport immédiat avec les régions supérieures. »

27. La première pièce où ait été mise au théâtre la légende de don Juan est *El Burlador de Sevilla (le Trompeur de Séville)* que l'on attribue à Tirso de Molina. Cette action se passe au XVIe siècle, mais la pièce fut représentée vers 1630; il y avait donc à peu près deux siècles.

28. De Hoffmann : « Doña Anna est une femme divine dont l'âme échappa à la puissance du démon (...). Elle était destinée à faire reconnaître à don Juan la puissance divine, à l'arracher au désespoir de ses vains efforts. Il l'a vue trop tard... »

29. Frank, dans *la Coupe et les Lèvres* (p. 198) médite sur les ravages d'une passion exclusive, l'ambition, portée à son paroxysme comme l'est la passion inextinguible de don Juan. C'est, dans les deux poèmes, la même tyrannie. Don Juan et Frank ont chacun un haut idéal que Musset appelle, quand il s'agit de l'ambition de l'un,

Clarté fuyant toujours et toujours poursuivie,

comme il pourrait appeler l'amante rêvée par don Juan.

30. Cf. dans le monologue de Frank, au quatrième acte de *la Coupe et les Lèvres,* le passage (p. 197) :

Quel hideux océan est-ce donc que la vie?

31. Symbole de l'homme rebelle au train de la condition humaine et qui, plutôt que de s'y conformer, — il dirait sans doute de s'y avilir, — préfère s'abandonner aux rigueurs inévitables du destin.

32. Ainsi Hassan n'a pas — ou n'a plus — l'idéalisme et les illusions de don Juan. Il réduit l'amour au seul plaisir des sens. Il ne demande aux femmes rien de plus, il ne croit pas qu'on puisse leur demander plus. Dans ces conditions toute femme en vaut

une autre et il est divertissant d'en changer. Cet Hassan est un jouisseur, mais bien différent du don Juan de Musset, dont il n'a pas (ou n'a plus) les illusions.

P. 268. CHANT TROISIÈME

1. Où suis-je? Où vais-je? sont des questions que beaucoup de gens, classiques français ou non, ont dû se poser. Les uns dans un sentiment d'angoisse philosophique, d'autres parce qu'ils se sentaient comme perdus dans le dédale des pensées et des intérêts humains.

2. Souvenir de l'échec de *la Nuit vénitienne*; cependant c'est à des œuvres dramatiques que son esprit était naturellement porté : *les Marrons du Feu, la Quittance du Diable*. N'y a-t-il pas, dans ces vers, quelque coquetterie?

3. « Trouvé », licence orthographique pour éviter une irrégularité prosodique.

4. M. Armand Lods a publié, dans *le Figaro* du 30 avril 1922, trois strophes qu'il présentait comme des variantes aux strophes X, XI et XII du troisième chant de *Namouna*. Ces vers semblent être plutôt des variantes de la poésie *Retour*, des *Poésies posthumes* (p. 501). Deux de ces strophes (X et XI) avaient été publiées en 1886 dans la revue *le Livre,* que dirigeait Octave Uzanne (tome VIII, p. 64).

POÉSIES NOUVELLES

P. 273.   ROLLA

1. Ce récit parut dans *la R.D.M.* le 15 août 1833 et fut recueilli en 1840 dans la première édition des *Poésies complètes*. Rolla est un jeune noceur qui dissipe sa fortune, décidé à se tuer lorsqu'il sera ruiné et qui, ruiné, se tue. Paul de Musset note, à la fin du poème, dans l'édition des *Amis du Poëte* (II, 69) : « Le sujet de ce poème n'est pas une fiction. L'auteur avait connu et observé le modèle de Jacques Dorat. » Dans la notice biographique de cette même édition (X, 16), Paul de Musset rappelle qu'au café de Paris, où son frère fréquentait, l'on jouait gros jeu, et il raconte ceci : « Un soir, on apprit qu'un des habitués de la réunion ne viendrait plus. Le bruit courut qu'il avait pris avec lui-même l'engagement de se brûler la cervelle le jour où il aurait perdu ou dépensé son dernier louis, et que, ce moment venu, il s'était tenu parole » et très courageusement. « Ce lugubre épisode, dit enfin Paul de Musset ne fut pas étranger à la conception de Rolla. » J'ai lu quelque part que le jeune désespéré se pendit à un arbre du bois de Boulogne. Il n'y a pas grand intérêt à savoir qui il était. Cependant cela a intéressé quelques curieux et mis en quête quelques chercheurs. Une note signée Octave Delepierre dit encore dans l'*I.C.C.* que le malheureux hésita sur le point de mourir, car il lui restait, paraît-il, d'une fortune rapidement dissipée, une vingtaine de mille francs. L'avait-il oublié ? En tout cas, il y repensa à temps et il consentit à vivre. « Il cassa le carreau de sa fenêtre », dit M. O.D. et « ces vingt mille francs dépensés, il accomplit son suicide ». Mais M. O.D. ne dit pas comment, s'il s'asphyxia de nouveau, ou s'il se pendit, ou s'il se brûla la cervelle. Aucun des trois informateurs ne dit le nom de ce jeune homme et, en effet, ce nom importe peu, à supposer que tous les trois aient parlé du même. M. O.D., du moins, donne une initiale. Le suicidé, qui était orphelin, s'appelait C******. Belle découverte. Combien rappelée comme un exemple des vaines et stériles recherches auxquelles des œuvres littéraires peuvent exciter — et peut-être hélas passionner certains esprits. Tout cela est en effet sans rapport avec le poème de Musset.

Paul de Musset rappelle dans sa *Biographie* la première lecture de *Rolla* : « Après la publication des *Caprices de Marianne* (cette pièce avait paru dans *la Revue des Deux Mondes* le 15 mai 1833), Alfred se trouvait un matin chez Mme Tattet, la mère. MM. Sainte-Beuve, Antony Deschamps, Ulric Guttinguer et plusieurs autres littérateurs assistaient à ce déjeuner (...). Quand le dessert fut servi on lui demanda des vers et il récita la première partie d'un poème inédit. C'était *Rolla* dont il n'avait encore parlé qu'à son frère. L'auditoire accueillit cette poésie avec des transports de joie... » Elle parut dans la R.D.M. le 15 août suivant, et Paul de Musset, à ce propos, écrit : « Le lendemain, Alfred de Musset, au moment d'entrer à l'Opéra, jeta son cigare sur les marches du théâtre. Il vit un jeune homme qui le suivait ramasser à la dérobée ce bout de cigare et l'envelopper soigneusement dans un morceau de papier, comme une relique précieuse. Souvent il m'a dit que jamais compliments, signes de distinction ni récompenses ne l'avaient touché au cœur comme ce témoignage naïf d'admiration et de sympathie. » (Pp. 117-118.)

Rolla parut, pour la première fois en librairie, dans une contrefaçon belge (cf. la *bibliographie* en fin de volume).

Paul de Musset raconte encore ceci (*Biographie*, p. 367) : « Stendhal, qui aimait beaucoup Alfred de Musset, s'amusa un jour à compter avec lui ce que lui rapportait un vers. Ils prirent la livraison de *la Revue* qui contenait *Rolla* et le résultat de leur calcul donna le chiffre modique de soixante centimes. » Ce ne doit pas être 60 centimes exactement. *Rolla* a 784 vers. À 60 centimes le vers, il eût rapporté 470 francs. Ce n'est pas une somme vraisemblable. On comprendrait mieux 450 ou 500. Avec 450 francs, le vers rapporte près de 59 centimes ; avec 500 francs, il en rapporte un peu plus de 63. La somme véritable doit être 500 francs, soit, le poème ayant 25 pages (369 à 393), 20 francs par page.

2. Dans *les Vœux stériles*, Musset exprimera en vers fervents son culte pour ces V^e et IVe siècles avant Jésus-Christ, le temps de Périclès, qu'il regardait comme les plus glorieux de la Grèce (cf. *supra*, p. 114).

Peut-être, Musset, qui avait rêvé d'être un Schiller, se souvient-il de certains textes de Schiller, ainsi que plusieurs commentateurs l'ont supposé ; peut-être, comme l'a supposé M. René Canat (*la Renaissance de la Grèce antique*, 1820-1850, p. 12, n.), s'est-il souvenu de Casimir Delavigne dont il savait par cœur et récitait des vers, et de qui, dans son compte rendu du *Salon de 1836*, il louait et citait la messénienne : *Aux ruines de la Grèce païenne*. (Cf. *Œuv. compl. en prose*, Bibl. de la Pléiade, *Mélanges*, p. 980.) Delavigne y exprime ce qu'en d'autres vers Musset aurait pu dire :

> Doux pays, que de fois ma muse en espérance
> Se plut à voyager sous ton ciel toujours pur...
>
> (*Œuv. compl.*, t. I, 30).

Schiller, dans le poème *les Dieux de la Grèce*, disait : « Ah ! quand brillait encore votre culte délicieux, comme tout alors était tout autre !... quand on couronnait encore tes temples de guirlandes, Vénus Amathonte (...). Alors les habitants des cieux descendaient encore parmi la race de Deucalion (...). Entre les hommes, les dieux et les héros, l'Amour nouait de beaux nœuds; les mortels, les héros et les dieux ensemble portaient leurs hommages à Amathonte (...). Monde charmant, où es-tu?...» (*Œuv.* de Schiller, I, 414-417.)

« Regrettez-vous le temps ? » demande Musset. Voltaire que, dans ce poème de *Rolla*, il invectivera, répondait déjà, dans les premiers vers de sa poésie *le Mondain* (*Œuv. compl.*, X, 83) :

> Regrettera qui veut le bon vieux temps,
> Et l'âge d'or et le règne d'Astrée,
> Et les beaux jours de Saturne et de Rhée...
> Moi, je rends grâce à la nature sage
> Qui, pour mon bien, m'a fait naître en cet âge
> Tant décrié par nos tristes frondeurs...

3. Astarté était une déesse orientale dont le culte passa d'Assyrie en Phénicie et de Phénicie en Syrie. C'est en Syrie, à Ascalon, que, selon Hérodote (I, 105), était le temple le plus ancien de cette déesse. Elle était fille du ciel et on l'a appelée aussi Aphrodite céleste. Elle représentait la planète Vénus. Elle était la déesse du bonheur, de l'amour, de la génération, et on célébrait, en son honneur, des fêtes lascives. Astarté « fécondait la terre », dit Musset, et Hésiode avait dit de la Vénus Anadyomène que «quand elle sortit de la mer, autour d'elle, sous ses pieds rapides, la verdure croissait ».

4. Les nymphes des sources et des fontaines, les naïades, qui se mouvaient dans les eaux et dont les mouvements sont exprimés ici par un terme qui traduit le mouvement des eaux elles-mêmes; elles s'amusent à agacer les divinités champêtres que sont les nymphes cornues, parce qu'elles sont d'un naturel folâtre (c'est un des sens du mot lascif) comme ce chevreau de la pièce XXXVIII *(Pan)* des *Feuilles d'automne* dont Victor Hugo dit :

> Partout où la nature est gracieuse et belle...
> Où le chevreau lascif mord le cytise en fleurs.

5. *Var.* : ... *avec* les fleurs... (1833).

6. La peau du terrible lion qui ravageait la campagne de Némée et qu'Hercule étrangla. Il voulut se faire, de la peau de ce lion un manteau, mais il ne savait comment s'y prendre pour la retirer. Sur une inspiration des dieux il fendit cette peau avec les griffes mêmes du lion, et il s'enveloppa de cette dépouille qui devait le rendre invulnérable (cf. Théocrite, *Idylle XXX; Héraclès, vainqueur du lion*).

7. Les Sylvains étant les dieux des forêts, l'écorce des chênes était leur abri naturel. Les nymphes des forêts, les dryades, s'y abritaient aussi. Dans la messénienne *Aux ruines de la Grèce païenne*, déjà citée, Casimir Delavigne dit (*op. cit.*, p. 30) :

> Des dieux de ces vallons contez-moi les secrets
> Berger...
> Voyez-vous quelquefois les nymphes des forêts,
>   Entr'ouvrir l'écorce des chênes ?

8. Dans un monde où tout vient des dieux la douleur est d'origine et d'essence divines, et la Grèce a célébré et honoré la douleur et la plus grande, sans doute, des douleurs humaines : Orphée pleurant son Eurydice; Niobé pleurant, sous la forme d'un rocher d'où sans cesse coulent des larmes, ses enfants qu'avaient fait périr Apollon et Artémis, pour la punir d'avoir osé se comparer à leur mère Latone. (Cf. Homère : *Iliade,* Bibl. de la Pléiade, XXIV, 582-618, p. 529.)

9. Ce nombre de quatre mille dieux a étonné. On s'est demandé quels éléments avaient permis à Musset de l'énoncer. Je ne puis voir là qu'une soumission aux règles de la prosodie qui en nombre de centaines ou de mille ne pouvait, à moins, faire le vers alexandrin.

10. Analogie de Prométhée et de Satan : « Prométhée appartient à la race des Titans révoltés contre les dieux et que le maître de l'Olympe a précipités dans le Tartare; comme eux il est un génie du mal, condamné à subir une peine cruelle. » (P. Decharme : *Mythologie de la Grèce antique,* p. 260; Garnier frères, s.d. (1908), in-8.) Hésiode, dans *la Théogonie* (510-615), rapporte la légende de Prométhée, ravisseur du feu du ciel et qui, par le présent qu'il en fit aux hommes, leur apporta la civilisation; et ce révolté, représentant de l'intelligence humaine qui ose aspirer à s'égaler aux dieux, Hésiode l'appelle « esprit subtil et fertile » et « le bienfaisant Prométhée». Dans *la Coupe et les Lèvres,* Frank, raillant les analyseurs leur dit (p. 197) :

Ah! vous avez voulu faire les Prométhées,

— Musset, qui avait attentivement lu l'*Introduction à l'Histoire universelle* de Michelet, s'en est souvenu dans *Rolla,* comme Jean Giraud, dans son article : *Michelet inspirateur de Musset,* l'a montré par quelques rapprochements de textes. Son Prométhée satanique est dans Michelet : « La liberté sans Dieu, l'héroïsme impie, en littérature l'*école satanique,* annoncée dans la Grèce par le *Prométhée* d'Eschyle, renouvelée par le doute d'Hamlet, s'idéalise elle-même dans le Satan de Milton. Elle s'écrie alors avec lui : Mal, sois mon bien *(Evil be thou my good) (Paradis perdu,* IV, 110). Mais elle retombe avec Byron dans le désespoir... » (pp. 457-458).

11. Les invasions des Barbares au VIe siècle. (Cf. Michelet, *op. cit.,* pp. 420-422.)

12. Dans l'article *Un mot sur l'Art moderne (Mélanges, Œuv. compl. en prose,* Bibl. de la Pléiade, p. 898) : « Autrefois, le temple des arts était le temple de Dieu même. On n'y entendait que le chant sacré des orgues; on n'y respirait que l'encens le plus pur; on n'y voyait plus que l'image de la Vierge ou la figure céleste du Sauveur, et l'exaltation du génie ressemblait à une de ces belles messes qu'on voit encore à Rome. (...) Quel beau temps! quel heureux moment! (...); on ne se creusait pas la tête pour inventer quelque chose de nouveau, d'individuel; on ne remuait pas la lie de son cœur pour en faire sortir une écume livide; ces tableaux, ces chapelles,

ces églises, ces mélodies suaves et plaintives, c'étaient des prières que tout cela... »

13. À rapprocher de ces vers ce passage de *la Confession d'un Enfant du siècle* (V^e partie, chap. VI) : « Que ceux qui ne croient pas au Christ lisent cette page; je n'y croyais pas non plus. Ni enfant, ni au collège, ni homme, je n'avais hanté les églises; ma religion, si j'en avais une, n'était ni rite ni symbole, et je ne croyais qu'à un Dieu sans forme, sans culte et sans révélation. Empoisonné, dès l'adolescence, de tous les écrits du dernier siècle, j'y avais sucé de bonne heure le lait stérile de l'impiété... » Puis retour à la prière : « Je suis né dans un siècle impie, et j'ai beaucoup à expier. Je ne t'ai jamais cherché dans les temples mais, grâce au Ciel, là où je te trouve je n'ai pas encore appris à ne pas trembler(...). Souviens-toi qu'un infortuné n'a pas osé mourir de sa douleur en te voyant cloué sur ta croix; impie, tu l'as sauvé du mal; s'il avait cru tu l'aurais consolé. Pardonne à ceux qui l'ont fait incrédule, puisque tu l'as fait repentant; pardonne à tous ceux qui blasphèment! ils ne t'ont jamais vu sans doute lorsqu'ils étaient au désespoir. » (*Œuv. compl. en prose*, Bibl. de la Pléiade, pp. 298-299.)

14. Ce vers est, de tous ceux d'Alfred de Musset, celui qui a provoqué les commentaires les plus divers, les plus abondants et les plus ingénieux. Le sens n'en est pas clair. Ces comètes qui dépeuplent les cieux ont étonné. Émile Faguet qui était fécond en commentaires et qui commentait fort intelligemment, a écrit, dans l'étude sur *Afred de Musset* de son *Dix-neuvième Siècle* que « c'est devenu un jeu de s'essayer à expliquer » ce vers et, aussitôt, se livrant à ce jeu, il dit : « Peut-être faut-il entendre qu'autrefois les comètes passaient pour apporter aux mondes usés une matière nouvelle (« *Des mondes épuisés, ranimez la vieillesse* » Voltaire, *Éptître à Mme du Châtelet sur la philosophie de Newton*) ; qu'aujourd'hui, au contraire, leurs révolutions étant connues, elles n'ont fait que reculer les limites de l'inconnu, au delà desquelles l'humanité place ses dieux, et ont ainsi dépeuplé le ciel de sa divinité. Voilà mon explication, et, comme dit Cécile dans *Il ne faut jurer de rien* (acte III, sc. V) : « Je vous la donne pour ce qu'elle vaut ». (*Dix-neuvième siècle*, p. 287.) Le texte de Voltaire est au t. X des *Œuv. compl.*, p. 301.

M. E. Chambry, étudiant l'article : *Sur un vers de Musset, Revue Universitaire*, janvier 1917, trouve que l'explication de Faguet ne vaut rien, estime le vers incompréhensible tel qu'il est, pense que le mot « comètes » s'y trouve mis par erreur et qu'il faut évidemment lui substituer : « conquêtes », conquêtes de la science moderne qui « ont dépeuplé le ciel des dieux » dont on le croyait le séjour.

D'autres commentateurs rejetèrent cette hypothèse d'une faute typographique, et tenant pour bon le mot « comètes » en proposèrent des explications autres que celles d'Émile Faguet.

En 1921, dans les fascicules 1 et 2 des *Leuvensche Bijdragen*, un auteur américain, M. B. M. Woodbrige, essaya, lui aussi, de jeter quelque lueur sur — selon le titre de son étude — *An obscure verse of* « Rolla ». Mais il interprète ce terme métaphoriquement et pense qu'il désigne les grands hommes : Napoléon, Gœthe, Voltaire etc., dont parle *la Confession*. Fernand Vandérem, qui avait d'abord adopté « conquêtes » sur le raisonnement de M. E. Chambry, revint à « comètes » dans un article : *les Comètes de* Rolla *(Bulletin du Bibliophile)*, mais ses raisons ne sont pas celles de M. Woodbrige. Il rappelle le quatrain :

> Restons, l'étoile vagabonde...

de la poésie *Madame la Marquise* et la note de Musset qui s'y rapporte sur la comète alors annoncée et redoutée, car on croyait qu'elle pourrait heurter la terre. Selon Fernand Vandérem, « rien d'étonnant à ce que Musset ait évoqué la dévastation du ciel, par tant de comètes soit en balade, soit en perspective ».

En 1927 aussi, dans la *Revue belge de Philologie et d'Histoire* (tome VI, n. 3-4), M. Ludovic Jamet publiait, sur *le Vers des comètes de* «Rolla» *et ses environs,* l'étude la plus étendue et la plus attentive que ces vers eussent encore suscitée. M. Ludovic Jamet, prenant comme M. Woodbrige, le terme de comètes dans un sens métaphorique, explique ainsi le «vers fameux» : « D'un siècle comme le xviiie siècle auquel Voltaire et ses acolytes ont ôté l'espoir de la vie future, naît naturellement un siècle où l'on conforme audacieusement ses actes à son incrédulité et où l'on ne respecte plus les choses saintes, — c'est le cas d'Alfred de Musset, — ni la morale, — ce sera le cas de Marion et de sa mère. » Puis cette conclusion, que l'auteur souligne : « *Les maîtres de l'impiété au XIXe siècle, génies malfaisants qui ressemblent à des comètes dévastant le monde des astres, ont définitivement fait disparaître de là-haut le Dieu unique en trois personnes, Père, Fils et Saint-Esprit et sa cour céleste.* » Quels sont donc ces contempteurs du passé, ces destructeurs de la foi qui ont travaillé, qui travaillent encore à parachever la démolition voltairienne, sinon ces analyseurs dont le Frank de *la Coupe et les Lèvres,* une année environ avant *Rolla,* avait dit qu'ils :

> égorgent la nature
> Silencieusement, *sous les cieux dépeuplés*. (p. 196.)

N'est-ce pas dire que les analyseurs, en ceci semblables aux comètes, dépeuplent les cieux ? N'est-ce pas révéler le sens métaphysique des comètes de *Rolla* ?

La discussion reprit en 1929. Un poète avignonnais, M. Paul Manivet, qui ne semble pas avoir connu les polémiques antérieures, décréta, dans le journal *le Mistral,* que le terme « comètes » est fautif et qu'« il faut lire conquêtes ». M. Paul Manivet fut loué, dans *le Figaro,* pour la grande ingéniosité de son esprit ; il fut approuvé dans le *Journal des Débats,* au nom du bon sens. Cependant dans le *Journal des Débats* même, le 28 octobre, M. Joseph Vianey écrivit qu'il tenait pour « comètes » et déclara discerner l'origine du vers de Musset dans l'ode d'Écouchard-Lebrun sur *l'Enthousiasme,* ode fameuse au temps de Musset, dit-il, et que Musset « avait sans doute apprise à l'école comme tous les écoliers de sa génération ». Possible. Pas certain. Mais voici le texte :

> Ces comètes échevelées,
> Qui fendent l'air d'un sol brûlant,
> Égarent leurs sphères ailées
> Aux yeux d'un vulgaire tremblant ;
> Il craint que leur fatale route
> N'embrase la céleste voûte
> Et ne détruise l'Univers ;
> Mais à l'œil puissant d'Uranie,
> Leur désordre est une harmonie
> Qui repeuple les cieux déserts.

Mais l'appréhension de la comète attendue pour 1832, et qui devait être l'objet de bien des conversations, n'a-t-elle pu sans le secours d'Écouchard-Lebrun susciter le vers de Musset ? Les sources des œuvres littéraires ne sont pas toujours des sources écrites. Il en peut venir de propos entendus, ou ce qui se produit aussi venir de l'imagination de l'auteur.

Parmi les textes dont Musset a pu se souvenir, Ludovic Jamet en rappelle un de Byron, dont Musset avait, on le sait, lu et bien lu les œuvres. Il s'agit d'un astre qui, d'un cours régulier, erre autour du soleil. Mais un jour « l'heure fatale arriva, cet astre devint une masse de feu, une comète vagabonde (Musset dit « l'étoile vagabonde » dans *Madame la Marquise*) qui menaça l'univers, roulant toujours par sa propre force, sans sphère et sans cours régulier, horreur brillante des régions du ciel, monstre difforme parmi les constellations ». (*Manfred,* acte I, sc. IV. *Œuv. compl.,* IV, 118.)

Reprise de la discussion avec quelque vivacité, en 1943, à propos d'un article de M. Eugène Lasserre : *Bombardements célestes : essai pour expliquer les vers célèbres de Musset sur les comètes,* publié dans le numéro de juillet-septembre, de la *R.H.L.F.* — M. Eugène Lasserre rappelle la vieille croyance d'après laquelle, « de même que les hommes ont leur ange gardien, chargé de veiller sur eux, les étoiles portent un ange chargé de guider leur course », idée exprimée par Milton dans *le Paradis perdu* (Chant III), par La Fontaine dans le *Discours à Mme de La Sablière* (*Fables,* Bibl. de la Pléiade, IX, p. 236), par Chateaubriand dans *les Martyrs* (début du livre XVIII) et par Byron dans un texte, déjà cité, de *Manfred.* Dans *Rolla* « les comètes, dit M. Lasserre, vont dans leur course aveugle *heurter les astres dans les cieux* » ; elles les couvrent de *décombres,* écrasent les anges que portent ces astres, après quoi, « il ne reste plus qu'à *jeter au gouffre éternel ces anges mutilés* ». Ainsi, les comètes *dépeuplent les cieux,* et les astres, privés des anges qui dirigeaient leur course, se promènent à l'aventure, livrés désormais au seul hasard et réveillés de leurs illusions. De quelles illusions ?

D'avoir perdu des anges qu'ils croyaient être, pour eux, des guides éternels ? Ou bien, étant présumé que, comme la terre, ces mondes sont habités, ainsi que le croyaient beaucoup de philosophes au xviiie siècle, et que leurs habitants ont été aussi l'objet de la sollicitude divine, ces mondes auraient-ils perdu leurs illusions en voyant morte la gloire, qu'ils avaient crue immortelle, du Christ ? M. Lasserre pense que « si étrange que nous paraisse d'abord cette interprétation, il semble bien que ce soit celle de Musset ». Le monde-terre a perdu ses illusions sous le heurt des comètes qui, selon M. Lasserre, comme selon de précédents commentateurs, sont « les philosophes détachés du christianisme qui avaient fait du xviiie siècle un siècle sans espoir » et « les écrivains du début du xixe siècle dont l'impiété, les révoltes contre le ciel, les blasphèmes (...) ont fait naître *un siècle sans crainte* ». M. Jean Pommier, qui s'est intéressé aussi aux comètes de *Rolla*, et qui en avait traité dans un court article publié dans les *Dernières Nouvelles de Strasbourg* du 1er novembre 1931, n'a pas été convaincu par le commentaire de M. Eugène Lasserre et il en a contesté certains points dans une réponse, à laquelle M. Eugène Lasserre a fait une réplique qui a suscité une réplique nouvelle de M. Jean Pommier. Ces divers textes ont paru dans la livraison d'avril-juin 1944 de la *R.H.L.F.* Ce débat, dans le détail duquel on ne saurait entrer ici, et qui, d'ailleurs, n'est pas aisément résumable, porte principalement sur le sens de l'expression « anges mutilés » que M. Jean Pommier interprète, non pas comme désignant les anges pilotes d'astres, mais les anges du Christ auxquels Musset s'adresse dans ce passage de son poème; il porte aussi sur l'interprétation du terme « hasard », le hasard qui « maintenant promène (...) les mondes ». M. Jean Pommier disant que le règne du déterminisme céleste « ne paraît point s'être ressenti du passage des comètes », M. Eugène Lasserre ripostant que le terme « promène », que Musset a employé, suppose une marche moins strictement réglée; l'on pourrait dire une course « vagabonde » comme, ainsi qu'on l'a vu, Musset a dit dans une autre poésie; sur l'interprétation des vers où Musset mentionne

ces autels désolés
Que pour l'éternité ton souffle à *dépeuplés*

(le souffle de Voltaire), M. Jean Pommier soutient qu'« il n'est pas question de comètes, ici », M. Eugène Lasserre riposte qu'« il n'est question que de cela », la répétition du mot *dépeuplés* impliquant que Voltaire et tous les négateurs sont désignés ainsi comme des comètes qui, non plus astronomiquement, mais métaphoriquement, ont fait vide le ciel. Il va sans dire que la discussion reste ouverte sur ce vers dont l'obscurité ne me paraît pas vraiment dissipée.

15. De Michelet *(op. cit.)* : « J'ai baisé de bon cœur la croix de bois qui s'élève au milieu du Colisée, vaincu par elle. (...) Quel que soit l'avenir, cette croix, chaque jour plus solitaire, n'est-elle pas pourtant l'unique asile de la morale religieuse ? L'autel a perdu

ses honneurs; l'humanité s'en éloigne peu à peu; mais, je vous en prie, oh dites-le moi, si vous le savez, s'est-il élevé un autre autel? »

16. Dans le *Tableau d'église* (*Mélanges, Œuv. compl. en prose*, Bibl. de la Pléiade, p. 771 : « O Christ, ô Christ, quelle main, même après avoir détruit tes œuvres, osera s'avancer jusqu'à toi? Qui t'arrachera l'auréole de feu achetée au prix de la couronnes d'épines?» L'auréole de feu vient, sans doute, comme le supposait Joachim Merlant, de la colonne de feu qui précédait les Hébreux, pour éclairer leur marche et qui était l'apparence que prenait le Seigneur. (Cf. *Exode*, X, XIII, 21-22.)

17. Jésus, soupant chez Lazare, Marie-Madeleine « prit une livre d'huile de parfum de vrai nard, de grand prix; elle le répandit sur les pieds de Jésus et les essuya avec ses cheveux...» (*Évangile selon saint Jean*, XII, 3.)

18. Saint Jean, fils de pêcheur, et, d'abord, pêcheur lui-même vécut, dans sa jeunesse « sur le sable des mers ». Il y parut encore quand, sous Domitien, il fut exilé dans l'île de Pathmos où il composa l'*Apocalypse*.

19. Dans la *Revue d'Histoire littéraire de la France*, a paru le relevé des signes mis au crayon par Sainte-Beuve sur son exemplaire de l'édition de 1840 des *Poésies complètes* d'Alfred de Musset. On ne saurait guère interpréter les signes, qui sont souvent des traits verticaux, mais il a paru intéressant de transcrire les quelques notes. En face de ce vers où des considérations de la première partie on passe brusquement à l'histoire d'un jeune débauché, Sainte-Beuve a mis : « Quelle chute! ». À noter que, dans son article du 1er juillet 1840 sur la récente édition, il n'a rien dit de *Rolla*.

20. Cf., dans *les Mémorables* de Xénophon, l'*Apologie d'Héraclès entre le vice et la vertu*, rapporté par Xénophon d'après Prodicos de Céos. Hercule adolescent se demandait quelle voie il valait mieux suivre dans la vie, la voie de la vertu ou celle du vice. Il méditait sur ces questions dans un lieu solitaire quand lui apparurent deux grandes femmes : l'une lui dépeignit et vanta les agréments d'une existence de loisir et de plaisirs; l'autre énumera les avantages et les mérites de la vertu, du travail qui produit les biens de la terre et attire la bienveillance des dieux, de la bonté qui suscite des amitiés. Xénophon ne dit pas qu'Hercule choisit la voie de la vertu, mais sa vie même l'atteste.

21. Il y a un débat sur ce vers pour savoir de qui, ou plutôt de quoi, l'audace et la fierté sont les sœurs aînées. Le résultat a été que ce ne saurait être de Rolla dont il est parlé au passé tandis qu'il est parlé de cette fraternité au présent; que ce ne saurait, évidemment, être de la nausée; restait *l'habitude*, dont le nom est un peu éloigné, il est vrai, mais que représente le pronom *elle*. Le rapport, n'est pas, au premier abord, évident. Et le rapport reconnu, on se demande encore comment l'audace et la fierté peuvent être les sœurs aînées de l'habitude à laquelle on les oppose.

L'un des acteurs de cette discussion, M. Paul Argelès, explique que, « par une série de luttes, dans lesquelles l'*audace* et la *fierté* ont imposé la force morale au moyen de la force physique » se sont établies les mœurs sociales, contre lesquelles se révolte l'individualiste Rolla. (Cf. *I.C.C.*, 10 et 30 septembre 1901, col. 535 et 479-480.) Rolla a donc pour divinités l'audace et la fierté qui auraient produit l'habitude; cette audace et cette fierté renouvelées devraient produire une habitude nouvelle contre laquelle réagirait un autre mode d'audace et de fierté. C'est un engrenage sans fin. Il reste que le vers est peu clair.

22. Plutarque dit, dans la traduction d'Amyot (*les Vies des hommes illustres*, Bibl. de la Pléiade, t. I, *Vie d'Alcibiade*, XXVII, p. 435) : « Il [Alcibiade] était trop délicat en son vivre ordinaire, dissolu en amour de folles femmes, et désordonné en banquets, trop superflu et efféminé en habits, parce qu'il allait toujours vêtu de grandes robes de pourpre, qu'il traînait en se promenant à travers la place...» Il ne dit pas de *robe d'or*.

23. La mort de la cavale sauvage est, comme le sacrifice du pélican, dans *la Nuit de Mai*, une des digressions célèbres d'Alfred de Musset.

24. On a raillé ce vers capable de scandaliser un naturaliste, à moins qu'il ne le mette en joie. On s'est gaussé de cette cavale étonnante qui peut boire l'eau du ciel sur les palmiers, exploit que, seule, une girafe pourrait tenter mais que, quelle que fût la longueur de son cou, elle ne saurait accomplir sur les palmiers poudreux.

Oui, mais à la lecture des trois vers suivants, comment ne pas se dire que, si la cavale cherche un puits, c'est qu'elle ne comptait pas boire l'eau du ciel *sur* les palmiers ? Si, au contraire, il y avait : *sous* les palmiers, tout ne deviendrait-il pas vraisemblable, cohérent ? On a, il est vrai, imprimé *sur* dans toutes les éditions. Mais ce vers ne serait pas le seul dans l'œuvre de Musset, dont, d'édition en édition, l'incorrection ait été perpétuée.

25. *Certe*, pour *certes*, qui eût donné un vers faux.

26. Ce bien de la liberté, Musset l'a invoqué ou revendiqué dans maints endroits de son œuvre. Ainsi, dans la *Dédicace* de *la Coupe et les Lèvres*, il dit de l'artiste que

> Pour prêtresse du temple il a la liberté. (p. 158.)

27. Dans la chambre de Marguerite (du *Faust* de Gœthe) il y avait un rouet où elle filait en chantant des romances. (Voir *la Coupe et les Lèvres*, p. 204.)

28. *Var.* : La porte est retombée avec un *rire* affreux.

Le rire d'une porte ? C'était vraiment une faute — typographique peut-être — à corriger.

29. Faust demande à Méphistophélès, en vue du voyage qu'ils vont faire : «Où aurons-nous des valets, des chevaux, un équipage ?» Et Méphistophélès répond : « Étendons ce manteau ; il nous portera à travers les airs : (...) un peu d'air inflammable que je vais préparer

nous enlèvera bientôt de terre et, si nous sommes légers, cela ira vite. » (Traduction de Gérard de Nerval (p. 82). Il n'y est pas dit que Faust dût être suspendu aux pieds de Méphistophélès ; de même dans la traduction d'Albert Stapfer et dans celle de Jacques Porchat.) Cet épisode est rappelé aussi dans *Namouna,* II (p. 264).

30. Les chants de Pâques : « Christ est ressuscité », que font entendre à la première scène un chœur d'anges, un chœur de femmes et un chœur de disciples. Faust, de son cabinet d'étude, les écoute. « Pourquoi, dit-il, chants du ciel, chants puissants et doux, me cherchez-vous dans la poussière ? Retentissez pour ceux que vous touchez encore. » Il n'a plus la foi, mais ces chants font revivre les souvenirs de son enfance et il finit en se disant : « Oh ! retentissez encore, doux cantiques du ciel ! mes larmes coulent, la terre m'a reconquis. » (*Faust,* pp. 45-46.)

31. La coupe remplie de poison que Faust allait boire, « libation solennelle », dit-il, qu'il consacre « à l'aurore d'un jour plus beau ». Et il porte la coupe à sa bouche, mais il s'arrête en entendant le chant : « Christ est ressuscité ! » du chœur des anges. (*Op. cit.,* p. 45.)

32. Au moment de faire signer par Faust le pacte qu'ils viennent de conclure, Méphistophélès lui dit : « Il suffira du premier papier venu. Tu te serviras pour signer ton nom d'une petite goutte de sang. » Faust répond : « Si cela t'est absolument égal, ceci devra rester pour la plaisanterie. » Et Méphistophélès : « Le sang est un suc tout particulier. » (*Faust,* p. 72.)

33. L'échelle de soie de Roméo, dans le drame *Roméo et Juliette* de Shakespeare (acte III, sc. v). Musset l'avait rappelée dans *Portia.* (Cf. *P.P.,* p. 64 et n. 14 de la page 694.)

34. *Var.* : ... son *manteau* parfumé (1833).

35. *Var.* : ... l'amour *te* préparait.

36. En face de ces treize derniers vers, Sainte-Beuve met : « Le faux à côté du vrai. » Dans son article sur les *P.N.* (28 janvier 1850) il ne porte rien de ce passage et en mentionne seulement quelques autres que, dit-il, les étudiants contemporains savaient par cœur. (*Causeries du Lundi,* I, 301.)

37. Dans le numéro même de la *R.D.M.* où parut *Rolla,* fut inséré ce billet d'Alfred de Musset : « À la publication de ces feuilles, un ami me fait apercevoir que ce vers appartient, à peu de chose près, à un drame représenté à l'Odéon et à la Porte Saint-Martin. Le lecteur me pardonnera une erreur de mémoire qui sera remplacée dans le recueil dont le poème de *Rolla* fait partie. » Le drame qui avait été représenté à la Porte Saint-Martin (le 11 août 1831) et repris à l'Odéon (le 24 décembre de la même année) est *Marion Delorme* de Victor Hugo, où il y a ces vers :

MARION, *à Didier.*

Parle-moi, voyons, parle, appelle-moi Marie.

DIDIER

Marie ou Marion?

Alfred de Musset, quand *Rolla* parut dans le recueil des *Poésies* de 1840, oublia ou négligea de changer son vers.

38. *Var.*: Sous les rideaux dorés... (1833).

39. En face des huit vers qui finissent ici, Sainte-Beuve met : « Beau cri. »

40. Ce vers se trouve, avec une variante, dans une scène retranchée de *la Coupe et les Lèvres* (p. 683) :

Le Christ à son souper sentit moins de tristesse...

41. Ces quatre derniers vers se trouvent textuellement dans la scène retranchée de *la Coupe et les Lèvres*.

42. M. Victor Giraud, dans un article intitulé *Alfred de Musset et Chateaubriand* (R.H.L.F., avril-juin 1927) rappelle un passage du *Génie du christianisme* (2e partie, chap. VI) où, parlant de Voltaire, Chateaubriand dit : « Excepté dans quelques-uns de ses chefs-d'œuvre, il n'aperçoit partout que le côté ridicule des choses et des temps, et montre trop souvent, sous un jour *hideusement gai*, l'homme à l'homme... » Puis M. Giraud ajoute : « Cette fois, ce me semble, la preuve est faite. Assurément, Musset aurait pu trouver seul le « hideux sourire » de Voltaire. Mais quand une épithète aussi violemment expressive, appliquée au même objet, se trouve dans deux écrivains différents, il y a peut-être quelque chance pour que l'un des deux l'ait empruntée à l'autre. » Il me semble qu'il n'y en a pas moins pour que chacun de ces « deux écrivains différents » l'aient trouvée chacun de son côté. Il n'est évidemment pas impossible qu'il ait été frappé par l'expression de Chateaubriand et s'en soit, consciemment ou non, souvenu, mais il me paraît impossible d'affirmer que ce soit chose prouvée. Musset, invectivant contre Voltaire, a très bien pu trouver lui-même l'épithète « hideux ».

43. Dans *l'Espoir en Dieu,* Musset écrira (p. 343) :

Voltaire jette à bas tout ce qu'il voit debout,

et dans la quatrième des *Lettres de Dupuis et Cotonet* : « Malgré la chanson de Béranger, si 89 est venu, c'est bien la faute de Voltaire. Mais Voltaire et 89 sont venus, il n'y a pas à s'en dédire (...). Sous prétexte de donner de l'ouvrage aux pauvres et de faire travailler les oisifs, on voudrait rebâtir Jérusalem. Malheureusement, les architectes n'ont pas le bras du démolisseur, et la pioche voltairienne n'a pas encore trouvé de truelle à sa taille : ce sera le sujet d'une autre lettre. » (Cf. *Mélanges, Œuv. compl. en prose,* Bibl. de la Pléiade, p. 878.) Cette autre lettre ne fut pas écrite.

Dans ce passage Musset fait allusion à une chanson de Béranger que, dans les œuvres de Béranger, on ne trouve pas. M. Othon Guerlac ne la cite pas dans son ouvrage : *les Citations françaises* où il a recueilli un certain nombre de vers mémorables de Béranger

Il n'eût pas manqué d'y recueillir ceux auxquels se réfère Musset car il mentionne (p. 266) le dicton : « C'est la faute à Voltaire » dont il dit : « Refrain à variantes diverses d'une chanson en vogue sous la Restauration sur la manie des partisans de l'Ancien régime d'attribuer tous nos malheurs aux philosophes du XVIIIe siècle :

> S'il tombe dans le ruisseau
> C'est la faute de Rousseau,
> Et si le voilà par terre
> C'est la faute de Voltaire. »

Sur l'origine de cette chanson voir l'ouvrage de Ph. Monnier : *la Jeunesse de Toppfer*, p. 20 (Genève, 1914).

44. Dans la *Genèse* (I, 31) : « Dieu vit toutes les choses qu'il avait faites, et elles étaient très bonnes. » Œuvre dans cette acception est mis généralement au masculin; de même dans le vers :

> Une fois son œuvre accompli

de la pièce *Sur trois Marches de marbre rose* (p. 458).

Un poète, F. Clerc, a composé, bien longtemps après (en 1867) une réponse de Voltaire à Musset.

45. Le Commandeur qui est le convive de don Juan. (Voir p. 694, n. 19.)

46. Dans *Après une Lecture,* Musset dit de la femme :

> Sexe adorable, absurde, exécrable et charmant.

Dans *la Nouvelle Héloïse*, Saint-Preux écrit à Julie (VIe partie, lettre VII) : « Femmes, objets chers et funestes, que la nature orna pour notre supplice (...), être ou chimère, inconcevable, abîme de douleurs et de voluptés (...) malheureux qui se livre à ton charme trompeur. » — Dans une pièce de vers de J.-J. Rousseau que M. de Musset-Pathay a publiée le premier, se trouvent ces vers qu'Alfred de Musset avait certainement lus et dont ici il a pu se souvenir :

> Objet séduisant et funeste,
> Que j'adore et que je déteste...
> Être ou chimère inconcevable,
> Abîme de maux et de biens...

(Cf. Louis Proal : *la Psychologie de J.-J. Rousseau*, p. 146-147.)

47. Les vingt vers sur les cloîtres qui commencent ici ont été cités par Montalembert dans l'introduction de son grand ouvrage sur *les Moines d'Occident* (V, 86; t. I, 6). Montalembert écrit : « Où trouver parmi nous, où trouver une plume assez délicate et assez pure pour raconter ces annales du véritable amour ? Il semble les avoir entrevues, ce poète, le plus charmant de notre génération et le plus malheureux par sa faute propre, lorsqu'au milieu de chants d'une si étrange et si dangereuse beauté, il laisse échapper ces vers, témoignage singulier des hautes et généreuses inspirations

qu'il savait si bien traduire et trop souvent étouffer. » Suivait la citation des deux lais de Musset.

48. Dans *Namouna* (I, 41, *P.P.*, p. 250) « c'est un plaisir perfide (...) que de laisser tomber (...)

La clef d'or de son cœur dans les eaux des torrents. »

49. Paroles prononcées par Brutus après la bataille de Philippes. D'après Plutarque (*les Vies des hommes illustres,* Bibl. de la Pléiade, *Vie de Brutus,* LXII, p. 1094) Brutus prononça en soupirant deux vers, dont Volumnius a noté l'un qui n'est pas celui auquel Musset fait allusion.

Florus (*Abrégé de l'Histoire romaine,* IV, VII) dit : « La vertu n'est qu'un vain mot. » Dion Cassius (*Histoire romaine,* XLVII, 49) dit : « Ô vertu ! tu n'es qu'un vain nom ! malheureux, pour t'avoir suivie, je reconnais que tu n'es qu'une vile esclave de la fortune ! » Et Sainte-Beuve (note ajoutée à son article du 13 septembre 1844 sur *Leopardi, Portraits contemporains,* IV, 394) dit que ces paroles de Brutus n'étant « qu'une citation qu'il faisait d'un ancien tragique inconnu », vers « alors célèbre » que Brutus « appliquait à sa situation », perdent « un peu du sens absolu qu'on y attache ».

50. Cassius, à la bataille de Philippes, prit pour des ennemis une troupe de gens à cheval que Brutus lui envoyait, et regardant dès lors la bataille comme perdue, se fit trancher la tête par l'un de ses affranchis. (Plutarque, *op. cit.,* LIV, p. 1086.) — Portia, la femme de Brutus, résolut de mourir comme Brutus était mort. Mais ses parents la surveillaient de sorte qu'elle ne put se saisir d'aucun poignard et avala des charbons ardents, mourant ainsi « d'une mort sans exemple ». Cf. Valère-Maxime, *Actions et paroles mémorables* (IV, VI chapitre : *De l'amour conjugal*).

51. Plutarque dit (*op. cit.,* LXII, p. 1094) que c'est en « regardant vers le ciel tout plein d'étoiles » que Brutus « prononça en soupirant » les deux vers où était reniée la vertu.

52. Dans la fièvre de libéralisme qui suivit la Révolution de Juillet, la Charte de Louis XVIII fut modifiée, et dès le 9 août l'abolition de la censure fut votée, avec cet engagement téméraire qu'elle ne pourrait jamais être rétablie. Elle devait l'être cependant deux ans après la publication de *Rolla,* par les lois de septembre 1835, provoquées par l'attentat de Fieschi et contre lesquelles Alfred de Musset s'indigna dans son poème *la Loi sur la Presse.*

53. Victor de Lassere, dit Escousse, né à Paris en 1813, était employé de bureau. Il était aussi auteur dramatique et, comme tel, il n'avait pas, semble-t-il, à se plaindre de la fortune. Le 25 juin 1831, — il avait donc dix-huit ans — le théâtre de la Porte Saint-Martin avait joué son premier drame en vers, *Farruck le Maure,* qui n'est pas remarquable mais qui eut du succès ; le 28 décembre de la même année, le Théâtre-Français jouait de lui une tragédie en cinq actes, *Pierre III,* qui fut moins bien accueillie. Le public fut plus froid, la critique plus sévère ; on blâma dans cette pièce

l'abus des tirades, la recherche des vers à effet, on discuta la conception du personnage de Catherine II. Moins de deux mois après, le 18 février 1832, un nouveau drame, *Raymond,* qu'Escousse avait fait avec la collaboration d'un de ses amis, Auguste Lebras, était joué sur le théâtre de la Gaîté avec, cette fois, un insuccès complet. Voilà nos deux auteurs désespérés. L'un n'avait sans doute pas encore dix-neuf ans et il avait déjà fait jouer trois pièces. L'autre n'était guère plus âgé; il avait à peu près vingt et un ans. Après avoir supporté leur insuccès pendant six jours, et ne pouvant reprendre confiance en l'avenir, ils décidèrent de mourir. Une nuit, dans la chambre d'Escousse, ils allumèrent un réchaud, comme le dit Musset. Le drame de cette fin produisit grand effet. On plaignit les « deux malheureux ». Un papier laissé par Escousse portait : « Escousse s'est tué parce qu'il ne sentait pas sa place ici... » Il y avait aussi des vers :

> Adieu, trop inféconde terre,
> Fléaux humains, soleil glacé;
> Comme un fantôme solitaire,
> Inaperçu j'aurai passé.
> Adieu les palmes immortelles,
> Vrai songe de mon âme en feu.
> L'air manquait, j'ai fermé mes ailes,
>   Adieu!

Béranger fit entendre un chant funèbre :

> Quoi, morts tous deux dans cette chambre close...

(*le Suicide; Chansons de Béranger,* édit. Garnier frères, in-8° ; II, 302). Émile Bayard fit pour cette chanson une vignette qui représente l'ascension d'Escousse et de Lebras. — Hégésippe Moreau, dans son poème satirique *Diogène,* écrit comme *Rolla* en 1833, disait, rappelant les derniers vers d'Escousse et faisant songer à ceux de Musset :

> J'ai visité Paris; Paris, sol plus aride
> Au malheur suppliant que les rocs de Tauride;
> Où l'air manque aux aiglons méditant leur essor;
> Où les jeunes talents, cahotés par le sort,
> Trébuchant à la fin, de secousse en secousse,
> Contre la fosse ouverte où disparut Escousse,
> N'ont plus, en s'abordant, qu'un salut à s'offrir,
> Le salut monacal : Frères, il faut mourir!

(*Œuvres* d'Hégésippe Moreau, p. 45 ; Garnier frères.)

54. *Évangile selon saint Marc,* XXV, 37 : « Mais Jésus ayant jeté un grand cri expira. — 38 : En même temps, le voile du Temple se déchira en deux, depuis le haut jusqu'en bas. » Même relation dans l'*Évangile selon saint Matthieu,* XXVII, 50. Dans saint Luc

(XXIII, 45-46), le voile du temple se déchira avant que Jésus prononce : « Mon Père, je remets mon âme entre vos mains », et expire.

55. Ce vers et les cinq vers suivants sont repris du fragment : *Quand la comtesse Louise assise à sa fenêtre...* (cf. p. 583).

56. Devant ces vers Sainte-Beuve met « Cela crie. »

57. Un manuscrit de *Rolla,* conservé dans la famille Lardin de Musset, contient une version un peu différente de ces vers :

> Quand le soleil se lève aux beaux jours de l'automne,
> Les neiges *des glaciers* paraissent s'embraser.
> Les épaules d'argent *du Yung-Frau* qui frissonne
> Se couvrent de rougeur sous son premier baiser.
> Tel frissonne le corps d'une chaste pucelle
> Quand, dans les *nuits* d'été, le sang lui *monte* au cœur.
> Tel le moindre désir qui *la touche* de l'aile.

58. Paul Bourget, dans *Sensations d'Italie* (p. 57) écrit, à propos du traité de saint Irénée sur les gnostiques : « Ah! le merveilleux ouvrage de psychologie à faire rentrer dans l'ombre tous nos pauvres Essais! Il témoigne combien les maladies de l'âme que nous croyons les plus nouvelles ont apparu toujours les mêmes à toutes les époques de crises morales. J'en marque, en passant, quelques exemples. Musset écrit, dans *Rolla,* sur la nature des âmes d'élite :

> Elle sait des secrets qui les font assez pures. »

59. En marge de ces vers, Sainte-Beuve écrit : « *Omnia sana sanis.* »

60. Allusion à la révolte des esclaves noirs d'Haïti, en 1791, sous le commandement de Toussaint Louverture. En 1839, Lamartine songera à écrire pour Rachel une « tragédie contemporaine » : *les Noirs,* qui ne sera jouée, au théâtre de la Porte Saint-Martin que le 6 avril 1850.

61. Ce passage de *Rolla* a été cité par le père Monsabré dans une conférence sur *l'Harmonie des mondes,* prononcée à Notre-Dame de Paris, pendant le Carême de 1875. Appliquant à Dieu le mot de saint Augustin : « Mon poids, c'est mon amour » il jeta « d'une voix savante aux échos de la vieille métropole » les beaux vers :

> Oh! vous le murmurez dans vos sphères sacrées...

Et le père Monsabré ajoutait : « N'accusez pas d'extravagance ce chant de poète, messieurs. Les mondes infinis qui peuplent l'étendue ont, ainsi que nous l'avons vu, une constitution analogue à la nôtre; nous avons tout lieu de croire qu'ils sont soumis à la même loi d'amour, et que ce qui se passe dans notre sphère se reproduit dans la sphère la plus lointaine de l'espace... » (Cf. Jean Vaudon : *Nouvelles études et notes littéraires sur quelques écrivains du XIXe siècle,* p. 136.)

Dans la huitième lettre déjà rappelée du *Roman par Lettres,* Musset avait écrit ce dialogue :

Prévan. — ... Songez-vous que, parmi cette poussière de mondes, il n'y en ait pas un qui ne sache sa route, qui n'ait reçu sa mission avec sa vie et qui ne doive mourir en la suivant! Pourquoi le ciel immense n'est-il pas immobile? Dites-moi s'il y a jamais eu un moment où tout fut créé! En vertu de quelle force ont-ils commencé à se mouvoir, ces mondes qui ne s'arrêteront jamais?

Louise. — Par l'éternelle pensée.

Prévan. — Par l'éternel amour. La plus faible d'entre les étoiles s'est élancée vers l'astre qu'elle adore comme une vierge vers son bien-aimé; mais une autre l'aimait elle-même, et l'univers s'est mis en voyage.

Louise. — Ah! toute la vie est là!

Prévan. — Oui, toute la vie depuis l'Océan qui se soulève sous les baisers de Diane, jusqu'au scarabée qui s'endort dans sa fleur chérie...

(*Œuv. compl. en prose,* Bibl. de la Pléiade, p. 314.)

Dans la première version de *Il ne faut jurer de rien* (acte III, sc. iv, *Théâtre compl.,* Bibl. de la Pléiade, p. 844) Valentin et Cécile chantent, peut-on dire, le même duo d'amour.

Alfred de Musset tenait, on le voit, à cette interprétation symbolique de la loi newtonienne de la gravitation universelle. Elle est l'expression d'un phénomène d'attraction; l'attraction est l'aiguillon du désir et le désir est l'essence de l'amour. Ainsi Éros n'est pas seulement maître des hommes et des dieux, mais l'animateur de la nature entière.

62. Passage peu clair. Qu'avait-il déjà vu que Marie alors lui rappelât? Les idées de métempsychose occupant alors bien des esprits, Rolla avait-il, comme le hasarde Joachim Merlant, quelque souvenir d'une existence antérieure? et le frisson inconnu qu'il ressentit lui venait-il de quelque obscur pressentiment de son destin futur? Son destin immédiat, il le connaît. Il est, en ce moment, comme se le disait Faust, maître de son destin. Il sait qu'il va mourir. Il l'a résolu. Ensuite, qui pourrait se flatter de sonder l'insondable mystère?

63. Il pressent que sa mort sera douloureuse à Marie. Elle est une prostituée connue, il est un débauché. Mais elle fut une créature pure à laquelle le sommeil rend, dans l'oubli d'elle-même, quelque chose de sa pureté et devant laquelle, lui, qui fut aussi un enfant innocent, s'abandonne à une rêverie attendrie.

64. *Var. :* ... *mais* je n'ai pas d'argent.

65. Un poète, Adolphe Perreau qui appelait Musset son maître et qui, en effet, peut être nommé parmi ses imitateurs, a composé en juin 1859, un poème : *Albert, réponse à «Rolla»* qui a paru dans son recueil *Autant en emporte le vent,* publié en 1860. Adolphe

Perreau déclare d'abord regretter le temps du paganisme antique et « surtout » celui où nos aïeux s'agenouillaient devant le crucifix. Puis il conte l'histoire d'Albert et de Marie. Albert jeune orphelin, débauché, mais pauvre, songeait au suicide, bien qu'il fût au fond « chrétien tout comme un autre ». Heureusement il rencontre Marie « vierge candide et pure », mais qu'il aima et avec qui, comme il est dit dans la Bible, il dormit. En dormant, cette Marie rêve, comme la Marie de *Rolla,* mais on pense bien qu'elle ne fait pas le même rêve. Elle se tourne au réveil vers Albert, qui lui dit : « Oh ! que vous êtes belle. » Alors :

« Je viens, lui dit l'enfant, de faire un rêve étrange ;
Nous nous étions assis sur le bord d'un sentier,
Vous me parliez ainsi quand, tout à coup, un ange,
Un Séraphin du ciel sur nous vint se poser,
Nous baisa tous les deux et nous prit sous son aile ;
Puis il nous emporta dans un monde inconnu. »
Et sous ses longs cheveux voilant son beau sein nu :
« Ami, que pensez-vous de mon rêve ? » dit-elle.
— Quand Albert releva la tête, de ses yeux
Maria vit couler des pleurs mystérieux.

Il pleure car il a peur de demain ; il lui semble, quand il est auprès de Marie, qu'il a « fait un beau songe ». Il craint de s'éveiller et il voudrait mourir. Elle proteste comme on peut s'y attendre :

« Mourir ? Pourquoi mourir ? dit la belle étonnée,
La belle aux longs yeux noirs ; si je me suis donnée,
Penses-tu que ce soit en songeant à la mort ?
Mourir ! mais le ciel bleu resplendit de lumière,
L'oiseau chante en les bois, la source coule encor,
Les larmes du matin rajeunissent la terre,
Et le soleil sur elle épand ses rayons d'or.
Mourir, et vous m'aimez ! mourir, et je vous aime !
Être à nous d'hier soir et nous crier adieu !
Vous qui venez ici proférer ce blasphème,
Croyez-vous à l'amour et croyez-vous en Dieu ? »

Il suffit. Albert est vaincu et convaincu :

Albert de ses deux bras entoura sa maîtresse ;
Dont les sanglots du cœur étouffèrent la voix ;
Un sourire céleste éclaira sa tristesse :
Et, dans un long soupir il soupira : « Je crois ! »

C'est la fin du poème.

P. 293.   UNE BONNE FORTUNE

1. Poème publié sans date dans la *R.D.M.* du 1ᵉʳ janvier 1835, recueilli, sans date aussi, dans l'édition de 1840 des *Poésies complètes.*

Paul de Musset, dans l'édition des *Amis du Poète,* date ce poème de décembre 1834, probablement parce qu'il parut dans la *R.D.M.* le 1er janvier 1835 et que Alfred de Musset remettait vraisemblablement ses écrits à Buloz dès qu'il les avait achevés. Mais il se peut qu'un écrit ne puisse trouver place dans une revue aussitôt qu'il lui est remis. Maurice Clouard pensait que *Une bonne fortune,* racontant un fait qui s'était passé à Bade pendant le séjour que Musset y fit, avait été composé à Bade même et corrigé après à Paris. Je ne sais sur quels indices Maurice Clouard fondait cette hypothèse. Le premier vers de la cinquième strophe :

> Vous savez, mes amis, que je viens d'Allemagne

fait plutôt penser que le poème fut composé à Paris où Musset rentra en octobre. Alors commença la dernière et la plus orageuse période des dramatiques amours avec George Sand. Musset, dans un désir et, je pense, un espoir de repos et d'apaisement songea à s'éloigner pour un temps de Paris. Il pensa d'abord à se rendre à Toulouse où était son oncle Guyot-Desherbiers, et, de là, aux Pyrénées et même à Cadix, mais il n'était parti que pour Bade, ville d'eaux. Elle était arrivée à Paris le 14 août avec Pagello. Musset a voulu la revoir. Il veut bien partir, mais non pas sans lui dire adieu, un de ces derniers adieux qui, dans les spasmes suprêmes de leur liaison, se répéteront sans fin. Elle a consenti à le revoir, mais, placée entre lui et Pagello, elle souhaite qu'il parte. Il partira, certes, et ce sera un départ magnanime. Il partira seul, « sans un compagnon, sans un chien » et pour toujours. « Je ne reverrai jamais la France », dit-il dans une lettre et, dans une autre : « Je vais quitter ma patrie, ma mère, mes amis, le monde de ma jeunesse; je vais partir seul, pour toujours, et je remercie Dieu.» Il doit le croire comme il l'écrit, ce jeune homme «excessif »! De cette exaltation, de ce renoncement, s'exhale un souhait, c'est que sa George Sand soit heureuse. (Cf. ses lettres de cette époque.)

Il partit donc, dans ces dispositions, le 22 août. Mais il ne s'exila pas. Le 13 octobre, il était de retour à Paris. Il avait logé à Bade d'abord — au Zahringer Hoff, puis chez le secrétaire Mesmer. (Maurice Clouard : *Documents inédits,* p. 77.) De Bade, il écrivit à George Sand des lettres ardentes. Il écrira à Tattet, le 21 juillet 1835, qu'à Bade il avait vécu « d'ennuis, de cigares et de pertes à la roulette ». Malgré son ennui et son amour, il avait remarqué, fréquenté peut-être deux jeunes filles qui vendaient des cigares et d'autres objets et de qui il gardait un doux souvenir; de son assiduité à la roulette, il gardait le souvenir, doux aussi, d'une charmante rencontre, qui a inspiré le poème *Une bonne Fortune.*

2. Ce qu'elle vaut ? Voici le témoignage de Théocrite : « Et Endymion, qui était-il ? N'était-ce pas un berger ? Cependant Séléné le baisa, tandis qu'il faisait paître ses bœufs, et, quittant l'Olympe, elle vint dans un vallon boisé du Latmos (montagne de Carie, Asie Mineure) et y dormit avec le bel enfant. » (*Idylle* XX.)

3. Tithon, dont la mythologie fait un héros troyen, fils de Laomédon et frère de Priam, séduisit par sa beauté l'Aurore qui l'enleva et qui obtint, pour lui, de Jupiter, l'immortalité. Elle n'avait pas songé à demander aussi qu'il conservât une immortelle jeunesse, et Tithon, à force de vieillir, tomba dans un état de complète décrépitude. « Il ne lui resta plus que la voix, écrit Decharme, une voix aiguë comme celle de la cigale, en laquelle, d'après certaines traditions, il fut enfin métamorphosé. » (*Mythologie de la Grèce antique*, p. 244).

4. Voir p. 635, n. 19.

5. La Maison de Conversation était un lieu de réunion fort animé et brillant. Eugène Guinot, qui, au contraire de Musset, admirait tout de Bade, après avoir décrit l'établissement des eaux minérales, dit (*op. cit.*, p. 14) : « Plus loin, un magnifique tapis de verdure se déroule entre deux belles allées et laisse à découvert la *Maison de Conversation*, — c'est ainsi que d'après un vieil usage et une routine modeste, on nomme le palais des plaisirs de Bade. Là se trouvent réunis, par une heureuse distribution, un restaurant, un café, une galerie pour les femmes, de vastes et brillants salons pour les jeux, les bals et les concerts, un cabinet de lecture, le théâtre. Devant ce palais est une terrasse ornée de beaux orangers ; c'est là qu'on se promène le soir. »

6. *Var.* : *Taillé* de vive force... *(R.D.M.)*

7. *Lasciate ogni speranza, voi ch'entrate.* (Dante : *L'Enfer*, III, 9.)

8. *Var.* : ... ces voluptés, *toutes ces* passagères *(R.D.M.).*

9. Cf. Boileau : *Satire X* (contre les femmes), v. 167-168 :

L'honneur est comme une île escarpée et sans bords :
On n'y peut plus rentrer dès qu'on en est dehors.

10. Le 15 septembre Musset écrivait à George Sand : « ... Mon amie, me voilà ici à Baden, à deux pas de la maison de conversation ; je n'ai qu'à mettre mes souliers et mon habit, pour aller faire autant de déclarations d'amour que j'en voudrai, à autant de jolies petites poupées qui ne me recevront peut-être pas toutes mal, qui, à coup sûrs, sont fort jolies, et qui, plus certainement encore ne quittent pas leur amant parce qu'elles ne veulent pas se faire méconnaître. Quoi que tu fasses ou que tu dises, morte ou vive, sache que je t'aime, entends-tu, toi, et non une autre... »

11. Fantasio évoque « quelque belle fille toute ronde, comme sont les femmes de Miéris, quelque chose de doux comme le vent d'ouest, de pâle comme les rayons de la lune », etc. (*Fantasio*, acte I, sc. II, *Théâtre compl.*, Bibl. de la Pléiade, p. 193).

12. Dans *la Confession* (*Œuv. compl. en prose*, Bibl. de la Pléiade, I, VIII, p. 124) Musset voyant danser des jeunes filles et s'adressant à elles en pensées dit notamment : « ... vous courez comme des biches sur la pointe de vos petits pieds. »

13. M. Jean Giraud voit dans ces vers une réminiscence probable

d'une pièce célèbre d'André Chénier (*Œuv. compl.*, Bibl. de la Pléiade, *Bucoliques*, XVI, 4, p. 23) :

> Viens, viens. Sur mes genoux, viens reposer ta tête,
> Les yeux levés vers moi, tu resteras muet.

Réminiscence ? Je ne sais. Emploi de mêmes termes, mais qui n'expriment pas tout à fait le même sentiment et ne dessinent pas tout à fait la même attitude.

14. Comme dans la fable de La Fontaine : *l'Homme qui court après la fortune* [sans l'atteindre] *et l'homme qui l'attend dans son lit* [et la trouve à sa porte] (*Fables, contes et nouvelles*, Bibl. de la Pléiade, livre VII, fable XII, p. 170.).

15. Les Muses, filles de Jupiter et de Mnémosyne, déesse de la mémoire. (Cf. Hésiode, *Théogonie*, 54 et 915.)

16. Dans *les Marrons du Feu* (acte I, sc. II) Rafaël dit à la Camargo (*P.P.*, p. 27) :

> Dis, l'amour, qui t'a fait l'œil si noir, ayant fait
> Le reste de ton corps d'une goutte de lait ?

17. *Var.* : Jamais le voile *noir*... *(R.D.M.)*.

18. Ce vers rappelle un vers du célèbre sonnet d'Arvers écrit en 1833 dans l'album de Marie Nodier, où il est parlé d'un mal sans espoir :

> Et celle qui l'a fait n'en a jamais rien su.

Des chercheurs et curieux ont épilogué sur cette ressemblance en 1893 dans leur *Intermédiaire*. Ils y ont vu une réminiscence du sonnet d'Arvers. C'est peut-être une simple et fortuite ressemblance. On a présumé entre ces deux vers une parenté fraternelle qui serait *l'Apparition*, poème d'Hégésippe Moreau, publié dans *le Diogène* en 1833, l'année que parut le recueil *Mes heures perdues* d'Arvers où se trouve son si fameux sonnet. *L'Apparition*, c'est dans la foule, une belle jeune fille que l'on n'a plus retrouvée. La situation n'est donc pas la même.

19. Cette strophe est précédée de la strophe suivante qui n'a pas été admise dans l'édition des *Poésies* :

> *Toi qui me vient du pauvre, ô fortune imprévue,*
> *M'écriai-je aussitôt, ne crois pas m'étonner.*
> *Trois fois sainte Fortune, et trois fois bien venue !*
> *Toi qui me vient de Dieu, tu vas y retourner.*
> *Ainsi prenant cet or et courant dans la rue,*
> *Au premier mendiant je m'en fus le donner*

20. Paul de Musset dit que ce séjour à Bade fit « grand bien » à son frère ; qu'« il en revint en parfait état de corps et esprit » (*Biographie*, p. 139). Oui, mais peu après le retour, ce fut la reprise des amours avec George Sand ; autant dire que ce fut la tempête.

Il a été fait par « M. Eugène Beaufrère, agrégé de l'Université, professeur au lycée impérial de Nîmes », une traduction en vers latins de *Une bonne Fortune,* à partir de la strophe V. (*Essais de Poésie latine,* pp. 51-78.) Dans le même volume (pp. 100-119) traduction, en vers latins aussi, de *la Nuit de Mai.*

P. 302. LUCIE

1. Élégie publiée dans la *R.D.M.* le 1er juin 1835 et recueillie en 1840 dans la première édition des *Poésies complètes,* mais avec quelques vers de plus. Dans la *Notice sur Alfred de Musset,* mise au t. X de l'édition des *Amis du Poëte,* Paul de Musset écrivait : « En 1835, Alfred de Musset voulut traiter » le sujet du *Saule,* « dans un cadre moins étendu et le réduisit aux proportions d'une simple élégie, ce qui explique pourquoi quelques vers du *Saule* sont répétés dans *Lucie.* » (Cf. les notes du poème *le Saule.*)

2. Ces six vers ont été gravés sur la stèle du tombeau d'Alfred de Musset.

À propos de ces vers, voir dans les *Œuvres* de Ducis (III, 314-315) *le Saule de l'Amant,* et surtout (pp. 316-317) *le Saule du Sage :*

> Saule, que j'aime ton ombrage !
> Qu'il plait à mon cœur attendri !
> La vie, hélas ! n'est qu'un orage :
> Voudrais-tu m'offrir un abri ?
> ....
> Ah ! que ta feuille est douce et tendre !
> Combien sa pâleur m'a charmé !
> ....
> Adieu, saule de la tendresse !
> J'eusse à tes pieds voulu mourir...

Auguste Barbier, dans *le Saule pleureur* (*le Chansonnier des Grâces pour 1834;* pp. 20-21), dit :

> Car le saule est un arbre où vont toujours mes yeux,
> Soit qu'autour d'un tombeau son front religieux
> Se fonde en larmes de verdure...

....

3. *Var. :* à chaque *battement... (R.D.M.)*
4. Ces deux vers sont dans *le Saule.*
5. *Var. :* La lune *en* se levant... *(R.D.M.)*
6. Ici, dans la *R.D.M.,* dans l'édition de 1840 des *Poésies complètes* et dans l'édition de 1852 des *P.N.,* de 1850, venaient les deux fragments du *Saule* allant de :

Elle chanta cet air qu'une fièvre brûlante,

à :   S'éloignait du rivage en regardant les cieux.

et de : Déjà le jour s'enfuit, — le vent souffle, — silence !

à : Qu'une larme, une seule et de deux yeux moins beaux (dans *le Saule, P.P.*, p. 132).

7. Ces douze vers sont dans *le Saule*. (Voir texte et notes dans *P.P.*, p. 134.)
8. Cf. *le Saule*.
9. Méphistophélès conduit Faust à la « petite chambre bien rangée » de Marguerite; il l'engage à entrer. Faust entre et prie Méphistophélès de le laisser seul, et resté seul, exhale ses sentiments d'amour, son émotion devant le sentiment d'ordre, de silence, de contentement qui respire en cette simple demeure. Et enfin : « Et toi, qui t'y a conduit ? De quels sentiments ne te trouves-tu pas agité ? Que veux-tu ici ? Pourquoi ton cœur se serre-t-il ? (...) Si elle rentrait en ce moment !... Comme le cœur te battrait de ta faute !... » (*Faust*, pp. 112-113.)
10. Paul-Louis Courier, dans une nouvelle inachevée : *l'Espagnol amant de sa sœur*, écrivait : « Ô mœurs de nos ancêtres, qu'êtes-vous donc devenues ? amour, foi conjugale, êtes-vous disparus pour toujours ? » (*Œuv. compl.*, Bibl. de la Pléiade, *Œuv. diverses*, p. 611.)
Millevoye dans *les Adieux d'Hélène* :

> Ô Pudeur, où fuis-tu quand tu nous as quittés ?
>
> (*Œuv.* de Millevoye, p. 94.)

Et Alfred de Vigny, dans un autre esprit, au début du chant troisième d'*Éloa* (*Œuv. compl.*, Bibl. de la Pléiade, tome I, *Livre mystique*, p. 74) :

> D'où venez-vous, Pudeur, noble crainte, ô Mystère,
> Qu'au temps de son enfance a vu naître la terre,
> Fleur de ses premiers jours qui germez parmi nous...

11. Dans *les Deux Maîtresses*, Valentin, pensant à ses deux maîtresses et les comparant, « pensa aux blanches mains de l'une effleurant son clavier d'ivoire » (p. 337).
12. Ces huit vers sont dans *le Saule*, p. 150.
13. Maurice Donnay a rimé une parodie de ce quatrain. Dans *la Vie amoureuse d'Alfred de Musset* (pp. 96-98), il écrit que si Musset avait pu prévoir que l'on écrirait tant sur ses amours (livres de G. Sand, de Paul de Musset, de Louise Colet, de Spoelberch de Lovenjoul, de Paul Mariéton, de Charles Maurras, d'Eugène Feugère, etc.) il « aurait modifié le dizain testamentaire de *Lucie* et supplié :

> Mes chers amis, quand je mourrai,
> N'allez pas jusqu'au cimetière.
> Hélas ! pour avoir tant pleuré,
> J'ai bien droit à la paix entière,
> Et pas de ragot de portière
> Sur la tombe où je dormirai. »

P. 304. LA NUIT DE MAI

1. Publiée dans la R.D.M. le 15 juin 1835 et recueillie en 1840 dans la première édition des *Poésies complètes* et non datée. Datée de mai 1835, dans l'édition des *Amis du Poëte*.

Paul de Musset a raconté dans quelles circonstances son frère composa *la Nuit de Mai*. Alfred de Musset n'ayant rien écrit pendant les premiers mois de l'année 1835, Alfred Tattet lui demanda un soir « quel serait le fruit de son silence ». Et Alfred de Musset lui aurait fait une réponse qui se retrouve à peu près dans *le Poète déchu* et dans laquelle il disait notamment : « Aujourd'hui j'ai cloué de mes propres mains, dans la bière, ma première jeunesse, ma paresse et ma vanité. Je crois sentir enfin que ma pensée, comme une plante qui a été longtemps arrosée, a puisé dans la terre des sucs pour croître au soleil. Il me semble que je vais bientôt parler et que j'ai quelque chose dans l'âme qui demande à sorti. » Paul de Musset explique : « Ce qui demandait à sortir, c'était *la Nuit de Mai*. Un soir de printemps, en revenant d'une promenade à pied, Alfred me récita les deux premiers couplets du dialogue entre la Muse et le Poète, qu'il venait de composer sous les marronniers des Tuileries. Il travailla sans interruption jusqu'au matin. Lorsqu'il parut à déjeuner, je ne remarquai sur son visage aucun signe de fatigue. Il avait, comme Fantasio, le mois de mai sur les joues (...). Le soir, il retourna au travail comme à un rendez-vous d'amour. Il se fit servir un petit souper dans sa chambre. Volontiers, il aurait demandé deux couverts, afin que la Muse y eût sa place marquée. Tous les flambeaux furent mis à contribution; il alluma douze bougies (...). Au matin de ce second jour, le morceau étant achevé, la Muse s'envola (...). Le poète souffla ses bougies et dormit jusqu'au soir. À son réveil, il relut la pièce de vers et n'y trouva rien à retoucher. » (Pp. 140-142.) Un peu plus loin (p. 144), Paul de Musset dit : « Après avoir écrit *la Nuit de Mai*, comme s'il eût senti la guérison dans ce premier baiser de sa muse, il me déclara que sa blessure était complètement fermée. Je lui demandai si c'était tout de bon, et si cette blessure ne se rouvrirait jamais. — Peut-être, me répondit-il, mais, si elle s'ouvre encore, ce ne sera jamais que poétiquement. »

La blessure se rouvrit poétiquement plusieurs fois : *la Nuit d'Octobre; Souvenir; À mon Frère revenant d'Italie; Souvenir des Alpes*. Elle dut se rouvrir d'autres fois encore, sans que sa douleur retentit dans l'œuvre de Musset, et l'on a rapporté que, dans son agonie, il était hanté par le souvenir de George Sand.

La Nuit de Mai, composée dans le silence de deux nuits, dans cette chambre illuminée et dans un état d'exaltation poétique, a été minutieusement étudiée par plusieurs commentateurs. On y a relevé des rapports nombreux avec d'autres œuvres littéraires. On ne saurait y voir des imitations. Alfred de Musset n'a pas, durant ces deux nuits, ouvert tous les livres que les commentateurs ont ouverts et scrutés. Il a pu lui en venir, discernables ou non, des réminiscences ; son génie a pu aussi produire spontanément certains accents, concevoir certaines images que le génie d'autres écrivains, poètes ou non, avait pu spontanément concevoir et produire. M. Jean Giraud *(Œuvres choisies)*, Joachim Merlant *(Morceaux choisis)* ont indiqué bien des rapprochements de textes ; ils sont signalés dans les notes suivantes.

2. Dans *la Nuit de Décembre* : « C'est une étrange vision » — Cette strophe a-t-elle été inspirée à Musset par quelques passages de la *Dédicace* des *Poésies* de Gœthe ? Gœthe y dit, — d'après la traduction de Mme Panckoucke (Paris, 1825, in-8°) : « Du fleuve qui arrose la prairie s'élève lentement un épais brouillard qui s'étend en longue bande sur toute la vallée (...). Je vis planer devant moi une figure céleste ; jamais des traits aussi ravissants ne s'étaient offerts à ma vue ; elle se balançait dans les airs ; elle fixa longtemps les yeux sur moi, restant ainsi suspendue et se balançant dans les airs (...). Ma déité seule se balançait encore dans les airs, entourée d'un voile transparent, qui, agité par un léger zéphyr, flottait en formant de gracieuses ondulations... » (J. Giraud : *Musset et la poésie du Nord*, R.G. 1911, et *Œuv. choisies d'A. de Musset*, pp. 77-78, n.) M. Jean Pommier fait un rapprochement plus impressionnant avec un passage du roman *André* que George Sand avait écrit à Venise et où on lit : « Un soir (...) il lui sembla voir passer à quelque distance une forme réelle. Elle semblait voltiger sur la pointe des joncs (...) Cette vision ne dura qu'un instant et disparut derrière un massif de trembles (...) André s'était arrêté et son cœur lui battait... » *(Variétés sur Alfred de Musset*, p. 100.) Musset fera dire au poète dans sa prochaine strophe :

Pourquoi mon cœur bat-il si vite ?

3. Joachim Merlant fait remarquer que Vigny dira dans *la Maison du Berger* (*Œuv. compl.*, Bibl. de la Pléiade, tome I, *Poëmes philosophiques*, p. 174) :

Et le soupir d'adieu du soleil à la terre
Balance les beaux lis comme des encensoirs.

Emploi commun de l'idée de « balancement », et qui me paraît, chez Vigny, tout à fait indépendant de celui, assez différent, de *la Nuit de Mai*.

4. On pourrait, ici encore, rappeler le passage du *Roman par lettres,* cité dans la note 61, p. 721 de *Rolla*. — Dans *A quoi rêvent les jeunes filles* (acte I, sc. III), Ninon dit :

L'eau, la terre et les vents, tout s'emplit d'harmonies.

Rapprochement avec *le Mois de Mai* de Gœthe : « O doux réveil de la nature ! Que le soleil est brillant, que la prairie est ravissante ! De toutes parts naissent des fleurs : les buissons s'animent et retentissent de mille gazouillements amoureux. Le bonheur, l'espérance, font palpiter notre cœur, une volupté douce se répand dans l'atmosphère parfumée... » (J. Giraud, *op. cit.*)

5. Première trahison d'amour dont souffrit Alfred de Musset. Il l'a rappelée dans *la Nuit d'Octobre* (voir p. 745, n. 1) et dans *la Confession* (première partie, chap. III, *Œuv. compl. en prose,* Bibl. de la Pléiade, p. 95). — Nouveau rappel de la *Dédicace* de Gœthe : « Ne reconnais-tu donc pas celle qui a fait son bonheur de verser un baume bienfaisant sur les blessures de ton âme, celle qui a formé avec ton cœur d'étroits liens ? — Oui, je te reconnais ; si quelquefois je fus heureux, ce fut par ta douce influence ; tu as calmé les passions qui dévoraient ma jeunesse ; ... dans cette saison brûlante de trouble et d'agitation, tu rafraîchis mon front d'un souffle céleste!... » (J. G., *op. cit.*) Joachim Merlant citant aussi ce passage, d'après Jean Giraud, écrit fort justement : « Non seulement l'imitation de Musset est très libre, — mais il n'y a pas ici imitation réfléchie ou consciente ; il faut tenir compte de ces réminiscences, non pour réduire l'originalité de Musset, mais pour la mieux comprendre. »

6. « Une maîtresse aimée est si près d'une sœur ! » (*Namouna,* I, LIII; *P.P.,* p. 250.)

7. Émile Faguet (*André Chénier,* pp. 82-83) rapproche cette strophe de l'élégie *Lycoris* d'André Chénier :

> Ah ! je les reconnais et mon cœur se réveille.
> Ô sons ! ô douces voix chères à mon oreille,
> Ô mes Muses, c'est vous ; vous, mon premier amour,
> Vous, qui m'avez aimé dès que j'ai vu le jour
> ....
> Souvent je les outrage, et fuis, et les oublie ;
> Et sitôt que mon cœur est en proie au chagrin,
> Je les vois revenir le front doux et serein
> J'étais seul, je mourais...
> ....
> Elles viennent ! Leur voix, leur aspect me rassure :
> Leur chant mélodieux assoupit ma blessure ;

(*Œuv. compl.,* Bibl. de la Pléiade, *les Amours,* I, 3, p. 92.)

8. Dans *Frédéric et Bernerette* : « On a dit que le chagrin vaut mieux que l'ennui ; c'est un triste mot malheureusement vrai. Une âme bien née trouve contre le chagrin, quel qu'il soit, de l'énergie et du courage ; une grande douleur est souvent un grand bien. L'ennui au contraire ronge et détruit l'homme ; l'esprit s'engourdit, le corps reste immobile et la pensée flotte au hasard. » (J.G.) (Cf. *Œuv. compl. en prose,* Bibl. de la Pléiade, p. 497.)

9. Beaux lieux, soyez pour moi ces bords où l'on oublie.
L'oubli seul désormais fait ma félicité.

(LAMARTINE, *le Vallon* ; *Premières Méditations poétiques.*)

10. D'André Chénier (*Op. cit.*, p. 93) :

> Par vous la rêverie errante, vagabonde,
> Livre à vos favoris la nature et le monde ;
> Par vous, mon âme au gré de ses illusions
> Vole et franchit les temps, les mers, les nations ;
> Va vivre en d'autres corps, s'égare, se promène,
> Est tout ce qui lui plaît, car tout est son domaine.

11. Voir dans *les Vœux stériles* (*P.P.*, p. 114) :

> Grèce, ô mère des arts, etc.

12. Les noms rappelés dans ce vers et dans les vers suivants sont pris au deuxième chant de l'*Iliade* (Bibl. de la Pléiade, II, pp. 123-130). — Il y avait un Argos dans le Péloponèse ; Homère nomme l'Argos des Pélasges qui était dans la Thessalie du Sud ; Ptéléon, « au gazon épais », dit Homère, ville de Thessalie aussi.

13. Messa, ville de Laconie, « pleine de colombes ».

14. Le Pélion « au feuillage agité », montagne de Thessalie. Les géants révoltés entassèrent Pélion sur Ossa pour escalader le ciel.

15. Titarèse, rivière de Thessalie.

16. Camyre est située sur la côte occidentale de l'île de Rhodes. Oloossone, ville de Thessalie, n'est pas au bord de la mer. Les deux villes ne pouvaient donc pas se mirer dans les mêmes eaux. Le vers de Musset est scandé comme, et peut-être sur ce vers d'André Chénier (*Œuv. compl.*, Bibl. de la Pléiade, *Épigrammes XIII*, p. 81) :

> La blanche Galatée et la blanche Néære.

17. Le poète recherche, en présence de la Muse, de quel genre de poème il lui demandera l'inspiration. Le poème sera-t-il triste ou sera-t-il joyeux ? Sera-ce un poème épique ? ou quelque romantique histoire d'amour ? ou quelque méditation religieuse ? On s'est ingénié à présumer à quels poèmes connus Musset avait pu penser. En évoquant la poésie guerrière a-t-il songé à *la Mêlée* de Victor Hugo, dans les *Odes et Ballades* ou aux *Préludes* de Lamartine, dans les *Nouvelles méditations* ou « à certains passages de la deuxième partie de *Faust*, qu'il avait beaucoup lu » ? Ces suppositions sont de Joachim Merlant. Et celle-ci, évocation du coursier écumant « peut-être un souvenir des courses furieuses que faisait Byron à cheval ». Casimir Delavigne (dont Musset faisait beaucoup de cas) avait écrit dans ses *Messéniennes nouvelles* :

> Ces souvenirs de deuil ont poursuivi Byron !
> Souvenirs où son cœur, abreuvé d'amertume,
> Trouvant dans ses ennuis de douloureux appas,
> Tandis que le coursier qu'il blanchissait d'écume
> Faisait jaillir le sable en imprimant ses pas.
>
> (Liv. III, VII : *la Promenade au Lido*.)

Musset a pu penser à quelqu'un de ces poèmes, ou à quelque autre. On trouverait plus plausible, à propos du coursier écumant, par exemple, qu'il eût pensé à celui du Mazeppa des *Orientales* ou à celui de la ballade *Lénore* de Burger. Les astres suspendus comme des lampes saintes aux voûtes célestes rappellent l'inspiration religieuse de Lamartine. L'amant suspendu à l'échelle de soie évoque l'image de Roméo et du balcon de Juliette. Mais Musset a seulement voulu proposer à sa Muse un choix de thèmes poétiques. Pour le mouvement de ces vers Mme Valentine Brunet (*le Lyrisme d'Alfred de Musset*, p. 277) rappelle fort à propos le début de l'*Hymne I* de Pindare : « Que chantera ma Muse ? Est-ce l'Ismène [fleuve de Béotie], ou Mélia au fuseau d'or [Mélia, nymphe qu'Apollon aime], ou Cadmus ou la race sacrée des héros, ou Thebe au bandeau de pourpre [Thébé, nymphe protectrice de Thèbes], ou la force de l'audacieux Hercule, ou la gloire du joyeux Bacchus ou l'hymen d'Harmonie aux bras blancs ? » (Traduction C. Fayard, Garnier, Frères, s.d., in-12, p. 224.)

18. Sextus Tarquin, fils de Tarquin le Superbe et dont Lucrèce fut la victime.

19. Victor Hugo (*À mes amis L. B. et S.-B.*, [Louis Boulanger et Sainte-Beuve]; *les Feuilles d'automne*, XXVII) :

> Où donc est la Science ? où donc est l'origine ?
> Cherchez au fond des mers cette perle divine,
> Et, l'océan connu, l'âme reste à sonder.

Les deux premiers de ces vers sont cités par M. Jean Giraud, mais la pensée est différente de celle de Musset.

20. Cf. Virgile : *Églogues*, I, 78-79.

> *Non, me pascente, capellæ,*
> *Florentem cytisum et salices carpete amara*

Vous n'irez plus, mes petites chèvres, brouter sous ma garde la fleur du cytise et les saules amers.

21. Alfred de Musset avait montré les chasseurs du Tyrol dans *la Coupe et les Lèvres*.

22. Cf. *Rolla* (p. 273).

> Regrettez-vous le temps où nos vieilles romances
> Ouvraient leurs ailes d'or vers leur monde enchanté ?

M. Henri Jacoubet met ces quatre derniers vers en épigraphe à l'introduction sur *le Genre troubadour : le Comte de Tressan et le Genre troubadour* et il ajoute : « On peut voir dans le sujet que la Muse fait passer à l'état d'esquisse, en quatre vers si pleins et si légers à la fois d'allure, sous les yeux encore indifférents du poète des *Nuits*, un excellent poncif de ce genre *troubadour*, comme on l'appelait, si oublié aujourd'hui, déjà sur son déclin, mais qui venait alors d'avoir toute la vogue éclatante et passagère d'une mode. » (pp. VII-VIII.)

23. Napoléon avait déjà inspiré bien des poètes : Victor Hugo, Lamartine, Edgard Quinet, Barthélemy et Méry. Musset a, bien

plus tard, composé quelques strophes : *Napoléon* qui n'ont paru dans aucune édition avant celle-ci et que l'on trouvera parmi les *Poésies posthumes*, (p. 55).

Napoléon, ton nom est un cri dans l'histoire...

Il a laissé sur Napoléon un fragment de huit vers, de date inconnue. Dans *la Confession* (Ire partie, II, *Œuv. compl. en prose,* Bibl. de la Pléiade, p. 82) il écrira : « Cependant l'immortel empereur était un jour sur une colline à regarder sept peuples s'égorger; comme il ne savait pas encore s'il serait le maître du monde ou seulement de la moitié, Azraël passa sur la route, il l'effleura du bout de son aile, et le poussa dans l'Océan. » Les vers de *la Nuit de Mai* sur Napoléon sont en partie pris dans un fragment de comédie en vers *Perdican* qui, malgré ce titre n'a aucun rapport avec *On ne badine pas avec l'amour,* ni avec Napoléon, et où Perdican dit :

> *Si tu veux l'honorer, souviens-toi de sa vie,*
> *Et de ce qu'il a fait de pas sur nos chemins*
> Avant que l'Envoyé de la nuit éternelle,
> Vînt sur *ce* tertre vert l'*étendre* d'un coup d'aile
> Et sur son *noble* cœur lui croiser les deux mains.

24. Cf. *Dupont et Durand* (p. 356) :

> Ah! Dupont qu'il est doux de tout déprécier!
> Pour un esprit mort-né, convaincu d'impuissance,
> Qu'il est doux d'être un sot et d'en tirer vengeance...

25. Dans *Perdican*, et immédiatement après les vers cités à la note 23, il y a ceux-ci, dits par le chœur à Perdican dont le père vient de mourir :

> Crois-tu que *nous soyons* comme le vent d'automne
> *Qui vient sécher tes* pleurs jusque sur *ce* tombeau
> Et pour qui *ta* douleur *n*'est *qu*'une goutte d'eau?
> *Les hommes, mon enfant, ne consolent personne ;*
> L'herbe que *nous voulons* arracher de ce lieu
> C'est ton oisiveté; — ta douleur est à Dieu.
> Laisse-la s'élargir de cette sainte blessure
> Que les noirs séraphins t'ont faite au fond du cœur :
> Rien ne nous rend si grands qu'une grande douleur.

(*Théâtre compl.,* Bibl. de la Pléiade, p. 876.)

Le drame de *Perdican* a été commencé en 1834, un peu avant *On ne badine pas avec l'amour.*

26. La légende du pélican, qui de sa propre substance nourrit ses enfants, est fort ancienne et elle est populaire. Il me souvient d'un chant fortement scandé que j'ai entendu autrefois chanter par des écoliers :

> Le grand pélican blanc
> Qui se crève les flancs
> Pour nourrir ses enfants.

Buffon écrit : « On a représenté sous sa figure la tendresse paternelle se déchirant le sein pour nourrir de son sang sa famille languissante ; mais cette fable que les Égyptiens racontaient déjà du vautour ne devait pas s'appliquer au pélican qui vit dans l'abondance et auquel la nature a donné de plus qu'aux autres oiseaux une grande poche dans laquelle il porte et met en réserve d'amples provisions du produit de sa pêche. » Et, dans une note : « Saint Augustin et saint Jérôme paraissent être les auteurs de l'application de cette fable, originairement égyptienne, au pélican. » Buffon dit que les pélicans « prennent, pour leur pêche, les heures du matin et du soir où les poissons sont le plus en mouvement », qu'ils pêchent en eau douce comme en mer et qu'ils vont « manger et digérer à l'aise sur quelque pointe de rocher ». Musset les montre regagnant « une roche élevée » après la pêche même infructueuse ; il les montre aussi pêchant dans l'océan et, par les brouillards du soir, dans la rivière où croissent les roseaux, mais il les montre aux deux endroits à la fois. (Cf. Buffon. *Œuvr. compl.*, VI, 438-441). Musset avait lu Buffon, notamment les chapitres des pélicans où il n'a pas pu lire que le pélican ait une mamelle. On verra par son *Histoire d'un Merle blanc,* au volume des *Contes* qu'il avait lu aussi les chapitres sur les merles. Il faut noter enfin qu'il a, dans un impromptu, composé dans la maison même de Buffon, loué « le génie admirable » de ce grand naturaliste. (*P. posth.*, p. 527.) « Le pélican, dit Buffon, fait entendre sa voix rauque, et jette en plein air ses plus hauts cris » et, à propos de la capture d'un pélican, « lorsque les pêcheurs s'approchèrent pour le tirer, il jeta des cris effroyables ». Buffon dit encore : « Des deux noms *pélican* et *onocrotale* que les anciens ont donnés à ce grand oiseau, le dernier a rapport à son étrange voix qu'ils ont comparée au braiement d'un âne. » (*Op. cit.*, p. 442.)

La légende du pélican, Musset pouvait la connaître et l'interpréter sans s'inspirer d'aucun texte précis en particulier. Il en avait cependant certainement trouvé quelque rappel dans des ouvrages d'auteurs qu'il lisait. Edmond Estève (*Byron et le Romantisme français* pp. 436-437) en signale deux mentions dans l'œuvre de Byron. Dans *le Giaour,* où il est dit : « Un cœur que tous les sentiments plus doux abandonnent se voit forcé d'avoir recours à la haine. (...) Tel serait... le désespoir de cet oiseau du désert [le pélican], de cette pauvre mère qui nourrit de son sang sa jeune famille, si, au moment où elle vient de déchirer son sein sans regretter une vie qu'elle sacrifie à ses petits, elle ne les trouvait plus dans son nid dévasté. » (*Œuv. compl.*, I, 549-550.) Dans *Marino Faliero* (acte I, sc. II), Marino Faliero rappelle les voyages, les négociations, les combats auxquels il a pris part pour le service et par amour de sa patrie vénitienne, sans en souhaiter d'autre prix que la joie de revoir au retour les tours de cette chère patrie. Et il demande à son neveu Israël Bertuccio : « Veux-tu connaître quel était mon but ? Demande au pélican pourquoi il s'est déchiré le sein. Si cet oiseau pouvait parler, il te répondrait que c'est pour *tous* ses enfants. » (*Op. cit.*, IV, 244.) Dans ces deux citations les circonstances diffèrent de celle de *la Nuit de Mai* mais elles expriment, comme *la Nuit de Mai*, le sacrifice que le pélican fait de lui-même à ses petits.

27. Cf. dans *les Vœux stériles* (p. 116) les six vers dont le premier est :

Ah ! qui que vous soyez, vous qu'un fatal génie...

28. M. E. Beaufrère a fait une traduction en vers latins de *la Nuit de Mai*, comme il est dit p. 726, n. 20. Il a été fait de *la Nuit de Mai* plusieurs parodies. Il y en a une d'Albert Glatigny dans les *Joyeusetés galantes et autres du vidame Bonaventure de la Braguette.* (Luxuriopolis, à l'enseigne du Beau triorchis, 1866). Elle y porte le numéro XXXVI et est citée parmi les « titres avouables des pièces contenues » dans ce volume, mais elle est qualifiée de « détestable parodie » par Jean Reynaud (*Albert Glatigny*, p. 422). M. Georges-Armand Masson a dans *la Nuit de Septembre* pastiché la manière de Musset en des vers qui, de Musset, rappellent plusieurs poèmes et en particulier *la Nuit de Mai*. (*L'Art d'accommoder les classiques ;* Éditions du Siècle, s.d. [1924] ; in-16.)

P. 310.   LA NUIT DE DÉCEMBRE

1. Publiée, et non datée, dans la *R.D.M.* du 1er décembre 1835 ; recueillie en 1840 dans la première édition des *Œuvres complètes ;* non datée dans les éditions du vivant d'Alfred de Musset ; datée de novembre 1835, par Paul de Musset, dans l'édition des *Amis du Poëte.*

La Nuit de Décembre est l'élégie d'un épisode douloureux des amours d'Alfred de Musset. Paul de Musset raconte qu'en 1835, son frère devint amoureux d'une jeune femme à qui il déclara son amour par les stances *À Ninon,* mais qu'après une liaison de trois semaines, il dut subir une rupture causée (comme toujours) par sa « défiance jalouse ». (Cf. notes aux stances *À Ninon,* p. 793.) Musset fut, naturellement, très malheureux de cette rupture. « Du moins, écrit Paul de Musset, sa Muse n'attendit pas six mois, comme la première fois, pour venir le consoler. La publicité était, d'ailleurs, un moyen de faire parvenir jusqu'à son ingrate l'expression de son chagrin et de ses regrets. Un soir, en rentrant vers minuit, j'aperçus dans la chambre de mon frère tant de lumières que je le crus en nombreuse compagnie. Il écrivait *la Nuit de Décembre*. C'est à l'épisode qu'on vient de lire que se rattache cette poésie empreinte d'une si profonde tristesse. (...) Je sais que beaucoup de lecteurs ont cru voir, dans *la Nuit de Décembre*, un retour sur les souvenirs d'Italie et une sorte de complément de *la Nuit de Mai*. C'est une erreur qu'il importait de rectifier. » (*Biographie,* pp. 151-152.) Il l'a répété dans la notice biographique de l'édition des *Amis du Poëte*

(Tome X). Il y a insisté dans une lettre que, le 15 mai 1868, il écrivit à Paul Foucher qui devait faire un article sur Alfred de Musset. Mme Arvède Barine (*Alfred de Musset*, p. 100) conteste les dires de Paul de Musset. Ils lui paraissent imaginés pour deux raisons, l'une est qu'il n'aimait pas George Sand, l'autre, qu'il avait « le désir légitime d'égarer le lecteur dans la mêlée des femmes du monde compromises par son frère ». Or, la Ninon des stances, qui fut aussi l'Emmeline de la nouvelle du même nom, et à qui, dit Paul de Musset, furent adressées et *la Nuit de Décembre* et la *Lettre à Lamartine*, était une femme du monde, Mme Jaubert. Le seul moyen de ne pas la faire deviner ni de faire présumer aucune autre femme du monde, et ainsi d'égarer sûrement le lecteur, n'eût-il pas été de lui laisser entendre que *la Nuit de Décembre* fut composée en souvenir de George Sand? Charles Maurras a aussi contesté les dires de Paul de Musset. Il les a traités de fable. Il a écrit que « Paul de Musset nie l'évidence », car dès les premiers vers « l'apparition du spectre sur la bruyère oriente l'imagination du lecteur averti du côté de Mme Sand et du séjour de Franchard ». Évidemment. Alfred de Musset a évoqué ce souvenir comme bien d'autres dans cette sorte de panorama où il a fait se succéder les tristes souvenirs de sa vie. Paul de Musset, cependant, n'a pas nié que George Sand eût inspiré *la Nuit de Mai*, ni *la Nuit d'Octobre;* pour quelle raison lui aurait-il disputé, et avec tant d'insistance, *la Nuit de Décembre ?* Parce que, comme l'a écrit Charles Maurras, « l'idée que le poète ait pu implorer le pardon d'une si cruelle ennemie est insupportable aux Musset ». Comment Charles Maurras pouvait-il le savoir? Et cette imploration ne lui aurait-elle pas paru effacée et réparée par *la Nuit d'Octobre?* (Cf. Charles Maurras : *les Amants de Venise*, pp. XVII-XVIII et 240.) Cette divergence avec Paul de Musset n'est d'ailleurs qu'un détail dans cette très intéressante étude de pyschologie romantique.

2. Frank, dans *la Coupe et les Lèvres* (acte II, sc. III; *P.P.*, p. 174) dit :

Et quelquefois la nuit mon spectre m'apparait.

C'est le phénomène de l'autoscopie. Les médecins distinguent l'autoscopie interne, où le sujet prend « conscience de ses organes internes dans leur forme, leur situation, leur étendue, leur fonctionnement ». Musset n'a pas présenté ces phénomènes-là. Il a été sujet à l'autoscopie externe qui « consiste dans le fait de se voir soi-même devant soi ». On peut se voir tel que l'on est au moment de la vision : c'est le cas de *la Nuit de Décembre;* ou bien on peut se voir plus ou moins transformé, comme d'après le récit de George Sand (*Elle et Lui*, pp. 140-141). Alfred de Musset, dans son hallucination à Franchard, se serait vu vieilli et ravagé. (Cf. sur les phénomènes d'autoscopie : Dr. Paul Sollier : *les Phénomènes d'autoscopie*, F. Alcan, 1903, in-16 et Dr. Grasset : *Demi-fous et demi-responsables* F. Alcan, in-8.) Henri Heine eut aussi une vision nocturne de lui-même : « Un homme est là, debout, les yeux au ciel, qui se tord les mains avec l'énergie de la douleur. Je frissonne à la vue de son visage : à la clarté de la lune, j'ai reconnu ma propre image. O Double! mon blême camarade... » (*Œuv.* de Henri Heine : *Poèmes et Chants,* p. 107; c'est une pièce du *Lorelei*.)

3. Passage peu clair. Qu'est-ce que cette colline ? Serait-ce, comme le propose Joachim Merlant, le symbole non pas des hautes cimes de *la Coupe et les Lèvres* mais d'une éminence modeste « en pente douce qu'il faut vouloir gravir pour obtenir une sérénité lumineuse »? (*Op. cit.,* p. 306, n. 1.) Cette colline que la vision désigne au poète de quinze ans ne symboliserait-elle pas les efforts à accomplir pour se rendre digne de la vie?

4. Sa première déception d'amour, qui l'affecta si gravement, qu'il a racontée dans *la Confession* (première partie, chap. III, *Œuv. compl. en prose,* Bibl. de la Pléiade, p. 95) et dont le souvenir retentit dans les imprécations de *la Nuit d'Octobre* (p. 320).

5. Le myrte était une fleur fort honorée dans l'Antiquité; on s'en parait dans certaines cérémonies religieuses ou civiles; on en couronnait le front des vainqueurs, et — c'est ce qu'il faut surtout retenir ici — il était consacré à Vénus déesse de l'amour.

6. M. de Musset-Pathay mourut le 8 avril 1832 pendant l'épidémie de choléra. Ce fut une atroce douleur sans voix. Paul de Musset dit avoir souvent vu son frère « pleurer pour des chagrins de cœur; mais dans cette occasion, son chagrin, plus profond et plus calme, restait muet ». (*Biographie,* p. 106.) Et Alfred de Musset dans *la Confession* (III, II, *Œuv. compl. en prose,* Bibl. de la Pléiade, p. 169) : « Je ne versai pas une larme, pas un sanglot ne sortit de mes lèvres; ma gorge se serra et ma bouche était comme scellée.(...) La première chose que j'avais sentie, m'asseyant auprès du lit de mon père, c'est que j'étais un enfant sans raison, qui ne savait rien et ne connaissait rien; je puis même dire que mon cœur ressentit de sa mort une douleur physique, et je me courbais quelquefois en tordant mes mains comme un apprenti qui s'éveille. »

7. La vision qui était apparue au poète la main armée d'un glaive voulait-elle lui montrer un présage des futures douleurs et, lui apparaissant, le glaive enfoncé dans la poitrine, lui faire entendre que la douleur que rappelle cette strophe est la pire et, si cela pouvait se dire, la plus mortelle de toutes? — À propos de la couronne d'épines, Joachim Merlant rappelle une lettre écrite par Musset à George Sand, pendant l'automne de 1835 qui fut une période très agitée de leurs amours. Le Sténio de *Lélia* est, lui dit-il, auprès d'elle : « Son ombre ne t'apparaît-elle pas dans le dernier rêve de ta vie? Ah! oui, c'est moi, moi, tu m'as pressenti. Quand sa pâle figure s'est présentée à toi dans le calme des nuits, quand tu as écrit pour la première fois son nom sur la première page, c'est moi qui m'approchais. Une main invisible m'amenait à toi; l'ange de tes douleurs m'avait mis dans les mains une couronne d'épines et un linceul blanc, et m'avait dit : « Va lui porter cela. »

8. *Var. :* Pour *en vivre* ou pour en finir *(R.D.M.).*

9. En août 1834 il avait songé à quitter la France pour toujours. (Voir la note 1 de la p. 725.)

10. Sauf Brigues, Vevey, Cologne, où il alla peut-être pendant son séjour à Bade (mais on n'en a aucun indice) et le Havre, où il avait passé quelques jours, en 1829, avec Guttinguer, les lieux que Musset nomme ici sont ceux qu'il avait visités avec George Sand, pendant leur voyage en Italie. Ils n'étaient pas allés à Brigues, qui est sur les bords du Rhône dans le canton de Vaud, mais ils avaient dû, George Sand et lui, en voir le dessin dans un album de lithographies; du moins, cet album Octave et Brigitte le feuillètent-ils dans *la Confession* (V, III, *Œuv. compl. en prose,* Bibl. de la Pléiade, p. 259) : « C'était, (...) à quelque distance de la route de Brigues, une vallée verte plantée de pommiers, (...) dans l'éloignement un village consistant en une douzaine de maisons de bois semées en désordre... »

11. Dans les stances *À mon frère, revenant d'Italie* Alfred de Musset appelle Venise « la pauvre vieille du Lido ». (Cf. p. 448) et dans *la Confession* il rappelle le vin de Chypre « ce vin sucré d'Orient que j'ai trouvé plus tard si amer sur la grève déserte du Lido » (*Œuv. compl. en prose,* Bibl. de la Pléiade, p. 159).

12. Dans *la Coupe et les Lèvres* (acte IV), Frank appelle la haine « boiteuse au manteau noir » (*P.P.,* p. 195). Sur l'ennui, Beaudelaire a dit :

Rien n'égale en longueur les boiteuses journées,

(*les Fleurs du Mal,* Bibl. de la Pléiade, LXXVI, *Spleen,* p. 145).

13. Ph. Martinon, étudiant les strophes, assez rares, de neuf vers et donnant des exemples de leurs diverses dispositions, n'en cite qu'un qui coïncide, et pas tout à fait encore, avec les neuvains de *la Nuit de Décembre*. C'est une strophe de Saint-Amant, où alternent des vers de deux mesures différentes (et différentes de la mesure des vers de Musset). Y alternent un vers de sept syllabes, un de cinq, un autre de sept, un autre de cinq, deux de sept, un de cinq, un de sept encore et un de cinq pour finir. (*Les Strophes,* p. 359.)

14. Après la rupture, relatée dans la note 1 de la p. 723, Musset écrivit à l'amante une lettre de regrets et de repentir. « On lui répondit par la demande de restitution d'une correspondance composée de dix ou douze lettres tout au plus. Il les enveloppa dans un lambeau d'étoffe avec une mèche de cheveux, quelques objets destinés à devenir des souvenirs, et une fleur qui n'avait eu qu'à peine le temps de se faner. Ce *fragile et cher trésor* pouvait tenir dans une seule main. Il le renvoya en pleurant... » (Paul de MUSSET : *Biographie,* p. 151.) Paul de Musset reprend (et d'ailleurs l'indique en la soulignant) une expression de *la Nuit de Décembre* et l'on pourrait objecter que son récit en est inspiré, mais si les choses se sont passées ainsi, il ne pouvait pas les raconter autrement.

15. George Sand, dit-on, se reconnut dans ce vers. D'après la

Biographie, il s'appliquerait aussi fort bien à Mme Jaubert. Paul de Musset y dit (p. 151) à propos des soupçons de jalousie qu'avait montrés son frère : « Par malheur, il avait affaire à un cœur fier, susceptible et décidé qui ne connaissait ni précautions ni délais. » George Sand, s'étant reconnue dans l'« orgueilleuse insensée », répondit à cette apostrophe dans l'édition si remaniée de *Lélia* qu'elle fit paraître en 1839. Parlant de Sténio, elle s'écrie : « Bois par défi à la santé de Lélia... [Il n'est pas question d'une telle libation ni, par conséquent, d'un tel toast dans *la Nuit de Décembre*.] Raille l'orgueilleuse insensée qui méprise les lèvres charmantes et la chevelure parfumée d'un si beau jeune homme. » Et aussi : « Ne croyez pas que son vain dépit et ses folles insultes me touchent. » (*Lélia*, édition courante, I, 264 et 266.) Ces phrases isolées d'une longue récrimination dont tous les termes ne sauraient s'appliquer à Musset, mais dont l'une paraît bien une réplique à un vers de *la Nuit de Décembre*, M. Ernest Seillière les a citées et commentées. Ainsi qu'il le rappelle, la « superbe inactive de George Sand se termine par un hymne effréné à l'orgueil » (*George Sand, mystique de la passion, de la politique et de l'art*, p. 127). Lélia s'écrie, en effet : « Orgueil, sentiment et conscience de la force ! Saint et digne levier de l'univers ! sois édifié sur des autels sans tache, sois enfermé dans des vases d'élection... » (*Lélia*, I, 272-273.) M. Charles Maurras ayant lu, dans le *Journal des Débats* du 7 septembre 1910, où il parut d'abord, ce chapitre de M. Ernest Seillière y voit la preuve évidente et irréfutable de la dédicace de *la Nuit de Décembre* à George Sand. Certes le souvenir de George Sand est marqué dans la première partie du poème ; il est marqué, peut-on dire, étape par étape, le long d'une route où le poète parcourt tous les grands chagrins de sa vie. Le souvenir de tant de douleurs se ravive au feu d'une douleur nouvelle, en cette triste soirée où il recueille pour les perdre les gages récents d'un amour qui, celui-là aussi, a été malheureux. Je transcris ici quelques lignes que j'ai écrites ailleurs (*Musset,* édit. de la *Nouvelle Revue critique,* 1940, pp. 150-151) : « Que la nouvelle douleur ait ravivé l'ancienne, que l'abandon de l'ancienne maîtresse et celui de la maîtresse nouvelle, devenus comme indistincts l'un de l'autre, n'aient plus formé qu'une sensation dramatique de détresse et d'isolement ; que l'infortune récente ait été strophe en strophe, d'épisode en épisode, de malheur en malheur, rappelé et réuni toutes les informations du passé, rien de moins impossible et, chez un poète, rien de plus naturel. Mais il est téméraire de prétendre découvrir l'origine et connaître la nature de tous les éléments de cette alchimie et le mystère de leur prétendue combinaison. Il ne serait pas plus chimérique de prétendre discerner dans le courant d'une rivière les eaux de chacun des ruisseaux qui se sont confondus en elle. »

16. Dans la première strophe du poème *À Laure* (*P.P.*, p. 128) :

> Que voulaient donc ces pleurs, cette gorge oppressée,
>   Ces sanglots et ces cris ?

17. En novembre 1835, la rupture entre Alfred de Musset et George Sand était déjà ancienne de huit mois. Musset n'avait donc pas à crier à George Sand : « Partez! partez! » Mais on comprend que, dans un mouvement de dépit irrité, il l'ait crié, même contre son sentiment intime, à celle qui venait de rompre avec lui.

18. À la fin de 1835, Alfred de Musset n'avait aucun pardon à demander à George Sand. Il lui en avait autrefois demandé bien d'autres, qu'elle lui avait accordés. Dans l'orageux automne de 1834 quand il avait été malade, ayant, dit-il, « une fièvre de cheval » et lui demandant de venir le voir « une minute », elle lui avait répondu qu'elle irait, non pas une minute, mais le soigner, et il l'avait remerciée par cette effusion : « Le bonheur, le bonheur, et la mort après, la mort avec! Oui, tu me pardonnes, tu m'aimes! » (Cf. *Correspondance*). George Sand savait donc pardonner. Mme Jaubert ne pardonnait pas (pas encore du moins). Elle avait formulé sa résolution de rompre « en termes d'une énergie accablante ». Cependant quand Musset la revit « après la publication de *la Nuit de Décembre* elle lui dit que la lecture de cette poésie l'avait émue et étonnée, qu'elle n'aurait pas cru l'auteur capable de ressentir tant de chagrin, qu'en le voyant si malheureux elle le plaignait sincèrement, — et, comme si elle eût craint de s'être trop avancée en parlant ainsi, elle ajouta qu'il n'en serait pourtant ni plus ni moins » (*Biographie,* pp. 151 et 156). De la pitié donc, mais non un pardon. L'orgueilleuse insensée qui ne savait pas pardonner peut donc être une autre femme que George Sand. On verra à propos des nouvelles stances *À Ninon* (p. 529) que Mme Jaubert pardonna peu après et ce qu'il en advint.

19. Solitude, refuge des âmes meurtries, au temps de leurs blessures, solitude où l'on est à l'abri des distractions et des importunités du monde; solitude où l'on médite sa douleur, où l'on s'en enorgueillit parfois et avec une amère volupté; solitude où l'on est en tête à tête avec soi-même et où, si l'on est poète, on exhale — tous flambeaux allumés ou non— des plaintes harmonieuses et où, comme le dira la Muse de *la Nuit d'Octobre,*

En se plaignant on se console.

P. 316. LA NUIT D'AOÛT

1. Publiée, sans date, dans la *R.D.M.* le 15 août 1836; recueillie, et non datée non plus, dans l'édition de 1840 des Poésies complètes. En 1835, Alfred de Musset avait écrit les quatre premiers vers d'une *Nuit de Juin;* il l'interrompit pour se rendre à un dîner d'amis et il ne la reprit pas. (Voir ces quatre vers dans les *P. posth.,* p. 584.)

Ce poème s'annonçait comme un chant d'allégresse. Il y a de l'allégresse aussi dans *la Nuit d'Août* Paul de Musset écrit dans la *Biographie* (p. 174) : « *La Nuit d'Août* fut réellement pour l'auteur une nuit de délices. Il avait orné sa chambre et ouvert les fenêtres.

La lumière des bougies se jouait parmi les fleurs qui emplissaient quatre grands vases disposés symétriquement. La Muse arriva comme une jeune mariée. Il n'y avait ni amusement ni fête qui pût soutenir la comparaison avec ces belles heures d'un travail charmant et facile; et comme, cette fois, les pensées du poète étaient sereines, son cœur guéri, son esprit ferme et son imagination pleine de sève, il goûta un bonheur que le vulgaire ne soupçonne pas. »

Dans les belles saisons de 1836, Alfred de Musset était épris de Bernerette. Il aimait, il était aimé. On se querellait bien un peu parfois, mais on se raccommodait aussitôt et, après les deux ruptures avec Ninon, et les tourments qu'expriment *la Nuit de Décembre* et la *Lettre à Lamartine*, *la Nuit d'Août* retentit comme un hymne joyeux.

2. C'est-à-dire, sans périphrase, depuis le mois de juin.

3. La demeure de Musset, pour parler comme la Muse, était déserte depuis le mois de juin. C'est le 15 juin qu'avait paru, dans la *R.D.M., Il ne faut jurer de rien*. La Muse se trouvait délaissée, du moins, Alfred de Musset l'imagine et « il se fait gronder » par elle « afin de pouvoir lui répondre » (P. de Musset, édition des *Amis du Poète*, X, 12).

4. L'avarice dans le sens, exagéré ici, de cupidité, de convoitise; en fait, dans le désir de gagner quelque argent. C'est vraisemblablement une allusion à la tâche mercenaire qu'avait été pour lui le compte rendu, publié dans la *R.D.M.* le 15 avril, du *Salon de 1836*. Joachim Merlant pensait que « l'opinion » fait allusion au poème de *la Loi sur la Presse*. Il avait paru, il y avait près d'un an (le 1er septembre 1835), dans la même revue. C'était déjà un peu lointain, mais on ne voit pas quel fait ou quel autre ouvrage Musset aurait pu vouloir rappeler.

5. Dans *le Saule,* chant II (p. 137),

> Toi, déesse des chants, à qui, dans son supplice,
> La douleur tend les bras, criant : — Consolatrice!
> Consolatrice!

6. Il allait dans le monde. Il faisait de joyeuses parties avec les amis du prince Belgiojoso, avec ceux de Tattet. Avec Tattet, il montait à cheval et ils parcouraient ainsi la vallée — serait-ce la vallée des *Nuits ?* — et la forêt de Montmorency. Et il y avait une beauté, non pas une «fière beauté » (la petite Bernerette), et des chaînes, mais trouvées douces.

7. *Var. :* ...*dans* des temps *(R.D.M.)*.

8. Musset a été un poète de la douleur. Il a chanté des chants désespérés, mais ces chants mêmes le consolaient de son désespoir. La vie naît de la mort. D'un amour défunt, naît un nouvel amour. En peut-il être autrement chez un poète qui a proclamé que l'amour est plus que la vie, que la vie sans l'amour ne vaudrait pas la peine d'être vécue?

9. Chœur des montagnards dans *la Coupe et les Lèvres* (p. 201).

Eh! quel homme ici-bas n'a son déguisement?...

10. S'il était encore poète, il ferait entendre de ces déclamations que, dans *la Nuit de Mai,* il comparait au cercle que tracent, dans l'air, des épées où pend encore quelque goutte de sang. Et Dieu donne plus de prix à cette douleur encore saignante, qu'aux larmes mollement répandues dans de vulgaires chagrins d'amour.

11. « La vallée »; Musset rappelle le décor de *la Nuit de Mai.*

12. « Dieu là-haut, l'espoir ici-bas. » Et, sans doute, l'espoir en ce Dieu qui est là-haut, qu'on voudrait, du moins, y savoir. (Cf... p. 341, le poème *l'Espoir en Dieu* et les notes.)

13. Musset n'était pas très riche. Mais il n'était pas dans la misère. La Muse veut-elle dire que l'oisiveté risque de l'y réduire?

14. Dans *la Confession,* Octave, à deux moments, évoque sa jeunesse avec des sentiments de regret et de remords. La première fois, c'est dans la chambre d'une fille qu'il a suivie et dont les fenêtres donnent sur le jardin du Luxembourg. Il se revoit enfant dans ce jardin, lisant sous l'ombrage quelque livre de poésie, regardant danser en rond les petites filles, le cœur ému de leurs enfantines chansons, jetant du pain à de pauvres oiseaux transis, ou l'esprit perdu dans un vers de Virgile et il s'écrie : « Oh! mon enfance, vous voilà! ô mon Dieu, vous voilà ici! » (*Œuv. compl. en prose,* Bibl. de la Pléiade, p. 162.) Un moment après il quitte la chambre sans s'approcher de la fille. La seconde fois, c'est à la fin du récit, au moment où il va quitter Brigitte envers qui il se sent coupable. Il aperçoit dans une glace son visage qui le regarde « avec étonnement ». Et il écrit : « Qu'était-ce donc que cette créature qui m'apparaissait sous mes traits? Qu'était-ce donc que cet homme sans pitié qui blasphémait avec ma bouche et torturait avec mes mains? Était-ce lui que ma mère appelait Octave? Était-ce lui qu'autrefois à quinze ans, parmi les bois et les prairies, j'avais vu dans les claires fontaines où je me penchais avec un cœur pur comme le cristal de leurs eaux? » (*Op. cit.* p. 290.)

15. Musset avait déjà dit dans des vers à son ami Édouard Bocher :

Ah! frappe-toi le cœur, c'est là qu'est le génie!
(Cf. *P.P.,* p. 128.)

16. « Singulière image », comme dit Joachim Merlant, et peu agréable à se représenter; ce cœur pétrifié, brisé cependant, et dont les débris s'agitent comme les tronçons d'un serpent! Ces débris d'un cœur corrompu, c'est la survivance en lui des enseignements et des vertus de la jeunesse; et quand leur souvenir surgit, quand, comme dit Musset, ils remuent, ce sont les mouvements inefficaces de sentiments de remords. Joachim Merlant éclaire cette image par un rappel des vers de *Rolla :*

Il peut s'assimiler au débauché vulgaire...

et les cinq vers qui suivent (p. 289), où la vipère glacée du remords « déroule tôt ou tard ses anneaux infinis » dans le cœur de celui que la nature fit pur et qui s'est perverti.

17. En 1828, la famille de Musset fit un séjour à Auteuil. Alfred de Musset allant d'Auteuil à Paris ou revenant de Paris à Auteuil, traversait souvent le bois de Boulogne, lisant des vers et même en composant (cf. dans les *P. Posth.*, p. 555, *la Prêtresse de Diane*, texte et notes).

18. Ici viennent spontanément à l'esprit les vers connus et si mélancoliques de Verlaine (*Œuv. poétiques compl.*, Bibl. de la Pléiade, *Sagesse* VI, p. 184) :

> — Qu'as-tu fait, ô toi que voilà
> Pleurant sans cesse,
> Dis, qu'as-tu fait, toi que voilà,
> De ta jeunesse ?

19. Quelle déesse ? Hébé ? Comme le suppose M. Jean Giraud. Hébé, déesse de la florissante et éternelle jeunesse ? ou, comme se le demandait Joachim Merlant : « la sage et docte Minerve... », sage, docte et puissante, ayant, dans un corps de femme, l'inaltérable vigueur d'un guerrier ?

20. Le poète qui avait terminé sa *Lettre à Lamartine* par des stances d'humilité chrétienne, se redresse ici et lance comme un défi à celui dont il dit dans la *Confession* (*Œuv. compl. en prose*, Bibl. de la Pléiade, V, VI, p. 285) : « Qui donc s'égaye et se désœuvre à ce spectacle d'une création toujours naissante et toujours moribonde ? » Puisque rien ne naît que pour mourir, qu'importent et la mort et la vie ? La vie a ses plaisirs dont le plus précieux et le plus vif est le plaisir de l'amour. Aimons ! sans nous soucier de mourir et de vivre, ni de celui qui, d'un regard indifférent, nous voit vivre et mourir. Ainsi la Muse a, pour reprendre le mot de Paul de Musset, « grondé » en vain son poète. Il reprend ce qu'il a dit, obstinément, chaque fois qu'il lui a répondu.

21. Cf. la seizième des Stances *À la Malibran* (p. 338).

22. Cf. les derniers vers du sonnet *Tristesse* (p. 402) :

> Le seul bien qui me reste au monde
> Est d'avoir quelquefois pleuré.

Mais il y a bien des sources de larmes. Les larmes ne sont pas toujours un soulagement, ni surtout une rédemption. Dans le chapitre déjà cité (V, VI) de *la Confession,* Octave ne dit-il pas : « Ô apprenti corrompu d'hier ! parce que tu pleures, tu te crois innocent » ? (*Op. cit.*, 291).

23. A. Dumas fils a montré, à propos de ces vers, de quelle admiration étourdie et déconcertante les poètes peuvent être l'objet. Au commencement du troisième acte des *Idées de Madame Aubray,* un jeune homme, seul, se récite les trois dernières strophes, en les accompagnant d'une musique de piano. Quelqu'un survient, un

monsieur, qui ayant entendu les deux derniers vers dit : « J'y applaudis des deux mains. C'est absolument dans mes idées, sauf la souffrance. Il vaut mieux aimer sans souffrir. » Puis il demande au jeune homme : « C'est de vous, ces vers-là ? » Le jeune homme, avec étonnement : « Comment, vous ne les connaissez pas ? — Non, avoue le monsieur. — C'est du poète des poètes, de celui qui a le mieux chanté la jeunesse et l'amour, d'Alfred de Musset. » Alors, le monsieur, familièrement : « Ah ! c'est de lui ? » Et il fredonne :

> Avez-vous vu dans Barcelone
> Une Andalouse...

Et, s'interrompant : « Ah ! ce Musset, je l'adore ! » Les poètes ont trop souvent des adorateurs de cette sorte.

P. 320. LA NUIT D'OCTOBRE

1. Publiée dans la *R.D.M.*, et non datée, le 15 octobre 1837 ; recueillie, non datée aussi, dans l'édition de 1840 des *Poésies complètes ;* datée d'octobre 1837 dans l'édition des *Amis du Poëte*.

Dans une notice de l'édition des *Amis du Poëte* Paul de Musset écrit à propos de *la Nuit d'Octobre :* « Parfois il [Alfred] croyait au mal sans pouvoir s'en défendre. Un jour qu'il se surprit en flagrant délit de soupçon injurieux, il se fit à lui-même son procès, et non content de se reprocher ses mauvaises pensées, il en rechercha la cause et il crut la découvrir dans la première leçon de tromperie qu'il avait reçue. Cet examen de conscience tourna en sujet de poésie, et il en sortit *la Nuit d'Octobre,* que l'on doit considérer comme la suite et la conclusion de *la Nuit de Mai,* malgré l'intervalle de plus de deux ans qui s'était écoulé de l'une à l'autre. » (Pp. 27-28.) Ce récit est confirmé dans la *Biographie* (pp. 191-192) où Paul de Musset dit qu'une circonstance futile ramena à la poésie son frère alors préoccupé de la composition de nouvelles, qui, pour écrire *la Nuit d'Octobre,* interrompit la rédaction de : *les Deux Maîtresses.* La « circonstance futile » est présentée ainsi : « Un soir qu'il avait causé longuement avec une femme qui était la franchise et la bonté même, il la soupçonna, je ne sais pourquoi, de mensonge et d'hypocrisie, et comme il reconnut son injustice tout de suite, il chercha en lui-même d'où lui venaient ses odieux soupçons. Il crut découvrir que la cause en était dans la première occasion de sa vie où il s'était trouvé aux prises avec la trahison et le mensonge. »

À qui, en septembre ou octobre 1837, pouvaient aller les soupçons, les inévitables soupçons de Musset ? Il était lié depuis le mois d'avril avec Aimée d'Alton, à qui conviendrait le compliment de Paul de Musset sur la franchise et la bonté. Il n'y a aucun indice de soupçons dans l'édition des *Lettres d'amour* que Musset lui écrivit. À l'automne de 1837, il n'y a de lui à elle que de courts billets : ce sont des indications de rendez-vous. Ils se voyaient souvent alors. Ils n'avaient pas de raisons particulières de s'écrire.

Et puis, un soupçon peut prendre — et prend le plus souvent — d'autres formes que la forme épistolaire. En décembre, un billet un peu plus long — presque une lettre — parle de paroles qu'on regrette, de reproches que l'on s'en fait, du pardon que l'on en demande, mais rien ne révèle, et il ne semble pas, qu'ils'agît de soupçons. Dans une autre lettre que Musset a datée simplement «lundi 7 h. du matin », mais à laquelle Aimée d'Alton a mis (quand?) la date de janvier 1838, un soupçon pointe. Musset écrit : « Tu m'as reparlé de cette bague; tu n'en portais pas; j'ai eu l'idée de t'en donner une, le lendemain tu en as trois autres; — crois-tu de bonne foi que ce soit bien? Ces sortes de choses-là me font frissonner malgré moi, — ne te fâche pas. — Elles sentent la femme et me rappellent le passé... N'en parlons plus. » Elles « me rappellent le passé ». Ceci s'accorde avec le dire de Paul de Musset et l'on incline à y voir l'origine de *la Nuit d'Octobre,* avec la satisfaction d'avoir enfin résolu un de ces petits problèmes — sans grande importance — qui se lèvent tout au long des travaux dans le genre de celui-ci. Mais cette solution a contre elle la date, écrite par Aimée d'Alton, si cette date est exacte. On peut supposer — sans une excessive témérité — qu'il a pu y avoir quelque dissentiment de ce genre entre les deux amants deux ou trois mois plus tôt. En tout cas, on ne voit pas envers qui, hormis Aimée d'Alton, Musset, au moment de *la Nuit d'Octobre*, aurait pu se montrer soupçonneux.

Dans la première trahison, dont cet épisode a ravivé le souvenir, quelle avait été la traîtresse ? Des commentateurs de Musset tiennent les quatre *Nuits* pour les éléments d'un poème unique dont l'objet serait la seule George Sand. Ainsi Paul Mariéton (*Une Histoire d'amour,* pp. 253-254); Mme Arvède Barine (*Alfred de Musset,* pp. 104-106); Léon Séché (*Alfred de Musset,* II, 13-14). Léon Séché déclare intrépidement : « Mme Karénine [Cf. sa *Vie de George Sand*] prétend même que c'est le souvenir de Mme Groisellier qui inspira *la Nuit d'Octobre,* mais je me sépare d'elle carrément sur ce point et je puis affirmer que les vers suivants :

> Honte à toi qui la première
> M'as appris la trahison!

ne s'adressaient, dans la pensée du poète, qu'à l'auteur d'*Indiana*. » Ce sont précisément ces vers-là qui ne s'adressent pas à George Sand; Mme Vladimir Karénine ne dit d'ailleurs pas qu'ils s'adressent à celle que Léon Séché appelle Mme Groisellier, et qu'elle-même appelle Mme de Groiselliez, et dont on ne sait rien d'elle que ce nom incertain (cf. *P.P.,* p. 78 ; pièce : *Quand je t'aimais, pour toi j'aurais donné ma vie,* et notes). Mme Vladimir Karénine dit (*George Sand,* II, 33) que Musset s'éprit sérieusement mais « très passagèrement » de cette prétendue Mme de Groiselliez et « qu'il n'en resta d'autre souvenir dans l'âme du poète qu'un peu de rancune et d'humiliation », et (p. 133) que les *Nuits de Mai* et *d'Octobre* ont une « même source ». C'est Maurice Clouard (Lovenjoul, F. 3199, f° 35) qui dit que *la Nuit d'Octobre* est un poème « À Mme Le Groiselliez », ce qui donne une troisième forme de ce nom. La jeune femme dont Alfred de Musset avait été amoureux en 1828, qu'il allait voir à Saint-Denis et qui ne s'appelait pas Mme de Groiselliez, ou à peu près, mais Mme Beaulieu, n'avait pas été sa maîtresse. Elle s'était jouée de lui. On ne saurait dire qu'elle l'ait trahi. En 1828, Musset avait dix-huit ans. Il en avait dix-neuf, dit-il, quand, dans un dîner, ayant, à deux reprises, vu le pied de sa maîtresse posé sur le pied d'un rival heureux, il eut le sentiment d'une trahison. Cette trahison lui fut si cruelle, il en garda un si vivace souvenir, qu'avant de la rappeler dans *la Nuit d'Octobre,* il l'avait racontée dans *la Confession* et rappelée dans la *Lettre à Lamartine* (p. 331) :

> Tel, lorsque abandonné d'une infidèle amante...

Mais les souvenirs appellent les souvenirs, les douleurs réveillent les douleurs ; comme dans *la Nuit de Décembre,* il y a, dans *la Nuit d'Octobre,* fusion d'éléments divers ; ici, le souvenir de la première trahison, celui des amours agitées pour George Sand et la grâce d'un amour nouveau.

La Nuit d'Octobre a été, comme les autres *Nuits,* souvent récitée, à la Comédie-Française et sur d'autres théâtres, et dans des réunions littéraires. Elle le fut, notamment et pour la première fois, à la Comédie-Française pour l'inauguration, dans la galerie du Foyer, du buste d'Alfred de Musset, sculpté par Mezzara. Mais il fallut préalablement soumettre le texte du poème à deux censures, celle du Ministère de la Maison de l'Empereur, celle de la Commission d'examen des ouvrages dramatiques. Une copie manuscrite de *la Nuit d'Octobre* fut faite à cet effet. Elle est conservée dans les archives de la Comédie. On y voit, sur la première page, le cachet du Ministère, le visa, signé C. Doucet, de la Commission et celui du commissaire de police du quartier. Je ne sais quelle autorité décida la suppression de quelques vers, mais il y eut des suppressions ; il a paru curieux de les signaler dans ces notes.

2. Sentiment égoïste dans ces vers que rappelle Mme Valentine Brunet (*le Lyrisme d'Alfred de Musset,* p. 385) :

> Nul des autres mortels ne mesure les peines
> Qu'ils savent tous cacher comme il cache les siennes ;
> Et chacun, l'œil en pleurs, en son cœur douloureux,
> Se dit : « Excepté moi, tout le monde est heureux. »
>
> (*Œuv. compl.*, III, 160.)

Mais les poètes — les poètes romantiques du moins — ne cachent pas leurs douleurs ; ils les étalent et, comme on dit, ils les chantent, et ils se glorifient que les chants désespérés soient de tous les plus beaux.

3. *Remord* au lieu de *remords.* Sacrifice de l'orthographe à la régularité de la rime.

4. Dans *la Confession* (I, 1) : « J'aurai encore retiré ce fruit de mes paroles, de m'être mieux guéri moi-même. » (*Œuv. compl. en prose,* Bibl. de la Pléiade, p. 81.) Non seulement la poésie exalte la douleur, mais elle la domine, elle l'absorbe dans le souci esthétique de la bien exprimer.

5. Musset, dans le même passage de *la Confession,* écrivit : « Si j'étais seul malade, je n'en dirais rien; mais comme il y en a beaucoup d'autres que moi qui souffrent du même mal, j'écris pour ceux-là sans savoir s'ils y feront attention... »

6. Dans le texte récité à l'inauguration du monument d'Alfred de Musset, on disait : « Prends *une* lyre... »

7. Sur la mission consolatrice de la Muse, cf. *la Nuit de Mai* (p. 306) et *la Nuit d'Août* (p. 316).

8. Cf. la treizième stance de *Souvenir* (p. 406).

9. *Var.* : Jours de travail, seuls jours où j'ai vécu!

> Ô solitude *bien-aimée !*
> *O pauvres sots qui croyez avoir lu*
> *Que la gloire est une fumée !*
> Pauvre réduit...

(Autographe du fonds Lardin de Musset.)

Mme Marie-Louise Pailleron, dans son ouvrage *la Revue des Deux-Mondes et la Comédie-Française* (p. 8), cite un billet écrit par Alfred de Musset à Buloz en lui renvoyant l'épreuve de *la Nuit d'Octobre,* dans lequel il y a : « Je vous prie de n'y plus rien changer. » C'est donc qu'on y avait déjà changé quelque chose. Mme Marie-Louise Pailleron, à cette lecture, s'est demandé s'il n'y a pas eu une autre version de ce poème, antérieure à celle que nous connaissons et « plus dure encore peut-être pour la femme à l'œil sombre ». Il est vraisemblable que Musset ait changé peu de chose à son poème; peut-être n'y a-t-il modifié que les vers qui ont l'occasion de cette note. Cela suffirait à légitimer et à expliquer la recommandation de Musset à Buloz.

Paul de Musset dit à propos de ces vers : « Pendant les deux années 1837 et 1838, il [Alfred] travailla sans fièvre, sans surexcitation (...). Il prenait les ennuis de ce monde avec plus de patience; il restait volontiers enfermé au milieu de ses livres, comme il s'est plu à le dire dans ce couplet de *la Nuit d'Octobre* : « Jours de travail!... » etc. (*Biographie,* p. 187.)

En 1837, Musset, outre plusieurs poésies, écrivit les deux dernières *Lettres de Dupuis et Cotonet,* la comédie *Un caprice* et trois nouvelles : *les Deux Maîtresses, Emmeline, Frédéric et Bernerette.* Il lut ou relut de nombreux ouvrages philosophiques et le résultat de ces lectures fut le poème *l'Espoir en Dieu* (cf. p. 341).

André Chénier (*Œuv. compl., Esquisses et notes,* Bibl. de la Pléiade, VI, p. 755) avait écrit une poésie qu'il commençait ainsi :

> Ô retraite du cabinet... qui consoles... solitude chérie...

Il a laissé aussi un fragment où il dit :

> pour lui [le poète]
> L'ombre du cabinet en délices abonde...
> ....
> Il y trouve la paix, la douce solitude,
> Ses livres et sa plume...

(*Œuv. compl.,* Bibl. de la Pléiade, *la République des lettres,* p. 490.)

10. Dans *Sur trois Marches de marbre rose* (p. 456).

> Telle, et plus froide, est une main
> Qui me menait naguère en laisse.

11. Voir les premiers vers du sonnet *Tristesse* (p. 402).

12. Musset et George s'étaient promenés au clair de lune. Est-ce un tel souvenir que Musset évoque ici ? Cette forêt, ces promenades, ni lui ni elle ne les oublièrent jamais. Dans la préface qu'elle écrivit en 1853 pour une réédition de *la Dernière Aldini* (publiée d'abord en 1837) George Sand écrit : « J'ai rêvé, en me promenant dans la forêt de Fontainebleau, tête à tête avec mon fils, à tout autre chose qu'à ce livre que j'écrivais le soir dans une auberge... Et il m'est impossible de dire pourquoi mon esprit s'en allait le soir à Venise. » Contagion des souvenirs dont elle dit : « Je pourrais bien chercher une raison, mais il est plus sincère d'avouer que je ne m'en souviens pas : il y a de cela quinze ou seize ans. »

13. Dans *la Confession* (I, IX, *Œuv. compl. en prose,* Bibl. de la Pléiade, p. 125) : « La rue était déserte, un vent sec balayait la porte... »

14. Ce vers et les trois précédents ont été biffés sur la copie de *la Nuit d'Octobre* faite en vue de la récitation de ce dialogue à l'inauguration du monument Alfred de Musset. On cherche en vain la raison qui a pu faire décider la suppression de ces détails pittoresques.

15. « J'avais beau haïr cette femme ; elle était, pour ainsi dire, le sang de mes veines ; je la maudissais, mais j'en rêvais. (...) Je n'avais vécu que pour cette femme ; douter d'elle, c'était douter de tout ; la maudire, tout renier ; la perdre, tout détruire. » (*La Confession,* I, IV, *Œuv. compl. en prose,* Bibl. de la Pléiade, p. 107.) Il ne s'agit pas là de George Sand, mais les vers de *la Nuit d'Octobre* s'appliquent à George Sand comme à la première traîtresse.

16. De Catulle (LXXXV. (Cf. V. Brunet : *le Lyrisme d'Alfred de Musset,* p. 303) :

> *Odi et amo, quare id faciam, fortasse requiris*
> *Nescio, sed fieri sentio et excrucior*

Je hais et j'aime. — Vous demanderez peut-être comment cela se fait. Je ne sais, mais je le sens et c'est un tourment.

17. Ce vers et les neuf vers suivants ont été biffés sur l'exemplaire censuré en vue de la récitation de *la Nuit d'Octobre* pour l'inauguration du buste de Musset.

18. « Je me mettais à la fenêtre et je me disais : « Elle va venir, j'en suis sûr; elle vient, elle tourne la rue; je la vois qui s'approche. Elle ne peut vivre sans moi pas plus que moi sans elle. » Rien ne révèle que ce propos s'applique à la première maîtresse; il s'applique fort bien, au contraire, à George Sand, dans les derniers et spasmodiques soubresauts de leurs amours. « Que lui dirai-je ? quel visage ferai-je ? Là-dessus, ses perfidies me revenaient; qu'elle n'approche pas, je suis capable de la tuer. » (*La Confession, op. cit.,* p. 107.)

André Chénier (*Élégies XIV, Œuv. compl.,* Bibl. de la Pléiade, p. 67)

> Ingrate que j'aimais, je te hais, je t'abhorre...
> Mais quel bruit à sa porte... Ah! dois-je attendre encore ?
> J'entends crier les gonds... On ouvre... C'est pour moi...

19. Dans *la Confession* (I, III, *op. cit.,* p. 101) le rêve où apparaît à Octave le spectre de sa maîtresse.

20. Ces deux derniers vers biffés aussi dans la même circonstance.

21. Robert Vivier, dans *l'Originalité de Baudelaire*, rapproche de ces vers les vers suivants de Baudelaire (*les Fleurs du Mal,* Bibl. de la Pléiade, LXXXIII, *l'Héautontimorouménos,* p. 150) :

> Et je ferai de ta paupière,
> Pour abreuver mon Saharah,
> Jaillir les eaux de la souffrance.

22. D'André Chénier :

> Pour mieux goûter le calme il faut avoir passé
> Des pénibles détroits d'une vie orageuse,
> Dans une vie enfin plus douce et plus heureuse.

(*Élégies XVI, Œuv. compl.,* Bibl. de la Pléiade, p. 68.)

23. D'André Chénier aussi *(le Mendiant)* :

> « Mange et bois, dit Lycus, oublions les souffrances,
> Ami, leur lendemain est, dit-on, un beau jour. »

(*Œuv. compl.,* Bibl. de la Pléiade, *Bucoliques,* p. 37.

Ces vers peuvent, comme l'ont dit plusieurs commentateurs, rappeler l'agréable vie de dîners amicaux, de chevauchées dans les bois que l'on menait chez Tattet et qui fera écrire à Musset, en 1838, le sonnet :

> Qu'il est doux d'être au monde et quel bien que la vie !

et ce vers aurait pu être dit par le Rodolphe de l'*Idylle* (p. 361).

24. « Quand je pense que j'ai aimé les fleurs, les prairies et les sonnets de Pétrarque, le spectre de ma jeunesse se lève devant moi en frissonnant. » (Monologue de *Lorenzaccio, Théâtre compl.,* Bibl. de la Pléiade, acte IV, sc. III, p. 120.)

25. C'étaient alors les beaux jours d'Aimée d'Alton. Voir (p. 533) les vers qu'il lui adressait :

> Vois-tu ce vert sentier qui borde la colline...

26. Dans les stances *À Ninon* (p. 378) :

> Et dans les tourbillons de nos valses joyeuses
> Je vous sens dans mes bras plier comme un roseau...

Dans *la Confession,* quand Brigitte cède à l'amour d'Octave : « J'entourai de mon bras la taille de ma maîtresse ; elle tourna doucement la tête ; ses yeux étaient noyés de larmes. Son corps plia comme un roseau, ses lèvres entr'ouvertes tombèrent sur les miennes et l'univers fut oublié. » (*Œuv. compl. en prose,* Bibl. de la Pléiade, III, IX, p. 201.) Dans *la Confession* encore (*op. cit.,* II, IV, p. 156), parlant d'une femme avec laquelle il avait dansé, Octave dit, par une image analogue : « Au moindre mouvement de mon bras, je la sentais plier comme une liane des Indes... »

27. L'espérance du poète de *la Nuit d'Octobre* a triomphé des blessures du temps. Cf. dans *la Coupe et les Lèvres* (p. 198) l'appel de Frank à l'« ange de l'espérance ».

Si la douleur a la vertu d'instruire l'homme, de lui donner un plus juste sentiment des choses et des êtres ; si elle le rend plus attentif aux effets de la faiblesse humaine, elle doit le rendre plus indulgent à ceux qui faiblirent comme lui-même a faibli, plus compatissant pour ceux qui souffrirent comme lui-même a souffert. Jean Giraud cite, à ce propos, ces lignes de Mme de Staël *(Corinne* XVIII, V; *Fragments des Pensées de Corinne)* : « Sans doute la douleur perfectionne beaucoup le caractère ; on rattache dans sa pensée ses fautes à ses malheurs, et toujours un lien visible, au moins à nos yeux, semble les réunir... »

28. Voir, sur cette image de la vipère, *Rolla* (p. 289) et *la Nuit d'Août* (p. 318).

29. Aimée d'Alton était blonde et elle avait les yeux bleus, en effet.

30. Périphrase pompeuse pour désigner la lune. Ce vers et les trois qui le précèdent sont biffés sur la copie désignée.

31. Dans *la Nuit de Mai,* le Poète dit à la Muse :

> Oui, te voilà, c'est toi, ma blonde !

32. *Var.* : ... renaître *comme* elle. (R.D.M.)

33. Mme Martellet dit (*Alfred de Musset intime,* p. 374) que le poète russe Nadson « avait une telle admiration » pour Musset « que, peu d'heures avant de mourir, il se fit relire *la Nuit d'Octobre* » et qu' « il la récitait en même temps qu'on la lui lisait ». Simon Jakovlévitch Nadson (1862-1887), poète aussi de chants désespérés, mourut, non pas à Galata, comme le dit Mme Martellet, mais à Yalta, en Crimée, laissant inachevée une traduction de *la Nuit*

d'Octobre. Je dois ce dernier renseignement à M. Grégoire Morgulès qui est, sans doute, l'écrivain russe connaissant le mieux l'œuvre d'Alfred de Musset.

P. 328.   LETTRE À M. DE LAMARTINE

1. Publiée dans la *R.D.M.* le 1er mars 1836, non datée; recueillie, non datée aussi, dans l'édition de 1840 des *Poésies complètes ;* datée de février 1836 dans l'édition des *Amis du Poète*. Paul de Musset y rappelle que, dans la *Notice* qu'il a mise au t. X de cette édition, il montre que *la Nuit de Décembre* et la *Lettre à Lamartine* « et les sentiments qui les ont inspirées sont un épisode particulier dans les poésies de l'auteur ». C'est l'épisode des amours d'Alfred de Musset et de Mme Jaubert : deux courtes liaisons, la première rupture ayant suscité *la Nuit de Décembre,* la deuxième suscitant la *Lettre à Lamartine.* Après la première rupture, les liens s'étaient renoués à la suite de l'envoi par Musset à Mme Jaubert des nouvelles stances *À Ninon* (p. 529). Paul de Musset écrit, dans la *Biographie* (pp. 161-164), que les conditions de la seconde rupture furent « celles d'une séparation complète », que son frère annonça et prépara son départ de Paris, mais il tergiversa, il atermoya et il obtint enfin de rester : « Pendant ces tiraillements douloureux, Alfred était soutenu par la grandeur même de son sacrifice. Ne devait-il pas s'estimer heureux de pouvoir rendre le repos à son amie aux dépens du sien ? Il voulut aussi donner l'exemple d'une souffrance noblement acceptée. Mais bientôt, les pourparlers étant finis et son malheur consommé, lorsqu'il se trouva aux prises avec la solitude et l'abandon, il se demanda quelle raison de vivre lui restait encore. Je le voyais rêver à tout ce qu'il avait perdu et se complaire dans son chagrin; il s'y plongea le plus profondément qu'il put, car il préférait la douleur à l'ennui. Je lui représentais qu'il s'exposait à rendre son mal incurable et il me répondait : « Il l'est. » Paul de Musset dit encore que son frère avait une grande admiration pour Lamartine, qu'un soir de février, à la suite d'un accès de mélancolie, il relut les *Méditations,* qu'il éprouva les « vertus calmantes de cette poésie et qu'il commença sa *Lettre à Lamartine.* Il hésitait à la continuer, « craignant que la prétention d'intéresser Lamartine à ses souffrances ne parût trop ambitieuse ». Paul réussit à le persuader qu'un tel hommage ferait un égal honneur aux deux poètes « et que l'Europe entière s'intéresserait à la douleur » qui en avait dicté les vers. « Aussitôt, dit-il, nous procédâmes ensemble aux apprêts accoutumés des jours d'inspiration, le grand éclairage et le petit souper. La Muse ne demandait qu'à descendre. Le lendemain, l'épître était fort avancée... » Elle fut achevée. Elle parut. Lamartine invita Musset à venir le voir. Musset « y courut et pendant trois ou quatre mois des relations suivies s'établirent entre les deux poètes ». On n'a pas, à vrai dire, d'autre témoignage de ces relations. Lamartine dit, dans son *Cours familier de Littérature,* avoir aperçu Musset une

ou deux fois chez Nodier au temps des débuts, et s'être trouvé une ou deux fois assis à côté de lui à l'Académie. Il n'est pas question de rencontres au moment de *la Nuit de Décembre*. Cependant, Paul de Musset écrit qu'en revenant de ses visites chez Lamartine, Alfred de Musset « racontait le soir, en famille, ses conversations du matin » et « qu'il rapporta, de la première de ces entrevues, la promesse d'une réponse à ses vers ». Mais « M. de Lamartine lui avait demandé le temps de se reconnaître, en disant, avec une bonne grâce charmante, qu'il aurait fort à faire pour que la réponse fût digne de l'épître ».

Lamartine commença une réponse, mais bien plus tard, et il ne l'acheva pas. Avec la fantaisie qui a présidé à la rédaction du commentaire de bien de ses poésies, il a écrit dans son *Cours familier de Littérature* : « Ce fut quelques années après (après la publication du *Rhin allemand* qui est de 1840) qu'étant seul et de loisir, un soir d'été, sous les chênes de ma retraite champêtre de Saint-Point, un petit berger qui me cherchait dans les bois, pour m'apporter le courrier de Paris, me remit dans la main un numéro de revue littéraire. Ce numéro contenait l'*Épître de Musset à Lamartine*. Je la lus non seulement avec ravissement, mais avec tendresse ; je pris un crayon dans ma poche, j'écrivis, sans quitter l'ombre du chêne, les premiers vers de la réponse que je comptais adresser à cet aimable et sensible interlocuteur. » Et il cite ces vers, écrits « quelques années après » 1840 et datés de 1840 cependant. Il y en a cinquante. « J'en étais là, dit-il, quand le son de la corne du pâtre, qui rassemble les vaches pour les ramener à l'étable, se fit entendre dans la prairie au bas des chênes et me rappela moi-même au foyer où j'étais attendu. Je jetai ces vers ébauchés dans un tiroir pour les achever le lendemain ; mais il n'y eut point de lendemain, un événement politique inattendu me rappela soudain à Paris, (...) les beaux vers de Musset restèrent sans réponse et disparurent de ma mémoire. » « Il n'y eut pas de lendemain », mais aux cinquante premiers vers, un jour ou un autre, il en ajouta cent deux, et cette réponse de cent cinquante-deux vers, aux beaux vers « restés sans réponse », parut en feuilleton dans *le Siècle*, le 15 janvier 1850 et fut recueillie dans *Nouvelles Méditations poétiques, Poèmes divers ; nouvelle édition augmentée* de *Méditations inédites et commentaires*. (Furne..., 1871 ; in-16.) Le ton de cette réponse ne plut pas à Alfred de Musset, qui pensa à y répondre assez vivement (voir le *Sonnet au Lecteur*, p. 465) ; et, après la mort d'Alfred, le ton du dix-huitième entretien du *Cours familier de littérature* blessa Paul de Musset qui écrivit à Lamartine une lettre de protestation, digne mais ferme, à la suite de laquelle Lamartine écrivit sur *Alfred de Musset* un dix-neuvième entretien qui rachetait un peu les sévérités de l'entretien précédent. La lettre de Paul de Musset à Lamartine a été publiée par Léon Séché (*A. de Musset*, I, 267-271) ; les deux entretiens de Lamartine ont été réimprimés au tome I, pp. 83-132 des *Souvenirs et Portraits* du *Cours familier...* (Hachette & Cie).

Si la *Lettre à Lamartine* est, comme *la Nuit de Décembre,* suscitée par une rupture avec Mme Jaubert, elle n'est pas remplie du souvenir de cette liaison. Il s'y est mêlé, comme dans *la Nuit d'Octobre,* la hantise de la première rupture causée par la première trahison, cette première trahison rappelée, dont l'amertume sans cesse renaissante s'épanche encore en un long récit dans *la Confession d'un Enfant du Siècle* (*Œuv. compl. en prose,* Bibl. de la Pléiade.)

2. La comtesse Teresa Guiccioli, la plus célèbre des amantes de Byron, est nommée à la treizième laisse de *Mardoche* (*P.P.*, p. 91); elle y est l'objet d'une note. — Byron séjourna à Ravenne où le comte et la comtesse Guiccioli résidaient. Il en partit le 14 juillet 1823 pour aller combattre dans les rangs des Grecs insurgés contre la Turquie; il mourut en défendant Missolonghi le 19 avril 1824.

3. Ce livre, c'était les *Premières Méditations poétiques,* de Lamartine, où la méditation intitulée *l'Homme* est dédiée à Lord Byron. Elle fut composée en octobre 1819. Byron avait dû quitter l'Angleterre en raison du scandale qu'y avaient causé la rupture de son mariage et ses excentricités de conduite.

4. Quelques vers plus loin, Musset dira que Lamartine avait alors vingt ans. Il en avait juste vingt-neuf quand il composa la méditation *l'Homme.* Il était né le 20 octobre 1790.

5. En 1819, Lamartine n'en était plus à ses premiers essais. Il avait déjà composé plus de la moitié du recueil des *Premières Méditations.* Certaines, parmi les plus admirées : *le Lac, l'Immortalité, l'Isolement* sont de 1817; *le Golfe de Baïa* est de 1815.

6. Lamartine dit dans le *Commentaire* de son poème : « Je n'ai jamais connu Lord Byron. »

7. Ganymède, adolescent d'une beauté merveilleuse, et que, selon Homère (*Iliade,* Bibl. de la Pléiade, XX, 207-248, p. 447), les dieux, à cause de sa beauté, ravirent pour qu'il fût parmi les immortels, où il servit d'échanson à Jupiter. Mais la légende la plus répandue, et que Musset rappelle ici, est que Ganymède fut ravi par Jupiter lui-même, qui avait pris la forme d'un aigle, et qui, dans ses serres, l'emporta jusqu'à l'Olympe. Musset a-t-il entendu symboliser par cet aigle le génie poétique, ce génie qui a soulevé Lamartine d'un tel élan qu'il l'a porté jusqu'à Byron, qui paraît comme une divinité poétique ? Musset a d'ailleurs placé les poètes parmi les dieux dans son poème de *Namouna* (chant II, v, *P.P.*, p. 257) où il dit au vulgaire :

> Le poète est au ciel, et lorsqu'en vous poussant
> Il vous y fait monter, c'est qu'il en redescend.

En le comparant à un aigle, Musset rend hommage à Lamartine, l'hommage que Lamartine avait rendu à Byron :

> La nuit est ton séjour, l'horreur est ton domaine :
> L'aigle, roi des déserts, dédaigne ainsi la plaine...

8. « Je lus, dans un périodique de Genève, quelques fragments traduits du *Corsaire,* de *Lara,* de *Manfred.* Je devins ivre de cette

poésie. » (Lamartine, *Commentaire*.) Ce commentaire est seulement de 1849.

9. Ce vers subordonne Lamartine à Byron et peut-être ne fut-il pas trouvé assez flatteur.

10. Le quatrième vers de *l'Homme* est :

J'aime de tes concerts la sauvage harmonie.

11. Edmond Estève (*op. cit.*, p. 439) dit de ces onze derniers vers : « En 1836, il [Musset] évoquait le Byron des derniers jours, le « sublime orgueilleux » traînant « son immortel ennui » dans la plus belle page peut-être qu'on ait écrite sur lui en vers français, avec les stances d'Alfred de Vigny »; les vers de Vigny *Sur la mort de lord Byron*, qui avaient paru dans *la Muse française* de juin 1824, mais qui n'y étaient pas divisés en stances. Ils l'ont été dans la réimpression qu'en a fait Spoelberch de Lovenjoul (*les Lundis d'un chercheur*, pp. 130-131).

12. Dans le commentaire de sa poésie, Lamartine dit que Byron alors ne savait pas le français, mais que plus tard, l'ayant appris, il se fit lire ces vers, fut flatté de s'y voir comparé à un aigle et dit que « au total il les trouvait admirables ». (Cf. Maduin : *Conversations avec lord Byron, vers 1821 et 1822*. Traduction Pichot, I, 236.)

13. Peut-être, malgré ce vers, Musset ne désespérait-il pas de recevoir une réponse. Lamartine, quand il lut l'Épître, invita Alfred de Musset à le venir voir et il lui promit une réponse à cette épître. Il la commença, paraît-il, mais il ne l'acheva pas. (Voir note 1.)

14. Musset avait cependant écrit :

Mais je hais les pleurards, les rêveurs à nacelles,
Les amants de la nuit, des lacs, des cascatelles...

Ceci semble s'adresser et à Lamartine, auteur du *Lac,* et aux élégiaques lamartiniens.

15. Voir ce que dit, à ce sujet, la Muse de *la Nuit de Mai* (p. 308).

16. Voir, de Lamartine, *l'Hymne à la douleur (Harmonies poétiques)*.

17. Rappel des vers célèbres que dit l'amante dans la poésie de Lamartine :

Ô Temps, suspends ton vol ! et vous, heures propices,
Suspendez votre cours !

(ce qui est dire deux fois la même chose)

Laissez-nous savourer les rapides délices
Des plus beaux de nos jours !

18. Un enfant ? Musset ne pouvait guère passer pour un enfant, en 1836, ni même en 1833-1835 au temps des amours avec George Sand, mais n'était-il pas presque un enfant, en 1828, quand il aimait cette première maîtresse qui le trahit ?

19. Autre rappel de *la Nuit de Mai* où la Muse dit des chants des poètes :

> Et j'en sais d'immortels qui sont de purs sanglots.

20. *Silent late loca.* Il règne un immense silence. (Virgile : *Énéide,* IX, 190.) On a rappelé, à propos de ce vers de Musset, ce vers de Virgile, mais pour dire qu'il n'y a aucun bruit dans les champs ; l'expression qu'emploie Musset est si naturelle qu'il n'était pas nécessaire qu'il recourût à Virgile.

21. Dans *André del Sarto* (*Théâtre compl.,* Bibl. de la Pléiade, acte II, sc. III, p. 32), André del Sarto dit : « Que le souvenir [de l'infidélité de sa femme] s'en efface lentement [du livre de vie], dans un an, dans deux, peut-être, et qu'alors moi, André, je revienne, comme un laboureur ruiné par le tonnerre, rebâtir ma cabane de chaume sur mon champ dévasté. »

M. Albert Cousnon (article sur *Dante et les Romantiques français, R.H.L.F.,* juillet-octobre 1905) rappelle, et avec à-propos, des vers de Dante, les vers 7 à 11 du chant XXIV de *l'Enfer,* qu'Henri Longnon traduit ainsi (*la Divine Comédie,* p. 131) :

> Le villageois qui n'a plus de fourrage
> À son lever, regarde et, voyant la campagne
> Blanchoyer tout au loin, il se frappe les flancs,
> Retourne à la maison, va, vient, fait mille plaintes.

Mais il ressort et il reprend espérance. Le laboureur de Musset reprendra sans doute espérance aussi, par la raison qu'il le faut bien.

22. Charles Maurras raconte (Préface de *la Musique intérieure,* pp. 27-28) qu'un séminariste corrigea ces trois vers ainsi :

> Tel, lorsque abandonné *du bonheur* infidèle,
> Pour la première fois j'ai connu la douleur,
> Transpercé tout à coup d'une flèche *cruelle...*

Puis : « Monsieur le Supérieur du petit Séminaire disait à ses professeurs : « Ne trouvez-vous pas que c'est plus beau ainsi ? — C'est plus pur ! » se bornait à répondre l'auteur de la mise au point excellente. »

23. Dans *la Confession* (*Œuv. compl. en prose,* Bibl. de la Pléiade, V, VI, p. 285) : « Brigitte dormait. Muet, immobile, j'étais assis à son chevet. Comme un laboureur, après un orage, compte les épis d'un champ dévasté, ainsi je commençais à descendre en moi-même et à sonder le mal que j'avais fait... »

24. Rappel du *Lac,* de Lamartine.

25. Rappel du *Vallon :*

> Voici l'étroit sentier de l'obscure vallée ;
> Des flancs de ces coteaux pendent des bois épais...

26. Il y a ici un rappel de *la Confession* (*op. cit.*, I, VIII, p. 123) : « Je me perdais dans les rues obscures, je regardais les lumières de toutes les croisées ; (...) quelle douleur dans ces rues tortueuses où tout piétine, travaille et sue... »

27. À la dernière des nouvelles stances *À Ninon* (*P. posth.*, p. 531) le poète s'écrie aussi : « O mon unique amour... » On n'en saurait déduire cependant que cette invocation s'adresse, dans les deux poèmes, à la même femme. Chacune, en sa saison, est l'unique ; seul, le Valentin des *Deux Maîtresses* ne pourrait s'exclamer ainsi sans imposture.

28. Voir, sur le suicide, la poésie : *À Madame X* (p. 508).

29. *Var.* : *Qu'*un lien... (R.D.M.).

30. Dans *la Confession* (*op. cit.*, III, VI, p. 183) : « ... l'amour, le vivace et fatal amour n'en est pas moins une loi céleste, aussi puissante et aussi incompréhensible que celle qui suspend le soleil dans les cieux. Qu'est-ce que c'est, je vous le demande, qu'un lien plus dur, plus solide que le fer et qu'on ne peut ni voir ni toucher ? »

31. Dans *la Confession* aussi *(op. cit.*, V, VI, p. 295) Octave songeant à tuer Brigitte et à se tuer lui-même, et imaginant leurs corps inhumés côte à côte, se dit : « On ne jaserait pas, dans les tombes voisines, de notre union devant Dieu ; nos ossements s'embrasseraient en paix et sans orgueil... » Musset avait lu Diderot, et, dans le poème *Souvenir,* il en a traduit un passage. L'origine de cette idée de l'embrassement posthume des amants semble bien être, comme le présume M. Jean Giraud, dans ce passage d'une lettre à Mademoiselle Volland, écrite le 15 octobre 1759 : « Ceux qui se sont aimés pendant leur vie, et qui se font inhumer l'un à côté de l'autre, ne sont peut-être pas si fous qu'on pense. Peut-être leurs cendres se pressent, se mêlent et s'unissent !... » (*Œuv. compl.* de Diderot, XVIII, 468.)

32. Au sujet de ce vers, Paul de Musset, dans la notice de l'édition des *Amis du Poëte*, écrit : « Les lecteurs de ce temps-là, pas plus que ceux d'aujourd'hui, n'ont dû prendre au pied de la lettre le passage de cette poésie où il est parlé d'un *lien de dix ans*. Comment un amour de dix ans aurait-il pu trouver place dans la vie d'un jeune homme qui n'en avait que vingt-cinq ? On a vu, d'ailleurs, ce qui en était. La douleur d'un amant malheureux ne se mesure pas par le temps que son bonheur a duré ; mais le poète, en s'adressant à Lamartine, a pensé qu'on ne voudrait pas croire à tant de regrets et de désespoir pour un lien rompu aussitôt que formé. » (P. 23.)

33. Dans *le Vallon (Méditations poétiques)*, Lamartine avait dit, s'adressant à son âme :

> Tes jours, sombres et courts, comme les jours d'automne,
> Déclinent, comme l'ombre au penchant des coteaux ;
> L'amitié te trahit, la pitié t'abandonne,
> Et seule tu descends au sentier des tombeaux.

Et aussitôt un vers de consolation et d'espérance :

> Mais la nature est là qui t'invite et qui t'aime.

34. Après le refuge dans la nature, Lamartine, à la dernière strophe du *Vallon,* s'abrite en Dieu :

> Dieu pour le concevoir a fait l'intelligence.

Dans la méditation sur Dieu :

> Il est; tout est en lui : l'immensité, les temps,
> De son être infini sont les purs éléments;
> L'espace est son séjour, l'éternité son âge...

35. Après avoir aimé, il a toujours voulu aimer encore. Le 1er ma 1834, il écrivait à George Sand : « J'aurai cependant d'autres maîtresses; maintenant les arbres se couvrent de verdure et l'odeur des lilas entre ici par bouffées : tout renaît et le cœur me bondit malgré moi. Je suis jeune; la première femme que j'aimerai sera jeune aussi. »

36. Il faut entendre : d'un caprice *pour* une femme. Paul de Musset dit, dans sa *Biographie* (pp. 165-166) : « Celle qui avait inspiré l'épître à Lamartine n'eut pas besoin d'éclaircissements pour s'y reconnaître Peu de temps après la publication, l'auteur trouva dans sa chambre, en rentrant chez lui, le soir, deux vases en porcelaine de Sèvres, accompagnés d'une lettre qui contenait le passage suivant : « Si vous saviez en quel état m'a mise la lecture de ces vers, vous regretteriez d'y avoir dit que votre cœur est pris d'un *caprice de femme.* C'est bien d'un amour vrai et non d'un caprice que nous avons souffert tous deux. Ne me faites pas l'injure d'en douter. Apprenez que, dans ce moment même, si je ne pensais qu'à moi, je serais encore prête à essuyer les larmes qui obscurcissent ma vue, à tout quitter et à me perdre pour vous. Un mot de votre bouche suffirait. Je ne crains pas de vous le dire à présent. C'est parce que vous m'aimez que vous me laissez pleurer. » Ces lignes eurent le pouvoir d'opérer un grand changement dans l'esprit de l'amant sacrifié. Sous la rigueur apparente des procédés, il reconnaissait une pitié sincère; son chagrin était partagé! Vingt fois, il répéta : « Je n'aurais qu'un mot à dire pour lui faire tout quitter; mais je ne prononcerai jamais ce mot qui la perdrait. » De cet amour deux fois brisé, il survécut une amitié franche et que rien ne brisa. Mme Jaubert ne fut plus que la « marraine », c'est-à-dire la confidente, la conseillère, à l'occasion, et la consolatrice amicale.

37. Ainsi durera éternellement ce souvenir qui a la magie de transformer en bonheur présent les malheurs passés; cf. la dernière strophe de *Souvenir* (p. 409).

— La *Lettre à Lamartine,* cet élan vers un Dieu imprécis, — le Dieu de Lamartine quel qu'il puisse être, — fait pressentir l'inquiétude métaphysique d'où naîtra *l'Espoir en Dieu,* en un Dieu que, malgré ses études et ses méditations, Musset ne sera pas encore parvenu à se préciser.

P. 335. À LA MALIBRAN

1. Stances publiées, sans date, dans la R.D.M. du 15 octobre 1836; reproduites dans *l'Anémone, annales romantiques, souvenirs de littérature contemporaine* (Louis Janet, 1838, in-18); recueillies, sans date aussi, dans l'édition de 1840 des *Poésies complètes*; datées d'octobre 1836 dans l'édition des *Amis du Poëte*. Le manuscrit de ces stances est à la bibliothèque municipale de Nantes (collection Labouchère, n° 674, 19). Léon Séché (*Alfred de Musset*, II, 271-274) et M. Jean Giraud (*Œuv. choisies*, p. 114) en ont donné les variantes. On les trouvera dans ces notes, avec la référence : « Ms. »

Paul de Musset dit que l'annonce de la mort de la Malibran désola Paris. « Alfred était un de ses admirateurs les plus passionnés Cette mort prématurée affecta vivement sa sensibilité poétique. » Paul rapporte que des gens parlaient d'un amour d'Alfred de Musset pour la Malibran qui n'en aurait pas été touchée. Ce sont, dit-il, des « contes en l'air ». Il assure qu' « Alfred de Musset a vu Mme Malibran, ailleurs que sur la scène, une seule fois en sa vie, dans un salon où elle chantait, et qu'il ne lui a jamais parlé ». (*Biographie*, p. 177.) M. Lorenzi di Bradi, récent biographe de la Malibran, soutient, contre Paul de Musset, qu'Alfred de Musset vit la Malibran plusieurs fois, dans plusieurs salons, et que l'opinion de l'époque, quand parurent les stances, ne se trompa pas, en accordant « au génial poète un penchant discret, mais tenace, pour la prodigieuse cantatrice ». (*La Brève et Merveilleuse Vie de la Malibran*, p. 53.) Le ton admiratif des stances, s'il a pu susciter une telle opinion, ne saurait suffire à lui donner crédit. D'autres écrivains, poètes ou non, célébrèrent alors le génie de la cantatrice et la douleur de sa perte déplorable, sans que l'on fît d'eux de discrets adorateurs.

2. La Malibran était morte le 23 septembre.
3. *Var.* : Le cœur en tout pays... (*R.D.M.*)
4. Le nom de jeune fille de la Malibran était Maria-Félicia Garcia. Elle était la sœur aînée de Pauline Garcia, dont Musset louera les débuts (*Concert de Mlle Garcia* et *les Débuts de Mlle Pauline Garcia*, dans *Mélanges, Œuv. compl. en prose*, Bibl. de la Pléiade, pp. 1002 et 1010). Maria-Félicia était née à Paris le 24 mai 1808 de parents espagnols. Son père, Manuel Garcia, était un ténor réputé; il composait de la musique. Sa mère était une comédienne qui avait de la renommée en Espagne. Maria-Félicia était douée d'une fort belle voix. Sous la sévère discipline paternelle, elle fit dans l'art du chant de rapides progrès. Elle chanta une fois en 1824 au King's Theater de Londres où elle débuta véritablement le 7 juin 1825. Elle suivit peu après ses parents en Amérique où le 23 mars 1826, la veille du jour où elle aurait dix-huit ans, elle épousa M. François-Eugène Malibran, banquier français établi à New-York, naturalisé américain, dont les affaires marchaient mal, qui était accablé de dettes et qui avait la cinquantaine. Malgré la dot de sa femme, il fit faillite.

Mme Malibran revint en France, s'y éprit d'un violoniste belge, Charles de Bériot, dont elle fut la maîtresse et qu'elle épousa à Paris le 29 mars 1836, après avoir obtenu la déclaration de nullité de son mariage avec M. Malibran. Pendant un séjour à Londres, où elle était engagée au Théâtre de Drury-Lane, elle fut, en juillet 1836, victime d'un grave accident de cheval. Elle voulut cependant chanter le soir même et elle eut l'énergie de le faire. Elle remplit son engagement jusqu'à son terme. Elle alla même ensuite chanter à Liége, puis à Aix-la-Chapelle. Mais les suites de l'accident se faisaient sentir avec une acuité croissante. Contrainte à prendre enfin un peu de repos, elle ne prolongea pas ce repos autant qu'il l'aurait fallu et, pour tenir un engagement qu'elle avait pris, elle chanta à Manchester le 12 septembre, puis le 14. Elle était épuisée, mais elle se domina et elle obtint un succès enthousiaste. Elle tomba sans connaissance dans les coulisses après avoir chanté son dernier morceau. Elle l'avait chanté deux fois, parce que l'auditoire la rappelait et bien que le directeur du théâtre lui eût offert de l'excuser; mais, se raidissant, elle lui avait répondu : « Non, je chanterai, mais je suis une femme morte. » (Détails donnés dans la *Biographie Michaud,* d'après des sources anglaises.) La Malibran mourut le 23 septembre, neuf jours après son dernier concert, et deux mois environ après sa chute de cheval.

5. *Var.* : Et *vaincus... (Ms.)*

6. *Var.* : *En vers harmonieux* l'autre l'a cadencée
Et sitôt qu'on l'écoute on lui devient ami
Aux fresques d'un palais Raphaël l'a laissé. *(Ms.)*

— Quel sens Musset donnait-il à l'expression « rythme doré » ? Elle n'est pas claire. Voulait-il désigner des vers bien frappés, peut-être sentencieux comme les vers de Pythagore que l'on appelle précisément « vers dorés » ? Ou (dans le sens, un peu vague, que donne Littré : *Doré :* qui est comme embelli par une couche d'or) de beaux vers, brillants; ou des vers pleins de charme et qui enchantent, dans le sens qu'emploie La Fontaine, dans *le Pâté d'anguille (Fables, Contes et Nouvelles,* Bibl. de la Pléiade, livre IV, fable XI, p. 594) :

> On dit qu'il parlait comme un ange,
> De mots dorés usant toujours.
> Mots dorés font tout en amours.

7. On ne saurait dire quelle Vénus Musset désigne ici ? Est-ce vraiment la Vénus du temple de Cnide, œuvre de Praxitèle ou — et plutôt, je crois — la Vénus de Milo, récemment découverte, amenée au Louvre et que certains admirateurs attribuaient — sans preuve aucune — à Praxitèle ? Ainsi Quatremère de Quincy. (Cf. René Canat : *la Renaissance de la Grèce antique,* p. 52.)

8. *Var.* : ... dans sa *virginité*
À la mort qui l'attend et qui l'a respecté

puis :

> *A l'impuissante mort dont il fut respecté (Ms.).*

9. *Var.* : Ainsi s'en vont à Dieu les *grands noms* d'autrefois
Ainsi *l'immense* écho (*Ibid.*)

10. *Var.* : Au fond *d'un cimetière* (*Ibid.*)
Le corps de la Malibran fut déposé dans l'église collégiale de Manchester, puis transporté en Belgique et inhumé, le 4 octobre 1836, dans le cimetière de Laeken, près de Bruxelles. Le 4 octobre, les stances de Musset n'avaient pas encore paru.

11. Ninette, personnage de la *Gazza ladra (la Pie voleuse)*, mélodrame en deux actes, paroles de Gherardi, musique de Rossini. La Malibran chanta, avec grand succès, le rôle de la jeune paysanne Ninette et le surnom de Ninette lui fut donné par ses familiers.

12. La harpe dont Desdémone s'accompagne en chantant la chanson du *Saule*.

13. Musset rappelle là trois rôles de la Malibran, et qui la firent triompher dans trois aspects bien différents de son talent. — La Rosina, c'est la Rosina de *Il Barbiero di Seviglia* (*le Barbier de Séville*, de Rossini). — Desdemona, c'est la femme d'Othello, dans l'*Othello*, de Rossini. — Corilla, c'est un personnage de *la Prova d'un opera seria (la Répétition d'un opéra sérieux)*, opéra bouffon en deux actes, paroles et musique de Francesco Gnecco. Castel-Blaze admirait beaucoup la Malibran dans ce rôle de Corilla : « Ceux, dit-il, qui l'ont vue danser avec Campanone, faire éclater la gaieté la plus folle dans le duo le plus grotesquement bouffon qu'on puisse imaginer, vêtue d'une simple robe de mousseline blanche, coiffée d'un chapeau de paille, ont encore devant les yeux la ravissante Corilla. Desdémone était bien belle, mais Corilla si leste, si gracieuse, si séduisante, si spirituelle, si jolie, me paraît un prodige plus étonnant. » (*R.P.*, 1ᵉʳ octobre 1836, p. 43.) C'est peut-être parce que c'était l'aspect le moins fréquent de son talent qui était naturellement pathétique ; or, c'est dans le pathétique rôle de la « pâle Desdemona » qu'Alfred de Musset l'admirait le plus et qu'elle l'émouvait le plus profondément.

14. La comtesse Merlin qui avait, pour le chant, été l'élève de Manuel Garcia et qui était restée une grande amie de Maria-Félicia, a raconté, dans ses *Souvenirs sur la Malibran*, qu'un jour sur un plateau qui domine la ville et le port de Naples, la Malibran, venue en partie champêtre avec une bande joyeuse, chantait les couplets d'une tarentelle tandis que ses compagnons la dansaient (*les Loisirs d'une jeune femme du monde*, I, 58).

15. *Var.* : ... *enviée* et *bénie* (*Ms.*)

16. Tous les biographes de la Malibran relatent des actes de sa charité : secours en argent, chants et quêtes au bénéfice de pauvres.

17. Tous ces personnages n'étaient pas endormis de la veille. Cuvier était mort le 13 mai 1832 ; Goethe, le 22 mars de la même année ; Byron, le 19 avril 1824 ; Géricault, le 18 janvier de la même

année ; mais Schiller était mort depuis le 9 mai 1805, il y avait donc plus de trente ans.

18. Cette parole est ancienne, en effet. On l'a entendue de tout temps et chez tous les peuples. *Le Livre de la Sagesse* (IV, 10 et 13) dit : « Comme le juste a plu à Dieu, il en a été aimé et Dieu l'a transféré d'entre les pécheurs parmi lesquels il vivait. (...) Ayant peu vécu, il a rempli la course d'une longue vie. » Le baron de Vorst dit que la même pensée se trouve exprimée, en termes identiques à ceux de Musset, dans un poème sanscrit, le *Khagaphanadschak*, antérieur à l'ère chrétienne (*I.C.C.*, 10 février 1877). On l'a trouvée dans Plutarque *(Consolation à Appolonium)* mais il la cite d'après Ménandre ; c'est le texte de Ménandre : « Celui qu'aiment les dieux meurt jeune » que Sainte-Beuve a mis en épigraphe à sa traduction en vers de *l'Amour et la Mort* de Leopardi (*Portraits contemporains*, IV, 416) ; Hérodote (I, xxx) raconte que la mère de deux jeunes Argiens (Cléobis et Biton), ayant imploré la déesse Héra d'accorder à ses deux fils la plus haute faveur que les dieux pussent accorder à un mortel, la déesse les fit mourir pendant leur sommeil. Cicéron a répété ce récit dans ses *Tusculanes* (I, XLVII) et celui aussi, qui vient de Pindare, de la mort semblable de Trophonius et Agamède. Dans *Les Deux Bacchus* de Plaute, un personnage dit : « Quel chéri des dieux est le mortel qui meurt adolescent... » (Acte IV, sc. VII.) Et, pour rappeler un texte contemporain de Musset et qu'il avait lu aussi, Byron, dans son *Don Juan*, dit (IV, XII) : « Celui qui meurt jeune est aimé des dieux, disait-on jadis. » (*Œuv. compl.* III, 176.)

19. Le peintre Léopold Robert, né à la Chaux-de-Fonds, le 13 mai 1794 ; il se coupa la gorge, à Venise, par désespoir d'amour le 20 mars 1835. On peut citer, parmi les toiles qui avaient assuré sa renommée : l'*Improvisateur napolitain*, le *Retour de la Fête de la Madone de l'Arc*, la *Halte des moissonneurs dans les marais Pontins* qui, au salon de 1831, eut un très grand succès, le *Départ des pêcheurs de l'Adriatique pour la pêche au long cours* qui est son dernier ouvrage et dont le succès fut moindre. Il fut exposé au salon de 1836 et Musset en parla avec émotion dans le compte rendu qu'il fit de ce salon. (Cf. *Œuv. compl. en prose*, Bibl. de la Pléiade, *Mélanges*, p. 969.)

20. Vicenzo Bellini, compositeur de musique, né à Catane, en Sicile, le 1er novembre 1802, auteur de *Adelson e Salvina*, qui fut son premier opéra, de *Bianca e Gernando*, de *Il Pirato*, de *La Straniera* de *Montecchi e Capuletti*, de *Beatrice di Tenda*, et enfin de *la Somnambule* et de *Norma* qui sont aujourd'hui ses œuvres les plus connues. Bellini était venu à Paris en 1833 ; il mourut à Puteaux, le 24 septembre 1835. Il n'avait donc pas encore trente-trois ans.

21. Armand Carrel, né à Rouen, le 8 mai 1800, journaliste, rédacteur en chef du *National*, était mort le 24 juillet 1836, des suites de la blessure qu'il avait reçue l'avant-veille dans son duel avec Émile de Girardin.

22. C'est rappeler le *Paradoxe* de Diderot *sur le Comédien :* « Le

comédien est, quand il joue, un être insensible qui a appris et qui sait rendre sans les éprouver, et rendre d'une façon qui émeuve l'auditeur, les sentiments les plus pathétiques. Cris de douleur, gestes de désespoir, tremblements de la voix, frémissement des membres, pure imitation, leçon apprise d'avance. Singerie sublime dont l'acte a la conscience présente au moment où il l'exécute. » (*Œuvres,* Bibl. de la Pléiade, p. 1033.) La Malibran n'était pas de ces comédiens. Elle cédait en scène à des impulsions imprévues, déroutantes parfois pour ses partenaires. Elle disait elle-même que, dans certaines situations, elle ne pouvait en scène répondre de ses mouvements. (Cf. Legouvé : *op. cit.,* p. 244.)

23. *Var.* : Quel rêve *avais-tu* fait... *(Ms.).*
24. *Var.* : Comme *l'on fait...* (Ms. : Biffé.)
25. *Quand le démon venait que ne le fuyais-tu ? (*Ms. e R.D.M.*)* Ce vers avait le défaut de faire se terminer deux vers consécutifs par la même rime.
26. Giuditta Pasta (1798-1863) fut, comme la Malibran, une grande cantatrice et aussi célèbre. Elle avait, comme la Malibran, une voix d'un registre fort étendu. Les deux cantatrices chantèrent les même rôles et tous leurs auditeurs ne sont pas de l'opinion de Musset. H. Blaze de Bury (*R.D.M.,* 1ᵉʳ octobre 1844) dans une *Lettre à Rossini sur Othello* (signée H. W.) écrivait que « quand il s'agit de la vraie Desdémone » c'est « de la Pasta qu'il faut parler ». Il trouve la Malibran «poétique, ardente, passionnée à l'excès, mais trop souvent ravie à son insu par la fougue de sa nature bondissante » et sacrifiant « presque toujours l'ensemble aux détails ». Il estimait que seule la Pasta « avait saisi et fixé à jamais le côté classique » de Desdémone, et il déclarait : « S'il m'était permis de m'exprimer ainsi, je dirais que l'une en fut la vignette anglaise, l'autre le marbre. »
27. *Var.* : De *ton sein* fatigué *s'exhalait* en ruisseaux *(Ms.).*
28. *Var.* : *Ce que* le médecin... (Ms. : Biffé.)
29. *Var.* : *Et* tu connaissais *l'homme* (Ms. : Raturé.)
30. *Var.* : Et dans ce corps brisé *rass* (Ms. : mot inachevé; commencement possible du mot « rassemblant »).
31. Cf. p. 424 : *Après une lecture,* strophe IX.

P. 341.   L'ESPOIR EN DIEU

1. Publié dans la *R.D.M.,* le 15 février 1838, et non daté; recueilli, non daté aussi, dans l'édition de 1840 des *Poésies complètes;* daté de «février 1838 » dans l'édition des *Amis du Poëte.* Dans la notice de l'édition des *Amis du Poëte* (X, 28), Paul de Musset dit que son frère ayant ouvert un jour un volume de Spinoza, « se sentit pénétré par les formules démonstratives de ce philosophe », et qu'il « engagea dans son esprit la discussion avec lui ». Mais Spinoza ne le convainquit pas et Musset « se mit à lire nuit et jour, avec son ardeur habituelle, tous les livres qui ont traité de ce qu'il est interdit à

l'homme de connaître ; puis, dans un moment d'enthousiasme, il répondit à tous les grands penseurs avec qui il venait de lutter par *l'Espoir en Dieu* ». Dans sa *Biographie,* Paul de Musset donne d'autres précisions. Alfred de Musset, tandis qu'il composait *Frédéric et Bernerette,* donc vers la fin de décembre 1837, fut détourné de ce travail par des réflexions et des lectures provoquées par ces réflexions. Il « était tourmenté depuis longtemps par le problème insoluble de la destinée de l'homme et du but final de la vie », dit Paul de Musset, qui dit ensuite : « Je le voyais souvent, la tête dans ses mains, voulant à toute force pénétrer le mystère impénétrable, cherchant un trait de lumière dans l'immensité, dans le spectacle de la nature, dans son propre cœur, demandant des preuves des indices, à la science, à la philosophie, à toute la création, et ne trouvant que des systèmes, des rêveries, des négations, des conjectures et, au bout de tout cela, le doute. (...) Il lisait avec une ardeur incroyable les anciens, les modernes, les Anglais, les Allemands, Platon, Épictète, Spinoza, jusqu'à M. de Laromiguière lui-même ; et, comme on peut le croire aisément, il ne s'en trouva pas plus avancé. »

Il était souvent rebuté par l'indécision ou l'obscurité de son auteur ; alors il revenait à l'histoire de Bernerette. Un jour, enfin, il dit à son frère, et Paul dit n'avoir jamais oublié cette parole : « J'ai assez lu, assez cherché, assez regardé. Les larmes et la prière sont d'essence divine. C'est un Dieu qui nous a donné la faculté de pleurer et, puisque les larmes viennent de lui, la prière retourne à lui. » Et, conclut Paul de Musset, « dès la nuit suivante il commença *l'Espoir en Dieu* ». La parole de Musset à son frère est un acte de foi en un Dieu, mais en un Dieu fort imprécis. On songe au propos de son Durand au début du *Dialogue* avec Dupont :

J'invoquerais un Dieu, si je savais lequel...

Léon Séché (*Alfred de Musset,* I, 338) dit qu'il savait « de bonne source » que c'est Mme de Castries « qui inspira à Musset les vers immortels de *l'Espoir en Dieu* ». Source non relevée et dont la sûreté me paraît discutable. Alfred de Musset était lié d'amitié avec Mme de Castries. En 1840, quand il eut une grave fluxion de poitrine Mme de Castries fut, avec Mme Jaubert et la princesse Belgiojoso, l'une des personnes amies dont les visites lui furent le plus agréables et le plus salutaires. Elle tâchait à le ramener à la religion. Elle lui fit don d'une *Imitation de Jésus-Christ.* Un jour, après la guérison, répondant à une lettre de Mme de Castries qui lui avait reproché de manquer de foi, Musset lui répondit, et Paul de Musset a publié cette réponse dans les *Œuvres posthumes :* « La croyance en Dieu est innée en moi ; le dogme et la pratique me sont impossibles, mais je ne veux me défendre de rien ; certainement je ne suis pas *mûr* sous ce rapport. » Aucun indice ne permet de penser que, trois ans plus tôt, Mme de Castries ait fait à Musset semblable reproche et suscité ainsi le poème de *l'Espoir en Dieu.* Ce poème, tandis qu'il y travaillait, Musset en parlait à ses amis ; du moins en parla-t-il à Alfred Tattet qui, le 5 janvier 1838, dans une lettre qu'il écrivait à Ulric Guttinguer, disait : « J'ai dîné aujourd'hui avec Alfred, qui fait des vers en ce moment : il adresse quelques questions à l'Être suprême, qui resteront sans doute sans réponse ; du moins il n'y compte pas, même sous la forme de la fameuse statue de pierre. Il va donc porter à Dieu le Père quelques bottes dont il ne mourra pas, mais qui pour tout autre qu'un immortel seraient fort embarrassantes. — En janvier aussi, Alfred de Musset, écrivant à Aimée d'Alton, lui disait de ce poème de *l'Espoir en Dieu,* que Paul de Musset devait déclarer plus tard avoir été composé « dans un moment d'enthousiasme » : « J'ai des vers à faire qui sont indispensables à finir. J'y travaille sans relâche ; je me couche à 7 ou 8 heures et je ne sais pas si j'aurai fini à temps » et, à la fin de la même lettre : « je suis cloué à ces sacrés vers qui m'assomment. » (Texte du manuscrit ; mais dans l'édition des *Lettres d'amour* à Aimée d'Alton, on a imprimé, d'après une correction de Paul de Musset : « Je suis cloué à mon travail ».)

Le titre *l'Espoir en Dieu* semble être venu spontanément et tout naturellement au poète qui, puisqu'il se mettait à la recherche d'un Dieu, devait avoir l'espoir de le trouver. Cette expression, ou plutôt l'expression équivalente : *Spes mea Deus* était la devise de Gilles de Musset qui fut le premier prieur de l'église Saint-Saturnin à Tours. (Renseignement donné par M. Boucheron, inspecteur des monuments historiques à Tours, à la famille Lardin de Musset, qui a eu la grande complaisance de me le communiquer.) M. Boucheron, visitant l'église de Saint-Saturnin en vue de classement comme monument historique, constata que la clef de voûte est « ornée des armes du premier prieur, Gilles de Musset, avec sa devise *Spes mea Deus* ». Et M. Boucheron se demandait si Alfred de Musset n'était pas obsédé par cette devise d'un Musset lorsqu'il écrivit le torturant poème qu'il intitula *l'Espoir en Dieu.* Question à laquelle il serait intéressant, mais à laquelle il est impossible de faire une réponse. Rien ne révèle d'ailleurs que cette devise fût connue d'Alfred de Musset. Connut-il même l'existence du prieur Gilles de Musset, qui n'est nommé ni par Maurice Dumoulin dans son ouvrage sur *les Ancêtres d'Alfred de Musset,* ni par le baron de Maudre dans son *Tableau généalogique de la famille de Musset.* En tout cas, le prieur et le poète employaient la même expression dans des sentiments bien différents. Il y a, chez le poète, l'angoisse que l'espoir ne soit malheureusement déçu ; chez le prieur, une confiance qui aide à supporter le fardeau de la vie et qui en console par l'appât d'une récompense éternelle.

2. Dioclès (*Examen des philosophes,* livre III) dit qu'il [Épicure] vivait de la façon la plus sobre et la plus simple : « Un verre de vin lui suffisait et il buvait de préférence de l'eau (...). » Il nous dit lui-même, dans ses lettres, qu'il se contentait de pain rude et d'eau ; et encore : « Va me chercher un fromage de Cythnos [c'est aujour-

d'hui Ternos, l'une des Cyclades] afin que je puisse faire un meilleur repas quand il m'en prendra fantaisie ». (Diogène Laërce, *Vie, doctrines et sentences des philosophes illustres,* II, 203.)

3. Lucrèce qui, dans son *De natura rerum,* a exposé la philosophie d'Épicure, dit que pour chanter aussi dignement qu'il convient la majesté du monde, il faut n'être point un homme mortel; que celui qui trouva la doctrine que nous appelons la Sagesse et qui délivra notre vie des tempêtes et des ténèbres pour lui donner un port plus tranquille dans la plus claire lumière, ne put être qu'un dieu, et il répète, oui, un dieu. Et c'est Épicure qu'il désigne ainsi. (Cf. les premiers vers du chant V, 1-12.)

Pour les textes d'Épicure et les citations de ses écrits contenues dans les ouvrages des auteurs anciens, cf. Maurice Salvione, *Épicure, Doctrines et Maximes.*

4. Alfred de Musset, dans les premiers vers de *l'Espoir en Dieu,* aspire instinctivement à un peu de joie, comme Épicure aspirait au plaisir, dont il recommandait l'usage modéré, et comme Épicure, Musset sait que la douleur est inévitable. Du reste, Épicure a donné quatre conseils, qu'il appelle un « quadruple remède » que le sage doit « avoir sous la main » : Dieu n'est pas à craindre; la mort est privée de sensibilité; le bien est facile à se procurer; la souffrance est facile à suporter... » (Cf. Maurice Salvoine, *op. cit.,* p. 130.)

5. Cf. l'affirmation d'incroyance dans *Rolla* (p. 274) :

> Je ne crois pas, ô Christ ! à ta parole sainte...

Dans *la Confession* (*Œuv. compl. en prose,* Bibl. de la Pléiade, V, VI, p. 298) : « Ma religion, si j'en avais une, n'avait ni rite, ni symbole, et je ne croyais qu'à un Dieu sans forme, sans culte et sans révélation (...). J'étais comme ivre et insensé quand je vis le Christ sur le sein de Brigitte; mais, bien que n'y croyant pas moi-même, je reculai sachant qu'elle y croyait. » *La Confession* parut le 13 février 1836. Le 15 mars, paraissait dans la R.D.M. la *Lettre à Lamartine* qui contient un acte de foi dans le Dieu de Lamartine « quel qu'il soit... » (p. 334).

Renan, dans un article sur *la Théologie de Béranger,* écrit : « L'homme est religieux au moment où le sentiment de l'infini prend chez lui le dessus sur le caprice ou la passion. » Et Renan cite les vers :

> Je ne puis; malgré moi, l'infini me tourmente,

et les trois vers qui suivent (*Questions contemporaines,* p. 470).

6. Joachim Merlant reconnaît ici l'inspiration de Lamartine (méditation sur *l'Homme*); Lamartine a parlé de la nature; il dit ensuite :

> Mais en vain dans son calme, en vain dans ses fureurs
> Cherchant le grand secret sans pouvoir le surprendre,
> J'ai vu partout un Dieu sans jamais le comprendre!
> ....

> Mais un jour que, plongé dans ma propre infortune,
> J'avais lassé le ciel d'une crainte importune,
> Une clarté d'en haut dans mon sein descendit,
> Me tenta de bénir ce que j'avais maudit;
> Et, cédant sans combattre au souffle qui m'inspire,
> L'hymne de la raison s'élança de ma lyre.

Et Lamartine entonne un hymne à la gloire de Dieu! Musset n'est point mû par un tel élan et ne ressent, à l'idée de Dieu, que l'épouvante devant la nuit d'un mystère.

7. Sur l'inaction des dieux : « Épicure affirme que Dieu est éternel et immortel et qu'il ne prévoit rien ; qu'il n'existe, en un mot, ni Providence, ni destin, mais que toutes choses sont le produit du hasard. Il place son lieu de séjour dans les intermondes. Il y jouit, dans un repos parfait, de la félicité suprême, étant libre de soucis et n'en causant pas à autrui. » (Maurice Salvoine, *op. cit.*, pp. 143-144.)

8. Comme le remarque Joachim Merlant, Lamartine, dans sa méditation *l'Immortalité* a exprimé cet espoir d'une vie éternelle. Il y a même rappelé que le « troupeau d'Épicure » proteste qu'un tel espoir est une vanité; et alors il écrit :

> Qu'un autre vous réponde, ô sages de la terre!
> Laissez-moi mon erreur; j'aime, il faut que j'espère;
> Notre faible raison se trouble et se confond;
> Oui, la raison se tait; mais l'instinct vous répond.

Musset avait certainement lu les *Méditations* de Lamartine, mais il a pu écrire, sans se souvenir de ces vers, que la religion catholique promet aux justes un ciel où ils jouiront d'un bonheur sans fin.

9. Il oscille entre le désir et l'impuissance de croire. Sainte-Beuve avait éprouvé le même tourment. Il s'écrie :

> Pour arriver à toi, c'est assez de vouloir.
> Je voudrais bien, Seigneur; je veux, pourquoi ne puis-je?
> (*À M. Viguier, Poésies complètes*, II, 31.)

10. Y a-t-il dans ce vers, comme on l'a suggéré, un souvenir du grand ouvrage de Lamennais sur *l'Indifférence en matière de religion*, publié de 1817 à 1822 ? Un auteur préoccupé du problème religieux est amené à parler des croyants, des indifférents et des athées par la nature même de son sujet, sans aucun secours adventice.

11. Effroi de ce Dieu qui est à la fois un Dieu de miséricorde et un Dieu de vengeance et que le poète va bientôt appeler un Dieu redoutable.

12. Ce n'est pas là un acte de foi. Le poète dit « je veux » et l'on entend « je voudrais ». C'est le cri de Sainte-Beuve.

13. Cette foi désirée, déclarée même, mais qui voudrait comprendre, n'est pas la foi sans réticence exigée par la religion. Il lui faut surmonter les exigences de la raison. Or, la raison résiste

encore. Elle se remémore les arguments de Voltaire contre la religion, et Voltaire, s'il a lu *Rolla,* doit être assez content de voir qu'à ses fontaines Musset vient maintenant s'abreuver. Les textes à cueillir dans l'œuvre de Voltaire seraient nombreux; pour s'en tenir à la poésie, on se bornera à citer quelques vers du poème *le Pour et le Contre,* qui sont dans l'esprit de ceux de Musset :

> Je veux aimer ce Dieu, je cherche en lui mon père :
> On me montre un tyran que nous devons haïr.
> Il créa des humains à lui-même semblables
> > Afin de les mieux avilir;
> > Il nous donna des cœurs coupables
> > Pour avoir droit de nous punir,
> > Il nous fit aimer le plaisir
> Pour mieux nous tourmenter par des maux effroyables.
>
> (*Œuv. complètes* de Voltaire, IX, 359.)

14. Nouveau sacrifice de l'orthographe à la prosodie.

15. Musset ne se sent sûr de rien. Il ne s'engage en rien. Il ne s'est pas, comme selon Pascal, c'est une nécessité pour l'homme, « embarqué » dans le pari pour ou contre l'existence d'une vie future, et, celle-ci, éternelle. L'existence de Dieu étant admise « si vous gagnez, dit Pascal, vous gagnez tout; si vous perdez, vous ne perdez rien ». Pascal dit encore : » Tout joueur hasarde avec certitude pour gagner avec incertitude. » (Cf. *Œuv. compl.,* Bibl. de la Pléiade, *Pensées,* seconde partie, section II, 3, p. 1214.) Mais quel gain si l'on gagne! Il s'agit d'une infinité de bonheur. Oui, mais quelque minime qu'on la conçoive, l'incertitude subsiste. Et Musset se demande si, après avoir engagé sa vie, il ne sera pas frustré de ce bonheur infini. Et s'il manque à gagner lui rendra-t-on l'enjeu ? L'Obermann de Sénancour écrit que Pascal a dit une puérilité quand il a dit : « Croyez, parce que vous ne risquez rien de croire, et « que vous risquez beaucoup en ne croyant pas. » Ce raisonnement est décisif s'il s'agit de la conduite, il est absurde quand c'est la foi que l'on demande. Croire a-t-il jamais dépendu de la volonté ? » Non, certes, mais le pari n'implique pas la foi puisqu'il postule une possibilité, non pas de perte, mais de manque à gagner.

16. Pascal dit de l'homme : « Il n'est ni ange ni bête, mais homme. » (*Œuv. compl.,* Bibl. de la Pléiade, *Pensées,* 1re partie, chap. III, 4, p. 1170). Et qu'est-ce que l'homme ? « Un roseau pensant » (*op. cit.,* 1re partie, chap. III, 2, p. 1156). Racine, dans sa méditation sur *l'Homme* dit : « Un atome pensant ». La pensée est la gloire et le tourment de l'homme. Par la pensée, il est moins heureux que l'ange et plus malheureux que la bête. Ne peut-on imaginer quelqu'un qui, au contraire de Musset, aspirerait à être ou plus ou moins qu'un homme ? Mais ici, il n'y a plus de choix à faire. La fuite hors de l'humanité, Musset vient de le dire, est impossible.

17. Cf. dans *Idylle* (p. 364) où Albert dit :

> Et la satiété qui succède au désir...

Et Lucrèce (IV, 1226-1227) :

> *Nequicquam, quoniam medio de fonte leporum*
> *Surgit amari aliquid quod in ipsis floribus cingat.*

De la source même du plaisir jaillit je ne sais quelle amertume qui verse l'angoisse aux amants jusque dans les fleurs (traduction d'Henri Clouard).

18. Le doute, ver rongeur de l'esprit avide de certitude, et que Musset ne parvient pas à détruire en lui; comme d'ailleurs le Frank de *la Coupe et les Lèvres,* disant (acte IV, p. 196) :

> Si le doute, ce fruit tardif et sans saveur...

19. C'est le leit-motiv de la poésie de Musset.
20. Dans *Rolla* (p. 273) autre rappel de « Vénus Astarté, fille de l'onde amère ».
21. C'est à Épicure que pensait Musset quand, dans *la Confession,* l écrivait (*Œuv. compl. en prose*, Bibl. de la Pléiade, II, II, p. 141) : « La première fois que j'ai vu des débauchés à table, j'avais entendu parler des soupers d'Héliogabale, et d'un philosophe de la Grèce qui avait fait des plaisirs des sens une espèce de religion de la nature. » M. Jean Giraud rapproche de ce passage une phrase de Mme de Staël : « Tandis que les Grecs s'unissaient à la nature par ses plaisirs, les gens du Nord s'élevaient jusqu'au Créateur par les sentiments religieux. » (*De l'Allemagne,* III, II, 385.)
22. Dans *Rolla* (p. 274) :

> Je suis venu trop tard dans un monde trop vieux.

23. Dans ces vers d'un chercheur qui revient de son enquête sans avoir trouvé ce qu'il cherchait, il y a plus que du regret et de la déception. Il y a du dépit. Musset est irrité contre les philosophes dans les œuvres desquels il a cherché une certitude qu'il n'y a pas trouvée. Ces philosophes étaient pour la plupart des chercheurs comme lui et beaucoup étaient comme lui moins préoccupés d'eux-mêmes que de l'objet de leur recherche. Tous n'ont pas abouti à la même certitude, ils n'ont pas tous découvert la même vérité; après avoir cherché avec bonne foi, ils n'ont pas tous professé la même foi, mais il leur a fallu sacrifier à cette foi les exigences de la raison; ce sacrifice nécessaire, Musset ne parvient pas à s'y résoudre. Il blâme ces philosophes de leur impuissance. Se révèle-t-il plus puissant qu'eux ?
24. « Système des Manichéens. » (Note d'A. de Musset.) — Les Manichéens, sectateurs du Persan Manès (IIe siècle), qui mêlait des éléments de christianisme à des doctrines de religions orientales et qui reconnaissait en effet, comme Zoroastre, deux dieux rivaux, un dieu du bien et un dieu du mal, le dieu du bien étant le plus puissant et devant, un jour ou l'autre, finir par l'emporter sur son rival. Il y avait donc, dans cette religion, l'espérance d'un monothéisme.

25. « Le théisme. » (Note d'A. de Musset.) — Le théisme, ou déisme, ou religion naturelle, née de la notion de l'existence d'une cause première et nécessaire du monde, se manifestant sans dogmes et sans culte et consistant, comme dit Voltaire, dans « les principes de morale communs au genre humain » (*Éléments de la Philosophie de Newton ; Œuv. compl.,* XXII, 419). Cette religion est celle de Voltaire qui la déclare « la seule vraie ». Cf. au tome IX de ses *Œuvres,* pp. 461-464, son *Poème sur la religion naturelle.*

26. Musset traite bien légèrement Platon que, sans doute, il ne goûte guère et qu'ailleurs il a même traité de « babillard ».

Stendhal dans sa *Réponse à quelques Objections* (objection de Lamartine à M. de M. [de Mareste], veut bien saluer en Platon un « poète sublime », un « poète entraînant », un « écrivain de premier ordre », mais, pas plus que Musset, il ne reconnaît en Platon un philosophe ; il l'appelle un « raisonneur puéril » (*Racine et Shakespeare,* I, 229).

27. Le Dieu du catholicisme libéral, démocratique même, et déjà moderniste de Lamennais.

28. Diogène Laërce écrivait : « La tradition veut que le premier, il [Pythagore] ait découvert la migration de l'âme qui, décrivant un cercle selon l'arrêt du destin, passe d'un être dans un autre pour s'y attacher. » Et lui-même racontait l'histoire de ses migrations antérieures (Diogène Laërce, *op. cit.,* pp. 118 et 121). — Ce n'est pas la même transformation que décrit Leibniz, mais les progrès incessants qui, par l'action de la force interne qu'est l'appétition, fait s'élever l'âme de la vie végétative à la vie sensitive et à la vie intellectuelle et, devenue intelligence ou esprit, progressant, s'élevant, se perfectionnant encore.

29. Descartes était parti du doute, comme Musset lui-même. La conscience de son doute l'a déterminé à faire effort pour sortir de ce doute qui, comme à Musset, lui était insupportable. De déduction en déduction, concluant du fait qu'il est exposé au doute et à l'erreur, qu'il est un être imparfait, qu'étant un être imparfait, il ne saurait être la cause de son existence, sinon il se serait doué de toutes les perfections ; que son existence est donc l'objet d'une cause extérieure et supérieure à lui, et celle-ci parfaite ; que cette cause créatrice et parfaite est Dieu. Musset ne semble pas avoir suivi Descartes dans cette voie ; car au lieu de rappeler ici la théodicée de Descartes, il n'en rappelle que la physique et dans la physique ce mouvement de la matière qui, entraînant une portion de matière nouvelle dans l'espace que libère la portion de la matière qui se meut, détermine ces tourbillons dans lesquels Musset s'est risqué et où il s'est égaré.

30. Montaigne s'est interrogé, comme Musset devait un jour le faire ; il a, comme Musset devait le faire, lu les écrits des philosophes ; il a fait des lectures plus abondantes que celles de Musset et il a vraisemblablement plus sérieusement médité sur ces lectures ; de l'amas d'opinions diverses qu'il y a recueilli, il n'a tiré aucune certitude, et il formule son scepticisme dans sa célèbre question :

« Que sais-je ? » Il sait, du moins, que des mystères du monde, il ne sait rien et il se connaît comme un être doutant.

31. Les commentateurs de Pascal ont dessiné de lui bien des visages ; les romantiques ont connu un Pascal romantique, troublé par les visions et éperdu de mysticité jusqu'à la folie. Sur la recherche de Dieu, qui est l'objet du poème de Musset, Pascal reconnaissant l'impuissance de la raison à démontrer l'existence de Dieu, soutient que l'intérêt de l'homme est de parier que Dieu existe (cf. p. 163, n. 15). Mais le cœur supplée à l'infirmité de la raison ; il a ses raisons que la raison ne connaît pas. Si Dieu n'est pas sensible à la raison, il peut être sensible au cœur et là est le fondement de la croyance. Musset, ici encore, n'a pas retenu ce qui aurait le mieux convenu à son inquiétude présente.

32. Pyrrhon (IVe siècle avant J.-C.) ne trouvant, dans la mêlée des opinions, aucune opinion plus convaincante que les autres, en concluait « qu'on ne peut connaître aucune vérité » et que la sagesse est de s'abstenir de tout jugement sur le bien ou le mal. Il est le maître des sceptiques, dont la philosophie aboutit au « que sais-je ? » de Montaigne. Les sceptiques ne se disent certains d'aucune réalité et prétendent ne discerner que des apparences. « Ils ne nient pas qu'on voie ; ils ignorent seulement comment on voit. Nous acceptons tout ce qui apparaît, disent-ils, mais nous ne disons pas que ce soit tel que nous le voyons. » (Diogène Laërce, *op. cit.*, II, 192.)

33. Zénon (360-263 av. J.-C.) était de Cittium en Phénicie. Il est reconnu comme le maître de l'école stoïcienne, dont La Bruyère résume ainsi les principes : « Les stoïques ont feint qu'on pouvait rire dans la pauvreté, être insensible aux injures, à l'ingratitude, aux pertes des biens, comme à celle des parents et amis, regarder froidement la mort, et comme une chose indifférente qui ne devrait ni réjouir ni rendre triste ; n'être vaincu ni par le plaisir ni par la douleur, sentir le fer ou le feu dans quelque partie de son corps sans pousser le moindre soupir, ni jeter une seule larme ; et ce fantôme de vertu et de conscience ainsi imaginé, il leur a plu de l'appeler un sage. » Le Dieu des stoïciens est la nature elle-même, et ce Dieu est une Providence car son premier soin est de faire que le monde dure le plus longtemps possible. Ce panthéisme ne répondait pas à l'aspiration de Musset en quête d'un Dieu individuel.

34. On a rappelé (p. 770, n. 25) que Voltaire se déclarait théiste. Dans le présent vers Musset ne voit en Voltaire que le démolisseur qu'il dénonçait déjà dans la quatrième de ses *Lettres de Dupuis et Cotonet* (*Œuv. compl. en prose*, Bibl. de la Pléiade, p. 875). Voir aussi le poème de *Rolla*, texte et notes, p. 283.

35. Spinoza (1632-1677) n'a pas cherché son Dieu en vain ; il l'a trouvé et, dans la première partie de l'*Éthique*, il en a précisé la conception en un enchaînement rigoureux de théorèmes. Il conçoit Dieu comme une substance unique et éternelle de laquelle émane nécessairement et sans cesse tout ce qui constitue le monde

dont il est ainsi la cause immanente. Sont attributs de cette substance l'étendue dont les modes sont les corps, et la pensée dont les modes sont les âmes ; l'homme, étant âme et corps, participe des deux substances. Ce système est un panthéisme fataliste où la volonté n'a point place (cf. *Œuv. compl.*, Bibl. de la Pléiade).

36. « Locke. » (Note d'A. de Musset.) — Locke (1632-1705) ne mérite pas d'être traité de sophiste. Il professe que l'origine de nos connaissances est dans la sensation et que leur limite est, par une conséquence naturelle, la limite même de notre expérience. La sensation provoque la réflexion mais la réflexion n'est que l'observation des phénomènes intérieurs. Un tel système rejette les idées innées et exclut la connaissance de l'essence des choses. Musset ne pouvait admettre les bornes ainsi posées à l'esprit par cette sorte de matérialisme.

37. « Kant. » (Note d'A. de Musset.) — Emmanuel Kant (1724-1804). Il est probable, comme le pensent Joachim Merlant et Jean Giraud, que Musset ne s'était pas astreint à lire les œuvres de Kant. Il est possible que, comme ils l'ont supposé aussi, il eût pris son assertion de la création kantienne de Dieu, dans l'ouvrage *De l'Allemagne* d'Henri Heine, qui écrit, au sujet de la *Critique de la raison pure* : « Dieu est, selon Kant, un *noumène*, c'est-à-dire un être inconnaissable par la raison, les noumènes étant « les objets tels qu'ils sont en eux-mêmes » par opposition avec les *phénomènes* qui sont « les objets tels qu'ils nous apparaissent ». Par suite de l'argumentation de Kant, dit Heine, cet être idéal et transcendantal, qu'on avait jusqu'alors nommé Dieu, n'est qu'une supposition. C'est le résultat d'une *illusion* naturelle. » Heine dit aussi que la *Critique de la raison pure* « est le glaive qui tua en Allemagne le Dieu des déistes » (*De l'Allemagne*, I, 85 et 95). Concevoir un univers sans Dieu — et l'athéisme l'a fait — n'est point conclure au néant. D'ailleurs ce Dieu que la *Critique de la raison pure* a tué, *la Critique de la raison pratique* le ressuscite. Ce Dieu que la science humaine ne peut connaître, nous pouvons en avoir la révélation par la morale. La loi morale est, pour l'homme, la réalisation du Souverain bien, cette réalisation, la vie mortelle est impuissante à l'atteindre et cette impuissance postule l'immortalité ; alors la morale atteindra son point de perfection et l'esprit humain concevant naturellement le souverain bien comme la fin suprême de l'univers, comme une volonté douée d'une sagesse et d'une puissance infinies, le nommera son Dieu.

38. Dans *la Confession* (*Œuv. compl. en prose*, Bibl. de la Pléiade, I, VII, p. 121) : « Est-ce donc vrai que tu sois vide ? m'écriai-je en regardant un grand ciel pâle qui se déployait sur ma tête. Réponds ! réponds ! Avant que je meure, me mettras-tu autre chose qu'un rêve entre ces deux bras que voici ? »

39. Le premier chapitre des *Caractères* de La Bruyère (chapitre *Des ouvrages de l'esprit*, Bibl. de la Pléiade, p. 65) commence par cette affirmation célèbre : « Tout est dit, et l'on vient trop tard

depuis plus de sept mille ans qu'il y a des hommes, et qui pensent. »

40. L'abbé Bourgoin dans son ouvrage *la Chaire française au XIIe siècle* (pp. 117-118) cite des fragments des sermons de Hugues de Saint-Victor, mort en 1141, et notamment d'un sermon où il met en contradiction les philosophes : « Il les fait voir raisonnant, argumentant, subtilisant pour expliquer le monde, et Dieu caché qui sourit de pitié devant leurs prétentieuses tentatives. » Suit l'énoncé de leurs contradictions. Et cette conclusion d'Hugues de Saint-Victor : « Dieu a livré le monde à leurs disputes; et lui reste caché jusqu'à la disparition de ces disputeurs et de ces chercheurs de vanités... Celui qui veut disputer sur les choses de ce monde, celui qui veut y chercher la satisfaction de ses désirs, celui-là ne peut trouver ce que Dieu a voulu faire dans ses œuvres depuis le commencement jusqu'à la fin. » À cet endroit l'abbé Bourgoin met en note cette remarque : « Cette page ne rappelle-t-elle pas *l'Espoir en Dieu*, par Alfred de Musset ? C'est la même pensée, développée dans le même ordre, aboutissant à la même conclusion :

> Ah! pauvres insensés, misérables cervelles...

et les trois vers qui suivent. La différence entre Hugues de Saint-Victor et Alfred de Musset, c'est que le Dieu auquel Musset aspire, Saint-Victor le possède; que l'un est mû par une espérance inquiète, l'autre par une foi assurée.» — Dans un article sur *Alfred de Musset et Chateaubriand* (R.H.L.F., avril-juin 1929) M. Jean Giraud, rappelant qu'au chapitre *Des lois morales et du Décalogue* (*Génie du Christianisme*, Ire partie, liv. II, chap. IV) Chateaubriand, après l'énumération des lois du second Zoroastre, des lois indiennes, égyptiennes, des lois de Solon, de Minos, des lois primitives de Rome, des lois des Gaulois et des Druides, des lois de Pythagore, écrit : « Tel est à peu près tout ce qu'on peut recueillir de cette antique sagesse des temps, si fameuse. » Et M. Jean Giraud dit : « N'est-ce pas là le mouvement même, presque les termes du beau mouvement de *l'Espoir en Dieu* ?

> Et depuis cinq mille ans... etc. ?

Et bien que l'analogie puisse s'expliquer par une simple rencontre, ne pourrait-elle pas provenir aussi d'une curieuse réminiscence ? » (P. 245.) Il se peut bien qu'il y ait là une réminiscence, mais il se peut avec autant de vraisemblance, comme le supposait aussi M. Jean Giraud, qu'il n'y en ait point, et que son sujet seul ait inspiré ces vers à Musset.

Émile Faguet, dans une leçon sur Lattaignant (l'abbé Charles-Gabriel de Lattaignant, 1697-1779) à propos de la poésie de cet auteur, *Réflexions sérieuses*, trouve «stupéfiant que ce petit chansonnier, ce poète de cabarets et de ruelles, ait pu écrire une poésie qui fait songer à *l'Espoir en Dieu*, qui en a, sinon l'emportement lyrique, du moins toute la vigueur éloquente, la puissance de conviction et de trouble intérieur. » (*Histoire de la Poésie française*, XI, 28-29). On peut rapprocher des vers de Musset, ces strophes de Lattaignant :

> Je suis né sans connaissance,
> Dans le doute j'ai vécu,
> Et je meurs dans l'ignorance,
> Ô ma pauvre âme où vas-tu ?
> ....
> Ô savants, de votre étude
> Voilà donc l'unique fruit !
> Une triste incertitude
> Est tout ce qu'elle produit.

41. Dans l'*Imitation de Jésus-Christ* (II, IV) : *Duabus alis homo sublevatur a terrenis : simplicitate silicet et puritate*. L'homme a deux ailes pour savoir : la simplicité et la pureté.

42. De Pascal (*Œuv. compl.*, Bibl. de la Pléiade, *Pensées* Ire partie, chap. 1, p. 1113) : « Le silence éternel de ces espaces infinis m'effraie ! »

43. Musset espère donc que Dieu, ce Dieu si imprécis, lui répondra. Le Dieu de la Bible et de la religion catholique, dans le poème *le Mont des Oliviers* de Vigny, ne répondit pas à la prière que, dans une nuit d'angoisse, le Christ, son fils pourtant, lui adressait. Ce poème parut dans la *R.D.M.* le 1er juin 1843. Près de vingt ans plus tard (en 1862), dans un mouvement de révolte et de farouche fierté, Vigny y ajouta la strophe fameuse qu'il intitula *le Silence* et dans laquelle il prophétisait que s'il est vrai que le Ciel soit

> Muet, aveugle et sourd au cri des créatures,

et qu'il « nous laissa comme un monde avorté »,

> Le juste opposera le dédain à l'absence
> Et ne répondra plus que par un froid silence
> Au silence éternel de la Divinité.

(*Œuv. compl.*, Bibl. de la Pléiade, *Poëmes philosophiques*, p. 206.)

Marc Citaleux (*Alfred de Vigny*, p. 492) dit que l'on pourrait trouver dans *le Mont des Oliviers* une réponse à *l'Espoir en Dieu*. Tandis que Musset s'humilie devant le Dieu qu'il désire et le prie, Vigny proclame la vanité de la prière. Nous pouvons opposer l'un à l'autre ces deux poèmes ; mais on ne saurait affirmer que dans la conception de Vigny il y ait eu une opposition préméditée.

44. « Il est juste, il est bon. » Ce sont les termes mêmes de Lamartine dans un vers de sa méditation sur *Dieu* :

> Il est seul, il est un, il est juste, il est bon.

45. Renan dans l'article déjà cité (p. 766, n. 5) sur *la Théologie*

de Béranger dit, au sujet du dieu de Béranger et du dieu de Musset : « Le plaisir, essentiellement égoïste, est par conséquent la négation du divin, l'inverse de la religion. (...) Je comprends la religion parfois baroque, mais jamais bourgeoise de M. Alfred de Musset; sa joie n'est pas de la gaîté; quand il veut rire, il se contraint, aussi est-ce le vrai Dieu qu'il adore. » Suit la citation du vers « Je ne puis — malgré moi l'infini me tourmente » et des trois vers qui le suivent, et la citation des huit premiers vers de la prière :

Ô toi que nul n'a pu connaître... etc.

« Mais ce dieu de guinguette et de gens attablés, à qui l'on frappe sur l'épaule, qu'on traite en camarade et en bon vivant, m'irrite comme une usurpation de titre de noblesse. » (*Op. cit.*, pp. 470-471.)

P. 347.　　　　　　À LA MI-CARÊME

1. Poème publié, sans date, dans la *R.D.M.*, le 15 mars 1838; recueilli, sans date aussi, dans l'édition de 1840 des *Poésies complètes;* daté du 4 mars 1838 dans l'édition des *Amis du Poëte*. Les stances *À la Mi-Carême* furent composées après *Emmeline,* publiée le 15 janvier et *l'Espoir en Dieu,* publié le 1ᵉʳ février. Paul de Musset écrit (*Biographie*, p. 194) « ... que les vers *À la Mi-Carême* suivant de très près les deux autres publications prouvèrent encore la mobilité de cet esprit si jeune et si impressionnable ». Puis : « Un soir, dans je ne sais quel bal, il saisit l'occasion de faire un éloge de la valse qu'il méditait depuis le jour où il avait lu, dans les poésies de lord Byron, une critique amère de cette danse. » Déjà, dans *Emmeline* (publiée dans la *R.D.M.,* le 1ᵉʳ août 1837), Alfred de Musset avait critiqué le poème de Byron : « ... il fut question de valse en prenant le thé, et de l'ode de Byron sur la valse. Emmeline remarqua que, pour en parler avec tant d'animosité, il fallait que le plaisir eût excité bien vivement l'envie du poète qui ne pouvait le partager; elle fut chercher le livre à l'appui de son dire... » (*Œuv. compl. en prose*, Bibl. de la Pléiade, p. 411.) Est-ce vraiment par envie et parce qu'il était pied-bot que Byron jugea sévèrement la valse ? Des commentateurs traitent le poème de Byron de « plaisanterie ». Il fut écrit dans l'automne de 1812 et publié l'année suivante. Byron ne le signa pas de son nom, mais du pseudonyme de Horace Hornem. Il fut ensuite recueilli dans les œuvres de Byron. Dans le *Catalogue de la bibliothèque de Paul et Alfred de Musset* sont inscrites deux éditions des œuvres de Byron, l'une en anglais : *The Works of lord Byron, including the suppressed Poems* (Paris, Galignani, 1828, un vol. in-8; n° 93 du catalogue); — l'autre, dans une traduction française : *Œuvres complètes de lord Byron avec notes et commentaires, comprenant des Mémoires par Thomas Moore;* traduction nouvelle par Paulin Paris (Paris, Dondey-Duprey, 1830-1831; 13 vol. in-8, n° 94 du catalogue). Dans cette édition des « œuvres complètes » comme dans d'autres traductions (celle d'Amé-

dée Pichot, par exemple), il manque quelques textes et notamment l'ode à la valse. C'est donc sans doute dans son édition anglaise que Musset avait lu et qu'Emmeline était censée lire cette ode. Elle y est aux pages 502 à 506. Elle est intitulée : *Waltz, an apostrophic hymn.* Elle a été traduite dans certaines éditions françaises. Dans celle de Benjamin Laroche (6ᵉ édition, Victor Lecou, 1847), elle est au t. II, pp. 11-19, avec le titre : *la Valse, hymne-apostrophe.*

2. Autre emploi analogue du verbe courir dans ces deux vers de *Simone* (p. 395) :

> L'herbe courait fraîche et fleurie.

3. Il semble y avoir ici, comme le suppose M. Jean Giraud, une réminiscence de vers de Sainte-Beuve que Musset avait dû lire avec grande attention *(Poésies et Pensées de Joseph Delorme : À Alfred de M.) :*

> Aux fronts voluptueux le bandeau se dénoue
> Et retombe en désordre et les yeux en langueur
> Laissent lire aux amants les tendresses du cœur...
>
> *(Poésies compl.,* I, 149.)

4. Dans *la Confession (Œuv. compl. en prose,* Bibl. de la Pléiade, p. 155) : « L'Allemagne où l'on a inventé cette danse [la valse] est, à coup sûr, un pays où l'on aime ».

5. Les bacchanales étaient les fêtes orgiaques données en l'honneur de Bacchus, que la mythologie grecque appelait Dionysos. Les Bacchantes étaient les danseuses de bacchanales. Elles dansaient les cheveux au vent, le front ceint d'une couronne de serpents et agitant le thyrse, sorte de javelot orné de lierre et, comme il convient en l'honneur de Bacchus, de pampre. Dans la tragédie *les Bacchantes,* d'Euripide, Dionysos, trouvant dans Thèbes où règne le vieux Cadmus, des Thébains rebelles au culte dionysiaque, les anime d'un fougueux délire et les entraîne dans une furieuse bacchanale aux bords du Cithéron. Le petit-fils de Cadmus, Penthès, désireux de voir ces danses, s'avance, revêtu comme les bacchantes, mais l'ayant aperçu et reconnu pour un homme, elles se précipitent sur lui, et le frappant de leurs thyrses, le mettent en pièces; une des plus acharnées contre lui fut sa mère elle-même.

6. Littré dit : « *Gothique,* qui appartient aux Goths (...). Par extension, et par mépris, il se dit de ce qui est trop ancien ou hors de mode. » Le menuet était une danse grave, que l'on dansait sur une musique à trois temps, et qui comportait des révérences gracieuses, sans doute, mais cérémonieuses. C'était, évidemment, toute autre chose que la valse.

7. Jeanne-Marie-Ignace-Theresia Cabarrus naquit en 1773. Elle se maria trois fois : en 1788, avec Jean-Jacques Devin (ou Davin) de Fontenay; elle divorça en 1793; en 1794, avec le conventionnel Tallien, l'un des auteurs de la révolution de Thermidor; elle divorça

en 1802 ; enfin avec le comte de Caraman, qui devint ensuite prince de Chimay. Elle mourut en 1835. — La période la plus éclatante et la plus agitée de son existence fut celle où elle était Mme Tallien. C'était le temps des « merveilleuses ». Mme Tallien fut l'une des plus en vue. Elle régna. Les Goncourt disent d'elle : « Dans le cortège du jabot et des culottes à rosettes de Fréron et de sa jeunesse dorée, elle mène, en souriant, le chœur des scandales de la France. » (*Histoire de la Société française pendant le Directoire,* pp. 299-300.)

8. Délibérations laborieuses qui eurent lieu après la chute du premier Empire et après les Cent-Jours et qui, chaque fois, aboutirent à l'acceptation résignée de la restauration des Bourbons en la personne de Louis XVIII.

9. Alfred de Musset aimait la valse. — Dans *la Confession* (*Œuv. compl. en prose,* Bibl. de la Pléiade, p. 155) il en a fait cet éloge : « À peine entré, je me lançais dans le tourbillon de la valse. Cet exercice vraiment délicieux m'a toujours été cher ; je n'en connais pas de plus noble, ni qui soit plus digne d'une belle femme et d'un jeune garçon ; toutes les danses, au prix de celle-là, ne sont que des conventions stupides ou des prétextes, pour les entretiens les plus insignifiants. » Dans une lettre non datée il écrivait à Mme Jaubert : « Les cirons sont les êtres les plus heureux de la terre ; ils ne vivent qu'un jour, et ils le passent à valser. » Mais, à la valse à trois temps, que l'on dansait surtout, d'abord, il préférait la valse à deux temps qui, selon la comtesse Dash, « avait été introduite en France par les comtes autrichiens Apponyi » (*Mémoires des autres,* IV, 197.) — En mars 1838, il écrira à Aimée d'Alton, à propos d'une soirée, « il y a eu un tour de valse auquel je n'ai pas pris part ; — la valse à trois temps m'assomme décidément. C'est bon pour la province ». Il lui avait écrit quelques jours plus tôt : « Si vous valsiez plus souvent à deux temps, vous sauriez, M. du Moinillon, vous sauriez qu'à cette valse-là, on est obligé de serrer sa valseuse (sur son gilet et non pas sur son cœur). » Cependant dans le passage déjà cité de *la Confession,* il écrivait : « C'est véritablement posséder en quelque sorte une femme que de la tenir une demi-heure dans ses bras et de l'entraîner ainsi, palpitante, malgré elle, et non sans quelque risque, de sorte qu'on ne saurait dire si on la protège ou si on la force. Quelques-unes se livrent alors à une si voluptueuse pudeur qu'on ne sait si ce qu'on ressent auprès d'elles est du désir ou de la crainte, et si, en les serrant sur son cœur (ce n'est pas ici, sur son gilet), on se pâmerait ou on les briserait comme des roseaux . » Aussi la baronne de *Il ne faut jurer de rien* ne permet-elle pas à sa fille d'apprendre la valse à deux temps parce que, dit-elle « c'est indécent ». (*Théâtre complet,* Bibl. de la Pléiade, acte II, sc. 1, p. 377).

10. Cette rotation rapide qu'était devenue la valse en France, Alphonse Karr en déplorait la vogue : « J'ai constaté, dit-il, que lorsque la valse à deux temps, ce tourbillonnement insensé, vertigineux, est venue remplacer la valse à trois temps de nos mères,

que probablement la grâce, la mesure, l'harmonie, une sorte de décence voluptueuse [Musset avait dit « une voluptueuse pudeur] étaient entièrement dans les temps supprimés, car il n'en restait plus dans les temps conservés. » (*Le Livre de bord,* II, 74). — Et Victor Hugo disait (*les Feuilles d'automne,* XXIII) :

> Si vous n'avez jamais vu d'un œil de colère
> La valse impure au vol lascif et circulaire,
> Effeuiller en passant les femmes et les fleurs...

Il s'en élevait en Allemagne même. Ainsi Gœthe fait écrire par Werther après la griserie d'une première valse avec Charlotte : « Je fis alors ce serment qu'une femme que j'aimerais, sur laquelle j'aurais des prétentions, ne valserait jamais qu'avec moi, dussé-je en périr... » (*Werther,* traduction de Pierre Leroux, p. 71.) — Byron a, dans son ode, rappelé ce sentiment de Werther. « Séduisante valse, dit-il, en vain, dans ta patrie, Werther lui-même t'a déclarée trop libre, Werther assez enclin pourtant au vice décent (...) la mode te salue... » Dans cette ode Byron dit encore : « ... Ni le décent David, lorsqu'il dansa devant l'arche, ce fameux pas seul qui donna à causer ; ni l'amoureux fou Don Quichotte, quand, aux yeux de Sancho, son fandango parut dépasser un peu les bornes ; ni la douce Hérodiade quand, pour prix de ses pas gracieux, elle obtint une tête ; ni Cléopâtre sur le tillac de sa galère, n'exposèrent au regard tant de *jambe* et plus de *gorge* que tu n'en montras, divine Valse, quand la lune te vit, pour la première fois, pirouetter aux accords d'un air saxon... » Et : « ... La Valse, la Valse seule, demande tout à la fois et nos jambes et nos bras ; des pieds elle est prodigue et des mains elle n'est pas moins libérale ; elle leur permet de se promener librement, et devant tout le monde, là où jamais auparavant, — mais, je vous en prie, écartez un peu les lumières. Il me semble que ces bougies jettent une clarté trop vive ; ou peut-être est-ce moi qui suis beaucoup trop près ; je ne me trompe pas ; la Valse me dit tout bas : « Mes pas légers ne s'exerceront jamais mieux » que dans l'ombre ! » Mais ici, la Muse s'arrête par bienséance, et prête à la Valse son jupon le plus ample. » Et aussi : « Mais vous dont la pensée ne s'est jamais occupée de ce que seront ou devraient être nos mœurs, qui désirez sagement vous approprier les charmes qui frappent vos regards, répondez : — ces beautés, vous convient-il de les voir ainsi prodiguées ? Toutes chaudes du contact des mains qui ont librement palpé ou la taille légère ou le sein palpitant, quel charme pouvez-vous trouver encore au sortir de cette étreinte lascive, de cet attouchement coupable ? Renoncez à l'espoir le plus cher de l'amour ; renoncez à presser une main que nul n'aura pressée avant vous, à fixer vos regards sur des yeux qui n'ont jamais rencontré sans en souffrir le regard ardent d'un autre que vous ; votre bouche pourra-t-elle convoiter encore ces lèvres que d'autres ont pu approcher d'assez près, sinon pour les toucher, du moins pour les contaminer ? S'il vous faut une beauté pure, n'aimez pas celle-là, ou du moins, faites comme elle, et prodiguez vos caresses à un grand nombre; son cœur s'en est allé avec ses faveurs et, avec lui, le peu qu'il lui restait à accorder... »

P. 350.   DUPONT ET DURAND

1. Dialogue publié, sans date, dans la *R.D.M.*, le 15 juillet 1838 et recueilli, sans date aussi, dans l'édition de 1840 des *Poésies complètes*. Dans la R.D.M. ce dialogue est intitulé *Idylle, par Mlle Athénaïs Dupuis, filleule de M. Cotonet, de la Ferté-sous-Jouarre*, et précédée de cette note : « Nos lecteurs n'ont pas oublié la piquante correspondance de deux habitants de La Ferté-sous-Jouarre avec la *Revue*. Cette correspondance [les *Lettres de Dupuis et Cotonet*] paraît devoir se continuer sous une nouvelle forme et nous n'hésitons pas à recueillir l'épître en vers de la filleule de M. Cotonet. » À la table des matières le titre est disposé ainsi :

... — Dupont et Durand, par Mlle Athénaïs Dupuis, filleule de M. Cotonet. —

Dans l'édition des *Amis du Poète*, ce dialogue est daté de juillet 1838. Paul de Musset (*Biographie*, p. 196) rapporte ainsi l'origine de ce dialogue. « Un soir, des conversations de café dans lesquelles des envieux se permirent de dénigrer devant lui tous les talents contemporains, lui avaient échauffé la bile. La fantaisie lui vint de mettre en vers les doctrines qu'il avait combattues, et de porter la guerre dans le camp de ses adversaires. L'idylle de *Dupont et Durand* fut le résultat de cette boutade satirique. » — Musset revient, dans ce dialogue, sur le sujet qu'il avait traité à peu près deux ans plus tôt dans la deuxième des *Lettres de Dupuis et Cotonet* (*Œuv. compl. en prose*, Bibl. de la Pléiade, p. 853). Il y était traité des humanitaires, que Musset tient pour des utopistes. Il y a un utopiste sur les deux interlocuteurs du dialogue. Mais cet utopiste et son ami sont surtout deux bohèmes d'écrivains, de peu de talent, de beaucoup de prétention, gonflés d'envie par leur juste insuccès; deux «poètes crottés» eût dit Saint-Amant ; deux «pauvres diables » eût dit Voltaire.

2. Charles Fourier, né à Besançon le 7 avril 1772, mort à Paris le 10 octobre 1837. Il fut teneur de livres, mais, intéressé par les questions sociales, il se livra tout à fait à leur étude et formula un système fondé sur l'analogie constante et l'unité générale entre l'homme et l'univers. Sa doctrine phalanstérienne ne fut pas exempte de quelques extravagances. Ses principaux ouvrages sont : *Théorie des quatre mouvements et des destinées générales* (Leipzig [Lyon], 1808, in-8); *Traité de l'association domestique et agricole* (Besançon et Paris, 1822; 2 vol. in-8); *le Nouveau Monde industriel et sociétaire* (Paris, 1829, in-8).

3. Flicoteau était restaurateur au quartier latin, exactement place de la Sorbonne, à l'angle de la rue Neuve-de-Richelieu que l'agran-

dissement de la place a fait disparaître. Le 15 mars 1835, dans *la Revue de Paris*, M. Paul Vermond, au cours d'un article sur *les Restaurants de Paris*, écrivait (p. 120) : « J'ai, je crois, mentionné tous les restaurants d'élite que possède Paris ; le reste ne vaut pas l'honneur d'être nommé, excepté pourtant le poétique Flicoteau délices de l'étudiant, gloire du pays latin. » Dans ce restaurant délicieux on avait un repas pour dix-huit sous, disent certains auteurs, le vin compris et le pain à discrétion. Dans *la Revue de Paris* (troisième livraison de mars 1832), Roger de Beauvoir assurait qu'on y pouvait même dîner pour quinze sous. Flicoteau, dit-il, « a traité l'église et la robe, l'école et le théâtre, Paris et les provinces, les gens de lettres qui font des poèmes pour Seveste et les acteurs qui chantaient *la Marseillaise* à l'Odéon, les professeurs de vers latins, les maîtres d'escrime et les dieux de Saint-Simon ». Les romanciers y menaient leurs personnages : Balzac y en a conduit plusieurs et il l'a décrit dans la deuxième partie d'*Illusions perdues : Un grand homme de province à Paris.* (*La Comédie humaine,* Bibl. de la Pléiade, tome IV, pp. 631-633.)

4. Bicêtre, à quelques kilomètres de Paris. Il y avait un grand établissement hospitalier contenant un hospice pour vieillards et un asile pour fous. Durand ne pensait pas que Dupont fût en âge d'être admis dans la maison des vieillards.

5. Charenton, à quelques kilomètres au sud de Paris et au confluent de la Seine et de la Marne ; il y avait aussi un asile pour aliénés.

6. Ainsi Esther disait à Élise (*Esther,* Œuv. compl. de Racine, Bibl. de la Pléiade, t. I, acte I, sc. 1, p. 835) :

Est-ce toi, chère Élise ?...
Toi qui, de Benjamin comme moi descendue,
Fus de mes premiers ans la compagne assidue...
... Combien ce temps encore est cher à ma mémoire !

7. Joseph Barnave (1761-1793), député à l'Assemblée constituante. Camille Desmoulins (1760-1794) journaliste et député à la Convention. Ce n'est pas le Barnave d'après le voyage de Varennes, touché par la grâce royale et qui se déclarait partisan d'une monarchie mitigée, mais le fougueux extrémiste de l'Assemblée constituante, rival en éloquence et, à la tribune, l'adversaire du trop modéré Mirabeau ; ce n'est pas le Camille Desmoulins, effrayé des excès de la Terreur, mais l'ardent révolutionnaire du Palais-Royal et de la prise de la Bastille, et qui se donna alors le titre de procureur général de la lanterne, que lisait, admirait et pour lesquels s'exposait à la férule l'enthousiaste Dupont. Mais son idole dut être surtout le jeune chevalier de Saint-Just (1767-1794) que Taine représente « raide, engoncé dans sa haute cravate, portant sa tête comme un Saint-Sacrement », plus didactique et plus absolu que Robespierre lui-même, solennel et, dans sa fureur révolutionnaire, implacable, bourrant ses discours accusateurs d'impostures et de commérages. (Cf. *les Origines de la France contemporaine,* VII, 303-305.) Sainte-

Beuve avait dit à peu près la même chose dans son article écrit à propos des *Études sur Saint-Just,* par M. Édouard Fleury (26 janvier 1852), où il dit aussi que costume et propos se peuvent assez bien imiter, et encore :

> De l'aimable Saint-Just les touchants opuscules
> Reposaient sur mon cœur,

fait dire spirituellement M. Alfred de Musset à l'un des parodistes de Saint-Just, comme nous en avons vu plus d'un de nos jours. » (*Caus. du Lundi,* V, 353.)

8. Le Pauvre Diable de Voltaire, dit (*Œuv. compl.,* X, 102) :

> Mordu du chien de la *Métromanie*
> Le mal me prit, je fus auteur aussi.

9. Edmond Eggli (*Schiller et le Romantisme français,* II, 294) dit que « il y a tout lieu de croire qu'il [Musset] parle de lui-même lorsqu'il fait dire à l'un des interlocuteurs de *Dupont et Durand* le vers : « Je dévorais Schiller... » et les sept vers qui suivent. C'est fort vraisemblable, Musset ayant écrit dans une lettre à Paul Foucher, le 23 septembre 1827 : « Je voudrais ne pas écrire, ou je voudrais être Shakespeare ou Schiller. »

10. *Var. :* ... quel cas *l*'on en peut faire (*R.D.M.* et jusqu'à l'édition de 1850 des *Poésies complètes*).

11. Il faisait là ce que faisaient tous les romantiques : Musset s'engoua à ses débuts de l'Espagne et de l'Italie.

12. Hans Sachs, de Nuremberg (1494-1576), cordonnier et poète d'une fécondité extraordinaire. Poèmes, tragédies, comédies, il fit des ouvrages de toutes sortes, et en grand nombre. « Il a de l'inspiration, mais il manque de goût et de méthode », dit A. Bosser (*Histoire de la littérature allemande,* p. 198).

13. Cf. l'épître *Sur la Paresse* où (p. 412) Musset parle de

> ... nos gloires mendiées,
> De patois étrangers nos muses barbouillées.

14. Le Pauvre Diable, de Voltaire, dit (*op. cit.,* pp. 102-103) :

> Dans mon grenier entre deux sales draps,
> Je célébrais les faveurs de Glycère
> De qui jamais n'approcha ma misère,
> ....
> Faute de bas, passant le jour au lit,
> Sans couverture ainsi que sans habit.

15. Les humains que l'attraction passionnée incite à s'assembler se constitueront en groupes, ces groupes s'associeront en séries et ces séries en phalanges dont la demeure sera le phalanstère; ce sera une sorte de monument de l'harmonie sociale. Sénancourt avait fait un rêve de ce genre. C'est le capitaine Bernard qui, dans *la*

Phalange (1848, I, 413-415) signala à Fourier les textes précurseurs que l'on trouve dans les *Rêveries sur la nature primitive de l'homme* que Sénancourt publia en 1799 (un vol. in-8). Il dit, par exemple (mais on se réfère ici à l'édition critique de Joachim Merlant publiée en 1910, par la Société des Textes français modernes, in-16) : « Il serait sublime de trouver dans le concours harmonique de toutes les passions naturelles, la félicité générale et individuelle de l'homme social, la moralité de ses actions, le prix de ses vertus et le terme de ses désirs, sans avoir besoin de recourir au pouvoir dangereux d'opinions hasardées ou chimériques » (pp. 177-178) ; la nature s'offre comme modèle à l'homme, car « elle produit l'harmonie par l'opposition des contraires » (p. 191). Cf. d'ailleurs *le Lyrisme d'Alfred de Musset,* par Mme Valentine Brunet, qui (p. 407) a rappelé cette parenté de pensée.

16. Bénazet, fermier des jeux. Il habitait 108, rue de Richelieu (*Almanach du Commerce* de 1830). — L'hiver, Bénazet séjournait à Paris. Le printemps et l'été, il était à Bade, où il dirigeait les services de la Maison de Conversation dont Musset a parlé dans *Une bonne fortune* (p. 295) et que Bénazet avait organisée (salles de jeu, de bal, de théâtre) avec beaucoup de goût.

17. Scarron, dans son *Épître chagrine à M. d'Elbène,* dit :

> J'entreprends un travail pour le clergé de France
> Dont j'attends une belle et grande récompense :
> C'est, mais n'en dites rien, les conciles en vers,
> Le plus hardi dessein qui soit dans l'univers.
>
> (*Œuvres*, VII, 176.)

18. C. Ladvocat (1790-1854) établi libraire d'abord au Palais-Royal, puis quai Malaquais. Il fut un libraire fameux sous la Restauration. Il édita des œuvres de Chateaubriand, de Villemain, de Guizot, de Victor Hugo, d'Alfred de Vigny, de Casimir Delavigne (l'édition des *Messéniennes* eut un très grand succès). Ladvocat vivait grandement. La révolution de 1830 survint. La librairie Ladvocat périclita et Ladvocat mourut pauvre et isolé. Les hommes de lettres avaient, pour tenter de le sauver de la ruine, écrit le *Tableau de Paris ou le Livre des Cent-et-un* qu'il édita et qui forma douze volumes in-8. Le bénéfice de cette édition ne suffit pas à sauver Ladvocat. Voir sur Ladvocat un chapitre de Philibert Audebrand : *Un éditeur d'il y a soixante-quinze ans,* dans : *les Derniers Jours de la bohême.*

19. Fourier préconise une organisation où l'entente, *l'harmonie,* existerait entre tous les peuples. « L'harmonie, c'est cet état social dans lequel les hommes, instruments aujourd'hui discords, accordés selon les préceptes de la révélation nouvelle, joueront leur partie dans le concert universel.» (Alfred Nettement : *Histoire de la littérature française sous le Gouvernement de Juillet,* II, 52-59.)

20. Musset avait lu Aristophane, comme le montre la première des *Lettres de Dupuis et Cotonet* (*Œuv. compl. en prose,* Bibl. de la Pléiade, p. 835). S'est-il souvenu ici de *l'Assemblée des femmes* où

Proxagora dit à son mari Blépyros : « Maintenant que l'on vivra du fonds commun, que gagnera-t-on à ne pas mettre tout en commun ? » Et « Car les femmes aussi je les mets en commun, de façon qu'elles puissent coucher avec les hommes et faire des enfants avec n'importe qui. » Blépyros finit par demander : « Comment donc, si nous vivons ainsi, chacun sera-t-il à même de reconnaître ses propres enfants ? » à quoi Proxagora répond tranquillement : « Et à quoi bon ? Ils regarderont comme leur père tous les hommes d'un âge avancé. » (*Théâtre* d'Aristophane, II, 307-309.) — Fourier n'abolit pas le mariage, mais n'est-ce pas tout comme que la possibilité pour la femme d'avoir simultanément un favori, un géniteur, un époux, légalement reconnus « plus de simples possesseurs qui ne sont rien devant la loi ? » (*Théorie des Quatre Mouvements*, 1808, in-8, p. 169). La recherche de la paternité y sera aussi malaisée que dans la conception aristophanesque de Proxagora.

21. Louis Reybaud, quelques mois avant qu'y parût le dialogue de *Dupont et Durand*, avait publié dans la *R.D.M.* (15 novembre 1837) l'étude sur Charles Fourier où il dit que Fourier avait « imaginé un monde dont le pivot était l'agriculture et l'association » mais qu'il voulut en régler les détails avec une grande minutie, en des « développements curieux et inouïs et d'une manière diffuse ». « On s'arrêta sur des bizarreries de détail qui prêtaient au sarcasme » et « les parties sérieuses furent dédaignées » (*Études sur les réformateurs ou socialistes modernes*, I, 175). Alfred de Musset s'en prend, lui aussi, aux bizarreries du système. Il raille la profusion des choux et des navets, mais Alfred Nettement, royaliste, rend à ce sujet hommage à Fourier et écrit (*op. cit.*, p. 53) : « Chose remarquable pour un commerçant, Fourier a compris que la première de toutes les industries était l'agriculture, qui produit ces richesses naturelles dont toutes les autres richesses ne sont que l'image. »

22. Le char humanitaire, c'est le chemin de fer. Fourier et les Saint-Simoniens avaient aussi reconnu l'importance de l'industrie, qui était alors dans une phase de grande transformation et de grande expansion. Les Saint-Simoniens s'intéressèrent et participèrent à la construction des chemins de fer qui étaient alors l'un des grands travaux, le plus important et le plus fécond des travaux de l'activité industrielle.

23. Littré dit au mot *Humanitairerie* : « La gent humanitaire, mot de plaisanterie et de dénigrement forgé par A. de Musset. » Et comme exemple de l'emploi de ce mot, il cite le vers de *Dupont et Durand*. Humanitairerie était déjà dans la deuxième des *Lettres de Dupuis et Cotonet*, où est transcrite cette définition soi-disant donnée aux épistoliers par un muscadin de Paris. « *Humanitaire*, en style de préface, veut dire : homme croyant à la perfectibilité du genre humain, et travaillant de son mieux, pour sa quote-part, au perfectionnement dudit genre humain. » Ayant fermé leurs guillemets, les épistoliers écrivent « Amen ». Mais, après une assez longue dissertation, leur curiosité non satisfaite, ils écrivent :

« Messieurs (et mesdames) de l'avenir et de l'humanitairerie, qu'entendez-vous par ces paroles ? Entendez-vous que, dans les temps futurs, on perfectionnera les moyens matériels du bien-être de tous, tels que charrues, pains mollets, fiacres, lits de plume, fritures, etc. ? ou entendez-vous que l'objet du perfectionnement sera l'homme lui-même ? » (*Œuv. compl. en prose*, Bibl. de la Pléiade, pp. 853 et s.)

24. Comme Figaro qui dit, dans son long monologue (acte V, sc. III, *Théâtre compl.* de Beaumarchais, Bibl. de la Pléiade, p. 345) : «... tout le crédit d'un grand Seigneur peut à peine me mettre à la main une lancette de vétérinaire ! Las d'assister des bêtes malades, et pour faire un métier contraire, je me jette à corps perdu dans le théâtre. »

25. On écrit plutôt ce nom : Lathuile. Le cabaret du père Lathuile fondé en 1790, était situé près de la barrière de Clichy. Il acquit une célébrité lors de la défense de Paris contre Blücher, en 1814; Lathuile y avait accueilli les défenseurs de la ville; les ennemis bombardèrent le cabaret. Cet épisode contribua à l'achalandage et donc à la prospérité de l'établissement.

26. C'est à un drame que collabora le Pauvre Diable de Voltaire (*op. cit.*, p. 108) :

Mais un bâtard du sieur de La Chaussée

(Nivelle de La Chaussée (1692-1754) salué comme le père de la comédie larmoyante)

Vint ranimer ma cervelle épuisée ;
Et tous les deux nous fîmes par moitié,
Un drame court et non versifié,
Dans le grand goût du larmoyant comique.

Ce drame fut refusé comme devait l'être le vaudeville de Durand. *Le Pauvre Diable* comparut devant le comité de lecture de la Comédie-Italienne qu'il appelle « l'antre d'Arlequin ». Et il dit :

J'y fus hué ; ce dernier coup de grâce
M'allait sans vie étendre sur la place.

27. Dans *Fantasio*, Fantasio disait (*Théâtre compl.*, Bibl. de la Pléiade, acte II, sc. I, p. 201) à la princesse Elsbeth : « Je suis en train de bouleverser l'univers pour le mettre en acrostiche ; la lune, le soleil et les étoiles se battent pour entrer dans mes vers comme des écoliers à la porte d'un théâtre de mélodrame. » — Musset s'est-il inspiré pour ces luttes d'astres de l'étrange cosmogonie de Fourier, comme le suggère Joachim Merlant ? La cosmogonie de Fourier n'est pas belliqueuse ; elle est harmonieuse, comme tout son système. La terre a causé la mort de la lune, mais innocemment et d'ailleurs elle réparera ce malheur. Alfred Nettement, résumant Fourier, écrit (*op. cit.*, p. 59) que le moment venu « notre globe étant enfin organisé en harmonie, pourra verser au soleil des aromes qui font défaut à cet astre. Ce déficit actuel d'aromes vient

de ce que la terre a été atteinte dans le travail de sa première enfance d'une fièvre putride qu'elle a communiquée à la lune qui en est morte. Mais la terre organisée en harmonie ressuscitera la lune, et alors l'harmonie rétablie entre toutes les planètes de notre système réagira sur l'univers entier ». L'inspiration de Musset me paraît ici tout à fait indépendante du système de Fourier.

28. A-t-on dit « Racine est un drôle »? On a dit en tout cas « Racine est un polisson ! » Le docteur Véron (*Mémoires d'un bourgeois de Paris*, III, 43) raconte que M. Gentil, qui publiait un journal littéraire, *le Mercure bourgeois*, et « qui avait souvent des éclairs d'esprit et de bon sens, inspirait de jeunes écrivains inconnus », avait lancé dans le monde lettré ce jugement bref et célèbre : « Racine est un polisson. » La comtesse Dash (*Mémoires des autres*, III, 116) écrit que dans *les Brioches à la mode* on avait mis « la fameuse appréciation des classiques qui faisait écumer leurs partisans ». Alors on se passionnait pour la littérature :

> Boileau rabâche,
> Corneille est un barbon,
> Voltaire une ganache,
> Racine un polisson.

29. Dans *le Pauvre Diable*, Voltaire fait dire par Lefranc de Pompignan, auteur de *Cantiques sacrés*, parlant de ces cantiques :

> Sacrés ils sont, car personne n'y touche.
>
> (*Op. cit.*, p. 108.)

30. Le Pauvre Diable de Voltaire, dit :

> Et je mentais pour dix écus par mois.

31. À ce Dupont illuminé, à ce Durand cynique, calomniateur et maître chanteur, on a opposé le pauvre joueur de flûte du poème *la Flûte*, d'Alfred de Vigny. C'est un raté aussi. Il joue de la flûte en plein air pour obtenir des passants quelques aumônes. Il a été, tout comme un autre, et avec un « orgueil démesuré » législateur et fondateur de religion. Il n'a pas eu plus de succès que Dupont. Alors, comme Durand, il a recouru à la littérature. Il a fait — sans collaborateur — un drame qui n'a pas été joué; il fut découragé, cependant

> Son esprit surnagea dans les plis d'un journal,

quand lui-même ne surnagea guère (*Œuv. compl.*, Bibl. de la Pléiade, *Poèmes philosophiques*, p. 200).

32. Ce café célèbre dans l'histoire des lettres fut établi en 1639 par François Procope, Sicilien, dans la rue des Fossés-Saint-Germain, devenue ensuite rue de l'Ancienne-Comédie. Il eut une grande vogue au XVIIe et au XVIIIe siècles. Beaucoup d'écrivains y fréquentaient. Cette vogue décrût, sembla reprendre un peu au temps du

symbolisme, puis cessa. Aujourd'hui, «le Procope» est un restaurant populaire. — C'est au café Procope, « dans l'antre de Procope », dit-il, que le Pauvre Diable avait rencontré Jean Fréron.

P. 358.   AU ROI,
                    APRÈS L'ATTENTAT DE MEUNIER

1. Pièce publiée pour la première fois dans la partie *Poésies nouvelles* de l'édition de 1840 des *Poésies complètes*.

Le 27 décembre 1836, comme Louis-Philippe se rendait des Tuileries au Palais-Bourbon pour l'ouverture de la session législative, un coup de feu fut tiré sur lui, quai des Tuileries, par un jeune homme nommé Meunier. Ni le roi ni ses fils qui l'accompagnaient ne furent atteints. C'était le quatrième attentat contre la vie de Louis-Philippe : le premier, le 19 novembre 1832, avait été accompli dans des circonstances semblables, tandis que le roi, allant des Tuileries au Palais-Bourbon, passait sur le Pont-Royal ; on ne sait par qui il fut commis ; un nommé Bergeron fut arrêté et jugé, mais acquitté ; le deuxième attentat, et le plus grave, fut, le 28 juillet 1835, celui de Fieschi, à la suite duquel furent votées les lois dites « lois de septembre » contre lesquelles Alfred de Musset protesta par son poème *la Loi sur la Presse* (p. 472) ; le troisième attentat fut celui d'Alibaude, accompli le 25 juin 1836 et, comme celui de Meunier, près des Tuileries.

Paul de Musset écrit que son frère, partageant l'émotion causée par l'attentat de Meunier, et se souvenant de l'hospitalité qu'il avait reçue à Neuilly « écrivit pour son propre soulagement un sonnet qu'il ne songeait pas à publier mais dont son ami Tattet lui demanda une copie. Tattet communiqua cette copie à M. Édouard Bocher, qui la remit à son frère Gabriel, bibliothécaire du duc d'Orléans ; et les vers sur l'attentat de Meunier arrivèrent, par ce chemin, jusqu'au prince royal » qui en remercia Musset par une très aimable lettre que Paul de Musset a publiée dans sa *Biographie* (p. 178). Peu après, Musset s'étant rendu au château, le duc d'Orléans le remercia et le félicita encore, relut le sonnet en présence de l'auteur à qui il dit : « Je n'ai pas encore trouvé le moment de remettre vos vers au roi ; mais si vous voulez m'attendre cinq minutes, je vais les lui porter à l'instant, et, s'ils lui plaisent autant qu'à moi, je lui dirai que vous êtes là. » Le prince entra chez le roi. Il en revint au bout d'un quart d'heure, le visage décomposé, l'air triste et embarrassé, disant que le roi n'était pas visible en ce moment, mais que ce serait pour un autre jour, qu'il ne fixa pas ; et puis il parla d'autre chose. Alfred crut comprendre que le sonnet avait été lu et qu'il avait déplu. Il supplia le prince de lui dire ce qui, dans ses vers, avait blessé les oreilles royales. Le duc d'Orléans avoua, en rougissant, que c'était la familiarité et le *tutoiement*. « Je ne l'aurais pas deviné en mille », répondit le poète en rougissant à son tour. » (*Biographie,* pp. 178-179.) Le tutoiement est une sorte de « licence poétique » dont de grands rois n'ont pas contesté le privilège aux poètes. Louis XIV, moins délicat en ceci que Louis-Philippe, avait accepté le tutoiement de Boileau.

Sur la copie qu'avait Alfred Tattet, le sonnet est daté du 28 décembre 1836.

P. 358.   SUR LA NAISSANCE DU COMTE DE PARIS

1. Le comte de Paris naquit le 24 août 1838. « La couronne de Juillet, dit Paul de Musset, avait devant elle deux générations d'héritiers. Alfred crut devoir témoigner au prince qui l'honorait de son amitié la part qu'il prenait au bonheur de la famille royale. Il composa des vers sur ce sujet, le jour même (...). Le 1er septembre 1838, la *R.D.M.* publia des stances que les amis de l'auteur firent connaître au duc d'Orléans. Un exprès du château apporta au poète un porte-crayon orné d'un diamant. » (*Biographie*, p. 199.)

Si les vers furent composés le jour même de la naissance, — et l'étendue du poème en fait douter — ils ne parurent dans la *R.D.M.* qu'une semaine après. Ils y sont datés, non du 24 août, mais du 29, date plus vraisemblable, et qui précède en effet de trois jours seulement la publication dans la *R.D.M.* Paul de Musset dément que, ainsi qu'on le prétendit, c'est en reconnaissance de ces stances que Musset fut nommé bibliothécaire du Ministère de l'Intérieur. Le poste avait été offert à Buloz qui ne crut pas devoir l'accepter et qui proposa Alfred de Musset au ministre ; Musset, disposé à accepter, sollicita l'appui du duc d'Orléans ; cet appui ne lui manqua pas, « le duc d'Orléans », dit Maurice Clouard « ayant à cœur de réparer l'accueil déplorable fait par son père au sonnet *Au Roi, après l'attentat de Meunier* » (*Documents inédits*, p. 244).

2. Musset, dans *la Loi sur la Presse*, disait :

> Et je ne suis pas né de sang républicain (p. 472).

3. Allusion aux vers où Marie Stuart, veuve de François II, et retournant en Écosse, exhalait ses regrets de quitter la France :

> Adieu, plaisant pays de France,
> Ô ma patrie
> La plus chérie,
> Qui as nourri ma jeune enfance !
> Adieu, France, adieu mes beaux jours !

4. Hommage à la grande charité de la duchesse d'Orléans.

P. 361.   IDYLLE

1. Paul de Musset dit que ce dialogue était destiné à être mis dans le roman *le Poète déchu*, comme un ouvrage de ce poète (*Biographie*, p. 229). Mais *le Poète déchu* ne fut jamais achevé et l'*Idylle* parut le 1er octobre 1839 dans la *R.D.M.* Elle fut reproduite en

1846 dans un *Keepsake* (*l'Esprit, miroir de la presse périodique,* pp. 103-108) et, le 21 février 1847, mais avec le titre de *Deux Amoureux,* dans *le Journal du Dimanche.*

L'Albert et le Rodolphe de l'*Idylle* rappellent le Célio et l'Octave des *Caprices de Marianne.* Dans une de ses lettres de juillet 1833 à George Sand, Musset reconnaît être lui-même et Octave et Célio; il aurait sans doute reconnu aussi être, suivant les circonstances et l'objet de ses amours, Rodolphe et Albert.

Émile Montégut (*R.D.M.,* 1er mars 1867 et *Nos morts contemporains,* I, 344) dit que l'*Idylle* est une transformation de *la Dryade* de Vigny; Brunetière (*Essais sur la littérature contemporaine,* p. 51) le pense aussi et trouve cette transformation « adroite » et « heureuse ». Certes, Musset avait lu Vigny; certes, le Ménalque de *la Dryade* dit comme aurait pu dire le Rodolphe de l'*Idylle* (*Œuv. compl.,* Bibl. de la Pléiade, *Livre antique,* p. 105) :

> Ida ? j'adore Ida, la légère Bacchante :
> ... sa bouche rit encor
> En chantant Évoë; sa démarche chancelle;

et le Bathylle de *la Dryade* dit, comme l'aurait pu dire l'Albert de l'*Idylle* :

> C'est toi que je préfère, ô toi, vierge nouvelle,
> Que l'heure du matin à nos regards révèle.

Certes, la nymphe de Bathylle « fut toute aux dieux et toute à la pudeur », tandis que la lascive bacchante de Ménalque demandait « encore et Bacchus et l'Amour ». Mais je ne saurais prononcer qu'il y ait là filiation. Alfred de Musset pouvait très bien, il me semble, sans se souvenir de *la Dryade* de Vigny, imaginer deux amoureux qui rappellent le Célio et l'Octave des *Caprices de Marianne.* Émile Faguet, lui, rapproche plus directement l'*Idylle* de Musset de l'églogue IV, *Daphné,* de Fontenelle. Il trouve une ressemblance entre les deux poésies mais sans prétendre qu'il y eut ni transformation ni filiation de la part de Musset.

2. Ainsi, dans *le Chandelier,* Fortunio chante :

> Si vous croyez que je vais dire
> Qui j'ose aimer...

(*Théâtre compl.,* Bibl. de la Pléiade, acte II, sc. IV, p. 350.)

3. Dorat, dans *Ma philosophie,* avait dit :

> Je fis sonner autour de moi
> Tous les grelots de la Folie...

ainsi que le rappelle Mme V. Brunet (*op. cit.,* p. 370). Coïncidence, je pense, les mots *folie* et *grelots* s'accouplant traditionnellement, la folie était représentée sous l'apparence d'une femme joyeuse avec une marotte et des grelots.

4. Dans une lettre datée simplement mardi, mais qui ne peut être que de 1839, et adressée à Mme Jaubert, Musset écrivait :

« Que pensez-vous des trois vers suivants :

> *Lorsque ma bien-aimée* entr'ouvre sa paupière,
> Sombre comme la nuit, pur comme la lumière,
> Sur l'émail de ses yeux brille un *diamant noir ?*

(…) Je veux beaucoup savoir si vous aimez cela. Je l'ai écrit avec deux bonnes choses, un petit mot de vous et le souvenir de Pa [Pauline Garcia, qu'il appelait aussi Paolita]. Je vous préviens qu'on l'a trouvé hardi, mais est-il bien sûr que ce soit un défaut que la hardiesse ? » (Cité d'après l'autographe ; cf. *Correspondance*, p. 162.)

5. Cf. *l'Espoir en Dieu*, p. 768, n. 17.

6. D'Alton-Shee dit (*Mémoires,* I, 90) que Musset, dans ces trois derniers vers, a fait parler Belgiojoso, « sens droit, esprit positif, observateur, ennemi de la métaphysique, insouciant de l'idéal, borné à la réalité ». Mais ces traits conviennent à bien d'autres personnages.

P. 366. SILVIA

1. Conte publié d'abord dans la *R.D.M.* le 1ᵉʳ janvier 1840 et recueilli la même année dans la partie *Poésies nouvelles* de l'édition des *Poésies complètes*.

2. Dédié à Mme Jaubert.

3. « Un roitelet pour vous est un pesant fardeau. » (La Fontaine : *le Chêne et le Roseau; Fables, Contes et Nouvelles*, Bibl. de la Pléiade, livre I, fable XXII, p. 50.)

4. Par les surnoms qu'elle lui avait donnés : *Prince Café, Prince Phosphore du Cœur volant* et aussi, à l'occasion *Prince grognon*.

5. On a vu que Musset avait demandé à Mme Jaubert ce qu'elle pensait de certains vers de l'*Idylle*. « Au moment où il avait publié l'*Idylle*, dit Paul de Musset, la marraine avait fait savoir à son filleul ce qu'elle pensait de ce morceau [on regrette de ne pas avoir la lettre]. Sa lettre finissait par un reproche amical touchant le long silence que la Muse avait gardé : « Paresse, disait-elle, est manque » de courage. » Le filleul répondit gaiement et victorieusement à ce reproche, et les vers à la marraine allaient ainsi à l'adresse du public. » (*Biographie*, p. 335.) On trouvera d'autres réponses de Musset au reproche de paresse que lui faisait Buloz, dans les vers *Sur la Paresse* (p. 410) et dans les *Stances à M. Buloz* (p. 538).

6. C'est un propos tiré des *Mémoires sur la vie* de Duclos : « On sait que Molière, excédé des mauvaises plaisanteries de Racine et de Boileau sur La Fontaine, dit un jour : « Nos beaux esprits ont beau se trémousser, ils n'effaceront pas le bonhomme. » Je ne sais si Musset avait lu ce texte dans Duclos, mais il l'avait certainement lu dans l'ouvrage de son père M. de Musset-Pathay : *Histoire de la vie et des œuvres de J.-J. Rousseau,* I, 363, où ce texte est cité.

7. Alfred de Musset a écrit, sur La Fontaine, quelques lignes charmantes que l'on trouvera dans le volume des œuvres en prose (*Œuv. compl. en prose*, Bibl. de la Pléiade, p. 954), mais qu'il n'est pas mal à propos de citer ici : « Alliance de la prose et de la poésie qui n'est autre chose que celle de la prose et de la versification. Entre les deux limites qui les séparent, un seul esprit français a trouvé une route, celui dont Molière disait : « Le bonhomme vivra » plus que nous. » C'est la seule fois que Molière se soit trompé ; mais le bonhomme allait son chemin, ne se souciant ni de la prose ni de la versification ; il était le maître et, lorsqu'il s'endormait sous les arbres de Versailles, ses gros souliers pleins d'herbes fleuries, il revenait d'un rêve dans un certain sentier où personne après lui ne passera jamais. »

8. Dans le *Catalogue des livres composant la bibliothèque de MM. Alfred et Paul de Musset,* sont mentionnées trois éditions du *Décaméron :* sous le n° 190 une édition de la traduction française d'Antoine Le Maçon, parue à Rouen, chez Jean Berthelin en 1603, in-12 ; sous le n° 191 une édition parue à Londres, en 1772, in-8 ; et sous le n° 189, « *Il Decameron di messer Gio Boccaccio,* Firenze, Molini, 1820, fort vol. in-12, v.f.dent.tr.dor. ». C'est celui-ci qu'Alfred de Musset désigne dans *Silvia ;* Paul de Musset le déclare d'ailleurs (Édition des *Amis du Poëte,* X, 44).

9. L'histoire d'amour, traduite ici, est la huitième nouvelle de la quatrième journée du *Décaméron*. Elle est intitulée dans la traduction Le Maçon : « Hierosme, aymant une jeune fille nommée Silvestre, s'en alla, contrainct par les prières de sa mère, à Paris ; retournant duquel il trouva s'amye mariée, en la maison de laquelle il entra secrètement et mourut près d'elle dans le lict ; puis, estant porté en une église pour estre enterré, elle mourut semblablement sur luy. » (*Le Décaméron,* p. 75.) La traduction de Musset, malgré les exigences du vers, suit de près la prose de Boccace. Il y fait peu de changements ; le premier qui frappe est (et il est secondaire) la substitution du nom de Silvia à celui de Silvestre, qui est celui de la jeune fille dans Boccace.

10. « Proverbe italien. » (Note d'Alfred de Musset.) Mais Le Maçon met « et d'une espine faire un oranger ».

11. Le Maçon traduit plus littéralement : « ... dont je mourrais de deuil » ; mais le propos moins dramatique que lui fait tenir Musset a plus de saveur.

12. Ici Musset abrège. Les tuteurs, dans *le Décaméron,* sont plus loquaces : « Mon fils, tu es désormais grandet, ce sera bien faict que tu commences à veoir toymesme tes affaires ; et à ceste cause nous serions fort contents que tu t'en allasses demourer quelque temps à Paris, où tu verras une grande partie de la rychesse comme se traffique, et oultre ce que tu deviendras là beaucoup mieulx conditionné et plus honneste homme que tu ne le serois ici en voyant ces seigneurs, ces barons et ces gentilz hommes dont il y a

grand nombre et apprendras leurs meurs et conditions, puis après tu t'en pourras retourner icy. »

13. « Une grosse injure ? » ... « Toutes les injures du monde », dit Le Maçon.

14. *Var.* : De sa douleur *aussi* mourut Silvia (Édition des *Amis du Poëte*). — *Aussi* semble préférable, mais, du vivant de Musset, on a toujours imprimé *ainsi*. Correction de Paul de Musset, peut-être.

15. Boccace n'annonce pas avec une telle désinvolture la mort de la jeune femme. Les femmes la voyant affaissée, la veulent soulever et durent reconnaître qu'elle était morte. Alors toutes versent de grands pleurs. Le bruit se répand parmi les hommes et parvient au mari. Il pleure longuement sans vouloir entendre de paroles de consolation. Il raconte à plusieurs l'histoire de la nuit précédente ; ainsi chacun sait comment chacun des deux amoureux mourut et en ressent déplaisir. On les couche l'un près de l'autre ; on les pleure longuement ; après quoi on les inhume dans le même tombeau. Musset, par une heureuse concision, élimine ces détails étrangers à la destinée des deux infortunés amants qui seule nous intéresse.

P. 375. CHANSON

1. Dans la *R.D.M.* où elle parut le 1er décembre 1841, cette *Chanson* n'est pas datée ; elle a été datée de 1835 dans l'édition de 1850 des *Poésies nouvelles*, et du 3 février 1834 en 1866, dans l'édition des *Amis du Poëte*. C'est dire que la date est incertaine. Dans ses *Notes* (inédites) *sur Venise*, Musset a mis cette indication : « Cabaret restaurant du Sauvage, à Venise. — Jardin de Saint-Blaise à la Zuecca. » (Autographe, fonds Lardin de Musset.) Il n'y a aucune précision à tirer de ces indications, sinon que Musset a noté l'adresse d'un restaurant et celle d'un site. Maurice Clouard y a discerné que Musset et George Sand « déjeunèrent ensemble au restaurant du Sauvage à Venise et se promenèrent dans le jardin de Saint-Blaise à la Zuecca » (*Documents inédits*, p. 50). Ils ont pu, en effet, y déjeuner ensemble, à moins qu'ils n'y aient dîné ; Alfred de Musset a pu y déjeuner ou y dîner seul ou n'y jamais dîner ni déjeuner. La promenade à la Zuecca est révélée, non par cette note, mais par la chanson. Paul de Musset la date du 3 février 1834. C'est le dernier jour d'une heureuse éclaircie dans les amours déjà orageuses d'Alfred et de George Sand. Le 4, Musset était malade. La maladie suscite un médecin ; ce médecin fut Pagello, et Pagello devint l'amant de George Sand.

2. Théophile Gautier quand, en 1850, il visita l'Italie, fut, à Venise, hanté par « une chanson d'Alfred de Musset imitée sans doute, dit-il, de quelque vieille poésie populaire » qu'il fredonnait « à mi-voix dans les situations les plus disparates ». Il la fredonnait, — et cette fois c'était de circonstance — un jour qu'il se trouvait avec son compagnon de voyage près de la Zuecca « abréviation de la Giudecca ». Louis de Cormenin supportait ce chant (Théophile

Gautier dit cette scie) avec une « placidité charmante, un imperceptible sourire ironique »; il fit diriger leur embarcation vers la Zuecca et Théophile Gautier fut désenchanté. « Nous n'avons, écrit-il, trouvé à Saint Blaise aucun pré fleuri, et nous n'avons pas pu, à notre grand regret, y cueillir la verveine. Autour de l'église s'étendent des cultures, des jardins maraîchers où les légumes remplacent les fleurs. » Le paysage avait, depuis Musset, changé d'aspect. Après cette déconvenue, Gautier ne chanta plus la chanson de Musset (*Voyage en Italie*, pp. 251-253).

P. 375. CHANSON DE BARBERINE

1. « Voir, dans le recueil des comédies de l'auteur la pièce intitulée *la Quenouille de Barberine* », dit une note de l'édition de 1854. *La Quenouille de Barberine* qui a deux actes et dont Alfred de Musset fit, en 1851, une nouvelle version en trois actes et intitulée seulement *Barberine,* parut dans la *R.D.M.,* le 14 août 1835. La date de 1836 inscrite ici au bas de la chanson est donc inexacte. Cette chanson est, dans *la Quenouille de Barberine*, à la première scène du second acte; dans *Barberine,* à la deuxième scène du troisième acte et il y manque le troisième couplet. Il y a aussi, dans cette pièce, une petite chanson de chasse :

> Quand le coq de bruyère
> Voit venir le chasseur,
> Holà, dans la clairière,
> Lala, landerira.

> Oh! le hardi compère,
> Franc chasseur, l'arme au poing,
> Holà! remplis ton verre,
> Holà! landerira.

(*La Quenouille de Barberine,* acte II, sc. v; *Théâtre complet,* Bibl. de la Pléiade, *Barberine,* acte III, sc. ix, p. 318.)

P. 376. CHANSON DE FORTUNIO

1. « Voir, dans les comédies de l'auteur, la pièce intitulée *le Chandelier.*» (Note de l'édition de 1854.) *Le Chandelier* a été publié dans la *R.D.M.* le 1ᵉʳ novembre 1835. La date de 1836 inscrite en 1854 au bas de la chanson est donc ici encore inexacte. En 1848 Musset remania *le Chandelier* en vue de la représentation de cette pièce au Théâtre Historique. La *Chanson de Fortunio* est au deuxième acte; à la scène iii dans la première version et, dans la deuxième, à la scène iv (*Théâtre compl.,* Bibl. de la Pléiade, p. 350).

P. 377.   À NINON

1. Ces stances furent insérées d'abord dans la nouvelle d'*Emmeline* qui parut dans la R.D.M. le 1er août 1837. Dans cette nouvelle, l'amoureux d'Emmeline songeant à elle et à la déclaration qu'il voudrait lui faire, en énonce le premier vers en marchant dans une rue de Paris (« ce fut, je crois, au coin du carrefour Bussy ») et se trouve « les adresser à un passant » (*Œuv. compl. en prose*, Bibl. de la Pléiade, p. 407). Mais voici, parallèlement au récit d'*Emmeline* et peut-être un peu d'après ce récit, ce que rapporte Paul de Musset. Dans le temps qu'il écrivait la *Confession*, Alfred de Musset était assidu dans un salon, où il crut surprendre entre la maîtresse de la maison et un complice — un amant bien entendu — quelques manœuvres destinées à lui faire tenir entre eux le rôle ridicule de « Chandelier ». Il s'en plaignit. « La jeune femme se disculpa complètement ; mais en se défendant d'avoir voulu inspirer de l'amour, elle ne se défendit pas moins d'en ressentir, de sorte que l'accusateur se trouva vis-à-vis d'elle dans une position embarrassante. » Il tira pourtant de sa mésaventure cet avantage qu'elle lui donna l'idée d'écrire sa comédie *le Chandelier*. Et, comme la jeune femme lui avait déclaré ne désirer inspirer de l'amour ni en ressentir, il en devint amoureux. Mais « il rêvait au danger d'adresser à cette femme une déclaration d'amour par écrit ». Et tout à coup, il s'écria : « Si je vous le disais pourtant que je vous aime ? » C'est la scène du carrefour Bussy, le passant étonné de cette déclaration et en riant, mais l'amoureux décidé à continuer la poésie, l'achevant et, le soir même, la présentant à la jeune femme, comme pour avoir son avis sur cette composition. « La dame lut les vers tout bas d'un air indifférent, et rendit le papier sans rien dire ; puis elle le redemanda, le garda quelque temps ouvert dans sa main, et le mit dans sa poche, comme sans y songer. » Mais elle y songeait. Le lendemain Alfred de Musset se présenta chez elle, appréhendant une réprimande ; la dame était absente. « On le fuyait. Lorsqu'enfin il obtint audience, c'était devant témoin. La dame n'avait point l'air de se souvenir qu'on lui eût adressé des vers. Alfred fit semblant de ne pas avoir plus de mémoire qu'elle ; mais l'amour n'y perdit rien. Ce silence finit par une explication brusque et des aveux complets dont il n'y avait plus à se dédire. » (Cf. *Biographie*, p. 149.) C'est ainsi que Musset devint l'amant de Mme Jaubert. Les amours de Musset ne pouvaient pas être paisibles. Il y eut les soupçons et les orages habituels, et, au bout de trois semaines, la séparation. Cette séparation inspira *la Nuit de Décembre*. Une reprise de ces amours, marquée par les nouvelles *Stances à Ninon*, aboutit à une séparation nouvelle, cette fois au bout de deux semaines seulement, et pour d'autres raisons, et cette nouvelle séparation inspira la *Lettre à Lamartine* (voir pp. 736 et 752). — Dans l'édition de 1854 les vers *À Ninon* sont datés de 1837. Cette

date est inexacte; c'est la date d'*Emmeline*. Les vers *À Ninon* sont de 1835. L'étonnant, c'est que Paul de Musset ne les ait pas admis dans l'édition des *Amis du Poëte*. Il y a eu, au sujet de cette suppression, des notes de plusieurs chercheurs et curieux dans leur *Intermédiaire,* en 1885.

2. À propos de ce deuxième vers où Mme Jaubert qui était une blonde aux yeux noirs est, par antiphrase, « brune aux yeux bleus », on peut rappeler certains propos, tenus au château d'Angerville chez Berryer, et rapportés par Mme Jaubert dans ses *Souvenirs* (pp. 34-35). Mme Jaubert, Berryer et une comtesse causent. Berryer « s'emparant du bras de la jolie comtesse » lui adresse d'une voix émue les deux vers de Musset :

> Si je vous le disais, pourtant, que je vous aime,
> Qui sait, brune aux yeux bleus, ce que vous en diriez.

La dame répond qu'elle le traiterait d'infidèle, car jamais il n'a le cœur inoccupé. Il se tourne alors vers Mme Jaubert. — « Me traiterez-vous aussi durement, chère, si j'introduis en variante : « blonde aux yeux noirs ? » Et Mme Jaubert (Ninon) répond : « Oh ! moi, je répliquerais : « Ce qui me charme dans cette délicieuse déclaration de Musset est l'élasticité de la dédicace. Voyez toutes les variantes auxquelles elle se prête : — Rousse aux yeux verts, blonde aux yeux bleus, brune aux yeux noirs... »

3. Dans *la Confession,* Octave, hésitant devant Mme Pierson, comme Musset devant Ninon, pensait : « Si je lui disais que je l'aime, qu'en arriverait-il ? elle me défendrait peut-être de la voir. » (*Œuv. compl. en prose,* Bibl. de la Pléiade, III, VI, p. 186.)

P. 378. À SAINTE-BEUVE

1. Ces vers ont été publiés d'abord par Sainte-Beuve dans son recueil *Pensées d'août* qui parut en septembre 1837. Ils y sont datés 2 juin 1837, et c'est la bonne date, car ils furent écrits après la lecture de l'article de Sainte-Beuve sur *Millevoye* et cet article avait paru dans la *R.D.M.* le 1er juin. Sainte-Beuve y disait : « En nous tous, pour peu que nous soyons poètes, et si nous ne le sommes pourtant pas décidément, il existe une fleur de sentiments, de désirs, une certaine rêverie première, qui bientôt s'en va dans les travaux prosaïques, et qui expire dans l'occupation de la vie. Il se trouve, en un mot, dans les trois quarts des hommes, comme un poète qui meurt jeune, tandis que l'homme survit. » (*Portraits littéraires, Œuv. de Sainte-Beuve,* Bibl. de la Pléiade, tome I, p. 1024.)

Les vers de Musset, mis en 1850 dans l'édition des *Poésies nouvelles* y ont donc été inexactement datés de juillet 1837. Paul de Musset les a datés : juin 1837 dans l'édition des *Amis du Poëte*.

P. 379. À ALFRED DE MUSSET

1. Ces vers ont été publiés dans *la Revue de Paris* le 24 septembre 1837, à la veille du jour où devait paraître le recueil *les Consolations*. Ils y sont précédés de cette note : « M. Alfred de Musset avait, dans quelques vers, reproché à son ami, M. Sainte-Beuve, de ne plus faire de poésies et il lui rappelait qu'il existe en nous un poète endormi *toujours jeune et vivant*. M. Sainte-Beuve lui répondit par ces vers. » Les vers de Sainte-Beuve ont été mis, en 1850, dans l'édition des *P.N.* de Musset.

2. Dans les *Pensées d'août,* où cette pièce a été recueillie, il y a « *ces* bords » (*Poésies complètes,* de Sainte-Beuve, II, 296).

3. Dans les *Pensées d'août* (p. 297), il y a « *en* ce cœur ».

P. 380. À LYDIE
TRADUIT D'HORACE

1. Il y a d'innombrables traductions de cette ode célèbre; traductions en prose et traductions en vers. On cite ici, comme terme de comparaison, l'une des plus récentes traductions en prose. Elle est de M. François Richard (*Œuvres* d'Horace, I, 117-118).

HORACE. — Tant que je te plaisais, tant qu'un autre amant n'avait pas tes préférences et n'entourait pas de ses bras ta nuque blanche, je vivais plus heureux que le roi de Perse.

LYDIE. — Tant que tu n'aimais pas une autre plus que moi, tant que tu ne me mettais pas après Chloé, Lydie avait une grande réputation; elle était plus célèbre que la Romaine Ilia.

HORACE. — Aujourd'hui la Thrace Chloé est ma maîtresse; elle sait de douces chansons, manie habilement la cithare. Pour elle je n'aurai pas peur de mourir, si les destins permettent à ma chère âme de me survivre.

LYDIE. — Mon cœur est embrasé pour Calaïs de Thurium, fils d'Ornitys, qui m'aime autant que je l'aime. Pour lui volontiers je mourrai deux fois, si les destins permettent à l'enfant de me survivre.

HORACE. — Mais si revenait notre ancien amour, si nos cœurs séparés étaient de nouveau réunis sous le même joug, si je chassais la blonde Chloé, et que Lydie, jadis repoussée, me rouvrît sa porte?

LYDIE. — Alors, quoique Calaïs soit plus beau qu'un astre, et toi-même plus léger que le liège et plus emporté que la violente Adriatique, avec toi je voudrais mourir.

Parmi les traductions en vers que l'on ne saurait énumérer, on peut citer pour le renom de leurs auteurs et pour l'accommodation particulière qu'ils ont faite de cette ode : Molière, qui l'a placée dans le troisième intermède de la comédie *les Amants magnifiques,* où Horace et Lydie dialoguent, ou plutôt chantent, sous les noms de Philinte et de Climène (*Œuv. compl.,* Bibl. de la Pléiade, tome II,

p. 489); et J.-J. Rousseau qui, dans la scène VI du *Devin du village,* les fit chanter sous les noms de Colin et de Colette. Au XIXe siècle, François Ponsard a tiré de cette ode une comédie en un acte, *Horace et Lydie,* jouée à la Comédie-Française le 10 juin 1850, où le texte de l'ode a passé dans le dialogue, à la fin presque de la deuxième et dernière scène.

P. 381. À LYDIE
IMITATION

1. Vers publiés pour la première fois dans l'édition de 1850 des *Poésies nouvelles.* C'est une version plus concise où certaines strophes ne sont qu'une abréviation des strophes correspondantes du premier dialogue.

P. 382. À ALF. T.

1. Sonnet publié dans la *R.D.M.* du 1er décembre 1841 avec comme titre : *À M.A.T.* (Alfred Tattet) et recueilli en 1850 parmi les *P.N.* — Ce sonnet fut composé pendant un des séjours qu'Alfred de Musset faisait chez son ami Alfred Tattet, dans la propriété de Bury, qui appartenait à M. Tattet le père, et qui était dans le voisinage de la forêt de Montmorency, la « forêt chérie », désignée dans le quatrième vers. — On menait joyeuse vie à Bury et le sonnet de Musset est rayonnant de ces plaisirs éphémères. À ce sonnet, Ulric Guttinguer fit une réponse qui suscita une réplique. Il y eut une petite polémique poétique dont on trouvera le détail à propos des pièces qui en restent (voir p. 534 et notes).

P. 383. À UNE FLEUR

1. Vers publiés dans la *R.D.M.* du 1er décembre 1841, où leur titre est : *À une fleur envoyée ;* ils ont été recueillis en 1850 dans les *P.N.* — Dans la *R.D.M.* la pièce n'était pas datée. — D'après Paul de Musset, ce n'est pas une fleur seulement que son frère avait reçue, mais un bouquet, « un tout petit bouquet », il est vrai, « de fleurs blanches, nouées avec un fil d'argent ». Sur les circonstances de cet envoi, Paul de Musset dit : « Chez Mme la duchesse de Castries, Alfred de Musset rencontra une fort belle dame qui venait de lire *l'Espoir en Dieu ;* elle lui fit compliment de la beauté de ses vers, et il répondit, en badinant, mais du ton le plus respectueux, qu'il regrettait de ne pouvoir pas se parer d'un compliment si flatteur comme d'une fleur, qu'on porte à sa boutonnière. La dame partait pour la campagne le lendemain. Quelques jours après, Alfred reçut sous une enveloppe le petit bouquet et, en remerciement, il fit ces vers. » (*Biographie,* pp. 196-197.) — Une lettre de Mme H. Lardin de Musset (fonds Lovenjoul D 3176) permet de dire que cette fleur fut envoyée par la comtesse de Fitz-James,

née de Poilly, cousine de Mme de Castries, et avec qui Musset eut une correspondance. Une lettre de Sainte-Beuve confirme ce dire : ayant écrit le 5 septembre 1838 à Ulric Guttinguer qu'il préfère au poème *Sur la naissance du comte de Paris,* d'autres vers de Musset où « il est vrai qu'il ne s'agit que de fleurettes », il lui écrit à la fin du même mois ou du mois suivant : « Voici ces vers de Musset, Mme D.C. [de Castries] amie de Musset et qui est en correspondance avec lui se promenait à Folembray (Aisne) avec la jolie Mme de F.J. [de Fitz-James] laquelle eut la folle idée d'envoyer par la prochaine lettre de sa cousine une fleurette avec deux ou trois vers, au bas, de Musset et copiés de la coquette main. *Me malo Galatea petit.* De là, la jolie réponse que voici : un peu 18ᵉ siècle, un peu Chaussée d'Antin ou f. [faubourg] S.]Saint] Germain, ce qui revient au même, mais nonobstant charmante. » (*Corresp. générale de Sainte-Beuve,* II, pp. 439 et 445-446), — *Malo me Galatea petit : Galatée me vise avec une pomme.* (Virgile : *Églogues,* III, 64.) — Le baron d'Aldenberg, possesseur d'une copie des vers *À une fleur,* écrivait le 28 avril 1888, à Spoelberch de Lovenjoul, que le texte de cette copie est conforme à celui que donnent les *Poésies nouvelles* de 1850, et que la date imprimée (1838) concordait avec ses souvenirs personnels (Lovenjoul, F. 3165, f⁰ 84).

2. *Var. :* ... qui *t'a* fait venir ? *(R.D.M.)*
3. *Var. :* ... ton *frêle* calice *(Ibid.).*

P. 384.   LE FILS DU TITIEN

1. Une note de l'édition de 1854 dit : « Voir, pour ce sonnet et le suivant, dans le recueil des *Nouvelles* de l'auteur, celle intitulée *le Fils du Titien.* » (*Œuv. compl. en prose,* Bibl. de la Pléiade, p. 428.) Ces sonnets furent composés pour cette nouvelle qui parut dans la *R.D.M.* le 1ᵉʳ mai 1838. Le premier a donc été daté inexactement du 3 mai dans les éditions des *P.N.* — Sur le manuscrit ce sonnet est daté du 15 mars 1837 (Bibl. nat., Ms. fr. nouv. acq. n° 1195.) Mais cette date n'est pas de la main de Musset, elle est incertaine. Il est vraisemblable que ce sonnet et le suivant furent composés, comme le dit Paul de Musset, pendant la rédaction de la nouvelle (cf. *Biographie,* p. 195).

2. *Var. : Capricieuse enfant qui* l'oublierez demain *(Ms.).*

P. 385.   SONNET

1. Ce sonnet est daté, dans le manuscrit, du 22 avril 1838. Cette date est fort vraisemblable.

P. 386.   ADIEU

1. Poésie publiée dans la *R.D.M.* du 1ᵉʳ janvier 1843 et non datée ; recueillie en 1850 dans les *P.N.* et datée de 1839. mais Paul de Musset dit que cette poésie est d'un an postérieure à la poésie

À Mademoiselle *** (p. 388) qui est datée de mars 1839. *Adieu*, dans ce cas, serait de 1840. *Mademoiselle* ***, c'est Pauline Garcia, et justement, en janvier 1840, elle alla chanter à Londres. George Sand écrivait le 18 janvier 1840 dans son *Journal intime* : « Pauline [Garcia] part après-demain pour Londres (...) Elle va où l'emportent sa vocation, son dessein, son génie. » (*Journal intime*, p. 109.) Les stances *À Mademoiselle* *** sont d'un poète irrité. (Voir les notes de la p. 799.) Dans les vers intitulés *Adieu*, a dit Paul de Musset, « l'on voit que sa colère s'est fort adoucie. Au moment d'un départ le poète ne sentait plus que le regret d'une séparation ». Et Paul de Musset dit que les stances de l'*Adieu*, comme celles *À Mademoiselle****, « ne furent pas envoyées à leur adresse » (*Biographie*, p. 213).

2. *Var.* : En te *quittant*... *(R.D.M.)*.

3. *Var.* : *Qu'importe ?* pas de plainte vaine
   Avec respect je songe à l'avenir
   Vienne la voile qui t'emmène,
   Sans murmurer je la verrai partir.

(R.D.M.)

P. 386.   SONNET

1. Sonnet publié pour la première fois dans l'édition de 1850 des *Poésies nouvelles*, où il est daté de 1839. Dans l'édition des *Amis du Poëte,* Paul de Musset l'a daté de 1843. Il est impossible de savoir laquelle de ces deux dates est la bonne, ou même, si ce ne serait pas une troisième. Paul de Musset dit que la personne à qui ce sonnet est adressé est une jeune femme amie d'enfance de leur sœur. Elle était mariée, mais ce mariage avec « un homme qui n'avait rien épargné pour la détacher de lui » avait été si singulier, le séjour de la jeune femme « sous le toit conjugal avait été accompagné de circonstances si étranges qu'on se demandait, en hésitant, s'il ne fallait pas la traiter encore en jeune fille ». Elle était voisine des Musset. Elle allait souvent chez eux. « Deux ou trois fois seulement Alfred lui offrit son bras pour la reconduire jusqu'à sa porte. On les rencontra, c'en fut assez pour donner lieu, non à des médisances, mais à des sourires de malice et d'envie. Alfred de Musset ne voulut pas attendre que des sourires on passât aux propos. Il écrivit le sonnet... » (*Biographie*, p. 283.) Une note du dossier anonyme dit que ce sonnet fut adressé à la vicomtesse Maison.

P. 387.   JAMAIS

1. Sonnet publié dans la *R.D.M.* du 1ᵉʳ janvier 1843 et non daté. Daté de 1839 dans l'édition de 1850 des *Poésies nouvelles*. Ce sonnet est, comme le précédent, adressé à une jeune femme mal mariée, mais celle-ci avait la chance d'être veuve. Elle l'était depuis

un an et elle quittait le deuil. Alfred de Musset qui la rencontrait chez Mme Jaubert « lui dit qu'elle était trop jeune et trop belle pour demeurer veuve », mais à la pensée d'un second mariage « elle s'écria : *Jamais !* avec tant de force et d'effroi que le poète en fut saisi » (*Biographie,* p. 288). Des notes de Maurice Clouard, du dossier anonyme (mais c'est la même source) et de l'exemplaire d'Alfred Tattet des poésies de Musset disent que cette jeune femme était la marquise de La Grange, née Adeline Outray.

2. *Var.* : Quel mot prononcez-vous, *madame*... *(R.D.M.).*

3. *Var.* : Vos *beaux* yeux... *(Ibid.).*

P. 388.   IMPROMPTU

1. Impromptu publié pour la première fois dans l'édition de 1850 des *Poésies nouvelles.*

P. 388.   À MADEMOISELLE***

1. Cette poésie a été publiée sans titre et sans date dans la *R.D.M.* du 1ᵉʳ décembre 1841, et mise en 1850 dans d'édition des *Poésies nouvelles* avec la date de mars 1839 et le titre *À Mademoiselle ****. Dans l'édition des *Amis du Poëte,* Paul de Musset la date du 11 janvier 1839. Cette demoiselle innommée, Paul de Musset en parle ainsi : « Il [Alfred] s'adressait alors à une femme, artiste de talent, qui le traitait avec une défiance et une dureté d'autant plus inexplicables qu'il lui avait rendu de véritables services. Je n'ai compris que longtemps après comment et par qui cette personne, d'une intelligence rare, s'était laissée prévenir défavorablement contre un homme dont les galanteries poétiques pouvaient la rendre immortelle. Cette rigueur injuste et sans motif chagrinait Alfred de Musset. Dans un accès de dépit, il écrivit les stances *À Mademoiselle **** » (*Biographie,* p. 313.) Cette artiste était Pauline Garcia, la sœur de la Malibran. Musset avait publié dans la *R.D.M.* deux articles élogieux, l'un, le 1ᵉʳ janvier 1839, sur un concert qu'elle avait donné, l'autre, le 1ᵉʳ novembre, sur les éclatants débuts qu'elle avait faits au Théâtre-Italien.

2. *Var.* : Oui, femmes, *tel est votre empire*
   Vous avez *ce* fatal pouvoir...

                    (Dans une lettre à Mme Jaubert.)

3. *Var.* : *Et quand le tourment* qu'il endure
   Devrait le conduire au tombeau...

4. Dans l'exemplaire d'Alfred Tattet, les deux derniers vers étaient d'abord :

   Le patient à la torture
   Vaut encor mieux que le bourreau.

Ces deux vers ont été biffés et remplacés par les deux vers du texte de 1854. Sans doute Tattet, dans les pages manuscrites dont il grossissait son exemplaire, avait inscrit de mémoire ces stances, que Musset corrigea ou lui fit corriger ensuite.

P. 389.   UNE SOIRÉE PERDUE

1. Poésie publiée dans la *R.D.M.* le 1ᵉʳ août 1840, et non datée; recueillie et datée de juillet 1840 dans l'édition de 1850 des *Poésies nouvelles*.
2. « L'autre soir. » C'était le 14 juillet 1840. On jouait en effet *le Misanthrope* à la Comédie-Française (cf. article de Charles Clerc, *Autour d'une inconnue de Musset* dans *la Revue bleue*, 3 mai 1924). Charles Clerc n'a d'ailleurs pas retrouvé ni donc fait connaître cette inconnue. Il l'a imaginée dans une pièce en un acte et en vers, *Une Soirée perdue*, jouée au théâtre de l'Odéon le 12 décembre 1921 et publiée dans *les Annales politiques et littéraires*, en 1922. — Un soir que Rachel joue chez le comte de Castellane, Musset, dans le petit salon dont on a fait la loge de Rachel, se trouve en présence de l'inconnue d'*Une Soirée perdue*. On pense bien qu'il lui dira qu'il l'aime. Elle est fiancée, mais l'aveu de Musset la trouble. Il respecte ce trouble et ces fiançailles, ce poète qui a toujours respecté les jeunes filles. Il va se retirer. Mais Rachel l'invite à souper chez elle, plus confortablement qu'au premier *Souper chez Rachel*, qu'il a raconté.
3. Dans *Fantasio* (*Théâtre compl.*, Bibl. de la Pléiade, acte II, sc. 1, p. 202), Fantasio avait dit : « Tout est calembour ici-bas et il est aussi difficile de comprendre le regard d'un enfant de quatre ans que le galimatias de trois drames modernes. »
4. Ces vers sont dans un poème paru dans la *R.D.M.* le 15 octobre 1833, et intitulé *les Deux Colombes*. Il fut inséré la même année dans le tome II des *Œuvres inédites d'André Chénier*, éditées chez Charpentier. Dans cette bucolique intitulée *les Colombes* dans les *Œuvres complètes* d'André Chénier, (Bibl. de la Pléiade, p. 507,) ces vers se trouvent deux fois, la première, avec au premier vers : « *Sous leur tête mobile*, un cou blanc, délicat. »
5. *Var.* : Et qu'il *serait* bien temps... *(R.D.M.)*.
M. Pierre Dufay et M. Helpey ont rappelé, dans *l'Intermédiaire* des 20-30 juin 1925, une chanson chantée en Vendômois, pays des Musset, et en Touraine et dont Alfred de Musset a pu ici se souvenir. Cette chanson dit :

> Il est pourtant temps, pourtant temps ma mère (ou *ma mé*)
> Il est pourtant temps de me marier.

Alfred de Musset avait rappelé ce refrain dans la deuxième *Lettre de Dupuis et Cotonet* (*Œuv. compl. en prose*, Bibl. de la Pléiade, *Mélanges*, p. 854).
6. Ce vers, qui est dans le texte de la *R.D.M.*, manque dans l'édition de 1850 des *Poésies nouvelles*, dans celle de 1854 sur laquelle est faite la présente édition, dans d'autres éditions encore, celle

d'Edmond Biré par exemple. L'absence de ce vers a suscité un certain nombre de notes de Léon Deffoux dans *le Mercure de France*, en 1935 : 1ᵉʳ septembre, 15 septembre, 15 novembre. C'est peut-être une omission typographique qui l'a fait manquer au texte de 1850, reproduit ensuite purement et simplement. On le rétablit ici à sa place. Il donne d'ailleurs une rime à *imiter* qui, sans lui, terminait un vers blanc.

7. Juvénal (*Satire I,* v, 79-80) :

> *Si natura negat, facit indignatio versum,*
> *Qualecumque potest...*

À défaut de génie, l'indignation fait les vers ; ils sont ce qu'ils sont.

P. 391.   SIMONE

1. Ce conte a été publié dans la *R.D.M.,* le 1ᵉʳ décembre 1840, où il n'est pas daté. Il a été recueilli et daté en 1850 dans l'édition des *Poésies nouvelles*. — J'ai pu en voir une copie de la main d'Alfred de Musset chez un expert en librairie et en autographes. C'est un manuscrit de neuf feuillets, auquel il manque vingt-deux vers, de : « Puis, travaillant en son absence... » à « Entre les bras du jouvenceau ». Ce manuscrit a passé dans des ventes publiques et a figuré dans le catalogue n° 6 (1933) de la librairie *Incidences* sous le n° 1201 où il est présenté ainsi : « Ce manuscrit porte sur le plat de la reliure le nom autographié de Cécile ; il s'agit de Cécile Delessert, l'amie de Mérimée (...) Il est probable que ce manuscrit fut un présent de Mérimée. » Probable ? Disons simplement possible. Il n'était pas impossible non plus que ce fût un présent d'Alfred de Musset lui-même que l'on voyait dans le salon de Mme Delessert (cf. Marthe Kolb : *Ary Scheffer et son temps,* p. 131). On y voyait aussi Berryer et la copie aurait aussi bien pu être offerte par lui, qui pouvait bien en avoir reçu une de Musset, l'idée du conte de *Simone* étant venue à Musset chez Berryer, au château d'Angerville. À moins que Mme Delessert ne l'ait eu de quelque autre source insoupçonnée. C'est à un tel aveu d'ignorance qu'aboutissent souvent de futiles recherches. Cette copie présente quelques différences de texte signalées par la mention : *Copie C.D.* — En 1840, à Angerville, on parlait beaucoup, comme le dit Paul de Musset, de l'art d'empoisonner et des moyens de constater l'empoisonnement. C'était à l'occasion du procès de Marie Capelle, femme Lafargue, accusée d'avoir empoisonné son mari. De ces conversations « vint le désir de rimer le conte de *Simone* » (*Biographie,* p. 256).

2. *Var. : Je veux voir... (copie C.D.).*

3. Marguerite de Valois, née le 11 avril 1492, sœur de François Iᵉʳ, femme en premières noces du duc d'Alençon, devenue veuve et remariée en 1527 avec Henri d'Albret, roi de Navarre.

4. Émile Faguet dit (*Propos de théâtre,* 2ᵉ série, p. 240) que ces rois derniers vers ont été écrits en songeant à Alfred de Vigny

qui, dit Faguet, « ne pouvait avoir une idée de triolet ou de madrigal sans vouloir y faire entrer la conception générale de l'univers ».

5. Quand, après la défaite de Pavie (25 février 1525), François Ier fut captif en Espagne, sa sœur Marguerite alla l'y rejoindre.

6. *Var. :* Elle *aimait*... En surcharge *aima* (surcharge d'Alfred ou de Paul).

7. Batailles de Rebec en mars 1523; de la Bicoque en 1522; de Marignan le 14 septembre 1515; siège de Fontarabie en 1521.

8. Dans l'*Évangile* de saint Luc (VI, 20) : « Vous êtes bienheureux, vous qui êtes pauvres, parce que le royaume de Dieu est à vous » et dans celui de saint Matthieu (V, 3) : « Bienheureux les pauvres d'esprit parce que le royaume des cieux est à eux. » Ainsi la suprême béatitude est promise à tous les modes de pauvreté.

9. Le sujet du conte que Musset commence ici est pris de la septième nouvelle de la quatrième journée du *Décaméron*. Elle précède immédiatement la nouvelle, d'où Musset a tiré le conte de *Silvia*. Le titre en est, dans la traduction de Le Maçon : « *Symonne aymant Pasquin et estant avecques luy en un jardin, advint que Pasquin se frotta les dentz d'une fueille de saulge, dont il mourut ; icelle Symonne fut prise de la justice et se frotta pareillement d'une de ces fueilles de saulge les dentz, dont semblablement elle mourut.* » Alfred de Musset l'a souvent suivi de fort près, mais il en a modifié ou résumé ou négligé certains passages; il a ajouté quelques réflexions et quelques jolis détails. Imitation qui n'est point un esclavage.

10. *Var. :* De qui Simone fut le nom *(copie C.D. :* surcharge).

11. Le détail : Simone à la fenêtre, n'est pas dans la traduction de Le Maçon, mais les ardeurs de Simone y sont énoncées en termes plus vifs : « ... jettoit en filant, à chasque tour de layne fillée qu'elle entortilloit à son fuzeau, mille souspirs plus cuysans que feu, se souvenant de celuy qui la lui avoit baillée à filer. »

12. À ces derniers vers correspond, dans Le Maçon : « Parquoy sollicitant l'un et prenant l'aultre plaisir d'estre sollicitée, il advint que l'un prenant plus de hardiesse qu'il ne souloit avoir, et l'autre chassant beaucoup de peur et honte qu'elle souloit, ilz firent si bien qu'ilz mirent leurs fuzeaux ensemble... »

13. Cette énumération et cet hommage à la liberté sont des additions de Musset.

14. Dans Boccace, il « se nommoit Puccin, toutes fois on l'appelloit le Strambo ». *Strambo :* cagneux, bancroche.

15. *Var. :* Ce qui *signifie en fuseaux (R.D.M.* et *copie C.D.).*

16. Le Maçon les montre assis au pied d'une « belle et fort grande plante de saulge ».

17. Ceci est différent dans Boccace : « Pasquin, se retournant devers la plante de saulge, en cueillit une fueille et commença à se frotter les dentz et les gencives avec icelle, disant qu'il n'y avoit chose meilleure au monde pour mieulx les nettoyer de tout ordure après le past [la pâture, le repas] ».

18. *ar. : Voulut l'embrasser* et tomba *(R.D.M.* et *copie C.D.).*

19. *Var.* : Sans *une parole dernière* (*R.D.M.* et *copie C.D.*).
20. Boccace dit que Pasquin était « non seulement mort, mais desjà tout enflé, et que le visage et tout le corps estoient pleins de taches noires », mais il ne dit pas que Simone se détourna avec horreur.
21. *Var.* : Plût au ciel! *La foudre* (*copie C.D* : Biffé.)
22. La venue du médecin et le blâme à Lagine sont des inventions de Musset.
23. *Var.* : Et *prévoyant*... (*R.D.M.* et *copie C.D.*).
24. Dans Boccace, « elle se frotta les dentz d'une des fueilles d'icelle saulge », mais les compagnons de Pasquin, voyant en l'action de Simone une « mocquerie », accusèrent avec plus d'insistance « sa meschanceté et ne demandoient autre chose sinon que le feu en fist la punition ; dont la pauvrette, qui du dueil d'avoir perdu son amy, et aussi de la peur de la peine requise par Stramba, demouroit sans sonner mot, tomba pour s'estre frotté les dentz de ceste saulge... ».
25. Le juge, persuadé que la sauge était envenimée, décréta, après un long silence, que cette sauge serait « coupée jusques aux racines et jetée au feu ». On la coupa et « l'on trouva dessouz la plante de ce saulgier un crapaud d'une merveilleuse grandeur, du vent mortifère duquel on juge que cette saulge devoit estre envenymée ».
26. « En relisant les derniers vers, dit Paul de Musset (*Biographie* p. 256), on y reconnaîtra de légères allusions aux débats de la Cour d'assises. » Il y eut dans l'affaire Lafarge, qui passionna l'opinion, autopsie, expertises, contre-expertises, polémiques entre experts.

P. 400. SUR LES DÉBUTS
DE MESDEMOISELLES RACHEL ET PAULINE
GARCIA

1. Strophes publiées dans la *R.D.M.* du 1er janvier 1839 ; elles sont la fin d'un article sur un *Concert de Mademoiselle Garcia*, donné en décembre. Musset y loue aussi la tragédienne Rachel qui avait débuté à la Comédie-Française le 12 juin 1838. A la fin de cet article que l'on trouvera dans les *Mélanges* (*Œuv. compl. en prose*, Bibl. de la Pléiade, p. 1009), Musset écrivait : « Le retour à la vérité est la mission de ces deux jeunes filles. Qu'elles l'accomplissent. Qu'elles aillent leur chemin ! Il ne m'appartient malheureusement pas de les suivre, mais je puis du moins les regarder partir et boire à leur santé le coup de l'étrier. — Tout en rêvant ainsi, je suis allé au concert et comme il faut toujours qu'un rimeur rime ses pensées, j'ai fait tant bien que mal ces strophes. » — Elles sont donc de 1838 et non pas de 1839, comme il est imprimé depuis l'édition de 1850.
2. La fontaine d'Hippocrène, qu'un coup de pied de Pégase fit

jaillir aux flancs de l'Hélicon et dont les eaux sont inspiratrices de poésie.
3. *Var.* : ... enfants *aimés* des dieux *(R.D.M.)*.
4. *Var.* : ... ce *frais* sourire *(Ibid.)*.

P. 401. CHANSON

1. Chanson publiée, sans date, dans la *R.D.M.,* le 1ᵉʳ décembre 1841, et recueillie, datée de 1840, dans l'édition de 1850 des *P.N.* — M. Jean Sigaux, dans *le Courrier de Londres,* du 5 juillet 1891, a raconté que ces vers furent composés en l'honneur d'une femme du monde, la baronne D..., sur l'album de laquelle ils furent écrits, et qu'ils y sont suivis de vers qu'un officier, le futur maréchal Pélissier, duc de Malakoff, s'amusa à composer en employant, mais dans un ordre inverse, les rimes mêmes qu'avait employées Alfred de Musset. Ce fut un petit tournoi poétique. Voici les strophes du soldat :

> Pour chanter la jeune maîtresse
> Que Musset donne au vieux destin,
> J'ai trop parcouru de chemin
> Sans atteindre l'enchanteresse.

> Toujours vers un nouveau désir
> J'ai tendu comme l'hirondelle.
> Mais sans le secours du zéphir
> Qui la porte où son cœur l'appelle.

> Adieu ; fantôme souriant
> Vers qui la jeunesse s'élance,
> La raison me crie en passant :
> Le souvenir vaut l'Espérance.

P. 402. TRISTESSE

1. Sonnet publié, comme les vers précédents, dans la *R.D.M.* du 1ᵉʳ décembre 1841 et non daté ; recueilli et daté de 1840 dans l'édition de 1850 des *Poésies nouvelles ;* daté de Bury, 14 juin 1840, dans l'édition des *Amis du Poëte* et dans un manuscrit du fonds Barthou qui présente une variante. Dans l'exemplaire de Tattet des *Contes d'Espagne et d'Italie* dans lequel ce sonnet a été ajouté, il est daté, avec moins de précision, de « Bury, 1840 ».

Ce sonnet désolé fait un saisissant contraste avec l'allégresse du sonnet :

> Qu'il est doux d'être au monde et quel bien que la vie !...

que Musset avait, deux ans auparavant, composé dans cette même propriété de Bury. Paul de Musset, dans sa *Biographie* (p. 254) écrit : « À la place même où, en 1838, il avait composé le joyeux sonnet :

Qu'il est doux d'être au monde..., Alfred de Musset sentit le changement opéré en peu de temps dans ses idées et dans ses goûts. La vie turbulente qu'on menait à Bury ne lui inspirait que des envies de pousser son cheval dans quelque allée solitaire. Ses amis m'ont raconté qu'un matin, comme il tardait à se lever, ils entrèrent dans sa chambre, et trouvèrent sur sa table un sonnet que plus tard, en le publiant, il a intitulé *Tristesse.* Après avoir laissé deviner l'état de son cœur et de son esprit à des compagnons actifs dont il ne partageait plus les plaisirs, il craignit de les gêner et déserta. »

Dans la nouvelle de *Frédéric et Bernerette,* Alfred de Musset avait deux ans plus tôt, décrit un épisode semblable. « Gérard [ami de Frédéric] partait pour la campagne; il y emmena Frédéric. Les premiers beaux jours, l'exercice du cheval, rendirent à celui-ci un peu de gaieté. (...) Les deux jeunes gens couraient les bois ensemble, et faisaient la cour à une jolie fermière d'un bourg voisin. Mais bientôt arrivèrent des invités de Paris; la promenade fut quittée pour le jeu; les dîners devinrent longs et bruyants; Frédéric ne put supporter cette vie qui l'avait ébloui naguère et revint à sa solitude.» (*Œuv. compl. en prose,* Bibl. de la Pléiade, chap. VII, p. 497.)

2. *Var.* : Quand je l'ai *conquise... (Ms.).* Variante révélée par M. Antoine Guillot, possesseur du manuscrit (Fonds Lovenjoul F. 8172, f° 182).

3. Il y a un accent semblable dans *Stances,* de Léonard, sur le bois de Romainville :

> Amours, plaisirs, troupe céleste,
> Ne pourrai-je vous attirer,
> Et le dernier bien qui me reste
> Est-il la douceur de pleurer?
>
> (*Œuvres* de Léonard, I, 27.)

— M. Grégoire Morgulès dans un article : *Autour d'un sonnet de Sainte-Beuve* (R.L.C., juillet-septembre 1934, p. 481) remarque justement que des vingt-six sonnets que Musset a composés, deux seulement sont réguliers (ont leurs deux quatrains construits sur deux rimes), le sonnet *Tristesse* et le sonnet *à Madame O.* :

> Dieu défend d'oublier les petits ici-bas... (p. 460).

P. 403. LE RHIN ALLEMAND
par BECKER

1. « Cette chanson a été très répandue en Allemagne lors des événements de 1840.» (Note d'Alfred de Musset.) — On en a fait plusieurs traductions françaises; elles ont, en général, six strophes, comme celle-ci. La chanson en avait sept. La strophe supprimée, la sixième et avant-dernière, était, d'après la traduction publiée par Gaston Raphaël dans son petit ouvrage : *le Rhin allemand* (p. 18) :

« Aussi longtemps qu'un poisson soulèvera sa nageoire au fond, aussi longtemps qu'une chanson vivra sur les lèvres de ses chanteurs ! »

En 1840, l'Europe était vivement agitée par la question d'Orient. Les victoires et les conquêtes du pacha d'Égypte, Méhémet-Ali, sur la Turquie avaient fait s'interposer, entre les deux adversaires, les grandes puissances européennes qui, à des titres divers, avaient des intérêts à défendre. Mais, tandis que la France était favorable au pacha, les quatre autres puissances, Angleterre, Russie, Autriche et Prusse étaient favorables au sultan. A l'instigation de l'Angleterre et à l'insu de la France, un traité fut signé entre ces quatre puissances. Une telle entente, dans de telles conditions, fut ressentie en France comme un affront et une menace. L'opinion s'échauffa. La presse devint belliqueuse. Elle se dressait contre la nouvelle coalition des puissances qui avaient signé les traités de 1815. Ces traités eux-mêmes furent remis en question. On estimait que le moment était venu, d'imposer leur revision. La revision des traités de 1815, c'était la revendication, par la France, de la rive gauche du Rhin. L'Allemagne s'en émut, s'en irrita, le sentiment patriotique s'y exaspéra. Ses journaux, ses écrivains devinrent, eux aussi, belliqueux. Un de leurs poètes, Nicolas Becker, obscur jusqu'alors et de peu de talent, fit paraître, le 18 septembre 1840, dans la *Gazette de Trèves*, le *Rhin allemand*. Ce chant fut aussitôt populaire; de nombreux musiciens — deux cents au moins, dit-on — le mirent en musique. Il fut, pour l'Allemagne, une sorte de *Marseillaise*. Becker devint tout d'un coup célèbre; il fut l'objet de manifestations admiratives. *Le Rhin allemand,* ou, selon son vrai titre, le *Rheinlied*, fut reproduit par de nombreux journaux; il fut traduit en plusieurs langues, dont la langue française. Il y fut traduit en prose et en vers; la traduction en vers qu'a reproduite Gaston Raphaël (*op. cit.*, pp. 23-24) contient les sept strophes.

P. 403. LE RHIN ALLEMAND
RÉPONSE À LA CHANSON DE BECKER

1. *Le Rhin allemand* fut d'abord publié par Mme de Girardin, le 6 juin 1841, dans une des chroniques de *la Presse* signées : Vicomte de Launay, et, le même jour, dans la *R.P.* Il fut recueilli en 1850 dans les *P.N.* — En 1841, Becker fit paraître un recueil de ses poésies dédié à Lamartine et qui contenait le *Rheinlied*. Lamartine reçut un exemplaire du volume le 16 mai. Lamartine répondit aussitôt par les larges strophes de *la Marseillaise de la Paix* que la *R.D.M.* publia le 1ᵉʳ juin. Dès la première strophe, Lamartine y disait :

> Il ne tachera plus le cristal de ton onde,
> Le sang rouge du Franc, le sang bleu du Germain;
> Ils ne crouleront plus sous le caisson qui gronde,

> Ces ponts qu'un peuple à l'autre étend comme une main!
> Les bombes et l'obus, arc-en-ciel des batailles,
> Ne viendront plus s'éteindre en sifflant sur tes bords...

dans la troisième :

> Pourquoi nous disputer la montagne ou la plaine?

dans la quatrième :

> Et pourquoi nous haïr et mettre entre les races
> Ces bornes ou ces eaux qu'abhorre l'œil de Dieu?

dans la sixième :

> Vivent les nobles fils de la grave Allemagne!

dans la septième :

> Et vivent ces essaims de la ruche de France,
> Avant-garde de Dieu qui devancent ses pas!

et dans la dernière :

> Et tissons de repos, d'alliance et de joie
> L'étendard sympathique où le monde déploie
> L'unité, ce blason de Dieu!...

Dans la cinquième, il y a ces vers souvent cités qui sont une déclaration de cosmopolitisme :

> Chacun est du climat de son intelligence,
> Je suis concitoyen de tout homme qui pense :
> La vérité, c'est mon pays!

En France, les esprits s'étaient calmés. Le roi ne voulait pas la guerre. Thiers, qui y avait poussé, n'était plus ministre. Cependant, l'hymne pacifique de Lamartine parut une réponse et trop noble et trop faible. « Trop généreuse », dit Mme de Girardin qui raconte, dans sa chronique, qu'un soir, un des premiers soirs de juin, dans son salon, on louait *la Marseillaise de la Paix,* que des assistants en récitaient des strophes, qu'Alfred de Musset en dit une. Et Mme de Girardin écrit qu'elle protesta. Elle déclara : « J'aurais voulu qu'on dît des choses désagréables à ce monsieur. (...) Pour ma part, je professe un égoïsme national féroce, j'en conviens; j'ai le préjugé de la patrie, et j'aurais aimé répondre à cet Allemand en vers cruels. — Moi aussi, s'écria Alfred de Musset. — Faites-les donc vite », reprirent en chœur les assistants. On enferme Musset dans le jardin; on accorde à son inspiration un quart d'heure de délai; on le munit non pas de crayon ni de plume, mais de deux cigares. Ce soir-là, il fuma et rima avec une rapidité miraculeuse. Au bout du quart d'heure accordé, il avait achevé et les cigares et les vers. C'est une bien jolie anecdote. Mais elle ne concorde pas avec ce que Mme de Girardin écrivait le 2 juin à Lamartine : « Je ne comprends pas que si malade et si désolé vous ayez encore des inspirations si admirables ; ces vers qui me désolent sont bien beaux. Je les ai relus ce matin avec Théophile Gautier. Il en était enchanté et ce soir j'ai vu Alfred de Musset qui les savait par cœur. Il m'en a apporté sur le même sujet. Ils sont railleurs et insolents. Lui m'a priée de les publier, lui me les a donnés pour *la Presse*. Il ne devinait pas tout le chagrin qu'il me faisait en les apportant. » (*Lettres à Lamartine,* publiées par Mme Valentine de Saint-Point, p. 182.) Ne dirait-on pas que ce qui la désole surtout, dans les vers de Lamartine, c'est qu'il ne les ait pas offerts à *la Presse* plutôt qu'à la *R.D.M.* ? Le deuxième récit de Mme de Girardin, s'il ne concorde pas avec le premier, s'accorde du moins à peu près avec celui de la *Biographie* où Paul de Musset raconte (pp. 267-268) que Musset ayant lu *la Marseillaise de la Paix* et les couplets de Becker « dans lesquels, en si peu de mots, se trouvaient tant d'insultes à la France, il fronça quelque peu le sourcil », mais qu'« il le fronça bien davantage » en lisant la réponse de Lamartine. Il ne désapprouvait pas la thèse philosophique de Lamartine, cet appel à la concorde entre les peuples, mais il pensait que « répondre à une provocation insolente en tendant les mains au provocateur, c'était mal choisir le moment » ; il trouvait que *la Marseillaise de la Paix* « ne répondait pas à la chanson de Becker » et « l'envie le prit de faire la réponse ». Ceci était dit tout en déjeunant. Et tout en déjeunant son visage s'animait, le feu lui montait aux oreilles ; enfin, il donna un coup de poing sur la table, rentra dans sa chambre et s'y enferma. Deux heures après (et non pas un quart d'heure) il en sortit et nous récita *le Rhin allemand*. Quoique Lamartine l'ait appelé *chanson de cabaret,* le retentissement fut immense. » *Le Rhin allemand,* fut, comme l'avait été la chanson de Becker, mis en musique par de nombreux compositeurs. Alfred de Musset reçut des provocations d'officiers prussiens lui donnant rendez-vous sur le terrain, à Bade. Il rangeait leurs lettres dans un tiroir, écrit Paul de Musset, et il disait : « Voilà de braves jeunes gens dont j'estime le patriotisme. Je vois avec plaisir que mes vers ont touché au bon endroit ; Becker a son clou rivé. Mais pourquoi ne m'écrit-il pas ? C'est lui à qui je donnerais volontiers un coup d'épée. Quant à mes jeunes Prussiens, qu'ils aillent se battre avec les officiers français qui ont défié Becker, s'il y en a. »

Alfred de Musset ne donna pas *le Rhin allemand* à la *R.D.M.* par égard pour Lamartine et aussi parce que la *R.D.M.* n'aurait pu le publier que le 15 juin. Il le donna à la *R.P.* qui était hebdomadaire et qui put le publier dès le dimanche 6, en le faisant précéder de ces quelques lignes : « On sait avec quel enthousiasme a été accueilli, au delà du Rhin, le chant national de M. Becker, surnommé *la Marseillaise allemande*. Le retentissement causé par ses couplets patriotiques a été, pour l'auteur, une occasion de publier ses poésies en un volume qu'il a dédié à M. de Lamartine. Tout le monde a lu la réponse adressée au poète allemand par l'auteur des *Méditations* et insérée dans la R.D.M. du 1er juin. La pièce qu'on va lire offre, à notre avis, l'expression plus énergique et plus vraie du sentiment national. Nous faisons précéder les vers de M. de Musset de la traduction des strophes de M. Becker, pour chacune desquelles le spirituel poète a trouvé la réponse. »

2. Où *tombe-t-il alors,* ce dernier ossement? (*la Presse* et R.P.)

P. 404.   SOUVENIR

1. Publié, non daté, dans la R.D.M. du 15 février 1841 et porté à la Table avec le titre au pluriel : *Souvenirs;* recueilli et daté de février 1841 dans l'édition de 1850 des P.N. — Anatole France (étude sur *les Poèmes de souvenir : le Lac, la Tristesse d'Olympio, Souvenir*) donne deux variantes d'après le manuscrit de la collection Louis Barthou. — Musset fut plusieurs fois l'hôte de Berryer, au château d'Angerville, près de Malesherbes. Vers la mi-septembre 1840, Mme Berryer les invita, lui et son frère, à y « rejoindre la marraine et d'autres personnes aimables » qui s'y trouvaient réunies déjà. « La première partie du voyage, écrit Paul de Musset (*Biographie,* pp. 255-257), se passa fort gaiement; mais pendant le trajet de Fontainebleau à Malesherbes, mon frère devint rêveur, et sa mélancolie me gagna. Sans nous faire part de nos impressions, nous nous reportions tous deux au même temps. Ces ombrages profonds, ces futaies hautes comme des églises gothiques, ces coteaux noirs qui se découpaient sur un ciel de feu, rien de tout cela n'avait changé d'aspect depuis 1833. » (C'est la date — août 1833 — du séjour que firent ensemble à Fontainebleau, Musset et George Sand.) « Alfred sentait à chaque pas ses souvenirs de jeunesse se réveiller plus forts et plus tenaces. (...) Au château d'Angerville, Alfred eut l'air de s'amuser comme un enfant en vacances, et cependant, au bout de dix jours, il prétexta je ne sais quelle affaire et partit. » Il traversa donc, de nouveau, la forêt de Fontainebleau. Ne s'y attarda-t-il pas? N'y fit-il pas un pèlerinage du souvenir aux lieux qui avaient été témoins de son amour? Paul de Musset dit (p. 261) : « Depuis le mois de septembre, il rêvait souvent à son excursion dans les bois de Fontainebleau. » Le mot « excursion » ne saurait proprement désigner la simple traversée de la forêt par les deux frères pendant le voyage d'aller; elle conviendrait, au contraire, à un arrêt, à une promenade, pendant le voyage de retour qu'Alfred de Musset faisait seul. « Les impressions qu'il avait rapportées de ce premier voyage, dit encore Paul, étaient mêlées de douceur et d'amertume; mais l'élément amer à peine sensible s'éteignit tout à fait. Ces souvenirs auraient fini par se dissiper entièrement sans une circonstance imprévue qui vint leur donner une force nouvelle et les faire tourner au profit de la poésie. Dans les couloirs du Théâtre-Italien, Alfred rencontra une femme

dont l'image, effacée de son cœur depuis bien des années, lui avait traversé l'esprit dans les ombrages de la forêt. Il rentra chez lui fort agité. Sa Muse l'y attendait pour l'inviter au travail ; il voulut la fêter comme aux plus beaux jours en lui offrant le grand éclairage et le petit souper. On aurait dit une réunion d'amants réconciliés. La Muse, touchée de cet accueil, s'abandonna sans réserve. Des stances entières coulaient sur le papier d'un seul jet. Le poète ne se coucha qu'aux premières heures du matin, et l'inspiration se maintint même pendant le sommeil, car en s'éveillant, il courut reprendre la plume. » (Pp. 161-262.) Le souvenir de George Sand ne quitta jamais la pensée de Musset. Son œuvre en porte divers témoignages, de sens divers. Outre ce qu'il rappelle de George Sand dans les *Nuits,* on a l'*Histoire d'un Merle blanc,* quelques vers de *Sur trois marches de marbre rose* (p. 456), les stances *À mon Frère, revenant d'Italie.* L'on est donc étonné que Paul de Musset écrive que l'image de cette femme était « effacée » du cœur du poète. Mais Mme Martellet (*Alfred de Musset intime,* p. 363) dit quelque chose de semblable. Elle rapporte — textuellement ? — ce propos de Musset : « Comment se fit le *Souvenir ?* J'étais au Théâtre-Italien un soir de gala. Pendant l'entr'acte, je rencontrai dans les couloirs une femme dont les yeux attirèrent les miens, mais je ne pus me rappeler où je l'avais vue déjà. Interloqué, je demandai le nom de cette inconnue. On me répondit avec étonnement que c'était George Sand. Je quittai immédiatement le spectacle très impressionné, je m'enfermai chez moi, et j'écrivis le *Souvenir.* » Et elle ajoute : « Il était très calme en nous disant cela d'un ton indifférent ; on sentait qu'il parlait d'une chose morte à jamais. » La chose n'était pas morte à jamais, et les yeux qui, ce soir-là, l'avaient attiré sans que — par une étrange obnubilation — il les reconnût, sont ceux-là mêmes qu'il se plaindra de voir toujours et dont il demandera à sa mémoire importune de les oublier enfin (p. 462).

2. Dans *la Confession* (*Œuv. compl. en prose,* Bibl. de la Pléiade, II, IV, p. 149) : « Ce qui me faisait le plus de mal, c'était lorsque, dans une partie de plaisir, nous allions [Octave (c'est-à-dire Musset) et ses amis] dans quelque lieu aux environs de Paris où j'avais été autrefois avec ma maîtresse. Je devenais stupide, je m'en allais seul à l'écart, regardant les buissons et les troncs d'arbre avec une amertume sans bornes... »

3. Sainte-Beuve, dans son article du 28 janvier 1850 sur les *P.N.,* écrit : « Le poète est allé revoir des lieux qui lui furent chers, quelque forêt, celle de Fontainebleau peut-être, où il avait passé des jours heureux. Ses amis craignaient pour lui ce pèlerinage et le réveil de ses souvenirs. » (*Causeries du lundi,* I, 308.) C'est sans doute dans le temps que Musset « rêvait », comme dit son frère, de retourner à la forêt de Fontainebleau, comme Sainte-Beuve, malgré la prudence de sa rédaction, devait exactement le savoir.

4. C'est le paysage de Franchard que rendent pittoresque une mare et des rochers. C'est là que, par une nuit de lune, Musset

aurait eu la dramatique hallucination que George Sand a racontée dans le cinquième chapitre de *Elle et Lui*. C'est là, au temps orageux de la fin de leurs amours, qu'elle lui proposait dans un billet qu'ils allassent ensemble se « brûler la cervelle ».

5. *Var.* : ... *beau désert qu'aimait tant (R.D.M.).*

6. Gœthe dit (*Délices de la mélancolie, Œuvres*, I, 37) : « Ne tarissez pas, ne tarissez jamais, larmes de l'amour malheureux ! » Et, dans *Consolation par les larmes* (p. 34) : « Mes larmes coulent doucement ; elles soulagent mon cœur. »

7. Musset, qui se dit vieux, avait alors trente et un ans et deux mois. Les souvenirs qu'il rappelle étaient vieux de sept années et demie.

8. Émile Faguet, dans une leçon sur *Saint-Lambert,* rapproche, des deux derniers vers de ce quatrain, un passage du poème des *Saisons* où Saint-Lambert exprime cet accord de l'homme avec la Nature ; le retour du Printemps le rend à la vie, dit-il, et :

> Soleil, tu me rendis la pensée et des sens ;
> Tu semblais pour moi seul ramener le Printemps.

C'est ce dernier vers qui amena Faguet à citer ceux de Musset. Rapprochement assez lointain, si une telle expression est possible.

9. Les vers de Dante que Musset rappelle ici sont de *l'Enfer* (V, 121-123) :

> ... *Nessum maggior dolore*
> *Che ricordarsi del tempo felice*
> *Nella miseria...*
> Des maux qu'Amour nous fait souffrir,

et toute la pièce : *les Souvenirs* (*Œuv. compl.*, p. 502). Alfred de Musset avait d'ailleurs déjà exprimé le même sentiment dans les vers à Mlle Zoé Le Douairin, quand, la quittant, il dit de ce départ :

> Il ne m'ôtera pas le seul bien qui me reste,
> De mon bonheur le tendre souvenir.

(P. 506.)

Dans la *Dédicace* de *la Coupe et les Lèvres* :

> On garde le parfum en effeuillant la rose ;
> Il n'est si triste amour qui n'ait son souvenir.

(*P.P.*, p. 154.)

Dans *les Deux Maîtresses,* Mme Delaunay dit à Valentin : « S'il n'est rien de si doux que le souvenir du bonheur, rien n'est plus affreux que de s'apercevoir que le bonheur passé était un mensonge.» (P. 337.)

10. *Var.* : ... *brisé quand il rêve... (Ms.).*

11. Rappel de l'épisode des amours de Françoise de Rimini et

de Paul Malatesta (*Enfer,* chant V, particulièrement vers 133 à 136) que M. Henri Longnon traduit ainsi :

> Lorsque nous lûmes du désiré sourire
> Qu'il fut baisé par un si bel amant,
> Lui, qui jamais de moi ne sera divisé,
> Il me baisa tout en tremblant la bouche.
>
> (*La Divine Comédie,* p. 35.)

12. « *Monument :* Tout ce qui consacre et manifeste. Tout ce qui garde les souvenirs. » (Littré.)

13. Musset a écrit souvent *pié* pour *pied;* par exemple, dans plusieurs de ses *Nouvelles.*

14. Expression semblable dans *la Confession.* Octave, dont le père vient de mourir, écrit : « Mon cœur ressentit de sa mort une douleur physique, et je me courbais quelquefois en tordant mes mains comme un apprenti qui s'éveille. » (*Œuv. compl. en prose,* Bibl. de la Pléiade, III, II, p. 169.)

15. *Var.:* Mais que *nous* revient-il? *(R.D.M.).* Faute évidemment

16. Dans son poème du souvenir, *la Tristesse d'Olympio* (*les Rayons et les Ombres,* XXXIV), Victor Hugo exprime la même idée :

> Dieu nous prête un moment les prés et les fontaines,
> Les grands bois frissonnants, les rocs profonds et sourds,
> Et les cieux azurés et les lacs et les plaines,
> Pour y mettre nos cœurs, nos rêves, nos amours,
> Puis il nous les retire...

17. Transcription en vers de cette phrase de Diderot : « Le premier serment que se firent deux êtres de chair, ce fut au pied d'un rocher qui tombait en poussière; ils attestèrent de leur constance un ciel qui n'est pas un instant le même; tout passait en eux et autour d'eux et ils croyaient leurs cœurs affranchis de vicissitudes. Ô enfants! toujours enfants! » (*Jacques le Fataliste, Œuv. compl.,* Bibl. de la Pléiade, p. 597.) — Dans le *Supplément au voyage de Bougainville,* le Taïtien Oron objecte à l'aumônier du navire, qui lui exposait les lois de la morale chrétienne et la perpétuité de la fidélité conjugale, que rien ne paraît plus « insensé [mot que Musset rappellera] qu'un précepte qui proscrit le changement qui est en nous; (...) qu'un serment d'immutabilité de deux êtres de chair, à la face d'un ciel qui n'est pas un instant le même, sous des antres qui menacent ruine; au bas d'une roche qui tombe en poudre; au pied d'un arbre qui gerce; sur une pierre qui s'ébranle. » (*Op. cit.,* p. 1009.)

18. Ces détails ne sont pas dans Diderot.

19. Alfred de Musset reçut, pour ce poème, de grands compliments de sa famille et de ses amis. Il faut rapporter les propos que, d'après la *Biographie* (p. 262), il tint à ce sujet à son frère : « C'est tout ce qui me reviendra de mon sacrifice au public. J'ai livré aux

bêtes mon cœur tout saignant. Je m'irrite à la pensée qu'un étourdi ou un sot peut réciter, s'il lui plaît, comme une chanson, ces deux vers :

> Mes yeux ont contemplé des objets plus funèbres
> Que Juliette morte au fond de son tombeau.

J'ai prononcé ces mots-là seul, au milieu du silence de la nuit, et les voilà jetés en pâture aux badauds ! Est-ce qu'il n'aurait pas été temps après ma mort ? Heureusement, tu verras, que personne n'en dira mot. »

20. Roméo, devant Juliette endormie psa l'action d'un narcotique et qu'il croit morte : « ... Je demeure avec toi, et plus jamais de ce palais de la nuit obscure je ne repartirai ; ici je veux rester avec les vers qui sont tes serviteurs ; ici, ici je vais fixer mon repos éternel, secouer l'influence des étoiles funestes et sortir de cette chair lasse du monde. (...) Et mes lèvres, ô vous, portes du souffle, par un légitime baiser, scellez un marché sans âge avec la dévorante mort ! » (Traduction de Pierre-Jean Jouve et Georges Pitoëff, *Théâtre complet* de Shakespeare, Bibl. de la Pléiade, t. I, p. 721.)

21. Ainsi Jésus appelait les Pharisiens : « Malheur à vous, scribes et pharisiens, hypocrites qui êtes semblables à des sépulcres blanchis qui au dehors paraissez beaux aux yeux des hommes et qui, au dedans, êtes pleins d'ossements de mort et de toute sorte de pourriture. » (*Saint Matthieu*, XXIII, 27.) Musset ne mettait sans doute pas tant d'horreur dans son épithète.

22. En fait, on l'a vu, Musset avait rencontré George Sand dans un couloir d'un théâtre.

23. Dans *la Confession* (*Œuv. compl. en prose*, Bibl. de la Pléiade, I, IV, p. 106) : « La nature, ma mère chérie... »

24. M. Jean Giraud rappelle à propos de ce vers cette pensée de Jean-Paul Richter : « Le souvenir du bonheur est le seul paradis dont on ne puisse nous bannir, nos premiers parents ne purent même en être chassés. » Cette pensée est dans le recueil : *Pensées de Jean-Paul* sur lequel Musset avait publié deux articles (voir p. 638, n° 2).

25. Les derniers vers de la *Lettre à Lamartine* :

> Ta mémoire, ton nom, ta gloire vont périr,
> Mais non pas ton amour, si ton amour t'est chère :
> Ton âme est immortelle, et va s'en souvenir.

P. 410.   SUR LA PARESSE

1. Publié dans la *R.D.M.* le 1er janvier 1842, et non daté. Recueilli, et non daté aussi, dans l'édition de 1850 des *P.N.*; daté inexactement de novembre 1842 dans la réédition de 1851 et dans les éditions suivantes. Daté, par Paul de Musset, de décembre 1841 dans l'édition des *Amis du Poëte* — Mme Jaubert reprochait parfois amicalement à Alfred de Musset d'écrire trop peu. Paul de Musset

écrit que « le directeur de la *Revue* avait d'aussi bonnes raisons que celles de la marraine pour crier contre la paresse », et il déclare : « Parfois je me joignais à lui. Alfred aimait sincèrement Buloz; il regrettait de ne pouvoir le satisfaire. Enfin, après un silence de six mois, pressé de s'expliquer par tant de sollicitations, il écrivit les vers *Sur la Paresse* qu'il adressa, sous la forme d'une épître, à celui que cette question intéressait le plus. » Mais il ne le nomma pas et il dédia discrètement l'épître *A M. B...* L'épître achevée, Alfred de Musset dit à son frère : « Voilà ce que j'aurai fait de plus habile dans toute ma carrière littéraire. » Son frère lui demandant « en quoi consistait cette habileté », Alfred répondit : « Ne vois-tu pas, me dit-il, que je donne les raisons de mon silence, et que ces raisons, bonnes ou mauvaises, renferment implicitement une sorte d'engagement de me taire? A la vérité, il reste à savoir si je tiendrai parole. (...) Suis-je un expéditionnaire ou un commis-rédacteur pour qu'on me chicane sur l'emploi de mon temps? J'ai beaucoup écrit; j'ai fait autant de vers que Dante et que le Tasse. Qui, diantre, s'est jamais avisé de les appeler des paresseux?... » (*Biographie*, pp. 270-271.) Il ne cessa pas d'écrire, il ne tint pas parole. Mais il prétendait n'écrire que lorsque tel serait son bon plaisir. Maurice Clouard disait (*Documents inédits*, p. 207) qu'il subsistait « d'autres fragments inédits des stances *Sur la Paresse* ». Il subsistait, plus exactement, des stances inédites à Buloz, sur le reproche de paresse fait à Musset et ces stances sont indépendantes de l'épître. Maurice Clouard croyait ces stances antérieures à l'épître qui leur aurait été substituée. Je ne sais sur quel indice était fondée cette conjecture. Les stances sont, comme l'épître, une réponse, mais plus désinvolte, moins vigoureuse, à des instances de Buloz. Elles peuvent être la première rédaction de la réponse faite à Buloz le 1er janvier 1842, ou avoir été écrites à une autre date en réponse à d'autres instances de lui. Déjà, en 1832, dans la troisième strophe du poème *Julie* il révélait que son imprimeur (ce n'était pas encore l'imprimeur de la *R.D.M.*) devait le presser (cf. p. 127).

2. Ce sont les quatre premiers vers de la satire XV de Mathurin Régnier; mais le texte du quatrième vers y est « *en* la main ».

3. Dans ses *Réflexions critiques sur quelques passages du rhéteur Longin*, Boileau, nommant Régnier, l'appelle « le célèbre Régnier, c'est-à-dire le poète français qui, du consentement de tout le monde, a le mieux connu, avant Molière, les mœurs et les caractères des hommes » (*Réflexion V*).

Dans *l'Art poétique* (chant II), après avoir nommé les satiriques latins, Boileau dit :

> Régnier, seul, parmi nous, formé sur leurs modèles,
> Dans son vieux style encore a des grâces nouvelles.

4. Dans le même chant II, de *l'Art poétique*, Boileau dit que Juvénal

> Poussa jusqu'à l'excès sa mordante hyperbole.

5. Paul Foucher, condisciple et ami du jeune Musset, dit que « après avoir lu Mathurin Régnier pour la première fois, Alfred de Musset, jeune encore, écrivit, pendant quinze jours, des vers dans la même manière ». Paul Foucher fut le confident littéraire de Musset, au temps des premiers essais.

6. Qui désigne-t-il ? Hugo, dit-on, et Sainte-Beuve. Il avait dû surtout être frappé par les pages du *Tableau de la poésie française au XVI*[e] *siècle,* de Sainte-Beuve, qui, dans une note ultérieure, dira : « M. Alfred de Musset a lancé une belle satire destinée à Régnier, ou du moins dont Régnier fait les frais ; (...) on la pourrait joindre désormais aux éditions de Régnier. » (*Tableau de la poésie française au XVI*[e] *siècle,* I, 226-242.)

7. Cependant, dans la *Dédicace* de *la Coupe et les Lèvres,* il avait dit de la littérature d'alors (c'était en 1832) :

> Elle entend son affaire en nous peignant des filles,
> En tirant des égouts les muses de Régnier.

C'est qu'en Régnier, il distinguait le satiriste des mœurs du poète des basses amours.

8. Régnier ne fut jamais riche ; il vivait de quelques modestes bénéfices ecclésiastiques ; mais il ne semble pas avoir été enclin à l'ennui dont se paraient les romantiques. Il commence ainsi son épitaphe :

> J'ay vescu sans nul pensement,
> Me laissant aller doucement
> À la bonne loy naturelle...
>
> (*Œuv. compl.* de Mathurin Régnier, p. 193.)

9. Sur les journalistes, il faut toujours renvoyer à la troisième des *Lettres de Dupuis et Cotonet* où Musset les jugeait fort sévèrement. Et il y a des feuilletonnistes ! « Descendrons-nous au feuilleton ? On pourrait peut-être deviner comment parfois il se fabrique ; ce n'est pas de quoi les abeilles font leur cire. » (*Œuv. compl. en prose.* Bibl. de la Pléiade, *Mélanges,* p. 873.) Par exemple, le feuilleton dont Dupont disait à son ami Durand (p. 351) :

> Et je cours en cachette écrire un feuilleton.

10. Élie-Catherine Fréron (1719-1776). Son œuvre est surtout critique ; il fit paraître d'abord des *Lettres sur quelques écrits de ce temps,* à partir de 1749, et, en 1754, *l'Année littéraire, ou Suite des lettres sur quelques écrits de ce temps,* dont il fut, jusqu'à sa mort, le directeur. Il se fit bien des ennemis dont le plus féroce fut Voltaire.

11. *Var. :* ... nous *vidons* et nous... (copie fonds Louis Barthou).

12. En 1839, quand, après avoir achevé sa nouvelle *Croisilles,* il avait déclaré ne plus vouloir se livrer à des travaux de prose ; il s'était élevé contre la littérature des feuilletons qu'il appelait une « littérature de portières ».

13. C'est la colonne Vendôme faite du bronze des canons pris à l'ennemi et au sommet de laquelle se dresse la statue de Napoléon.

14. *Var.* : Les « chercheurs d'avenir », les utopistes, constructeurs de sociétés futures, déjà présentés dans le dialogue de *Dupont et Durand*.

15. Dans l'exemplaire des *Contes d'Espagne et d'Italie* ayant appartenu à Alfred Tattet et auquel ont été ajoutés un certain nombre de textes manuscrits postérieurs, il y a cette variante :

> Puis, un *vice honteux, frère de* tous les crimes,
> La sourde ambition de ces *vieilles* maximes
> *Que viennent aujourd'hui* donner *pour* nouveautés
> Du peuple souverain les *partisans* crottés,
> Vieux galons de Rousseau, défroque de Voltaire,
> *Qu'à défaut de livrée endosse un pamphlétaire,*
> Digne et dernier métier d'un méchant avocat
> D'une catin blasée ou d'un prêtre apostat.

(Du fonds A. Tattet.)

16. Allusion aux attentats contre la vie de Louis-Philippe. (Cf. le sonnet *Au Roi, après l'Attentat de Meunier*, p. 358.)

17. De Régnier (*Satire X, op. cit.*, p. 82) :

> ... Je m'en allois resvant, le manteau sur le nez,
> L'âme bizarément de vapeurs occupée,
> Comme un Poète qui prend les vers à la pippée.

18. De Régnier, dans la *Satire II,* à propos de l'arrogance des petits poètes qui se prétendent les égaux des plus grands (*op. cit.*, p. 23) :

> Mais, Comte, que sert-il d'en entrer en colère ?
> Puisque le temps le veut nous n'y pouvons rien faire.
> Il faut rire de tout...

19. De Régnier *(Satire III)*, en réponse au conseil que lui donnait Annibal d'Estrées de s'engager à la Cour (p. 28) :

> Ce n'est point mon humeur ; je suis mélancolique,
> Je ne suis point entrant...

20. De Régnier *(Satire IX)*, contre la rigueur de la prosodie malherbienne (p. 74) :

> Cependant leur savoir ne s'entend seulement
> Qu'à regretter un mot douteux au jugement,
> Prendre garde qu'un *qui* ne heurte une diphtongue...

Boileau a répété sur ce point la prescription de Malherbe :

> Gardez qu'une voyelle, à courir trop hâtée,
> Ne soit d'une voyelle en son chemin heurtée.

(*Art poétique,* I, 107-108.

Régnier qui, comme Musset devait le faire aussi, se proclamait indépendant, se permit quelques hiatus, non pour leur hardiesse, mais pour leur commodité, pour éviter de refaire son vers. Et Musset, en quelques occasions, fit de même.

21. Que désigne cette tisane à la glace ? La poésie de Boileau, par comparaison avec la poésie de Malherbe ? Une tisane, surtout glacée, fait un parfait contraste avec un vin vieux que l'on boit bien chambré et dont l'alcool réchauffe le cœur. M. Jean Giraud se demande si « le soupeur impénitent qu'était Musset n'opposerait pas au *vin vieux* la *tisane* de Champagne, qu'on boit frappée ». Ce n'est pas impossible. Ce serait assez subtil, mais la comparaison serait entre deux termes homogènes. La « tisane à la glace » choqua de bons esprits. Désiré Nisard écrit dans ses *Souvenirs et Notes biographiques* (p. 407) : « Il [Musset] connaissait — à ne pas s'y tromper — mes doctrines littéraires. Aussi ne fut-il pas surpris un jour que, lui parlant de son *Épître sur la Paresse*, écrite à la louange de Régnier, je me plaignais doucement qu'il eût qualifié la poésie de Boileau de « tisane à la glace ». — Vous savez, lui dis-je, si j'aime vos vers. Eh bien, ceux que j'aime le mieux sont les vers que vous faites comme Boileau sur d'autres pensées que Boileau. »

22. Régnier dit (*Satire II, op. cit.*, p. 17) qu'il veut :

> ... conduit par Apollon, recognoistre la trace
> Du libre Juvénal, trop discret est Horace
> Pour un homme picqué...

Il avait mis à sa première satire adressée au roi Henri IV une épigraphe tirée de Juvénal (I, 30) : *Difficile est Satyram non scribere* (Il est difficile de ne pas écrire de satire); sous-entendu : étant donné le train du monde. Cependant Régnier, « ce satirique dont le nom seul rappelle l'énergie de Juvénal », n'est, à vrai dire, « jamais un Juvénal même par l'effronterie; semblable au bon La Fontaine [déjà nommé dans ces notes], il porte dans la luxure de ses tableaux plus d'oubli que de calcul. On croirait qu'il brave l'honnêteté, et seulement il l'ignore » (Sainte-Beuve, *op. cit.*, p. 234). Il est moins éloigné d'Horace qu'il ne le prétend. Le Juvénal du XVIe siècle, Sainte-Beuve le nomme (p. 242) : c'est Agrippa d'Aubigné.

23. Par le fait des conquêtes des armées révolutionnaires ou impériales, par le goût des littératures étrangères, des mots, anglais surtout, s'étaient infiltrés dans la langue française. L'oncle Van Buck reprochant à son neveu Valentin de « faire le fashionable », ne peut se tenir de s'exclamer : « Diable soit des mots anglais ! » (*Il ne faut jurer de rien, Théâtre complet*, Bibl. de la Pléiade, acte I, sc. 1, p. 368) et dans *Dupont et Durand*, Durand regrette de ne pas savoir l'allemand qu'écrivait Hans Sachs au XVIe siècle et se vantera de ne vouloir jamais écrire un livre en bon français (p. 352).

24. De La Fontaine : *les Deux Mulets* (*Fables, Contes et Nouvelles*, Bibl. de la Pléiade, livre I, fable IV, p. 33) :

> Il marchait d'un pas relevé
> En faisant sonner sa sonnette.

25. Dans *Une Soirée perdue* (p. 389) Musset dit :

> Et comme le bon sens fait parler le génie.

26. C'est l'objet de la *Satire X*, que Brossette a intitulée *le Souper ridicule*.

27. Musset n'avait pourtant pas accepté d'un cœur léger la trahison de sa première maîtresse. Cf., de Régnier : les *Satires VII et X*.

28. Allusion, je pense, au mot de Malherbe à un dîner chez Philippe Desportes. Régnier était l'un des convives. Desportes ayant offert de lire sa traduction en vers des *Psaumes*, Malherbe aurait répondu que cela ne pressait pas et que le potage de Desportes valait mieux que les *Psaumes*. Ce fut la brouille entre Régnier et Malherbe, et l'origine de la vive *Satire IX (ou le Critique outré)*. Cf. Racan : *Mémoires pour la vie de Malherbe* et Tallemant des Réaux au chapitre : *Malherbe* de ses *Historiettes*.

29. Berthelot, poète satirique, dont la vie est peu connue. Il critiqua des vers de Régnier. Il y eut une batterie où Régnier souffleta Berthelot, mais où il eut lui-même les « yeux pochés ». Le poète Sigognes, qui était Normand, comme Régnier, a fait sur cet événement une ode qu'il intitula d'abord : *le Combat de Bernier et de Matelot ;* il y mit, plus tard, les noms véritables (Cf. *les Œuvres satiriques complètes du sieur de Sigognes*, p. 29).

30. *Var. : Certe*, il n'est que trop *simple*... *(R.D.M.).*

31. C'est Bazile, et non pas Figaro, qui demande : « Qui diable est-ce donc qu'on trompe ici ? » (*Théâtre* de Beaumarchais, Bibl. de la Pléiade, *le Barbier de Séville*, acte III, sc. XI, p. 216.)

32. *Var. :* N'eût fait *(R.D.M.).*

P. 415.   LE MIE PRIGIONI

1. Publié dans la *R.D.M.* du 1ᵉʳ octobre 1843, avec la date « 20 septembre » ; recueilli en 1850 dans l'édition des *Poésies nouvelles*, avec la date « 20 septembre 1842 » ; daté dans l'édition des *Amis du Poète* « 20 septembre 1843 », qui doit être la bonne date.

Les écrivains, les artistes étaient, comme les autres citoyens, astreints au service de la garde nationale. Monter la garde ne leur plaisait guère et ils s'ingéniaient à s'y dérober. Balzac y était absolument rebelle, mais il fut cependant interné. Sainte-Beuve, pour s'y soustraire, dit-on, se cacha assez longtemps sous le pseudonyme de Delorme dans un petit hôtel de la Cour du Commerce.

Alfred de Musset fut interné plusieurs fois à la prison de la Garde Nationale. Paul raconte que, lorsque son frère fut condamné à la prison (à quinze jours, précise Sainte-Beuve, dans ses *Chroniques parisiennes*, p. 128), Alfred obtint par faveur la chambre dont les artistes — aussi peu zélés que lui — avaient couvert les murs de peintures et de dessins » et que, à sa sortie de prison, il composa (tel Silvio Pellico) *le Mie Prigioni*. On appelait cette prison l'*Hôte des Haricots*; on y faisait cependant bombance, paraît-il, et l'on y passait parfois joyeusement le temps (cf. *les Haricots,* d'Albert de Lassalle). Mais il arrivait qu'on s'y ennuyât, et, comme dit Musset, qu'on y bâillât.

2. « Théophile Gautier » (Note d'Alfred de Musset, édition de 1850).

3. *Var.* : Le Christ *contemple*... *(R.D.M.)*

4. Des dessins avaient dû être effacés aussi, quand Albert de Lassalle fit son livre. De ceux que décrit aussi Musset, il n'en reproduit qu'un, la Madeleine debout et nue devant son lit. Il y a aussi, non pas un groupe des trois vertus théologales, mais une Charité seulement, dessinée par Jean Devéria.

5. Ces vers rappellent, une fois de plus, ceux par lesquels finit le sonnet *Tristesse* :

> Le seul bien qui me reste au monde
> Est d'avoir quelquefois pleuré.

P. 419.   RAPPELLE-TOI

1. Cette romance a paru d'abord dans *Voyage où il vous plaira*, par Tony Johannot, Alfred de Musset et P. J. Stahl (Paris, Hetzel, 1843, in-8) et recueillie en 1850 dans les *Poésies nouvelles*. Paul de Musset raconte que Hetzel (P. J. Stahl) ayant composé un conte que Tony Johannot illustra d'un grand nombre de gravures, suppliait — pour assurer le succès de cet ouvrage de luxe — Alfred de Musset d'y « ajouter quelques vers et de joindre son nom à celui de l'auteur de la prose ». Alfred s'y refusa d'abord obstinément ; mais parmi les dessins de Johannot, qu'il regardait avec plaisir, il remarqua une gracieuse figure de jeune fille assise au piano et chantant ». Cette gravure devait accompagner un *lied* de Mozart sur le refrain : *Vergiss mein nicht*. Alfred le fit chanter par sa sœur, il le trouva très beau et il en traduisit les paroles. « Les images de Johannot lui inspirèrent encore un autre sonnet. » C'est le sonnet intitulé *Marie*. « L'éditeur n'en demandait pas davantage. *Marie* et *le lied* en trois couplets furent insérés dans le *Voyage où il vous plaira* ; P.-J. Stahl écrivit tout le reste. » (*Biographie*, pp. 288-289.) Alfred de Musset fit une autre fois des paroles sur une musique déjà existante. C'est la cavatine que chante Steinberg dans *Bettine,* faite sur un air du compositeur Herrman qui devint ensuite moine dans l'ordre des Carmes déchaussés. — M. Edmond Duméril, dans sa thèse complémentaire : *Lieds et Ballades germaniques, traduits en vers français,* a écrit que le lied *Vergiss mein nicht,* dont l'auteur est inconnu, a été mis en musique par douze compositeurs, mais pas par Mozart, comme il est dit dans le titre de Musset. « Celle qui a séduit Musset, dit M. Duméril (p. 62) est de Lorenzo Schneider. »

(Cf. *Alf. de Musset in Seinen Beziehungen zu Deutschland und zum deutschen Geistesleben, Zeitschrift, für franzos. Sp. u. Litt.*, XXXIV, pp. 80-84; 1909.) — Mme Valentine Brunet a donné une traduction de *Vergiss mein nicht* (*le Lyrisme d'Alfred de Musset*, p. 148). La première strophe, que Musset n'a pas imitée, dit : « Ne m'oublie pas quand la joie te sourit, — Tandis que le chagrin ronge mon cœur aimant, — Ne m'oublie pas quand le plaisir te quitte, — Et si, parfois, la destinée détruit ton rêve de bonheur, — Et quand la foule des amis autour de toi se pressent et te flattent, — Vois alors mon regard qui, avec une douce gravité, te dit : « Ne m'oublie pas ! »

2. *Var.* : ... sous la froide *pierre*... (Mme de Janzé : *Études et Récits sur Alfred de Musset*, p. 256). Est-ce vraiment une variante, ou une simple erreur de Mme de Janzé ?

P. 420. MARIE

1. Sonnet publié d'abord dans *Voyage où il vous plaira* et recueilli en 1850 dans les *P.N.* (Voir, d'ailleurs, la note 1 de *Rappelle-toi*.) — Une note du dossier anonyme dit que ce sonnet était adressé à Mme Ménessier. Elle s'appelait Marie, en effet (Marie Nodier), mais il n'est pas vraisemblable qu'Alfred de Musset ait adressé à Mme Ménessier le premier tercet.
2. *Var.* : Dans *le* bois. (*Voyage où il vous plaira.*)
3. *Var.* : Elle *s'incline* avec mystère. (*Ibid.*)
4. *Var.* : Le dernier tercet est, dans *Voyage où il vous plaira* :

> Son âme semble tout entière
> Monter en tremblant vers les cieux;
> *Sa chanson est une prière.*

P. 421. RONDEAU

1. Publié dans la R.D.M., le 1er janvier 1843, et recueilli, daté de 1842, en 1850, dans les *Poésies nouvelles*. — D'après une note de l'exemplaire d'Alfred Tattet, ce rondeau devait paraître d'abord dans le *Voyage où il vous plaira*.
2. Strophe très remaniée d'après le brouillon (fonds Louis Barthou). Le rondeau fut d'abord commencé en vers de huit syllabes :

> Fut-il jamais douceur pareille
> À s'endormir, à s'oublier;

douceur remplacé ensuite par *félicité*, le deuxième vers biffé et remplacé par celui-ci :

> À voir Manon *doucement* sommeiller,

où le mot *doucement* est écrit en surcharge à l'expression *dans mes bras* qui a dû être reprise ensuite. Le dernier vers a été successivement :

> Un *joyeux* songe *est venu* l'égayer

puis

> Un songe *aimable* est venu l'égayer

puis de nouveau : Un *joyeux* songe... le tout finalement biffé au crayon.

3. *Var. : Pour* son miroir. *Pour,* ... biffé et remplacé par *À*. (Brouillon; fonds Louis Barthou.)

P. 421. À MADAME G.

1. Sonnet publié dans la *R.D.M.* le 1ᵉʳ janvier 1843, sans la dédicace et sans la date. Recueilli, dédicacé et daté dans les *P.N.* — D'après une note du dossier anonyme, Mme G. serait la marquise de la Grange, née Outray, à qui Musset avait déjà dédié le sonnet *Jamais* (p. 387); d'après l'exemplaire d'Alfred Tattet, Mme G. serait une autre personne, dont on lit mal le nom (Grin ? Grisi ?). Ce sonnet est l'un des trois sonnets réguliers de Musset (voir p. 805, n. 3).

2. Sophie Restaud (1773-1807), mariée en 1790 à Cottin, banquier, qui mourut trois ans après. Comme il ne restait pas à Mme Cottin une grande fortune, et qu'elle était lettrée, elle se mit à écrire des romans; le premier qu'elle publia est *Claire d'Albe;* le plus connu est *Mathilde;* à mentionner encore : *Malvina, Amélie de Mansfield* et *Élisabeth ou les Exilés de Sibérie,* dont le sujet sera traité de nouveau par Xavier de Maistre dans *la Jeune Sibérienne*.

Var. : Quoi que *dise* Héloïse *et* Madame Cottin *(R.D.M.).* Faute, soit dans l'emploi de *et* soit dans l'emploi de *dise* au singulier.

P. 422. À MADAME G.
RONDEAU

1. Rondeau publié dans les mêmes conditions que le sonnet précédent.

P. 422. APRÈS UNE LECTURE

1. Poème publié dans la *R.D.M.* le 15 novembre 1842, et non daté. Recueilli, et daté, dans les *Poésies nouvelles* (1850).

En 1842, Alfred de Musset, abattu et découragé, dit son frère, « relisait sans cesse, jusqu'à les savoir par cœur, les poésies de Giacomo Leopardi, dont les alternatives de sombre tristesse et de douce mélancolie répondaient à l'état présent de son esprit. Lorsqu'il frappait sur la couverture du volume en disant : « Ce livre, si petit, « vaut tout un poème épique », il sentait que l'âme de Leopardi était sœur de la sienne (...) Il voulut d'abord écrire un article pour la *R.D.M.* sur cet homme, qu'il considérait comme le premier poète de l'Italie moderne. Il avait même recueilli quelques renseignements biographiques dans ce dessein. Mais en y rêvant, il préféra payer en vers son tribut d'admiration et de sympathie au *sombre amant de la mort* » (*Biographie,* p. 280). — Giacomo Leopardi, né en 1798, était mort en 1837. Quand, en 1834, Alfred de Musset «purgea» sa bibliothèque, il ne garda qu'un recueil de poésie italienne : *I Quattro Poeti italiani* (Dante, Pétrarque, Arioste, le Tasse) (édition de Paris, Lefèvre et Baudry, 1733, in-8. n° 90 du *Catalogue de la Bibliothèque de MM. Alfred et Paul de Musset*). Aucune œuvre de Leopardi n'est mentionnée dans ce catalogue; pourtant Paul de Musset dit (*Biographie,* p. 135) que « le petit volume de Leopardi fut ajouté plus tard » à la « collection choisie » des livres qu'il avait gardés. Paul de Musset ne dit pas à quelle date. Il se peut qu'Alfred de Musset n'ait connu les œuvres de Leopardi qu'en 1842 et qu'il en dût la connaissance à la princesse Belgiojoso. Paul de Musset dit que son frère avait recueilli sur Leopardi quelques renseignements biographiques. La princesse Belgiojoso lui avait fourni quelques documents, des traductions de Leopardi. Elle le pressait de faire cet article. Peut-être est-ce d'elle-même qu'il en tenait l'idée. Or, il ne se hâtait pas. C'était le temps où après avoir fait à la princesse Belgiojoso une cour inefficace, après s'être plaint d'avoir été cruellement joué par elle, il avait fait contre elle les stances *Sur une Morte.* Ce dépit ne serait-il pas la cause, ou au moins l'une des causes, de l'interruption de son article ? Car l'article était commencé. Musset en avait écrit plusieurs pages. Mme Martellet les a publiées dans *Alfred de Musset intime* (pp. 341-344). Elles ont été reproduites plusieurs fois depuis.

À propos de l'insistance de la princesse Belgiojoso, Alfred de Musset, en novembre 1842, écrivait à Mme Jaubert :

> Voilà mon frère qui me dit
> Aujourd'hui vendredi,
> Que vous lui avez dit
> Que je devrais renvoyer au Port-Marly
> Les traductions de Leopardi,
> Pardi!
> Si la princesse les veut,
> Je ne demande pas mieux.
> Mais qu'est-ce qui la presse,
> Cette princesse?

« Et dites-moi un peu ce qu'elle compte faire de ces papiers? Si elle a l'idée de charger quelque autre de l'article, cela me paraît fort sage, mais c'est assez inutile, attendu que la *Revue* ne le mettrait pas, parce que j'ai dit que je le ferais. — Je fais des vers dans ce moment présent, et Leopardi est mort depuis assez longtemps pour me faire la grâce d'attendre. » — Les vers qu'il faisait, ce devait être les vers d'*Après une lecture,* que Musset composa soit pour ne pas faillir à son propre dessein soit pour tenir à peu près la promesse faite à Buloz. On ne trouve guère de rapports entre le poème et le fragment écrit de l'article sur Leopardi. Le poème n'est donc pas la transcription poétique de l'article. On le conçoit plutôt comme en formant dans ses dernières strophes la suite et le complément.

2. Voir *la Loi sur la Presse* (I, p. 472).
3. *Var.* : Qui *gratte* son bonnet devant une écritoire
Et salue... *(R.D.M.).*
4. *Var.* : Le mélodrame *est bon* où... *(R.D.M.).*

Musset, dans *Mimi Pinson,* montre les grisettes à un théâtre de mélodrames, où, d'un même cœur, elles mangent des oranges et pleurent. Il ne s'agit point de littérature, mais d'une certaine sentimentalité. Les larmes de Margot, c'est le suffrage du public. Il est courant que les auteurs dramatiques opposent, quand il y a lieu, ce suffrage des spectateurs aux réserves ou aux sévérités de la critique. Ainsi Voltaire dans la dédicace de *Zaïre* à M. Falkener dit qu'il se moque « de la censure insupportable », de ceux qui ont critiqué sa pièce; j'ai risqué cette pièce, dit-il,

> Et le parterre favorable
> Au lieu de siffler, m'a claqué.
> Des larmes ont même offusqué
> Plus d'un œil, que j'ai remarqué,
> Pleurer de l'air le plus aimable.

(*Œuv. compl.* de Voltaire, édit. Garnier frères, in-8; II, 540.)

Émile Faguet, dans une de ses leçons sur La Harpe, cite ces vers d'une poésie de La Harpe sur *les Talents des Femmes :*

> Leur goût, plus d'une fois, instruisit la science,
> Sut réparer l'erreur du critique égaré,
> Et remit à sa place un écrit censuré.
> Les succès du talent ne leur font point ombrage.
> Qui sait les émouvoir est sûr de leur suffrage.

Et Faguet écrit : « Voilà le bon vers du couplet; c'est à l'avance, le vers plus fringant et plus cavalier de Musset :

> Vive le mélodrame où Margot a pleuré! »

(*Rev. des Cours et Conférences,* 22 décembre 1904, et *Histoire de la Poésie française,* IX, 233-234.)

« Le secret est d'abord de plaire et de toucher »

dit Boileau (*l'Art poétique,* III, 25). Musset, dans l'article sur la *Reprise de Bajazet,* avait écrit, en novembre 1838 : « Mon esprit peut porter un faux jugement, mais quand je suis ému, je ne saurais me tromper; je puis lire ou écouter une pièce de théâtre et m'abuser sur sa valeur, mais eussé-je le goût le plus faux et le plus déraisonnable du monde, quand mon cœur parle, il a raison »; et un mois plus tôt (octobre 1838) sans son article *De la Tragédie :* « Un méchant mélodrame, bâti à l'imitation de Calderon ou de Shakespeare ne prouve rien de plus qu'une sotte tragédie cousue de lieux communs sur le patron de Corneille ou de Racine, et, si on me demandait auquel des deux je me résignerais le plus volontiers, en cas d'arrêt formel qui m'y condamnât, je crois que je choisirais le mélodrame » (*Œuv. en prose,* Bibl. de la Pléiade, pp. 904-917.)

5. N. Serban (*Leopardi et la France,* p. 416) pense que dans ces vers Musset pense à Leopardi « qui était contrefait et dont aucune Italienne n'a voulu ». Il rapproche de ces vers ce passage de l'article inachevé : « En Italie, les femmes ne comprennent guère que l'esprit puisse se faire aimer. Elles l'apprécient sans doute, et l'honorent, mais jamais un bossu, eût-il dans la tête tout le génie d'Apollon, ne vaudra pour elles celui qui en a la forme. » (*Œuv. en prose,* Bibl. de la Pléiade, p. 950.)

6. Dans le dialogue de *Phèdre,* Socrate dit : « Mais c'est un fait que, seule, la Beauté a eu cette prérogative, de pouvoir être ce qui se manifeste avec le plus d'éclat et ce qui le plus attire l'amour. » (*Œuvr. compl.* de Platon, Bibl. de la Pléiade, t. II, p. 41.)

7. Ce vers respecté est le vers 43 de l'*Épître IX* de Boileau :

Rien n'est beau que le vrai, le vrai seul est aimable.

8. C'est qu'il y a, selon Musset, déraison et déraison. Cf. la pièce *Sur la Paresse* (p. 414), où Mathurin Régnier dit :

Plus que votre bon sens, ma déraison est saine...

En 1839, après son court mais agréable séjour chez Rachel, à Montmorency, Musset écrivait à Mme Jaubert : « ... Je ne suis plus fou en amour. Et vous? Et, si on ne l'est plus, qu'est-ce que le reste? Déraisonner en conscience, voilà la grande affaire de la vie. Quand on n'ose plus déraisonner, il faut se brûler la cervelle ou se marier. »

9. Ophélie, dans sa folie, chante au quatrième acte d'*Hamlet* des vers sans suite et elle offre à son frère Laërte des fleurs de romarin : « Voici du romarin; c'est pour la souvenance. » (Cf. *Théâtre compl.* de Shakespeare, Bibl. de la Pléiade, tome II, p. 236.)

10. La troisième partie de *la Confession* finissait par cette sorte de chant d'amour que rappellent ces quatre strophes de *Après une Lecture :* « Celui qui, par une fraîche matinée, dans la force de la jeunesse, est sorti un jour à pas lents, tandis qu'une main adorée fermait sur lui la porte secrète; qui a marché sans savoir où, regardant les bois et les plaines; qui a traversé une place sans entendre qu'on lui parlait; qui s'est assis dans un lieu solitaire, riant et pleurant sans raison; qui a posé ses mains sur son visage pour y respirer un reste de parfum; qui a oublié tout à coup ce qu'il avait fait sur la terre jusqu'alors; qui a parlé aux arbres de la route et aux oiseaux qu'il voyait passer; qui, enfin, au milieu des hommes, s'est montré un joyeux insensé, puis qui est tombé à genoux et

qui en a remercié Dieu ; celui-là mourra sans se plaindre : il a possédé la femme qu'il aimait.» (*Œuv. compl. en prose,* Bibl. de la Pléiade, p. 202.) — Le ton et le mouvement de ces vers font songer aux strophes de Victor Hugo dans la pièce XXIII des *Feuilles d'automne*.

11. Horace dans l'*Épître XIX* du livre Ier adressée à Mécène, (v. 19-20), traite les imitateurs de troupeaux d'esclaves, qui ont bien des fois provoqué sa bile ou son rire. D'Aristophane, voir *les Guêpes,* où il s'en prend, par les voix d'un demi-chœur, aux imitateurs de ses propres comédies ; voir aussi les propos d'Héraclès dans *les Grenouilles*. Il faut rappeler aussi ces vers que dit Apollon dans la comédie *Clymène* de La Fontaine (*Œuv. diverses,* Bibl. de la Pléiade, p. 32) :

> Hors ce qu'on fait passer d'une langue en une autre,
> C'est un bétail servile et sot, à mon avis,
> Que les imitateurs ; on dirait des brebis
> Qui n'osent avancer qu'en suivant la première,
> Et s'iraient, sur ses pas, jeter dans la rivière.

C'est les traiter de moutons de Panurge.

12. Dans la *Dédicace* de *la Coupe et les Lèvres,* (*P.P.,* p. 157), Musset avait dit de sa prosodie :

> Mais j'ai toujours trouvé honteux de cheviller.

Les deux derniers vers de la strophe XVI firent menacer Musset d'un duel, et avec un poète italien, ce même Leopardi, homonyme du grand poète et auteur d'une réplique aux vers *Sur une Morte*. Musset écrivit à Mme Jaubert à ce propos : « Je vous demande un peu s'il y a rien de plus bête au monde ! Ça serait à ne pas croire, si on ne le voyait pas. Trissotin n'a jamais fait mieux. » Il répondit à l'envoyé de Leopardi, chargé de transmettre la plainte, qu'il n'a pensé ni à Leopardi lui-même ni à personne, mais il prie Mme Jaubert de deviner s'il n'y aurait pas quelque tentative de vengeance de la princesse Belgiojoso. Musset raconte le fait à son frère dans une lettre de janvier 1843. Il dit que Leopardi lui a écrit d'abord une lettre « à mettre à Charenton », et que, ne recevant pas de réponse, il a envoyé un témoin que Musset a envoyé promener. Mais il dit aussi qu'il a appris que la princesse est étrangère à ces incidents et qu'elle a «administré un savon» au susceptible Leopardi.

13. Il n'est pas croyable qu'un poète fasse volontairement de « mauvais » vers, à moins qu'il ne faille entendre : mauvais prosodiquement, c'est-à-dire prosodiquement « irréguliers », « mauvais » donc, au jugement des rigoristes.

14. Noël-François de Wailly (1724-1801), auteur du *Nouveau Vocabulaire français* ou *Abrégé du dictionnaire de l'Académie,* et du *Dictionnaire portatif de la langue française, extrait du Dictionnaire de Richelet*. — Pierre-Claude Boiste (1765-1824), auteur du *Dictionnaire universel de la langue française* dont la première édition avait paru en 1800.

Une édition revue et corrigée par Charles Nodier et Louis Barré parut en 1855.

15. « L'un des poètes les plus remarquables de l'Italie moderne, mort en 1837. » (Note d'A. de Musset.) Il mourut le 14 juin. — Dans *les Caprices de Marianne* (acte II, sc. II, de la version de 1851, *Théâtre compl.*, Bibl. de la Pléiade, p. 167), Octave et Célio parlant de l'Amour et de la Mort. Célio cite des vers du poème *Amore e Morte* de Leopardi : « Lorsque le cœur éprouve sincèrement un profond sentiment d'amour, il éprouve aussi comme une fatigue et une langueur qui lui font désirer de mourir. » Et c'est là le sentiment non seulement du poète élégiaque mais celui de tout être qui aime : « Le paysan, l'artisan grossier qui ne sait rien, la jeune fille timide, qui frémit d'ordinaire, à la seule pensée de la mort, s'enhardit, lorsqu'elle aime, jusqu'à porter un regard sur un tombeau. » (P. 167.)

16. Nom d'une ancienne partie de l'Italie méridionale (Campanie) habitée par les Ausones. Les Grecs donnaient le nom d'Ausonie à toute l'Italie, et souvent aussi les poètes.

17. Sainte-Beuve (article du 15 septembre 1844 sur *Leopardi*) reprend Musset sur ce vers : « Il est étrange que le premier éloge accordé ici à Leopardi soit de s'être passé de la rime, ce qui est possible en italien, mais à de tout autres conditions qu'en français, et ce qui d'ailleurs ne paraît point absolument vrai du poète dont il s'agit. » Il dit plus loin : « La rime joue d'ailleurs un rôle très savant et compliqué dans les couplets de *canzoni* de Leopardi ; elle reparaît de distance en distance et correspond par intervalles calculés, comme pour mettre un frein à toute dispersion. » Ceci « en réponse à ceux qui croiraient encore qu'il a dédaigné la rime » (*Nouveaux lundis*, 365 et 387).

18. Nérine, jeune fille de Recanati, pays de Leopardi ; il l'aima vainement et écrivit en souvenir d'elle les beaux vers de *le Ricordanze* (les Souvenirs) où il lui donne ce nom de mon « éternel soupir » que Musset rappelle ici : « *eterno sospiro mio* ».

19. *Var.* : Tu marchas *quelque temps*.

20. Une fois de plus, *remord* amputé de l's final.

21. Cf. la poésie déjà mentionnée *Amore e Morte*, que Sainte-Beuve a traduite en vers.

P. 427.   À M.V.H.

1. Sonnet publié dans la *R.D.M.* le 1er juin 1847 et non daté. Recueilli et daté en 1850 dans les *Poésies nouvelles*. Publié avec la dédicace *À M. Victor Hugo* dans l'édition des *Amis du Poëte*. Paul de Musset dit (*Biographie*, p. 348) : « Quand des dissentiments littéraires l'eurent [son frère] éloigné du *Cénacle*, il se crut en froid avec M. Victor Hugo et c'était pour lui un vrai chagrin. Un jour, au printemps de 1843, les deux poètes se rencontrèrent à un déjeuner chez M. Guttinguer. Ils s'avancèrent l'un vers l'autre en se tendant

la main et causèrent gaiement ensemble, comme s'ils se fussent quittés la veille. » Alfred fut si touché de ce bon accueil qu'il écrivit un beau sonnet qui en a rendu le souvenir immortel. Antoine de Latour (précepteur du duc de Montpensier, traducteur des *Mémoires d'Alfieri*) assistait à ce déjeuner, auquel avaient été invités aussi Charles Nodier et sa fille, Mme Ménessier, Félix Arvers, Alfred Tattet, Mme Victor Hugo naturellement, et Léopoldine Hugo. Le 8 avril 1877, Antoine de Latour achevant de lire la *Biographie d'Alfred de Musset* en prit occasion d'écrire à Paul notamment ceci : « J'étais de ce déjeuner, chez Guttinguer, rue de Courcelles, où votre frère eut la joie de revoir V. Hugo. J'avais été mis dans le secret de la pensée qui avait amené cette réunion. Alfred de Musset, trouvant un jour sur la table de notre ami commun, un des recueils lyriques d'Hugo, ouvrit le volume, en lut tout haut quelques vers qu'il critiqua légèrement, puis reposa le volume avec émotion en disant : « C'est égal, j'aimerais à le revoir. » Guttinguer, un cœur d'or, n'était pas homme à laisser tomber cette parole, et la rencontre eut lieu. Il y eut d'abord un peu d'embarras, mais tout finit comme vous le dites. » (Lettre inédite; Lovenjoul, F. 3166, f° 167.) Alfred de Musset avait raconté lui-même à son frère (lettre du 22 mai 1843) cette réconciliation : « Je me suis réconcilié avec Hugo. Nous nous sommes rencontrés à déjeuner chez Guttinguer. Madame Hugo m'a envoyé son album; j'y ai écrit un sonnet sur cette rencontre qui m'avait réellement touché; il m'a répondu une lettre très bien. » On n'a pas cette lettre.

2. Sainte-Beuve a critiqué âprement cette énumération qu'il traite de « salmigondis ». Et il a écrit cette note digne du recueil qu'on a intitulé *Mes poisons :* « Quand on a aimé ou fait semblant d'aimer tant de choses et qu'on s'est noyé en ces mélanges, je demande ce qu'on peut aimer encore, et si, en se raccommodant avec un ancien ami, il y a garantie qu'à propos de bottes, on ne se rebrouillera pas avec lui demain. » (*Notes et Pensées*, LXVI, *Causeries du lundi*, 468-469.)

P. 428.   MIMI PINSON

1. Cette chanson est dans le conte de *Mimi Pinson, profil de grisette*, qui parut dans un recueil collectif : *le Diable à Paris. Paris et les Parisiens, mœurs et coutumes, caractères et portraits des habitants de Paris.* Texte par George Sand, P.-J. Stahl, Léon Gozlan, Th. Gautier, Alf. de Musset, etc.; avec des illustrations de Gavarni, Bertall, Champin, Bertrand, Daubigny, Français (Paris, Hetzel, 1845, 2 vol. in-4). La nouvelle de Musset est au tome I, pp. 327 à 360, avec la musique faite par Frédéric Bérat pour la chanson. Cette chanson a été recueillie en 1851 dans la seconde édition des *P.N.*

2. Ce « mais » a préoccupé un lecteur de l'*I.C.C.* Il s'est demandé quel sens il convenait d'attribuer à ce *mais;* celui de *au contraire* ou celui de *cependant*. J'adopterais : cependant. Musset n'était pas républicain (voir p. 472, *la Loi sur la Presse*, strophe II).

3. Théophile Gautier, rendant compte d'un vaudeville, *Mimi Pinson*, de Bayard et Dumanoir, y dit de la chanson de Musset : « Tout le monde sait par cœur la chansonnette de Mimi Pinson, où se trouve résumé en quelques couplets tout l'esprit de Béranger. » (*Histoire de l'art dramatique en France depuis vingt-cinq ans*, IV, 42.)

P. 430. LE TREIZE JUILLET

1. Ces stances ont été publiées dans le journal *la Presse* le 18 juillet 1843 et recueillies, datées de 1843 dans les *Poésies nouvelles* en 1850. Dans l'édition des *Amis du Poëte*, elles sont datées juillet 1843. — Le 13 juillet 1842, le duc d'Orléans se rendait des Tuileries à Neuilly, seul dans un cabriolet, lorsque, près de la porte Maillot, les deux chevaux s'emballèrent. Comme le postillon malgré ses efforts ne parvenait pas à les maîtriser le duc d'Orléans voulut sauter de la voiture; il sauta si malheureusement qu'il tomba, se fractura le crâne et mourut après quelques heures d'agonie. Le duc d'Orléans avait toujours témoigné de l'amitié à Alfred de Musset, son ancien condisciple au collège Henri IV. Quand, quelques jours après l'accident, la duchesse d'Orléans tint à faire remettre un portrait du duc à ceux dont il avait été l'ami, elle en destina « une belle épreuve » à Alfred de Musset. (D'après une lettre inédite du secrétaire A. Asseline (fonds Lardin de Musset.) — Dans la *Biographie* (p. 290) Paul de Musset qui, en 1843, voyageait en Italie, écrit : « Je savais l'intention de mon frère d'attendre l'anniversaire du Treize juillet pour payer son tribut de regrets au prince qu'il avait aimé et à la princesse Marie, dont le cercueil était encore à Pise. » (Voir la note 3.) « Je savais le triste plaisir qu'il se promettait à revenir sur ce malheur déjà presque oublié, et au risque de surprendre ceux qui avaient fait tant de bruit de leur douleur et qui, peut-être laisseraient passer, au bout d'un an, la date funèbre sans y songer. »

2. La consternation fut — ou parut — d'abord générale. Puis les partis républicain et légitimiste considérèrent comme une chance ce malheur qui paraissait compromettre l'avenir de la Monarchie de juillet. Des ennemis du régime allèrent même jusqu'à présenter la mort du duc d'Orléans comme une vengeance divine de l'assassinat du duc de Berry.

3. La princesse Marie, seconde fille de Louis-Philippe, était née à Palerme, le 12 avril 1813; elle avait, le 17 octobre 1837, épousé le duc Alexandre de Wurtemberg; elle était morte à Pise le 2 janvier 1839. Elle avait, non pas peint comme le dit Musset, mais sculpté une statue de Jeanne d'Arc, conservée au musée de Versailles.

4. Sainte-Beuve, dans l'une des chroniques anonymes qu'il donna à *la Revue suisse*, juge sévèrement cette pièce. Il dit que les vers n'en sont guère bons; il affirme, sans le démontrer, que Musset mit un an à les faire. Puis : « C'était une dette envers le prince dont il avait été le camarade de collège. Mais il y a affectation

de camaraderie dans certains passages. C'est de mauvais goût de rappeler qu'un jour au bal de la cour, invité par la duchesse de Berry à s'asseoir près d'elle sur une espèce de trône, il refusa humblement :

> On dit que, dans un bal, du temps de Charles X,
> Sur les marches du trône il s'arrêta jadis.

Quelle inconvenance de rappeler telle chose après que le père a renversé le trône pour y mettre son tabouret et que lui-même, le fils, était décidé à s'y asseoir sans la duchesse! Voilà où le défaut de mœurs et de procédés se retrouve chez le poète. » (*Chroniques parisiennes*, XIX, 28 juillet 1843, p. 78.) Quelle aigreur chez le critique, à l'abri du voile de l'anonymat!

5. Le duc d'Orléans avait près de trente-deux ans quand il mourut. Il était né le 3 septembre 1810, à Palerme. Dès que la nouvelle de l'accident fut connue à Neuilly, le roi, la reine et Madame Adélaïde se rendirent auprès du blessé; d'autres princes et princesses accoururent ensuite. Excepté la duchesse d'Orléans, qui était à Plombières, et le duc de Nemours, qui était à Nancy, la famille royale se trouva donc réunie au chevet du blessé.

6. *Var.*: Dans cette *pâle* tête... *(la Presse).*

7. Le duc d'Orléans avait épousé, en 1837, la princesse Hélène de Mecklembourg-Schwerin.

8. Allusion à la part que le duc d'Orléans avait prise à la campagne d'Algérie.

9. Le château de Neuilly, une résidence de la famille royale. Musset y avait été reçu, comme camarade du duc d'Orléans, au temps du collège.

10. Le duc d'Orléans blessé avait été transporté dans la maison d'un épicier; sur l'emplacement de cette maison fut élevée une chapelle qui — le duc d'Orléans portant les prénoms de Ferdinand-Philippe — fut dédiée à saint Ferdinand.

11. *Var.*: *Cinq* sont morts: *Cazavan, Albert et Guilhermy (la Presse).* De ces condisciples d'autrefois, trois paraissent avoir sérieusement rivalisé en matières latine et grecque. Ce sont le duc d'Orléans, Ferdinand-François de Guilhermy et Musset lui-même, qui dut modifier le vers où il avait, par erreur, nommé Cazavan qui n'était point mort, qui lut le poème et qui fut flatté d'y trouver, même d'une telle manière, son nom et en remercia Alfred de Musset près de dix ans après le 21 décembre 1852, dans une très aimable lettre.

12. La sœur de Laborderie fut très touchée de l'hommage ainsi rendu à la mémoire de son frère. Comme elle habitait Limoges, elle envoya au poète, pour le remercier, un service de porcelaine et, chaque année, pour le carnaval elle lui envoyait une volaille.

13. Paul de Musset (*Biogr.*, pp. 290-291) dit que la famille royale ne montra pas autant de reconnaissance. «... Il paraît que la duchesse d'Orléans n'avait remarqué que le mot concernant Laborderie, l'un des camarades d'Alfred et du prince au collège Henri IV, et celui

que le poète appelait le *meilleur de nous tous*. » Longtemps après la publication du poème « et lorsqu'il fut bien démontré qu'un tel hommage à la mémoire du duc d'Orléans ne pouvait demeurer comme non avenu, une personne envoyée du château vint transmettre à l'auteur quelques mots de politesse très cérémonieux et très froids. À l'air compassé de l'envoyé, à la manière dont il s'enquit de ce que c'était que Laborderie, Alfred crut deviner que l'hémistiche trop élogieux en faveur d'un ancien condisciple avait blessé la princesse ».

P. 436. À M. A. T.

1. Sonnet publié dans la *R.D.M.* le 1ᵉʳ janvier 1847 et non daté, puis en 1850, et daté, dans l'édition des *P.N.* — Dans l'édition des *Amis du Poëte*, Paul de Musset l'intitula *À Alfred Tattet*. Alfred Tattet allait partir, avec une charmante maîtresse d'ailleurs, pour un voyage à l'étranger. Ils s'arrêtèrent un peu à Liège ; le 28 mai Tattet écrivait à Guttinguer qu'ils étaient installés « pour quelque temps aux eaux de Spa ». Il le remerciait du dîner d'adieu que Guttinguer leur avait offert, il disait la tristesse de se séparer de bons amis, et il mettait : « Que c'est bien à Alfred d'être venu m'embrasser ! » Puis cette remarque : « Il ne s'est point invité à dîner pour cela, comme Arvers. » (Lettre publiée par Léon Séché dans *la Jeunesse dorée sous Louis-Philippe*, pp. 208-210). Cet ouvrage d'ailleurs est, sous ce titre assez large, le recueil des lettres d'Alfred Tattet à Félix Arvers et à Ulric Guttinguer, avec commentaires de Léon Séché.

2. Alfred de Musset restait vraiment seul. Son frère était alors en voyage en Italie.

3. Les armes de Musset étaient : d'azur à un épervier d'or, chaperonné, longé et perché de gueules. Ce vers fut durement et même vilainement raillé par Sainte-Beuve dans la note déjà citée p. 827, n. 2. Il y écrit : « Dans le Sonnet à Tattet, qu'est-ce que *l'épervier d'or dont mon casque est orné ?* (au lieu de *armé*). J'ai d'abord hésité à comprendre ! Je ne savais pas Musset un si vaillant et si belliqueux chevalier. Puis j'ai cru m'apercevoir qu'il ne s'agissait que de ses armes en peinture, de ses armoiries ; et alors, c'est de la franche sottise, même à un poète, que de venir ainsi étaler son blason, — un blason tout fraîchement repeint (...) Mais peu importe de savoir si Musset a ou non des quartiers ! La sottise est de le dire, et c'en serait une chez un Montmorency même. » (*Causeries du lundi*, XI, 469.) Il n'y a pas tant d'emphase ou de gloriole dans les vers de Musset ; l'épervier d'or est un terme de comparaison que Sainte-Beuve a enflé d'intentions que Musset n'y avait pas mises.

P. 437. SONNET À MADAME M. N.

1. Ce sonnet et les deux suivants ont été publiés dans la *R.D.M.* le 1ᵉʳ juin 1847, non datés et sous le titre *À Madame****. *La Revue*

dit, dans une note : « Ces vers inédits qu'on va lire sont détachés du nouveau recueil des *Poésies complètes* de M. Alfred de Musset, qui doit faire partie de la bibliothèque Charpentier. » En fait, ils furent recueillis en 1850 dans le volume des *Poésies nouvelles* avec le titre et les dates maintenus dans l'édition de 1854. — Dans l'édition des *Amis du Poëte* Paul de Musset a intitulé le premier sonnet *À Madame Ménessier* et daté chacun d'eux de « mai 1843 ». Les manuscrits de ces trois sonnets sont dans l'album de Mme Ménessier, née Marie Nodier; chacun d'eux est signé, le premier seul est daté «mai 1843». On y trouve quelques variantes. Mme Ménessier répondit par un sonnet au premier sonnet de Musset; il répondit à cette réponse; Mme Ménessier répondit encore et il répondit de nouveau. — Édouard Grenier (*Souvenirs littéraires,* pp. 76-77) raconte l'origine de cette correspondance poétique. Il avait fait un sonnet à l'adresse de Musset. Il le montra à Nodier. Et Nodier lui dit : « Laissez-le moi, il peut nous rendre un vrai service : depuis quelque temps Musset nous néglige et semble nous oublier; votre sonnet pourra le ramener. Ma fille va le lui envoyer, et il faudra bien que l'ingrat revienne ou dise pourquoi il nous boude.» Édouard Grenier laissa le sonnet. Il était enchanté de le laisser dans de telles conditions. Marie Nodier l'envoya « avec, dit Édouard Grenier, une lettre d'elle, comme elle sait les écrire, et le lendemain, j'en recevais une de Musset me remerciant de ma poésie et s'excusant de ne pas me répondre dans cette langue des vers que je parlais si bien, ajoutait-il, gracieusement ». On n'a pas cette lettre de Musset. Mais on a celle, datée seulement « dimanche soir » qu'il écrivit à Mme Ménessier et qui révèle qu'il l'avait priée de transmettre sa réponse « au jeune homme en question, attendu, écrit-il, que l'adresse qu'il a mise au bas de son sonnet est pour moi un mystère géographique». Il écrit aussi : « J'ai écrit, selon vos volontés, le moins mal que j'ai pu, c'est-à-dire encore très mal. Le ciel m'a refusé l'esprit de recevoir ou de faire un compliment. » Le sonnet d'Édouard Grenier ne l'avait pas enthousiasmé. Mais Édouard Grenier écrit : « A quoi tient la gloire? S'il m'avait répondu en vers, je serais célèbre. » Et il raconte que Musset accourut à l'Arsenal et avait, le jour même, remercié Mme Ménessier par un sonnet. Cependant dans sa lettre du « dimanche soir », il écrivait à Mme Ménessier : « J'aurais été heureux, madame, que cette petite correspondance [les premières lettres] eût été pour moi une occasion de vous revoir quelques instants dans ce respectable Arsenal où nous avons tant dansé à quinze ans. Hélas! nous sommes tous devenus de grands personnages, et la *gloire,* qui ne danse pas, a tout séparé. » Insista-t-on auprès de lui? S'il n'accourut pas à l'Arsenal, comme le prétend Édouard Grenier, il dut cependant y venir, car son premier sonnet rapporte les souvenirs d'adolescence que Mme Ménessier et lui-même s'étaient rappelés.

2. *Var.:* Vous aimiez *Paul Foucher...* (*Ms.;* album de Mme Ménessier).

Musset a, pour l'impression, substitué Lord Byron qui n'était en la circonstance pas compromettant, à Paul Foucher. — Léon Séché dit (*A. de Musset,* I, 87, n. 2) que le nom de Paul Foucher « donnait raison à ceux qui prétendaient que Paul Foucher songeait à demander la main de Marie ». Qui donc l'a prétendu ? Il y a là une méprise. C'est Mme Ménessier qui dit à Musset qu'il aimait alors Paul Foucher et c'était exact. Alfred de Musset et Paul Foucher furent très amis.

3. *Var.* : ... comme *une* espérance *(Ms.).*
4. *Var.* : ... et si *vieille* et si douce *(R.D.M.)* Vieille ? ça ne peut être qu'une faute d'impression ; il aura vraisemblablement voulu dire : belle.
5. *Var.* : Musset avait écrit d'abord « une l » (une larme). Il a biffé *l* et mis « un regard » *(Ms.).*

Édouard Grenier a, le premier, publié les réponses de Marie Nodier *(op. cit.,* pp. 78-79) ; voici la première :

> La fleur de la jeunesse est-elle refleurie
> Sous les rayons dorés du soleil d'autrefois ?
> Mon beau passé perdu connaît-il votre voix,
> Et vient-il, l'étourdi, railler ma rêverie ?
>
> Par la chute des jours mon âme endolorie
> A laissé ses chansons aux épines des bois ;
> Du fardeau maternel j'ai soulevé le poids,
> J'ai vécu, j'ai souffert et je me suis guérie.
>
> Hélas ! qu'il est donc loin le printemps écoulé !
> Que d'étés ont séché son vert gazon foulé !
> Que de rudes hivers ont refroidi sa sève !
>
> Mais de votre amitié le doux charme envolé
> A retrouvé sa place et mon cœur consolé
> En recueille les fruits au chemin que j'achève.

P. 438. À LA MÊME

1. D'après Édouard Grenier, Musset fit ce sonnet le jour même qu'il reçut celui de Mme Ménessier.
2. *Var.* : Vous parlez de *regret* et... *(R.D.M.).*
3. Elle répondit par le sonnet que voici :

> Ce doux bouquet mouillé qui s'effeuille à nos yeux
> Et que jamais la main n'a pu reprendre ou suivre,
> Ne le regrettons pas ! J'ai lu dans un vieux livre
> Que son nœud détaché voulait parler d'adieux.
>
> Du foyer paternel, vous, l'esprit radieux,
> Dans l'ardente mêlée où le triomphe enivre,
> Vous vous souvenez donc qu'en essayant de vivre,
> Ensemble nous étions partis d'un vol joyeux ?

Nous avons traversé la merveilleuse plaine
Où la fleur du jeune âge, amicale et sereine,
Dit : « La vie est charmante et l'avenir béni. »

Puis je vous vis monter quand je perdis haleine,
À la cime des monts votre aile souveraine
Allait chercher son aire et je gardais mon nid.

P. 438. À LA MÊME

1. Cette fois encore, dit M. Édouard Grenier, Alfred de Musset répondit le jour même.
2. Édouard Grenier dit (*op. cit.,* pp. 80-81) : « Après cet échange si affectueux et si rapide, Musset naturellement revint souvent (?) à l'Arsenal visiter son vieil ami et sa fille. C'est alors que je lui fus présenté... » Dans une lettre qui doit être des derniers jours de mai, car il y est fait allusion à un article de Charles Nodier *les Marionnettes* paru le 28 mai dans *la Revue de Paris,* Musset écrivit à Mme Ménessier : « Je vous remercie de votre remerciement. J'ai peur que vous n'ayez peur encore d'un sonnet; c'est pourquoi je m'empresse de vous rassurer. Vous avez tort de croire que le silence ne dit rien; il en dit quelquefois beaucoup, et même trop et même pas assez... » En post-scriptum, compliments à Charles Nodier sur son article dans la *R.P.* Ce n'est pas la lettre de quelqu'un qui voit « souvent » ni Charles Nodier ni Mme Ménessier.

P. 439. STANCES DE M. CHARLES NODIER
À M. ALFRED DE MUSSET

1. Ces *Stances à M. Alfred de Musset* ont été publiées dans la *R.D.M.,* non datées, le 1ᵉʳ juillet 1843. Admises et datées parmi les poésies de Musset dans l'édition de 1850 des *Poésies nouvelles*.
2. Cette « odyssée cadencée » à laquelle Charles Nodier répond ici, c'est *le Voyage à Pontchartrain;* ces sonnets sont les trois sonnets précédents à Mme Ménessier. Cette stance, pas plus que la lettre de Musset citée, ci-dessus n. 2, ne fait présumer de fréquentes visites d'Alfred de Musset à Charles Nodier.
3. Ces conseils sont superflus, adressés à Musset, qui a souvent jugé avec sévérité et les romans et les journaux de son temps. Les conseils qui suivent étaient, autant que ceux-ci, aisés à suivre pour Musset.

P. 441. RÉPONSE À M. CHARLES NODIER

1. Réponse publiée dans la *R.D.M.,* et non datée, le 15 août 1843; recueillie parmi les poésies de Musset, avec la date « août 1843 », dans l'édition de 1850 des *P.N.* — En mai 1843, les relations avaient un peu repris entre Musset et Nodier à la suite de l'échange

de sonnets entre Musset et Mme Ménessier et de la rencontre de Musset avec Nodier et Mme Ménessier au dîner de réconciliation de Musset et de Victor Hugo, chez Guttinguer.

2. *Trilby ou le Lutin d'Argail, nouvelle écossaise,* de Charles Nodier. Elle avait paru en 1822, chez Ladvocat, in-12.

3. La *R.D.M.* donne :
> Pour n'avoir rien répondu,

ce qui fait le vers trop court d'une syllabe, mais le bon texte a été rétabli, à la fin du volume, à la suite de la Table des matières.

Le 19 août 1843, Alfred de Musset écrivait à Mme Ménessier-Nodier : « J'étais en fureur contre la *Revue* qui m'a fait une faute d'impression et retranché une syllabe... » (Lettre inédite; fonds Lovenjoul, F. 3166, f° 137.)

4. *Var.* : *Toute* à l'aise... *(R.D.M.).* Faute.

5. *Var.* : *Tous* les beaux jours, *tout le printemps (Ibid.).*

6. Charles Nodier était conservateur de la bibliothèque de l'Arsenal. Il y recevait le dimanche soir ses amis. Ils étaient nombreux. Il y avait parmi eux la jeune littérature romantique. Les relations de ces soirées sont nombreuses. M. Jean Larat, dans sa thèse sur *l'Exotisme et la Tradition dans l'œuvre de Charles Nodier,* dit (p. 403) : « Il n'y a rien chez Nodier de concerté ni d'apprêté, rien qui sente l'école. C'est pourquoi la légère évocation de Musset dont les stances rapides sont bien connues reste la plus satisfaisante des relations d'une soirée à l'Arsenal. »

7. Marie Nodier était excellente musicienne. Elle a composé de la musique, elle en a fait sur des chansons de Musset (voir les notes de la p. 650).

8. *Notre-Dame de Paris,* de Victor Hugo, parut en 1831.

9. Ce « beau sire » n'est autre que le cardinal de Richelieu, dont Alfred de Vigny, dans *Cinq-Mars,* a fait un portrait que le comte Molé, recevant Vigny à l'Académie française, a, entre autres choses, blâmé. Richelieu était ou feignait d'être amoureux de la reine Anne d'Autriche. Une confidente de la reine qui, dit le comte de Brienne, avait, autant que la reine elle-même, « l'esprit tourné à la joie pour le moins autant qu'à l'intrigue, ne songeant qu'à se divertir aux dépens de l'amoureux cardinal, proposa un jour à sa maîtresse de le lui amener le soir dans sa chambre vêtu en pantalon vert, si elle le désirait voir en cet équipage, et qu'elle l'obligerait à danser devant elle une sarabande, les castagnettes aux doigts et les sonnettes à la jarretière, ce qui serait fort divertissant et plaisant à voir ». La reine accepta joyeusement. « Le Cardinal, vêtu d'un pantalon de velours vert, garni par en bas de sonnettes d'argent, ce que je ne puis trop répéter, dansa la sarabande d'assez bonne grâce. Les spectatrices et le violon qui étaient cachés par un paravent, avec Vautier et Beringhen [François Vautier, médecin de la reine et Henri, comte Beringhen, l'un des favoris et le premier valet de chambre de Louis XIII], d'où ils voyaient les gestes et les postures de l'Éminentissime Pantalon, riaient à gorge déployée. » (*Mémoires*

de Louis-Henri de Loménie, comte de Brienne, I, 217-218.) On a contesté l'authenticité de cette anecdote. Cependant Tallemant des Réaux raconte que le cardinal de Richelieu s'adressa à Mme de Chevreuse « dans le dessein qu'il avait d'en conter à la Reine », mais qu' « elle s'en divertissait ». Et il écrit : « J'ai ouy dire qu'une fois elle lui dit que la reine serait ravie de le voir vêtu de toile d'argent gris de lin. » (*Historiettes*, I, 250.)

10. Antoine-François-Marie (dit Antony) Deschamps (1800-1869) auteur d'une traduction en vers français de *la Divine Comédie,* qui avait paru en 1829 chez Gosselin (un vol. in-8).

11. Émile Deschamps (1791-1871), frère d'Antony, poète, auteur dramatique, critique littéraire, avait été l'un des fondateurs de *la Muse française* et, par ses *Études françaises et étrangères,* l'un des théoriciens du romantisme. La longue préface de ces Études a été rééditée par Henri Girard dans la « Bibliothèque romantique » : *la Préface des Études françaises et étrangères d'Émile Deschamps* (les Presses françaises, s.d. (1923) in-12).

12. Musset ne désigne aucun sonnet de Sainte-Beuve en particulier. Il y a dans la poésie de Sainte-Beuve un œil noir fameux. Il n'est pas dans un sonnet, mais dans le dizain *Vœu :*

> Pour trois ans seulement, oh ! que je puisse avoir
> Sur ma table un lait pur, dans mon lit un œil noir !

(*Vie, Poésies et Pensées de Joseph Delorme ; Poésies compl.,* I. 107.)

13. Le 19 août, Musset écrivit à Mme Ménessier-Nodier (lettre déjà citée) : « Je suis heureux, Madame, d'apprendre que mes vers ont fait plaisir à votre bon père et mon intention a été prise pour le fait. »

P. 445. À MON FRÈRE, REVENANT D'ITALIE

1. Publié dans la *R.D.M.* le 1er avril 1844 et non daté ; recueilli et daté en 1850 dans les *P.N.* — Paul de Musset revint, en novembre 1843, d'un voyage en Italie. Alfred de Musset s'empara de son frère le jour même du retour et, jusque bien avant dans la soirée, il le fit parler de cette Italie où il était allé autrefois lui-même le cœur joyeux, d'où il était revenu, affaibli et assombri, « traînant l'aile et tirant le pied », mais dont il rappelait alors avec une amère volupté les souvenirs. Il ne se lassait pas. « Nos conversations sur l'Italie, dit Paul de Musset, ne discontinuèrent pas de tout l'hiver. » Puis survint une pleurésie. Pendant la convalescence, Alfred de Musset écrivit le conte de *Pierre et Camille* et, le souvenir de l'Italie toujours présent, les stances *À mon Frère...* (Cf. *Biographie,* pp. 292-294).

2. Francesca, dite Fanny Cerrito (née à Naples en 1821). Célèbre danseuse napolitaine que l'on avait applaudie en Italie, en Autriche, en Hongrie, en Allemagne, en Angleterre. Elle vint ensuite en France. Elle dansa à l'Opéra de Paris en 1847.

3. *Mezzaro* : sorte de mantille.

4. Civita-Vecchia où Stendhal fut consul de France de 1831 à 1841, avec des périodes de congé, des voyages et des séjours à Rome.

5. Voilà une longue périphrase pour faire entendre que la ville des Césars est devenue la ville déchirée des Papes.

6. Naple, pour Naples ; exemple des sacrifices de l'orthographe à la prosodie.

7. *Var.* : Mais *l*'on t'accuse *(R.D.M.)*.

8. Paul de Musset, au chapitre XII de *Courses en Voiturin* (I, 312-313), écrivait : « Le profil bien connu des médailles de Syracuse se rencontre à chaque pas sur les épaules des femmes du peuple. Les jeunes filles, en allant deux par deux chercher de l'eau, s'appuient l'une sur l'autre et portent des vases sur leur tête avec une grâce qu'elles n'ont pourtant pas étudiée sur les bas-reliefs antiques. Les laveuses de la fontaine Aréthuse, presque entièrement nues, sont défendues par cette pudeur et cette dignité qui vous obligent à regarder chastement la Vénus Capitoline et celle de Milo. »

9. « Les grisettes de Catane s'enveloppent de la tête aux pieds dans une sorte de domino de soie noire. On appelle ce vêtement *toppa* et celles qui le portent *topatelles*. » (Paul de Musset, note dans l'édition des *Amis du Poëte,* I, 292.) Dans les récits de voyage de Paul de Musset : *Courses en Voiturin,* il en est un (I, 223-371) intitulé *Histoire d'une Topatelle.*

10. Minturnes, où Marius, banni par Sylla et fuyant Rome, fut arrêté et faillit être mis à mort ; Capoue où, après la victoire de Cannes, Annibal s'attarda, où son armée s'amollit dans les plaisirs, compromettant ainsi les résultats de cette grande victoire.

11. Les amours de Musset ne furent donc pas ennuyeuses, car elles furent ravagées par la jalousie.

12. Musset a encore mentionné, dans la *Lettre à Lamartine,* le séjour de Byron à Ravenne (voir p. 754, n. 2).

13. « Qui m'a mené jusqu'à Ferrare. » Ce petit cocher avait mené aussi George Sand, car c'est en se rendant à Venise que Musset et George Sand passèrent par Ferrare. Le passeport de Musset fut visé à Bologne, le 23 décembre 1833, « *Per la continuazione del suo viaggio via di Ferrara* ».

14. Dans ce « grand palais Nani », devenu l'*Albergo Reale,* Musset et George Sand avaient habité pendant leur séjour à Venise. Ils y occupaient un salon qui donnait sur les lagunes et deux chambres donnant sur une ruelle.

15. *Var.* : *Et que fais*-je... *(R.D.M)*.

P. 450. CONSEILS À UNE PARISIENNE

1. Stances publiées, sans date, dans *le Diable à Paris* (1845), t. II, pp. 329-335, recueillies et datées de décembre 1845 dans l'édition de 1850 des *P. N.* — Louis Barthou possédait le manuscrit

des strophes 5 à 9 ; elles présentent, comme on le verra, quelques variantes. Un manuscrit de la collection Janicot présente une variante du premier vers. Maurice Clouard date ces Conseils d'octobre et dit qu'ils étaient dédiés à la vicomtesse de Maison à qui serait adressé aussi le sonnet :

> Non, quand bien même une amère souffrance...,

qui est d'un ton bien différent. Même indication, mais de la même source (Mme H. Lardin de Musset) dans le Dossier Samuel. — Dans l'*I.C.C.* du 30 décembre 1931, Armand Lods rappelait que Paul-Théodore Vibert, dans son ouvrage sur *Pierre Leleu* (Paris ; Schleicher frères, 1912, p. 101), dit que le comte de Talleyrand-Périgord reçut plusieurs fois Alfred de Musset au château de Verneuil-sur-Seine ; et Vibert ajoute : « C'est pendant un de ses séjours à Verneuil que le poète composa la charmante pièce *Conseils à une Parisienne* et la dédia à Mme de Boisgelin qui, elle aussi, passait une partie de la belle saison au château de Talleyrand. La pièce parut cependant sans dédicace dans *le Diable à Paris* et en 1850. »

2. *Var.* : Si j'étais femme *et si j'étais* jolie (*Ms.* ; fonds Janicot).
3. Le 2ᵉ et le 3ᵉ vers manquent, le 4ᵉ est :
Mon teint brillerait, sous ma tresse brune. (*Ms.* ; fonds L. Barthou.)
4. *Var.* : Il y avait d'abord : vos *regards* novices ; *regards* biffé et reporté au vers suivant *(Ibid.).*
5. *Var.* : *Ayez plus d'orgueil, vous avez le reste.*

> Votre orgueil *modeste*
> *Est très comme il faut (Ibid.).*

6. *Var.* : *Il faut éviter surtout leurs moustaches,*
   Cela fait des taches
   Les trois quarts du temps. (Le Diable à Paris.)

P. 453. PAR UN MAUVAIS TEMPS

1. Publié dans la *R.D.M.* et daté, le 1ᵉʳ juin 1847 ; mis, en 1850, dans le recueil des *P.N.* — La complaisance de M. Legueltel, libraire, m'a permis d'en consulter une copie manuscrite autographe. J'en donne les variantes avec la référence : *Ms. L.* — Une note du Dossier Samuel indique que ces vers étaient adressés à Mme Jaubert. Il n'est pas vraisemblable qu'en 1847, Musset eût adressé à Mme Jaubert une pièce de ce ton. Le quatrième quatrain ne semble-t-il pas adressé à une actrice, et a une actrice qui ne serait pas une soubrette ?

2. Palmire, couturière réputée. Dans l'*Almanach du Commerce* de 1847, elle a, parmi les couturières, la belle annonce que voici (p. 586) : « Palmire-Chabrier et Legrand ; (couturière) de la reine des Français, de la reine des Belges, des duchesses d'Orléans, de Nemours et de Saxe-Cobourg, et de plusieurs cours étrangères ; brev. de la reine d'Angleterre, (rue) Laffitte, 11. »

3. *Var.* : Un *chien de froid,* un *froid* de chien. — Il y avait d'abord :
Un chien de *temps : temps* a été biffé *(Ms. L.).*

4. *Var.* : Vous m'aimiez un peu, mon *cher* ange,
    Et, *pendant* que vous bavardiez,
    Dans cette *allée* et cette fange
    Pataugeaient vos chers petits pieds.

5. *Var.* : *L'or, le satin* et le velours *(Ms. L.).*

P. 453.   À MADAME Cne T.

1. Publié pour la première fois en 1850 dans l'édition des *P.N.*, sans date. Daté de Fontainebleau 1847 dans l'édition des *Amis du Poëte,* mais daté de décembre 1849 sur le manuscrit. — Ce rondeau est adressé à Mme Caroline Tattet. En 1847, comme en 1849, les Tattet habitaient à Fontainebleau. Ce rondeau semble écrit à propos d'un repas pour lequel Mme Tattet avait dû réussir un « pâté rond ».

P. 454. SUR TROIS MARCHES DE MARBRE ROSE

1. Vers publiés dans la *R.D.M.* le 1er mars 1849, et non datés; recueillis et datés de 1848 dans l'édition de 1850 des *P.N;* datés de février 1849 dans l'édition des *Amis du Poëte.* Ce doit être la bonne date. Mme Marie-Louise Pailleron a publié de Musset une lettre à Buloz, dont on n'a pas la date précise, mais qui est de 1849, dans laquelle il écrivait : « Le fait est que je suis allé, depuis peu, assez souvent à Versailles, que là, j'ai senti une chose devant cinq ou six marches de *marbre rose,* dont je veux parler. J'ai même fait quelques strophes là-dessus. Mais une idée de ce genre ne peut avoir aucun prix par elle-même, aucun, parce qu'elle exprime un regret inutile. Ce n'est bon qu'à garder pour soi. Quant à l'amplifier et à la paraphraser pour vous en faire trois ou quatre pages, à tort ou à raison, je regarde cela ni plus ni moins comme *honteux*... » (*François Buloz et ses amis ; la Revue des Deux-Mondes et la Comédie-Française,* p. 25.) Ces « quelques vers » sont devenus un poème qui remplit cinq pages de *la Revue.*

M. Jean Lefranc (*Près des Marches de Marbre rose ; le Temps,* 6 janvier 1913) dit qu'elles sont sept et qu'elles ne sont pas roses mais blanches, avec, il est vrai, par endroits un reflet rosé. C'est assez pour l'illusion d'un poète.

2. *Var.* : ... *plus* hanté *(R.D.M.).*
3. *Var.* : ... *sous* la verdure *(Ibid.).*
4. Le palais de Versailles fut destiné par Louis-Philippe, à devenir un musée dès les premiers temps de son règne. Les travaux d'aménagement, commencés en 1833 et qui ne devaient finir qu'en 1847, étaient assez avancés en 1837 pour que l'inauguration solennelle eût lieu le 10 juin de cette année-là.

5. Dans son *Épitre XIV, Au prince royal de Prusse,* Voltaire a dit, en des vers que ces vers de Musset rappellent :

> Divinités des bergeries,
> Naïades des rives fleuries,
> Satyres qui dansez toujours,
> Vieux enfants que l'on nomme Amours,
> Qui faites naître en nos prairies
> De mauvais vers et de beaux jours,
> Allez remplir les hémistiches
> De ces vers pillés et postiches
> Des rimailleurs suivant les cours ...

— André Chénier s'écrie (premiers vers de l'*Ode à Versailles*)

> Ô Versailles, ô bois, ô portiques,
> Marbres vivants, berceaux antiques,
> Par les Dieux et les rois Élysée embelli...

(*Œuv. compl.,* Bibl. de la Pléiade, p. 183.)

— Victor Hugo, dans la préface de l'édition de 1826 des *Odes et Ballades,* avait dénoncé la contrainte imposée à la nature dans ce « jardin royal de Versailles, bien nivelé, bien taillé, bien nettoyé, bien ratissé, bien sablé, tout plein de petites cascades, de petits bassins, de petits bosquets, de tritons de bronze folâtrant, en cérémonie, sur des océans pompés à grands frais dans la Seine, de faunes de marbre courtisant des Dryades allégoriquement enfermées dans une multitude d'ifs coniques, de myrtes elliptiques, et d'autres arbres dont la forme naturelle, trop triviale sans doute, a été gracieusement corrigée par la serpette du jardinier. » (article de M.L Delaruelle : *Pour aider à commenter les Romantiques; R.H.L.F.,* juillet-septembre 1924).

— Théophile Gautier, éprouvant devant cette nature artificielle le même sentiment d'ennui que Musset, écrivait dans son étude sur *Paul Scarron :* « Au bout d'une heure ou deux de promenade, vous sentez l'ennui vous tomber sur le dos en pluie fine avec la rosée des jets d'eau; une mélancolie sans charme s'empare de vous à la vue de ces arbres dont pas un ne dépasse l'autre, et dont l'alignement irréprochable ravirait d'aise un instructeur de la landwehr prussienne. » (*Les Grotesques,* p. 337.)

— Alfred de Musset, quelques années après avoir écrit les vers *Sur trois Marches de Marbre rose,* écrira, mais dans le conte : *la Mouche,* à propos de Trianon : « Déjà apparaissaient les fantaisies champêtres où se réfugiait le prince blasé. Déjà les Tritons boursouflés, les graves déesses et les nymphes savantes, les bustes à grandes perruques, glacés d'horreur dans leurs niches de verdure, voyaient sortir de terre un jardin anglais au milieu des ifs étonnés. Les petites pelouses, les petits ruisseaux, les petits ponts allaient bientôt détrôner l'Olympe pour le remplacer par une laiterie, étrange parodie de la nature que les Anglais copient sans la comprendre, vrai jeu d'enfant devenu alors le passe-temps d'un maître indolent, qui ne savait comment se désennuyer de Versailles dans Versailles même. » (*La Mouche, Œuv. compl. en prose*, Bibl. de la Pléiade, p. 692.)

6. *Var. : ...jadis en laisse (R.D.M.).*

Mme Martellet dit (*Alfred de Musset intime*, p. 26) que, lorsqu'il composa *Sur trois Marches de Marbre rose* : « ...il pleura moins (qu'en composant *Souvenir des Alpes* où apparaît aussi le souvenir de George Sand) et pourtant, un soir, en finissant son travail, il s'arrêta sur ces deux vers :

> Telle, et plus froide, est une main
> Qui me menait naguère en laisse...

Je croyais qu'il ne continuerait pas. Quelques jours après, il reprit ce travail et l'acheva. »

7. Allusion à l'arrivée de Condé à la Cour après la prise d'Oudenarde et la campagne de Belgique; Louis XIV, au haut du grand escalier de Versailles, attendait le vainqueur qui, ayant de la peine à monter, s'en excusa, à quoi le roi répondit : « Mon cousin, ne vous pressez pas, quand on est aussi chargé de lauriers que vous l'êtes, il est tout simple que l'on ait de la peine à marcher... » (*Essai sur la Vie du Grand Condé*, par Louis-Joseph de Bourbon-Condé, son dernier descendant.)

8. *Var. : ...n'est pas gothique (R.D.M.).*

9. Après ce vers, il y a, dans la *R.D.M.* :

> *Avec quel art et quel mystère,*
> *Dans les entrailles de la terre,*
> *Le Temps actif a travaillé,*
> *Pour qu'un beau jour de promenade,*
> *Sur cette humble et brillante estrade*
> *Un courtisan posât le pié.*
> Dites-nous, marches gracieuses...
>
> *(R.D.M.)*

10. Françoise-Athénaïs de Rochechouart de Mortemart (1640-1707), femme de H.-L. de Pardaillan de Gondrin, marquise de Montespan et maîtresse de Louis XIV.

11. Hortense Mancini (1640-1690), l'une des nièces de Mazarin.

12. Marie-Angélique de Scorraille de Roussilles (1661-1681) qui succéda, comme maîtresse de Louis XIV, à Mme de Montespan. Le roi la fit duchesse de Fontanges. Un jour de vent, à la chasse, elle se fit attacher les cheveux par un ruban dont les nœuds retombaient sur son front. Le roi fut charmé de cette coiffure. La « fontange » devint à la mode et se compliqua au point de devenir une sorte d'édifice.

13. Louise-Françoise de La Baume Le Blanc (1644-1710), pre-

mière maîtresse déclarée de Louis XIV, qui finit carmélite sous le nom de sœur Louise de la Miséricorde.

14. Marie-Madeleine de La Vieuville (1693-1755), mariée en 1711 à César de Baudéan, comte de Parabère. Elle fut une maîtresse du Régent.

15. Madeleine-Louise Charlotte de Foix-Rabat (1694-1768), mariée au comte Jean-Honoré de Sabran. Elle fut aussi une maîtresse du Régent.

16. Allusion à la défense de Calas par Voltaire.

17. Jeanne-Antoinette Poisson (1721-1764) épousa Lenormand d'Étioles et fut la maîtresse de Louis XV qui la fit marquise de Pompadour. Elle est un personnage de la nouvelle d'Alfred de Musset : *la Mouche* (cf. *Œuv. compl. en prose,* Bibl. de la Pléiade, p. 671).

18. Jeanne Bécu (1743-1793) n'était pas plus noble que la marquise de Pompadour. Elle épousa le comte du Barry ; elle fut aussi la maîtresse de Louis XV. Elle périt sur l'échafaud pendant la Terreur.

19. Jules Hardouin, dit Mansard (1645-1708). Illustre architecte; surintendant des bâtiments sous Louis XIV. Il a édifié notamment le palais de Versailles, le Grand Trianon, la maison de Saint-Cyr.

P. 459. SONNET

1. Publié pour la première fois dans l'édition de 1851 des *P.N.* — Il n'est daté ni dans cette édition, ni dans aucune autre. Sur l'autographe, il est daté de 1849. Mme Wladimir Karénine écrit (*George Sand,* II, 93) : « Nous trouvons encore dans le volume des *P.N.* une pièce que Paul de Musset n'a pas daigné orner d'un titre [tournure qui sent l'hostilité], car elle se rapporte à George Sand. C'est celle qui commence par les mots : « Se voir le plus possible » et ne porte aucune date. » Rien, dans le sonnet, ne révèle qu'il soit adressé à George Sand, et dans le dire de Mme Wladimir Karénine, rien ne le prouve. Maurice Clouard dit (Lovenjoul, F. 3189) que ce sonnet est adressé à la princesse de Beauvau. Affirmation sans preuve, non plus. Émile Faguet (*Alfred de Musset et ses Amis ; Revue latine,* 25 août 1907, p. 460) dit que ce sonnet est adressé à Mme Allan. Il le dit certainement d'après l'ouvrage de Léon Séché *(A. de Musset, II, les Femmes)* où il est raconté que ce sonnet a été trouvé dans les papiers de Mme Allan. En 1849, Musset avait une liaison avec Mme Allan. C'est donc à elle, vraisemblablement, que le sonnet a dû être adressé.

P. 459. À M. RÉGNIER

1. Publié pour la première fois, et non daté, dans l'édition de 1851 des *P.N.* — Daté de 1849 dans l'édition des *Amis du Poëte* et sur le manuscrit que j'ai pu voir lorsqu'il fut mis en vente, le 23 mars 1917, par M. Kra, libraire (n° 119 du catalogue de la vente).

L'acteur Régnier s'appelait en réalité François-Jean-Paul Tousez (1807-1887). Le nom de Régnier qu'il avait pris au théâtre est celui de sa mère. Il jouait les valets. Musset dit qu'il le connaissait à peine; Régnier avait pourtant, le 22 février 1849, créé le rôle de Berthaud dans *Louison*.

2. *Var.:* ... la *mâle* hardiesse. (*Ms.* : Biffé.)
3. *Var.:* ... sa verve *railleuse* (*Ms.* : Biffé.)

P. 460.   CHANSON

1. Publiée pour la première fois dans l'édition de 1851 des *P.N.*, et non datée. Dans l'édition des *Amis du Poëte,* Paul de Musset met : « date inconnue ». Horace de Viel-Castel, dans ses *Souvenirs* (II, 20-21), écrit, le 18 janvier 1852, à propos d'une soirée qu'il venait de passer avec Alfred de Musset : « Musset a écrit sur mon livre, et comme une carte de visite un peu triste mais amicale, il y a de cela tantôt quinze ans :

        Quand on perd, par triste occurrence... »

et il transcrit toute la chanson qui, si ces souvenirs sont fidèles, serait de 1837.

P. 460.   À MADAME O***

1. Sonnet publié pour la première fois dans l'édition de 1851 des *P.N.* — Il n'est daté dans aucune édition. Une copie remise par le destinataire à Alfred Tattet est datée « 19 mai 1841 ». Cette destinataire est Mme Mathilde Odier, femme de M. Édouard Odier dont le père était pair de France, et fille du comte de Laborde, aide de camp du roi et questeur de la Chambre des Députés. Sa sœur aînée, Aline, avait épousé Édouard Bocher, ami de Musset. Maurice Donnay, dans son *Alfred de Musset,* dit (pp. 139-140) : « En 1849, écrit Mme Odier, dans un cahier dont M. Emmanuel Bocher [fils d'Édouard] a eu l'obligeance de me communiquer les fragments, Alfred de Musset, attiré au milieu de nous par une perspective d'Académie vers laquelle il pensait que nous pourrions le pousser, vint dîner à Passy. Il me redemanda ses vers pour y corriger un mot et mit *encor* au lieu d'*aussi;* huit années s'étaient écoulées depuis qu'il me les avait donnés. » Le sonnet est donc de 1841.

2. Il y avait donc un dessin de Mme Odier destiné à illustrer la nouvelle de *Margot,* dont Balzac avait écrit dans sa *Revue parisienne* du 25 septembre 1840 : « Je n'aime ni *Croisilles,* ni *Margot.* » (Article recueilli dans le t. XXIII des *Œuv. compl. de Balzac,* p. 751.)

3. *Var.:* *Et* Béatrice *aussi* qui montre...
puis : *Et* voici Béatrice *(Ms.).*

Cette Béatrice est Béatrice Loredano dont le fils du Titien fit le portrait. (Voir, p. 385, le sonnet de Musset sur ce portrait.)

Mme Odier avait donc fait aussi un dessin pour la nouvelle *le Fils du Titien*. — Les dessins de Mme Odier n'ont pas été publiés.

P. 461.   LE RIDEAU DE MA VOISINE

1. Publié d'abord dans le numéro de *l'Ariel* du 2 mars 1836, avec le titre de : *Chanson de Goethe, traduction* (*l'Ariel* était un petit journal que dirigeaient Théophile Gautier et Charles Lassailly). *Le Rideau de ma Voisine* fut reproduit, avec encore le titre de : *Chanson de Goethe,* dans *le Chansonnier des Grâces* pour 1839. Il fut, en 1851, recueilli dans le volume des *P.N.* — Sur l'origine de cette petite pièce, je connais deux versions en partie concordantes. Charles Read, dans *le Ménestrel* du 12 juin 1837, dit que cette petite pièce fut inscrite sur l'album de Mlle Laure de Montègre dont la fenêtre, 59, rue de Grenelle, était vis-à-vis la fenêtre de Musset qui donc pouvait voir si le rideau de sa voisine se soulevait ou non. Le lourdaud désigné dans le troisième quatrain serait Paul Foucher. Cependant Mlle Laure de Montègre épousa le docteur Labat, — un voisin, comme Musset, — le docteur Labat dont la servante campagnarde fournit à Musset le sujet de la nouvelle qu'il a intitulée *Margot*. Jacques Porchat traduit ainsi la petite poésie de Goethe (*Œuv. de Goethe,* I, 13) : *l'Illusion :* « Le rideau flotte deçà et delà chez ma voisine, — Sans doute elle observe, du coin de l'œil, si je suis à la maison ; — Et si la jalouse colère que j'ai nourrie pendant le jour, justement vaincue et pour jamais, s'apaise au fond de mon cœur. — Mais hélas ! la belle enfant n'a rien senti de pareil : je le vois, c'est le vent du soir qui joue avec le rideau. »

P. 461.   SOUVENIR DES ALPES

1. Publié, sans date, dans la *R.D.M.* du 15 janvier 1852 ; recueilli et daté de 1851 dans l'édition de 1852 des *P.N.* — *Souvenir des Alpes,* c'est le souvenir du triste retour de Venise, après la séparation de Musset et de George Sand. Il rappelle un moment précis de ce retour, une halte sans doute à quelque relais de poste, où le voyageur s'éloigne un peu et songe dans le paysage, tandis qu'on attelle une mule pour la prochaine étape. Mme Martellet dit que, après une grave maladie, Musset « se mit à écrire *Souvenir des Alpes*. Cela dura plusieurs jours. Chaque fois qu'il aborda ce sujet, il pleura. Je ne comprenais rien à ces larmes, je pourrais dire à ces sanglots » (*Alfred de Musset intime,* p. 25).

2. Paul Mariéton dit (*Une Histoire d'amour,* p. 146) : « Chenavard m'a conté maintes fois comment, au lit de mort, le malheureux poète gardait la hantise de « cette femme ! » et de ses grands yeux noirs qu'il avait toujours aimés. »

P. 464. ADIEUX À SUZON

1. Publié dans *la Revue de Paris* en mai 1852. Recueilli dans l'édition de 1862 des *P.N.* — Intitulé *Adieu Suzon!* dans l'édition des *Amis du Poëte*.

Mme Martellet raconte (*Alfred de Musset intime,* pp. 311-312) qu'Alfred de Musset, se trouvant en villégiature chez des amis de son oncle Desherbiers, inspira une passion à une jeune fille à laquelle il parla avec tendresse, mais qu'il respecta.

M. Guyot-Desherbiers fut préfet de Mirecourt de 1840 à 1845. En 1845, Alfred de Musset l'alla voir et fit un assez long séjour dans les Vosges. Le préfet de ce département était alors M. de la Bergerie qui avait une fille; c'est cette jeune fille qui, selon M. Maurice Clouard, fut la Suzon des *Adieux*.

Aucune preuve à l'appui de ce dire. Alfred de Musset dut connaître à Mirecourt ou à Épinal, où il allait aussi, bien d'autres jeunes filles que Mlle de la Bergerie. Le 28 mai 1845, il écrivait à Alfred Tattet qu'il était reçu dans les meilleures maisons. On le recherchait. On le fêtait. Il s'amusait. Il amusait. Il jouait dans des charades, et souvent des rôles de femme; il y était, paraît-il, charmant. Maurice Barrès nomme dans ses *Cahiers* (X, 298): Mme Zélie Dulay, une jeune fille qui survécut cinquante années à Musset et qui avait, dit Barrès, « beaucoup de lettres de lui » et, dans ses vieux jours, elle « les relisait ». Zélie Dulay, née à Mirecourt, est morte à Vergalis. J'ai tenté vainement d'obtenir de ces deux villes quelque renseignement qui pût m'être utile.

2. Paul de Musset date cette chanson de 1844. Elle pourrait fort bien être de 1845. Détail sans importance.

P. 465. SONNET AU LECTEUR

1. Sonnet composé pour l'édition de 1850 des *P.N.* — Mme Martellet en a donné une version un peu différente dans son livre : *Dix ans chez Alfred de Musset* (p. 102) avec le titre singulier de *Sonnet au lecteur de l'année*. Un tel titre ne répond à rien. Une copie manuscrite du fonds Lardin de Musset est conforme à cette version. On en verra ci-dessous les variantes. Le manuscrit provenait sans doute de Mme Martellet à qui la famille Lardin de Musset en racheta un bon nombre.

2. *Var.: Le temps où nous vivons* est un mauvais moment (*Ms.* autog.)

3. *Var.: ... les rêves* d'un autre âge *(Ibid.)*.

4. *Var.:* Rosalinde et *Philis* qui... *(Ibid.)*.

5. Lamartine ne répondit qu'en 1840 dans les *Troisièmes Méditations poétiques* à l'émouvante *Lettre* en vers que Musset lui avait adressée en 1836. (Voir *Lettre à Lamartine* et notes, p. 328.) Dans cette réponse, il disait :

> Enfant aux blonds cheveux, jeune homme au cœur de cire,
> ....
> Poétique jouet de molle poésie,
> Qui prends pour passion la vague fantaisie,
> Bulle d'air coloré dans une bulle d'eau
> Que l'enfant fait jaillir au bout d'un chalumeau...

6 Lamartine avait dit aussi :

> Honte à qui croit ainsi jouer avec sa lyre !
> La vie est un mystère, et non pas un délire.

Alfred de Musset, déçu et même irrité, y avait répondu dans la première version des deux tercets de son sonnet. Il y disait :

> *Honte à qui croit, dit-il, jouer avec sa lyre !*
> *Honte, dis-je, à qui joue, en toute occasion,*
> *Avec sa conscience et son opinion.*
>
> *J'ai fait mon Chant du Sacre et n'ai plus rien à dire ;*
> *S'il faut changer d'avis, s'il faut rayer un nom,*
> *J'aime encor mieux flotter de Ninette à Ninon.*

C'est par respect pour Lamartine qu'Alfred de Musset refit et adoucit ces derniers vers. Il faut noter que Lamartine, dans son dix-huitième *Entretien*, dit de la réponse qu'il fit à Musset : « Je me hâtai de coudre à ce commencement un mauvais lambeau de fin, sans qu'il y eût ni milieu, ni corps, ni âme à ces vers : aussi restèrent-ils ce qu'ils sont dans mes œuvres, aussi médiocres et aussi indignes de lui que de moi-même. Je rougis en les relisant de les avoir laissé publier. » Les entretiens sur Musset ont été recueillis au tome III des *Portraits et Souvenirs* de Lamartine (voir p. 752. n. 1).

POÉSIES COMPLÉMENTAIRES

P. 469. UN RÊVE

1. Cette ballade est la première pièce qu'Alfred de Musset ait, discrètement, disait Paul de Musset, la signant *A.D.M.*, présentée au public. Elle parut le 31 août 1828, dans le petit journal de Dijon, sur la recommandation de Paul Foucher qui connaissait l'un des rédacteurs. Elle y parut entre deux notes qui se contredisaient, l'une rédigée par l'ami de Paul Foucher, qui précédait le texte et disait :

« Voici des vers que nous n'osons risquer sans préface : c'est une étude rythmique d'après l'auteur de *Cromwell*. Nous n'avons point la prétention de juger avant le public. Nous rappellerons cependant aux classiques que c'est un rêve qu'ils vont lire, et que l'auteur lui-même trouve ce rêve *mauvais*. Voilà les critiques bien à leur aise. Nous ne doutons point qu'ils ne préfèrent de beaucoup à ces vers ciselés comme des cristaux et qui frappent l'oreille par un éclat de rime dont le secret semblait perdu depuis longtemps, ceux dont Voltaire lui-même n'a su parler qu'en faisant une faute de français et une faute de rime :

> Ces deux alexandrins côte à côte marchant
> Dont l'un est pour la rime et l'autre pour le sens.

Boileau, qui s'émerveillait si fort du talent de Molière comme rimeur, eût fait grâce au très jeune poète qui nous confie la débauche d'esprit qu'on va lire. On ne saurait nier du moins que cette manière de concevoir le rythme ne rende l'art plus difficile qu'au bon temps de l'abbé Delille et de quelques années en deçà. »

Les deux vers de Voltaire (notons-le en passant) sont inexactement cités et indûment critiqués. Ils sont dans l'épître *au Roi de la Chine* (*Œuv. compl.*, X, 414) où il est dit :

> Ton peuple est-il soumis à cette loi si dure
> Qui veut qu'avec six pieds d'une égale mesure,
> De deux alexandrins, côte à côte marchants,
> L'un serve pour la rime et l'autre pour le sens ?

NOTE À LA SUITE DU TEXTE : « Cette tête d'article faite par un collaborateur » (sic).

« Je ne puis prendre sur moi ce commencement *d'humble préface* où mon excellent ami à genoux *demande grâce aux lecteurs* pour la charmante féerie de cette scène fantastique. Oui, un mauvais rêve à la *Smarra*. J'avoue hautement que j'aime à la folie telle poésie et tels vers, sans attacher du reste un prix trop excessif à la difficulté vaincue, non plus qu'à l'opulence de la rime. N'y a-t-il donc pas un drame tour à tour gracieux et pénible, toujours naturel et toujours riche en couleurs, dans cette rapide fiction changeante, vaporeuse, comme ces songes qui donnent le vertige et font, longtemps après, rêver ? » Suivent quelques lignes qui se rapportent à une poésie de Paul Foucher publiée précédemment dans le journal, puis : « Le tout dit pour l'acquit de ma conscience, et sans la prétention de régenter personne. Ch. B. »; Ch. B. c'est Charles Brugnot, poète lui-même, qui mourut en 1832 à l'âge de trente-deux ans.

2. Selon Paul Foucher (article du 8 décembre 1874 dans *la Liberté*) cette marquise au pied leste était la marquise de la Carte.

3. Il y a dans *l'Anglais mangeur d'opium* la relation d'autres rêves dont certains hantés non pas de scarabées mais de « hideux » crocodiles; dont certains autres ont un caractère macabre; dans l'un d'eux le rêveur voit venir vers lui un cadavre : «...il arrivait jusqu'à moi sans parler, et se couchait sur moi; c'était alors une sensation

effroyable, un cauchemar dont rien ne saurait approcher car, outre le poids de sa masse informe et dégoûtante, je sentais une odeur pestilentielle découler des baisers dont il me couvrait. » Voir un autre rêve macabre dans la dix-neuvième *Revue fantastique* (cf. *Œuv. compl. en prose,* Bibl. de la Pléiade, p. 78), et une vision macabre dans la ballade *la Nuit,* contemporaine de *Un Rêve.* Rêves et visions venaient des souvenirs, affreux pour Musset, du Cours de dissection.

4. La ballade *Un rêve* est sur deux tons, l'un riant, l'autre lugubre. Mme Arvède Barine se demandait si elle n'était pas déjà, comme devait l'être en 1829, la *Ballade à la Lune,* une parodie de la poésie romantique. Et Mme Arvède Barine se répondait aussitôt que « il n'y aurait rien d'étonnant à cela ». Il semble qu'un romantique pur, bien que partisan de l'alliance du comique et du tragique dans les ouvrages dramatiques, n'eût pas consenti à une telle alliance dans une ballade, qu'il n'en eût même pas eu l'idée. Alfred de Musset n'était pas un romantique pur. Les rites romantiques le faisaient sourire et il les raillait comme on l'a vu à propos de *Mardoche.* Mme Arvède Barine a peut-être raison.

— La ballade *Un Rêve* a été rééditée à part en 1875 (Rouquette, une plaq. in-8); elle est suivie d'une étude de M. Maurice Tourneux sur *les Portraits d'Alfred de Musset.*

P. 472. LA LOI SUR LA PRESSE

1. Ce poème parut dans la *R.D.M.* le 1ᵉʳ septembre 1835, avec à la table des matières le titre de : *la Loi de la Presse.* — La loi contre laquelle Alfred de Musset protestait dans un vif mouvement de verve satirique avait été discutée en août. C'est pendant qu'elle était en discussion que Musset s'était animé : « Quand le moment de la discussion fut passé, écrit Paul de Musset, l'auteur ne jugea pas à propos de réunir cette pièce à ses autres poésies. » (Édition des *Amis du Poëte, II,* 97.)

Après l'attentat de Fieschi (28 juillet 1835), dans lequel Louis-Philippe ne fut pas atteint, mais qui fit de nombreuses victimes, le gouvernement prépara en hâte et mit aussitôt en discussion une loi aggravant la répression des délits de presse; il s'agissait de brider les deux presses d'opposition, l'une républicaine, l'autre légitimiste, tenues pour responsables des attentats commis. La discussion dura du 13 au 29 août, et les lois, défendues par le duc de Broglie, président du Conseil et par Thiers, ministre de l'Intérieur, furent combattues par plusieurs orateurs, Dufaure, Dupin, Royer-Collard, silencieux depuis plusieurs années et dont l'intervention inattendue fit sensation. Deux poètes firent retentir des protestations. Lamartine, à la tribune, et hors du Parlement, Alfred de Musset. Mais les lois furent votées. La loi sur la presse par 226 voix contre 153. — Cette loi donnait la gravité de crimes à des actes traités jusqu'alors comme des délits (offense ou blâme au roi, attaque contre la forme du gouvernement) et, par ce subterfuge, les dérobait à la juridiction ordinaire pour les rendre justiciables du tribunal politique qu'était la Chambre des Pairs.

2. Cf. la *Dédicace* de *la Coupe et les Lèvres* (p. 155) mais les strophes de *la Loi sur la Presse* ne sont pas une manifestation politique ; elles sont la vive réaction d'un écrivain qui, en maints endroits de son œuvre, a proclamé son culte de la liberté et que révoltaient les atteintes excessives, la déportation surtout, que la nouvelle loi prévoyait contre la liberté d'écrire en matière politique.

3. Alfred de Musset, peu de jours après l'attentat de Fieschi, avait, dans une lettre à son ami Tattet, exprimé son dégoût de la presse licencieuse et souhaité les mesures restrictives que l'on annonçait, mais dont la nature et la gravité ne correspondirent pas à ses souhaits. Il écrivait : « Vous savez ce que j'ai toujours pensé de cette espèce d'hommes qui font trafic de l'impudence et qui dînent des saletés qu'ils ont vomies. Ce qu'on appelle liberté de la presse, c'est à mon avis un des égouts les plus noirs de notre civilisation. C'est une banque qui fait de l'infamie un papier monnaie ; qu'on leur donne une bonne fois les étrivières, — ce n'est pas moi qui réclamerais. » (Lettre inédite du 2 août 1835 ; fonds Tattet.) Avant la fin du même mois, Musset réclamait contre la confection de ces étrivières. C'est qu'il prévoyait sans doute qu'on les administrerait sans discernement au provocateur mercenaire, au fanatique illuminé et au théoricien convaincu. Il ne pouvait pas trouver répréhensible et moins encore criminelle la préférence raisonnée et donnée de bonne foi à une forme de gouvernement sur une autre.

4. Cependant le poète, résolument indépendant, écrira dans la troisième des *Lettres de Dupuis et Cotonet* (mars 1837) : « Admettons l'axiome reçu qu'il faut être d'un parti (...) ; soyons d'un parti, j'y consens, de celui qui vous plaira, je n'y tiens aucunement. Dites-moi seulement le mot d'ordre. Qu'est-ce qu'un parti sans principe ? Il nous faut un principe pour vivre, parler, remuer et arriver. Qui vous l'a donné ce mot d'ordre ? Est-ce votre conscience ? Touchez là, nous arrivons ou arriverons. Est-ce votre bourse ? qui me répond de vous ? » (*Œuv. compl. en prose,* Bibl. de la Pléiade, p. 871.) En 1841, dans la pièce *Sur la Paresse,* s'élevant contre le journalisme vénal, il dénoncera :

D'abord le grand fléau qui nous rend tous malade... (p. 410).

5. Lors de l'attentat, Louis-Philippe avait auprès de lui, deux de ses fils, le duc de Nemours et le prince de Joinville qui furent indemnes, comme Louis-Philippe lui-même dont le front fut seulement effleuré par un projectile.

6. Le 31 juillet, le roi avait prescrit aux évêques de faire chanter un *Te Deum.* À Notre-Dame il fut chanté le 6 août. La famille royale y assistait.

7. Jean Giraud trouve l'origine de cette expression dans l'Introduction d'Artaud à sa traduction des comédies d'Aristophane

(Bressot-Thiviers, Aimé André, 1830; 6 vol. in-24). Cette traduction est, sous le n° 97, au *Catalogue de la Bibliothèque d'A. et P. de Musset*). Artaud disait : « La Muse d'Aristophane et celle de Dante (...) cette bacchante » (I, LXXXIII).

8. Hier, c'est-à-dire avant les journées de juillet 1830 auxquelles, d'après une lettre de leur mère, Paul et Alfred de Musset participèrent (voir p. 640, n. 2).

9. *Var.* : ...joyeux *vigneron*... (Édition des *Amis du Poëte*) (Faute).

10. « Trivial » est employé par La Bruyère dans le sens d'abordable. « Il se dit des personnes qu'on voit partout facilement », écrit Littré qui cite ensuite le texte de La Bruyère : « Le manieur d'argent, l'homme d'affaires est un ours qu'on ne saurait apprivoiser, on ne le voit dans sa bogue qu'avec peine (...) L'homme de lettres, au contraire, est trivial comme une borne au coin des places. » Musset emploie le mot dans le sens courant de commun, de rebattu. Son indication de La Bruyère est donc faite à contre-sens.

11. C'est le propos de Tartuffe à Dorine :

> Couvrez ce sein que je ne saurais voir.
>
> (*Le Tartuffe*, acte III, sc. II, Bibl. de la Pléiade, p. 730.)

12. Allusion à l'interdiction d'exprimer « le vœu, l'espoir ou la menace (...) de la restauration de la monarchie déchue ».

13. Allusion à l'interdiction d'ouvrir une salle de spectacle sans autorisation préalable.

14. Le 24 août, Thiers avait dit à la tribune que la nation française « tient le premier rang en Europe depuis deux siècles pour l'élégance de ses mœurs, pour la délicatesse de son goût, pour son urbanité », qu'« elle en était fière », qu'« elle en était vaine » et qu'« il faut convenir que depuis trois ans la Providence a cruellement châtié cette vanité-là ». C'est à ce propos que répondent les vers de Musset et non point, comme Jean Giraud le supposait (*Alfred de Musset contre Thiers ; Revue bleue*, 14 septembre 1912) au discours que Thiers prononça le 29 et qui fut imprimé dans *le Moniteur universel* le 30, alors que les vers de Musset, qui devaient paraître dans *la Revue* le 1er septembre, étaient imprimés déjà.

15. *Var.* : Que *la loi*... (Édition des *Amis du Poëte*). Autre faute.

16. Marie-Joseph Chénier a écrit dans son *Épître à Voltaire* et tout ce passage peut être cité ici :

> Survivant au pouvoir, l'immortelle pensée,
> Reine de tous les lieux et de tous les instants,
> Traverse l'avenir sur les ailes du temps.
> Trois mille ans ont passé sur la cendre d'Homère
> Et depuis trois mille ans Homère respecté
> Est jeune encor de gloire et d'immortalité.

17. Cléon, fils de corroyeur, corroyeur lui-même, démagogue devenu puissant à Athènes, et dont les Athéniens firent un général

Aristophane l'a attaqué dans plusieurs pièces, et d'une manière particulièrement violente dans *les Chevaliers,* sous le personnage de Paphlagonion.

18. Musset a lu ces détails dans la notice d'Artaud sur la comédie *les Chevaliers,* mais des commentateurs les mettent en doute : « On ne sait s'il faut ajouter foi à cette anecdote », dit Émile Deschanel (*Études sur Aristophane,* p. 32).

19. *Var.* : *Ni le bien ni le mal...* (Édition des *Amis du Poëte*).

20. Réminiscence du vers de Boileau :

> La montagne en travail enfante une souris.
>
> (*Art poétique,* III, 274)

et non pas d'un vers de La Fontaine, comme il est dit dans plusieurs éditions ou citations de ce texte de Musset.

21. *Var.* : *Les* pauvres... (Édition des *Amis du Poëte*).

22. *Var.* : ... du *bout* de l'horizon
Un cétacée *énorme... (Ibid.).*

Si ce sont là deux modifications dues à Paul de Musset, elles ne me paraissent pas heureuses. — Selon Littré : « Autrefois on écrivait avec deux *e*, cétacée, même au masculin, pour se conformer à la finale latine *ceus.* »

La loi nouvelle prévoyait pour les condamnés la peine de la déportation.

23. Chateaubriand à propos du discours de Milton au parlement d'Angleterre *pour la liberté d'imprimer sans permission* écrit que Milton a le premier nettement demandé la liberté de la presse. Puis : « Avec quel art pathétique, le poète ne rappelle-t-il pas qu'il a vu Galilée, sous le poids de l'âge et des infirmités, près d'expirer dans les fers de la censure pour avoir osé affirmer le mouvement de la terre. C'était un exemple pris à la hauteur de Milton. Où irions-nous aujourd'hui, si nous tenions un pareil langage ?

> Regardez, regardez! peuples du nouveau monde... »

Chateaubriand cite toute la strophe (*Essai sur la Littérature anglaise, Œuv. compl.,* XI, 643).

24. *Var.* : ... c'est *votre* tour *(Ibid.)* Faute évidente.

25. Edmond Biré, dans son édition des *P.N.* dit que si Musset n'admit pas *la Loi sur la Presse* dans le recueil de ses poésies, c'est qu'il ne tarda sans doute pas à regretter de l'avoir écrite ». — « Regretter ? » Pour quelle raison ? Parce que « pour une fois qu'il s'était lancé dans la politique, il s'y était jeté à corps perdu » ? Parce que ses vues sur la liberté de la presse auraient changé ? Par égard pour un ministre, peut-être ? Paul de Musset écrit, dans la *Biographie* (p. 147) : « Les vers sur la nouvelle loi étaient adressés en manière d'épître, au premier ministre d'alors, qui eut le bon esprit de ne pas en garder rancune à l'auteur. » Ces strophes n'ont

pas le caractère d'une épître ; Musset y apostrophe et y attaque Thiers ; le premier ministre était le duc de Broglie. Mais Paul de Musset a pu, quarante ans plus tard, prendre un ministre pour l'autre et il se peut que ce soit par convenance que son frère ait éliminé *la Loi sur la Presse.*

P. 478. SUR UNE MORTE

1. Ces vers, publiés sans date dans la *R.D.M.* du 1ᵉʳ octobre 1842, ont été placés par Paul de Musset dans l'édition de 1860 des *P.N.* — Il les date d'octobre 1842, date évidemment inexacte et postérieure à la composition de la pièce.

La « Morte » de ces vers est la princesse Christine Trivulce de Belgiojoso. Elle était pâle avec deux grands yeux sombres. D'Alton-Shée, qui la vit quand elle avait à peine vingt ans, dit qu'« elle semblait vivre pour la seconde fois » (*Mes Mémoires,* I, 42). Henri Martineau a raconté qu'Ancelot, à qui l'on demandait dans un salon si « cette femme étrange et pâle était jolie », répondit : « Elle a dû être bien de son vivant. » (*Stendhal et le salon de Mme Ancelot,* p. 43.) Ce mot est-il antérieur au vers de Musset ? Le mot fut-il dit après ? En tout cas, rencontre ou non, c'est, chez les deux écrivains, communauté d'impression. Alfred de Musset avait fait la cour à la princesse Belgiojoso. Y avait-il chez lui de l'amour ou seulement du désir ? La princesse ne rebutait pas des hommages qui la flattaient, mais, sans décourager son amoureux, elle ne lui cédait point. Ce furent pour Musset des alternatives d'espérances et de déceptions qui le blessèrent, finirent par l'irriter et lui firent écrire ces trop vives stances. Quand elles parurent, la princesse affecta de ne pas s'y reconnaître. Musset, sur les instances de Mme Jaubert, son amie et l'amie de la princesse, reconnut qu'il était allé trop loin. Il n'admit pas cette poésie parmi ses œuvres. Il renonça à faire une nouvelle qu'il avait projetée et dont le titre, *la Bascule,* devait symboliser les attitudes contraires et alternées de la princesse.

La princesse Belgiojoso ne garda pas à Musset une rancune éternelle. Quand, en 1849, il fit jouer *Louison,* elle se rappela à lui par une lettre fort gracieuse où elle le complimentait sur sa nouvelle pièce, et où, par un discret rappel peut-être des vers *Sur une Morte* elle écrivait : « Vous ne vous souvenez peut-être plus que j'existe, n'importe. » (Lettre publiée par Léon Séché : *Alfred de Musset,* II, 102.)

2. *La Nuit* est l'une des deux figures qu'en 1520, Michel-Ange fut, par le cardinal Jules de Médicis, le futur Clément VII, chargé d'exécuter pour le tombeau de Julien de Médicis dans la sacristie de l'église San Lorenzo à Florence. L'autre statue est *le Jour.*

3. *Argile* est du féminin. Dans *la Petite Revue* du 15 juin 1865, il est dit que c'est cette faute qui empêcha Alfred de Musset d'admettre cette poésie dans les éditions de ses œuvres. Certainement non. Il n'aurait eu qu'à corriger son vers. Il n'en était pas incapable.

Mais il y avait un précédent que Paul de Musset rappelle dans l'édition des *Amis du Poëte* (II, 253) : « Voltaire, dit-il, emploie le mot argile au masculin. L'auteur s'est cru suffisamment autorisé par cet exemple. » Littré rappelle aussi que « Voltaire a fait argile du masculin », mais il ajoute « ce qui est une faute » et il cite ces deux vers :

> « L'argile par mes mains autrefois façonné
> A produit sur mon front l'or qui m'a couronné. »
>
> (*Agathocle,* acte V, sc. III ; *Œuv. compl.,* VII, 428.)

P. 479.   SUR L'ALBUM
           DE MADEMOISELLE TAGLIONI

1. Ce madrigal, publié le 24 juillet 1844 dans *le Constitutionnel* par Charles de Boigne, y était précédé de ce petit avant-propos : « Mlle Taglioni a dansé pour la dernière fois à Paris le 29 juin 1844 et elle a dansé le pas de *l'Ombre*. M. Alfred de Musset, sollicité de s'inscrire sur l'album de Mlle Taglioni, a improvisé ces quelques vers. » Philippe Audebrand, qui cite les vers et rapporte les circonstances de leur composition en s'inspirant très probablement de la note de Charles de Boigne, y ajoute de son cru, — et alors le doute naît : « Depuis que j'ai fait de mauvaises rimes sur la Taglioni, disait le poète, je ne puis aller dîner en ville sans qu'on me présente un album au dessert. Il me faut payer un repas à raison d'un quatrain la pièce. » Si Musset avait essaimé tant de quatrains, on en aurait, depuis le temps, révélé quelques-uns.

Marie Taglioni (1804-1884) débuta comme danseuse à Vienne, le 16 juin 1822, dansa une première fois à Paris, sur la scène de l'Opéra, le 27 juillet 1827, y eut un engagement à partir de novembre 1828 et n'en partit qu'en 1844. Elle dansa ensuite à Moscou ; elle fit ensuite de grandes tournées dans plusieurs pays d'Europe et prit sa retraite en 1848.

P. 479.   DANS LA PRISON
           DE LA GARDE NATIONALE

1. Cette petite pièce, publiée dans *l'Almanach du Jour de l'An, petit Messager de Paris pour 1846* (J. Hetzel et Cie, in-32, p. 151) a été recueillie, en 1860, dans la première édition des *Œuv. posth.* — « Musset, détenu à la prison de la garde nationale, y fut logé dans la cellule 14. Il y écrivit quelques vers au-dessous d'une figure de femme, qui lui plaisait. » (*Biographie,* p. 292.)

2. « Ce lit, placé à gauche, cachait à moitié cette figure ; il fut transporté de l'autre côté par un prisonnier. » (Note du fonds Lovenjoul, F. 3159, f° 82.) — Sur les détentions d'Alfred de Musset dans la prison de la garde nationale, cf. : stances *le Mie Pigrioni* (p. 415).

P. 480. VERS INSCRITS
DANS LA CELLULE N° 14

1. Ce quatrain publié, comme les vers précédents, dans *l'Almanach du Jour de l'An*, et réimprimé plusieurs fois (*Gazette de France*, 17 mai 1857, donc peu de jours après la mort de Musset; *Intermédiaire des Chercheurs*, 10 octobre 1890; *Documents inédits,* par Maurice Clouard, p. 179) n'a pas été recueilli par Paul de Musset parmi les *Œuv. posth.*

P. 480. À MADEMOISELLE ANAÏS

1. Ces vers furent publiés dans *l'Artiste* le 15 mars 1849. Ils sont adressés à l'artiste qui, le 22 février, avait créé à la Comédie-Française le rôle de Lisette (ou Louison) dans *Louison*. Ils ont été réimprimés, la même année, dans l'édition de cette comédie. Paul de Musset (édit. des *Amis du Poëte*, V, 138) dit : « La pièce accueillie avec faveur, fut cependant traitée fort sévèrement par la critique; c'est à quoi le poète fait allusion dans le sonnet adressé à Mlle Anaïs qui avait joué le rôle avec beaucoup de talent. » Ce rôle de Louison était d'abord destiné à Mme Allan, mais Musset eut un caprice pour Mlle Anaïs; Anaïs-Pauline Aubert (1802-1871) entra à la Comédie-Française à quatorze ans, joua ensuite à l'Odéon, rentra à la Comédie-Française en 1831 et prit sa retraite en 1851.

P. 481. CANTATE DE BETTINE

1. Chanson chantée par Bettine et Steinberg dans la scène XI de *Bettine* (cf. *Théâtre compl.*, Bibl. de la Pléiade, p. 601) qui parut pour la première fois le 1er novembre 1851 dans la *R.D.M.*

P. 481. COMPLAINTE DE MINUCCIO

1. Chanson dite par le troubadour Minuccio dans la septième scène du deuxième acte de *Carmosine* (cf. *Théâtre compl., op. cit.,* p. 561), et parue le 1er novembre 1850, dans *le Constitutionnel,* où cette pièce était publiée en feuilleton. *Carmosine* était tirée du *Décaméron* de Boccace (septième nouvelle de la dixième journée). Alfred de Musset a seulement transformé pour cette complainte le texte d'Antoine Le Maçon qui, au seizième siècle, fit une traduction française du *Décaméron.* Il y a dans le *Catalogue de la Bibliothèque d'Alfred et Paul de Musset,* sous le n° 190, mention d'un exemplaire de cette traduction dans l'édition faite à Rouen, chez Jean Berthelin en 1603. La complainte de Minuccio y est ainsi :

> *Va dire, Amour, ce qui me faict douloir,*
> *Compte au Seigneur que je m'en vois mourir*
> *S'il ne me vient ou me veult secourir,*
> *Celant par craincte un desireux vouloir.*

Mercy Amour, à joinctes mains te crie,
Voy mon Seigneur au lieu où il demeure,
Dy luy comment je le désire et prie
Tant que d'ardeur il fauldra que je meure,
Toute enflambée et ne sçachant point l'heure
Que perdre puisse une peine si griefve,
Si sa pitié bientost ne me relieve,
Je ne voy point moyen de me r'avoir.
Ains finira tantost ma vie briesve.
Hélas, Amour, fay luy mon mal sçavoir.

Depuis que fuz de luy si amoureuse,
Je n'ay point eu le cueur ny l'avantage,
Comme la craincte, hélas, pauvre paoureuse,
De luy compter mon vouloir et courage,
Dont d'ennuy suis en telle peine et rage,
Qu'ainsi mourant, mourir m'est grand oppresse.
Et si croy bien qu'il en auroit destresse,
Si bonnement ma peine il pouvoit voir ;
De luy mander je n'ay la hardiesse.
Hélas, Amour, fay luy mon mal sçavoir.

Puis doncq' Amour, que je n'ay l'esperance
Que mon Seigneur puisse scavoir, hélas,
Par nul moyen jamais, ne par semblance,
Ce que je seuffre en mon pauvre cueur las,
Il te plaira me donner ce soulas,
Qu'il luy souvienne au moins de la journée
Qu'il combattit à la lance mornée,
Faisant tant bien au tournoy son devoir,
Le regardant, j'en fus si adjournée
Que je me meurs faisant mon mal sçavoir.

P. 482.   AU BAS D'UN PORTRAIT DE Mlle AUGUSTINE BROHAN

1. Ces vers ont été publiés d'abord dans le *Journal des Femmes* du 5 novembre 1850, réimprimés dans le *Décaméron dramatique* et recueillis parmi les *Œuv. posth.* dans l'édition des *Amis du Poëte* (voir p. 544 un madrigal adressé à la même artiste).

P. 483.   LE CHANT DES AMIS

1. Cette cantate a été publiée pour la première fois dans le journal *le Pays* le 23 juin 1852. Mme Martellet (*Alfred de Musset intime*, p. 137) dit que ces vers « furent dictés » (c'est-à-dire lui furent dictés) par le poète le 20 mai 1852. On les publie ici d'après le journal *le Pays*, donc tels qu'ils furent chantés. La version que

donne Mme Martellet et celle que, dans ses *Lundis d'un Chercheur,* p. 211, donne Spoelberch de Lovenjoul, sont, en quelques vers, un peu différentes. En outre, la version de Spoelberch de Lovenjoul ne contient pas la dernière strophe. Une copie du fonds Lardin de Musset présente aussi une variante. — Cette cantate fut composée à l'occasion d'un concours d'orphéons organisé à Lille en 1852. Dans sa séance du 27 avril, la Commission de l'Association musicale de Lille décida « d'écrire à M. Alfred de Musset [peut-être parce qu'il venait d'être élu membre de l'Académie française] et à Ambroise Thomas pour les engager à vouloir bien composer les paroles et la musique d'un chœur qui serait chanté par toutes les sociétés qui assisteraient au concours, après la distribution des prix qui aurait lieu place de l'Esplanade » (note du fonds Lovenjoul, F. 3172, f° 45). La cantate fut ainsi chantée, non pas le 21 janvier 1853, comme l'écrit Mme Martellet, mais le 21 juin 1852.

2. *Var.* : *Élance-toi*... (Martellet et Lovenjoul).
3. *Var.* : *Honneur,* patrie... (Lovenjoul).
4. *Var.* : *Sous le* soleil... (Martellet).
5. *Var.* : Et *l'humanité tout* entière (Martellet).
6. *Var.* : Redis *partout,* coursier rapide. (Copie fonds Lardin de Musset.)

POÉSIES POSTHUMES

PREMIÈRE PARTIE

P. 487. CHARLES-QUINT

1. Dans le *M.L.* du 10 septembre 1859, où cette poésie a d'abord été publiée, elle est précédée de cette note qui se trouve aussi dans la première édition des *Œuv. posth.* (1860) : « Ces vers sont une des premières productions de jeunesse d'Alfred de Musset; s'il ne les a pas insérés dans sa première publication, c'est qu'un sujet historique ne pouvait pas entrer dans la composition des *Contes d'Espagne et d'Italie,* mais nous savons de source certaine qu'il ne les jugerait pas indignes de lui. (Note de l'éditeur.) L'« éditeur » et la « source certaine » sont, l'un et l'autre, Paul de Musset. Paul Foucher, qui fut le confident de Musset au temps des débuts poétiques, a écrit dans *les Coulisses du Passé* (p. 281) : « La pièce de *Charles-Quint à Saint-Just,* que Paul de Musset a eu la bonne inspiration de restituer aux *Œuv. posth.,* était plus longue, il me semble. Il y avait là des strophes. » Ce témoignage est bien imprécis. « Il me semble... » dit Paul Foucher. Il peut se trouver quelque confusion dans ses souvenirs. Maurice Clouard donne cette pièce

comme un « fragment » (Lovenjoul, F. 3183, f° 181). — Ces vers, dont je n'ai pas vu le manuscrit (il figurait sous le n° 4 au catalogue de la vente Musset du 6 avril 1883) sont publiés ici d'après le texte du *M.L.*

2. Cette date de 1829 est vraisemblablement donnée par Paul de Musset, qui a daté bien d'autres pièces de son frère.

P. 489. VISION

1. Cette poésie, publiée dans le *M.L.* du 10 décembre 1858, a été recueillie en 1860 dans la première édition des *Œuv. posth.* Elle n'y est pas datée. Dans l'édition de 1867 des *Œuv. posth.*, Paul de Musset la date de 1829. Le manuscrit qui, comme celui de *Charles-Quint au monastère de Saint-Just* a figuré au catalogue de la vente de 1883, a pu être consulté par Maurice Clouard qui n'y a relevé qu'une variante. On imprime ici le texte du *M.L.* en substituant la variante du manuscrit signalée par Maurice Clouard (fonds Lovenjoul). C'est une poésie évidemment du temps du Cénacle, quand Alfred de Musset cédait encore à l'influence du fantastique et de l'orientalisme hugoliens. Il y a parenté de titre avec la ballade *Un Rêve* qui est aussi de la période des premiers essais.

2. C'est le texte du manuscrit. Dans le *M.L.* et les *Œuv. posth.* (1860 et 1867), il y a : « *S'enfonçait* dans la nuit ».

3. Sur les yeux andalous, voir encore : *Madame la Marquise*, (*P.P.*, p. 77) et *Réponse à Charles Nodier* (*P.N.*, p. 444).

P. 491. À LA POLOGNE

1. Vers publiés dans le *M.L.* du 10 décembre 1859 et recueillis en 1860 dans la première édition des *Œuv. posth.* Lors de l'insurrection de Varsovie, en novembre 1830, l'opinion française s'émut en faveur de la Pologne. La Pologne, disait-on, est la sœur de la France. On chantait *la Varsovienne* de Casimir Delavigne, où il faisait rappeler par les Polonais leur ancienne fraternité d'armes avec la France :

> Vivre et mourir ensemble autrefois fut si doux!
> Nous étions sous Paris... Pour de vieux frères d'armes
> N'aurez-vous que des larmes?
> Frères, c'était du sang que nous versions pour vous.

(*Œuv. compl.* de Casimir Delavigne; *Poésies*, p. 96.

P. 491. STANCES

1. Stances publiées dans le *M.L.* du 25 mai 1859 et recueillies en 1860 dans les *Œuv. posth.*; non datées dans ces deux publications; datées de 1835 dans l'édition de 1867 des *Œuv. posth.* J'ai pu voir le manuscrit des huit premières stances grâce à la complaisance

de Louis Barthou, qui le possédait. C'est d'après ce manuscrit qu'on les imprime ici.

Ces stances sont un de ces chants désespérés que la Muse de *la Nuit de Mai* dira être les plus beaux de tous. Paul de Musset les date de 1835. C'est l'année même de *la Nuit de Mai*. Elles semblent lui être antérieures.

2. *Var.* : On m'avait dit souvent... (*Ms.* : première rédaction, biffée.)

3. *Var.* : Et *chacun répondit* : « Que... (*Ms.* : partie soulignée, biffée.)

4. *Var.* : Tout *plaît à* ... (*Ibid.*).

5. Venait ensuite une strophe raturée de manière à la rendre illisible.

6. *Var.* : *Joyeuse et* comme moi... (*Ms.* : partie soulignée, biffée.)

7. *Var.* : *Et moi, je leur disais,* en m'avançant vers eux :
Ne me reste-t-il pas [point] une place à la fête,
Amis ?... Et pas un seul ne *détournait* la tête,
Ou ne *levait* les yeux ! (*Ibid.*).

Et : Je m'approche et leur dis en m'avançant vers eux :
Ne me reste-t-il pas une place à la fête,
Amis ?... Et pas un seul...
(Copie Paul de Musset.)

8. *Var.* : Dieu *puissant* ! m'écriai-je... (*Ms.* : le mot souligné, biffé.) Dieu *puissant* (Copie P. de Musset.)

9. *Var.* : Comme en un *grand désert,* placé... (*Ms.* : partie soulignée, biffée ; il y avait répétition fâcheuse du mot *désert.*)

10. Ce vers et les cinq suivants, maintenus par Paul de Musset, sont biffés sur le manuscrit.

11. *Var.* : Quand Dieu *jeta* le mal... (*Ms.* : laissa mis en surcharge à *jeta.*)

12. *Var.* : Convive *rejeté* de... (Copie Paul de Musset.)

13. Dans *la Nuit de Décembre* :

Partout où le boiteux Ennui,
M'a promené sur une claie...

Bien des poètes romantiques ont exprimé la stérilisante sensation d'ennui. Byron, naturellement, Chateaubriand et bien d'autres moins grands et d'un ennui, si l'on peut dire, moins somptueux. (Voir, à ce propos, les notes d'Eugène Crépet dans son édition critique des *Fleurs du Mal;* pp. 257-258.) Alfred de Musset a lui-même exprimé, à divers endroits de son œuvre, la torture de l'ennui. Il a incarné l'ennui — et son propre ennui — dans *Fantasio* : le mariage manqué d'une jolie princesse avec un prince trop sot et la guerre qui peut s'ensuivre sont les conséquences de l'ennui de Fantasio qui, pour s'en distraire, souhaite de n'être plus lui-même et qui se mue en un bouffon sagace mais perturbateur.

14. Souvenir du *Don Carlos* de Schiller (acte II, sc. IV). Au page qui vient de lui remettre un message d'amour, Don Carlos dit :

« Tu emportes un terrible secret, qui, semblable à ces poisons violents, brise le vase où il est gardé... » (*Œuv. de Schiller,* III, 44.) Signalé par M. Jean Giraud (*Musset et Schiller,* R.H.L.F., juillet-septembre, 1917).

P. 493. À MADEMOISELLE RACHEL

1. Publié dans le *M.L.* du 25 janvier 1859 et recueilli dans les *Œuv. posth.* en 1860, avec cette note de Paul de Musset : « Mademoiselle Rachel n'a jamais connu ces stances; le poète, après les avoir écrites pour son propre soulagement, n'a pas jugé à propos de les lui envoyer. » Cette pièce est placée après le fragment du quatrième acte de la tragédie *la Servante du roi,* qu'Alfred de Musset avait projeté d'écrire pour Rachel. Ce fragment, dit Paul de Musset, fut porté à Rachel dans l'été de 1839. Elle s'enthousiasma. Puis son enthousiasme s'apaisa. Le temps passa. Une pièce intitulée aussi *la Servante du roi* fut jouée au théâtre de l'Odéon. Et Musset, renonçant à sa tragédie, se contenta d'écrire ces quelques stances à Rachel (*Œuv. posth.*, édit. de 1860, p. 133).

2. *Var.* : *C'était l'amour de ton génie*
   Qui me rendait ambitieux.

(Vers du manuscrit publié en fac-similé dans *Alfred de Musset intime,* de Mme Martellet, p. 153.) Les parties soulignées sont biffées.

P. 494. IMPROMPTU

1. Vers publiés dans le *M.L.* du 1er décembre 1859 et recueillis, en 1865, dans les *Œuv. posth.* — Imprimés d'après une copie prise par Maurice Clouard sur l'autographe qu'avait possédé Mme Martellet, avec cette note : « Cet impromptu est placé en tête de la pièce *Une Soirée perdue* dont il forme ainsi le début; j'ignore pourquoi il n'a pas été publié à sa place dans ses œuvres. » (Lovenjoul, F. 3199, f° 77.) On ne l'y a pas publié probablement parce qu'il n'eût pas été ainsi à sa vraie place. Cet impromptu (et ce titre seul atteste, me semble-t-il, son indépendance de toute autre poésie) n'a manifestement pas de rapport avec la pièce *Une Soirée perdue* (1840). (*P.N.*, p. 389.)

2. Dans le *M.L.* au lieu de ce vers et du précédent, il y a seulement :

À la demi-folie.

P. 494. À ALFRED TATTET

1. Vers publiés dans le *M.L.* du 25 avril 1859 et mis, en 1860, dans le volume des *Œuv. posth.* accompagnés de cette note de Paul de Musset : « En 1842, lorsque Alfred de Musset eut publié son *Épître sur la Paresse* et le morceau intitulé : *Après une Lecture,* son

ami Alfred Tattet lui écrivit pour l'engager à suivre une veine satirique qui venait de lui procurer deux succès brillants. Ces vers sont la réponse du poète à cette lettre. » Paul de Musset date ces vers de novembre 1842 ; cette date doit être de lui ; elle concorde parfaitement avec celles qu'il a mises à la pièce *Sur la Paresse* et aux strophes *Après une Lecture* et qui sont aussi, pour les deux pièces, « novembre 1842 ».

P. 495.   À MADAME A. T.

1. Ces vers ont été publiés dans le *M.L.* du 10 décembre 1859, puis dans les *Œuv. posth.* en 1860. Dans ces deux publications ils sont suivis de cette note : « Le jour de sa première visite à Madame A.T., Alfred de Musset ne l'ayant pas trouvée chez elle écrivit ces vers sur sa carte. » Paul de Musset a intitulé ces vers *À Madame A.T.* — Dans l'exemplaire des *Contes d'Espagne et d'Italie* du fonds Alfred Tattet, ces vers ont été ajoutés. Ils sont intitulés *À Madame Caroline T.* — On a, sur le nom de *Caroline,* mis en surcharge le nom d'*Alfred.* — Paul de Musset date ces vers de 1843. L'éditeur Charpentier en avait une copie datée du 28 novembre 1841. C'est la date aussi du manuscrit du fonds Alfred Tattet.

P. 495.   SONNET

1. Sonnet publié dans le *M.L.* du 25 mars 1859, et, en 1860, dans les *Œuv. posth.* Dans ces deux publications, le sonnet n'est pas daté. Paul de Musset, dans l'édition des *Amis du Poëte,* y a mis cette note (I, p. 163) : « Ces vers sont du 30 juillet 1844. Alfred de Musset avait passé la soirée du 29 avec une jeune femme [Mme Mortimer, d'après une note du dossier Samuel] qui regardait le feu d'artifice par la même fenêtre que lui. Pour comprendre le sens du troisième vers, il faut savoir que la fête patriotique [commémoration de la révolution de 1830] avait été troublée par une pluie d'orage. » Le texte imprimé ici est celui du *M.L.* Le manuscrit a figuré au catalogue de la vente J.L.P. (Jules le Petit) en 1910, avec la mention : « pièce de jeunesse ». Sonnet avec ratures et corrections et que Maurice Clouard, qui le vit, dit être sans variantes.

P. 496.   LES FILLES DE MADRID

1. Publié, avec le titre *Chanson,* dans le *M.L.* du 10 mars 1859 puis en 1860 dans les *Œuv. posth.* Dans ces deux publications elle n'a que trois couplets, et le refrain dit : « les filles de Cadix ». Je ne sais d'après quel texte Paul de Musset l'a publiée. On l'imprime ici d'après un manuscrit du fonds Lardin de Musset écrit par Mme Martellet sous la dictée d'Alfred de Musset. Il contient, de plus, les couplets 2 et 5, mais il ne porte pas de date, alors que Paul de Musset date cette pièce de 1844.

2. Dans la version publiée par Paul de Musset, ce début est ainsi :

> Nous *venions de* voir le taureau,
> *Trois garçons, trois fillettes,*
> *Sur la pelouse il faisait* beau
> *Et nous dansions un boléro*
> *Au son des castagnettes.*
> « Dites-moi, voisin... »

(*M.L.* et *Œuv. posth.*)

P. 497. CHANSON

1. Chanson publiée avec ces deux titres dans le *M.L.* du 25 avril 1859, et avec le seul titre de *Chanson* dans les *Œuv. posth.*, depuis leur première édition (1860). Mme Martellet (*Alfred de Musset intime*, p. 311) dit que cette chanson fut, comme celle des *Adieux à Suzon,* faite pour une jeune fille qui, à Mirecourt, se présenta huit soirs de suite dans la chambre d'Alfred de Musset et que, huit soirs de suite, il renvoya par respect pour l'innocence. Si ce dire concorde avec la chanson des *Adieux à Suzon,* il est en désaccord avec la chanson du *Bonjour* qui est adressée, non pas à une amoureuse qui s'offre et avec insistance, mais à une jeune personne qui, au contraire, ne veut pas qu'on l'aime encore. (Voir *P.N.*, p. 464; les *Adieux à Suzon* et les notes.)

2. Musset ne revenait certainement pas d'un grand voyage en Italie au temps (entre 1840 et 1850) qu'il faisait des séjours d'été à Mirecourt. Il ne fit en Italie que le célèbre voyage de 1833-1834 avec George Sand.

3. Cette chanson, non datée dans le *M.L.*, n'a été datée (de 1844) dans les *Œuv. posth.* que depuis l'édition in-18 de 1867.

P. 498. L'HEURE DE MA MORT...

1. Ces vers ont été publiés dans le *M.L.* le 10 décembre 1859 et, en 1860, dans le recueil des *Œuv. posth.* Dans ces deux publications, et dans toutes les éditions ultérieures, ces vers sont intitulés *Derniers Vers d'Alfred de Musset* et datés de l'année même de sa mort : 1857. — Or, ces vers ne sont pas de 1857, ainsi que me l'a révélé, il y a quelque temps, l'examen du manuscrit autographe qu'a bien voulu me communiquer l'obligeant M. Victor Degrange. Ce manuscrit, où la pièce ne porte aucun titre, est daté, en chiffres épais : 1837. Cette date est écrite en surcharge sur une date qu'elle a fait disparaître et qui doit être celle de 1857, inscrite vraisemblablement par Paul de Musset, comme il l'a fait pour d'autres poésies. Sur la feuille où sont écrits ces vers, et à leur suite, Alfred de Musset a inscrit ces quelques indications : « En train : 1 proverbe où se trouve *(sic)* le Cte, le Mis, Mme de Bailladent. 3 mois de la vie d'une grisette. Tragédie de Robert (excommunié); 1 scène.

Comme sur un autel, je prierai sur ton cœur.

Moretta [ou Amoretta]. 1 lettre... sur un romancier mort [Stendhal peut-être]. 1 Thé, «proverbe; histoire d'une tapisserie; *la Montre,* id...»

Il ne faut pas prendre à la lettre l'expression « En train », mais l'interpréter comme signifiant « en train ou en projet ». J'ignore ce qu'étaient ou ce qu'auraient pu être le proverbe où est Mme de Bailladent, la tragédie de Robert, et Moretta, et l'histoire d'une tapisserie. Mais Musset a commencé une nouvelle intitulée *Un Thé,* dont il subsiste environ deux pages; les « 3 mois de la vie d'une grisette » paraissent être le projet de *Mimi Pinson,* et *la Montre* est le titre primitivement donné à la comédie qui a finalement été intitulée *l'Habit vert. Mimi Pinson* a été publiée pour la première fois en 1845; *la Montre* a été annoncée sur la couverture de la R.D.M. le 1ᵉʳ janvier 1846; le fragment de *Un Thé* n'est pas daté, mais, en 1844-1845, Musset était occupé de nouvelles et il est possible que ce soit dans cette période-là qu'il ait entrepris de traiter, sous la forme d'une nouvelle, un sujet dont il avait eu d'abord l'intention de faire un proverbe. — En 1844 et en 1845, Musset fit deux graves maladies; une pleurésie en 1844, en 1845 une fluxion de poitrine. Le 23 avril 1845, Mme Edmée de Musset, écrivant à sa parente Mme Guyot-Desfontaines, disait : « Mon pauvre Alfred a la permission aujourd'hui pour la première fois de manger le quart d'un échaudé; mais les crachements de sang n'ont pas encore entièrement cessé et m'inquiètent beaucoup. » (Lettre inédite; Lovenjoul, F. 3166, fᵒ 183.) Le 2 mai, écrivant à Alfred Tattet, Alfred de Musset disait : « J'étais bien malade lorsqu'on me faisait chevalier. [Il avait été décoré le 24 février, le même jour que Balzac.] J'avais ma fluxion de poitrine habituelle et printanière, mais cette fois elle était méchante et je crois que je serais mort si on ne m'avait laissé une goutte de sang pour vivre. » (Lettre inédite ; fonds Tattet.) Je pense donc que les vers où, rappelant ses maladies, Alfred de Musset envisage la mort, sont probablement de cette année 1845.

P. 499. À ROSE CHÉRI

1. Ces vers ont été publiés dans le *M.L.* du 10 décembre 1859 et dans les éditions des *Œuv. posth.* depuis 1860, avec le titre : *Aux Artistes du Gymnase dramatique.* Ils ont été cités par Mme Martellet (*A. de Musset intime,* p. 145). *Bettine* fut froidement accueillie du public. Mme Martellet dit qu'« en rentrant le soir de la première représentation [29 octobre 1851] un peu triste, M. de Musset écrivit sur la table du salon, sans lumière », ces quelques vers. Paul de Musset les trouva dans les papiers de son frère, les lut mal et les crut adressés selon le titre qu'il leur donna dans les *Œuv. posth.* aux Artistes du théâtre du Gymnase, qu'il appelle « *enfants* », même Geffroy donc, qui avait alors 47 ans, alors que le manuscrit (fonds Lardin de Musset) porte « enfant » au singulier.

P. 499. RONDEAU

1. Rondeau publié dans le *M.L.* du 10 janvier 1859 et recueilli en 1860 dans les *Œuv. posth.* — Le manuscrit, appartenant à l'éditeur Charpentier, est conforme au texte imprimé. — Mme H. F. est Mme Hippolyte Fortoul. Hippolyte Fortoul avait publié quelques articles dans la *R.D.M.* en 1834, 1839, 1846. Le 1er septembre, il y avait fait un compte rendu fort élogieux de *Un Spectacle dans un fauteuil*. Quand, sous le Second Empire, il fut ministre de l'Instruction publique, il nomma Alfred de Musset bibliothécaire de ce ministère. C'était réparer le tort que l'on avait fait à Musset en 1848, en le révoquant de ses fonctions de bibliothécaire du ministère de l'Intérieur. C'est à la demande de Fortoul ministre que Musset composa *le Songe d'Auguste* et *l'Âne et le Ruisseau,* deux ouvrages destinés à des représentations théâtrales officielles et qui ne furent représentés ni l'un ni l'autre. — Musset avait, en tout cas, en Hippolyte Fortoul un admirateur. Il était naturel qu'il offrît à Mme Fortoul quelque hommage poétique. Le rondeau *Il est aisé* fut composé et offert à l'occasion d'une fête donnée aux Tuileries. (Cf. Mme Martellet : *Alfred de Musset intime,* p. 333.) Dans le *M.L.,* ce rondeau est daté de février 1856; dans l'édition de 1860 des *Œuv. posth.,* il n'est pas daté; dans l'édition des *Amis du Poëte,* et depuis lors, il est daté de 1853. C'est l'année de la nomination au poste de bibliothécaire, c'est l'année du *Songe d'Auguste* ; c'est donc vraisemblablement l'année du rondeau.

P. 500. STANCES SUR LE COSTUME...

1. Stances publiées dans le *M.L.* du 25 décembre 1858 et en 1860 dans les *Œuv. posth.*, sans date, et intitulées : *Stances sur le costume Pompadour de Miss* ***. Le manuscrit qui a figuré à la vente du 6 avril 1883, est à présent dans le fonds Lovenjoul (F. 3155, f° 14). C'est d'après ce manuscrit que l'on en imprime ici le titre et le texte. Miss Schepaert que Musset dépeint dans un bal donné aux Tuileries, où étaient invitées bien des personnalités de la colonie étrangère, était liée avec Mme d'Agoult et Liszt, avec cette Mme Mogliani, amie de George Sand et qui, après la rupture entre George Sand et Musset, tenta de se faire la consolatrice de Musset.

2. *Var.* : *Du vermillon...* (*M.L.* et *Œuv. posth.*).

3. *Var.* : Il y a eu une première rédaction, grandement raturée, de cette deuxième strophe. On distingue :

> *Dans ces* (?) *où depuis l'Empire*
> *Seul invoquais les temps plus doux.*
> Bonnes *duchesses, mes* aïeules,
> Ô marquises, *si peu* bégueules,
> *Que de fois j'ai pleuré sur vous !*

4. Dans le *M.L.*, cette strophe a suscité une « note de l'éditeur », qui n'a été reproduite dans aucune autre édition. Cette note dit : « Il ne faut pas, surtout dans ce temps-ci, prendre le sentiment ou la fantaisie de l'auteur pour des règles d'opinion ou de direction. On risquerait fort de s'égarer. Alfred de Musset, qui a été certainement le poète le plus doué de nos jours et peut-être le plus sincère, n'a pas échappé, lui non plus, à cet esprit de dénigrement qui s'est attaché à Voltaire pendant quelque temps et qui était aussi injuste que ridicule. Voltaire est un des grands bienfaiteurs de l'humanité, que tous les esprits droits et les cœurs généreux admirent davantage en le pénétrant plus. Si ses ouvrages n'ont pas l'idéal de beauté pure et abstraite qui est la plus haute expression de l'art, mais qui, cependant, laisse le cœur froid tout en soulevant l'admiration, il ne faut ni s'en étonner ni s'en plaindre. Il a fait beaucoup mieux ; il a employé dans ses ouvrages les formes qui avaient le plus d'action sur l'esprit de ses contemporains pour les éclairer et pour les affranchir. Ce but, qui est le plus beau et le plus grand de tous, il l'a atteint par une lutte incessante et glorieuse dont nous avons recueilli les fruits. » — Alfred de Musset avait apostrophé violemment, dans *Rolla,* Voltaire et son « hideux sourire » ; dans la quatrième des *Lettres de Dupuis et Cotonet,* il l'avait traité de démolisseur et il l'avait rendu responsable de la Révolution ; dans son article *De la tragédie,* après un hommage au *Tancrède,* de Voltaire, il avait jugé sévèrement et presque dédaigneusement la tragédie voltairienne. Mais il revendiquait comme Voltaire l'affranchissement de la rime et il n'a pas pu, homme d'esprit qu'il était, ne pas apprécier les pétillements de l'esprit voltairien. (Cf. *Mélanges et Littérature, Œuv. compl. en prose,* Bibl. de la Pléiade, pp. 875 et 904.)

5. *Var. : Comme une mouche...* (*M.L.* et *Œuv. posth.*) (*Ms.* : biffé.).
6. *Var. :* Qui *pût... (Ibid.).*
7. *Var. :* De toutes *les fleurs* du matin *(Ibid.).*
8. *Var. :* Musset a, pour ce vers, fort hésité entre *abeille* et *guêpe.* Il a alternativement écrit et biffé les deux termes : *abeille,* trois fois ; *guêpe,* deux fois, et n'avait laissé subsister ni l'un ni l'autre. C'est *abeille* que visiblement il préférait, mais il l'avait déjà employé à la strophe précédente et à la rime, donc d'une manière particulièrement voyante. C'est cependant *abeille* que Paul de Musset, et avec raison, a adopté. Il est plus gracieux, il convient mieux à cette place et il a été à la fois le premier et le dernier écrit par Alfred de Musset.

9. *Var. : Ne trouve que* la lèvre épaisse
    D'un babillard nommé Platon *(Ms.).*

(Première rédaction, biffée.)

Musset a invoqué « le grand philosophe Platon » dans *Après une Lecture* (strophe VIII) où il dit (cf. p. 424) :

Or, la beauté, c'est tout. Platon l'a dit lui-même :
La beauté, sur la terre, est la chose suprême,

et où, disciple de Platon sur ce point, il proclame :

> *Rien n'est vrai que le beau, rien n'est vrai sans beauté.*

Mais il n'a pas toujours manifesté envers Platon autant de respect ou d'admiration; dans *la Confession (Œuv. compl. en prose,* V, VI, Bibl. de la Pléiade, p. 291) lorsque, dans sa douleur d'avoir par sa faute perdu l'amour de Brigitte, il médite sur lui-même et s'accuse, il se dit : « Tu feras un suaire de ta vertu pour ensevelir tes crimes; tu frapperas et, comme Brutus, tu graveras sur ton épée les bavardages de Platon! »

P. 501. RETOUR

1. Publié dans le *M.L.* du 25 février 1859, puis, en 1860, dans les *Œuv. posth.* — Imprimé ici d'après le manuscrit autographe du fonds Lardin de Musset. — La revue *le Livre* (tome VIII, année 1866, p. 64) a publié deux sizains présentés comme des variantes du chant III de *Namouna* dont ils auraient, dit-on, dû former les stances X et XI, mais qui ne semblent pas s'ajuster à ce poème. Ce sont plutôt des variantes à la pièce *le Retour,* comme les rapprochements de textes le font apparaître. M. Armand Lods a publié dans *le Figaro* quelques autres variantes, d'après un manuscrit fragmentaire. Il les donne, lui aussi, peut-être influencé par la publication du *Livre,* comme s'appliquant au poème de *Namouna*.

2. *Var.* : D'où viens-tu, beau navire ? à *quelle heureuse plage,*
    Léviathan superbe, as-tu lavé tes flancs ?
    Quels rameurs dégourdis sont courbés sur tes bancs ?

    Es-tu blessé, guerrier ? Viens-tu d'un long voyage ?
    Es-tu parti d'hier, ou si ton équipage,
    Monté jeune à la mer, revient en cheveux blancs ?

    (*Le Livre.*)

3. *Var.* : Au lieu de ces six derniers vers, la version du *Livre* donne :

    Es-tu riche, *navire, et ta quille pesante ?*
    As-tu pendant dix ans, devant ton gouvernail,
    Couvé d'un œil hagard ta boussole tremblante ?

Dans la version publiée dans *le Figaro* ces vers, d'ailleurs biffés sur le manuscrit :

    Es-tu riche ? Viens-tu de l'Inde ou du Mexique ?
    As-tu bravé la foudre et passé le tropique ?
    As-tu pendant dix ans, devant ton gouvernail,
    Couvé d'un œil hagard ta boussole...

et ceux-ci, dont les deux derniers sont biffés aussi :

> As-tu bravé la foudre et passé le tropique,
> *Toi dont la blanche voile accourt en palpitant ?*
> *Que veux-tu ? d'où* viens-tu ? de l'Inde ou du Mexique ?

puis ces deux-ci (le deuxième biffé) :

> *Viens-tu de Balsora pour aller au Mexique ?*
> *De quel vent s'est enflé ton pavillon flottant ?*

et enfin :

> *Salut, toi que la mer à la jeune Amérique*
> *Comme un hardi coursier apporte en écumant,*
> *Quel est ton nom ?* (Hémistiche biffé).

4. Il y a ici, dans le manuscrit, ce quatrain :

> *Ah ! comme on chante alors les vers de sa jeunesse,*
> *Tous ces bons vieux refrains dont on nous a bercés,*
> *Comme on sent le parfum des fleurs du temps passé !*
> *Dans de pareils moments, il n'est plus de vieillesse.*

Ce quatrain n'a pas été recueilli par Paul de Musset. Il n'était pas en présence d'une rédaction définitive. Il y eût eu, ce qu'Alfred de Musset ne fit jamais, deux rimes féminines consécutives (vieillesse et mystère).

5. Ces vers retentissent dans la prose de Perdican (*On ne badine pas avec l'amour*; acte I, sc. IV, *Théâtre compl.*, Bibl. de la Pléiade, p. 227) : « Voilà donc ma chère vallée, mes noyers, mes sentiers verts, ma petite fontaine ! voilà mes jours passés encore tout pleins de vie ! voilà le monde mystérieux des rêves de mon enfance ! Ô patrie, patrie, mot incompréhensible ! l'homme n'est-il donc né que pour un coin de terre, pour y bâtir son nid et pour y vivre un jour ? »

6. Musset fit un séjour au Havre l'été de 1855. L'entrée de navires dans le port a dû inspirer ces stances.

P. 502. RÊVERIE

1. Publiée dans le *M.L.* du 25 avril 1859 et, en 1860, dans les *Œuv. posth.* — Dans le *M.L.*, le titre est, fautivement, *Rêveries*. Pas de variante, d'après Maurice Clouard qui avait pu consulter le manuscrit autographe ; poésie datée dans le *M.L.*, non datée dans les *Œuv. posth.* — Dans *l'Espoir en Dieu,* après sa vaine enquête à travers les philosophies, Musset avait écrit :

> Voilà donc les débris de l'humaine science !...
> C'est là le dernier mot qui nous en est resté.

Ce mot est, selon lui, celui de la philosophie qui, dit-il,

> Déclare le ciel vide, et conclut au néant.

(*P.N.*, p. 344.)

P. 503. PROMENADE

1. Ces vers ont été publiés dans le *M.L.* du 10 décembre 1859 et mis en 1860 dans le recueil des *Œuv. posth.* où ils sont datés seulement « 1856 ». — Publiés ici d'après le manuscrit du fonds Lardin de Musset. Ce manuscrit où le deuxième vers est incomplet a l'aspect d'une ébauche et d'ailleurs toute la pièce y est barrée de traits obliques.

P. 503. JEANNE D'ARC

1. Cette cantate a été publiée dans le *M.L.* le 10 juin 1859 dans un texte reconnu fautif à un certain endroit et un peu incomplet; les rectifications nécessaires ont été faites dans une note : *Erratum et Variantes,* publiée dans le numéro du 25 juin; le texte corrigé et complété a été publié dans l'édition des *Œuv. posth.* de 1860. C'est ce texte que l'on réimprime ici. Léon Séché dit que Musset « avait entrepris à une date incertaine un poème sur *Jeanne d'Arc* dont son frère a publié un court fragment dans les *Œuv. posth.* » (*Alfred de Musset,* I, 153, n. 3.) Affirmation non soutenue de preuve. La cantate, au contraire, me paraît complète. Elle a 37 vers dans le *M.L.;* dans les *Œuv. posth.* elle en a 38, par l'addition du vers suivant qui est d'un tout petit module. Il a trois syllabes, dont une muette.

2. *Var.* : Dans le *M.L.,* ces six derniers vers sont ainsi :

> S'il se souvient de nous, venez !
> J'ai cru que le ciel répondait.
> J'ai cru sentir trembler la terre.
> Du fond des bois une voix m'appelait
> *En murmurant un chant de guerre.*
> Ce n'est pas une voix humaine.

Alfred de Musset n'eût pas fait se suivre les rimes *venez* et *répondait*.

3. Ce vers final manque dans *M.L.* et *Œuv. posth.*

P. 504. À MADAME ***

1. Publié dans le *M.L.* le 10 décembre 1859 et recueilli dans les *Œuv. posth.* — Le manuscrit est autographe et ce quatrain a été inscrit sur le *Catalogue de la vente d'un amateur* le 12 mars 1936 (A. Blaizot et fils). Il a pour titre : *À Madame J.* Cet impromptu était donc adressé à Mme Jaubert, la Ninon d'une saison mais l'amie de toujours.

2. *Var.* : *Et quand* vous *en portez, bien qu'il soit* oublié (catalogue A. Blaizot).

DEUXIÈME PARTIE

P. 505. À MA MÈRE

1. Paul de Musset (*Biographie,* p. 73) signale cette chanson comme la première poésie qu'ait faite son frère. Il la fit à l'âge de quatorze ans, étant élève de seconde. On imagine que, pour un premier poème, et dédié à sa mère, et composé pour la fêter, Musset dut faire une mise au net bien appliquée. Mais on n'a pas ce manuscrit. Le fonds Lardin de Musset en conserve une copie, de la main de Mme de Musset où la poésie est datée du 16 novembre 1824. Le 16 novembre est le jour de la Saint-Edme. Mme de Musset s'appelait Edmée. La chanson avait dû être faite au moins la veille. Le premier couplet fait évoquer une tablée de parents et peut-être d'amis qui, vers la fin d'un festin lèvent leur verre et trinquent en l'honneur de la maman fêtée. Il n'est pas étonnant que le jeune Musset ait rappelé Grégoire, célèbre buveur selon les chansonniers.

2. La chanson *Femmes voulez-vous éprouver...* est dans *le Secret,* comédie avec ariettes de F. Benoît Hoffmann, musique de Solié (an IV). L'air en est noté à *la Clé du Caveau* (4ᵉ édition, n° 195).

3. Touchante chanson d'amour filial. Ce n'est pas de la grande poésie. Il faudra, et avec plus de raison, reprendre les deux derniers vers du prologue de : *les Marrons du Feu :*

> Surtout considérez, illustres seigneuries,
> Comme l'auteur est jeune et c'est son premier pas.

Publiée incomplètement par Jean Monval dans les *Annales politiques et littéraires* d'après une copie faite par la mère de Musset.

P. 506. À Mlle ZOÉ LE DOUAIRIN

1. Publié pour la première fois dans *la Muse française,* le 15 octobre 1931.

Paul et Alfred de Musset, dans leur jeunesse, passaient parfois une partie de leurs vacances au Mans où leur oncle maternel, Guyot-Desherbiers, était conseiller de préfecture. La société y était agréable : on dansait, on jouait aux charades, on faisait sur la Sarthe des promenades en bateau. Quand Alfred de Musset écrivit *À quoi rêvent les jeunes filles,* il se souvint de cet agréable milieu. Paul de Musset, dans la *Biographie,* dit (p. 108) : « Deux sœurs, pleines d'esprit et de grâce, qu'il avait connues au Mans et qu'il appelait ses premières danseuses, lui servirent de modèles pour les deux charmantes figures de Ninette et de Ninon. »

C'étaient les demoiselles Le Douairin, Louise et Zoé ; c'est à l'automne de 1826, quand Musset dut se séparer de Zoé, qu'il composa ces quelques vers où il exprime et le sentiment qu'il avait pour elle et sa tristesse de la quitter.

2. N'est-ce pas déjà le thème de l'élégie du *Souvenir ?*

P. 506. LA NUIT

1. Paul de Musset, rappelant les soirées du Cénacle romantique, écrit : « Le lendemain d'une conférence littéraire dans laquelle on avait sans doute récité beaucoup de ballades, le jeune auditeur, cheminant seul sous les arbres du bois de Boulogne, et poursuivi par le rythme cadencé qui lui revenait à l'oreille, se mit à composer une ballade... » (*Biographie,* pp. 74-75.) Cette ballade a été publiée dans *Je sais tout* (juin 1905) par J.-L. Croze qui en possédait le manuscrit. Ce manuscrit a été ensuite en la possession de Louis Barthou qui a eu la grande complaisance de me le communiquer. Il y a, dans le fonds Lardin de Musset, une copie de *la Nuit,* de la main de Mme Edmée de Musset.

P. 508. À MADAME X***

1. Cette petite pièce a été publiée pour la première fois dans *la Muse française* du 10 juin 1926, d'après l'autographe du fonds Lardin de Musset. Aucun indice ne permet de savoir à qui elle a été adressée ni dans quelle circonstance elle a été écrite. Paul de Musset raconte que son frère, répugnant à écrire des nouvelles sur commande pour la *R.D.M.,* et se les entendant réclamer de temps en temps par Bonnaire, l'administrateur de *la Revue,* finit par lui répondre un jour : « Revenez demain et tout sera fini. » Ce « tout » était à faire frémir. La nuit suivante, dans un demi-sommeil, Paul crut voir, dans sa chambre, Alfred marchant « sur la pointe du pied ». Au matin, Paul de Musset découvrit que sa boîte de pistolets avait été enlevée. Il avait heureusement eu la prudence de les décharger. Alfred ne les rechargea pas (*Biographie* p. 220). Ceci se passait en 1839. Les vers *À Madame X*** sont bien antérieurs. Ils sont du temps des *Contes d'Espagne* comme le prouve l'emploi au dix-septième vers du mot « voye » où la voyelle muette *e* est comptée pour une syllabe, comme dans *Portia,* comme dans le premier état du texte de *Don Paez* (cf. p. 608, n. 32 et p. 619, n. 14).

P. 509. L'ANGLAISE EN DILIGENCE

1. Cette fantaisie a été publiée dans *le Figaro,* le 20 octobre 1881 et dans *l'Art,* le 18 février 1883. Mme Martellet l'a imprimée dans son livre *Alfred de Musset intime* (p. 294) « d'après le manuscrit original », assure-t-elle, mais elle y introduit des fautes de copie et elle en passe quatre vers. Le manuscrit original n'était pas à la portée de Mme Martellet. Il appartenait aux héritiers d'Eugène Devéria. C'est dans le salon d'Eugène Devéria, où il était assidu, qu'Alfred de Musset improvisa cette pochade. M. Maximilien Gauthier, dans son ouvrage *Achille et Eugène Devéria* (H. Floury, 1925, gr. in-8), dit (p. 17) que Musset, aux soirées de Devéria,

s'amusait à tracer des caricatures, particulièrement des caricatures de Paul Foucher et qu'un soir « il s'amusa à composer ce poème en vers libres où une Anglaise raconte, comme elle peut, un voyage en diligence ».

P. 510. LA LANTERNE MAGIQUE

1. Ces strophes ont été publiées par M. Maximilien Gauthier (*op. cit.*, pp. 18-19). Il reproduit aussi un fac-similé en réduction de l'autographe, qui n'est pas signé. Maurice Clouard (dossier du fonds Lovenjoul, F. 3183, f° 254) écrit que Musset « chantait souvent dans l'atelier de Devéria » une chanson que Mme Devéria lui demanda d'écrire, qu'il écrivit, mais dont « Mme Devéria n'a jamais pu savoir d'une façon absolue si Musset était réellement l'auteur des paroles qu'il venait d'écrire ». L'autographe contient, au dernier couplet, une variante que l'on peut considérer comme un indice d'authenticité. Cette pièce est donnée comme composée vers le même temps que *l'Anglaise en diligence* : 1829-1830.

2. *Var.* : Il y avait d'abord :

> *Un parvenu sans insolence*
> Un grand seigneur sans vanité ;

Musset a biffé ces deux vers et écrit les deux autres au-dessus.

P. 511. LE TROIS MAI 1814

1. Cette pièce, publiée par Paul de Musset dans le *M.L.* du 10 novembre 1859, y a subi, de son fait, les trois modifications notées ci-dessous. Elle y a paru avec huit autres qui ont été recueillies en 1860 dans la première édition des *Œuv. posth.* — *Le Trois Mai* n'y fut pas recueilli. Paul de Musset déclare que son frère avait condamné ces strophes et qu'elles avaient été imprimées à tort dans le *M.L.* — Elles sont publiées ici d'après l'autographe du fonds Lardin de Musset. — Le 3 mai 1814 est la date de la première entrée de Louis XVIII à Paris. Chateaubriand l'a décrite (*Mémoires d'Outre-Tombe*, Bibl. de la Pléiade, tome I, III, 21, p. 895) : « On avait voulu épargner au roi l'aspect des troupes étrangères ; c'était un régiment de la vieille garde à pied qui formait la haie depuis le Pont-Neuf jusqu'à Notre-Dame. (...) Je ne crois pas que figures humaines aient jamais exprimé quelque chose d'aussi menaçant et d'aussi terrible. » Il dit leur humiliation aussi d'être « forcés de saluer un vieux roi, invalide du temps, non de la guerre » ; et « les uns, agitant la peau de leur front, faisaient descendre leur large bonnet à poil sur leurs yeux, comme pour ne pas voir ; les autres abaissaient les deux coins de leur bouche dans le mépris de la rage ; les autres, à travers leurs moustaches, laissaient voir leurs dents comme des tigres ».

2. *Var.* : Le *vieux* roi... (Cette variante et les suivantes sont celles du texte publié dans le *M.L.*).
3. *Var.* : ... *dans leurs yeux*...
4. *Var.* : ... pour *courir*...

P. 512. *EX DONO*

1. Quatrain publié par Charles Asselineau dans sa *Bibliographie romantique* (p. 294) avec cette note : « Voici, relevé sur l'autographe, un envoi de ce livre *(Un spectacle dans un fauteuil)* en vers, si l'on veut, et parfaitement inédit. »

P. 512.   APRÈS LA LECTURE D'*INDIANA*

1. Ces vers furent publiés dans la R.D.M. du 1ᵉʳ novembre 1878, par Paul de Musset. Il les avait trouvés dans les papiers de son frère et les avait d'abord confiés à Mme Marteller qui écrit (*Alfred de Musset intime*, p. 298) : « Après la mort d'Alfred de Musset, M. Paul de Musset m'apporta les vers *Après la lecture d'Indiana* et me dit : « Si je meurs avant George Sand, je vous lègue le soin de publier ces vers dans le cas où Mme Sand écrirait quelque chose contre mon frère. » Lorsque George Sand fut morte, M. Paul vint reprendre les vers que je lui rendis et que j'ai pu rétablir de mémoire. » Elle les cite, mais les onze premiers de ces vers diffèrent du texte publié par Paul de Musset. Le premier mouvement est de présumer que la mémoire de Mme Martellet a pu être infidèle et que le texte qu'elle cite doit être incertain. Or, il est (sauf au onzième vers) conforme à une copie manuscrite du fonds Lardin de Musset, à celui qui est donné dans l'édition du *Journal intime* de George Sand, à celui qu'a publié Félix Decori dans son édition de la *Correspondance de George Sand et d'Alfred de Musset*, dont le manuscrit est à la Bibliothèque Nationale (fonds français; nouvelles acquisitions, n° 10.369). — Dans le commentaire préliminaire de ces vers, par Paul de Musset, dans le n° du 1ᵉʳ novembre 1878 de la *R.D.M.,* il écrit : « Alfred de Musset lut deux fois le roman d'*Indiana*, à trois ans d'intervalle. La première fois ce fut en juge sévère et en critique, et la seconde dans une disposition d'esprit bien différente, comme on le verra par les souvenirs qu'il a laissés de ces deux lectures. L'occasion s'offrait à lui de faire la connaissance de George Sand lorsqu'il ouvrit ce livre nouveau afin de pouvoir en parler à l'auteur. Assurément, il n'était pas homme à se tromper sur la qualité du style, mais il y remarqua, dès les premières pages, quelques imperfections, comme des adjectifs trop nombreux et des membres de phrases inutiles. » Les termes et les expressions qu'il jugeait inutiles, Alfred de Musset les biffa sur son exemplaire (cf. la première des *Lettres de Dupuis et Cotonet, Œuv. compl. en prose*, Bibl. de la Pléiade, p. 835). Alfred de Musset, qui avait rencontré George Sand, pour la première fois, en juin 1833 à un dîner des rédacteurs

de la R.D.M., prit le prétexte de lui envoyer ses vers sur *Indiana* pour entrer en relation avec elle. Il lui écrivit peu de jours après le dîner : « Madame, je prends la liberté de vous envoyer quelques vers que je viens d'écrire en relisant un chapitre d'*Indiana,* celui où Noun reçoit Raymond dans la chambre de sa maîtresse. Leur peu de valeur m'aurait fait hésiter à les mettre sous vos yeux s'ils n'étaient pour moi une occasion de vous exprimer le sentiment d'admiration sincère et profonde qui les a inspirés.

Agréez, Madame, l'assurance de mon respect. » Suivent les vers, datés du 24 juin 1833. On peut donc conclure qu'Alfred de Musset avait lu *Indiana* dans sa nouveauté, en 1832, et qu'il l'avait relu en 1833 après sa première rencontre avec George Sand. — Sur les vers mêmes, Paul de Musset dit : « La scène bizarre qui précède le suicide de Noun lui fit une impression profonde. Il faut se rappeler que Raymond, amoureux d'Indiana, commence par séduire la pauvre Noun, qui se livre à lui avec toute l'ardeur du sang créole. Un soir que sa maîtresse est absente, Noun, parée des habits d'Indiana, introduit son amant dans la maison et jusque dans la chambre à coucher, où elle lui sert un souper. Ils s'enivrent ensemble, et quand leur raison est troublée, Raymond prodigue à la camériste des caresses qui dans sa pensée s'adressent à sa maîtresse. Le lendemain, Noun éclairée sur les véritables sentiments de Raymond, s'enfuit éperdue de douleur et va se précipiter dans la rivière qui traverse le parc. C'est Indiana elle-même qui découvre la première le cadavre de la jeune créole flottant parmi les herbes de la rive. » Musset avait été frappé des hardiesses et de l'étrangeté de cet épisode.

2. *Var.* : *George, avant de l'écrire, est-ce que tu l'as* vue *(R.D.M.).*

3. Au lieu de ces quatre vers :

> *Quand, de crainte et d'amour, la créole tremblante*
> *Le regarde pâlir sur sa gorge brûlante*
> *Tandis qu'à leurs soupirs se mêle un autre nom,*
> *En as-tu jamais fait la* triste *expérience ?*
>
> *(R.D.M.)*

4. Après ce vers, vient, dans la *R.D.M.* :

> *Ces remords, ces dégoûts dont il est combattu.*

5. *Var.* : ... ou *t'en souviens*-tu ? *(R.D.M.).*
6. *Var.* : Versant à son *amant*... *(Ibid.).*
7. *Var.* : Et cet être *adoré*... *(Ibid.).*
8. *Var.* : *Passe* sur les miroirs... *(Ibid.).*

9. *Var.* : ... et *vient* sur la beauté
   Boire *l'illusion* dans la réalité *(Ibid.).*

10. *Var.* : Demain, *le jour viendra (Ibid.).*

P. 513. À GEORGE SAND

I

1. Ces vers ont été publiés d'abord dans la *R.D.M.* du 15 août 1882 (chapitre *Lui et Elle,* des *Souvenirs* de Maxime du Camp), puis dans l'édition de ces *Souvenirs* (II, 253). Ils y sont datés : « Fait au bain, 2 août. » Émile Aucante, détenteur des papiers de George Sand, les date : « Fait au bain, jeudi soir, 2 août 1833. » Il y a là une petite et négligeable inexactitude : le 2 août était un vendredi. Alfred de Musset était l'amant de George Sand depuis le 29 juillet. Dans une lettre que, les 15-17 avril 1834, elle lui écrivit de Venise, d'où il était parti, elle lui disait : « Envoie-moi surtout les vers que tu m'as faits. Je n'en ai pas un seul. » À la lettre qu'il lui écrivit le 30 avril, il joignit les pièces qui, dans la présente édition, portent les numéros I, II, III, IV, V et les vers sur la lecture d'*Indiana*. La première est comme un chant d'allégresse saluant la renaissance de l'amour.

P. 513. II

1. Sonnet publié dans *le Corsaire* du 11 mars 1873 et depuis souvent reproduit. Paul Mariéton le date d'août 1833 (*Une Histoire d'amour,* p. 56). Date fort probable, ce sonnet ayant manifestement été composé au sujet des vives critiques qui furent faites alors du roman de *Lélia,* et vraisemblablement de celle que publia Capo de Feuillide dans *l'Europe littéraire* et qui est à l'origine de la *Complainte* qui suit.

P. 514. COMPLAINTE

1. Complainte publiée par Spoelberch de Lovenjoul dans *Cosmopolis* (1er mai 1896) et recueillie dans sa *Véritable Histoire d'* « *Elle et Lui* » (pp. 8 et sq.). Le manuscrit en a été conservé par George Sand dans son cahier *Sketches and Hints* (fonds Lovenjoul, E. 2529), publié en 1926 par Aurore Sand, chez Calmann-Lévy sous le titre de *Journal intime* (pp. 187 et sq.). George Sand y a mis deux notes; la première, qui est de 1833, dit que cette complainte lui a été adressée sous enveloppe par la poste et lui a paru digne de pouvoir être « de MM. Devigny et Brizeux », la deuxième note, qui est de 1847, est « restée ignorée » et cela peut la faire pardonner : George Sand y a inscrit le nom d'Alfred de Musset. C'est d'après ce manuscrit que cette complainte est imprimée ici. — Parmi les critiques les plus dures qui furent faites de *Lélia,* il y a celle de Jean-Gabriel Capot, dit Capo de Feuillide et directeur de *l'Europe littéraire.* Il y publiait des articles de critique. Il en publia deux sur *Lélia*. Dans le premier (9 août), il donnait un conseil aux lecteurs

éventuels de ce roman : « Le jour où vous ouvrirez *Lélia*, renfermez-vous dans votre cabinet pour ne contaminer personne. » Dans le deuxième (22 août), il présentait *Lélia* comme une œuvre « sentant la boue et la prostitution », et insistant : « Entendez-vous ? la prostitution de l'âme et du corps. » Il n'a trouvé l'équivalent de ce roman que dans un livre de M. de Sade, « dont un écrivain même de ma trempe, n'ose pas écrire le titre ». En conclusion, Capo de Feuillide se refuse à croire que l'auteur de ce livre, qu'il vient de qualifier d'horrible et de dégoûtant, « soit une femme ». Une telle violence indigna, révolta les amis de George Sand. Gustave Planche s'avança, un cartel à la main. M. Pierre Dufay s'est étonné, dans l'*I.C.C.* (30 avril 1933), que le « gant » n'ait pas été relevé par Alfred de Musset, « dont, dit-il, l'attitude aurait pu être autre » que celle de rimeur de complainte. Musset écrivit à Buloz qu'il se serait battu s'il n'avait été prévenu (lettre publiée par Mme Marie-Louise Pailleron : *la Vie littéraire sous Louis-Philippe,* p. 389). Gustave Planche se hâta, mû surtout, semble-t-il, par le souci de ménager la réputation de George Sand dont les relations avec Musset n'étaient pas encore publiquement déclarées. Le 26 août, il écrivit dans ce sens à Sainte-Beuve. Il reconnaît que Musset serait, en la circonstance, « un défenseur légitime et naturel à opposer aux attaques injurieuses et personnelles des journaux », et ils interviennent, lui-même et un de ses amis, Émile Regnault, « pour prévenir autant qu'il est en » eux « les conséquences de cette démarche ». — Cette lettre, qui répond à la critique de M. Pierre Dufay, est dans le fonds Lovenjoul (E. 2577. f° 2). M. Jean Bonnerot l'a citée tout entière dans son édition de la *Correspondance générale de Sainte-Beuve* (I, 384-385). — Le 25 août, un jour avant Gustave Planche, George Sand avait aussi écrit à Sainte-Beuve pour lui annoncer sa liaison avec Musset, et pour dire qu'indifférente aux insultes elle ne l'est point « à l'empressement et au zèle avec lesquels [ses amis] prennent sa défense » (G. Sand : *Lettres à Alfred de Musset et à Sainte-Beuve,* p. 124). Cependant, dans une lettre qu'elle écrira au précepteur de ses enfants, Jules Boucoiran, le 6 avril 1834, tout en attestant son amitié pour Gustave Planche, elle dira qu'il s'est compromis et qu'il l'a compromise elle-même, notamment « par un duel qu'il n'avait pas de raisons personnelles pour provoquer » (George Sand : *Correspondance,* I, 266-267).

2. Émile Regnault, né à Sancerre en 1812; condisciple de Jules Sandeau au collège royal de Bourges et l'un de ses plus sûrs amis; lié par Sandeau avec George Sand; il était aussi un ami de Balzac. Petit-fils et fils de médecin, il étudiait la médecine; il s'établit médecin à Bourbon-l'Archambault.

3. Buloz fut, dans le duel, un des témoins de Gustave Planche.

4. Lepage, armurier, 13, rue de Richelieu; fournisseur du Roi et de Mgr le duc d'Orléans. (*Annuaire du Commerce* pour 1830.)

5. Les dames-blanches, dont la caisse était blanche, en effet, étaient une sorte d'omnibus.

P. 520. STANCES BURLESQUES À G. SAND

1. On ne connaît pas le manuscrit autographe de cette pièce, mais seulement trois copies faites d'après une copie de Mme Martellet; l'une est dans le fonds Lardin de Musset, les deux autres dans le fonds Lovenjoul, E. 2579 (dossier G. Sand) et F. 3159, f° 49 (dossier A. de Musset). — Maurice Clouard en a cité les cinq premiers quatrains dans son article *Alfred de Musset et George Sand* (R.P., 15 août 1896) et a reproduit la pièce entière dans la réimpression de cet article (*Documents inédits*, pp. 45-46). Paul Mariéton l'a citée aussi dans *Une Histoire d'amour* (pp. 59-60). Le titre de *Stances burlesques à George Sand* lui a été donné par Maurice Clouard. Ces stances dépeignent la vie libre et familière que l'on menait l'été ou l'automne 1833, dans le petit appartement de George Sand.
2. La fille de George Sand.
3. Jules Boucoiran, précepteur de Maurice, fils de George Sand.
4. Paul de Musset.
5. Je ne sais qui est ce Ménard (sur la copie du fonds Lardin de Musset, on lit plutôt Menaud). Les biographes de George Sand n'ont pas l'air de le connaître. Mme Wladimir Karénine, dans ses quatre gros volumes, ne le nomme pas.
6. Adèle Lacouture, cuisinière de George Sand.
7. Adolphe Guéroult (1810-1872). Il fut journaliste, économiste, homme politique. Il collabora plus tard au *Temps*, au *Journal des Débats*. En 1833, il était saint-simonien. Il connut cette année-là George Sand, intéressée par le caractère saint-simonien des revendications féminines qu'elle exprimait dans ses romans.
8. Gustave Papet, Berrichon comme George Sand et Jules Sandeau. Il étudiait la médecine.

P. 521. À GEORGE SAND

III

1. Sonnet publié dans la *R.P.*, le 1ᵉʳ novembre 1896, où il est daté de 1834. Paul Mariéton (*Une Histoire d'amour*, p. 61) suppose qu'il est de « l'heureux mois de septembre » 1833. Il semble bien être en tout cas de la période de ces amours et, vraisemblablement, antérieur au voyage d'Italie qui commença le 12 décembre. Le sonnet est publié ici d'après le manuscrit autographe du fonds Lovenjoul (E. 2578).

P. 521. À L'AIGLE
DU CHÂTEAU DE NOHANT

IV

1. Ces vers, écrits au crayon sur une feuille de papier, ont été mis à l'Exposition George Sand de la Bibliothèque Nationale en 1954. Ils provenaient des archives de Mme Aurore Sand. Ils ont été publiés pour la première fois dans le catalogue de cette exposition, puis par M. Louis Évrard, dans son livre *la Correspondance George Sand-Alfred de Musset* (Monaco, Éditions du Rocher, s.d. [1954], p. 40). Vers de date incertaine, et qui pourraient être des beaux jours de 1833, comme M. Évrard le suppose.

P. 522. REVUE ROMANTIQUE

1. Cette pièce se trouve aux pp. 60 et 61 du recueil *Sketches and Hints* de George Sand, conservé dans la collection Lovenjoul. Mme Aurore Sand l'a publiée en 1926 : *Journal intime,* de George Sand (Calmann-Lévy, pp. 201-203). Dans *Sketches and Hints,* le texte est de la main de George Sand. En tête il y a cette note : « Alfred de Musset. Écrit à l'encre bleue de la main de Mme Sand, sur le manuscrit, vers 1858. S.L. »

Cette pièce semble avoir été écrite avant le voyage en Italie, c'est-à-dire avant le 12 décembre 1833.

George Sand l'a fait suivre de deux notes ; dans la première, il est dit : « Cette revue romantique est attribuée généralement à M. de Chateaubriand » ; et dans la deuxième : « Cela fut fait sans malice ni aversion pour personne et cela resta ignoré. » La première note est de 1833 ou 1834, la deuxième de 1846 ou 1847 ; quelle que soit leur date, la deuxième contredit la première, car comment une composition restée ignorée eût-elle pu être « attribuée généralement à Chateaubriand » ? Et quelle vraisemblance que Chateaubriand ait pu être regardé comme l'auteur de tels vers ?

Quoi qu'ait écrit George Sand, il y a bien un peu de malice dans cette verve qui, par jeu, pour se divertir et pour divertir quelques compagnons familiers, est entraînée à railler aussi vivement — et drôlement d'ailleurs — les défauts, travers, ridicules qui ont pu frapper le railleur chez des confrères, des camarades et même, hélas ! des amis.

2. Il n'est pas nécessaire, je pense, de donner ici des notices sur les écrivains ici nommés et assez légèrement effleurés. Le drame de l'adultère où Bocage obtint le succès le plus retentissant de sa carrière est *Antony* d'Alexandre Dumas. La première représentation en avait été donnée le 3 mai 1831, au théâtre de la Porte-Saint-Martin.

3. Astolphe-Louis-Léonor, marquis de Custine (1790-1857) dont la mère fut un des amours de Chateaubriand. Il a beaucoup écrit : romans, théâtre, *Mémoires*.

4. Gustave Planche (1808-1857) avec qui Musset eut quelques démêlés à propos de racontars de Planche sur Mlle Hermine Dubois, une des danseuses de Musset chez Devéria et de sa liaison avec G. Sand. — Gérard : sans doute le baron Gérard, peintre. Planche était critique d'art.

5. Étienne Béquet, rédacteur au *Journal des Débats* où, pendant plus de trente ans, il publia des articles de critique qu'il signait R. — Sainte-Beuve le range parmi les « critiques plus ou moins de collège, ayant du cuistre et de l'abbé ».

P. 523.   LE SONGE DU *REVIEWER*

1. Paul Mariéton (*Une Histoire d'amour*, p. 293) dit que « cette poésie de Musset a paru pour la première fois en 1847 ». Ce n'est pas exact. Cette fantaisie fut, en réalité, publiée d'abord, incomplètement, dans *le Courrier de Paris*, par Octave Lacroix, le 19 mai 1857, peu de jours donc après la mort de Musset. Des versions, plus ou moins incomplètes, parurent le 15 août 1857 dans *la Revue anecdotique*; le 15 juillet 1865 dans *la Petite Revue*. Le texte complet a été publié dans l'*I.C.C.* du 10 octobre 1891. Il y en a deux copies dans le fonds Lovenjoul. Le texte reproduit ici est celui du manuscrit original très obligeamment communiqué, en mars 1926, par M. G. Andrieux, libraire-expert. — L'origine de ce *Songe du Reviewer* (songe de Buloz, directeur de la *R.D.M.*) est probablement dans une lettre bouffonne de George Sand à Buloz où il est écrit : « Sainte-Beuve est sur le point d'épouser une jeune fille qu'il a enlevée; M. Alfred de Musset s'est brûlé la cervelle après avoir perdu 37.000 francs au jeu; M. Ampère est parti pour l'Allemagne, M. Lacordaire pour l'Amérique du Sud; Barbier va épouser une lady et se fixer en Angleterre; M. de Vigny est devenu fou et M. Magnin aveugle... » — Cette lettre fut montrée à Musset pour l'amuser et, séance tenante, celui-ci écrivit cette ballade. Une copie de cette poésie (fonds Lovenjoul, D. 2052, ff^{03} 328-329) porte cette note de Sainte-Beuve : « Vers d'Alfred de Musset, faits sur les embarras de Buloz les veilles de *Revue*. Ces vers ont été écrits dans l'hiver de 1833-1834 dans les premiers temps de la liaison de Musset et de George Sand. »

2. Gerdès, caissier de la *R.D.M.*

3. *Var.* : ... est *détestable* (*Ms.* : biffé.)

4. *Var.* : *On est sans* caractères.
       Les *le* manquent *partout* (*Ms.* : biffé.)

5. Loève-Veimars (1801-1854) fut, dès 1832, un collaborateur assidu de la *R.D.M.*, dont il rédigea de 1833 à 1839, sauf quelques intermittences, la chronique politique; il entra ensuite dans la carrière diplomatique.

6. Étienne-Jean Delécluze (1781-1863), peintre, critique d'art; il donna, de 1832 à 1834, quelques articles à la *R.D.M.* — Il a laissé un livre intéressant de souvenirs : *Souvenirs de soixante années* (Michel Lévy frères, 1862; in-12).

7. Le docteur Roulin, de l'Académie des Sciences, donnait à la *Revue* des articles d'histoire naturelle et des récits de voyages.

8. Antoine Fontaney (1803-1837), poète et écrivain romantique. Il fut, de 1831 à 1836, un collaborateur assidu de la *Revue*, où il publia des articles de critique et de politique, des récits de voyage. Il signait souvent Lord Feeling. Il a laissé un *Journal intime* que M. René Jasinski a publié, en 1925, dans la « Bibliothèque romantique ».

9. Imprimeur de la *Revue*.

10. Théodore Lacordaire, frère du Père Lacordaire. Publia dans la *Revue* des études d'histoire et surtout des récits de voyage. Il voyageait beaucoup, notamment dans l'Amérique du Sud.

11. Eugène Lerminier (1803-1867), auteur de travaux de philosophie, de politique, d'histoire et de droit. Il était alors l'un des principaux et des plus féconds collaborateurs de la *Revue*. Il était, depuis avril 1831, professeur au Collège de France.

12. Les Franconi étaient une famille d'écuyers. Ils furent directeurs de cirque.

13. Charles Magnin (1793-1862) publiait dans la *Revue* des études d'histoire littéraire et de critique. Il avait été l'un des fondateurs du *Globe*. Son ouvrage le plus connu est : *les Origines du théâtre antique et moderne, ou Histoire du génie dramatique depuis le Ier jusqu'au XVIe siècle* (Auguste Eudes, 1868; in-8).

14. Félix Bonnaire, commanditaire et collaborateur de la *Revue*. — Première rédaction de ces trois derniers vers :

> Magnin, *gai figurant*,
> *Jouffroy fait la cuisine*,
> Bonnaire est sans argent.

(Biffé les parties soulignées.)

P. 525. À GEORGE SAND

V

1. Dans la *Correspondance de George Sand et d'Alfred de Musset*, ce sonnet est présenté comme composé à Venise, sans date. Dans une copie du fonds Lovenjoul (F. 3159, f° 58), Maurice Clouard le date de « Venise, janvier-mars 1834 ». C'est le temps que Musset passa à Venise. Ce sonnet a été composé évidemment après la première rupture avec George Sand. Il a été publié d'abord dans la *R.P.*, le 1er novembre 1896. Je n'en ai pas vu le manuscrit.

P. 525. VI

1. Mêmes remarques que pour le sonnet qui précède. Daté par Maurice Clouard : « Avant le 30 avril 1834. » Évidemment, puisque Musset envoya à George Sand le 30 avril les vers qu'il avait faits pour elle.

P. 526. À UNE MUSE

1. Première publication complète : *la Gazette anecdotique*, 15 septembre 1881. Publications partielles antérieures : *le Figaro*, 4 novembre 1855 (quatre strophes : les deux premières et les deux dernières) et (même texte) : *Parnasse satyrique du XIXe siècle* et *Une Histoire d'amour*, par Paul Mariéton; publication avec, en outre, la troisième strophe dans *la Curiosité littéraire*, T. I (1880). Cette pièce est imprimée ici d'après une copie du fonds Lardin de Musset où elle est signée « Alfred et Paul de Musset. 1834 ».
2. *Var.* : Quand Madame*** à *son valseur* s'accroche. *(Le Figaro)*. Mélanie Waldor, poétesse qui fut la maîtresse d'Alexandre Dumas. Paul Foucher, beau-frère de Victor Hugo et ami d'Alfred de Musset. Ces strophes furent composées à propos d'une soirée donnée chez Mme Panckoucke et où Paul Foucher, costumé en archer, avait beaucoup dansé avec Mélanie Waldor.
3. *Var.* : Quand, *sous* ses... *(le Figaro)*.
4. *Var.* : Et quand, *lassée* enfin *de* la valse rapide,
   Haletante et fermant les yeux,
   Elle laisse flotter sa *main maigre et* livide.
   (Ibid.)

   Et quand, brisée enfin par *le galop* rapide.
   (la Curiosité littéraire).

5. *Var.* : Et *lance* un regard *faux* au... *(Ibid.)*
6. *Var.* : Alors, *tout s'est enfui*, la chouette siffle et crie *(le Figaro.)*
7. Gustave Drouineau, poète, auteur dramatique, romancier, mort dans l'asile d'aliénés Lafond, près La Rochelle, le 15 mai 1878. — Ludovic Halévy *(Carnets*, I, 9) signale une version de ces vers où, au lieu de Drouineau, il y aurait Gavarni. Je ne connais pas et personne, à ma connaissance, n'a publié une telle version.

P. 527. AU RHIN

1. Sonnet publié par Hippolyte Buffenoir dans la *R.H.* du 8 février 1902, d'après une copie de Mme Martellet, et avec, pour titre : *le Rhin*. — On l'imprime ici d'après le manuscrit autographe du fonds Lardin de Musset. La date de la composition de ce sonnet est inconnue. Il se pourrait que Musset l'ait écrit, en 1834, quand il fit un séjour à Bade et qu'il visita Strasbourg. Cependant rien ne l'indique et l'on risque cette hypothèse sans y insister.

2. *Var. : D'âge en âge* s'en vont, incessamment poussés

(copie Martellet).

3. *Var. :* ... les *froides* railleries *(Ibid.)*.

P. 527. À BUFFON

1. Cette petite pièce a été publiée d'abord dans *le Figaro* du 3 novembre 1888, mais avec deux incorrections, l'une au troisième vers qui est imprimé :

J'ajoute une fleur à la double couronne...

et qui n'a ainsi que onze syllabes; la deuxième incorrection est au sixième qui, au contraire, a une syllabe de trop, par la transformation d'un octosyllabe en vers neuvain :

Si ma muse n'a *pas* le pouvoir

Ces vers ont été insérés aussi, et correctement, dans d'autres journaux ou revues, d'après la brochure *le Centenaire de Buffon* (Troyes, Montgolfier, 1889, in-8) où ils sont accompagnés de cette note : « Ces vers improvisés par Alfred de Musset, lors d'une visite qu'il fit au cabinet de travail de Buffon, avaient été écrits au crayon sur le coin d'une boiserie. Le Comité du Centenaire, voulant les protéger contre l'oubli, les a fait graver sur l'un des panneaux du cabinet de travail. » Cette petite pièce dut être composée en novembre 1834. À noter que dans *l'Illustration* du 13 janvier 1866, Jules Claretie écrivait qu'on avait entendu Musset, au « café de la Régence, défendre Buffon tout un soir avec une vivacité singulière ». On verra dans ses *Contes* quel parti, pour son *Histoire d'un Merle blanc*, Alfred de Musset tira des chapitres de Buffon sur les diverses variétés de merles. (Cf. *Œuv. compl. en prose*, Bibl. de la Pléiade, p. 704.)

P. 528. ÉPIGRAMME

1. Georges Duval, qui publia le premier ce quatrain dans *l'Événement* du 28 janvier 1886, pensait qu'il avait été fait contre Jules Janin avec qui Musset eut, en 1838, un vif démêlé au sujet de Rachel. Maurice Clouard, dans ses *Documents inédits,* le mentionne (p. 178) comme *quatrain à Gustave Planche*. Mme Marie-Louise Pailleron (*la Vie littéraire sous Louis-Philippe,* p. 389) estime aussi que cette épigramme est contre Gustave Planche. Musset avait, contre Planche, divers griefs. À propos de racontars de Planche sur la liaison Sand-Musset, Musset écrivit à Planche, le 8 novembre 1834, une mise en demeure de s'expliquer sur les propos tenus ou de se battre, avec la signature solennelle et tout à fait exceptionnelle de « Vte Alfd de Musset ». Planche répondit par un désaveu dont Musset prit acte par un billet bref et sec. Musset avait contre Planche

d'autres griefs et plus anciens au sujet de propos tenus sur lui-même et sur Mlle Hermine Dubois (voir p. 647, note 1 de *À Pépa*).

P. 528. À GEORGE SAND

VII

1. Stances publiées d'abord dans *l'Homme libre,* le 14 août 1877 et reproduites bien des fois depuis dans journaux ou revues. Elles sont imprimées ici d'après le texte donné par M. Félix Decori (*Correspondance de George Sand et d'Alfred de Musset,* p. 248) avec ce titre : *Vers d'Alfred de Musset écrits par George Sand.*
2. *Var.* : Porte ailleurs *ces trésors...* (Variante de diverses reproductions de ces vers.)

P. 528. AUX CRITIQUES DE *CHATTERTON*...

1. Ce sonnet et le suivant ont paru d'abord dans *la Revue moderne* (1er juin 1865), par les soins de M. Louis Ratisbonne, exécuteur testamentaire d'Alfred de Vigny, et malgré une lettre de Paul de Musset qui en discutait l'authenticité. Cette authenticité est établie à présent par une lettre d'Alfred de Musset à Buloz, publiée par M. Georges Jubin, dans un article sur ces deux sonnets *(Revue bleue,* 3 avril 1897). Alfred de Musset les écrivit chez George Sand, au cours de l'hiver de 1835, pendant la courte reprise de leur passion. La première représentation de *Chatterton* fut donnée le 12 février. Les feuilletons des journaux se montrèrent durs pour le drame et pour son auteur. Gustave Planche, dans la *R.D.M.* (15 février 1835), ne fut pas tendre non plus. Musset, qui n'aimait pas Planche, dut penser à lui en écrivant le premier sonnet. L'autre, d'un ton moins vif, fut dicté à G. Sand, à qui on l'a parfois attribué. M. Georges Jubin, dans son article, publiait une lettre de Musset à Buloz à qui il disait : « Ayez la bonté de prier Mme Dudevant lorsque vous la verrez, de vouloir bien brûler les deux pages de vers que j'ai laissés chez elle il y a quelque temps (...) Je n'ai point relu ces ébauches écrites dans quelque nuit d'exaltation maladive et qui probablement ne valent rien. » Puis : « Dites-lui [à Vigny] que j'ai fait deux méchants sonnets là-dessus, lesquels sont brûlés, mais que je n'en professe pas moins tout haut mon admiration. » Mais les sonnets ne furent pas brûlés. On les imprime ici d'après les manuscrits autographes qui m'ont été fort obligeamment communiqués par M. G. Andrieux, libraire-expert. J'ai revu le deuxième dans les collections de Louis Barthou.
2. *Var.* : *Que quelques grains... (Ms.).* Biffé.

P. 529. À NINON

1. Ces nouvelles stances adressées à Mme Jaubert, comme les premières stances *À Ninon* (p. 377), ont été publiées par Paul de

Musset dans la *Biographie* (pp. 157-159). Je ne sais où est l'autographe ni même s'il subsiste. Il y a, dans le fonds Lardin de Musset, une copie avec la menue variante signalée plus bas. Les premières stances avaient préludé à la première liaison de Musset avec Mme Jubert. Il y eut rupture, douleur chez Musset, sentiment de solitude exprimé dans *la Nuit de Décembre*. Puis nouvelle liaison à la suite des nouvelles stances. Paul de Musset écrit qu'Alfred de Musset continuait de voir souvent « son inflexible maîtresse » et qu'il tenait scrupuleusement sa promesse de ne plus prononcer un mot d'amour. « Mais il enrageait tout bas. La tentation lui vint de recourir encore à la poésie pour rompre le silence ; comme le moyen lui avait réussi une première fois, il composa de nouvelles stances pour soulager son cœur, en se proposant de réfléchir ensuite avant de les envoyer, » *(Biographie, p. 157.)* Tout réfléchi, il les envoya. Et on lui répondit. Non pas en vers certes, ni même en prose, mais en lui envoyant le dessin d'une pendule dont les aiguilles marquaient trois heures. C'était un rendez-vous. Joie de Musset. Amours renouvelées, mais bientôt suivies d'une nouvelle rupture et de nouvelles douleurs exhalées dans la *Lettre à Lamartine*. Les nouvelles stances *À Ninon* doivent être de 1836.

2. Paul de Musset met : *d'en* souffrir.

P. 531.   LE PETIT MOINILLON

1. Cette pièce a été publiée par Paul de Musset dans la *Biographie* (pp. 355-357). Le manuscrit d'Alfred de Musset est à la Bibliothèque nationale dans le dossier qui contient ses lettres à Aimée d'Alton (*Ms.* français; nouvelles acquisitions 1195). Il est signé «Alfd Mt». — De l'adresse qu'il y avait inscrite il ne subsiste que le mot de « Mademoiselle ». Le nom d'Aimée d'Alton a été enlevé par un coup de ciseaux. — Alfred de Musset connut Aimée d'Alton chez Mme Jaubert dont elle était la cousine. Un soir, dit Paul de Musset, Aimée d'Alton « s'enveloppa dans l'antichambre d'un capuchon blanc qui seyait à merveille à son visage rose. Alfred la compara, en badinant, à un moinillon, puis on se sépara ». Et Alfred de Musset fit les stances qu'il envoya à Aimée d'Alton le lendemain. Elle « aimait la poésie » dit Paul de Musset et « cet impromptu, écrit et expédié entre l'heure du coucher et celle du lever, fut pour elle une douce surprise ; elle y répondit en envoyant à l'auteur une petite boîte en bois de santal contenant (…) une plume qui depuis a servi à écrire quantité de vers et de prose » *(Biographie,* pp. 357-358). Ces échanges sont le commencement d'un roman d'amour que Musset a transposé dans sa nouvelle *le Fils du Titien*. Les vers au petit moinillon peuvent être du commencement de 1836, ou un peu antérieurs, mais ils ont dû être faits après la deuxième rupture entre Alfred de Musset et Mme Jaubert.

P. 533. À AIMÉE D'ALTON

1. Vers publiés par Léon Séché à la suite des *Lettres d'amour à Aimée d'Alton*. — Le manuscrit est à la Bibliothèque nationale (*Ms.* fr., nouv. acq. 1195). Léon Séché date ces vers de juillet 1837. En juillet 1837 Alfred de Musset adressant en prose un appel à Aimée d'Alton écrivait plus familièrement : « Nymphe Poupette, ma mère est partie et j'ai *presque* permission de vous demander de venir (…) Si tu peux venir, fais-moi savoir ton heure, afin que je t'attende… » (*op. cit.*, p. 96.) Le texte imprimé, au lieu de « Nymphe Poupette » porte « Nymphe aimée », mis en surcharge par Paul de Musset devenu le mari d'Aimée d'Alton.

2. *Var.* : Vois-tu *ces saules blancs briller sur* la colline ?
   Là *dans un frais* sentier *tu suivras ton amant.*

Vers biffés et remplacés par :

   Vois-tu ce vert sentier qui mène à la colline ?
   Là, *va, nous serons seuls,* sous le clair firmament.

Enfin, le texte définitif.

3. Publié par Léon Séché, avec fac-similé d'un manuscrit de la main d'Aimée d'Alton (*op. cit.*, pp. 110-111). Ce quatrain est écrit sur une bande de papier collée au bas d'une lettre de novembre 1837. Il est sans rapport avec cette lettre dans laquelle Musset demande à Aimée d'Alton de venir le voir et d'apporter leur album « pour, dit-il, nous amuser ». Ce quatrain fait allusion à quelque attaque littéraire ou à quelque propos malveillant contre Musset.

4. Publié aussi par Léon Séché avec fac-similé d'un manuscrit de la main d'Aimée d'Alton (*op. cit.*, p. 213). Ces vers sont indépendants de toute lettre. Léon Séché les date de juillet 1838.

5. C'est un billet publié aussi par Léon Séché (*op. cit.*, p. 164). Appel à Aimée d'Alton, suivi de cette ligne de prose : « Ce qui veut dire que je t'aime et que je t'attends. » Daté « samedi matin », il semble, par sa place dans le dossier, être d'août 1838.

P. 534. À ULRIC GUTTINGUER

1. Ces vers ont été publiés d'abord dans *la Revue rétrospective* de mai 1891, et le 30 juin de la même année dans la *Gazette anecdotique* où il est dit : « En 1838, Alfred Tattet, le fidèle ami de Musset, après avoir reçu de lui le sonnet qui commence par ces vers :

   « Qu'il est doux d'être au monde… (p. 382)

le communiqua à leur ami commun Ulric Guttinguer qui, alors converti à des croyances religieuses, adressa aux deux jeunes gens une longue épître…» Cette « longue épître » est le sonnet que voici, rempli de bons conseils :

À DEUX JEUNES AMIS :

Dans quel aveuglement l'Enfer parfois nous plonge !
Vivre inutile à tous, sans soins et sans devoir,
Dans la chair et le vin s'étendre jusqu'au soir
Et marcher dans l'orgueil de ce funeste songe !

Et dans le mal crier (déplorable mensonge !)
« Oh ! que la vie, amis, est douce et belle à voir !
À jeter à la femme, à la coupe, à l'espoir !
Quel qu'en soit le réveil, que le sort la prolonge ! »

Oh ! dernier châtiment du vice et de l'erreur !
Mais, voyez-vous, enfants, c'était sur la montagne
Que vous sentiez en vous cet élan de bonheur !

La Débauche avait fui ! (Cette immonde compagne !)
Vous marchiez dans les bois, les fleurs, sous le soleil,
Et vous chantiez la terre en respirant le ciel !

16 août.

Cf. l'article d'Octave Uzanne dans *la Revue Encyclopédique* du 14 juillet 1900.

2. *La Revue rétrospective* date ces vers du 16 août 1838 — À ces vers, qui venant du poète qui six mois auparavant avait publié *l'Espoir en Dieu*, devaient le scandaliser, Ulric Guttinguer, riposta par d'autres vers bourrés de bons conseils et pas mal tournés :

Que la jeunesse soit un tort,
Je ne l'ai pas dit, que je pense,
La jeunesse est un bien immense,
Un don céleste, et l'âge d'or ;
Mais je maintiens que c'est la mort
Quand comme vous on la dépense.
Non, vous ne vous amusez pas,
Je le sais, je l'ai vu, beaux sires ;
Oui, mes *ave* suivront vos pas
Et j'y joindrai même les rires.
Merci de vos verres de fiel
(Ainsi je nomme votre absinthe),
Je garde les rayons de miel
Recueillis dans la grotte sainte.
Allez donc et soyez heureux,
Comptez sur la pitié des cieux
Dont votre impiété se raille ;
Mais de grâce, ô voluptueux,

> Cherchez les fleurs et non la paille
> Enivrez-vous comme les dieux.
> Laissez la saoulerie aux gueux
> Et le blasphème à la canaille.

P. 535.   À LA SŒUR MARCELINE

1. Publié dans la *Biographie,* pp. 249-250.

Alfred de Musset fit ces vers, vraisemblablement en 1840, pour une religieuse du Bon Secours qui l'avait soigné pendant une maladie ; il ne voulut pas les écrire et ne consentit à les dire à son frère qu'une seule fois. Il les récita aussi à Alfred Tattet. Mme Martellet, qui était alors Mlle Adèle Collin, les entendit réciter également. « En réunissant nos souvenirs, dit Paul de Musset (*Biographie,* p. 249), nous recomposâmes à grand'peine quatre stances : encore leur ordre n'est-il pas bien certain. » D'autre part, Mme Amélie Ernst en a publié, dans le supplément du *Figaro* du 14 mai 1887, une version un peu différente que Mme Martellet avait reconstituée de mémoire pour elle. C'est cette version qui se trouve dans *Alfred de Musset intime,* p. 309, et qui a été reproduite, en outre, plusieurs fois, notamment dans *la Revue encyclopédique* (14 juillet 1900), article de M. Octave Uzanne) et dans *l'I.C.C.* (30 juillet 1902). M. Léon Séché (*Alfred de Musset,* I, 351) publie ces stances telles « qu'on les a retrouvées, dit-il, au couvent du Bon Secours ». C'est le texte qui est imprimé ici. Il est conforme au texte de Paul de Musset, avec un quatrain initial en plus. Il serait donc sans intérêt de relever les variantes, dues à des défauts de mémoire de ceux qui ont tâché d'en reconstituer le texte et que l'on constate dans diverses copies.

P. 536.   BOLÉRO

1. Publié par Mme Jaubert, sans titre, dans son livre de *Souvenirs.* Ce texte est conforme, sauf la substitution de *cette à cet* (« cet enfant-là »), au texte du manuscrit autographe que Mme d'Albert-Lake, petite-fille de Mme Jaubert, a eu la complaisance de me communiquer et qui est réimprimé ici. Un autre manuscrit, qui semble autographe aussi et qu'un amateur d'autographes m'a obligeamment communiqué, présente des différences qui sont indiquées comme variantes, avec la référence : *2e Ms.* — Une copie faite par Mme Martellet mais incomplète (fonds Lardin de Musset) se rapproche du texte du deuxième manuscrit.

2. Ce couplet manque au deuxième manuscrit.

3. *Var.* : *Celle qui* danse le dimanche
> L'œil *au guet,* le poing sur la hanche,
> C'est *ma Pépa,* ma Pépita, *(2e Ms.).*

Maurice Clouard (*Documents inédits,* p. 178) appelle ce boléro, des stances et il l'intitule *À Pépa.*

4. *Var.*: Si jamais *Pépita* m'oublie *(2ᵉ Ms.)*.
5. *Var.*: Tes yeux pleins *de tendresse (Ibid.)*.
6. *Var.*: Brave et fidèle, (sans le mot *cœur*) *(Ibid.)*.
7. À la suite, il y a :

> Ah! Ah! j'aime, j'aime,
> Ah! Ah! j'aime cette enfant-là!

puis ce couplet qui semble étranger à ce joyeux boléro :

> *Je le sais, plus on est belle,*
> *Plus on est fière et cruelle ;*
> *Mais malheur à l'infidèle.*
> *Dans la nuit, dans la nuit éternelle,*
> *Ma main peut nous unir*
>   *Et Dieu punir.*
> Mais quelle folie !

Dans la copie du fonds Lardin de Musset, ce couplet est au verso de la copie et d'une écriture différente. Maurice Clouard copiant ce texte a placé ce dernier couplet entre le quatrième et le cinquième du texte de Mme Jaubert, après le vers :

> Et moi mourir   (Fonds Lovenjoul, F. 3159).

P. 537.   CHANSON

1. Chanson publiée par Paul de Musset dans la *Biographie*, pp. 353-354. Elle avait un grand nombre de couplets. Alfred de Musset ne les écrivit pas. Paul en avait retenu seulement trois. Cette chanson, dit-il, fut composée dans un château où « la compagnie, fort nombreuse, s'abandonnait au *farniente* ». C'est désigner le château d'Angerville où fut improvisé le *Boléro*. Une dame au piano jouait un air de mazurka où Alfred de Musset crut discerner l'alternance d'un motif mélancolique et d'un motif gai. Et il improvisa le refrain qu'il chanta sur l'air de cette mazurka. La dame lui demanda de lui souffler d'autres vers dont deux seraient tristes et deux seraient gais. « Il en composa ainsi tant qu'on lui en demanda (…) C'était tout un petit poème en manière de complainte. Je n'en saurais plus dire le sujet. (…) Si je me suis rappelé ces trois couplets, c'est que pendant un jour entier les voix des femmes que la complainte avait amusées les ont répétées. » Tout le château retentissait du refrain. Paul de Musset donne ces vers, dit-il, « comme ces reliques oubliées dans un tiroir » et que son frère appelait « débris des jours heureux ». On place cette *Chanson*, en raison de la communauté d'origine, à la suite du *Boléro*. Il est possible que les deux pièces soient à peu près du même temps.

P. 538. STANCES À BULOZ

1. Ces stances furent publiées par Jean de Bourgogne (Mme de Clèves) dans un article qu'elle fit paraître dans *la Revue de Paris et de Saint-Pétersbourg* du 15 décembre 1887. Elle en avait reçu communication de Mme Martellet qui les a reproduites dans son *Alfred de Musset intime* (pp. 339-340) telles qu'elles avaient paru dans la revue. « Plus tard, dit Mme Martellet, je cédai ce fragment à Mme Lardin de Musset. » C'est d'après ce manuscrit du fonds Lardin de Musset que ces stances sont imprimées ici. (Mme de Clèves disait dans son article [mais peut-être avait-elle imaginé ce détail] que ces stances sont une « protestation écrite sur l'angle d'une cheminée en écoutant un envoyé de Buloz qui lui réclamait une poésie promise »). Ces stances ne sont pas datées. Elles sont du temps où Buloz était commissaire royal près du Théâtre-Français (il le fut d'octobre 1838 à mars 1848) puisqu'il y est question des conseils de Brindeau qui en était un des acteurs. Ne se pourrait-il pas que ces stances ne fussent qu'un premier projet de réponse en vers aux instances de Buloz et qu'à la réflexion il leur eût substitué la pièce singulièrement plus ferme *Sur la Paresse* ?

2. *Var.* : N'est-il *plus* rien... (Texte Martellet, sans doute pour faire disparaître la répétition du mot *donc*).

3. *Var.* : ... pour la *magistrature* (texte Martellet.)

4. Ce vers est dans le dialogue de *Dupont et Durand* (p. 350). Le dialogue de *Dupont et Durand* commence par cette exclamation de Durand :

> Mânes de mes aïeux, quel embarras mortel !
> J'invoquerais un Dieu, si je savais lequel.

5. Louis-Paul-Édouard Brindeau (1814-1882) sociétaire du Théâtre-Français où il joua de Musset : *Un Caprice, Il faut qu'un porte soit ouverte ou fermée, Il ne faut jurer de rien, Louison, le Chandelier, les Caprices de Marianne.*

6. *Var.* : ... et Sainte-Beuve *échine* (texte Martellet). Faute évidente : la rime serait incorrecte.

Ce vers a été substitué au vers :

> Vous pour qui *la Gazette a presque de l'estime (Ms.).*

7. Sur le manuscrit cette strophe a été biffée.

P. 538. CONFESSION D'UN ENFANT DE L'AUTRE SIÈCLE

1. Cet « enfant de l'autre siècle » c'est Ulric Guttinguer qui était né en 1785 et qui était donc de beaucoup l'aîné de ses amis Alfred de Musset et Alfred Tattet : c'est à Alfred Tattet que ces

vers ont été adressés. Maurice Clouard en a publié une partie, en 1900, dans ses *Documents inédits*. La première publication a été dans *la Muse française,* le 10 juin 1926.

2. *Mélanges poétiques,* par Ulric Guttinguer. (Paris, A. Boulland, 1824, in-8.)

3. *Arthur* (publié sous le nom de l'auteur) (Paris, E. Renduel, 1834, in-8).

4. *Les Lilas de Courcelles, poésies* (Saint-Germain-en-Laye, Impr. de Beau, 1842; in-8).

5. Cette pièce doit être de 1842; date donnée par celle de l'édition des *Lilas*.

P. 539. LE VOYAGE À PONTCHARTRAIN

1. Paul de Musset dit (*Biographie*, p. 291) : « Avant mon départ pour l'Italie [donc en 1842], j'avais fait, en compagnie de J. Hetzel et de M. Obeuf, maire de Bellevue, une excursion à Pontchartrain, remplie d'incidents comiques, dont le récit avait si fort diverti mon frère qu'il s'était amusé à le mettre en vers. » Paul de Musset s'étant rendu à Versailles y arriva par la rive gauche, d'après les textes imprimés et dans une copie que possédait Alfred Tattet; d'après le manuscrit du fonds Lardin de Musset, ce fut par la rive droite. N'ayant pas trouvé la personne qu'il y allait voir, Paul de Musset s'en fut à Meudon chez Hetzel. Alors commencèrent les tribulations relatées par Alfred de Musset. Cette pièce fut lue le 21 octobre 1888 par M. Lorin, secrétaire général de la Société archéologique de Rambouillet, dans une séance qu'elle tenait au château de Pontchartrain. Elle fut publiée dans les *Mémoires* de cette Société (années 1889-1890, pp. 84-87), puis dans une brochure de M. Lorin : *Une Excursion à Pontchartrain* (Rambouillet, 1890).

2. En imprimant « *gauche* rive » au lieu de « *droite* rive » (version du manuscrit), on a voulu voir dans ce vers une allusion au chemin de fer de Versailles, rive gauche.

3. Femme de M. Aubernon, préfet de Seine-et-Oise.

4. *Var.* : *Alors arrivent* les punaises.

5. *Var.* : ... d'un *bel* étranger.

A. Parmentier et C. Bonnier de la Chapelle, dans leur ouvrage : *Histoire d'un Éditeur et de ses Auteurs : J.-B. Hetzel,* assurent (p. 405) que « cette strophe fut composée par Hetzel » et que « ce sont les seuls vers qu'il ait jamais faits ».

6. *L'Estafette, journal des journaux,* parut de 1833 à 1858. Il se disait « dégagé de tout esprit de coterie, et destiné à reproduire avec impartialité toutes les nuances de l'opinion qui se partagent le champ politique». *L'Estafette* reproduisait, en effet, les principaux articles des journaux politiques d'opinions diverses. Mais *l'Estafette* avait les siennes et n'était pas aussi neutre qu'il le disait. Sous le Second Empire il reçut plusieurs avertissements au sujet des opinions qu'il exprimait assez vivement et finalement, il fut supprimé.

POÉSIES POSTHUMES 889

7. *Var.* : *Le réveille avec ses* sabots.

8. Félix Arvers, dans une lettre inédite qu'il écrivait à Tattet le 11 juillet 1843, dit que Musset récita plusieurs fois ces strophes et il cite celle-ci qu'il qualifie de « fameuse ». Fameuse en quoi? Les contemporains le savaient sans doute.

9. Bonnaire est nommé aussi dans *le Songe du Reviewer* (p. 525).

10. Voir (pp. 439, 441) la réponse de Charles Nodier aux strophes de Musset et la réponse de Musset aux strophes de Charles Nodier.

P. 544.   À MADEMOISELLE MELESVILLE

1. Publié dans la *Biographie*, p. 365.

Il avait été question d'un mariage entre Alfred de Musset et Mlle Laure Melesville, fille de l'auteur dramatique (dont le vrai nom était, d'ailleurs, Duveyrier). Chenavard s'était entremis; il se proposa d'offrir à la jeune fille un dessin au crayon où il avait représenté la rencontre de Pétrarque et de Laure à la fontaine de Vaucluse, en donnant à Pétrarque et à Laure les traits de Musset et de Mlle Melesville; le poète mit au bas du dessin un quatrain imité de ces vers de Pétrarque :

> *Benedetto sia il giorno e'l mese e l'anno*
> *E la stagione e'l tempo et l'ora e'l punto,*
> *E'l bel paese e'l loco ov'io fui giunto*
> *Da due belli ochi che legato m'hanno.*

Au premier mot que M. Chenavard dit de la jeune fille à M. Melesville, on lui apprit qu'elle était promise à M. Vander-Vleet et que le mariage devait se faire prochainement. Une communication du « Bibliophile Comtois », à l'*I.C.C.* (n° des 20-30 novembre 1923) révèle que le contrat de mariage fut dressé le 22 mars 1843. Le quatrain de Musset est probablement « antérieur de quelques semaines » à cette date.

P. 544.   À MADAME JAUBERT

1. Sonnet publié par Paul de Musset (*Biographie*, pp. 300-301) avec la menue variante signalée plus bas. Publié aussi d'après l'autographe que possédait la petite-fille de Mme Jaubert, Mme d'Albert-Lake. Paul de Musset dit bien qu'après la mort de son frère, Mme Jaubert lui remit l'autographe de ces vers, mais dans le fonds Lardin de Musset, il n'y en a qu'une copie. — Un « confrère en littérature » et de peu de talent parla un jour à Paul de Musset « avec une douleur hypocrite » où perçaient les éclairs d'une joie secrète, du silence que gardait Alfred de Musset « rencontré dans un de ses moment d'intempérance ». Paul rassura ce bon confrère dont le visage s'assombrissait « à mesure que son inquiétude diminuait ». D'autres bonnes âmes avec une compassion feinte tinrent des propos semblables à Mme Jaubert. Elle était une amie sûre et dévouée d'Alfred de Musset. Elle fut alarmée. Elle résolut de

l'avertir, et, sans doute, de le sermonner. Elle l'invita à venir la voir. Il y alla. C'était, dit Paul de Musset, le « 13 août 1844 après le dîner. La conversation dura jusqu'à minuit ». Quand Paul en parla à Mme Jaubert, elle lui déclara : « Je ne puis vous répéter ce qu'il m'a dit, ajoutait-elle. Cela est au-dessus de mes forces. Sachez seulement qu'il m'a battue sur tous les points; qu'il a cent fois raison, que son silence, ses ennuis, ses dédains ne sont que trop bien justifiés (...). En me quittant, le pauvre garçon m'écrivit un sonnet qu'il m'envoya le lendemain de grand matin et qui m'a arraché des larmes... » *(Biographie,* pp. 298-300.) On voudrait savoir quelles choses si émouvantes put dire Musset et qu'est-ce qu'il appelait sa misère? Sans imaginer quelque redoutable secret, on est enclin, d'après les termes mêmes du sonnet et les quelques paroles de Mme Jaubert, à penser que cette misère pouvait être faite d'une impuissance à aimer; peut-être d'une plus grande difficulté à écrire; de l'injuste et déprimant isolement où il estimait que l'entretenaient l'indifférence ou l'hostilité de la critique; du sentiment dès lors de l'inutilité de son travail; du dégoût de la vie dans lequel, pour toutes ces raisons, pour d'autres encore, sans doute, il était comme enlisé. Misère qu'il s'efforçait d'oublier et dont il cherchait l'oubli dans cette intempérance où il le trouvait. Mais dit-il vraiment cela? — Dans l'exemplaire déjà signalé d'Alfred Tattet, ce sonnet est daté, par Tattet, 13 août 1839. Mais Paul de Musset avait pour le dater un point de repère : c'est le moment où il partait pour un voyage à l'étranger.

2. *Var.* : à *ce* point... *(Biographie).*

P. 544. MADRIGAL À AUGUSTINE BROHAN

1. *Le Gaulois* du 16 août 1896, rapportant que son collaborateur, Adolphe Brisson, avait fait la veille une conférence sur *les Femmes de Musset,* et qu'il y avait lu ce madrigal, se faisait un plaisir de communiquer à ses lecteurs, d'après une copie du fonds Lardin de Musset « ces quelques vers inédits ». Ces « quelques vers inédits » avaient paru dans *le Nain jaune* du 7 octobre 1877, d'après le manuscrit autographe. Ils ont été depuis souvent reproduits avec des variantes par Mme Martellet et par Léon Séché. — *Le Gaulois* confiait à ses lecteurs que ce madrigal « fut envoyé à Augustine Brohan, au moment où elle partait en voyage. Augustine Brohan reçut aussi un volume de Musset. Une note de la main de Mme Hermine Lardin de Musset porte : « Ces vers ont été écrits par Alfred de Musset en tête d'un exemplaire de ses œuvres destiné à Mlle Augustine Brohan. » En 1877, Augustine Brohan ne l'avait plus dans sa bibliothèque. *Le Nain jaune* disait que le manuscrit du madrigal était en la possession de M. Pelletier, alors secrétaire du théâtre de la Renaissance. M. Pelletier en avait acquis l'exemplaire des œuvres de Musset enrichi d'un feuillet jauni « sur lequel la main du poète a tracé les vers adressés à Mlle Brohan ».

2. *Var.* : Adieu, rapportez-nous... (Mme Martellet : *Alfred de Musset intime*, p. 343).

3. *Var.* : Voyez cette petite fille *(Ibid.)*.

Voyez bien... (*le Gaulois*, 18 août 1926 et Léon Séché : *Alfred de Musset*, II, 130, n.).

4. Mme Martellet (*op. cit.*, p. 347) dit que Meg (elle écrit Mez) était « la bonne d'Augustine Brohan ».

P. 545.   EN LISANT LE JOURNAL

1. Première publication, par les soins de M. Raymond Lécuyer, dans *Je sais tout*, en juin 1905 ; publication par les soins de M. Jean Monval, d'une version un peu différente, dans *les Annales politiques et littéraires*, le 30 octobre 1910, d'après une copie que Mme Martellet avait remise à François Coppée. On publie ici, d'après un manuscrit du fonds Lardin de Musset, la première de ces deux versions ; voici, en outre, la deuxième, d'après un autre manuscrit du même fonds :

> J'*aurais voulu*, même en tremblant,
> Même étourdi par ton tonnerre,
> J'aurais *voulu* suivre sur terre,
> César, ton éperon sanglant.
>
> J'*aurais suivi ton âme altière,*
> *Grand tribun nommé* Mirabeau,
> *Dans les éclats de ta colère*
> *Qui ne s'éteignit qu'au* tombeau.
>
> *Ah!* si deux figures pareilles
> *Revenaient* dans ce pays-ci,
> Devant leurs yeux, à leurs oreilles,
> *Oserait-on* parler ainsi ?
>
> L'on nous menace de nous battre
> Entre deux bateaux à vapeur,
> Et l'on nous dit : « Un contre quatre ! »
> Et l'on nous propose la peur !
>
> Que disais-*tu*, *pauvre* imbécile,
> *Vieux soldat*, grand cœur innocent,
> Quand *tu tombais* à Belleville,
> Noir de poudre et rouge de sang ?
>
> « Ils sont trop ! » mais l'Europe entière
> S'était mise alors en chemin ;
> *Peuple et soldats, à la barrière,*
> *Couraient le mousquet* à la main.
>
> Ce journal qui *nous* rompt la tête
> Fait **venir** les larmes aux yeux.

> Pourtant, *on le dit* : « C'est bien bête,
> C'est bien enfant et c'est bien vieux. »
>
> Français, succès ; gloire, victoire,
> Si tout cela rime à peu près,
> Chez nous du moins on devrait croire
> Que le hasard l'a fait exprès !
>
> Depuis qu'en un autre langage
> On a si bien parlementé,
> Il nous pousse un *dernier* courage :
> « L'audace de la lâcheté ! »

En 1846 deux événements avaient compliqué la politique extérieure : celui des mariages espagnols et celui de l'incorporation de Cracovie à l'Autriche. Le 11 octobre 1846, après de laborieuses négociations, la jeune reine Isabelle d'Espagne avait épousé son cousin le duc de Cadix et sa sœur cadette, l'infante doña Louisa-Fernanda, avait épousé le duc de Montpensier, le plus jeune des fils de Louis-Philippe. Ces mariages avaient été conclus malgré les représentations du cabinet anglais. L'annexion de Cracovie à l'Autriche s'était faite par l'entente des trois puissances qui avaient démembré la Pologne et malgré les représentations du gouvernement français qui dénonçait dans cette annexion une violation des traités de 1815. On parla de guerre. Une vive discussion eut lieu à la Chambre à ce sujet, où s'opposèrent Guizot et Thiers. M. Maurice Clouard dit (*Documents inédits,* p. 205) : « Les journaux de l'opposition accusèrent le ministère de reculer et de ne pas oser soutenir l'honneur du drapeau français. C'est la lecture d'un de ces articles qui inspira ces stances à Alfred de Musset. »

P. 546. STANCES À Mme RISTORI

1. Ces stances à Mme Ristori n'ont, en réalité, pas de titre. Alfred de Musset ne les écrivit même pas. En 1855, Adélaïde Ristori (devenue en 1847, par son mariage, marquise Capranica del Grillo) vint, à l'occasion de l'Exposition universelle, donner des représentations à la Comédie-Française. C'était une grande artiste ; elle était célèbre. Elle eut à Paris un succès éclatant. Alfred de Musset, dit son frère, fut fort assidu aux représentations de Mme Ristori, au point que, « à moins d'être malade ou alité [alité, n'est-ce pas être malade encore ?], il n'en manquait pas une ». Paul de Musset dit aussi : « Probablement il n'y avait aucune corrélation entre l'arrivée de Mme Ristori à Paris et les plans de M. Cavour ; mais Alfred de Musset se plut à considérer le voyage de cette grande actrice comme un présage du lien étroit qui devait unir la France à l'Italie. » Il eut chez lui « sur un piédestal construit exprès, un buste de la Ristori » et, s'amusant à jouer sur le nom, il appelait cette noble figure, l'*Italia ristorata*. Et il fit ces stances. Il les

récitait. Mme Martellet les avait entendues, et sans doute plusieurs fois, puisqu'un jour, à la demande de Paul de Musset, c'est-à-dire après la mort d'Alfred, elle les rechercha dans sa mémoire et y retrouva le texte que, dit-elle, Paul de Musset publia dans la *Biographie* et qu'elle reproduisit dans *Alfred de Musset intime* (cf. *Biographie,* pp. 324-325 ; *A. de M. intime,* p. 144). Il y a, dans le fonds Lardin de Musset, une copie très fautive de ces vers ; il y en a une autre dans le fonds Lovenjoul (F. 3159, f° 97). C'est donc un texte douteux, et il n'y a pas utilité de reproduire des variantes dues à des mémoires plus ou moins infidèles. Il est peut-être bon de rappeler ici que Mme Martellet avait proposé à Mme Hermine Lardin de Musset de faire compléter (par qui ?) les poésies inachevées d'Alfred de Musset.

P. 547. BILLET À ARSÈNE HOUSSAYE

1. Cette poésie a été publiée en avril 1887 dans *le Monde poétique* et, le 25 décembre 1890, dans *la Revue de Paris et de Saint-Pétersbourg.* Octave Uzanne l'a publiée incomplètement (moins les sixième et septième strophes) le 14 juillet 1900 dans *la Revue encyclopédique.* — Mme Martellet dit qu'elle avait paru pour la première fois dans *l'Artiste,* sans dire à quelle date. Elle l'a reproduite dans *Alfred de Musset intime* (pp. 323-324). Dans *le Monde poétique,* cette poésie est intitulée *la Maison rustique.* Dans *la Revue de Paris et de Saint-Pétersbourg,* le titre est : *la Maison à l'automne.* En réalité, elle n'a pas de titre. On n'en connaît pas le manuscrit autographe, mais seulement une copie faite par Mme Martellet et conservée dans le fonds Lardin de Musset. C'est donc ce texte que l'on imprime ici. La première strophe a été, dans *Alfred de Musset intime,* publiée la dernière et distincte des précédentes avec le titre : *Envoi.* Elle n'a pas du tout le caractère d'un envoi et sa place paraît, au contraire, au commencement du poème, où il me semble légitime de la maintenir. Il y a quelques différences entre ce texte et la copie du fonds Lardin de Musset.

2. Le cardinal de Richelieu s'était fait construire à Rueil un château.

3. L'impératrice Joséphine est inhumée dans l'église de Rueil, où un monument funéraire lui a été élevé.

4. Louis XV fit don en juillet 1769, à titre viager, à Jeanne Bécu, devenue la comtesse du Barry, du château de Louveciennes. E. et J. de Goncourt ont publié dans leur ouvrage sur *La Du Barry* (p. 56, n. 2) le texte du « Brevet du don ».

5. *Var.* : Frappe d'or *mais* découronne *(Monde poét.* et *Rev. de Paris et St-Pétersbourg).*

À chaque instant découronne *(A. de M. intime).*

6. *Var.* : Palais mignon*s* et superbe*s*
Sur *la verdure* de l'herbe...

(Ibid.)

7. *Var.* : Du Barry vous enjôla *(Monde poét.* et *Rev. de Paris et St-Pétersbourg).*

Pourquoi n'êtes-vous pas là? (A. de M. intime).

8. Alfred de Musset avait signé ses vers *Un Joueur d'échecs.* Arsène Houssaye lui répondit ainsi :

À UN JOUEUR D'ÉCHECS

Quoi! vous courez l'aventure,
Vous étreignez la nature
Sur votre cœur éperdu,
Et ne me faites pas signe!
Je partais en droite ligne
Vers ce paradis perdu.

Pour ces figures anciennes,
Peuplant encor Louveciennes
Quand la nuit descend des cieux,
J'eusse quitté les coulisses,
Leurs ennuis et leurs délices,
Les déesses et les dieux.

Mais les roses aquarelles,
Les chansons de tourterelles,
Ces amours impénitents,
Ces belles évaporées,
Ne sont plus de notre temps.

Un jour j'en ai fait l'histoire,
Versant dans mon écritoire
Les rayons d'or du passé;
Mais par une seule larme
Vous avez vaincu leur charme;
Requiescant in pace.

Riantes ou désolées,
Elles se sont envolées
Au pays des visions,
Quand vous avez — jour d'orage! —
Créé dans votre naufrage
La muse des Passions.

Ami, dans votre âme ardente,
Vous rouvrez l'enfer de Dante
Où pleure votre art vainqueur;
Mais votre muse est muette :
Réveillez-la, mon poète,
Par un autre cri du cœur.

Paris, octobre 1850.

P. 549. UNE PROMENADE
AU JARDIN DES PLANTES

1. Sonnet publié dans *le Monde illustré*, le 9 mai 1857, une semaine après la mort d'Alfred de Musset. Une note, signée Delaunay, dit que ce sonnet fut « adressé à Louise Colet après une promenade au Jardin des Plantes », en 1852. « Plusieurs copies de ce sonnet coururent alors. » Je n'en ai vu aucune. Maurice Clouard dit, dans ses *Documents inédits* (p. 181) que ce sonnet est de Louise Colet, sans ajouter sur quelles preuves ou seulement sur quels indices il fonde son opinion. Cette promenade faillit être tragique. Du moins, Louise Colet, dans son roman *Lui*, le dit-elle. Ils s'arrêtèrent devant la cage du lion. Il était au repos. C'était un lion « colossal ». Il les regarda. Il se leva « majestueusement ». Lentement, et comme pour leur « faire fête ». Près des barreaux de « sa vaste cage » il secouait sa tête « qui était si joyeuse et si brillante qu'elle attirait involontairement le toucher ». Louise Colet la toucha. « Le lion poussa un rugissement formidable. » Musset se précipita vers son amie, « lui saisit la main, qui était « gantée » et la couvrit de baisers frénétiques ». Puis : « Malheureuse! me dit-il avec une exaltation effrayante, vous voulez donc mourir! vous voulez donc que je vous voie là, sanglante, en lambeaux, la tête ouverte, les cheveux détachés du crâne et n'étant plus qu'une chose sans forme et sans beauté, comme les corps dissous dans un cimetière! »

« En parlant ainsi », il l'emporta « en courant ». Il avait donc eu plus de peur qu'elle n'avait eu de mal.

Mme Martellet raconte l'histoire moins dramatiquement. Selon elle, c'est Musset qui conseilla à Louise Colet de poser la main sur la tête du lion; il ajouta que sa gouvernante le faisait et que « le lion en était fort content ». Mais, d'après la gouvernante, Louise Colet avait eu le tort de toucher le lion du manche de son ombrelle » (cf. *Alfred de Musset intime*, p. 133). Un tel événement méritait bien un sonnet commémoratif.

2. À ce sonnet, Louise Colet répondit par un sonnet qui parut aussi dans *le Monde Illustré* le 9 mai 1852, et dont voici le texte :

LE LION CAPTIF

> *Conseil d'ami, conseil à vous,*
> *conseil d'un jour et pour la vie.*
> ALFRED DE MUSSET.

Lion du Sahara, dans ta cage enfermé,
Le désert passe-t-il sous ta fauve paupière ?
Ta lionne à tes flancs, revois-tu l'antre aimé ?
Revois-tu le soleil qui dora ta crinière ?

À ton rugissement, en écho transformé,
Sens-tu trembler encor quelque tribu guerrière ?

Libre, et reconquérant ta grandeur prisonnière,
Roi, berces-tu l'ennui dont tu meurs consumé ?

Et vous, poète, aux fers que vous a mis la vie,
Arrachez-vous parfois, palpitante et ravie,
Votre âme qui revient aux premiers horizons,

À l'amour qui l'inspire, à l'art qui la couronne ?
Oh ! rendez à vos jours ce passé qui rayonne ;
Sortez de l'esclavage où meurent les lions !

P. 550. SUR MES PORTRAITS

1. Les sept premiers vers de cette boutade ont été cités d'abord dans l'*I.C.C.,* le 10 juillet 1891. Le texte entier a été publié par Maurice Clouard (*Documents inédits,* p. 205). Mme Martellet écrit (*Alfred de Musset intime,* p. 287) : « Nadar vint un jour chez Alfred de Musset, accompagné d'un personnage inconnu. C'était pour prendre le croquis du poète. Il en fit plusieurs et n'arriva à aucun résultat satisfaisant. M. Alfred, ayant pris le crayon, fit un Musset très ressemblant, au dire des personnes qui étaient là, et jeta son dessin au feu. Après le départ de Nadar, il écrivit » ; et elle cite ces vers. Les divers portraits qualifiés sont à peu près contemporains ; deux d'entre eux et les moins connus, ceux d'Eugène Giraud et de Biard, sont de 1852, l'année de l'entrée de Musset à l'Académie. Celui d'Eugène Giraud — portrait-charge à l'aquarelle — a paru le 14 juillet 1900 dans *la Revue encyclopédique,* p. 543. Celui de Biard, d'après une communication de M. Armand Lods à l'*I. C.C.* (10 mars 1906, col. 190-191) se trouve dans un tableau qui en contient beaucoup et qui représente *Une Soirée chez le comte Niewerkerke.* Ce tableau fut exposé au Salon de 1835. Edmond About, dans son compte rendu de ce Salon (*Voyage à travers l'Exposition des Beaux-Arts,* cité par Armand Lods) écrivait : « *Le Salon de M. Niewerkerke* est plein de figures spirituelles que M. Biard a uniformément vulgarisées en les soumettant au même sourire et à la même physionomie. Voyez ce qu'il a fait de la tête charmante de M. Alfred de Musset. » Le tableau de Biard a été reproduit dans l'album d'Armand Dayot sur *le Second Empire,* p. 97 (Flammarion, édit.). — Le portrait que venait de faire Nadar quand Musset écrivit ces vers et celui que Gavarni allait faire sont de 1854. Cela date la boutade. Le portrait-charge que Nadar dessina parut en 1857 dans la première livraison des *Binettes contemporaines,* par Joseph Citrouillard (Commerson) (Gustave Havard, s.d., pet. in-16). Musset est représenté en habit d'académicien devant la façade du palais de l'Institut. Il a été assez souvent reproduit. Celui de Gavarni a été reproduit plus souvent encore. C'est une lithographie où Musset est représenté de face, en pied, un large manteau sur les épaules et une canne à la main. Il parut d'abord dans la série des *Contemporains illustres.* Musset se demandait ce que Gavarni pourrait

« pondre ». Gavarni pondit un Musset fort élégant, mais, comme le dit Maurice Clouard, un peu vieilli. Le portrait de Landelle, qui est aussi de 1854, est de tous les portraits de Musset le plus connu, le plus souvent reproduit. Landelle fit d'abord un pastel, en mars ou avril; il appartient à la famille Lardin de Musset. La Comédie-Française en possède une copie faite à l'aquarelle par Pollet. À l'automne de 1854, Landelle fit une réplique à l'huile de son pastel pour laquelle il demanda à Musset une séance de pose pour une petite correction dans le dessin du nez. Ce portrait à l'huile est au musée du Louvre. Armand Got a noté dans son *Journal* (I, 308) que Musset, parlant du pastel de Landelle que lui, Got, trouvait « peut-être un peu embellâtré », déclara : « Eh bien! c'est comme cela que je veux être vu, moi! »

P. 550. SUR MADEMOISELLE CHAMPMESLÉ

1. Vers publiés par Jean Monval (*Annales politiques et littéraires*, 30 octobre 1910), d'après une copie remise par Mme Martellet à François Coppée. Publiés ici d'après l'autographe du fonds Lardin de Musset. Marie Desmares (1642-1698), femme du comédien Charles Chevillet, sieur de Champmeslé. Tragédienne célèbre que Racine aima et de qui elle joua, avec un succès constant, les principaux rôles dans ses tragédies.

P. 551. NAPOLÉON

I

1. On ne sait de quelle date sont ces quelques vers qui ont été publiés par Hippolyte Buffenoir dans *la Revue Hebdomadaire*.

II

1. Cette pièce, intitulée aussi *Napoléon,* est imprimée ici pour la première fois, d'après un manuscrit du fonds Lardin de Musset. Ce manuscrit semble être de la main de Mme Martellet. Maurice Clouard, qui qualifie cette pièce de « sonnet » (elle a vingt-huit vers, soit deux fois l'étendue d'un sonnet), la date de 1856, je ne sais sur quels indices. « Elle semble, dit-il, avoir été inspirée au poète par la vue d'une peinture ou d'une sculpture représentant un soldat blessé, étendu aux pieds d'une Victoire. » (*Documents inédits*, p. 206.)

2. Cet épisode de la bataille d'Arcole (17 novembre 1796) où Bonaparte, dirigeant une attaque, alla planter sur le pont le drapeau d'un régiment de grenadiers, a été peint en 1801 par Antoine-Jean Gros, qui ne devint le baron Gros que sous Charles X. Son tableau a été popularisé par la gravure.

APPENDICE

FRAGMENTS DE POÉSIE

P. 555.   LA PRÊTRESSE DE DIANE

1. Publié dans la *Biographie*, p. 73. Réimprimé ici d'après l'autographe (fonds Lardin de Musset).

Ce sont les sept premiers vers d'un poème qui, selon Paul de Musset, n'en avait pas moins de cent et qu'Alfred composa à l'âge de dix-huit ans alors qu'il lisait André Chénier. Je n'en ai pas retrouvé la suite, que Paul de Musset *(op. cit.)* résume ainsi :

« À la même fontaine arrivait un jeune garçon conduisant des chevaux et des mules, et, tandis que ces animaux se pressaient en foule autour du bassin, le jeune homme demandait à la belle fille si elle était la nymphe de cette eau. Quand il l'avait reconnue pour une simple mortelle, il lui parlait d'amour et l'invitait à le suivre dans sa maison, dont il faisait une description poétique. La jeune fille, que son père avait vouée au culte de Diane, repoussait d'abord les offres du jeune homme, et puis elle se laissait séduire. Mais la déesse jalouse lui donnait sa malédiction, et la prêtresse infidèle mourait à l'heure où Phœbé paraissait à l'horizon. »

Le titre *la Prêtresse de Diane* a été donné à ce fragment par Maurice Clouard (*Documents inédits*, p. 174).

2. *Var.* : ... douce et blanche... *(Biographie)*.

P. 555.   AGNÈS

1. Première publication : *la Minerve française*, 1ᵉʳ décembre 1919. Paul de Musset qui, dans la *Biographie*, a cité six vers de cette pièce, dit qu'elle devait être un petit drame romantique. Ce n'est pas vraisemblable. Le texte de ce morceau fait plutôt penser à un récit du genre des *Contes d'Espagne et d'Italie*. Son action est d'ailleurs placée en Espagne. Le seigneur Sanchez de Guadarra avait une fille qui fut deux fois fiancée et dont chaque fiancé mourut le lendemain même des fiançailles. Un troisième fut agréé qui s'appelait don Carlos. Pendant la cérémonie un moine priait dans un coin. La cérémonie terminée, il demanda un moment d'entretien au fiancé. Ce personnage « sombre et mystérieux » était don Juan, le propre frère de don Carlos. Il était, lui aussi, épris d'Agnès. Ne pouvant l'épouser, puisqu'il était un religieux, il ne pouvait souffrir qu'un

autre l'épousât. Il avait empoisonné les deux premiers fiancés. Le troisième était son frère, il le suppliait de renoncer au mariage décidé, et comme don Carlos n'y consentait point, il le provoquait et dans un de ces duels si fréquents dans la littérature d'alors, il le tuait, après quoi il se tuait lui-même, et Agnès se retirait dans un couvent (cf. *Biographie*, pp. 75-76). Le fragment qui subsiste de cette pièce ne porte pas de titre. C'est M. Maurice Clouard qui l'a intitulé *Agnès* (*Documents inédits*, p. 174).

2. Ici Paul de Musset donne un vers de plus que n'en contient l'autographe que j'ai pu voir :

> *Et vingt-quatre portant tonsure sur la nuque.*

Paul de Musset cite un autre vers, que cet autographe ne contient pas non plus et qui s'applique au moine don Juan « qui parlait peu, toujours en termes vagues ou prophétiques » :

> *Et semblait regarder plus loin que l'horizon...*

Paul de Musset date ces vers de 1828.

P. 557.   *TROIS PIERRES SUR LA DUNE...*

1. Publié le 8 février 1902 dans la *R.H.*, et intitulé *Embuscade* par M. Hippolyte Buffenoir d'après une copie appartenant à Mme Martellet. Imprimé ici d'après le manuscrit (fonds Lardin de Musset).
2. Ces quatre vers se retrouvent, à peu près, dans *les Marrons du Feu*, scène VIII (p. 53).
3. Ces quatre vers sont aussi dans *les Marrons du Feu*, et à la même scène.
4. Ces six vers se retrouvent encore, à peu près, dans *les Marrons du Feu*, scène VII (p. 50).
5. Les rapprochements ci-dessus montrent que ce fragment est antérieur aux *Marrons du Feu*, qui sont de 1829.

P. 559.   *AINSI LORSQU'AUX BEAUX JOURS...*

1. Fragment publié dans la *R.H.* du 8 février 1902 par Hippolyte Buffenoir, d'après une copie de Mme Martellet. Buffenoir a intitulé ce fragment *le Génie*. Il n'a, en réalité, pas de titre et, sur l'autographe du fonds Lardin de Musset, on a mis simplement : *Fragment inédit*. Ce texte, non daté, est dans le ton du poème *les Vœux stériles* qui est de 1831 et lui est sans doute contemporain. On est porté à supposer même qu'il en était peut-être une partie et on pourrait l'y placer.

> Interrogé tout bas sur l'art par Raphaël
> Et bornant sa réponse à lui montrer le ciel... (P. 115.)

Les trois points de suspension qui suivent ce dernier vers sont-ils l'indice d'une lacune ?

P. 559. *TOUT RENAIT !...*

1. Le premier vers de ce fragment est aussi dans *le Saule* (VII, p. 148). Bien qu'il y soit nommé un George, il ne semble y avoir aucun rapport entre ces vers et *l'Oubli des injures* où un George est nommé aussi. Il existe plusieurs copies de ce fragment. On l'imprime ici d'après celle du fonds Lardin de Musset, qui diffère en quelques endroits de deux copies communiquées par Mme Martellet, l'une à Maurice Clouard (fonds Lovenjoul), l'autre à Hippolyte Buffenoir, de qui je la tiens. On indique *(F.L. et H.B.)* les variantes des deux dernières copies.

2. *Var.* : *Le vent qui souffle* en vain *sur la corde brisée (F.L.).*
    Le vent qui souffle en vain *dans la voile* brisée *(H.B.).*
3. *Var.* :
    Vous fuyez maintenant, *vous qui m'avez vu naître.*
    Mon cœur va se briser quand tu vas disparaître.
    Je vous parlais encore à peine à l'horizon.
    Pitié, pitié, mon Dieu ! j'ai perdu la raison *(F.L. et H.B.).*

4. Ce vers manque à *F.L.* et à *H.B.*

P. 560. *OÙ VAS-TU DONC VULPIO ?*

1. On ne sait qui pourrait être Vulpio qui n'est nommé dans aucune autre œuvre d'Alfred de Musset. On donne ce fragment, sans intérêt, d'après copie du fonds Lardin de Musset. Il y a aussi deux autres copies : fonds Lovenjoul et Hippolyte Buffenoir, qui portent : « Où vas-tu donc, ami ? »

2. Dans ces deux dernières copies, après ce vers il y a :

> *Au premier pas qu'il fit se sentant défaillir*
> *Il regarda le ciel et le rivage et l'onde,*
> *Oubliant son royaume et la terre et le monde,*
> *Tout, hormis ces lieux ! Et de ce jour,*
> *Il emportait au cœur un invincible amour.*

3. Le troisième mot de ce vers est illisible. On n'a que le mot « quelque » qui a, du moins, l'avantage de rendre régulier l'alexandrin.

4. On n'aperçoit pas le lien entre ce court fragment et le fragment précédent, bien qu'ils semblent être de la même poésie.

P. 560. LES DERNIERS MOMENTS DE FRANÇOIS Ier

1. Fragment publié pour la première fois dans le *Keepsake français ou Souvenirs de Littérature contemporaine,* de 1831. François Ier était alors

d'actualité; la même année, Félix Arvers faisait, sur le même sujet, son drame *la Mort de François I*^{er} *;* l'année suivante, Victor Hugo fit représenter *le Roi s'amuse*. L'œuvre de Musset a été, en général, considérée comme une œuvre dramatique et placée à la suite de ses *Comédies et Proverbes*. Je l'avais moi-même située ainsi dans l'édition de la Pléiade. Or, il y a des parties narratives qui, dans certaines reproductions de ce texte, ont été supprimées, comme on le verra dans les notes qui suivent.

2. « François Ier se croyait attaqué de la peste. » (Note du *Keepsake*.) Mais ce n'est pas la peste qu'il avait reçue de la Belle Ferronnière.

3. « Le mari de la Belle Ferronnière était *avocat du Roi*. » (Note du *Keepsake*.)

4. Cette partie narrative a été supprimée dans *le Monde dramatique* (1er juillet 1835) et dans *l'Artiste* (15 juillet 1850) où il parut sous le titre d'*Ango* qui est celui d'une pièce d'Auguste Luchet et Félix Pyat; la suite est présentée comme un deuxième fragment de l'œuvre de Musset :

Fréron

... Le duc d'Étampe eut pour lui sa Bretagne, *etc*.

5. François Ier, devenu l'amant d'Anne de Pisseleu, lui donna pour mari Jean de Brosse qui, en compensation de ce complaisant mariage, fut fait duc d'Étampes et nommé gouverneur de Bretagne.

6. François Ier eut pour maîtresse la comtesse Françoise de Chateaubriant qu'ensuite il délaissa et que le comte de Chateaubriant fut soupçonné d'avoir fait mourir.

7. Le texte finit à ce vers dans *le Monde dramatique* et dans *l'Artiste*. On en avait donc, ici encore, supprimé la partie narrative.

8. En janvier 1850, l'éditeur G. Charpentier ayant souhaité que Musset reprît et achevât cet ouvrage, Musset lui répondit : « J'ai beau faire, je ne puis pas corriger ces *Derniers Moments de François I*^{er}. Il y a dix-neuf ans que c'est au *rancart*. »

P. 564.   L'OUBLI DES INJURES

1. Ces fragments ont été publiés, pour la première fois, en fac-similé du manuscrit dans le numéro de septembre-octobre 1927 de la revue : *le Manuscrit autographe*. Ce poème est antérieur à *la Coupe et les Lèvres* où Musset en a repris quelques vers. Il en subsiste trois fragments, les deux premiers n'étant d'ailleurs que des versions différentes de l'une de ses parties. Ces morceaux n'ont pas, par eux-mêmes, un grand intérêt; ils sont intéressants, si l'on peut dire, en fonction de *la Coupe et les Lèvres*. On les publie ici d'après le manuscrit du fonds Lardin de Musset. Le héros de cette histoire, Renaud, a reçu d'un personnage que la première version ne nomme pas, mais qui, dans la deuxième, se nomme Brenna, une injure qu'il n'a pu venger sur-le-champ, n'ayant pas senti à sa ceinture le poignard

qu'habituellement il y portait. Ce poignard, quand il l'a retrouvé, au mur de sa demeure, il l'invoque longuement comme, à l'acte IV de *la Coupe et les Lèvres* (p. 194), Frank invoquera le sien. « Hier, j'étais seul, dit Renaud à son arme : nous serons deux demain. » Il tient à sa vengeance. Pour lui, l'apaisement et, par suite, l'oubli, ne peut venir ni de l'action du temps ni du pardon de l'injure; seule, la vengeance a la vertu de le donner.

La deuxième version commence par l'invocation de Renaud à son poignard, assez différente de la première et sensiblement plus longue. Elle n'est pas terminée cependant, non plus que le fragment qui suit et qui montre, après leur rencontre, les deux adversaires l'un et l'autre expirants et la mère de Renaud gémissant sur la mort de son fils. — Dans les notes qui suivent, les rapports avec *la Coupe et les Lèvres* seront indiqués d'après le deuxième fragment, moins incomplet que le premier.

2. « Je me montrerai le plus patient de tous les hommes, mais aussi le plus sanguinaire.» (Paroles d'Othello à Iago : *Othello*, acte IV, sc. 1; traduction de François-Victor Hugo.)

3. Après ce vers, ces vers biffés :

> *Je puis donc à loisir te conter mon histoire.*
> *C'est une page, oui, qu'il faut de ma mémoire,*
> *Rayer (?) et déchirer...*

4. Après ce vers, ces vers biffés :

> *Armé d'un vil bâton, j'errai dans ces montagnes,*
> *Et d'un lâche insensé j'ai promené les traits.*
> *Je fouille en vain les bois ; — En vain sur les campagnes*
> *J'ai répandu partout mes chiens et mes valets.*

Et, dans la marge, ceux-ci, biffés aussi :

> *Depuis ce jour, ami, j'erre dans ces montagnes,*
> *Seul, armé d'un bâton, j'ai fouillé les forêts,*
> *Je ne l'ai trouvé point. En vain par les campagnes*
> *J'ai...*

5. Après ce vers, ces vers biffés :

> *Me voilà seul ami !*
> *Mais nul n'y touchera que tu ne l'y convies.*

6. Vers biffé mais nécessaire au sens.

7. Vers dont la place semble bien être ici et qui est ajouté au crayon dans la marge.

8. Musset met d'abord :

> Autrefois, *nous dit-on*, le pardon *d'une offense*

puis : Autrefois, le pardon *et l'oubli d'une offense*

puis ces trois vers :

> *En des temps plus aisés* fut connu des humains,
> L'offenseur demandait grâce pour son offense,
> <u>Quand</u> Dieu joignait *leurs cœurs et le prêtre* leurs mains.

Le tout biffé.

9. Au bas de la page, cette variante dont le premier vers seul a été biffé :

> *On dit que le pardon fait* (ou *fut*) *un fleuve d'oubli.*
> *La vengeance est le seul où jamais ne surnage*
> Un cadavre une fois sous l'onde enseveli.

Autre variante écrite en travers de la page suivante et biffé aussi :

> *Autrefois le* pardon *fut frère de l'outrage*
> *On dit que ce fut un des cent fleuves d'oubli.*
> La vengeance...

10. Dans *la Coupe et les Lèvres* (acte IV, monologue de Frank) :

> *Enfin, mais n'est-il pas une heure dans la vie*
> *Où le génie humain rencontre la Folie ?*
> *Ils luttent corps à corps sur un rocher glissant.*
> Tous deux *y sont montés,* mais un seul redescend.

(P.P., p. 198.)

11. Eblis, chez les musulmans, est le souverain des démons malfaisants. Dans *les Mille et une Nuits* (traduction Galland, I, 134) il est appelé « prince des génies ». C'était donc un démon des plus éminents. Collin de Plancy écrit (*Dictionnaire infernal,* II, 404) : « Eblis, nom que les mahométans donnent au diable. Ils disent qu'au moment de la conception de leur prophète, le trône d'Eblis fut précipité au fond des enfers et que les idoles des Gentils furent renversées. Eblis, selon la tradition musulmane, avait refusé de s'incliner devant Adam qu'Allah venait de créer. »

12. Le passage qui commence ici est à peu près repris dans *la Coupe et les Lèvres,* en partie (acte V, sc. II) :

> *Eh ! quel homme ici-bas n'a son déguisement ?...*
> *Et n'en est-ce pas un souvent que la vertu ?*
> *Vrai* masque de *bouffon* que l'humble hypocrisie
> Promène sur le vain théâtre de la vie,
> Mais qui, mal fixé, tremble et que la passion
> Peut faire à chaque instant tomber dans l'action.

(P.P., p. 201)

et, en partie aussi (acte I, sc. I) :

> *Pourquoi ne vois-je rien ? Voilà la question.*
> *Suis-je un épouvantail ? — ou bien* l'occasion,

> Cette proſtituée, eſt-elle devenue
> *Si boiteuse et si* chauve, à *force de courir,*
> Qu'on ne puisse *à la nuque* une fois la saisir ?
>
> (*P.P.*, p. 163.)

13. Vers biffé mais nécessaire au sens.
14. Version biffée :

> Dans le fond d'un hallier *Renaud eſt étendu.*
> *Il se meurt épuiſé, déshonoré, perdu,*
> *Loin de son toit ; hélas ! son poignard eſt sans tache.*
> *Il regarde en mourant la neige et les sentiers.*
> *Où sont marqués au loin les pas des chevriers.*

À la troisième scène du deuxième acte de *la Coupe et les Lèvres*, Frank dit :

> *Sous les pieds des chevaux, l'homme était étendu.*
> *Comme un lierre arraché qui rampe et qui se traîne*
> *Pour se suspendre encore à l'écorce d'un chêne,*
> *Ainsi ce malheureux se traînait suspendu*
> Aux reſtes de *sa* vie…
>
> (*P.P.*, p. 176.)

Et, à la deuxième scène du même acte, le chœur :

> *On voit à la fenêtre* une femme *inconnue*
> *Livrer* ses cheveux *noirs* aux vents affreux du nord.
>
> (*P.P.*, p. 173.)

P. 569.   ROLLA ET LE GRAND PRÊTRE

1. Ce dialogue a été publié pour la première fois dans *la Minerve française* le 15 décembre 1919, d'après une copie un peu fautive de Mme Martellet, conservée dans le fonds Lardin de Musset. Un fragment du manuscrit original appartenant à M. Jules Marsan a permis d'en donner une version améliorée, — Mme Martellet en avait communiqué à Hippolyte Buffenoir une autre copie où, au lieu du nom de Rolla, il y a le nom de Renaud, qui eſt celui d'un personnage de *l'Oubli des Injures*. Le manuscrit de ces fragments ne porte aucun titre. C'eſt Maurice Clouard qui l'a intitulé des noms des personnages. Et Léon Lafoscade l'a mentionné dans son ouvrage sur *le Théâtre d'Alfred de Musset*, p. 422, parmi les *Œuvres et Fragments inédits* de pièces de théâtre, et j'ai adopté d'abord cette opinion. À la réflexion, il me paraît plus vraisemblable que ce soit là un dialogue comme Musset en a composé plusieurs : *Idylle, Dupont et Durand*. Il eſt superflu de dire que ce Rolla n'a rien de commun avec celui du célèbre poème de 1833.

P. 572. BRANDEL

1. Ces trois fragments, sans lien entre eux, sont dans le ton et dans l'esprit de *la Coupe et les Lèvres* dont *Brandel* n'est peut-être qu'une ébauche. Parmi les personnages de *Brandel* il en est un qui porte le nom de Frank comme le personnage principal de *la Coupe et les Lèvres,* qui à l'acte IV de ce drame prononce le nom de Brandel :

> Stranio, ce palatin que Brandel a trouvé
> Au fond de la forêt couché sur le pavé ?...

(*P.P.*, p. 189.)

(Notons, en passant, qu'il s'agit là d'une forêt vraiment exceptionnelle, l'usage n'étant pas de paver les forêts.) Des vers de *Brandel* se retrouvent textuellement ou à peu près, dans *la Coupe et les Lèvres.* — Le premier de ces trois fragments a été cité dans *l'Événement* du 27 nov. 1881, par Georges Duval dans un article sur la vente annoncée des livres et manuscrits d'Alfred et Paul de Musset. L'ensemble des trois fragments a été publié dans le premier des *Cahiers Alfred de Musset* (janvier 1934) d'après une copie du fonds Lovenjoul.

2. Ce vers et le précédent sont raturés. Le premier avait d'abord été :

> Pour en faire jaillir *le plus chétif éclair.*

3. Dans la première scène du premier acte de *la Coupe et les Lèvres,* Frank dit :

> *Voyez-vous ce ciel pâle au-delà de ces monts ?*
> *Là, du soir au matin, fument autour des hommes*
> *Ces vastes alambics qu'on nomme les cités,*
> Intrigues, *passions,* périls et voluptés
> Toute la vie est là, — tout en sort, tout y rentre,
> Tout se disperse ailleurs et là tout se concentre.

(*P.P.*, p. 164.)

P. 573. *QUE CE JOUR SOIT NOMMÉ...*

1. Ce fragment et le fragment suivant semblent appartenir au même poème. Ce fragment-ci a été publié pour la première fois le 8 février 1902 dans *la Revue Hebdomadaire* par Hippolyte Buffenoir, d'après une copie communiquée par Mme Martellet.

2. Dans le Tyrol, où est situé l'action de *la Coupe et les Lèvres.*

P. 574. *VOICI L'HEURE OU LE CŒUR...*

1. Publié pour la première fois à la suite du fragment XI.
2. Ce fragment XII a été présenté comme une variante de *la Coupe et les Lèvres* où l'on trouve (Act. I, sc. III) :

> Voici l'heure où le cœur libre d'inquiétude,
> *Tu te* levais jadis pour reprendre l'étude,
> *Tes* pensers *de la veille* et *tes* travaux du jour;
> *Seul, poursuivant tout bas tes chimères* d'amour...
>
> (P.P., p. 169.)

P. 575. *ON A DIT QUELQUE PART...*

1. Ce texte a paru pour la première fois le 15 mai 1937 dans *la Muse française*. Il est un fragment d'un conte antérieur du *Spectacle dans un fauteuil*, puisqu'on y trouve des vers rappelés dans *À quoi rêvent les jeunes filles* ou dans *la Coupe et les Lèvres*.
2. Dans *À quoi rêvent les jeunes filles* (acte I, sc. IV) le duc Laërte ayant demandé à son futur gendre Silvio :

> Ah! jeune homme, avez-vous aussi votre idéal ?

Silvio répondait dans la première version de cette réponse :

> *Pourquoi pas comme tous ? Leur étoile est guidée*
> *Vers un astre inconnu qu'ils ont* toujours rêvé.
> Je crois que la plupart meurt sans l'avoir trouvé.

Ce dernier vers a été modifié ensuite et est devenu :

> *Et la* plupart *de nous* meurt sans l'avoir trouvé.
>
> (P.P., p. 220.)

3. Dans *la Coupe et les Lèvres* (acte I, sc. III) la voix que Frank entend en rêve dit :

> *Tous deux sans espérance et dans* la solitude,
> *Enfants, vous vous aimiez, et bientôt* l'habitude
> *Tous les jours, malgré toi, t'enseigna ce chemin,*
> Car l'habitude est tout au pauvre cœur humain.
>
> (P.P., p. 169.)

P. 576. *POÉSIE, HARMONIE, AMOUR !...*

1. Fragment publié d'après le manuscrit du fonds Lardin de Musset. Des publications, par endroits inexactes, en ont été faites, par Mme Ernst dans *le Voltaire* le 17 mai 1887, par M. Octave Uzanne dans la *Revue encyclopédique* du 14 juillet 1900, d'après je

ne sais quelles copies. Il n'y a donc pas à tenir compte des variantes qu'on y pourrait relever.

2. Sur le manuscrit ce quatrain est biffé de traits obliques.

3. Maurice Clouard présente ce fragment comme une variante de *la Coupe et les Lèvres* (acte I, sc. II). Ce n'est pas vraisemblable. Musset en a simplement, dans *la Coupe et les Lèvres,* repris quatres vers (acte I, sc. III) en les modifiant ainsi :

> *Pourquoi suis-je le* feu *qu'un salamandre* habite ?
> *Pourquoi sens-je mon cœur* se plaindre et s'étonner,
> Ne *pouvant contenir ce* rayon qui s'agite,
> Et qui, venu du ciel, *y voudrait* retourner ?

(P.P., p. 168.)

P. 576.   IL N'EST *QUE* LA JEUNESSE...

1. Quinze vers de ce fragment ont été publiés dans *l'I.C.C.* le 10 juillet 1885 par M.C.J.B. (M. Joly-Bavoillot, de New-York), comme extraits d'un manuscrit qui, disait-il, devait avoir « de trente à quarante vers » et qu'il présentait comme une variante de *À quoi rêvent les jeunes filles.* Le texte entier a été publié dans *la Muse française,* le 15 mai 1937, d'après une copie du fonds Lardin de Musset.

2. Dans *À quoi rêvent les jeunes filles* le chanteur nocturne chante :

> *Regarde-toi, la jeune fille,*
> *Ton cœur bat et ton œil pétille.*
> *Aujourd'hui le printemps, Ninon, demain l'hiver.*
> Quoi ! tu n'as pas d'étoile, et tu vas sur la mer !
> Au combat sans musique, en voyage sans livre !
> Quoi ! tu n'as pas d'amour et tu parles de vivre !
> *Moi, pour un peu d'amour je donnerais mes jours ;*
> *Et je les donnerais pour rien sans les amours.*

(P.P., p. 210.)

P. 577.   M'AIME-T-ELLE ?...

Ce fragment et le fragment XVII appartiennent visiblement à un même poème. Ils sont l'un et l'autre publiés ici d'après une copie du fonds Lardin de Musset. Maurice Clouard, dans ses *Documents inédits,* p. 207, les mentionne simplement, sous le titre de *À Willa.*

P. 578.   QU'AI-JE VU ?...

1. Ce fragment a été publié le 15 mai 1937 dans *la Muse française.* Voir la note du fragment XV.

2. Vers repris dans le chant III de *Rolla,* où l'on voit endormie l'innocente Marie :

> *Elle dort, regardez ; — quel front noble et candide !*
> *Partout, comme un lait pur sur une onde limpide,*
> Le ciel sur la beauté répandit la pudeur.

(*P.N.*, p. 278.)

P. 579.   *QUAND LA COMTESSE...*

1. Fragment publié pour la première fois d'après un manuscrit du fonds Lardin de Musset, dans l'édition Garnier frères des *Premières Poésies*. Les quinze derniers vers ont été publiés comme une découverte, dans le journal *l'Œuvre,* le 8 octobre 1942, d'après un manuscrit « trouvé dans les paperasses d'un notaire ». Il est dit, dans une note, que ces vers avaient « été jetés au feu par le poète et recueillis par sa sœur » ; cette note dit aussi, et c'est là son intérêt, que ce manuscrit est daté de 1828.
2. Ce vers et les cinq suivants ont été repris dans *Rolla* (chant V, *P.N.*, p. 287).

P. 579.   SUR LA POÉSIE

1. Fragment publié d'abord sans le premier vers ni les quatre derniers, dans *l'Écho de la Semaine* du 24 mai 1896, sous la rubrique *les Échos de partout*. Publié ensuite augmenté des quatre derniers vers dans *le Journal de Genève* du 8 février 1910, par M. Eugène Philippe. Ces deux publications étaient faites d'après une copie de Mme Martellet. Il est publié ici d'après l'autographe du fonds Lardin de Musset. Maurice Clouard pensait que ces vers devaient être d'abord « le début de l'article en prose *Un Mot sur l'Art moderne* ». J'y verrais plutôt un fragment d'une poésie abandonnée, utilisé dans ledit article, où on lit : « Il y a des gens qui vous disent que le siècle est si préoccupé qu'on ne lit plus rien, qu'on ne se soucie de rien. Napoléon était préoccupé, je pense, à la Bérésina ; il avait cependant son Ossian avec lui. Depuis quand la pensée ne peut-elle monter en croupe derrière l'action ? Depuis quand l'humanité ne va-t-elle plus au combat comme Tyrtée, son épée d'une main et sa lyre de l'autre ? Puisque le monde d'aujourd'hui a un corps, il a une âme ; c'est au poète à la comprendre, au lieu de la nier. — C'est à lui de frapper sur les entrailles du colosse, comme Eblis sur celles du premier homme, en s'écriant comme l'archange tombé : « Ceci est à moi, le reste est à Dieu. » — Sur Eblis, voir p. 902, n. 11.
2. Bien des auteurs ont cherché à s'expliquer le goût de Napoléon pour Ossian. « Goût de l'impossible, hantise de l'immense, ardeur pour la chimère ? » (Villemain.) Besoin de rêve, satisfait par un poète que « ses beautés sublimes détachent de la terre ? » (Talleyrand). Goût des « nuages d'Ossian », comme correspondant au vague

de l'esprit de Napoléon ? (Bourienne.) M. F. Van Tieghem a rappelé et examiné tous ces dires au t. II, pp. 11-12 de son *Ossian en France*. On était curieux aussi de savoir quelle édition d'Ossian Napoléon avait dans sa bibliothèque de campagne. À Sainte-Hélène, d'après Chateaubriand, c'était un exemplaire de l'une des éditions de la traduction italienne de Cesarotti. Est-ce la même édition qu'il emportait en guerre ou l'édition française de Letourneur ? Question sans réponse (*op. cit.*, p. 10).

P. 580. LA NUIT DE JUIN

1. Fragment publié par Paul de Musset dans la *Biographie*. — « Un jour, dit-il de son frère, je le regardais se promener de long en large, tantôt fredonnant la cavatine de Piccini (...), tantôt murmurant tout bas les mots qui se groupaient en hémistiches. » Il s'arrêta enfin et écrivit ces quatre vers et leur titre. Paul de Musset les cite, puis il écrit : « Enfin, dis-je, en lisant ces quatre vers, il y aura donc une de ces *nuits* où nous n'aurons pas la mort dans l'âme ! — Cette exclamation le fit rire et il me promit que, dans *la Nuit de Juin*, il ne serait question que de plaisir et d'amour. » C'était presque l'heure du dîner. Paul pensait que le poème serait composé durant la nuit. Mais Tattet entra, « il venait chercher son ami pour l'emmener dîner chez un traiteur ». « Je le suppliai de ne pas interrompre un travail de cette importance », dit Paul, « mais le dîne était commandé», la présence d'Alfred de Musset avait été annoncée aux convives. Tattet, tout en donnant raison à Paul, tenait à emmener son ami, assurant que la poésie n'y perdrait rien, car on se séparerait de bonne heure. Alfred rentra très tard et ni cette nuit-là, ni aucune autre, il ne reprit *la Nuit de Juin*.

P. 580. *PUIS JE VIENS RETROUVER...*

1. Vers publiés par Mme Martellet (*Alfred de Musset intime,* p. 84) qui dit qu'il les composa à Ville d'Avray ; donc chez Mme Allan et en 1849 ou 1850. Le 7 juillet 1849, Mme Allan, disait dans une lettre à une amie : « C'est une nature fantasque, mobile, indépendante, et qui ne se soucie de travailler que lorsque l'inspiration lui vient et qui ne va jamais au-devant. Il a pourtant fait l'autre jour des vers en m'attendant sur la terrasse. » (Cité par Léon Séché, *Alfred de Musset,* II, p. 187.) Rien ne prouve que ce soit ces vers-ci qu'il ait faits ce jour-là.

P. 581. *AU FOND DE L'ÂME HUMAINE...*

1. Publié pour la première fois dans l'édition Garnier frères des *Premières poésies,* d'après l'autographe du fonds Lardin de Musset.

P. 581.   *O VOUS, VOUS DONT L'AMOUR...*

1. Publié, d'après la même origine, dans la même édition que le fragment XXII.

P. 581.   *FROIDE, MAIGRE, LÉGÈRE...*

1. Fragment publié en fac-similé d'autographe dans *le Panthéon des Illustrations françaises au XIX*e *siècle*, sous la direction de Victor Frond (Paris, 1869, in-8). Vers de date inconnue.

P. 582.   *VIEILLESSE, TRISTE FILLE...*

1. Fragment sans date publié par Mme Martellet comme écrit sous la dictée d'Alfred de Musset (*Alfred de Musset intime*, p. 364). Date de ces vers inconnue.

P. 582.   *VOIS-TU CE BEL ENFANT...*

1. Publié dans *la Muse française* le 15 juillet 1935, d'après l'autographe du fonds Lardin de Musset.

P. 583.   SUR GREVÉDON

1. Sonnet inachevé publié par G. Monval, le 30 octobre 1910, probablement d'après une copie de Mme Martellet. Ce texte, comme on le verra, varie en quelques points de celui que l'on imprime ici d'après l'autographe du fonds Lardin de Musset.
— Pierre-Louis-Henri Grevédon (1776-1860) fut peintre et graveur. Il fut, dès l'âge de treize ans, lauréat de l'Académie de peinture. Il peignit beaucoup de portraits de femmes, dont ceux de Mlle Falcon et de Rachel. Je ne sais quand ni en quelle circonstance Musset voulut lui dédier un sonnet. Il contient un compliment et la critique d'enjoliver ses modèles, en corrigeant la nature par l'art. Cela ne déplaisait pas à ses modèles et est une explication de son succès, tant en France que dans les pays étrangers, et en Angleterre où il fit de longs séjours.

2. *Var.* : *Oh,* toi qui *corrigeas...*
3. *Var.* : *Qui,* leur âme...
4. *Var.* : ... qui voit en *un* passage...
5. *Var.* : ... n'y *pense* plus...

POÉSIES ATTRIBUÉES
À ALFRED DE MUSSET

P. 584. *INNO EBRIOSO*

1. Cette pièce de vers se trouve, telle que nous la donnons, dans l'édition de *Lélia*, de George Sand, parue en 2 volume in-8° chez Dupuy et Tenré en 1833 (t. II, p. 208). Dans les éditions postérieures, cette pièce n'a plus que sept strophes, par la suppression des strophes VI et VII. M. Maurice Clouard, qui désigne cette pièce sous le titre de *Chanson de Sténio* (*Documents inédits*, p. 208), ne la considère pas comme authentique, le manuscrit de la main de Musset n'étant pas connu. M. Spoelberch de Lovenjoul (*la Véritable Histoire de Elle et Lui*, p. 47) n'exprime pas d'opinion; il se borne à dire que cette pièce est « un parfait modèle de la poésie échevelée et romantique en pleine vogue à ce moment », et que Musset passe pour en être l'auteur. M. Édouard Fournier (*Souvenirs poétiques de l'École romantique*, p. 474) trouve ces stances « fort belles » et affirme que « c'est Musset, alors dans la première flamme de sa liaison avec (G. Sand) qui les a écrites ». Mme Wladimir Karénine (dans son grand ouvrage sur *George Sand*, I, 434-435) écrit : « Il est à regretter que cet *Inno Ebrioso,* une des plus belles poésies de Musset, par la puissance, la verve, la passion et la beauté de la forme, n'ait été insérée dans aucune des éditions du poète... » M. L. Derôme, dans un article sur *les Œuvres perdues* d'Alfred de Musset (*le Livre*, 10 mai 1883), émettait aussi l'opinion que ces strophes sont de lui. M. Paul Mariéton (*Une Histoire d'amour*, édition définitive, p. 48) déclare ne pouvoir en désigner l'auteur, mais, ajoute-t-il « si ces neuf strophes tumultueuses ne sont pas de George Sand elle-même, on ne peut du moins que les juger indignes du grand poète qui écrivait dans le même temps *Rolla* ». Enfin, M. Léon Séché (*Alfred de Musset*, t. II, p. 30, note) ne doute pas que ces vers ne soient de Musset : « De qui pourraient-ils donc être ? » demande-t-il. Et il ajoute : « Si quelque chose pouvait me confirmer dans cette opinion, c'est le titre italien qu'il leur a donné. Musset connaissait et parlait très bien la langue italienne. C'est même ce qui lui avait suggéré l'idée d'aller en Italie. » En réimprimant cette pièce dans le recueil des *Œuvres complémentaires*, je disais que « en l'absence de toute preuve matérielle de l'authenticité de ces vers, et devant la divergence des opinions exprimées », je les plaçais parmi les *Œuvres attribuées à Alfred de Musset,* et j'ajoutais que la lecture de cet *Inno Ebrioso* (Hymne de l'Ivresse) m'avait donné la même impression qu'à M. Paul Mariéton. Dans *le Figaro* du 10 décembre 1910, M. Ernest Seillière émettait une impression analogue et, ne croyant pas que ces vers fussent ni, pour des raisons

d'ordre chronologique, pussent être de Musset, il essayait d'en discerner l'auteur. Il donne plusieurs raisons de penser que ce pourrait être Sainte-Beuve : la forme de la strophe employée, dont Musset n'usa jamais mais dont Sainte-Beuve usa plusieurs fois; l'emploi et « même l'abus de la conjonction *et* au début du petit vers de six pieds » et qui lui paraît un « tic verbal » de Sainte-Beuve; l'usage outré de l'épithète « qui trahit les habitudes de rhétorique facile et la médiocre facilité poétique »; enfin, le fait que dans certains vers on « respire l'atmosphère de *Volupté,* le roman que Sainte-Beuve écrivait alors ». Ce n'est pas le lieu de reprendre une telle étude. On résume seulement les raisons de M. Ernest Seillière. Si, après leur lecture, il semble possible que ces vers soient de Sainte-Beuve, on ne saurait dire qu'ils soient évidemment de lui, mais peut-être en effet sa paternité serait-elle plus vraisemblable que celle d'Alfred de Musset. Cela n'empêche pas l'hypothèse que cet *Inno Ebrioso* soit de quelque autre poète.

P. 585.   SUR H. DE LATOUCHE

1. Quatrain publié par Philibert Audebrand dans ses *Petits mémoires du XIX*e *siècle* (p. 289), qui écrit que Latouche ayant dit un jour au Café de la Régence que Musset « c'est un Byron monté en épingle », ce « mot, fort joli, avait fait fortune » et Musset y répondit « par le quatrain suivant », qui heureusement ne se retrouve pas dans ses œuvres. Suit la citation du quatrain. On ne le mêlera pas non plus aux œuvres de Musset dans cette édition-ci. — M. Frédéric Ségu cite aussi ce quatrain dans sa thèse, *Un Romantique républicain : H. de Latouche,* p. 464; il le cite d'ailleurs en se référant à Philibert Audebrand. La garantie de Philibert Audebrand est insuffisante. Il y a, dans ses souvenirs, beaucoup d'imagination et assez de confusion. Dans l'ouvrage cité, et à la même page 289, il appelle Musset, l'auteur de : *Il ne faut jouer avec l'amour,* et dans *l'Illustration* du 20 décembre, il avait publié sous le titre de *la Mort d'un Parapluie* un prétendu texte de Musset daté de « Paris, 5 mai 1849 » et dans lequel Musset parlait de ses trente-neuf confrères de l'Académie française, où il ne devait être admis qu'en 1852.

P. 586.   À HENRI CANTEL

1. Vers publiés par Eugène Asse dans un article : *Une Visite à Alfred de Musset* (*Revue de France,* 1er mars 1881). Eugène Asse raconte qu'à une représentation de Mme Ristori à laquelle il assistait avec son ami Cantel, Musset l'avait invité à le venir voir avec son ami. Musset aurait connu Henri Cantel dans un cénacle de jeunes gens et aurait eu de la sympathie pour ce poète. Les représentations de Mme Ristori eurent lieu en 1853. Henri Cantel, qui est un écrivain tout à fait oublié, publia dans la *R.D.M.* de 1854 à 1863 deux

nouvelles et quelques poésies dont la première, le 1er août 1854, est intitulée *Stances à Alfred de Musset*. Dans ces stances la Muse des *Nuits* se plaint que son Poète la délaisse.

P. 586. L'HABIT VERT

1. *L'Habit vert,* proverbe, par Alfred de Musset et Émile Augier (Michel Lévy, in-12, 1849). M. Léon Lafoscade (*le Théâtre d'Alfred de Musset,* p. 417) dit : « La part de collaboration de Musset [à cette comédie] semble très restreinte. Le manuscrit est de la main d'Augier; Musset s'est sans doute contenté de donner quelques idées à Augier et de faire la petite chanson intercalée dans l'œuvre. » Il se pourrait qu'il eût écrit aussi le quatrain final. Mais il se pourrait que quatrain final et chanson soient l'œuvre d'Émile Augier, qui, comme poète, n'est pas indigne de ces vers-là.

P. 587. SATIRE CONTRE L'ACADÉMIE

1. Mme Martellet (*Alfred de Musset intime,* p. 135) raconte que Mme Louise Colet étant un jour venue voir Alfred de Musset « lui récita des vers satiriques contre l'Académie, et que Musset se fâcha ». Dans un article du *Figaro* (14 septembre 1882) signé Ignotus et qui est de M. F. Platel, l'auteur raconte qu'un soir Mme Louise Colet lui montra, « *écrite par le poète,* une sorte d'hymne héroï-comique de quatre-vingts vers; c'est le portrait en deux vers de toute l'Académie française, y compris lui-même Alfred de Musset. Louise Colet lut tout haut ces vers, et elle me dit : Je vous les vends!... J'achetai la pièce à 2 francs le vers, ci 160 francs. Le lendemain, je les donnai pour le même prix à mon ami Lorédan Larchey. Il publiait une petite revue de lettres : *la Revue anecdotique* ». De son côté Lorédan Larchey (*I.C.C.,* 10 juillet 1890) dit qu'en effet il a acheté ces vers à Platel, mais son récit diffère sur deux points : d'abord il n'indique pas le même prix d'achat, ce qui est sans importance (il dit avoir payé cette pièce un centime la lettre, soit 40 francs); ensuite, et ceci est plus sérieux, il déclare que Platel a lui offrit comme ayant été *dictée à Mme Colet.* Il publia cette satire, sans nom d'auteur, dans *la Revue anecdotique* (numéro du 1er au 15 juin 1857). Elle avait vingt-deux quatrains, suivis des mots *chut ! chut !* et de trois lignes de points. Cela laissait entendre qu'il y avait une suite. *La Gazette de Paris* reproduisit la pièce (21 juin 1857), en supprimant le dernier vers du dix-neuvième quatrain et le quatrain vingt-et-unième en entier, et y mit le nom d'Alfred de Musset. Paul de Musset protesta par une lettre datée du 24 juin, dans laquelle il niait l'authenticité de ces stances. Cette lettre parut dans *le Courrier de Paris* le 25 juin et le 28 seulement dans *la Gazette* qui était hebdomadaire. En publiant cette lettre dans *le Courrier,*

M. Paul d'Ivoi disait que les vers contre l'Académie étaient l'œuvre « d'une femme très connue dans les régions académiques ». C'était désigner clairement Mme Louise Colet.

M. Lorédan Larchey raconte que, à la suite de ces protestations, et comme condoléances, Mme Louise Colet lui donna gratuitement la fin de cette pièce qui fut insérée dans *la Revue anecdotique* (n° du 15 au 30 juin). Ce supplément comprend les quatrains 23 à 33 et le quatrain 35. Le 34ᵉ est remplacé par des points. La pièce a été publiée en entier dans le *Parnasse satyrique du dix-neuvième siècle*, à l'exception de ce même quatrain trente-quatrième, qui fut imprimé dans le *Nouveau Parnasse satyrique du dix-neuvième siècle*, où il est dit que ce quatrain a été retrouvé « dans la mémoire de Jules Sandeau ». Philibert Audebrand (*Revue générale*, 1ᵉʳ mai 1889, article sur *Roger de Beauvoir*) publia enfin le texte intégral, auquel il manque cependant les deux derniers vers :

> Et redeviens ambassadeur
> Par pudeur,

du quatrain sur Saint-Aulaire, et où les vers sur Victor Hugo sont différents.

De plus, l'ordre de quelques quatrains y est modifié. Ph. Audebrand prétend que cette satire est l'œuvre de Roger de Beauvoir qui l'aurait fait courir sous le nom d'Alfred de Musset; celui-ci aurait fait déclarer dans *le Constitutionnel* qu'il n'en était pas l'auteur, et plus tard Beauvoir aurait avoué lui-même à Audebrand qu'il avait bien fait ces petits vers, sans autre raison d'ailleurs « que le besoin de tuer le temps ». Mais les affirmations de Ph. Audebrand sont souvent hasardées, et il a, au sujet d'Alfred de Musset précisément, commis plusieurs erreurs démontrées. On ne peut donc admettre, sur son seul témoignage, que la *Satire contre l'Académie* soit de Roger de Beauvoir. L'on ne saurait affirmer non plus, bien qu'Émile Faguet le crût (compte rendu de l'édition des *Œuvres complémentaires; la Revue*, 15 février 1914) et malgré l'emploi du rythme du *Voyage à Pontchartrain* et des stances *A Charles Nodier*, malgré même quelques tournures qui sont de sa manière quand il s'amuse à rimer des bouffonneries, que cette satire soit réellement l'œuvre d'Alfred de Musset. Mais il ne paraît pas impossible qu'elle soit de lui. M. Maurice Clouard pensait qu'elle est de Louise Colet et l'argument sur lequel il assurait son dire est que le manuscrit trouvé dans les papiers du poète « est en entier de la main de cette dame ». Cette preuve ne prouve rien; Musset aurait pu dicter ces vers, ainsi d'ailleurs que Louise Colet le prétendit; il dicta bien, et plus d'une fois, à Mme Martellet.

2. Alfred de Musset, élu le 12 février 1852, reçu solennellement le 27 mai, fut nommé chancelier le 14 juin.

3. François Mignet (1796-1884), membre de l'Académie depuis le 29 décembre 1836. Cet historien était bel homme en effet, distingué de manières, de noble prestance, élégant. Il avait été l'heureux

rival de Victor Hugo à l'Académie, et auprès de l'étrange princesse Belgiojoso, l'heureux rival d'Alfred de Musset.

4. André Dupin qu'on appelait Dupin l'aîné (1783-1865) était membre de l'Académie depuis le 21 juin 1832. Il avait agité la sonnette à l'Assemblée législative, dont il avait été le président et où il avait dû tenir tête aux montagnards de l'extrême-gauche.

5. Saint-Marc-Girardin (1801-1873), membre de l'Académie depuis le 8 février 1844. Malgré sa « voix de crécelle » il y avait affluence à ses cours de Sorbonne.

6. J.-B. Antoine-Aimé Sanson de Pongerville (1792-1870), membre de l'Académie depuis le 30 avril 1830. Auteur d'articles littéraires et de notices biographiques.

7. Désiré Nisard (1806-1888), membre de l'Académie depuis le 28 novembre 1850. Son ouvrage le plus connu est son *Histoire de la Littérature française*. Il avait répondu au discours de réception d'Alfred de Musset.

8. Charles Briffaut (1781-1857), membre de l'Académie depuis le 10 novembre 1826. Auteur de tragédies oubliées dont l'une, *Ninus II*, avait en son temps (sous l'Empire) fait quelque bruit.

9. Baour-Lormian (1770-1854), membre de l'Académie depuis avril 1815. Auteur d'œuvres poétiques variées (tragédies, opéras, légendes, etc.), traduisit aussi en vers *l'Amante* du Tasse et les poèmes d'Ossian.

10. Jean Pons Guillaume Viennet (1777-1868), membre de l'Académie depuis le 18 novembre 1830. Auteur de tragédies, de longs poèmes et, comme le dit ici Musset, de fables. Sainte-Beuve dira : « Il faut avoir quelque esprit pour être parfaitement sot : Toppfer l'a dit et Viennet l'a prouvé. » (*P.C.*, II, 94, n. 1.) Viennet avait été un fougueux anti-romantique.

11. Pierre-Victor Tissot (1768-1854), membre de l'Académie depuis le 7 mars 1833. Auteur d'ouvrages d'histoire, d'études sur la poésie latine, d'articles de politique libérale.

12. Victor Cousin (1792-1867), membre de l'Académie depuis le 30 avril 1830.

13. Charles de Rémusat (1797-1875), membre de l'Académie depuis le 8 janvier 1846. Il n'avait pas étudié la vie d'Abélard aussi gaillardement que le disait Musset. Il traita ce sujet en historien et en auteur dramatique.

14. Pierre Lebrun (1785-1873), membre de l'Académie depuis le 20 février 1828. Poète et auteur dramatique. Ses drames les plus connus sont *Marie Stuart* et *le Cid d'Andalousie*.

15. Henri Patin (1793-1876), membre de l'Académie depuis le 4 mai 1842. Ses principaux ouvrages sont ses *Études sur les Tragiques grecs* et ses *Études sur la Poésie latine*.

16. Le comte de Salvandy (1795-1856), membre de l'Académie depuis le 19 février 1835 est ici traité métaphoriquement de prétentieux et de benêt. Narcisse était un de ses prénoms. L'autre était Achille. Sainte-Beuve, au t. XVI des *Causeries du Lundi*, parle des

« ridicules » de M. de Salvandy. Il fut cependant ministre de l'Instruction publique.

17. Jacques Ancelot (1794-1854), membre de l'Académie depuis 1841, fut surtout un auteur dramatique fécond et en tous genres. Mme Ancelot, qui tint un salon littéraire très fréquenté, et, en son temps, célèbre, raconta les souvenirs de ce salon, et écrivit des comédies.

18. Adolphe Simonis, dit Empis (1795-1868), membre de l'Académie depuis le 11 février 1847, fut aussi un auteur dramatique fécond et en tous genres avec, souvent, le concours de son collaborateur Mazères.

19. Le duc Paul de Noailles (1802-1885), historien, membre de l'Académie depuis le 11 janvier 1849; auteur d'une *Histoire de Madame de Maintenon*.

20. François Villemain (1790-1870), membre de l'Académie depuis le 26 avril 1821. Il en était en 1852 le secrétaire perpétuel. Universitaire dont la carrière, précocement commencée, fut très brillante.

21. Charles-Joseph de Lacretelle, dit Lacretelle le jeune (1766-1855), membre de l'Académie depuis le 16 janvier 1811, le même jour que Chateaubriand. Journaliste, professeur, historien, il était négligé dans sa tenue, comme le dit Musset, et il manquait de fermeté.

22. Adolphe Thiers (1797-1877), qui, en effet, était de petite taille, avait été membre de l'Académie le 20 juin 1833. Il avait épousé Mlle Dosne, fille d'un receveur général des finances à Lille.

23. Charles de Montalembert (1810-1870), membre de l'Académie depuis le 9 janvier 1851. Écrivain et orateur politique, ami de Lamennais et son collaborateur à *l'Avenir*. Montalembert publia en 1836 cette *Histoire de Sainte-Élisabeth de Hongrie,* dont Musset ne rappelle qu'un épisode intime, mais sur laquelle Sainte-Beuve avait publié le 15 janvier 1837 un article fort élogieux (*P.C.*, II, 422-435).

C'est après la publication de cette première partie de la pièce par *la Gazette de Paris* que Paul de Musset protesta contre la publication de ces « vers burlesques » qui sont, dit-il, une imitation d'une plaisanterie innocente *(le Songe du Reviewer)* qui date de 1833, sur tout le personnel de la R.D.M. La *Satire contre l'Académie,* il la tient pour apocryphe. (Lettre insérée dans *la Gazette de Paris* et datée du 24 juin 1857.)

24. Guillaume-Prosper de Barante (1788-1866), membre de l'Académie depuis le 19 juin 1828; auteur d'un *Tableau de la littérature française au XVIIIe siècle* et d'autres ouvrages, mais dont l'œuvre principale est son *Histoire des ducs de Bourgogne* (1824, 13 vol.in-8) qui fut plusieurs fois rééditée.

25. Louis de Saint-Aulaire (1778-1854), membre de l'Académie depuis le 7 janvier 1841. Préfet sous l'Empire, ambassadeur sous la première Restauration, député à la « Chambre introuvable », puis pair de France; ambassadeur de nouveau sous la Monarchie

de Juillet. Il avait publié en 1826 une *Histoire de la Fronde*. Retiré de la diplomatie, il revint aux études historiques.

26. Étienne-Denis, duc Pasquier (1767-1862), membre de l'Académie depuis le 17 février 1842. Il était né Pasquier tout court. Napoléon le fit baron et Louis-Philippe duc, et, en 1837, chancelier de France. Parlementaire, il fut plusieurs fois ministre, et de ministères divers. Il a laissé d'intéressants *Mémoires*.

27. Louis-Mathieu, comte Molé (1781-1855), membre de l'Académie depuis le 20 février 1840. Au terme d'une longue et active carrière parlementaire, le comte Molé, après avoir été l'un des partisans, et même des familiers du prince Napoléon, Président de la République, fut opposé à la constitution de l'Empire. Il fut, à la Chambre, parmi les députés protestataires contre le coup d'État qui tinrent séance à la mairie du Xe arrondissement et qui furent écroués.

28. François Guizot (1787-1874), membre de l'Académie depuis le 28 avril 1836. Après avoir combattu la Restauration et dirigé la politique de la Monarchie de Juillet, qu'il mena aux barricades et à l'exil, il devint partisan de la fusion des deux branches du parti royaliste et lui, constitutionnel, entreprit de s'entendre avec le légitimiste Berryer. — Guizot ne devait pas goûter la poésie de Musset. Il l'avait vu jouer, chez la princesse Belgiojoso, le premier acte du *Misanthrope* et il trouva qu'Oronte aurait paru « un élève de M. de Musset, si ce n'était M. de Musset lui-même ».

29. Jean-Pierre Flourens (1794-1867), élu membre de l'Académie contre Victor Hugo le 26 février 1840. Physiologiste célèbre, il fut notamment professeur de physiologie comparée au Muséum du Jardin des Plantes.

30. Eugène Scribe (1791-1861), membre de l'Académie depuis le 27 novembre 1834.

31. Prosper Mérimée (1803-1870), membre de l'Académie depuis le 14 mars 1844, comme Sainte-Beuve.

32. Alexis de Tocqueville (1805-1859), membre de l'Académie depuis le 23 décembre 1841. Son retentissant ouvrage sur *la Démocratie en Amérique* avait paru en 1834 (2 vol. in-8).

33. Louis Vitet (1802-1873), membre de l'Académie depuis le 8 mai 1845. Il fut fonctionnaire dans l'administration des Beaux-Arts, auteur de scènes historiques qui étaient en vogue aux environs de 1830. Chargé de prendre, au nom de l'Académie française, la parole aux obsèques d'Alfred de Musset, il prononça un bref discours où il évita de parler du talent de son confrère : « N'essayons pas, dit-il, de faire l'histoire de son talent, d'en peindre les débuts, les progrès, les contrastes, les côtés imparfaits, regrettables, les franches et saines beautés. » Épithètes assez singulières en telle circonstance, mais rachetées par cet hommage d'une originalité et d'une élévation dont on jugera : « Si peu qu'il ait vécu, il avait fait sa tâche ; il laisse un nom qui ne périra pas. »

34. Alfred de Vigny (1797-1863), membre de l'Académie depuis le 8 mai 1845, comme Louis Vitet.

35. Victor Hugo (1802-1885), membre de l'Académie depuis le 7 janvier 1841. Son pamphlet *Napoléon le Petit* parut à Bruxelles en août 1852. La *Satire contre l'Académie* étant de juin, il faut ou bien que le pamphlet ait été connu de Musset ou de Louise Colet avant l'édition, ou que cette stance, la seule litigieuse du poème, y ait été ajoutée ultérieurement. — La strophe sur Victor Hugo manque au texte publié le 10 octobre 1890 dans *l'I.C.C.* par Paul Masson qui constatait que Musset n'y avait pas nommé trois des académiciens d'alors : Victor Hugo, Jay et le comte Philippe-Paul de Ségur. Dans sa communication du 25 octobre à *l'I.C.C.,* Philibert Audebrand cita la strophe sur Victor Hugo qui, comme on l'a déjà écrit, diffère de celle du *Nouveau Parnasse satyrique* et dont le texte est :

> Hugo *lance sur cette terre*
> *Son tonnerre,*
> *Et saisit en soldat du guet*
> *Badinguet.*

36. Alphonse de Lamartine (1790-1869), membre de l'Académie depuis le 5 novembre 1829. On sait combien furent pénibles les dernières années de Lamartine, à quels travaux littéraires il dut se contraindre et quels appels il dut adresser pour leur trouver des souscripteurs. Ces malheurs de Lamartine sont rappelés ici d'un ton bien désinvolte.

P. 591. DÉCLAMATION

1. Cette pièce et la suivante : *À Miss Anna X...* ont été publiées dans *la Revue de Paris et de Saint-Pétersbourg* (25 juillet 1890) sous le titre : *Derniers Vers d'Alfred de Musset,* et accompagnées d'une note signée X. de V. où on lit : « Alfred de Musset fut toujours plus ou moins amoureux. Près de mourir, humant au Havre l'air de la mer, il rencontra à Frascati deux jeunes Anglaises fort jolies qui lisaient ses vers. On se dit des paroles gracieuses; on fit les mêmes promenades, on dîna au même coin de table. Alfred de Musset voulait à toute heure être en la compagnie de ses deux *misses.* Il aimait l'une, il aimait l'autre; mais ce fut toujours *miss* Anna qui le passionna. Témoins ces vers charmants. » Ces vers charmants me paraissent d'une faiblesse attristante et je ne sais s'il se trouvera un lecteur qui y discerne, comme l'y discernait X. de V. « la Muse à la ceinture relâchée qui inspirait les plus beaux vers des *Nuits* ». Paul de Musset a parlé de ces deux jeunes Anglaises; qu'elles étaient dans cet âge charmant qui touche à l'enfance et à la puberté, qu'elles se prirent d'amitié pour le poète qui se mêla à leurs jeux et que, pour le retenir un jour de plus, le jour qu'il devait partir, elles cachèrent ses bagages. Quand leur famille vint pour un peu de temps à Paris, Musset prit le chemin de leur hôtel;

il songeait, ne se hâtant pas, qu'il y aurait d'autres visiteurs, qu'il ne serait qu'un visiteur comme les autres. Ce ne serait plus la même atmosphère. Il redouta de perdre une illusion. Et arrivé à la porte de l'hôtel, il n'entra pas et retourna chez lui (cf. *Biographie,* pp. 327-329).

P. 591. À MISS ANNA X...

1. Voir la note précédente.

P. 592. À UNE ESPAGNOLE

1. Ces stances ont paru dans *le Voleur* le 2 mai 1873. Octave Uzanne les a publiées dans la *Revue encyclopédique* le 14 juillet 1900. Maurice Clouard (*Documents inédits*, p. 211) les range parmi les pièces dont l'authenticité est contestable jusqu'à la production du manuscrit. Cette pièce rappelle le ton des vers de la jeunesse de Musset; elle pourrait être de lui, mais les pasticheurs ne manquèrent pas.

P. 593. SUR LES AUTEURS DE MON TEMPS

1. Cette fantaisie n'a, je crois, jamais été publiée dans son entier. La strophe sur Roger de Beauvoir (4e) a été publiée par Maurice Clouard (*Documents inédits*, p. 210) qui y cite aussi (p. 209) la strophe sur Lassailly, la dernière de la pièce, que Roger de Beauvoir avait citée dans son livre : *les Soupeurs de mon temps* (p. 135) et qui l'a été depuis dans quelques autres ouvrages. Ces vers se chantaient sur un « air de menuet », est-il écrit. Beauvoir précise que c'est sur l'air du menuet d'Exaudet. Il avait une copie de la pièce entière; elle est dans le fonds Lovenjoul (F. 3172 bis, f° 98); c'est d'après ce texte qu'on l'imprime ici.

2. Hans Werner est le pseudonyme dont Henri Blaze signa quelques articles à la *R.D.M.;* Musset et Henri Blaze ne sympathisaient pas. Mme Marie-Louise Pailleron (*les derniers Romantiques*, pp. 186-190) dit qu'il y avait, sans doute, une « jalousie de poète » et qu'ils ne s'entendaient que lorsqu'ils parlaient de musique... »

3. Marie-Cornélie Falcon (1812-1897), de l'Opéra, qui fut une cantatrice célèbre.

4. *Le Pot d'or,* conte fantastique d'Hoffmann.

5. Édouard d'Anglemont (1800-1878).

6. Le farcin est une affection contagieuse de la race chevaline; une forme cutanée de la morve. Ce terme est mis ici par euphémisme.

7. Roger de Beauvoir était un élégant et un gourmet, homme d'esprit un peu poète. Louis Sonolet, dans *la Vie parisienne sous le Second Empire*, au chapitre le *Monde où l'on s'amuse*, écrit que sous le Second Empire, on voyait encore Roger de Beauvoir « composer des chansons en mangeant des œufs sur le plat au Café de Paris ou au Café Riche » et que « tandis que fusaient les inépuisables

ressources de sa verve pétillante, débordante, fantasque, il distribuait de vagues invitations à de chimériques repas, ce qui lui avait valu ces malicieuses rimes d'Alfred de Musset »; ici, citation de la strophe. (*La Vie parisienne...*, pp. 187-188, Payot, 1929, in-8.)

8. Capo de Feuillide, directeur de *l'Europe littéraire*, y avait publié une critique acerbe de *Lélia* (f. p. 514 la *Complainte* de Musset).

9. Pierre-François Lacenaire (1800-1834), coupable de désertion, de vols, de faux, d'usage de faux et de plusieurs assassinats, dont le dernier, celui d'un garçon de recettes attiré dans un guet-apens le 31 décembre 1834, le fit condamner à mort par la Cour d'assises de la Seine.

10. Paul de Musset.

11. Paul Foucher, le beau-frère de Victor Hugo. Sacrifice de l'*r* final à la pureté de la rime.

Musset a raillé d'autres fois son ancien condisciple Paul Foucher (cf. les vers *À une Muse*, p. 526). Il a fait de Paul Foucher diverses caricatures. Horace de Viel-Castel a écrit dans ses *Mémoires :* « Il [Paul Foucher] a été longtemps notre victime aux deux Musset et à moi... »

12. Charles Lassailly (1806-1843). Eugène Renduel, éditeur de *Un Spectacle dans un fauteuil*, avait édité, la même année 1832, un poème de Lassailly : *Poésie sur la mort du fils de Bonaparte*, plaquette de 15 pages, in-8, sur la couverture de laquelle étaient annoncés comme devant paraître deux romans du même auteur, un roman historique, *Robespierre*, et un roman philosophique, *Jésus-Christ*. Il ne tint pas à Renduel de les éditer. L'auteur — si l'on peut dire — ne les écrivit pas. Charles Lassailly était un pauvre hère. (Cf. sur Lassailly : *les Enfants perdus du Romantisme*, par Henri Lardanchet.)

P. 595. LUNA

1. Publié par M. Maurice Clouard (*Documents inédits*, p. 211) avec cette note : « Un ami inconnu... me faisait parvenir naguère ce sonnet dont il attribue la paternité à l'auteur de la *Ballade à la lune*. » L'authenticité en est donc aussi peu certaine que possible, et une incorrection au dernier vers « ma mie, n'auriez-vous » la rend tout à fait suspecte.

P. 595. À MADAME PANCKOUCKE

1. Ce dizain a été publié pour la première fois avec les œuvres de Musset dans l'édition des *Poésies nouvelles* de la librairie Garnier frères, de 1938. Les quatre premiers vers avaient été cités dans le catalogue de la *Vente des livres, albums et papiers d'une famille de lettrés, auteurs et éditeurs* (Georges Andrieux, 1926). Cette petite pièce y est présentée ainsi : « Dizain improvisé en l'honneur de Mme Panckoucke, écrit au crayon d'une écriture droite et moulée qui perd de ce fait un peu de sa personnalité, signé à l'encre. » Je n'ai, en

effet, pas reconnu dans cet écrit l'écriture d'Alfred de Musset. Donc authenticité douteuse. Ce dizain fut adressé, je pense, à Mme Ernest Panckoucke, l'éditeur et le lettré, auteur de divers travaux littéraires et notamment d'une traduction d'Horace. On recevait chez les Panckoucke, on y dansait. L'auteur de ces vers y dansa.

2. Ces quatre vers n'ont été, à ma connaissance, publiés que dans le catalogue mentionné dans la note précédente. Ils sont disposés comme un billet en prose et écrits au crayon, comme le dizain. Ils sont disposés ainsi :

> J'arrive en ce lieu-ci jeudi / soir
> Afin d'y rester jusques à
> Vendredi / matin ce qui fait
> voir que j'aime à danser ou que /
> Je veux faire la cour à
> Mme Panckoucke.
>
> de Musset
Alfred.

Pas plus que dans le dizain, on ne peut, dans ce billet, reconnaître l'écriture d'Alfred de Musset qui signait d'ailleurs habituellement : « Alfd Musset ».

P. 596. À UNE VIEILLE COQUETTE

1. Publié dans *l'Estafette* du 24 juin 1892, par M. Charles Bigot, dans un article intitulé *Normandie* où il écrivait : « Dans un de ses voyages en Normandie, Musset se trouva assailli au château de Lorey, dans la vallée d'Eure, par une invitée, une vieille fille qui l'accablait de ses prévenances. De retour chez le baron où il s'installait pour quelques jours, il fut bombardé d'épîtres. La vieille fille lui envoya un portrait la représentant cueillant des roses. Musset fut cruel. Il griffonna ce quatrain quelque peu volé aux classiques, et l'envoya à son admiratrice, devant son hôte légèrement scandalisé. » Authenticité très douteuse.

P. 596. À UNE DAME
SUR LE POINT DE DEVENIR MÈRE

1. Quatrain publié dans *l'Événement* du 25 décembre 1876, parmi les « Échos de Paris », signés : le Sphinx. Le Sphinx y écrit : « Toujours à propos de Noël, ce quatrain *inédit* (souligné) de Musset offrant des bonbons à une dame sur le point de devenir mère ». Ce quatrain est pitoyable. Le Sphinx garda pour lui le secret de l'origine de ce quatrain. Où le trouva-t-il ? De qui le tenait-il ? Authenticité tout à fait suspecte.

P. 597. SUR *DENISE*, D'AURÉLIEN SCHOLL

1. Quatrain publié dans *l'Événement* (25 octobre 1878) par Aurélien Scholl avec cette note : « Musset avait écrit au crayon ces quatre vers sur la dernière page de mon petit poème de *Denise*. » D'après Maurice Clouard (*Documents inédits*, p. 182) ce quatrain serait l'œuvre d'Aurélien Scholl lui-même.

P. 597. SUR ARVERS

1. Publié par Léon Séché (*Alfred de Musset*, I, 194). D'après Roger de Beauvoir, que cite Léon Séché, « Arvers, par ses instincts d'artiste et de viveur, par la tenue et par le talent, était une sorte de sosie de Musset ». Ils ne sympathisaient guère. Dans une lettre en grande partie inédite, mais dont un fragment a été publié en 1954 dans les *Mélanges d'histoire littéraire et de bibliographie offerts à Jean Bonerot*, Arvers se réjouissait de l'échec, au théâtre de l'Odéon, de *la Nuit vénitienne* d'Alfred de Musset. Il écrivait à leur ami commun Alfred Tattet : « J'ai vu peu de choses dans ma vie plus niaises et plus nulles (...). Décidément, le parterre a eu raison. »

Arvers trouva cependant mieux encore. Après avoir lu *le Rouge et le Noir*, il écrivit à Tattet — et ce fragment de lettre inédit a été publié comme le précédent : « C'est la plus grande mystification dont j'ai été victime de ma vie. C'est après *la Nuit vénitienne* ce qu'il y a de mieux dans ce genre. Encore celle de M. de Stendhal vaut mieux parce qu'elle est plus longue. »

P. 597. PAYSAGE MATINAL

1. Ce sonnet a été publié dans le journal *le Voleur* le 25 août 1876. Le titre du journal indique que le sonnet avait dû être pris dans quelque autre publication. *Le Voleur* l'a publié sous la rubrique *Çà et Là* et avec une note signée A. de B. où il est dit que l'auteur de ce « sonnet de circonstance » n'est « rien moins que l'immortel Alfred de Musset », que « ce joyau, prétendu inédit (?), fut composé au retour de la place de la Roquette un jour de spectacle gratis » et que « l'on ne saurait dire qu'il ne porte pas l'empreinte d'une forte couleur locale ». « Ce joyau » ne me paraît, pas plus qu'à Maurice Clouard, qui le mentionne (*Documents inédits*, p. 182), digne du trésor littéraire d'Alfred de Musset.

P. 598. ODE BACHIQUE

1. Cette pièce de vers a été publiée dans *le Gaulois du Dimanche* des 6/7 juillet 1906; elle y est précédée d'une lettre signée F. H. où il est dit :

« Il est étrange, dit M. Léo Claretie, dans son article du *Gaulois du Dimanche,* qu'il manque à l'œuvre de Musset, l'Ode à Bacchus. En est-il sûr ? » Et M. F. H. envoie une copie de cette pièce, non sans faire cette réserve :

« A la vérité, cette pièce n'est qu'attribuée à Musset, mais les connaisseurs accordent qu'elle porte tous les signes d'authenticité littéraire qu'on peut trouver à l'*Ode à l'Absinthe.* »

M. F. H. (M. Fernand Henry, avocat au Muy, Var) fait des réserves plus prudentes encore dans deux lettres qu'il me fit l'honneur de m'écrire au sujet de cette ode, il y a bien des années (19 et 27 mars 1911). Il m'apprend qu'il avait trouvé une version de l'*Ode* dans les papiers de son père avec la signature « Alfred de Musset » sans point d'interrogation. Cette ode n'est d'ailleurs pas l'*Ode à l'absinthe* que réclamait Léo Claretie ; il a été démontré (l'*I.C.C.* du 30 juillet 1906) que son auteur est Valéry Vernier, poète et bohème, et pasticheur d'Alfred de Musset.

M. Fernand Henry reconnaissait que l'attribution à Musset de l'*Ode bachique* est incertaine, hypothétique. Il fait cependant des présomptions d'authenticité dans « l'allure générale du morceau, son ton de sincérité et d'émotion personnelle, la coupe de la strophe qui se retrouve dans *le Mie Prigioni* et (pas absolument) la *Réponse à Charles Nodier ;* » enfin dans l'emploi de « certaines épithètes (les coteaux *bruns* qui font écho à la nuit *brune,* de la *Ballade à la Lune*) et ce mot « Aimé l'amour » qui contient tout Musset ». M. Fernand Henry conclut que, si c'était un pastiche, « il faut avouer que le pastiche serait fort réussi ». Donc authenticité plus que douteuse ; pastiche probablement.

BIBLIOGRAPHIE

BIBLIOGRAPHIE

On ne mentionne pas dans cette note toutes les éditions des Poésies de Musset, mais seulement celles, qu'elles fassent ou non partie d'éditions complètes, qui nous ont paru les plus intéressantes soit par l'annotation, soit par l'illustration, et celles qui sont les plus usuelles. Nous n'avions pas à signaler les éditions partielles, qu'elles soient des éditions de luxe ou non.

CONTES D'ESPAGNE ET D'ITALIE, par M. ALFRED DE MUSSET. *Paris, A. Levasseur, libraire au Palais-Royal; Urbain Canel, libraire, rue J.-J. Rousseau, n° 16, 1830, in-8°.*

En épigraphe, au-dessous du titre :
> What is it in that world of ours
> Which makes it fatal to be loved?

UN SPECTACLE DANS UN FAUTEUIL, par ALFRED DE MUSSET. *Paris, Librairie d'Eugène Renduel, rue des Grands-Augustins, n° 22, 1833, in-8°.*

Ce volume, qui ne contient que des écrits en vers : *la Coupe et les Lèvres, A quoi rêvent les jeunes filles, Namouna,* forme la première livraison de cet ouvrage; deux autres livraisons parurent en 1834 : Paris, librairie de *la Revue des Deux Mondes,* et Londres, Baillère; elles contiennent des pièces de théâtre en prose. Une contrefaçon de cette édition a paru à Bruxelles, chez Méline, dans le format in-12, en cette même année 1833.

POÉSIES D'ALFRED DE MUSSET. (Vignette romantique représentant une église ombragée d'un saule.) *Bruxelles, E. Laurent, imprimeur-éditeur, Place de Louvain, n. 7, 183., in-24.*

C'est une contrefaçon. M. Fernand Vandérem l'a décrite dans une chronique : *l'Édition originale de* Rolla *et d'autres Poèmes de Musset,* parue dans le *Bulletin du Bibliophile,* le 1ᵉʳ mars 1927.

POÉSIES COMPLÈTES D'ALFRED DE MUSSET. Contes d'Espagne et d'Italie. Poésies diverses. Un Spectacle dans un Fauteuil. Poésies nouvelles. *Paris, Charpentier, libraire-éditeur, 29, rue de Seine, 1840, in-12.*

Cette édition dont il a été fait deux tirages a été étudiée dans le *Bulletin du Bibliophile* par M. Adolphe Perreau : *l'Édition originale des* Poésies complètes *d'Alfred de Musset* (1840); 1er novembre 1924 et 1er janvier 1925 ; — et par M. Maurice Escoffier : *le Véritable Premier Tirage de l'édition originale des* Poésies complètes *d'Alfred de Musset* (1840); 1er juin 1925. M. Maurice Escoffier montre que, aux pages 152 et 153 de ce recueil, on avait imprimé d'abord la pièce *À Julie,* et qu'on leur substitua ensuite, au moyen d'un carton, l'invocation « *Pâle étoile du soir...* » mise, sans titre, à la page 152 et la Chanson « *J'ai dit à mon cœur, à mon faible cœur...* » mise à la page 153.

Ce recueil a eu plusieurs rééditions, portant la mention : *Nouvelles Éditions, revues, corrigées et très augmentées.* M. Maurice Clouard, dans sa *Bibliographie des Œuvres d'Alfred de Musset* (Paris, P. Rouquette, 1883), en mentionne aux dates de 1842, 1844, 1845, 1847, 1848, 1849 et 1851. Je n'ai pas vu toutes ces éditions, mais seulement celle de 1840 qui a 436 pages, non comprise la table des matières, placée en tête du volume; celle de 1844 qui n'a que 424 pages, avec la Table placée de la même manière; celle de 1847 qui a 420 pages, y compris la Table, placée, cette fois, à la fin du volume et une édition, identique à celle-ci, datée de 1850, et non mentionnée par Maurice Clouard.

Poésies nouvelles, par Alfred de Musset. (Fleuron romantique.) *Bruxelles, Mme Laurent, imprimeur-éditeur, Place de Louvain, n° 7, 1840, in-24.*

Contrefaçon. Contient, en édition originale, *Une Soirée perdue*. Cf. Fernand Vandérem, *op. cit.*

Poésies nouvelles d'Alfred de Musset (1840-1849). *Paris, Charpentier, libraire-éditeur, 19, rue de Lille, 1850, in-12.*

Poésies nouvelles d'Alfred de Musset (1840-1849). Deuxième édition, revue et augmentée, 1851.

Même éditeur, même adresse, même format.

Premières Poésies (et) Poésies nouvelles d'Alfred de Musset. *Nouvelle édition. 2 vol. in-12, 1852.*

Ainsi qu'on l'a dit dans l'Introduction, dans cette disposition définitive de ses œuvres poétiques, le volume des *Poésies nouvelles* ne correspond plus à ceux qui avaient paru sous ce titre en 1850 et en 1851. Maurice Clouard mentionne dans sa *Bibliographie* des rééditions nombreuses dont l'une, celle de 1854, parut seule du vivant de Musset. Il énumère les suivantes à partir de 1857 sans faire de distinction entre elles ; cependant dans celle de 1860, Paul de Musset mit les stances *À une Morte* que les éditions précédentes ne contenaient pas. À partir de 1866, et pour des raisons de chronologie, l'ordre adopté par Alfred de Musset fut modifié.

ŒUVRES POSTHUMES D'ALFRED DE MUSSET. *Paris, Charpentier, quai de l'École, 28, 1860, in-12.*

> Sur la couverture : *Complément de toutes les éditions des Œuvres d'Alfred de Musset.*

ŒUVRES COMPLÈTES D'ALFRED DE MUSSET, avec lettres inédites, variantes, notes, index, fac-similé, notice biographique par son frère. Édition dédiée aux *Amis du Poëte*, ornée de 28 dessins de M. Bida et d'un portrait d'Alfred de Musset, d'après l'original de M. Landelle, gravés sur acier sous la direction de M. Henriquel Dupont, par les premiers artistes. *Paris, Charpentier, libraire-éditeur, 28, quai de l'École, 1865-1866, 10 vol. in-4°.*

> Les graveurs sont : Ballin, Collin, Desvachez, Goutière Levasseur, Meunier, Norgeat et Norgeat fils.
> Les tomes I et II, qui contiennent les *Premières Poésies* et les *Poésies nouvelles* augmentées ici de *la Loi sur la Presse*, sont de 1866, et aussi le tome X qui contient les *Œuvres posthumes*, où les poésies sont autrement disposées que dans l'édition séparée de 1860.
> Cette édition n'a été tirée qu'à 850 exemplaires, réservés aux souscripteurs.

ŒUVRES COMPLÈTES... Édition populaire. *Paris, Charpentier, 1866, 1 vol. in-4°.*

> Cette édition compacte, à deux colonnes, ornée de 28 dessins d'après Bida et d'un portrait sur acier, n'a ni variantes ni notes. Même ouvrage en 1876 et en 1879, mais cette dernière édition sans les gravures ni le portrait. Constamment réimprimée depuis.

ŒUVRES COMPLÈTES... Édition ornée de 28 gravures d'après les dessins de M. Bida, d'un portrait gravé par Flameng d'après l'original de Landelle, et accompagnée d'une notice sur Alfred de Musset par son frère. *Paris, Charpentier, 1866, 10 vol. in-8°.*

> C'est la réimpression de l'édition des *Amis du Poëte*, mais avec la suppression d'une partie des notes et des variantes et celle de quelques textes annexes (cf. à ce sujet la *Bibliographie* de Maurice Clouard, pp. 12 et 14). Les *Premières Poésies* et les

Poésies nouvelles forment les tomes I et II de cette édition, et les *Œuvres posthumes,* le tome X.

Premières Poésies (et) Poésies nouvelles… *Paris, Charpentier, 1867, 2 vol. in-12.*

Jusqu'à mai 1907, date à laquelle les œuvres d'Alfred de Musset entrèrent dans le domaine public, l'édition in-12 de Charpentier en fut la seule édition courante. Elle a, d'ailleurs, été sans cesse réimprimée.

Œuvres posthumes… *Paris, Charpentier, 1867, in-12.*

Sur la couverture : *le Songe d'Auguste ; Un souper chez Mademoiselle Rachel ; la Servante du Roi ; le Poète et le Prosateur ; Faustine ; l'Âne et le Ruisseau (comédie) ; Lettres familières ; Poésies diverses.*

Contrairement à ce que fait prévoir ce sommaire, les poésies qui, dans l'édition moins complète de 1860, étaient dans la deuxième partie du volume, sont, cette fois, placées au commencement.

Poésies d'Alfred de Musset. Nouvelle édition. *Paris, Charpentier, 1867, 2 vol. in-12.*

Ornées d'un portrait sur acier par Goutière, d'après Landelle, et d'un fac-similé de la signature d'Alfred de Musset.

Œuvres complètes… Nouvelle édition. *Paris, Charpentier, 1876, 10 vol. in-32.*

Ornées de 29 photographies par Colin, d'après les dessins et le portrait de Bida. Les volumes où sont les poésies sont toujours les tomes I, II et X.

Œuvres complètes… (Édition elzévirienne). *Alphonse Lemerre, 1876, 10 vol. pet. in-12.*

Édition ornée de 4 portraits d'Alfred de Musset gravés à l'eau-forte. Notes et variantes. — Il a été tiré 42 eaux-fortes, dessinées par Henri Pille et gravées par Louis Monziès, pour illustrer cette édition.
Tomes I et II, *Poésies ;* tome X, *Œuvres posthumes.*

Œuvres complètes… *Alphonse Lemerre, 1884-1895, 10 vol. in-4º.*

Il a été fait pour cette édition un tirage dans le format in-4º, des 42 eaux-fortes d'Henri Pille, gravées par Louis Monziès.
Tomes I et II, *Poésies ;* tome X, *Œuvres posthumes.*

Œuvres complètes… *G. Charpentier & Cie, 1878-1879, 10 vol. pet. in-8º.*

Édition qui se vendit mal et qui fut remise en vente en 1884 avec dix planches et un portrait gravés d'après les dessins de J.-P. Laurens, Adrien Moreau, Giacomelli et Gervex.

ŒUVRES COMPLÈTES... *G. Charpentier & Cie, 1889-1891, 5 vol. in-8°.*

Édition illustrée de nombreuses gravures sur bois *d'après les compositions inédites de nos meilleurs artistes,* et qui parut en 330 livraisons à dix centimes.

ŒUVRES COMPLÈTES... Nouvelle édition : illustrations de Henri Pille, gravées à l'eau-forte par Louis Monziès. *Alphonse Lemerre, 1907-1909, 10 vol. in-18 jésus.*

Tomes I et II, *Poésies ;* tome X, *Œuvres posthumes.*

ŒUVRES COMPLÈTES D'ALFRED DE MUSSET. Nouvelle édition, revue, corrigée et augmentée de documents inédits, précédée d'une notice biographique sur l'auteur et suivie de notes par Edmond Biré. Ouvrage orné de 26 héliogravures de Bréard, d'après les dessins de Maillart. *Garnier frères, 1907-1908 ; 9 vol. in-8°.*

Tomes I et II, *Poésies.* Supplément de poésies au deuxième volume des *Mélanges de Littérature et de critique* (tome IX de l'édition). Cette édition ne contient pas les *Œuvres posthumes.*

ŒUVRES COMPLÈTES... *E. Flammarion ; Collection des Classiques Jouaust, s.d.* [1907-1908] ; *9 vol. in-16.*

Tomes I et II, *Poésies ;* tome IX, *Œuvres posthumes.*

PREMIÈRES POÉSIES (et) POÉSIES NOUVELLES... *Bibliothèque Larousse, 1907, 2 vol., in-8°.*

PREMIÈRES POÉSIES (et) POÉSIES NOUVELLES... *La Renaissance du Livre, 1908, 2 vol. in-16.*

ŒUVRES COMPLÈTES... *E. Flammarion, 1909-1910, 9 vol. in-18.*

Tomes I et II, *Poésies ;* tome IX, *Poésies posthumes.*

ALFRED DE MUSSET, ŒUVRES COMPLÉMENTAIRES réunies et annotées par Maurice Allem. *Paris, Mercure de France, 1911, in-16.*

Contenant notamment : *Complément aux Poésies* (pp. 17 à 105) ; *Poésies attribuées à Alfred de Musset* (pp. 109 à 128).

Œuvres complètes... Notice de F. Baldensperger; Notes de R. Doré; illustrations de E. Nourigat, gravées sur bois par Victor Dutertre. *Paris, Louis Conard, in-8º*.

> Cette édition doit avoir douze volumes; quatre seulement ont paru dont les *Premières Poésies* (1922) et les *Poésies nouvelles* (1923), suivies chacun d'un Appendice contenant quelques poésies non recueillies antérieurement dans les éditions des Œuvres complètes.

Œuvres complètes illustrées... Illustrations de Charles Martin. *Paris, Librairie de France, 1927-1930, 9 vol. gr. in-8º*.

> Le tome I, *Premières Poésies,* a paru en 1927 et contient la matière habituelle de ce recueil; le tome II, *Poésies nouvelles,* qui a paru en 1928, contient, outre la matière habituelle de ce recueil, les poésies du volume des *Œuvres posthumes* et celles, y compris les *Poésies attribuées à Alfred de Musset,* du volume des *Œuvres complémentaires*.

Poésies d'Alfred de Musset, avec des illustrations en couleur de A.-E. Marty. *Paris, l'Édition d'Art, H. Piazza, 3 vol. in-16, 1932-1933.*

> Les deux premiers volumes ont paru en 1932 et le troisième en 1933.

TABLE DES MATIÈRES

TABLE DES MATIÈRES

INTRODUCTION IX
CHRONOLOGIE DE LA VIE DE MUSSET XXII
CHRONOLOGIE DES POÉSIES XXIII

PREMIÈRES POÉSIES

Au Lecteur des deux volumes de vers de l'auteur 3
Don Paez 4
Les Marrons du Feu........................... 19
Portia 59
L'Andalouse 73
Le Lever 74
Madrid 75
Madame la Marquise 77
Quand je t'aimais... 78
Au Yung-Frau 79
À Ulric G. 79
Venise 80
Stances 82
Sonnet 83
Ballade à la Lune 83
Mardoche 87
Suzon 105
Les Vœux stériles 113
Octave 117
Les secrètes Pensées de Rafaël 120
Chanson 123
À Pépa 124
À Juana 125
À Julie 126
À Laure 127
À mon ami Édouard B 128
À mon ami Alfred T 129
À Madame N. Ménessier 130
À Madame M*** 130
Le Saule 132
Au Lecteur des deux Pièces qui suivent.............. 151

La Coupe et les Lèvres	153
À quoi rêvent les jeunes filles	207
Namouna	239

POÉSIES NOUVELLES

Rolla	273
Une bonne Fortune	293
Lucie	302
La Nuit de Mai	304
La Nuit de Décembre	310
La Nuit d'Août	316
La Nuit d'Octobre	320
Lettre à M. de Lamartine	328
À la Malibran	335
L'Espoir en Dieu	341
À la Mi-Carême	347
Dupont et Durand	350
Au Roi, après l'Attentat de Meunier..................	358
Sur la naissance du Comte de Paris	358
Idylle	361
Silvia	366
Chanson : *À Saint-Blaise, à la Zuecca...*	375
Chanson de Barberine	375
Chanson de Fortunio	376
À Ninon	377
À Sainte-Beuve, sur un passage d'un article inséré dans *la Revue des Deux Mondes*	378
À Alfred de Musset, réponse de M. Sainte-Beuve	379
À Lydie, *traduit d'Horace (Ode IX, livre III)*	380
À Lydie, *Imitation*	381
À Alf. T., *Sonnet*	382
À une Fleur	383
Le Fils du Titien, *Sonnet*	384
Sonnet : *Béatrix Donato fut le doux nom de celle*........	385
Adieu	386
Sonnet : *Non, quand bien même une amère souffrance...*	386
Jamais	387
Impromptu, en réponse à cette question : Qu'est-ce que la Poésie ?	388
À Mademoiselle***	388
Une Soirée perdue	389
Simone	391
Sur les Débuts de Mesdemoiselles Rachel et Pauline Garcia	400
Chanson : *Lorsque la coquette Espérance...*	401
Tristesse	402
Le Rhin allemand, *par Becker ; traduction française*	403
Le Rhin allemand, *réponse à la chanson de Becker*	403

Souvenir	404
Sur la Paresse	410
Le Mie Prigioni	415
Rappelle-toi	419
Marie, *Sonnet*	420
Rondeau : *Fut-il jamais douceur de cœur pareille...*	421
À Madame G., *Sonnet*	421
À Madame G., *Rondeau*	422
Après une Lecture	422
À M. V.H., *Sonnet*	427
Mimi Pinson	428
Le Treize Juillet	430
À M. A.T., *Sonnet*	436
Sonnet À Madame M.N.	437
À la même, *Sonnet*	438
À la même, *Sonnet*	438
Stances de M. Charles Nodier à M. Alfred de Musset	439
Réponse à M. Charles Nodier	441
À mon Frère, revenant d'Italie	445
Conseils à une Parisienne	450
Par un mauvais temps	453
À Madame Cne T., *Rondeau*	453
Sur trois Marches de Marbre rose	454
Sonnet : *Se voir le plus possible et s'aimer seulement...*	459
À M. de Régnier, de la Comédie-Française, après la mort de sa fille	459
Chanson : *Quand on perd, par triste occurrence...*	460
À Madame O., qui avait fait des dessins pour les Nouvelles de l'auteur	460
Le Rideau de ma Voisine	461
Souvenir des Alpes	461
Adieux à Suzon	464
Sonnet au Lecteur	465

POÉSIES COMPLÉMENTAIRES

Un Rêve	469
La Loi sur la Presse	472
Sur une morte	478
Sur l'Album de Mademoiselle Taglioni	479
Dans la Prison de la Garde Nationale	479
Vers inscrits dans la cellule n° 14	480
À Mademoiselle Anaïs	480
Cantate de Bettine	481
Complainte de Minuccio	481
Au bas d'un Portrait de Mlle Augustine Brohan	482
Le Chant des Amis	483

POÉSIES POSTHUMES

PREMIÈRE PARTIE

Charles-Quint au Monastère de Saint-Just	487
Vision	489
À la Pologne	491
Stances	491
À Mademoiselle Rachel	493
Impromptu : *Dieu l'a voulu, nous cherchons le plaisir...*	494
À Alfred Tattet	494
À Madame A.T.	495
Sonnet. À Madame***	495
Les Filles de Madrid	496
Chanson : *Bonjour, Suzon, ma fleur des bois...*	497
L'Heure de ma Mort	498
À Rose Chéri	499
Rondeau. À Madame H.F.	499
Stances sur le costume Pompadour de miss Schepaert	500
Retour	501
Rêverie	502
Promenade	503
Jeanne d'Arc	503
À Madame***. Impromptu	504

DEUXIÈME PARTIE

À ma Mère	505
À Mademoiselle Zoé le Douairin	506
La Nuit	506
À Madame X...	508
L'Anglaise en diligence	509
La Lanterne magique	510
Le Trois mai 1814	511
Ex Dono	512
Après la Lecture d'*Indiana*	512
À George Sand. I. *Te voilà revenu, dans mes nuits étoilées....*	513
À George Sand. II. *Telle de l'*Angelus, *la cloche matinale...*	513
Complainte historique et véritable sur le fameux Duel....	514
Stances burlesques à George Sand	520
À George Sand. III. *Puisque votre moulin...*	521
À George Sand. IV. *À l'aigle qui est sur la porte du château de Nohant...*	521
Revue romantique	522
Le Songe du Reviewer	523
À George Sand. V. *Il faudra bien t'y faire à cette solitude...*	525
À George Sand. VI. *Toi qui me l'as appris...*	525
À une Muse	526
Au Rhin	527

TABLE DES MATIÈRES

À Buffon	527
Épigramme	528
À George Sand. VII. *Porte ta vie ailleurs...*	528
Aux Critiques du *Chatterton* d'Alfred de Vigny	528
À Ninon	529
Le petit Moinillon	531
À Aimée d'Alton.	
I. *Déesse aux yeux d'azur...*	533
II. *Si la flèche envenimée...*	533
III. *Vous demandiez un impromptu...*	533
IV. *Ayant passé la nuit à rimailler...*	534
À Ulric Guttinguer	534
À la sœur Marceline	535
Boléro	536
Chanson : *Hélas ! hélas !*	537
Stances à Buloz	538
Confession d'un Enfant de l'autre Siècle	538
Le Voyage à Pontchartrain	539
À Mademoiselle Melesville	544
À Madame Jaubert	544
Madrigal à Augustine Brohan	544
En lisant le Journal	545
Stances à Madame Ristori	546
Billet à Arsène Houssaye	547
Une Promenade au Jardin des Plantes	549
Sur mes Portraits	550
Sur Mademoiselle Champmeslé	550
Napoléon.	
I. *Oh ! d'ennemis sans foi...*	551
II. *Napoléon ! ton nom est un cri dans l'histoire*	551

APPENDICE

FRAGMENTS DE POÉSIES INACHEVÉES

I. La Prêtresse de Diane	555
II. Agnès	555
III. *Trois pierres sur la dune, au revers trois bandits...*	557
IV. *Ainsi, lorsqu'aux beaux jours de Florence et de Rome...*	559
V. *Tout renaît*	559
VI. *Où vas-tu donc, Vulpio ?*	560
VII. Les Derniers Moments de François Ier	560
VIII. L'Oubli des Injures	564
IX. Rolla et le Grand-Prêtre	569
X. Brandel	572
XI. *Que ce jour soit nommé le jour de ma naissance...*	573
XII. *Voici l'heure où, le cœur libre d'inquiétude...*	574

XIII.	On a dit quelque part qu'il n'est homme sur terre... ..	575
XIV.	Poésie, harmonie, amour !...	576
XV.	Il n'est que la jeunesse, ami, pour être heureuse...	576
XVI.	M'aime-t-elle ? Voilà la pensée où je vis...	577
XVII.	Qu'ai-je vu ? quel démon m'assiège et me pénètre ?... ..	578
XVIII.	Quand la comtesse Louise, assise à sa fenêtre...	579
XIX.	Sur la Poésie	579
XX.	La Nuit de Juin	580
XXI.	Puis je viens retrouver...	580
XXII.	Au fond de l'âme humaine...	581
XXIII.	O vous, vous dont l'amour...	581
XXIV.	Froide, maigre, légère...	581
XXV.	Vieillesse, triste fille...	582
XXVI.	Vois-tu ce bel enfant...	582
XXVII.	Sur Grevédon	583

POÉSIES ATTRIBUÉES
À ALFRED DE MUSSET

I.	Inno Ebrioso	584
II.	Sur H. de Latouche	585
III.	À Henri Cantel	586
IV.	L'Habit vert	586
V.	Satire contre l'Académie	587
VI.	Déclamation	591
VII.	À miss Anna X***	591
VIII.	À une Espagnole	592
IX.	Sur les Auteurs de mon Temps	593
X.	Luna	595
XI.	À Madame Panckoucke	595
XII.	À une vieille Coquette	596
XIII.	À une Dame sur le point de devenir Mère	596
XIV.	Sur Denise d'Aurélien Scholl	597
XV.	Sur Arvers	597
XVI.	Paysage matinal	597
XVII.	Ode bachique	598

NOTES ET VARIANTES

Premières Poésies	603
Poésies nouvelles	706
Poésies complémentaires	845
Poésies posthumes	855
Appendice :	
Fragments de poésies	897
Poésies attribuées à Alfred de Musset	910
BIBLIOGRAPHIE	923

N° d'édition : 12.751 ; dépôt légal : 4ᵉ trimestre 1957.
Imprimé à Monaco.